# 《近代中国》精选文集

沈祖炜 戴鞍钢 廖大伟 / 主编

上海社会科学院出版社
SHANGHAI ACADEMY OF SOCIAL SCIENCES PRESS

# 序

2021年是中国共产党成立100周年、辛亥革命110周年以及孙中山诞辰155周年。在这个重要历史节点,上海中山学社主办的学术集刊《近代中国》也迎来"而立之年"。我们编辑出版这本颇能代表学社学术研究水准的《〈近代中国〉精选文集》,是为在此特殊之年留下弥足珍贵的纪念,也是为对学社30年来学术成果作必要回顾与总结,以激励和鞭策我们不忘初心使命,在"学术性"与"统战性"统一的宗旨下继续奋进。

上海中山学社是一个既有学术特色又具党派特征的学术团体。自1987年由民革上海市委会和民盟上海市委会联合发起成立以来,在中共上海市委统战部的关心支持与上海市社会科学界联合会的指导下,学社同仁积极进取,追求学术创造、推动交流交往,在聚力孙中山与近代中国研究的同时,主办过一系列有影响力的学术活动。学社长期与海内外相关单位和专家学者保持密切的合作交流,享有一定声誉,曾连续多次被上海市社联评为优秀社会科学学会。

由学社主办的《近代中国》,自1991年,由上海社会科学院出版社连续出版。30年来,《近代中国》立足学术探索和争鸣,坚持高质量高水准编纂。其所载论文,均以高质量为标准;其所用史料,亦大多堪称珍贵。由此,《近代中国》受到广大学者的热情关注与信任,渐成孙中山与中国近代史研究领域颇具影响力的学术平台和亮丽名片,并曾多次入选中国社会科学引文索引来源集刊(CSSCI),成为中国知网、维普数据库等知名学术刊物网站的签约来源集刊。

此次入选《〈近代中国〉精选文集》的49篇文稿,来自数十位著名专家学者或崭露头角的青年才俊,其中亦不乏来自海外及港澳台地区的知名学人。该文集设"近代人物研究""辛亥革命研究""近代政治与中外关系研究""近代经济与企业研究""近代思想与文化研究"五个栏目,力求体现作品时代性、学术性和代表性。入选文章由沈祖炜、戴鞍钢、廖大伟三位学者,精选于1—30辑《近代中国》的560多篇文章,并充分听取相关领域专家意见,诚可谓荟萃精华。拳拳之心,当可为学人共鉴。

学人精神,薪火相传。《近代中国》从初创时筚路蓝缕,到如今在学术界得获一席之地,有赖于丁日初、陈绛等著名史家在《近代中国》早期编辑工作中的殚精竭虑、积基树本,有赖于沈祖炜、丁凤麟、戴鞍钢、易惠莉、廖大伟、陆兴龙、方小芬、杨国等资深学者和编辑的兢兢业业、长期奉献,更有赖于广大学人所创造的大量优秀学术成果,是每一位编者的辛勤耕耘和每一位作者的支持信任,共同成就了《近代中国》的学术品质与学术追求。

我相信,在现任主编廖大伟教授带领下,《近代中国》仍将欣欣向荣、硕果累累。我们也衷心希望广大学人能一如既往地关注和支持《近代中国》这一青年学者的良师益友、孙中山和近现代史的研究宝库,以为中国共产党领导的多党合作事业提供更多的学术助力。

民革中央副主席
上海市人大常委会副主任
民革上海市委会主委
上海中山学社社长

2021 年 11 月

# 目　　录

序 …………………………………………………… 高小玫（1）

## 近代人物研究

"交通为实业之母"
　　——孙中山交通思想初探 ………………………… 沈渭滨（3）
孙中山思想发展学理上的重要准备
　　——新发现的一份孙中山购书清单 ……………… 姜义华（13）
论李鸿章同伊藤博文的三次会晤 …………………… 刘学照（30）
陈宝琛的近代化思想与事业 ………………………… 陈　绛（42）
严复与自由主义及民族主义 ………………………… 袁伟时（55）
辛亥革命与赵凤昌 …………………………………… 马铭德（73）
孙中山思想的传承与独创 …………………………… 郑竹园（84）
经元善之身世与思想及其上书保皇招祸经过 ……… 王尔敏（98）
辛亥革命前后的孙中山与俄国革命者 ……………… 李玉贞（113）
论孙中山的博爱观 …………………………………… 丁凤麟（126）
从新近公布的蒋介石日记看孙、蒋交往 …………… 戴鸿超（133）
孙中山的科学哲学
　　——以《孙文学说》中的"生元"说为中心 …… ［日］武上真理子（140）
章太炎与孙中山的政见分歧 ………………………… 华　强（152）
从孔子"仁爱"到孙中山"博爱"
　　——略论"仁爱"观的演进及其普世意义 ……… 黄明同（164）
孙中山振兴中华思想的全球视野 …………………… 熊月之（174）

唐寿民与交通银行 ························· 章义和　管夕茂（184）
1913年孙中山两次访问神户
　　——图像叙述的史话 ···················· 蒋海波（206）

## 辛亥革命研究

辛亥革命与共和知识分子
　　——对一种传统观点的质疑 ················ 杨天石（231）
辛亥革命时期的"江苏统一"
　　——兼论辛亥革命时期的苏沪行政关系 ·········· 周育民（242）
同盟会的成立
　　——人事与策略 ···················· ［美］普莱斯（258）
评清末新政和辛亥革命的关系 ···················· 郭绪印（277）
略论辛亥革命时期上海的独特地位 ················· 谢俊美（293）
辛亥革命与百年中国的社会变迁 ·················· 林家有（305）

## 近代政治与中外关系研究

1941年英国奥托·尼米耶使团的中国之行
　　·························· ［英］菲力普·理查森（319）
"训政"与"开明专制"
　　——一个历史现象的探索 ·················· 唐振常（332）
上海法租界的归还
　　——萨尔礼事件与战后审判（1945—1946）
　　······················ ［法］玛丽·格莱尔·白吉尔（340）
南洋华人根植于当地社会的历史基础 ················ 马克烈（359）
从抗争《商会法》看民初商会的发展 ·················· 朱英（364）
清末上海公共领域的整合与市民阶级的兴起 ·············· 方平（381）

辛亥革命前后中韩互助运动研究 ……………………………… ［韩］朴明熙（396）
论清末中央集权的是是非非 …………………………………… 李振武（409）

## 近代经济与企业研究

南京时期的国民党政府和对中国工业的管制
　　——煤矿业中的竞争和统制 ……………………… ［澳］蒂姆·赖特（421）
19世纪后半期外国银行操纵中国金融市场的历史特点
　　——及其与上海金融危机的联系 ………………… ［日］滨下武志（441）
1927—1937年间的中国对外贸易 ……………………………… 王方中（458）
1895—1927年中国国内市场商品流通规模的扩大 …………… 沈祖炜（480）
《战前中国经济的增长》一书的导言 …………… ［美］托马斯·G.罗斯基（500）
供给和需求变动与近代中国的市场模式 ……………………… 刘佛丁（512）
试论华盛纺织总厂 ……………………………………………… 徐元基（524）
辛亥鼎革之际中国外债透析 …………………………………… 宓汝成（535）
盛宣怀在汉冶萍公司成立前的日本借款论析 ………………… 易惠莉（557）
略论19世纪30年代至20世纪30年代活跃于香港和上海的英资银行
　　……………………………………………………………… 李培德（577）
清政府与商办企业：轮船招商局（1872—1902） …………… ［澳］黎志刚（589）
1927—1937年外资银行在华金融市场控制权的变动 ………… 宋佩玉（601）

## 近代思想与文化研究

论近代中国的产业革命精神 …………………………………… 汪敬虞（623）
师夷与制夷
　　——清末国家现代化的教训 ……………………………… 丁日初（641）
实业家与中国传统伦理 ………………………………………… 杜恂诚（657）
戊戌至辛亥时期西方近代地理学的输入及其影响 …………… 邹振环（673）

国民意识与清末革命进程 ················ 廖大伟（694）

试论近代中国社会传统力量对早期现代化发展的障碍作用
　　——以穆藕初引进推广现代西方科学管理理论的实践为例
　　················ 朱荫贵（703）

后记 ·························· （717）

# 近代人物研究

# "交通为实业之母"
## ——孙中山交通思想初探

沈渭滨

1912年4月,孙中山辞去中华民国临时大总统职,6月,在上海向报界发表期以十年完成全国铁路事业之设想,①8月14日,又致函宋教仁,表示"弟刻欲舍政事,而专心致志于铁路之建筑,于十年之中,筑二十万里之线,纵横于五大部之间"②。此说一出,议论纷扬。③ 世人为之注目,舆论深表关注。其实,孙氏发展铁路、扩张交通之想,并非自辞职后所始有,乃积久而发,源远流长,其二十万里铁路计划,亦非徒托空言,实朝思夕虑、成竹在胸之宏图。吾作此文,在探索孙氏交通思想之由来发展,并兼论孙氏实业建设与交通建设之关系。我国学界至今未有关于前人交通思想之研究成果,故本文捉襟见肘之处势所难免,不要处望大雅君子有以教我。

一

吾观《孙中山全集》及其他论载孙氏史迹之"长编""详录"诸书,知孙氏对轮舟之利识见甚早。1878年孙氏十二岁时偕母赴檀岛,"始见舵舟之奇、沧海之阔。自是有慕西学之心,穷天地之想"④,是为具注意新式交通工具之始,而发为言论文字,则以1894年《上李鸿章书》为滥觞。孙氏在所上书中详论人尽其才,地尽其利,物尽其用,货畅其流四者为"富强之大经,治国之大本",其中货畅其流一节,实开孙氏交通思想之先河。

---

① 《民立报》1912年6月23日,见王耿雄编《孙中山史事详录,1911—1913》,天津人民出版社1986年版,第323页。
② 上海《天铎报》1912年8月20日,见王耿雄编《孙中山史事详录,1911—1913》,天津人民出版社1986年版,第337页。
③ 世人议论,可参见《孙中山全集》第2卷,中华书局1986年版,第432、433、448、456~460、497页。
④ 《复翟理斯函》,《孙中山全集》第1卷,第47页。

文章首论西人商务之兴，全恃交通之利，指出西人于水，"则轮船无所不通，五洋四海恍若户庭，万国九州俨同阛阓"，于陆，"则铁道纵横，四通八达"，两者相较，铁道较轮船之利为尤多，故数十年来，"地球各邦今已视铁路为命脉，岂特便商贾之载运而已哉"；继而批评清政府交通设置区域之不当，其招商之轮船，只行于沿海大江，"多不设于支河内港"，不能畅我货流，便我商运，官商之铁路，先通于关外，"而不急于繁富之区"，无以收一时之利；进而提出"招商兴路"之建议，认为铁路应"先设于繁富之区，如粤港、苏沪、津通等处，路一成而效立见，可以利转输，可以励富户，则继之以推广者，商股必多，国家亦易为力"。①

1897年3月，孙氏在《中国的现在和未来》一文中，再次论及交通之功能，并申说中国铁道不发达之原因不在于民众之抵拒，而在于政府之腐败；对良好之天然有利条件废置不用，深表感叹。②

此后，孙氏忙于政治上反清大业，关于交通之言论不复再见，然其于余暇之时仍深情于铁路之想。此可自1912年6月孙氏与上海《民立报》记者谈话中得到证明。谈话称：

> 仆之不敏，见识浅薄，然二十年来每有所至，即收其兴国。虽用意颇杂，适用于兴图之计划甚多，但留心比较世界之铁道，实偏有所嗜。故在戊戌以前，内国虽知铁道之利者已多，然能大气包举，谋及于内部重要之干路者卒少。仆曾首绘学堂应用之中国地图，精神所最注射者，为内部之干路，幸而亦有助于变易时人耳目之小效，于是京汉、津浦、粤汉、川汉等之干路问题，人人视为重要矣。③

综上可知，自1894年发为文字起，至1911年辛亥革命前，孙氏本着救国救民之心，怀抱"必能驾欧洲而上之"④理想，在反清革命同时，已在酝酿发展交通、改造中国之计划并渐次形成超前人之交通思想。其中，视铁路为命脉及注意于国内铁路干线设置为两大要点。盖孙氏自幼及长，目睹西方国家大力发展铁路航运事业，又亲见欧美资本主义各国利用发达之交通，掠夺落后国家之资源，对交通之载功能体验较深。尤其自19世纪下半叶起，西方各国在中国纷起夺取路权，国人誓死抗争，路权与国运之关系日趋明显，故孙氏视铁路为一国之命脉所

---

① 以上均见《上李鸿章书》，《孙中山全集》第1卷，第14、15页。
② 《孙中山全集》第1卷，第91页。
③ 《在上海与〈民立报〉记者的谈话》，《孙中山全集》第2卷，第383页。
④ 《上李鸿章书》，《孙中山全集》第1卷，第15页。

在,其意义不全在与洋商争区区之利。就此而论,此期中孙氏关于交通功能与国运关系之认识,实已超越薛福成、马建忠、王韬、郑观应诸前辈之水准,亦不在梁启超、严复等同时代人之下。由此而发,孙氏殚精竭虑于国内重要干线之设置,着眼于充分利用有利之天然条件及改进现有之水道运输,水陆包举而以铁路为促进国家富强、民生发达之首着。故此期中孙氏之交通区域思想,较之洋务人物局限于一隅之地,尤为高瞻远瞩,具有更宽广之战略眼光。

## 二

1912年以后为孙氏交通思想之发展期。自该年6月向报界发表有关铁路谈话起,至1917年7月在广东省学界欢迎会上演说时透露"近日欲著一书,言中国建设新方略"①止,数年来孙氏有关交通之言论文字约66篇次(详见附表)。其中绝大部分集中于1912年至1913年3月初旬。原因不言自明,盖自3月中旬刺宋案起,孙氏倾全力投入讨袁战争。此后,又在国外组建中华革命党,从事反袁斗争,事势迫使其集中注意力于政治战线,无暇旁顾其他也。

通观上述66篇谈话、函电、文章、演说,可以窥见此期中孙氏交通思想仍集中于铁路建设方面,以十年内修建二十万里铁路为中心,就交通与政治、交通与经济、借债筑路,干线设置诸问题均有论及,形成以发展铁路为核心旁及其他交通事业之系统思想。

在铁路与政治问题上,孙氏着眼于国家政略方面,认为发展铁路交通,可以富国强兵,自立于世界民族之林。故中国"立国之本",当以建筑铁路为第一政策。强调十年筑二十万里铁路,"实救国之要着"②;发展铁路交通"岂但有益于商业,亦且有裨于政治前途也"。③

在铁路与经济关系上,孙氏以铁路可以利转输为由,强调发展铁路事业有益于增加国家财政收入,筑二十万里铁路,"此诚发展中国财源第一要着"④;扩张实行交通政策可以通有无、兴实业、裕民生、济荒欠,"故今日欲谋富国之策,非扩充铁路不可"。⑤ 由此出发,孙氏认为,"各国人民之文野,及生计之裕拙,恒以交

---

① 《在广东省学界欢迎会上的演说》,《孙中山全集》第4卷,第123页。
② 《在北京报界欢迎会的演说》,《孙中山全集》第2卷,第434页。
③ 《中国之铁路计划与民生主义》,《孙中山全集》第2卷,第489页。
④ 《在上海与〈大陆报〉记者的谈话》,《孙中山全集》第2卷,第385页。
⑤ 《在北京全国铁路协会欢迎会的演说》,《孙中山全集》第2卷,第420页。

通为比例。中国人民之众,幅员之大,而文明与生计均不及欧美者,铁路不兴,其一大原因也"。① 据此认识,孙氏进而提出"交通为实业之母,铁道又为交通之母"②之重要论断,以此表明交通建设与发展经济之关系及交通事业中铁道建设之重要地位。这一论断,成为本期孙氏交通思想之重要核心。

借债筑路,为本期内孙氏论及最多之问题,亦是孙氏以世界眼光观察中国交通建设事业最卓越之思想,其中不少主张颇值得后人深思。自孙氏提出十年内建二十万里铁路之说后,时人惊疑之余,诘质纷起:一为建二十万里铁道,需款六十亿之巨,以吾国财政收入计,何来此巨款? 二为若借外债筑路,则外人能否慷慨解囊? 即使肯借,会否丧失主权? 三为借债由谁领衔? 若由政府出面,势将引起众多之外交纷争;若由私人举借,必导致路权私有之无穷弊端。盖国人于逊清时代早已目睹借款有害主权之事实,而清末铁路国有政策导致国人抗争、政治混乱局面尚记忆犹新,故质询疑惑,良可理解。虽然,其中容或有人恣意攻击③,但大都均为不明其原委所致。对此,孙氏以其大政治家之世界战略视角,以大实业家之精明计算,皆予一一答疑。兹撮其要旨如下:

其一,立足国情、迎合潮流,变闭关自守为开放门户政策,利用外资修筑二十万里铁路。

孙氏根据当时世界资本主义纷纷向落后国家输出过剩资本之事实,认为"吾人正宜迎此潮流,行开放门户政策,以振兴工商业"④。欲十年内筑二十万里铁路,以吾国财力计,既无法筹此巨款;则"势不能不用外资"⑤,否则,"虽有政策,亦徒托之空言"⑥。所以,借款筑路,既为国情之所需,亦为迎合潮流之所趋。

孙氏批评在利用外资筑路问题上之保守主义时指出:"我国之受害,即因凡事自己不能办,又不准外人来办。然一旦外人向我政府要求,或以其政府名义向我政府要求,我又无力拒绝,终久仍归外人之手。如满洲铁路,全归日、俄之手,即此例也。但路权一失,主权领土必与俱尽,此大可为寒心。若因保全小事而失大事,何若保全大事而开放小事之愈也。故今日欲救外交上之困难,惟有欢迎外

---

① 《在上海中华民国铁道协会欢迎会的演说》,《孙中山全集》第2卷,第391页。
② 《在上海与〈民立报〉记者的谈话》,《孙中山全集》第2卷,第383页。
③ 以上诘难及间有若干攻击之情况,参见孙中山:《在北京招待报界同人时的演说和谈话》,《孙中山全集》第2卷,第456页。
④ 《在上海报界公会欢迎会的演说》,《孙中山全集》第2卷,第499页。
⑤ 《在北京迎宾馆答礼会的演说》,《孙中山全集》第2卷,第449页。
⑥ 《在南京国民党及各界欢迎会的演说》,《孙中山全集》第2卷,第530页。

资,一变向来闭关自守主义而为门户开放主义。"①

针对有人担忧外人肯否借款,孙氏指出:"不知铁路借款,与他种政治上之借款不同。我用外国之款,转购外国之材料,所有各国公司工厂,皆有利益,各国必争先投资,绝无观望之可虑。"②"现在卑人之计划,虽预计借款六十万万,其实此项借款,并非全用现款。综核计之,不过用五分之一现款,其余仍由外国购办材料。所余五分之一之现款,为数不过十余万万,在外国资本家视之甚易。"③

其二,门户开放,必须保持主权;主权既保路权暂失并不碍事。

孙氏鉴于清政府借债丧权之惨痛历史,在主张开放门户、利用外资时,坚持以不失主权为原则。即使借债,"但能兴利,又无伤主权,借债自不妨事"④,清政府借债筑路,"其弊在条约之不善,并非外资即不可借"⑤。1912年10月,在南京国民党及各界欢迎会演说中,孙氏指出:"现今世界日趋大同,断非闭关自守所能自立,但开放门户,仍须保持主权。"⑥

在国家主权与路权关系上,孙氏主张,"当争者主权也,非路权也,尚主权不失,路权虽授与人,不失其利也;尚主权旁落,路权争回,不能免其害也",⑦认识已较前期深刻多矣。

其三,在各种利用外资、借款筑路方法中,以"批归外人承办"为最有利。而欲行此法,则仍以私人(民间)名义出面,组成公司,由政府授以借债全权,可免生政府间之外交交涉,然后与外人约定期限,到期收回。

孙氏从开放门户整体战略出发,列出利用外资兴筑二十万里铁路之三种办法,即借资开办、中外合资、批归外人承办。三者中,孙氏认为,"批归外人承办,与国家较为有益"⑧。对此,孙氏曾多次反复申述理由⑨,其中,以1912年9月在济南记者招待会的谈话为最扼要,以同年在上海报界公会欢迎会之演说为最详尽。兹引前者所言,以窥孙氏之选择:"日间所言推行铁路三政策,借资开办、中外合资二层,尚不如批归外人承办,与国家较为有益。例如借资外人,而我国人

---

① 《在北京迎宾馆答礼会的演说》,《孙中山全集》第2卷,第417页。
② 《在北京报界欢迎会之演说》,《孙中山全集》第2卷,第432页。
③ 《在北京报界欢迎会的演说》,《孙中山全集》第2卷,第432页。
④ 《与〈亚细亚日报〉记者的谈话》,《孙中山全集》第2卷,第415页。
⑤ 《民立报》1912年6月23日,见王耿雄编《孙中山史事详录,1911—1913》,第323页。
⑥ 《在南京国民党及各界欢迎会的演说》,《孙中山全集》第2卷,第530页。
⑦ 《〈铁路杂志〉题辞》,《孙中山全集》第2卷,第567页。
⑧ 《在济南记者招待会的谈语》,《孙中山全集》第2卷,第482页。
⑨ 参见《孙中山全集》第2卷,第499、534、483、490页。

材不足,材料不足,外人应募而来,惟计力受值,对于我本无甚感情,工程上求其适可而止,已属万幸,安望其竭尽心力。且购买材料,折扣殊多,收利不可知,而彼已坐获六厘安稳之保息。至合资开办,以中国现在状况,即半数合资,亦非易言,反不如直接批归外人承办,限年无偿收回。则此限期内,以彼之资本,彼之人材,营彼之事业,自无不竭尽所长。而我于一定年限后,不啻坐获资财……至归外人批办,仍宜用私人名义交涉,不牵外交问题。"①关于期限,孙氏主张以四十年为期,盖孙氏认为,"铁路于十年之内,大概不能获利,且不免有亏赔焉,推极迟至三十后,亦必可以获利也"②。是孙氏以资本家有利可图为原则所计及,于情、理两者皆称合宜。

其四,根据中国工业现状,凡兴造铁路,除资本外,建筑、管理等事,亦需外人助力。③

综上四端可见,本期中孙氏关于利用外资振兴吾国路政,已形成较为完整之思想,其中以破除闭关自守主义,实行不失主权前提下之门户开放政策,是其核心。1912年,孙氏在《铁路杂志》题辞中比照美国修建铁路之经验,将此种思想概括为"招待外资,任用外才,政府奖励,人民欢迎"十六字。④ 观其辞职后之奔走呼号者,当为一片丹心唤起民众、敦促政府为实现此种思想者也。其爱国之心切,人格之伟大,世界意识之明确,实令后人钦佩之至。

关于铁路干线之设置,本期内,孙氏已从注意繁富之区扩而为破荒互济、移民实边、巩固国防、开源浚利诸多方面。故其设计之干线计划,着眼于自经济发达之区域贯通于西南、西北及漠北等落后省区,全局意义大为明显。此一交通区域思想之最初阐发,为1912年6月25日在上海与《民立报》记者之谈话。孙氏首先披露其设想中之全国三条干线之走向:一南路,起点于南海,由广东而广西、贵州,走云南、四川间,通入西藏,绕至天山之南;二中路,起点于扬子江口,由江苏而安徽,而河南,而陕西、甘肃,起新疆而迄于伊犁;三北路,起点于秦皇岛,绕辽东,折入于蒙古,穿外蒙以达于乌梁海⑤。继而指出:"振兴实业,当先以交通为重要。计划交通,当先以铁道为重要。建筑铁道,应先以干路为重要,谋议

---

① 《在济南记者招待会的谈话》,《孙中山全集》第2卷,第482页。
② 《在上海报界公会欢迎会的演说》,《孙中山全集》第2卷,第500页。
③ 《对〈大陆报〉记者的谈话》,《孙中山全集》第2卷,第483页。
④ 《孙中山全集》第2卷,第567页。
⑤ 均见《孙中山全集》第2卷,第383~384页。

干路,尤当先以沟通极不交通之干路为重要。"①此论不仅逻辑严密,而且极符合世界铁路史之经验。从中可悟出孙氏何以辞职之后斤斤于铁路经营之努力,何以谋以上三条横贯中国干线之意图。其识见之高明,诚诸先贤所不逮也。

干线而外,孙氏于本期内亦已开始思考交通枢纽之建立。按上述三干线,孙氏将西北之兰州规划为未来"极重要之交通中枢",将有十三条铁路汇合于此;各省之省会,均作为铁路中心,由此向外辐射,每处有八九条不等。② 如此,则干线纵横,枢纽林立,既有利于落后区域之开发,又有助于繁富之区发挥其经济杠杆作用;区域之间往来利便,不仅利于消除隔阂,而且能增强民族自信与激发民族意识,对"形成民族公同自觉之统一的国语",亦为有力之促进。③ 故本期中孙氏之交通区域思想较前大为扩展矣。

虽然,本期中孙氏交通思想集中表现在铁路建设方面,但对其他交通门类如公路、邮电事业,亦间有涉及。1912年12月,孙氏在江阴各界欢迎会的演说中,提倡在修筑铁道之同时,多造公路,认为"有了马路,火车方能发达"④。对邮电部门,孙氏在二次演说中表示希望中国之邮政事业能向欧、美、日等先进国家学习,"日谋邮政之发达",则国家幸甚⑤。

如上所述,本期内孙氏之交通思想确环绕铁道交通而有所发展。据此,亦可名之为铁路计划之构想期。虽然,铁路与国政、铁路与经济、铁路与社会发展、交通区域、利用外资等众多方面均有精到之论说,但其他方面之思考尚有待于后来,故本期内孙氏交通思想不乏精彩、独到之思,但尚难称全面、完整。不过,其主张开放之世界战略眼光,值得后人深思之。

## 三

孙氏自1917年7月表示欲著中国建设新方略起,至1919年《建国方略》写竟,是为其交通思想成熟期。其中《实业计划》之发表,可视为孙氏第一次向国内外披露其系统之经济思想与中国现代化建设之蓝图。

---

① 均见《孙中山全集》第2卷,第383~384页。
② 《中国之铁路计划与民生主义》,《孙中山全集》第2卷,第491、490页。
③ 《中国之铁路计划与民生主义》,《孙中山全集》第2卷,第491、490页。
④ 《在江阴各界欢迎会的演说》,《孙中山全集》第2卷,第527页;另见《在南昌百花洲行辕的谈话》,《孙中山全集》第2卷,第535页。
⑤ 《在北京邮政协会欢迎会的演说》,《孙中山全集》第2卷,第422页。

《实业计划》之基本思想,为孙氏在一次大战结束后,力图和平利用欧美战时之设备、组织机构、技术力量等现存条件以共同开发中国,俾使中国雄飞独立于世界,确保世界和平之实现①。依据这一指导思想所设计之中国现代化构想,固具有明显之假定性,然计划所涉及之具体开发门类、事项,则无不以科学精神相贯串。作为中国经济建设之"大方针""大政策",其理想主义与科学主义之完美结合,实为近代中国经济思想史上无与伦比之作品。

《实业计划》之主要内容,皆环绕中国交通现代化而展开。惟其中"第五计划""第六计划"则涉及衣、食、住、行等轻工业与煤、铁、油、铜、冶炼等重工业。然第五计划中之"行动工业"所论者为发展摩托车(即孙氏所称"自动车")及与此种行动工业相适应之公路建设,第六计划中所论之各项重工业,俱无一不与交通事业发生关系,故《实业计划》亦可称之为以发展中国交通建设为纲领所构筑之中国现代化蓝图。其中所体现之孙氏交通思想,实其积久所思、所虑、所言、所议之集大成者。孙氏自称其前四种计划为"专论关键及根本工业之发达方法"②。足见其交通思想在其经济思想中占有特殊重要之地位,此说与其1912年时称"交通为实业之母"系一脉相承者也。

在《实业计划》中,孙氏之交通思想较以往显得更为系统、完整,若干主张已经高度概括,具有理论指导意义。

1.《实业计划》中对交通建设之研究,已超越铁路计划之单一性模式而发展为各个门类之多元思考,并着力于门类间之有机联系。虽然,《实业计划》中铁道建设仍为主要内容,但已对公路、内河航运、电报电话、港口建设、交通中心与交通枢纽设置,交通工业等相关门类作了通盘设计,形成一系统、完整之建设构想。

2. 交通区域已由前期之横向三大铁路干线发展为五大铁路系统,即中央铁路系统、东南铁路系统、东北铁路系统、西北铁路系统及高原铁路系统。由原先之干线建设扩而为系统工程,不仅在非干线之设置方面被予以重视,而且在水陆并举方面,构成为各系统之立体交通网,使中国原有之河道及可以利用之天然有利条件皆得以利用,并注意于电线、电报、电话等现代化通信技术之推广。故每一铁路系统实为融会各种交通设施、四通八达之现代化交通区,极有利于加强五大区域之政治、经济、文化联系,有利于促进社会进步。

3. 交通枢纽或交通中心之设置已受到极大重视,而每一枢纽或中心之建设

---

① 参见《建国方略二 实业计划·序》,《孙中山全集》第6卷,第247页。
② 《建国方略二 实业计划·第五计划》,《孙中山全集》第6卷,第377页。

都按有利于交通区域之经济、人文发展作出论证,故布局合理,选址得当,使铁路中心与港口建设联为一气,相得益彰。其中除对北方大港、南方大港、东方大港三处作详细论证,计划做成中国三大交通枢纽外,另对内河河道治理中之商埠建设亦作出必要规划,使扬子江、大运河、珠江、西江、北江、东江乌苏里、图门诸水域均有各自之商埠,成为该区域之交通中心。

4. 公路已被作为重要交通设施,计划发展一百万英里,以加强各省区内部之交通,并与铁路相辅,起沟通省区间之作用。公路之交通工具,主张实现机械化(摩托化),以发挥运输及交通功能。

5. 与交通建设相配合之燃料工业、冶炼工业、造船工业、制造工业等,均已见及,并作为实业建设之一部列出大体发展规划,其中,凡与港口建设、铁路建设有关者均有原则说明。如铁矿,指出"广州将开为南方大港,应设立一铁厂"①;如煤矿,规定沿海岸、河岸各矿,交通既便,宜先开采,与之相应。《实业计划》中拟定各铁路系统时,均对沿线资源之开发利用有所顾忌。以上足见其交通建设促进经济发展,区域经济资源确定铁路走向之思想,较前更为缜密。

6. 依据各自然区域在全国经济生活中之地位及其与世界联系之紧密程度,确定港口与铁路建设之轻重缓急,即以三大港口建设为"中枢""中心",而以铁道建设及其他部门为"旁属",又依据资源开发之缓急,确定铁路系统之建设主次为先北后南,着眼于蕴藏有丰富资源亟待开发之西北、北部、西南等边疆区域。故整个交通建设计划有步骤、有主次地展开,其可行性、秩序性大为加强。

7. 衡量交通建设之指导性原则已经形成,即必选最有利之途以吸外资,必应国民之所最需要,必期抵抗之至少,必择地位之适宜。② 以此制约铁路走向、港口选址与资源开发利用,与世界联系程度及工程建设难易间之关系。此四项原则,将中国实业、交通之发展与世界资本主义投资意向联系一体,将中国经济之腾飞与世界之联系融会考虑,将国内经济繁富与贫瘠之区互济互助列为首要,将自然条件对交通建设产生之困难限制在最低程度。就此而论,其有利于中国走向世界,有利于改变中国经济发展不平衡局面,有利于加快实业、交通建设之速度,固不待言,而其在近代中国经济思想史中之地位,则无前人可及也。

8. 确定交通建设之各部门皆由国家经营,规定外资之吸集外国人材之雇用皆以国家利益为出发点。外资吸集后,"以其财产属之国有,而为全国人民利益

---

① 《建国方略二 实业计划·第六计划》:第一部"铁矿",《孙中山全集》第6卷,第390页。
② 《建国方略二 实业计划·第一计划》,《孙中山全集》第6卷,第254页。

计以经理之",外人雇用,"必以教授训练中国之佐役,俾能将来继承其乏",为必尽之义务。① 将来本利清偿后,中国有权决定外国技术人才之去留。孙氏指出:"发展之权,操之在我则存,操之在人则亡。"②其交通思想中之国家主体及国家主权意识,仍一以贯之于《实业计划》中。

以上八端,为《实业计划》中孙氏交通思想之大要。由是观之,其世界眼光之开阔,爱国主义之深厚,科学态度之笃实,理想主义之高洁,堪称前无古人;而其交通计划之完整系统、交通建设规模之宏大具体、交通区域之四通八达,实为近代中国第一个伟大构想。惜乎由于种种人所皆知之原因,计划未能付诸实施,然其对吾国交通建设现代化之指导意义,至今光辉犹存。

综观孙氏交通思想之由来发展,可知其前后之继承关系及依次递进之连续性极为明显。吾之分其为三期叙述,仅为指陈其各阶段主要特点而已,故如何划分并无绝对意义。盖任何人之思想发展,皆前后相续如江水之滔滔。然每当风云际会之时,则东去之大江,汹浪相逐,其前浪推后浪之壮观,自可得见,分期之必要及可能,诚寓于斯焉。

若概而言之,则孙氏交通思想之大要可作如下表述:以振兴实业为前提,以发展铁路、航运为驱动,以利用自然资源为条件,以开发交通不发达区域为首选,以利用外资、外国技术人材、外人先进管理经验为手段,以确保权操于我为坚定不移之原则,唤醒民众,共同建设四通八达、水陆并包之现代化交通网,以此加速中国繁荣富强之进程,实现与世界先进国家并驾齐驱乃至驾乎其上之理想。由此可见,孙氏之交通思想,渗透着崇高之爱国精神,表现出卓越之世界意识。

(原文载《近代中国》第 1 辑,
作者:沈渭滨,复旦大学历史系教授)

---

① 《建国方略二 实业计划·第一计划》,《孙中山全集》第 6 卷,第 254 页。
② 《建国方略二 实业计划·第一计划》,《孙中山全集》第 6 卷,第 254 页。

# 孙中山思想发展学理上的重要准备
## ——新发现的一份孙中山购书清单

姜义华

去春在东京讲学期间,日本女子大学久保田文次教授特来寓处相访,向我展示了由萱野长知后人所保存的一批笔记簿,上面录存孙中山中华革命党时期一组甚为珍贵的资料。其中给第二国际的信件全文,要求对反袁斗争给予积极支持,是研究孙中山与第二国际关系的极重要的文献。久保田教授正在整理,不久将予公布,定会引起研究者浓厚兴趣。久保田教授知我一直在注意了解孙中山所读过的书籍,了解他所吸取的有关思想资料,以考察其学理渊源,在我回国前,特地将这批资料中一份孙中山1914—1915年购书清单复印相赠。返国以来,细加抽引,并与上海中山故居藏书目录相勘,觉得甚有收获。今略加梳理,予以介绍,以飨同好。整批资料的由来,将由久保田教授专门说明,这里不敢置喙。

这份《孙中山从丸善购入的书籍》,是位于东京日本桥区街三丁目的丸善株式会社历次发货清单整理件的一份,以及1915年5月14日的一封请求付给书款的信件,俱请头山满转交。原件复印共九页。经辨认与校正书写中的笔误,原文如下:

### 孙中山ガ丸善カラ購入シタ書物

灵南坂ノ頭山家ヲ通ヅテ中山ノ許二届
ヶラレタ丸善ノ送状及代金請求書ニヨ

ル宛名「中山様」トナフテイル

1914年(大正三年)
1/21

| | |
|---|---|
| Bnock——The Republics of central & South America | 5.25 |
| Alexinsky——Modern Russia | 7.50 |
| Wise——The Making of the Australian Commonwealth (1889—1900) | 3.75 |

| | |
|---|---:|
| Leopold——Prestige | 5.25 |
| Wilson——The New Freedom | 3.00 |
| Mackay——The Dangers of Democracy | 3.00 |
| Boyle——Minimum wage and Syndicalism | 2.00 |
| Goodnow——Municipal Problems | 3.00 |
| Robinson——The Sprit〔spirit〕of Association | 3.00 |
| Lee——Crowds | 2.70 |
| James——Principles of Prussian Administration | 3.00 |
| Sarolea——The Anglo-German Problem | 1.00 |
| A. Riflaman——The Struggle for Bread | 2.50 |
| Besai——Digest of Gide's Political Economy | 1.25 |
| 大村——支那政治地理誌（上） | 2.50 |

1/22

| | |
|---|---:|
| Proffer——Therapeutics, Materia Medica | 10.00 |

2/4

| | |
|---|---:|
| Albert——Parliament | 0.50 |
| Clayton——Co-operation | 2.25 |
| Hayes——Public Utilities, Their Cost &. Depreciation | 4.00 |
| Dun——Government Ownershrp of Railways | 3.00 |
| Mercier——Crime of Insanity | 0.50 |
| Cecil——Conservatism | 0.50 |
| Perris——Short History of Worse of〔Wars and〕peace | 0.50 |

1914年（大正三年）

2/6

| | |
|---|---:|
| Home University Library of Modern Knowledge | 14.00 |
| Macgregor——The Evolution of Industry | 0.50 |
| Barret——Psychical Research | 0.50 |
| Mair——English Literature: Modern | 0.50 |
| Soerville——Agriculture | 0.50 |
| Hobhouse——Liberalism | 0.50 |
| Thomson——Evolution | 0.50 |

| | |
|---|---|
| Hobson——Science of Wealth | 0.50 |
| Davis——Mediayal Europe | 0.50 |
| Johnston——The Opening-up of Africa | 0.50 |
| MacDonald——The Socialist Movement | 0.50 |
| Scott——The Evolution of Plants | 0.50 |
| Bruce——Polar Exploration | 0.50 |
| Newbigin——Modern Geography | 0.50 |
| Hirst——The Stock Exchange | 0.50 |
| Keiti〔Keith〕——The Human Body | 0.50 |
| Bacon——The Making of the News Paper | 0.50 |
| Moore——Ethics | 0.50 |
| Gregory——The Making of the Earth | 0.50 |
| Trent——Great Writers of America | 0.50 |
| Paxson——American Civil War | 0.50 |
| Ker——English Literature Medeayal〔Medieval〕 | 0.50 |
| Fowler——Rome | 0.50 |
| Findlay——The School | 0.50 |
| Holdernes——Peaples〔Peoples〕and Ploblems〔Problems〕of India | 0.50 |
| Strechey——Landmarks of French Literature | 0.50 |
| Thomson——Introduction to Science | 0.50 |
| Myers——The Dawn of History | 0.50 |
| Geldart——Element of English Law | 0.05 |
| | 28号￥14.00 |

11/15

| | |
|---|---|
| Knox- Fixation of A Thmospheric Nitrogen | 1.00 |
| Russell——The Philosophy of Bergson | 0.50 |
| Nietzsche——The Gospel of Superman | 2.75 |
| Boutroux——Science & Religion in Contemporary Philosophy | 2.50 |
| The Rise and Fail of Religion | 1.75 |
| Hesthermarack The Origin and Development of the Moral Ideas. 2 vols | 14.00 |

11/18

| | |
|---|---|
| Eucken——Present Day Ethics | 1.50 |
| Elliss——Man and Woman | 3.00 |

11/20

| | |
|---|---|
| Balsillie——Professor Bergson's Philosophy | 2.50 |
| Jhones〔Jones〕——An Interpretation of Rudolf Eucken's Philosophy | 2.50 |
| Eucken——The Life of the Spirit | 2.25 |
| Boutroux——Education and Ethics | 2.50 |
| Ray——A New Philosophy-Henri Bergson | 2.50 |
| Eucken——Knowledge and Life | 2.50 |
| Eucken——The Truth of Leligion〔Religion〕 | 6.25 |

2/28　2分い代金请求书中ニアゾ

| | |
|---|---|
| Sewill——German Invasion & The Real German Peril | 2.50 |
| Bernharch——Germany & The Next War | 5.25 |
| Chitender——War and Peace | 1.75 |
| Ogg——Government of Europe | 6.00 |
| Fiennes——Ocean Empire | 3.25 |
| Perris——Germany & German Emperer〔Emperor〕 | 6.25 |
| Freid——erman Emperer〔Emperor〕 | 3.00 |

1915年(大正四年)

1/6

| | |
|---|---|
| Guyot——Where & Why Public Ownership Has Faild〔Failed〕 | 3.00 |
| Conway——Operation of the New Bank Act | 4.00 |
| Hobson——The Export of Capital | 3.75 |
| 　　　　International Relation of the United States | 2.00 |
| Dawson——Municipal Life of Government in Germany | 6.20 |
| Farrest——Mining Mathematics | 2.25 |
| Gratacat——Popular Guide〔to〕Minerals | 6.00 |
| Marden——Secret of Acherement〔Achievement〕 | 2.50 |
| 　　　　Every Man Aking〔Asking〕 | 2.50 |
| 　　　　Miracle of Right Thought | 2.50 |

| | |
|---|---|
| He Can Who Think He Can | 2.50 |
| Who is Responsible | 3.00 |

不明

1/12

| | |
|---|---|
| Dicksee——Office Organization and Management | 2.50 |
| Lewis——Determinative Mineralogy | 3.00 |
| Lewis Brame——Sburice Chemistry | 5.00 |
| Crooke——Select Methods in Chemical Analysis | 10.50 |
| Parter——The Lea Republics | |
| Peter——Modern Copper Smelting | 10.00 |
| Schuable & Lewis——Hand Book of Metallurgy, Vol Ⅱ | 10.50 |

1/17

| | |
|---|---|
| Chamberlain〔Chamberlin〕& Sailsbury〔Salisbury〕——Geology | 10.50 |
| Honer——Principles of Mining | 5.00 |
| Dana——A System of Mineralogy | 25.00 |
| Tarrest——Mining Mathematics | 2.25 |
| Gratacops〔上文作Gratacat〕——Popular Guide〔to〕Minerals | 6.00 |

2/26

| | |
|---|---|
| 佐藤——西洋建築用図案（一入口窓之部） | 9.00 |
| 内山——家屋卜庭園 | 0.38 |
| 森田——和漢洋家屋諸造作應用図案（上巻） | 1.45 |
| 小野——折衷洋风建築設計図案（附解说） | 2.15 |
| 　　　和洋住宅建築図案 | 3.30 |
| 杉本——日本座敷饰方 | 1.90 |
| 三稿——大建築学（上巻） | 2.97 |
| 　　　大建築学（中） | 2.97 |
| 　　　大建築学（下） | 3.96 |
| 杉本——日本各時代室内裝飾法 | 1.80 |

3/1

| | |
|---|---|
| Callin——The New Agriculture | 4.00 |
| Naarden——Pushing to the Front | 2.50 |

|  |  |
|---|---|
| ——Exceptional Employee | 2.00 |

3/2

|  |  |
|---|---|
| The Japan Year Book（1914） | 4.00 |
| Satoh——Evolution of Political Parties in Japan | 2.00 |

2/23

|  |  |
|---|---|
| Aulard——French Revolution（4 vols.） | 17.00 |

3/17

|  |  |
|---|---|
| Baubr——lart J.B. Say | 1.20 |
| Baquest——J hon〔John〕Stuart Mill | 1.20 |
| Le Bon——Psychologie des Faules | 1.00 |
| Millet——La Crise Anglaise | 1.50 |
| Leyret——Le President de la Republic | 1.50 |
| Denis——Qui a Youlu la Guerre | 0.25 |

4/5

|  |  |
|---|---|
| The Far Eastern Reviws〔Review〕（Feb.9.5—NO.99） | 0.90 |
| The Japan Magazine（April 1915） | 0.50 |
| The Far Eastern Review? Jan.1915（Road towards Peace） | 0.90 |

3/30

|  |  |
|---|---|
| Coral——Reperations〔Reparations〕 | 0.40 |
| Moil——Le Vengeur | 0.40 |
| Rosny——Nell〔Hell〕Horn | 0.40 |

3/9

|  |  |
|---|---|
| Lavisse——Political History of Europe | 2.50 |

3/20

|  |  |
|---|---|
| Thomas——Chamberlen〔Chamberlin〕& Salisbury 3 vols | 31.50 |
| Vogue——Jean d'agreue offjcier | 0.40 |
| Saint Tves les Roman deim | 0.40 |
| Le Materialising actual | 1.50 |
| Macterlinch——Le Temple Eneveli | 1.50 |
| Foemine——Lame des Anglois | 1.50 |
| Maritain——Les Plilosophine Bergsonienne | 3.85 |

| | |
|---|---|
| Brinkly——History of the Japanese People Cloth | 7.50 |

5/1

| | |
|---|---|
| 国法学第二編（行政編）上下 | 4.10 |
| Howe——The Modern Cities & It's Problem | 3.00 |

6/14

| | |
|---|---|
| Edwardes〔Edwards〕——The Lore of the Honey Bees | 0.50 |
| Lyon——How to Keep Bees for Profit | 3.50 |
| Dadant——Langstroth on the Live〔Hive〕& HoneyBee | 2.50 |
| Root——ABC & XYZ of the Bee Culture | 4.00 |
| Meehan——Fish Culture | 2.00 |
| Marcol Horobel——Sea Fisheries | 5.25 |
| Mackintosh——The Resources of the Sea | 7.50 |

8/11

| | |
|---|---|
| 立著——進化論講話 | 3.15 |

8/12

| | |
|---|---|
| Hoosevelt——America & the World War | 1.50 |

8/18

| | |
|---|---|
| Hill——The British Revolution | 1.00 |
| Batey——The Science of Work Managements | 3.00 |
| Dawson——The Revolution of Modern Germany | 2.50 |
| Jacks——Reference Book | 1.75 |
| Middletin——Modern Buidings. 6 vols. | 35.00 |

　　　　　　　　　　　　　　　　　　丸善カラノ手紙

　　　　　　　　　　　　　　　毎月テイレガゾノーフナリタメニ

　　　　　　　　　　　　　　　　　　　Tokyo，May 4th 1915

Mr. Nakayama,

　　c/o Mr. M. Toyama,

　　　　Ryeinan Jaka, Akasakaku,

Dear Sir,

　　We beg to call your attention to the account of last momth amounting to you 63.65, yet unsettled, for which we will be ever so kind enough as to let us have the favour of your esteemed remittance at your earliest convenience and greatly oblige.

Thanking you in anticipation for your settlement.

              We are, Dear Sir,
          Ever faithfully yours, for the Maruzeu-Kafushiki-Kaisha

检视这份购书目录，可以看出，孙中山所购书籍共 150 种，其中日文书 9 种，法文书 10 种，其余全部为英文书。译成中文，全文如下（凡上海中山故居现存该书者加＊）：

### 孙中山从丸善购入的书籍

经灵南坂的头山家转送中山住处的丸善发货单及要求付款信。收件人姓名写"中山先生"。

1914 年（大正三年）
1 月 21 日

| | |
|---|---|
| 布洛克——中美洲和南美洲的共和国 | 5.25 |
| 来阿里克辛斯基——近代俄罗斯 | 7.50 |
| 瓦伊兹——澳大利亚联邦的形成(1889—1900) | 3.75 |
| 雷奥波德——威望 | 5.25 |
| 威尔逊——新自由 | 3.00 |
| 马恺——民主政治的危险 | 3.00 |
| 波亦尔——最低限度工资和工团主义 | 2.00 |
| 古德诺——市政问题 | 3.00 |
| 罗兵逊——联盟的精神 | 3.00 |
| | 37 |
| ＊李—群体 | 2.70 |
| ＊詹姆士——普鲁士政府的管理原则 | 3.00 |

| | |
|---|---|
| ＊萨洛利亚——英德问题 | 1.00 |
| 　A. 里福尔曼——为了生存而斗争 | 2.50 |
| ＊比塞——纪德政治经济学摘要 | 1.25 |
| 　大村——支那政治地理志（上） | 2.50 |

1月22日

| | |
|---|---|
| 米波福尔——治疗学、医疗设备 | 10.00 |

2月4日

| | |
|---|---|
| ＊艾伯特——议会 | 0.50 |
| 　克莱顿——合作 | 2.25 |
| 　海斯——公共事业,它的价值和贬值 | 4.00 |
| 来但恩——铁路的国家所有制 | 3.00 |
| ＊梅西耶——精神错乱的犯罪 | 0.50 |
| ＊塞西尔——保守主义 | 0.50 |
| ＊佩里斯——战争与和平史略 | 0.50 |

1914年（大正三年）

| | |
|---|---|
| 现代知识家庭大学文库 | （14.00） |
| ＊麦克格里格——工业的进化 | 0.50 |
| 　巴里特——心理研究 | 0.50 |
| 　麦尔——现代英国文学 | 0.50 |
| 来索尔维尔——农业 | 0.50 |
| ＊霍布豪斯——自由主义 | 0.50 |
| ＊汤姆生——进化 | 0.50 |
| ＊霍布森——致富的科学 | 0.50 |
| ＊戴维斯——中世纪的欧洲 | 0.50 |
| ＊约翰斯顿——非洲的开发 | 0.50 |
| ＊麦克唐纳——社会主义运动 | 0.50 |
| ＊斯科特——植物的进化 | 0.50 |
| 　布鲁斯——极地探险 | 0.50 |
| 　纽比根——现代地理学 | 0.50 |
| ＊胡斯特——证券交易所 | 0.50 |
| ＊基思——人体 | 0.50 |

| | |
|---|---:|
| ＊培根——报纸的起源 | 0.50 |
| ＊摩尔——伦理学 | 0.50 |
| 　格里高尼——地球的形成 | 0.50 |
| ＊特伦特——美国的伟大作家 | 0.50 |
| ＊帕克森——美国内战 | 0.50 |
| ＊卡尔——中世纪的英国文学 | 0.50 |
| ＊佛勒——罗马 | 0.50 |
| ＊芬德莱——学校 | 0.50 |
| ＊霍德尼斯——印度的民族和问题 | 0.50 |
| ＊斯特里奇——法国文学的里程碑 | 0.50 |
| ＊汤姆生——科学导论 | 0.50 |
| ＊迈尔斯——历史的曙光 | 0.50 |
| ＊格尔达特——英国法律基础 | 0.50 |
| | 28号￥14.00 |

11月15日

| | |
|---|---:|
| ＊洛克兹——大气中的氮气凝固 | 1.00 |
| 　罗素——柏格森的哲学 | 0.50 |
| ＊尼采——超人的福音书 | 2.75 |
| 　布特鲁——当代哲学中的科学和宗教 | 2.50 |
| ＊——宗教的兴衰 | 1.75 |
| ＊赫斯特马拉克——道德观念的起源和发展 | 2卷 14.00 |

11月18日

| | |
|---|---:|
| 倭铿——当代伦理学 | 1.50 |
| ＊艾里斯——男人和女人 | 3.00 |

11月20日

| | |
|---|---:|
| ＊巴尔西里——柏格森教授的哲学 | 2.50 |
| ＊约内士——鲁道夫·倭铿哲学阐述 | 2.50 |
| 　倭铿——精神生活 | 2.25 |
| ＊布特鲁——教育和伦理学 | 2.50 |
| 　雷——一种新的哲学——亨利·柏格森 | 2.50 |
| 　倭铿——知识与生活 | 2.50 |

|  |  |
|---|---|
| ＊倭铿——宗教的真相 | 6.25 |

2月28日

|  |  |
|---|---|
| 　什维尔——德国的入侵以及真正的德国危险 | 2.50 |
| 　伯恩哈奇——德国和下一次战争 | 5.25 |
| ＊奇腾德——战争与和平 | 1.75 |
| 　奥格——欧洲的政体 | 6.00 |
| ＊弗勒尼斯——海洋帝国 | 3.25 |
| ＊佩里斯——德国及德国皇帝 | 6.25 |
| ＊弗雷德——德国皇帝 | 3.00 |

1915年（大正四年）

1月6日

|  |  |
|---|---|
| 　盖约特——公有制失败之处及其原因 | 3.00 |
| ＊康威——新银行条例的实施 | 4.00 |
| 　霍布——森资本输出 | 3.75 |
| ＊霍布森——美国的国际关系 | 2.00 |
| ＊道森——德国城市生活及其政府 | 6.20 |
| 　弗里斯特——矿业数学 | 2.25 |
| 　格拉塔卡特——矿物大众指南 | 6.00 |
| 　马尔登——成功的秘诀 | 2.50 |
| 　马尔登——普通人的需求 | 2.50 |
| ＊马尔登——正确思维的奇迹 | 2.50 |
| ＊马尔登——无所不能的林肯 | 2.50 |
| 　不明——谁的责任？ | 3.00 |

1月12日

|  |  |
|---|---|
| 迪克索——政府机构的组织与管理 | 2.50 |
| 路易斯——有决定作用的矿物学 | 3.00 |
| 布莱姆·路易斯——史布莱斯化学 | 5.00 |
| 克鲁克——化学分析中的选择法 | 10.50 |
| 帕特——草原共和国 |  |
| 彼得——现代铜的熔炼 | 10.00 |
| 斯丘阿布、路易斯——冶金手册,第2卷 | 10.50 |

1月17日

| | |
|---|---|
| ＊钱伯林、索尔兹伯里——地质学 | 10.50 |
| 荷勒尔——采矿原理 | 5.00 |
| 达纳——矿物分类法 | 25.00 |
| 塔里斯特〔上文作弗里斯特〕——矿业数学 | 2.25 |
| 格拉塔卡帕〔上文作"格拉塔卡特"〕——矿物大众指南 | 6.00 |

2月26日

| | |
|---|---|
| 佐藤氏——西洋建筑用图案（入口窗之部） | 9.00 |
| 内山——家屋和庭园 | 0.38 |
| 森田——和汉洋式家屋诸造作应用图案（上卷） | 1.45 |
| 小野——折衷洋式风格建筑设计图案（附解说） | 2.15 |
| 　　　　和洋住宅建筑图案 | 3.30 |
| 杉本——日本客厅的装饰 | 1.90 |
| 三稿——大建筑学（上卷） | 2.97 |
| 　　　　大建筑学（中） | 2.97 |
| 　　　　大建筑学（下） | 3.96 |
| 杉本——日本各时代室内装饰法 | |

8月1日

| | |
|---|---|
| ＊科林——新式农业 | 4.00 |
| 马尔登——推向前线 | 2.50 |
| 马尔登——罕见的雇员 | |

3月2日

| | |
|---|---|
| 日本年鉴（1914年） | 4.00 |
| 萨托赫——日本政党的演变 | 2.00 |

2月23日

| | |
|---|---|
| ＊奥兰——法国革命（4卷） | 17.00 |

3月17日

| | |
|---|---|
| 博布拉特——J.B. 萨伊传 | 1.20 |
| 拉奎斯特——约翰·斯图亚特·穆勒 | 1.20 |
| 勒波恩——高卢人的心理（法文） | 1.50 |
| 米勒——英国的危机（法文） | 1.50 |

| | |
|---|---|
| 雷勒特——共和国总统（法文） | 1.50 |
| 德易斯——谁希望战争？（法文） | 0.25 |

4 月 5 日

| | |
|---|---|
| 远东评论（2 月 9 日,5 卷 9 期） | 0.90 |
| 日本杂志（1915 年 4 月） | 0.50 |
| 远东评论（1915 年 1 月）<br>　　　（通向和平之路专号） | 0.90 |

3 月 30 日

| | |
|---|---|
| 科拉尔——赔款 | 0.40 |
| 梅尔——报复者（法文） | 0.40 |
| 罗斯尼——地狱之角 | 0.40 |

3 月 9 日

| | |
|---|---|
| 拉维希——欧洲政治史 | 2.50 |

3 月 20 日

| | |
|---|---|
| 托马斯——钱伯林和索尔兹伯里（3 卷） | 31.50 |
| 沃格——让·达格林勋爵 | 0.40 |
| 罗马圣徒特维斯 | 0.40 |
| 现代的物质化 | 1.50 |
| 梅特林格——尤微里神庙 | 1.50 |
| 福曼尼——英格兰之剑 | 1.50 |
| 马尼坦——柏格森的哲学 | 3.85 |
| 布林斯克利——日本人的服装史 | 7.50 |

5 月 1 日

| | |
|---|---|
| 国法学第二编（行政编）上下 | 4.10 |
| ×豪　—现代城市及其问题 | 3.00 |

6 月 14 日

| | |
|---|---|
| 爱德华——蜜蜂的知识 | 0.50 |
| 里昂——养蜂获利的秘密 | 3.50 |
| ×达当特——伦斯特累兹论蜂箱 | 2.50 |
| 鲁特——蜜蜂文化大全 | 4.00 |
| 米汉——鱼的文化 | 2.00 |

| | |
|---|---:|
| 马塞尔·亨贝尔——海洋渔业 | 5.25 |
| 马金托什——海洋资源 | 7.50 |
| 8月11日 | |
| 立著——进化论讲话 | 3.15 |
| 8月12日 | |
| 罗斯福——美国和世界大战 | 1.50 |
| 8月18日 | |
| 希尔——英国革命 | 1.00 |
| 巴提——劳动管理的科学 | 3.00 |
| 道森——近代德国的革命 | 2.50 |
| 贾克斯——参考资料书 | 1.75 |
| 弥德顿——现代建筑(6卷) | 35.00 |

丸善来信　　　（每月寄来，此举一封为例）

中山先生　　　　　　　　　　　　　　　1915年5月14日，东京

　　由头山满先生转

　　灵南坂，赤坂

　　亲爱的先生，

　　请注意您上月帐内欠款合计为63.65元，尚未偿还。如蒙尽早汇下上述款项，当不胜感谢。

　　对您的偿付，谨先表示谢意。

您永远的忠实朋友
丸善株式会社(股份公司)

　　这份购书账单及催款的信件，无疑是真实的。上海孙中山故居至今仍收藏着其中很大一部分书籍，就是最确凿的证明。未在故居藏书中找到的书籍，可能是孙中山后来南下护法时携去广州。在日本外务省史料馆所藏关于孙文动静的档案中，有多次关于孙中山赴丸善书店购书及丸善书店给孙中山送书的记载，也有孙中山付款给丸善书店的记载。仅见之于俞辛焞、王振锁编译的《孙中山在日活动密录(1913年8月—1916年4月)》的，便有以下各条：

　　1914年1月14日报告，前一天下午6时5分，丸善书店送来30余本书。

　　1914年2月7日报告，前一天下午2时，丸善书店送来数十册书。

　　1914年4月11日报告，前一日上午11时15分，孙中山乘人力车至神田区

仲猿乐町访宋蔼龄,后经日本桥区路三丁目的丸善书店。

1914年6月24日报告,前一日上午10时50分,孙中山偕王统一徒步至南佐久间町民国社,1小时后离开该社,乘人力车至日本桥区路三丁目丸善书店。下午1时30分返寓。

1914年12月10日报告,前一日下午3时15分,孙中山乘人力车到日本桥区丸善书店,订了二三本书。

1915年1月20日报告,前一日下午1时40分,孙中山乘人力车至丸善书店买书。

1915年8月10日报告,前一日孙中山令田桐去日本桥区丸善书店买来大信封,并请胡汉民代书十来个,封好寄出。

1915年5月31日报告,前一日下午4时30分,孙中山付给丸善书庙书费83.30日元。

1915年11月28日报告,前一日晚10时30分,从日本桥区路三丁目丸善株式会社寄来一邮件。

1915年12月29日报告,前一日下午6时28分,丸善株式会社寄来一个邮包。

日本警方的这些报告表明,孙中山于二次革命失败后旅居日本期间,在紧张地筹组中华革命党及部署反袁斗争的同时,一直不忘购书、读书。正是为了及时地了解世界全局和新的学术成果,他特别关注新出版的西文书籍,所以,他选中以供应西文新书为主的丸善书店作为固定的联络点,经常光顾,书店也经常根据他的需要送书上门。他返国后,继续保持同丸善书店的密切关系。上海孙中山故居至今仍保存着丸善书店不断给他提供新出版的英文著作的明信片,上面开列寄给他的新书目录。

从这份书目可以看出,孙中山读书的范围很广泛,但是,又并非没有明确的中心。

从1914年1月21日、22日和2月4日、6日、28日5批书目可以看出,第一次世界大战的爆发,吸引了他相当大的注意力。1914年1月21日购买了《英德问题》等书,2月28日所购买的著作,全部同这场战争有关,德国尤其成为他关注的重点。随后,他又继续购买了这方面的一些有关著作。

西方各国政治制度和政治思潮,显然是这一时期孙中山关注的重点。《普鲁士政府的管理原则》《英国的法律基础》《日本政党的演变》以及《议会》《政府机构的组织与管理》等书,包括论述中南美共和国、澳大利亚联邦制、近代俄罗斯、英国革命、法国革命的一批著作,对西方近代政治制度应当说作了相当详细的介绍。威尔逊的《新自由》,马恺的《民主政治的危险》,雷奥波德的《威望——社会估价的心理研究》,塞西尔的《保守主义》,霍布豪斯的《自由主义》,麦克唐纳的《社会主义运动》,所有这些著作,可以看出孙中山在二次革命失败后,是在多么广泛的范围内从政治思潮的角度进行反思,也可以透露出:孙中山为什么逐渐从卢梭的天赋人权观转向穆勒的群己权界论,在政治上更多地强调集中、权威和个人专断。

经济问题是孙中山侧重研究的又一个方面。从书目中可以看到,他研究了纪德和萨伊的经济学说,研究了工业的进化、农业、海洋渔业、海洋资源等问题,注意到《资本输出》《新银行条例的实施》《证券交易所》,特别关注公有制的不足之处及其原因、铁路的国家所有制,以及合作制、最低限度工资和工团主义、公共事业的费用、劳动管理的科学。辞去临时大总统职务后,他到处演说,鼓吹实行社会主义或民生主义。他研读这批著作,表明他在努力使他的民生主义或社会主义经济主张得到充实,在更多方面具体化。

最值得研究者注意的是,从1914年11月起,孙中山突然一反往昔完全不关心哲学论著的习惯,连续多次集中购买了一批哲学著作。从整个购书目录中可以看出,这一时期,孙中山的兴趣集中在柏格森和倭铿两人的哲学上。他所购买有关柏格森哲学的著作共有4种,即罗素所著《柏格森的哲学》,巴尔西里的《柏格森教授的哲学》,雷的《一种新的哲学——亨利·柏格森》,马尼坦的《柏格森的哲学》。关于倭铿的哲学,有倭铿本人的著作4种:《当代伦理学》《精神生活》《知识与生活》《宗教的真相》。研究著作一种,约内士的《鲁道夫·倭铿哲学阐述》。孙中山所购哲学方面的著作,还有尼采著作一种以及论述道德、宗教、伦理学的著作五六种,但它们丝毫没有减弱柏格森、倭铿哲学地位的重要性。

柏格森的主要哲学著作《时间和自由意志》《物质和记忆》《形而上学导论》《创造性进化》等俱出版于19世纪末20世纪初,1910年至1912年间英译本陆续出版。柏格森本人任法兰西学院哲学教授,1913年访问美国,在哥伦比亚大学作了一系列哲学讲演,同年又任英国精神研究学会主席,在伦敦大学和牛津大学讲学。当孙中山流亡东京时,柏格森哲学在欧美正如日中天,享有盛誉。倭铿是一位德国哲学家,名声当然远没有柏格森那么大。他长期担任耶拿大学哲学教授,1908年获得诺贝尔文学奖,1914年到东京大学任客座教授,因此,1914年至1915年间,在日本哲学讲坛上具有很大影响。他特别重视人类内在的精神生命,认为精神价值就是不应相信理智,而应按照永恒的价值去深入洞察生活。他强调,知识并不全由理智取得,理智不是历史的动力,生活不能永远束缚于理智之下,人们应当致力于精神生活的奋斗,努力向上,在纷乱之中打出一条生路来。由此,他反对自然主义、理性主义,而提倡非理性主义、精神行为主义。这些著作为我们更为深入地研究孙中山在稍后写成的《孙文学说》一书,特别是其中进化乃时间之作用、知难行易及生元说,提供了极为重要的线索。其后孙中山所作的关于军人精神教育的演讲,其根本精神或理论基础,也不难从这里寻找到其思想渊源。迄今为止,研究孙中山哲学思想的诸多皇皇大著,似乎都未注意及此,也没有就孙中山对柏格森、倭铿哲学观点的取舍,他们在一些重要哲学问题上的异同作专门探究。

购书目录中还有一点也值得注意,这就是孙中山选购了二三十册有关矿业、冶金、地质、建筑、养蜂、化学等方面的著作。对照一下孙中山日后在《孙文学说》第四章《以七事为证》中列举建屋、造船、开河、电学、化学、进化等七事以论证"知难行易"时所使用的大量材料,便可推知,他在这时已经在酝酿,在作必要的准备。

从书目中可以看出,孙中山在紧张地领导着革命运动的同时,一直保持着极为旺盛的求知欲,而他所选购的书籍,所阅读的书籍,又始终同他所致力的斗争以及他对这些斗争的反省、思考紧密联系在一起。透过这份书目,可以为更深入更具体地认识孙中山找到一批新的线索,这当是这份书目的价值之所在。

(原文载《近代中国》第4辑,
作者:姜义华,上海复旦大学历史系教授)

# 论李鸿章同伊藤博文的三次会晤

刘学照

李鸿章和伊藤博文是甲午中日战争双方的当事人,也是19世纪中日近代化运动的突出代表。他们在甲午中日战争前后有过三次会晤。这些会晤不仅是19世纪后期中日关系发展曲折变化的一种记录,而且也是19世纪中日现代化成败以及李鸿章和伊藤博文两人事业成败的一种投影。本文试从这种视角对这三次会晤进行论析,以期从中获得有益的历史启迪。

## 一、天津会谈:"大陆政策"与"防日"方针的正面折冲

1885年4月,李鸿章和伊藤博文在天津会谈朝鲜问题,这是两人生平第一次会晤,也是日本势力伸入朝鲜后中日第一次高层次会谈。

李鸿章和伊藤博文是19世纪中日近代化(现代化)历程中在政治声望和政治地位方面颇相匹敌的人物。李鸿章在1870年至1895年间任直隶总督兼北洋大臣,从1875年起又一直是位列阁首的文华殿大学士,长期负责或参与处理对日事务,伊藤博文在明治政府初期,负责推行"殖产兴业"等事务,但对中国、朝鲜等对外事务也很关注。到中法战争后,他甚至比外务卿井上馨更倾向于在侵略朝鲜问题上采取"强硬政策"[①]。

近代中日关系是在1871年订立《中日修好条规》和《中日通商章程》后正式展开的,又是同中日近代化的状况紧密关联的。日本明治维新后,在"殖产兴业""文明开化""富国强兵"等口号下谋求自身近代化的同时,走军国主义道路,对中国、朝鲜等邻国采取一种以邻为壑的侵略政策,处心积虑地谋求向大陆扩展。明治政府推行大陆政策的首要步骤是侵略朝鲜,破坏和割断中国同朝鲜固有的密

---

① [日]信夫清三郎编,天津社会科学院日本问题研究所译:《日本外交史》上册,商务印书馆1980年版,第199页。

切联系,把朝鲜作为它向中国扩张的跳板和基地。1876年,强迫朝鲜订立不平等的《江华条约》,"是日本对朝鲜外交政策的第一次明白的公布","是日本向大陆扩张的第一步"。① 此后,朝鲜问题成为引起中日纠葛的一个突出的问题。

19世纪80年代,日本历史进入了所谓"学习时代",或称"欧化"时代。在伊藤博文、井上馨等人倡导下,积极推行"欧化主义",力图使日本成为"欧化新帝国"。1882年,朝鲜发生"壬午兵变",这是"亚洲发生的第一次反日暴动"。日本利用这次事件,强迫朝鲜订立《济物浦条约》,从而"首次获得了在国外驻兵的权利。这是日军具体入侵大陆的第一步,它成为日后干涉朝鲜内政的武力,侵犯了朝鲜的主权"②。1884年中法战争中马尾海战结束后,日本各派政治势力又乘机加紧在朝鲜制造事变。参议伊藤博文"抢在自由党之前,命令他所控制的《汉城旬报》主编井上角五郎同金玉均、朴泳孝面议。休假回国的竹添进一郎公使也奉伊藤之意返回汉城"③。结果,日本策动的开化党政变被中朝军队合力挫败,日本公使竹添逃奔仁川。一时,日本国内的"国权论""脱亚论"甚嚣尘上。1885年3月,福泽谕吉在他的《脱亚论》中强调:"我国不可犹疑,与其坐等邻邦之进步而与之共同复兴东亚,不如脱离其行伍,而与西洋各文明国家共进退。对待支那、朝鲜之办法,不必因其为邻邦而稍有顾虑,只能按西洋人对待此类国家之办法对待之。"④在此背景下,日本政府先于1885年1月逼迫朝鲜订立同意赔款、"认错"的《汉城条约》,继于同年3月,派参议兼宫内卿伊藤博文动身来中国会谈朝鲜问题。天津会晤对李鸿章和清政府的对日方针是一种检验。1880年,李鸿章曾强调,"处今时势,外须和戎,内须变法"⑤。"外须和戎"的用意是对外争取有一个相对和平的国际环境,为"自强新政"争取时间,这含有历史的必要性和合理性。但是,李鸿章崇奉"羁縻至上",指靠"以夷制夷"和"委曲将就"的办法"力保和局",往往过于软弱而怯于作必要的抗争。他对欧美列强如此,对日本也很少例外。应该认为,李鸿章是晚清政要中的一位最大的"防日"论者,他常常歆羡和称引日本,又极力主张防范日本⑥。1879年日本吞并琉球后,李鸿章赞同清政府中

---

① [美]马士·宓亨利:《远东国际关系史》上册,汉译本,商务印书馆1975年版,第370页。
② [日]信夫清三郎编,天津社会科学院日本问题研究所译:《日本外交史》上册,商务印书馆1980年版,第194页。
③ [日]信夫清三郎编,天津社会科学院日本问题研究所译:《日本外交史》上册,商务印书馆1980年版,第201页。
④ 转引自吕万和:《简明日本近代史》,天津人民出版社1984年版,第100页。
⑤ 《李文忠公全集》第19卷《朋僚函稿》,丙辰(1916年)石印本,第42页。
⑥ 拙文:《略论李鸿章的对日观》《历史研究》1990年第3期,第114～115、118页。

的"防东洋尤甚于防西洋"的议论,并强调:"日本狡焉思逞,更甚于西洋诸国。今所以谋制水师不遗余力者,大半为制驭日本起见。"①但李鸿章和清政府的"防日"政策又受"羁縻"论的制约,在对日交涉,特别是在朝鲜问题上一再忍让。

1885年4月3日,中日天津会谈正式开始。其时,可谓是洋务潮流颇盛之时。经过20多年的"自强",与英法联军进攻北京时相比,中外军事力量的差距有明显的缩小。用新式后膛枪炮武装起来的冯子材部队一举在镇南关大败法军,并进而克服谅山,导致法国茹费理内阁倒台。人们惊呼:"闪闪龙旗天上翻,道咸以来无此捷。"②或与此局势有关,对外一向被认为过于软弱的李鸿章竟在谈判中使了点态度。4月8日,他对日本公使榎本武扬怫然说:"朝鲜事中国并未办错,其错处全在竹添,若因此决裂我惟有预备打仗耳。"③第一次说了出乎日方预料的硬话。但是,在谈判前和谈判中,伊藤和日本政府制造了不少声势。骄不胜诈。日本的一手居然奏效。当李鸿章见到驻日使臣徐承祖来信说"该国王调集广岛、熊本两镇之兵,预备战事,伊藤来华,随带水陆将弁多人,沿途侦察虚实",遂又"虑事机决裂"。④ 最后于4月18日签订了"授人以柄"的《中日天津条约》。应该认为,天津会谈实是日本的"大陆政策"和清政府的"防日"政策的一次外交折冲,它充分表现了前者的一种坚定的主动进取的态势和后者的一种因循的被动防守的性质。显然,"这次谈判有两大可注意之点:一为两国同时撤兵,一为两国同有出兵朝鲜之权。前者属于临时性质,后者遗患无穷,这是李鸿章对日外交的一个重大错误"⑤。

天津会谈后,李鸿章和伊藤博文均从实际感受中得出了各自的看法。李鸿章在事后向总理衙门报告会谈经过时,盛赞自己的对手"久历欧洲,极力摹仿,实有治国之才",并警告说:"大约十年内外,日本富强必有可观,此中土之远患而非目前之近忧。尚祈当轴诸公及早留意"⑥。至于伊藤博文,尚未见到他直接评价李鸿章和这次会谈的材料。但记载表明,天津会晤结束后,日本政府中有一派人主张说:"宜在此一二年中速取朝鲜,与中国一战","若至三年后",日本"势必不敌"。伊藤博文根据自己对清朝的了解,不以为然地说:"中国以时文取文,以弓

---

① 《李文忠公全集》第39卷《奏稿》,《议复梅启照奏请整顿水师折》。
② 黄遵宪:《冯将军歌》,《人境庐诗草笺注》,上海古籍出版社1981年版,第397页。
③ 王芸生编著:《六十年来中国与日本》第1卷,生活·读书·新知三联书店1979年版,第9页。
④ 王芸生编著:《六十年来中国与日本》第1卷,生活·读书·新知三联书店1979年版,第281页。
⑤ 王芸生编著:《六十年来中国与日本》第1卷,生活·读书·新知三联书店1979年版,第269页。
⑥ 《李文忠公全集》第17卷《译署函稿》,第8,9页。

矢取武,所取非所用;稍为变更,则言官肆口参之。虽此时外面于水陆各军俱似整顿,以我看来,皆是空言……殊不知一二年后,则因循苟安,诚如西洋人形容中国所说:'又睡觉'矣。"①中国最大的"知日"派李鸿章和日本最大的"知清"派伊藤博文的各自估计均不谋而言中。

## 二、马关议和:明治维新和洋务运动的成败互见

10 年之后,清朝陆海军在甲午中日战争中战败,李鸿章和伊藤博文再见于日本马关。李鸿章是以纳款乞和者的身份出现,再也没有天津会谈时曾有过的傲慢之气。甲午战争固然是日本和中国间的一场侵略与反侵略战争,但从另一个角度来说,也是中日近代化成效的一种检验。

中法战争后的 10 年,是日本明治维新以来政治经济文化进步最快的 10 年,也是日本加紧扩军备战、系统形成"大陆政策"、力图"脱亚入欧"的 10 年。19 世纪 70 年代,在大久保利通和伊藤博文等人的主持下,日本明治政府对"殖产兴业"的努力取得了显著的成效。1881 年,日本政府又成立农商务省,调整产业政策,"终止"以往侧重"官营示范"的方针,代之以"民间事业"为主的发展近代经济的政策,从而使日本民间资本主义迅猛地发展。在伊藤任第一届内阁总理大臣后的 1886 年至 1890 年间,日本出现了产业革命热潮,棉纺织业成为当时民间近代工业的中心。1890 年,日本棉纱出口大于进口,开始成为纺织品出口国。此外,私营铁路、航运、造船和其他轻重工业均得到较为迅速的发展。1894 年,日本私营铁路达 2 473 公里,为官营铁路 929 公里的两倍半以上;而同年年底,中国仅有官办和官督商办铁路 425 公里,不足日本铁路里程的 1/8。到 1893 年年底,日本以民营为主的航运业有 16 万吨船舶②。而中国只有轮船招商局一家航运企业,有 24 584 吨船只,不及日本船舶吨位的 1/6。到第二届伊藤内阁期间的 1894 年,日本已初步实现了资本主义工业化,成为亚洲第一个实现工业化的国家。在文化教育方面,日本早在 1871 年就成立了文部省,着手近代教育改革。1885 年后,伊藤内阁加紧实行"文明开化"政策,颁布《帝国大学令》及各级各类《学校令》,奠立了日本近代学制。日本在 70 年代曾用高薪聘用了大批外籍专

---

① 中国史学会主编:《中日战争》第 1 册,新知识出版社 1961 年版,第 600 页。
② 参见[日]守屋典郎:《经济史》,东洋经济新报社 1961 年版,第 82、103 页。

家,80年代由于留学人员陆续回国,便逐年解聘外籍专家,到1889年,基本上实现了科技教育自立。在军事方面,明治政府在"富国强兵"口号下,建立起亚洲最雄厚的近代军事工业。1869年成立兵部省,后又分设为陆军省和海军省,实行兵制改革。70年代,根据"国民皆兵主义",颁布征兵令。并成立军令机关参谋本部。在1885年后的第一届伊藤内阁期间,日本为适应野战和境外作战,将旧有"镇台制"改为"师团制",大体上完成了兵制改革。1888年和1890年,山县有朋提出《军事意见书》和《外交政略论》,前者限期完成入侵朝鲜的军事准备,后者提出了所谓"主权线"和"利益线"的理论,把朝鲜视为日本的"利益的焦点",从而使1876年初见端倪的"大陆政策"至此系统形成。至于政治改革方面,日本明治政府从成立起就在近代"国民国家"的政治理性的指导下不断进行自身的改革。从70年代中期起,伊藤博文成为"编纂法典"工作的主要推动者。明治政府对自由民权运动采取既压制又让步的双重政策,到80年代末,日本终于成为亚洲第一个实行(德国式的)宪政的国家。

就伊藤博文个人来说,1885年后的10年间,他的政治生涯也进入巅峰时期。1885年12月他组成日本首届内阁,1889年他亲手制定了日本第一部宪法,1890年他亲自主持召开了日本第一届国会。在他第二次任内阁总理大臣期间,日本于1894年7月与英国修改条约,取消了旧约中的领事裁判权等条款,从而大大提高了日本的国际地位,接着发动了侵略中国和朝鲜的战争,使日本的近代化历程发生了"脱亚入欧"的折变。

同日本明治维新后的发展相比,中国洋务运动所表现出的近代化成效则相形见绌。

洋务运动自19世纪60年代兴起后,在七八十年代曾有过较为广泛的发展,但中法战争后10年间却相对停滞而趋于衰落。实际上,洋务经济活动本来就缺乏总体设计,产业部门不配套,"唯兵之为务"①,"疏于基本工业之建设"②。连最切于民生日用、被英国等先行工业化国家作为产业革命中心的纺织业,也受到了不应有的忽视。李鸿章于80年代花了10年时间,才办起一家上海机器织布局。80年代,与日本厉行"厚殖民产"的方针相反,李鸿章和清政府却不断强化"官督

---

① 梁启超:《续论变法不知本源之害》,中国史学会主编《戊戌变法》第2册,上海人民出版社1957年版,第22页。
② 窦宗仪:《李鸿章年(日)谱》1874年10月30日条,(台北)文海出版社,近代中国史料丛刊续编,第700页。

商办"主义,作出"不准另行设局"和"不准别树一帜"等限制,阻塞民间纺织、航运业的发展,中国民间资本主义成长维艰。在军事和国防建设方面,清政府在中法战争后虽曾一度"亡羊补牢",采取了台湾建省、设立海军衙门和编练成北洋海军等措施,但除此之外,在"自强新政"方面,再也没有使出什么新招。慈禧太后趁中法战争撵走奕䜣,巩固自己的统治地位后,朝政更加拖沓和腐败。被李鸿章所缅怀,连康有为也为之赞叹的同治初年的那种"有请必行"和"励精图治"的所谓"中兴之象"①,早已是明日黄花。"后半截世故"的李鸿章为苟保权位,秉承奕譞意旨,挪用大笔海军经费为慈禧太后修筑颐和园。正当日本完成近代兵制改革并系统形成"大陆政策"之时,中国清军仍一守旧有营制,北洋海军于1888年成军后就停止了发展,1891年户部又奏准停购船械两年,清政府坐视日本在90年代初倾全国之力发展海军,使日本海军赶上以至超过北洋海军。从政治状况来说,清政府除新设一两个衙门外,"未尝一言变旧"。李鸿章等呼吁"易兵制""变功令"几十年,清廷未予理睬。洋务活动始终只是"枝枝节节"地进行,如李鸿章所自称的那样,"做到那处,说到那处",缺乏近代国家理性指导,政治改革阙如。洋务运动由于局囿而停滞,不能向高层次的改革方向发展,又不能把握机遇,最后更错过了中法战争后十年间较为有利的发展时机。

就李鸿章个人的政治处境来说,他虽然号称"坐镇北洋,遥执朝政",但实际拥有的权力有限。他名为首席大学士,实是"总督兼官,非真相"②;又从未进入军机处,甚至在洋务运动时期,与掌管洋务的总理衙门的官职也无缘,更不用说领导这个机构了。中法战争后,虽曾提议铸银币、设"官银行",都因户部反对以及慈禧、奕譞不予支持而作罢。他是兴办铁路的主要倡导者,但喧嚣于整个80年代的铁路风波使他备受攻击,伤感自己"三十年来,日在谣诼之中"③。李鸿章眼见日本推行宪政,也发出过"变法度,必先易官制"的感慨,但叹息"中国文守千年",无人敢于"骤更"④。李鸿章一直自感是"外臣","尝苦有倡无和"。很早以来就发出"振奋之本在朝廷","岂疏远所能为力"的哀叹⑤。以致1895年说出

---

① 李鸿章:《复洪文卿》《李文忠公尺牍》第11册;康有为:《上清帝第一书》,汤志钧编:《康有为政论集》上册,中华书局1981年版。
② 赵尔巽等撰:《清史稿》第30册,中华书局1977年版,第12017页。
③ 《李文忠公全集》第3卷《海军函稿》,《议驳京僚谏阻铁路各奏》,丙辰(1916年)石印本。
④ 《李文忠公尺牍》第7册《复黎莼斋》。
⑤ 《李文忠公全集》第12卷《朋僚函稿》,《复四品卿何子久》。

"虽欲变法自强,无人主持,亦奈何矣"①的话来。这种心情在马关谈判时也流露出来。在马关谈判过程中,伊藤博文谈及中国情况时问道:"十年前我在津时,已与中堂论及,何至今一无变更?本大臣深为抱歉。"李鸿章感慨地说:"维时闻贵大臣纵论及此,不胜佩服。且深佩贵大臣力为变革俗尚,以至于此。我国之事,囿于习俗,未能如愿以偿……今转瞬十年,依然如故,本大臣更为抱歉。自惭心有余力不足而已。贵国兵将悉照西法,训练甚精,各项政治,日新月盛。此次本大臣进京,与士大夫相论,亦有深知我国必宜改变方能自立者。"②伊藤博文和李鸿章在马关谈判中这种充满"训诲"和"自惭"气氛的对答,实为明治维新和洋务运动成败反差的一种侧面写照。

"战争是力量的竞赛。"③甲午中日战争的结果检验了中日双方的国力。这种国力,包括两国的军力、经济力和政治组织力。应该说,经过洋务运动,包括清军军力在内的中国国力是增强了。中法战争中中国陆战在最后曾取得重大的战役性胜利是一个明证。1888年堪称强大的北洋海军建成也是一个实例。但是,看国力不仅要看绝对国力,而且更要看相对国力。所谓绝对国力,是本国国力的后时与前时相比是一种纵向考察;所谓相对国力,是本国国力与外国国力相比,是一种横向比较。显然,甲午战争的失败和《马关条约》的签订,不是由于中国绝对国力没有增强,而是由于中国相对国力败于日本。可以说,李鸿章和伊藤博文的马关谈判,实质上是对日本明治维新和中国洋务运动的一次成败互见的鉴定。

但战争又是"主观能动性"的较量。战争中的主观能动性主要表现为"指导战争和实行战争"的自觉性。④ 在甲午中日战争中,李鸿章和清政府的政治指导和军事指导,明显地差于日本。

如所周知,日本发动侵略中国和朝鲜的战争是它既定的"大陆政策"的继续。对此,日本于中法战争后加紧扩军备战,于1893年颁布了战时《大本营条例》,又成立海军军令部,为建立战时体制做了准备。1894年,它利用时机,蓄意在朝鲜造成紧张局势并使之破裂。它在广岛设立"大本营",伊藤博文扈从明治天皇设行宫于此,昭示了进行战争的决心。

---

① 窦宗仪:《李鸿章年(日)谱》1895年10月28日条。
② 王芸生编著:《六十年来中国与日本》第2卷,生活·读书·新知三联书店1980年版,第225页。
③ 毛泽东:《论持久战》,《毛泽东选集》第2卷,人民出版社1966年版,第438页。
④ 毛泽东:《论持久战》,《毛泽东选集》第2卷,人民出版社1966年版,第446页。

甲午中日战争就中国而言，它是以防止日本侵略朝鲜为重要目的的"防日"政策的继续。但是，在甲午中日战争前的十多年间，李鸿章和清政府在"防日"政策的背后，又存在着严重的轻日思想。朝野上下认为，"保护朝鲜"，重在"防俄"，"为我患者，日本其小小耳"①。又认为，"日本虽有侵凌之志"，然"以中国之力，拒泰西众国则不足，拒日本一国则有余"②。李鸿章虽看到日本的严重威胁，但认为，"韩虽可虑，有俄在旁，日断不遽生异心。我当一意联络俄国，使俄不侵占韩地，则日亦必缩手"③。这实际上也低估了日本发动侵略战争的力量和决心。诚然，80 年代后期，清廷财政日形拮据，但如透过这种表层原因则不难看出，北洋海军停止发展，清政府停购船械，实与朝廷上下存在严重的轻日思想有关。所以，康有为在《进呈日本明治变政考序》中认定，"不察邻国，误轻小邦"④，是甲午战败的一个首要原因。

其次，在战争一触即发之际，负责北洋事务的李鸿章不着力筹备战守，一味把希望寄托在"恃俄拒日"和列强干涉上。1894 年夏间，朝鲜局势岌岌可危，李鸿章于 6 月 28 日说："现东邻俄国责问于倭，或将退而思返。"⑤7 月 23 日日军已开始行动，李鸿章电告清廷："俄有十船可调仁川，我海军可会办。"及至 8 月 16 日，李仍强调："俄人有兴兵逐倭之意。"⑥他执迷于列强"问：日开衅之罪"和"俄人兴兵逐倭"，结果贻误战机，败坏战局。

再之，甲午年值逢慈禧六十初度之期，她和清政府预定届时举行隆重庆典。慈禧太后与清政府害怕局势破裂和战局发展有煞"风景"，始终缺乏抗敌决心。在整个战争进程中，李鸿章和清政府"并不是以最大的精力用之于杀敌致果，而是用之于乞求列强的干涉"⑦，从而导致最终失败。

有个问题需要辨析。有的论者因李鸿章去马关求和并签订丧权辱国的《马关条约》而断言他卖国。笔者以为结论尚可斟酌。史实表明，李鸿章去马关求和是在日本两次"拒使"之后由清廷廷议作出的决定，上谕中有"此时全权之任，亦更无出该大臣之右者"之语，并"予以商让土地之权"⑧，完全是奉命受权而去。

---

① 《格致书院课艺全编》辛卯夏季王恭寿课艺及薛福成批语。
② 《格致书院课艺全编》辛卯夏季彭寿人课艺。
③ 《李文忠公全集》第 2 卷《海军函稿》，第 15 页。
④ 汤志钧编：《康有为政论集》上册，中华书局 1981 年版，第 222～223 页。
⑤ 《李文忠公尺牍》第 27 册《复两江制台刘岘庄》。
⑥ 《翁文恭公日记》第 33 册，涵芬楼影印本，第 61、71 页。
⑦ [美] 马士·宓亨利：《远东国际关系史》上册，汉译本，商务印书馆 1975 年版，第 392 页。
⑧ 《李文忠公全集》第 79 卷《奏稿》，第 46、50 页。

《马关条约》的内容是甲午战争失败所招致的结果,而且李鸿章又是奉到"如竟无可商改,即遵前旨与之定约"①的最后谕旨签订的。他个人似难独担其咎。以实事求是的态度全面地考察这段历史,似可以认为,李鸿章的误国不在马关谈判和签订条约本身,而在于他在"防日"过程中有一味依仗强俄的软弱思想和"轻日"思想,特别是在"指导战争和进行战争"的过程中有严重的失败主义错误。他对战争的失败负有重要责任。这才是李鸿章的真正误国之处。

甲午战争和马关议和也是对李鸿章和伊藤博文两人政治事业的一种总结。甲午中日战争失败葬送了"洋务自强"在中国人心目中的希望,也使李鸿章自叹"一生事业","扫地无余"。② 马关归来,李鸿章被从北洋任上罢撤下来,名为"入阁办事",实是"久居散地"。而伊藤博文则因引导日本在明治维新后成为近代化国家,并发动侵略邻国战争使日本在对外关系上发生了"脱亚入欧"的折变,于1895年8月5日晋锡侯爵,赐金10万两,被叙为大勋位。③

## 三、北京会见:"脱亚入欧"和 维新夭折的两重投影

1898年9月,伊藤博文漫游中国,李鸿章和他在北京第三次会晤,也是两人的最后一次会晤。

这次会晤之前,伊藤博文在使日本进一步"脱亚入欧"方面,做了这样两件事。第一,玩弄所谓"满韩交换"的交易,谋求对俄妥协,使日本得以在朝鲜伸展势力。日本在甲午中日战争中取胜,"刺激了俄国对东亚的侵略",从而激化了日俄矛盾。

1898年1月,伊藤博文组成第三届伊藤内阁,力图与俄国达成一项政治交易。3月19日,伊藤内阁外相西德二郎通知俄国驻日公使罗森说:"如果俄国把朝鲜交给日本,日本则可以承认满洲及其沿岸不属于日本利害关系范围之内。"但当3月27日,俄国逼迫清政府签订《旅大租借条约》、俄国占据旅大成为既定事实之后,俄国则明确答复日本:"不能容许把俄国势力完全从朝鲜排除出去。"伊藤等人的所谓"满韩交换"的图谋未能如愿。但经过谈判,日俄签订《西德二

---

① 《李文忠公全集》第20卷《电稿》,第39页。
② 吴永口述:《庚子西狩丛谈》,岳麓书社1985年版,第107页。
③ 日本民友社著:《伊藤博文》,今世人物评传丛书本,汉译本,第89页。

郎、罗森议定书》，俄国首次承认日本在朝鲜经济发展中的特殊利害关系。此后，在朝鲜维持一种俄日"共处关系"的条件下，"日本的经济优势变得越来越显著了"①。第二，参与列强"瓜分"中国的狂潮，为日本占得一个份额。1898年4月22日和24日，伊藤内阁和清政府完成了《关于不割让福建的换文》②，日本攫得中国福建作为自己的势力范围。这成为1900年日本首相山县有朋的所谓"经营南方"政策的起源。

1898年6月30日，第三届伊藤内阁解体。8月11日，伊藤宣布访华。目的是实地了解中国情况，试探联合"对俄之可能"。对外则表示："中国已陷于绝境，将促使中国觉醒"，设立"国家银行，从事工业，实行征兵，设立学堂"等，并说："中国之大病，在智者贤者知之而不能行之，徒以个人所得、家族温饱为计，而置国家为次，故无从改革。"③伊藤的这番话，除去自得的成分，其强调改革以及银行、工业、征兵、学堂诸项，实是日本成就的经验之谈。当时，中国的情况是：甲午战后，尽管李鸿章奉行新的"联俄制日"政策，有欧洲之行，签订了"引狼入室"的《中俄密约》，但中国是一个内向传统很深和内省意识很强的国家，以康有为为代表的维新派鼓吹因战败而内省而发愤图强，社会舆论很快一收防日、仇日的情绪，迅速兴起"不妨以强敌为师资"的"仿日"维新潮流。因此，1898年伊藤博文"漫游中国"时，备受维新派和朝野人士的欢迎，甚至有人提议请伊藤留在中国做"客卿"，帮助中国维新。伊藤一行于9月11日到天津，14日到北京。他在家信中说："众多的中国人来访，请求为中国尽力者络绎不绝。20日谒见皇帝，这种待遇是前无先例的。"④

1898年9月24日，慈禧太后发动政变后的第三天，李鸿章设宴招待伊藤博文，席间，气氛肃然。李鸿章一面默听伊藤随员大冈育造所说"近日康有为所为之事，无非扩充贵爵相未竟之功"，不予置喙；一面申言康有为"煽惑人心，致干众怒"的"罪状"，向伊藤提出将逃亡到日本的康有为"执送敝国惩办"的要求。这次会见一年之后，不耐寂寞的李鸿章终于被第三次"垂帘"的慈禧太后重新起用，外放到康、梁的家乡任两广总督。甲午战争前李鸿章大谈"内须变法"几十年，甲午战后"变法"大潮高涨时却缄默不语，变法运动被扑灭后又显露出再起的迹象。

---

① ［日］信夫清三郎编，天津社会科学院日本问题研究所译：《日本外交史》上册，商务印书馆1980年版，第301，302页。
② 王铁崖编：《中外旧约章汇编》第1册，生活·读书·新知三联书店1957年版，第750~751页。
③ 窦宗仪：《李鸿章年（日）谱》1898年8月11日条。
④ ［日］信夫清三郎著，吕万和等译：《日本政治史》第3卷，上海译文出版社1988年版，第321页。

这不仅显示了李鸿章在政治上的错综表现,而且也表现了晚清近代化潮流的曲折性和缺乏连贯性。

## 四、尾　　论

历史发展的轨迹常常是曲折、交叉的。19世纪中国近代化潮流经历了从洋务运动的兴衰到戊戌维新的骤起而夭折这样的曲折,日本近代化潮流发生了从明治维新成功到发动侵略邻国的甲午战争从而向"脱亚入欧"方向折变。从某种意义上说,李鸿章和伊藤博文在1885年天津、1895年马关和1898年北京这三个时间地点的会晤所连成的中日关系的一根历史曲线,实是19世纪日本近代化潮流的成功与折变和中国近代化潮流的曲折与失败这两条历史轨迹撞合成的一种两重性投影。

李鸿章和伊藤博文的三次会晤都是一种外交活动。而外交政策是对内政策的继续,"外交"的基础在于"内治"。伊藤博文是日本明治政府中的著名的"内治"派。他于70年代访德时,曾聆听过俾斯麦的必须发展"实力"和"内治优先于外交"的说教,以后一直奉若神明。从伊藤博文和李鸿章的历次会晤来看,日本的"外交"得步,很大程度上是因为其"内治"比较成功,即由于明治维新及其以后的近代化的成就增强了国力和对外自信所致。从中国方面来说,李鸿章虽是清政府中的"内须变法"的最大鼓吹者,但由于洋务运动缺乏近代国家理性的指导,没有发展全局,不能把握机遇,政治改革阙如,难以使中国"日进于富强"。弱者富于幻想,李鸿章和清政府因相对国力贫弱而缺乏对外自信,由此产生一味迷信国际公法和"以夷制夷"的软弱的对外思想,最后竟致葬送了历时二十年的"防日"的努力。可以认为,"内治"与"外交"是近代化进程中相辅相成的两个方面,但"内治"是基础,没有比较成功的"内治",很难有比较成功的"外交",这是我们应该从中得到的一个历史启迪。

最后还有一点需要辨析。李鸿章曾被西方人称为"东方俾斯麦",1896年他访问德国时,曾会晤过俾斯麦,俾斯麦在家里盛情地接待他。但德国内大臣欢迎李鸿章时曾说:"惟早来二十五年,岂不更妙?"盛情之中不无讥讽之意。伊藤博文于1863年留学英国,他第一次踏上欧洲国土比李鸿章早三十三年。他在1873年和1883年两睹俾斯麦的丰采,"平生以东洋俾斯麦自拟"。如所周知,俾斯麦是德国奉行铁血政策完成统一和现代化的代表人物。从某种意义上说,李鸿章和伊藤博文都实行过铁血政策,但这有侧重对内、对外之别。至于两人在推行本国现代化的实效方面,更有成败之殊。因此,究竟孰是"东方的俾斯麦",历史的结论当是不言而喻的。

(原文载《近代中国》第 5 辑,
作者:刘学照,华东师范大学历史系教授)

# 陈宝琛的近代化思想与事业

陈 绛

实现近代化,是晚清中国面临的一个重大历史课题。近代士大夫,不论是出于对国家前途的关注,还是出于对王朝安危的考虑——这两者对于他们中许多人往往是统一的,都必须对它作出自己的回答。这是因为近代化是当时世界的潮流,一些已经或者正在实现近代化的大国,正力图按照自己的面貌改造落后的国家和民族,将它们卷入世界资本主义体系。走向世界近代化的潮流,是中国的出路,也是当时中国对西方以及后来日本的侵略作出的一种必然的反应。

陈宝琛(1849—1935),字伯潜,号弢庵,福建闽县(今属福州市)人。清同治七年(1868年)进士,入翰林院,以后历任江西学政、内阁学士兼礼部侍郎等职。他早年立朝,纠弹时政,以敢言著称,是光绪初年清流健将。论者或以清流派抨击洋务派在对外交涉中妥协退让,力主坚决抗争的强硬政策,将清流派看成是洋务派的对立面,从而认定他们属于顽固派,反对向西方学习,反对中国的近代化,其实并不尽然。清流派并非都以不谈洋务为高,他们中间也有投身于近代化活动者。陈宝琛的一个同时代同乡人回忆:"当中法未战之前,陈弢老正在提倡清流,于洋务极意研究。"[①]关于近代化的主张,在陈宝琛的奏议中,是一个很值重视的内容。中法战争期间,他奉命会办南洋防务,被慈禧借口"荐人失察",降五级调用,退居原籍,直至慈禧死后,始于1909年复出,曾长期充任溥仪的师傅。他中年受谪后在福建20余年所开拓的近代化事业,为桑梓留下了一笔值得纪念的遗产。

一

"臣目击时局,不胜愤惋"[②]"每念中国大局,往往中夜起立,眦裂泣下"[③]。深

---

① 何刚德:《春明梦录》卷上,上海古籍书店1983年版,第33页。
② 陈宝琛:《陈文忠公奏议》家刻本,1940年版,卷上,第4页。
③ 陈宝琛:《陈文忠公奏议》家刻本,1940年版,卷上,第12页。

重的忧患意识,炽烈的爱国情绪,是陈宝琛提出近代化主张的重要思想动力。他在 1880 年为前直隶提督刘铭传代拟《筹造铁路以图自强折》指出中国所处严重的国际环境:"门户洞开,藩篱尽撤,自古敌人外患未有如此之多且强也";强调自强的紧迫性:"今不图自强,后虽欲图,恐无及矣。"①在次年《条陈讲求洋务六事折》中,他再次指出:"夫海外诸国莫不修政令、缮船舰、利器械,以冀乘一日之衅,而且伏我肘腋,伺我动静,剥肤之患,近在眉睫",他因而"日夜感愤而不能自已"。② 这两份奏议是我们今天读到陈宝琛关于近代化问题的最早论述。这时上距太平天国和捻军失败已十余年,国内阶级矛盾相对缓和,而边疆危机环生,中外冲突日趋尖锐。如果说,中国的近代化运动是在"灭发捻"和"御外侮"的双重目的推动下,在 19 世纪 60 年代初作为封建统治阶级一场自我挽救的运动而走出它的第一步,那么,陈宝琛在二十年后提出的近代化主张,则是具有更为直接的巩固国防、抵御外侮的动机和要求。

首先,他慨叹自第一次鸦片战争失败后,中国没有对西方的挑战作出积极的反应,失去了振兴自强的宝贵机会,带来了后世史家所惋惜的"近代化的延误"③。他沉痛回溯:"道光中叶,夷患始著,当局无忧深虑远之谋,昧未雨履霜之戒,延及咸丰季年,其祸遂不可收拾。于是中外臣工始知夷祸之烈且亟,而为国家之大命所系也。"④但是自咸丰季年,亦即 1861 年恭亲王奕䜣等惊呼"夷祸之烈极矣",提出包括设置总理衙门在内的应付变局六项措施⑤,又经过 20 年,虽然中国的近代化已在起步,一系列近代军事和民用工业次第建立,新式海军也已初具规模,但是近代化的进展却远未能如人意。陈宝琛总结这二十年是:"讲强兵而兵仍弱,求富国而国仍贫"⑥;"年年论自强,日日言御侮,而卒无一效者"⑦。20 年间所发生的一系列对外交涉,莫不以中国屈辱退让而结束:"若津(1870 年天津教案)、若滇(1875 年马嘉理案)、若黔(1861—1863 年贵阳教案)、若台湾(1874 年日本出兵台湾事件)诸大案,无非张敌焰而损国威。"⑧令陈宝琛感受尤深的是,中国受到的外部威胁,不但已不同于历代主要来自北方的"夷狄",而且

---

① 陈宝琛:《陈文忠公奏议》,家刻本,1940 年版,卷上,第 12、13 页。
② 陈宝琛:《陈文忠公奏议》,家刻本,1940 年版,卷上,第 41 页。
③ 《中国近代化的延误》,(台北)《大陆杂志》第 1 辑第 1 册。
④ 《陈文忠公奏议》卷上,第 40 页。
⑤ 宝鋆等:《筹办夷务始末》,咸丰朝,故宫博物院 1929 年版,卷 71,第 17 页。
⑥ 《陈文忠公奏议》卷上,第 35～36 页。
⑦ 《陈文忠公奏议》卷下,第 30 页。
⑧ 《陈文忠公奏议》卷上,第 40 页。

也不同于鸦争战争时期的英国海上侵略:"古者夷狄之祸,或受患在偏隅,或连兵仅数载,从未有合海数十国蚁聚蜂起,扼喉嗌而据腹心,痛巨创深如今日者,仅以前古驭夷之道治之,恐未尽也。"①国际形势的变化,要求清政府不应再墨守成规,因循苟且,而必须"破历载拘牵之习"②,振作自强,这正是陈宝琛提出近代化主张的基本出发点。

## 二

正是出于抵御外侮、加强国防的要求,陈宝琛的近代化主张,集中于军事和外交两个方面。他从19世纪70年代末中国、日本和俄国的复杂的三角关系中体会到,只有以强大的国力为后盾,才能增强自己在国际谈判中的地位,并使国际关系朝于我有利的方向发展。他说:"日本之亲我与否,亦视我之强弱而已:中国而强于俄,则日本不招自来;中国而弱于俄,虽甘言厚赂,与立互相保护之约,一旦中俄有衅,日本之势必折而入于俄者,气有所先慑也。"③国际关系从来都是建立在国力对比的基础上,而不应寄希望于桌面谈判与纸上条约。在80年代初中法关系紧张时刻,他清醒认识到:"既非舌争笔战所能止兵,亦非含垢匿瑕所能无事,舍用人、筹饷、练兵之外,更有何法?"④琉球危机和越南争端暴露出已有的洋务建设并没有使国家臻于富强,有效地发挥抵御外来侵略的作用,对此,他表示强烈的愤慨。

在军事方面,陈宝琛批评"中国造船练兵垂二十年,平时操演则曰技艺可观,临事调遣则曰恐无把握"⑤;新建的海军和旧式水师"利钝悬殊,而同归于无用"⑥。他斥责海军纪律松弛(如"驾弁携眷自随,往往舍舟住岸,娼楼酒馆征逐嬉游")、技艺荒疏(如"轮船操演,多不合式,设靶试炮,中者绝少")、管理腐败(如"各船水手,间有虚额,支发薪粮,或亦克扣"),⑦国家花费巨款向西方购置武器,"未曾一试,良楛莫辨"⑧。他对近代军事建设的前途忧心忡忡:"臣恐从此讲洋

---

① 《陈文忠公奏议》卷上,第42页。
② 《陈文忠公奏议》卷上,第41页。
③ 《陈文忠公奏议》卷上,第8页。
④ 《陈文忠公奏议》卷上,第65页。
⑤ 《陈文忠公奏议》卷下,第17页。
⑥ 《陈文忠公奏议》卷上,第49页。
⑦ 《陈文忠公奏议》卷上,第49页。
⑧ 《陈文忠公奏议》卷下,第17页。

务者肆空谈而借为捷径,购军器者糜巨帑而收其弃材,寖成具文,直同儿戏。"①

在外交方面,陈宝琛批评总理衙门推行妥协软弱的方针。1879年,崇厚擅自同俄国签订丧权辱国的《里瓦几亚条约》,将伊犁以外大片领土拱手相让。他认为,军机处和总理衙门大臣应比崇厚负有更大的责任:他们拖延谈判,造成"条约久稽,国书未答,使者不行,以致敌国猜疑,兵船已发";他们贻误边防,以致"六月有余,未成一军",终于造成"欲战无兵,欲和无策","取辱四夷,蒙讥万世"的严重后果。②他指出,1880年总理衙门与日本使臣谈判琉球事件中,日本"居心叵测,无非欲与欧洲诸国深入内地,蝇聚蚋噆,以竭我中国脂膏",而总署昧于国际大势,惑于联俄防俄之说,"五尺童子犹不肯堕其术中,堂堂大朝奈何出此!"③他指责奕䜣的亲信、掌握总署大权的宝鋆"年齿渐衰,暮气太甚","畏难巧卸,不恤成败"④,一身兼步军统领、户部侍郎和总署大臣的崇礼,对三个重任都不能称职,他对崇礼担任总署大臣的表现,批评尤为尖锐:"至于总理各国事务,关系尤重,颠顸若崇礼,昏聩若崇礼,尚望能折樽俎之冲,建怀柔之策乎?"⑤这些大胆严厉的批评,展示了一个清流健将勇敢峻急的风骨。

中国早期近代化于咸同之际在清廷中枢奕䜣、文祥和地方大吏曾国藩、左宗棠、李鸿章等倡导和主持下逐步展开。它在发展的过程中,受到来自不同方面的指责。顽固守旧势力攻击它以夷变夏,"溃夷夏之防,为乱阶之倡"⑥,势必动摇千百年来封建传统的根本。维新思想家批评它"仅袭皮毛,而即嚣然自以为是"⑦,没有触及政治体制的改革。陈宝琛当时的政治思想虽然没有达到后来维新人物那样高度,鼓吹"全变则强,小变则亡",将向西方学习从器物层次推进到政治社会制度层次,但是他也绝非像顽固派那样,感到"师事夷人,可耻孰甚",以自我封闭的心态对西方新事物深拒固绝,以仿效西方先进的生产技术为糜费、为多事。一些维新思想家批评早期近代化运动的缺陷说:"是非西法之不善,效之者未至也。"⑧全面考察陈宝琛关于近代化的主张和实践,可以看出,他也是以"效之未至"的惋惜乃至愤慨的心情对洋务事业提出痛切的批评。

---

① 《陈文忠公奏议》卷下,第17页。
② 《陈文忠公奏议》卷上,第3页。
③ 《陈文忠公奏议》卷上,第6～7页。
④ 《陈文忠公奏议》卷上,第32页。
⑤ 《陈文忠公奏议》卷上,第37页。
⑥ 中国史学会主编:《洋务运动》(中国近代史资料丛刊)(二),上海人民出版社1961年版,第50页。
⑦ 王韬:《弢园文录外编》,中华书局1959年版,第13页。
⑧ 王韬:《弢园文录外编》,中华书局1959年版,第41页。

## 三

对洋务事业失误的批评,也许和对洋务派外交政策的批评一样,是人们认为清流派乃洋务派的反对派的另一个理由。但是陈宝琛在 19 世纪 80 年代初年写的几份奏折表明,他对近代化事业并非只有消极的批评和指责,他还积极提出若干重要的设想和建议。

铁路建设,是中国早期近代化的一项重要项目;关于修筑铁路问题的激烈争论,是近代化进程中洋务派和顽固派几个重大论争中持续时间最久、牵涉面最广、论辩最为激烈的一个。陈宝琛为刘铭传代拟的筹造铁路奏折,引发了 80 年代洋务派和顽固派的新论争。这份著名的奏折集中反映出陈宝琛对修筑铁路所持的积极态度。

他在奏折中首先指出修筑铁路在自强事业中的重要性和紧迫性:"自强之道,练兵造器固宜次第举行,然其机括则在于急造铁路。"他肯定铁路将带来漕运、赈务、商务、矿务、交通等多方面"裕国利民"的经济利益,但更强调它在军事方面,"尤为急不可缓之图","一旦下造铁路之诏,显露自强之机,则声势立振,彼族闻之,必先震慑"。他构画中国铁路的蓝图,以北京为中心,南路设由清江浦(今清江)经山东和由汉口经河南抵达北京两线,北路设由北京东通盛京(今沈阳)、西通甘肃两线。鉴于工程浩大,费用繁重,先修清江至北京一线,以与当时拟修的电报线相表里。至于修路经费,他认为商股招募不易,不妨借用外债,并且可以利用外国技术力量。① 这些主张显示了他的有远见的眼光和胆略。虽然在顽固守旧的官员反对下,他的计划未能实现,1881 年 2 月上谕:"叠据廷臣陈奏,佥以铁路断不宜开,不为无见。刘铭传所奏,着毋庸议"②,但是,这份重要的奏折及其所引发的争论,毕竟为 80 年代末清廷肯定建筑铁路作为"自强要策",并宣布"毅然兴办"③,提供了必要的思想准备,它是中国早期近代化的一份重要的历史文献。

1884 年 5 月中法战争紧张时刻,陈宝琛奉旨协助南洋大臣曾国荃会办防务。他感到曾国荃以战守自任,遇事不征求他的意见,他自己"稽查既托空言,补

---

① 《陈文忠公奏议》,卷上,第 12~15 页。
② 世续等:《德宗实录》,华文书局 1937 年版,卷 126,第 13 页。
③ 世续等:《德宗实录》,华文书局 1937 年版,卷 269,第 5~6 页。

救更成虚语",尤其筹策援闽,对付法国军队的侵犯,未为曾国荃采纳,以致马江一战,"廿年船厂,三千水军,一旦灰烬"。面对当时困难的情势,他于同年9月请求清廷准许他招募兵士,遴选官带,"参合中西之法,教练成军",任用"洞晓泰西战法"的同文馆学生萌昌、天津水师学堂教习严宗光(严复)、萨镇冰为教练。①这一奏请提出后不及半年,他便因荐举唐炯、徐延旭在西南援越抗法战败的牵连,受到降职处分,归里家居。尽管他募勇参用西法教练的要求和修建铁路的计划一样,未能付诸实践,但他对学习西方军事技术采取积极的态度,也是显而易见的。

更能表明陈宝琛对于学习西方所持开放的态度,是他在《条陈讲求洋务六事折》中陈述有关外交近代化的主张。这份奏折涉及外国情况研究、外交机构调整与人员选用,以及涉外法律条例制定等方面的问题。②

第一,陈宝琛十分重视对外国情况和中外关系的研究。他除了建议将历朝《筹办夷务始末》有关内容分门别类,删繁举要,编为一书外,还建议搜求各国史乘和私人著述,以及出使和派出考察人员的记载加以整理,并且组织力量翻译各国著作。事实上,自从中国门户被西方打开以后,许多正视现实的人们都提出了解西方、认识西方、向西方学习,以对付西方的侵略。林则徐最早指出,"时常探访夷情,知其虚实,始可以定控制之方"③。魏源认为,在同西方交涉中,"欲制外夷者,必先悉夷情"④,于是以强烈的现实感与敏锐的洞察力,编成《海国图志》一百卷。此后,奕䜣、李鸿章、郭嵩焘等洋务派人物,关心世界大势的发展,也都反复论述了解外情的重要性。与前人不同的是,陈宝琛将重点放在最高统治者身上,特别指出光绪帝将来亲政,对于"海外诸国疆土之广狭、形势之强弱、政教之张弛、风俗之浇朴、性情之诚伪,以及我中国数十年来办理之得失",必须"一一先了然于胸中",而不是仅就掌握外国情况和中外关系历史与现状的重要性,作一般的陈述。

第二,他认为,主持外交和近代化项目的总理衙门必须加以调整和改革。总理衙门的设立,是中国外交近代化的重大举措,也是清朝传统政治体制的一个"未有之创格"⑤。但是它创设以后,一切仿照军机处办理,以军机大臣兼领总理

---

① 《陈文忠公奏议》卷下,第47~50页。
② 《陈文忠公奏议》卷上,第40~48页。
③ 《林则徐集》,《奏稿(中)》,中华书局1985年版,第765页。
④ 魏源:《海国图志》百卷本,卷2,第4~5页。
⑤ 贾桢等编:《筹办夷务始末》,同治朝,故宫博物院1929年版,卷63,第18页。

衙门大臣,人事重叠,职责不清。陈宝琛认为,两个机构如此不分,对于外人的要求,"总署之所许,即枢臣许之,枢臣之所许,即朝廷许之",在对外交涉发生困难时,便失去转圜挽救的余地,也就是后来研究者所说的总理衙门在清廷最高统治者与外国政府之间所起"缓冲器"的作用。① 为此,他认为,军机大臣不宜兼任总署大臣,这样,"既有以裁决总署之可否,兼可杜敌人狎习之渐"。尤其值得注意的是,奕䜣等当初奏设总署,只是将它作为权宜机构,"俟军务肃清,外国事务较简,即行裁撤"②。这样的规定使总署一直到庚子事件后改为外务部时四十年间,未能作为一个像部院那样的政府机构,具有类似西方国家外交部那样法定的地位。陈宝琛认为,现在总理衙门既未能如奕䜣等原议撤归军机处,不如将它正名为"通商院",位于六部之下,理藩院之上,堂官定为常员,章京改为曹属,改变原来那样不稳定的状态。

第三,19世纪60年代初总理衙门初设时,熟悉洋务的人才不多,总理衙门办事官员(章京)不得不从内阁和各部司员中挑选兼任。陈宝琛看到20年来洋务人才渐多,而各部院保送的司员又往往是这些机构不得力的人员,"钻管保送,借为捷径,非独才不足言,而品且有不可问者",造成总理衙门工作人员的水平下降。他因而建议从出洋学生和有洋务经验的府县官员中选取章京,以加强总理衙门的人事配备,同时将组织机构由现有的按国分股(原设俄国股、英国股、法国股、美国股,其他小国分属各股),改为"因事立司",按不同的工作性质设置职能部门,以便责任明确,并与有关各部工作协调。

第四,他建议有关洋务问题,必须广泛听取各方意见,改变目前不必要的保密状态。到80年代初,洋务思潮已渐形成,洋务问题已引起更多人们的关心。王韬曾描绘思想界这一变化:"咸丰初元,国家方讳言洋务……不谓不及十年,而其局大变也。今则几于人人皆知洋务矣。"③然而清廷对洋务问题仍持严密防范的做法。陈宝琛为此在奏折中尖锐地指出:"国家大事必咨廷臣、询疆吏,独至洋务则讳莫如深:虑不密害成耶,则盈廷不知,而外国新闻纸不已传播乎?虑游谈乱是耶,则盈廷不言,而当局千虑保无一失乎?"他建议在同各国修约前,下诏广泛征求意见,"或人自为议,或数人一议",集思广益,以收取四个方面的好处:补

---

① S. M. Meng, The Tsungli Yamen: Its Organization and Functions, Harvard University Press, Cambridge, MA., U.S.A., 1970: 2, p.3.
② 《筹办夷务始末》,咸丰朝,卷71,第17页。
③ 王韬:《弢园文录外编》,中华书局1959年版,第32页。

总署诸臣智虑所不及;利用公众舆论,作为外交谈判中折冲的借口;转变士大夫以不谈洋务为名高的空疏学风;根据所收到建议的优劣,发现并选拔外交与海防人才,"无设科之名,有得人之实"。

第五,扩大派出学习考察人员的规模,提高他们的资格要求。他认为,驻外使臣人数有限,任期短暂,幼童出洋留学,易受异俗影响,而李鸿章、沈葆桢先前建议另设特科取士,一时又难以遽行。因此他建议不如在每科进士改为翰林中书部曹后,从中挑选人员轮流出国,十余年后必能培养出一些"明审彼中情伪,而得所以驾驭之方"的人才,"洋务永无乏才之虑矣"。

第六,陈宝琛感到,中外商民诉讼,向来"华人用华律,洋人用洋律","洋律畸轻,华律畸重",双方因治外法律而在法律上的不平等,每每造成"民间怨毒日深,彼族气焰愈长"。他建议委任精通律例和案件审理的官员,会同总理衙门,"参合中西律意,订一公允章程",向中外公布,使中外诉讼有公平合理的法律为准绳,"有司持平以执宪,不至茫惑于两歧;小民畏法而知恩,转可相安于无事"。虽然所论仅限于司法律例,但显露出陈宝琛所注意到的已经超出西方生产技术的层面,而且开始多少触及若干具体的制度措施。

讲求洋务六事的奏折,充分表达了陈宝琛关于外交工作近代化的关注和思考,而外交近代化同各个自强项目密切相关,在晚清近代化进程中居于特别突出的地位,陈宝琛在这份奏折结束时,语重心长地呼吁:"既开数千年未有之局,自当图数千年未有之功",如再因循苟且,划地自封,"曾料敌之未神,望自强其何日"!他恳切希望他的建议能够得到切实的讨论和认真的考虑,"勿使多一章程,即多一份粉饰",成为停留在纸面上的虚文。陈宝琛不幸而言中,中法战争尚未结束,他便被迫离开了北京的政坛,不久慈禧太后对总理衙门实行大改组,这一奏折只是被保存下来,成为后人研究他的政治思想的一份资料。

陈宝琛十分重视近代化事业的人才问题。"自强之道,吏治为先。"[①]修吏治,是历来主张经世致用的士大夫关注的一个问题,对于讲求洋务,陈宝琛更加强调的是必须"破历载拘牵之习,收及时可用之才"[②]。在1881年3月《论东三省台湾宜慎简贤能折》中,他从东北和台湾各自在中俄和中日关系中的前沿地位和在国防上重要性的角度,阐陈边要需才的问题。如果说他在这份奏折中抨击东北吏治苶敝,建议自满汉官员中选用人才,仍未脱传统的治平之道,那么,他看到

---

① 《陈文忠公奏议》卷下,第36页。
② 《陈文忠公奏议》卷上,第41页。

台湾"海防洋防,顷刻万变",需有"沉毅有为之大员,镇摄其间",从事海岛的开发,便具有近代化的意义。而且,他还认为,台湾例由福建巡抚兼领,五年之中更换四人,以致"议建铁路,费艰而中悔议开煤井,功缓而旋停"。他关于巡抚常年驻台,实为台湾建省的先声。① 正如有的研究者所指出,自沈葆桢以降至中法战前,"当时台湾的政治现代化不能有更大的进步,主政者坐不暖席是一项相当重要的原因,而此时期台事主政者坐不暖席的根本原因,并非在于清廷蓄意如此,主要仍是受闽督的掣肘",这是"阻碍台湾政治现代化有效推行的一项重大原因。惜清廷对此一时竟未能察觉到"②。陈宝琛察觉到此,尽管他是出于东南海防建设的考虑,没有也不可能从近代化的体认出发提出这个问题。

## 四

历史没有给予陈宝琛实现他的近代化主张的机会。1885年中法战败,他受谴废居故里20余年,但他并没有真正怡情于山水,仍然心系君国,关怀乡梓。20世纪初年清廷宣布推行"新政",民间掀起收回利权运动,中国的近代化出现了继洋务运动以后又一次高潮。陈宝琛在福建创办学校,建筑铁路,以一个在乡士绅的地位,尽自己的努力,开拓福建的近代化事业。

在清末"新政"推行之前,陈宝琛主持福州鳌峰书院,即以倡导经世致用的学风自任,时务和经史并列为书院的主要课程。戊戌变法失败后,他感到"世变急,非兴学育才无以相济也"③,日本与中国近邻,明治维新已取得显著成效,乃在福州苍霞精舍的基础上,创立由中国人自办的福建第一所近代新式学校——东文书院,延聘日本教习,以教授日文为主,以适应当时方兴未艾的赴日留学高潮的需要。

1901年,清廷颁布《兴学诏书》,各省依遵清廷谕令,纷纷将原有书院改为大学堂,兼习中西学。福建省于次年由闽浙总督许应骏奏请,划出正谊书院部分基址,设立闽省大学堂(次年改称福建高等学堂)。④ 陈宝琛于1905—1906年、

---

① 《陈文忠公奏议》卷上,第21~27页。
② 李国祁:《中国现代化的区域研究:闽浙台地区(1860—1916)》,(台北)"中央研究院"近代史研究所1982年版,第186~187页。
③ 陈懋复:《诰授光禄大夫、赠太师先文忠公行述》,福州大华印书局1935年版,第5页。
④ 朱有瓛主编:《中国近代学制史料》第1辑,下册,华东师范大学出版社1986年版,第456页。实际上系在福州凤池书院原址和原正谊书院部分屋宇改建为堂址,见《巍巍福中——福州一中学九十周年校庆特刊》(1992年5月)。

1908—1909年两度受聘兼任监督（校长），主持这所福建近代史上第一所官办新式学校。

陈宝琛感到，"教育根本在小学，造端在师资"①。《壬寅学制》（1902年）和《癸卯学制》（1903年）颁行后，各地兴办中小学堂，对师资需求十分迫切。陈宝琛乃于1903年将东文学堂改组扩充为福建第一所近代师范学校——全闽师范学堂（1906年改称福建师范学堂），他亲自主持校舍修葺、章程订立、图书器械购置、教习聘用。② 在他担任监督七年（1903—1909年）间，这所学校先后设置学制一至五年不等的完全科、特科、简易科，以及音乐、体操、手工专修科和优级师范选科，以适应对师资的各种要求，对福建各府县设立中小学校，起了有力的支持作用。

此外，他还派遣学生赴日本学习师范、法政、商科、工科，筹划官费学生留学欧美。他支持他的夫人王眉寿（光绪年间状元王仁堪胞姐）在福州创办乌石山女塾（1905年），王还出任全闽师范学堂于次年附设的女子师范传习所。对于妇女教育，陈宝琛也可以说是得风气之先的。

陈宝琛和当地一些士绅于1905年倡设"闽省学会"（次年改名"福建教育总会"），他自己出任会长。这是福建省第一个民间教育团体，在各地成立分会，旨在推动教育事业的发展。1907年，福州一些教会学校的学生因抗议美国虐待华工，愤而集体退学，以示抗议。陈宝琛不但自己捐款，并且由闽省学会移拨公款两千元设立"全闽公学"，使两百多名学生不致中途辍学，表现出他对学生爱国精神的同情和支持。

陈宝琛在福建创办近代教育事业中，"凡所兴创，需款之擘划、举事之层累曲折，心力瘁焉"③。他在家书中曾经提到，"闽学务以无费，直无从措手"④。他克服困难，作出重大的努力，对于福建教育的近代化起了十分有益的作用，而教育近代化所带来新学的兴起，则是20世纪初年社会观念和价值取向转变的一个重要原动力，尽管在当时社会历史条件下，这一新陈代谢的转变，仍是十分困难的。

比起主持和推动新式教育事业，陈宝琛筹划修建铁路，遇到的困难也许更多。在19世纪、20世纪之交，列强疯狂攘夺中国路权。在清廷标榜"新政"、颁

---

① 陈懋复：《诰授光禄大夫、赠太师先文忠公行述》，福州大华印书局1935年版，第5页。
② 全闽师范学堂创建年份，《第一次中国教育年鉴》作光绪二十八年，即1902年，见朱有瓛主编《中国近代学制史料》第1辑，下册，第995页。此处据《闽师之源》，中国文史出版社1992年版，第7页。
③ 陈懋复：《诰授光禄大夫、赠太师先文忠公行述》，福州大华印书局1935年版，第5页。
④ 陈宝琛致二弟陈宝瑨函，1906年11月7日，原件，作者藏。

布允许民办的《铁路简明章程》鼓励下,各省人民掀起了以"自保利权"为宗旨的自办铁路的热潮,抵制外人对路权的觊觎,它汇入了当时全国的收回利权运动的巨流中。

在福建,法国驻福州领事于 1903 年嗾使候补道员陈日翔经营铁路,以后法商魏池洋行又笼络曾任驻古巴领事的陈纲等人阴谋揽办福建铁路,以便从中插手。日本更是虎视眈眈,日本驻厦门总领事也想通过陈日翔合办闽潮铁路公司。① 为了防止外人染指,陈宝琛于 1904 年到上海参加闽浙皖赣四省商办铁路协会。次年福建绅商组织全省铁路公司,他以自己的声望和号召力,被公举为总理。公司成立后,日本便进行无理干涉。日本驻福州领事高桥橘太郎照会闽浙总督崇善,要求优先借用日本资金,聘用日本人员,为福建当局拒绝。② 在陈宝琛主持下,公司订立章程,规定专招华股,对于为外国人代购股票,或将股票转售、抵押给外国人,概不承认。同其他各省铁路公司一样,福建铁路公司成为全省保卫路权的组织中心。

为了募集铁路资金,陈宝琛于 1906 年至 1907 年亲赴南洋各埠。正如当时闽籍京官致商部呈文称:"家居二十年,措办学务、商务,具见成效。凡闽省之经商于东南洋各岛、家拥厚资者,平昔均服其为人。若闻该员总理铁路事宜,必能震奋输诚,力顾桑梓之公益,其余筹集股款一事,决无阻碍。"③事实也确是如此。他在南洋途中一封家信说:"闽路计功谋利,瞠乎在各省之后,商家知之至深。此行专凭老脸皮,动之以乡情,激之以意气,先集数百分,以成一二条海岸之路,使风气渐开后,必有继起者。"④另一封家信写道:"各地绅商款待极厚""近年中朝方知有南洋各岛,而以为募股劝捐之善地,而不知其已成弩末。且国威不振,官爵亦不足以动人,募捐徒取辱耳,兄此行不可为例也"。⑤ 南洋之行,一方面使他深为侨胞的热情欢迎和款待所感动,另一方面又切身体会到,国家不富强,不关心海外侨胞,而只一味依赖外来的侨资,终非根本之计,更不应将华侨聚居的南洋,看作是"募股劝捐之善地"。他是怀着这样复杂的心情在南洋进行艰巨的集资活动,其间甚至遇病,"侵冒瘴湿,患胫肿,偃卧经月"⑥。

---

① 宓汝成:《帝国主义与中国铁路》,上海人民出版社 1980 年版,第 198、202~203 页。
② 宓汝成:《帝国主义与中国铁路》,第 192 页。
③ 邮传部编:《轨政纪要·轨六》初编,1907 年版,第 10~11 页。
④ 《陈宝琛致陈宝瑨函》,1906 年 11 月 7 日,原件,作者藏。
⑤ 《陈宝琛致陈宝瑨函》,1907 年 1 月 9 日,原件,作者藏。
⑥ 陈懋复:《诰授光禄大夫、赠太师先文忠公行述》,福州大华印书局 1935 年版,第 5 页。

在陈宝琛的努力下，福建铁路终于募集股款170余万两，先着手勘定由漳州至厦门一段。漳厦铁路于1907年开工，1910年5月建成嵩屿至江东桥一段，开车营业。它虽然只有短短76公里，后来又失修，却是福建铁路的嚆矢。福建直到新中国成立以后鹰厦铁路建成时止，几十年间全省没有一条铁路，由此也可以看出陈宝琛当年筚路蓝缕的艰辛。

1909年3月，陈宝琛奉旨入京，开复二十六年前慈禧给他的降调处分，不久充任宣统帝授读，他终于离开了曾经为之呕心沥血的故乡的近代化事业。

陈宝琛在19世纪80年代放言高论，就近代化问题发表了在军事和外交方面带有全局性的重要意见，进入本世纪，他参加了福建地方近代化的具体实践。在前一阶段，他同清流派其他人争以搏击相高。但是清流派只能活跃于台谏词垣，没有实际操作的机会和权力，他们的政治主张往往只是起舆论钳制作用，往往难以得到正面贯彻。在后一阶段，他的地位只能允许他扮演一个居乡官绅的角色，为了社会公益，为地方的近代化添砖加瓦，而不可能作全面的擘划。他在宣统改元、起复原官后，在资政院首先提议为戊戌六君子平反昭雪，表现出对维新派政治近代化主张的理解和同情。不论是言论主张，还是实际作为，都显而易见无不出于对外患的激愤和对民族前途的忧虑，这种激愤和忧虑，又掺和着浓烈的"尊王攘夷"的传统色彩。

长期儒家教育的熏陶，使传统的文化道德观念成为陈宝琛不可须臾离的最高立身准则，儒家思想中的经世致用要求，则使他具有近代的务实精神。"学以致用为贵，本无中西之殊。"①经世务实使陈宝琛对于西方文化在一定程度上采取宽容的态度。他说："（新式）学堂固无伤于旧学也。"②"师夷"的新内容从而丰富了传统的治平之道。也正因为如此，在外侮日亟时刻，他的近代化主张更着重于军事和外交，经济的近代化只限于铁路建设，政治近代化方面，他思想上虽同维新派人物有共鸣，但却未曾作系统的鼓吹。

大约在20世纪30年代，陈宝琛应美国哈佛大学哈佛燕京学社之请，书赠对联一副，联云：

> 文明新旧能相益，
> 心理东西本自同。

对联的含义表明陈宝琛对西方文化开放宽容的态度，也从一个侧面表明他对中

---

① 树声：《张靖达公奏议》卷5，1899年版，第12页。
② 《陈宝琛致陈宝瑨函》，正月廿八日（年份不详）。

国近代化的态度。他在晚年写的这一副对联,也许意味着他对西方文化和中国近代化,比起 50 年前,有了更深层次的认识。

（原文载《近代中国》第 5 辑，<br>
作者：陈绛，复旦大学历史系教授）

# 严复与自由主义及民族主义

袁伟时

谈戊戌,论启蒙,都不能不忆及严复。历史人物及其解读者都是复杂的,于是,千人笔下千严复。多元文化,千姿百态,赏心悦目。不过,如果能让越来越多的读者对某一历史人物的基本面貌有大体一致的认识,对了解历史真实不无助益。窃以为在众多严复思想评说中,有几点歧见值得探究:(1) 严复与自由主义的关系;(2) 严复与民族主义的关系;(3) 为什么会有两个严复?

## 一、严复与自由主义

哈佛大学教授本·史华兹三十多年前便在其名著《寻求富强:严复与西方》中一再断定:"严复信奉的'自由主义'""严复的英国式自由主义"。[①] 进入 20 世纪 90 年代,萧功秦教授则说:"一些国外的权威学者把严复称之为'中国自由主义者',可以说是极大的误解。正是严复,认为中国长期专制传统以及由此形成的国民性,作为中国的既存现实,使中国不能通过自由主义的方式来实现富强……如果仅因为严复称赞过西方自由主义而把他当作自由主义者,而无视这位思想家所主张的现代化过程中的权威政治论,那无疑是本末倒置。"[②] 两种截然不同的观点后面,包含着颇为有趣的问题。

问题的复杂首先来自对自由主义极难精确界定。自由主义有不同的流派,且在不同的环境和不同的时期,它的表现形式也各异。但异中有同,有一个基本点是广大自由主义者普遍认同的:维护经济活动自由、政治自由和思想自由等个人权利,使之免受政府和社会权力的不必要的侵犯。个人和公共权力的关系始终是自由主义者关注的焦点,而其出发点则是维护个人的价值和尊严。因此,

---

[①] 本杰明·史华兹:《寻求富强:严复与西方》,江苏人民出版社 1989 年版,第 36、230 页。
[②] 萧功秦:《"严复悖论"与近代新保守主义变革观》,《萧功秦集》,黑龙江教育出版社 1995 年版,第 20 页。

严复与自由主义的关系也应以此为基准去考量。

甲午战败后,严复破门而出,发表了《论世变之亟》《原强》《辟韩》《救亡决论》等震动一时的文章。从思想史的角度去考察,严复这些文章的历史性贡献是在近代中国第一次突出地把自由当作中西文化的根本差别和富强的关键。早在 19 世纪 70 年代,王韬、郭嵩焘等人已经看出当时清帝国的所谓变法自强没有抓到根本,现代西方的本、体或道是其政治和经济制度。严复比他们高出一筹之处,是进一步指出了这些制度的建立,离不开人的自由。

从 19 世纪 90 年代至 20 世纪初,由严复提出而为梁启超等大力张扬的启蒙纲领是:鼓民力、开民智、新民德。严复是遵循怎样的内在理路得出这个结论的?

他首先确认一个前提,要救中国,实现富强安定,非学西方不可:"夫士生今日,不睹西洋富强之效者,无目者也。谓不讲富强,而中国自可以安;谓不用西洋之术,而富强自可致;谓用西洋之术,无俟于通达时务之真人才,皆非狂易失心之人不为此。"①

那么,"西洋之术"的真谛是什么?"夫与华人言西治,常苦于难言其真……其命脉云何?苟扼要而谈,不外于学术则黜伪而崇真,于刑政则屈私以为公而已。斯二者,与中国理道初无异也。顾彼行之而常通,吾行之而常病者,则自由不自由异耳。"②说到底,西方富强的真谛在"自由"。

进一步要追问,中国究竟应该怎么办?"夫如是,则中国今日之所宜为,大可见矣。夫所谓富强云者,质而言之,不外利民云尔。然政欲利民,必自民各能自利始;民各能自利,又必自皆得自由始;欲听其皆得自由,尤必自其各能自治始,反是且乱。顾彼民之能自治而自由者,皆其力、其智、其德诚优者也。是以今日要政,统于三端:一曰鼓民力,二曰开民智,三曰新民德。"③

在这里,自由的内涵得到进一步的阐释。在严复看来,自由是与自利和自治密不可分的。他笔下的自利,不是向杨朱复归,而是作为市场经济主体的个人的行为出发点,亦是现代伦理的出发点。而自治则是政治民主的基石之一。他所说的自由是一个全面的概念,是在伦理、经济、政治等领域要求破除对人的束缚,全面实现现代公民的基本权利。在以程朱理学"存天理,灭人欲"和三纲为神圣

---

① 严复:《论世变之亟》,《严复集》第 1 册,中华书局 1986 年版,第 4 页。
② 严复:《论世变之亟》,《严复集》第 1 册,第 2 页。
③ 严复:《〈原强〉修订稿》,《严复集》第 1 册,第 27 页。

不可侵犯的意识形态的清帝国,公开鼓吹把来自西方的自利、自由、自治作为救国的根本道路,不但当时石破天惊,而且深刻地揭示了百年来包括五四新文化运动在内的屡败屡战的启蒙思潮的核心。

显然,事情并不如萧教授所说,严复仅是"称赞过西方自由主义"。而逐步革除宗法专制的束缚,实现人的自由是严复这一时期思虑的中心。作为杰出的启蒙思想家,他深刻了解中国的现实,不指望一步到达自由之域,而以民力、民智、民德的救治为根基。如何"鼓民力"?他认为,应从为害最大的鸦片、缠足的禁止开始。而"欲开民智,非讲西学不可",讲西学要点则有二:一是一定要废除科举旧制,包括八股、策论等在内,让设学堂、讲西学与士子的仕途结合起来。二是要像西方那样"其教子弟也,尤必使自竭其耳目,自致其心思,贵自得而贱因人,喜善疑而慎信古"。① 即确立自我的中心位置。至于新民德,则首先要改变自秦以降"大抵皆以奴虏待吾民"的不自由状态,同时确立国民以私为本的治国之道。他写道:"顾处士(炎武)曰:'民不能无私也,圣人之制治也,在合天下之私以为公。'然则使各私中国奈何?曰:设议院于京师,而令天下郡县各举其守宰。是道也,欲民之忠爱必由此,欲教化之兴必由此,欲地利之尽必由此……欲民各束身自好而争濯磨于善必由此。呜呼!圣人复起,不易吾言矣!"②

上述情况表明,深悉中国的国力及民力、民智、民德"无一事及外洋者"的严复,在他的前期思想中,明确地表示议会制和各地的民主自治是救治中国的不二法门,也是开民智、新民德的必由之路。这个主张的理论基础是珍视个人价值,用来自西方的自利、自由取代中国的传统价值观;与此同时,他高喊"斯民也,固斯天下之真主也"③,以主权在民的契约论否定宗法专制中国视作天理的三纲。总之,这一时期的严复不愧是中国最早的自由主义者和与之一体两面的个人主义者。他不仅衷心赞叹西方的自由主义,而且真心实意地用这个理论剖析中国的痼疾和设计救治之道。因此,史华兹教授肯定严复的自由主义不无根据,而萧功秦教授的反对意见则与实际情况相距甚远。

笔者肯定严复曾经是自由主义者,是以严氏的思想有前后期之分为前提的,两个时期大致可以1906年为界。史、萧两人则认为严的思想是前后一贯的。不过,史氏在坚持认为严氏"内在的思想实质是前后一致的"同时,也承认"说他在

---

① 严复:《〈原强〉修订稿》,《严复集》第1册,第29页。
② 严复:《〈原强〉修订稿》,《严复集》第1册,第31~32页。
③ 严复:《辟韩》,《严复集》第1册,第36页。

最后 10 年内'背离西方退回到传统'是有些道理的"。"只是在第一次世界大战爆发后,我们才看到了严复明确否定西方的态度。"①这实际上是肯定严复思想前后有别。

与史氏不同,萧功秦教授断言:"在严复本人的思想中并不存在以往被学术界普遍认为'早期的改革倾向'与'后期的保守倾向'之间的断裂,他所主张的渐进变革思想可以说是'吾道一以贯之'的主线。"②任何人或人群从身体发肤到思想文化,前后总不乏关联之处,绝无"全盘反传统"之可。但这并不等于可以抹煞发展过程有巨变而呈现阶段性。严复毕生讲进化,向往渐进,这是众所周知的。但正如他 1909 年给著名思想家胡礼垣的复信中所说,他的思想有今、故之分,其标志恰恰在对待平等自由的态度:"来教谓平等自由之理,胥万国以同归;……顾仆则谓世界以斯为正鹄,而中间所有涂术,种各不同。……窃附于立言之私,乃高者既不足以谕时,而偏宕者反多以益惑。……先生所欢喜赞叹者,无乃以今吾为故吾乎?"③显然,"晚年见道"的严复已悔其"故吾"力倡"万国以同归"的自由平等之理。而萧教授强调严氏思想无前后期之分,目的也在于割断严复与自由主义的联系,使之成为权威政治的偶像。

早期的严复是不是中国新权威主义者的开山祖和保护神呢?答案显然是否定的。

此时的严复确实对光绪皇帝有过幻想:"夫民既不克自为,则其事非陛下倡之于上固不可矣。"④问题是他要皇帝倡导什么?综观他在 1895—1905 年间的全部言行,人们可以看出这么一个轮廓:

其一,中国必须学西方,而且应该坚持体用一元,从根本上学西方。这个体就是西方政治上的民主制度,经济上的自由竞争和人际关系上的个人主义。

其二,他把来自西方的思想,综合改造成为我所用的两根主要的思想支柱。一是以斯宾塞、赫胥黎的思想为资源的进化哲学,坚持发展的综合性和渐进化。另一是亚当·斯密和穆勒的古典自由主义和个人主义。

其三,在行动上他坚持两条原则:

一是既坚持全面学习西方的理想,又从实际出发,选择若干最迫切的事项为

---

① 史华慈:《寻求富强:严复与西方》,第 202、207、223 页。
② 《萧功秦集》,第 20 页。
③ 严复:《与胡礼垣书》,《严复集》第 3 册,第 594 页。
④ 严复:《拟上皇帝书》,《严复集》第 1 册,第 68 页。

改革的突破口。后者尤以废八股、兴西学为重中之重。用他的话来说是："天下理之最明而势所必至者,如今日中国不变法则必亡是已。然则变将何先？曰：莫亟于废八股。"而在他看来,废八股与兴西学是密不可分的："然则救之之道当何如？曰：痛除八股而大讲西学,则庶乎其有鸠耳。东海可以回流,吾言必不可易也。"①在戊戌变法中,康、梁亦深受这个观点的影响。窃以为：断言严复主张全面学习西方时不知所措,存在着所谓单项引进与全项引进的"深刻的两难矛盾"或"严复悖论",同严复当时的认识出入颇大。

二是以渐进的改革为主,多种手段并用。信奉进化论而又深知自由在社会正常运作中的价值的严复,很自然地认同渐进的改革。他肯定光绪皇帝这一类君主的作用,但这是与扩大自由与实行议会民主相联结的。换句话说,君主仅是实现自由与民主的工具。这是早期的严复同以自由、民主为俎豆拜倒在权威脚下的新权威主义者的差别所在。而当严复高喊"今之所急者,非自由也,而在人人减损自由,而以利国善群为职志"②之时,已是1914年,历史潮流早已把他冲刷到边缘,昔日弄潮儿,化为历史的陈迹。

还应补充说明,早期的严复,既寄希望于皇帝,也不拒绝运用其他手段。除了著文、办报、译书,以开民智自任外,他还勇敢地参与了1900年的中国国会活动。最新的研究成果表明："庚子中国议会及其政治行为,有几个明显的特征：(1) 民间和民主色彩；(2) 行动方式不拘一格；(3) 组织上兼收并蓄。"其不拘一格的行动方式表现"在争取和利用督抚的同时,又设法联合革命党,运动江湖客"。不失为"以民权兴民政"的开端。③ 严复是这个民间自行组织的国会的副会长。现有材料表明,包括联络会党和革命党,准备动武的情况,严复都有所了解。仅以他曾寄希望于皇帝而断定他是皇权主义者或新权威主义的开山祖,显然过于勉强；正如我们也不能以他曾出任中国国会副会长而目之为革命党人一样。

显然,严复与光绪皇帝的关系不足以否定那时的他信奉自由主义。

一个更为引人深思的问题是史华慈教授提出的：追求富强与自由主义价值观的关系。"在近代世界里,没有一个社会不具备国家力量而能幸存下来。不过,事实依然是,凡在价值观念被认为是达到强盛的手段的地方,这些价值观念

---

① 严复：《救亡决论》,《严复集》第1册,第40、43页。
② 严复：《民约平议》,《严复集》第2册,第337页。
③ 桑兵：《论庚子中国议会》,《近代史研究》1997年第2期。

就很可能是靠不住的、无生命力的和被歪曲了的。"①

对大部分中国知识分子乃至中国人来说,百年中国梦无疑是"富强"两字。但这确实是一把双刃剑。历史已严酷地一再昭示:当国家被欺凌、奴役,以致多数中国人形同奴隶的时候,盲信为了国家富强而可以牺牲个人的自由和社会生活民主化,那么多数公民固然屈辱困顿,所谓富强也只能是一场代价惊人的噩梦。

不过,作为启蒙思想家的严复却开启了中国自由主义的两个传统:一是珍视国家独立和富强。严复是在清帝国面临瓜分危险时拍案而起的。结束国弱民穷的惨境,维护国家的独立和尊严是严氏一切活动的焦点。后来的胡适、储安平、徐复观、殷海光……无不念兹在兹。自由主义本来有多种形态,被压迫民族知识分子的社会责任感驱使他们不能不关心国家命运,这是他们有别于发达国家的自由主义者的突出特征。二是珍视个人自由与寻求国家民主化相结合。如果说生活在民主制度健全的国家中的有些自由主义者可以选择"独善其身"的生存方式,那么仍然在宗法专制或其余威下挣扎的人们,如不为民主而抗争,就不可能拥有个人的基本自由。这是严复把自治与自利、自由并列,把民主选举地方官和"设议院于京师"视为"进吾民之德"的关键的主要原因。而当他念念不忘"今日最难问题,即在何术脱离共和"②之际,则早已告别自由主义,同光大他前期思想的新文化运动格格不入了。回顾 20 世纪的中国,自由的诉求总与民主运动相结合,真正的自由主义者无不是民主主义者。这两个传统正是中国自由主义的特点。

这些特点是由中国社会和历史条件所决定的。不理解这些特点必然对中国自由主义者产生种种误解。有的坚持自由主义的学者把对富强、民主的追求视之为同自由主义本性有深刻的内在矛盾。而有的新权威主义者则夸大其对国家命运的关注而抹煞其自由主义的本质。两方面的误解,都来自对专制主义统治下的被压迫民族向现代社会转型的历史任务在自由主义思想家身上的影响,缺乏足够的重视。

## 二、严复与民族主义

萧功秦教授一再断言:严复"始终主张从儒学传统中寻求凝聚'国性'的资源。用严复的话来说,传统的儒家思想与价值乃中华民族借以凝结为'国性的基

---

① 史华兹:《寻求富强:严复与西方》,第 235 页。
② 严复:《与熊纯如书》三十八,《严复集》第 3 册,第 646 页。

础","在他看来,'国性'乃是一个民族的文化灵魂,而一个失去自己的文化灵魂的民族,即使在种族竞争时代存活下去都不可能,那就更不用说去实现富强的目标"。所谓"国性"则以儒家的"群经"为载体。① 后期的严复曾提倡尊孔读经,这是不争的事实。值得讨论的是:严复是不是"始终"尊儒,认为"有必要从传统主流文化中汲取民族凝聚力"的历史人物? 他真是认为以儒家"群经"为载体的"国性"是民族生存和实现富强的必不可少的条件吗?

这是个事实判断的问题,还是让我们从严复自己的文字中去寻求答案吧。

用世界主义眼光观察中国,这是严复前期思想的重要特点。"二百年来之天运人事皆为其通而不为其塞。汽机电气既用,地球固弹丸耳……而谓五洲上腴如中国者,可深闭固拒以守其四千年之旧俗,虽至愚者,知其不然矣。"②他所以能引领19世纪90年代的启蒙思潮,同他继承与发扬魏源、王韬、郭嵩焘等先驱勇于迎接世界一体化的历史潮流的思想密不可分。

因此,同众多先驱和同时代的思想家一样,这一时期的严复不但绝无固守"国性"——传统文化和"群经"的封闭态度,且要求用现代的普世标准——"天下之公理"去对待民族文化。用他的话来说是:"至于近世三百余年,舟车日通,且通之弥宏,其民弥富;通之弥早,其国弥强。非彼之能为通也,实彼之不能为不通也。通则向者之礼俗宗教,凡起于一方,而非天下之公理,非人性所大同者,皆岌岌乎有不终日之势矣。"这个趋势,迎之则福,抗之则灾。灾福不同,而非天下之公理,非人性所大同,其终去而不留者,则一而已矣。③ 富强的关键在用开放的态度迎接和坚持人性大同的天下之公理,而摈弃与之相反的不符合人性和公理的各种文化因素。在他看来,西方的现代文化就体现着这种人类之公理。因此,他同时反复强调,要富强就非学西方不可。

他对中国传统文化的认识,不过是上述观点的必然延伸。中国的问题安在?"今日请明目张胆为诸公一言道破可乎? 四千年文物,九万里中原,所以至于斯极者,其教化学术非也。"④"呜呼! 用诗书礼乐之教,奖柔良谨畏之民,期于长治久安也;而末流之弊,乃几不能自存。"⑤他对中国传统文化弊端的揭露真可谓入木三分。前期的严复正为包括"群经"在内的传统文化误国害民痛心疾首。此时

---

① 《萧功秦集》,第20、33页。
② 严复:《〈如后患何〉按语》,《严复集》第1册,第79页。
③ 严复:《〈法意〉按语》,《严复集》第4册,第989~990页。
④ 严复:《救亡决论》,《严复集》第1册,第53页。
⑤ 严复:《〈法意〉按语》,《严复集》第4册,第864页。

的严复坚决反对"保教",认为孔教不必保,文化只能在开放状态中通过自由竞争汰劣存优。

任何国家都没有固定不变的所谓"国性"。同时,所谓"国性"也是个难以明确界定的概念。如果把它界定为国家的特性,则这首先取决于经济、政治制度,也体现在文化制度和主流思想文化体系。前期的严复关心的是如何变革这些贻误民族生机的腐朽现实,而没有也不可能致力于保存这些所谓"国性"。如果把"国性"理解为国民的特性,则严复倍感哀伤的是中国的民力疲苶,民智卑下,民德已薄,不适应激烈竞争的现代世界;而这正是数千年法制教化和其他因素层递积累的恶果。他关注的依然是变革而不是保存这些所谓"国性",并视之为国家富强必不可少的基础。

把严复描绘为"始终"主张维护所谓"国性"的人,实质是冀图把他打扮成鼠目寸光的民族主义者。而这正是前期的严复坚决反对的。时贤不是冀图以"国性"或"民族文化"为名的民族主义为"凝聚力"的基础吗?看看严复是怎么说的吧:"是以今日党派,虽有新旧之殊,至于民族主义,则不谋而皆合。今日言合群,明日言排外,甚或言排满;至于言军国主义,期人人自立者,则几无人焉……虽然,民族主义遂足以强吾种乎?愚有以决其必不能者矣。"①时至今日,确已满汉一家,排满没人说了,"合群"译为"凝聚力","排外"换成"说不",不够响亮的依然是"期人人自立"的声音!

那么,民族主义的实质是什么?严复说得好:"夫民族主义非他,宗法社会之真面目也。""中国之不兴,宗法之旧为之梗也。""使中国必出以与天下争衡,将必脱其宗法之故而后可……彼徒执民族主义,而昌言排外者,断断乎不足以救亡也。"②面对前期严复的睿智,时贤不应有所警觉吗?

严复诚然提倡过尊孔读经,但那是什么时候,当时他在思想文化界扮演的是什么角色,这都是众所周知的。不必要的重复似有对读者不够尊重之嫌,此处就省略不谈了。

## 三、为何有两个严复

从走出海军学校登上思想文化舞台起算,以1906年前后为分界线,严复的

---

① 严复:《〈社会通诠〉按语》,《严复集》第4册,第926页。
② 严复:《读新译甄克思〈社会通诠〉》,《严复集》第1册,第148、151页。

思想起了重大变化。这个变化以《政治讲义》和《述黑格儿唯心论》两篇重要文献的发表为标志，就某些重大观点而言，前后判若两人。

## （一）在哲学上从机械唯物论的提倡者转为服膺唯心论

他的结论是："考汗德（Kant）所以为近代哲学不祧之宗者，以澄澈宇宙二物，为人心之良能。其于心也，犹五官之于形干，夫空间、时间两者，果在内而非由外矣，则乔答摩境由心造，与儒者致中和天地位[为]万物育之理，皆中边澄澈，而为不刊之说明矣。黑格儿本于此说，故惟心之论兴焉。"① 东西唯心论汇合为"不刊之说"，这是他哲学思想的一大转变，也是理解他后期思想的关键。

## （二）从个人主义转向国家至上

对严复说来，对国家命运的关注是始终不渝的。但在前期，他以个人主义为必由之路，1906 年以后，则国家吞噬了个人。用他的话来说是："观于历史，凡有男女淫佚，易内窃妻，与夫民恂己私，各立于独，其国种未有不陵夷衰微者也。"② 值得注意的是他在这里对独与私的否定。一个曾把自利、自由、自治看成生死攸关的思想家竟作如是观，此中巨变耐人寻味。

## （三）由追求自由转为寻求干预

在前期，深感中国民智、民德、民力低下的严复，认定救亡的不二法门在解除束缚把中国人推向自由竞争的道路。他写道："顾富强之盛，必待民之智勇而后可几；而民之智勇，又必待有所争竞磨砻而后日进，此又不易之理也。"以欧洲为例，"盖其所争，不仅军旅疆场之间而止，自农工商贾至于文词学问一名一艺之微，莫不如此。此所以始于相忌，终于相成，日就月将，至于近今百年，其富强之效，遂有非余洲所可及者。"③ 这是一条以西方为典范，改革社会制度，促进民智、民德、民力提高的道路。此时，他介绍并宣扬斯宾塞、穆勒和亚当·斯密的理论，说的也是这个道理。在政府或社会权力（如宗教或名教）与个人的关系上，他力主限制前者对后者的干预。

时至 1905 年夏，他在上海演讲政治学，调子就有了变化。这次讲演的讲稿

---

① 严复：《述黑格儿唯心论》，《严复集》第 1 册，第 217 页。
② 严复：《述黑格儿唯心论》，《严复集》第 1 册，第 212～213 页。
③ 严复：《拟上皇帝书》，《严复集》第 1 册，第 65、66 页。

《政治讲义》成了其思想前后递嬗的重要记录。他仍然肯定立宪和议会民主,认为这是宣泄民意、政府权力正常更迭并保持皇室不倾的重要制度。但在国家权力与个人的关系上悄悄地起了两个重要的变化:

一是突出强调了民智、民德、民力低下对自由的制约。"乃明政府当问之事,相时为之,初无限制,而民之自由亦以智、德、力三者程度为高下,初无可为典要者。"①提高民众智、德、力的途径则着眼于教育,而非过去视为关键的社会制度的改革了。

二是关注的焦点从保护个人自由转向强调政府的干预。他说:"须知政府者,一国主权之所属。使主权而诚完全无缺,其于一国之事,国无所不当问。而问之者为一人,为一众,为通国之人,所不论矣。近世政治家……曰某事某事,若宗教之皈依,若社会之言论,无虑数十端,皆政府之所不宜过问,而务听其民自便者……然自吾术言,则言此者,将以适一社会一时代之用乎,抑以为至理定法,各国之所宜共由耶?苟如前言,其说庶几可用,若如后义,则大谬不可行也。"②曾是自由主义者的严复到了写下这些文字时,竟以国情特殊为极权主义张目了。

要是说《政治讲义》的观点还有明显的过渡性质,1906年以后则权威主义、减损自由、开明专制之类的观点便屡见不鲜了。

## (四)对中国传统主流文化从否定到赞扬备至

前期的严复通过深入的考查和中西对比,对中国传统的主流文化——学术教化的弊端深恶痛绝,视之为中国贫弱和发展迟滞的重要根源。他对传统文化并不完全否定。他欣赏《老子》《庄子》和王安石的智慧。他从中读出:"老子者,民主之治所用也。""故今日之治,莫贵乎崇尚自由。自由,则物各得其所自致,而天择之用存其最宜,太平之盛可不期而自至。"③"治国宜听民之自由、自化","治国宜顺自然,听其自由,不可多所干涉"。④ 与他当时的自由主义思想相一致,致力的是从传统的非主流文化中寻求自由、民主资源。

但在后期,他的观点有180度的大转变。请听这么一段高论:"往自尧舜禹汤文武,立之民极,至孔子而集其大成,而天理人伦,以其以垂训者无以易……为

---

① 严复:《政治讲义》,《严复集》第5册,第1294页。
② 严复:《政治讲义》,《严复集》第5册,第1293页。
③ 严复:《〈老子〉评语》,《严复集》第4册,1092、1082页。
④ 严复:《〈庄子〉评语》,《严复集》第4册,第1118、1119页。

国家者,与之同道,则治而昌;与之背驰,则乱而灭。故此等法物,非狂易失心之夫,必不敢昌言破坏。乃自西学乍兴,今之少年……乃群然怀鄙薄先祖之思,变本加厉,遂并其必不可畔者,亦取而废之……不佞每见其人,辄为芒背者也。"①令人目瞪口呆的是这个与三家村冬烘先生无甚差别的高论居然出自严复之口,而所贬斥的恰恰是他自己在甲午以后开始的启蒙大业。

这个巨变的原因在哪里?窃以为应从社会因素、学术缺口和人格缺陷三个方面去寻找。

严复思想前后期的分水岭在对待自由和民主的态度。他曾反复申述政治学的一个"公例":"凡国成立,其外患深者,其内治密,其外患浅者,其内治疏。疏则其民自由,密者反是。"换句话说是:"政治宽严,自由多少,其等级可以国之险易,内患外忧之缓急为分。"②严氏在 1905 年说的这些话,不但有为大转变作自我辩解的味道,也涉及中国学术界讨论多时的所谓救亡与启蒙——自由、民主的关系问题。

把这些话放到具体的历史环境下去解读,其含义就会比较清晰。

19 世纪、20 世纪两次启蒙或自由、民主运动的高潮都出现在救亡的紧急关头,严复也是因此登上其思想文化事业的两座高峰的。甲午和八国联军是比鸦片战争更为严重的外敌入侵。前者震惊了包括严氏在内的一大批先觉者,迫使他们直截了当地说出要救国就要学西方,就要建立自由、自利、自治和设立议院的社会制度。后者使更多的知识分子清醒地认识到,把传统教化——华夷之辩发挥到极致的爱国主义会造成如何巨大的灾难,而缺乏民主的决策程序更是造成这一浩劫的决定性因素。于是,体制内外正在迅速形成和扩大的知识分子群体和开明官僚掀起了输入西学、建立新的教育体系的热潮;建立新的司法制度,制定现代法律体系以适应现代社会生活的工作正在逐步展开;立宪的呼声日益强烈……。在皇帝的"上谕"、所颁法律和大臣的奏章中"自由""平等""立宪"和公民权利一类新词也开始出现。要推动朝野上下联合救国就要保障自由、逐步建立民主制度,成了他们日益扩大的共识。

百年的历史经验事实反复表明,当内忧外患加深之日,必然是自由、民主运动高涨之时。向现代社会转型是解决中国一切危难的根本办法,而这个历史任务的实现又一再拖延。这个基本格局决定了上述历史现象反复重现。严复前期

---

① 严复:《论教育与国家之关系》,《严复集》第 1 册,第 168 页。
② 严复:《政治讲义》,《严复集》第 5 册,第 1292、1298 页。

的认识不过是这一带规律性的现象的正确反映。当他以"今我"否定"故我"之际,恰恰是外来威胁相对缓和的年代,按理说应该致力于寻求更大的自由度。同时代的不少志士仁人正是这样行动的。严复与此趋向相左,显然应是另有缘由。

1906年1月15日,严复曾对一位挚友直抒胸臆:"海上学界、商界,人杂语庞,其高自期许者,大抵云中国迩年程度已进,所持议论,半皆三、四年来《新民》诸报之积毒。适夏间有以讲说政治为请者,不自知其寡弱,乃取病夫症结,审其部位,一一为之浣涤,反复剖解,期与共明,并言后此立宪为何等事;讲后刊列报端,颇闻都下士夫有以仆言为无以易者。"①这封信道破了他的讲演和此后的言论有所指而发。所指就在以上海学界、商界为代表的中国人"人杂语庞"——不再那么驯服,开始表达自己的意愿了。

当时最引人注目的是四件大事:一是从1901年开始的连绵不断的拒俄运动,这是仅对沙俄趁义和团事件霸占东北的正义斗争;二是1905年抗议美国虐待华工的抵制美货运动;三是以1902年年末南洋公学学潮和爱国学社创立为开端的此起彼伏的学生运动;四是1903年6月开始的鼓吹革命的《苏报》案。四件事都以上海为中心波及全国乃至海外。这些运动的实质是爱国反帝,要求民主,反对腐朽透顶的专制制度。而从社会结构看,则意味着新式知识分子和资产阶级两股新的社会势力开始形成和崛起,也意味着一部分清帝国的臣民正在向现代公民转变。

作为近代中国的启蒙思想家之一,严复曾为这个局面的出现添加了养料。可是,长江后浪推前浪,当后来者超越他继续前进之际,他却选择了指斥他们的位置。这是对全局把握不当的产物。各国民间势力崛起之初,往往伴随着某些"过激"成分,最佳的选择是通过建立现代民主制度,保障公民的言论自由,在各种社会力量互相沟通和制约下不断化解,否则就有可能各走极端而酿成激烈的社会震荡乃至武装冲突。问题是由统治阶层的腐败和专制造成,若要化解也只能由统治者在社会压力下自我革新而实现。因此,批判必须始终对准祸首——政府。如果倒果为因,以压制或教训民间力量为主,就会误入歧途。严复的不幸就是在这个关乎全局的大事上迷失了方向。

这个迷误是与他前期学术上的缺失密不可分的。

严复青少年时代学的是海军,对西方现代思想文化的研究是其业余爱好;回国后长期扮演的角色也是技术官僚;加上他自幼深受传统经史熏陶的背景;他对

---

① 严复:《与曹典求书》四,《严复集》第3册,第568~569页。

西方思想的了解不可能不体现鲜明的中国特色。这些特色对他说来是学术缺失而不是财富。

例如,他把现代社会的自由等同于圣贤的"特立独行",说"吾观韩退之《伯夷颂》,美其特立独行,虽天下非之不顾。王介甫亦谓圣贤必不徇流俗,此亦可谓自繇之至者矣。至朱晦翁谓虽孔子之言,亦须明白讨个是非,则尤为卓荦俊伟之言。谁谓吾学界中,无言论自繇乎?"①这里强调的不是公民的权利而是圣贤或君子的自我修养。因此,自由的保障也不在现代政治制度而应求诸国民的素养了。用他的话来说是:"且夫自由,心德之事也。故虽狭隘之国,豪处之而或行。宽大之群,愚昧居之而或病。吾未见民智既开,民德既悉之国,其治犹可为专制者也。"②当自由成了"心德之事"之时,自由就成了中国传统的心性之学的变种,不假外求。如是锋芒销蚀殆尽的自由,就由限制统治者侵犯公民权利的现代思想转化为束缚公民意识觉醒的桎梏了。这正是其思想前后转化的重要契机。

又如,未能彻底摆脱中国士大夫的反功利情怀,亦是他从对西学心存疑虑到回归孔孟的重要原因。他在1915年写道:"辜鸿铭议论稍有惊俗,然亦不无理想,不可抹杀,渠生平极恨西学,以为专言功利,致人类涂炭。鄙意深以为然。"③两位系统受过西方教育的饱学之士"恨西学"都由于它"专言功利"。在近代中国,这是颇具典型性的现象。不但当年如此,时至今日,热衷于在东方文化的典藏中寻求救世灵丹的人们,也无不以此为出发点。严复的指摘在第一次世界大战爆发后到达巅峰,乃至宣称:"觉彼族三百年之进化,只做到'利己杀人,寡廉鲜耻'八个字。回观孔孟之道,真量同天地,泽被寰区。"④

出现如此极端的言论不是偶然的。任何人在同异文化接触中总会受到固有文化的制约。严复曾说过这么一段话:"孔子曰:'有国有家者,不患寡而患不均,不患贫而患不安。盖均无贫,和无寡,安无倾。'凡此皆民主平等之法言,而孔子举而诵之耳。"⑤这正是以中国传统的反功利主义思想去理解西方现代文化。因此,即使在他极力鼓吹向西方学习之时,面对西方已经显露的弊端,也免不了流露尚未找到理想家园的惆怅:"夫贫富不均如此,是以国财虽雄而民风不竞,作奸犯科、流离颠沛之民,乃与贫国相若,而于是均贫富之党兴,毁君臣之议起矣。且

---

① 严复:《〈群己权界论〉译凡例》,《严复集》第1册,第134页。
② 严复:《〈法意〉按语》,《严复集》第4册,第986页。
③ 严复:《与熊纯如书》二十三,《严复集》第3册,第623页。
④ 严复:《与熊纯如书》二十三,《严复集》第3册,第692页。
⑤ 严复:《〈群己权界论〉译凡例》,《严复集》第1册,第945页。

也奢侈过深,人心有发狂之患;孳乳甚速,户口有过庶之忧。故深识之士,谓西洋教化不异唐化,语虽微偏,不为无见。至盛极治,固如此哉!"①

古往今来都不可能有臻于至善的社会制度,现代西方也不例外。经过整整100年的检验,如何看待严复的这段评论呢?严复看到了现代西方的贫富不均及相应的病态,显示了一个思想家的清醒。他列举的具体现象,有的至今仍触目惊心(如犯罪率高),有的则并未出现(如人口孳乳过速)。此类情况在社会评论中并不鲜见,不必苛求。

值得我们认真对待的倒是他对社会运行机制的思考是否妥当。对一个以社会和人类历史发展为主要关注点的思想家说来,这是测度其思想深浅的主要尺度。严复无疑了解竞争、法治、民主是西方现代社会运行的三个主要环节。特别是对竞争及其正面和负面效应的了解,在19世纪的中国人中罕有其匹。风靡一时的进化论就是他对社会竞争机制认识的重要组成部分。不过,他对这个机制的理解不够深透。这主要表现在他对其自我更新功能缺乏足够的了解。市场竞争、法治和民主既是现代社会有序运行的保障和发展的动力,又有强大的纠错能力。它不是"至盛极治"的理想社会,而是纠错的社会成本最低的人类生存形式。不能说严复完全没有看到这一点。他说过:"专制之革命,必诛杀万人,流血万里,大乱数十年十余年而后定。英民革命,轻而易举,不过在议院占数之从违。""机关(指议院)未具,则扶倾政府之权力,其用事也,常至于横决。此一治一乱之局之所以成,而皇室无不终于倾覆之理。机关既具,前之权力,不但宣达有从,又可测视,得以及时为之剂泄,而乱无由作。此立宪国所以无革命,而代表之皇室所以不倾。"②可是,当西方国家乱象纷陈的时候,这个"政治要例"的作用如何?他曾极力歌颂的自利、自由、自治、法制、竞争等等又会带来怎样的效应?面对这些难题,严复迷惘了。母体文化的虚幻景象向他招手,他不由自主地向之靠拢。

这是20世纪中国带规律性的现象。一代又一代的思想家由鼓吹西方现代文化的启蒙者向程度不等的东方文化救世论者复归。梁启超、章士钊、杜亚泉、孙文……都没有走出从告别传统到复归的怪圈。于是,一个争论不休的问题至今仍在困扰着中国的史家们:这是由阅历不深趋于成熟,还是无力把握正确方向的迷惘?在笔者看来,在回答这个问题的时候,有三个情况是不应忘记的:首先,问题的实质是,现代西方如何继续前进,乃是世界性的难题,中国的经济发展水平和思

---

① 严复:《〈原强〉修订稿》,《严复集》第1册,第24~25页。
② 严复:《政治讲义》,《严复集》第5册,第1314、1315页。

想文化基础似乎尚不足以培育出解决这类问题的大思想家。其次,这些在中国堪称先驱的人物中,对西方文化了解最深的严复尚有种种误读,何况等而下之的。学养不足限制了视域,是不容忽视的。再次,中国的被欺凌的国际地位,极其严重地伤害着这些知识分子的民族自尊心。文化上的恋祖情结往往不能自已。

不过,在上述大背景下,知识分子仍有可能作出种种不同的选择。严复的蜕变,还有一个重要因素是其人格缺陷。

思想家的基本素质之一是超越常人的批判精神。对历史和现状弊端的洞察是其创造性思维的出发点。对历史和政治哲学家而言,批判的眼光必然首先紧紧盯住政府行为和社会运行机制。当他成了现状的解释者和辩护士而无力揭示危机的征兆和根源之际,正是他从历史发展的大潮中淡出或被冲刷到边缘之时。在一个前现代或正向现代转型的社会,思想往往与危险共生。此时此地,坚韧不拔的独立人格就成了思想家的第一生命。严复不能始终如一站稳思想文化潮流引领者的位置,也与其人格缺陷息息相关。

严格地说,严复不过是士大夫向知识分子转变的过渡型人物。他有忧国之思,自比屈平,没有彻底地从现代公民的角度去观察社会和政治问题。于是,出现了三个引人注目的情况。

一是四次参加科举考试。

1885年至1893年间,身为北洋水师学堂总教习和会办(副校长)、总办(校长)的严复,竟不惜花钱买来一个"监生"资格,屈尊四度参加"乡试"和忍受落榜之辱。何以如此自侮?他的答复是:"咸云科目人,转眴皆台阁。不者亦清流,师友动寥廓。忽尔大动心,男儿宜此若。"这表明他对宗法专制制度下的台阁和清流一往情深,视为毕生最高追求了。甚至废科举后依然情愫未变,令人吃惊地表白:"无何八股亡,大耻末由濯。晚虽蒙荐赏,何异遭呼蹴。所以平生谈,于此尤刻轹。内实抒宿愤,外示昌新学。""却愿复制科⋯⋯垂老飞冲天"![1] 他耿耿于怀的是未能循科举"正途"出身,虽在1909年获"赐文科进士出身"的"荐常",仍愿以年近花甲之身,再度收拾考篮赶考!

研究近代中国的史家大概都会同意,严复的光环是他倡新学的报偿,而是否有进士、翰林的徽号却是不值一提的琐屑。但在后期严复的笔下,两者完全颠倒过来了,"昌新学"不过是"抒宿愤"的手段。中国近代思想史虽然不能按照严氏

---

[1] 严复:《太夷继作有"被刖"诸语见靳,乃为复之》,《严复集》第2册,第368页。

晚年悔其少作的心态去解释,但他的表白却留下一个实实在在的记录:人是复杂的,社会转型期的历史人物更是如此。在启蒙思想家严复身上,一直奔流着宗法专制思想的血脉。这条血脉若隐若现,时张时舒。

换句话说,严复对科举的眷恋无非说明他是启蒙者和专制皇朝忠顺臣子的综合体。两者消长的状况令其思想呈现阶段性。这种眷恋不是出于愚忠者的无知,而是觉醒后对旧制度下某种程度的留恋。这就应该归入人格缺陷了。

严复的研究者通常都忽视严复对权位的心态。严氏不是晚清重臣,研究当时的政治史对其担当某一职位的影响自然可以略而不计。但就严氏本人的生平研究而言,那便成了不容忽视的问题。

一个留传很广的说法是:"及文忠(李鸿章)大治海军,以君总办学堂,不预机要,奉职而已。"①如果指的是他没有参预全国海军建设的机要,当然是事实,但在他任总办(校长)的全国最重要的水师学堂中,他却是绝对权威。与严氏有密切交往的夏曾佑1900年初致友人的信中写道:"海军学堂,此局全于侯官,然其教习之不可居甚于大学堂。盖侯官之于中西各教习,均以奴辈蓄之也。"②加上他一再流露的怀才不遇的思想,在在都表明即使在前期,他既非超然物外之辈,在自己权力所及的范围内,亦没有显示民主、平等、自由的风度,而留下一个极端专制的形象。对启蒙思想家说来,这无疑是不足为训的缺陷。其思想向专制主义的"权威政治论"转化,在此亦见端倪。

其人格缺陷的另一突出表现是出现了曲学阿世的征候。

严复思想转向是日俄战争结束后的事。战争刚结束,他清醒地看到胜败绝非偶然。日本因维新而后来居上,俄国的失败则完全是专制统治的恶果。沙俄"夕许其民以莫大之自由,朝则收回成命,或反其道而行之……既下廷旨言天赋人权矣,而哥萨克与军官之以非理残民者,又蒙不次之锡命"。"惟是专制之治,所以难为者,以吏与民利害殊途,而壅蔽屯膏者众也"。"无如兆民虽愚,必不可欺。"因此,"兵无斗志"。"而全俄报纸,千喙一辞,谓政府诚欲弭乱解纷,则必建真实之议院,报章必许昌言,结会不为犯法,刑执不妄加于无辜……咸与维新,夫而后有以苏民气而奠国本。"③这篇发表于1906年二三月间的文字真是一针见

---

① 陈宝琛:《清故资政大夫海军协都统严君墓志铭》,《严复集》第5册,第1541页。又见王遽常:《严几道年谱》。
② 上海图书馆编:《汪康年师友书札》(二),上海古籍出版社1986年版,第1349页。
③ 严复:《一千九百五年寰瀛大事总述》,《严复集》第1册,第173~175页。

血,启蒙思想家的余威尚在。可是,随着时间推移,他的腔调便完全变了。1917年4月,远眺俄罗斯,说出来的是:"譬如平等、自由、民权诸主义,百年已往,真如第二福音;乃至今日,其弊日见,不变计者,且有乱亡之祸……俄罗斯若果用共和,后祸亦将不免,败弱特早暮耳。"①当时俄罗斯正处于向何处去的关键时刻,他一反故态,竟企盼俄罗斯走回专制!

严氏最为人诟病的大事之一,是参与发起筹安会。

从《严几道年谱》的作者到时贤均以严氏"杜门不出"没有参加活动,是杨度强加之类理由之为辩解。其实,这正是他曲学阿世的突出事例。筹安会是1915年8月23日正式成立的。严复列名其间,舆论哗然。同年9月23日,他在一封私信中将其中底细都吐露出来了。他说:"大总统宣誓就职之后,以法律言,于约法有必守之义务,不独自变君主不可法,且宜反抗余人之为变,堂堂正正,则必俟通国民意之要求。顾民意之于吾国,乃至难出现之一物……即今参政院所收廿二省五民族请愿之书,虽一至再至,而外间旁论,皆不指为得其真。"②凭政治学常识,他知道总统必须捍卫《约法》(当时的宪法),普通公民也有维护宪法的义务。当时的所谓改变国体的民意,是违宪和假造的。可是他为阿谀附和袁世凯,既不挺身而出维护法理,也不保持沉默,不作违心之言。

是不是杨度欺骗了他呢?他在信中说得清清楚楚:"筹安会挂名籍端,颇缘被动。一昔杨皙子来寓,宣布宗旨,邀共发起……鄙意颇不欲列名,以避烦耻,杨乃以大义相难……意态勤恳,乃遂听之。"③他列名发起筹安会是杨度晓以大义,从而得到他同意的。到了11月间,他认为"君宪已成事实",因此,虽蒙成舆论的巨大压力,亦不否认自己同意参与发起的事实。直到称帝丑剧失败后,此老一再自我辩解,说是"杨度强邀","杨皙子以筹安名义,强拉发起……于是请与会,而勿与发起。顾杨不待吾辞之毕,飘然竟去,次日报纸已列吾名"。④ 云云,窘态毕露。

剩下的一个问题是有没有"杜门不出"?他的1915年的日记已佚,而1916年的日记则留下这样的记录:在帝制丑剧闹得最红火的1月、2月至3月21日"大总统取消帝制"以前的81天中,他6次"诣瀛台"或"到公府会议"。如"1月11日到瀛台,议宪法"⑤,心甘情愿为洪宪皇帝赶制立宪外衣。是"杜门"还是依

---

① 严复:《与熊纯如书》五十二,《严复集》第3册,第667页。
② 严复:《与熊纯如书》二十六,《严复集》第3册,第627页。
③ 严复:《与熊纯如书》二十六,《严复集》第3册,第627页。
④ 严复:《与熊纯如书》三十、三十二,《严复集》第3册,第631、636页。
⑤ 严复:《日记》,《严复集》第5册,第1520~1521页。

附,洞若观火。

史华慈教授曾指摘严复在政治上软弱,这不无道理。他所以留下无法洗刷的污迹,确与其软弱的性格密不可分。他长期吸毒,死前一年才痛悔,但已无力自拔:"以年老之人,鸦片不复吸食,筋肉酸楚,殆不可任,夜间非服睡药尚不能睡。嗟夫,可谓苦已!恨早不知此物为害真相,致有此患,若早知之,虽曰知之,虽曰仙丹,吾不近也。"①从鸦片战争前后起,对鸦片之害已说得够多了。严氏与其说不知而上当,毋宁说是因软弱而经受不起诱惑。

在任职水师学堂期间他便嗜赌。"又陵博大胜,已到手者已万金,水师学堂总办大可不做矣。"②这是19世纪的记录。而直至老死,日记中"博戏"屡见不鲜。

"占财""占升官""问流年""占妹临产吉凶""占出外贸易""占婚""占出行""占谒贵""请丹""服罗真人符三道"!这些都是摘自严氏日记中的字眼。

时贤若要提倡权威主义、文化保守主义乃至专制主义都可以从后期严复的论著中找到资源,但是,这已经是人格残缺、意志薄弱的严复。启蒙者严复已经消逝,为自由、自利、自治、议院、实证、实测……呐喊的声音已化为历史的记忆。中国传统文化的糟粕淹没了曾经叱咤风云振聋发聩的严复。他的软弱的肩膀无力承受过于沉重的历史积淀。

这位巨人的蜕变留下的另一教训是:任何时候都不能丧失批判精神,辛亥革命前的几年间,进士、海军协都统、学部审定名词馆总纂、资政院议员等荣衔接踵而至,他的个人欲求大体都已满足。朝野都视之为"硕学通儒",踌躇满志。当时社会正在急剧转型,清政府面临何去何从的严峻选择。对现状永不满足本是思想前进和发光的源泉,在社会转型期更是不可推卸的历史责任。但偏偏在这个历史发展的关键时刻,严复成了为现状辩护的"政府党"!③清政府失去了推动它前进的强大压力,卒至陷入灭顶之灾。而严复失掉的则是作为知识分子标志的灵魂——不断前进的批判精神。这是解读严复时绝对不应忘记的。

(原文载《近代中国》第9辑,
作者:袁伟时,广州中山大学哲学系教授)

---

① 严复:《与熊纯如书》九十一,《严复集》第3册,第704页。
② 《汪康年师友书札》(二),上海古籍出版社1986年版,第1340页。
③ 严复:《与汪康年书》十,《汪康年师友书札》(四),第3279页。

# 辛亥革命与赵凤昌

马铭德

赵凤昌,字竹君,江苏武进人,生于1856年(咸丰六年),卒于1938年(民国27年)。赵少时人钱庄习贾,后纳赀报捐杂职,往广东候补,先在藩司姚觐元幕下任记室。1884年(光绪十年),张之洞调任两广总督,赵人张幕,由文巡捕升充文案,参预机要,由于敏勉强记,通达政事文章,精于幕道,深得张之洞的器重和信任。1889年(光绪十五年),赵凤昌随张之洞移督湖广,升总文案。在湖广任上,张一切要事皆秘商于赵凤昌,倚之如左右手。当时忌之者乃有"两湖总督张之洞,一品夫人赵凤昌"①之联语,腾播朝野。1893年(光绪十九年),张之洞被劾,涉及赵凤昌,遂遭革职永不叙用。张为慰藉赵连累受谴,特于湖北电报局给予挂名支薪。自此,赵凤昌在上海南阳路筑惜阴堂定居,实际上是常驻上海为湖广督署办理通讯、运输诸务,借此与当地官绅、外国领事建立联系,为张之洞提供消息、出谋划策。张之洞是晚清洋务派的重要人物,为封疆大吏20余年,广纳当时颇具新思想的知识菁英,使其幕府成为一时人才的渊薮。正如汪大钧所云:"南皮爱才,为近日封疆之冠,品题所及,声价益增。"②而当年的幕宾,不少成为后来戊戌到民初政坛的风云人物。赵凤昌虽退出政坛,但政治热情不减,与政界人物有千丝万缕的关系。在隐居沪渎期间,赵又与新崛起的江浙名流往还密切。所以惜阴堂主人虽"闭关却扫,脱略公卿"③,但其人脉丰沛,仍不离政治漩涡。戊戌、庚子、辛亥诸役背后,都有他的作用。诚如黄炎培所言:"四十年间,东南之局,有大事,必与老人有关。"④刘厚生的《张謇传记》更戏称赵凤昌为"民国的产婆"⑤,这种说法虽夸大了赵在辛亥革命中的作用,但当年南北议和期间,惜阴堂主人确在幕后扮演了很重要的角色。

---

① 刘成禺:《世载堂杂记》,山西古籍出版社1995年版,第56页。
② 《汪大钧致汪康年书》,《汪康年师友书札》,上海古籍出版社1986年版,第608页。
③ 黄濬:《花随人圣庵摭忆》,上海古籍出版社1983年版,第289页。
④ 《张謇赠惜阴堂联》,《张謇全集》第5卷下,江苏古籍出版社1994年版,第496页。
⑤ 刘厚生:《张謇传记》,上海书店影印本1985年版,第182页。

长期以来,研究辛亥革命有关赵凤昌的论述不多,笔者撮合所见材料,愿就个人管见,略述惜阴堂主人在辛亥新旧嬗递之际的活动,以求教于方家。

## 一、不保清廷,"保将来中国"

1911年10月10日,武昌起义爆发。从现存的材料看来,赵凤昌于武昌起义后即主张不保清廷,保将来中国。10月15日,消息传到上海,作为预备立宪公会的一员,他邀请江浙立宪骨干雷奋、沈恩孚、杨廷栋和同盟会员黄炎培等到惜阴堂会议,"商讨时局前途应付方法"①。第二天,雷奋等赴苏州,会合从武汉赶回的张謇,为江苏巡抚程德全起草要求清廷"宣定宪法,开国会"的奏折。②此后半月中,张謇两次到沪,均下榻惜阴堂。虽然,赵凤昌参与了以张謇为首的江浙立宪党人在武昌起义后一系列上疏请求更改皇族内阁,宣布立宪,收回人心,以逐步平息各地的起义风潮的活动,但与张謇等相比,赵凤昌似乎更为激进。由于有帝党分子的背景,君臣伦理观念的熏陶,张謇在感情上与清廷藕断丝连,希望实行立宪,以旧体制的变革来弭武昌之乱;而赵凤昌却有所不同。自1893年被逐出政治漩涡,他对清廷已无官守,无言责,息影惜阴堂,虽政治热情不减,但对清廷并无感情。5月清廷成立皇族内阁时,赵凤昌已"断言清廷之无可期望,谋国必出他途以制胜矣"③。

10月27日两份电报更可以看出他对武昌起义的认同。举义后不久,因四川保路运动进一步扩大,清廷于10月26日(九月初五)下诏革去盛宣怀职务,永不叙用,同时以与盛有宿怨的袁党人唐绍仪为邮传部大臣。赵闻讯后,第二天(10月27日)即电在天津的旧友唐绍仪云:"大事计旦夕即定,公宜缓到任,如到任,宫廷闻警迁避时,公须对付各使,杜其狡谋,以保将来中国。"④同日,又电外务部尚书、当年张之洞幕中的密友梁敦彦(梁任张之洞的洋文案,1889年张之洞移督湖广,调广东属员五人自随,赵、梁在内)云:"文明大举,大势已成,计旦夕即定。公切勿回京,宜在外阻外兵来华,并设法借他国阻止日本行动,以保将来中

---

① 黄炎培:《我亲身经历的辛亥革命事实》,《辛亥革命回忆录》第1册,文史资料出版社1961年版,第63页。
② 《张謇日记》,《张謇全集》第6卷,江苏古籍出版社1994年版,第659页。
③ 赵叔雍:《惜阴堂辛亥纪事》,《近代史资料》总102号,中国社会科学出版社2002年版,第247页。
④ 《赵凤昌藏札》,《辛亥革命在上海史料选辑》,上海人民出版社1966年版,第1052页。

国。与公至交,据实密达。"①从上述两电言辞中可看出赵凤昌对武昌举义的好感,且对形势的发展和清廷的垮台充满希望。赵所预料的宫廷闻警迁避也是非常准确的。两天后(10月29日),滦州第二十镇统制张绍曾、第二混成协统领蓝天蔚电请清廷下诏立宪。滦州近在肘腋,清廷恐张异动,将京奉列车调集北京,防袭京师。京师内人心浮动,清吏家属纷纷走避天津,托庇租界。隆裕太后恐北京落入革命军手中,命原东三省总督锡良为热河都统,预备逃往热河。11月1日,袁世凯南下视师,电奏谏阻。② 事后唐绍仪未接受邮传部大臣职,可以说与赵凤昌的电阻有一定关系。上述两件电文中,赵凤昌一再提到要在外交上保将来中国,可见赵深恐当时中国的内部动荡会像庚子事变那样引发列强进一步瓜分,特别是对日、俄战争后,日、俄两国蚕食中国的野心深表忧虑。因当时英、日两国在武汉三镇有极大的经济利益,"为纯粹的经济理由,英日两国将反对长江流域有一种政治上的混乱状态"。同时,"如果纷扰蔓延到满洲,日本由于它在该地的特殊利益,将自然而然地开始行动"③。武昌起义后,清廷摄政王载沣急于纾解财政困窘,向英、法、德、美四国银行团请求财政援助,因法国反对而遭搁置。10月27日,载沣转而接受俄国在幕后操纵的英、法、比银行团的借款。这笔借款幕后交易,以俄国在即将缔结的摩洛哥协议中支持法国为条件,而俄国将在中国的动荡中巩固并扩张它在长城以北的利益。④ 为此,赵凤昌10月31日电外务部大臣梁敦彦云:"闻□□(疑为隐去的'醇邸'两字)向法、比借款,全国已反对,公切勿预闻,能暗中打破尤要。于公有关系,应密达。"⑤

从上述诸电文可以看出,自武昌起义后20天内,赵凤昌在国内动荡中,一方面为各省相继举义独立感到"文明大举,大势已成";同时,他更关心的是如何确保中国的主权和独立完整不受损害。从这点上看,赵凤昌对中国将来前途的考虑,较诸立宪党人对行将死亡的旧事物发出喟叹可谓更胜一等。

## 二、转向共和联合革命党人

11月3日,上海克复,接着杭州、苏州相继克复,到11日,全国已有湖北、湖

---

① 《赵凤昌藏札》,《辛亥革命在上海史料选辑》,上海人民出版社1966年版,第1053页。
② 李守孔:《中国近代史》,(台北)学生出版社1958年版,第472页。
③ 李约翰:《清帝逊位与列强》,中华书局1982年版,第273页。
④ 李约翰:《清帝逊位与列强》,中华书局1982年版,第276页。
⑤ 《赵凤昌藏札》,《辛亥革命在上海史料选辑》,第1053页。

南、陕西、山西、云南、江西、贵州、江苏、浙江、广西、福建11个省份先后宣布独立。此时,赵凤昌觉清廷大势已去,决心与革命党人联合。有材料表明,辛亥前赵已与革命党人有往来。1907年,因梁兰泉的介绍,他曾与广西旧同僚陆荣廷的幕友陈炳琨一起结识革命党人胡汉民。① 上海克复后,针对清绿调海军赴汉口助战,赵凤昌托当时弃湖南布政使职退隐上海的紧邻郑孝胥,致电萨镇冰,劝勿炮击武汉。电稿由赵起草云:"汉口探投萨提督:日来排满之说,业已取消。改革政治,正在研究,请公暂息兵力,勿残同类,致为外人所轻,至恳。胥。"②郑孝胥11月5日日记云:"赵竹君来,言致萨电不能发,请余添注数字,将原稿托丹麦领事寄去。"③另一方面,从11月10日东三省盐运使熊希龄从北方来电,也可以看出赵凤昌有更深一层的考虑。"所虑者,各省虽皆宣告独立,然均属响应,实未能有一统一机关。存亡绝续之交,必须组织临时政府,方得外交团承认……东三省本国家之附属品,有连带之影响,国家政府无论为新为旧,而东三省均视之以卜安危,倘旧政府已覆,新政府月余未立,东省则无辞以抵制两强,殊危险也。"④无论从财政或外交上考虑,以及防止日、俄对东北的觊觎,组织临时政府,统一革命力量,均属势在必行。11月12日,赵凤昌与张謇等人发起,邀请已独立各省咨议局代表和部分革命党人在上海方斜路江苏教育总会召开临时政府筹备会议,决定成立"全国会议团",以保疆土之统一,拟暂时公认复人道之和平为宗旨,采用共和政体,武昌为中华民国新政府,并公认上海为临时外交政府之所在地。13日,赵凤昌等人在《时报》发表了致革命党人公开信,要求约定时刻、地点,进行面谈。沪军都督当天就作出回音,赞同赵等的建议。11月15日,全国会议团以"各省都督府代表联合会"的名称在沪成立。⑤ 上述举措使江浙立宪党人在促使南方整合中,在上海占了优势地位。

此时,针对袁世凯回京组阁,北京政局渐趋稳定,赵凤昌为革命军提出对时局的看法,并提出与北方相持应采取的政策。赵以为袁世凯入京,外交和军政均占优势,北军得天时地利;南方各省不统一,与北军相持日久必生经济与外交危机,万一列强借为口实,难免有瓜分之虞。为此,赵提出应及时组织临时政府,筹

---

① 李守孔:《国民革命史》,台湾"纪念国父百年诞辰筹备委员会"1965年版,第106页。
② 《赵凤昌藏札》,《辛亥革命在上海史料选辑》,第1061页。
③ 《郑孝胥日记》,第3册,中华书局1993年版,第1355页。
④ 《赵凤昌藏札》,《辛亥革命在上海史料选辑》,第1056页。
⑤ 陈时伟:《赵凤昌》,《民国人物传》第7卷,中华书局2002年版,第121页。

划全局,外交上也应及早运动各国承认。同时,军事上也应取得河南、山东的策应。① 赵的这些看法切中时弊,而他的建议也是南方所亟须的。11月13日,赵凤昌还利用他堂弟赵叔泽在张家口任电报局长之便,与张謇、汤寿潜等合电张家口商会,转请内蒙古各界人士赞成共和。②

就在以张謇、赵凤昌策动的江浙立宪党人酝酿建立中央政府之时,11月9日,湖北黎元洪先电邀各省代表到武昌会议组织临时政府。两天后,11月11日,在张謇、赵凤昌等江浙绅商的推动下,江、浙、沪三都督联合通电邀请各省派代表到沪共商组织临时中央政府事宜。翌日,又电请各省公认上海推定的伍廷芳、温宗尧为临时外交代表。这样一来,江浙与湖北两方发生了政治中心地位的争执,但在上海的江浙集团,毕竟在政治和经济实力上都大于武昌。数日后,上海方面通过赵的老友张謇向在汉口的庄蕴宽提出"政府设鄂""议会设沪"的折中方案,使沪、鄂双方达到妥协。③ 然而,到了11月底,武昌形势恶化,汉阳被攻陷;而江浙联军反于12月2日攻克南京,战局的异动加重了上海的政治比重,形势又有利于赵凤昌、张謇这一边。

12月1日,黄兴因汉阳失守受到攻击而负气回上海。他到沪受到赵凤昌等人的重视,张謇当日即到上海与黄兴、宋教仁、章太炎等会晤。④ 有资料表明,黄兴到沪后几天,张謇到上海住惜阴堂,与赵凤昌一起,活动非常频繁。赵的密友、因政局动乱而留在上海观望的湖南布政使郑孝胥,居处海藏楼是南阳路赵寓的紧邻。郑日记12月2日云:"闻黄兴昨日来沪,寄居南阳路,非熊(熊希龄)宅,必赵宅也。报言,程德全昨日来沪,与季直(张謇)、平书(李钟珏)等会议,必因汉阳失败,南京守固,故谋办法。"12月3日云:"革命已陷南京……是夜,程德全、汤寿潜皆在竹君宅中议事,车马甚多。"⑤ 同日,梁启超的学生盛先觉为梁向江浙人士游说虚君共和,未得到重视。盛致梁的书中提到:"(12月3日)觉即特介往访赵竹君,略述往访意,赵询觉知张季直否,觉言知之,且欲见之而未能相值也。赵言今张在此,余请为君介而相见……时在座有庄蕴宽者。"⑥可见3日晚,江浙诸要人皆在惜阴堂聚会,内容可从第二天(12月4日)的各省代表会议中看出:

---

① 《赵凤昌藏札》,《辛亥革命在上海史料选辑》,第1053页。
② 章开沅:《开拓者的足迹》,中华书局1986年版,第239页。
③ 章开沅:《开拓者的足迹》,中华书局1986年版,第246页。
④ 《张謇日记》,《张謇全集》第6卷,第661页。
⑤ 《郑孝胥日记》,中华书局1993年版,第1365页。
⑥ 赵丰田:《梁启超年谱长编》,中华书局1983年版,第572页。

据 6 天前刚从法国回沪的蔡元培回忆说:"我于出席各省代表在江苏省教育会举行会议的前一天(12 月 3 日),觉得保举黎(元洪)不妥,特地到汤蛰仙先生处,同他磋商,适章太炎也在座……彼等亦赞成我举黄(兴)的提议。但汤不肯于第二日直接举黄(章太炎云:蛰仙私言,前已认武昌为政府,危而背之,于心有疚),而要求我亦到会,于会中推我为代表而投票举黄……第二日(12 月 4 日)开选举会,依汤先生所定之手续,我投票举黄,章先生及其他选举者皆举黄,盖事前受章、汤两先生疏通了。"①

4 日,赵凤昌列席留在上海各省代表的会议(时各省代表皆已在鄂,留沪的只是通讯机关,应不具备选举职权),会议议决暂定南京为临时政府所在地,选举黄兴为大元帅,黎元洪为副。毋庸置疑,这次选举是前一天晚上在赵宅商定疏通好的,而赵凤昌的幕后参与也是显而易见的。② 不久,在上海发起组织的中华民国联合会,虽列名发起人是章太炎,但在赵凤昌信札内,保存着一张最初起草的成员名单,赵凤昌、张謇皆列名其中,唯独首义地区湖北无人参与。③ 可见该联合会不仅体现了赵、张等人要求"革命党消"以泯除党见分歧,更有与武昌争夺筹建民国地位之嫌。稍后,赵凤昌还和汤寿潜、程德全、陈其美诸人一起会议,制定国旗为五色,以代表汉、满、蒙、回、藏五族共和,得到各省的赞同,经临时参议院议决,定为国旗。④ 据赵外孙杨小佛老人回忆,在赵晚年的惜阴堂厅里,仍有五色旗插在花瓶中,可见老人对此的眷念。⑤

上述材料表明,赵凤昌策动南方各省革命力量联合成立临时中央政府,一方面是为了维护中国的主权,不因内战而招致列强进一步的瓜分;另一方面,赵凤昌和张謇等江浙立宪党人一起,力图将革命形势的走向纳入他们所期望的以江浙立宪党人为主体,并结合黄兴等革命力量的共和政体中。毋庸置疑,赵的种种努力,对当时南方诸多反清革命力量的统合,是起到了一定的积极作用的。

## 三、调和南北促进和平谈判

武昌起义后,袁世凯率军南下,实行"剿抚兼施"的政策,南北双方的谋和就

---

① 高平叔:《蔡元培年谱长编》第 1 册,人民教育出版社 1996 年版,第 391 页。
② 刘星楠:《辛亥各省会议日志》,《辛亥革命回忆录》第 6 册,文史资料出版社 1961 年版,第 248 页。
③ 章开沅:《开拓者的足迹》,中华书局 1986 年版,第 249 页。
④ 刘成禺:《洪宪纪事诗》,上海古籍出版社 1983 年版,第 94 页。
⑤ 杨小佛:《往事沧桑惜阴堂》,手稿。

已开始进行。10月29日,袁受任钦差大臣后第三天,就有黎元洪的同乡、道员刘承恩奉袁命致书黎元洪,以实行立宪皇族不问政为条件,与革命军言和。11月2日,冯国璋占领汉口当天,袁世凯再命刘承恩致书黎元洪言和。11月11日,在袁离汉口北上就任内阁总理后第二天,第三次命刘承恩与海军正参领蔡廷干持书到武昌,商议和平。① 当时军政府激烈党人谓万无与朱温同类的袁世凯相妥协之理,并痛责其谋杀吴禄贞(11月7日)之罪。刘、蔡不得要领而返。② 11月23日,保定陆军小学总办廖宇春与前云南督练公所总参议靳云鹏等,谋拥世凯为共和政府大总统,由廖、靳分向南北运动。③ 11月30日,袁克定密派其友朱芾煌到汉口俄领事馆与军政府代表商谈,朱往见冯国璋被拘,袁克定函救朱。④ 可见当年袁世凯率大军压境,于军事得手后,一再停战谋和,挟清廷与南方谈判,完全是为其个人政治利害着想,清廷的命运,只是他手中谈判的筹码而已。正如当时前线冯国璋因不解军队何以忽进忽退,托幕僚张一磨面询。袁回答道,清廷犹如百年大树,拔树之法,专用猛力,虽折断,无法去根,只有左右晃的一法,晃之不已,根土松动,全根尽起。⑤

辛亥革命时期,赵凤昌与南北双方的联络都十分密切。在筹备临时政府的时候,赵曾提出一个联络袁世凯共同推倒清廷的方案。⑥ 当武昌战事胶着时,袁世凯亲信赵秉钧知其幕僚洪述祖为赵的妻弟,且知赵凤昌在沪参与策动革命事,阴遣洪述祖私函致赵探听动静,谋求和谈。赵以此函与黄兴等革命党人商量,黄等皆认为,"今日但求覆清,以行共和,不战而胜,奚不可为,且足补南军之拙,惟当得其人而语之耳"。⑦ 于是,赵凤昌推举唐绍仪,认为唐既为袁之故旧亲信,又与己厚于私交,黄兴等人虽不认识唐,但信所言,即加赞许。赵凤昌遂缘唐之同学、上海电报局长唐元湛联系唐绍仪,南来协商大计。⑧ 早在10月底,洪述祖根据赵凤昌的授意,曾拟就一份以隆裕太后名义颁发的诏书,内容提到"朝廷弭兵安民,所议宪法,但求中国土地人民多所保全,无论君主立宪、民主立宪,余

---

① 郭廷以:《近代中国史日志》,中华书局1987年版,第1426页。
② 居正:《梅川日记》,大东书局民国十三年刊本。
③ 廖宇春:《新中国武装和平解决记》,民国六年陆军编译局印刷所排印本。
④ 郭廷以:《近代中国史日志》,中华书局1987年版,第1437页。
⑤ 黄炎培:《我亲身经历的辛亥革命事实》,《辛亥革命回忆录》第1册,第66页。
⑥ 黄炎培:《八十年来》,文汇出版社2000年版,第86页。
⑦ 赵叔雍:《惜阴堂辛亥纪事》,《近代史资料》总102号,第252页。
⑧ 赵叔雍:《惜阴堂辛亥纪事》,《近代史资料》总102号,第252页。

与皇帝均乐观厥成"①。11月18日，袁内阁组成第二天，这份草诏经袁赞同后，由唐绍仪转交甫卸任的前内阁总理庆亲王奕劻。奕劻与摄政王载沣商议后，第二天推翻了草诏，说恐怕国民专要共和。11月21日，洪述祖密电告赵凤昌，述及此事，并言袁世凯"即以此宗旨奏请施行，倘不允，以去就争之"。电中还提到了"事机千载一逢，南中切勿松动，惟到沪议员殊难其人。以少川来，南中人愿否？"②文中明白道出了袁用南方革命胁迫清廷退位，同时也点出了5天前袁世凯组阁，原定唐绍仪任邮传部大臣，后以唐别有策划，用杨士琦署理邮传部大臣的用心。

12月7日，清廷在革命党人和袁世凯的双重压力下，派出了以唐绍仪为首的议和代表团。第二天，唐绍仪即致赵凤昌电云："明日赴汉口开议，请公约东南人望如张季老、汤蛰老赴汉会议为幸。"③以唐为首的和谈代表一行12月9日到汉口。当日，黎元洪即以南方临时政府首脑的名义电请伍廷芳前来议和。显然，他是想把南北和谈的主动权控制在武昌。对此，上海集团自然不愿和谈的主动权落入武昌。赵凤昌肯定与张謇、伍廷芳及黄兴等革命党人进行了紧急磋商。12月10日，赵、张分别电唐："伍秩老与张、汤二公均不能远行，公到汉无可与议，已由秩公电黎都督，请公径来沪上开议，甚为便利，必能招呼妥慎。"④"伍不能赴鄂讨论大局，以公来沪为宜。"⑤同日，伍廷芳也电黎元洪："各省留沪代表未许廷芳一日远离……恳即转致唐公，速来沪上共同谈判。"⑥此外，他们还由伍廷芳出面致函英国驻上海总领事法磊斯（Everard D. H. Fraser）云："……因为上海方面许许多多的朋友都请我不要离开此地，二则因为上海有很多任务需要我的注意……贵总领事倘愿以电报敦促贵国公使，由其商请袁世凯，要袁对唐绍仪发出指示，令其前来上海与我等商谈，将不胜感激。"⑦这样，通过英国公使朱尔典（John N. Jordan）的请求，袁世凯命令唐一行到上海开议。上海方面又掌握了和谈的主动权。

在上海和议的同时，廖宇春也受段祺瑞委派与黄兴委派的江浙联军总参谋

---

① 唐在礼：《辛亥革命前后的袁世凯》，《八十三天皇帝梦》，文史资料出版社1983年版，第102页。
② 《辛亥革命在上海史料选辑》，第1070页。
③ 《辛亥革命在上海史料选辑》，第1070页。
④ 《辛亥革命在上海史料选辑》，第1071页。
⑤ 《辛亥革命在上海史料选辑》，第1071页。
⑥ 章开沅：《开拓者的足迹》，中华书局1986年版，第253页。
⑦ 《辛亥革命在上海史料选辑》，第1180页。

长顾忠琛在上海进行秘密会谈,于12月20日签署草约五条,内容为:确定共和政体、优待清皇室、先推翻清廷者为大总统等。①

12月17日,北方代表团到达上海,他们的下榻处显然考虑到以赵凤昌、伍廷芳为枢纽,与江浙立宪派及革命党人私下沟通的方便。唐绍仪住戈登路(今江宁路)英商李德立(Edwanl S. Little)的寓所,其余代表住静安寺路(今南京西路)的沧州饭店。这两处离赵凤昌南阳路的惜阴堂与伍廷芳戈登路的观渡庐均不过数百米之遥。

当日晚,伍廷芳有函致赵云:"顷唐使来拜,已约明日两打钟在小菜场议事厅开议。全权文凭,乞明日午前掷下为祷。又黄公衔似可添代大总统字样。"②伍代表南方政府的全权文凭及黄兴要以代大总统衔的具文都由赵凤昌出具,可见赵在当时南北双方心目中的地位。第二天上午,赵便约黄兴与唐绍仪在惜阴堂相见,南北议和也于当天在英租界市政厅(南京路西藏路口)开议。从18日到31日,南北双方共进行了五次公开会议,讨论了停战、国体及召开国民会议诸问题。但这只是桌面上的例行公事。南北双方真正的政治交易是在赵凤昌的惜阴堂进行的。

据当时人回忆,"这次议和是个大烟幕,有关会议情况的电报,白天打出去的和晚上打出去的完全不同,是两回事。白天开会是在做文章,谈停战问题,规定你让出多少里,我让出多少里。白天打出去的电报是互斥对方违反协议,等等。重要的问题是在夜里谈,清帝退位问题,退位后谁来的问题,外国承认问题,等等。所以夜里打出去的电报才是会议的真正内容,而这些内容在会议进行时是不公开的。"③"所有和议中主张及致北方电,俱是夜间在赵寓双方商洽。""议和时,洪述祖常至凤昌家中,效奔走之劳。"④"在议和过程中每星期当中总有一天或两天,程德全、汤寿潜、张謇、汪兆铭、陈其美等在赵家聚谈。""伍廷芳名义上是南方总代表,实际上作不出什么决定,真正能代表南方意见的,能当事决断的倒是这个赵老头子。"⑤

12月26日,孙中山到上海的第二天,即赴惜阴堂与赵凤昌会面,征询对当前时局的看法。赵"遂一一陈述沪汉事情"。其后孙中山多次就商于赵。就酝酿

---

① 钱基博:《辛亥南北和议别记》,《辛亥革命》第8册,上海人民出版社1957年版,第104页。
② 《辛亥革命在上海史料选辑》,第1071页。
③ 余芷江:《辛亥光复前后》,《辛亥革命回忆录》第4册,文史资料出版社1966年第1版,第14页。
④ 刘厚生:《张謇传记》,上海书店影印本1985年版,第196页。
⑤ 冯耿光:《荫昌督师南下与南北议和》,《辛亥革命回忆录》第6册,第362页。

成立南京临时政府,赵也向孙、黄建议:"建府开基,即须兼纳众流,更当克副民望。"①在他的推荐下,张謇、程德全、汤寿潜等立宪党人被邀进临时政府。

辛亥年的南北和谈中,赵凤昌不仅在南北双方穿针引线,而且能左右南方的意见,成为和谈的幕后策划人,这与他有深厚的政治人脉分不开的。当历史走进民国,他将继续扮演着协调各方政治意见的枢纽人物。

## 四、扶持民国协调内阁人选

1912年元旦,孙中山在南京就任临时大总统。此时,中国出现了南北两个政权并存的局面。为谋国家早日统一,赵凤昌和程德全、章太炎一起于1月5日在上海正式成立"中华民国联合会"②,以求团结一切"主张共和及统一建国者,不问其南北、新旧、有无党籍"③。稍后,该组织改组为统一党。④

1月中旬,南北双方在惜阴堂订下了清帝退位、拥袁世凯为大总统的密约。⑤随后,清廷的退位诏书也在张謇和赵凤昌指使下在惜阴堂拟定。据刘厚生的回忆,该退位诏书是张謇托刘起草的。但张謇之子张孝若云:"听说我父此项亲笔原稿现存赵凤昌处……此电(指退位诏书)即在彼处属稿。"⑥

清廷退位之后,南北双方关于国务总理人选的酝酿也在惜阴堂进行。当时"同盟会坚持内阁总理必须提出同盟会会员",袁世凯方面坚决反对。在双方僵持之际,列席的赵凤昌当即献议:"我认为新总统的第一任内阁是新旧总统交替的一个桥梁,所以这个内阁总理必须是孙文、袁世凯两位新旧总统共同信任的人物。我以为只有少川(唐绍仪)先生最为恰当,只要孙、黄两先生不反对,我想劝少川先生加入同盟会为会员,这就是双方兼顾的办法。"⑦孙、黄即表示欢迎。稍后,由黄兴、蔡元培介绍,孙中山主盟,唐绍仪加入了同盟会,成为民国首届内阁总理。同样,在酝酿陆军部长人选时,南北双方均将此看作实力的关键,黄兴和段祺瑞成为南北双方必争的人选。为此,赵凤昌深恐内阁不早日成立,将引起列

---

① 陈锡祺:《孙中山年谱长编》,中华书局1991年版,第599页。
② 《民立报》1912年1月5日,《辛亥革命在上海史料选辑》,第774页。
③ 赵叔雍:《惜阴堂辛亥纪事》,《近代史资料》总102号,中国社会科学出版社2002年版,第253页。
④ 《民立报》1912年3月3日,《辛亥革命在上海史料选辑》,第776页。
⑤ 陈时伟:《赵凤昌》,《民国人物传》第7卷,第123页。
⑥ 《张謇全集》第1卷,第208页。
⑦ 刘厚生:《张謇传记》,上海书店影印本1985年版,第196页。

强干涉,他做了大量的协调工作。在其致汪精卫密电中有云:"内阁不速成立,危险万状,其原皆在陆部一席不决。南军队所主张,北方亦有万难……万不得已,仍当以克(黄兴)就参谋为调和计……"①在他的协调下,黄兴不再坚持,段祺瑞任陆军总长。

南北议和结束后,赵凤昌调停有方,得到了南北双方的肯定。2月9日,孙中山致函赵,聘其为枢密顾问。② 稍后,袁特意发电邀请他到北京担任顾问,赵对南北双方的延揽均辞不就。③ 不久,他甚至退出了自己曾经参加发起、而现在已经北上倾向袁世凯的"统一党"。在以后的"二次革命"中,赵都在幕后做了大量的协调南北的工作。

综观赵凤昌在辛亥革命幕后的活动,可以说他是当时协调各方政治势力的高手。就统合各方力量共同推翻清廷、创建共和,赵凤昌作出了一定的贡献。在辛亥革命研究中,我们不能无视许多类似赵凤昌、张謇等中间人物的历史作用,而就赵凤昌始终保持其独立于各种政治势力之外,在布衣之位,荡然肆志,不诎于诸侯,谈说于当世,折卿相之权,这种人格魅力,仍值得后世重视。

(原文载《近代中国》第13辑,
作者:马铭德,民革上海市委联络部)

---

① 《辛亥革命在上海史料选辑》,第1084页。
② 《辛亥革命在上海史料选辑》,第1090页。
③ 陈时伟:《赵凤昌》,《民国人物传》第7卷,中华书局1978年版,第124页。

# 孙中山思想的传承与独创

郑竹园

## 一、前　　言

在当代大政治家中,孙中山是迄今为止,最受海内外中国人共同景仰的人物。孙氏不仅是一位革命领袖,而且好学深思、学贯中外,是一位高瞻远瞩的思想家。从他遗留下来 400 多万字的言论及著作中,处处显露出高超的理想和过人的智慧。但在西方世界,孙中山思想并未如甘地、尼赫鲁,甚至胡志明、卡斯特罗等人的言论,受到学术界的重视和研究。

长期以来,一些研究中国的西方学者,对孙氏的定位为革命领袖,而非思想家。他们认为孙氏的许多著作,"仅仅是对现代西方思想的综合,并没有重大的创见"[1]。1985 年 3 月,在中国大陆河北涿县举行的"孙中山研究述评国际学术研讨会"上,与会学者就孙中山是不是一个思想家,进行了十分热烈的争论。持否定意见的学者认为,孙中山对西方学说,"只知道一些常识性的东西,是从一些通俗读物上得知的,他的三民主义等等,与其说是思想体系,毋宁说是一些宣传口号",所以算不上一个思想家。[2]

西方一些学者的浅见和偏见,虽不能增损孙中山的伟大形象,但在西方社会,也产生一些负面的影响。数年前美国《时代周刊》(Time)挑选 20 世纪最具影响的政治人物中,竟包括胡志明而漏掉孙中山。前年年初,纽约市立图书馆为庆祝其成立 100 周年邀请具有权威的书目专家挑选"世纪之书"175 种,甘地的《不合作主义》和《毛泽东语录》入选,影响中国革命及建国的"三民主义"及"孙文学说"也未列入。主要原因,是两岸研究孙中山的学者,未能用外文对孙中山学说作清楚而具体的阐述,使外国学者未能真正了解孙中山思想的源流,独创学说,以及其对中国及东亚国家的长远影响。本文系以此为主题,提纲挈领,作简

---

[1] 见费正清、邓嗣禹合著:《中国对西方的反应》,哈佛大学出版社 1954 年版,第 223~224 页。
[2] 姜义华:《大道之行——孙中山思想发微》,广东人民出版社 1997 年版,第 1 页。

括的论述。

## 二、孙中山思想的渊源

古今中外的大思想家,其思想主题皆必有所传承,而非全由独创。即以共产党人奉为圭臬的马克思主义为例,在其创建的科学社会主义学说中也借用了黑格尔的辩证法、蒲鲁东的社会主义观点和李嘉图的经济理论。①

孙中山的思想也有其渊源。1923年,孙中山在《中国革命史》一文中曾自述其思想的传承,"余之谋中国革命,其所持主义,有因袭吾国固有之思想者,有规抚欧洲之学说事迹者,有吾所独见而创获者"②。本文试就传统文化、西方思想及清末民初的时论三个方面,来研析孙中山思想的渊源。

### (一) 中国传统文化的熏陶

孙中山受正规教育于夏威夷及香港。但其幼年教育,则一直受中国儒家文化的熏陶。儒家思想对其立论行事,有极深刻的影响。他曾自述其求学之历程:

> (余)幼读儒书,十二岁毕经业,十三岁随母往夏威仁岛……入英监所掌之书院肄业英文……回华,是十八岁时也……居乡数月,即往香港,再习英文……数月之后再往夏岛,数月而回,自是停习英文。后治中国经史之学。二十一岁改习西医……于中学则独好三代西汉之文……于人则仰中华之汤武暨美国华盛顿焉。③

据《国父年谱》所载,孙中山7岁至9岁,就读于私塾,习《三字经》《千字文》《幼学琼林》等书。10岁入乡塾读四书五经。至13岁读毕四书五经。④ 他自述后来恢复研读中国经史的动机是:"念及改革政治,必先知历史。欲明历史,必通文学。"⑤

孙中山对中国文化的浸淫有几件事予以证明。1886年当他在广东医学院求学时,在他宿舍中放置一套中国通史。初时同学们以为是装点门面,不久即发

---

① 郑竹园:《马克思与凯恩斯经济学说的时空限制》,《郑竹园经济文选》,(台北)幼狮文化事业公司1983年版,第311~336页。
② 孙中山:《中国革命史》,见《国父全集》第2册,(台北)中国国民党中央委员会党史委员会编订,1973年版,第181页。
③ 孙中山:《自传》,见《国文全集》第2册,第2页。
④ 罗家伦主编,黄季陆增订:《国父年谱》,(台北)中国国民党中央委员会党史委员会,1969年11月。
⑤ 孙中山:《中国革命史》,《国文全集》第2册,第181页。

现他对中国历史内容非常熟悉,才认识到孙中山的抱负,不仅仅是当一名医生。① 1924年7月,离他逝世前数月,他曾向黄埔军校图书馆捐赠一套《二十四史》和《四库备要》,显示孙氏认为中国古典文学与历史,乃训练革命干部所必需。

孙中山受中国文化的陶冶,在其1924年回答共产党第三国际代表马林(Maning,原名Sneenlier)自述其革命思想的基础时,即明确表示:"中国有一个正统的道德思想,自尧、舜、禹、汤、文、武、周公、孔学而绝。我的思想,就是继承这一个正统的道德思想,来发扬光大的。"②在他所著的"三民主义"中,有多处系引用中国传统文化。

首先,在民族主义方面。他曾谓:"民族思想,实吾先民所遗留,无待外铄者也。余之民族主义,特就先民所遗留者,发挥而光大之。"因为他认定民族思想是无待外铄,所以在他陈述民族主义时,从未提及外国的理论和学说,更未认为应学习外国的民族主义。相反的,却极力主张发扬中国固有道德、智能,恢复我们的民族自信心。

其次,在民权主义方面。孙氏认为:"务舜的政治,名义上虽是君权,实际上是行民权……孟子说'民为贵,社稷次之,君为轻',又说'天视自我民视,天听自我民听'。由此可见中国人对民权的见解,两千多年以前,已经早想到了。"在论及共和政体时,他也强调"共和者,我国治世之神髓,先哲之遗业也。我国民之论古者,莫不仰慕三代之治,不知三代之治,岂能得共和之神髓而行之者也"。③

再次,在民生主义方面。他举出:"民生二字,是中国向来用惯的一个名词","像周朝所行的井田制度……(便)是民生主义的事实"。他并力言"井田制度,就是民生主义平均地权主张的渊源","吾国古时,尝有井田之制,与平均地权,用意正同"。④

从上举各节,可见孙中山的三民主义,并非如西方一些学者所说是撷拾当时西方流行的学说,而有其深厚中国文化的基础。

## (二) 西方思潮的启发

孙中山虽有深厚的中国文化根基,但他成长后的正规教育系在西方文化背

---

① 余英时:《孙文学说与中国传统文化》,见郑竹园主编:《孙中山思想与当代世界》第1节,台北编译馆1996年版,第96页。
② 见戴季陶:《孙文主义之哲学的基础》,(台北)"中央"文物供应社1973年版,第34~35页。
③ 孙中山:《中国必革命而后能达共和主义》,《国文全集》第2册,第775页。
④ 孙中山:《民生主义之具体办法》,《国文全集》第2册,第408页。

景下完成。当时西方的主流思想,对他有深刻的影响。尤其是他在伦敦蒙难脱险后,曾滞留欧洲两年,每天到大英博物馆博览群书,对欧美政治、经济、社会思想的流派,深入研讨,寻求中国革命及建国最进步可行的方案。在政治思想方面,他研读过卢梭的《民约论》(The Social Contract)、孟德斯鸠(C. Montesquieu)的《法意》(The Spirit of Laws)。在政治经济方面,他对经济学奠基人亚当·斯密(Adam Smith)、约翰·穆勒(J. S. Mill),以及共产主义创建人马克思,社会主义者圣西门(H. De Saint Simon)、欧文(R. Owen),无政府主义者克鲁泡特金(P. Kropotkine)、巴枯宁(M. Bakunin),以至于主张物竞天择进化论的达尔文(C. Darwin)等的名著均有研读与认识。其政治经济思想,虽受到他们的影响,但并非全盘接受,而系采取批判态度。

孙中山对美国的倾慕,远大于对欧洲国家。对华盛顿和林肯两位总统的事功与言论多所推崇。美国学者亨利·乔治(H. Geoige)的"单一税"主张,威尔可斯(D. E. Willcox)的全民政府论(Government by All People)及美国牙医威廉·莫里斯(M. William)的社会调和论,均为他所推许。在孙中山思想的形成中,都可发现这些名家的影响。

(1) 孙中山的历史观,在很大程度上受到威廉·莫里斯的影响。威廉抨击马克思唯物史观,认为社会力量,而非经济力量,才是推动人类历史发展的动力。人的行为是自觉思考的结果,而非简单地受到物质环境的影响。根据这一论点,孙氏摈弃了马克思主义,特别是其中的阶级斗争观点,并指责马克思乃一"社会病理学家"[①]。

(2) 孙氏的土地政策,深受美国学者亨利·乔治土地改革理论的影响。亨利·乔治在其《进步与贫穷》(Progress and Poverty)一书中,认为是社会进步,经济繁荣,带动地价暴涨,并非地主的贡献,但地主坐享暴利,不劳而获,违背正义,故主张政府重征土地税或收购其土地,将土地增值归公众所有。实行单一税,而蠲免其他税收。孙中山主张都市土地涨价归公,多少受到亨利·乔治的启发。

(3) 孙氏"五权宪法"的观念,其中行政、立法、司法三权分立,系由孙德斯鸠"三权分立,互相制衡"的理论借鉴而来,并参照美国联邦制度之运行,另加入中国特有的考试及监察两权。

---

① 孙中山:《民生主义》第1讲,《国文全集》第1册,第169页。

(4) 孙氏的政治思想，也吸收了美国政治学者威尔可斯"全民政治"的理论。认为"国家的责任是设立政府，为人民谋幸福"。其所倡导的民主政治，在本质上和美国总统林肯的民主理念极为接近。他自己曾说："兄弟所主张的三民主义，实是集合中外的学说，顺应世界潮流，在政治上所得的一个结晶品。这个结晶品意思和美国大总统林肯所说'民有、民治、民享'的话相通的。林肯所主张的'民有、民治、民享'，就是兄弟所主张的民族、民权和民生主义"。[①] 可见，孙氏民主政治的理念，确受到欧美民主思想与制度的影响。

(5) 孙氏认为人类社会的进步，源于互助合作，而非阶级斗争，是受到克鲁泡特金的影响。根据达尔文的进化论，物竞天择，适者生存，在生物界可能如此；如果人类也采用这一法则，世界必将仅有强权而无公理。克鲁泡特金认为人有合作的本性；合作与互助，其重要性超过竞争。互助合作，才是人类的本能与社会进化的动力。这一论点，对孙中山的民生史观有重大的影响。

### (三) 清末时论的激荡

除传统文化及西方思潮的影响外，孙中山思想的形成，也受到清末民初中国知识界各种言论的激荡。其中影响较深的人物，包括康有为、张之洞、郑观应和冯桂芬等。

孙中山一生最憧憬的理想社会，是儒家的大同社会，而首先揭示这一理想的是清末中国思想界重镇的康有为。康有为是戊戌变法的策划者。早在 1890 年即表达他对儒家政治哲学的新看法，先后发表《致太平三段论》，及《大同书》等脍炙人口的著作。其中《大同书》所标揭"天下为公"的理念对孙中山有深刻的影响。在他一生的题词中，"天下为公""世界大同"是他最喜欢的题词。而《大同篇》的铭文更成为孙氏最著名的墨迹。在"天下为公"的原则上，他把上古尧舜时代解释为"民主"时代，认为井田制和均田制具有社会主义的性质，都受到康有为的启发。

张之洞"中学为体，西学为用"的主张，对孙中山也有若干影响。但他比张之洞更进一步。他把西学分为两个部分：一部分是西方技术，包括"坚甲"和"利兵"；一部分是西方制度，包括教育系统、金融组织和工商业。他认为西方制度远

---

① 见陈裕清：《中山先生政治哲学与现代思潮》，《孙中山先生与近代中国学术讨论》第 1 册，(台北)"中央"文物供应社 1985 年版，第 196 页。

比西方技术更值得学习。①

另一影响孙中山思想的人物是1892年发表《盛世危言》的郑观应。郑氏指出:"外国富强之道,不全在坚甲利兵,而包括人尽其才,地尽其利,货畅其流。"孙中山在上李鸿章书中,曾采用这些论点。

综合上举三项,孙中山思想的渊源,一部分来自中国传统文化,一部分来自西方思潮,另一部分来自当时中国知识界的主流思想。孙氏在构思其理论及政策时,曾广泛阅读中外著作。在上海孙中山故居有关政治的西文藏书中,有关政治理论、国际关系、各国政局、政治人物传记等书目即达500多种,其中有不少是经典著作,绝非如偏见之士所说"靠一些通俗读物来建构其理论"②。另据日本丸善株式会社保存孙中山滞留日本时期购入书籍的清单中,可窥见其涉猎的广泛、用功之勤奋,不但能沟通中国文化与西方思潮,且形成其独特的思想体系。

下面各节将简述孙中山独创部分,以说明其对中国革命及现代化的理论贡献。

## 三、孙中山思想的独创

孙中山思想,在其形成过程中,虽内受中国传统文化的启迪,外受西方思潮的激荡,但其重要著作,包括《三民主义》《孙文学说》及《建国方略》等,均有许多独创的理论与政策。对早期中国的革命及近半个世纪两岸现代化与政治革新,均起指导作用。其有关工业化及国际关系的理念,对第三世界及21世纪的国际关系,也有重要的启示。

### (一)"济弱扶倾"的民族主义

近世的民族主义,在西方帝国主义,系挟其强大的经济及军事力量,以压迫弱小民族炫耀其种族之优越感;而弱小民族则以反抗西方的宰割为目标。孙中山的民族主义,随革命的进展而不断丰富其内容。早期的民族主义,以推翻清王朝为号召。辛亥革命成功后,其重点转为反抗帝国主义,求中国之独立平等。五四运动以后,孙中山民族主义更以"济弱扶倾",支持全世界弱小民族独立为鹄

---

① 萧公权:《中国政治思想史》第2卷,台北,1982年,第845页。
② 姜义华:《大道之行——孙中山思想发微》,广东人民出版社1997年版,第108~123页。

的。这与西方强权以侵略他人或自固吾圉的狭隘民族主义不可同日而语。这是他"大同"思想的实践,代表当世最进步的民族主义。

孙中山民族主义的推行,有三大特色:(1)不念旧恶,与人为善。狭隘的民族主义,具有强烈的复仇意识。孙中山的民族主义不以复仇为事。他反清并不排满。辛亥革命成功后即强调"五族共和""五族一家"。对于压迫汉人300年的满族,一视同仁,不念旧恶。(2)寻求合作,共存共荣。对长期侵略中国的列强,只要肯废除不平等条约,平等对待中国,孙中山主张开放门户,欢迎外资共同开发中国。他的"实业计划"就是一部国际资金共同开发中国的蓝图。其目的在于使西方在第一次世界大战后将过剩的资金,有合理的出路,达到共存共荣。(3)世界大同。孙中山民族主义的终极目标,是实现世界大同。在《民族主义》第六讲中,他提出庄严的宣告,"中国如果强盛起来,我们不但可恢复民族的地位,还要对于世界负一大责任。我们要决定一种政策,要济弱扶倾,才是尽我们的天职……世界大同才是民族主义的最后理想。"在当世的大政治家中,具有如此广大襟怀的人物,确实并不多见。

### (二)权能区分的政治制度

孙中山民权主义最重要的创新是提出权能区分的制度。他认为西方议会政治,人民所得的只有选举权与被选举权。国家大事要由议会通过,实在是国会独裁。但在广土众民的国家,直接民权也难实现。折衷之道,是将国家政治大权分为政权与治权两部分。政权操诸于民,他提出四种直接民权,选举、罢免、创制和复决,俾使人民能直接管理政府。治权操诸政府,政府拥有立法、行政、司法、考试、监察五种治权。

对这一设计,他提出浅显的解释:

> 五权是属于政府的权,就它的作用来说,就是机器权。一个极大的机器,会发生极大的马力。要这个机器所做的功夫很有成绩,便要把他分成五个做功的门径。民权就是人民用来直接管理这架大马力机器之权,所以四个民权就可以说是机器上的四个节制,有了这四个节制,人民可以管理那架机器的动静。①

在这一制度下,人民在地方实行直接民权,对地方公职人员有直接选举罢免

---

① 孙中山:《民权主义》第六讲,《国文全集》第1册,第1节,第155页。

之权,对地方自治事项,有直接创制及复决之权。对于中央公职人员,有的实行直接民权,如国民大会代表之选举,有的实行间接民权,由民选之国民大会行使创制及复决之权。

孙中山对这一权能区分的设计非常自负,认为"中国能够实行这种政权和治权,便可以破天荒在地球上造成一个新世界"①。

### (三) 循序渐进的民主宪政

推翻君主专制,实施民主宪政,是孙中山革命的中心目标。但中国在数千年君主政体的笼罩下,民智未开,教育不普及,要骤然推行民主宪政,必然扞格难行。孙中山所规划的步骤,系采取循序渐进办法,将宪政程序划分为三个阶段:即军政时期、训政时期及宪政时期。

在孙中山的规划中,军政为破坏时期,主要任务是扫除障碍,清除军阀。训政为过渡时期,主要任务是推行地方自治,并宣扬民权主义。宪政为建国完成时期,在中央实行民主宪政,在地方实行直接民权。

这三个程序有连续性。前一程序为后一程序之预备工作,前一阶段之成功奠定后一阶段之基础。在《建国大纲》中,孙中山对每一时期应做的工作及具体的做法均一一加以规划,这一别出心裁的设计,是孙中山的另一项独创。

### (四) 自由平等的新理念

自由与平等是近代民主政治的基石。但西方有关自由平等的主要理论,如洛克的"天赋自由""天赋平等",与卢梭的"人生而自由"等观念,孙中山认为并不适合于中国政治文化。依照孙中山的分析,中国过去的专制政治与欧洲假借神权、迫害人民不同。中国人民除完粮纳、忠君守法外,政府对人民的行为并未如欧洲专制政府那样的严酷,人民享有相当的自由。他指出,"中国自古以来,虽无自由之名,而确有自由之实,且极其充分,不必再去多求"②。

由于中国人民在专制时代,仍有相当的自由,孙中山的革命一方面固在维护个人自由,更为重要的是争取国家民族的自由。他认为,国家民族有自由,个人自由才有保障。这一对自由性质的界定,也与当世政治学者不尽相同。

孙中山对平等的观念,更与卢梭等认为自由与平等皆属天赋人权不尽相同。

---

① 孙中山:《民权主义》第六讲,《国文全集》第1册,第1节,第155页。
② 孙中山:《民权主义》第二讲,《国文全集》第1册,第88页。

孙中山认为天赋平等，在人类原始自然状态中容或有之，但到了近代科学昌明，人类大觉大悟，才知道没有天赋平等的道理。他指出，自然界的万物皆有特征，都不相同，既不相同，即无平等之可言；人类社会更难有生成或天赋的平等。人有圣、贤、才、智、平庸、愚劣的不同，是天生而来。他把人群天赋才智能力的不平等，分为先知先觉、后知后觉和不知不觉三种人。这三种人的起点原是平等的，但因聪明才力等的差别，其以后的成就即大不相同。如将其压下来一律平等，世界便无进步，人类便将退化。他主张人人应在政治上地位平等，即民权的平等。平等是人为的，不是天生的。人造的平等，只能做到民权平等。①

人既生而不平等，如何使人能在政治与社会上作出约略平等的贡献，孙中山提出其服务的道德观，强调人生应以服务为目的。

服务是高尚的道德。要调和先知先觉、后知后觉和不知不觉三种人使之平等，人人应以服务为目的，不应以夺取为目的。"聪明才力愈大的人，当尽其力以服千万人之务，造千万人之福。聪明才力略小的人，当尽其力以服十百人之务，造十百人之福。至于无聪明才力的人，也应尽一己之力，以服一人之务，造一人之福。果如是，虽天生人的聪明才力有三种不平等，而人类由于服务的道德观，必可使之成为平等，这就是平等的精义。"②

孙中山的自由平等观念，也使他与西方政治学者的论点截然不同。证明他并非如一般全盘西化学者对西方学说盲目附从，而有其独特的观察与见解。

### （五）以民生为中心的历史观

孙中山孕育其革命理论时期，正是马克思主义盛行的年代。马克思将人类社会划分为经济基础与上层建筑两大层次。上层建筑包括法律、政治、道德、宗教，等等。支持此上层建筑的经济基础，包括生产力与生产关系两部门。生产力决定如何生产，生产关系决定谁生产。在特定社会中，作为下层结构的生产方式如改变，则上层建筑的政治、法律、宗教、道德等也必随之改变，故存在决定意识。

马克思将人类历史过程划分为五个相连而不可逾越的阶段，包括原始共产社会、奴隶社会、封建社会、资本主义社会、社会主义及共产主义社会（社会主义与共产主义乃同一阶段的两个层次）。马克思认为，历史乃人类控制自然的发展。由于一切生产活动皆需在社会组织范围内进行，故历史乃社会制度的连续

---

① 孙中山：《民权主义》第三讲，《国文全集》第1册，第93页。
② 孙中山：《民权主义》第三讲，《国文全集》第1册，第104页。

变迁，其中心现象是将社会划分为不同阶级。阶级的界定，以对生产手段的关系为基准。握有生产工具者，为统治阶级，无生产工具而佣雇于人者，为无产阶级。在奴隶社会此对立阶级为奴隶主与奴隶，在封建社会为地主与农奴，在资本主义社会则为资本家与工人。社会生产力发展后，如生产关系不随之改变，则生产关系成为生产力发展的桎梏，阶级斗争必然发生，故整部人类历史，乃一部阶级斗争史。①

孙中山认为，马克思阶级斗争学说，不符史实。他认为社会之所以有进步，系由于社会上大多数经济利益的调和，而非由于经济利益的冲突。"人类求生存才是社会进步的定律，才是历史的重心。"他强调："古今一切人类所以要努力，就是因为要求生存。人类因为要求有不间断的生存，所以社会才有不停止的进化。人类求生存才是社会进化的原因，阶级斗争不是社会进化的原因。"②

近百年来，世界经济的发展，包括资本主义国家社会保险的建立、劳工组织的兴起、人民生活水准的提高、与苏联的解体，等等，都证明孙中山民生史观的正确。

### （六）公私兼顾的混合经济

在经济制度的建构上，孙中山不赞成英美式的私有经济，也不赞成苏俄式的国有经济，而系采取一混合制度，使私人企业与国有企业共存。在《实业计划》第一计划中，他主张中国实业的发展，应分两条路进行：一为个人企业，一为国家经营。"凡夫事物之可以委诸个人，或其较国家经营为适宜者，应由个人为之，由国家奖励，而以法律保护之。至其不能委诸个人，及有独占性质者，应由国家经营之。"③

孙中山这一产业划分原则，在当时则独树一帜。但 60 年后，首届经济学诺贝尔奖金得主田培根（Jan Tinbeigen）所提出制度建构的最佳形式，却与孙中山的构想不谋而合。依照田培根所提出的合理经济制度的基本原则：第一，在生产资料所有权上，凡经济活动具有外延效果或不可分性者应划为公营；凡不具备此两条件者，应归私营。所谓"外延效果"，系指投资效果，不限于个别企业本身，

---

① 郑竹园：《马克思与凯恩斯经济学说的时空限制》，《郑竹园经济文选》，（台北）幼狮文化事业公司 1983 年版，第 325 页。
② 孙中山：《民权主义》第一讲，《国文全集》第 1 册，第 169～171 页。
③ 孙中山：《实业计划》第一计划，《国文全集》第 1 册，第 517 页。

而影响到整个社会。所谓"不可分性",系指投资项目必有相当规模,不能零碎进行。比如交通、运输、公共事业、国防工业,以及各种与国计民生有密切关联的基础工业(钢铁、石油、电力等),皆有外延效果,或不可分性,故宜归公营。反之,如中小型企业及一般服务性行业,由于生产单位比国家计划者更能具体掌握各种资料,应归私营,因为私营较公营更能提高效率,适应社会需求。

其次,在经济决策权的集中与下放问题上,集中程度不能过高,也不能过低。如将执行社会经济重要政策之决定权委诸下层机构,往往因主管人员不识大体,易于作出错误决定。因此,凡有关社会总需求、总投资等重大决策,应由政府执行。凡次要事物,应归私人自决。①

比对孙中山与田培根对公私划分的见解,可谓若合符节。孙中山60年前的立论与半世纪后西方经济学大师的论点竟如此吻合,证明其见解之高超与远瞩。

### (七) 和平正义的土地政策

在孙中山的经济纲领中,平均地权是核心问题之一。中国以农立国,地权问题一直是经济问题的症结,从孟子时代的"井田制",王莽时代的"王田制",到太平天国的"土地纲领",都企图为土地问题提出一个合理的解决方案。基于这一历史传统,孙中山对平均地权特别重视,认为"土地问题能被解决,民生问题便可解决一半"②。

对平均地权,孙中山既不主张无偿没收,也不主张收买全国土地,而系将全国土地分为两部分:对都市土地用征收地价税形式,将地租转入国库,防止地主阶级不劳而获。在农村则实施耕者有其田,以"消灭分利、坐食"的地主阶级。他认为平均地权可达成三项效果:

(1) 将资本家对土地的投机,移于工商业投资,以推动整个国民经济。

(2) 按地价征收地价税,不但人民其他税收可以蠲免,且可用于兴办各种公共福利事业。"社会之福,聚于国家,国家之富,还于社会。"

(3) 可避免走上资本主义之老路,不致陷入贫富对立的覆辙。在这一套理论之下,他提出平均地权的具体办法:对都市土地核定地价,照价征税,增价归公,或依价收买。先由国家规定地价法、土地使用法、土地征收法及地税法。私

---

① Jan Tinbergen, "The Theory of Optimum Regime". In Selected Pages, Amsterdam, North-Holland Publishing Co. 1959, pp.264 - 304.
② 孙中山:《民生主义》第二讲,《国文全集》第1册,第188页。

人所有土地由业主自行估价,呈报政府,国家就价征税。为防止业主报价不实,同时规定,国家可依价收买。若地主高报地价,则纳税不得不高,若为纳税从轻而估价过低,又恐政府依价收买。"两者相权,遂不得不出乎平。"孙中山认为,这一办法简单公平,乃其生平一大创见。①

对农村耕地,孙中山主张"耕者有其田"。此一办法,50 年代已在台湾地区推行,奠定台湾地区经济起飞的基础。

### (八) 尊重知识的孙文学说

孙中山思想体系中,在哲学层次的贡献,是他创立"知难行易"的理论,与中国传统"知易行难"及王阳明的"知行合一"持相反见解。

他认为,传统"非知之艰,行之维艰"的说法并不正确。为此他博览群书,从饮食、用钱、作文、造屋、造船、筑城、开河、电学、化学、进化等十事,来证明知之不易。他认为,"知"是脑力思维的运用,乃对客观事物的认识,必须穷究物理。"行"为手足之动作,乃对客观事物之处理。前者为科学之知,后者为具体之行。他将人类进化分为三个时期:第一,由草昧到文明,为不知而行时期。第二,由文明再进文明,为行而后知时期。第三,为科学发明,为知而后行时期。自科学发明之后,人类乃始具以求真知,故始能进于知而后行之第三时期之进化。在"孙文学说"中,他处处强调要尊重知识,尊重科学。"当今科学昌明之世,凡造作事物者,必先求知,而后乃敢从事于行。所以然者,盖欲免错误而防费时失事,以期事半功倍之效也。"②

"孙文学说"所强调之科学精神与格物致知之重要,正是当代科学文明的特征。近 50 年来,世界物质文明之进步,可谓一日千里。许多过去认为绝无可能的事物,皆由科学的研究而成为事实。往往是基本原理一经发现,应用技术随之产生。故孙中山"知难行易"之学说,在现代科技文明中,也获得印证。而近年风靡各国的"知识经济",在孙文学说中,早已阐发其精义。

## 四、孙中山思想之特色

孙中山一生致力革命,未能专心从事学术研究,其思想体系不如西方学者之

---

① 孙中山:《民生主义》第三讲,《国文全集》第 1 册,第 197 页。
② 孙中山:《孙文学说》,《国文全集》第 1 册,第 463 页。

严谨,此乃客观之事实。但他目光远大,综览全局,吸取当时西方社会科学之精华,参酌中国传统文化及社会现实,融会贯通,成一家之言。而其思想体系,具有四大特色:

第一,融合中西文化。从上举八项独创之理论及政策视察,可以发现,他既非如守旧派的食古不化,也非如新文化运动者的全盘西化,而系撷取东西文化的精华,择善固执。其民族主义中的大同思想,民权主义中的权能区分,对自由平等之体识,以及民生史观,等等,皆脱胎于中国传统文化。但他也同时吸取西方主流思想,如五权宪法中之三权、社会和谐之进化观、对都市地价税之征课等,都受西方学者的影响。他对中外学说,是采取批判性的传承,而非盲目附从,照本宣科。

第二,凸显中国特色。他虽接受西方教育,但其思想体系,处处显露出中国特色。在《国文全集》400多万字中英文著作中,甚少直接引述外人的著作。但对中国古圣先贤的著述,则不惮反复引用。并一再告诫国人:"一种道理在外国是适当的,在中国未必是适当。"①他不但主张恢复中国固有的道德与智能,认为《大学》中从格物致知到治国平天下的政治哲学,是中国独有的宝贝。他对中国文化的浓烈感情,与当时从事新文化运动知识分子主张反对儒家、"全盘西化",形成一鲜明的对比。

第三,政策具体可行。孙中山思想与西方许多理想主义或乌托邦不同。其所规划的政策,大多具体可行。如混合经济制度、"耕者有其田"政策、实业计划等,都已在台湾地区次第实施,并产生立竿见影的效果。其中有一些部分,近 20 年来也开始在中国大陆施行。②

第四,洞察世局演变。孙中山的思想体系,虽完成于 1924 年,距今已 80 年,但其"三民主义""实业计划"和"孙文学说"与世界经济社会的变迁,大体上均能吻合。如第三世界的兴起,东西德的复合,捷克的分裂,苏联的解体,均证明民族主义的重要。战后 100 多个新兴国家,大多数以共和政体立国,民主化潮流日益高涨,民权思潮已弥漫全世界。20 世纪 30 年代美国大恐慌后,社会安全制度已成为欧美国家的共同方针,与民生主义的目标完全符合,证明孙中山思想经得起

---

① 孙中山:《民权主义》第二讲,《国文全集》第 1 册,第 89 页。
② 郑竹园:《民生主义在台湾的实践与对第三世界的启示》,引自郑竹园主编:《孙中山思想与当代世界》,台北编译馆 1996 年版,第 301~335 页。

时间的考验。①

　　总括而言,孙中山思想虽没有学院式学者严密的体系及推理方式,但从 20 世纪以来世界局势的发展印证其所揭示的理论与政策,可发现其见解具有高度的前瞻性与指引性,非当代一般革命家及思想家所可比拟。

　　(原文载《近代中国》第 14 辑,作者:郑竹园(Cheng Chu-Yuan),美国印第安纳州博尔大学(Ball State University,Indiana,USA)经济系终身教授、海外中山学社董事会主席)

---

① 参见郑竹园:《孙中山思想与当代思潮》,《孙中山与现代中国学术研讨会论文集》,(台北)国父纪念馆 1998 年版,第 365～376 页。

# 经元善之身世与思想及其上书保皇招祸经过

王尔敏

## 一、引　　言

　　差不多是 20 年前,我于 1985 年任职香港中文大学期间,受校方马临校长和中国文化研究所所长郑德坤先生的委托,从事于编纂《近代名人手札真迹》,于盛宣怀私人文献中,选辑 100 位名家亲笔书信,完成后于 1987 年出版,印成巨帙九大册。此一编纂工作,是与中大陈善伟博士合作,在此 100 位名家书信之首页,必须附上简略小传,其中有 94 篇小传,系由鄙人执笔,自然是包括经元善在内。每小传只占一页,仍请学者勘验经氏小传内容,我自担负全部责任。今日本文论述经元善思想行径,在于揭示更具意义更有价值的实迹,尤其是光绪二十五年(1899)所发生的大事"己亥建储",这是慈禧太后真心否定光绪帝位,指定端郡王载漪之子溥儁为大阿哥,用以继承同治皇帝,自是措置乖张,难掩天下之目。因是引起经元善急切保皇思想,联合南省绅商 1 200 人上书清廷,吁请维持光绪皇位,不可动摇国本。此举激怒慈禧,下令通缉捕拿并籍没经氏家产。经元善仓惶逃遁澳门潜藏,为时俱在光绪二十六年(1900),半载之间北省拳乱起事,杀教徒教士,焚教堂,招来八国联军入侵北京,太后与光绪亦并逃遁西狩西安。自无暇追拿经氏。其时经氏年逾六旬,经此顿挫惊恐,不久即亦辞世。太后建储未成,光绪帝位得保,哲人已萎,国事全非。徒留铮铮史案,无从窜改,留供后世研考凭吊。

　　光绪二十七年(1901)夏季五月,经元善刊布其自著文集《居易初集》二卷,其自序首述早期身世,至为简明:

　　　　咸丰癸丑(1853)仲秋,土匪潘小禁子(潘启亮,又名潘可祥)作乱,沪城陷,邑令袁公(袁祖惠)死难。时先府君资政公(即经纬,字芳洲)董理育婴、同仁、辅元三善堂。收养婴孩数百,乳姬称之。仓皇遇变,不忍弃去,乃誓与共存亡。以全家不避难为孤注之博,于是咸友筹私掖元善、两弟一妹出虎口,余一姊两弟留。元善年仅舞勺,流离转徙,抵余姚,乃得依外父魏君。卧病经年,乃起入塾,仅习熟四子书而已。乙卯春(1855)城即复,全家回故里,竟得无恙。适府君兴建敬修家塾,命元善监视工役,越三载始竣。仍随侍至沪。未几府君弃养,遂席先业,习计然术,不复能读书矣。①

据经元善自序所言,其于光绪二十七年刊书自序之时年61岁。当上海为小刀会徒众于咸丰三年(1853)据城杀官劫官库,以至逃难出城,其时年方13岁,逃于浙江余姚外公家,又因病一年,方始入塾读完四书,自此辍学,又随父亲经纬回上海经商,毕生即恃此所学根柢应世,而下笔属文典雅精当,未尝有任何失误。吾于1985年编辑其亲笔手稿16通。具见其行草娟秀,书艺不俗。学殖虽薄,而自修自励,亦足以颉颃群伦。

## 二、商贾起家,办赈成名,创业电报

经元善字连山,号莲珊,浙江上虞人,因其父经纬行商贸于上海,长期寄寓城厢,上自经纬,阖家以为安身之所。上海小刀会起义,沪城之盘踞。时与城外官兵接仗,城居安危可虑,经纬惟遣长子元善与一妹两弟出城避难,自率长女与两子继续留在城中。非不重自保,而为其所营育婴、同仁、辅元三所善堂需人照料,不忍舍之也。斯年元善方13岁。一年半后,上海收复,经纬始率家人聚于上虞故里。经纬仍以上海为营商之地,元善亦即弃学而入商贾之途,经纬父子俱以上海为永久世业之所,未再返回故里。不久经纬逝于上海,当地方志录有专传,待之以沪上名士。元善承袭父业,仍为专职商贾于沪滨。

光绪三年(1877),北方山西、河南发生大旱灾,农无收获,遂成饥荒。其时山西巡抚曾国荃、河南巡抚涂宗瀛,均与江南地方有一定官历之缘,再加上最擅长筹征捐款的盛宣怀大力拉拢江、浙特别是上海商界人士,共襄盛举。可据的史料见出,自光绪三年六月皇帝祈雨并呼吁救灾。上海即于同年八月率先成立"上海筹赈公所"。② 而坐镇上海主持筹捐者,则以郑观应负总责,筹得善款,即直送

---

① 经元善:《居易初集·自序》,光绪二十七年五月,刊于澳门,二卷本。
又,在此要郑重陈叙,本人之得有《居易初集》影印本,系十余年前承刘广京年丈相赠,特志感谢之枕。吾之研究此题,正以报广京先生之厚爱。
② 郑观应:《盛世危言后编》卷十四《赈务》,(台北)大通书局影印宣统元年刊本。

晋、豫两省。至于直接进入灾区的放赈巨绅，多由上海殷实商贾担任，最负重望者为严作霖、李金镛、潘振声三人。但因潘振声要入京会试，灾区办赈人力不足，遂在光绪四年(1878)增派经元善、沈嵩龄、王星阪、陈春岩、杨庆馀等，分赴直隶、河南、山西、陕西各省重灾区，救助灾民。经元善自序所云"光绪戊寅(1878)，随苏扬同人创办义赈"，即是同一件事。①

南方各省赈灾捐款，包括江南、浙、闽、粤、鄂、香港、澳门善士，凡经上海筹赈公所统汇发放，只山西省向巡抚曾国荃禀报，自光绪三年八月，至五年二月，先后多次汇解银两，达142 820两。开列各处商董有数十位之多。② 若严作霖、李金镛、沈嵩龄俱出钱出力，深入灾区。惟报奖名单之中，自无郑观应本人，这无可解。而其名单中，竟亦不见经元善之名。关于经氏稍迟再叙。原来郑观应于禀江苏巡抚公启中声明："前禀收解民捐总案内，声明不邀奖叙，民捐民办。所有查赈绅士薪水等费，由公所另筹，不在赈捐之内开支。务使涓滴归公。"③ 这里声明，主持筹赈公所的绅董如郑观应者，是不会开列自己的名字，要求奖叙的。一来表明纯为公益，二来向乐捐的绅商明白总揽赈务之人可以信托，并非为一己之利而担此重责。

其实经元善数度亲到灾区查赈，又加两弟经璞山、经耕阳亦是前赴陕西负担查赈放赈，一家数员，献身赈务，却未列名请奖。原是三兄弟志在褒扬生母，捐款谒求封典，并于家乡建牌坊以彰孝、慈。故由郑观应出力向河南巡抚要求乞恩表扬。此自出于经氏兄弟旌孝至诚，而不求个人荣利。④ 元善昆仲原自其先考经纬生前经营善堂，有善士之名，时当江南大举筹赈，由是踊跃捐输，并亲入灾区查赈，又不求奖叙。一切归美于太夫人，因获报请朝廷表扬，自见孝思不匮，永锡尔类。

自光绪三年北方晋、陕、直、豫四省大旱灾，自此二年余至光绪五年，几至动员南方各省善士与美洲、南洋侨民捐输，全程虽头绪纷繁，而上有李鸿章的不断

---

① 经元善:《居易初集·自序》。
关于上海筹赈公所加派绅商前往晋、豫、直隶助赈，可见于郑观应所发公启，载《盛世危言后编》卷十四，第2～3页。
② 郑观应:《盛世危言后编》卷十四，第24～25页，"禀晋抚蒙报捐数并经募善士姓名"。又，经元善:《居易初集》卷一，第7～10页，"送两弟远行临别赠言"，即光绪四年，送两弟远赴晋、豫两省救灾。
③ 郑观应:《盛世危言后编》，卷十四，第25～26页，"禀送江苏抚宪经募捐征信录"。
④ 郑观应:《盛世危言后编》卷十四，第38～39页，"致查放秦赈员胡小松为经莲珊、璞山、耕阳太人人请奖书……"
又，经元善:《居易初集》卷二，第45～46页，"沪上协赈公所溯源记"。

奏报请奖，此三年中不下十余次。可惜其奏稿刊刻，俱删除所附请奖名单，无从对比。只有郑观应集中保留部分名单，稍能略供推测。大抵至光绪六年（1880）才使报奖完毕。

光绪六年，李鸿章有两样重要思考付之行动，一是要在上海开办机器织布局，用以对抗洋纱、洋布的大量输入。此事就委派郑观应会合官商戴恒、龚寿图、彭汝琼（原禀请招股倡办之人）、卓培芳、唐汝霖、长康等官绅筹资开办。二是数年思考成立官电局，俾政府上下消息灵通。于光绪七年（1881）委派盛宣怀会同郑观应、郑藻如、刘含芳、唐廷枢、朱静山等，筹设津、沪电线，经营官商电局。

由于先有北方协赈救灾，经元善勇于任事，亲赴灾区，而又不求奖叙，使郑观应颇为看重，首先即邀经元善共同开创上海机器织布局担任会办之职。有李鸿章当年批示，可知经氏为创始共事之人。①

接着光绪七年创立中国电报局，总局设于天津，上海开放分局。因即迅速架设津沪两地之一路电线，各地立即需要分局总办主持。上海原委谢家福任分局总办，然谢住苏州，体弱多病，不肯驻上海，遂由郑观应禀请李鸿章以经元善既任上海织布局会办，复兼任上海电报分局会办。谢家福仍存总办名义。原禀李鸿章批札俱可比对参证。在此文既是述论经氏身世事业，李鸿章当年批札本据，不能不略引原词：

> 上海电报分局，为南路局总汇。且有转运物料联络洋人等事，头绪纷繁，必应专员驻局经理。谢绅家福既因患病未瘥，急切不能到局，准给假在沪调医。遇有紧要事件，仍可谘商办理。所遗局务，候即饬委会办织局经主事元善移驻电局，专理一切，以期周妥。仰将发去委札一件，转给祗领遵办。②

经元善原以上海织布局会办兼为上海电报分局会办，惟纺织一门，不能抵挡外洋洋布倾销竞争，中国又以不平等条约束缚，入口关税永远定在百分之五以下，终至织布局很快结束，经元善终以电报局驻局而全心全力投注此门。再加谢家福改任苏州电报分局总办兼理苏州电报学堂监督，终于只与郑观应、王荣和、陈季同分任上海电局董事，而由经元善专任上海电报分局总办，自创始直任至光绪二十五年（1899）年末，因案去职，逃匿澳门。前后任职将及20年之久。可以确定经元善为最早初创中国电报局，一直受到盛宣怀、郑观应所依重的创业元

---

① 郑观应：《盛世危言后编》卷七，第6～7页，所附李鸿章札委经元善任上海电报分局会办。
② 郑观应：《盛世危言后编》卷十二，第2页。

老。在此可引据光绪六年四月二十六日盛宣怀给经氏函,可证电局尚未开创,而筹议中已相约分劳之嘱,盛氏信云:

> 弟所谈公司一节,属意我兄甚诚,勿疑交浅言深也。到沪后如能俯就,或有不能,均祈速示。目前千万勿为第二人道及。①

从此私函以观,偻指算来,自光绪六年以至二十五年,经元善之在近代化工业之电报一行,前后在事有20年之久。自是中国工业化第一代先驱,应然当之无愧。

## 三、世变冲击,热心救国,倡兴女学

中国商人自汉代以降即受社会看轻,行事成就,难得留存纪录,自永乏商学建树。高才多能,落得长袖善舞,多财善贾。引车负贩,更下于鄙贱之列。历世自必有握奇操赢之能事,则必至昙花一现,瞬息消逝无踪。良可浩叹。

19世纪中叶以后,中国承西力冲击,新兴之资本家财阀,随帝国主义船炮之力,一齐涌进中国口岸,浸渍至于腹地,挟其雄厚资金,假藉条约特权,顺利占据要津,使中国固有富商巨贾,一一破产,无不降为附庸,仰其鼻息。若胡光墉兴家致富,盛极一时,而因不明洋商倾挤之烈,一夕破产,次年即殄瘁而逝。留为世人凭吊惋惜,与文家点画描述。其实当年与胡光墉同其遭遇,而荡产丧财者,早有广闽船商,失业者以数十万计,后有长江口迤北沿海之沙船俱因洋船冲击,而全部歇业倒闭,朽船以数千计。由于商界绝无记载,此段惨败史实,世人尚多不知。可见商人之中尚需有通文墨,而能用心记述。此在当年,真如凤毛麟角,极难一见。

中国近代之希望,展现于19世纪,尚有不少有志节、有品格、有修养、有远见的商贸行家。左宗棠之器重胡光墉,世人津津乐道,而不知李鸿章远远更胜于左氏,所重商贸能手,有盛宣怀、郑观应、唐廷枢、严信厚、徐润、李金镛、严作霖、金福会、朱静山、朱其昂、朱其诏、叶廷眷以至经元善。如此数字,自有遗漏,当可见出李氏之于自强新政,实无不引重商贸人才。在晚清之世,清廷大吏惟李鸿章是破格用商人,赋予大责重任。不过大多数商人只顾经营事业,甚少有人分出余暇,载笔记事,当是令人引为遗憾。

---

① 经元善:《居易初集》卷二,第66页,"盛杏荪观察亲笔函"。

屈指算来,近代人物能代表商界伟大思想家者只有郑观应可居 19 世纪代表先驱。是一代商战大师,商权先知。其次要具广阔视野而代表近代商界思想前驱者则尚有盛宣怀、张謇二人,足当跻身于工商思想界而无愧。再次要之人物,当时后世未必见重者,然亦表露其卓识高见者,尚有徐润、经元善、李平书等人。以上诸人大半集于江苏上海,真是人文荟萃,令人歆羡。

经元善自是晚清实业家,而其在维新运动中,在思想上、认识上、实践上,均有重要表现。兹当演论其大致脉络。

## (一) 甲午抗日义兵筹饷活动

近代中国,史实冲击,俱带使国人沉痛醒觉,立即产生启发思想动力。光绪二十年(1894),日本蓄意挑衅,发生中日之间甲午战争,中国战败,于 1895 年签下丧权辱国割地赔款条约,实对中国重大打击。此时海天同愤,全民激起抗日心责。上海绅民以钟天炜(字鹤笙)与经元善于光绪二十年十一月起发起筹饷支援义勇抗日。拟定书启章程,呼吁国人共赴国难。惟至光绪二十一年三月二十三日中日签订马关条约。抗日义勇筹饷之举遂亦挫阻。经元善即在同月之内记载下"拟筹甲午义兵饷始末记",留下当时抗日记忆。①

## (二) 仰慕康梁,引重时贤

可据的事实,重大历史剧变的冲击,是明晰的迅捷的立即在国人觉识启动反响,前节引叙甲午之年的筹措抗日义兵军饷,即是一例。

甲午战败,中国签下屈辱条约之后,在光绪二十一年七月及十月,分别在北京及上海都创组"强学会",倡议者多为维新人士,无论在北京或上海,其中领袖俱以康有为、梁启超为最活跃,北京则多中下级京僚,上海除在野科甲名士之外,亦多吸引绅商与会。经元善即承康有为两次面晤商谈,并以书信相招。经元善于光绪二十二年(1896)正月,正式复函,申明近年来多病,电务繁剧,外事多力疾而为,推辞无力胜任,并积极推荐汪康年由浙来沪相助,亦建议多依重郑观应。惟经氏此函对康有为之直言规劝,则世人尚多不知,甚值参考:

> 今闻为言路所劾,此虽关乎气数,然细思之,亦由吾公未能应天以实,感

---

① 经元善:《居易初集》卷一,第 47~65 页,"拟筹甲午义兵饷始末记,乙未三月"。
又,王尔敏、陈善伟合编:《近代名人手札真迹》第二册(全九册),香港中文大学出版社 1987 年印,第 488~496 页,"经元善致盛宣怀"。

召麻祥所致。弟初读《长兴学记》及《伪经考》诸书,深佩足下之学。去冬(二十一年)忽承南皮先生(张之洞)作介,幸接光仪,良用欣慕。惟采诸舆论,清浊两途,皆有大不满意于吾公之处。静观默察,方知吾公尚少阅历,且于谦、恕、慎三字未能其切体验躬行。又不免偏重好名。夫名乃造物最忌,鬼神审盈。宜乎触处皆生荆棘也。里须内省自讼,不必尤人。①

经元善信中推称有病,乃是实情,已有三四年患病,其与盛宣怀书言之,而友人沈毂人亦称其病废,俱可作为旁证。惟若以当日国家危殆之势,经氏实未尝引病规避,其所以推荐汪康年,亦可见重视强学会之活动,亦非拒斥康有为。兹引据经氏致盛宣怀所言,以见经氏之推重康有为:

> 天如不亡中国,此人(指康氏)必不能遏阻。若论爵位,总制三楚,自然南皮(张之洞)崇高。而人心之翕从,气势之联合,则张不逮康。②

考察经元善继承父业,营商于上海,其出道应始于咸同之际,而于光绪三、四、五年之筹赈救灾,已具商界领袖地位,声名素著,因而有盛宣怀、郑观应之征召加入布局、电局,实非偶然,嗣至光绪二十二、二十三、二十四年,经氏虽长有病痛,而于当代时贤仍是交游甚频。据经氏自记于书中,引及同代贤豪有:沈毂人、龙泽厚、汤寿潜、钟天纬、雷广钧、陶濬宣、裘廷梁、叶瀚、李鼎星、沈学、郑观应、狄平、罗振玉、徐智光、汪康年、何联恩、陈彝范、汪洵、赵元益、王维泰、卫家寿、程诒、李智俦、曹其善、周华、沈敦和、杨廷皋、施则敬,等等,俱为一时俊彦,虽未投身以为强学会分子,见其交游,当可见其亲接于维新思想之流。③

在此最值得注意的是经元善之大力推毂年方 24 岁的沈学(字曲庄),因自 19 岁起,以英文著成《盛世元音》再译成中文。有梁启超为之作序。经氏将新出版之《经世文新编》收载梁氏之序与沈氏之文,为之大加称扬:

> 所云博通中西学问之友,前附上《经世文新编》第二十三册一卷,自梁卓如(启超)"沈氏音书序"后七篇,即是此君(指沈学)著作。伊自幼从西国教会肄业出身,迨西学成后,翻然变计,潜心于孔孟宗旨。见解处处高人一等,其并世之奇才,吾公将此七篇细细三复,亦不能不降心悦服矣。④

此时经元善已年近六旬,而于青少俊髦如此推重,具见其胸襟靡然,鉴赏后

---

① 经元善:《居易初集》卷二,第 4 页,"复南海康主政书"。
② 王尔敏、陈善伟合编:《近代名人手札真迹》第二册,第 469~470 页。
③ 经元善:《居易初集》卷二,第 16~20 页。
④ 王尔敏、陈善伟合编:《近代名人手札真迹》第二册,第 467 页,"经元善致盛宣怀书"。

进英才之真诚。江山代有才人,方是国家希望,生逢末世,尤为重要。

## (三) 倡设经正女学

经元善的维新活动,是做一个地方绅商力所能及的主倡妇女教育。须知甲午战后,国人的思想认识有多方指向,多样思考,而女权女学,则是其中一个取向。经元善之为其时代先驱志士,提倡女学,即为其用心之重点。

经元善之倡兴女学,亦自启念于甲午战败以后,鼓吹抗日义军中止之后,思想即转向于女学。故当与康有为在光绪二十二年(1896)会晤两次,其中一次即表明创设女学意向。故而康有为于此事颇表热心,嗣即决定属命梁启超前来主持女学,并告知经元善友人龙泽厚,龙氏并亦转函经元善。元善除请示前辈沈毅人表明欢迎梁氏,同时亦有复函回答龙泽厚。当日书牍均可见于经氏文集。可告验证其光绪二十二年十一月二十七日致沈毅人太史函云:

> 敝友龙君(泽厚,字积之)书来,有梁孝廉(启超)奉师命愿来助成经正书院。在沪遍访不获遇。正拟函询龙君,而望炊(谢家福号望炊)初次复函,有吴越士夫,目康(有为)狂生一语。弟续附去尊"小学斋书后"各稿,望炊复函,不著一字。谢与康未曾晤面,或所闻不善者恶之口吻,而先入为主为。①

光绪二十二年十二月初一日致龙泽厚函:

> 今蒙梁孝廉肯莅止掌教,同人闻之,感激靡涯。商诸毂翁(沈毅人),亦极佩师承渊源。谆嘱勿失交臂。当访问岭表贵同乡,及遍查各夸栈,均未悉伴骖行踪。不审是否言旋。敢请转询驰示,俾可洁诚恭邀。②

约在光绪二十三年(1897),梁启超终与经氏会同沪绅为倡办女学参与创始发起之列。首撰《倡设女学堂启》广邀官绅共襄盛举。③ 接着又发布:"上海新设中国女学堂章程",考其宗旨,为提倡女权先声,在章程第一款,有谓"必使妇人各得其自有之权"。早于黄遵宪之湖南不缠足会公启一年,俱为女权思想先驱。主持女学一切建â、延师、收录女童、征召绅童,章桯中订明由经元善负全责。并于上海高昌庙桂墅里选址,鸠工建校,期于光绪二十四年落成,并开学授课。同时亦附列开办董事名衔,计有施则敬、严信厚、郑观应、陈季同、汪康年、康广仁、梁

---

① 经元善:《居易初集》卷一,第62页,"致沈君毅人书"。
② 经元善:《居易初集》卷一,第64页,"致龙积之明府书"。
③ 《时务报》第四十五册,光绪二十三年十月二十一日刊。

启超诸人。另有康有为、张謇、曾广钧为局外匡赞。①

同在光绪二十三年十月,创议发起人一一列名发表经正女学缘起,详述筹划经过,并将赞助乐捐者芳名列述其中,大抵当世寓沪名流已全被纳入,无稍遗漏,自具参考价值,除创议董事外,计有吴保初、薛华培、王松森、翁熙孙、盛昌颐、何恭寿、汪康年、沈毓桂、周延弼、钟天纬、胡琪、赵元益、狄葆贤、张镜濂、严攸庆、谭嗣同、陈三立、蒋德钧、志锐、文廷式、徐恭宏、文炜、曾广钧、文廷楷、林乐知(Young John Allen)、张焕给、屠成杰、吴熙麟、顾寿乔、张謇、斐理思(原名不详)、汪炳、何嗣焜、赵凤昌、麦孟华、李提摩太(Timothy Richard)、王维泰、桂荣、沈敦和、郑清濂、沈敦元、伊立、朱德坤、凌赓飚、何心川、周万鹏、李圭、姚张澍、朱宝奎、唐元湛、钱铭铨、蒋金生、吴德肃、吴广霈、麦拉(电局洋员)、徐勤、召璋、李宝嘉、曾宝光、曾传泗、沈克刚、沈克诚、王修植、罗运陟、罗宏锴、黄遵宪、江标、朱恩绂、罗贞意、佘思宇、沈瑜庆、龙泽厚等官绅,俱是上海地方一时之彦。②

经正女学创始董事,在光绪二十三年冬活动最频,先后于十月二十一日、十月二十七日、十一月初八日、十一月十三日,召集中西绅商大会四次。尤以第四次在上海张园聚会,为最轰动,中西仕女齐集,达一百二十余人。《点石斋画报》特出一幅集会专页,画面十分生动。③

经正女学果然在光绪二十四年(1898)建校开学,只是掌院者不是梁启超而是龙泽厚,主要因为梁氏已受聘到湖南任时务学堂总教习,不能留在上海。至于女学教师,则全出女界,于经氏集中查得戊戌年任教之女教师有章兰、周莲、蒋兰三位。

可惜经正女学堂只开办不足三年,即行闭歇。一则受到戊戌政变冲击,绅商多缩首远避。二则当光绪二十五年(1899)之末,经元善因案逃遁,受到朝命通缉,女校自是人亡政息,终于停办。

## 四、电禀保皇,激怒慈禧,遁匿濠江

中国史书,以档卷所藏,文士所近,世情所钟,于载笔传述,向多不及于商贾

---

① 《时务报》第四十七册,光绪二十三年十一月十一日刊。
② 朱有瓛编:《中国近代学制史料》第一辑,下册,华东师范大学出版社1986年版,第889~892页,"经正女学缘起"。
③ 《点石斋画报》第六集,朱儒贤所绘:"裙钗大会"。又,朱有瓛:《中国近代学制史料》第一辑,下册,华中师范大学出版社1986年版,第893~902页。

负贩，视之不足为人事政务之重轻。古史固极少有遗迹，自汉以降，历代亦缺载商界人物故实。惟自19世纪后叶，因西洋商贸冲击，华商豪杰，遂能以勇毅干练，能于商战世代与西人周旋，终多出人头地，脱颖而出。惟就清季之70年间而言，出有伟大思想家则有郑观应，伟大经营家则有盛宣怀，伟大创业家则有张謇、张振勋，其他商界高手尚多，惟于近代历史，俱远远不及政治人物更受重视。千万篇章，难得见商人入载。不过近代史门类开拓较广，远愈于前朝各代。其能直接占历史一席而绝难省略者则有盛宣怀、张謇两位。然亦不可轻忽经元善。

无论研治清史或近代史，戊戌变法自是重大论题，内情复杂，细节繁伙，人事倾压，朝局变幻，极费考索，却是史家所当澄清。

经元善一个微末上海电局总办，怎会被纳入正史？则由戊戌政变余势，而派生己亥建储之举（1899），使经元善不期然卷入正史一页。任何史家不敢轻易跳过。在己亥建储这一史题，经元善竟至占一要角，永世不能抹杀。

戊戌变法是光绪皇帝挽救清室政权，并维系中国立国的重大举措，重要方向，是严肃的历史大事。戊戌政变是满人既得利益拒抗变法的一个反动。而己亥建储，自是戊戌政变的走势推移。

展述至庚子拳变，是历史的一脉相承，谈历史而省略己亥建储，自必形成历史动力断层，势不可轻易跳越。史家省略不了这一史题，就也省略不了经元善的历史角色。

所有据史家立场者，在正史中主体大事，自必记载光绪二十五年十二月二十四日（1900年1月24日）的所颁谕旨，立端郡王载漪之子溥儁为大阿哥。惟非为光绪立后，而是为穆宗毅皇帝（即同治帝）立后，并派崇绮为其师傅，徐桐辅助，常川照料。此即史称之己亥建储。[①] 这一震惊全国的举措，自是纯由慈禧太后主导。其中有阴谋也有阳谋。明明光绪皇帝春秋正盛，特别要立大阿哥，而又明言是为同治皇帝之后。这是明目张胆，嫌忌光绪帝的阳谋，人人可看得见。根据郭廷以教授之书，则指出太后拟于庚子年（光绪二十六年）实行废立，且即改元"保庆"。这是阴谋。清末宫廷内斗之惨烈，三尺童子可以明见。正史陈叙，却须转到经元善与上海地方绅商的末梢小人物身上。竟能轰轰烈烈进入正史。

光绪二十五年十二月二十四日，已在1900年，数日就到新年春节。太后懿旨发布，固使朝野震惊，而上海商界则立即意识到光绪皇帝有废黜的可能，遂由

---

① 郭廷以：《近代中国史事日志》下册（全二册），（台北）商务印书馆1963年版，第1062~1063页。

经元善领衔,倡率绅商 1 200 余人,于同年十二月二十六日合词电禀总理衙门王大臣转奏太后,自是谏阻立大阿哥,经氏在逃匿澳门之后,于庚子仲秋,将此电文刊入著作首篇,并附后记。在此只引据电禀原文:

> 王爷、中堂、大人钧鉴:昨日阜局奉到二十四日电旨。沪上人心沸腾。探闻各国有调兵干预之说。务求王爷、中堂、大人公忠体国,奏请圣上力疾临御,勿存退位之思,上以慰太后之忧勤,下以弭中外之反侧。宗社幸甚,天下幸甚。阜府经元善暨寓沪各省绅商士民一千二百三十一人合词电奏。①

电禀列名者除经元善领衔外,可见之史载者尚有叶瀚、马裕藻、章炳麟、唐才常、丁惠康、蔡元培、黄炎培等。此值除夕之前,不过四日,如此地方绅民上书保皇,即是反对建储朝命,且竟有 1 200 余人联名直达总署而不由都察院转禀,其在清代历史可谓创见。于是保皇之党,立即宣腾朝野。市井小民竟敢如此犯上,致使慈禧大为震怒。事情终于挨过新年,在光绪二十六年正月初九日(1900年2月8日)谕命盛宣怀限一个月内将经元善缉拿治罪。②

朝廷给盛宣怀上谕措辞严厉,暗喻盛氏走漏消息,使经氏顺利潜逃,命盛氏于一月内缉拿归案,其上谕原文颇值推敲,兹为引据于次:

> 上年十二月二十四日特颁朱请,为穆宗毅皇帝立嗣,薄海臣民,同深庆幸。乃有上海电报局总办委员候补知府经元善胆敢纠众千余人,电致总理各国事务衙门,危词要挟。论其居心,与叛逆何异?正在查拿间,闻经元善即于二十八日攀寀潜逃。难保非有人暗通消息,喉使速遁。盛宣怀督办各省电报,受国厚恩,经元善为盛宣怀多年任用之人,自必熟其踪迹。著勒限一个月,将经元善交出治罪。以伸国宪而靖人心。倘不认真查拿,一任畏罪远飏,定惟盛宣怀是问。③

阅此上谕,即当察知,经元善之上书保皇,是如何的招来巨祸。必因太后盛怒,且关己亥建储这一宫廷阳谋,自是正史不能省略的一个重大关节。经元善未遑安心度岁,于除夕前二日即乘法国轮船潜赴澳门。朝旨明言有人通风报信,盛宣怀自难逃关系。经氏日后自述,亦说盛氏劝其走避。盛氏所为亦足令人钦敬。

盛宣怀于同月十二日奏复,重点无非是尽量派人赴港澳查缉归案,但亦说明必通过与香港澳门洋人先有交涉,不能径自逮捕。要用诱购之法,令其入彀。故

---

① 经元善:《居易初集》卷一,第 1 页。
② 郭廷以:《近代中国史事日志》下册,第 1063~1064 页。
③ 盛宣怀:《愚斋存稿》卷四(全一百卷)《奏疏》,常州思补楼刊本,民国二十八年印,第 15 页。

其铺叙甚广,详述经过,颇见认真用心,而却难见实效。

盛宣怀复奏之折不足引证,惟同日(正月十二日)针对性之上谕,表现对经元善的惩处是相当严苛,值得引据参酌。以见经元善招祸之臣,蒙罪之深。

> 盛宣怀奏复陈经元善踪迹一折,本日已有旨,将该员革职,并令刘树棠查抄该革员家产。仍责盛宣怀设法购拿,毋任远飏,致干重咎。①

上谕所言令刘树棠查抄经氏家产,即是命浙江巡抚刘树棠查抄经氏上虞故乡一切财产。是俗谓抄家之罪,十分苛酷。如此自可愈见经元善是不会被轻易放过。即令避地澳门,盛宣怀势将被迫要设法去缉捕他。但决不可乱加揣测,以免致误导。

向之史家每推称南洋大臣两江总督刘坤一于建储电旨有所复奏,其名言有谏阻谓:君臣之分已定,中外之口难防。亦是出于保皇用意。由于重臣谋国,太后虽不悦亦不便加罪于他,与经元善的际遇自有区别。

历史巨轮尚在1900年逐日前进。废立大事尚未得到施行机会,阴历四五月间义和团扶清灭洋大队进入京畿,原是大学士刚毅和刑部尚书赵舒翘这些高官所鼓起的民气。到处焚烧教堂、扒铁路、拆电杆、杀二毛子。这种民气高涨,能发而不能收,终于在北京杀死德国公使,并攻打东交民巷使馆区和天主堂北堂。引致八国联军攻入北京,已是七八月盛夏,变成洋军追杀拳民官兵局面,太后和光绪皇帝逃到西安驻跸。派李鸿章和庆亲王向各国求和,洋人定要惩凶,暗示就是慈禧。于是近支王公载漪、载澜圈禁、削销大阿哥,把溥儁赶出皇宫,庄亲王载勋赐死,徐桐自缢身亡,刚毅道死山西,赵舒翘逃回陕西故乡,亦下旨赐予自尽。更重要的是与十一国签订辛丑条约。自是丧权辱国,抑且接受洋人京中驻兵,并自大沽口以至北京沿岸不能设防,所有炮台拆除。这还是小事,最严重者是国人上下自此丧失自信,崇洋媚外,不敢在洋人面前抬头,百年来不能恢复稳定自信,有时虚骄自大,骨子里仍是充满自卑,很不正常。

在此国家剧变之际,通缉经元善的案子也变得无足轻重。惟其以生命争保光绪皇位,则是达到了目的。这段公案,亦自具有历史上关键的一格。

自光绪二十六年正月,经元善已身在澳门,月内即闻知家产籍没,幸而携妻孥逋隐澳门,合家得以暂安。惟知朝廷势必愈加搜捕。所幸此际李鸿章已任两广总督,虽有朝命频催,李氏却并未下手穷索。天时、地利、人和,俱尚庇祐忠良。

---

① 《愚斋存稿》卷四《奏疏》,第17页。

可使经氏得以喘息。直至庚子八月,太后皇帝西狩晋陕,经氏惊魂始定,乃能潜心清理文牍。首先于上年电禀始末作一注疏,较电文长四倍,说明经过,表明心迹。至九月又致书葡国驻澳门主教嘉若瑟,申谢庇助,兼述戴罪逋逃原委。后又接受日本记者原口闻一的详细访问。凡此回忆数月前往事,自我辩白招祸始末,自是巨细靡遗,足供参证。并亦收入经氏文集之中,可备细考,而无须直引入本文。①

史家若欲一见经氏遁避澳门,心情意趣自况如何?当以见其个人暴白,方为准的。兹引据于后:

> 元善粗鄙之性,辄多愤激。前岁之腊,接京电,知有十二月二十四日请旨。惊骇欲绝。彻夜不能眠。涕泗沲交颐。次日见诸日报,人情鼎沸,无可为计。已而志士云集,以元善职电务,迫令发禀,遂撄执政之怒。几罹文网。幸得督办电报毗陵盛公(宣怀)密电,促令避祸。遂来海外。夫君父之难,焉敢避之。而当口中外诸友,无不力劝他适。以为此时皇上且不能自保,谁鉴尔之苦志。盍越境以俟乱定乎!然固未知廷臣必欲置之死地。而以新党二字为一网打尽之谋也。迨浮海之次日,疆吏果下搜捕令矣。未几并籍其家产矣。自维少未读书,长而服贾,其后虽究心典籍,亦复不求甚解。聊异于摇头摆尾之烂时文先生。曷敢与文章经济之士抗行。顾得以建言获罪,去国投荒。而圣主不深求,相臣不大索,以其余年,纵观山海,卒业简编。其为荣幸,较之掇科第,纡青紫,奚啻倍蓰?元善德薄,何足致此?毋以先人为善不报所积之余庆然乎?今元善待罪濠台逾一载,友邦以客卿礼之,兵士卫之,有宾朋文酒之娱,有妻孥仆从之适,转念吾君瀛台之厄,高不胜寒,今则西狩蒙尘,曾不得少享玉食伸葳福,怅望秦云,恨不能排阊阖而诉真宰也。②

细审经氏于光绪二十七年正月所作自序,自注61岁。且述明因案逃逸之心情后果,自幸虎口余生。以一商贾小民,命悬国运,亦足使后人低回静思。

可惜经氏于光绪二十九年得以开释回沪,却不幸即于同年病逝上海。

## 五、结　　论

经元善幼少只诵熟四书,即辍学就商,毕生投身商界,即生于上海,服贾直至

---

① 见经元善:《居易初集》,卷一,第1~2页,上总署转奏电禀,己亥腊月二十六日;卷二,第47~49页,上前摄澳督葡主教嘉若瑟君书,庚子重九日;卷二,第53~66页,答原口闻一君问,庚子九月既望。
② 经元善:《居易初集·自序》。

花甲，自在申浦广有声誉。惟经氏一生仍自视为儒门后进，多次申述服膺乡先生阳明之学，亦毕生宗奉，勤究典籍，学殖虽浅，而志节坚贞，投身商贾，而以儒为宗。后世论述，亦当符其本愿。

经元善任职上海电报局，自是盛宣怀实业部僚，其位并在郑观应之下，受谢家福引重而入主沪局。于上海商界，巨商云集，富贾连袂，经氏尚不能联镳并骎。而以主倡开创经正女学，遂受上海官绅仰重，实在1897年始声名鹊起。而不过两年却是因电禀当朝，触怒太后，几乎招来杀身之祸，所幸遁避濠镜，托庇葡国，得以苟全性命，终至世势逆转，八国联军入占京都，太后仓惶西奔，自顾不暇，亦即放松追索。经氏虽蒙重罪，而冒死保皇，终是有正面功绩。废立不成，光绪又得延祚九年，亦是史乘意外，谁令致之？可供遐想，各占觉识，以为法戒。

附记：在此郑重声叙两点：

一、1985年，我在香港，因为编辑盛宣怀家藏文献，是第一次接触到经元善亲笔书信，共16通，即收入拙编《近代名人手札真迹》，排在第二册，1987年出版。1989年秋回台，不久收到刘广京年丈亲赠经元善所著《居易初集》初版本的景印全册，系光绪二十七年（1901）夏间在澳门所印。承刘教授的厚爱与提示，即不能随意搁置而不阅，由是全做了札记和其他引书。故能今日自十一月十七日到十二月初能草撰拙文，是由早作安排所致。不过我在数年前在台北又承好友陈东林先生代买到《经元善集》，系虞和平先生所编，华中师范大学出版1988年第1版。远比《居易初集》多出两倍多，本文却只是参考，并未在文中作任何引据。自必使读者质疑，识者非难。我须解释。见下一条。

二、建议学者多看《经元善集》，大致丰富齐全。凡《居易初集》文字，多被纳入。又广增大量资料。比《居易初集》多出的部分有三个重点：其一，是扩增赈灾资料甚多，抑且稀见。可供作专门研究赈灾之史。其二，是经元善于1900年遭到通缉，逃赴澳门，扩增编入《申报》及其他报之记叙，亦皆当年直接史料。可备作旁证。其三，广泛收辑经氏文稿书信及其他人致经氏信，可供了解经氏交游。可惜我所编的书因与此书出版只早一年，而使其中未能增入，这决不能怪编者。

但我未直引此书材料，主因是本文不能吸纳太琐细小节，《居易初集》已足供辨明史事脉络，只供作参考，而不必引据。再者《居易初集》系当年（庚子、辛丑）直接文证，出于经氏自辑编成，论断是非，此为核要，且年代清晰，人皆在世，最值重视。此系拙断选择，向学界交代。此书资料，价值甚高，我未尝轻视而不用。

其中可珍之材甚多,不及细言。惟编者亦有一些小错,今可指出一项,可以说明我之阅读尚细。本书 358 页,正文一至二行:"来游濠镜"句之下,以括号注出"澳境"二字,是显见之误。394 页 4 行亦有此误。澳门本名濠镜,并无所误,如此一注,反而画蛇添足,是注错了。

2004 年 12 月 7 日写于新大陆之柳谷草堂

(原文载《近代中国》第 15 辑,<br>作者:王尔敏,(台北)"中央研究院"近代史研究所研究员)

# 辛亥革命前后的孙中山与
# 俄国革命者

李玉贞

孙中山研究无论在中国还是外国,都有极其丰富的书目,是中国近代史研究的一个重头戏。然而,国民党同俄国的联系,特别是在辛亥革命时期的联系却很少有人提及,比较系统的是苏联科学院院士齐赫文斯基的著作:《孙中山——对外政策综述》(1964年莫斯科版)一书中有所阐述。本文拟从以下几个方面就这个题目作一些粗浅的探讨。

## 一、异乡被难,异乡遇知音

"路漫漫其修远兮,吾将上下而求索",这句话十分贴切地描述了孙中山的一生。

孙中山涉足政治的时期,清王朝已经像一个老态龙钟的人,一方面试图竭力支撑那个呈现破屋漏舟之势的王国,另一方面对外来的一切表现出惶惑,从而也思忖着变革和图强。但是江河日下已经成为定局,国家民族的前途牵系着每一个爱国者的心。他们迈出国门,越洋西渡或东渡。

对政治的特有敏感驱使年轻的孙文思考各种社会问题。1885年,清廷在中法战争中失败,他"始决倾覆清廷之志,由是以学堂为鼓吹之地,借医学为入世之媒"。显然,他有意无意间开始走上了科学救国之路。看见本可植果收利、蓄木为薪之地,却无人种植,只知砍伐,十分可惜。他又上书李鸿章,希望政府"鼓励农民,如泰西兴农之会",提倡农桑。"仿效西法国政与商政并兴"等。① 另外他在《农功》一文中则更进一步提倡引进"泰西农政",建议"派户部侍郎一员,综理农事,参仿西法……派委员赴泰西各国",以求学习"机器耕种,化瘠为腴一切善

---

① 《上李鸿章书(1894年6月)》,《孙中山全集》,中华书局1981年版,第1卷,第8~18页。

法"。① 自然，在清王朝没落的社会政治大背景下，这种具有"绿党"色彩的想法显得有些稚嫩。不过随着国势日颓，他对国情的认识也越来越清醒，"庸奴误国，荼毒苍生"。到兴中会创立时，他因政府"上则因循苟且，粉饰虚张，下则蒙昧无知，鲜能远虑"②，而产生强烈的反叛情绪，于是以一个青年人的锐气，不过30岁即欲兴兵，曾经在1895年举行广州起义。自然这只能在反对清王朝腐败政治的狂潮中激起一个浪花，起一点微不足道的冲击作用。起义失败，孙中山失去了挚友陆皓东，本人也被迫流亡国外，从此开始了他的政治生涯，同时也招致了清政府的注意，成了统治集团追捕的对象。1896年10月11日，他在英国被中国驻英使馆拘捕。

过了十多天，到10月22日，英国《地球报》才揭载了孙中山被囚的消息。一时英国朝野哗然。孙中山的朋友康德黎的寓所访员如织，门庭若市。经康德黎和英国舆论界乃至英国政府的干预，孙中山获释了。这场带有国际性的官司算是结束了，胜败难说，影响深远。当时中国海军派驻英国的武官凤凌在日记中写下了一段令人哭笑不得的话："孙文一案，反为该人成名。"也就是从这时候起，"中国某个领袖"一词开始与孙中山的名字联系起来。

不久，孙中山写成《伦敦被难记》。这位新闻人物吸引了各界的注意，有缘一睹者皆引为幸事。在这个国际城市里孙的事一度成了人们的话题。

就在这个背景下，《俄国财富》③的主笔见到了孙中山。他们是在一个叫克莱斯的英国朋友家中相识的。据现有资料可知，这是最早与孙中山交谈的俄国人。④

孙中山对他们说："我们，中国革命者，认为把几百年来压迫我国人民的野蛮的清朝统治者的面貌揭露出来，向全人类和中国人民说明这些统治者的本质，乃是人们的任务。至于我个人在伦敦的遭遇，那与全中国的灾难相比，只是区区小事罢了。"

他向外国朋友介绍了中国人民毫无政治权利，备受压迫，求告无门的状况和

---

① 《致郑藻如书(1890年)》，《孙中山全集》，中华书局1981年版，第1~2页。
② 《檀香山兴中会章程(1894年11月24日)》，《孙中山全集》，中华书局1981年版，第19页。
③ 《俄国财富》(俄文)是文学、科学和政治性月刊。1876年创刊于莫斯科，是年年中移往彼得堡刊行。从1880年起由具有民粹主义思想倾向的作家兹拉托夫茨基、乌斯平斯基、科罗连柯、加尔申等编辑。1893年起由米哈伊洛夫斯基、科罗连柯等组成新的编辑委员会，从而使该刊成为自由民粹主义的中心。
④ 详见叶尔马舍夫：《孙逸仙》(俄文)，(莫斯科)1964年版，第61~65页。

清朝统治者愚民政策,一针见血地指出,这种政策是当权者维护其统治的主要手段。俄国朋友们从孙中山严肃的表情中看出了他"要彻底推翻这个政府的决心"。

当中国大地处于中世纪的蒙昧状态,皇帝和群臣企图在一日复一日的丹陛大乐声中千秋万代维持其统治时,远在万里之遥的孙中山从英伦发出了他们认为"大逆不道"的声音——推翻清王朝。这些俄国人为孙的伟大抱负深受感动并予以同情,他们又何曾不为伏尔加河畔的人民和他们的痛苦命运而叹息呢!此番他们流亡国外,为的也是组织力量,与沙皇制度斗争。临分手时,孙中山向《俄国财富》的主笔表示,希望后者能将《伦敦被难记》译成俄文发表。不久,该杂志上就出现了上书的译文,并且发表了主笔与孙中山的谈话以及孙中山关于改造中国任务的一篇文章。①

从此以后,孙中山的名字就在俄国先进分子中间传播开来。《俄国财富》杂志在其中起了重要作用。1897 年该杂志第 5 期又译载了孙中山在伦敦《双周论坛报》上发表的《中国的现在与未来——革新党呼吁英国保持善意的中立》一文。俄国革命者从这些为数不多的论述中看出,正如他们自己十分憎恨并且准备推翻沙皇专制制度一样,中国以孙中山为首的革命者也正在积极为这一伟大的变革做准备。孙中山为之奋斗的正义事业和他的声誉就从西欧到了东欧,赢得了越来越广泛的同情和支持。

## 二、同盟会时期孙中山与俄国革命者的联系

在孙中山与俄国关系的背景上,1905 年是一个重要的年份。在中国,构成对清政府直接威胁的同盟会在这一年成立于日本东京。而俄国则以其风起云涌的革命吸引了全世界的注意。

19 世纪末期开始迅速发展的俄国资本主义经济增强了国力,同时也使劳资矛盾日趋激烈。1904 年爆发的日俄战争,俄国败于日本,战争本来就加重了人民的负担,苛重的赋税使民不聊生,他们认为那场战争是"不必要的",是"违背国家利益的",是一个"不称职"的政府进行的一场"毫无意义的冲突"。加上沙皇政府阻挠和镇压改革者,致使民怨沸腾。1905 年 1 月大雪纷飞,俄

---

① 《俄国财富》1897 年第 5 期、第 12 期。

京圣彼得堡发生的工人罢工已经发展到近20万人,8日这一天,15万人在一个神甫的带领下向"威镇四海的沙皇"和平请愿。请愿书上写着:"伸出手来帮助你的子民,拯救他们走出地狱吧,让他们摆脱无权、穷困和愚昧……给他们自由去反对资本家——请即颁令……否则,我们就死在皇宫前的广场上。"①9日,人潮涌向冬宫。沙皇政府向请愿者扫射,血染广场,著名的"流血的星期日"指的就是这个事件。

　　孙中山和同盟会对这个邻邦一直十分关注。同盟会成立时,1900年沙皇军队镇压中国人民起义的枪声刚刚平息,海兰泡大惨案中被杀害的中国同胞的冤魂还在黑龙江的涛声中怒吼。这一切都是深深影响中国社会政治的因素。如果说,过去孙中山等多半是从痛恨沙皇俄国对中国的侵略这个角度看待对俄关系,而曾主张与日本结盟,"中东合同,以为亚洲之盟主,兴灭国,断绝世",采取分散和瓦解的办法,对付可能出现的欧洲列强干预,使他们"自解其与俄之从,然后我得以利啖之,使之拒俄,或联东西成一大从,以压俄人东向之志";②如果说,后来成为同盟会骨干的黄兴等积极参加了"拒俄义勇队和军国民教育会,自告奋勇担任军国民教育会归国运动员,预备往湖南、湖北和南京一带活动";③那么,1905年前后俄国革命力量联合起来,共同对沙皇专制制度进行斗争,以摧枯拉朽之势猛烈冲击旧制度,孙中山等为此感到十分兴奋。对民主自由的共同愿望使他与俄国革命者找到了共同语言。

　　俄国人民在1905年革命中的英勇斗争精神给予以孙中山为首的"虽然还非常幼稚但是淬历奋发的中国资产阶级和小资产阶级革命分子以极大的鼓舞"④,就连闭关自守的清王朝也敌不住这阵强劲旋风的余威,那拉氏竟然派出了端方等五大臣出洋考察,想了解俄国"组织先政"的情况。

　　1905年创刊的同盟会机关刊物《民报》几乎每一期都有介绍俄国革命的文章,同盟会的主要领导人宋教仁以"勇斋"的笔名频繁撰文描述这场"革命之端绪"、俄国民情与军队情况、"农民之暴动"、"十月之大同盟罢工"等。虚无主义者苏菲亚的肖像,曾经是民粹主义者后为无政府主义者巴枯宁的简历,以及其他有关文章,也开始出现在《民报》有限的篇幅上。⑤该报对俄国人民为反抗

---

① H. 维尔特:《苏联国家史》(俄文),莫斯科2000年版,第35页。
② 《民报》第2期,第20页。
③ 李新主编:《中华民国史》第1编《中华民国的创立》,中华书局1981年版,第273页。
④ 黎澍:《1905年俄国革命和中国》,北京:《历史研究》1955年第1期,第9页。
⑤ 《民报》第2期,第20页;第3期,第40页。

沙皇"无不斩木揭竿,风起云涌的革命局面",但知手舞足蹈,表"极端之同情,为之高呼万岁,且自愧不如焉斯已矣"。①《民报》为宣传俄国革命运动起了重要的作用。

同盟会的成员对俄国社会民主工党的活动究竟了解多少,是一个值得深入研究的问题。但是孙中山等游历许多国家,他们了解世界的途径很多,况且当时的东京,政治气氛比较宽松,世界上各种社会思潮在这里都能找到其同情者,思想界色彩斑斓,其中社会主义思想最得人心。因为日本自从明治维新后,资本主义开始飞速发展,与此同时,社会矛盾也不断激化,从而为西方社会主义理论的传播创造了很好的条件和土壤。20世纪初日本出现了一批积极宣传社会主义思想的人,如安部矶雄、幸得秋水、片山潜、河上清、木下上江和西川光二郎等。他们于1901年5月建立了日本社会民主党。1906年3月,日本第一个社会主义者办的刊物《社会主义研究》问世。② 到19世纪80年代末期,民粹主义及其组织在俄国已经瓦解,但是他们的思想却远播俄国之外。由于地缘和历史的原因,许多俄国革命者被迫流亡到日本,东京是各种消息的重要集散地。《民报》的主笔胡汉民等有条件在这里直接了解一些情况。

有一个现象应当引起我们的注意,即同盟会成立前后,其成员包括孙中山在内,对俄国革命者武力推翻当政者这一观点的认同和浓厚兴趣。他们在海外的活动集中于两点,一是募集资金,二是组织队伍,同盟会本身就是许多革命团体联合的结果。他们对于一个政党在领导和组织革命中作用的认识,是逐步加深的。在同盟会成立前后,为达到此目的而采取的手段中,暗杀一度占有特别的位置。我们虽然从《民报》上看不出他们活动的踪迹,但是同盟会在成立前后的活动,却使我们能够明显地追寻到参与同盟会的一些团体与俄国民粹派活动的雷同。

俄国民粹主义者的活动源于对沙皇制度的仇恨。这是一场平民知识分子的运动,它代表俄国最基本民众——农民的利益,反对残暴的农奴制,主张通过农民革命的形式推翻沙皇制度。民粹主义者认为,农民村社(крестьянская община,或称农民公社)是社会主义革命的形式。其代表人物有著名作家 Н.Г. 车尔尼雪夫斯基、А.И.赫尔岑、П.Н.特卡乔夫、М.А.巴枯宁等。19世纪60—80年代,他们活跃于政治舞台,其主要组织有"土地与意志""民意"等。"到民间去"

---

① 《民报》第4期,第93~94页。
② 万峰:《日本近代史》,中国社会科学出版社1978年版,第325页。

是他们的主张,也是他们的行动。民粹派积极发动农民革命,他们使用的手段是暗杀。众所周知,列宁的长兄就因试图刺杀沙皇亚历山大三世未遂而丧命。80年代末期,民粹主义组织被驱散,后来俄国社会革命党人再次主张采取恐怖暗杀等手段,如阿泽夫就说:"恐怖——是我们唯一的手段。"他甚至建立了秘密的"战斗组织",在1904年7月15日刺杀了内务部长普列维。由于地缘和历史的原因,许多俄国革命者被迫流亡到日本。

1906年,孙中山在长崎遇到的该鲁学尼(Г. Герушени)就是这个"战斗组织"的一员。① 此人因其激烈的政治主张和手段被沙皇流放到西伯利亚,他从那里逃脱,到了长崎。

无独有偶,同盟会原会员万福华曾经在上海刺杀前两广总督王之春。② 1904年,日本东京的中国留学生组织的军国民教育暗杀团就是这样一个组织。后来参加该团的蔡元培也认为,"革命止有两前途,一是暴动,一是暗杀"。他甚至与人一起研制过炸药。③

值得注意的是列宁不赞成这种做法,孙中山也不支持这样的行动。这个时期的孙中山本人和同盟会在日本部分地接受了俄国民粹主义思想。在这个背景上,孙中山与俄国民粹主义者的交往是顺理成章的事。

中俄国情有许多相似之处,两国都是以农立国,都是大国。两国的农民问题在国民经济发展中都长期居于重要的地位。孙中山在同盟会机关刊物《民报》创刊号上提出了民族、民权、民生主义的概念。同年12月,他又在该报周年纪念会上发表了《三民主义与中国民族之前途》的重要演讲。后来三民主义的内容又有发展和充裕,但其核心已经十分明确的"平均地权"的思想凝聚了孙中山"民生主义"的基本内容。至于革命道路,他明确表示反对"杀四万万人之半,夺富人之田据为己有"这种激烈的做法。④

列宁认为,孙中山提出的问题和纲领"同俄国民粹主义者十分相似,以致基本思想和许多说法都完全相同"。这些问题是亚洲甚至包括俄国都存在的问题。孙中山的纲领"每一行都渗透了战斗的真诚的民主主义"。孙中山"直接提出了群众生活状况及群众斗争问题,热烈地同情被剥削劳动者,相信他们是正义的和

---

① H. 维尔特:《苏联国家史》,第27页。
② 《中华民国史》第1编,第278页。
③ 《中华民国史》第1编,第289~291页。
④ 《孙中山全集》第1卷,第328~329页。

不过列宁极其严厉地批判了孙中山的"空想",因为孙想和平地避免资本主义的弊病,不主张"群众革命情绪的高涨",他对"只有革命人民群众的英雄主义才能'复兴'中国"这一点没有认识。孙中山"认为在中国可以'防止'资本主义,认为中国既然落后就比较容易实行'社会革命'等等,都是极其反动的空想"。他说孙中山是在"完全离开俄国经验和俄国著作的情况下,向我们提出了纯粹俄国的问题"。② 列宁后来进一步阐述这个问题,更加透彻:"自由派的乌托邦,就是妄想用和平妥协的办法,不得罪任何人……不经过激烈的彻底的阶级斗争,就能够……在劳动群众的地位方面,得到某些重大的改善。"③ 实际上这牵涉到马克思列宁主义的根本问题——革命道路问题,也就是国际上所谓马克思列宁主义与修正主义道路之争。这就迫使我们考虑一个根本性的问题,为什么在中、俄两国革命者在互相根本没有沟通的情况下却提出了同样的社会革命思想,是否能认为他们的主张更加符合各自的国情,因而才出现"英雄所见略同"的现象?④

1906 年,孙中山在日本长崎认识了俄国民粹主义者及其机关刊物《民意报》的主编鲁塞尔。⑤ 两人谈话十分投机,后来一直保持着通信联系。鲁塞尔同情孙中山的高尚理想和抱负,为他的奋斗精神所感动,替他向欧洲和美国人士呼吁,要他们帮助"占世界人口四分之一的国家的复兴"。这位俄国革命者写了《中国之谜》一书,真切表达了他对灾难深重的中国人民的同情,和他迫切希望中国革命成功,使中国人民得以幸福生活的心情。孙中山为自己结识了这样一个"思想高尚、胸襟开阔"的志同道合者而感欣慰。《民报》则对鲁塞尔利用报刊和宣传工具为反对沙皇暴政所做的工作表示了高度的赞赏。胡汉民用"辩奸"的笔名撰

---

① 列宁:《中国的民主主义和民粹主义》,《列宁选集》,人民出版社 1972 年版,第 2 卷,第 423～424 页。
② 列宁:《中国的民主主义和民粹主义》,《列宁选集》第 2 卷,第 423 页。
③ 列宁:《两种乌托邦》,《列宁选集》第 2 卷,第 429 页。
④ 笔者认为,这是一个十分值得研究的问题。10 多年后,国共合作期间,两者争论的焦点也是这个问题。
⑤ 鲁塞尔 Pyccел(《民报》译为拉锡尔)原名为苏济洛夫斯基,19 世纪 70 年代侨居国外时取名鲁塞尔,曾经在夏威夷、菲律宾进行活动,1905 年到日本时已经有一定的名望,日本报纸《大阪日日新闻》有人专门撰写文章论述他的事迹。鲁塞尔在长崎创办一份《日本与俄国报》,对象为日俄战争期间的俄国战俘。战争结束后他又创办《民意报》(*Народная Воля*),该报倾向民粹主义。1906 年他与孙中山有通信联系。十月革命后侨居天津,1930 年病故。详见赫依菲茨《20 世纪初俄中人民的革命联系》(俄文),载苏联《历史问题》1956 年第 12 期。致孙中山的信见该刊第 97～98 页。原信系英文,藏苏联中央国家十月革命和社会主义建设档案馆,全宗 5825,目录 1,案卷号 189。

文《俄国革命党之日报》，称颂拉塞尔及其同志重视舆论的做法：

    俄国革命党拉锡尔氏于日本长崎发行俄字日报，报名"自由"（Нарoлная Воля），自本月开始。其发刊趣意书词意极伟……

  同盟会的会员们十分佩服鲁塞尔这篇讨伐沙皇专制制度的"檄文"，对他揭露沙皇镇压人民的罪恶行径及其虚伪的"自由与安全"的实质，表示十分的同情，为他犀利的笔锋而拍手称快。他们相互传颂着那句一针见血的话，"诏敕所谓自由者，以兵士之铳剑与哥萨克之鞭，为其表识"①，可谓淋漓尽致。

  上面的情况有两点值得我们特别注意。(1)《民报》几乎是同步全文译载了《民意报》的发刊词，它是上个世纪最早而及时在国外向中国同胞和世界报道俄国事态的刊物。(2)它为中国同俄国人的联系奠放了最早的基石。

  1906年孙中山在日本东京时，还有另外一个俄国志士慕名前来拜访。他就是俄国社会革命党的领袖之一该鲁学尼（Г. Гершуни），他一度参加民粹派的活动，后参加社会革命党，但继续主张民粹派的暗杀手段。②

  显然，俄罗斯的动态给孙中山留下深刻印象，他相信俄罗斯革命"其卒必能抵于成"。1910年，还在辛亥革命前，他就用俄国朋友的革命精神来鼓舞侨众，他不仅对比了中俄的国情，而且特别赞扬俄国革命者的顽强意志，预言他们定能以"百折不回之志，欲以百年之时期，而达政治社会两革命之目的"③。

  不过，那时候中俄革命者的联系是自发的，是在个别人之间进行的。

## 三、俄国革命者对孙中山和辛亥革命的声援

  孙中山及其战友们越来越坚定地相信，推翻这个腐败王朝的革命必将发生。他们联合国内外有志之士为改变国家前途和命运而奔走，他们正义的事业得到越来越广泛的国际同情。俄国革命者对孙中山有组织的同情，首先当推列宁和他领导的俄国社会民主工党。

  还在义和团遭到清政府和外国联合力量镇压时，列宁就写了《中国的战争》，

---

① 《民报》第4期，第93～94页。
② 他因参加民粹派活动被流放到西伯利亚，后越狱逃到日本，1907年回国。Н. 维尔特：《苏联国家史》，第27页。
③ 《在旧金山丽蝉戏院的演说（1910年2月28日）》，《孙中山全集》第1卷，第443页。

抨击沙皇俄国对中国人民野蛮行径。后来他一直密切关注中国事态。①

1910年2月,俄国布尔什维克党的合法报纸《星报》②在彼得堡创刊。凭着政治家的敏感,该报主编嗅到中国革命的气息,从1911年起就系统报道中国情况,刊登关于中国学潮的消息,还译载了同盟会的一张传单,大意是号召人们推翻骄横暴虐的清代统治者。

正是在这一年,中华大地骤起狂飙,清王朝覆灭了。中国历史掀开了新的一页。《星报》开辟了"中国革命"专栏,有人以《龙抬头》为题大做宣传,有人挥毫写诗讴歌中国的新生。③

不言而喻,这是值得大书特书的划时代的事件。中国开始了民主共和的新纪元。1912年元旦,孙中山在南京就任临时大总统。

万方乐奏,人们奔走相告。在中国历史上,一个居于国家之首的人,自称是人民的公仆,这还是首次。清新的气氛洋溢于南京的大街小巷,传遍了全中国。自然,延续几千年的封建社会不会立即消亡。革命能否就此大功告成,也还在未知之中。不过,这毕竟是一个新时代的开始。

这场革命并非对所有国家都是利好的消息,西方列强担心中国的剧烈变化影响他们在中国的利益。中国国内的革命派与保皇派、各派政治势力的斗争也相当激烈。共和体制这个新生儿甚至面临被扼杀的威胁,复辟随时都有可能发生。

列宁及其领导的社会民主工党却在多瑙河之畔的金色布拉格发出了正义的声音。就在孙中山就任中华民国临时大总统的4天之后,即1912年1月5日,由列宁起草的《关于中国革命的决议》便在俄国社会民主工党的大会上获得通过。

当中国的保皇党勾结外国势力图谋复辟的时候,当俄国的执政者秉承历代沙皇的衣钵,趁中国发生革命的危急时刻,又跃跃欲试准备前来割占土地的时候,列宁代表俄国的进步势力,"斥责俄国自由派支持沙皇侵略政策的行径",会议"强调指出中国人民革命斗争的世界意义",认为孙中山领导的这场革命"使世

---

① 1913年他在《落后的欧洲和先进的亚洲》中称赞中国辛亥革命的业绩。而《中国各党派的斗争》则再次赞同孙中山重视农民问题。李玉贞:《孙中山与共产国际》,(台北)"中央研究院"近代史研究所1996年10月版,第37~38页。
② 该报于1912年4月22日(俄历5月5日)停刊,共出69期,其中有30期被没收,是第三届国家杜马中社会民主工党的机关刊物,它为《真理报》的创刊做了准备。
③ 引自赫伊菲茨:《19世纪俄国人民的革命联系》(俄文),第98页。

界得到解放并正在破坏欧洲资产阶级的统治"。大会祝贺中国的革命共和,为他们感到欢欣鼓舞,向他们表示全心全意的同情。① 在国际上,这是最早对中国的革命事业表示声援的政治力量。

孙中山领导临时政府为巩固中华民国而呕心沥血。为尽可能快地清除封建余毒,他定都南京,而不愿意在"宫殿巍峨,每足引起执政者帝王痴梦,官僚遗毒,深植社会人心"的北京建都,②他设法使共和民主思想深入人心。他采取的种种措施,无疑向世界昭示了新政权的形象和威力,从而也使他自己的名声远播海外。

1912年比利时《人民报》刊登了孙中山的文章"China's Next Step",③它向全世界介绍了孙中山对中国发展的构想。这篇重要文章引起了国际舆论的注意,它很快就被翻译成俄文,以《中国革命的社会意义》为题刊登在7月15日的《涅瓦明星报》④上。它与列宁那篇著名的文章《中国的民主主义和民粹主义》出现在同一天的报纸上。这并不是巧合,而是有意的安排。它说明孙中山在当时世界舆论中的地位。

后来,列宁还写了许多文章,高度评价孙中山和"中国的革命民主派为人民的觉醒、为争取自由和彻底的民主制作出卓著贡献"。⑤

## 四、高尔基的祝贺

1912年,高尔基奉俄国社会民主工党的派遣,到美国宣传革命,后来他又辗转到了意大利,住在卡普里岛。

对于孙中山和他的业绩,高尔基已经早有所闻,这一年他读到孙中山在比利时《社会主义运动》杂志发表的那篇文章。⑥ 此时又在这个美丽如画的岛上反复思考中国的事态。清王朝被义军推翻,中国大地上闪现了共和的曙光,他把中国革命的胜利当作自己的胜利,当作进步人类的胜利,由衷地为孙中山和中国人民

---

① 《苏联共产党决议汇编》,人民出版社1964年版,第265、286页。
② 《中华民国临时政府新法令》第5册,第24页。
③ 即China's Next Step的俄译文,标题是《中国革命的社会意义》。《孙中山全集》第2卷,第324~326页。
④ 该报由列宁领导,于1912年2月26日至10月5日在彼得堡出版,同年10月11日被查封,共出27期,其中有9期被没收,1912年4月22日起代替了被当局查封的《星报》。
⑤ 这些文章有《亚洲的觉醒》《落后的欧洲和先进的亚洲》《新生的中国》等。
⑥ 《高尔基全集》第29卷(俄文),莫斯科:国家文化艺术出版社1956年版,第275~276页。

的事业能有如此大的成绩而自豪。正是出于这样的感情,他从卡普里岛致函孙中山,称他为能够扭转乾坤的大力神"格尔库列斯"。① 他把孙比作自己的同志,说俄国革命者和全世界所有正直的人一样,"都怀着关切、喜悦和敬佩的心情关注"他的正义事业,"不管这些思想在哪里获得胜利",他高尔基都"为其胜利而感到欢欣鼓舞"。他请孙中山相信,俄国人与孙中山"心心相印,志同道合"。而"使俄国人民与中国人民为敌"的,仅仅是"俄国政府及其奴仆"。

高尔基认为,要向世界介绍中国,非孙中山莫属,不能让那些为资本效劳的记者们歪曲中国事态,所以他请孙"撰文一篇,题目是中国人民对全欧资本的侵略行径,特别是对俄国资本家和政府的侵略行径持何态度?他们干了哪些勾当?"中国"人民又是如何回敬他们的?"②

我们不知道这封信是通过什么途径发出的,孙中山有否收到,他对此反应,以及他是否应高尔基之请写了这样的文章。不管怎样,这是俄国革命者对孙中山革命精神和业绩的赞扬,说明了辛亥革命对世界政治生活产生的强烈影响。正如高尔基信中所说,是社会主义思想,把中俄革命者联合在一起。

史料并没有告诉我们,孙中山对列宁和俄国社会民主工党就中国问题所作的决议有何想法,但事态表明孙中山和俄国革命者密切关注着对方的事业,希望彼此反对专制、争取民主自由和改变人民命运的远大目标得到实现。

## 五、开国民党对俄关系的先河

到 1917 年俄国发生"二月革命",孙中山向俄国临时政府发出贺电,他为"苦专制之毒"的俄国革命者摧毁了万恶的专制制度而兴高采烈,并且表示愿意与俄国革命者共同进行反帝斗争。③

众所周知,列宁一直期望中国出现若干个经济发达的上海。在逃亡伯尔尼期间,在准备十月革命期间,他都惦记着同孙中山的联系。④ 1917 年,孙中山曾为俄国志士建立共和而欢欣鼓舞并向列宁发去贺电。同样孙中山也受到俄国同志们的关注和敬佩。虽然从俄国社会民主工党有组织地支持孙中山以来,孙与

---

① 希腊神话中一个神的形象,他力大无比。
② 《高尔基全集》第 29 卷,第 275~276 页。
③ 这封电报的全文迄未见到,最早的记载是孙中山 1917 年 3 月 27 日致朱和中的电报[见《国父年谱补编》,(台北)1975 年版,第 214 页]。
④ 详见李玉贞:《孙中山与共产国际》,(台北)"中央研究院"近代史研究所 1996 年版,第 29~37 页。

列宁没有相见,前者也没有到过俄国,但从同盟会到中国国民党——这个掌握未来中国政权长达20余年的政党,一直同俄国(苏俄)保持着千丝万缕的关系,它们的互动在中国的发展进程中甚至留下深深的印记。而这一切的开始就是孙中山及其同志们为中华民族的独立和解放而在国内外进行的正义事业。如果从同盟会成立前后开始计算,中俄革命志士的战斗友谊就要上推近20余年了。可以说,是同盟会开了国民党同俄国联系的先河。

### 附录　高尔基致孙中山的信

(1912年10月28日,写于意大利卡普里岛)

尊敬的孙中山:

我,一个俄国人,也和您一样,为同一个思想而奋斗。不管这些思想在哪里获得胜利,我都和您一样,为其胜利而感到欢欣鼓舞。祝您的事业成绩辉煌。全世界所有正直的人都怀着关切、喜悦和敬佩的心情注视您的事业,中国的格尔库列斯。

我们,俄国人,追求的正是您已经做到的事业。我们与您心心相印,志同道合。可是俄国政府及其奴仆却使俄国人民与中国人民为敌。

我们,社会主义者,笃信全世界现在和将来都能够和睦相处。我们岂能容许那些贪婪愚蠢的人去助长种族仇恨,从而在社会主义的道路上造出一堵愚昧而坚硬的大墙?

相反,对于我们的敌人,对于那些世界上一切美好事物的敌人,对于那些妄图一手遮天,以便为所欲为去干卑污自私勾当——把怨仇撒向人间行施压迫的人——对于这些人,我们将竭尽全力粉碎他们的恶毒用心。

我们,社会主义者,必须尽可能宣传这样一个思想:世界上存在敌对的政府,但是不存在由统治阶级的贪欲而引起的平民百姓间的敌对情绪。

尊敬的孙中山,今函请您撰文一篇,题目是中国人民对全欧资本的侵略行径,特别是对俄国资本家和政府的侵略行径持何态度?他们干了哪些勾当?贵国人民又是如何回敬他们的?

倘使您无暇亲自秉笔,请委托友人代写,由您过目。希望您使用某一种欧洲语言,按照我的地址寄来即可。

万望您玉成此事。因为必须让俄国人根据正直的中国人的介绍去了解中国的复兴,而不能听信为资本利益效劳的欧洲记者。

我知道您在《社会主义运动》上刊出的那篇文章,读过您的笔记,对您深为敬仰,相信您会欣然答应我之请。

M.高尔基①

（原文载《近代中国》第 16 辑,
作者：李玉贞,中国社会科学院近代史研究所研究员）

---

① 《高尔基全集》第 29 卷,第 275～276 页。1937 年高尔基逝世一周年时译,载《中苏文化》第 2 卷第 8 期,但译文略有删节。

# 论孙中山的博爱观

丁凤麟

中山先生的博爱观,是他丰裕的精神遗产中不可或缺的组成部分。然而这份遗产,在后人的研究中,并未引起应有的重视。比如在《中国近代史论著目录(1949—1979)》所列的"孙中山的思想及其活动"栏目所收录的286篇文章中,竟找不到一篇论述博爱观的专文。尤其在那一味强调阶级斗争"必须年年讲,月月讲,天天讲"的岁月中,人们(包括笔者在内)在有关论著中偶尔涉及时,都将"博爱"归在"阶级调和论"或"人性论"的范畴内予以贬斥。值得庆幸的是,近几年来,随着拨乱反正的日益深入,中山先生倡导的"博爱"两字,已引起国人的关注和珍视,尤其是中山先生故里广东中山市,已将其列为"中山现代人文精神"[①]的首选,予以大力弘扬。但也应该看到,直到最近,报刊在揭露原湖南郴州市副市长雷渊利的腐败丑行时,说此人"对情妇们广施博爱、恩赐金钱、分享权力",进而称其为"博爱市长",[②]仍视"博爱"为负面词语。可见,如何公允地科学评析中山先生的博爱观,如今理应予以正视。

## 一、博爱观的提出

中山先生在1906年的《中国同盟会革命方略》的"军政府宣言"中,首次在革命文献中明确提出:"我等今日与前代殊,于驱除鞑虏、恢复中华之外,国体民生尚当与民变革,虽纬经万端,要其一贯之精神则为自由、平等、博爱。故前代为英雄革命,今日为国民革命。所谓国民革命者,一国之人皆有自由、平等、博爱之精神,即皆负革命之责任,军政府特为其枢机而已。"[③]

众所周知,"自由、平等、博爱"是18世纪法国大革命时期提出的革命口号,

---

① 广东中山市"传承伟大故里历史文化 弘扬中山现代人文精神"的八个字:"博爱、创新、包容、和谐。"
② 《报刊文摘》2006年6月5日,第4版。
③ 《孙中山全集》卷1,中华书局1981年版,第296页。

旨在发动与联合城市平民和农民，推翻封建专制制度。虽然在阶级对抗尚存在的历史时期，这一口号是不可能真正实现的，最终只能被用来掩盖阶级矛盾，使被压迫者感到失望；真正的"博爱"，只有在阶级消亡之后才能逐步实现。但值得注意的是，孙中山提出"博爱"，是在20世纪初的中国，当时还处在清王朝的封建专制统治之下，此时此地引进法国大革命的革命口号，并将"博爱"视为实现国民革命的"一贯之精神"的重要组成部分，正是为了推进变革"国体民生"的民族民主革命。为此，考察中山先生博爱观的提出，一定要顾及特定的时空条件。不能忘却，当时的中国人民正处在满清王朝的凶残暴虐的统治之下，中山先生倡导"博爱"精神，并将其视为"革命之责任"，正是为了对抗封建王朝对亿万同胞的种种"毒虐"。诚如他在《支那问题真解》一文中所揭示的清政府"毒虐"人民的"十端"：

（一）虏据政府以自利，而非以利民。

（二）阻止民人物质、思想之进化。

（三）驭吾人如隶圉，而尽夺一切之平等权及公权。

（四）侵害我不能售与之生命权及财产自由权。

（五）容纵官吏以虐民而胺削之。

（六）禁制吾人之言论自由。

（七）定极不规则之税则，而不待民人之认可。

（八）用极野蛮之刑以对囚犯，逼供定罪。

（九）不由法律而可以割夺吾人之权利。

（十）放弃其责任为吾人所托生命财产者。[①]

显然，中山先生在筹建中国同盟会时首次倡导博爱精神，旨在"唤醒中国民众"，实现"平民革命"，改变中国人民在政治上、思想上、经济上乃至生命财产上受压迫、受奴役的命运，进而实现"肇造社会的国家，俾家给人足，四海之内无一夫不获其所"[②]的社会理想。这在当时，自有其不可低估的历史意义。

## 二、在执政中践行博爱

实践是检验理念价值的重要尺度。考察中山先生博爱观的真谛，不能不关

---

[①] 《孙中山全集》卷1，第245～246页。
[②] 《孙中山全集》卷1，第297页。

注他在出任中华民国临时大总统期间,对这一理想的践行(或称尝试)与继续追求。

1912年1月1日至4月1日,是中山先生执掌临时大总统权柄的具体时间段。在这短暂的三个月中,中山先生严格遵照《临时大总统誓词》,为"巩固中华民国,图谋民生幸福",而竭尽心劳,"为众服务"。在他日理万机,"图谋民生幸福"的过程中,始终贯穿着革命者的"一贯之精神"。三个月施政实践证实,中山先生提倡的博爱观,自有其严格的内涵。

首先,他并非要求大家毫无原则地、盲目地去"博爱"一切人。恰恰相反,他对那些坚持帝制、反对共和、戕害百姓者,概视之为"民贼""国民公敌",决心予以"诛锄"。他再三告诫革命队伍,必须坚持"厚爱同胞,保全大局";[①]对其中某些玩忽职守、"扰害百姓"、侵害民众生命财产者,严格查处,决计法不容情;对那些草菅人命、刑讯逼供的"不肖官司",明示:"除被夺官职外,付所司治以应得之罪";[②]对那些"公然作乱,目无法纪"的民军头目,更毅然下令除之,认为"民害之除,社会之幸也";[③]还下令各省督抚,对起义中"凭藉权势,凌轹乡里"的官兵立予尽法惩治,并将罪状宣示天下,[④]以舒民众之疾苦。

另一方面,中山先生利用手中的权柄,对深受盘剥、压榨、欺凌、歧视等多重苦难的祖国各族同胞,怀抱赤子之心,予以无微不至的关爱。

他关爱海外的受难同胞,对被拐卖至海外充当苦役的同胞,更是"痛心疾首,殷念不忘"。他多次下令内务部"禁止买卖人口",明示:"自法兰西人权宣言书出后,自由博爱平等之义,昭若日星……今查民国开国之始,凡属国人咸属平等。背此大义,与众共弃。为此令仰该部遵照,迅即编定暂行条例,通饬所属,嗣后不得再有买卖人口情事,违者罚如令。其从前所结买卖契约,悉与解除,视为雇主雇人之关系,并不得再有主奴名分。此令。"[⑤]他还命令外交部:"妥筹禁止贩卖'猪仔'及保护华侨办法务使博爱平等之义,实力推行,切切此令。"[⑥]

他深切关怀受鸦片毒害的同胞,下达《严禁鸦片通令》,恳切告诫国人:鸦片之害"失业废时,耗财殒身,浸淫不止,种姓沦亡";严正要求吸食者"屏绝恶习,共

---

① 《孙中山全集》卷2,1982年版,第137页。
② 《孙中山全集》卷2,1982年版,第157页。
③ 《孙中山全集》卷2,1982年版,第257页。
④ 《孙中山全集》卷2,1982年版,第291页。
⑤ 《孙中山全集》卷2,第156页。
⑥ 《孙中山全集》卷2,第252页。

作新民";进而明示:"其有饮鸩自安、沉湎忘返者,不可为共和之民",将通过立法"剥夺其选举、被选一切公权,示不与齐民齿"。① 寓关爱于严禁之中。

他关注中国妇女在社会中的卑微地位,倡导男女平等、平权,尤其对戕害妇女的缠足等社会恶习深恶痛绝,命令内务部通饬各省,用"劝禁"手段,革除"害家凶国""残毁肢体"的缠足恶习,并将此举当作新政权"除旧布新"②的重要任务。

他对城乡劳苦大众更是百般关爱,下令内务部对城市贫民"发给膏火银两以恤寒峻";③还通饬各省"慎重农民",尤其对流离失所的农民,必须"严加保护",④曾多次下令对当年遭受水灾的江淮一带农村灾民及时提供赈济。

他对包括旗民在内的祖国各族同胞,一视同仁地予以关爱。他督促有关部门采取"教养兼施,工赈并举"之法,妥善安置"生计艰难"的旗民;⑤还下令关怀云南兄弟民族的生活状况,明示:"况值共和建国,凡属版图内含生负气之伦,皆当同享共和幸福,政教所及,尤不能有畸轻畸重之分。"⑥并庄重宣告:"我国民以自由、平等、博爱三主义造成共和国家今我共和成立,凡属蒙、藏、青海、回疆同胞,在昔之受压制于一部者,今皆得为国家主体,皆得为共和国之主人翁,即皆能取得国家参政权……与吾内地同胞一致进行,以共享共和之幸福。"⑦

他十分尊重并维护人民的权益,下令革除严刑峻法,明令执法官署:"审理及判决民、刑案件,不准再用笞杖、枷号及他项不法刑具。"⑧他还要求执法部门审慎对待"被嫌久拘"者,明示:"如讯有触犯民国法令确据,自应予以制裁;倘系无罪,即可早日复其自由。"⑨他还决心改变旧社会遗留的种种"蹂躏人权"的恶习,明示内务部通令蛋户、惰民、丐户、家奴、优倡、隶卒等被贱视的同胞,"一律享有公权、私权",但凡"国家社会之一切权利均许一体享有,毋稍歧异,以重人权,而彰公理"。⑩

他还对为民国捐躯的死难烈士及其遗属遗孤关爱备至,不仅多次旌表先烈,

---

① 《孙中山全集》卷2,第155页。
② 《孙中山全集》卷2,第232页。
③ 《孙中山全集》卷2,第237页。
④ 《孙中山全集》卷2,第233页。
⑤ 《孙中山全集》卷2,第196页。
⑥ 《孙中山全集》卷2,第179页。
⑦ 《孙中山全集》卷2,第429~430页。
⑧ 《孙中山全集》卷2,第225页。
⑨ 《孙中山全集》卷2,第170页。
⑩ 《孙中山全集》卷2,第244页。

提供应有的酬恤,还下令财政部拨给武汉死义烈士遗孤教养所经费,明示此举"既昭博爱之忱,亦协报功之义"①。

上列种种施政举措证实:三个月的临时大总统生涯,为中山先生提供了践行博爱抱负的政治平台。更有力证实,中山先生始终围绕"去秕与蠹,不尽不休;嘘枯植弱,俾之出幽"②的施政原则,倡导的是爱憎分明的博爱观,是对革命奉献者及其遗属的爱,是对城乡受苦受难同胞的爱,是对海外侨胞的爱,是对包括满族在内的我国各族同胞的爱。而且,这种关爱,不仅体现在经济生活上,同样体现在社会观念、政治权益等诸多侧面。虽然囿于当时新旧对垒、矛盾交错的复杂政局,在匆匆三个月时间内,孙中山践行博爱观的若干设想、政令乃至承诺,大多并未付诸实现,但毕竟是一次可贵的身体力行,为我们论析中山先生的博爱观,提供了多维的思路。

## 三、博爱观的升华

在离开临时大总统职位的十多年中,是中山先生为彻底实现三民主义伟大抱负而不懈奋斗的历史阶段,其中也包括对博爱理想的继续探索与追求。

值得关注的是,在孙中山毕生的题词中,"博爱"两字,可以说是用得最为频繁的词语之一,而且绝大部分都出现在这最后的十多年中。

据笔者所见,中山先生1905年在日本东京筹组中国同盟会期间,曾为来访的革命报人林白水(字少泉)题写"博爱"两字,上题"少泉先生正之",下署"孙文"。③ 这是迄今发现的中山先生最早的"博爱"题词。

1913年8月4日,中山先生赴日途中路过台湾,为日本友人藤井之胞兄大和题赠"博爱"两字,落款署名"孙文"。④

1918年5月27日,中山先生为革命同志谢逸桥题赠一联:"博爱从吾好宜春有此家",上题"逸桥兄鉴",落款"孙文"(印)。⑤

还有一些署有题赠对象但具体时间不详的题词。如曾分别为"三藩市总支

---

① 《孙中山全集》卷2,第316页。
② 《孙中山全集》卷2,第147页。
③ 王植伦:《林白水》,福建教育出版社1992年版,第207页。
④ 王耿雄编:《孙中山史事详录》,天津人民出版社1986年版,第612页。
⑤ 陈旭麓、郝盛潮主编:《孙中山集外集》,上海人民出版社1990年版,第627页。

部"、为革命战友邓铿和为中国红十字会题赠"博爱"两字,均落款"孙文"。①

此外,尚有许多既未署明题赠对象名姓,也未标明具体时间的"博爱"题词,如孙穗芳《我的祖父孙中山》一书中收集的"手迹十一"所刊中山先生手书"博爱"两字,便是一例。

中山先生因何对"博爱"两字情有独钟?近几年来,国内学术界对此说法不一。有的认为中山先生的博爱"是从耶稣的精神中产生的",因为他"是一位虔诚的教徒";有的认为孙中山的博爱思想与法国大革命提倡的口号相若,渊源于西方资产阶级革命思想;也有的从孙中山同中国传统儒家学说的深厚渊源来解释其博爱情结。

诚然,上述三种观点都有一定道理,而且都可以从中山先生的经历或言论中找到某些立论依据。但笔者以为,要解开中山先生博爱情结的实质及其意义,应从中山先生的思想发展脉络中去切实把握。

中山先生在1923年曾对自己一生的思想脉络做过如下概括:"余之谋中国革命,其所持主义,有因袭吾国固有之思想者,有规抚欧洲之学说事迹者,有吾所独见而创获者。"②作为他革命理想之一的博爱观亦不例外,是中山先生在"因袭"中国传统的思想文化、"规抚"西方的近现代各种思想学说和社会现状的基础上,依据当时中国的社会现实,在探求"救国救民"真理过程中所"创获"的精神成果,是在会通中西基础上的创新"独见"。

至于他的博爱观所蕴含的"独见而创获"的实质,孙中山《在上海中国社会党的演说》中作了精辟的诠释:"社会主义者,人道主义也。人道主义,主张博爱、平等、自由,社会主义之真髓,亦不外此三者,实为人类之福音。我国古代若尧、舜之博施济众,孔子尚仁,墨翟兼爱,有近似博爱也者,然皆狭隘之博爱,其爱不能普及于人人。社会主义之博爱,广义之博爱也。社会主义为人类谋幸福,普遍普及,地尽五洲,时历万世,蒸蒸芸芸,莫不被其泽惠。此社会主义之博爱,所以得博爱之精神也。"③到了1921年12月的《在桂林对滇赣粤军的演说》中,中山先生对自己追求的博爱观,又作了更为透彻的阐述。他说,我国有条"博爱之谓仁"的古训,但是"博爱云者,为公爱而非私爱以其所爱在大,非妇人之仁可比,故谓之博爱。能博爱,即可谓之仁"。他进而分析:"仁之种类,有救世、救人、救国三者,

---

① 陈旭麓、郝盛潮主编:《孙中山集外集》,上海人民出版社1990年版,第659、660页。
② 《孙中山全集》卷7,1985年版,第60页。
③ 《孙中山全集》卷2,第510页。

其性质则皆为博爱。"在对三种不同类型的"仁"加以剖析后,他明确指出自己所倡导的博爱,既不同于宗教家"以牺牲为主义"的"救世之仁",也不同于慈善家"以乐善好施为事"的"救人之仁",而是"舍生以救国专为国家出死力,牺牲生命,在所不计"的"志士爱国之仁"。① 对革命者而言,"即实行三民主义,以成救国救民之仁而已"②。

中山先生的上列阐述说明,他所倡导并追求的是为"人类谋幸福"的"社会主义之博爱"。他将"博爱"两字,视为"社会主义之真髓"的第一要素,是一种"舍生以救国"的"志士之仁",既同中国传统文化中的狭义博爱观予以严格区分,也同"舍身以救世"的"宗教家之仁"以及"舍财以救人"的"慈善家之仁"划清了界限。进而将他心目中的"广义之博爱",作为他在民族、民权两大主义实现后,继续追求民生主义——也就是他所理解的社会主义远大理想的重要目标。

当然,中山先生并不能摆脱理想与现实之间的矛盾与差异。虽然在孙中山的心目中,"今日满清退位、中华民国成立,民族、民权两主义俱达到,唯有民生主义尚未着手,今后吾人所当致力的即在此事"。③ 并为此而继续奋斗,"提倡实业,实行民生主义,而以社会主义为归宿,俾全国之人,无一贫者,同享安乐之幸福"④。然而,严酷的现实是:在封建帝制被推翻之后,不仅他的以平均地权、节制资本为主旨的民生主义未及实现,甚至摆脱列强侵略和阶级压迫的民族主义和民权主义也未真正兑现。这就决定了中山先生的博爱观,在他有生之年,仅能停留在理想层面,不具备付诸实践的土壤和条件。

然而,不可否认的是,中山先生倡导的"社会主义之博爱",凸显了这位伟大的革命先行者高尚的道德情怀和理论上的创新精神,为中华民族创造了一份宝贵的精神财富。尤其到了21世纪的今天,当中华民族终于从内忧外患的巨大压力下解脱出来,正处在专心致志建设中国特色社会主义的历史进程中,中山先生的博爱观,对当前构建和谐社会,提供了重要的历史启示。

(原文载《近代中国》第 17 辑,
作者:丁凤麟,上海《解放日报》高级编辑)

---

① 《孙中山全集》卷 6,第 22~23 页。
② 《孙中山全集》卷 6,第 29 页。
③ 《孙中山全集》卷 2,第 319 页。
④ 《孙中山全集》卷 2,第 340 页。

# 从新近公布的蒋介石日记看孙、蒋交往

戴鸿超

## 一、蒋氏日记

美国斯坦福大学胡佛研究所在2006年3月31日公布的《蒋介石日记》,对中国近代历史与政治的研究极具参考价值。这些日记全是原件,起自1917年,终至1972年,首批公布的部分,包括1917年至1931年;其余部分以后陆续公布。现仅就阅读首批公布日记所得,探讨一下孙中山与蒋介石的关系,并进一步分析孙、蒋异同之处。

关于孙、蒋交往的文献很多。例如毛思诚编《民国十五年以前之蒋介石先生》(1936年版);秦孝仪编《总统蒋公大事长编新稿》8卷(1978年台北版);李勇及张仲田编著《蒋介石年谱》(北京:中共党史出版社1995年版);周盛盈著《孙中山和蒋介石交往纪实》(河北人民出版社1993年版);南京中国第二历史档案馆《蒋介石日记类抄》,以及 Ch'en Chieh-ju(陈洁如)Chiang Kai-shek's Secret Past: The Memoir of His Second Wife, Ch'en Chieh-ju(Boulder: WestviewPress, 1993),都有详细记载。

但是这些都是整理过的作品,没有蒋氏日记的原貌。从这些日记中,我们可以较深刻地认识到孙、蒋关系。这些日记有错误的词句,有修正的地方,也有潦草的文字,让我们可以体会蒋的内心世界。

## 二、孙、蒋交往

孙、蒋结识大概在1910年开始。1911年辛亥革命发生后,蒋从日本急速返国,参加孙中山革命战友陈其美发动的反清各项活动,包括杭州新军起义,参与敢死队捉获浙江巡抚曾韫,1913年参加反对袁世凯的第二次革命,并且加入孙氏创建的中华革命党。在 1914—1917 年之间,奉孙的指示继续参与反袁,以及袁死后北方军阀的活动。

孙、蒋在 1918 年开始建立密切关系。当时蒋奉孙命加入在广东东部以陈炯明为总司令的援闽粤军,任上校作战科主任,受第二军军长许崇智指挥。1918—1920 年,蒋在粤军的表现,可说是毁誉参半。一方面他发挥了军事长才,制订了详细确实的作战计划,得到陈炯明及许崇智的赏识,曾先后派任第二支队司令及炮兵团团长,战绩卓越。孙曾到粤军巡视,对蒋的表现表示赞许。

可是另一方面,蒋对粤军上下极为不满,认为统帅不力,军队纪律松弛,同事排挤妒忌。因此他数度辞职,不告而别,回到上海或浙江溪口老家。研究这一段历史的人,有的说蒋曾七上七下;有的说,1920—1921 年间,蒋在上海及溪口的时间,远比他在粤军的时间为长;也有的说,在 1918—1924 年间,蒋离去职守,达 14 次之多。①

可是蒋每一次离职,都再奉孙的指示,返回原位。在 1918—1920 年间,蒋每次在上海停留时,与孙过从极密,每周必会,甚至隔日相见,商讨粤军及时势。蒋也曾提出北伐计划,内容详细,设想周到,但未受孙的重视。1926—1928 年北伐进行时,这计划却完全实施。

1921 年,孙打算在广西发展革命势力,曾先后发出 8 封电报,邀蒋协助,蒋也应召而往,②但停留时日不长。1922 年陈炯明叛变,孙被困在"永丰"舰上。当时孙急电在浙江的蒋前往协助。蒋临危受命,立下遗嘱,前往赴难。蒋是国民党中惟一具有军政地位的领袖,陪伴孙一月半之久,然后共同脱难。这次事件引起孙对蒋的极端感激与信任。1923 年,孙派蒋率领代表团访问苏联,归国后蒋曾寄出报告致孙,表明对苏联的印象。

1924 年,孙任命蒋为黄埔军官学校校长,要建立起一支革命的军队。1925 年,蒋决定东征盘踞广东东部的陈炯明叛军根据地。他直接率领仅有 3 000 名的黄埔"子弟兵",另外加上与陈炯明分道扬镳的许崇智第二粤军。1 月进军,3 月击败号称 10 万大军的陈炯明部队。这时,孙在北京与军阀协商和平统一中国失败,3 月 12 日逝世。

---

① 分见张宪文、方庆秋主编:《蒋介石全传》,河南人民出版社 1996 年版,第 40～41 页;Pichon P. Y. Loh, The Early Chiang Kai-shek: A Study of His Personality And Politics, 1887～1924, NewYork: Columbia University Press, 1971, p.31;李敖:《蒋介石研究》,(台北)天元图书有限公司 1986 年版,第 86～126 页。
② 周盛盈:《孙中山和蒋介石交往纪实》,河北人民出版社 1993 年版,第 54 页。

陈炯明在粤东部队,于 1925 年死灰复燃,重占蒋军取得的城市。蒋第二次东征,彻底消灭陈部。1926 年,蒋担任国民革命军总司令,开始北伐,于 1928 年攻占北京,完成孙的北伐遗志。

## 三、蒋氏尊崇

蒋在他的日记中,经常表达他尊敬孙,称孙为"中师",以他为楷模。① 他在 1918 年 5 月 31 日的日记中记载在战地会见孙的情形:"访中师,报告一切。见其笑容可掬,颜色顿开,寸衷亦为之一慰……承中师国防计划之教,心甚钦佩。"为充分表示对孙的敬意,他先把这一日的日记写成草稿,然后用正楷誊写一遍。

在 1919 年 4 月 23 日的日记中,他写出:"辞中山先生,叙谈一时许。其思想之伟大,实出我之上也。"在 1921 年 5 月 23 日的日记中,他更指出:"遵中师之规模……则可担当国家责任矣。"

蒋也经常记述孙对他的爱护之情。1919 年 10 月 24 日的日记载:"往访中师,见其勤勤施教,垂爱之状,不胜为之惭愧不已。窃恐不副其望也。"(1920 年 2 月 22 日的日记有同样的文字)1923 年 10 月 13 日,他在莫斯科看到孙给苏联领导人员有关介绍他的信件。他写道:"中师……推重及信任中正之言,皆出于至诚,令人见之泪下。"

孙逝世后,蒋对他尊崇的心情不曾稍减。在 1926 年 7 月 31 日的日记中,他写道:"对总理不敬,记大过一次。"1928 年北伐成功。他在北京谒见孙的灵柩时,不禁痛哭失声。次年孙在南京安葬。他亲自主持有关事务,葬毕后,他经常往访中山陵,并在那里下榻。

在孙、蒋交往中,彼此希望建立起一种亲情关系。孙在 1916 年蒋母五十岁生日时,赠送一幅"教子有方"的匾额。孙在 1918 年蒋氏宗族修改宗谱时,再赠蒋母"广慈博爱"一幅匾额。孙在 1921 年蒋母下葬时,写了情文并茂的祭文。此外,蒋在 1922 年 1 月 28 日给他的第二个儿子蒋纬国的信中,称孙为纬国的公公。在 1929 年南京孙的安葬典礼中,蒋要他的胞妹从浙江前来参加。

蒋对孙的尊崇自然是有政治的目的。要加强一种印象,让大家认为他是孙的继承人。可是日记中的言词究竟流露不少真情,说明了他对孙由衷的敬佩,衷

---

① 根据初步统计,就蒋所熟识的人来说,孙在他的 1917—1931 年日记中所出现的次数为第二,49 次;最多者是蒋的第二个儿子,蒋纬国,52 次;第三是宋美龄,44 次;第四是蒋母王夫人,36 次。

心服从。他在1924年3月2日致孙的一封长信中,有这样的话语:"若夫赤忱耿耿,蹈白刃而愿牺牲,无难不从,无患不共,如英士(陈其美)与中正者,恐无其他之人矣。"①试看蒋在辛亥革命、二次革命、"永丰"舰事件,以及东征时的各种表现,这种激昂慷慨之词,确与事实相符合。

## 四、孙氏印象

上文中提到,蒋述及"中师垂爱"之情,但孙氏对蒋的总括印象是如何呢?这里值得我们进一步参考一下有关的文字。孙在1921年11月23日的祭蒋母文中说道:"文与……介石游十余年,共历艰险,出入死生,如身之臂,如骖之靳。"孙进一步指出,蒋"虽夷险不测,成败无定,而守经达变"。这些虽是赞颂之辞,也表露孙对蒋的信任与倚重。

可是孙对蒋的信任与倚重,只是偏重蒋的军事才干,特别是蒋的拟定军事计划的优越才华,而不在他的统帅军队能力。终孙的一生,他只任命过蒋担任军中参谋长或者以训练军官为主旨的军官学校校长,而没有任命军、师长或总司令的职务。蒋在陈炯明军中以及东征时,都作过指挥官,但都不是孙所任命的。②

更重要的是,孙觉得蒋不适宜担任政治领袖的职位。这在孙的1920年10月29日给蒋的信中,已经可以看出来。他首先写道,他过去非常信任的陈英士与黄克强都已去世,接着写道:

> 我所求者,惟期主义政策与我一致,即我所谓服从我三十年来共和主义……兄与英士共事最久,亦知我所以待英士矣……(朱)执信忽然阻折,使我如失左右手。计吾党中知兵事而且能肝胆照人者,今已不可多得。惟兄之勇敢诚笃,(可)与执信比。而知兵则又过之。兄性刚而嫉俗过甚,故常龃龉难合。然为党负重大之责任,则勉强牺牲所见,而降格以求。所以为党,非为个人也。③

孙在世之日,蒋始终没有担任过国民党中的政治职务,甚至没有被提名出任国民党第一次全国代表大会的代表。

---

① 原函见毛思诚编:《民国十五年以前之蒋介石先生》,(香港)龙门书店1965年版(1936年初版),第236页。
② 参看周盛盈:《孙中山和蒋介石交往纪实》,第140~141页。
③ 毛思诚:《民国十五年以前之蒋介石先生》,第97页。

简单地说,孙信任蒋对他的忠心,认为蒋是军事幕僚人才,不具政治领袖之资。

## 五、孙、蒋异同

孙、蒋共事十余年,在推翻满清、建立民国、打倒军阀、统一国土、维护独立这些革命目标上具有共同意愿。所以他们不屈不挠,再接再厉,从事革命活动,希望完成使命。这是他们相同之处。

但是孙、蒋在漫长艰苦的革命路途上,当然有相异的地方。现在提出三点作一讨论。

首先是权力分享的问题。孙在前述1920年给蒋的信中,说出他的基本态度。他30年来所企求的是共和主义。共和主义就是大家分享权力的意思。这就是他为什么在辛辛苦苦的十次起义之后,于1912年把总统的职位让给袁世凯。他相信袁的维持共和的声明,加上国民党在议会中占据多数,与袁分享行政及立法之权,但是袁有称帝的野心,撕毁约法、解散议会。所以他倡议二次革命,重维共和。

蒋则不同。他曾多次表示,要先掌握军事权力,进而主掌政治权力。他在1924年告诉他的第三任夫人陈洁如说得好:"如果我掌握到军队,我便有权力治理中国。这是我达到政治领袖地位的道路。"①他在北伐前夕的1926年3月30日的日记中写道:"只要大权不旁落他人之手,则其他事皆可迁就也。"宁汉分裂时,他在1928年1月25日的日记中指出:"内部立威,则其他皆可迎刃而解矣。"同一年因宁汉分裂所衍生的压力,使他考虑辞去国民革命军总司令的职务时,他在6月5日的日记中坦白地写道:"可辞总司令职,不可放权也。"北伐成功后,他再度考虑辞退。他在8月6日的日记中写道,"如决心引退,则不顾一切,对党务与政治发表意见,听其取舍,对各军略予安置,勿使失所",以便保持实力。

所以基本上,蒋认为权力一旦到手,不能让他人分享。

其次是"联俄、联共、与扶助农工问题"。我们可以撇开扶助农工问题不谈,因为孙与蒋都没有实行这一政策的机会。现在先讨论一下联俄问题。孙认为,

---

① Ch'en Chieh-ju, *Chiang Kai-shek's Secret Past: The Memoir of His Second Wife*, Ch'en Chieh-ju, Boulder: Westview Press, 1993, p.85.

在 1920 年代的苏俄,是国民党的唯一友邦,它给予军经援助,其革命经验、政党及军队制度,也都值得国民党借鉴。所以孙与越飞在 1923 年签订联合宣言,实行联俄政策。

蒋对这一政策在孙去世以前,始终加以支持。但是他在 1923 年访苏俄之后,对苏俄企图控制中国的野心,已有所怀疑。在孙去世以后,他与苏俄顾问就是否立即北伐问题,发生歧见。在宁汉分裂时期,他完全反对与苏俄合作。直到后来他发现苏俄仍然企图恢复帝俄时代在东北的特权时,他与苏俄断绝关系。

最后是联共问题。孙认为,1921 年成立的中国共产党在反帝国主义及反军阀的立场上,与国民党一致。便欢迎共产党员以个人身份加入国民党的革命事业。在国民党改组、黄埔建校、东征及北伐初期的各个过程中,国共双方相互合作。

蒋在孙去世以前,支持这项政策,在孙去世以后,则认为一个政党容纳另一政党的措施,与他的权力不能分享的原则相违背,于是采取了清党政策,造成"四一二"事件。

孙、蒋在这三个问题上所产生的歧见,是众所周知的历史事实。这里拟提出一个观点,解释分歧的原因。这一观点是,孙中山是一位理想主义者,蒋介石则是一位现实主义者。

理想主义的人对自己期望的远景,往往具有乐观的看法,认为不论遭遇任何困难与挫折,最终都会达到目的。这样的人必须以自己的理想感召多多益善的他人,参加他的伟大事业。这是为什么孙愿意把总统职位让给袁世凯的原因。他认为袁会接受他的理想,实施共和之治。

同样地,他认为他的联俄与联共政策,与国民党的时代需要相符合。他对双方合作的前景持乐观的看法。

现实主义的人,往往把注意力集中在目前,不在将来。遇人有防范之心,遇事有防微杜渐之思。蒋认为在 20 世纪初期的中国,内有军阀分割之实,外有帝国主义列强迫害之势,实现分权这一目标是不切实际的想法。一旦大权在手,他便不愿放手。

蒋对苏俄维持在华特权的企图,及早认识。他在日记中说,不论红色或白色帝国主义,他统统反对(见 1931 年 4 月 12 日日记)。所以他不愿与苏俄合作。基于权力不能分享的认识,蒋认为国共合作仅是权宜之举,而非长久之策。

如果我们观察近代世界历史，也许会觉得，孙中山与蒋介石的异同之处，有如马克思与列宁一样。一个重理想，有思想有理论，提供了革命的基础；另一个重现实，讲究的是如何在革命中取得与维持政权。

（原文载《近代中国》第 17 辑，
作者：戴鸿超，美国底特律大学教授）

# 孙中山的科学哲学

## ——以《孙文学说》中的"生元"说为中心

[日] 武上真理子

## 一、开  篇

身处现代我们所耳熟能详的"科学"一词，在日本或者说在东亚扎根，其历史并不久远。英语"science"被翻译成"科学"这个汉语单词始于明治初期及中期交接的日本。① 不久，这个日式汉语在以中国为首的汉语圈普及，更成为象征近代的词汇。孙中山也遇到了近代中国的科学这个问题。一般来说，科学被定义为"将人类探索事物构造和法则的理性的认知活动及其成果理论化、系统化的知识"②，这也是孙中山科学观的根本。

夫科学者，统系之学也，条理之学也。凡真知特识，必从科学而来也。舍科学而外之所谓知识者，多非真知识也。③

这段文字清晰地表达了科学是孙中山思想中的关键概念之一这一事实，可是这并非意味着孙中山就是西方近代科学至上主义者。孙中山在青少年早期通过西方医学直接学习了科学，掌握了其基本精神。同时，他立身于中国的知识传统和自身周围的社会环境之间，形成了自己对科学的理解。在19世纪末的香港，能够像这样有意识地去接触、接受科学这一事实值得关注。而孙中山对科学的思索并没有就此结束。他在经过此后的革命活动以及读书所获得的知识的互相重叠、积累中，逐渐构筑起独自的科学哲学。《孙文学说》中所提倡的"生元"说，就可称为他科学哲学的集大成。本稿着眼"生元"这一学说，意在阐明孙中山

---

① 铃木修次：《日本汉语と中国》（东京）中央公论社1981年版，第62~69页；辻哲夫《日本の科学思想》（东京）中央公论社1973年版，第76~184页；《日·中·英言语文化事典》（东京）マクミランランゲージハウス2000年版，第392页。
② 《哲学事典》（东京）平凡社1971年版，第222页。狭义的科学是指自然科学、人文科学、社会科学等独立学术领域，通常专指（特别是在英语圈）自然科学。本稿所使用的"科学"为最广义定义范畴的"科学"，必要时，使用了"自然科学""人文科学"等词汇。
③ 《孙中山全集》第6卷，中华书局1985年版，第200页。

科学哲学的起源及其特质。

　　在历来的孙中山研究中,对其科学观本身的探讨一直给人以停留在次要位置之感。孙中山在其"革命学"中设有科学一席,①现代中国以科技的重要性而演绎出对孙中山科学技术思想意义的讨论②,等等,这些现象所体现的是随着时代的变化而产生的社会需求所折射出的科学之形态。笔者认为,要理解孙中山在晚年的"三民主义"讲演以及在其他诸多著述中所提及的科学这一词语的含义,有必要回到其原点,追溯其科学理论形成的过程。③

　　因此,笔者在下文首先列举出可以称之为孙中山科学观原点的在香港西医书院(The Hong Kong College of Medicine for Chinese)所接受的医学教育。然后分析该校理想与问题认识在孙中山思想中的继承、发展情况,由此以期考察"生元"说所体现的孙中山的科学哲学的意义。

## 二、孙中山科学观的原点:
## 香港西医书院

　　1887年10月1日,香港西医书院标榜"在中国普及医学(medicalscience)"④建校。孙中山是该校的第一期学生。在香港政厅召开的创校典礼及证书颁发仪式的发言中,science一词频繁出现。作为创立该校的三大支柱而留名校史的何启(HoKai)、孟生(Patrick Manson)、康德黎(James Cantlie),⑤笔者将参照其各自发言,试探西医书院所追求的科学之真貌。

　　同为英国苏格兰名校亚伯丁大学(Aberdeen University)医学专业出身的3人,中国的传统医疗实不过为不科学的且充满谬误的"前科学(pre-science)"时代的产物,⑥应该为新时代的science所淘汰。但是,环视当时的香港,旧的医疗

---

① 任卓宣:《国父科学思想》,(台北)幼狮书店1965年版,第1~5页。
② 张汉静:《孙中山的科学技术思想》,科学出版社2005年版,第187~191页。
③ 在《三民主义》演讲中,"科学"一词共出现了83次。
④ "Inauguration of the Medical College," China Mail, 1 October 1887.
⑤ Dafydd Emrys Evans, ed., Constancy of Purpose: An Account of Foundation and History of the Hong Kong College of Medicine and the Faculty of Medicine of the University of HongKong 1887 - 1987(Hong Kong: Hong Kong Universi-ty Press, 1987),p.29.西医书院的校史部分除参照以上文献外,还主要参照了Brian Harrison, ed., University of Hong Kong: The First 50 years (Hong Kong: Hong Kong University Press, 1962)。
⑥ "Inauguration of the Medical College," China Mail, 1 October 1887.

依然蔓延，人们对于新事物西方医学始终抱怀疑态度。① 于是他们开始考虑自己培养中国人医师，希望借此来证明西方医学的先进性，并使之渗入中国人社会。该校所教授的科学，就必须兼备实践性与专业性。

首先，由于没有自己的校舍而附设于雅丽氏医院的西医书院，即把医院用作教育现场，积极主动地引进了临床实习，为的是使学生们通过实习获得最新的医疗技术。课程也按照英国的标准，所有授课均用英语。康德黎曾非常自豪地称赞自己的祖国是"哈维（阐明了血液循环结构）、琴纳（发明了牛痘苗接种）、汉特（解剖生理学者）、达尔文（进化论）、利斯特（引入了外科消毒技术）诞生的国家"②，这句话意味着英国标准的医学代表了医学科学（Medical Science）的正统及顶峰。

他们的先进性在使用显微镜这件事上也可窥得一斑。在一年级的植物学口试中，考场上除准备了标本还准备了显微镜。③ 巴斯德、科赫所代表的细菌学的研究，正是显微镜所引发的医学革命的典型。因对丝虫病的研究已蜚声世界的孟生④、在自家的研究室用显微镜观察自己培养的细菌的康德黎⑤，他们都是具有世界水平的医学家。虽然该校的课程尚未包含走在当时医学最前端的细胞学，但是应该说显微镜下的医学世界那时已经在孙中山面前敞开了大门。

在标为 1892 年 7 月 23 日颁发的孙中山的医师资格证书上，写着"照得孙逸仙在本院肄业五年，医学各门，历经考验，于内外妇婴诸科，俱皆通晓，确堪行世，奉医学局赏给香港西医书院考准权宜行医"⑥。但是，假若考虑到西医书院是为了培养临床医生而不是为了培养医学科研专家，还有该校的教师大部分属于义务教学的开业医生这两点，就不能以此过高地评价孙中山医学知识的水平。不过孙中山修完了植物学、化学、解剖学、生理学、药物学、病理学等学科，并且从当

---

① 即便是在亚伯丁大学取得内外科学位，并且拥有王立内科医协会资格（LRCP），成为王立内科医协会会员（MRCS）的何启，回到香港后也不得不放弃从事开业医生。中国人对西方医学心坏抵触是一方面，据说主要是因为香港当地的西方人拒绝让中国人医生诊治。G. H. Choa, *The life and Times of Sir Ho Kai* (Hong Kong: The Chinese University Press, 1981), pp.16～18.
② "College of Medicine for Chinese," *China Mail*, 23 July 1892.
③ 罗香林：《国父之大学时代》，（台北）商务印书馆 1954 年版，第 6 页。
④ Philip Manson-Bahr, *Patrick Manson: The father of Tropical Medicine* (Edinburgh: Thomas Nelson and Sons Ltd, 1962), pp.17～39; Douglas M. Haynes, *Imperial Medicine: Patrick Manson and the Conquest of Tropical Disease* (Philadelphia: University of Pennsylvania Press, 2001), pp.3～5.
⑤ Neil Cantlie and George Seaver, *Sir James Cantlie: AR omancein Medicine* (London: John Murray, 1939), p.90.
⑥ Harrison, *op.cit.*, p.14.

时的香港总督那里拿到了医师资格证书,他的身上应该确实具备了作为科学实践者的自觉。①

希望注意的是,这里的教育不仅仅只停留在个人知识与技术的获得。参与创立西医书院的那些人,他们拥有一个共同的使命感——在中国全国传播科学,他们信奉科学是社会"进化"的动力。称呼医学为"科学之母"(Mother of science)的孟生,已经预想到这所学校和它的毕业生们将面临许多的困难,坦言"如果我们成就了在中国的医疗改革,那就是科学的开拓者。这是个远大的目标,是一个囊括了医学之外的多个领域的大事业"。曾为香港的社会事业作出巨大贡献的何启接着说,"我们希望这个刚刚成立的医学校,能够得到社会的承认,并为医学在中国全国的普及贡献一臂之力。我们的学校要拯救中华帝国千百万生灵的灵魂",赢得了一片喝彩之声。②

西医书院的建立得到了伦敦传教协会(London Missionary Society)的积极援助。当时的新教主义接受了进化论,正在开展社会福音运动,为的是要在人间天堂实现进化的终极结果。③ 这个意义上,宗教与科学没有所谓的争斗,而作为科学传道者的使命感反倒高扬。从他们的言论中,可以看到以西方为轴心的一元性进步史观,该史观认为,欧洲先进国家应该"启蒙"落后国家,引导它们进入合理的进化轨道。但本稿更想着重指出的是他们把科学看作为实现社会"进化"工具的意识,具体来讲就是重视医学特别是公共卫生学的作用。孟生、康德黎、何启3人亦都以香港卫生委员会成员的身份工作、活动,④西医书院4年级的课程安排中也采用了公众卫生学。孙中山曾在1891年的该科考试中,取得了第一名。⑤

资格证书颁发仪式的当晚,康德黎邀请了50多名有关人士在饭店举行了答谢会。孙中山代表2名毕业生作了答谢词,"我谨祝愿不仅为学生也为全香港的

---

① 各年级的考试成绩参照如下。1887年作为第1期学生考入西医书院的有11名,1892年毕业,取得医师资格证书的只有孙义与江英华2人(前引罗香林书,第43~51页)。
② "Inauguration of the Medical College," China Mail, 1 October 1887.
③ C.Hホプキンス著,宇贺博译:《社会福音运动的研究》,(东京)恒星社厚生阁1979年版,第142~157页。原著名: Charles Howard Hopkins, The Rise of the Social *Gospel in American Protestantism 1865-1915*, Yale Universuty Press, 1940.
④ Neil Cantlie and George Seaver, *op.cit.*, pp.85~86; G. H. Choa, *op.cit.*, pp.71~89.只是这个卫生委员会是一个没有实权的咨询机构,据说在调停香港政府与香港市民之间的矛盾时,没能拿出什么有效的政策方案。
⑤ 前引罗香林书,第46~47页。同一学期,何启担任教官的法医学也开课了。法医学具有在民事案件中进行医学检查和鉴定的社会职能,何启是香港行政的中心人物,所以可以推测他讲授的法医学应该是以从医学角度参与法律制定和修正为重点的(G. H. Choa, *op.cit.*, pp.60~61)。

人谋福利获得成功"①。后来孙中山弃医投身革命,"我想我必须放弃医人专心致力于医国"②这句话经常被引作该转变的契机。但其实,孙中山所学的医学本身就是以普天下之人为对象的。

上述内容,或许会给人一种印象,西医书院是专为"落后国家"传授西方近代知识的精华一科学,试图让中国涌现出大批英式科学家(scientist)的机构。这种理解有点过于片面。

在西医书院的后身香港大学的校徽上,盾形设计的顶端是象征着英国的雄狮,中央部分是翻开的书形设计,上面印着"明德格物"四个字,最下方是用拉丁语写的"SAPIENTIA ET VIRTUS"。"明德格物"引自《大学》三纲领八条目(明明德、新民、止于至善、格物、致知、诚意、正心、修身、齐家、治国、平天下)自不用说了。"明德"(illustrious virtue)体现的是人文科学思想,"格物"(investigation of things)代表了自然科学思想,正是基于这种理解,立志于培育有责任感的社会人及探求经验主义科学的香港大学才把之引入该校校徽里的。③

还须关注的是,"SAPIENTIA ET VIRTUS",即"睿智与美德"(wisdom and virtue)分别作为"格物"与"明德"的同义词相等。④ 尤其"格物"译为"wisdom",其背景中包含了对三纲领八条目的涵义——非只穷尽天下事物,更要穷尽和实现贯通人间天下的"理",这一可称为"儒教的科学哲学"的共鸣中西合璧",即希求西方与东方传统之和谐的香港大学的校训在这里得以体现。

孟生、康德黎,以他们为首的西医书院的大部分支持者都是苏格兰人。也就是说,虽然他们在香港都有身为君临世界的大英帝国一分子的个人意识,成为社会中的中心,然而在英国本土,他们却身属旁支,身上同时拥有大不列颠和苏格兰的双重文化归属感。身为在当时的英国殖民地香港土生土长的中国人,又在英国与苏格兰接受了高等教育,何启身上的文化归属感更为多元。可否就此断言,正是他们这种在地理、文化的中心与边缘自由游走的意识,才使得"明德格物"与"wisdom and virtue"结合起来的呢? 由此发展起来的科学,即便没有和西

---

① "College of Medicine for Chinese," China Mail, 25 July 1892.
② "Dr. Sun at the University of HongKong," China Mail, 20 February 1923.
③ 该校的校训是由朱子学解释而来(http://www.hku.hk/uid/background.html,2008 年 7 月 12 日阅览)。至于"明德格物"的英译文,则除参照以上文献外,还参考了《中西四书》,The Four Books of the Chinese Classics (Hong Kong: Man Yu Tong, 1898), pp.1~3。
④ Susan Y. Y. Lam and Jane Sze, ed., *Past Visions of the Future: Some perspectives on the history of The University of Hong Kong* (Hong Kong: University Museum and Art Gallery, The University of Hong Kong, 2001), p.1; http://www.hku.hk/uid/background.html(2008 年 7 月 12 日阅览)。

方自然科学完全重叠,也会跨越自身文化的界限,成为通往异文化的桥梁。①

从西医书院毕业大约 2 年后,孙中山上书李鸿章,自称"圣贤六经之旨,国家治乱之源,生民根本之计,则无时不往复于胸中;于今之所谓西学者概已有所涉猎,而所谓专门之学亦已穷其一矣"②,对自己西医书院医学结业身份的矜持,跃然纸上。

## 三、"生元"说透露出的科学哲学

1918 年 7 月,孙中山从广州军政府大元帅的职位上退下,定居上海,从此专心于写书论著。有一段文字揭示了这个时期孙中山对科学的关心。

> 近日父得阅一书为 Cell Intelligence The Cause of Evolution(中文译名《细胞的智能》,下文以此通称),其思想为极新,驾乎近时学者(诸说)之上。待孙夫人(宋庆龄)看完,我当寄来汝。汝可译之(成中文),亦可开中国学者之眼界也。③

这是孙中山写给儿子孙科的信。孙中山推荐的这本《细胞的智能》,④作者是美国人圭哇里(Nels Quevli),该书的内页里写着公认药剂师和法学士的名号,详细的个人简历未知。该人还另有一本个人出版的书(中文译名《酵素有知论》),⑤仅此而已,可说是一个无名之辈。孙中山从哪里知晓有这样一个人出版了这样一本书,无从查考,但这本书最终似乎没有交到孙科的手上,而是留在了

---

① 西医书院的校徽融合了象征中国的龙和英国皇家的徽章而设计。仅凭此,很容易让人判断这是出于强调中英提携的政治意图。但若说 1912 年改组为 University of Hong Kong 的香港大学的校训完全割断了与西医书院时代的传统,这也很难让人信服。尤其是考虑到西医书院创建的大功臣,香港大学甚至自称是其"baby"的何启的存在,应该认为新的校徽进一步发展了西医书院的建学精神,使之变得更加明确。
② 《孙中山全集》第一卷,中华书局 1981 年版,第 16 页。这封文书,一直以来被用作揭示当时孙文内部革命论与改良主义倾向并存,以及日后显露出的孙文思想的萌芽,在本稿中,笔者希望以解读孙文科学观这一新的视觉重新提出。
③ 《孙中山全集》第四卷,中华书局 1985 年版,第 489~490 页。该卷将 Cell Intelligence The Cause of Evolution 的作者标注为法国哲学家柏格森,很显然是错误的。
④ Nels Qaevli, Cell Intelligence: the Cause of Growth, Heredity and Instinctive Actionst Illustrating that the Cell is a Conscious, Intelligent Being, and, by Reason There of, Plans and Builds all Plants and Animalsin the Same Manner that Man Constructs Houses, Railroads and Other Structures (Minneapolis: The Colwell Press, 1916).
⑤ Nels Quevli, Enzyme Intelligence and Whence and Whither: Illustrating that Enzymes and Ferments are the Ultimate, Indestructible and Invisible Units of Life and are Conscious and Intelligence (Minneapolis: The Colwell Press, 1925).

上海的孙中山故居保存至今。①

《细胞的智能》,这个题目已经很怪,其副标题更是颇为少见的一段长文。因为很长,孙中山把它省略为 the Cause of Evolution(进化的原因)。整个副标题概括了全书大意。

细胞的智能:成长、遗传、本能行动的起因。所谓细胞,是有意识的、智能性的存在,正因如此,它设计、构成了万千动物植物。方法相同于人类建造房屋、铁道和其他建筑物。本书将举例论证这个事实。

圭哇里一方面承认生物进化的法则(物竞天择,适者生存),一方面反复强调进化不是偶然的产物(应该指的是突然变异与自然选择),是细胞的智能(存储记忆,根据明确的目的做出判断并行动的能力)发挥作用的结果。只要利用显微镜,就可以看到所有的动植物都是带智能的细胞的共同体,而各个细胞的功能,无论是单细胞生物还是多细胞生物,都没有什么不同。作这番论述的圭哇里本人,虽然以现代的科学水准无法回答细胞及其智能是如何发生的这种问题,但是智能的存在是可以明确证实的。由此他得以断言不能把细胞与无机或化学物质相等同。圭哇里把显微镜下观察到的细胞生态的详细情况作为自身学说之科学依据而经常加以引证,这一点需要注意。他的这个着眼点,对于从西医书院时期就已经熟悉了显微镜下之大千世界的孙中山来说,绝对带有启迪性。

本稿暂且搁置圭哇里的细胞与人类拥有同等智能这一说法的对错与否,而希望在此关注孙中山受到该书感染后如何解释这一学说的。前面那封信发表次年,《孙文学说》公开出版,圭哇里的学说在这本论著中,被冠以"生元"说再论。

> 生物之元子,学者多译之为"细胞",而作者今特创名之曰"生元",盖取生物原始之意也。生元者何物也?曰:其为物也,精矣、微矣、神矣、妙矣,不可思议者矣!按今日科学所能窥者,则生元之为物也,乃有知觉灵明者也,乃有动作思为者也,乃有主意计划者也。(……)自圭哇里氏发明"生元有知"之理而后,则前时之哲学家所不能明者,科学家所不能解者,进化论所不能通者,心理学所不能道者,今皆可由此而豁然贯通,另辟一新天地为学

---

① 上海孙中山故居管理处、日本孙文研究会合编:《上海孙中山故居藏书目录》,(东京)汲古书院1993年版,第86页。

问之试验场矣。①（着重点为笔者所加）

接着"生元之构造人类及万物也,亦犹乎人类之构造屋宇、舟车、城市、桥梁等物也；空中之飞鸟,即生元所造之飞行机也,水中之鳞介,即生元所造之潜航艇也"②一句,也让人想起前文提到的副标题。

那么,为什么孙中山需要创造出"生元"这个词呢？"元"是指"本源",亦指"第一位的事物"。孙中山用"生元"这一生词代替实体语感强的"细胞",应该是意在突出个体细胞的生命重要性。这里可以看出孙中山科学哲学的第一个特质。③

如圭哇里所述,"生元"是生物进化的起因。孙中山在这个认识的基础上更进一步,把"生元"定位于包含了无生物在内的世界进化的整个历史过程中。他把世界进化区分为三个时期。第一物质进化之时期（地球在宇宙中形成"生元"出现之前）,第二物种进化之时期（"生元"出现,进化成人类之前）,第三人类进化之时期（人类遵循相互扶持的原则完成人类进化目的）。④ 在这里,"生元"成为"物种进化"过程中,遵循生存法则由低级到高级进化的存在。按这个说法,即便"生元"自身各有智能,也无关于重要的"人类进化"过程。

不过,正如所见,圭哇里是把细胞的活动比作人类的行动,从而展开论述的,孙中山也基本上继承了他的这一观点。假若将"细胞的复合体构成共同体或者细胞共和国"⑤这一短句中的"细胞"置换成"人",那么"以人作'生元'的巨大的生命体就是社会（或国家）"这一类推自然成立。所谓生物的进化,无非是生命体成为多个"生元"的集合体；各个"生元"的活动逐渐分化的过程。在已进化为最高级生命体内,"探知生元""传播生元""劳动生元"分别发挥不同的作用,用以保

---

① 《孙中山全集》第六卷对"圭哇里"没有标注(163 页)。《孙文选集》上册(广东人民出版社 2006 年版)将"圭哇里"标注为"Alexis Carrel,今译卡雷尔,法国人"(8 页),已于 2007 年装订的勘误表中订正。就圭哇里的注释来说,很早就开始利用上海孙中山故居藏书目录进行研究的姜义华曾经明确指出,虽然一直以来存在着把"圭哇里"认为是"法国人外科医生卡里尔(原文)一说,但是准确应为圭哇里,其著作《细胞的智能》现在故居藏书中"(姜义华：《大道之行——孙中山思想发微》,广东人民出版社 1996 年版,第 336 页)。
② 《孙中山全集》第六卷,中华书局 1985 年 3 月版,第 163 页。
③ 张汉静认为,"'生元'说是孙中山唯物主义进化论思想的重要内容之一","生元"是构成有机体的物质实体(前引张汉静书,第 39~42 页)。本稿没有采用将"生元"限定为物质实体的立场。姜义华评价圭哇里的著作是"法国生命哲学思潮的产物,利用细胞学的成就,将细胞与传统的活力论或物活论结合起来,提出细胞具有智能的论点"。但是,圭哇里本身将自己的学说定位于科学学说,并没有向哲学书刊寻求论据。此外,姜义华还立论"孙中山借助《细胞的智能》,并结合以孟子的'良知良能',强调'生元之知,生元之能',这是对叔本华、柏格森、倭铿生命哲学新的补充"(前引姜义华书,第 336 页)。
④ 《孙中山全集》第六卷,中华书局 1985 年版,第 195~196 页。
⑤ Quevli, Cell Intelligence, p.444.

持最理想的和谐状态。将之应用于社会进化,就形成了孙中山对人类进化的解释。

在《孙文学说》里,人类进化的时期被划分为"从草昧进文明不知而行时期""由文明再进文明之行而后知时期""自然科学发明以后之知而后行时期"。① 伴随着这种进化,作为社会"生元"的人,分化为"先知先觉"(发明家)"后知后觉"(鼓吹家)"不知不觉"(实行家)。因而为实现社会的高度进化,这三种"生元"须相互发挥所必需的作用。至此,孙中山所描绘的理想社会的建设路程通过"生元"说和进化的逻辑才得以被证明为正确的。把"生元"说与进化论,尤其是和社会进化论相结合,这是孙中山科学哲学的第二个特质。

这里希望特别注意的是上述三种"生元"可以社会机能分化的形态而把握。圭哇里称由多个细胞组成的"共和国"整体的福利是通过各个细胞的牺牲与履行任务而实现的,另一方面他亦强调高级生物所拥有的脑细胞、神经细胞、运动细胞这类机能分化了的细胞分别拥有各自的智能。也就是说他承认由系统中央、末端的"控制"关系所形成的生命的统一,但是不承认上、下的"支配"关系。② 从圭哇里的细胞论得到启发的孙中山的"生元"说,很难被看作是把社会上的等级绝对化了的学说。

如上所述,对孙中山来说,进化论是科学掌握从宇宙诞生到形成人类这一终极目标为止这段历史的理论。若用现代的标准来评价这个学说,或许会认为其不过是一个粗糙的社会进化论。但我们不能忘记,当时大多数的科学家都有这个愿望,希望用认为是科学理论的进化论来综观万物历史。此例可举以一元论而闻名遐迩的德国生物学家海克尔(Ernst Haeckel)。孙中山留下的藏书,暗示了海克尔对他知识方面影响巨大。藏书中的海克尔专著中除了有其代表作《宇宙之谜》《自然创造史》以外,还有《永远》的英译本。③ 据曾对孙中山在上海藏书做过全部调查的中村哲夫教授称,孙中山本身没有在书上写画的习惯,却很罕见地在《自然创造史》第1卷上留下了悉心研读过的痕迹。

海克尔学说的最大特征就是其综合性。从医学研究转而海洋生物研究的他,并不满足局限在生物学的专业框架内,他把创立包括自然科学及哲学在内的

---

① 《孙中山全集》第六卷,中华书局1985年版,第199~200页。
② Quevli, Cell Intelligence, pp.163, 193.
③ 《上海孙中山故居藏书目录》中收录的海克尔著作有以下3种(4册)。*The Riddle of the Universe*; *Eternity: world war thoughts on life and death, religion, and theory of evolution*; *The History of Creation*, Vol.1&2.

自然哲学制定为自己毕生的目标。按照海克尔的一元论，无机界、有机界、精神界所有的实际存在，都将被还原成最基础的物质、原子，遵循"物质不灭及能量守恒"原则。证明了这一学说的就是最高自然法则进化论。他的一元论世界观给了孙中山思想上的极大鼓舞。虽然海克尔因其挑衅性的论调和逻辑上的跳跃，在当时多被批判为过于流俗，[1]但正是它的这种流俗性，在欧美的所谓大众科学（Popular Science）的论坛上赢得极大的影响力。可以说他的影响也触动了孙中山。[2]

但孙中山并不是对海克尔的进化论照葫芦画瓢全盘接受。海克尔倡导的进化论，包含了遗传、顺应（变异）和生存竞争三个要素，不含任何目的论性质。[3]对于宗教、道德等问题，他也是彻底排除唯心论，主张即便是人类社会合乎伦理的生活也不是依靠适用宗教的唯心论而是因为使用纯粹自然法则的进化论而实现的。对此，孙中山认为，到生物进化时期为止，生存竞争和自然淘汰法则是适用的，但是同时他也认为，人类进化的原则是相互扶持。人类进化的目的在于"天下为公"，这也是基督教中"神的旨意"的体现。[4]

"生元"存在的发现，让孙中山开始尝试构建一个科学哲学，目的是依照进化的路程，发挥作为社会"生元"的人的多样的生。他的"生元"说，以自己曾经作为医生直面生死问题的实际体验为背景，带有与其他同为社会有机体说和社会进化论完全不同的切身体会。归根结底，这个学说属为人类而作的学说，终将受到以人类社会的幸福作为终极乃至最高目的这一设定的制约。但是，科学原来的模样，即将人类"生命整体"付诸实践的社会科学，恐怕追求它的不仅仅是后来的中国和孙中山了。

# 结　　论

本稿所提及的"生元"说，远非属于现代所讲的生物学领域，其主张是使"生元"所构成的生命和谐，并实现其在国家范畴的应用。这个宏大的议论成立的前

---

[1] 丘浅次郎：《进化论讲话》（下），（东京）讲谈社 1976 年版，第 89～92 页。
[2] 圭哇里也称海克尔为"伟大的德国生物学家"，高度评价了他发现生物内细胞的作用这一功绩。在《细胞的智能》这本书中，海克尔的名字不断被提及，但是对于他有关细胞的行动和进化无非是一种机械性、化学性的现象这一言论却进行了全面的否定(Quevli, *Cell Intelligencet*, pp.108, 155)。
[3] 海克尔著，后藤格次译：《生命の不可思議》下卷，（东京）岩波书店 1928 年版，第 383 页。
[4] 《孙中山全集》第六卷，中华书局 1985 年版，第 196 页。

提是肯定了所有动植物本身的细胞各自拥有智能的圭哇里的学说。对于圭哇里学说本身的评价，笔者在前文已经表明保留态度，谨做部分补充考察以作结语。

《细胞的智能》出版一年以后，美国遗传学协会（American Genetic Association）的会报刊登了以下一篇书评。①

> 细胞的所有行动都是出于自身的智能，圭哇里的这个想法或许是正确的。但是若用细胞的智能来解释它的行动，就无法得出更进一步的结论。问题就不再存在了。但是，科学不会满足这样的结果。也就是说，科学这个东西，是在丰富的实践事实中被发现的，这类的研究，在别除所有智能等想法后，才会获得最为有效地实行。那时，细胞的行动就会被看作物质属性的体现来研究。

由此可以判断，即便是按当时的水平，圭哇里著作的科学合理性（以实证性与合理性作为评判标准）也没有被承认。再说，圭哇里本身并不是一个专业的科学家。当然孙中山尽管修完了西方医学课程，他也不是一个专业的科学家，这已无需再言了。不过在圭哇里和孙中山所生活的 19 世纪末到 20 世纪初，以意为"知识"的拉丁语 scientia 为语源的 science 正逐渐变为自然科学这一特定学术领域的代名词。Scientist，特指"以职业角度来说，是指专门从事研究小范围知识领域的人"单词的诞生，并逐渐在学术制度中扎根也是在这一时期。② 按这个定义，他们两个人一无学位，二没有在任何学会留下记录，是不能被称为科学家（scientist）的，他们的学说用"科学哲学"来表达亦会有异议。对于这一问题，该书评中亦暗藏答案。

> 为了实现研究目的，科学必须保持机械论（mechanistic）性质。但与此同时，不能忘记机械论的视角容易只看到进化的一个侧面。智能这一词语，因其在物理、化学等术语中作同样使用，所以从哲学的角度也是可以综观宇宙整体的。

圭哇里的学说，一方面受到了来自科学角度的猛烈抨击，另一方面它为科学与哲学即自然科学与人文科学之间搭起了一座桥梁，为我们解决今天所面临的难题提示了可能性，这一点是得到承认了的。置身近代科学学术范围之外的圭

---

① "Cell Intelligence the Cause of Evolution (Review of a Book by Nels Quevli)," *The Journal of Heredity*, Vol. IX, No. 2, February, 1918, p. 76.

② 村上阳一郎：《"科学"の诞生》，《现代思想》第 21 卷第 1 号，1993 年 1 月，第 8～17 页。Science 泛指广义的知识概念，包含"热爱追求科学知识"，若加上表示特定领域专家的尾语 ist 就变成了 scientist，该词象征了近代欧洲科学史。

哇里，由此而从科学的主流掬到了溢出的那部分，并设想出了一个总括性的知识体系。这一点也完全适用于孙中山。香港大学的精神——把"明德格物"看作"睿智与美德"（wisdom and virtue），谋求人文科学与自然科学，或者东方与西方的和谐，这就是曾置身于该校摇篮期的孙中山之科学观的原点。

科学哲学，不是单纯以科学为考察对象的哲学（科学的哲学），也不是标榜科学性的哲学（科学性哲学）诸如此类局限于狭义规定的框架之内的哲学。[①] 若是把科学看作是人类认识活动的一个形态，把与科学有关而发生的根本问题都作为认识对象，以此作为广义的科学哲学的话，那么圭哇里、孙中山他们把科学成果（和自己所理解的）纳入为自己的生命观，追求综合人类与知识的视角的思想，亦足可称为科学哲学的了。从科学史正统角度来看类属异端的两个人的科学哲学的根本，是完全接受了生命中的神秘的"sense of wonder"[②]，由此而产生的力本说跨越了现存学术领域的力动性，在今天依然不失活力。

2006 年 12 月 9 日，作者曾参加在日本神户举行的纪念孙文诞辰 140 周年国际学术研讨会"孙文与南方熊楠——越境的知的对话"，并作了以《孙文与南方熊楠的科学哲学》为题的研究报告（登载论文集：日本孙文研究会编《孙文と南方熊楠》（日文），东京·汲古书院，2007 年；日本孙文研究会编《孙文与南方熊楠》（中文），神户：财团法人孙中山纪念会，2007 年）。在该研讨会上，作者得到了担任报告分组主席狭间直树、评论川岛昭夫、时任指导教授的中村哲夫等多位老师的宝贵意见。之后，作者又查找到有关内容的新的史料，因恰值有机会参加 2008 年 8 月由上海中山学社举办的"孙中山的《建国方略》国际学术研讨会"，于是将论点集中于"孙中山的科学哲学"一处，对原稿作了全面的改写。

由衷地感谢在"孙中山的《建国方略》国际学术研讨会"举办过程中来自马克烈、谢俊美、易惠莉等多位老师的关心、照顾，感谢他们对作者论文所提出的宝贵意见，并感谢提供这次发表机会给我的上海中山学社。

（原文载《近代中国》第 19 辑，
作者：武上真理子，日本孙文纪念馆研究员）

---

① 《哲学事典》，第 223～224 页。
② "sense of wonder"是美国的自然主义者，在保护自然的活动中也享有盛名的雷切尔·卡森（Rachel Louise Carson）遗稿之名。佐仓统试图运用进化论在现代人类与科学之间搭建一座桥梁，他对科学所证明了的大自然态度谦和，因此非常重视"sense of wonder"（佐仓统：《进化论という考えかた》，[东京]讲谈社 2002 年版，第 186～193 页）。

# 章太炎与孙中山的政见分歧

华 强

辛亥革命时期,社会公认的领袖有3位:政治领袖孙中山,军事领袖黄兴,宣传领袖章太炎。从革命的鼓吹和宣传方面说,章太炎功莫大焉。在1906年至1907年前,3位领袖之间患难与共、精诚团结,此后发生一系列矛盾和分歧,其矛盾和分歧主要在章太炎与孙中山之间、章太炎与黄兴之间,实际上反映了光复会与兴中会、光复会与华兴会之间的矛盾。孙中山与黄兴之间虽有矛盾,但相对较为缓和。

## 一、章太炎与孙中山分歧的起因

1906年6月29日,章太炎步出上海西牢,第三次流亡日本。到日本以后,章太炎与孙中山过从甚密,几乎每天都要到孙中山寓所,黄兴也每每不约而同,3人一起讨论研究国情,情如兄弟。在此期间,章太炎与孙中山、黄兴等共同制定了同盟会的《革命方略》,其中包括《军政府宣言》《军队之编制》等14份重要文件。就在国内革命形势如火如荼的时候,中国同盟会内部出现了裂痕,矛盾的起因是经费问题。

这一年,清政府致函日本西园寺公望内阁,请求驱逐孙中山出境,并开除39名中国留日学生。按照日本政府当时的法律,政治犯是不能驱逐出境的。因为清政府的一再要求,加上日本政府当局也不赞同孙中山在日本从事革命活动,但日本政府预感孙中山未来事业可能有成,粗暴地驱逐孙中山不妥,决定礼送孙中山出境。宴会上,山西乔君、宫崎寅藏代表日本政府外务省向孙中山赠送程仪(路费)5 000元,一个名叫铃木久五郎的日本股票商亦赠款10 000元。孙中山因为革命活动亟须经费,便悉数收下。孙中山从捐款中拨付2 000元充作《民报》经费,开支告别宴会费用1 000元,余款12 000元由孙中山随身携带,作为在越南发动革命的经费。当时,日本股票商的赠款10 000元是公开的,日本政府馈赠的 5 000 元只有少数几个人知道。宴会的第二天，孙中山与汪精卫、胡汉民匆匆离开日本，前往南洋①。

孙中山离开日本后，章太炎、张继、宋教仁、谭人凤等知道了日本政府馈赠孙 5 000 元内情，于是在同盟会内部掀起了一场波澜。章太炎作为《民报》的主编，一直为经费捉襟见肘而发愁。如今孙中山得款 15 000 元，而仅拨付《民报》2 000 元，他觉得太少，于是提议解除孙中山同盟会总理的职务，得到了张继等人的附和。章太炎一怒之下，将《民报》悬挂的孙中山相片取下，在相片上挥笔写了"卖《民报》之孙文应即撤去"10 个大字。章太炎还不解恨，他要让孙中山知道章太炎对他的指责和不满，于是将相片直接寄给孙中山。

1907 年 5 月至 6 月，孙中山先后领导了潮州黄冈起义和惠州七女湖起义，但均以失败而告终。消息传到东京，为同盟会内部的倒孙风潮点了一把火。孙中山离开日本后，同盟会由庶务干事刘揆一代行总理职权。章太炎、张继、刘师培等获悉起义失败消息后，敦促刘揆一立即召开同盟会总部会议。关于会议内容，章太炎等公开宣布有三：

一是罢免孙中山总理职务；

二是推举黄兴担任总理一职；

三是改组同盟会总部，推荐日本人北辉次郎和和田三郎为同盟会总部干事。

刘揆一不同意召开同盟会总部会议，更不同意罢免孙中山。他一再向章太炎、张继等人解释，称孙中山接受日本政府拨款是因为国内举行起义急缺资金，因情况紧急，来不及提交同盟会总部讨论，绝对不是什么"受贿"，希望大家消除误会，精诚团结。章太炎、张继等听不进刘揆一的解释，张继甚至为此与刘揆一不惜以老拳相见。

正当刘揆一一筹莫展的时候，同盟会总部收到了黄兴的一封信。黄兴对同盟会内部的分裂了如指掌，对此表示痛心。他在信中告诉大家，他此时正与孙中山策划一次新的起义。起义需要获得资金的支撑，孙中山出于公心，并没有被日本政府收买。黄兴语重心长地说："革命为党众生死问题，而非个人名位问题。孙总理德高望重，诸君如求革命得有成功，乞勿误会而倾心拥护，且免陷兴于不义。"②黄兴的来信，使同盟会总部的多数人对孙中山尽释前嫌，张继主动表示认

---

① 汪东：《辛亥革命前后片断回忆》，苏州文史资料研究会编《文史资料选辑》总第 6 辑，第 36～37 页。
② 刘揆一：《黄兴传记》，中国近代史资料丛刊《辛亥革命》第四册，上海人民出版社 2000 年版，第 289 页。

错,只有章太炎不改初衷。不管章太炎的态度如何,同盟会总部倒孙风潮总算告一段落。

倒孙风潮稍稍平息,不料又发生所谓"泄密"事件。"泄密"事件的经过是这样的:

1906年12月,同盟会发动了萍浏醴起义,起义以失败告终。孙中山密切关注形势,准备东山再起。1907年年初,广东钦州发生民众抗捐运动,孙中山决定趁势发动起义,派人到日本购买一批武器。经办人通过宫崎寅藏的关系购买了一批日本军队淘汰的旧武器,计有村田式快枪2 000支,每支枪配弹600发;短枪30支,配子弹若干;另购军刀若干。由于中日两国当时军事力量的差距,村田式快枪在日本虽然已经属于落后枪械,在中国却属于较好的武器。武器装运上船后,按计划驶往中国南海。

章太炎对孙中山购买武器之事并不知情。有一天,有两位日本友人造访,十分神秘地将孙中山购买武器的事情告诉章太炎和宋教仁,并对章、宋两人说,这些武器属于明治十八式,都是日本军队的淘汰货,根本不堪使用。章太炎和宋教仁一听,立即派人打听这些武器的来龙去脉,得知两位日本友人所述皆是事实,而装运这批武器的船只已经离开日本。

章太炎与宋教仁商量,认为孙中山一定是不知内情。这批淘汰的旧武器一旦运到国内,将白白断送无数同志们的生命。为了不让同志们作无谓的牺牲,章太炎、宋教仁两人决定破坏这个计划。

章太炎决定用明码给香港的《中国日报》发一个电报,让事情曝光。香港《中国日报》果然接到了来自日本东京的明码电报:"械劣难用,请停止另购。"章太炎的这个电报等于将孙中山购买武器之事公之于众,孙中山得知事情真相后,极为恼怒,认为章太炎、宋教仁是"泄漏机密,破坏戎机"①。因为"泄密"事件,同盟会内部的裂痕实际上更深了。如果说《民报》经费问题主要是章太炎对孙中山的不满,而"泄密"事件则主要是孙中山对章太炎的不满。

"泄密"事件以后,同盟会发生了很大变化。一是孙中山出于对同盟会总部和《民报》的不信任,此后将他工作的重点转移至南洋,有意无意地冷落了同盟会总部及《民报》。孙中山此后发动黄冈、河口等一系列起义,没有再使用同盟会名义。二是孙中山对章太炎和《民报》有了成见。

---

① 冯自由:《吊章太炎先生》,《制言》第25期。

孙中山是中国民族民主革命的一面旗帜,黄兴与孙中山在越南等地一直策划起义等诸事宜。在孙中山的感召下,胡汉民、汪精卫、朱执信等先后由日本到达南洋。不久,张继离开日本远赴欧洲。这么一来,东京的同盟会总部所剩骨干已寥寥无几。

由于缺乏经费,《民报》陷入困境,摇摇欲坠,生活非常拮据,章太炎与同仁不得不以盐笃饭为食。所谓盐笃饭,乃浙江方言,即桌上放一小碟盐水,用筷子蘸着盐水下饭。最困难的时候,甚至连盐笃饭也吃不上,到了"寓庐至数月不举火,日以百钱市麦饼以自度"[①]的地步。章太炎向孙中山求援,又是写信又是发电报,却始终未见回音。

革命营垒内部发生分歧,《民报》难以为继,自己身无分文,沉湎于佛学之中的章太炎竟忽然萌发到印度当和尚的奇怪念头。章太炎连写5封信,向清政府大臣端方求援,谋取资斧。此事虽未成功,但影响极坏:一是章太炎为了一己私利,竟向革命党人的敌人谋取金钱;二是章太炎谋取金钱的目的不是为了革命事业,而是为了脱离革命,逃避现实。无论如何,这是章太炎身上抹不掉的一个污点。

1908年7月,日本组成新一届内阁,日本政府为了示好清政府,下令封闭《民报》。东京警视厅向章太炎宣读了封闭《民报》的命令,没收了编辑部未发行的第24号《民报》。章太炎与黄兴、宋教仁等讨论《民报》的存废问题。大家一致意见,在《民报》查封令未取消前,《民报》可以暂时迁移到第三国出版。

《民报》被查封后,《民报》社的茶壶被人投毒,先后有两人出现中毒症状。东京警察厅派员到《民报》调查,黄兴说湖北张某有可疑之处。张某于是被警察拘留,因缺乏证据,一日后释放。张某哭诉于章太炎,章太炎听信一面之词,恼怒之下竟挥拳殴打黄兴。为区区小事,章太炎与战友竟不惜以老拳相见。

东京地方裁判所开庭对《民报》一案宣判如下:

一、《民报》禁止出版发行;

二、《民报》编辑人罚款50日元,发行人罚款50日元,《民报》发行所地址变更未及时申报罚款15日元。

由于章太炎既是编辑人又是发行人,合计对章太炎罚款115日元。章太炎不服判决,拒绝缴纳罚款。1909年3月3日,东京小石川警察署奉命将章太炎

---

① 《太炎先生行事记》,《章太炎》,上海三联书店1997年版,第48页。

拘留。检事厅命将章太炎押至劳役场所做工,每天工钱1日元,应服役115天。章太炎的学生闻讯后筹措经费应急,将罚款送到警察署,章太炎当天获释。

## 二、章、孙交恶导致同盟会分裂

从1907年到1908年,孙中山在中国南方先后策划了黄冈起义、惠州七女湖起义、防城起义、镇南关起义、钦廉上思起义和河口起义,6次起义均以失败而告终。同盟会在此期间好不容易筹集的经费被6次起义消耗殆尽,引起章太炎、宋教仁、陶成章等人的不满。

在起义的地点上,章太炎等与孙中山产生分歧。章太炎等认为,孙中山之所以一次次失败是因为选错了起义的地方。他们认为,起义可以选择在中国中部地区,例如长江流域,在这里发动起义可以影响到全国,对清政府的震撼也更大。孙中山当时选择南方,主要考虑到南方近海,便于得到海外武器和资金的支持。再则,南方会党活跃,是一支可以利用的力量。当陶成章为长江流域的革命活动在南洋募集资金时,受到了孙中山的阻挠。陶成章为此对孙中山很有意见,决心将孙中山拉下台。

根据同盟会的章程,同盟会总理一职应当4年换届。1909年8月,同盟会成立4周年,陶成章决定利用这个机会罢免孙中山总理一职。陶成章等人以川、广、湘、鄂、江、浙、闽七省同志的名义向同盟会提交《宣布孙文南洋一部之罪状致同盟总会书》,罗列了孙中山的"罪状"3款12项,诸如"残贼同志"、"蒙蔽同志"、借公肥私、攫取巨款等,要求罢免孙中山总理职务并将孙中山开除出同盟会。陶成章将这份孙中山的"罪状书"印制数百份,散发至南洋同盟会分部及一些报馆,同时面见黄兴,当面递交"罪状书",要求同盟会总部开会,遭到黄兴的拒绝。

对陶、章等人的无理要求,黄兴劝说无果,于是坚定地站在孙中山一边反击陶、章。在黄兴等人的策划下,香港《中国日报》、巴黎《新世纪》连篇累牍发表攻击章太炎和陶成章的文章。祸起萧墙,同盟会内部分裂了。

9月,陶成章等"罗列孙文罪状十二条,善后办法九条"。陶成章罗列的孙中山"罪状"主要为:

其一是"残贼同志",列河口起事等五事。特别指出,凡是反对孙中山的人,孙都诬为"反对党、保皇党或侦探",对陶成章就是。

其二是"蒙蔽同志",列南洋《中兴报》等三事。

其三是"败坏全体名誉",列四事。

陶成章所列孙中山罪状多为经济问题,最后提出"开除孙文总理之名,发表罪状,遍告海内外"①。在陶成章为要求罢免孙中山而积极活动的时候,东京发生了《民报》复刊的风波,一下子将同盟会内部的矛盾推向了社会。

在一次谋求《民报》如何生存的会上,章太炎因为对孙中山不满,竟当众宣布辞职,声言从此再不过问《民报》一切事务。章太炎突然甩手,《民报》无人主持。1909年秋,黄兴秘密邀请汪精卫到日本筹备《民报》复刊事宜。汪精卫绕开章太炎,先后编辑出版了2期《民报》,即第25号和第26号。为掩人耳目,《民报》总发行所印为:法国巴黎濮侣街4号,其实2期《民报》均在日本编辑印刷。从这件事情本身来看,《民报》秘密复刊是黄兴的决定,孙中山没有参与。《民报》是同盟会总部的机关报而不是私人报纸,在章太炎宣布不再过问《民报》的情况下,黄兴完全有权任命他人负责《民报》的复刊工作。

章太炎为《民报》付出过巨大心血,忽然获知《民报》已经复刊,而他这个主编却毫无所知,十分恼火。章太炎愤怒地称汪精卫编辑的《民报》为伪报,并撰写《伪〈民报〉检举状》一文,除在东京《日华新报》上刊登外,还印制成传单,寄往南洋、美洲同盟会分部及华侨聚居之地,同时在日本社会上广为散发。

章、孙交恶后,双方在日本、巴黎、新加坡、旧金山等地的中文报刊上发文,互相将污水泼向对方。章太炎在《伪〈民报〉检举状》一文里谴责孙中山"背本忘初,见危不振",称"《民报》被封,猝谋迁徙,移书告急,一切置若罔闻","忝为盟长,未有半铢之助"②。章太炎又谴责汪精卫"假托恢复之名,阴行欺诈之实"。同盟会内部的矛盾原来只是星星点点的传言,现在一下子推向了社会。保皇派的报纸如获至宝,将章太炎的《伪〈民报〉检举状》全文刊载在1909年11月6日的《南洋总汇新报》上,标题换作《章炳麟宣布孙文罪状书》,趁机对孙中山进行攻击。

孙中山见到章太炎公开攻击他的文章,十分气愤。孙中山说:"章太炎又发狂攻击,其所言之事较陶史为卑劣,真不足辩。陶之志犹在巨款不得乃行反噬,而章之欲则不过在数千不得乃以罪人。陶乃以同盟会为中国,而章则以民报社为中国,以民报之编辑为彼一人万世一系之帝统,故供应不周,则为莫大之罪。民报复刊,不以彼为编辑,则为伪民报。"③孙中山对章太炎的批评是完全正确

---

① 魏兰:《陶焕卿先生行状》,《辛亥革命浙江史料选辑》,浙江人民出版社1981年版,第343页。
② 章太炎:《伪〈民报〉检举状》,《南洋总汇新报》1909年11月6日。
③ 孙中山:《复吴稚晖函》,《孙中山全集》第一卷,中华书局1981年版,第428页。

的。《民报》不是章太炎的私人报纸,章宣布退出《民报》,黄兴指派汪精卫恢复《民报》,章无可指责。

对于革命营垒的分裂,孙中山十分痛心。他说:"吾党已成内乱之势,人心如此,真革命之前途大不幸也。"①面对陶成章、章太炎等人的攻击,孙中山觉得不能继续保持沉默。他致函吴稚晖,叙述《民报》前后情况并列收入开支情况,请吴出面撰写文章,驳斥陶、章两人。

在同盟会面临分裂的情况下,黄兴发表《致美洲各埠中文日报同志书》,声明章太炎、陶成章发往南洋、美洲各地的所谓"公函"并不代表同盟会总部的意见,盖因有奸细从中挑拨离间,劝告大家置之不理。黄兴还给予章太炎以致命一击:公布了章太炎于1907年年底为向端方借钱致刘师培夫妇的5封信,称章太炎已经成为清政府的"侦探"。

在这一场因《民报》而引发的内讧中,交战双方没有赢家,而章太炎受伤更大。章太炎自己应当检讨的是,他缺乏政治洞察力,在政治问题上显得有一些童真。章太炎向张之洞、端方借钱均与革命无涉。苍蝇不叮无缝的蛋,章太炎没有洁身自好,是受到攻击的原因之一。

黄兴、吴稚晖、何震等一系列文章发表,特别是章太炎托刘师培给端方的5封信公布于众,同盟会内部事态更加混乱。许多不明真相的人认为章太炎是清政府的"侦探"、同盟会的"奸细""内奸"。

陶成章、章太炎攻击孙中山拥有巨额资产,南洋同盟会到孙中山的故乡进行了调查,发现孙中山在故乡除数间旧屋外,别无他产,陶成章、章太炎等攻击孙中山"借公肥私、攫取巨款"等罪名不攻自破。10月下旬,孙中山致函吴稚晖,对陶成章重点攻击的经济问题作了一些解释。吴稚晖在《新世纪》115号发文为孙中山作了若干澄清。

章、孙交恶,导致同盟会分裂。1910年2月,光复会宣告重新成立。说到光复会成立的原因,陶成章十分平淡地解释说:"逸仙难与图事,吾辈主张光复,本在江上,事亦在同盟会先,曷分设光复会?"②章太炎与陶成章决定脱离同盟会,重新建立光复会。

1910年2月,光复会在日本东京宣告重新成立。光复会起初成立于1904年11月,会长为蔡元培,总部设上海。新成立的光复会决定总部设在东京,章太

---

① 孙中山:《致王子匡函》,《孙中山全集》第一卷,中华书局1981年版,第418页。
② 《太炎先生自定年谱》,宣统元年,上海书店1986年影印本。

炎任会长，陶成章任副会长。章太炎虽名列会长，但是一个虚名，实权掌握在陶成章、李燮和等人手里。光复会创办了一份杂志，名《教育今语杂志》，作为机关刊物。光复会的重建，标志中国同盟会的分裂。此前，因为同盟会内部的矛盾，孙中山将南洋、美洲等地的同盟会改组为中华革命党，中国同盟会已经一分为二。光复会重建，同盟会一分为三。到1911年夏，宋教仁等在上海组织中部同盟会，同盟会一分为四。

吴玉章觉得革命派内部的分裂，孙中山没有过错，而章太炎也可以原谅，于是设法弥补，他把从四川留日学生中捐到的钱交与章太炎去维持《民报》。章太炎感动地说："同盟会中只有四川人才是好的，才靠得住。"章太炎的一番话虽然是对四川同盟会的夸奖，但吴玉章认为章太炎的门户之见太深了。

在革命的洪流中，章太炎、陶成章等曾经加入同盟会，但并没有脱离光复会。"1905年（乙未），同盟会在东京成立。光复会陶成章、章炳麟、蔡元培等参加了同盟会。有人认为光复会已并入同盟会，这种说法是不符合史实的。如秋瑾先参加同盟会，后又加入光复会，可证明国内仍照光复会宗旨，进行革命活动，也极少参加同盟会者。"[1]因此，章太炎、陶成章等既是同盟会会员，也是光复会成员，一身二任。从他们后来的活动看，章太炎、陶成章基本上是以同盟会成员出现的。

革命党人内部以孙中山、黄兴等为一方，章太炎、陶成章等为另一方，在共同革命的道路上因为政治思想、斗争策略逐渐产生分歧，最终分道扬镳。

## 三、章、孙政见分歧之分析

中国同盟会成立之初就是一个十分松散的组织，其组织成员主要有兴中会、华兴会和光复会。孙中山是兴中会会长，黄兴是华兴会会长，章太炎是光复会副会长。章太炎与孙中山在推翻满清、建立民国的大政方针上完全一致，在革命的具体措施、策略上出现分歧。章太炎与孙中山、黄兴的隔阂主要涉及《民报》经费、《民报》的停刊与复刊、起义地点和革命策略、武器采购等。由于敌人的挑拨和煽动，章、孙之间的分歧既有误会，也夹杂了宗派观念和地方主义，以致双方不惜人身攻击，使亲者痛、仇者快。章太炎由于禀性耿直、脾气暴躁，应当负主要责

---

[1] 沈飞民：《记光复会二三事》，苏州文史资料研究委员会编《文史资料选辑》总第六辑，第53页。

任。关于章、孙分歧的责任问题,章太炎的第三代在回忆文章中说,如果一定要分的话,我以为先祖父太炎先生应承担多一些。

光复会与同盟会离合不一,但两会"宗旨固无大异,皆以种族革命为务,特民生之说殊耳"①。同盟会与光复会政见分歧之一是民生问题。在民生问题上,不仅同盟会与光复会有分歧,即使在同盟会内部也有分歧,光复会内部也有分歧。孙中山曾经述及与光复会的分歧,在《致陈炯明及同盟会电文》中说:"两党宗旨,初无大异,特民生之说殊耳。"光复会与同盟会之间的分歧其实一点也不奇怪。早在同盟会成立的时候,革命派内部就发生了党纲之争。在同盟会的定名问题、宗旨问题等方面均出现不同意见。

光复会成员沈瓞民分析章、孙政见分歧说:"主要分歧,反映在光复会方面的是,光复会主张宣传革命之外,主要在于革命的力行和实践,认为用暴力取得政权后,才能实现民主政治。因此,光复会自始至终,从领导人陶成章起,深入各地,打进基层,实行武装革命,从不少懈。而同盟会,虽也重视武装革命,但领导人居国外时间多,宣传也就多于力行。光复会对这点意见较深。两者分歧点在此。徐锡麟就义时尚言:'我与孙文宗旨不同。'就是指此而言。""光复会坚持由'鼓吹'而趋向'力行',就是重视武装革命。自癸卯至辛亥之间,没有一年,没有一月,不进行武装革命。"②

沈瓞民分析认为,光复会对同盟会的意见在于同盟会方面宣传多于力行,光复会则力行多于宣传。光复会的看法显然有偏见,同盟会前后领导发动的起义有10次之多,虽然均归于失败,但全面评价一个政党,不能以成败论英雄。光复会对同盟会真正有气的地方在于光复会比同盟会付出了更多的牺牲。如广州黄花岗一役,著名的72烈士中,光复会人数超过同盟会人数,这一批光复会会员是陶成章招募来的。然而仅仅一役,光复会精英几乎损失殆尽,令陶成章、章太炎痛心疾首。光复会认为,孙中山、黄兴等多居于国外,未与光复会同甘共苦,其实此亦为形势所逼。孙中山、黄兴领导一次又一次起义,名声在外,屡屡遭清政府通缉,迫使他们不得不以海外作为革命的策源地。再者,革命需要经费,海外华侨支持孙中山的革命,在海外募集经费比国内募集的渠道更宽广一些,机会更多一些,这都是不争的事实。

章、孙分道扬镳后,孙中山表现出革命大家的风度。辛亥革命胜利后,孙中

---

① 章太炎:《光复军志》,《检论》卷九,浙江图书馆刊本。
② 沈瓞民:《记光复会二三事》,苏州文史资料研究委员会编《文史资料选辑》总第六辑,第54页。

山在考虑入阁人选时,提到章太炎。他说:"至于太炎君等,则不过偶于友谊小嫌,决不能与反对民国者作比例。"关于同盟会和光复会的关系问题,孙中山指出,"同盟、光复二会,在昔同为革命党的团体","两会欣戴宗国,同仇建虏,非只良友,有如弟昆。纵前兹一二首领政见稍殊,初无关于全株"。光复会虽然独立,孙中山仍然认为同盟会与光复会"非只良友,有如弟昆"。

章太炎与孙中山分道扬镳后却表现为小肚鸡肠,经常与孙中山唱反调。革命党推举孙中山担任南京临时政府大总统,他说:"孙君长于议论,此盖元老之才,不应屈之以任职事。"① 表面上推崇孙中山,实际上不同意孙中山担任临时大总统。南京临时政府成立后,他一再指责临时政府说:"南京政府既设,一党专制,惟务阿谀,毂转云旋,今又复于清时旧贯。"②"南京政府既成,任用非人,便佞在位,私鬻国产,侵牟万民,无一事足以对天下者。"③

革命营垒的破裂,严格来说,两派都负有一定责任,但章太炎、陶成章应负主要责任。章太炎、陶成章受无政府主义思潮的影响,曾经大力鼓吹过无政府主义。他们对孙中山的指责,经过南洋同盟会的调查,证明多为不实之词。在革命处于低潮的时候,章太炎一度消沉,甚至要远走印度当和尚,并且向革命党人的敌人谋求资斧。革命党人彼此之间的争斗消耗了革命力量,给予保皇派以攻击的口实,是令人痛心的。但是,光复会虽然另立山头,并没有改变反清斗争的宗旨。就反清斗争而言,同盟会、光复会仍然是同一个战壕里的战友。

1912年1月14日清晨,陶成章在上海法租界的广慈医院遭陈其美派遣的王竹卿暗杀。章太炎与陶成章相交相知,关系密切。

让章太炎难以接受的是,陶成章没有死于清政府之手,而是死于革命党之手。陶成章是中国民族民主革命的一员战将,他是清政府的宿敌,却不幸成为少数革命党人忌恨的对象。

陈其美是孙中山的亲信,章因此迁怒于孙。章太炎曾经写信给孙中山,请孙中山制止各地对光复会的迫害。未久,广东都督陈炯明下令杀害光复会的3位重要成员许雪秋、陈云生、梁金鳌。陈炯明是孙中山一直倚重的将领,章太炎对孙更加恼怒。

孙中山发动二次革命的枪炮声在南方隐隐作响的时候,章太炎在上海正在

---

① 《宣言》,《民国报》第2号,1911年1月4日。
② 《参议员论》1912年2月,《章太炎政论选集》,中华书局1977年版,第572、573页。
③ 《消弭党争书二》,《太炎最近文录》,上海国学书室1915年。

度蜜月。蜜月方结束,即传来二次革命失败的消息。他对"二次革命"的对象袁世凯已经完全不信任,但"二次革命"的迅速失败,使他对孙中山也不信任。他认为"二次革命"的领导者"非其人",甚至认为袁世凯与孙中山是一丘之貉。

章太炎新婚后一个多月只身北上,身陷袁世凯囹圄。袁世凯死后,章太炎获释,在家中"未住满一月,又去西南和南洋争取革命力量,一去又近半年"①。章、孙虽然交恶,然在民族大义面前,两人均不计前嫌,一如既往。当孙中山在上海寓所密议护法运动时,年过半百、刚刚添丁的章太炎积极参与其事。1917年7月6日,章太炎随孙中山南下广州,组织护法军政府。章太炎在广州发表谈话说:"余此次与孙中山来粤,即欲切实结合多数有力者,大起护法之师,扫荡群逆。凡乱法者必诛,违法者必逐。然后真正共和之国家,始得成立。""余此次随孙先生来粤,所抱之希望颇大。简言之,即切实结合西南各省,扫除妖孽,新组一真正共和国家。"他指出:"今日救亡之策,即在护法,护法即先讨逆。"②25日,南下议员150多人齐集广州召开了"非常国会"。会议决定成立军政府并通过军政府组织大纲,推选孙中山为大元帅。9月10日,孙中山宣誓就职。章太炎被推选为军政府秘书长,代孙中山起草了《大元帅就职宣言》。《宣言》表示要"恢复约法""与天下共击废总统者"③。

章太炎追随孙中山参与的护法运动最后陷于失败,章对此进行了反思。章觉得孙中山提出的"护法"口号有一定缺陷,口号应当鼓舞人心、顺从民意,"国会本非民心所向,以法律为出师之名,响应自寡"。④ 护法的目标是恢复国会、恢复《约法》,军阀混战下的中国百姓挣扎在死亡线上,他们最关心的是如何果腹,如何避寒。护法运动依靠的是南方军阀,广大人民只作壁上观。没有人民的支持,护法运动如何不失败?

章太炎在上海《时报》发表了一篇文章,历述西南之行与陆荣廷、唐继尧等军阀周旋的前前后后。他指出,"广西不过欲得湖南,云南不过欲得四川,借护法之虚名,以收蚕食鹰攫之实效",最后断言:"西南与北方者,一丘之貉而已。"⑤总结护法运动失败的教训,章太炎得出与孙中山一样的结论。

---

① 章导:《忆辛亥革命前后先父章太炎若干事》,《追忆章太炎》,生活·读书·新知三联书店2009年版,第105页。
② 《章太炎之讨逆解》,《时报》1917年7月28日。
③ 《中华新报》1917年9月16日。
④ 章太炎:《致刘英书》,见朱维铮、姜义华《章太炎选集》,上海人民出版社1981年版,第607页。
⑤ 《章太炎对于西南之言论》,《时报》1918年12月2日。

孙中山与章太炎一度交恶,但是在革命大义面前,两人肩并肩地在一个战壕里对敌人冲锋陷阵。孙中山以革命家的胸怀包容章太炎,他对章太炎的革命豪举一直十分欣赏。章太炎对孙中山抱有成见,说什么"中山计划短浅,往往自败","中山天性褊狭","中山为人卤莽轻听中山名为首领,专忌人才",等等。

1924年11月,孙中山先生北上途中经过上海,章太炎闻讯"入谒为别",这是章、孙两人最后一次见面。言谈之中,章太炎获悉孙中山身体欠佳,殷殷嘱先生珍重。情真意切,溢于言表。

孙中山抵北京后,病势沉疴。精通医学的章太炎亲疏医方,嘱但焘先生专送北京,希望以一己之力挽救先生生命,但孙中山此时的病势已非药石可医。不久,传来孙中山逝世的噩耗,章太炎悲恸不已。他到上海国民党总部参加会议,会上成立了"上海中山先生治丧事务所",章太炎与唐少川担任追悼会干事员,负责上海中山治丧活动。上海各界人士于4月12日在西门公共体育场召开"孙中山先生追悼大会",章太炎发表讲话,深切缅怀孙中山的丰功伟绩,称:"先生做事,抱定奋斗精神,坚苦卓绝,确为吾党健者。深愿大家竟先生未竟之功,努力救国。"①

纵观孙中山与章太炎一生的交往,他们为推翻帝制、创建共和、涉险履危、同谋匡济,不屈不挠凡20余年。期间,两人虽有分有合,然合多于分。章、孙两人襟怀坦白,竭诚相待,纵有不同意见,而于革命大义和民族大义,却始终并肩作战,一如既往。章、孙两人之私谊,虽未如手足兄弟,亦为同一个战壕里的战友。②

(原文载《近代中国》第21辑,
作者:华强,解放军南京政治学院上海分院教授)

---

① 《中山丛书》附志:《中山逝世后中外各界评论》,太平洋书店1926年版。
② 《孙中山与浙江》,《浙江文史资料选辑》第32辑,浙江人民出版社1986年8月版,第31~52页。

# 从孔子"仁爱"到孙中山"博爱"
## ——略论"仁爱"观的演进及其普世意义

黄明同

孔子的"仁者爱人",倡导彼此关爱的道德精神,与其同期的墨家"兼爱"思想,在历史发展的长河中不断地演进,从"亲亲",到"仁民",再到"爱物",体现人类爱的对象在扩展,道德水平在提升。"仁",是儒家的核心理念,也是中华文化的核心价值。纵观古今中外,人类在不同的历史阶段、不同的国籍里,都讲"爱",与中华文化的仁爱观堪相一致,其普世意义,不言而喻。今天,在商品经济比较发达的大势下,当"钱"字主宰一些人和事之时,重温中华民族传统"仁爱"观,确有必要。

## 一、孔子"仁爱"与墨子"兼爱"

春秋时,孔子讲"仁"。生活在"礼、崩、乐、坏"时代的孔子,大力倡导"仁"的道德精神。他思考社会何以"乱"时,认为"好勇疾贫,乱也;人而不仁,疾之已甚,乱也","不仁"是社会动乱之根源。他主张"克己复礼",而复归于"仁"。孔子明确界定了"仁",并以"仁"作为一种人与人相关爱的道德力量,作为一种维系社会安宁,使之由"乱"而转为"治"的杠杆。孔子学生樊迟问,什么是"仁",孔子说:"爱人。"(《论语·颜渊》)

"仁"就是人人都有爱心,关爱他人。孔子的"爱人"以"亲亲"为大,即首先关爱与自己有血脉关系的亲人,但他也注意到"爱"的广泛性,故说"泛爱众"(《论语·学而》),把爱洒向世间。

学生再问,具体该怎样做才是"仁"?孔子说:"己欲立而立人,己欲达而达人"(《论语·雍也》);"己所不欲,勿施于人"(《论语·颜渊》)。就是说,自己要发展,也要顾及别人的发展;自己要成功,也要帮助别人成功。自己不喜欢的事,不要强加于人。据说,新加坡刚建国时,国家领导人很担心会不会成为"马拉群岛"

中的孤岛,于是邀请一些儒者为之献策。献策者进言:"己欲立而立人,己欲达而达人";"自所不欲,勿施于人"。结果新加坡在友善邻邦的和平发展中崛起。

张岱年教授准确地诠释孔子的"仁",指出,"仁是'立人''达人',所以必须实际有益于人方称为仁"①。就是说,爱不能仅限于自身,而需见诸他人,把天下人都作为自己的亲人去关爱。故孔子还说"四海之内皆兄弟"(《论语·颜渊》)。天下的人,都如同兄弟,彼此相互关心和爱护,你关爱他人,他人也关爱你。

在春秋时代,两大显学是儒家与墨家。墨子针对着的社会现状,即"大国之攻小国,大家之乱小家"(《墨子·兼爱》),而主张"兼爱"。他以为"强之劫弱,众之暴寡,诈之谋愚,贵之傲贱,此天下之害也"(《墨子·兼爱》),认定"天下之大利,在于人的兼爱;天下之大害,在于人之互争"②,故提出"兼爱,非攻"(《墨子·兼爱》),提倡友爱和平,反对战争,倡导"兼相爱,交相利"(《墨子·兼爱》),提倡一种没有利害冲突,没有差等的爱,"爱人若爱其身"(《墨子·兼爱》)。墨子认为,"若使天下兼相爱,国与国不相攻,家与家不相乱,盗贼无有,君臣父子皆能孝慈。若此则天下治"(《墨子·兼爱》)。

冯友兰指出,墨子因"天下之大患,在于人之不相爱故以兼爱之说教之"③。墨子既在学理上论证"兼爱"对解决时弊之必要,而且在现实层面上付诸实践。为了贯彻他的主张,他和弟子四处游说,尽量阻止战事的发生。

孔子的"仁爱"与墨子的"兼爱",皆为中国古代主要的价值理念。两者既有同,也有异。其同在于,把爱作为人之道德内涵,作为人类生存之内在需要,作为维系社会和谐之重要纽带。其异点则在,孔子的"仁爱",虽也说"泛爱众",但其"仁爱"思想,建立在其"君君、臣臣、父父、子子"的等级观念的基础之上,那种爱更多的是一种"亲亲";墨子的"兼爱",则补充了孔子的不足,是一种没有"等差"的大爱,拓展了爱的对象和范围,近代的孙中山把"兼爱"等同于西方的"博爱"。

在动乱的先秦时期,孔子的"仁爱"与墨子的"兼爱"的提出,昭示着人们厌恶争斗,而渴望普世间的大爱。由于汉代的"独尊儒术",原始儒家思想在中国古代一直居于主流意识形态的地位,因而,孔子的"仁爱"成为中华文化的核心理念。尽管孟学、墨学在汉之后式微,但"兼爱"仍然是中华民族"仁爱"观中不可或缺的内涵。

---

① 张岱年:《中国哲学大纲》,江苏教育出版社 2005 年版,第 247 页。
② 冯友兰:《中国哲学史》上册,华东师范大学出版社 2000 年版,第 78 页。
③ 冯友兰:《中国哲学史》上册,华东师范大学出版社 2000 年版,第 78 页。

## 二、孟子"仁爱"观体系

战国时期的孟子,融会孔子的"仁爱"与墨子的"兼爱",在"恻隐之心人皆有之"的理论基点上,把中华民族的仁爱观推进一大步。

孔子思想的继承者孟子,深谙"仁"的社会价值,他把"仁"的"修身"功能提升到"治国"的层面上,进一步展示"仁"的社会价值,从而构建了"仁爱"价值体系。其主要内涵:

第一,对"仁"的界定,直接揭示"仁"与"爱"的关系。

孟子主张性善论。他认为人的道德仁、义、礼、智,产生于人自身固的四心,即"恻隐之心""羞恶之心""恭敬之心""是非之心",其中"恻隐之心,仁也"(《孟子·公孙丑》),"仁,人心也"(《孟子·告子》),即"不忍人之心"。这也就是说,"仁"便是人们发自内心,而不需外铄的一种爱心。后人常用"仁爱"这一概念,合乎原始儒家的本意,仁即是爱,爱即是仁。

第二,扩展仁爱的范围,使爱的对象更明确。

孟子认为,仁不应仅仅局限于亲亲敬长,而要推及民众和天地万物。他说,"君子之于物也,爱之而弗仁,于民也,仁之而弗亲;亲亲而仁民,仁民而爱物仁者无所不爱也"(《孟子·尽心》)。在孟子看来,"仁"从"亲亲"开始,但必须扩展到"仁民"与"爱物"。

第三,主张由内在的"仁",而扩充为外在的"仁政"。

孟子认为,"先王有不忍人之心,斯有不忍人之政"(《孟子·公孙丑》)。就是说,当政者"有不忍人之心","以不忍人之心行不忍人之政","仁政"便是仁心的"扩而充之"于外。统治者不仅自己有爱心,而且要利用手中的权力,把内在的"仁"发挥出来,实施"制民之产",使人人获得生存的条件,从而得到社会的关爱。在社会实践的层面上,展示"仁民"的内涵。

第四,揭示"仁政"的重要性及其社会效应。

孟子以为,"不以仁政,不能平治天下",如行"仁政"则"治天下可运之掌上",因为"制民之产"是仁政的关键,让广大百姓人人都拥有一份能维系生计的资产,就可以在源头上防止社会动乱的产生。孟子意识到,人的生存条件与人的道德精神的密切关系,他强调"有恒产者有恒心,无恒产者无恒心",人如果没有了恒心,就会"放辟邪侈",走上犯罪道路,反之,如果天下间,"菽粟如水火","民焉有不仁者",人们生活富裕,哪有不道德之举? 维系社会安宁的道德精神,建立在一定的物质基础之上。

经过孟子的演绎,仁爱思想的社会价值更凸显出来,其普世意义也昭然可见。孟子创立的仁爱观体系,其内涵与价值:

其一,明确"仁爱"是人的本性。在孟子看来,只有富于爱心之人,才是有良知的人,是真正意义上的人。每个能保住自己的本心的人,都富有爱心。

其二,仁爱不应仅局限于自己的家庭。不应仅把有血缘关系的人视为关爱的对象,而应把爱洒向人间,当权者更应把仁爱之心转化为仁爱之政,努力解决民生问题,给民众带来实惠,给予关爱。

其三,"仁政"即须实施"制民之产"政策,使民众获得"恒产",民众因有了"恒产"而产生"恒心",由于人人有"恒心"而社会的长治久安得以维系。因而,儒家所倡导的"仁爱",能给人带来心灵慰藉,给社会带来长治久安,给民族带来凝聚。

其四,原始儒家不仅主张"仁民",而且"爱物";不仅"泛爱众"而且"泛爱物"。孟子所说"君子远庖厨",虽然话说得有点虚伪,但话中多少还是蕴涵了劝告人们对生物界也有爱心的良好愿望。

孔孟所生活的时代,社会正处于森严的等级制度尖锐的阶级对立之中,"亲亲"可以做到,但"仁民"难以实现,而"爱物"更不容易。尽管如此,孟子告诫人们,以一颗仁爱之心去待人、待物,这对于社会的和谐,以至宇宙的和谐,不无好处。更有意义的是,他为社会道德的发展勾画了一条不断提升的路径,在他的年代,虽只是一种猜测与憧憬,难以实现,但社会的进步,不断验证了孟子所揭示的"仁爱"的发展路向及其社会价值的客观性。

## 三、先秦"仁爱"观的新诠释

孟子提出的"亲亲""仁民""爱物"的思想,在宋明以至近代,得到进一步发展,使之成为中国"仁爱"观的基本内涵。

张载的"民胞物与"。

北宋理学家张载,生活在商品经济开始有所发展的时代,他对先秦时期仁爱思想的发挥,集中体现在其《正蒙·乾称》中的精辟概括。他说:"民,吾同胞;物,吾与也。"[1]

---

[1] 《张子正蒙·乾坤篇》卷九,上海古籍出版社2000年版,第231页。

就是说,民众是我的同胞,万物是我的朋友,从对人的关爱到对万物的爱。显然,张载用最简练的语言,概括了原始儒家所倡导的"仁爱"丰富的内涵。

当然,在等级社会中,不可能实现"人人平等","仁民"必然有一定的局限,普罗大众还不可能真正得到社会的关爱,"民胞"并不可能;在"人类中心论"的时代,人为了自身的利益,对天地万物更多的是索取,真正的"爱物"不可能做到,"物与"也是一种美好的愿望。

康有为对"仁民爱物"的发挥。

近代的康有为尖锐地提出了"爱"的发展路向。康有为提出,社会的发展分为三个阶段:"据乱世""升平世"和"太平世"。在"三世"的不同阶段上,人们都有着不同的"爱"。康有为撰写了《孟子微》,书中详尽地阐述了孟子的方方面面的思想,特别具体地探讨了孟子的"亲亲、仁民、爱物"的含义。在康有为看来,仁爱的实现离不开一定的社会条件,"亲亲""仁民""爱物"分别是不同历史阶段的产物,都不可能离开特定的时代环境。他说:"据乱世仁不能远,故但亲亲;升平世仁及同类,故能仁民;太平世众生如一,故兼爱万物。"①康有为承认,"爱"的对象愈来愈广博:"亲亲"—"仁民"—"兼爱万物"。康有为具体指出,从有等级的"爱",到没有等级的"泛爱众",再到"泛爱物",这正是人类道德发展的轨迹,他具体分析:

"据乱世",即封建宗法社会,以血缘"亲亲"为最高的道德原则,"君君、臣臣、父父、子子"(孔子语),"人各亲其亲,各私其国"②。

"升平世",即资本主义社会,由于强调人性解放,天赋人权,故标榜平等博爱,"仁"能及于"同类",即如法国的《人权宣言》所呼吁的,给天下百姓享有平等、自由的权利和获得关爱,但还是不能爱及天下万物,不可能"兼爱万物"③。事实上,正是资本主义的工业化和科学技术的发展,为人类带来了物质文明,而对自然界却进行了无情的、极其残酷的掠夺,"兼爱万物"只是一句空话。

"太平世",即未来的大同社会。如康有为所说,到了太平世,才会"四海兄弟,万物同体"④。人类要达到道德的最高境界,需要不断地努力。

可以说,康有为对儒家"仁爱"思想在近代的弘扬,十分富有真理性。回顾人类社会的历史,不难发现,随着社会物质生活水平的提高,社会结构的变化,以及

---

① 康有为:《孟子微》卷一,中华书局1987年版,第11、21页。
② 康有为:《孟子微》卷一,中华书局1987年版,第11、21页。
③ 康有为:《孟子微》卷一,第21页。
④ 康有为:《孟子微》卷一,第21页。

人与人、人与社会之间关系的改变,人们的道德水准也随之而提升,爱在不断扩展。因而,紧紧地抓住社会的变化,及其所带来的各种关系的变化,而去审视"仁爱"的发展变化,这无疑合乎历史的真实,合乎历史发展的自身逻辑。因而,也可以说,康有为把传统儒家"仁爱"思想推到了新的高峰。

当代,有西方学者对道德发展进行概括,与康有为不谋而合,说明西方道德伦常的发展有着极其一致之处。图1是美国学者罗德里克用对人类的"爱"的对象扩充的展示:

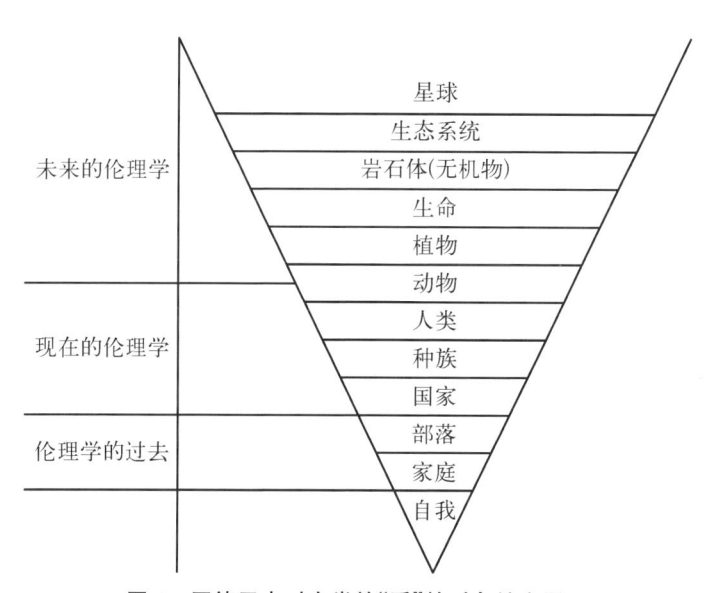

| 未来的伦理学 | 星球 |
| | 生态系统 |
| | 岩石体(无机物) |
| | 生命 |
| | 植物 |
| | 动物 |
| 现在的伦理学 | 人类 |
| | 种族 |
| | 国家 |
| 伦理学的过去 | 部落 |
| | 家庭 |
| | 自我 |

图1 罗德里克对人类的"爱"的对象扩充展示

## 四、孙中山的"博爱"观

世纪伟人孙中山,在康有为之后,引进西方的"博爱",并揭示东西方"仁爱"思想的一致性。

在《三民主义·民族主义》中,孙中山提出,"仁爱"是"中国的好道德",古代"墨子所讲的'兼爱',与耶稣所讲的'博爱'是一样的",在政治上"讲爱的道理","有所谓'爱民如子',有所谓'仁民爱物',无论对于什么事,都是用爱字去包括"[①]。孙中山视"仁爱"为中国好的民族道德,并把它诠释为"用爱字"去对待一

---

① 《孙中山全集》第九卷,中华书局1986年版,第245页。

切,明确认定"仁爱"也就是基督教的"博爱"。

接受了洗礼的基督教徒孙中山,十分熟悉"博爱"是基督教的教义;孙中山为救国救民向西方学习,接受了西方先进思想——自由、平等、博爱。

孙中山第一次明确提出"博爱",是在 1906 年。由孙中山制定的《中国同盟会革命方略》中写道:"于驱除鞑虏,恢复中华之外,国体民生尚当与民变革,虽经纬万端,要其一贯之精神则为自由、平等、博爱。"①"所谓国民革命者,一国之人皆有自由、平等、博爱之精神。"①这就是孙中山倡导"博爱"精神的较早的呼吁。他明确地把西方"博爱"拿来,为中国的民族复兴服务,并对"博爱"作了新的诠释,赋予它新的内涵。

孙中山领导的国民革命,在他看来,是一场翻天覆地的大革命,它与过去的革命不同:是"国民革命"而不是"英雄革命",国民不仅参加革命,而且国民的人格也必须变革,必须让每个人都具有"自由、平等、博爱"的精神。

民国初年,孙中山同宗教人士广泛接触时,大讲"博爱",并把西方的"博爱"与各宗教所倡导的"慈爱"联系在一起。

孙中山更是把自己的三民主义与西方的自由、平等、博爱等同,把"民生主义"与"博爱"画上等号,说:"民生主义,是图四万万人幸福的,为四万万人谋幸福,就是博爱。"孙中山倡导博爱,是落脚于给全国人民得以共享社会财富,人人同享幸福。

"博爱"是法国《人权宣言》的主要精神。"博爱"一词可视为舶来品。然而,孙中山却说道:"仁之定义,诚如唐韩愈所云,'博爱之谓仁'。"对韩愈缺乏研究,是否有这样的定义,实不敢说。"博爱"与"仁"联系在一起,倒是孙中山的在近代把中国文化精神与西方文化精神对接的具体体现。他从公天下的博大胸怀出发,强调:"博爱云者,为公爱而非私爱,即如'天下有饥者,由己饥之;天下有弱者,由己弱之'之意,与夫爱父母妻子者有别。以其所爱在大,非妇人之仁可比,故谓之博爱。能博爱,即可谓仁。"②可见,孙中山倡导的"博爱",便是大爱,也就是中国传统的"仁爱"。1913 年,孙中山曾给日本友人宫崎民藏题词:"博爱行仁"③。

孙中山以近代西方的"博爱"=中国传统的"仁爱",揭示两者的同一内

---

① 《孙中山全集》第一卷,中华书局 1981 年版,第 296 页。
② 《孙中山全集》第六卷,中华书局 1986 年版,第 22 页。
③ 刘望龄:《孙中山题词遗墨汇编》,华中师范大学出版社 2000 年版,第 23 页。

涵——大爱。孙中山所处的时代,正是中西文化交汇与撞击十分激烈的年代,他所持的文化开放态度,使之能把中国传统的"仁爱"与西方的"博爱"相对接,这是儒家"仁爱"在近代走向的一个特点,而另一个特点则是,"仁爱"须从理念层面走到实践层面。孙中山注意到,西方国家在办教育、开展各种社会福利方面,远比中国做得好,故认为"中国人对于仁爱没有外国人那样实行","我们要学外国","学他们那样实行"。[①] 从孙中山留下的论著和墨宝中,人们不难看出他欲把"仁爱""实行"起来的强烈愿望。孙中山虽不是一般意义上的儒者,但他的儒家情结,使他能在近代把传统儒家"仁爱",进行现代诠释,并明示其实践意义。

## 五、"仁爱"的普世意义

仁爱,是最广泛的爱,是爱的最高境界,是构建现代和谐社会,以及和谐世界的坚实的精神基点。

古代的孔子在憧憬"天下为公"的大同社会时,又倡导了"仁爱";近代的孙中山,同样在以"天下为公"作为最高理想而终身追求的时候,大力倡导"博爱",大同理想与大爱精神,仍然连在一起。孙中山晚年,曾两次全文抄写《大同篇》。据统计,孙中山的墨宝里,题写得最多的是"天下为公"和"博爱"相关的词语,约定140多幅,占其题词的三分之一,其中"博爱"就有50多幅。在孙中山那里"博爱"确实作为通往"天下为公"的精神大道。

仁爱为何成为实现理想社会的精神动力?因为"爱"是情感,"爱"是道德,是维系人类社会存在的不可缺少的纽带,是民族凝聚的黏合剂。

作为情感,动物也有爱;作为社会动物,人类更需要爱。

关于"爱"的解释,据段玉裁的《说文解字》的说法,"爱"就是"惠惠者,仁也;仁者,亲也"。也就是说:"爱"就是"仁",也就是"亲亲"。后来普遍写为"爱",是通假字,已不是原来的意思。现在的简化字,把原来"爱"字里"心"去了,这可能不太好,没了心,如何谈得上"爱"?

人需要有一种终极关怀,爱是不可少的:婴儿需要母爱和父爱,成年人需要情爱,老年人需要儿孙的关爱。爱是人与人之间彼此的精神慰藉,是人与人之间的心灵沟通,爱才是人的生命所渴求的最富有营养的心灵鸡汤。

---

[①] 《孙中山全集》第九卷,中华书局1986年版,第245页。

人，是万物之灵，是社会动物。人的爱除了情感，还有道德。道德是社会行为的规范，社会依靠这种规范而得以维系，没有了道德规范，社会就会乱了套。而社会道德则又以人与人之间彼此相互关爱为基础之。中国是礼仪之邦，仁义礼智是中华民族的传统道德，也是中华民族五千年社会文明稳定的根基，仁爱，是这个根基中最为坚实的关键点，即人人内心的"仁爱"与人性的"善良"。

关于"爱"，在人类生活的词典里，可以找到许多：

爱字当头的，如爱国、爱家、爱民、爱幼、爱友、爱人……

爱字在后的，如自爱、互爱、仁爱、博爱、亲爱、情爱、性爱

爱，从"亲亲"到"仁民"和"爱物"，这样的广博的爱，具有普世意义。

在中国，已如前所说，不须再阐述。

在西方，从古希腊、古罗马，到近代文艺复兴，多少人都在呼唤着"爱"，如：

——"根本的大事要一致，存疑的事要自由，所有的事要讲仁爱。"（古罗马奥古斯丁）

——"有人说世间最好的东西是骑兵、步兵和舰队。在我看来最好是心中的爱。"（古希腊萨福）

——"爱是你身上一切美德和一切应受责罚的行为的种子。"（意大利但丁）

——"把爱己推及他人，就成了美德，一种根源于我们各人心中的美德。"（法国卢梭）

——"博爱是消除人类不幸的唯一良方。"（英国雪莱）

——"博爱总能征服一切。"（英国理·谢理丹）

——"一个人如能在心中充满对人类的博爱，行为遵循崇高的道德律，永远围绕着真理的枢轴而转动，那么他虽在人间就等于生活在天堂了。"（英国培根）

当今社会，许多人之所以信仰宗教，说到底是宗教不仅引人向善，让人们懂得，做人要有爱心，要为社会为他人行善，而且宗教"布施"给社会的普罗大众带来"爱"，带来了终极关怀。佛教讲"大慈大悲"，"普度众生"；天主教、基督教讲"博爱"。无论是无神论者，或有神论者，都应尊重人们的宗教信仰，充分利用宗教所产生的博爱的社会力量，去协调人与人、人与社会、人与自然的关系，维系人类以及万物的生存环境。

正是基于如上的意义，共产党人以"解放全人类"为己任，这其中体现的也是一种"博大"之"爱"，是宏观意义上讲"爱"。从中观看，"爱国""爱乡""爱民"，便是在社会中体现的博爱。从微观看，共产党人称自己的妻子为"爱人"，而改变过去中国民间关于妻子的称谓，如"孩子的妈""孩子的娘""做饭婆""转锅台的"，等等，把妻子作为最亲爱的人，这种称谓比"太太"更体现出"爱"了。过去一些年，雪灾、地震发生，海内外热心人的救助，淋漓尽致地彰显着人们之间的爱，足见我们的党是有爱心的党，我们的国家是有爱心的国家，我们的人民是有爱心的人民。

诚然，毒品事件、矿山事件、舞厅事件时有发生，也无不说明，社会上无良分子做了不少黑心的坏事，因而，我们不能无视在商品经济的大潮中，有人是为了一己之私利，不怕上断头台，不仅没了爱心，连起码的良知都没有了。

当今社会，"一切为了钱"渐已成为某些人的生活哲理。这起因于高科技与物质生产的快速增长，以及商品经济发展所带来人们物欲的日渐膨胀。然而，如果"钱"成为一切的主宰，人们没有了道德底线，那么社会将失去必备的行为规范，而变得"无序"，纷争与争斗将致使人类赖以生存的群体肢解，社会也将不复存在，作为个体的人又安能继续生存？因而，有必要引导人们思考如此严重的、尖锐的生死存亡问题，并吸取古今中外的一切大智慧，弘扬中华民族的"仁爱"与西方的"博爱"思想，唤起人们的爱心，让人们明白"生活不能没有钱，但生活不仅仅是为了钱"，由是而构建和谐社会的精神基石。

"大爱无垠"，普天之下，人人需要钱但更需要爱！

把仁爱，洒向普天之下，让世界更美好！

（原文载《近代中国》第22辑，作者：黄明同，广东省社会科学院研究员）

# 孙中山振兴中华思想的全球视野

熊月之

近代中国富有振兴中华思想的,并不始于孙中山,也不终于孙中山。早于孙中山的有林则徐、魏源、冯桂芬、郭嵩焘、王韬、郑观应等,与孙中山基本同时代的有康有为、梁启超、谭嗣同、严复、章太炎、黄兴等,晚于孙中山的更多。这些灿若群星的志士仁人,恨列强之欺凌,忧国家之败弱,哀民族之不振,殚精竭虑,上下求索,都在近代思想宝库里,留下了刻有他们名字的光彩一页。其中,孙中山的一页特别璀璨夺目。

在孙中山辞世将近 90 年的今天,我们重读他的著作,仍然会为他高远的眼光、渊博的知识而叹服。他许多深邃的分析,独到的见解,并没有随着时间的流逝而过时,依然具有强烈的现实意义,具有永恒的价值。其中,最为突出的,也是他的前人与同时代人很难企及的,是他的极其宏阔的全球视野,极其清醒的全球意识。

## 一、中西互照,求真向善

作为革命家的孙中山,他一登上历史舞台,就有相当清醒的全球意识。他认识到,世界各国联系日益紧密,全球化态势已经形成,没有一个国家可以置身其外:"今日立国于世界之上,犹乎人处于社会之中,相资为用,互助以成。"①他经常挂在嘴边、多次书写的一句话,"世界潮流,浩浩荡荡,顺之则昌,逆之则亡",是他全球意识的生动写照。1912 年元旦颁布的《中华民国国歌》的歌词"揖美追欧,旧邦新造",则是他全球意识的简洁说明。在孙中山的脑海里,一直存在两幅形象清晰的社会图景,一幅是中国,一幅是欧美。他将这两幅图景时相对照,比较其短长,分析其优劣,求真向善尚美,然后制定出改造中国的方案。他的三民

---

① 孙中山:《建国方略·孙文学说》,《孙中山全集》第六卷,中华书局 1985 年版,第 224 页。

主义、五权宪法、实业计划,都是中西互照、求真向善的产物。

孙中山在 1894 年上书李鸿章失败后,毅然发起组织兴中会,举起反清革命大旗,以后便义无反顾、愈挫愈勇地进行战斗,就是他基于中西互照、理性分析的结果。

中西互照,需要三个方面能力,一是对于中国的深切了解,二是对于西方的深切了解,三是对于这两类知识进行理性分析的能力。这三者相互联系、相互影响、相互促进。没有对于中国问题的深切感受,对于西方的了解就只能是皮相之见。没有对西方社会的深入了解,就无法以西洋之镜来照中国之身。

孙中山出生的那一年,清政府就曾派斌椿率团,随赫德访问欧洲,游历了法国、英国、荷兰、德国、丹麦、瑞典、芬兰、俄国、比利时等国,历时 8 个月。他们坐了轮船,坐了火车,参观了许多城市,接触到许多西洋器物,目击了西方社会,留下了《乘槎笔记》等书,对中国走向世界也有一定的积极意义。其后,清政府又多次派出使团,考察西方。但是,他们提不出也不可能提出一套切合中国国情的改造中国的方案。没有足够的西学储备,就不可能有效地以西洋之镜来照中国之身。

孙中山出生前 20 年,他的同乡容闳、黄宽、黄胜便留学美国与英国;孙中山出生以后的 6 到 10 年当中,中国先后派出 4 批共 120 名幼童留学美国,再后来又有一批人留学欧洲。这些留学生日后在中国的经济、教育及政治近代化进程中发挥了重要作用。但是,他们当中相当一些人学了西文,忘了中文;掌握了具体的西学知识,却不了解中国的社会实际。没有对中国社会的切实了解,也不可能找到恰当的西洋之镜。[①]

中国同盟会的纲领中"驱除鞑虏",亦即推翻清朝的旗帜,孙中山之前,洪秀全也曾高举过,并且在一段时间里、一定范围内取得胜利。洪秀全看到了社会的腐败、政治的黑暗,揭竿而起,具有完全的正当性。但是,他无法看清社会腐败、政治黑暗背后的制度病灶,找不到更好的替代物。他无法将中国引向更高一个台阶,而只能走取而代之的旧路。根源在于,他的知识仓库里,没有更好的参照物,没有自由、平等与博爱,没有民主、议会与宪法。他的"天父天兄"那一套,是变了形的基督教;他分封东王、西王、南王、北王,则是传统演义小说江湖文化的一路。对西方世界既缺少了解,对中国传统又知之不深,结果,西洋人不喜欢他,

---

[①] 当然,其中也有例外,如严复,他走的是另外一条振兴中华之路。

士大夫也反对他。

在孙中山之前,林则徐、魏源曾经倡导过"师夷之长技以制夷",冯桂芬、郭嵩焘呼吁过师法西方科学技术,曾国藩、李鸿章等曾将其付诸实施,王韬、郑观应主张过振兴工商,建立君民共主的政治制度。他们的方案都很实在而系统,对近代中国的进步都起过一定的积极作用,但成效都很有限。孙中山立在这些前人的肩膀上,又继续往前走。诚如孙中山自己所说:

> 惟前代革命如有明及太平天国,只以驱除光复自任,此外无所转移。我等今日与前代殊,于驱除鞑虏、恢复中华之外,国体民生尚当与民变革,虽纬经万端,要其一贯之精神,则为自由、平等、博爱。故前代为英雄革命,今日为国民革命。①

"英雄革命"是中国旧物,"国民革命"则是欧美新品。孙中山高于前人或同时代其他人的地方,就在于他既能洞悉病根,又能找到良药。蒋梦麟说:

> 在清室式微的日子里,中国并不缺乏锐意改革的人,但是真能洞烛病根,且能策定治本计划的人却很少。孙先生深知西方文化的发展过程,同时对中国的发展前途具有远大的眼光,因此他深感超乎近功近利的原理原则的重要,他知道只有高瞻远瞩的知识才能彻底了解问题的本质。②

在孙中山30多年的革命生涯中,有一半是在美国、加拿大、欧洲、日本、东南亚等地度过的。所到之处,留心考察、研究各国各地的历史与现实,包括国土面积、气候、物产、人口演变、风俗民情、社会结构、政治制度等各个方面情况。他阅读外文书的数量,远远超过中文书,且特别关注各国国力盛衰、文化演变、文明特点。他1894年便自称:"幼尝游学外洋,于泰西之语言文字,政治礼俗,与夫天算地舆之学,格物化学之理,皆略有所窥;而尤留心于其富国强兵之道,化民成俗之规;至于时局变迁之故,睦邻交际之宜,辄能洞其阃奥。"③他有那么丰富的知识储备,那么专注深入的研究,所以,能见人所不能见,达人所不能达。

## 二、古今贯通,切中窾要

孙中山于1890年自称:"留心经济之学十有余年矣,远至欧洲时局之变迁,

---

① 孙中山:《军政府宣言》,《孙中山选集》,人民出版社1981年版,第77页。
② 蒋梦麟:《西潮·新潮》,岳麓书社2000年版,第116页。
③ 孙中山:《上李鸿章书》,《孙中山选集》人民出版社1981年版,第1页。

上至历朝制度之沿革,大则两间之天道人事,小则泰西之格致语言,多有旁及",其学问"远观历代,横览九洲"。① 其"横览九洲"即为上面所说的中西互照,"远观历代"则为古今贯通。

接引西学以救中国,是近代哲人贤士的共同特点。孙中山的高明之处,在于他对中对西,都古今通览,明其流变,知其短长。为了改造中国,他必须要向世界说明为何要改造中国,指出中国问题之所在。他在《伦敦蒙难记》《中国现在好未来》《中国问题的真解决——向美国人民的呼吁》等文中,都是这么做的。但是,他在这么做的同时,从来没有忘记将中国的现实与历史相区分,将中国的统治者与人民相区分,将中国问题与中华文明相区分。他曾这样表述:

> 我们说满清政府,而不说中国政府,这是有意识地这样说的。中国人现在并没有自己的政府,如果以"中国政府"名来指中国现在的政府,那么这种称法是错误的。这也许会使那些对中国事务不熟悉的人感到惊异,但这乃是一个事实——是一个历史事实。②

孙中山用西方人习惯的话语,从11个方面具体论述清政府自建立以来如何歧视、虐待汉人,如何实行愚民政策、压制言论自由、禁止结社自由、横征暴敛,如何不依照适当的法律程序而剥夺人民的各种权利,如何不能依责保护其管辖范围内所有居民的生命与财产。他所说的言论自由、结社自由、法律程序,都不是中国的传统话语,但他用来解释中国情况,毫无滞碍。他论证这个不能代表人民的利益、违背人民意愿的政府必须推翻:

> 自义和团战争以来,许多人为满清政府偶而发布的改革诏旨所迷诱,便相信那个政府已开始看到时代的征兆,其本身已开始改革以便使国家进步;他们不知道,那些诏旨只不过是专门用以缓和民众骚动情绪的具文而已。由满洲人来将国家加以改革,那是绝对不可能的,因为改革意味着给他们以损害。实行改革,那他们就会被中国人民所吞没,就会丧失他们现在所享受的各种特权。若把官僚们的愚昧与腐化予以揭露出来,就会看到政府更为黑暗的一面。这些僵化了的、腐朽了的、毫无用处的官僚们,只知道怎样向满洲人谄媚行贿,借以保全其地位去进行敲榨搜刮。③

清政府以前的实践证明孙中山所说并非妄语,清政府日后的实践证明孙中

---

① 孙中山:《致郑藻如书》,《孙中山全集》第一卷,中华书局1981年版,第2页。
② 孙中山:《中国问题的真解决——向美国人民的呼吁》,《孙中山全集》第一卷,中华书局1981年版。
③ 孙中山:《中国问题的真解决——向美国人民的呼吁》,《孙中山全集》第一卷,中华书局1981年版。

山所说完全正确。

鉴于义和团运动的发生,西方人误以为中国人闭关自守、盲目排外,孙中山从历史的角度,以景教与佛教的传入,说明中国有对外开放、吸收外来文明的传统,说是"甚至晚至明朝时,中国人中还没有丝毫排外精神的迹象,当时的大学士徐光启,其本人皈依了天主教,而他的密友,即在北京传教的耶稣会教士利玛窦,曾深得人民的尊敬"。

新文化运动时期,陈独秀等激进派,对于以孔子为代表的儒家思想,对于中国传统文化,特别是传统道德,痛加挞伐,全面否定。孙中山从全人类文明的范围,论述中国传统文化中有许多内容是好的,不能一概否定,特别是忠孝、仁爱、信义与和平:

> 讲到中国固有的道德,中国人至今不能忘记的,首是忠孝,次是仁爱,其次是信义,其次是和平。这些旧道德,中国人至今还是常讲的。但是,现在受外来民族的压迫,侵入了新文化,那些新文化的势力此刻横行中国。一般醉心新文化的人,便排斥旧道德,以为有了新文化,便可以不要旧道德。不知道我们固有的东西,如果是好的,当然是要保存,不好的才可以放弃。①

对于学习西方,孙中山同样采取贯通古今、辩证分析的态度。他多次表示,我们学习欧洲,是要学中国所没有的东西,特别是科学,不是政治哲学。因为中国政治哲学中讲中国固有的道德,现在世界上最文明的国家也没有像中国讲得这么完。他认为:"中国更有一种极好的道德,是爱和平。现在世界上的国家和民族,止有中国是讲和平;外国都是讲战争,主张帝国主义去灭人的国家。"②他介绍英、美、德、法、日等国文明的演进,介绍民族的概念,介绍西方政治学说的发展,娓娓道来,如取腹笥,相当专业。其西学素养之广博深厚,是他以前以及同时代任何一个中国政治领袖都难望其项背的。

只有对一个国家、一个民族贯通古今,才能明白这个国家、这个民族从哪里来,向哪里去。在设计民国政治架构时,孙中山从欧美那里学来了行政、立法、司法三权分立,但认为那还不够完美,还有不少弊端,于是又在三权之外,加上了监察权、考试权,合称五权。监察与考试,都是中国固有的传统与强项。孙中山说:"英国的考试制度就是学我们中国的。中国的考试制度是世界最好的制度。现

---

① 孙中山:《三民主义》之一,《民族主义》,《孙中山全集》第九卷,中华书局1986年版,第680页。
② 孙中山:《三民主义》之一,《民族主义》,《孙中山全集》第九卷,中华书局1986年版,第246页。

在各国的考试制度亦都是学英国的。"①对于五权分立，人们还有不同的评价，但是，孙中山设计这一方案的初衷，即从各个国家与民族的现实与历史出发，尽可能地去弊兴利，无疑是正确的。

## 三、与时俱进，守常知变

孙中山是理想主义者，理想主义追求宏伟目标与根本原则。孙中山是革命家，革命家讲究斗争策略，讲究变通。孙中山将这两者结合得很好。

作为一个伟大的民主主义革命家，孙中山将追求自由民主、建立民国作为重要的奋斗目标，将"驱除鞑虏"作为实现这一目标的首要前提。1896年，他就表示，其奋斗目标是"除虏兴治，罚罪救民，步法泰西"②。1905年，同盟会宣言则将"驱除鞑虏"列为纲领第一条。直到1910年，他仍然说，我中国已被灭于满洲二百六十余年，我华人今日乃亡国遗民，"故今日欲保身家性命，非实行革命，废灭鞑虏清朝，光复我中华祖国，建立一汉人民族的国家不可也"。③ 及至推翻清朝、民国成立以后，他从国际国内形势出发，从国家与民族的根本利益出发，及时调整原有的方略，不再提"驱除鞑虏"，而是讲"五族共和"。1912年1月5日，鉴于各省起义独立时，与满清士兵有所接战，且有仇杀满人之现象发生，孙中山发布《告北军将士宣言书》，希望不要"以满人窃位之私心，开汉族仇杀之惨祸，操戈同室，贻笑外人。我同胞不可不注意者"。④ 此后，孙中山多次强调，五族一家，和衷共济。2月3日，他在致何宗莲的电文中，明确宣示："文始终主义，在救同胞与水火，毫无私意于其间。共和民国，系结合汉、满、蒙、回、藏五大族，同谋幸福，安有自分南北之理，更安有苛遇满族之理？"⑤所谓"始终主义"，就是一以贯之的根本宗旨。同年9月3日，他在演讲中说：革命之举，不外种族、政治两种，而其目的，均不外求自由、平等、博爱三者而已。"我国去年之革命，是种族革命，亦是政治革命。何则？汉、满、蒙、回、藏五大族中，满族独占优胜之地位，握无上之权力，以压制其他四族。满洲为主人，而他四族皆奴隶，其种族不平等，达于极点。

---

① 孙中山：《在广东省教育会的演说》，《孙中山全集》第五卷，中华书局1985年版，第496页。
② 孙中山：《复翟理斯函》，《孙中山全集》第一卷，中华书局1981年版，第47页。文中"罚罪救民"似应为"伐罪救民"。
③ 孙中山：《在旧金山丽蝉戏院的演讲》，《孙中山全集》第一卷，中华书局1981年版，第441页。
④ 孙中山：《劝告北军将士宣言书》，《孙中山全集》第二卷，中华书局1982年版，第11页。
⑤ 孙中山：《致何宗莲电》，《孙中山全集》第二卷，中华书局1982年版，第60页。

种族不平等,自然政治亦不能平等,是以有革命。要之,异族因政治不平等,其结果惟革命,同族间政治不平等,其结果亦惟革命。革命之功用,在使不平等归为平等。"①

作为一个矢志振兴中华的思想家,孙中山在设计中国发展蓝图时,十分注意学习西方,高度重视科学。他卸任临时大总统伊始,就将精力投放到中国现代化建设上来,规划铁路、港口建设,呼吁发展实业,引进外资,加强国际合作。

他礼赞现代科学技术:"自机器发明后,人文之进步更高更速,而物质之发达更超越于前矣。盖机器者,羁勒天地自然之力以代人工,前时人力所不能为之事,机器皆能优为之。任重也,一指可当万人之负;致远也,一日可达数千里之程。以之耕,则一人可获数百人之食;以之织,则一人可成千任之衣,经此一进步也,工业为之革命,天地为之更新。"②他从19世纪90年代开始,到生命结束,一直倡导中国走现代化道路,认为那是顺乎天理、应乎人情、适乎世界之潮流、合乎人群之需要的正确道路。

但是,不同时期,孙中山对科学技术赋予的评价颇不一样。

1906年11月,孙中山在回复侨居日本的俄国民粹派《民意》报主编鲁赛尔函中表示,在现代文明发展方面,我们还处在未开垦境况。"在我们的道路上也就没有现代文明高度发展的国家里那种重大的障碍。中国是一个相当清一色的贫穷国家,大多数居民过着贫困的生活……凡是想改善公众生活条件的任何愿望,都会受到一致的赞同。直到最近几年,现代文明还没有触动过中国,直到目前我们还没有尝到它的善果,也没有受到它的恶果。而且,当我们在我们社会生活中确立现代的文明时,我们有可能选择那些符合我们愿望的东西。"③这表明,孙中山在考虑中国发展资本主义的同时,已经考虑到了避免资本主义过度发展的弊端问题。所以,三民主义中有了平均地权、节制资本的内容。

第一次世界大战以后,孙中山发现,科学技术既可以用来改善人类的物质生活,也可以用来进行战争,对人类造成极大的破坏。1924年,他在日本的一次演说中说:"欧洲近百年是什么文化呢?是科学的文化,是注重功利的文化。这种文化应用到人类社会,只见物质文明,只有飞机炸弹,只有洋枪大炮,专是一种武

---

① 孙中山:《在北京五族共和合进会与西北协进会的演讲》,《孙中山全集》第二卷,中华书局1982年版,第439页。
② 孙中山:《建国方略·孙文学说》,《孙中山全集》第六卷,中华书局1985年版,第174页。
③ 孙中山:《复鲁赛尔函》,《孙中山全集》第一卷,中华书局1981年版,第422页。

力的文化。欧洲人近有专用这种武力的文化来压迫我们亚洲,所以我们亚洲不能进步。这种专用武力压迫人的文化,用我们中国的古话说就是'行霸道',所以欧洲的文化是霸道的文化。但是我们东洋向来轻视霸道的文化。还有一种文化,好过霸道的文化,这种文化的本质,是仁义道德……这种要人怀德的文化,我们中国的古话就说是'行王道'。所以亚洲的文化,就是王道的文化。自欧洲的物质文明发达,霸道大行之后,世界各国的道德,便天天退步。"①孙中山主张,我们学习欧洲的科学,但"并不是学欧洲来消灭别的国家,压迫别的民族的,我们是学来自卫的"②。

对照孙中山在不同时期对科学技术的评价,可以发现,变化的是对科学技术功能的评价,不变的是对人类福祉的关注。

孙中山曾经给予日本以很好的评价,宣传大亚洲主义,希望日本在振兴亚洲、反对西方侵略方面作出贡献,也希望中日联手,为亚洲的和平与发展共同努力。与此同时,他对于日本侵略中国表示了极大的愤慨。第一次世界大战以后,强烈谴责日本利用参加第一次世界大战的机会,攫取德国在山东权利的野心。他指出:

> 夫此回欧战,固分为两方面,旗帜甚为鲜明者也:其一即德、奥、土、布,乃以侵略为目的者;其一即英、法、美、俄,乃以反对侵略为目的者。故英、美之军在欧洲战场战胜攻取,由德国夺回名城大邑,不啻百倍于青岛也,且其牺牲,亦万千倍于日本也,而英、美所攻克之城地,皆一一归回原主也。日本为加入反对侵略之方面者也,何得以战胜攻取而要求承继山东德国之权利耶?若日本之本意,本为侵略,则当时不应加入协商国方面,而当加入德、奥方面也。或又谓中国于参战,并未立何等功绩,不得贪日本之功也。而不知此次为反对德、奥之侵略主义而战,则百数十年为德国侵略所得之领土,皆一一归回原主也。彼波兰、捷克二族亦无赫赫之功也,而其故土皆已恢复矣,我中国之山东青岛何独不然?亦固其所也。乃日本人士日倡同种同文之亲善,而其待中国则远不如欧美。是何怪中国人之恨日本而亲欧美也。③

孙中山对于日本的驳斥,立论于国际公法,放眼于宏阔的国际范围与整个近

---

① 孙中山:《对神户商业会所等团体的演说》,《孙中山全集》第十一卷,中华书局1986年版,第405页。
② 孙中山:《对神户商业会所等团体的演说》,《孙中山全集》第十一卷,中华书局1986年版,第407页。
③ 孙中山:《答日本朝日新闻记者问》,《孙中山全集》第五卷,中华书局1985年版,第73~74页。

代历史,义正词严。此后,孙中山对于日本侵夺中国权益的野蛮行径,一直予以强烈的谴责。

无论是处理国内政治,还是处理国际关系,孙中山都会因时而异地根据不断变化与发展的形势,提出自己的见解,其始终不变的精神,是爱国、民主与和平。

## 四、重视网络,借力全球

孙中山生活的时代,自然还没有我们今天通过互联网形成的全球网络。但是,他那个时代,已是人类全球化不断加速的时代,作为全球化重要支撑的三大系统已经初步形成,即以轮船、火车为工具的,加速不同国家、不同地区人群与货物流动的交通网络,以电报、电话、报纸、杂志与书籍为载体的,加速不同国家、不同地区信息传播与通信网络,以反映与催生人类全球意识的制度架构已经出现,诸如世界地图、国际法、国际标准时间、世界博览会、奥林匹克运动会,以及共产国际、国际联盟等组织。在清末民初,中国所有政治家中,没有一个人能够像孙中山那样,有极其清醒的全球意识,极端自觉地利用全球网络,极为自觉地借助于国际力量,来为自己的政治斗争服务。

19世纪末,清朝统治者中许多人还不明白报纸为何物,孙中山已自觉利用报纸作为斗争武器。1896年,他在伦敦被诱捕以后,就是靠着英文报纸《地球报》刊登了他被捕消息,引起了英国各界强烈反响,经英国首相向清公使馆发出照会,方才获释的。出狱以后,他以英文写成《伦敦蒙难记》一书,公开发行,便一下子成为世界名人。1900年,他领导的革命党就在香港创办了《中国日报》和《中国旬报》。1906年同盟会成立后,紧跟着就创办《民报》。此后,孙中山一直高度重视发挥报纸在革命与建设过程中的作用。

照相、演说,都是清末民初时兴的宣传方式,孙中山对此都得心应手。他早有以自己肖像赠送友人的习惯,与人合影更是司空见惯。演说是孙中山的强项,滔滔雄辩,引人入胜。无论是论敌康有为,政敌袁世凯,还是有政见分歧的章太炎,都无法与他相比。

孙中山非常注意发挥全球资源的作用。他在制订实业计划时,便将他的计划径称为"国际共同发展中国实业计划"(The international Development of China)。他曾将《实业计划》英文本寄呈美国驻北京公使芮恩施、美国国际开发计划学者安德森,寄给了美国商业部和美国内阁成员,在美国英文杂志《远东评论》上发布其计划内容。①

孙中山相当注意结交国际友人,他的国际友人遍布全球,美国、英国、法国、苏联、日本、东南亚各国,到处都有,难计其数,有华侨,有外国人。特别是日本,犬养毅、头山满、大隈重信、儿玉源太郎、平山周、内田良平等,政治家、企业家、浪人、学者,不胜枚举。直到今天,没有人能说得清孙中山到底有多少国际友人。但是,有一点是很清楚的,即综观近代中国各色政治活动家,无论李鸿章、袁世凯、蒋介石,还是其他人,能有那么丰厚的国际人脉,那么多国际交往的,无出孙中山之右者。

"登高而招,臂非加长也,而见者远;顺风而呼,声非加疾也,而闻者彰。"(《荀子·劝学》)如果没有全球性的交通系统、通信系统与制度架构,没有那么多的国际联系,那么多国际友人,那么,无论孙中山怎么聪明绝顶,怎么忧国忧民,怎么意志坚强,他都无法达到他后来实际达到的高度。在这个意义上,我们可以说,全球化成就了孙中山,孙中山利用了全球化。

(原文载《近代中国》第 24 辑,
作者:熊月之,上海社会科学院历史研究所研究员)

---

① [美]韦慕庭著,杨慎之译:《孙中山——壮志未酬的爱国者》,中山大学出版社 1986 年版,第 106 页。

# 唐寿民与交通银行

章义和  管夕茂

唐寿民,江苏镇江人,生于1892年,是我国近代颇有传奇色彩的一位银行家。他曾任上海商业储蓄银行副总经理兼汉口分行经理,上海造币厂厂长,中央造币厂厂长,中央银行理事、常务理事兼业务局总经理,国华银行副董事长兼总经理等职位。1928年进入交通银行,次年任交行沪行总经理,1933年起任交行总经理。抗日战争爆发后,唐寿民在香港被日军俘获,押解回上海主持交行复业,其后担任汪伪政权全国商业统制会理事长。抗战胜利后以"汉奸罪"被判有期徒刑,1974年病逝于上海。

与民国时期风云一时的其他银行大家、金融巨鳄相比,唐寿民的出身可谓寒门。他仅读过几年私塾,从未进过新式学堂,亦未出洋留学,以钱庄学徒起家,据说年轻时只带一把阳伞闯荡上海滩,不到而立之年竟成为银行界意气风发、不可一世之人物。[①] 纵观其一生业绩,最辉煌的当属他在交行担任总经理时期:大权独揽而颐指气使,在十里洋场、万商林立的上海滩如鱼得水,游刃有余;但其悲剧,也恰恰是因为他受胁迫主持敌伪区交行复业,最终落下"汉奸"的骂名,名声毁于一旦。所谓成也交行,败也交行。唐寿民此生的荣辱,不可避免地与交行的命运紧紧绑在了一起。

## 一、初进交行:官股董事

1927年南京国民政府成立之后,由于内战频仍及派系斗争,军政支出过于庞大,因而急欲统制全国金融,巩固统治基础。而当时最有实力的两大银行——中国银行和交通银行,则首当其冲,成了南京国民政府改组的目标,这促成了唐寿民与交通银行一段纷杂曲折的历史。

---

① 孙曜东口述,宋露霞整理:《唐寿民——把阳伞撑出来的银行家》,《中国企业家》2003年第7期。

1928年11月,国民政府颁布新交通银行条例规定。定交行董事为十五人,其中三人由财政部指派,其余十二人由股东总会选任。国民政府实际上是想借机"掺沙子",将亲信安插进入交行。唐寿民由于与当时的财政部长宋子文过从甚密,因此被财政部"放心地"安排进了交行董事会。

唐寿民缘何与宋子文相识? 1926年,国民革命军抵达武汉后,军政开支浩繁,蒋介石求救于江浙资产阶级,但是精明的银行家们都作壁上观,迟迟不肯伸出援手。时任广州政府财政部长的宋子文在武汉召开几次银行家会议筹集款项,也被以各种理由婉拒。正当宋无计可施,一筹莫展之际,上海商业储蓄银行汉口分行经理唐寿民主动面见宋子文,以自家银行名义认购15万公债,其他银行家见状也只得照认。但唐却暗中与宋子文相商,只认购了10万元,其他各行却被蒙在鼓里,按原定数额分摊认购。① 唐寿民一里一外,替宋子文募集了约100万元巨款,解了燃眉之急,由此也与宋建立了密切的私人关系。所以在1928年国民政府改组交行时,宋子文首先想到的就是唐寿民,并自作主张将其安排成交行官股董事,而唐事先竟毫不知晓。

1928年12月某日,唐寿民突然收到交行行伍总会的与会通知。因为他与交行素无来往,事先又没有任何消息,所以不明就里,一头雾水。次日清晨,唐寿民前往财政部拜访宋子文打探内情。宋开口就问:"何以不去交行出席会议?"唐寿民只得如实回答:"昨夜始接通知,不知底细。"宋子文笑道:"你是交行官股董事,现在开会时间已到,请先去开会,会后再谈。"就这样,唐寿民"糊里糊涂"成为交行官股董事。②

会后,宋子文才向唐寿民补述此事来龙去脉。原来交行本次改组,财政部在宋子文授意下,早就内定顾立仁、徐寄庼和唐寿民三人为官股董事,但当时有人反映说唐寿民有"颜色"(指由汉口而来,有亲共嫌疑)。宋子文闻言大怒:唐某对政府中人都不认识,只认识我宋某,如果说唐"颜色"不对,何不说我颜色不对?③ 虽有宋子文力保,但唐出任交行官股董事一事还是被耽搁下来,而官股董事缺人,行务总会便无法召开。交行为此屡催财政部补派,此时宋子文却迟迟不肯发话,实际上是想后发制人,跟交行耗耐心。直到开会前夕,交行高层无法再拖,董事长卢学溥与总经理胡祖同一起出面相商,最终同意派唐为官股董事,但

---

① 邢建榕:《民国银行家唐寿民的一生》(上),《档案与史学》2003年第2期。
② 《唐寿民回忆录》,1962年2月25日,交通银行馆藏档案,档号:Y48。
③ 《唐寿民回忆录》,1962年2月25日,交通银行馆藏档案,档号:Y48。

事前未及通知唐本人。

其实宋子文原本想"一步到位",把唐寿民安排为总经理,但欲速则不达,唐寿民非但没有成为总经理,甚至连常务董事会都没有进去,因为在1928年,交行完全处在势力强大的江浙财团控制之下,①绝大部分股东都是来自江浙籍的金融人士,彼此串联一气,互为声援,形成一个紧密的团体,如卢学溥、钱新之、胡祖同等都是其中翘楚。唐寿民虽祖籍江苏,但毕竟是以政府指派人的身份进入交行,资历尚浅,自然会受到抵制。最终在一番明争暗斗之后,卢学溥被财政部指派为交行董事长,胡祖同当选为总经理。而作为平衡各方斗争的结果,唐寿民被改任为交行上海分行经理。当然,此番过程也是一波三折。

## 二、崭露头角:沪行经理

20世纪20年代,沪行在整个交行分支行系统当中,具有举足轻重的地位。当时社会上有交行"外重内轻"的说法,大意为沪行根基雄厚,总经理若不兼沪行经理,等于"空心大老官",没有实际权力。所以,沪行经理一职成了交行权力争夺的关键。

而国民政府在1928年对交行改组时,表面上由董事会决议胡祖同为常务董事兼任总经理,实际上已经开始酝酿摘去胡的实权,遏制江浙金融集团的势力。在这种情况之下,沪行经理的位子无疑更具有导向性意义,围绕于此的明争暗斗可谓是波澜诡谲。

钱新之、王子崧等交行元老极力怂恿胡祖同力争此位,李馥荪、陈光甫及张嘉璈等金融界精英也纷纷表态支持。胡祖同受到鼓动,认为于己有利,意气之下坚持要兼任沪行经理,并且在行务总会召开第二天,便以拒绝就任总经理之职要挟国民政府,交行上下一时陷入僵局。当时除了胡祖同之外,李承翼和陈赢生也在积极谋取沪行经理一职。其中陈赢生尤为活跃,到处奔走打招呼,当时传闻他已经得到卢学溥默许,且有了财政部的支持,因而颇有志在必得的自信,甚至已

---

① 实际上,江浙势力早在1922年张謇、钱新之主持交行时期,就已开始进入交行的领导层,中国人民银行上海市分行金融研究室:《交通银行简史》,交通银行档案馆藏,第15页;根据在中国的一家日本经济研究机构的看法,江浙财团的核心由六人组成,即虞洽卿、李铭、张嘉璈、钱新之、秦润卿和张静江,围绕这个核心,是26位"很重要的人"组成的"内圈",唐寿民与陈光甫、周作民等名列其中,后面还有包括44位"重要"人物组成的"外圈"。参见邢建榕:《民国银行家唐寿民的一生》(下),《档案与史学》2003年第2期。

经印好经理名片准备发放,但总行却死死卡住,不予审核通过。表面上是胡祖同反对,暗中则是钱新之等江浙财团势力的阻挠。这样,双方的矛盾斗争逐渐公开化,由胡、陈内斗升级到了江浙集团和财政部的对峙。

董事长卢学溥看到僵局相持不下,深知斗争必将给交行造成巨大损失,因而四处奔走劝解各方,甚至痛哭流涕劝说胡祖同放弃成见,接受财政部的意向,让陈赢生就任沪行经理。但此时各方已是骑虎难下,而且执念太深,难以和解,导致局面进一步恶化。最后财政部发出通牒,非派沪行经理不可,否则全体董事辞职。

在万般无奈之际,卢学溥突然想到了一个折衷办法——令唐寿民担任沪行经理。因为唐寿民之前与交行并无渊源,现在又是官股代表,使其任职可以有效平衡交行内部以及与国民政府之间的矛盾,也易于为各方所接受。所以卢学溥立即向各方游说,取得了陈光甫、李馥荪、张嘉璈、徐寄庼等人的支持,最后连国华董事长邹敏初也被成功说服,同意唐寿民兼任交行沪行经理。这时胡祖同才不得不表示屈服,同意卢的建议。

不久之后,卢、胡两人便联袂拜访唐寿民,开门见山道:本行改组后沪行经理现尚虚席,特来奉请以官股董事兼任此席。唐寿民以国华银行初创,实难轻离为由推辞不肯。两人离去后,徐寄庼、张嘉璈、陈光甫、李馥荪等一大批"说客"相率来劝就,也均被唐寿民辞谢。其实唐寿民内心已经有所活动,但是不经宋子文发话,不敢贸然造次。所以劝退众人后,他直奔财政部请示意见。宋子文先打官腔,表示财政部不过问交行内部斗争,但又直截了当地告诉他:"今既请你兼任,也是解决问题之一,请你能担任也好。"①

取得了宋子文的首肯后,唐寿民立即四处奔走拉关系,为赴任沪行经理做准备。他首先拜会中国银行的大当家张嘉璈,取得了中交两行合作的承诺。之后再恳请宋子文的中央银行扶助。在一切妥当之后,他才向胡祖同表示接受沪行经理一职,但同时提出了两项要求:一是因负有发展国华银行的重任,兼职交行沪行经理后不能经常在行办事,每天只能到行两小时,因此请胡祖同就沪行副理中指定一人,代为执行经理职务;二是希望在六个月以后,交行另外选人接替。万般无奈的胡祖同也只得接受,沪行经理之争始告一段落。②

---

① 《唐寿民回忆录》,1962 年 2 月 25 日,交通银行馆藏档案,档号:Y48。
② 根据《潘仲麟先生访问记录》(1961 年 3 月 24 日)、《陈子培访问记录》(1962 年 4 月 11 日、5 月 25 日),以及《唐寿民回忆录》(1962 年 2 月 25 日)整理而成,交通银行馆藏档案,档号:Y48。

交行沪行在唐的领导下，业务以稳健为宗旨，收效甚宏。历年积欠逐渐得到清理，存款数目日益渐增。总行对其大为赞扬："营业前途正未可限量也。"①唐寿民在沪行的不俗业绩，为他后来入主交行奠定了坚实的基础。而国民政府方面在经历了此次风波之后，也深感交行内部江浙财团势力的强大，非经彻底改组不能掌控，于是在1933年对交行再次动刀，指派胡笔江任董事长，唐寿民任总经理兼业务部经理，胡祖同、卢学溥被迫辞职。交行的独立地位自此大为削弱，②"可以说国民党政府完全霸占了交通（银行）全部人事、业务组织。原有人事上、组织上已根本摧毁"，③交行的发展进入了一个新阶段，这也是唐寿民银行生涯最辉煌的一个阶段。可见国民政府变更交行股本，攫取控制权的密谋，在当时就已经酝酿成熟了。

## 三、大权独揽：交行总经理

1933年，唐寿民入主交行，以及胡祖同、卢学溥被逼辞职，完全是国民政府一手策划的结果。是年3月，财政部长宋子文兼中央银行总裁时，曾转给胡笔江的一封密电，称"一切仍照原定计划进行，请转告寿民、孟嘉（胡祖同字孟嘉）"④。4月，交行即行改组。

1933年4月6日，交行召集第二十二届常务股东总会，改选钱新之、唐寿民、胡祖同、胡笔江等十二人为商股董事，由财政部指派三人为官股董事。新董事会成立后，互选钱新之、胡祖同、唐寿民、胡笔江、陈行五人为常务董事，定唐寿民为总经理，胡笔江为董事长，卢学溥、胡祖同卸职，唐寿民正式入主交行。

唐寿民任职总经理后，采取了一系列措施，加强了个人集权。他通过董事会作出决定：(1)改交行总处为总行，撤销发行总库和上海分行，建立总行发行部和业务部，唐寿民自兼业务部经理；(2)将各分行头寸集中总行统一调度运用，优给利息。全行公债证券，统一由总行业务部经营。⑤这样，除稽核各行业务外，总行可直接统制各行，交通银行的管理大权和业务大权，就集中到总经理唐

---

① 《交通银行民国十八年份营业状况》，《银行周报》M卷18号，1930年5月20日。
② 徐锋华：《交通银行的官方改组和角色定位》，《东方早报》2015年8月18日。
③ 《潘仲麟访问记录》，1961年3月24日。
④ 洪葭管主编：《中央银行史料（1928.11—1949.5）》上卷，中国金融出版社2005年版，第43页。
⑤ 杭斯：《解放前国民党政府对交通银行的两次改组》，《新金融》1995年第10期。

寿民手中了。①

唐寿民以交行总经理身份兼任业务部经理，不容许旁人插手，很快拉拢起一批亲信。如业务部副经理张佩绅，原为中央银行业务局副局长，是唐手下得力助手，其后随唐同进交行，继续"效忠"。张先在稽核处任副处长，不久继任业务部副经理。唐寿民虽喜欢揽权，但为拉拢张，也忍痛割爱将业务部经理之位让与张佩绅。②再如当时交行秘书陈子培，平时独居一间房间，很少与人会面，但是陈无论听到什么人讲话都报告给唐寿民，被目为唐寿民的特务、暗探，人人避而远之。③

唐寿民办事果断，但却往往独断专行、刚愎自用，"是个好大喜功的野心家"④。陈光甫曾描述唐"受人家拍马屁""不安于位""无法无经"⑤等。这段时期的唐寿民"踌躇满志、气势逼人，也确是实情"，据知情者回忆，当时"周作民、谈荔孙等一些原先看不起他的人，现在都反过来拍他的马屁了。有一段时间，他是少数几个可以直接见蒋的红人之一，连张嘉璈也略逊一筹"⑥。所谓物极必反，唐寿民虽极尽一时之风光，但其好出风头、骄气十足的个性为他最终的失势埋下了伏笔。

## 四、大刀阔斧：打破内部人事结构

1935年，国民政府对中、交两行强行增资改组。两行同样增加官股、增派官股董事，同样改总理制为董事长制（交行于次年改为董事长制），交行"总裁唐寿民、董事长胡筠都是孔所满意的人物，继续任职"，而中国银行的董事长、总经理均被逼下台。原中国银行董事长张嘉璈在董事会上不无感慨地说："交行人事未予更动。显见其中尚有人事关系。"⑦

---

① 《张叔毅访问记录》，1961年4月25日，《交通银行馆藏档案》，档号：Y48。
② 后来唐寿民失足"落水"，也不忘将张带在身边，据曾在交行任职，且为张佩绅下属的袁愈佺回忆："唐决定担任商统会理事长后立即派他的亲信、前交通银行总行业务部经理张佩绅来和笔者商议组织商统会的具体方案。"详见袁愈佺：《日本加强掠夺华中战略物资炮制"商统会"的经过》，黄美真编：《伪廷幽影录——对汪伪政权的回忆》，东方出版社2010年版，第183页。
③ 《潘仲麟访问记录》，1961年3月24日。
④ 袁愈佺：《日汪勾结掠夺中国资源概述》，《伪廷幽影录——对汪伪政权的回忆》，第147页。
⑤ 上海市档案馆编、邢建榕、李培德编注：《陈光甫日记》，上海书店出版社2002年版，第38页。
⑥ 邢建榕：《民国银行家唐寿民的一生》（上），《档案与史学》2003年第2期。
⑦ 中国银行总行、中国第二历史档案馆合编：《中国银行行史资料汇编》上编（1912—1949），第一册，档案出版社1991年版，第383页。

张嘉璈所言并不确切,他只看到交行没有变更董事长和总经理的表面现象,没有注意到自 1933 年起,唐寿民对交行"大换血"的事实。只是这种大规模的人事变更集中于中下层,比如大量提升和拔擢办事员或会计员等低职务人员,处分中级职务人员等,这些变动虽不如高层动态那般引人注目,却能更加真实地反映交行转轨的历程。其中两点颇引人注意:一是大量新进力量得到提升,1935 年第二次改组到 1936 年之间,人事上出现大规模的调职和改派(且改派绝大部分为试用员);二是 1935 年改组之际,交行整顿行员力度突然加大,其停职、辞退、解职、开除职员人数均达到顶峰。① 不难看出,其实唐寿民早就从底层着手,"清洗"交行旧有势力了。在"清洗"的同时,唐寿民也能够根据员工能力,适时培植起一批新生力量。在这一时期内,大量"不起眼"的小员工得到提升,进入交行各个部门,在短时间内实现了对交行的完全掌控。从 1933 年到 1936 年短短 3 年时间,就有五十多名办事员或营业员等下层职员得到提升,其中得以大幅度拔擢者亦不在少数,如不少办事员或营业员直接提升为分支行副理、襄理。这固然体现出国民政府对交行"彻底"改组,清除原有势力之决心,但另一方面也表明唐寿民、胡笔江时期的交行,大致能做到"用人严加甄别,善为培养"的原则。②

除了拔擢起用新生力量之外,唐寿民在政府的强力支持下,对交行的中下级别领导亦进行了一番声势不小的整顿。1935 年是人事最为动荡的一年,人事处分最多,表明改组确实对交行的中下级人事构成产生了较大影响。值得注意的是,唐寿民此番整顿极其注重策略,采取的是刚柔并济的手法,而并非一概打压。一方面,对于犯有重大过失的中下级领导,唐寿民的处理手段极为强硬,大有"杀鸡儆猴"之意,而其目的则在于整顿旧有势力,树立新行风。譬如,对于经济舞弊、公款挪用等行为的处理毫不手软,多开除永不录用,甚或送交司法机关追究,比如 1933—1935 年交行对站、烟、宁、兰四大侵占行款案的处理,惩处力度极大,丝毫不假人颜色③;另一方面,对一些并无明显工作过失,但能力稍有不足的中下层领导,则以"精力稍衰""办事无方"等笼统的理由调回总行(甚至有的人没有任何原因即被调归总行另候任用),给予闲职加以安抚。事实证明,唐寿民这种

---

① 《交通银行行务会议记录汇编·人事》,1933—1936 年,交通银行馆藏档案,档号:Y35。
② 唐寿民 1933 年 4 月 21 日行务会议上通告:"用人宜严加甄别,善为培养。"见交通银行总行编:《交通银行史料》第一卷(1907—1949)上册,中国金融出版社 2002 年版,第 281 页。
③ 详细经过见《行务会议记录汇编(1933—1936 年)》,《人事》,交通银行馆藏档案,档号:Y35。

从中下层入手的整顿手段极为明智,不仅达到了培植新生力量的目标,而且很快树立起权威,在很大程度上扭转了交行行风。下层机构的整顿和改组,也为交行三十年代业务的腾飞奠定了坚实的基础。

## 五、与时俱进:"整旧营新"体系的形成

唐寿民上任以后,针对交行现状,并结合时代形势,确立并不断完善了"整旧营新"的发展理念,成为20世纪30年代指导交行发展的新思维。所谓整旧,广义上是指改革旧有业务,增进办事效率。狭义上是指整理旧欠旧账,清理账面。"营新"则主要是指革新内部行务制度,业务上推陈出新。唐寿民特意强调,整旧营新必须注重兼筹并顾,分途并进而不可偏废其一。

"整旧营新"的提出是在1933年,最初并不是一个独立的体系。彼时唐寿民刚到行视事不久,他根据交行现状提出了几点意见,内容涉及储蓄、发行、用人及经费开支等多个方面,主旨在于突破旧日瓶颈,进入新的发展阶段,而"整旧营新"则是其中首要一条。当时所谓的"整旧"即为整理旧账,"营新"则是指业务方面注重投资安全,切实起到扶助实业的作用。①

经过一年多的实践,交行在发行、人事、开支等方面都取得了较大的进步。1934年,唐寿民总结一年以来的工作成绩:"对于本行内部事务如并合总处与沪行库部改组总行、变更发行管理组织、改订分支行管辖范围及系统增设重要各地分支机关、取销沪属统账、改订行员存款等。凡人事上所可致力之处无不悉力迈进,以求本行之前途光大。"②

1934年,为切实了解各地实情,唐寿民亲往鲁、燕、豫、鄂各省分支行及西北晋、陕各地从事考察,历经四十余日,对各行有了更加切实的了解,也促使他加快了革新步伐,进一步丰富和完善了"整旧营新"理念。他在1934年7月将上年的几点意见归结升华为四个方面:

1. 业务方面。提倡与时俱进,不能因循旧章,而要时时保持危机意识和革新理念,改革规章制度和营业方式。处理业务则必须深入研究,做好规划,不可事事盲从,步人后尘。"以对外发展为要图、对内盘剥为切戒,使各分支行和衷共

---

① 《唐总经理对于本行业务及各项行政之计划》,《交行通信》第二卷第八号,1933年4月30日,第2~4页。
② 《唐总经理告全体同人书》,《交行通信》第五卷第一号,1934年7月31日,第1页。

济相互为用,扫除内部纠纷,共谋外来之利益。"①此外,唐寿民还对交行以往业务上的不良行风提出了严厉批评,比如"喜与官府往还,为无关业务之酬酢,不在商业实业上谋接近,求出路依赖一部分库债券投资以为便,尽营业能事于工商业押款,汇款完全忽略"等,凡此种种均应加以省察,迅谋转变。

2. 发行方面。唐寿民极为重视交行的发行地位,强调发行是交行生命线之一,决不可轻易放弃,必须依赖营业发展方可著效。为切实推进发行,唐寿民又对交行行库分立的局面进行了改革,裁撤掉鲁烟等库专任经理,设置集中库,取消联行长期领用,并拟定了沪券发行利益支配办法,弥补了发行弊端。

3. 人事方面。人事方面向来是唐寿民重点关注的地方,他尤其注重行员个人素质的培养和良好行风的树立。唐寿民对于行员素质的关切,几乎到了事无巨细,都要过问的地步。他在行员个人生活作风,以及行员服务态度方面都提出了自己的建议,并强调务必同心协力,团结一致,开诚相向,安危与共。一旦发现有破坏行员团结之行为,如匿名攻讦或设计倾轧等,则必当严惩,决不缓纵。②

4. 开支方面。唐寿民要求各机关对于支出款项必须恪守定章,不可有丝毫浮滥。如有可节约之处,必须多方设计以求实现。业务上交际用费虽然难以避免,但公私界限应严格区别,不可随意支用,并且要加强核实程序,防止舞弊。为扶助国内实业,唐寿民提倡使用本国产品。督促总行稽核部加强考核,如有不遵章则、不守预算及浪费开支者,不论分支行库部,均应力予驳斥,不得随意核销。③

在经过1934年的完善之后,唐寿民的"整旧营新"计划给交行带来了新的生气,交行各项业务均取得了较大突破,行风也一扫先前颓废之气,全行上下呈现奋发进取的精神。1935年以后,中国经济逐渐从白银风潮的阴影中走出,各业呈现出复苏气象。唐寿民详细研究分析了当前金融形势,在交行《1935年营业报告》中和1936年行务会议上,根据交行"特种银行"的性质,指出今后交行除遵政府意旨管理准备、推行法币外,更应顺应潮流,参合国情,直接间接辅助生产,更进一步完善了其"整旧营新"的经营理念。他将交行业务重新规划,分成应当停止、加以改善和逐渐进行三个不同层次,分别开展:(1)减少信用放款,力求避

---

① 《通告各行库部力图对外发展切戒对内盘剥》,《行务记录汇编(1933—1936年)》,《人事》,交通银行馆藏档案,档号:Y35。
② 《唐总经理告全体同人书》,《交行通信》,第5~6页。
③ 《唐总经理告全体同人书》,《交行通信》,第1~7页。

免对于生产事业无关的建设借款,不可投资对于前途已无希望之事,禁止一切恶性营业竞争;(2)改善收受存款的方式,逐渐进行仓库的整理推广、运销事项,对生产事业的放款应予以优待;(3)办理重抵押业务,以调剂商业金融机关的资金,代办公司债、经募股票,以助工商事业资金之通融,代办担保制度,优待农产品出口贸易,以扭转贸易入超现象。①

至此,唐寿民的"整旧营新"计划完成了"提出—完善—再完善"三步走的程序。交行以此为指导,全行上下奋发进取,各项业务均取得了突飞猛进的进展,多项数据创下历年最高纪录,交行由此步入了1928—1937年"黄金十年期"中的最高峰。

## 六、精英理念:人才制度的建立和完善

唐寿民对于交行的一大贡献,就是建立了比较完善的人才招揽和行员培育体系。他认为,凡事业兴盛,全重人才;没有人才就没有事业,即使事业能够勉强维持,也不能取得长足进展。他心目中的理想人才,是一种能读书、有经验且做事有方针的健全人才,"此种健全人才,非特为本行人才,若干年后为银行界产生多少经理人才,并希望造就多少总理人才"②。在他的主持下,总行相继制定了一系列规章制度,并且在全国高等院校广招优秀毕业生,定期举行试用员考试,加大培训力度,注重提升行员素质,务求才无所遗、人尽其才。

唐寿民对交行靠亲戚朋友介绍入行的引荐制度尤为反感,他认为,此种不良制度,实为中国各种事业不能进步的重大原因之一:"我不敢说从前采用引荐制度而进来的同人多不好,但至少可以说这种引荐制度绝对的不适宜于今日之进化社会。"③所以,他在任期间对此处处加以限制,对于各方面保荐人员,他规定仍必须经过面试、试用及甄别三个程序,如考核均能合格,则予以录用,否则仍予遣退,毫不留情面。所有录用的员工,必须经过严格的训练,才能进入各部门任事。为真正实现人才的合理利用,唐寿民甚至在1936年针对当时银行界弊端丛生、阻碍优秀人才上进的"保人制度",率先提出了改革方案,即"特种现金保证办

---

① 《二十五年行务会议唐总经理对于今后业务方针之训话》,《行务记录汇编(1933—1936年)》,《人事》,交通银行馆藏档案,档号:Y35。
② 《唐总经理对特种试用员训话》,《交行通信》第六卷第一号,1935年1月31日,第3页。
③ 《唐总经理对特种试用员训话》,《交行通信》,第2页。

法",引起社会热烈反响。①

这一时期,交行主要通过考试及大学保送毕业生的方法来甄选行员,务必要符合唐寿民的三点标准:基本技术、专业技术和文化素养。基本技术是指银行行员必须要掌握的基本功,包括打算盘的技术、记账的经验,等等,为此交行曾特设会计训练班,加强新进行员的会计员训练。专业技术则是根据新时代发展的需求,在基本技术的基础之上,进行更深一步的训练。这是唐寿民格外重视的一点,他希望可以培养出新型的技术化专业人才。此外,行员的文化素质和修养,也是唐寿民较为关注的问题。在他看来,作为现代银行行员,更要注重平时修养、充实学识。所以在他任职期间,交行大力充实图书资源,不断更新图书室设备。图书储藏量不断增加,并依照新式图书分类法分类储藏,②制定图书室借阅规则,以方便行员借阅,提高行员素养。

在行员实习及训练等方面,唐寿民也事事关心,在会计制度及专业实习等方面提出了诸多改进建议。③除此之外,唐还常常审阅试用员在各部处见习报告,给出指导意见。1935年,他甚至忙里抽闲,召集全体特种试用员谈话,从行员的基本素质谈到个人的发展方向,表达了他对试用员们所寄予的殷切期望。④他常以自己为例,激励新进员工:"我的环境是毅力、奋斗、忍耐等等","诸君方出校门,不必过求急进","但是诸君的前程如何,还要看诸君的努力如何"⑤。

在新进行员的待遇、奖励等问题上,唐寿民主张尽量给予通融。例如,在加薪方面,他保证:"诸君能将能力充分表现,随时可以增加薪水。"他在1934年将行员加薪问题重加核定,"此后主管人员说他办事得力,他便可随时加薪,'天天有加,刻刻有加',这完全看你们能力如何,卖力如何"。奖励金方面:"今后当实行奖励,服务优异者,可以多得。如考核不好者,或有过失,或请假过多,可完全都没有,也说不定。"⑥

---

① 1936年11月初,《银行周报》全文刊载这一新方案。该方案由唐寿民及其秘书兼人事科长王维因设计,包括三个方面:缴纳现金作为舞弊准备金、奖励告发者以及连带责任,详见刘平:《耐人寻味的保人制度改良》,《上海金融报》2010年1月15日。
② 《改进人事管理》,《行务记录汇编(1933—1936年)》,《兴革》,交通银行馆藏档案,档号:Y34。
③ 《唐总经理对特种试用员训话》,《交行通信》,第7页。
④ 《唐总经理对特种试用员训话》,《交行通信》,第6~7页。
⑤ 《唐总经理对特种试用员训话》,《交行通信》,第4页。
⑥ 《改进人事管理》,《行务记录汇编(19333—1936年)》,《兴革》,交通银行馆藏档案,档号:Y34,第6~7页。

## 七、脚踏实地：注重实地调查

唐寿民出身于社会底层，在钱庄学徒时就养成了脚踏实地、刻苦勤奋的工作精神，在他就任交行总经理以后，这种精神仍不曾有丝毫衰减。例如，唐寿民上任伊始，即有亲赴各地考察的计划，因行务繁重一直未能成行。1934年3月，在交行股东会召开之前，唐寿民决意匀出一个月时间，先就距离上海较远的北部各行从事考察，并顺带考察西北，作为其报告的事实依据。正是这次考察，使他确定了开发西北的宏大计划，为交行的业务拓展指明了新方向。

此次实地考察，唐寿民从上海由海上出发，经过青岛、济南、天津、北平、石家庄、郑州等处，又绕道至太原、西安，最后折由汉口回沪。在途四十余日，于各地各行考察颇为细致，回沪后写成详细考察报告，认真分析了各地优势与不足，而且力求与当地政治气候相结合。① 统观北方全局，唐寿民其实唯一看中的就是西北地区的棉业发展。他对陕西省棉花产业作了详细的调查，估计到将来陕、豫两地种棉区域必将扩大，棉产量也将与之俱增，他甚至从棉花品种到种植方式，都给出了建议。

基于棉业发展的紧迫性，加之交行发展全国实业的使命，唐寿民回沪后立即制定了开发西北计划，将西安定位为西北开发的中心城市，要求交行在资金和技术上对其进行援助和指导。在具体开发上，以郑州为起点，依次向灵宝、潼关、渭南、西安等处推进，并限期成立分支机关。经营放款方面，暂时先注重于棉、麦两项，以专营为目标，务求取得实效。而且要加强同业联合，组织有力的投资团体，共同开发。他尤其强调同业联合一致，做大规模投资计划，并于所有棉、麦集合地点广设分支机关，连为一体，此外还要多办棉、麦堆栈，承做押款汇款，对当地进行经济上的援助。唐寿民指示，总行亟应物色专家，扩充必要设备，集合资金力量，领导各行一致努力开发棉业。关于筹设公栈和联合投资计划，则非一行所能独办，应当斟酌各地情形次第商筹，以促其最终成功。② 以上各分支机构自开办以来，有关棉花业务，如棉花押款、棉票买汇以及打包厂收条押款等，逐年有所增进，西北金融形势因此得以松动，交行业务也大为拓展，经济效益显著提高。

---

① 《唐总经理视察北部各行行务纪略》，《交行通信》第五卷第一号，1934年7月31日。
② 《唐总经理视察北部各行行务纪略》，《交行通信》第五卷第一号，1934年7月31日，第12页。

## 八、江湖戾气:唐、胡相争

1935 年,国民政府对交行强行增资改组,实现了真正的控制。交行由此获得了国家银行的种种特权,在 30 年代实现了业务上的腾飞。但是另一方面,由于唐寿民与胡笔江过多地卷入政府事务,加上两人在个人性格、利益等方面的冲突,导致双方在交行内部拉帮结派、相互内斗,对交行的发展产生了极大的影响。

唐寿民自幼闯荡社会,身上有一股"江湖气":"为人骠气十足,大权独揽",且讲究派头,①爱出风头,办事果敢,也能慷慨救人于急难之中。② 用他身边人的话讲,唐寿民性子有点"野",天大的事也敢先斩后奏,个性很强,似乎什么人都看不起。胡笔江当上交行总经理了,他仍唤之"胡二"。对国民党财政部的一班人,除了宋子文他奈何不得,其他什么陈仪、徐堪之类,他统统看不起。③ 这与胡笔江圆滑处事、八面玲珑的作风格格不入。据交行员工回忆,胡在初任董事长之时,不大问事,与唐相处尚好。但是,唐寿民揽权太甚,最终与胡笔江闹翻。

据张叔毅回忆:"唐寿民当总经理后,就想揽权,关照同事遇事要同他接洽,因为他肯负责处理。公文先送唐批办,后送胡笔江阅洽,有时关于临时发生的事件,外边已经流传,胡因尚未据报,没有知道。"④两人的关系逐渐产生了裂痕。另一方面,交行依托政府之力取得飞速发展,发行及存款数字上升甚快,局面逐渐打开。唐寿民本人信心大增,又渐渐不满于宋子文等人的干预,更不甘心处处居于中国银行之下,有意"自力更生"。据陈子培回忆,当时"唐认为交行已可独立,业务上不再像以前以小弟弟自居,处处跟着中国(银行)走,这自然要引起宋对唐的不满,而唐也逐渐失去了宋的信任"⑤。

胡、唐两人起先均为宋子文亲信,而且唐寿民"完全是宋子文一人提拔起来",此时却与宋子文产生矛盾,等于失去了政治靠山。相形之下,胡笔江与宋子

---

① 《潘仲麟访问记录》,1961 年 3 月 24 日。
② 例如,唐在上海银行时,乾丰润钱庄因经营不善倒闭,欠上海银行五万元,老板含恨自杀,唐寿民当即免去该钱庄两万元欠款,此举引发陈光甫极度不快;再如 1934 年,荣宗敬的申新七厂陷入资金绝境,在各大银行纷纷观望、举棋不定的情况下,唐寿民毅然与之签约,给以资金援助,申新七厂得以保全。后来唐落魄时,荣宗敬同事吴昆生尚不忘旧情,数度接济他。详见:邢建榕:《民国银行家唐寿民的一生》(上),孙曜东口述,宋露霞整理:《唐寿民——把阳伞撑出来的银行家》。
③ 孙曜东口述,宋露霞整理:《唐寿民——把阳伞撑出来的银行家》。
④ 《张叔毅访问记录》,1961 年 4 月 25 日。
⑤ 《陈子培访问记录》,1962 年 4 月 11 日、5 月 25 日。

文却走得越来越近。

胡笔江自清末就进入交行,其后又兼任中南银行总经理,根基深厚,人脉丰沛,与宋子文关系也远在唐寿民之上。① 胡初任董事长时,表面上尊重唐寿民,实际上内心颇有不甘。如今见到有机可乘,遂极力巴结宋子文,"送汽车、送房子,有一次宋有病,胡陪同中医去诊视,并把药煎好,亲自送去。这样的巴结,当然得到了宋的欢心"②。

宋子文的支持,使得唐、胡之间的天平毫无悬念地倾向了后者,斗争最终在1936年以胡笔江的大获全胜而告终,而唐寿民竟因一词之易被取消了实权。

1935年,国民政府对中、交两行增资改组后,交行于翌年4月召开股东大会,将原章程规定的总经理"商承董事会,综理全行行务",改为"秉承董事会,综理全行行务",③由总经理制变成董事长制,一词之易就把唐寿民的实权取消掉了,行务从此由胡笔江主持,"一切公文及重要事项先与接洽,直接批办"④。胡掌权后,立即在董事长的办公室内设一长桌,专为常务董事开会之用,经常三五天开一次会。

唐寿民失去了宋子文的信任,想另辟蹊径拉拢新任财政部长孔祥熙,对孔格外亲近。但是胡笔江更胜一筹,提前一步把孔祥熙争取了过来。他明目张胆地"拉关系、走后门",在新选商股董事中将孔祥熙长子孔令侃和宋霭龄干儿子盛昇颐两人添加进来,导致钱新之愤而退出常务董事会。胡笔江则一不做二不休,干脆利用钱卸任后的空缺,将孔、盛直接推上常务董事的席位。同时,胡笔江也下大力气清除唐寿民势力,在各部门安插自己的亲信。胡先将自己的旧部吴锡嘉调任董事长室秘书,交行三类公事均由吴锡嘉先看,再送董事长胡笔江批阅。不久后,胡笔江授意吴锡嘉代他向唐寿民索取总经理公章,理由是现在对外由董事长行文,总经理公章应封存。据亲历者陈子培回忆,唐寿民当时"气得不得了",称胡笔江此番做法"未免太令人难堪了",但又无可奈何,只得忍气吞声,表示"就是铁弹子我也要吞下去"。⑤

"取帅印"之后,胡笔江又以放款收取暗息、勾结西北棉商舞弊等因由,将唐寿民最得力亲信——业务部经理张佩绅换掉,由庄叔豪替代,从此将唐的业务指

---

① 邢建榕:《民国银行家唐寿民的一生》(上)。
② 《陈子培访问记录》,1962年4月11日、5月25日。
③ 邢建榕:《民国银行家唐寿民的一生》(上)。
④ 《张叔毅访问记录》,1961年4月25日。
⑤ 《陈子培访问记录》,1962年4月11日、5月25日。

挥权也剥夺了。至此,唐在交行的大权几乎被剥落无遗,用潘仲麟的话说,唐寿民"仅仅阔了一二年"①,其在行内及社会上的个人影响力也逐渐黯淡了下去。1938年唐寿民在香港时,"虽然挂着总经理的职务,但其权力在交行的确已经有限,以致连国外往来户的签字权都没有"②。

## 九、失足成恨:被俘与落水

1937年抗日战争全面爆发后,交行总管理处奉国民政府之命内迁,一部分机构与人员经汉口迁往重庆,但重要部门和管理人员多迁往香港,由此形成特殊的二元格局,总管理处名义上在重庆,而经营管理的实际重心却在香港。董事长胡笔江离沪后直接赴港,继任的钱新之多半时间也在香港,总经理唐寿民则数年间始终常驻香港,从未去过重庆。③

太平洋战争爆发前夕,唐寿民对战事的发展有所预感,多次向重庆请示应变措施。然而总管理处一直未有明确指示,直至1941年12月7日,钱新之发给交行驻港机构的密电仍叮嘱保持镇定,不必多虑。④ 翌日,日军偷袭珍珠港,太平洋战争爆发,形势急转直下。钱新之于8日、9日、10日、12日连续急电香港,要求将票版、钞券等紧急转运,必要时予以销毁,重要人员和文件尽快内迁。此后,渝、港之间的电讯中断,无法再通消息。仓促之间港行根本无法切实执行指令,除销毁票版和部分钞券外,人员和文件的内迁转移已无从谈起。⑤

12月8日,日军进逼九龙,截断与香港本岛的轮渡。唐寿民被困在九龙家中,只能通过电话向港岛的交行总部发出指令,将"所属库存之巨量兑换券及公债连夜截角打洞,不令落于敌手"。⑥ 13日,九龙半岛被日军完全占领。九龙陷落之前,重庆的国民政府曾连续派遣多班飞机接运滞留香港的重要人士,据说最初的接运名单中有唐寿民,钱新之9日给唐寿民的急电中也有"嘱即安排港总处

---

① 《潘仲麟访问记录》,1961年3月24日。
② 邢建榕:《民国银行家唐寿民的一生》(上)。
③ 《交通银行史料》第一卷,下册,第100~101页。
④ 《交通银行史料》第一卷,下册,第971页。
⑤ 《港变应急纪实》1941年12月—1942年,交通银行馆藏档案,档号:Y47;《交通银行史料》第一卷,下册,第1675页。
⑥ 《袁良关于"唐寿民被俘来沪迫任伪交行及伪商统会事之经过"的叙述》,石磊选编:《审判唐寿民档案》,《档案与史学》1997年第5期。

事务,即晚去渝"之语。① 但不知因何缘故,接运人员未能与其取得联系,唐始终未被接走。②

21日,唐寿民被日本宪兵俘获,被押往香港酒店监禁,"自是与外界完全隔绝,虽餐食无缺,而行止限于斗室,不能稍越雷池"③。日军曾取来纸笔逼他发表对"和平"的感想,他义正词严地回绝:"不平则鸣,强迫是不平,侵略也是不平,如此不平,实无和平可言。"在极端的郁闷和绝望中,他曾万念俱灰,想一死了之。与他一同被囚的李思浩后来回忆说,唐"时痛愤交集,恒思跃出楼窗,了此生命",但他破窗跳楼时,却恰被看守发现,及时制止,否则他可能已成为舍生取义的烈士,不再有日后的故事。唐寿民后来对人说起此事,仍叹息不已:"是命也夫!"④

1942年4月,在香港被囚禁了百余日的唐寿民等人被日军押送回沪,在华懋公寓软禁一段时间后,才分别释放回家,但"晤客交谈,仍受限制",⑤日军不准他与外界联络,不准随意外出,必须随传随到。其实日军将唐寿民押回上海,有着更为险恶的利用目的。

为实现"以战养战"的目的,支持长期侵略战争,日本在控制了上海地区的金融业之后,马上进行了清理、接收工作,随后又选定了中国银行、交通银行两行予以复业。一方面企图操纵并利用两行辅助1941年成立的汪伪中央储备银行搜括战略物资,弥补占领区金融力量的不足;另一方面借助两行的良好声誉,拉拢社会各界知名人士,制造日伪统治区政治稳定、经济繁荣的假象。而身为交行总经理的唐寿民自然成了出面主持交通银行"复业"的最佳人选。

因"唐寿民对日本人和汪精卫都没有敌意",在香港时,曾对汪的"和平运动"

---

① 《交通银行史料》第一卷,下册,第1675页。
② 唐寿民是否接到离港通知,或接到后为何未能离港,目前尚属一谜案。有关记载也不尽相同,例如交行总行杭斯认为,"钱新之接诈数次发电催促唐寿民离港赴渝,唐按兵不动",《抗日战争初期交行的机构和人事变迁》,《新金融》1995年第12期;邢建榕认为是重庆派来的飞机,"毫不理会他,却将港处的重庆系人物一批批陆续接走",《民国银行家唐寿民的一生》(下);据唐寿民自叙:"乃事发之日,董事长钱公因事赴渝,余则不及避脱,留当其冲",《唐寿民自叙"办理交通复业与参加商统会之经过"》,《审判唐寿民档案》,《档案与史学》1997年第5期;上海社会科学院经济研究所李一翔认为,唐寿民未被接走"这件事可能是促使其回沪后积极筹组交通银行复业的一个直接动因"。见李一翔:《论抗战时期的上海银行家》,《上海党史研究》1995年第1期。
③ 《唐寿民自叙"办理交通复业与参加商统会之经过"》,《审判唐寿民档案》,载《档案与史学》1997年第5期。
④ 参见邢建榕:《民国银行家唐寿民的一生》(下)。
⑤ 《唐寿民自叙"办理交通复业与参加商统会之经过"》,《审判唐寿民档案》。

予以资助,而且日本方面也与唐寿民多有关系,①因此,唐寿民回到上海家中后,日伪的头面人物频频造访,竭力劝说他出任伪交行董事长。包括与唐颇有交情,时任汪伪政府财政部长的周佛海也对他百般诱说。②唐寿民执意推却了好一阵,但在各方的威逼利诱、软硬兼施之下,经过数月的犹豫彷徨后,最终点头应许。

唐寿民失足落水,被人视为汉奸,固属咎由自取,但最终促使他迈出这一步确实还有一些复杂的原因。在他由港返沪后,得知各行处皆被勒令停业清理,员工生活全无着落,人心惶惶。唐"惟自慨叹,瞻念前途,危惧莫名,嗣念长此旁观,殊非得计。乃约行中重员来谈,冀获维护之策"。当年7月,他又前往行中巡视了一番,与众员工"相对凄然"。唐寿民知道附逆"复业"的结果,但"目击数百同人悲惨之状,数千存户无以维持之苦,则我何忍独善其身",因而陷入一种矛盾的境地:"苟若牺牲一己,而仍无补于实际,则又觉宁以不置闻问之为愈。绕室旁皇,莫知所之。"③

在此期间,他曾与中国银行南京分行经理吴震修商讨,是否中、交两行一同复业,理由是"敌方意在必行,与其事后听人摆布,不如自我恢复,盖如是吾行数十年基础,或犹得保存,数百同人,亦或得免于冻饿,数千存户亦得赖以周转也"。吴震修同意两行一致行动。于是,唐寿民横下心来,"余处兹环境,虽仍觉一无把握,然终迫于责任之心驱使,乃不顾毁誉荣辱,挺身而出,为吾行及存户尽最后之微力焉"④。唐的辩解自然多有文过饰非之语⑤,但说曾考虑到银行财产的维护、员工的生计、客户的利益等因素,当有几分实情,因为他后来确实在这些方面尽了不少努力。

## 十、大错铸成:伪交行的成立

1942年7月8日,日伪成立"处理交通银行、中国银行中日联合委员会",具

---

① 王克文著,徐有威、浦建兴译:《通敌者与资本家:战时上海"物资统制"的一个侧面》,《档案与史学》1996年第2期;另据袁愈佺称,唐寿民在香港被软禁时,组织及领导者之一为日方驻香港总领事为田尻,筹备伪交行复业时,田尻已经升任为驻华使馆公使,"从而加深了田尻与唐寿民的关系",后来果然也是田尻"极力主张由唐寿民出任商统会理事长",而早在北洋军阀段祺瑞当政时期,唐寿民因处理"西原借款"一案,与日方驻华代表上田省一往来密切,上田曾任日方驻交通银行债权人代表,是唐寿民的"老朋友",所以后来商统会成立后聘请上田担任顾问,也正是此中缘故。详见袁愈佺:《日本加强掠夺华中战略物资炮制"商统会"的经过》,《伪廷幽影录——对汪伪政权的回忆》,第160~161页。
② 唐寿民与周佛海私交甚厚,"唐来南京总是住在周家",袁愈佺:《日本加强掠夺华中战略物资炮制"商统会"的经过》,《伪廷幽影录——对汪伪政权的回忆》,第183页。
③ 《唐寿民自叙"办理交通复业与参加商统会之经过"》,《审判唐寿民档案》。
④ 《唐寿民自叙"办理交通复业与参加商统会之经过"》,《审判唐寿民档案》。
⑤ 参见郑会欣:《唐寿民:失足落水的银行大亨》,《南方都市报》2009年12月10日。

体负责有关两行复业的一切事项。委员会的成员有日本陆海军当局,日本公使及驻上海总领事堀内干城,汪伪政府财政部长周佛海,伪中央储备银行副总裁钱大概,原中国银行南京分行经理吴震修,原交通银行总经理唐寿民等。① 日伪复业委员会规定了两行的股本总额,中国银行为"新法币"(即伪中央储备银行发行的中储券)2 000万元,交通银行为"新法币"1 000万元。同时登报通告,所有两行原商股股东持有旧股票者,凡无"敌性"关系,或已与"敌方"断绝关系者,可按照二对一的比例,以旧股票换取新股票(当时伪中央储备银行规定法币与中储券的比例为2∶1)。

8月29日,日伪复业委员会登报发布中、交两行于9月1日起同时复业的消息,并公布汪伪政权修订的中、交两行条例。汪伪政府财政部长周佛海也发表书面声明称:"中、交两行在新机构之下,重新开业,俾能适应金融政策,以为中央储备银行之左右手,故其发达可以预卜。今两行虽无发行纸币特权,但仍为金融事业之重镇,其重要职员,又多为国内具有声望之银行家,于发展国家实业,助长生产,振兴贸易,必能有新贡献。"

根据日方安排,交行核定董事11人,监事5人,分别组成董事会和监事会。唐寿民为常务董事,并任董事长兼总经理,全面主持行务。经过改组的伪交通银行如期于1942年9月1日正式"复业"。其总行设在上海,下设业务部,直接从事对外业务,不再另设上海分行,原在上海的四个支行及一个仓库同时复业,直接隶属总行。

唐寿民虽出面主持伪交行复业,但内心始终惴惴不安,充满矛盾。他曾私下对人解释说:"交行复业,好比一家人家被盗,主人逃避,账房先生出来为主人看家,保存未被强盗拿去的财产。等主人一朝回来再行交还。"②他在董事长任上,时时将"青白乃心"四字挂在嘴边,并特别将其刻在伪交行的徽章上。③ 为了获得国民政府和交行管理层的谅解,他在筹备复业的过程中多次向重庆报告相关情况,征求意见,但重庆方面始终没有回音,不置可否。

但是在伪交行正式复业后,重庆方面却很快作出反应。1942年9月9日,财政部会同四联总处通过重庆中央广播电台的广播,向沦陷区民众揭露敌伪假借交通银行和中国银行的名义为其侵华战争服务的图谋。重庆的中、交两行总

---

① 中国银行行史编辑委员会:《中国银行行史(1912—1949年)》,中国金融出版社1995年版,第588页。
② 《交通银行简史》,第38~39页。
③ 邢建榕:《民国银行家唐寿民的一生》(下)。

管理处也发出联合公告,严正申明:

(一)自太平洋战事发生,中国、交通两行总管理处即经遵令通饬沦陷区分支行处一律停业,所称在沪及其他沦陷区开业之行处纯系假借名义,希图混淆。至谓两行总管理处由渝迁沪,更属荒谬,纯非事实;(二)中国、交通银行两行股东,应各保持立场,勿受敌伪欺骗,如有串通敌伪换取伪股情事,除将其股权取消外,并以附逆论;(三)假借名义在沪及沦陷区开业之中国、交通两伪行,一切行为及其债权、债务在法律上一律无效。①

尽管重庆方面与复业后的伪上海交行割断了所有公开的正式的关系,但沪、渝之间仍通过秘密电台保持一定的联系,沟通某些信息。例如,一项经常联络的事宜是为重庆交行员工留沪家属拨付每月的生活费用,涉及的家庭约200余户,金额达数千元。该项拨款一直持续至抗战胜利,所留余款后全部移交重庆交行来沪的接收人员。

## 十一、孰是孰非:主持伪交行

唐寿民在伪交行复业后,就当时特殊环境下的经营方针提出三项基本原则:其一,保全行产;其二,维持存户利益及工厂生产;其三,维持同仁生计。关于日常业务的开展,则提出三项具体办法:第一,存款业务应注意吸收新客户,对存款进出不多、数额不大的旧客户,仍应维持联系;第二,放款业务必须重视事先的调查研究,且应以押汇和贴现为主,严格控制信用放款与透支;第三,应尽可能清理并收回旧欠,注重投资新兴事业。②

唐寿民经营方针的主导思想,与他为复业所作的辩解——"吾行数十年基础,或犹得保存,数百同人,亦或得免于冻饿,数千存户亦得赖以周转",③显然是相吻合的。上海交行复业后,被日伪查封接收的银行财产均解冻返归,被侵占劫夺的黄金、证券等资产陆续收回,与客户及同业的存欠也逐渐理顺。复业一年后,唐寿民曾颇为欣慰地总结一年来的成绩:"本行复业一年以来,业务方面整旧营新诸端,悉依复业初之本旨,取稳健渐进主义。整旧则将各地资产顺序整理,债权设法收回,行产竭力保护,不但未损丝毫,且有增加,各支行亦多次第复业,

---

① 《中国银行行史(1912—1949年)》,第451页。
② 《交通银行简史》,第39页。
③ 《唐寿民自叙"办理交通复业与参加商统会之经过"》,《审判唐寿民档案》。

恢复行誉不少。"①应该说，维护交行基业和保障存户权益这两项大体是做到的。

抗战胜利后，奉重庆国民政府之命从事地下情报搜集工作的袁良曾出具证明，为唐申辩："(主持伪交行)三年之间，全部财产得以保全，即已为敌伪所占夺者亦经次第收回，所有同业及客户之存欠任其陆续理直，免受伪币贬值之损害……完全为保全各该行数十年之基业着想，似无罪行之可言。"②袁良为人以清廉公正著称，且不论其证言中对唐寿民的功过评价，但所列举的具体事实是可以相信的。

抗战时期的沦陷区在日伪的残暴统治下，伪交行的员工生活困苦，备尝艰辛。唐寿民在这段时间中，对员工的生活给予尽可能的关照。他不仅多次调高员工的薪金，并通过各类福利、补贴措施，如子女教育贷金、子女教育补助金、特种人事贷金、团体人寿保险、福利基金储蓄金、购米借款、同人消费合作社等，给员工及其家属以实际帮助，甚至还创设行内的医疗机构，为员工治病提供方便，降低医药费用。当时行内自办的"同人消费合作社"，跳过市场批发、销售环节，直接从生产厂商进货，以远低于市场零售的价格向本行员工供应粮、油、布匹等生活必需品，进货所需款项皆向行方透支，然后以销售收入在该社透支户账下抵冲欠款。唐寿民主持的总行联席会议对该社的透支要求皆给予通融，并且议决，以后该社每批进货皆可按照实需价款随时向行方申请，核准后即可垫借。

当然，唐寿民的上述措施也仅是杯水车薪，无法解决根本问题，他也开诚布公地向全体员工说明行方的难处，求得同人谅解。他在1943年9月《致本行同仁书》中说："年来一般物价逐步高翔，同人生活备尝艰苦，虽经一再调整待遇，终难使个人收支平衡。鄙人忝主行务，无时无刻不以此萦怀，并引为深忧，故凡在可能范围以内，但能为同人设想者，则无不尽力图之。惟有迫于环境事实者，则又不得不兼顾事实与环境。"③

此一时期，为防止员工自暴自弃、消极怠工，唐寿民加强了对行风行纪的整顿力度。对上班迟到等行为严查纠正，并且严禁员工吸食鸦片："本行同人绝对不应再有染此嗜好……希望各级主管者严行访察，如有可疑者，即予调验，果有

---

① 《唐寿民致本行同人书》(一)，1943年9月30日，交通银行档案，档号：Q55-2-248，上海市档案馆藏。
② 《袁良关于"唐寿民被俘来沪迫任伪交行及伪商统会事之经过"的叙述》，《审判唐寿民档案》。
③ 《唐寿民致本行同人书》(一)，1943年9月30日。

其事,绝对不予宽容,立即开除。"唐在行内反复叮咛:"即望体念爱行即是爱己,关于爱惜行物,为行谋如何发展,如何遵守行纪,同人与同人间如何求互助合作,一切之一切在诸同人自动行之。"①

此外,唐还与国民政府在上海的地下情报人员建立联系,并在行内特别设置"调查统计室",调查沦陷区的经济情报密报重庆。据说伪交行内部还有中国共产党的地下活动,唐也佯作不知,未加干涉,甚至还掩护身份暴露的地下党员,使之安全进入抗日根据地②。唐寿民的上述举动是为了自保而留后路,还是仍保留几分民族良心,后人已很难定论。战后受审时,袁良曾提供如下证明:"(唐寿民)特设调查统计室,专办调查沦陷区金融、经济、物资等重要事项,密报中央供参考……在沪调查敌伪经济、金融状况,材料亦多由其供给","此项工作以唐出力最多"。③

唐寿民另一大污点是出任伪全国商业统制总会理事长。虽然最初也是坚决拒绝,甚至扬言"如必勉强,非逃则死",但最终亦是经不住各方劝诱,从而更深一步陷入泥潭。④ 唐曾自辩此举是为了"争得一分是一分,做一点算一点"⑤。他在任上也确实提出了一些向日方争取权益的计划,但均无法实施,故一年又三个月后辞职。⑥ 他任伪商统会理事长期间,对伪交行业务难以兼顾,具体的经营活动多由业务部经理陈子培主持。

1945 年 8 月 15 日,日本宣布无条件投降。16 日,伪交行董监事会自动宣告结束。19 日,重庆国民政府代表蒋伯诚通知上海交行暂时维持现状。30 日,重庆交行总管理处派遣李道南等人赴沪正式接收上海交行,由日伪改组复业的伪交行至此结束。⑦

---

① 《唐寿民致本行同人书》(二),1944 年 9 月 30 日。
② 邢建榕:《民国银行家唐寿民的一生》(下)。
③ 《袁良关于"唐寿民被俘来沪迫任伪交行及伪商统会事之经过"的叙述》,《审判唐寿民档案》。
④ 《唐寿民自叙"办理交通复业与参加商统会之经过"》,见《审判唐寿民档案》。另据之前在交行任职,且与唐寿民熟识的袁愈佺回忆,唐"欣然同意出来主持'商统会'的组织工作,唐寿民对商统会理事长深感兴趣"。周佛海在 1943 年 3 月 6 日日记中提到:"约公博、作民、思平、寿民、震修,会商组织商业统制总会接收物资事务,约三小时。留思平、寿民便饭,并进一步商谈。作民、震修只知批评,不肯负责,令人失望;寿民颇有勇气,拟请其为会长也。"似能印证袁之说法。详见袁愈佺:《日汪勾结掠夺中国资源概述》《日本加强掠夺华中战略物资炮制"商统会"的经过》,黄美真:《伪廷幽影录——对汪伪政权的回忆》,东方出版社 2010 年版,第 146~147、160 页;《周佛海日记》,上海人民出版社 1984 年版,第 821 页。
⑤ 《唐寿民自叙"办理交通复业与参加商统会之经过"》《审判唐寿民档案》。
⑥ 王克文认为,"唐寿民的辞职不太可能仅仅是因为他和汪精卫政权发生了冲突,部分原因也是他对日本方面的表现感到失望",王克文:《通敌者与资本家:战时上海"物资统制"的一个侧面》。
⑦ 《交通银行简史》,第 40 页。

抗战胜利后，唐寿民因汉奸罪被起诉，1946年，上海高等法院以汉奸罪判决唐寿民无期徒刑，唐不服判决，多方申诉，经两次改判，最终被判决徒刑八年。1948年年底，国民政府大赦政治犯，唐于1949年初出狱。中华人民共和国成立后，唐寿民又于1953年被法院重新起诉，在上海被管制两年，1974年病逝，结束了坎坷而传奇的一生。

（原文载《近代中国》第25辑，
作者：章义和，华东师范大学历史学系教授；
管夕茂，上海师范大学附属外国语中学历史教员）

# 1913年孙中山两次访问神户

## ——图像叙述的史话

蒋海波

## 绪　　言

　　1913年2—3月,孙中山以筹办全国铁路全权的身份,出访日本。在结束了东京的日程后,3月9日到达京都,10访问奈良,晚间到达大阪参观访问。13日上午10点从大阪出发,11点到达神户,开始了他为期两天的神户之旅。这是他第14次来到这个港口城市。到达神户后,孙中山一行先到下榻宾馆小憩片刻,随后就赴中华会馆,出席由神户华侨举办的欢迎午宴,出席者达1 500人。下午,出席由基督教青年会(YMCA)举办的讲演会,孙中山作了讲演后,再次赴中华会馆,出席在那里由国民党神户交通部举行的欢迎宴会。第二天14日早晨,孙中山一行参观神户华侨同文学校,在观看了学生们的早操之后,孙中山发表讲话,鼓励学生要为新生的中华民国的建设贡献力量。随后,一行驱车前往川崎造船所。

　　本稿将以位于神户的川崎造船所、航行于基隆—神户航线的日本邮船公司的信浓丸、神户的著名旅店常盘花坛别庄为经,以聚集在神户的日本政界财界、志士、新闻记者、华侨留学生的活动为纬,穿插以图片,返回历史的现场,立体地再现1913年3月、8月间孙中山与神户的紧密关系,为充实孙中山与日本、神户关系的历史研究做一些新的补充。[①]

## 一、川崎造船所

　　川崎造船所位于神户凑川入海口,现在是川崎重工业株式会社的所在地。

---

① 本稿1~2节的日文稿,曾在《孙文研究》(第48、49合并号,2011年8月,第23~34页)上发表。收入本稿时作了大幅度修改。

关于这次访问视察，《神户新闻》刊载了报道和照片，对孙中山一行的动向，有比较详细的报道。①

此日上午，孙氏一行预定来访的川崎造船所本部门口，交叉着悬挂日华两国国旗，经理室被改装成临时休息室，装饰一新。上午11点20分，孙中山一行到达该社。川崎副社长、四本营业部长等出迎。进入休息室后，互相握手致意。造船所特意准备了纪念品，向孙氏赠送同所建造战舰及兵库分工场制作品的图册两本。尔后由川崎副社长引导，参观了同社楼上的造船制图室，依次视察了厂房内工作部门操作状态。孙逸仙氏多年巡游过欧米各地，参观对造船作业，本次应是第一回。川崎氏说明——，孙氏热心倾听，巡览了每个部门。特别是对目下建造中的二万八千吨军舰榛名、一万一千吨邮船鹿岛及水雷艇等，表现了极大的关心。仔细凝视其构造，对有威力的各种制船机械及机工灵活的动作等感叹不已。过了大约二小时间，厂内巡视完毕后再次来到休息室，宾主约数十名一起举杯香槟酒。川崎副社长发表了致词：孙逸仙氏阁下本次来访以来，日夜不停，应酬各处的欢迎，几无寸暇。虽然如此繁忙，今天特意应敝社之恳请，亲自巡览，诚为本造船所的光荣。全场职工一万二千余人不胜欣喜。敝社受贵国之爱顾，不仅曾屡屡承接军舰水雷艇等订货，而且最近还承接了炮舰永翔号的制作任务。还有江西省铁道的客车其实也是本社制作的。将来贵国与我国日益加深亲善。希望与敝社的关系更进一步地加深。在此敬祝贵国万岁，并祝阁下健康。

以下是通过当天晚到的戴天仇口译的孙氏简单的答谢辞：本日视察了贵造船所的各个部门，对其规模之大，进步之显著，惊叹不已。同时目睹我东方在这一事业上的有如此发展，也是予之欣喜不已之处。希望将来贵社社运日益隆昌，为东方平和作出更多贡献。

宾主再次举起香槟干杯后，由川崎副社长和其他有关人员送行。一行分乘三辆自动车于下午一时，向爆竹声轰鸣的舞子进发。

担任向导的川崎副社长就是川崎芳太郎（1868？—1920），是创业者川崎正藏（1837—1912）的女婿。当时社长松方幸次郎（1866—1950）因当选为众议院议员，要出席帝国议会，不在神户②。四本营业部长是指四本万二，他曾在承接中

---

① 《神户新闻》1913年3月15日第三版。
② 神户新闻社编：《火轮の海——松方幸次郎とその时代（上）》(神户新闻社，1989年，第145—146页)。

国订货的军舰完成后,多次随船赴中国交货。在上面提到的那些军舰中,炮舰"永翔"是"永丰"的姐妹船(sister boat),在制式上与"永丰"相同。由清政府订货,川崎造船所建造,1911年3月30日下水,1913年1月7日,从神户港出发,在长崎与三菱造船所建造的"永丰"会合,1月15日,一起进入吴淞港,1月20日,向中华民国政府交接。① "永丰"舰就是日后著名的"中山舰"。

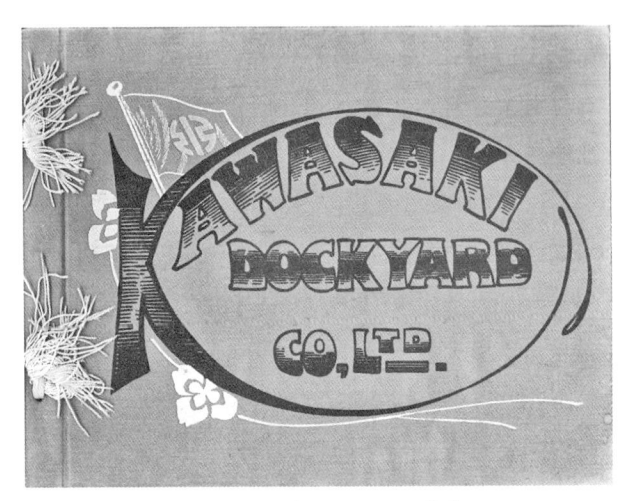

图1 川崎造船所制品图片集

　　川崎造船所赠给孙中山的图片集,应该是介绍川崎造船所制品的图片集"KAWASAKI DOCKYARD CO., LTD"(见图1)。据笔者所知,在上海,孙中山故居纪念馆收藏此书②,在日本,孙文纪念馆收藏。该图片集是在孙中山访问前的1913年初刊行的。图片集实物经过大约一世纪的岁月,依然保持着它的精美度。

　　上述川崎芳太郎副社长提到"敝社受贵国之爱顾,不仅曾屡屡承接军舰水雷艇等订货,而且最近还承接了炮舰永翔号的制作任务。还有江西省铁道的客车其实也是本社制作的",在孙中山来访的数年前,川崎造船所承接了许多中国订货舰船的建造业务。其概要如表1③。

---

① 横山宏章:《中国砲舰〈中山舰〉の生涯》(汲古书院,2002年,第28页)。
② 上海孙中山故居管理处、日本孙文研究会合编:《上海孙中山故居藏书目录》(汲古书院,1993年,149页)。
③ 根据川崎重工业株式会社编:《川崎重工业株式会社社史(别册)——年表、诸表》(同社史编さん室,1959年,第160—208页)〈舰船建造实绩〉制成。

表 1 川崎造船所承接中国订货舰船建造业务

| 编号 | 船名 | 种类 | 订货者 | 排水 | 长 | 幅 | 深 | 吃水 | 马力 | 起工日 | 进水时间 | 交接时间 |
|---|---|---|---|---|---|---|---|---|---|---|---|---|
| 36 | 流星 | 巡逻艇 | 上海海关 | — | 185′-0″ | 28′-6″ | 16′-2″ | 9′-6″ | 1 499 | — | 1902 年 6 月 7 日 | 1902 年 9 月 13 日 |
| 250 | 江元 | 炮舰 | 南京省 | 565 | 170′-0″ | 28′-0″ | 13′-6″ | 13′-6″ | 1 487 | 1904 年 6 月 23 日 | 1904 年 11 月 16 日 | 1905 年 6 月 3 日 |
| 256 | 湖鹏 | 水雷艇 | 湖北省 | 89 | 40.10 m | 4.94 m | 2.05 m | 1.03 m | 1 375 | 1906 年 2 月 25 日 | 1906 年 10 月 19 日 | 1907 年 5 月 31 日 |
| 257 | 湖鹗 | 水雷艇 | 湖北省 | 89 | 40.10 m | 4.94 m | 2.05 m | 1.03 m | 1 484 | 1906 年 2 月 28 日 | 1906 年 10 月 19 日 | 1907 年 5 月 31 日 |
| 270 | 湖鹰 | 水雷艇 | 湖北省 | 89 | 40.10 m | 4.94 m | 2.05 m | 1.03 m | 1 391 | 1907 年 5 月 15 日 | 1907 年 11 月 17 日 | 1908 年 3 月 16 日 |
| 271 | 湖隼 | 水雷艇 | 湖北省 | 89 | 40.10 m | 4.94 m | 2.05 m | 1.03 m | 1 376 | 1907 年 5 月 15 日 | 1907 年 11 月 17 日 | 1908 年 3 月 16 日 |
| 272 | 楚泰 | 炮舰 | 湖北省 | 750 | 190′-0″ | 29′-6″ | 14′-0″ | 8′-0″ | 1 232 | 1905 年 10 月 7 日 | 1906 年 5 月 29 日 | 1906 年 8 月 25 日 |
| 273 | 楚同 | 炮舰 | 湖北省 | 750 | 190′-0″ | 29′-6″ | 14′-0″ | 8′-0″ | 1 728 | 1905 年 11 月 5 日 | 1906 年 6 月 12 日 | 1906 年 9 月 24 日 |
| 274 | 楚有 | 炮舰 | 湖北省 | 750 | 190′-0″ | 29′-6″ | 14′-0″ | 8′-0″ | 1 770 | 1906 年 2 月 6 日 | 1906 年 7 月 31 日 | 1906 年 10 月 22 日 |

（续表）

| 编号 | 船名 | 种类 | 订货者 | 排水 | 长 | 幅 | 深 | 吃水 | 马力 | 起工日 | 进水时间 | 交接时间 |
|---|---|---|---|---|---|---|---|---|---|---|---|---|
| 275 | 楚谦 | 炮舰 | 湖北省 | 750 | 190′-0″ | 29′-6″ | 14′-0″ | 8′-0″ | 1 554 | 1906 年 9 月 15 日 | 1907 年 2 月 21 日 | 1907 年 10 月 15 日 |
| 276 | 楚豫 | 炮舰 | 湖北省 | 750 | 190′-0″ | 29′-6″ | 14′-0″ | 8′-0″ | 1 830 | 1906 年 9 月 27 日 | 1907 年 4 月 1 日 | 1907 年 11 月 16 日 |
| 277 | 楚观 | 炮舰 | 湖北省 | 750 | 190′-0″ | 29′-6″ | 14′-0″ | 8′-0″ | 1 594 | 1907 年 2 月 26 日 | 1907 年 8 月 14 日 | 1907 年 12 月 30 日 |
| 288 | 江亨 | 炮舰 | 南京省 | 565 | 170′-0″ | 28′-0″ | 13′-6″ | 7′-0″ | 1 326 | 1906 年 12 月 5 日 | 1907 年 6 月 25 日 | 1907 年 11 月 19 日 |
| 289 | 江利 | 炮舰 | 南京省 | 565 | 170′-0″ | 28′-0″ | 13′-6″ | 7′-0″ | 1 511 | 1907 年 4 月 6 日 | 1907 年 9 月 18 日 | 1907 年 12 月 31 日 |
| 290 | 江贞 | 炮舰 | 南京省 | 565 | 170′-0″ | 28′-0″ | 13′-6″ | 7′-0″ | 1 346 | 1907 年 4 月 20 日 | 1907 年 10 月 30 日 | 1908 年 1 月 19 日 |
| 300 | 永和 | 游艇 | 大藏省 | 26 | 62′-0″ | 9′-3″ | 4′-0″ | 2′-3.5″ | — | 1907 年 7 月 6 日 | 1908 年 5 月 20 日 | 1908 年 5 月 27 日 |
| 315 | 飞云 | 快艇 | 大连海关 | 46 | 56′-0″ | 11′-6″ | 6′-6″ | 4′-6″ | 154 | — | 1909 年 7 月 13 日 | 1909 年 9 月 21 日 |
| 344 | 永翔 | 炮舰 | 清国政府 | 780 | 250′-0″ | 29′-6″ | 14′-9″ | 8′-0″ | 1 438 | — | 1911 年 3 月 30 日 | 1913 年 1 月 7 日 |

在建造的这些军舰(炮舰 11 艘、水雷艇 4 艘)中,订货者有"南京省"的,或许是两江总督府。水雷艇与日本海军的二等水雷艇同型,但炮舰是川崎造船所独自设计的。① "永翔号"是川崎造船所为中国建造的炮舰中排水量最大的,与"楚"字号系列的炮舰一样,主要装备有主炮 2 门(口径:4.7″)、副炮 2 门(12pdr)、机枪 4 门(Maxim)等。② 川崎造船所为中国建造的军舰,"永翔"是最后一艘。除了军舰以外,川崎造船所也制造民生用品。该社为天津水道局制造的水泵,也刊载在"KAWASAKI DOCKYARD CO., LTD"里。

川崎造船所由被人称作为"造船王"川崎正藏创立的。从造船所出发,进入重工业。鹿儿岛出身的川崎正藏 27 岁时,在大阪从事海运业。36 岁时,乘坐的船触礁沉没,开始对修理船舶和造船发生兴趣。42 岁时(1879 年),在东京筑地隅田川边上借下官有地,开设了"川崎筑地造船所"。1881 年,从工部省买下"官营兵库造船局",在神户的兵库,开设了"川崎造船所"。1887 年 11 月,完全个人经营的"川崎造船所"诞生了。③ 1896 年 10 月,川崎造船所改组成株式会社,川崎正藏的至交,同乡先辈松方正义的三男松方幸次郎任第一代社长,川崎正藏任顾问,川崎芳太郎就任副社长。以后,业务大发展。1901 年 7 月,松方为了与上海海关签订造船合同,赴上海。以后多次往来于香港、上海、马尼拉等地。1902 年 6 月,作为该社最初的出口船,上海海关的灯台巡逻艇"流星号"(No.36、709 吨、外国订货第一艘大型船)下水。9 月,交接。④ 以后,如表 1 所示,川崎造船所为中国制造了不少军舰。1939 年 12 月,该社改称川崎重工业株式会社,成为代表日本重工业的骨干企业,直到现在。其英文社名"Kawasaki"为世界所公认。

## 二、《孙中山先生东游纪念写真帖》

这张在川崎造船所码头拍摄的照片(见图 2)后来被《孙中山先生东游纪念写真帖》(品川仁三郎、西岛函南编,日华新报社,1913 年 5 月,以下略称《写真帖》)转载。《写真帖》是一本详细记录孙中山访日,特别是访问神户的图片集,其画质比《神户新闻》上刊登的更加鲜明。关于本次视察访问,《写真帖》有以下相

---

① 前揭:《川崎重工业株式会社社史(别册)——年表诸表》,第 215 页。
② 前揭:《川崎重工业株式会社社史(别册)——年表诸表》(舰艇兵装一览),第 220 页。
③ 三岛康雄:《造船王川崎正藏的生涯》(同文馆,1993 年,第 368~387 页,年表)。
④ 前揭:《川崎重工业株式会社社史(别册)——年表·诸表》,第 164~165 页。

当详细的记述(10～11页),收录其全文如下,可以看出,这是上述《神户新闻》的报道的汉译文。

**图2　1913年5月14日,孙中山视察川崎造船所码头**

3月14日上午10点,孙先生带同属员驱自动车赴中山手通三丁目同文学校。少时休息之后,于楼上讲堂对学生为训示的演说,演说毕为纪念摄影,上午11点辞去。再驱自动车抵川崎造船所,盖孙先生为考察造船事业起见者。副社长川崎芳太郎、四本营业部长等迎接。延客厅,先由副社长赠呈该厂建造船舰及兵库分工厂制造各品之写真帖二册,之后川崎副社长先导,自楼上造船制图室,顺次视察厂内工作部作业状态。其中对于现在建造中之兵舰榛名(二万八千吨)邮船鹿岛(一万一千吨)及水雷艇等,孙先生最热心凝视其构造,且亲观有威力各种制船机及工人动作之敏活,感叹如不能措者。各部巡视毕,再入客厅举香槟之杯。川崎副社长述欢迎词:

孙中山先生阁下,本日特辱蒙驾临敝社,洵为敝社光荣,而从业者一万二千余人所钦佩不措也。敝社与贵国有关系为日匪浅,屡荷蒙眷顾,制造贵国舰艇者不尠。且最近既了炮舰永翔号之受授,又江西铁路客车亦实系敝社所制造。将来敝国与贵国益加亲善,敝社与贵国之关系因此更加一段之亲密,不胜切祷之至也。兹敬祝贵国之万岁并颂祷阁下之健康。

川崎副社长颂词毕、由孙先生述谢词曰:

本日始视察贵厂,惊叹其规模之宏大与进步之显著。今日于我东洋得目睹斯业之发展,诚为余辈所欣喜不能措也。庶几将来社运益隆昌、为东洋平和、又有事之际，均寄与多大之贡献。是为至祷云云。

孙先生谢词毕，再举香槟之杯。万岁声里辞去造船厂，旋向舞子吴锦堂邸。

这部图片集是设在神户的日华新报社发行的，全文用汉文写成。担任同社编辑事务的是当时兼任神户裁判所日中翻译，毕业于日清贸易研究所，精通汉文的西岛函南(1870—1923)。该报社根据神户日中贸易的隆盛情况，为了促进日中贸易，由西岛翻译、编纂的有关日本商务、法律的汉文书籍，受到华侨和有关人士的欢迎①。《写真帖》是一册发挥西岛本领的作品，关于其刊行过程和宗旨，有以下的记述：

图3 《孙中山先生东游纪念写真帖》

中华民国首勋孙中山先生今次来游我国。惟中山先生不独为中华民国四万万国民所钦仰而已，实为世界之伟人也。兹值先生东渡，我朝野之人士洵能披沥赤诚，异常欢迎以尽善邻之至情。吾人目睹此盛状，不胜额手庆贺之至。而先生小勉应酬，每天向各界受邀请者数次，或演说世界大势，或劝诱日华联盟，殆无暇晷，而意气颇旺盛，精神益健刚，绝不露疲劳之容，曷胜钦仰。本馆有见于兹，相商朝野有识，特发行孙中山先生东游纪念帖，以欲永远纪念巨人来朝，且致仰慕之忱。抑我日华新报，创刊以来十载于兹，专以资两国之国交兼为两国商务场中之管键为任。幸荷蒙江湖之眷爱，社务

---

① 柴田清继：《西岛函南》《孙文研究》第42号，2007年9月，第30～41页)。

日益兴旺,感激不尽也。是书之发行,聊表野人献芹之微意耳。大方诸君请谅察吾人之微衷,以纪事不妥当,勿咎其意,即幸甚。大正二年五月二十日。

作为孙中山的图片集,这部作品大概是最早发行的孙中山图片集(见图3)。限于当时的印刷技术,报道文与照片分别编排在不同页面上。上述文章没有句点,但作为汉文,可以毫无滞碍地阅读。该图片集以孙中山肖像照为首,共收录了孙中山在日本各地访问的照片。其中东京3枚、横浜1枚、大阪3枚、神户8枚。另外还刊登了与孙中山访问没有直接关系的照片(神户3枚、大阪1枚)。

这些没有直接关系照片,其中在神户的3枚(《写真帖》写真16)是川崎造船所建造的军舰"平户"与火车头的照片,这些在文字说明中都有正确的记载(写真3)。但是大阪的1枚(《写真帖》写真10),照片里并没有孙中山或其随行人员。将这张照片说成是"欢迎写真"显然是错误的(写真4)。据笔者的考证,其实,这张照片不是孙中山访问大阪时的欢迎照,而是1913年3月2日,孙中山访问大阪的十天前,国民党大阪分部成立大会时的纪念照①(图4)。

图4 1913年3月2日,国民党大阪分部成立大会时与会人员纪念照

---

① 蒋海波:《大阪国民党分部成立大会纪念摄影》(《关西华文时报》2003年11月1日)。

现在，除了孙文纪念馆以外，日本国立国会图书馆也收藏了这部《写真帖》，在该馆的近代数码实况画廊里公开（http：//dl.ndl.go.jp/info：ndljp/pid/966124），有条件的读者可以在互联网上直接阅览、下载。

## 三、信 浓 丸

孙中山与神户的关系不仅是这次正式访问。与这次风光的访问相比，在5个月后发生的事，更具有戏剧性。打个比方，如果说早春的日本访问时孙中山受到准国宾待遇，就像在天国旅行一样的话，那么，8月的流亡日本，则完全像跨越地狱的旅行。①

1913年3月22日，从熊本赴长崎途中，孙中山接到了宋教仁遭暗杀的信息。在长崎的访问日程结束后，立刻回国。宋教仁是国民党的干事长，在同年1—2月举行的中国最初的国政选举中，由于宋教仁的活动，国民党在参、众两院选举中均获得了约45％的议席，成为第一大党。这样的结果，就会诞生以国民党为中心的内阁。3月20日，在全国游说途中的宋教仁在上海车站遭枪击。22日，去世。3月25日，回到上海的孙中山主张武力抗袁，但事件的司法判断尚未明确的时候，党内意见不一致，举兵一事被搁置。

但是，在4月召开的国会上，袁世凯政府以盐税为担保，与英、法、德、俄、日五国银行团签署了借入2 500万镑的"善后借款"，逼迫国会承认。对此，国民党议员和南方的国民党系的主要都督都表示反对。袁世凯政府罢免了他们，开始镇压。7月12日，江西省都督李烈钧举兵讨袁，宣布"独立"，"二次革命"爆发。但是在袁世凯政府军的绝对优势面前，"独立"被各个击破，孙中山等人不得不又开始流亡生活了。

8月2日夜晚，孙中山等从上海坐上德国船"约克"号，准备赴香港。3日，船停靠福州马尾港。孙中山在这里接到了日本驻福州领事馆书记生饭田、武官多贺宗之传来的消息，②广东战局不利，在香港登陆已经不可能。当天夜晚，孙中山与胡汉民，侍从两人一起，转乘停泊在福州的大阪商船公司的货物船"抚顺丸"③。

---

① 陈德仁、安井三吉：《孙文と神户》（神户新闻出版社センター，1985年），第171页。
② 多贺宗之：《孙文の亡命——孙逸仙福州亡命の隐れたる事实》（久保田文次编：《萱野长知·孙文关系史料集》，高知市民图书馆2001年版，第343～347页）。
③ 1908年5月，大阪铁工所制造，总吨数1812吨，重量吨数1889吨，长さ77.7米，幅11.0米，深7.0米，吃水4.9米，动力1209马力。乘客定员，一等10名，二等16名，三等246名。大阪商船所属，1911年4月，就航高雄—上海线，1912年4月，就航高雄—天津线。1914年9月，就航台湾东岸线，1929年11月30日，在台湾北部触礁，沉没。野间恒、山田迪生编：《日本の客船①1868—1945》（海人社1991年版，第116页）。

4日上午10点出发,5日早晨6点到达基隆。再次转乘停泊在基隆港的日本邮船公司的"信浓丸",下午4点起锚,经门司向神户进发。开始了他为期2年9个月的流亡日本的生涯。这一段传奇式的经过,除了多贺宗之的回顾录以外,留在了从日本驻福州领事馆副领事(后任代理领事)土谷久米藏向外务省发出的报告中也证实了其中原委①。

牧野外务大臣

　　遵照贵电旨意,昨日派遣馆员赴停泊在马尾的德国船,将事情经过传达给孙逸仙。他的目的是赴广东,当告知他该地形势不妙。最终决定换乘于今日(四日)上午十点起锚之抚顺丸赴基隆。一行中有胡汉民。孙表示,因不能赴广东方面,只得寻找住在神户"东方宾馆"的友人宋嘉树。

土谷副领事

大正二年八月四日下午五时十五分福州发　十时五十分本省到达。

离开基隆后的孙中山在信浓丸船上立刻向神户运送业者三上丰夷发出电报,表达了逗留日本的意思,并希望他帮助登陆。日本政府当初对孙中山的登陆表示为难,经过犬养毅、头山满的运动,最后采取了默认甚至是保护的态度。而另一方面,萱野长知、寺尾亨、古岛一雄、岛田经一、菊池良一等先后赶赴神户,与松方幸次郎、三上丰夷以及王敬祥、杨寿彭这两位国民党神户交通部副部长商议,为孙中山的上陆做了准备。但是,当时的孙中山是中国政府发出悬赏令的要犯,而在中国国内国民党议员不是被逮捕就是被杀害的紧急形势下,要保护好孙中山不被刺客暗杀,安全登陆和避难,就必须慎重行事。在几方面的合作下,一出"偷出孙中山"的戏就在神户上演了。② 它的舞台就是停泊在神户海面的"信浓丸"和川崎造船所的码头,以及位于诹访山麓的常盘花坛别庄。

信浓丸原来是日本邮船公司西雅图航线的货客船,于1900年4月,由英国戴维·威廉·亨德松公司(David and William Henderson and Co)建造。总吨数

---

① 亚洲历史资料中心,Ref.B03050070100(第22～23画面)。
② 萱野长知:《お隣へ》(1926年7月)(久保田文次编:《萱野长知·孙文关系史料集》,高知市民图书馆2001年版,第102～104页)。关于避难的一周,除了前揭:陈德仁、安井三吉的《孙文と神户》(第161～174页),陈德仁《辛亥革命と神户》(孙中山纪念馆,第24～43页,1986年)以外,武上真理子:《服部一三》、安井三吉:《三上丰夷》分别对当时的兵库县知事服部一三、海运业者三上丰夷所发挥作用的论文发表在《孙文研究》第42号,2007年9月,第3～16,17～29页。

6 388 吨、载货重量吨数 6 740 顿、全长 135.635 米（垂线间长）、型幅 14.996 米、船客定员 238 名（一等 26 名、二等 20 名、三等 192 名）。也可以作为临时巡洋舰,有 15 栂安式速射炮 1 基、12 斤安式速射炮 3 基,还有莫尔斯信号的无线电报设备。信浓丸最初是作为日本邮船西雅图航线服役的,日俄战争时,作为军用船被征用,隶属吴镇守府,作为临时巡洋舰担任对马海峡警戒。1905 年 5 月 27 日深夜,发现了秘密驶向对马海峡的俄国巴尔奇克舰队,马上发出"发现敌舰"的电报,为日本海军的胜利作出过贡献（图 5）。信浓丸 1951 年解体,是一艘没有受到过战争创伤的强运船[①]。

图 5　日本信浓丸客货船

日俄战争后,信浓丸解除征用,恢复在西雅图航线服役后,又转为神户—基隆航线服役。乘上信浓丸的孙中山能够利用无线电报,与经营海运业的三上丰夷[②]及时取得联系。在他秘密登陆神户这一幕的背后,"信浓丸"与三上丰夷之间,电报的存在是至关重要的。

---

① 山高五郎著:《图说日の丸船队史话》（至诚堂 1981 年版,第 106～108 页）。
② 松浦章根据新闻广告,三上合资会社在 1910 年 10 月时,拥有"定期汽船"香取丸,运行神户—基隆线（《近代日本中国台湾航路の研究》,清文堂 2005 年版,第 145 页）。据在前揭山高《图说日の丸船队史话》（第 141～142 页）,香取丸于 1913 年 9 月 11 日,由三菱长崎造船所制造,服役于日本邮船的欧洲航路。

## 四、乘着夜色上岸

关于孙中山在神户上岸一事,当事者之一的萱野长知留下的回顾录详细地记录其经纬。抄录如下。

余至神户时,信浓丸已经进入港湾。几个便衣警察和新闻记者好像都在鬼鬼祟祟地打听孙氏。无论是船长也好事务长也好,都一律回答,没有这样的乘客。余避开人们的目光,与船长相见,出示了无线电信,恳求一定要见面。船长说道,原来如此,先生正在急切地等着呢。来,往这边走。一边说一边注意周围的情况。你就是土佐的萱野君吧?边问边带着进了船长室。好像是进他人房间一样,探视了房间里边的情况后才进去了。

房间深处,孙氏一下子站起来了,微笑着紧握余手,沉默……船长对我们行了个注目礼,喀喳一下把门关上,离开了房间。

那天晚上九点左右,天空漆黑一团,黑暗中一艘奇怪的小蒸汽船,悄悄地靠近了信浓丸的舷梯。旋即向着兵库川崎造船所的海面疾驶而去。

连黑白也分不清,就在黑暗中手拉着手,攀上了造船所岸壁。三个人,谁也不出声,绕过工场的厂房,机器,铁渣堆,左拐右绕,终于走出了造船所的边门。

走在前头的是川崎造船所的松方幸次郎君,跟在后面的就是孙中山先生与本人。松方氏因为是走自己经营的工场,所以当然知晓路径,而孙氏与本人,就像盲人在跑马拉松似的,跌跌撞撞,正是吃够了苦头。事后和孙氏一起谈起此事还大笑一场呢。

出了川崎造船所的边门后就紧赶慢走。当然是走那些无人通行的小路,渐渐地开始登上诹访山。不久我们就被带到了矿泉浴场上面的山腹部,在那里只有一家新造的两层楼的小别墅。

这个住处是当天傍晚,急促之间,由三上和松方氏安排好的。大概谁也不会想到孙氏在这神户的山顶上摆下阵势。就连善于到处打听、无缝不入的新闻记者们也不会知道在这黑暗里的一幕吧。

(中略)

从东京带着头山、犬养、寺尾翁等人旨意的古岛一雄、岛田经一、菊池良一等同志也纷纷来到神户。在孙氏潜居的处所正下方的一家叫"一力"的料亭里摆开阵势,与东京的同志相策应,为孙氏的前途出谋划策。

余则与平时一样,住宿在西村旅馆,以此为根据地,前往"一力亭",悄悄地与孙氏的潜居之家取得联络。数日后,在神户站向流亡日本的胡汉民、廖仲恺氏传达了孙氏的旨意,一起来到西村旅馆,第二天早晨,乘天还没亮之际,让他们与孙氏密会,后来又有宋嘉树氏等一些同志来集会,最终等待着密行东京时机的到来。

根据萱野的回忆,9日夜9点左右,准备好的小汽艇在悄悄地靠近了信浓丸的舷梯,把孙中山他们接上了小汽艇,直接驶向川崎造船所的码头,然后在那儿上岸。带路的是松方幸次郎,带着孙中山与萱野长知二人,在通过厂区后,出边门,"紧赶慢走",来到了位于诹访山腹部的潜居之处常盘花坛别庄。对于这一幕的秘密程度,萱野长知得意地回顾道,"就连善于到处打听、无缝不入的新闻记者们也不会知道在这黑暗里的一幕吧"。

但是,日本警察是知道的。兵库县知事向外务大臣牧野显伸的报告则从另外一个侧面反映,日本官方是知道萱野、三上他们的计划的。①

牧野外务大臣

孙逸仙由从者二名相伴,于本日上午7点乘信浓丸平安到达港口。首先在和田海面,乘检疫所的船,由神户市内海运业者(三上丰夷)先去确认本人的意向。因孙不愿与任何新闻记者及支那人等面会,所以决定暂时让他潜伏在船长室,他答应了。众多访问者以为既然已经检疫完毕,那么就会乘小汽艇上岸。为了严重警戒身边安全,三上预定于本夜悄悄地与他同伴上陆。在这以后的安排则按照电训所示,计划依次实施中。

兵库县知事

大正二年八月九日下午一点三十五分三宫发出、二点三十分本省到达

也就是说,三上答应向兵库县知事服部一三报告孙中山的意图,也报告了决定在晚上悄悄地上岸。但是没有说是用谁的船,甚至还说是自己与孙中山一起上岸,其实他并没有与孙中山一起上岸。

## 五、新闻记者是知情的

而且,新闻记者也是知道孙中山行踪的。8月8日早晨9时,信浓丸进入了

---

① 亚洲历史资料中心,Ref.B03050069600(第51画面)。

门司港。关西各家报纸就派遣记者或通信员,登上了停泊中的信浓丸,对孙中山的所在进行了确认。对于蜂拥而至的记者,船长郡宽四郎回答说孙中山已经上岸了,想蒙混过关,但是,正好孙中山走进船长室的一幕被记者目击,实在没办法,只好举行了一场记者会见。但是对于在神户的预定日程,孙中山避开了明确回答。

3小时后的12点,信浓丸起锚,离开门司港,一部分记者并不下船,而是继续留在船上,试着采访孙中山。虽然他们的报道记录了孙中山在信浓丸上的状况,但是为了分散等候在神户的包括刺客在内的读者的注意,他们的报道文章的内容是虚虚实实。我们来比较一下8月9日关西的四份报纸的内容吧。

《神户又新日报》以"孙氏来朝与我官宪"(二版)为题,除了报道孙中山乘坐信浓丸来到神户以外,还报道了对兵库县知事、内务部长、警察部长的采访结果。

  观察兵库县厅的态度,其表面极为冷静态度。八日,接到外务省关于孙氏上陆的报告后,服部知事突然于当晚与从避暑地有马温泉回到神户的小岛内务部长、新妻警察部长等秘密商议模样。而新妻警察部长按照县的方针,发表谈话,对孙氏上陆也许会采取监禁但不会拒绝其上陆。但是根据各方面的信息来看,孙氏的首级是悬挂着几万悬赏的。这样的话就不能说没有行凶施暴之人了。因此首先要警戒此类人物,必要时得多派点警察。其他事情等他上陆后再说,眼下什么也没定。云云。

《神户新闻》以"流落之人孙逸仙——今晓将出现在神户码头"(二版)为题,报道了孙中山来到神户。

  孙氏从乘船前就开始就隐蔽了姓名,在船舱里深居不出。因此,许多船员乘客都不知道孙氏的所在之处,甚至有人说他并没有乘船,各种猜测百出不尽。本报门司特电中已经记载,他化名"王国贤",乘上了该船。这虽然是确报,但现在他的所在尚不明确。就这样,今日拂晓六时过后,那位有问题的革命健儿孙逸仙的流落之人的身影即将出现在我们神户港码头。

《大阪朝日新闻》以"迎接孙逸仙氏"(二版)为题,报道了孙中山的谈话。

  孙氏也因为船已到了日本之后,大概非常安心的样子吧。为了拂去忧闷的心情,露出了微笑,与记者握手,互致敬意。对记者的来访表示了深厚的谢意,并且回答了提问。曰:正如你们大概已经知道的那样,本次来到贵国并非有计划的,对于自己来说,既然不是有严密计划的旅行,所以也不愿对民国的现状及将来等发表谈话,希望能谅解。特别是贵国人士是世界上最好的，也是最了解中国国民的。所以我的许多友人也为这次来访日本做了许多努力，在我尚未到达东京时的现在，已经开始为我寻找到东京后的住处。至于有谣传说我要到美国去，这事现在尚未决定。而且又有谣传说予此行在船中与黄兴交换了无线电信等，这也不是事实。又有传说黄兴已经在舞子的吴锦堂别邸潜伏，这也是予所不知的事。至于说黎元洪遭杀害之说，全是报纸的虚报。云云。

《大阪每日新闻》以"孙逸仙来了"（一版）为题，刊登了以下的报道。

孙逸仙氏假称王国贤，按照预定，将于8日上午8点，从基隆入门司港。在信浓丸上，没有一个侍从者，只有行李跟随他。在入港之前，他按照有关方面的内部指示，虽然颇为隐密其行踪，但还是延请记者到船长室，曰：

贵国是余所最热爱之国，贵国人是余之最亲密之友。余本次特地秘密赴日，还将赴东京，与贵国有志者，敞开胸襟，商议如何共同经营亚细亚大陆。至于当前的问题，余不想多说。事情已经很明白了，关于今后该如何对应，不依赖贵国人之力，还能依赖谁呢。关于余赴美国一事，尚未决定。至于一时卜居之处，也未确定是在神户还是在东京。中国国民党已土崩瓦解，毕竟已不足以担当时局，然贵国的国民党却能抵抗为政者的压迫，正是名同实异。特别是谈到所谓共和，真使人茫然自失。语毕感慨万千，眼含泪水。

孙氏乘坐的信浓丸驶向神户。

8月9日早晨，"信浓丸"在神户海面的和田岬。记者们纷纷乘上小汽艇，登上信浓丸，想采访孙中山，船长郡宽四郎说孙中山等在早晨的检疫之际，已经和两三个中国人一起下了船，现在已经潜伏到别处去了，想以此来蒙混过去。但是绕不过记者们的韧劲，而且孙中山的身影也被发现了，最终只好在船上举行了简短的记者会见。关于这次会见，各家报纸都在第二天，也就是孙中山上岸后的10日，一齐报道了。

《神户又新日报》分别在几个版面，编辑了一组孙中山上岸的特辑报道，报道了其中的详细内幕。其中第二版的报道"迎接孙逸仙氏——微笑打招呼，乘夜阴上岸"一文，除了报道孙中山与记者打招呼以外，对其上岸时间（夜九点）也作了正确的报道，但是没有报道孙中山的潜居之处。

记者通过寺尾博士和其他人士的介绍，要求与孙氏会见，但失败后的孙氏与新闻记者团会见，在内心深处是非常痛苦的。但既然记者特意来访，虽然内心不愿回答提问，但记者最终还是被带到了上一层的甲板上，在此处与孙氏会见。孙氏身着灰色西服,面带微笑。虽然不堪失意之脸色,犹可依稀隐现两眸之泪痕,孤影萧然伫立之身影。感慨万千地与记者握手,叙述了久阔之情,通过萱野氏的口译,对记者团说:"诸君特意来访,若有失礼之处,请原谅。"打了招呼以后,记者团向他表达了敬意,并问候其健康状况。为了对应该受到同情的失意宾客不至于失礼,记者团避开了关于支那政局的谈话。五点以后,寺尾博士与野添、古岛两位议员也陆续下船。只留下萱野、菊池两氏。当天夜晚九点,悄悄地搭上小汽船,其踪影消失在暗淡的夜色里。

当时记者目击的场面应该拍下照片,但是刊登在报纸上的是一幅素描(见图6)。该新闻在11日第五版刊登的素描上的说明是这样写的:"写生册 赴信浓丸看望孙氏的寺尾博士、野添、古岛两位议员一行肃然离开,移至小汽艇。黄昏的海面,淡烟笼罩,四周的光景一片寂寞(9日下午5点20分,壶公)。"

《神户新闻》以"孙逸仙氏到来——所在之处不明,深潜藏船内,会见仅五分钟,入夜后上陆"为题,刊登了一组特集报道。

**出迎的各位** 早晨6点之前,虽然船早已到达和田岬海面,不知是何缘故,就是没见到小蒸汽船准备起锚,出来迎接的各位也现出了等得不耐烦的疲倦神色。7点30分左右,小蒸汽船才渐渐向海面驶去。乘船的有京阪神记者团的各位、大阪高等工业学校的支那留学生、同文学校的学生、支那国民党员,以及前些天到达东方宾馆的流亡者宋嘉树。

**图6** 日本友人寺尾博士等上信浓丸看望孙中山后下船素描图

**汽艇的包围** 信浓丸船两侧已经有许多小汽艇靠在边上,杨寿彭、王敬祥、黄伯祥(祥应为群,引者注)等支那国民党支部的各位,以及议员古岛一雄、萱野长知等所谓浪人组的各位头面人物也在场。

**潜伏在船内** 既有称孙已经离开信浓丸的,也有称其实是考虑到万一危险,深藏在船内的,等等,各种说法都有。但其隐藏在船内该是一个不争之事实。本县警察部派了几名便衣巡查,警戒不怠。当然,无论内外之人,一律不准接近该船室。

**终于出船舱** 就在清晨,虽然记者确信孙氏确实还潜居在船内是事实,但还是在五里雾中彷徨。到下午四点,在寺尾、古岛、野添、萱野、三轮诸氏的斡旋下,对孙氏的行踪,以绝对严守秘密为条件,答应与记者会见。孙氏不愿离开船舱太远,所以记者们就接踵登上楼上的甲板。寺尾博士首先简述了关于保护孙氏的政府与民间志士的想法最近渐渐地会合的经过,然后就静静地等待孙逸仙出现。

**孙仅仅说了** 孙氏出来了,身穿灰蓝色的西服的孙氏,行鞠躬礼。前大总统的结局也令人惋惜,本来丰润的脸颊,稍微瘦了点,鬓发也加了一些微白,颜容憔悴,眼眸多恨,浑身是天涯沦落人的氛围。记者上前向他问候久阔之别。孙氏莞尔一笑,因为疲劳的缘故吧,会见只是一瞬而已。相对无语,欲语无言。仰天之人,俯地之人,只是默默吞泪,何其悲乎? 其间虽仅得片言只语,亦含无限幽韵。孙氏曰:"上海出发以来,历经几多困难。所幸心身都很健强,稍微有点头疼,是神经衰弱的结果吧。确信只要能在山紫水明之乡休养悠游一下的话,就不会有多大影响。是否赴美,尚未决定。当初是打算赴香港的。在日本的先辈诸氏恳切劝说下赴日本。日本曾是多次游历之处,是有着各种回想的乐园,从香港经台湾来到日本,打算在神户附近静养几天。南风不争,一度越趄,苍天绝不会永久无情。"语毕恻然。萱野氏与孙氏一起留在船上,其余人士均返回岸上。时间已经将近五点了,烟幕一抹笼罩樯头,时刻已近黄昏,海湾的夕阳余晖,寂寞哀伤。

**入夜后上岸** 度过船内闷热的一天,孙氏按照预定计划,等到天色全黑,海波停息,凉风徐来,轻拂衣袂。晚上7点,为迎接孙氏一行,赴信浓丸的某某,在郡船长以下数名的簇拥下,与从者二名一起,悄悄地从舷梯下船,座上了小汽艇。汽笛隆隆,劈波斩浪,堂堂正正地在美利坚码头上岸。今日天涯沦落客,为了避人耳目,寄身一叶轻身。在水上警察署的巡逻艇三艘在前后护卫下,向海关方向附近的弁天浜附近驶去。在人不知之际上岸,大概是7点30分。一边注意左右前后,一边上了车,渐渐地消失在市内东方。

同伴的到底是谁,其最终目标是何处,本社对此均已知悉,但是现在暂不公开。据闻,数日间逗留某所,静养以后再徐图今后之方策。

综上所述,对于孙中山在船上举行了短暂的与记者会见的场面,各报都作了详细的报道。但是在谈到孙中山的去向时,各报都作了很巧妙的隐蔽。有的甚至虚虚实实,报道了与孙中山无关的船长下船的消息。《神户新闻》干脆就说,即使知道孙中山的潜居之处,也暂时不报道。目的就是为了避开刺客,保护孙中山的安全。而当时的情景,最终只有一张照片,留在了8月10日的《大阪朝日新闻》第一版上(见图7)。

图7　1913年8月间,孙中山在到达日本神户的信浓丸号甲板上留影

但是,当这些报道刊登出来时,孙中山早已上岸,在位于神户诹访山麓的常盘花坛别庄里潜居下来了。8月16日拂晓,孙中山一行告别了常盘花坛别庄,来到码头,乘上小汽艇,登上了"襟裳丸",驶向横滨。

## 六、常盘花坛别庄

那么,孙中山到底潜居在哪儿呢？关于这个问题,孙中山逗留神户期间,曾经在船上采访过孙中山的各家报纸上,为了防备刺客,都没有在报道文里透露其中蛛丝马迹。曾经报道过孙中山潜居在松方邸或川崎邸的谣言的《神户又新日报》在日后的报道中,刊登了能够确定该场所的照片和文章。照片旁边的说明是这样写的:"亡命客孙逸仙氏之潜伏之家,诹访山的东方常盘花坛别庄(右边为正门,左边为边门)。"(见图8)这是一张哪儿都能看得到的日本式居家的门口。要想确定这栋房屋,对于生活在当代的我们来说,是极其困难的。而对当时当地人来说,也许是立刻就能在脑海里浮现的场所吧。报道是在孙中山离开神户4天后,在该报编辑的随想栏"砚海"上发表的编辑的随笔文字①。这位编辑透露:常盘花坛别庄在当时,是被川崎造船所包租下来,作为接待海军将校的专用别墅。

---

① 《神户又新日报》1913年8月19日(三)。

图 8　常盘花坛别庄

孙逸仙暂时隐居之处诹访山常盘别庄,现在是三年合同,被川崎造船所包租下来的,它就成了造船所为了接待监督军舰制造的海军军人的临时招待所。实际上到孙逸仙入住前的 8 日为止,海军将校还住在那儿呢。孙逸仙住在松方邸或是川崎邸等风说,都是因为与此有关,但都错了。至于为了让孙逸仙入住该别庄,是否特意请已经住在那儿的海军军人退出?这并不清楚。不管怎么说,作为常盘别庄,它确实是一栋有潇洒情调的建筑。毫无疑问,在它的后方,还有通向山崖的秘密通道。有这样小心的安排,到底是不一样,各方面都注意到了。作为魔窟建造的别庄成了隐藏支那革命党头目孙逸仙的潜居之家,这是谁也梦想不到的吧。秘密通道成为革命志士的保命通道,这也是一段奇妙的因缘。就在写下这些文字的时候,孙逸仙无事入京的电话打来了。雨也下了,双重的喜庆,也该好好庆贺了。

原来为了给监督军舰制造来到神户的海军军人提供住宿,川崎造船所将常盘花坛别庄包租了三年。这成了隐藏孙中山的好场所,也是社长松方幸次郎的决断。松方幸次郎邸就在离这个场所不远的山本通四丁目,这样,孙中山潜居在松方邸的谣言,也就不是无穴之风了。

常盘花坛是大阪人前田又吉(1829—1893)创业的①。前田壮年时,失去家产,来到兵库,开了一家露天小吃店,女儿嫁给了料亭岚花坛的主人后,得到亲家的帮助,先开了一家小割烹店,1873 年,租赁温泉地,并得到了三田藩主九鬼隆义的投资,在诹访山开张了常盘花坛。1883 年,常盘花坛增设了东、西、中三店。又在宇治川边(现在凑町 1 丁目)开设了料理旅馆常盘花坛,它与诹访山常盘花坛别庄一起,成为神户一流的料亭。② 当地的政财界,以及来到神户的宾客也都在常盘花坛举行宴会。1913 年 3 月 14 日夜,神户市主办的孙中山欢迎会也是在这家常盘花坛举行的(见图 9)。

**图 9　1913 年 3 月 14 日,神户市主办孙中山欢迎会现场**

上述《神户又新日报》照片说明的"诹访山的东方",也许是东常盘吧。能够确认常盘花坛别庄的位置关系的画像,现在只看到 1882 年刊行的风俗画集《豪商神兵凑の魁》③(见图 10)。这里描写的诹访山的情景与现在不同,但可以确认其位置关系。这一带有福亭、温泉汤本、藤见亭、常盘东店、自在庵、福原常

---

① 京都ホテル编:《京都ホテル100 年ものがたり》(1988 年,第 179～184 页)。
② 村田诚治:《神户开港三十年史(乾)》《开港纪念会 1898 年版,第 404 页)。
③ 垣贯与祐编辑兼出版人,明治十五年(1882),熊谷久荣堂。

盘店、西川亭、中村亭、春海楼、常盘中店等料亭酒肆，异常热闹。明治大正期刊行的观光明信片上，也保留了作为温泉街的诹访山温泉热闹的场面（见图11）。但是，要确定常盘花坛别庄位置的线索却没有。现在只能感受一下它的氛围。

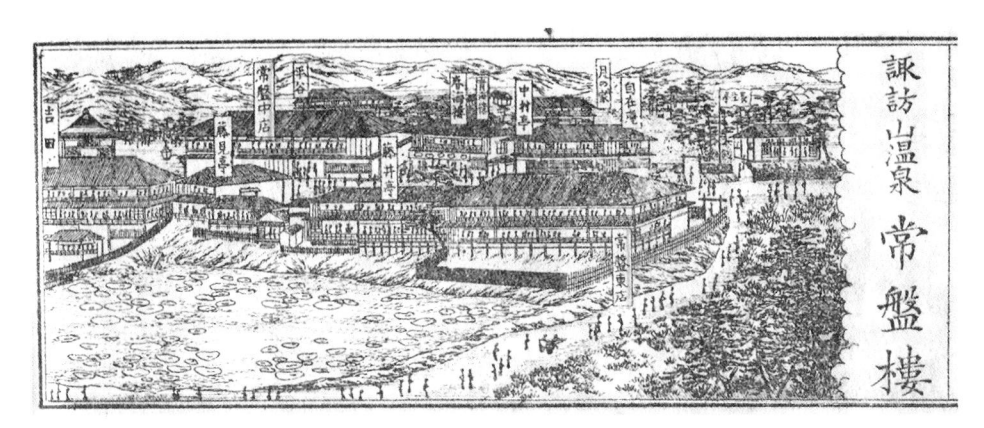

图10 日本神户诹访山温泉常盘楼图

图11 诹访山温泉场面

常盘花坛在太平洋战争之前的1941年7月26日（一说8月6日）终于休业了，它的繁华史结束了。

## 结　　语

　　现在，还是没法确定当年的常盘花坛别庄的位置。经历过水害、战灾、地震，加上市街区的开发，如果没有决定性的资料发现，要确定其位置将越来越难了。但是毫无疑问，它曾在诹访山神社的附近。诹访山神社从很久以前就有许多中国人参拜。光绪年间（1875—1908年），中国人称颂这座神社的匾额现在也悬挂在墙壁上。神社的东侧，有一块空地，可以眺望市区。1874年12月9日，法国天文学者和日本人清水诚在这里观测金星通过太阳面，为了纪念这次活动，建立了"金星过日测检之处"石碑，这里就被称为金星台。

　　2013年8月9日，为了纪念孙中山潜居神户100周年，由公益财团法人孙中山纪念会提案，在神户市和当地居民的协作下，建立了"孙文先生潜居之地"的纪念碑（见图12）。它与建在兵库县政府大楼外墙边上的"孙中山先生大亚洲主义演讲之地"纪念碑、建在中华同文学校外墙上的"孙中山先生来访之地"，以及孙文纪念馆内的"天下为公"纪念碑一起，构成了一道缅怀孙中山的风景线，迎接来访的宾客。

图12　2013年8月9日建立的"孙文先生潜居之地"纪念碑

（原文载《近代中国》第26辑，
作者：蒋海波，日本神户孙文纪念馆主任研究员）

# 辛亥革命研究

# 辛亥革命与共和知识分子

## ——对一种传统观点的质疑

杨天石

辛亥革命是谁领导的？多年来的回答是中国民族资产阶级。与此密切相连的问题是：辛亥革命的阶级基础是什么？以孙中山为代表的革命党人代表哪一个阶级的利益？通常的回答是：民族资产阶级，或曰民族资产阶级中下层。我以为，这些回答都不准确。那么到底谁是这一革命的领导力量呢？答曰倘不从某些既定的概念或原则出发，而从客观存在的历史事实出发，答案其实是十分清楚而明白的。这就是那个时期出现并形成的共和知识分子是辛亥革命的领导力量。这个问题搞清楚了，辛亥革命的阶级基础、革命党人代表哪一个阶级利益等问题也就迎刃而解了。试说其理由。

## 一、辛亥革命时期的中国民族资产阶级状况

中国的民族资本主义工业在洋务运动期间开始出现，戊戌维新前后略有发展，但是，到了辛亥革命前夜，仍然十分微弱。早些年有关学者统计，够得上称为近代企业的不过500家左右。近年来有学者重新作了统计，数字有所扩大，但也不过1 000家左右[①]。这1 000家左右的近代企业能够产生多少资产阶级分子呢，充其量不会超过1万人吧？如果加上具有近代特征的新式航运业、金融业和商业，资本家阶级分子的数量会大一些。有人根据1911年各地商务总会的会员数和商务分会会董数，约略估计当时民族资本家的数字为52 630人[②]。但是，商务总会的成员和分会会董的情况很复杂，难以一概视为近代意义上的资本家。即使上述数字大体正确，对于幅员广大的中国说来也仍然是十分微弱的。当时，这一阶级不仅人数不多，经济力量薄弱，而且对政治的影响力极为有限。这样一

---

① 杜恂诚：《民族资本主义与旧中国政府》，上海社会科学院出版社1991年版，第31页。
② 黄逸峰、姜铎等：《旧中国民族资产阶级》，江苏古籍出版社1990年版，第88页。

支队伍怎么可能会领导像辛亥革命这样具有广阔规模的全国性革命呢？我们不能任意地扩大资产阶级的队伍，不能把当时出现的新型知识分子，包括学生、教员、企业雇员以及记者、医生等自由职业者一概视为资产阶级，更不能把旧式商人以至小业主视为资产阶级。我赞成丁日初教授的观点，不笼统地说资产阶级，而说资本家阶级，这样可以有一个严格的界定，不至于把资产阶级扩大化，易于进行科学的讨论。

辛亥革命时期的中国民族资本家阶级是否可以分为上层和中下层呢？从理论上当然可以分，但是，实际上却很难分得清楚，似乎迄今也还没有人作过仔细的区分和精确的定性与定量研究。上层资本家阶级通常以张謇为代表，那么下层呢？通常以禹之谟为代表（其实，禹之谟办的只是手工作坊，目的在于掩护革命）。除了禹之谟还有谁，似乎不大好找。如果辛亥革命的阶级基础是民族资产阶级中下层的话，那么，代表就不能是一个、两个，一个、两个怎么能构成阶级基础呢？其实，如果我们实事求是地进行研究的话，就会发现，辛亥革命前夜的中国民族资本家阶级内部在政治态度和政治主张上并无鲜明的分歧，相反，却是颇为一致的。这就是参加某些具有反帝爱国性质的运动，如抵制美货运动、收回权利运动等，在政治上，他们一般反对革命，主张君主立宪，求稳怕乱，是立宪运动和国会请愿运动的积极参加者。只是到了清政府镇压国会请愿运动，建立皇族内阁之后，他们才对清政府感到绝望，个别人如沈缦云才转向革命。武昌起义之后，这个阶级才附和革命。但是，他们仍然怕乱求稳，畏惧革命党人的激烈言论和行动。其结果，在孙中山和袁世凯之间，他们选择了袁世凯。二次革命期间，除沈缦云等少数人外，他们更抛弃了孙中山，赞成袁世凯对革命党人的镇压。在以后的年代里，我们也未见有多少资本家阶级分子试图影响孙中山等人的政策，并予以大量财力支持（华侨资产阶级有支持孙中山的，也有支持康有为、梁启超的，应作别论）。

多年来，我们习惯于简单地以经济地位来划分政治派别，或者简单地以经济地位来说明政治态度。似乎"大""上层"就一定反动，而"中""小""下层"就一定进步点。例如研究中国封建社会的学者有所谓"中小地主阶级"说，似乎王安石等改革派、岳飞等主战派、杜甫、白居易、陆游等同情人民疾苦的诗人都是"中小地主阶级"或"地主阶级中下层"的代表，其实，历史的真相何尝如此！乡村里的中小地主剥削起农民来一点也不比大地主轻，抗日战争中，给日本人当汉奸、狗腿子的恐怕中小地主不少吧！这种地主阶级中下层进步说和民族资产阶级中下层进步说都不是从历史事实中抽象出来的科学理论,而是根据某些概念、原则,主观演绎的结果。

## 二、关于共和知识分子

辛亥革命前夜,中国社会逐渐出现几种热潮,这就是留学热、办新式学堂热、出版新式书刊报纸热,由于这些原因,中国社会就出现了一个新的阶层(有些学者称为群体),这就是新型知识分子。这个阶层发展很快,数量很大,试看下列数字:留学生,1903年为1 300人,1904年为2 400人,1905年为8 500人,1906年为13 000人。国内新式学堂学生,1907年为101.3万余人,1908年为128.4万人,1909年为162.6万余人。较之民族资本家阶级说来,这是一支数量较大、政治上更为活跃的社会力量。

和传统的封建知识分子比起来,他们有若干特点。

1. 具有近代科学知识。从知识结构的主体看,不再是子曰诗云,而是声、光、化、电和达尔文、赫胥黎的进化、天演之学。

2. 具有近代民主主义思想。从思想的主流看,不再是"普天之下,莫非王土,率土之滨,莫非王臣"和"臣当尽忠,子当尽孝"的旧观念,而是以卢梭为代表的"主权在民"说。

3. 他们出卖脑力,或即将出卖脑力,以知识为谋生手段,主要服务于新兴的科学、文化、教育事业,不必依靠地产,也不必依靠科举,在一定程度上摆脱了对地主阶级和清政府的依附。

能把他们看作是资产阶级分子吗?不能。因为他们中的大多数是学堂学生、留学生,还没有进入社会生产关系的网络,尚不存在对资本家的依附关系,和资本家阶级的经济利益可谓风马牛不相及。即使他们中的少数人已经受雇于新型企业,他们也是雇佣脑力劳动者,而不是资产阶级。把知识分子统统归入资产阶级的范畴,这是"左"倾思潮影响下的观念,我们不应继续沿袭。

能把他们看成是资本家阶级的代表或资本家阶级中下层的代表吗?也不完全合适。这是因为,他们和西方资产阶级革命时期的新型知识分子的情况也有不同:

1. 推动他们投入社会政治运动的主要原因是救亡,从帝国主义的侵略下挽救祖国,振兴中华,并不是资本家阶级的经济利益。当他们离乡去国,寻求真理的时候,当他们抛妻别子,准备武装起义的时候,他们所想到的是如何使灾难深重的祖国免于瓜分,如何使可爱的民族免于沦为马牛。至于发展资本主义,他们中的许多人连想都没有想过。

2. 他们不少人的思想中程度不同地存在着批判资本主义或反资本主义的内容,并表现出对社会主义的同情和向往。例如邹容,1903年出了本《革命军》,这是长期被人们认为是提出了资产阶级共和国方案的一本书,然而,没过几天,他就宣布,他本人对《革命军》一书已经不那么有兴趣,现在要写《均平赋》了。所谓"均平",正是社会主义思想在近代中国早期传播时的同义语。又如章太炎,1903年以前向往的确实是西方资本主义,但是,走出上海西牢,到了日本之后,一看,不对了,原来资本主义社会也有很多问题,那贫富悬殊不论,单就议会选举过程来说,真是千奇百怪,丑恶肮脏得很,于是,他怀疑了、愤怒了,表示要扒开拿破仑、华盛顿的坟墓,用金锤去砸他们的头。金者,铁也,分量是很重的。他设想了一个"无政府、无聚落、无人类、无众生、无世界"的五无境界,以之作为最高理想。当然,章太炎明白,这是幻想。于是,他又大讲善恶并进,俱分进化,提倡社会倒退,认为人类愈文明也就愈恶,倒是野蛮人善良,主张学习野蛮人,甚至学猴子,"吾辈拟猿可也"。这一时期的章太炎显然不能视为资本家阶级的代表。当然,章太炎的上述思想比较极端,但是,当时像章太炎一样大骂资本主义的人却大有人在。1907年东京中国革命党人中有一个社会主义讲习会,每会必讲中国不能走资本主义道路。当然,他们所谓的"社会主义",其实是无政府主义,那时,在中国革命党人中,不同程度地受到无政府主义影响的人不在少数! 这里,附带说一句,毛泽东到五四时期还崇信无政府主义呢!"文革"时期,红卫兵找到了毛泽东发表于《湘江评论》上的《民众的大联合》一文,如获全宝,誉为马克思主义的文献,其实,那里面虽然提到马克思,但歌颂的却是"意思更广、更深远"的克鲁泡特金。辛亥革命前后,有那么一个阶段,拿破仑、华盛顿不那么吃香了,卢梭也不那么吃香了,吃香的是巴枯宁、蒲鲁东,特别是克鲁泡特金的共产无政府主义,受到许多人的信仰。这不是偶然的。辛亥革命发生于西方资本主义社会矛盾相对尖锐、工人运动相对发展的时期。既然资本主义有那么多问题,而共产无政府主义又显得那么美好,彻底地平等,彻底地公正,彻底地消灭了剥削和压迫,那么,一步跨进这个天堂岂不是很好吗? 所以,中国革命中超越资本主义、避免资本主义的思想是由来已久的。

这里,要着重谈谈孙中山的思想。还在1903年,他就表示,西方社会贫富悬殊,不是理想世界。他也像邹容一样谈"平均",声称社会主义乃是一刻也不能忘记的东西。1905年5月,他在比利时访问社会党国际局,要求接纳他的党,同时表示将吸收欧洲文明的精华,使"中世纪的生产方式直接过渡到社会主义的阶段,而工人不必经受被资本家剥削的痛苦"①。同年,他在《民报》发刊词中创立了民生主义概念,明确表示,中国不能走欧美老路。1912年,他觉得民族、民主革命已经成功,该是他搞社会革命的时候了,于是到处骂资本家,骂资本主义,大讲社会主义,推崇马克思。1914年5月,又致函社会党国际局,希望得到该组织成员的帮助,"让中国成为世界上第一个社会主义国家"②。对此,人们应该充分肯定它在中国革命史上的破天荒的意义和孙中山的伟大追求,不应该根据某些凝固的社会主义模式加以挑剔。同时,应该指出的是,孙中山懂得,在生产力十分落后的中国,资本主义并不是只有坏作用,相反,倒是不可或缺的东西。因此,他于1918年在《实业计划》中提出,要奖励和保护私人资本主义,但是,孙中山本人的兴趣和感情都倾注在国有和公有经济上。他要最大可能地发展国有和公有经济,同时,限制和节制私人资本主义。在政权问题上,孙中山在1912年就批判西方资本主义民主,认为那只是富人的民主。十月革命后,他提出要建立俄国式的"最新式的共和国",后来又提出要建设一个非少数人所得而私的真正民主的国家,还曾表示要当"工人总统"③。显然,孙中山的思想和西方资产阶级革命家的思想是有所不同的。马克思说过:"同样,也不应该认为,所有的民主派代表人物都是小店主或小店主的崇拜人。按照他们所受的教育和个人的地位来说,他们可能和小店主有天壤之别。使他们成为小资产阶级代表人物的是下面这样一种情况:他们的思想不能越出小资产阶级的生活所越不出的界限。他们在理论上得出的任务和决定,就是小生产者出于自己的物质利益和自己的社会地位在实践中所得出的那些任务和决定。一般说来,一个阶级的政治代表和著作方面的代表人物和他们所代表的阶级间的关系,都是这样。"④但是,孙中山的某些思想恰恰超出了资产阶级的"物质利益"和"社会地位",将它们全部、完全说成是代表了资本家阶级的利益是说不通的。相反,如果从知识分子寻求救国救民的真理的角度去理解,那就一切都在情理之中了。有些事,按照事物的本来面貌去解

---

① 《孙中山全集》第1卷,中华书局1985年版,第273~274页。
② 陈旭麓等编:《孙中山集外集》,上海人民出版社1990年版,第365页。
③ 《孙文力助工人之宣言》,《香港华字日报》1921年6月9日。
④ 《路易·波拿巴的雾月十八日》,此段译文参考了《列宁全集》第2卷,人民出版社2012年版,第185页的译文。

释,本来是清楚的;按照某些教条主义的原则去解释,可能愈说愈糊涂。

孙中山并不是一个人。廖仲恺、朱执信,以至胡汉民、早期的冯自由等,都有类似的思想。这是一个派别,有一群人。当然,就这一时期投身革命的知识分子的主体来说,无政府主义或社会主义都还不占支配地位。他们投身革命的目的也还不是在中国实现社会主义,而是为了救国,振兴中华,建设一个强大的、实行共和制的"主权在民"的民主主义国家。因此,我觉得,称他们为共和知识分子比较合适。当然,也可以称他们为民主知识分子,或民主主义知识分子,或革命民主知识分子,意思都一样。但是,如果考虑辛亥革命前后的时代特征,并和近代中国其他时期其他类型的知识分子相区别的话,我觉得称他们为共和知识分子比较恰当。

反对帝国主义,振兴中华,推翻以清朝贵族为代表的封建专制制度,建设共和国,这是有利于中国资本主义发展的,从这个意义上说,共和知识分子代表了中国民族资本家阶级的利益未尝不可,但是,在当时的历史条件下,他们难道不代表民族的利益、人民的利益? 如果仅仅把他们看成是资本家阶级利益的代表者,是不是缩小了辛亥革命的意义和内涵? 是不是不符合,至少不完全符合那个时代大批仁人志士的精神面貌? 对于那些断头沥血、慷慨捐躯的烈士们是不是有点不敬?

辛亥革命时期共和知识分子是中国前所未有的社会力量,也是中国知识分子中前所未有的类型。他们既部分地代表中国民族资本家阶级,又不完全代表中国民族资本家阶级的利益。这一社会力量的出现立即使中国历史出现了新特色。

## 三、辛亥革命舞台上的活动角色与领导力量

活跃在辛亥革命舞台上的主要是四种社会力量,即共和知识分子、新军、会党和立宪派士绅(立宪知识分子、民族资本家、资产阶级化的地主)。如前所述,立宪派士绅是武昌起义前夜或起义高潮中参加进来的,具有附和革命甚至投机革命的特点,虽然,他们的参加对于加速清政府的崩溃,促进各省光复具有重要的意义,但是,他们不是辛亥革命的领导力量是不言而喻的。新军是武昌起义的发动者,也是若干省份光复的主要力量,但是新军的作用主要在后期,而且,参加起义的新军实际上是穿上军装的共和知识分子。他们进过新式学堂,其军官中

的不少人还留过洋。这是新军和"旧军"——巡防营不同的地方。至于会党,他们没有自己的政治纲领,并不是一支独立的政治力量,更不能起领导作用。因此,在辛亥革命时期,起领导作用的力量只能是共和知识分子。辛亥革命之所以不同于旧式的农民起义,也不同于中国历史上多次反复出现的改朝换代,其原因,就在于出现了具有新思想、新观念的共和知识分子,就在于共和知识分子发挥了领导作用。

共和知识分子对辛亥革命的领导作用主要体现在以下几个方面:

1. 他们是革命纲领的制订者和革命思想的孕育者、传播者;
2. 他们是各革命团体的组织者和领导者;
3. 他们是多次反帝爱国运动的发起者;
4. 他们是历次武装起义的组织者和领导者;
5. 他们是南京临时政府的领导主体。

有了这几条,够不够呢? 我看够了。因此,我们可以理直气壮地说,辛亥革命是共和知识分子(或曰革命民主知识分子)领导的。

共和知识分子本身不是资产阶级(也不是所谓"广义的资产阶级"),其产生的主要社会基础和社会条件是近代中国的民族危机和西方民主主义文化的传播(附带说一句,西方民主主义文化并不全是资产阶级文化,提倡"主权在民"的卢梭通常被认为是小资产阶级的思想家),同近代中国民族资本主义经济的发展与民族资本家阶级的产生没有必然的直接的联系。设想一下,如果辛亥革命前夜,中国的近代企业只有一二百家、几十家、一两家,甚至一家都没有,那么,辛亥革命还会不会发生呢? 我以为,只要中国的半封建、半殖民地的社会性质不变,只要中国产生了一大批共和知识分子,那么,类似辛亥革命的革命总要发生。相反,如果中国不出现一大批共和知识分子,那么,即使民族资本主义更发达,资本家阶级的阵容更强大,类似辛亥革命的革命也不会发生,倒是为资本家阶级所支持的立宪运动会成功。我们不把政治和经济的关系理解得过于机械,过于简单和直接。不客气地说,那样一种理解,是庸俗社会学,好像是在运用马克思主义,其实不是马克思主义,是马克思和恩格斯都反对过的。

有些现象,按照庸俗社会学的观点是无法解释的。例如,洪仁玕的《资政新篇》无疑是在中国发展资本主义的方案,但是,当时中国的资本主义和资本家阶级在哪里呢? 很显然,《资政新篇》是"舶来品",是洪仁玕根据他对西方资本主义国家的了解构想的。思想具有相对的独立性;同样,知识分子也具有相对的独立性。

当然,知识分子的作用是有限的,知识分子的弱点也是明显的。思想必须和一定的物质力量相结合,才能发挥作用;知识分子也必须和其他社会力量相结合,才能对社会变革发生强大的作用。辛亥革命时期的共和知识分子得不到中国民族资本家阶级的有力支持,找不到和中国社会人数最多、革命潜力最为深厚的农民相结合的道路,又没有像后来的共产知识分子一样有一个较好的国际靠山(共产国际和苏联),其失败有其历史的必然性。我们的史学家们好从中国民族资产阶级的局限性来论证辛亥革命的局限性,至于民族资产阶级的这种局限性是如何制约、传递到那一时期的革命家身上,如何制约、影响着革命纲领、革命政策的制订与革命的实际进程,却很少有人作过具体而认真的分析。这种以政治分析代替历史论证的学风是不可取的。我觉得,如果不仅从中国民族资本阶级的特点、局限,而且也从那个时期共和知识分子的特点、局限来说明辛亥革命的特点、局限,包括其失败的原因,也许更接近于真理。

把辛亥革命说成是共和知识分子领导的是不是有悖于马克思主义呢? 并不。这里,我们不妨看看列宁是如何分析俄国革命的。在《纪念赫尔岑》一文中,列宁说过:"我们纪念赫尔岑时,清楚地看到先后在俄国革命中活动的三代人物,三个阶级。起初是贵族和地主,十二月党人和赫尔岑。""响应、扩大和加强了这种革命鼓动的,是平民知识分子革命家,从车尔尼雪夫斯基到'民意党'的英雄。"然后才是无产阶级①。可见,中间有一段是由"平民知识分子革命家"领导的。当时,俄国资产阶级和资产阶级化的地主积极鼓吹改良,反对革命,希望在保存地主土地所有制和沙皇政权的前提下进行改革。其代表卡维林称:"从上而下地废除农奴制度,就可以使俄国在 500 年内保持平静。"相反,平民知识分子是主张推翻沙皇制度的,因此,尽管有时列宁把平民知识分子称为"自由民主资产阶级的受过教育的代表"②,但是,他仍然将他们和俄国资产阶级区分开来。毛泽东在分析五四运动时也说:"五四运动,在其开始,是共产主义的知识分子、革命的小资产阶级知识分子和资产阶级知识分子(他们是当时运动中的右翼)三部分人的统一战线的革命运动。"③毛泽东这里并没有讲五四运动是资产阶级领导的,也没有讲是无产阶级领导的,而是从参加运动的三种类型的知识分子的角度作

---

① 《列宁全集》第 18 卷,人民出版社 1989 年版,第 15 页。
② 《俄国工人报刊的历史》,《列宁全集》第 20 卷,人民出版社 1989 年版,第 240 页。
③ 《新民主主义论》,《毛泽东选集》(合订本),1967 年版,第 660 页。

了分析。那么,对于辛亥革命为什么不可以从知识分子的角度作分析呢?毛泽东还说过:"知识分子和青年学生并不是一个阶级或阶层。但是,从他们的家庭出身看,从他们的生活条件看,从他们的政治立场看,现代中国知识分子和青年学生的多数是可以归入小资产阶级范畴的。"①这里,先不论毛泽东的阶级划分标准是否和列宁一致。列宁说过:"区别各阶级的基本标志,是他们在社会生产中所处的地位,也就是他们对生产资料的关系。"②也先不论小资产阶级是一个被用得过于宽泛,失去了科学性的概念,我只想说的是,如果毛泽东所说现代中国知识分子和青年学生多数"可以归入小资产阶级范畴的"可以成立的话,那么,也应该得出,是小资产阶级,而不是资产阶级领导了辛亥革命。

我们还可以从日本史的角度进行一点分析。如所周知,明治维新是一次资产阶级的改革运动,从那以后,日本迅速走上了资本主义的发展道路。然而,明治维新是谁领导的呢?下级武士。下级武士是贵族,而不是资本家阶级。可见,资产阶级改革、资产阶级革命的领导不一定是资产阶级。

俄国历史也有类似的情况。1861年,沙皇亚历山大二世批准废除农奴制的法令,即所谓1861年改革,它是由农奴主实行的。

## 四、近代中国知识分子的嬗变与近代中国历史的演进

鸦片战争前,中国社会只有封建知识分子,没有近代意义的新型知识分子。当然,封建知识分子也不是只有一种类型、铁板一块,有朱熹那样代表地主阶级总体利益和长远利益,热心为封建制度卫道的知识分子,也有李卓吾、戴震、曹雪芹那样不满封建束缚,梦想未来社会和新生活的异端知识分子。但是我想,那个时期没有近代意义上的新型知识分子,大家都会同意的。

近代中国的新型知识分子萌生于洋务运动中。在那个时期内,向国外派遣了第一批留学生,办起了一批新式学堂,于是,有一批知识分子掌握了西方近代自然科学,他们的知识结构和封建知识分子发生了很大不同。这批人,可以称为洋务知识分子。此后,随着西方社会科学的传入和日益为人们所接受,中国知识

---

① 《中国革命和中国共产党》,《毛泽东选集》(合订本),1967年版,第604页。
② 《社会革命党人所复活的庸俗社会主义和民粹主义》,《列宁全集》第7卷,人民出版社1989年版,第30页。

分子的知识结构和思想主流,也就是世界观、人生观发生了愈来愈大的变化,新型知识分子阶层遂勃然兴起,并给予中国社会以越来越大的影响。

我以为,活跃于近代中国政治舞台上的主要是三种类型的知识分子:维新知识分子、共和知识分子、共产知识分子(或称共产主义知识分子)。洋务知识分子因为人数少,对近代中国的政治影响不大,而且大体上可以纳入维新知识分子的范畴,故本文略而不论。

维新知识分子以康有为、梁启超、严复为代表。他们刚刚从封建知识分子中分化出来,旧思想、旧影响还比较多,新思想还不充分、不成熟。他们的主要思想特征是只搞维新(改良),不搞革命;主张君主立宪,不搞民主共和;要求发展资本主义,反对社会主义。在《民报》和《新民丛报》论战期间,梁启超曾大讲中国不能搞社会主义,大讲中国必须奖励资本家,中国的垄断资本家不是多了,而是少了。为了发展中国的资本主义,和外国资本竞争,即使让劳动者吃点亏也是应该的。在政治上,他求稳怕乱,力图通过君主立宪为中国资本主义的发展创造一个稳定的环境。我以为这才是代表中国资本家阶级利益和发展要求的言论。

后来的立宪知识分子也可以归入这一类。

在维新知识分子中间,康有为提出过大同理想,当然不代表资产阶级的利益。但是,这是一种乌托邦,不是康有为的现实政治纲领,不影响他作为维新知识分子的性质。同时还应该指出的是,知识分子的思想常常可以超出于特定阶级的局限之外,融会、接受其他阶级的思想,以为一个人头脑里,只能有一个阶级的思想。无产阶级只有无产阶级思想,资产阶级只有资产阶级思想,那是不符合事实的。

孙中山、黄兴是共和知识分子的代表。他们和封建地主阶级的联系较少,接受的封建文化影响也较少,相反,接受的西方民主主义文化则较多。和维新知识分子比起来,他们是更完全意义上的新型知识分子。这一部分知识分子有强烈的民主主义思想,具有彻底地、不妥协地反对封建专制制度的精神,同时,又不同程度上接受社会主义的影响,希望尽可能避免资本主义的恶果,将民主革命和社会革命"毕其功于一役"。当然,这批知识分子中也有一些人只接受民主革命,反对社会革命,千方百计地要将"社会革命"改为"社会政策"。这部分人,后来成为共和知识分子中的右翼,五四运动以后成为自由知识分子。

共产知识分子以李大钊、陈独秀、毛泽东为其代表。他们继承了共和知识分子中向往社会主义的那一部分人的特点,在辛亥革命失败以后开始了新探求,在俄国十月革命胜利的影响下找到了产生于西方的马克思主义。这样，他们就不止满足于在中国进行民主革命，而要在中国建设社会主义和共产主义，以便消灭人世间的一切不合理的现象，达到尽善尽美的理想境界。他们把自己的希望寄托于中国无产阶级身上，明确地以无产阶级的阶级代表自任。中国共产党的发起者和领导人主要就是这样一批共产知识分子。

三种知识分子之间没有不可逾越的界限，可以互相转化，也大量存在着这种转化的事实。维新知识分子转化为共和知识分子，共和知识分子转化为共产知识分子的情况不是很多吗？这种转化，并非由于阶级利益的变化，而是思想的变迁。许多政治上的分歧常常是思想、认识的分歧，有些政治派别（注意，不是全部）的分歧也只是政策、策略的分歧，一切都从经济利益或阶级关系来分析是说不通的。例如，辛亥革命以后，孙中山、黄兴之间发生多方面的分歧。孙中山主张立即发动反袁的三次革命，黄兴则主张暂停革命；孙中山主张建立党的领袖的绝对权威，黄兴则坚决反对，甚至因此而拒绝加入中华革命党；孙中山主张联日，争取日本政府的援助，为此，不惜向日方提出了中日盟约11条，黄兴则对此持严厉批判态度。这里，你能说反映着阶级关系的不同吗？又如，1959年的庐山会议，当时彭德怀被定为资产阶级野心家，彭德怀与毛泽东的分歧被视为无产阶级与资产阶级两大阶级的生死斗争。历史已经证明，真理是在彭德怀一边。按照我们多年来的思维定势，无产阶级总是正确的，当然，彭德怀代表了无产阶级的利益，那么，毛泽东代表什么？多年来，我们在现实生活中经常喜欢给人划阶级、定成份，特别喜欢给人扣资产阶级的帽子，影响所及，学术研究，特别是近代史研究、中共党史研究中，更是帽子满天飞，似乎非此不是马克思主义的学术！其实，现实生活中的帽子常常戴得不准，不合适，我们学术研究中戴的那些帽子就都准、都合适吗？我是主张多做分析，帽子少戴、慎戴（不是完全不戴）的。

话说远了，还是收回来。

当我们纵观戊戌以来的中国近代史时，可以清楚地看出，近代中国政治的风云雷雨主要是这三代知识分子活动的结果。随着近代中国新型知识分子思想的嬗变发展，中国近代史也就表现为三个不同的阶段，呈现出不同的特点和色彩。

（原文载《近代中国》第4辑，
作者：杨天石，中国社会科学院近代史研究所研究员）

# 辛亥革命时期的"江苏统一"

## ——兼论辛亥革命时期的苏沪行政关系

### 周育民

今日者,正当民国统一之初,而非苏省析疆之日。民国肇兴,都督蜂起,一省之中,彼此不相下,竞武称雄,同舟敌国。皖南皖北,既喋血于前;川东川西,复纷争于后。一二洞微烛远之士,靡不以统一为前提。

——《申报》1912年5月6日评论

国家的政治体制,包括两个方面:一是政治权力的性质,如专制、君主立宪或民主立宪之类;二是政权的组织方式,其中行政体系,如中央政府的设置、中央与地方之行政关系、地方与地方之行政关系,在政权的组织中占有十分重要的地位。[1] 在实际的政治运作过程中,各种政治力量、政治主张的较量,不仅会表现为政治权力的争夺,而且会影响到行政关系的演变。对于辛亥革命时期我国政治权力性质的变化,学术界已经给予相当的重视,但于行政体系的变动则较少研究。实际上,行政体系较之政治权力性质是更为稳定的因素,中国中央集权的行政体系虽历代有所微调,但行之2000余年至今犹存,而政权之性质变化不知凡几矣。这种稳定的行政体系在政治变革时期中如何运作,发生何种变化,很值得深入研究。江苏在辛亥革命爆发以后,很快出现了"一省三督"、军政分府林立的局面,但在江苏省议会的支持下,原为江苏巡抚的苏军都督程德全在不到半年的时间里却实现了"江苏统一"。这是在政治力量角逐中,利用原有行政隶属关系而取胜的一个很好的例子。

元代以后,上海建县,隶松江府。明初定都南京,苏州、松江二府直隶南京;又在全国设按察分司41道,合苏、松二府为苏松道。至清代,江苏分苏、宁二属,两江总督驻江宁(南京),江苏巡抚驻苏州。雍正年间因海禁大开,江海关税务日

---

[1] 毛泽东在《新民主主义论》中将之归结为"国体"与"政体"两个方面。所谓"国体","就是社会各阶级在国家中的地位";而"政体","那是指的政权构成的形式问题,指一定的社会阶级取何种形式去组织那反对敌人保护自己的政权机关"。

增，负责兼管的苏松道于是由苏州迁驻上海。乾隆年间，加太仓州改称为分巡苏松太兵备道，俗称上海道、江海关道或沪道。鸦片战争以后，上海开放为通商口岸，城市发展迅速，在全国经济、政治中的地位日益重要，但在行政地位上，并无改变，听命于苏州、南京。辛亥革命时期，上海的起义和沪军都督府私成立，对于全国革命形势的发展起到十分重要的作用。但是，由于它原处"下邑"的行政地位，甚至不能达到像四川成、渝两军政府合并的结果，最终不免被撤销的命运。研究这一时期苏沪行政关系的变化与矛盾冲突，可以从一个方面揭示在辛亥革命过程中，革命的合法性是如何迅速被消退的。

## 一、抢做都督

陈其美于1911年11月3日在上海发难，至次日上海宣告独立。举义诸公，均以中华民国军政分府等名义发表文告①，但其语气却并非一隅之"分政府"，而赫然以苏、浙、皖、闽四省之独立为己任："本军政分府又念我苏、浙等省，民困已久，暴征苛税，是皆清朝之虐。而江南水荒，收获寡，谋生不易，用特将江、浙、皖、闽境内一切恶税，尽行豁免"，"凡我江、浙、皖、闽人民商贾，均宜竭力助饷，以裕军实。盖本军政府之成败利钝，系我四省人民之生死存亡"。② 玩其名称，颇有为未定之民国中央政府之分府之意。起义领导人之一李平书当时就表示："上海之起义，与武昌别为一事，惟随后将与武昌总部联络。即一省之起义，亦与武昌全无关涉，惟彼此理想目的皆同，将来终当合并为一，同居一国旗、一政体之下。"③这个志向远大的"军政分府"最初设于救火联合会，第二天便以地方不敷，移至海防厅办公。④ 上海县衙门则改为"中华民国军政分府办事处"。

上海独立并不是一个孤立的行动。在起义发动前的秘密会议上，同盟会中部总会负责人之一陈其美提出"上海先动，苏杭应之"的方案，得到了钮永建的竭

---

① 《辛亥革命在上海史料选辑》第285页编者按称：在沪军都督府未成立以前，"上海革命党人以'军政府''中华民国军政府''上海军政分府'等名义发表了一批重要文告，查其下所列《民立报》所载《军政府告示》据《申报》载明确标明《上海军政分府示》，而11月5日《申报》载《上海军政府分府宣言书》的新闻引语即是'军政府宣言云'，可见新闻报刊所用'军政府'一语，实即指'军政分府'"。《民立报》11月4日"上海商务总会接到中华民国军政府照会"一语，此"中华民国军政府"应为"中华民国军政分府"正式名称之略称。在上海县署门前挂牌"中华民国军政府分府办事处"表明了该军政府最初的正式名号应为"中华民国军政分府"，"上海军政分府""军政府""中华民国军政府"均为其略称。
② 《辛亥革命在上海史料选辑》，上海人民出版社1981年第2版，第189页。
③ 《申报》1911年11月6日。
④ 《申报》1911年11月5日、6日。

力支持,最后为大家所通过。① 但对于独立后组织政权的人选、行政地位等问题,并没有提出来。钮永建事先已与苏州混成协统刘之洁有所接洽,主动担任直接威胁上海的松江和苏州清军的反正工作。② 在上海起义发动的同时,次日松江即告反正。11月4日夜,钮永建率民军进入苏州,于5日晨逼清江苏巡抚程德全反正,"进江苏都督印,德全受之"③,程德全遂组织苏军都督府。11月6日,以钮永建为军政长的松江军政分府亦告成立。

在苏、松先后称督开府之后,上海才于11月6日下午开会讨论军政府的人事安排。这次会议中的纷争,最后是以陈其美的亲信、江湖出身的刘福彪拿出手枪,逼大家接受成立沪军都督府、推陈其美为都督而结束。④ 从各种迹象看,陈其美是同盟会中部总会内定的沪军都督。陈其美后来于通电辞职时称"吾党规定其美为沪军都督"⑤,在前往制造局起义当天上午,陈其美已"以军政府公牍照会(李平书)先生为民政总长,先生受之",并任命伍廷芳为外交总长⑥,俨然是起义总指挥和新政府领导者身份。后来陈其美之于海防厅会议抢做都督一事,虽曾试图掩饰,但他表示"当政府未立以前,沪上为战时枢纽,军政、交通、外交诸端,关系全国。遂因事实上发生都督,其美于实行自任,义不容辞"⑦,也是一个冠冕堂皇的理由。

在上海发动起义的当天,根据事先约定,由光复会李燮和联络的吴淞军营黄汉湘宣布吴淞克复,成立吴淞军政分府。在陈其美称督上海后,他们推李燮和为吴淞都督,经李燮和劝阻而罢。⑧

沪、淞独立,各自组织都督府、军政分府,打乱了前清的行政建制。沪、淞地区原分属松江府、太仓州,松江府辖上海、青浦、南汇、奉贤、金山、华亭、娄县和川沙厅;太仓州辖镇洋、嘉定、宝山、崇明。独立以后,松江军政分府仅辖同城之华

---

① 姚文楠:《李平书行状》,见上海文史资料纪念专辑《辛亥革命七十周年》,上海人民出版社1981年版,第129—130页。
② 李宗武:《辛亥革命上海光复纪要》,见上海文史资料纪念专辑《辛亥革命七十周年》,上海人民出版社1981年版,第149页。
③ 尚秉和:《辛壬春秋·江苏篇》,见《辛亥革命江苏地区史料》,江苏人民出版社1961年版,第54页。
④ 《辛亥上海光复前后(座谈会记录)》,见《辛亥革命回忆录》第四集,文史资料出版社1981年版,第7～8页。
⑤ 《辛亥革命在上海史料选辑》,第963页。
⑥ 姚文楠:《李平书行状》,上海文史资料纪念专辑《辛亥革命七十周年》,第130页。
⑦ 陈其美:《为留任沪军都督复上海各团体等函》,《辛亥革命在上海史料选辑》,第343页。关于沪军都督府在辛亥革命中的重要作用,参见《沪军都督府与南京临时政府的筹建》,载《辛亥革命与近代中国》,中华书局1994年版。
⑧ 饶怀民:《李燮和与沪宁光复》,湖南师范大学出版社1998年版,第141页。

亭、娄县；青浦县、镇洋县归附苏军都督府①；由上海军政府接收者有上海县、川沙厅、南汇县、奉贤县；吴淞军政分府辖宝山县、嘉定县、崇明县。在接管原属太仓州的嘉定、镇洋时，都与沪军都督府发生矛盾。嘉定由自治公所发起独立，曾奉吴淞军政分府照会接管该县钱粮，但沪军都督府派兵数十人到嘉定"镇抚"后，该县邮政局与轮船公司"承认非奉沪军都督或嘉定军政府命令，不运兵队或军装"②。接管镇洋时，吴淞军队先至，产生了公推的行政人员，次日开会时，沪军30余人自嘉定赶来，一时引起混乱。沪军表示与淞军一致后，事情才告平息。"上海、吴淞两军政府均拟设分府于太仓，迭派专员来太商榷。顾我邑旧时习惯隶属苏省，民政委任既归苏省，军政事宜似未便两可游移。"③

吴淞军政分府虽以宝山取代镇洋之州府地位，但守原太仓州辖地，接受苏军都督府的领导，反映了主政者对于原有行政隶属关系的默认；青浦越府而直接归附苏军都督府，原居领导宝山地位的太仓人不愿听命于淞、沪，都表明了当地人的"江苏"意识。上海原为清苏松太道驻地，沪军都督府从一开始就跨府过州地接管政权，气象虽与吴淞、松江大不相同，但对居于"省城"的苏军都督府毕竟还缺乏冒犯的勇气。

## 二、"苏州都督"

江苏巡抚程德全就任江苏都督之后，其都督府之组织，分设财政司、司法司、教育司、巡警道、苏军统领等，在革命党人看来，"似清制非清制，非驴非马，不伦不类，令人有不知今日何日之叹"④，程德全在苏州虽号称江苏都督，而"上海、镇江、江北各有都督，常州、无锡、松江、扬州各有军政府"⑤，南京尚在张勋手中，自然无法号令全省。如何统一全省行政，成为江苏都督当务之急。

在辛亥革命前，谘议局作为一个代表民意的机关曾经力图把自己变成省议会而与督抚分庭抗礼。到了革命爆发以后，各独立省份的谘议局无不摇身一变而为具有立法权力的临时省议会。这样，都督府来自革命的合法性与来自立法机构授权的合法性之间能否一致，成为苏、沪军都督府之间政治力量消长的关

---

① 青浦县原由上海军政分府派员进城接收，因与地方绅士发生矛盾，绅士自举民政长。"遵奉中华民国苏军都督府程札派任事"，见《申报》1911年11月15日。
② 见《辛亥革命在上海史料选辑》，第162～163页。
③ 徐福埔：《太仓临时民政署大事录》，见《辛亥革命江苏地区史料》，第208页。
④ 章天觉手稿《回忆辛亥》，载《辛亥革命史丛刊》第二辑，第163页。
⑤ 朱熙：《云阳程公六十寿序》，见《辛亥革命江苏地区史料》，第61页。

键。聚集在"江苏"这个旧行政体系之下而在革命浪潮中得以保留下来的旧政治机关谘议局,在"行政统一"方面发挥了非常独特的作用。

苏州克复不久,原江苏谘议局的名流唐文治、刘树森、雷奋、赵凤昌、庄蕴宽、黄炎培等13人联名致信沪军都督陈其美,声称"值兹大局尚未全定,军事计划必特别注重,因以上海为重镇。若夫其他行政事宜,尽可统全省为一致。今苏垣恢复后,各军队及各属士民公推程都督主持一切,诚足以副全省之望……上海亦苏省之一部分,若行政亦经分立,殊与全省统一有碍,拟请从长计议"①。此语前半段承认沪军都督府的革命合法性,后半段则强调苏军都督府的民意合法性("各军队及各属士民公推"),并利用传统行政关系否定沪军都督府的行政地位。旅沪湖南人朱芸亦致函陈其美,认为上海"在苏州范围以内",以都督统辖都督,是名不正、言不顺。② 在这种"道义"的压力下,沪军都督陈其美只得承认:"苏省救平后,民政各事,自以由程都督统辖为宜。"③ 这样,陈其美不仅承认了苏军都督府作为全省最高行政机关的地位,而且自行放弃了民政统辖权。为了确保苏军都督府之于上海地区的民政管辖权,苏军都督程德全任命已经担任沪军都督府民政总长的李平书为江苏都督府民政司长,明确上海为江苏都督府辖地,④但此江苏民政司长并无管辖全省民政事务的权力,程德全明确下令限定李平书的权限,"所有上海一县地方民政,应由李司长就近管理,此外各州县除邻近上海实有急要事宜,得就近向李司长接洽外,其余统归本都督府直接管理"⑤。

其次,程德全又于11月17日发布了江苏暂行地方官制14条,明确规定:"所有民政事宜统于州县民政长,从前之道、府、直隶厅均裁……同城州县均裁并为一","州县民政长直隶于都督府"。⑥ 这个地方官制的颁布,使得原来以道、府辖区建立的军政分府失去了合法性,不免引起反对。12月上旬,江苏临时议会通过《中华民国江苏军政府临时约法》,规定"江苏军政府由江苏人民公举都督一人及由都督任命之政务委员并省议会构成之";"府惟设都督所在地,以原有首县改升"⑦。省《临时约法》对原有地方官制略作了调整,规定苏州、镇江、上海、江

---

① 《时报》1911年11月13日,见《辛亥革命在上海史料选辑》,第315页。
② 《民立报》1911年12月2日。
③ 《时报》1911年11月16日,见《辛亥革命在上海史料选辑》,第314页。
④ 《申报》1911年11月12日。
⑤ 《申报》1911年11月22日。
⑥ 《申报》1911年11月18日,亦见中国史学会编中国近代史资料丛刊《辛亥革命》(七),上海人民出版社1957年版,第26~27页。
⑦ 《民立报》1911年12月7日。

北、徐州五地可设军政分府,置军政使(后改名"护军使")一人,由都督特简①,不在五地范围的军政分府便失去了合法性。12月15日,松江军政分府司令钮永建在城自治公所发表意见,认为"今上海有沪都督,吴淞有军政分府,则松江一部似应取消,以纾财力。况草创之初,并未报告省垣,现在取消,一切军务员役及已编军队,均可直隶上海"。他的意见立即遭到部分绅士们的反对,他们认为:"松江虽非用武之地,然向有提督驻节,水陆军队视为总汇,似未便将军政分府取消。"②镇江克复以后设镇军都督府,以林述庆为都督,陶骏保为参谋总长。③ 但林率部进驻南京后,镇军都督府遂名不副实,依省《临时约法》改组为镇江军政分府。镇军都督名义取消,但又出现了一个江北都督。淮徐海各属代表以交通不便,见到江苏临时议会开会通知甚迟,"淮北三府十数州县无人到会",不同意江苏临时议会通过的行政统一方案,主张"设江北副都督并兼江北军政长一人,听江苏全省大都督节制"④,并且由原江北地区的谘议局议员于12月17日组成江北临时议会,推举议长,后又举蒋雁行为江北都督。"一省三督"之局面仍未得到改变。程德全的"行政统一"仍然一筹莫展。

南京攻克以后,苏州作为全省行政中枢的省会地位也发生了动摇。明清以来,江苏形势向来是宁重于苏,苏重于沪。至近代,苏州在经济、文化上没有上海会通中西、为中国经济重心的条件,政治、军事上也没有南京扼长江、控南北的虎踞龙盘的形势。两江总督驻地南京被苏浙联军攻克后,程德全立即决定将苏军都督府驻地迁至南京。《申报》这样报道:"苏州都督程公德全自南京光复后,即经在沪诸巨公议请移驻江宁,为江苏都督,省议会全体议员亦咸有此意,公电劝驾。"⑤参加公电劝驾的还有章炳麟、宋教仁、黄兴、陈其美、汤寿潜、张謇、伍廷芳、李平书、虞洽卿、于右任等⑥。有省议会的提议,有各种政治势力代表人物的"公电"赞成,程德全终于获得了真正"江苏都督"的名分。程遂于12月16日起

---

① 《民立报》1911年12月10日。
② 《申报》1911年12月15日。
③ "林所率之镇军,首先人太平门,进驻前两江总督衙门,自为临时都督。陶力劝其取消都督名义,迎程德全(雪楼)为苏省都督。程于十月十六日(12月6日)到宁,其时沪军首领陈英士亦在宁设置都督府,各友军互相猜忌,陶乃通电主张一省不可有三都督。陈衔之甚深,诱陶赴沪残杀之,时十月二十三日也。"(张立瀛:《镇江光复史料》,见《辛亥革命江苏地区史料》,第271页。)陈其美于12月3日通电支持程德全为"江苏都督",江苏《临时约法》已规定上海为军政分府,似不可能仅因陶骏保通电反对"一省三督"而杀他。
④ 《申报》1911年12月21日。
⑤ 《申报》1911年12月6日。
⑥ 《民立报》1911年12月3日。

程到宁,将江苏都督府搬到南京两江总督衙门,想当真正的"江苏都督"①。但是,江北都督的出现,临时政府决定设在南京,仍使"江苏都督"不仅有名无实,而且在南京也无法继续待下去了。程德全便于南京临时政府成立前夕,以"足疾剧增,且患舌强"为由,举庄蕴宽为代理江苏都督,到上海"养疴"去了。庄代都督掌印不久,临时大总统孙中山就以"苏州事务甚繁",命令他"移驻苏垣"。② 而在程德全移驻南京之后不久,苏州发生了兵变,苏州商民呼吁苏督回驻苏垣,庄代都督自然也要服从民意。于是"江苏都督"又变成了"苏州都督"。

## 三、"代理江苏都督"

代理江苏都督庄蕴宽,常州人,曾任清广西边防大臣、太平思顺道、广西督练公所总参议官,1910年,被两广总督张鸣岐参革,在上海做寓公。黎天才、钮永建均为其旧属,③与旧立宪派人士也广有联系。在其接印代理江苏都督之后,全国政治形势发生了重大的变化:因孙中山当选临时大总统而使南北和议重陷僵局,到1912年1月下旬以后重现转机,清室在北洋军将领的压力下同意退位,孙中山辞去临时大总统,袁世凯当选临时大总统。本来就是"统一江苏"主谋人之一的庄蕴宽利用了"全国统一"的呼声,在江苏省议会的支持下,竭力"削藩"。

但首先起来抵制的,就是昔为庄之旧属、今为松江军政分府首脑的钮永建。1月初,松江军政分府总司令钮永建公开宣布"近颁暂行地方官制,于松军府习惯及时宜均难适用",坚持"各州县丁漕仍由松军府督收,饬令就地解松"。④ 1月11日,他又主持重新改选了松江军政分府民政、司法、财政各总长,颁令"整理松属各县事宜"。庄蕴宽立即颁布了临时省议会通过的《江苏暂行地方制案》,并附江苏60县一览表,明确废松江府,华亭县兼辖旧时娄县地。钮永建虽然收回"业户将漕粮提前完纳"的成命,⑤但坚持"每亩带收饷捐大洋一角,时局万紧,势在必办",并再次声明松军分府的辖地包括原属松江府的各县。⑥ 钮永建的态度引

---

① 姚文楠《李平书行状》云:"临时大总统孙中山氏就职南京……其时苏军都督已正名为江苏都督,就南京组织省政府,分司办事,而苏军府仍未取消,各司办事如故。"见上海文史资料纪念专辑《辛亥革命七十周年》,第133页。
② 《申报》1912年1月10日。
③ 《申报》1912年1月1日。
④ 《民立报》1912年1月7日。
⑤ 《申报》1912年1月23日。
⑥ 《民立报》1912年1月20日。

起舆论的强烈反应,1月13日,上海《申报》以罕见的口吻发表了《论军事时代之民政》的评论,以唐末藩镇割据的惨祸为鉴,引程德全"削除府阶而改编为州县以直隶于都督府之下"的通令,指责钮永建以军人干政,"假令松郡首倡而各地效尤,淮扬然,常镇亦然,宁苏之重地,将恃何饷以治事乎?"金山绅士李铭训指责道:"当今各省犹军府林立也,假令并起相师,是析一省为数十省,析一国为百数十国,兵权则对峙分持,税制则四分五裂,共和前途,至此作何状态,思之能不寒心!"① 在裁府的呼声下,只有在六合毫无根基的六合军政分府总司令张承櫆主动地取消了军政分府名义,改为北伐义勇队编练处。"②

苏督迁回苏州,既无法控驭全省,于是又有北迁之议。2月1日,《申报》发表《江苏省治问题》的评论,对于南京不免有些无可奈何的垂涎:"论南北之要枢,则金陵镇山带江,九州天险,经营四方,此为根本。今日者,南京建立新都,邦畿重地,防戍维严,自不必以都督维系其间。""然则江苏今日当以何地为省会乎?论四方之适中,南控苏松,北接淮扬,则京口重镇,山川形胜,自是都督开府之地。"③三天以后,便传出了庄代都督"拟移驻镇江以便控制江北各州县",将"与中央政府及地方绅士妥商定夺"的消息。其迁镇的理由就是"北伐军纷纷出伐,运兵运饷,必须兼筹并顾;而清淮各属,距苏较远,颇有鞭长莫及之虑"④。"迁镇"之计可谓一举两得。一是逼江北都督,江苏都督既可直接控制江北各县,江北都督的设置理由不复存在;二是逼沪军都督,江苏都督移驻镇江,直接负责北伐军的组织和运输,远离北伐前线的沪军都督府也不再必要。"迁镇"计划虽由于南北和议达成而中止,但"江苏统一"的主持者已经掌握了政治、法理和道义上的优势,沪军都督遂不自安,于是便有引起轩然大波的沪军都督陈其美的辞呈。

## 四、沪军都督的去留

陈其美的辞呈的确是一篇妙文,一方面义正词严地论述了沪军都督府在辛亥革命中的重要地位,另一方面又倾诉了在行政隶属关系下无法显示身手的哀怨:

---

① 《申报》1912年1月14日。
② 《申报》1912年1月27日。
③ 《申报》1912年2月1日。
④ 《申报》1912年2月4日。

其美……被众推举为沪军都督。夫上海属隶江苏，地居县治，都督之称，何以副实？当时曾力驳固辞，而众意以为都督之设，非原官制，非关地域，但因革命事实而发生此特设之官；且以战事方新，急宜策应，借此以扶大局，以系人心。责任所在，暂效驰驱……再辞不许；临时政府成立后，三辞未准。伏思受任沪军都督，本为一时权宜之计，不图开府后，各省援鄂、攻徐、援皖、攻鲁以及北伐各师，皆取道申江，纷纷供应，饷糈告匮，则问沪军；军械不敷，则问沪军。大至一师一旅之经营，小至一宿一餐之供给，莫不于沪军是责。且邮电、舟车之烦琐，几如职掌交通；华洋交涉之艰难，无异职司外部；查办案件之丛胜，又如职操司法。推之全国，海军之饷，多出沪军，每月用款之繁，数逾百万。以一无所能之其美，几兼交通、外务、司法、军政、财政而独为，以四无属地之申江，几综东南枢纽门户，统筹兼顾而独任。其美觉十余年来为革命而出死入生之日，以今例之，向不致如斯。盖上海地处交通，人人得而求备，而地居下邑，事事为人阻挠。即如参议员，每省各举三人，而陈陶怡关系在沪，致欲去位；司法界借口动争地点，而姚荣泽抗不解申，几欲漏网。甚至沪上商团之驻扎，沪已批行，苏复咨驳；硝磺专卖公司沪已纳饷，苏令取消。对于沪上各机关人员，委任非专，号令不便。管辖上既无统一之权，事实上乃有冲突之势，牵制如此，无事可为。且凡百收入，均被各方面争之而去；凡百支出，均由各方面倭之而来。纵系巧妇，无米难炊，虽极肝脑涂地之诚，岂能收戮力同心之效？现已精疲脑惫，力疾从公。长此掣肘，非但不能副我初心，转恐因此而误大局。相应呈请大总统取消沪军都督名位，俾其美免恋栈之讥，苏、沪无骈枝之诮，仍得以革命军之一员，奔走共和事业。①

沪军都督府"以四无属地之申江，几综东南枢纽门户，统筹兼顾而独任"，何等豪情；"而地居下邑，事事为人阻挠"，其身陷原有行政隶属关系的无奈，跃然纸上，矛头自然是指向苏军都督；连松江军政分府的钮永建也想压一下原属松江"下邑"的沪军都督。② 清帝退位诏书尚未颁布，沪军都督府的地位已经摇摇欲坠，这的确很有讽刺意义。辞呈发表后，淞沪军界反应强烈，向临时大总统发出通电："现大局已定，公议取消沪军，即推陈公都督江苏，方为公允，若任告辞，军

---

① 《申报》1912年2月11日。
② 钮永建称："松属华(亭)、娄(县)、金(山)、南(汇)、青(浦)各县，业经禀明黄元帅、苏沪两都督，专属松军府管辖。"只将原属松江府的上海县留给了沪军都督府。见《民立报》1912年1月20日。

界同人势将解体。"①但江苏省议会的态度也同样坚决:"江苏者,江苏人民之江苏,非都督之江苏,亦非大总统之江苏"②!

清帝已经退位,孙中山的临时大总统之位将移交袁世凯,江苏省议会自然敢于冒犯这位即将去位的"大总统"。即使孙中山为防止事态恶化,维持性地表示慰留陈其美,还有所谓"江苏公民会"抗议"慰留沪督,破坏省制,疲吾民力,苏民万难承认"③。这种"省制"高于一切的口号,进而使江苏省议会抵制临时参议院。为确立南京作为首都的地位,抵制袁世凯企图在北京开府的阴谋,临时参议院于2月27日三读通过《南京府官制》,规定"民国临时政院所在地方设南京府,以原有之上元、江宁二县地方为区域,直隶于内务府"④。这引起了主张以迁都北京实现"南北统一"的"江苏人士"的强烈抗议。江苏省议会竟通电参议院"侵夺本省主权,本会万不承认"⑤;江苏省籍参议员宣布退出参议院,并表决通过"嗣后院决各案,如与江苏义务有关,概作无效"⑥。江苏都督庄蕴宽也向参议院致电绝不承认。

"陈公都督江苏",自然不可能为江苏省议会所接纳,还是由袁世凯安排了陈其美工商总长一职,作为撤销沪军都督府条件⑦;而挤走了沪军都督的庄代都督,也完成了他的使命,坚决向省议会辞职,省议会遂再推程德全任江苏都督,由袁世凯发表任命。强硬的松江军政分府司令钮永建见大势已去,亦告辞职,松江军政分府名存实亡。袁世凯并派张绍曾到扬州,以"由中央发给恩饷三十万"为条件,请徐宝山取消军政分府⑧。盐枭出身的徐宝山的裁府通电谈的是"名分江苏一省,有军政府三:苏州、上海、清江是也;有分府二:扬州、常州是也;有留守府一,南京是也。论阶级则留守为至尊,然号令仅行于军队,而不及省外行政范围。论名分则以江苏都督为最正,然权限且不能及于分府所辖之各属,遑问清江

---

① 《申报》1912年2月21日。
② 《申报》1912年2月21日。
③ 《申报》1912年2月22日。
④ 《民立报》1912年2月1日、3月10日。
⑤ 《申报》1912年3月21日。
⑥ 《民立报》1912年3月17日;《申报》1912年3月20日。提议人为黄炎培,赞成人为马良、陈义、姚文楠、张鹤第、龚述、陈允中、蒋秉章。
⑦ 4月11日,陈其美向沪军宣布,"沪军都督一职,不日即须撤销"。见《申报》1912年4月12日。
⑧ 《民立报》1912年4月18日。章天觉手稿《回忆辛亥》称,系程德全"密嘱扬州徐宝山通电呼吁,力诋各府擅称都督为政令歧出,淆乱视听,自请取消扬州都督,以为统一昌"。见《辛亥革命史丛刊》第二辑,第163~164页。按:扬州当时为军政分府,徐宝山当为司令。

与上海"①。看来程都督上台,自然要循名责实,"上海"已不足论,苏督如果迁宁,"清江"似乎亦难立足。"苏省之大局",终于有了"渐趋统一之机"。②

## 五、"江 北 都 督"

事情并非如此简单。就在江苏省议会高举"统一江苏"旗帜,喋喋不休地谈论"江苏都督者,统合江徐淮扬苏常镇通海太旧时八府二州六十余州县、全省统一管辖之都督也"③之时,就在沪军都督陈其美、松江军政分府司令钮永建准备偃旗息鼓之时,4月间,"清江"的江北议会和江北都督却发出了强烈的不同声音:再次要求改江北为行省,并否定了江苏省议会有代表全省之权力。

江北议会致电庄都督:"江苏省议会议员系前清时代选举,且已届三年任期。前次开会,江北已有公电不承认议决之案……前次江苏参议员辞职,贵都督曾电达该院,不承认其议案,今淮徐海议员多数不在省议会,如再开议,江北亦断难认可。"以子之矛,攻子之盾,庄蕴宽自知难圆其说,以老告退。江北都督蒋雁行则挟民意以自重,表示"此次江北议建行省,自举参议员五人,实出自江北人民之共同决心,与他省情形不同,绝不退让,若稍依违,恐酿巨患。"④

但江北无论在地缘还是经济上都无法独立。即以财政而论,"举凡工需、军需、地方行政费,全恃各省协助……共一百八十余万两,此外临时拨款尚不在内"⑤。蒋雁行就任江北都督以来,日子也不好过,"数月以来,伏莽潜滋,军需告匮,疮痍满目,饥馑荐臻,睹百姓之流离,每抚心而陨涕。加以商场凋敝,财政艰难,士民废学,教育无经费之可筹,春水方生,河务有非常之险象江北都督"一职颇似鸡肋,袁世凯瞅准了这一点,故态度十分坚决,于5月1日致电江北都督蒋雁行:"将江北军政府裁并,归苏都督管辖。"⑥蒋雁行只能表示接受。程德全遂按照省临时约法,荐原任苏州统制的属下刘之洁任江北护军使,前往接收江北军政。大势已去,江北各界不得已呼吁同属"江北人"的张謇出面主持分省之议。张謇虽在1904年12月曾经提出建徐州行省之议,但其立意非为江北地缘关系,

---

① 《申报》1912年4月18日。
② 《程雪楼再任江苏都督感言》,《申报》1912年4月12日。
③ 《申报》1912年4月10日。
④ 《申报》1912年4月11日。
⑤ 《民立报》1912年4月12日。
⑥ 《民立报》1912年5月8日。

而是将江、皖、鲁、豫4省沿边州县划归徐州管辖,用以抵制在山东和长江的德、英两国的势力向这一地区的扩张。① 因此张謇于江北分省不予支持,有些人骂他是"破坏江北大局之罪魁"②。

接下来就是对江北议会和绅商各界的工作。5月11日,唐文治、许鼎霖、沈云沛、曹汝霖等邀集旅京宁苏政界多人,讨论江北分省问题,大多数意见也认为,"江北实难独成一省",财政上也难以自立。③ 名为"讨论",实际上是在做说服工作。程德全也频繁地接见江北的代表、士绅,表示"于江北困难情形尤为关注,大率以治河、筑路为要点,江北来人亦颇感动"。在人事和财政上,袁世凯与程德全也是密切配合,满足江北人的一些要求,安排江北人杨慕时为江北民政次长、黄以霖负责财政公所,并同意蒋雁行暂行协助刘之洁"治理一切"。舆论评论道,"似此兼筹并顾,分省之说当可消弭于无形矣"④。6月7日,江北分省提案经参议院会议,"以此事有碍治理,且恐他省仿行续请",予以否决⑤。

## 六、"革命军消"

1912年2月下旬,袁世凯煽动北京兵变,迫使南京临时政府放弃请他南下就职的要求。3月,临时参议院同意袁世凯在北京就职。袁世凯发布任命,在临时政府北迁后,由黄兴任南京留守。革命党人在一片"南北统一"的呼声中,放弃了武力,南京留守府的主要责任就是裁编革命军。

到5月中,黄兴发出通电:江浙皖一带各军裁编达三分之一以上,第一军辖第一、四、九师,由柏文蔚任军长;第二军辖第十一、十二师,由徐宝山任军长;以上两军由军长负责整理,归陆军部统辖。第三军军长王芝祥将所部桂军六大队全数遣散;第四军军长姚雨平已遣散三千,余部整顿后回粤;第五军朱瑞率部回浙;余驻江苏的第三、五、七、八、十、十六、十九、二十三、二十六师,独立第三、三十五旅以及独立步兵团、守卫队等等,均归江苏都督统辖整顿。"循此而行,则云屯雾集之军队,不难渐次消散",决定裁撤南京留守府,以维护"国家统一"⑥。

---

① 《民立报》1912年5月16日。
② 张謇:《徐州应建行省议》,《张謇全集》第一卷,江苏古籍出版社1994年版,第80~83页。
③ 《民立报》1912年5月12日。
④ 《民立报》1912年5月15日。
⑤ 《申报》1912年6月6日、8日。
⑥ 《黄兴集》,中华书局1981年版,第177~179页。

6月1日,袁世凯批准,"所有南京留守机关,候程德全到宁接收后,准即取消"。6月13日,南京留守府由程德全派员接收。

在黄兴通电撤裁留守府之先,江阴、吴淞、锡金军政分府先后宣告取消。苏州的一部分革命党人组织"洗程会",企图驱除程德全,拥陈其美为江苏都督,但被程德全先机镇压①。在南京留守府裁撤之后,沪军都督陈其美孤掌难鸣,也迭电程德全莅沪接收。7月31日,程德全由宁至沪,沪军都督府遂告结束,所有驻沪军队均归江苏都督统辖。

随着革命党人交出全部兵权,江苏全省终于宣告"统一"。

## 七、余　　论

综观辛亥革命时期江苏由"独立"而"统一"的进程,我们可以清晰地看出,在各种政治力量和政治观念的合力下,这场革命是如何被匆匆忙忙地结束的;在结束革命的过程中,旧的行政隶属关系起到了何种作用。

在中国行政机构的隶属关系上,省是中央政府与州县政府相关联的关键环节。中央革命的条件既不具备,在各省会夺取政权,宣布全省独立,在革命党人看来是取而代之的最佳形式。辛亥革命党人创立的一套"共和革命"的话语系统,其中也包括了"秩序革命"的内涵,尊重原有的行政管辖体制,成为"秩序革命"的基本内容。汪精卫称,"中国历史上之革命,其颠覆政府,用力少,为时暂;其争帝也,用力多,为时久……今后中国之革命,其建设之目的,非在帝制自为,则颠覆政府之后,革命家必不致相争;争夺不生,则内乱必不作"②。孙中山讲:"中国从来当国家做私人的财产,所以凡有草昧英雄崛起,一定彼此相争,争不到手,宁可各据一方,定不相下,往往弄到分裂一二百年,还没有定局。今日中国,正是万国眈眈虎视时候,如果革命家自己相争,四分五裂,岂不是自亡其国?"③在这种只颠覆清政府而不争夺权力的思想指导下,不仅划定了"革命"的大限,而且于原有行政秩序是否尊重,自然地会成为检验革命者有无政治野心的道德标准。2月12日清帝退位诏书的发表,在"统一"呼声强大的江苏省,无论是南京

---

① 朱宗震:《程德全与民初政潮》,载《辛亥革命与近代中国》下册,中华书局1994年版。
② 汪精卫:《驳革命可以生内乱说》,《辛亥革命前十年间时论选集》第二卷上册,生活·读书·新知三联书店1963年版,第525页。
③ 孙中山:《在东京〈民报〉创刊周年庆祝大会的演说》,《孙中山全集》第一卷,中华书局1982年版,第326页。

临时政府还是沪军都督，都在先以自画牢笼的"不自相争"下，陷入了理想道德和现实处境的悖论。陈其美申明辞督理由时说："南北统一，和议告终，不先正名，无以治国。苏沪同省，奚庸两督？"沪军都督府已经是"事实当去"①。推翻了清政府以后的孙中山们的确没有争权夺利，既没有"革命家自己争"，也没有"革命家"与"不革命家"和"反革命家"争，却用"不争"的崇高理想道德廉价地换来了"和平统一"。

在实际的革命进程中，省会发生革命变革之后，所辖各府州县也往往会出现"多米诺"骨牌的效应。这以后的政权重组方式与地缘政治的关系极大。江苏出现一省三督的局面，概而言之，沪军都督府的出现是基于革命的理由，苏浙地区的克复、南京临时政府的筹备、南北议和的进行、北伐的军事准备，与沪军都督府均有重大关系，而没有上海城市的突出地位，沪军都督府也不可能有如此作为；苏军都督府的出现，则是出于历史的传统，程德全作为前清江苏巡抚的地位，"反正"之后任江苏都督似乎"名正言顺"，而江苏省临时议会的拥戴又为苏军都督提供了民意的合法性；江北都督的出现，虽然与江苏地区的战事发展以及北伐有着密切关系，但更深刻地扎根于江北、江南之间的族群观念，这种族群观念演化为行政分裂的政治行动，并不是革命造成的，但确实是革命进程中往往会出现的一种现象。② 对于辛亥革命之于地缘政治的影响，很值得深入研究。

在"统一江苏"的过程中，无论是程德全还是庄蕴宽，都表现出了非常强烈的作为"江苏都督"的主角意识，这是具有强烈的革命全局意识的沪军都督和江北地域意识的江北都督那里都缺乏的。这种主角意识反映了江苏都督的准确的自我定位，沪军都督陈其美抱怨四事，如排斥"关系在沪"之陈陶怡为参议员、杀害

---

① 陈其美：《为留任沪军都督复上海各团体等函》，《辛亥革命在上海史料选辑》，第343页。
② "江北人"在苏浙一带是指江苏境内长江以北的居民，是一个具有一定歧视性的"族群"概念，而"江北人"要求脱离江苏而自行建省，反映了当时族群歧视的严重性。蒋雁行在致袁世凯的通电中说："江北与江南利害不同，即如去年水灾，江南尚庆丰年，江北已经道连相望；又如上年灾民之乞食昆山者，被昆山之人焚毙七百余名……江苏之谘议局动辄以多数压制少数，江北议案十九不得通过，故当时有'专制议会'之说……此次共和成立，所有江北人权利，自不能让江南任意侵夺，故拟请建江北为行省，别无意见存乎其间……江淮徒以交通不便，为江南人轻视，致所有权利极不平等，现更垄断把持，江北非自选参议员列参议院，实不足以代表江北人民。"（《申报》1912年4月11日）而追溯历史，江北分省之议在前清已有倡议。1904年末，修撰张謇提出设徐州行省，但政务处采纳了御史周树模提出将漕督改设江淮巡抚的意见，江淮巡抚仍驻清江，与江苏巡抚分治，仍归两江总督兼辖。政务处征询各衙门意见后，主苏淮不必分省者42件，主专裁淮抚者32件，主苏仍议分省暨复设漕督者7件。清政府权衡各方意见，最后决定不分省，但将扬镇总兵改为江北提督，淮扬海道兼按察使衔（见《光绪朝东华录》第五册，第5282～5283、5323～5324、5339页），在财政上，早在乾隆年间即增置江宁布政使一人，"析江淮扬徐通海六府州隶之"（见《清史稿》卷116《职官志三》），"久若划疆而治"（《光绪朝东华录》第五册，第5283页）。因此，在前清时，江北已经在军事、司法和财政上相对独立了。

革命志士的清山阳知县姚荣泽的审判地点之争、沪上商团驻扎地点、硝磺专卖公司的纳饷问题,实际上就是"江苏都督"在争自己的"名分",争对上海的管辖权。① 派李平书为民政司长,也在事实上把上海的民政权纳入了苏军都督的范围。对于省会的地点、江北的人事安排都使得苏军都督比沪军都督更能表现出"江苏都督"的特点。虽然,在陈其美宣布辞职时,沪军方面有通电要求让陈其美任"江苏都督",但"江苏"乃"江宁""苏州"之"江苏",并非"上海"之"江苏",这种"下邑"观念虽然已经落后于兀立东南的上海城市的实际地位,但却是当时上海人的普遍意识。② 上海不能成为江苏的首府,这也是近代"江苏意识"的题中之义。

沪军都督府撤销已成定局之后,上海成为江苏直辖之县,其行政地位反而不如前清作为道台之驻地。于是,由自治公所改组而成的市政厅这个地方自治机构试图改变这种状况。1912年4月初,上海市政厅议长陆文麓、工纳善咨呈江苏临时省议会:"上海当长江入省之尾闾,沿海七省之中心,太平洋航海之焦点,内治外交,较天津、汉口尤烦难,市民之负担尤艰巨。当旧政府时代,常直接秉承督抚司道,今自以来,艰巨之事,又直接承苏沪都督办理者益伙。此后军务平定,而地居冲要,应与高级官厅直接,亦自然之趋势。本议会衡情酌理,本市之政权统系,应仿欧美各国自由都市之办法,直隶于省会官厅,一面仍与民政长接洽,则机关紧捷办事,尤为得宜。所有市政长莫锡纶、副长顾履桂应由此议会专案呈请民政长转呈苏都督加发委任状,以专责任。"③ 市、县分治而至于市辖县的新行政体制由此开始萌发。④

在"江苏统一"的过程中,袁世凯的作用也未可小觑。在各省"都督蜂起"、南北省制显呈差异⑤之时,南京临时政府立法院曾经考虑过"废省改道"的计划,"大约现今一省可分为三省,其划界宜与现今省界犬牙交错,则省界自然消

---

① 根据吴乾兑先生的研究,在苏浙克复不久,江苏都督程德全、浙江都督汤寿潜就曾与赵凤昌等密商,企图排斥沪军都督而发起组织中央政府,但因顾忌沪军都督在全国的影响,正式发表时才采取以单独致电沪军都督形式。见吴乾兑《沪军都督府与南京临时政府的筹建》,载《辛亥革命与近代中国》上册。
② 直到20世纪60年代,上海已成为直辖市多年以后,还有一些上海人书写寄信人地址时写"江苏上海"。
③ 《申报》1912年4月5日。
④ 1927年5月,国民党中央政治会议决定将上海市划为特别市,直辖中央政府。1928年,上海市区加引翔等7乡组成上海特别市。上海县辖区改为上海西南郊农村,隶江苏。江苏省曾对此强烈反对。
⑤ 南方独立各省都督为推举,北方未独立各省仍由任命。

除"。① 对于江北都督、川北都督,法制院也倾向于给以"充分省之行政长官"地位。② 参议院也着手研究废省设道的计划。有人提议,除蒙藏外,将全国分为 24 道,江苏被分别拆归于江淮道、江浙道,治所分别为江宁和上海。这种庞大的行政区域重置计划③并没有为袁世凯所理会,他利用了"南北统一"的有利舆论,采取坚决手段统一各省,以便尽快结束革命。如 4 月初,袁世凯严令安徽省裁撤军政分府,庐州、芜湖遵令裁撤,但大通军政分府黎宗岳拒绝执行,陆军部便调兵前往镇压,强行取消。④ 因此,吴淞、锡金军政分府均闻风而自令取消,在 5 月 1 日袁世凯下令取消江北都督之时,蒋雁行也只得服从。袁世凯终于利用了革命党人的"不争"而争来了一统江山。

(原文载《近代中国》第 12 辑,
作者:周育民,上海师范大学人文学院历史系教授)

---

① 《民立报》1912 年 2 月 6 日。
② 《民立报》1912 年 4 月 13 日。
③ 这个行政设置计划虽然被束之高阁,却是研究近代行省内地缘政治关系的重要史料。当时争省治的不仅有江苏的江宁、苏州之争,还有广西的南宁、桂林之争,四川的重庆、成都之争;就族群纷争而言,不仅有江北江南之争,还有川东川西、皖南皖北之争;即在一县之内,也会发生县治位置之争,如江苏奉贤。
④ 周康燮主编:《中华民国史事日志》第一卷,香港大东图书公司 1981 年版,第 25 页。

# 同盟会的成立
## ——人事与策略

[美]普莱斯

同盟会的成立齐集了 1911 年之前中国革命运动的主要人物,以孙中山、黄兴和章炳麟最为著名。其他广为人知者包括宋教仁、胡汉民、汪精卫和秋瑾。而另一个在缔造同盟会过程中扮演关键角色的人却默默无闻。张继述及程家柽时说:"中山提倡革命者也,克强实行革命者也,韵孙(程家柽)组织革命者也。向使学界而无韵孙则中国同盟会必不能以成。"①

张的话提醒我们,不可以把同盟会的成立当作是通向辛亥革命的当然之事,它的创建需要经过其重要成员的会晤。他们不仅要在推翻清政府这一目标上达成一致,至少在某种程度上也要达到方法上的一致。这就是说,各主要人物对什么样才是革命,以及革命组织是怎样的,抱有各自不同的看法。

同盟会的成立长期以来被认为是反满革命运动发展的里程碑,因为它把全中国的革命者集中到了一个单一的大型组织,而以前的组织都带有狭溢的地域性。回顾孙中山领导的各革命组织时,史学家强调,同盟会第一次把一种新的因素带到了他的麾下。在日本激进的知识分子、一些华南和东南亚的商人,以及秘密会党,成为他的革命组织的重要组成部分。这也标志着一个里程碑,因为在此之前,孙中山和知识分子由于互不信任和彼此鄙视,一直存在着隔膜。此外,孙于同盟会成立前几个月,在欧洲与中国学生会面的重要性被认可。人们认为,这次会面促使孙承认了新知识分子和新军的重要性,他们可能共同在革命中扮演重要角色。

以上观点都很重要,也很正确。但是这些聚集在一起创立同盟会的人,有他们各自的目的和对革命的展望,并采用不同的方式助其创建。他们是如何聚集在一起,又为何聚集在一起呢?同盟会的成立在何种程度上代表对革命进程的

---

① 《程家柽烈士革命大事略·跋》,《国史馆馆刊》,1948 年版,第 1 页。

认识已经达到了新的一致？在重新审视一些重要资料时，这些疑问就出现了。这篇论文基于 20 世纪 60 年代以来一些学者的研究，①也缘于本人对参与同盟会成立的个人和过程所作的具体研究和进一步探讨。

这篇论文最主要的原始资料包括当时的材料，如孙中山的通信、宋教仁的日记，以及同盟会成员的名单。还有一些后来的文献，如宫崎滔天的回忆录、朱和中对同盟会欧洲分会的回忆、宋教仁对程家柽的回忆、冯自由对宋的回忆录的注释、刘揆一关于黄兴的传记，以及田桐对同盟会成立的回忆录。有的回忆录写在同盟会成立后几年，有的则在几十年后。它们或是由于记忆错误，或许还有偏见作祟，在一些重要方面有不同见解。因此，重要的是要指出回忆录和当时资料的冲突，并尽可能解释造成矛盾和差异的原因。

为此，我们必然一开始就会面临这个问题：有关事情开端的资料就有其局限性。根据宋教仁回忆录，故事开始于 1902 年的日本，大约在宋教仁和程家柽见面前三年。宋关于同盟会成立之前的记述大部分肯定基于程的陈述，程或者在准备成立同盟会之际，或者在 1912 年宋撰写回忆录时，把他所知告诉了宋。可以预料有大量的史实错误存在宋的回忆录中，其中许多已被冯自由指出。②除此以外，宋带着明显的偏见：这个回忆录是为了证明程对革命运动的巨大贡献而写，因为有一些不知情的同志怀疑程背叛了革命事业。更为重要的是，当宋写这部回忆录时，他同孙中山的紧张关系已经持续了五年，他一直在苦苦争斗，企图约束孙在新成立的共和政府中的权威。关于同盟会的成立，宋教仁的回忆录自然强调程的贡献，并把孙描绘成一个有些被动乃至不情愿的参与者。

程家柽是第一个留日的安徽学生，也是最早一批留日中国学生。由于不满家乡的学习机遇，他来到武汉，在新的两湖书院学习。然后，又因为他的反满演讲激起了校方对他的不满，他东渡日本，于 1899 年在东京帝国大学学习农学。

---

① Shelley Hsien Cheng: "The T'ung-meng-hui: Its Organization, Leader ship and Finances, 1905 - 1912" (PhD Dissertation, University of Washington, 1902); Harold Z. Schiffrin: Sun Yatsen and the Origins of the Chinese Revolution (University of California Press: Berkeley, 1968); 张玉法：《清季的革命团体》，（台北）"中央研究院"近代史研究所 1975 年版; 湖南省哲学社会科学研究所编：《宋教仁日记》，湖南人民出版社 1980 年版; 刘建一、李丹阳：《武昌花园山机关初探》，《纪念辛亥革命七十周年青年学术讨论会论文选》第 1 册，中华书局 1983 年版; 松本秀树：《宋教仁の日记》(京都）同盟舍 1989 年版; 吴相湘：《孙逸仙先生传》第 1 册，（台北）远东图书公司，1982 年版; 上村吉美雄：《黄兴与宫崎滔天二三事》；林增平、杨慎之编：《黄兴研究》，湖南师范大学出版社 1990 年版; 中村哲夫：《同盟の时代：中国同盟会の成立过程の研究》，（东京）人文书院 1992 年版; Marie-Claire Bergére: Sun Yatsen (Stanford University Press 1998 年版); 萧致治：《黄兴评传》，南京大学出版社 2001 年版。

② 《程家柽烈士革命大事略》冯自由补述，《国史馆馆刊》，1948 年版，第 68～73 页。宋亦指出程挨打头受伤后记忆力有损失。《国史馆馆刊》，1948 年版，第 75 页。

1902年，中国学生在日本留学人数较少，程属于第一批接触当时住在横滨的孙中山的中国学生。在一群对梁启超的改良主义抱有同情心的学生中间，程是一个孤立的反满主义者。当孙向他提到民族、民权、民生以及其他未来中国的美好前景时，程被震慑了。但程的热情并没有获得同等热忱的回应。"君闻所未闻，以为可达其志，请毕生以事斯语，曰欲树党全国以传播之。孙文惟欲东京留学中联属二十人，以陆军十人，率两粤之三合会长江之哥老会为起义之师，以法政十人，于占据城池后，以整理地方与外人交涉。君心少之。"冯自由当时已经认识了程家柽。冯在对他的评语中写道，他从来没有听说孙提及招募20名学生的说法，但考虑到孙与知识分子的交往经历，可能孙觉得这比向全国宣传革命，提供了一个更为现实的前景。①

假设宋教仁对此时孙和程思想的陈述是基本上正确的，那么程关心的必然是新知识分子成为一个大规模的不加区分的革命运动宣传员的角色；②而孙感兴趣的则是一个可以推动秘密会党起义的小型的可靠的核心所做的具体贡献。

无论在日本还是欧洲，中国留学生原本是颇有希望的招募对象。但孙与他们接近踌躇不前，阻碍重重。有人指出，在日学生最初并未被孙所吸引，部分原因是因为很少人志在革命。但另外，像拒绝与孙合作要求的康有为一样，大部分继承文人传统的学生一开始都把孙描绘成一个没有受过教育的盗贼和土匪，在广东秘密党和海外商人的世界里游转；尤其在看待秘密会党问题上，大多数学生激进分子在1902年时还很不乐意赋予他们改造中国的重要角色。他们可能把秘密会党想象成类似于义和拳的组织，而他们对于义和拳的印象，除了少数例外，都不甚佳。

孙有他的理由对这些文人反感，甚至不信任他们。梁启超本来被孙看作是合作伙伴，他却利用孙的介绍，在夏威夷挖走了孙的支持者，把他们招进保皇会。孙还认为，梁扣留了原本用于1900年南部和中部联合起义的资金。从他的角度来看，大部分文人既高傲又难以信赖。虽然有少数突出的例外，但孙无法想象让大批文人在起义中担当重要的角色。实际上，如同程的回忆，在1902年，一个留学生要获得被引荐给孙，是极其困难的。③

---

① 《程家柽烈士革命大事略》，冯自由补述，《国史馆馆刊》，1948年版，第70、71页。
② 参见《宫崎滔天全集》（日文），东京平凡社1971年版，第2册，第577页。
③ 《程家柽烈士革命大事略》，第70页；吴相湘：《孙逸仙先生传》第1册，（台北）远东图书公司1982年版，第301~302页。

其他的矛盾也为学者所指出。尽管孙和日益激进的学生们都为中国屡次被列强打败蒙耻而愤懑不平,孙却倾向于寻求外国援助和友谊,以推翻满清政府,推动中国现代化。他认为,中国不仅由于它的积弱,而是由于落后,才在国际上举步维艰。但学生们认为,中国的贫弱使它无法在这个无情的充满达尔文式竞争的世界上站立起来。有一个对比可以把两种观点的差异形象地揭示出来:当学生们在东京抗议,因为有谣言说法国士兵和资金将被用来镇压华南的一次秘密会党起义,而孙却在河内主动向法国殖民当局抛出绣球,允许他们将势力延伸到华南,只要他们肯帮助孙占领那里。①

不过,考虑到孙非常渴望获得学生的支持,而且他非常擅于吸引不同的听众,这个问题就显得不那么严重。事实上,1903 年年末,孙在东京的学生期刊《江苏》上发表了一篇文章,把自己说成是一个外交事务专家,并明确指出满清政府没有能力保护中国不被列强瓜分。尽管没有任何现象表明孙在那时想把学生也纳入到他的革命计划中来,但这篇文章的确表明孙期望学生的支持对他有所帮助。② 事实上,1903 年夏的两个月中,孙在日本积极回应了一些广东学生关于安排军事训练的请求,他还让他们宣誓效忠革命,就像兴中会所做那样。但他离开后,这项事业便很快土崩瓦解。③ 据报道,那时,越来越多的知识分子——学生和流亡革命者——来到横滨拜访他。

从 1903 年至 1905 年中这段时间内,孙一直在奔波。他到河内,希冀法国资助他在华南的革命计划。然后,他来到夏威夷和美国,试图招募支持者,在华人秘密会党中筹集资金。最后,他来到英国和欧洲,继续游说,希望获得法国支持,并和在欧洲的中国留学生进行接触。

正是在孙离开的这段时间内,东京、上海和武汉这些日益激进的联系紧密的团体体验了相同的经历:他们受到了同样的宣传,组织学生军队抵抗俄国侵占满洲,以及志同道合的革命者最后愤而离开日本回到中国(包括黄兴)。他们对《苏报》一案囚禁邹容和章炳麟都义愤填膺;章士钊和陈大华的文章,加上其他人的革命宣传,使他们更加激进。

随着学生日益激进,他们对孙的轻视看法也逐渐有了改变。章士钊和金松

---

① Marie-Claire Bergère: Sun Yat-sen, Stanford University Press 1998 年版,第 112~118 页。
② 孙写这篇文章,很可能是黄宗仰的建议,见章开沅:《辛亥革命与近代社会》,天津人民出版社 1985 年版,第 77~79 页。
③ 胡毅生:《同盟会成立前二三事之回忆》,《革命文献》,第 306~308 页。

岑在翻译宫崎滔天《三十三年之梦》中有关孙的传记部分,开始提高他在海外学生中的形象。而这些海外学生此时也开始认为他们所受的传统教育不如他们追寻的新知识有用。① 事实上,正是新知识分子主动帮助孙克服不情愿的心理,从而为建立一个新的革命组织铺平了道路。这个过程中最重要的一步发生在孙离开日本期间,当时他被邀与旅欧的中国学生会面。

以下是关于这次会面的背景。拒俄运动开始后,大约有 30 至 40 名学生被吴禄贞招募,试图渗透进入新军。吴参加过 1900 年自立会起义,那时新军中一些革命军官读到的革命宣传品,便有章士钊翻译的孙中山传记。张之洞对新军这些情况的报告非常警觉,他立即派其中 5 人去欧洲留学,随后端方很快把吴调到华北。这些学生于 1903 年冬天途经上海时,② 遇见了刘成禹。刘也是自立会会员,一直是孙的忠心追随者。他知道孙在美国,并且正打算前往英国,于是建议这些学生在欧洲同孙联系,并给了他们一封介绍信。一年以后,凭着这封介绍信,这些学生写信给在英国的孙,并提供他旅游经费,请他到欧洲大陆来。

1905 年初的这次会晤,暴露了孙和学生的分歧。

朱和中是学生的主要发言人。据他称,孙问他们将如何发动革命。朱回答说:"更换新军脑筋,开通士子知识……,先生不以为然,谓秀才不能造反,军队不能革命。我乃将武汉三镇经过之事实,详细陈述,先生意甚悦,终以借会党暴动为可靠。我又将唐才常等失败之经过反复申言之,且言会党在长江自新军成立以后,无有势力,又将经过之事实证之。先生言我正在改良会章。我言会党之志在抢掠,若成功,反为所制。反复争论三日三夜,结果始定为双方并进。最后我乃正言曰:'革命者最高之理论,会党无知分子,岂能作为骨干?先生历次革命,所以不成功者,正以知识分子未赞成耳。'先生乃历述史坚如、陆皓东诸人之学问以证之。予曰:'人数甚少,无济于事,必大多数知识分子均赞成我辈,则事半功倍矣。'"

值得一提的是黄兴。他在两湖书院读过书,是个文武双全的人。就在学生们远赴欧洲的 1903 年年底,他在华中地区组织了华兴会起义。不过这些学生并不知道黄在这次起义中成功地动员了秘密会党。

---

① Schiffrin: Sun Yatsen and the Origins of the Chinese Revolution (Universit-y of California Press: Berkeley, 1968),第 281 页。宋教仁的华兴会同志章士钊翻译了宫崎滔天书中一部分,出版于 1903 年,书名《孙逸仙》;1903 年另一份流行的反满纲要《黄帝魂》上出现"'武昌花园山机关'初探",第 125 页。
② 朱和中和贺之才提供的年表前后矛盾,并有错误,如刘建一、李丹阳所说,根据当时《东方杂志》的记述,他们肯定已在 1903 年末离开,因为 1904 年 1 月他们抵达比利时。

黄计划同时在几个省发动起义,尤其是在湖南,主要支持力量包括已经被吴禄贞的追随者渗透的新军和其他地区的秘密会党,吴当时还在武汉,参与了计划,但他和武汉的参与者看来非常反对利用秘密会党。这可能缘于武汉的组织特色:几乎清一色由学生和军队组成。而在湖南,利用秘密会党就显得很自然。激进小册子《新湖南》的作者杨笃生,在一篇文章中(可能是他写的)论证道,成功的革命必须要联合新军和秘密会党的力量,后者需要由知识分子组织,并加强纪律。① 这和黄兴在华兴会成立之初的策略如出一辙。另外,黄的左膀右臂,刘揆一和宋教仁,与秘密会党都有联系,有效地利用他们共谋大业。

鉴于华兴会中的分歧,朱和中和他的同道很明显代表了激进知识分子对秘密会党的强烈态度,尽管并不普遍。同样值得一提的是,朱坚持认为大多数(而不是少数)知识分子的支持,是成功的必要条件。这一点使我们想起程家柽给孙中山的建议:孙应当建立一个全国性的政党来传播他的思想。

有关这些问题的争论,持续了三天三夜。最后孙退让了,答应说,如果在国外的留学生真能献身革命,他们可以被授权"奔走革命"。孙随即沿用秘密会党的方式立誓为盟,学生们犹犹豫豫地接受了。当他拿出笔墨来写的时候,学生们都被他那传统精练的文言文惊呆了,这样的文笔竟然出自一个被改良派学者嘲笑为文盲的人之手。孙就说:"我亦读书破万卷也。"② 令人有点不可思议的是,这些经由举人吴禄贞和两湖书院的学生刘成禺介绍认识孙的学生,经过三天的争论,竟然仍把孙看作未受过教育的人。至少到此时,他们克服了偏见。

他们的相同意见和不同意见,暴露了许多问题。这些问题将给孙的宏图——建立一个现代的、精英的、革命的政党——带来诸多麻烦。孙在秘密会党、商人和职业人士的早期革命组织中的权威,没有人有任何争议。接受海外留学生和新知识分子的宣传和经济援助,把他们当作他的运动中的后备力量,也比较容易。他可以让他的新的追随者们做书面宣誓(如秘密会党式的手势,以及暗语等),但他们现在却迫使他领导一场由学生演主角的运动,并且写信给在东京的同志,督促他们在孙回到日本后,扩大新组织的队伍,这是一件完全不同的事,问题重重。③

---

① 《民族主义之教育》,见张栴、王忍之编《辛亥革命前十年间时论选》,生活·读书·新知三联书店 1962 年版。
② 朱和中:《欧洲同盟会纪实》,《革命之倡导与发展》第 11 册,编纂委员会 1964 年版,第 397~399 页。
③ 朱和中:《欧洲同盟会纪实》,《革命之倡导与发展》第 11 册,编纂委员会 1964 年版,第 399 页。

此外，孙对学者们的担忧又一次增加了。就在他招募了半数，大概 50 名旅欧学生之后，其中有 4 人胆怯得两脚发抖，他们从他的公文包里偷走了签名的誓约，连同一起偷走的还有一封信。这封信记录了他和法国当局的交易。这 4 人把信交给了驻巴黎中国公使。当孙于 1905 年 6 月终于离开马赛时，只有 14 人续签了他们的承诺，尽管他们的慷慨捐赠以及会员费大大缓解了孙的财政困难，这些钱不仅付了他回日本的旅费，还供他坐上了头等舱。①

在归途中，一些富商允诺给孙提供财政支持，他和商人的接触使他更加羽翼丰满。在新加坡，他与出版革命报纸并分发邹容《革命军》重印本的人进行了短暂的会面。根据后来的回忆，他夸大其词地向他们鼓吹，大部分在美洲、欧洲和日本的中国留学生已经投身革命，革命运动日益壮大，很快就可以推翻满清政府，建立共和国了。② 几天以后，在西贡，他写信给同一个人，告诉他自己急于回到日本，以便估量他在日本的发展机会并制定策略。然后，他计划回到南方，招募大量的同志，尽早实现革命计划。③

孙仍然把他发动多次起义的中国南部边境看作他可以付诸行动的最有希望的地区。至于在日本的新知识分子，他好像并不完全清楚他们应该扮演什么角色。但看来孙已经等不及和黄兴会见。在他到欧洲和旅欧学生见面之前，孙在伦敦收到了宫崎滔天的带着好消息的信。很显然，宫崎的信提到了黄兴很希望与孙建立联系，还有他对黄的印象，"不同于其他的学生……是有经历的男子汉"④。这是指黄组织过一次大型革命起义，并得到秘密会党的支持。孙把黄归入和旅欧的年轻激进学生完全不同的类别，后者鄙视动用秘密会党，而且吵嚷着要建立一个大部分由和他们一样的人组成的革命组织。孙在一封带有从巴黎回程路线的回信上写道，他希望尽快和宫崎面对面讨论他信中提到的内容。⑤

在孙看来，中国中部的革命运动，以及在日本留学生团体间架起桥梁的主要中间人就是程家柽。尽管孙给他泼了盆冷水，程还是非常热情地传播革命。他

---

① 朱和中：《欧洲同盟会纪实》，《革命之倡导与发展》第 11 册，编纂委员会 1964 年版，第 402 页；宾敏陔：《我之革命史》，《革命之倡导与发展》，第 412 页；Schiffrin: Sun Yatsen and the Origins of the Chinese Revolution (Universit-y of California Press: Berkeley, 1968)，第 348～354 页。
② 陈楚楠：《晚晴园与中国革命史略》，《革命之倡导与发展》第 11 册，编纂委员会 1964 年版，第 535 页。
③ 《孙中山全集》第一卷，中华书局 1981 年版，第 275 页。
④ 毛沌青：《黄兴年谱长编》，中华书局 1991 年版，第 77 页。尽管宫崎的信已经失传，但是中村哲夫对其内容的重建相当可信，见《同盟の时代：中国同盟会の成立过程の研究》，第 172 页。黄于 1904 年 11 月底见到宫崎，宫崎的信应当有时间在孙 1 月 19 日到达英国和出发去比利时的一段时间内到达孙。
⑤ 《孙中山全集》第一卷，第 274 页。

和其他激进分子一起出版《国民报》,还可能帮助章炳麟组织了1902年的"支那亡国纪念会"①。通过这些活动,他知悉宫崎和其他大陆浪人也在支持中国革命。1903年,程与黄兴和刘揆一一起,积极地把反俄学生抗议运动转变成了一次革命行动。② 根据宫崎后来的回忆,黄兴到达东京后,直接来看他,"他是没有经过任何人介绍而自己来找我的"。但肯定有人将宫崎的地址给了黄,这个人最有可能就是程。③

黄为什么要去找宫崎?据吉野作造说,黄身无分文,只想寻求帮助。④ 这不太可能。程应当已经提供了一些帮助,而且应当知道宫崎自己也是囊空如洗。更可能的解释是,黄想通过宫崎与孙中山进行接触。他在华兴会起义失败时,首先到上海,想重组力量,继续起义。等到他不得不逃离中国,才来到日本。很明显,黄感兴趣的仍然是继续构建他原先已经建立的中国中部关系网,以便在不久的将来继续他的事业。尽管他从未见过孙,两名孙在1903年招募的军事受训生是黄在军国民教育会的同志,也是1903年到1904年长沙华兴会活动中的盟友。⑤ 此外,黄肯定已经读过他的同事章士钊翻译的孙中山传记,因此知道宫崎与孙联系密切。如果程潜的记忆准确,在日本时,黄很快着手组织一个大型的"革命同志会",其成员来自湖南、云南、直隶、江苏,以及河南。⑥ 这为宫崎写给孙的信提供了背景:黄兴,一个组织了一次惊人的、多省起义的人,想要建立一个大型的全国范围内的革命组织,这自然需要联合孙的力量。

如果"革命同志会"确实创立,那么它或者保持地下状态,或者仅能持续很短的时间。宋教仁被列为成员之一,他可能是在12月的最后两个星期加入,当时他的日记一片空白。不过,宋在1905年初的日记中既没有提到过这个组织,也没有提到程潜所列名单上的任何成员。很可能黄被说服不要继续这个组织。⑦ 宋的回忆录也提到程强烈反对宋的提议:联合其他在日华兴会流亡人士,"设立会党,以为革命之中坚"。宋的"会党"有可能指"革命同志会",那么程反对的就

---

① 宋称程是组织人,冯自由否定此说,但程有可能"预闻其事",《程家柽革命大事略》,第70页。参见刁抱石:《程家柽传》,《国史馆馆刊》第12卷,第223页(1992)。可惜根据未明。
② 《程家柽革命大事略》,第68~73页。
③ 我在这里遵循中村哲夫对事件的重建。参见上村吉美雄:《黄兴与宫崎滔天二三事》,第378~381页;毛沌青:《黄兴年谱长编》,第77~78页。
④ 毛沌青:《黄兴年谱长编》,第78页。
⑤ Shelley Hsien Cheng,第74页。
⑥ 程潜:《辛亥革命前后回忆片断》,《辛亥革命回忆录》第1集,中华书局1961年版,第70页。
⑦ 中村哲夫对证据的解释很合理。

是这个组织,宋的"会党"也有可能指的是一个完全不同的短期军事训练团体,程曾经阻止其建立。① 无论何种情况,程都予以反对。尽管宋的陈述未必完全可信,程的回答还是值得引述:

> 君力阻之,谓革命者阴谋也。事务其实,弗惟其名。近得孙文自美洲来书,不久将游日本。孙文于革命名已大震,脚迹不能履中国一步,盍缓时日以俟其来。以设会之名奉之孙文,而吾辈得以归国。相机起义。事在必成。宋教仁,白逾桓,吴昆,田桐,罗杰,陈天华偕君等著一书报,曰《二十世纪之支那》……以君总其成,而充编辑长。

此时,宋和其他同志开始创办的杂志特意取了个有全国色彩的名字:《二十世纪之支那》,以区别以前留日学生出版的地区性的激进杂志,这些杂志在当时都已经销声匿迹。尽管宋要归功于程,程不可能领头创办这份杂志。1905 年 1 月 2 日,宋开始组稿,他几乎全权负责,在各种困难下继续其运作。宋也没有得到黄兴的帮助。虽然他力图获得高天梅和蒋观云(两人都来自江苏)的资助,他的合作伙伴都是湖北和湖南人。直到 3 月 21 日,程才表示愿意代替陈天华出任总编辑。事实上,程出来救驾,是因为稿件缺乏,许多社员收回了社员身份,甚至撤走了资金支持,杂志面临着倒闭的危险。宋自己辞去了总庶务的职务,尽管他比其他人更卖力地继续为杂志工作,但他称程"总其成",可能并非夸大之词。②

宋于 1905 年上半年的确花了大量的时间与当时全国各地留日的革命者和激进人士联系。他还试图把他的杂志和另一个由大部分来自长江下游地区学生出版的期刊《醒狮》合并,不过没有成功。鉴于宋为他的杂志寻找支持时面临的困难,他极有可能欢迎创立一个全国性的革命组织。

黄兴于 1905 年上半年的活动处于秘密状态,但他看来仍极其关心中国中部的革命形势。他在那里的主要秘密会党盟友马福益,计划发动另一场起义。刘揆一在黄的传记中称,他和黄两人于 2 月返回中国揭竿起义,在马被捕并处死之后,两人接到东京来信,称孙中山很快要回来,并想见黄兴,两人于是回到日本。这个陈述很不可靠,因为宋于 2 月至 5 月间几乎每个星期都在东京见到刘。③ 那么黄有没有可能独自回到中国呢?按照国民党党史会改编过的刘的

---

① 宋教仁日记《我之历史》,1905 年 1 月 24 日。
② 刁抱石似根据宋之回忆,称程为杂志创办人之一,误。《程家柽传》,第 224 页。
③ 意识到此陈述的谬误,饶怀民未曾一提,见《刘揆一与辛亥革命》,岳麓书社 1992 年版。

陈述，有此可能，虽未提到刘回中国，但仍称黄于马被捕后收到关于孙的信即回日本。① 毛沌青编黄的年谱则提到了马的计划和被捕，以及4月20日被处死，但没有提到黄回到中国。② 显然毛完全不信任刘的陈述。刘的记述肯定有问题。1905年春天的3月8日和4月19日黄都在东京，因此说他和黄2月到中国，又于马被处死后收到关于孙中山的信，然后回到日本，必然出于刘的自述。另一方面，宋教仁与刘揆一和黄兴在2月间会面后，特意到大阪。他希望在那里秋瑾的一位熟人能为秘密会党起义提供资助。③ 由于宋回东京向刘和黄报告自己的努力并不成功，黄很可能因此取消了回国的计划。但我们不能排除这种可能性：黄等到宋回来听取了他此行的结果后，回到中国，但只作了短期停留。如果是这样，那么没有理由认为他收到了谈及孙的信。然而，马福益起义——华兴会实现自己理想的最后一线希望——破灭了，这对黄是个巨大的打击。当华兴会的成员之一胡瑛来到日本讲述整个事件时，宋的反应是"真令人怆然泪下"。④

因此，证据表明，几个华兴会流亡者在1905年初非常渴望建立一个新的全国的革命组织。不管是发动起义，还是在日本鼓吹革命，在1905年上半年都是困难重重，令人失望，但失败使他们的渴望更为迫切。尤其是黄兴，特别渴望与孙合作。

程安排了宋和孙的会面，他先在与宫崎的会面中为这次见面打好了基础。7月16日，他给宋送去一张便条，称宫崎希望和宋在19日见面。显然这次见面是程的主意。

> 七月十九日。晴。已初，至程润生（家柽）寓，与润生同赴宫崎滔天之约。……既抵滔天君家，则滔天已外出，惟其夫人在，速客入，嘱稍待之。余等遂坐。良久，一伟丈夫美髯推髻，自外昂然入。视之，则滔天君也。遂起与行礼。润生则为余表来意讫，复坐。滔天君乃言孙逸仙不日将来日本，来时余当为介绍君等云云。……又言孙逸仙所以迟迟未敢起事者，以声名太大，凡一举足皆为世界所注目，不敢轻于一试。君等将来作事，总以秘密实行为主，毋使虚声外扬也。言次复呼取酒来，遂围坐而饮之。滔天君又言孙逸仙之为人，志趣清洁，心地光明，现今东西洋殆无其人焉。又言现今各国

---

① 《革命先烈先进传》，（台北）上海印书馆1965年版，第583页。
② 《黄兴年谱长编》，第81~82页。
③ 松本秀树，第409页；《我之历史》，1905年2月5、11日。
④ 《我之历史》，1905年6月12日。

> 无一不垂涎于支那,即日本亦野心勃勃。日本政党中始终为支那者,惟犬养毅一人而已。余前往支那一切革命之事,皆犬养氏资助之。现今大隈重信(前首相)之(亲华)政策皆其所主张者也。孙逸仙亦深得其助动力,盖纯然支那主义者也。君等既有作事之志,不可不一见犬养毅氏,余当为介绍,改日偕余去可也。至下午四时,始饮酒毕。

此文中未言明的"来意",暗示程希望宫崎称赞孙的德行,并鼓吹程自己一直支持的观点,那就是:利用孙在国外的公众声望,在中国从事秘密的颠覆大业。这是宋第一次在日记里提到孙中山。这次会面还有一个额外的好处:宋早就为了出版他的杂志联系过同情中国的日本人,向他们寻求帮助,现在他可以想象日本方面可以给予中国革命实质性的帮助,而且这样的帮助来自与宫崎和孙的联系。

孙中山在这次会面的当天即到达横滨。他可能在东京待了一段时间,要先从他的华裔熟人那里弄清楚有关黄兴的事。随后他去见宫崎,后者带他来到黄兴、末永节、张继合住的地方。黄把所有人带到一家中国餐馆。宫崎回忆道:"他们很快就开始谈起国家大事来。我虽然不大懂中国话,不知他们讲些什么,但是,中国的革命豪杰在此欢聚一堂,畅所欲言,使我们感到非常高兴。我和末永节互相频频干杯。大约有两小时,孙、黄两人专心商议国家大事,酒肴少沾。直到最后,他们才举杯庆贺。"①

此后不久,程知会宋说孙逸仙在东京想要见见他。宋与黄兴简单地商议了一下,就在三天后与孙进行了3小时的会面:

> 七月二十八日。晴。未初,余遂至该社。孙逸仙与宫崎滔天已先在。余既见面,逸仙问此间同志多少如何?时陈君星台亦在坐。余未及答,星台乃将去岁湖南风潮事稍谈一二及办事之方法,讫。逸仙乃纵谈现今大势及革命方法,大概不外联络人才一义,言中国现在不必忧各国之瓜分,但忧自己之内讧。此一省欲起事,彼一省亦欲起事,不相联络,各自号召,终必成秦末二十余国之争,元末朱、陈、张、明之乱,此时各国乘而干涉之,则中国必亡无疑矣。故现今之主义,总以互相联络为要。又言方今两粤之间,民气强悍,会党充斥,与清政府为难者已十余年,而清兵不能平之,此其破坏之能力

---

① 毛沌青引自宫崎:《清国革命军谈》,毛沌青:《黄兴年谱长编》,中华书局1991年版,第84页。至于谁先介绍孙、黄见中村哲夫,第159~165页;上村吉美雄:《黄兴与宫崎滔天二三事》,第378~381页;萧致治,第103~109页。

已有馀矣;但其间人才太少,无一稍可有为之人以主持之。去岁柳州(广西)之役,彼等间关至香港招纳人才,时余在美国而无以应之也。若现在有数十百人者出而联络之,主张之,一切破坏(政府)之前之建设,破坏之后之建设,种种方面,件件事情,皆有人以任之,一旦发难,立文明之政府,天下事从此定矣(逸仙之言,馀尚多,不悉记)。谈至申正,逸仙约余等来日曜日往赤坂区黑龙会会谈。

孙的意思正合他的听众胃口。孙把自己说成是南方自发的暴动势力的发起人的同时,又为新知识分子扮演领导角色打开了一扇门。他的旧组织据称从未超过300人,而且10个人中不到一个是新知识分子。现在,他所谓"数十百人"使他更接近了程家柽和旅欧学生的愿望:让学生和文人在革命中扮演重要角色。在争取黄兴的组织加入孙的麾下的过程中,这显然是关键的一步。不过,孙此时分配给学生的角色还只是秘密会党军团中受过教育的军官,并非社会的改造者。

宋没有对孙的想法作任何评价。宋可能不太同意孙的相对乐观态度,列强继续瓜分中国的危险在这一年的早些时候已经震动了整个学生群体,他也在自己最近的文章中论及。但宋不得不同意一个全国性的革命可以阻止列强的瓜分,何况现在有了日本支持的可能。当前对宋来说,有充分理由可以相信各个革命势力的大规模合作完全可能。孙也一样,认为这是一个"独一无二的历史时机"。[①] 不过,宋对此并非毫无保留意见。

在建立同盟会过程中,孙最主要的伙伴是中国中部的组织,但它已不再像一个有凝聚力的整体那样运作有效。在《二十世纪之支那》办公室的会晤,朝着凝聚各个势力迈出了重要一步,但宋所谓的"湖南团体"(更准确地说,"湖南—湖北团体")和孙的追随者们不是没有对抗,他们的联合也提出了许多问题:地盘、组织、地位,以及领导人,就像宋在下一则日记中所记载:

> 七月二十九日。晴。已正,至陈星台(天华)寓,邀星台同至黄庆午(兴)寓,商议对于孙逸仙之问题。先是,孙逸仙已晤庆午,欲联络湖南团体中人;庆午已应之,而同人中有不欲者,故约于今日集议。既至,庆午先提议,星台则主以吾团体与之联合之说;庆午则主形式上入孙逸仙会,而精神上仍存吾团体之说;刘林生(揆一)则主张不入孙会之说;余则言既有入会、不入会者

---

[①] 《孙中山全集》第一卷,第275页。

之别,则当研究将来入会者与不入会者之关系如何;其馀亦各有所说,终莫能定谁是,遂以"个人自由"一言了结而罢。

此时,只有少数几个华兴会成员在东京。宋的记载指出了仍在考虑中的几种最重要的观点:黄兴、陈天华、刘揆一,还有他自己的观点。刘反对合并,据他后来回忆,因为华兴会在中国中部地区已经投入了巨大的心血,在革命人士和秘密会党间建立组织联系,如果华兴会消失在"孙会"里,[①]他们就丧失了一切。刘拒不加入,肯定还有他个人的原因,因为一年以后,他的弟弟也参加了新组织,刘还是拒绝加入。从宋的记载来看,其他人还不确定他们的选择,究竟是关于"联合各个组织",还是加入"孙会",而后者的定义又取决于他们是否认为孙现在已经有了一个组织可以加入,还是各组织合并后,孙将自然而然成为新组织的领袖。黄兴的观点与程家柽、宫崎的想法类似。他认为革命人士可以继续其秘密活动,不过,孙名下的前线组织可以用来进行公众宣传,吸引会员,并且转移政府对秘密活动的注意力。

从如何解决眼前问题来看,华兴会的创始人黄兴与孙的领袖作风不同,他在这件事上并未试图把自己的策略强加给别人,孙从不需要和他的联系人以及追随者商谈建立一个新组织。黄则如果没有与同僚商谈,就不会代替他们作出决定。何况现在华兴会自身难保。起初组织华兴会是为了发动一场起义,而第二次发动就遇到了阻碍,现在它连一点组织功能都没有了。[②] 此时该是建立一个更大的组织的时候了,这也正是黄、宋和其他人到达日本后不久所期望的。

事实上,宋在组建同盟会的过程中有他自己的角色要扮演。宫崎在等待孙来到时,看来只接触华兴会的黄兴和宋。当宋在《二十世纪之支那》办公室会见孙和宫崎时(毫无疑问,是在程、宫崎或黄的建议下),陈天华是唯一加入的华兴会成员。在宋所谓"湖南团体"内部,黄兴仍然是领袖,陈天华是个声名卓著的宣传家,但宋则多少有些不同。在所有"湖南团体"成员中,他在东京为前进中的革命事业奔忙最为积极。现在他又把大部分的注意力投向在留日学生和流亡团体中建立联系、招募成员、动员力量及宣传革命。既然一个更大的革命团体已经开始组建,他的合作就变得极为重要,虽然没有迹象表明宋为孙

---

① 饶怀民:《刘揆一与辛亥革命》,岳麓书社1992年版,第100页。
② Bergére: Sun Yat-sen, Stanford University Press 1998年版,第132页,称《二十世纪之支那》为华兴会机关报,误。

的领袖魅力所倾倒,但经过几个月与程家柽的紧密联系,他肯定已经发现让成百上千的学生加入大陆的革命起义前景可观,于是他精力充沛地投身于同盟会的事业中去。

在下一个周日的准备会议上,宋被选为新党宪章的起草人之一。他的日记中没有记录有关新组织名称及其目标的争执,不过其他与会者都记得。黄兴反对孙提议将新组织命名为"中国革命同盟会",理由是如此明目张胆地标榜新组织的特性,会严重妨碍其成员的秘密活动;反过来,孙也成功地反对使用"对满同盟会",理由是它的真实目的远不止推翻清政府,还包括建立共和国。最终,"中国同盟会"的名称被采纳。孙还成功地将平均地权写入誓言中,和1903年在他的军事团练以及旅欧学生中所用的誓言几乎一致。此外,好像追忆往事似的,这个团体还接受了传统秘密会党的习惯,诸如秘密握手、使用纪年和暗语。①

70多人于当天加入了新组织,其中50人来自中国中部和北方,仅来自湖南和湖北的就有40多人。23人(都是学生)来自广东省,但除了孙的3个日本支持者外,只有三人曾经隶属于他以前的组织,其他的4人,包括程家柽,则在此之前在日本已经见过孙。② 最初,孙在人数上远未占优势,但在决定新组织的性质和他自己的角色上,孙还拥有主要发言权。在八人宪章起草委员会里,华兴会的成员占了绝对优势,不过,孙有他的代表:程家柽和另一个早期学生支持者,以及后来将要成为他主要副手的广东籍新成员汪精卫。此外,正如一个早期参与者所回忆,起草草案要与孙协商才能进行。③

可以想见新组织在包括宪章的形成过程等问题方面有大量的讨论。我们并不清楚起草人员是否像一个委员会一样正式会面,不过如果这样,宋的日记也并未记录,它也没有记录任何讨论的内容。宋确实曾与委员会主席黄兴和程家柽详细商讨,尤其在8月7日以后。宋记述当日在程的住处,遇见孙中山,孙告诉宋,他正在邀请"诸同志"晚上6时到"山口方"参加一个会议。宋2时离开,直接前往四个拜访点的第一处,他为此忙了整个下午和晚上。从5时到7时,宋到彭荫云家,然后在黄兴处待了两小时才回家。

---

① 田桐:《同盟会成立记》,《革命文献》第2册,第8页。
② 这些数字与张玉法(第308~314页)相差无几,见"中国同盟会成立初期会员名册",《革命文献》第2册,第18~70页;冯自由:《记中国同盟会》,《革命文献》第2册;"兴中会会员人名事迹考",《革命文献》第3册,第59~100页。
③ 田桐:《革命文献》第2册,第3页;冯自由:《革命文献》第2册,第9页。

这段记载令人费解。宋不太可能会漏掉这次会议。更有可能的是,孙指的"山口方"就是彭荫云的住处。① 而8月7日的会议,开始在程的住处,继续在彭荫云家举行,这也就是宋关于程的回忆录中所指同一次会议。

据宋后来的回忆(尽管细节上绝不可靠),程仍然在努力说服孙相信新知识分子的革命潜力,并在自己的住所安排会议,与宋、黄和其他几个在场的人一起,论证他的观点。"孙文所斤斤者,仍以二十人为事。自午迄酉未能决。君以历年所筹划者默体于心,谓开山引泉,已达大川。奚事涔蹄之量,以二十人为哉?于是开欢迎大会于富士见楼,到者将三千人……"程若仍决心招募成百上千新知识分子入新党,就需要在正式建立同盟会前,为孙举行一场大型的欢迎会。②

当然,还有其他的理由举行欢迎会,尤其因为此时很多人仍然寄希望于清政府内部搞立宪改革。欢迎会将会促进知识分子对革命的支持。何况如若新同盟会的目标在于争取他们积极参与,而不是消极同情的话,对于说服孙相信他们的热忱将会大有裨益,同盟会也必须组织起来吸收他们成为新会员。

第二天(8月8日)早上,宋赶到黄兴的住所,在那里待了四个小时。8月9日,在程的住处,和宋的华兴会同志田桐一起,他们计划为孙开一个欢迎会,这极有可能首先是程的主意。③ 如果欢迎会将会对迫在眉睫的20日同盟会正式成立大会造成影响,通过宪章并选举领导人,现在必须抓紧行动。宋负责预定好富士见楼,并为欢迎会打了广告,事情就定在13日,星期天。

当天,富士见楼挤满了700名付费的客人。当警察拒绝其他几百人入内时,宋说服警察重新打开了大门。最后,孙穿着一身崭新的白色套装,在雷鸣般的掌声中进来,那些站在后面的人为了看他一眼,都踮起脚尖。"不过,他们始终保持肃穆、安静"。据陈天华说:"中国有留日学生以来,从未见一次会议这么规模宏大,又秩序井然"。孙带着"谦诚的气度、非凡的活力",登上讲台。他感谢这次集会,历述把他带到这里来的世界之旅,掌声再三响起。接着,他开始他的主题发言,据陈的概括,包括自我夸奖、对中国资源和潜力的自豪,还有汉民族主义革

---

① 据松本秀树推测,山口方是"某人住所",第436页。据宋的《我之历史》,这是彭荫云第一次出现。值得注意的是,彭参与了欢迎会的准备工作,而且还在欢迎会之后,与宋和程家柽三个外出喝酒。他也是对孙第二个演讲计划的方式提出反对的人士之一。《我之历史》,1905年8月12、25日。
② 《程家柽烈士革命大事略》,第71页。
③ 按照宫崎滔天陈述,欢迎会是黄兴决定的。参见毛汶青:《黄兴年谱长编》,第89页;《宫崎滔天全集》第4册,第300页。现在无法肯定是谁先提议的,但是他没有提出以欢迎会影响同盟会组织的目的。

命。在发言最后,他指出:"昔日本维新之初,亦不过数志士为之原动力耳;仅三十余年,而跻于六大强国之一。"他继续道:"且夫菲律宾之人,土番也,而能拒西班牙、美利坚两大国,以谋独立而建共和。北美之黑人,前此皆蠢如鹿豕,今皆得为自由民。言中国不可共和,是诬中国人曾菲律宾人、北美黑奴之不若也,乌可乎?(拍手)所以吾侪不可谓中国不能共和。如谓不能,是反夫进化之公理也,是不知文明之真价也"。世界各地的殖民地和受压迫的人已经起来赢得自由。中国也可以达到这个目的,只要孙的听众能够担当起重任。没有必要再支持君主立宪,他希望他的听众能彻底淘汰这样的谬想,转而支持共和。"从最上之改革着手,则同胞幸甚!中国幸甚!"

概括了孙的演讲之后,①陈加上了自己的想法。学生们对孙的欢迎,证明中国完全和日本一样,有能力敬仰自己的英雄:最近对俄胜利后,日本举行了公开的庆祝活动。孙不是造反的土匪,如果学生们支持他,整个国家都会跟从他。他的演讲强调了激进民族主义,这个革命改造的议题最容易被人理解,现在又被广泛地接受了。但孙早在10年前就确定了这一点,他的话更是基于他10年来的行动。如果其他人现在追随他的脚步,孙就是"创造历史的英雄"。

最后,陈谈到了一个问题。这个问题显然使聚会的结果蒙上了阴影。如何反驳像崇拜英雄一样崇拜孙,暗含着对自尊心的否定呢?"然吾崇拜民族主义者也",陈回答道,"以崇拜民族主义之故,因而崇拜实行民族主义之孙君,吾岂崇拜孙君哉!乃崇拜吾民族主义也。敬重军队者,因而敬重军旗,夫军旗有何知识,而亦须敬重之耶?亦以军队泛而无著,寄其敬重之心于军旗耳!军旗尚然,况于实行民族主义之孙君乎?是日之欢迎孙君者,余敢断言其非失自尊心,而出于爱国之热忱"。

在两个星期前聚在一起讨论与孙的团体合并的人中间,陈天华是最积极的一位。这篇欢迎会报告的开场白把孙描绘成一名英雄。他不是一个悲剧式的失败的英雄,也不是一个凯旋的英雄,而是一个历经失败之后仍然会成功的英雄,一个有国际声望的人物,世界眼光的聚焦点,中国四万万人民的代表,英雄中的英雄。陈谈及了会议期间人们争着和他握手的情景,谈到了只要被他看一眼,人们就感到荣幸万分。②

---

① 过庭:《记东京留学生欢迎孙君逸仙事》,《民报》,第71~73页,(1905年12月)。孙的更长、更详细的演讲文本,在此之后一个半月印刷出来,并分发给众人。见吼生(吴崑):《孙逸仙演说》,《孙中山全集》第1卷,第277~282页。
② 的确,陈发表于新革命期刊上的此文,是为了促进对发展中的革命运动的热忱,但他所选的英雄主题意义重大。

如此奉承当然使华兴会的一些成员感到不满,他们本来就对在孙的领导下实行合并持有保留态度。程家柽和宫崎曾建议继续秘密革命活动,同时利用孙的名望和影响(并未提到策略上选他作领袖)作公共宣传。从这个目的来看,欢迎会是个巨大的成功,特别是考虑到那年上半年激进派命运多舛。宋费了九牛二虎之力才拉到几个支持者和合作者出版他的期刊。4月间,邹容的死招来了大约200人参加他的纪念会,几天以后,40多人出席了准备调查他死因的会议。东京留学生团体中的积极分子原来不多,但因孙而来的庞大的人群昭示了孙鼓舞人心的价值。不过,陈在报告中的总结也证明,把孙抬高到英雄崇拜的对象,对一些人来说,确实令人忧虑。宋当天关于此事的日记乏味异常,不仅没有提到孙激动人心的演讲内容,也没有提到他成了英雄崇拜的对象。①

陈的报告和宋的日记也提到了程、宫崎和其他人在孙演讲后的发言。据陈说,程家柽指出英雄孙中山的成就建立在无数人的努力之上,故吾国今日不可专依赖孙君一人,人人志孙君之志,为孙君之为,中国庶克有济。宋的回忆录中对程此次的发言有较长的评述,宋谈到,程家柽附和了孙的观点,强调知识分子的指导和合作,将有助于全国的秘密会党起义,但同时他也强调,他们需要大量的知识分子。"今留学既众,曷若设革命本部于东京,而设分部于国内通商各口岸,他日在东留学,毕业而归,遍于二十二省,则其支部之设,可以不谋而成。"显然,这是主张大规模招募成员。②

欢迎会当天就有35名同盟会新成员注册登记,到正式成立时,总数达到120人,几乎所有人都是新知识分子。不幸的是,没有任何关于草拟宪章和这次会议上采纳的修改稿争论的记录。在黄的建议下,孙中山被拥为总理,享有相当的但不是无节制的权力。17个省支部也相继建立,并且鼓励增招更多的新成员。到当年年底,成员数已增加到500人左右。

很明显,到此时为止,许多新知识分子并不认为孙的土匪或者秘密会党头领的名声有什么问题。实际上,新组织的许多重要领袖都曾参与过华兴会的计划,而秘密会党在这些计划里都扮演了主要角色。同时,大量在日本的激进知识分子,长期浸淫在日本强调军事力量和武士精神的鼓吹中,认为中国的秘

---

① 《我之历史》,1905年8月13日。
② 《记东京留学生欢迎孙君逸仙事》,《民报》第73页;《程家柽烈士革命大事略》,第71页。按照李烈钧30多年后的回忆,孙演讲的内容包括三民主义,推翻清朝,入党。见《李烈钧文集》,(台北)国民党党史会1981年版,第5页。李显然记错,但是欢迎会的演讲中孙讲民族共和,含义推翻清朝,而按照宋的回忆,程的发言则包括以留学生归国领导起义,含义入党。

密会党有这种精神。因此,程估计激进分子会逐渐接受孙的激进观点,是完全正确的。

对孙而言,他仍然充满热忱地憧憬着与黄及其追随者的合作前景,但不大愿意建立一个由知识分子占大多数的大党。① 如果本文重建的历史事件是正确的,那么可以说,后者是程和宋的主要目的。他们举办了大型的欢迎会,或许为了招募更多的成员,以影响同盟会的结构和成分,或许也是为了使孙相信这个组织的价值。我很怀疑他们或者宫崎曾经明白无误地告诉过孙他的名望将会被用来为组织作为包装,而他们可以在中国开展自己的秘密革命工作。这几乎可以肯定是宋的意思,他竭尽全力使参加欢迎会的出席人数尽可能多,但和其他人(例如宫崎滔天、陈天华)不同,他从未表达过他个人对孙的景仰。

同盟会的建立给所有的人带来了好处。对宋、程和陈天华来说,他们有了更广泛的热情听众,更多的合作者进行革命宣传;对宋而言,增添了宝贵的同日本联系;黄则可以预见将有一个更为广泛的财政支持基础,以及一个更有利的起义舞台。② 对孙和黄来说他们建立了可贵的个人伙伴关系。而孙,既没有损失权力,而且还找到了可能的资金新来源。③

另一方面,中国中部力量与孙和孙的追随者的联合还不稳定。两个主要的紧密关联的问题,包括孙的权力和财政。同盟会为了组织起义,不断要钱,它的主要宣传机构《民报》连自我供给都无法做到,宪章也没有制定管理筹款和开销的程序。同盟会成立不久,孙决定利用自己的声望在东京举行一次公众演讲,以期筹集资金。筹划伊始,孙未与他的同志商量,就把票价定得过高,以致无人付款入场,因此招来了某些不满。④ 孙继续制定计划举行起义,并按照他自己的估计支取经费,这时对他的误解更多,导致了同盟会内部严重的分裂。然而,1911年黄花岗之役,孙的一些最激烈的反对者一同参与了这次起义,同盟会在辛亥革命之际,乃至革命之后,都作为一股政治力量团结在一起。⑤

论及这个结果,有多少功劳应当归功于程家柽?"无程家柽则中国同盟会必

---

① 据张继,孙在1902年没有劝倾向革命的留日青年入党的原因,"大概他那时已经在计划着把这以会党为中心的兴中会,改组为以知识分子为中心的同盟会"。《张溥泉先生全集》,(台北)"中央"文物供应社1951年版,第216页。这是1944年新闻记者摘录的他的言论,这种推测与其他根据不符合。
② 章开沅:《"'孙黄轴心'的历史演变"与蒋永敬"评论"》,《黄兴与近代中国学术讨论会论文集》,(台北)政治大学历史研究所1993年版,第113~117页。
③ 《孙中山全集》第一卷,第286~287页。
④ 《我之历史》,1905年8月22、25日,入场券价比欢迎会贵5到20倍。
⑤ Shelley Hsien Cheng,第3、4章。

不能以成",这话正确么？当然还有其他一些人,在把孙和他的海外网络与黄兴和他的同志们联结起来的过程中,扮演了重要角色,如刘成禺、吴禄贞、旅欧学生和宫崎滔天。孙和黄一旦互相认识,建立一个几大势力联合的组织也许是必然的事。不过,可以想见,那个组织规模会小得多,而且仅仅关注起义,和成立后的同盟会一样,程的理想更加宏伟,没有程,同盟会也许不会是后来的同盟会了。

（原文载《近代中国》第 16 辑，作者：普莱斯 Don C. Price，美国加州大学戴维斯分校历史系教授）

# 评清末新政和辛亥革命的关系

郭绪印

如何评价清末新政,是能否正确认识这场改革的性质与历史作用的问题。20世纪80年代之前,学术界很少有对新政肯定的评价,大都斥之为"骗局""假维新""伪变法";80年代以降,学术界逐步给予新政以基本肯定的评价,但有关清末新政和辛亥革命关系的专门论著尚属罕见。笔者不揣浅陋,就此谈点不成熟的意见。

清末新政与辛亥革命既有相辅相成的一面,又有相互对立的一面。革命是促进新政出台的重要因素之一,新政为革命增添了思想基础、阶级基础、社会基础、武装力量等,并为革命的爆发提供了导火线。革命的目的与新政截然不同,但是新政和革命的结果,两者都推进了中国的近代化,并从不同的角度促使封建帝制结束,两者有异曲同工之妙。也可视为分道扬镳,殊途同归。

## 一、清廷推出新政的首要目的是对抗革命

清末新政是在清王朝内忧外患、民族危机十分严重的形势下,由清政府主持的一场规模大、范围广、相当全面的改革。新政与辛亥革命的发展是平行进展的。新政出台有多种因素,但主要因素是为了避免革命。戊戌变法在慈禧太后残暴镇压下以失败告终,但却推动了国人的思想解放。在列强加深侵略中国,民族危机日趋严重的形势下,朝野上下为救亡图存奔走呼号。"物竞天择""适者生存"的进化理论广为传播,"与天争胜""自强保种"日益成为社会主流意识。知识界受到民族主义和爱国主义思想的启蒙,强调国家为国民所有,而非一人一姓的私产,社会思潮酝酿着革命,革命风云到来是难以避免的。戊戌变法的失败,将一部分知识分子推向革命道路。庚子年间唐才常自立军的"勤王"活动失败后,"不少人在失望中走上武装反

清的道路"。① 就社会舆论来说,也是人心思变。慈禧太后也不得不承认:"现在民心已变,总以顺民心为最要。"②革命党发动的武装起义虽然一再失败,但却给予清廷很大的震动,迫使清政府为巩固皇权而改弦更张。即所谓为了"皇位永存予与皇帝为宗庙计",③不得不改变国策。慈禧镇压戊戌变法主要是出于帝后两党权力之争。新政全面推行改革在学习"西法"的广度和深度上,都超过了戊戌变法。但是,慈禧为了掩饰镇压戊戌变法的荒唐和卑劣,在新政上谕中仍然痛斥"康逆之祸",把康、梁的变法称为"乱法"。其实新政与戊戌变法,在推进近代化和对抗革命方面颇有共通之处。

辛亥革命是通过革命改变生产关系,推进中国近代化;而新政是通过改革改变生产关系,在保持皇统的前提下推进中国近代化。两者虽有一致性,但新政本质上是对抗革命的。美国著名政治学家亨廷顿在分析封建君主制国家实行近代化改革的原因时指出:"19 世纪的君主实行近代化是为了阻挡帝国主义,20 世纪的君主实行近代化是为了阻挡革命。"④阻挡革命是新政推出的主要原因,但并非是唯一的原因。清政府实行新政也有适应时代潮流的一面,历经了庚子事变,慈禧惊心动魄的逃难过程中,不得不有所反思,曾透露出企求"自强雪耻"的愿望。⑤ 另一方面,列强促动其变法革新,帝国主义分子赫德曾向慈禧提出:"认真改革才是最好办法。"⑥清廷实行新政既有与列强矛盾的一面,又有迎合列强需要的一面。此外,洋务派的王公大臣和地方督抚从多方面劝进、呼吁改革图强,上疏"陈请改革"。⑦ 这些因素也都促进了新政的出台。清末新政全面推行改革的显著特点在于经济改革步伐较快,政治改革中途徘徊。经济改革成绩突出,促成社会阶级结构变化,新兴的资产阶级强烈要求政治地位,要求马上实行君主立宪,但清政府担心皇权被削弱,君宪改革行动迟缓,举步不前,尤其是炮制出"皇族内阁",引起立宪派对清王朝的彻底失望,转而同情或参加革命。新政引发的多种社会矛盾犹如燎原烈火。新政的主要目的虽然是对抗革命,但新政的主要

---

① 李细珠:《张之洞与清末新政研究》,上海书店出版社 2003 年版,第 80~81 页。
② 袁昶:《乱中日记残稿》,中国史学会:《中国近代史资料丛刊·义和团》第 1 册,神州国光社 1951 年版,第 337 页。
③ 《光绪朝东华录》,中华书局 1958 年版,总第 4771 页。
④ [美]塞缪尔·皮·亨廷顿:《变动社会的政治秩序》,上海译文出版社 1989 年版,第 170 页。
⑤ 岑春煊:《乐斋漫笔》,《近代稗海》第 1 辑,四川人民出版社 1985 年版,第 88~90 页。
⑥ 中国近代经济史资料丛刊编辑委员会:《帝国主义与中国海关》(九),科学出版社 1959 年版,第 17 页。
⑦ 李细珠:《张之洞与清末新政研究》,第 82~83 页。

功能却是助长了革命。

## 二、新政全面推进近代化

这里所说的"近代化",主要是指经济方面工业化,政治方面民主化、法制化。新政对这两方面均有一定推进。

光绪二十六年十二月初十(1901 年 1 月 29 日),慈禧太后逃到西安期间,以光绪帝的名义发布了一道变法上谕,内称:"世有万古不易之常经,无一成不变之治法。穷变通久,见于《大易》。损益可知,著于《论语》。盖不易者三纲五常,昭然如日星之照世;而可变者令甲令乙,不妨如琴瑟之改弦……总之,法令不更,痼习不破;欲求振作,当议更张。著军机大臣、大学士、六部、九卿、出使各国大臣、各省督抚,各就现在情形,参酌中西要政,举凡朝章国政,吏治民生,学校科举,军制财政,当因当革,当省当并,或取诸人,或求诸己,如何而国势始兴? 如何而人才始出? 如何而度支始裕? 如何而武备始修? 各举所知,各抒所见,通限两个月,详悉条议以闻。再由朕上禀慈谟,斟酌尽善,切实施行。"①这道上谕是清末新政的纲领性文件。可见关于新政的上谕,涉及面广泛、全面,也反映出朝廷的改革决心虽是被迫却也是空前的。上谕明确宣布了这场改革要"参酌中西要政",并征求朝廷各部门和地方督抚的建议。

新政上谕发布后,洋务派朝臣疆吏积极条陈变法建议。袁世凯首先提出十条改革方案,包括整顿吏治、重实学实科、改革财政、开通民智、整修武备、派遣留学生等项。② 随后,两江总督刘坤一、湖广总督张之洞三次联合会奏(《江楚会奏三折》)以"兴学育才""整顿中法""吸收西法"为中心议题。③ 不久清廷下诏"变通政治,力图自强",成立督办处,着奕劻等六人为督办大臣,刘坤一、张之洞遥为参与。从此,慈禧"母子一心,励行新政",新政诏书陆续颁发。

新政主要方面如下:

政治方面:调整机构,整顿吏治。着力裁减冗衙。1901 年清廷连下两道上谕,诏令整顿部务,裁汰胥吏。同年又颁布"永罢实官捐例"。④ 1902 年起大量裁

---

① 《义和团运动档案史料》下册,中华书局 1959 年版,第 914~915 页。又见其他文献个别字句有差别。
② 袁世凯:《养寿园奏议辑要》卷 9,第 11~12 页。
③ 沈桐生辑:《光绪政要》第 24 册第 28 卷。
④ 《清史稿》,卷 24《本纪》24,中华书局 1977 年版,第 4 册,第 939 页。

减冗衙,同时设立了许多新机构。1906年重定官制,除内阁、军机处仍旧外,共设11个部,调整规模前所未有。此外下令每年考核各级官员政绩,对违法者处分。

1905年,清廷派遣五大臣出国考察政治,开始了政治改革深化的阶段。设立考察政治馆(1907年改称宪政编查馆),11月,令政务处筹定宪法大纲。1906年9月,正式宣布预备立宪。1907年9月,下令设资政院;10月,又令各省设咨议局。1909年10月,各省咨议局第一次会议开幕。1910年10月,资政院开会。这场改革走向了政治体制的变革,这是史无前例的政治举措。尽管君主立宪未能实行,议会民主观念却启迪了部分国民的意识,随后形成思潮。

法制方面:改革刑律,废除酷刑。1902年,清廷命令沈家本、伍廷芳"将一切现行律例按照交涉情形,参照各国法律,悉心考订,妥为拟议。务期中外通行,有裨治理"①。1905年,清廷批准废除凌迟、枭首、戮尸、刺字等酷刑,并规定可以罚款代替笞杖,无力交纳罚金者,可"折为作工"。② 在各地设法律学堂,培养法律人才。清廷颁布了一系列法律、条例,如《各级审判厅试办章程》《法官考试细则》《集会结社律》《商人通例》等。而最有代表性的是《大清刑事民事诉讼法》《大清新刑律》和《民律草案》。这三部大法,分别在程序法和实体领域为中国法律的现代化奠定了基础。

创办警政:中国的警政最早创立于清末新政期间,1902年5月,清政府批准袁世凯从新建陆军中抽调兵员编为警察,并在保定设立警务学堂。成为中国警政的起点。同年年底,袁世凯又在天津设警务学堂,聘洋人教习。③ 1905年,清廷决定设巡警部,以徐世昌为尚书,并诏令订立警务章程。各省遍设警务学堂,督办各省巡警。1906年11月,在各省设立巡警道或警务总局。

外交方面:改总理各国事务衙门为外务部。"班列六部之前。"④便于清廷与列强"讲信修睦"⑤。外务部除办理外交事务外,负责通商、海防、路矿、关税、邮电、华工、传教、游历等一切涉外事务。以后商部、邮传部设立,外务部职能范围有所变化。

军事方面:编练新军虽然以1894年4月为起点,1895年12月袁世凯在小

---

① 《光绪朝东华录》,总第4864页。
② 《光绪朝东华录》,总第5328~5329页。
③ 袁世凯:《养寿园奏议辑要》卷31,第14~15页。
④ 《义和团运动档案史料》下册,第1256页。
⑤ 王铁崖编:《中外旧约章汇编》第1册,生活·读书·新知三联书局1959年版,第1023页。

站将"定武军"改编为"新建陆军"为正式开始。但大规模编练新军始于新政期间,1901年8月,清廷下诏停设武科举,并令各省裁撤绿营、防勇,改练新军。各省设督练处,亦称督练公所。1904年,正式规定新军分常备、续备、后备军三等,并规定招募条件、官制、训练、给养、奖罚、征调、退休、军器、运输等各项制度。1905年,计划全国共编36镇,按各省人力、物力及需要的程度,进行分配,限年编练完成。1908年年底,清廷设练兵处,总理练兵事务。新军的编练完全按照西方近代先进的制度,武器装备、操练方式一律采用西法。但到武昌起义前夕,全国只编练了26镇。另一说为14镇18混成协4标及2协禁卫军。

经济方面:新政在经济改革方面,重点是沿着近代化方向推行发展实业的政策。仿照西法,全面推进有关农业、工业、矿业、交电业、商业及金融事业等方面的改革。

工业改革:清廷号召全国兴办工业。为促进工业发展,实行奖励政策。1906年,颁发《奖给商勋章程》八条,此后,又颁发《华商办理实业爵赏章程》《奖励华商公司章程》《华商办理农工商业赏罚章程》等。各省设工艺局、习艺所,推广工艺生产;或设立工艺厂精选工师,教授生徒,改良制造。① 据统计,1900年,全国约有华资企业570家,资本为6 900余万元。到1911年,同类企业增至2 300~2 400家,资本达3.2亿元左右,平均每年增长14%~15%。② 数量众多的近代工场手工业也大有发展。辛亥革命前后,全国工厂数为20 749家,其中正在向近代化转变的手工工场占98.25%。③ 1902年至1910年9月,出现的民族资本近代工矿企业有602家,总资本13 271.7万元,其中1905年至1908年为民族资本投资工矿企业的第二次高潮。这期间新开办的工矿企业资本在万元以上的达346家,资本达7 661.1万元。

棉纺织业,于1904~1907年间,新设大型工厂11家,资本为663万余元,纱锭18万余枚。④

新政期间,缫丝业得以恢复和迅速发展。"迄至1911年,全国共有机器缫丝厂约270~280家,丝车近十万台。"⑤新政期间全国新设了一批毛、麻、面粉、卷烟厂。火柴、造纸、制糖、酿酒、碾米、皮革等行业都在不同程度上迅速发展。

---

① 《清德宗实录》卷581,中华书局1987年影印,第59册,第683页。
② 樊百川:《二十世纪初期中国资本主义发展的概况与特点》,《历史研究》1983年第4期。
③ 彭泽益:《近代中国工业资本主义中的工场手工业》,《近代史研究》1984年第1期。
④ 樊百川:《二十世纪初期中国资本主义发展的概况与特点》,《历史研究》1983年第4期。
⑤ 郭世佑:《晚清政治革命新论》,湖南人民出版社1997年版,第135页。

在清政府奖励政策推动下,1904~1910 年的 7 年内,全国新设工厂 6 000 余家,相当于 1904 年以前的 40 多年间工厂总数的 50%。其中尤其是 1909 年、1910 年的两年间,即设厂 2 800 百余家。① 创下了中国近代民族工业空前发展的纪录。1901 年至 1910 年的 10 年间,清政府开辟了 41 个商埠,相当于 1840~1894 年 50 多年的总和。

这期间,重工业也有显著的发展。水电业此时兴起,机器制造业大有发展,能够制造多种机器及铁路客货车。近代航运业也大有发展,商办轮船公司所用轮船达两三千吨。

矿业方面:1902 年,清政府制定《矿务章程》;商部成立后,于 1904 年颁布了《矿务暂行章程》;1906 年,拟定了《中国矿务章程》。② 鼓励私人投资矿业。

新政期间,全国铁路猛增。1894 年,全国铁路仅有 447 公里,而到 1911 年,增至 9 292 公里,增加近 20 倍。③

商业改革:清末新政期间,清政府颁发了一系列保护商业、奖励商业的谕令。例如,曾颁发华商商品与洋商商品税收平等的谕令。1906 年 8 月,准许"机制棉纱出口常税……改照洋关税则征收,华洋一律办理"④。清政府于 1903 年公布《商部章程》和《劝办商会简明章程》,1904 年又公布《公司注册试办章程》。为促进商业,号召"筹办各项公司"⑤。

此外,清政府设度量衡局。统一度量衡,也是有利于工商业发展的重要举措。

在上述保商、恤商、励商政策推动下,商业大有发展,贸易额增长。以上海棉纱与粗布的运销为例:从上海运往各地的棉纱,1900 年为 280 万磅,1909 年达 510 万磅;粗布,1900 年为 2.9 万匹,1909 年达 33 万匹。⑥ 外贸进出口总额:1900 年为 3.69 亿余万两,而 1907 年达 6.8 亿余万两。⑦ 几乎翻了一番。中国部分商品开始打入国际市场。

金融业改革:清廷于新政期间,颁发了《试办银行章程》,1906 年商部设商业银行,民办银行也出现了,1911 年已有银行 24 家。

---

① 陈真等:《中国近代工业史资料》第 1 辑,生活·读书·新知三联书店 1957 年版,第 10 页。
② 《清德宗实录》卷 553,第 2 页。
③ 宓汝成:《帝国主义与中国铁路》,上海人民出版社 1980 年版,第 670 页。
④ 《清德宗实录》卷 562,第 1 页。
⑤ 《光绪朝东华录》,总第 5132 页。
⑥ 汪敬虞:《中国近代工业史资料》第 2 辑下,科学出版社 1957 年版,第 1105 页。
⑦ 《光绪朝东华录》,总第 4618、5840 页。

**农业改革**：清廷提倡开垦荒地，学习西方先进的农业技术和经营方式，既促进了农作物产量提高，又促使部分农业初步体现出近代化色彩。①

**教育方面**：新政期间，废除了科举制，建立起新的教育体系。1901 年着手废科举，首先废除武科，1902 年起，废除乡试、会试中的八股程式。同年制定了新学制，1904 年，清廷决定 10 年内完成新旧教育交替。1905 年，袁世凯、张之洞联名上奏，要求立即废除科举。② 清廷批准了这一奏折。同年起，每年举行留学毕业生考试，合格者，分别赐予进士、举人"荣衔"。1906 年，颁发《举贡生员出路章程》，对以前旧学制产生的生员给予出路。

## 三、新政与辛亥革命异曲同工

清王朝推行新政的主要目的之一是抵制辛亥革命，维护帝制道统。而辛亥革命的直接目的是推翻清王朝建立共和国。两者的目的是敌对的。但是，新政推行的结果却是促进了清王朝的覆灭，迎合了辛亥革命的基本目标。新政也全面推进了中国近代化的进程，在这一方面和辛亥革命的任务又是一致的，而且在一定程度上迎合了辛亥革命有关经济建设的未竟之业。

### （一）经济改革对辛亥革命的影响

辛亥革命不是在中国资本主义经济相当发展的基础上发生的，而是在中国资本主义经济十分微弱的状态下，由一批爱国的、受到西方民主共和思想启蒙的"共和知识分子"发动的。辛亥革命缺乏相应的经济基础和阶级基础，思想文化领域的准备也很不充分。辛亥革命"先天不足"，清末新政对辛亥革命的"先天不足"作了一定的弥补。清末新政首先从经济基础和阶级基础方面为辛亥革命提供了有利条件。辛亥革命作为资产阶级性质的民主革命，离不开资本主义经济基础，同样也离不开资产阶级阶级基础。辛亥革命虽然推翻了帝制，却未能完成反帝反封建的任务，根本原因在于中国的资本主义经济不够发达，资产阶级力量太薄弱。倘若无清末新政的经济改革，资本主义经济和资产阶级力量就更为薄弱。新政期间，在资本主义工商业得以发展的基础上，商会组织在全国许多城市建立起来。1902 年 2 月，上海商业会议公所，后改名为商务总会，为中国第一个

---

① 李文治：《中国近代农业史资料》第 1 辑，生活·读书·新知三联书店 1957 年版，第 868~879 页。
② 《皇朝续文献通考》卷 87，浙江古籍出版社 2000 年影印本，第 8455 页。

新式商会。1904年1月,清廷批准下达商部,制定了《奏定商会简明章程二十六条》,推动了各地组织商会。此后,商会不但每年以100个左右的速度增长,而且成长为重要的社会力量。传统的行会成为新组织的重要基础。各会馆、公所均有代表参加商会,有的担任主要领袖。例如,1904年5月,上海商业会议公所正式改组为上海商务总会。宁波会馆的严信厚成为第一任总理,宁波商帮的其他成员也有在会中担负工作的。① 商会之下又分设商学会、商学公会、商业学校、商业研究所等。在资本主义经济相对集中的部分城市,商会组织掌握着市政工程局、自治公所、市政厅、市民公社等地方自治机关,有的商业组织还拥有正式武装或半武装的商团。"据统计,迄至1911年,全国已设商务总会55所,会董凡2 304人,会员40 319人;商务分会787所,会董19 668人,会员凡153 983人。"② 中国资产阶级有了自己的组织,标志着以独立的阶级力量出现于历史舞台。辛亥革命中,上海光复之役,在攻打江南制造局时,上海商团起到了主力军作用。其他主要城市的商会、商团在辛亥革命的政权转移过程中,也都是"功不可没,而原因之一是他们手上有枪"③。尤其是在清廷拖延预备立宪而引起的民众请愿运动中,引发出新兴资产阶级与清政府尖锐的矛盾,致使部分资产阶级与清政府决裂,加入辛亥革命队伍中来。

清末新政的经济改革对辛亥革命也有消极方面的影响,那就是官僚、地主投资于工矿,或已转变为资本家,或正在向资本家转变,这些人增加了资产阶级队伍的封建性,在武昌起义后,混入革命阵营,增加了革命的不彻底性。

### (二) 政治改革对辛亥革命的影响

新政改变了清末的阶级结构,随着资本主义经济的发展,官僚、地主们看到投资厂矿,比投资土地大有可为,于是,相当一部分官僚、地主投资于厂矿。他们虽然未能脱离封建窠臼,但伴随着经济利益的变化,政治态度有所变化,他们希望政府尽快实现立宪。

新政引起了地方督抚与朝廷的矛盾,整顿吏治、整顿部务及一系列法令的颁布,限制了地方官僚的权力,面临辛亥革命,地方官僚与朝廷离心离德。而这在

---

① 郭绪印主编:《老上海的同乡团体》,文汇出版社2003年版,第524页。
② 徐鼎新:《旧中国商会溯源》,《中国社会经济史研究》1983年第1期;郭世佑:《晚清政治革命新论》,第137页。
③ 袁伟时:《帝国落日:晚清大变局》,江西人民出版社2003年版,第442页。

客观上有利于辛亥革命。

新政也从政治思想上为辛亥革命创造了重要条件。中国自古以来皇权神圣不可侵犯的传统观念根深蒂固。孙中山于辛亥革命前期、中期,在国内难以发动群众,只能利用会党发动起义,起义经费也基本上得不到国内资产阶级的支持,只能在海外华侨中进行募集。国内各界民众都把孙中山等革命党人要推翻皇帝视为大逆不道。皇权神圣观念,在人们心目中似乎是不可动摇的。而新政的君主立宪,虽然未实行,但预备立宪的诏令一颁布,学习西方宪政蔚然成风,人们心目中打破了皇权不可侵犯的观念。宪政改革本身,就是在很大程度上对皇权神圣不可侵犯的否定。立宪派要求实行君主立宪虽然未能实现,但从否定皇权的角度,从民主、法制的宣传中,却为辛亥革命推翻帝制,在很大程度上扫除了政治思想上的障碍。所以武昌起义一声枪响,各地纷纷响应,许多省宣布独立。

清政府在政治改革上举步维艰,不能与经济发展和阶级关系变化的形势相适应。1905年,中国同盟会成立后,革命形势风起云涌。清朝统治阶级中的有识之士也认识到,必须立宪,让日益成长起来的资产阶级的代表人物参加政权,扩大统治基础,才能使清王朝的皇统延续下去。同时,不得不看到,当时民族危机十分严重,要适应世界潮流,也必须立宪。然而,宪政考察归国大臣等改革派的主张遭到王朝上层顽固派的反对。以皇族权要人物铁良为代表,他认为当前只要练好新军,就能把革命镇压下去。他竭力反对立宪。顽固派其他人随声附和。慈禧太后倚重袁世凯,袁世凯竭力主张立宪,曾四次进见西太后。他对人说:"官可不做,宪法不能不立当以死力争。"[①]环绕立宪问题,顽固派和洋务派势均力敌,争论不休。西太后调和双方意见,既不否定立宪,又不马上立宪,而是缓期立宪,于1906年9月1日发布了"预备立宪"的诏令。反映出立宪的道路是艰难的。1906年后,立宪派逐渐形成并掀起了以反对封建专制为宗旨的立宪运动。

立宪运动与辛亥革命既有矛盾的一面,又有一致的一面。矛盾的方面在于它要在维护帝制的前提下,资产阶级参政,发展资本主义;而辛亥革命是要推翻帝制,建立资产阶级共和国。一致的方面在于,两者都反对封建专制,主张发展资本主义经济,在政治上资产阶级应享有民主权利,实现国家富强。

任何改革都需要有强有力的人物主持,也需要有领导核心的团结一致,还需

---

① 《齐东野语》,《辛亥革命前后·盛宣怀档案资料选辑之一》,上海人民出版社1979年版,第26页。

要有领导核心的权威性。而清廷的新政,缺乏这些条件。当遇到宪政改革——新政改革的深化时,因上述条件均不具备,只能走上穷途末路。1908 年 11 月 14—15 日,光绪与西太后先后死去,三岁的溥仪即位,载沣摄政。西太后在世时,利用顽固派和洋务派的矛盾,凌驾于两者之上,保持自己的权势。尚能保持政局稳定。西太后死后,摄政王载沣优柔寡断,依靠顽固派亲贵集团与奕劻支持的袁世凯为首的实力派相对抗。1909 年 1 月 2 日,以袁世凯患足疾为借口,将其免职,奕劻的权力被削弱。不久,主张改革的张之洞死去,主张改革的刘坤一远调。改革派一蹶不振,顽固派独霸朝纲。于是,清廷的宪政改革从此举步维艰。清政府在经济改革上虽然步伐比较快,但在实现君主立宪这一政治改革上,涉及高层统治者的权限问题,表现为迟迟不前,又错误地照搬日本的立宪经验,尽量保留其封建专制成分,引发了不可克制的矛盾,致使代表资产阶级利益支持清政府改革的立宪派与清政府反目成仇。清政府失去了立宪派这一改革的社会基础,在政治上走上了绝路。同时,新政带来的中小企业的发展,中下层资产阶级力量壮大,成为支持辛亥革命的主要阶级基础。

1909 年,民选基础上产生的咨议局在各省纷纷产生,参选最少的安徽也有 7 万多人参选,而四川多达 19 万多人。咨议局为申商群体议政和推行立宪运动的合法机构,领导了波及全国的要求立宪的请愿运动。川、鄂、湘、浙等省的咨议局还领导了振动全国的保路运动。此时,既是立宪运动的兴起,又是革命运动的高潮。清廷顽固派既无力量对付革命运动,又未能支持立宪运动,而是对方兴未艾的立宪派的请愿运动和如火如荼的群众性的保路运动采取高压政策。然而,中国社会已不同于戊戌年了。随着新政带来的资本主义经济的进一步发展,西方资产阶级思想的输入,中国资产阶级为主体的立宪派的力量和参政要求迅速增长。在如此形势下,清廷顽固派拒绝将政权向资产阶级方向转化。这只能为辛亥革命的烈焰盾火积薪。清政府的预备立宪预备期定为 9 年,立宪派要求尽快立宪,发动了请愿运动。1910 年 1 月、6 月,各省咨议局联合会连同各省商会、教育会及其他绅民代表,先后两次发动速开国会的请愿运动;9 月、10 月间,各省督抚纷纷电请先设内阁以立主脑,开国会以定人心;各地学生纷纷罢课;咨政院也通过决议,请速开国会。他们认为有了国会,就能够以立宪政治代替专制主义,从而振兴朝纲。但是清政府仅仅把预备立宪期限缩短为 5 年,不肯于翌年立即召开国会,双方相持结果,清廷仍坚持 1913 年才开国会。主持朝政的顽固派与立宪派的矛盾尖锐化,立宪派的请愿运动是为了消弭革命,改革政体,稳定清王朝的统治。而顽固派大臣不仅不理解立宪派的良苦用心,反而认为革命危机越逼近越必须集权于朝廷,对立宪运动愈生恶感,深恐大权旁落。1911 年 5 月 8 日(宣统三年四月初十),清廷发布内阁官制并任命总理、协理大臣以及各部大臣的"上谕",内阁 13 人中满族竟然 9 人,其中皇族竟然占 7 人。当时人们即称其为"皇族内阁"。它一出笼,即引起立宪派的失望与愤怒。

"皇族内阁"的出笼,不仅表现了清廷的坚持专制,而且反映出满汉民族矛盾仍然尖锐,为革命党十六字纲领中的"驱除鞑虏"提供了有力的根据。从而进一步有利于革命党人从反满角度,发动革命。

6 月 10 日和 7 月 5 日,咨议局联合会先后两次上书以充分的理由反对皇族内阁,重申"君主不担负责任,皇族不组织内阁,为君主立宪国惟一之原则"①。但是,王公亲贵们不仅不让步,反而抛出"上谕"斥责立宪派"嚣张"。立宪派对清廷大失所望。清廷把立宪派"逼上梁山",逼迫立宪派大多数人员转向拥护辛亥革命。在许多城市中,清廷失去了立宪派这一重要的社会基础。

不仅如此,新政期间,大量传播西方的政治思想,人们政治意识得到启蒙,而预备立宪的拖延,尤其是皇族内阁的出笼,作为反面教员使人民群众提高了政治觉悟,当武昌起义爆发后,各省纷纷响应并宣布独立的过程中,人民群众和相当多的立宪派人员加入革命队伍。新政预备立宪的结果迅速壮大了辛亥革命的阵营。

清末新政的政治改革也有对辛亥革命消极影响的方面。预备立宪所造就的立宪派人,他们是官僚、地主、大资产阶级的混合体,在武昌起义后大批参加革命阵营。各省独立中都有一些立宪派人,革命的"廉价"取胜,使革命队伍中泥沙俱下,鱼龙混杂。其中有些人勾结清廷破坏革命,有的在革命形势来临时,宣扬"文明革命与草窃异,当与巨家世族、军界长官同心努力而后可"②。许多省的立宪派人在武昌起义后的革命中争取了主动,革命胜利后他们都以元勋自居,取得了革命政权的领导要职,竭力保持封建秩序。辛亥革命本来由于中国资本主义经济不够发达,资产阶级软弱,具有不彻底性,而立宪派人大批参加革命阵营,革命队伍急剧扩大的结果,严重增加了革命的不彻底性。实际上是革命队伍扩大,革命成果缩小。

---

① 《中国大事记》,《东方杂志》第 8 卷 6 号第 7 页。
② 子虚子:《湘事记》卷 1,正蒙印书馆 1914 年代印,第 7 页。

### （三）军事改革对辛亥革命的影响

清廷在新政期间，在各省编练新军，恰好为辛亥革命党人在各省发展革命势力以可乘之机。各省新军大都为辛亥革命增添了武装力量。革命党人一贯将武装斗争放在革命运动的首位，于1908年之前主要是策动会党起义，1908年以降，主要是策反新军。新政期间的军事改革政策给予革命党人策动新军提供了许多有利条件，具体表现如下：

1. 新军便于接受革命思想：新军士兵招募、选拔标准比较严格，入伍者有严格的身高、健康状况、家庭情况、个人经历、体力耐力等方面的规定。在文化程度方面，各省也有不同程度的要求。有些省要求新军士兵略通文字。新政期间，废科举后，知识分子群体另谋出路，或转入新式学堂，或出国留学，其中一部分投笔从戎，投入新军队伍，例如湖北黄陂1905年应募入伍士兵的文化程度高于旧军队，有利于革命党人在新军中宣传革命。

2. 留学日本的革命青年潜入新军：新政期间的留学生运动中，留学日本者最多，其中许多人学习军事，成为年轻的军事人才，如吴禄贞、蔡锷、蒋方震、李烈钧、程潜、陈仪等。他们回国后通过不同途径投入新军，从事掌握武装的革命活动。

3. 在新军中以组织方式开展活动：革命党人利用革命团体在新军中活动，如武昌地区的"军事同盟会""群治学社""振武学社""文学社"等，他们在新军士兵中发展组织。又如冯玉祥等人在第二十镇中组织"武学研究会"。熊成基在安徽马炮营发展"岳王会"组织。以上这些团体在辛亥革命、武昌起义中或响应武昌起义时，发挥了重要的作用。

4. 在新军中传播革命书报：革命党人在新军中秘密传播革命书籍，如《猛回头》《警世钟》《革命军》《扬州十日》《嘉定屠城》等。日知会利用中华圣公会的教会阅览室陈列的革命书报并于每周日举办演讲会，宣传革命宗旨；又如文学社主办的《大江报》，群治学社利用的《商务报》等。这些书刊激发了士兵和下层军官的革命觉悟。

5. 募兵制助长了士兵对清廷的反抗：清廷新政时期军事改革实行募兵制，各省就地招募，农民出身的、土生土长的士兵占大多数。新政各项举措，耗费巨额款项，清廷在原有苛捐杂税基础上，进一步对农民搜刮，加以连年灾荒，各地农民骚动，影响到驻军，这也是新军和防军容易参加革命的原因之一。

武昌起义的"主要战斗力是新军士兵,各省响应的战斗力大都也是新军和防军、会党、学生及临时招募的队伍"①。"以新军为基本力量宣布起义的,如云南、浙江、山西、新疆等多数省份是如此",但也有会党参加。② 也有些省份是新军和会党联合起义。总之,辛亥革命武昌起义及随后各地响应起义中,新军大都是起义的主要力量。清政府军事改革的目的是培养维护政权的可靠支柱,但结果适得其反,卫道士却成了掘墓人。

中国军事近代化的雏形和起点是在洋务运动期间,新政的军事改革,全方位地、大规模地推进了中国的军事近代化。不仅为辛亥革命提供了一定的武装力量,而且对中国以后的国防建设产生了积极意义。

然而,清廷的军事改革有助于辛亥革命也是有限度的。新军既有增进革命武装力量的一面,又有镇压革命的一面,好比一把双刃剑。武昌起义时,革命的客观条件较成熟,但是革命党人的主观条件不够成熟。由于新军中大都存在着革命的、不革命的和反革命的三部分,各省革命党人缺乏对起义新军的坚强领导,革命党缺乏核心武装力量,以至黄兴任陆军总长时,因"无主兵、命令难行"③。而袁世凯却掌握着新军中的主力——北洋六镇,这就造成了革命进程中的困难与挫折。清末新政军事改革的主要消极因素在于造就了袁世凯为首的北洋军阀集团,不仅成为辛亥革命的主要阻力,而且于民国期间,20世纪10年代至20年代,掀起北洋军阀混战,给人民带来深重的灾难。

### (四)教育改革对辛亥革命的影响

清末新政教育改革成绩显著,新式学堂纷纷出现。1909年,学堂数最少的安徽,也有865所,学生24 674人,而最多的四川,达10 661所,学生343 948人。④ 1905—1906年的出国留学热潮中,仅留学日本者,多达8 000多人,比新政前增加100多倍。⑤ 教育改革过程中,虽然注意到对原有举贡员尽量安排出路,使新旧教育制度衔接,但是科举制度1 300多年的传统,成为儒家社会各封建王朝凝聚知识分子的关键。废除科举制度,势必造成知识分子脱离儒家传统理念,

---

① 陈旭麓、劳绍华:《清末的新军与辛亥革命》,辛亥革命史研究会编《辛亥革命史论文选》上,生活·读书·新知三联书店1981年版,第295页。
② 陈旭麓、劳绍华:《清末的新军与辛亥革命》,辛亥革命史研究会编《辛亥革命史论文选》上,生活·读书·新知三联书店1981年版,第295页。
③ "石叟牌词叙录",《近代史资料》1959年第3期。
④ 王笛:《清末新政与近代学堂的兴起》,《近代史研究》1987年第3期。
⑤ 张连起:《关于清末新政的几个问题》,《北方论丛》1990年第2期。

而投向标榜民主、共和的辛亥革命。而废科举、兴学堂中所造就的大批新型知识分子,则便于扬弃儒家价值规范,既成为辛亥革命的先锋与主力,又成为儒家道统的背叛者。科举与学堂在培养目标、文化价值观等方面都截然不同。科举是以王权之"宰辅"、贤相、忠臣为培养目标的,而学堂的服务对象是社会,培养具有人权、民主意识的现代化国民。新式学堂教育出来的学生大都向往西方,"薄弃中学"①。他们不仅是辛亥革命的重要社会基础,而且成为以后新文化运动和新民主主义革命的积极参加者。

总之,清末新政教育改革的废科举、兴学堂,对清廷封建专制王权体制,如同釜底抽薪,它促使封建文化道统解体、崩溃,同时新式教育培养出来的知识分子,成为辛亥革命的先锋、主力和重要的社会基础。它也是引起辛亥革命以降的社会转型的一大因素。

清末新政教育改革对辛亥革命及其以后的民国社会有重大影响,但也有局限性。在新式学堂中,传统教育还保留了相当势力,清政府仍把忠君、尊孔定为教育宗旨,读经仍列为基本课程。影响到辛亥革命后民国的教育宗旨中"注重道德教育"②,在新道德教育为主体的情况下,还有旧道德残余。同时清末部分留学生中也存在盲目照搬外国经验和知识的消极现象,并带到了民国社会。

### (五) 法律体系和司法制度改革对辛亥革命及其以后的影响

清末新政期间,在法制改革方面,除了颁布一些有关工商业发展的法令、条例外,还颁布了三部对社会影响巨大的大法,即《大清刑事民事诉讼法》《大清新刑律》《民律草案》。辛亥革命推翻清朝之后,这三部大法被民国政府继承下来。中华民国临时政府刚一成立,司法部长伍廷芳立即向临时大总统孙中山报告:"本部现拟就前清制定之民律草案、第一次刑律草案、刑事民事诉讼法、法院编制法、商律、破产律、违警律中,除第一次刑律草案关于帝室之罪全章,及关于内乱罪之死刑碍难适用外,余皆由民国政府声明继续有效。"孙中山同意并咨请参议院核准这一建议。③ 此后,临时政府参议院批准了这一建议。袁世凯就任临时大总统后,于3月10日发布命令:"所有从前施行之法律及新刑律,除与民国国

---

① 《各省教育汇志——湖北》,《东方杂志》第4卷9号。
② 上海:(商务)《教育杂志》第4卷第7号"法令"栏(1912年10月10日)。
③ 《孙中山全集》第二卷,中华书局1982年版,第276页。

体抵触各条,应失效力外,余均暂行援用,以资遵守。"①可见民国政府对清末新政时期制定的法律,稍加修订,基本上继承下来。

江苏省光复后,将《大清新刑律》"去其与共和国体抵触各条外,即用为暂行刑律。湘浙各省陆续仿之"②。直到1927年成立南京国民政府时期,"民法、刑法等基本法律文本仍大体承袭了清末新政的成果"。"中国共产党领导的抗日根据地和后来的解放区,也沿用国民政府的《六法全书》办案。"中华人民共和国建立后,一度彻底否定了传统法制,但是,"近20年,立法、司法又开始悄悄地回归清末开创的新传统"③。

上述情况说明,清末新政所进行的法律改革,基本上接受了人类文明的共同成果,所以能够为辛亥革命后的民国政府所大体继承,并影响到以后各历史阶段的法律建设。但是,清末新政期间法律改革的局限性和错误,同样也影响到辛亥革命临时政府的法律及以后各历史时期的法律建设。例如1906年清廷颁布的《报章应守规则》,开近现代法制上限制公民言论自由之先例。1910年12月,清廷《大清报律》修订为《钦定报律》,由皇帝颁布实行。这是对法律改革的反动行为。新政期间所定的有关公民自由权的法律,总是在列举个人自由之后,加上一句"非依法不得限制之",从而为专制王朝以"依法治国"名义剥夺公民自由权开了先例。《中华民国临时政府约法》也因袭了这一错误。

## (六)新政引发的社会矛盾成为清廷的绝路革命的良机

新政规模宏大,多方面耗费巨款,但是清廷早已国库空虚,为解决政繁款绌的矛盾,在原有苛捐杂税基础上,肆意勒索,不惜竭泽而渔,"不仅原有的粮银、盐税、茶税、糖税、鸦片税、印花税等纷纷加重,并且在各省又陆续新增赔款捐、地捐、随粮捐、房捐、彩票捐、坐贾捐、糖酒油房捐、铺捐、纸税、果税、肉税、煤税等名目。其余各种杂税,省省不同,县县不同,名目不下百数十"④。清廷谕旨透露:"近年以来民生已极凋敝,加以各省摊派赔款,益复不支。剜肉补疮,生计日蹙……各省督抚因举办地方要政,又复多方筹款,几同竭泽而渔。"⑤1903—1911年,清政府征收的赋税从银1.04亿两增加到2.9亿两,全国不少地区的捐税增加

---

① 《中华民国法律简史》,北京大学出版社1986年版,第147页。
② 阙庵:《十年来中国政治通览——司法篇》,《东方杂志》第9卷7号,1913年1月1日。
③ 袁伟时:《帝国落日:晚清大变局》,第432页。
④ 梁启超:《中国国债史》,《饮冰室合集》专集之25,中华书局1989年版,第3页。
⑤ 《光绪朝东华录》,总第5251页。

数倍至十多倍。加以灾荒频仍,农村凋敝,民不聊生。人民群众走投无路,不得不奋起反抗。据统计,1902—1905 年,各种民变达 327 次。[①] 民变地区波及近 20 个省,而以长江流域为中心。民变的参加者有各行各业并包括少数民族,且以农民为主体。抢米风潮席卷各地,抗捐抗税斗争连绵不断。

四川等省的保路运动最为激烈。群众声明"不在路归国有,而在名则国有,实则为外国所有"[②]。成都数万人举行了保路大会,数十县纷纷仿效,举行罢市、罢课、抗捐税。在革命党影响下,保路同志会改为保路同志军,许多县举行了武装暴动。署理四川总督赵尔丰残暴镇压了群众运动,引发了波及全省的武装暴动。清政府急调端方率湖北新军入川镇压。武昌兵力空虚,为革命党人发动武装起义造成良机。

结语:有人认为清王朝覆灭的关键是拖延了宪政改革的时间,也有人认为清廷的重大失策在于铁路收归国有。其实根本问题是清政府完全失去了民众的信任。日本实行宪政的预备期也长达 9 年。孙中山的计划是军政—训政—宪政,第三个阶段才能实行宪政,这个预备期限显然是长的,并无有人为此发动请愿运动。关于铁路国有,民国后就付诸实践,也没发生保路运动。清政府在失去民心的形势下,正常的举措也会走向愿望的反面。

(原文载《近代中国》第 18 辑,
作者:郭绪印,上海师范大学人文与传播学院历史系教授)

---

① 北京:《近代史资料》1982 年第 3 期,第 109~140 页。
② 戴执礼:《四川保路运动史料》,科学出版社 1959 年版,第 221 页。

# 略论辛亥革命时期上海的独特地位

谢俊美

辛亥革命时期,上海因其独特的地理位置以及交通便捷、信息灵通等因素,许多重大活动均与它有关。上海是当时革命舆论宣传的重镇;自1911年7月同盟会中部总会将总机关设于上海后,它又成为事实上的革命斗争的领导中心;武昌起义爆发后,上海接踵响应,连带推动苏、浙的光复,并一起共组联军攻克南京,为底定东南和稍后将中华民国临时政府定都南京奠定了基础;孙中山回国到沪后,与同盟会领导人商组中央临时政府,它成了新生的民主共和国诞生的摇篮;南北在沪议和,最终确立共和政体,它则是中国结束封建帝制、开启民主共和时代的历史见证;此后中国发生的许多重大历史事件也无一不与上海有关。

## 一、革命宣传舆论的重镇

辛亥南北议和时,南方代表伍廷芳对北方代表唐绍仪说:"上海交通便利,会场易择,行旅皆安,万国消息灵通……各方接洽亦易。"①这段话客观真实地反映了当时上海所拥有而全国其他城市所没有的特点。租界是殖民侵略的象征,而它的存在却又给一切反清革命志士的斗争活动提供了特殊的"空间"。当时上海有公共租界和法租界,租界内设有各国通讯机构,发行多家中外文报刊,设有电报、电话以及通往中外各埠的航船等。资产阶级革命党人就是利用上海和租界这一特殊"空间",从事反清革命舆论宣传和斗争活动的。

1900年义和团运动后,特别是经过辛丑议和,清政府已沦为"洋人的朝廷","国民无不同深愤慨"。一批士大夫知识分子、爱国官绅彻底放弃原先"扶清""保清"的改良立场,毅然走上反清革命的道路,他们通过组织学会、创办报纸杂志、

---

① 中国史学会主编:中国近代史资料丛刊《辛亥革命》(八),上海人民出版社2000年版,第86页。

著书和发表文章，大胆揭露清政府的专制压迫、腐朽黑暗，鼓吹排满革命。此后革命逐渐走向高潮。上海为当时国内革命舆论宣传的中心。

1902年4月，由蔡元培、章太炎、黄宗仰等人发起，以"改进中华非以改造青年思想及注灌新教育入手"、以"教育中国国民，高其人格，以为恢复国权之基础"为目的，在上海泥城桥福源里成立中国教育会，蔡元培任会长。中国教育会名为教育机构，实际上是一个具有革命倾向的爱国团体，通过办学校、举办书报社、演讲会，揭露清政府丧权辱国的罪行。《苏报》本是日本人办的一份并不显眼的平庸小报，自四川人、候补知县陈范购得后很快成为一份具有革命倾向的报纸。这一会（中国教育会）、一报（《苏报》）和一社（因反对清政府对留日学生政治压迫、愤而归国的学生而创办的爱国学社），又经拒俄运动、"苏报案"等历次重大斗争活动，将革命舆论宣传推向高潮，各地"咸奉海上诸志士为全部之中心"①。1903年6月，章太炎发表了著名的《驳康有为论革命书》。"从种族异同、情伪得失上，层层批驳了康有为保皇改良主张，此文一出真是朝阳鸣凤，连那些老师宿儒读了也有深表钦佩的"②。由于文中讥讽"载湉（即光绪）小丑，未辨麦菽"，痛骂清政府是"野鸡政府"，因而引起清政府的愤恨，他后入狱，"此文也是一个重要的因素"③。邹容撰写了《革命军》一书，是书七章两万余言，论证了革命的必要性、革命的方法、革命的前途，与陈天华的《猛回头》、《警世钟》一样成为志士的必读书，影响很大。1902年5月，《苏报》以大量篇幅向全国推荐该书，并刊发了章太炎为该书写的序文，一时广为传播，人们争相传阅。"三尺童子朝入蒙学，暮以驱逐满洲归告父兄"④。两江总督魏光焘以"该书逆乱，从古所无，竟敢谤及列祖列宗，且敢直书庙讳，劝天下造反"，下令将邹容、章太炎"列为要犯，立置典刑"。指派候补道俞明震会同上海道袁树勋捉拿邹、章两人。1904年5月，上海县会同公共租界会审公廨判处章太炎监禁三年，邹容监禁两年。邹容因不堪监狱凌辱，最后瘐死狱中，年仅20岁。1906年6月，章太炎出狱后，东渡日本，参加同盟会的革命宣传活动。"苏报案"的审理和对革命志士的迫害，非但未能阻止革命，反而进一步激发了更多爱国志士走上反清斗争的道路。

---

① 《上海教育会与爱国学社之冲突》，《浙江潮》第六期"时评"。华东师范大学图书馆库藏本。
② 许寿裳：《章太炎传》，百花文艺出版社2009年版，第31页。
③ 许寿裳：《章太炎传》，百花文艺出版社2009年版，第31页。
④ 钱铭山：《名山文约》，卷六《学堂记》。

"苏报案"后,又经过拒俄运动、抵制美货运动和大闹公堂案的迭次震荡,爱国民主思想深入人心,革命党人利用这一有利形势,以租界为掩护,加紧革命舆论宣传。《苏报》查封的第二年,1903年8月,章士钊、陈去病等又创办了《国民日日报》,揭露清政府专制黑暗,被誉为《苏报》第二。同年11月,高天梅在松江创办了革命刊物《觉民》;12月,林獬(林白水)在上海创办了《中国白话报》。1904年1月,丁是我在上海创办了《女子世界》,倡女权,鼓吹妇女解放。10月,陈去病出版了《二十世纪大舞台》;12月,蔡元培创办了《俄事警闻》(后改《警钟日报》)。1905年2月,邓实、刘师培创办了《国粹学报》。这些报刊"多排满文字",赞扬革命志士,宣传民族独立和倡导民族革命。1905年8月,同盟会成立后,进一步加大上海地区革命舆论宣传。位于吴淞的中国公学,内设由马君武等主持的同盟会机关,办有《竞业旬刊》,宣传革命。该校以《黄帝魂》《法国革命史》《荡虏丛书》为教材,负责《民报》《复报》《洞庭波》《鹃声》《汉帜》等刊物发行。1906年,傅灵、胡适、丁慧仙等主办《竞业旬报》。黄斌筹主办《中国新女界杂志》。于右任、杨守仁主办《神州日报》。1907年,秋瑾在上海创办《中国女报》,宣传妇女解放。秋瑾牺牲后,由绍兴东湖学堂监督、光复会会员谢飞麟等接办,继续鼓吹革命。同年,陈以盖创办《神州女报》,此后于右任先后主办《民呼报》《民吁报》《民立报》。1909年,赵汉卿主办《越报》。1910年,戴季陶主办《天锋报》,1911年,他又与邓实主办《民国报》。同盟会会员陈其美等在上海以报社"访员"(记者)身份作掩护,开展革命活动,"名为访员"(记者),实则是与上海"各报馆声气素通,及至武昌起义爆发,则联络各报悉力鼓吹"[①]。到辛亥革命前夕,由于右任所主办的"三民报"(又称"竖三民"),即《民立报》《民呼报》《民吁报》,除了转载东京《民报》上的重要文章,宣传孙中山的三民主义、译载西方资产阶级革命的历史和英雄人物等内容外,还报道了各地革命党人反清斗争的消息,在社会上颇具影响。除了上述报刊外,当时上海由革命党人创办和具有革命倾向的报纸还有《时报》《中外日报》等报。此外,《申报》自1906年由席子佩接办后,也逐渐成为革命舆论宣传的报纸。其他外报也以时事新闻等栏目报道革命党人反清起义的消息,客观上起了传播革命信息的作用。

1911年10月武昌起义爆发后,上海顷刻间成为中外传递有关辛亥革命消息的中心,各种信息,经过电讯、报刊,迅速向各地发散传播,有力地推动了全国

---

① 钱基博:《辛亥江南革命实录》,《辛亥革命》(七),第41~42页。

革命形势的发展。武昌起义爆发 3 天后,10 月 13 日,上海各报纸都以显著的标题登载武昌起义的消息。《民立报》以激动的语气报道说"黄鹤楼兮忽树革命旗"。随着稍后各省相继宣布独立,上海民情振奋,革命舆论达到了前所未有的程度。在短短的两个月内,上海共创刊了 30 多种小型报纸,大多以宣传革命、报道各地起义和转载各地消息为主。形式活泼,文笔生动。如柳亚子创办的《警报》,因印刷精美,内容充实,而享有盛誉。①《民立报》因报道革命消息真实,为人们争相抢买,每份竟卖到银币 1 元。报馆林立的望平街成为当时人们获取辛亥革命各种信息的地方,自晨至夕,"为之拥挤不开,攒首万人,皆于报馆伫望消息"。临近衙道也挤满了探询消息的人。各报馆一有新闻,即印传单或号外,乃至一日要印五六次之多。"或书之牌上,悬挂门外,以供留心国事者快睹。"②捷报传来,万众欢呼;及闻失利消息,"或答焉若丧,或愤惋不平,甚而有目眦欲裂,几乎挥拳攘臂者"③。这种革命舆论宣传报道,革命信息的流播发散,随着上海光复、南北议和在上海进行,一直方兴未艾,即使在清朝推翻、民国建立后,这种情况也未有多大改变,此一直是全国舆论和信息发散中心。

## 二、革命斗争的领导中心

根据 1905 年 8 月成立的同盟会章程规定,此后国内各省会所在地及重要城市、商埠,均应设立分会和支部。同年 9 月,黄兴来沪主盟,接纳蔡元培加入同盟会,并任蔡为同盟会上海分会长。

1906 年,蔡赴德国留学,同盟会总部将上海分会并入江苏分会,派高旭任会长,以八仙桥鼎吉里 8 号为机关。1908 年春,同盟会会员陈其美回上海,在马霍路(今黄陂北路)德福里设立机关,接待来往党人,并以烟花之地作掩护,遮人耳目,与江浙等各地革命党人、会党首领和青帮头目进行联络,而他本人则以上海公共租界民声报馆"访员"(记者)身份进行活动,暗中指导沪上革命团体以及江、浙等地革命党人的有关斗争事宜。1907 年秋瑾牺牲后,陶成章、李燮和等光复会领导人将上海法租界平利路(今济南路)良善里锐进学社作为机关,准备与同盟会上海分部合作共事,但因分歧较大,谈判未能成功。后该机关由浙江籍女革

---

① 刘惠吾主编:《上海近代史》(上),华东师范大学出版社 1985 年版,第 376 页。
② 剑农:《武汉革命始末记》,《辛亥革命》(五),第 204 页。
③ 杨瑾:《浦江潮接汉江潮》,《解放日报》1961 年 10 月 8 日。

命党人尹锐志、尹维峻姊妹主持。所以在辛亥革命前夕,上海存有同盟会、光复会两个革命机关。

1911年4月,孙中山和黄兴在香港设立统筹部,并于当月27日发动广州起义。这次起义虽做了相当的准备,并由黄兴、赵声分别担任正副指挥,组织了数百人的先锋队(敢死队),但起义仍遭到了失败。仅事后收殓的烈士遗骸即达72具①,后安葬广州红花冈(后改名黄花岗),这就是著名的黄花岗七十二烈士墓。广州起义给清朝统治以沉重打击,但同盟会也因此遭到惨重的损失,牺牲烈士大多为各地的革命骨干,后来同盟会人才匮乏,也与此有关。

广州起义失败后,孙中山前往美洲,向华侨募款,准备发动下一次武装起义。东京同盟会总部一时陷入无人领导、几近瘫痪的状态。宋教仁、赵声、谭人凤、居正等人对历次起义失败进行反思,决定此后将革命斗争中心转移到长江中下游地区。同年7月(农历闰六月),由宋教仁、陈其美、潘祖彝、吕志伊、林森、谭人凤、曾杰等29人为主导,在上海湖州中学成立同盟会中部总会。该会"奉东京本会为主体,认南部分会为友邦,而以中部别之",总机关设在上海北浙江路821号杨谱生寓所。"取交通便利,可以联络各省,统筹办法。"②总机关下设五个总务干事,分别由宋教仁、陈其美、谭人凤、杨谱生、潘祖彝担任。另外又分别指派居正、范鸿仙、郑赞丞、曾杰、焦达峰等为武汉、安庆、南京、长沙等地革命的主持人。总会吸取了过去"有共同宗旨无共同计划、有人才而无切实组织"的教训,制订了上、中、下三种斗争策略(方案),上策又称"中央革命",即组织革命军,直接打到北京,一举推翻清朝。中策又称"长江革命",即以上海为中心,发动长江沿岸各省革命,然后向两岸发展,最后推翻清朝,夺取全国胜利。下策为"边疆革命",即像原先那样,仍在两广、滇、黔边境发动武装起义。多数成员认为三策中上策一时做不到,下策无可为,只有中策可行。此后,同盟会中部总会加紧对长江沿岸各省的革命斗争的组织领导和发动工作。武汉"控扼南北,为天下之脊",夺得了武汉,即可向上、下、左、右发展,夺得全国胜利,所以,斗争的"注意点尤在武汉"③。自此,"沪上多党人""谋划各省事宜"和"长江革命"④,成为革命斗争的领导中心。

---

① 这次广州起义牺牲的烈士不止72名,据邹鲁在《广州辛亥三月二十九日革命记》中说,实际牺牲的烈士有86名。
② 黎东方:《细说民国创立》,上海人民出版社1997年版,第258页。
③ 李新、孙思白主编:《民国人物传》(一)《宋教仁传》,中华书局1985年版,第45页。
④ 郭孝成:《江苏光复纪事》,《辛亥革命》(七),第1页。

与此同时,上海的革命力量也有了很大的发展,根据"联络商团、沟通士绅"的方针,陈其美等和同盟会会员沈缦云、叶惠钧、王一亭等加强对上海商团和士绅的争取工作。在他们的争取下,自治公所总董、商团联合会会长李平书表示拥护革命。而陈其美本人在同报界、文化界保持联络外,还同帮会建立了联系,并加入了青帮,成为青帮头目。同盟会上海支部的这些努力,为日后上海的光复奠定了基础。

1911年10月10日,武昌起义爆发。随后湘、赣、秦、滇、晋等革命党人奋起响应,发动起义,宣布独立。其余各省革命党人也跃跃欲试,谋划起义。为了扑灭革命,武昌起义爆发的第三天,清廷就谕令陆军大臣荫昌率领清军南下镇压。10月14日,又重新起用革职赋闲在籍的袁世凯,先命其为湖广总督,继而又任命他为内阁总理大臣,组织内阁。11月初,袁世凯南下督师,黄兴指挥民军拒死抵抗。清军炮轰汉口、汉阳,并一举攻占汉口。武昌危急。宋教仁连续致电陈其美,希望苏、浙、沪方面发动起义,以作声援,减轻武汉方面的压力。"倘不先事定上海以伐其谋,武昌旦危矣。"①陈其美接报后,立即召集江、浙同盟会负责人来沪会议,商讨发动起义计划,决定先由清军力量较弱的杭州先行发动,而后上海、苏州响应。但浙江方面认为上海地位特殊,发动起义影响大,若上海不先发动,即使杭州光复,也不能巩固。于是会议一致决定"上海先动,苏、杭应之"。会后,陈其美和回沪的宋教仁以及范鸿仙、叶惠钧、叶楚伧、沈缦云等在《民立报》馆内举行会议,商讨起义计划。会后,陈其美又先后拜访了李平书、吴馨、莫锡纶等人,通报了起义计划。最后确定11月2日发动起义。

光复上海,夺取江南制造局是关键,"必得制造局而后上海定"。武昌起义爆发后,清廷加强了对制造局的防守,调派近千名武装人员昼夜巡逻,并在大门口安设了大炮和机枪,来对付革命党人。李平书曾亲自劝说制造局总办张士珩顺应形势,附和革命,但遭到了拒绝。张氏还根据谕令通过停泊在黄浦江上的清朝海军"策电""钧和"等军舰运送大批弹药,接济武汉的清军。因此,革命党人决定首先夺取制造局。11月2日,革命党人在九亩地举行誓师大会,会上陈其美、李平书、沈缦云先后发表演说,宣布起义开始。接着由商团和青年学生组成的各路敢死队分别向道、县衙署、海防局等军政机构发动进攻,陈其美则指挥一支由商团和巡警200多人组成的敢死队攻打制造局。由于敌军炮火猛烈,头一天未能

---

① 钱基博:《辛亥江南光复实录》,《辛亥革命》(七),第43页。

攻下，而陈其美本人也不幸被俘。在经过一天多的交涉失败后，革命党人组织商团数千人于4日发动第二次进攻，一举攻下制造局，夺取军械库，解救出陈其美。制造局的攻占，切断了清政府通过海军给武汉清军的军火补给，而革命党人因获得大批武器弹药，战斗力大为增强，为以后给苏、浙光复提供必要的军事援助以及攻克南京提供了保证。11月6日，上海全境光复，革命党人在小东门原海防局成立军政府，推举陈其美为都督兼司令部长，以黄郛、钮永建、李英石、陈汉钦、叶惠钧、虞洽卿、沈恩孚、姜国樑为参谋，推举伍廷芳为外交总长、李平书为民政总长、黄郛为参谋部长、钮永建为军务部长、沈缦云为财政部长、王一亭为交通部长、毛仲芳（海军起义舰长）为海军部长，设闸北民政总局，以虞洽卿为民政长，设置上海县，以吴馨为民政长，将原城自治公所改为南市市政厅，以莫锡纶为市长。吴淞当时属于宝山县，为清淞沪水师营所在地，襟江带海，从崇明、狼山、福山至江阴一带的江防，均归其节制，地理位置十分重要。上海光复的当天，在光复会会员李燮和的领导下，吴淞也宣布独立，成立吴淞军政分府，李氏自任都督。上海和吴淞的光复，同时促成了崇明、南通、常熟、昭文、太仓等州县的光复。而停留在长江口和武汉、镇江江面的清朝海军舰只在革命形势的感召下，也先后反正，归附革命。

上海光复的当天，根据苏、浙、沪三地同盟会负责人事先确定的计划，陈其美于11月4日派人分赴苏州、杭州，协助发动起义。结果杭州、苏州分别于4日、5日相继光复。苏、浙的独立从两翼巩固了上海的领导中心地位，有力地声援了武汉的革命党人，在国际国内产生了重大影响。

以上海、苏州、杭州为中心的东南地区是清朝财赋的首善之地，清政府当然不甘弃守。当时的两江总督张人骏、江宁将军铁良、提督张勋非常顽固，仇视革命，虞洽卿曾前往劝说，顺应形势，归附革命，遭到拒绝。苏州光复的当天，张人骏就急忙派兵前来镇压。南京自古为虎踞龙盘之地，形胜险要。为了打通长江通道、减轻武汉方面的压力，苏、浙、沪三都督决定组织联军，会攻南京。在会攻中，浙军作战英勇，上海商团担任联军的给养、弹药的输送任务，上海体操学校与龙门师范学校师生等则组成救护队，在战场上救护伤病员，为攻克南京作出了重要贡献。12月2日，联军攻下南京，张人骏、铁良从水西门坐船逃走，张勋则率军北渡，逃往徐州。南京光复，解除了清军对苏、浙、沪的军事威胁，从根本上改变了敌我形势，严重动摇了清朝在东南的统治基础，并为革命党人将临时中央政府设在南京创造了条件。

## 三、民主共和国诞生的摇篮

到 11 月 2 日,全国先后已有湖北、江西、陕西、云南、山西、贵州、江苏、浙江、广西、福建、广东、安徽、四川、奉天、新疆等省份宣布独立,建立了革命政权,这就为建立统一的临时中央政府提供了可能。

还在武昌起义爆发后不久,从日本回到上海的章太炎,发现独立各省军府林立,纷乱无序,首倡建立临时中央政府。对于"满天星斗,群龙无首"的状况,不少革命党人也表示忧虑,深感"非统一不能集中力量",夺取全国胜利。而在当时尤为急迫的还有外交问题。"因为对外的交涉,尤重于对内,而一切军事财政的策划更要有一个提纲挈领的统一机关。"① 苏、浙光复不久,11 月 11 日,江苏都督程德全、浙江都督汤寿潜联名致电陈其美,提议独立各省公举代表前来上海会议,仿照美国十三州"会议之制","为全国二十三省一致之行动"。并提议大纲三条:"一、公认外交代表;一、对于军事进行之联络方法;一、对于清皇室之处置。"② 陈其美对程、汤的提议表示赞同,随即分别致电独立各省都督府、军政府公举代表来沪会议"议建临时政府"。至于未独立省份的代表,则由旧谘议局推派。11 月 16 日,各省都督府代表联合会在沪召开第一次会议,正式提议组织临时中央政府。代表联合会会议召开的次日,武汉方面,由黎元洪出面,代表湖北军政府致电在沪各省代表,请他们到武昌去商讨组织临时中央政府。理由是"政府与代表会相隔数千里,办事实多迟滞,非常时期,恐失机宜"。黎元洪还亲自派遣居正、陶凤集来沪游说。各省代表认为既承认湖北军政府行使临时中央政府的职能,联合会与政府不宜分置两地,也就同意了武汉方面的要求。但又表示上海交通便利、信息快捷,会所仍在上海为宜,结果各省仍留 1 名以上代表在沪为"通信机关","借资联络声气"。

11 月 28 日,各省代表陆续到达武昌。正好此时北洋军大举南下,27 日,炮轰汉口,攻占汉阳,武昌全城置于龟山炮火线内,形势十分险恶。30 日,经英国驻汉口领事葛福出面,双方暂行停战,随后袁世凯指派唐绍仪为北方代表与南方民军和谈,企图用军事打击、和谈拉拢的方法来迫使南方就范。黎元洪毕竟不是革命党人,于是向袁世凯靠拢。12 月 2 日,各省代表假座汉口英国顺昌洋行为

---

① 张孝若:《南通张季直先生传记》,《辛亥革命》(八),第 48 页。
② 平佚:《临时政府成立记》,《辛亥革命》(八),第 3 页。

临时会所开会,议决"如袁世凯反正,当公举为临时大总统"①。3日,又议定临时政府组织大纲21条,内中议决议和的有4条:"一、推倒满清政府;一、主张共和政体;一、礼遇旧皇室;一、以人道主义待满人。"议决汉口为议和地点,推举伍廷芳为南方议和代表。而就在11月2日这一天,江浙联军攻克南京。程德全立即从南京赶到上海,会同陈其美、汤寿潜等召集在沪各省都督府代表会议,议决将临时中央政府由武汉改设南京。程德全并嘱电请孙中山及早回国,就任临时大总统,组织新政府。黄兴因在武汉督师失利,计划由沪回到广东组织军队进行北伐(一说为光复南京),此时由鄂坐船东下,正好到沪,于是也参加了在沪各省代表的会议。由陈其美"为之主",各省代表以黄兴为"革命先锋",举其为大元帅,但黄兴坚辞未就;又举黎元洪为副元帅,结果引起武汉方面的不快。12月11日,唐绍仪一行到达汉口,但伍廷芳因任沪军都督府外交总长,办理外交,一时难以前来汉口②。鉴于武昌处于交战前沿,军情瞬息万变,为安全起见,各省代表接受在沪代表意见,并征得袁世凯和唐绍仪同意之后,最终议决将议和地点改在上海。这一决定,对上海而言,凸显了它所拥有的独特地位;而对武汉来说,从此失去了组织临时中央政府的机会,此后湖北军政府不再具有临时中央的职能,逐渐降到和其他独立省份相类似的一般地方政府。

12月上旬,正当武汉和上海的各省代表陆续会聚南京,此时传来孙中山即将回到国内的消息。孙中山是从美国报纸上得知武昌起义的消息的,随即坐船绕道欧洲于11月24日到达香港,在稍作短暂停留之后,又乘坐"狄凡哈"号轮于25日到达上海。下榻由陈其美为他安排的宝昌路的一座公馆内。孙中山的到沪,使革命党人有了中心,精神为之大振。第二天,孙中山在寓所召集黄兴、陈其美、宋教仁、钮永建、居正、汪精卫等同盟会领导人会议,明确表示反对议和,仍主张用革命武力统一中国。"革命之目的不达,无和议之可言。"③同时商讨组织临时中央政府。至于未来的临时大总统,孙中山当然是众望所归,非他莫属。他是民主革命的先行者,无论是革命党人,还是拥护革命的军人、民众无不敬仰他。江浙联军总司令徐绍桢说:"孙君提倡革命,奔走海外凡二十年,自武昌起义以后,民军首领曾发电敦促回国,江苏程都督复以组织政府非孙莫属为言,当时各

---

① 张难先:《中华民国政府成立》,《辛亥革命》(八),第14页。
② 伍廷芳不能来汉口议和固然与办理外交有关,但苏、浙、沪都督不愿在汉口议和也是事实,这从他们要求将临时政府改设南京一事可以证实。此外,苏、浙、沪是清末立宪运动的重镇,张謇、赵凤昌、汤寿潜等立宪绅商为了对议和施加影响,也不希望在汉口议和。
③ 孙中山:《建国方略》,《孙中山选集》(上),中华书局1980年版,第185页。

省均赞成此说。"①从孙中山是革命实际领袖以及独立各省均表赞同来论证孙中山任临时大总统的合法性和合理性。因此,认定"临时大总统惟斯人莫属"②。12月29日,在南京的17省都督府代表假座原江苏谘议局会议厅举行临时大总统选举会,结果孙中山以16票当选,另1票为黄兴。稍后又选举黎元洪为副总统。

　　孙中山经与同盟会其他领导人黄兴、汪精卫、胡汉民、陈其美、宋教仁、居正、钮永建等反复磋商,确定未来新政府实行总统制。新政府本着总长取名、次长取实的原则进行组建。陆军总长黄兴,次长蒋作宾;海军总长黄仲英,次长汤芗铭;外交总长王宠惠,次长魏宸组;司法总长伍廷芳,次长吕志伊;财政总长陈锦涛,次长王鸿猷;内务总长程德全,次长居正;教育总长蔡元培,次长景耀月;实业总长张謇,次长马君武;交通总长汤寿潜,次长于右任。从整个新政府成员组成结构来看,这是一个由同盟会主导的革命政府。而蔡元培、伍廷芳、张謇、汤寿潜、程德全等人的加入,又使它多少带有吸纳社会贤达、立宪官绅共建新国家的意图,因而具有"统一战线"的性质。新政府完全排除了武汉方面的人选,这是同盟会代表革命主流这一意识的反映和必然结果。12月31日,孙中山在得到南京方面有关选举的结果后,于次日(1912年1月1日)从上海乘坐火车前往南京宣誓就职。这是中国历史上首位资产阶级民主共和国大总统。同一天,中华民国南京临时政府正式宣告成立。它的成立,开创了中国历史的新纪元。而上海作为新生的民主共和国的诞生摇篮,也随之载入史册。

## 四、南北在沪议和最终确定共和政体

　　就在各省都督府代表和革命党人紧锣密鼓地组建临时中央政府时,袁世凯也在加紧策划谋夺政权。当他得知革命党人组建南京临时政府、选举孙中山为临时大总统后,又气又急,一面对武昌方面保持军事压力,一面则通过南北和谈,迫使南方同意由他出任临时大总统,组织政府,向他交出政权。

　　12月17日,唐绍仪一行乘坐"洞庭"号轮到达上海,下榻公共租界内的沧州饭店。随行成员有杨士琦、刘若曾、严复、章宗祥、冯耿光、许鼎新、傅增湘、张国

---

① 平佚:《临时政府成立记》,《辛亥革命》(八),第8页。
② 钱基博:《辛亥江南光复实录》,《辛亥革命》(七),第56页。

淦等人。南方除了伍廷芳外，随行成员有参赞温宗尧、汪精卫、王宠惠、钮永建，另有湖北特派代表胡瑛、王正廷。18日，议和在公共租界市政厅内举行，英、美、法、日、德、俄等国驻沪领事也列席了会议。会议先就停战达成协议。接着就国体问题，清帝退位，满、蒙、回、藏等民族待遇等问题展开讨论。唐绍仪早年为留美幼童，对美国民主共和政治十分熟悉，"实倾向共和"①。所以，在讨论国体问题时，他对伍廷芳说："余共和思想尚早于君，我在美国留学，素受共和思想故也。今所议者，非反对共和宗旨但求和平达到之目的而已。"②在未来中国实行民主共和的问题上，南北代表并无异议。③ 至于采用何种"和平之方法"来实现它，双方商定通过召开国民会议的办法，采用投票公决的方法来解决，并指定会议在上海召开。伍廷芳甚至说，"各省人心皆倾向共和，二十二省之人皆在上海"，不妨现在就投票公决，唐绍仪表示赞同，答应向袁世凯请示后再作具体安排。袁世凯耳目众多，和议的一举一动，他都了如指掌。未等唐氏电报发出，即遭袁世凯反对。袁世凯拒绝接受已达成的协议，以"南北协约以君主立宪为前提，而唐、伍两人全权擅用共和政体，踰其职权；且协约未决，南人先组织政府，公选总统，有悖本旨"④。以唐绍仪"违训越权"，撤销其全权代表资格，表示以后直接同伍廷芳电商一切。

袁世凯之所以如此出尔反尔，"盖以民党势力方胜，故不欲轻言许可"⑤。于是下令北洋军夺占汉阳，在龟山上架炮对准武昌，黎元洪等被迫避退洪山。企图用军事威逼手段，压迫南方向他屈服。1912年1月上旬，汪精卫、王宠惠代表南方同唐绍仪、杨士琦秘密达成协议：袁世凯逼清帝在优待条件下退位，同意建立共和政体，然后孙中山就把临时大总统职务让给袁世凯。孙中山迫于主和派的压力，最终不得不接受"谁先推倒清室，就推举谁为未来民国的临时大总统"这一承诺，并向袁世凯作出了"虚位以待"的声明。张謇则密电袁世凯不要再迁延不决，要他"奋其英略，昕夕之间，戡定大局"⑥。表示"甲日满退，乙日拥公，东南诸

---

① 蒋维乔：《辛亥革命闻见》，《辛亥革命》(八)，第57页。
② 观渡庐编：《南北议和史料》，《辛亥革命》(八)，第78页。
③ 据甘簃在《辛亥和议之秘史》一文中说，公共租界市政厅的议和只是一个表面形式，实际在12月20日这一天，黄兴的代表顾忠琛与清军代表廖宇春已在上海甘肃路文明书局经理室达成确立共和政体、优待清皇室、先推翻清朝者为大总统、优待满汉两方将士，并不负战时害敌之责任等五条协议。笔者认为，和谈外面私下讨论也属正常，但它不能取代和否定和谈，甘氏此说只能作一参考。
④ 白蕉：《袁世凯与中华民国》，《人文月刊社》1936年，第10页。
⑤ 甘簃：《辛亥和议之秘史》，《辛亥革命》(八)，第118页。
⑥ 张孝若：《南通张季直先生传记》，《辛亥革命》(八)，第41～45页。

方一切通过"①。张謇毕竟是状元出身,在政权更迭中,虽赞同革命,但他始终未能忘情于清室,为了"使清室有一个光明的下场",他早就为清帝"下场善后"作了"安全结局"的考虑,与伍廷芳、唐绍仪、汤寿潜、沈曾植、赵凤昌等人在南阳路赵氏"惜阴堂"内磋商好清帝退位的优待条件,并草拟了清帝退位诏书。②袁世凯在得到南方这些切实保证后,于是回过头来实行逼宫。1月16日,袁世凯与其他内阁大臣联衔密奏,要求隆裕太后召开御前会议,速定方针,"以息兵祸,而定民意",及早退位。20日,南京临时参议院向袁世凯正式提交了清帝退位的优待条件,力促清帝退位。26日,在袁世凯的授意下,由段祺瑞领衔、50名北洋将领连名致电内阁,要求清廷明降谕旨,宣示中外,立定共和政体,清帝立即退位,否则带兵来京。隆裕见之,吓得慌作一团,整日痛哭流涕。2月11日隆裕认可优待条件。次日,颁发了由张謇事先写好并经袁世凯认可和修改的退位诏书,正式宣布清帝退位,至此统治中国长达268年的清朝统治宣告结束。同一天,南京临时参议院选举袁世凯为临时大总统。一个与革命毫无关系的晚清官僚和武夫,利用辛亥革命风云,通过纵横捭阖的手段,最终夺得了政权,这是对历史的极大嘲讽。

纵观辛亥革命时期上海的所作所为和担当的角色,凸显了上海在近代中国独特而为其他城市无法替代的重要地位。辛亥革命后,中国社会进入了一个更为复杂的演变时期,上海的地位也变得更加突出和重要,有凡此后中国发生的一系列重大历史事件,诸如"二次革命"、护国战争、护法运动、中国共产党的成立、国民党的改组、北伐战争、南京国民政府的建立,等等,乃至现代中国发生的重大政治、经济、外交等活动,也无不与其有关。

(原文载《近代中国》第21辑,<br>
作者:谢俊美,华东师范大学历史系教授)

---

① 张孝若:《南通张季直先生传记》,《辛亥革命》(八),第41~45页。
② 张孝若:《南通张季直先生传记》,《辛亥革命》(八),第41~45页。

# 辛亥革命与百年中国的社会变迁

林家有

一

孙中山作为近代中国杰出的民族民主革命的先驱,中国辛亥革命的领袖,对中国社会百年变迁起了重大的作用。他领导的辛亥革命不仅结束了中国长达两千多年的封建帝制,而且也开启了中国由封建君主专制向资产阶级共和民主政体转变的历史进程,促进了中华民族的政治觉醒和民族觉醒,使中国社会的政治、经济、文化和思想都发生了巨大变化,进入了近代化建设的新时期。

辛亥革命不同于中国历史上以往的所有革命运动,这不仅是因为领导这次革命的人是代表新兴资产阶级的革命党人,它和历史上的农民起义不同,也因为它不仅要求推翻封建的帝制统治,而且还要建立一个没有皇帝专制的资产阶级民主政体——共和国。在共和政权建立后,它倾注全力发展中国的经济,强调加强人才的培养,发展教育提高全民族的文明,实现文化的重构——中外优秀文化的融会,使中国实现社会的转型,走上近代化的发展道路。毫无疑问,孙中山在这场历史变革中是领导者、参与者和指挥者,他在百年中国的历史变革中具有重要的历史地位,作出了重大的贡献。[①]

章开沅先生于1985年6月26日在一个会上发表演说,他指出:"我们党和政府对辛亥革命的重视,从来没有达到今天这样的高度。胡耀邦同志讲得最好了,中华民族三次腾飞,辛亥革命成为第一次腾飞。这么高的评价,还是从来没有过的。就我们而言,几十年研究辛亥革命,也从来没有达到这样的认识高度。所以,对于辛亥革命,它的崇高的历史地位与深远的历史意义,怎么研究也还是不够的。而且辛亥革命的影响已经超越了时间与空间的限制。所谓超越时间的

---

① 林家有:《孙中山与中国近代化道路研究》,广东教育出版社1999年版,第619页。

限制,那就是说,一百年,几百年,都会感到辛亥革命的意义是非常重大的。所谓超越空间的限制,就是指辛亥革命的意义和影响已经超越了国界。我们有一个深切的感觉,辛亥革命研究已经是一个国际的显学了。"①

我们这些研究孙中山和辛亥革命数十年的老年人,都深深地认识到,如果没有孙中山为代表的革命党人领导的辛亥革命,中国就没有真正的近代化,也就没有后来中国社会沿着独立、民主、文明和富强的发展道路向前推进。孙中山开辟了一条革命化、近代化(民主化、工业化、城市化,以及文明、和谐)的发展道路。对于孙中山在近代中国社会变迁中所起的作用,中共的领导人,除上面提到的胡耀邦之外,毛泽东、邓小平、江泽民和胡锦涛都有深刻的陈述和评价。所以,我们今天要隆重地纪念辛亥革命百年,不是没事找事,而是通过纪念辛亥革命来增强我们历史的记忆,加强民族的团结,实现祖国的和平统一,为实现中华民族的伟大复兴,将我们伟大的国家建设成为独立、共和、民主、文明和富强的社会主义社会而努力奋斗。

## 二

辛亥革命的意义,不在于它打倒了一个封建皇帝,而在于它结束了中国一个旧的时代,在于它开辟了一个新的时代。诚如金冲及先生在他的《二十世纪中国史纲》一书中所说:"要不要革命? 要不要推翻清朝政府? 要不要以民主共和制度代替君主专制制度?"这是一个争论近百年的老问题。金先生说:"人们常说将清朝政府改称为'民国'无非只是换了一块招牌,但有没有这块招牌,它的区别不能小看。从结束君主专制制度和思想解放的意义来说,没有辛亥革命,就没有五四运动。"②没有"五四"新文化运动,也就没有后来中国的发展变化,更不会有今天国家的繁荣富强。这是一个符合历史逻辑的推理,后来历史的发展也证明,辛亥革命的成就,改变了中国历史的发展进程,这是任何人也否定不了的事实。曾经历过辛亥革命的无产阶级革命家朱德在纪念辛亥革命50周年发表的《辛亥革命回忆》一文中所说:"辛亥革命同以前的各次革命比起来,是更完全的意义上的资产阶级民主革命,是自鸦片战争以来中国旧民主主义革命的一个新的发展。这次革命具有重大的历史意义。辛亥革命的结果,推翻了

---

① 《章开沅演讲访谈录》,华中师范大学出版社2009年版,第219~220页。
② 金冲及:《二十世纪中国史纲》第一卷,社会科学文献出版社2009年版,第36~94页。

延续两千多年的封建君主专制制度的最后一个王朝,宣布成立了资产阶级共和国——中华民国。这次革命引起了全国的民主革命精神的高涨,为以后中国的发展打开了道路。"①朱德这个回忆是实事求是的,并没有丝毫夸大辛亥革命意义的表现。

早在 20 年前,在纪念辛亥革命 80 周年的时候,我就发表过《辛亥革命对中国社会的影响与历史启示》一文②。在这篇文章中,我提出要从社会变迁的视角去认识辛亥革命对中国社会发展带来的深刻影响。至今我仍认为,这是值得我们重视的重要问题,因为一个事件如果在社会发展中没有发生积极影响,它也无所谓意义。如果它对社会的发展,即对社会的变迁起到重要影响,尽管它存在这样那样的问题,想否定它的作用,那也是难以做得到。那么,辛亥革命究竟给中国社会带来了什么? 我的意见是,辛亥革命给中国带来许多正面的积极的意义和深远的影响。

## (一) 辛亥革命加速了中国社会变革的进程

辛亥革命不仅是中国政治及人民生活方式走向近代化之路的一个划时代的新起点,也是近代中国人民追求民主共和以及国家独立富强的一个里程碑。革命民主派把将中国建设成为一个民主化、工业近代化国家的宗旨贯彻到政治、经济、文化乃至社会各个方面,对中国历史发展的影响是深刻的、重大的。以封建的土地所有制和小农经济为基础的封建君主专制统治,严重地阻碍了中国的进步发展。以孙中山为代表的民主派领导的辛亥革命,推翻阻碍中国进步的清政府,结束的就不仅仅是一个封建政权,而是一种制度,是一种延续两千多年的封建专制主义制度。消除了这个长期妨碍中国进步的极端腐朽、落后的制度,对于封建主义的旧思想、旧文化、旧道德、旧观念,进行了一次革命的冲击,使民主主义成为指导中国人民进行反封建皇权斗争的有力武器,不仅在中国开了民主共和的风气,而且在亚洲也具有启示导引作用,使人们知道了共和政体的意义,学到了民主共和及法制、法治的知识,而且也动员人们起来以各种方式参与政治,大大地推动了中国人民的民主政治意识和参与政治的热情。尽管在民初仍然有人想做中国的封建皇帝,但因为皇冠已经落地,人民对皇权的憎恶空前地增强了,使那些想做皇帝梦的人已经变为不可能。这是中国人民民

---

① 朱德:《辛亥革命回忆》,《辛亥革命回忆录》第一卷,文史资料出版社 1981 年版,第 1 页。
② 林家有:《辛亥革命对中国社会的影响与历史启示》,《中山大学学报》(社科版)1991 年第 3 期。

主意识加强了的具体表现。随着辛亥革命民主共和思潮的广泛传播,又直接推动和促进了实业建设热潮,为中国实现工业近代化展示了美好的前景。孙中山及革命民主派提出只有经过革命化才能使中国走向工业化、城市化的,实现社会文明进步方案,都使当时绝大多数中国人深受鼓舞和振奋。尤其是学术界极其活跃,什么革命救国、教育救国、实业救国、学术救国风潮大兴。振兴中华,拯救中国成为全中国人民共同追求的时代主题。可见,辛亥革命促进了中国民主潮流和兴办实业、创办新式教育的高潮,展现了辛亥革命在中国近代化进程中所起的促进作用。

### (二) 辛亥革命促进了中国社会观念的更新和人民的政治觉醒

马克思、恩格斯告诉我们:"随着每一次社会制度的巨大历史变革,人们的观点和观念也会发生变革。"[1]民初,由于帝制倾覆,人们在政治上和思想上获得了一次空前的解放,民主共和的声威大增,便打破了政治舞台上的沉闷局面,促使社会思想活跃起来。

首先,在人民面前出现了新国家、新政府、新思想和新观念。辛亥革命推翻清朝政府民国底定,共和政府成立,使长期在封建专制黑暗中生活的中国各族人民莫不欢欣鼓舞。人们欢呼和拥护新生的中华民国,对种种事物均冠以"新"字,显示其区别于旧时代、旧社会。上海《申报》1912年元旦在一篇《新祝词》中写道:"我四万万同胞如新婴儿新出于母胎,从今日起为新国民,道德一新、学术一新、冠裳一新。前途种种新事业,胥吾新国民之新责任也。"共和国首次以崭新的实体耸立在人们面前,因而共和在社会各界面前发出特殊诱人的异彩。它会聚了各个民主阶层或民众团体的观念和意向,对促进中国社会摆脱封建思想意识,迈向近代化的进程起着巨大的推动作用。一时间,到处都是"共和"的旗帜和名号,以"共和"命名的政党、团体,如"共和统一党""共和建设会",以及以"建设完全共和"为宗旨的团体、会社就更多了。以"中华"命名的团体和机构也不少。各地会所如林,成员众多,社会面貌出现新气象:"君主之命运已终,世局统统归共和。"[2]随着民国的建立,社会更新的观念已深入人心,民主共和思想已在人们的思想中发生了相当深刻的影响。

其次,人们对政治生活发生了浓厚的兴趣,参与政治的意识大大增强。由于

---

[1] 《马克思恩格斯全集》第七卷,人民出版社1961年版,第240页。
[2] 天翼:《共和政体之沿革》,《进步》1912年第1期。

"专制局破,共和成立",人们的参政意识勃然怒发。以往对政治所抱的消极、冷淡、回避和畏惧的态度改变了。民初,国内豪贤志士,相率组织政党,积极投身沸腾的政治生活,反映了人们参政意识的高扬。尤其是长期以来被剥夺了政治权利的广大妇女,经过民主共和思潮的鼓荡,也纷纷举足出户,步入社会,联合团体,从而掀起了颇具声势的女子参政运动。广大妇女认为,共和告成,妇女应当与男子一样享有平等的权利,要求"将女子与男子权利一律平等明白规定于临时约法之中"①,男女平权被列入国民党的政纲。显示了民初妇女要求摆脱从属他人的地位,进行独立的政治活动的愿望,出现了中国前所未有的妇女争取参政的运动。可见,辛亥革命开启男女平等的历史纪元,对中国的妇女解放起了促进作用。

### (三) 辛亥革命促进了中华民族的新觉醒和国族意识的形成

辛亥革命运动的另一思想成就,就是促进了中华民族的新觉醒。近代中华民族的觉醒经历了一个由人们不自觉地抵抗侵略到自觉起来为本民族的生存、发展和强盛而进行斗争的逐步深化的过程。在这个过程中,辛亥革命运动是一块真正的界碑。它划分了爱国救亡要不要革命,革命要不要建立民主共和国,革命要不要改变中国社会发展方向的界限。资产阶级革命派确立的爱国、革命、民主共和与建设近代化国家的思想,不仅推动了自戊戌维新运动以来在中国兴起的反帝反封建爱国运动的深入发展,而且还把推翻"洋人的朝廷",实现民族独立和更新国家政治制度,促进社会文明发展结合起来,使中华民族的觉醒达到了空前的高度,极大地振奋了中华民族的精神,加速了中华民族自觉实体的形成。中华民族作为一个通用的概念是辛亥革命的成果。从此中华民族形成为国族,这是中国的一大进步,对中华民族历史的发展发生了深远影响。

辛亥革命运动是爱国运动,也是民族民主运动。由爱国和追求民主相结合爆发的辛亥革命具有资产阶级新时代的明显特征。它表明辛亥革命是民族觉醒的产物,作为辛亥革命的领导者——孙中山等人是民族觉醒的真正代表,他们通过革命宣传和革命活动促进了中华民族的觉醒,而民族觉醒又推动了爱国革命运动的发展。革命者的命运与国家和民族的命运联结在一起,革命的机遇培育了革命者,革命者在革命中又看到了自己的力量和民族的历史使命,从而更加激

---

① 江初兰:《女子争参政权当以自修为基础》,《妇女时报》第7期。

发革命的热忱。由此可见,没有民族觉醒就不会有辛亥革命,没有辛亥革命也不会有民初中华民族自觉实体和国族意识的形成。由于受到时代和历史的局限,资产阶级革命派未能通过唤起民族觉醒来实现振兴中华的目的,但是辛亥革命振奋起来的民族精神却继续鼓舞人们去奋斗、去探索救国的真理,为中国的未来奠定了民族复兴的基础。随着中华民族自觉实体的形成,中华国族意识的逐步形成便为中国民族的团结和国家统一奠定了牢固的基础,并在对外斗争中显示出不可抗拒的国族力量。这是辛亥革命的巨大功劳。

### (四)辛亥革命为中国民族民主革命提供了宝贵的经验教训

辛亥革命推翻了清政府,建立了民主共和国,颁布了《临时约法》,成立了国会,可是资本主义制度却在中国确立不起来,没有完成反帝反封建的任务,结束半殖民地半封建社会的历史,辛亥革命最后还是失败了。为什么?这是长期以来人们一直在探索的问题,说法有种种,但最主要的说法是讲当时中国不具备建立资本主义制度的历史条件和阶级基础,是由于革命派的不成熟造成的。正如参加辛亥革命的吴玉章先生所指出,资产阶级、小资产阶级"革命派在辛亥革命以前,尽管做了许多政治鼓动,并且做了一些启蒙宣传工作,但是因为内容过于简单,同时也没有在理论上详细地说明,以致未能攻破封建主义的思想堡垒。他们在理论方面不但缺乏创造性的活动,而且对西方十七八世纪启蒙学者的著作和 19 世纪中叶的主要思想家的著作也都没有系统地介绍,没有强有力的思想革命做先导,是辛亥革命的一个重大的缺陷"①。也即是说,资产阶级革命派在理论上、思想上的不成熟,以及认识上的错误是辛亥革命由胜利到失败的一个重要原因。这个看法揭示中国资产阶级革命派的思想也有许多弊端,忽视了这一点,就不可能正确地评价中国资产阶级及其领导的辛亥革命。但辛亥革命失败的原因也不仅仅是这些,原因是多方面的、复杂的。

革命派用来指导革命的是民族、民权、民生三民主义纲领。这是一个完整的不可分割的思想体系,它包括实现民族独立、人民民主和国家富强三方面的内容。民族主义决不能代替民权主义,民权主义也代替不了民族主义。民族主义是反对帝国主义侵略、维护民族独立,或反对国内民族压迫、争取民族平等的武器,但它不是反对封建专制主义——君权的武器。所以民族主义可以"御敌保

---

① 吴玉章:《辛亥革命》,人民出版社 1974 年版,第 16 页。

邦",但它不能促进社会生产关系的变化。革命者将民族主义摆在首位,民权主义放在次要的位置,这不仅反映了革命者的思想认识,也使他们在实践中出现偏向。革命者过分强调民族主义,忽略民权主义的宣传,虽然把人民鼓动起来推翻了清朝统治,但它不能为建立共和民主政体提供正面的导向,所以人们认为清政府垮台,民族、民权主义便成功,不能从根本上改变半殖民地半封建中国的社会制度。又由于革命者宣传民族主义,旨在"排满",即反对清朝统治者,没有由"排满"进而明确地提出反对帝国主义。因此,民族主义宣传只局限于赶跑清朝皇帝,所以清室退位,革命者就认为大功告成,民族主义革命目的达到了。于是那些曾为革命作出过贡献的人没有能发扬继续革命的精神,满足于已有成果,争权的争权,夺利的夺利。这是革命势力在清政府倒塌后迅速解体的重要原因之一。革命派把"排满"看作辛亥革命的主要目标,不利于彻底破除封建主义思想造成的消极影响。种族主义掩盖封建主义,清朝皇帝一垮台,他们就认为封建主义消灭,民族、民权目的俱达,不能一鼓作气地深入批判封建的保守思想,扫除封建的旧文化和旧思想,这是极大的错误。

由此可见,中国的民族民主革命要在推翻封建政权后,更新社会制度,建立起资本主义政治制度,必须以民权为武器,开展对封建主义"君权"思想的彻底批判,首先建立一套完整的政治理论体系和形成资产阶级的思想意识形态,并用自己的理论去领导人民摧毁封建主义经济基础、上层建筑和意识形态。然而,中国资产阶级没有能力这样做。革命派不仅无力掀起一场深刻的思想文化革命,也未能自觉地建立起自己的理论体系。所以,辛亥革命虽然推翻了清朝封建君主制度,建立了民国,但它未能改变封建主义经济基础、上层建筑和意识形态,树立起民主主义理论权威,因此资本主义制度终究未能在中国建立起来,反帝反封建任务没有完成,反而被大地主大官僚袁世凯篡夺了革命果实,辛亥革命失败了。辛亥革命的失败原因有种种,而民权主义没有真正深入人心,没有能够形成强大的革命力量则是一个重要的原因。正如孙中山后来在总结辛亥革命失败的教训时所指出:"国体初建,民权未张,是以野心家竟欲覆民政而复帝制……民国前途之危若何,则全视民权主义发达如何耳。"①

此外,领导辛亥革命的同盟会始终形成不了一个团结、统一、步调一致的领导核心也是辛亥革命失败的重要原因。

---

① 孙中山:《建国方略》,《孙中山全集》第 6 卷,中华书局 1985 年版,第 412 页。

同盟会成员来自不同的阶级和阶层,对革命的认识存在明显的分野。有的人虽然参加了同盟会,但思想仍然保持着小团体的宗派观念,对同盟会内部的革命团结,不断起着腐蚀和瓦解作用。同盟会作为一个不成熟的资产阶级革命政党,本来就不是一个健全的组织。它的领导机关和分支机构都很松散,会内也没有严格的组织纪律;又由于它标榜民主,进出自由,因此会内思想分歧、宗派主义离心倾向严重。而同盟会领导人在处理内部斗争时,既软弱无力,又缺乏正确的方法,没有能够采取正确的思想武器来制止和纠正革命党的分裂和离心倾向。所以,会内矛盾一旦尖锐,往往容易形成宗派斗争,要么以妥协的办法来掩盖矛盾,要么各行其是,分道扬镳。同盟会内部的不统一,不仅削弱了同盟会领导全国革命运动的职能,而且从内部消耗了自己的力量,给阶级敌人以可乘之机。同盟会作为辛亥革命的领导机构,其领导人缺乏把革命斗争进行到底的决心和能力。武昌起义爆发后,同盟会由于对形势的发展估计不足,没有能够及时组成一个统一的领导核心去领导全国革命运动。由于武汉革命党人抓住时机,利用新军与革命的各方人士相互配合和勇于牺牲,虽然赢得了武昌起义的胜利,但革命党人没有能够掌握湖北军政府的主要领导权。武昌起义的胜利,表明革命与反革命的决战即将在全国范围内展开,而武汉则是双方斗争和争夺的焦点。12月18日,南北议和开始,革命党人便寄希望于袁世凯顾全大局,与民军一起行动,迅速推翻清政府。在上下和谈的气氛中,革命党人在"以和平收革命之功"的思想指导下,放弃了以武力谋天下的方针。甚至"革命军起,革命党消"的言论由章太炎以及黄兴、宋教仁和立宪派张謇等人口中扩散出去,连革命党都不要了,更不可能领导民众去继续革命。革命党变成了没有民众做基础可有可无的政党,成为读书绅士阶级的专用品。诚如李剑农先生在《中国近百年政治史》一书中所说:"清颠覆后,所有政党都与民众不生关系,都成了水上无根的浮萍,在势都没有成功的希望;但因同盟会下层的无知党员骄纵失态,未免惹起一部分人的恶感牵引民众的消极反对的动机;又因民众厌乱偷安,颇希望有名的袁宫保给他们一种'无为而治'的快乐。"这种党义不着实,没有民众做基础的弱点,造定同盟会必亡。① 表明同盟会没有决心和能力将革命进行到底。孙中山虽没有明说要改变同盟会的性质,但他说清政府垮台,民族、民权主义已经实现,惟有民生主义尚待实行,如果同盟会只为实现民生主义而奋斗的话,它就没有作为一个革命党继续

---

① 李剑农:《中国近百年政治史》,复旦大学出版社2002年版,第328页。

存在下去的必要了。革命领袖的思想状况尚且如此，一般会员群众的思想状况就不难想见了。

同盟会失掉了革命性，也失去了团结全体会员的共同思想基础。后来为了扩充竞争力量，实现"政党政治"和"政党内阁"，同盟会竟与几个不伦不类的小党合并成一个国民党，连同盟会的名称也弃而不用了，预示着国民党已不是革命党，只是一个参政党。为了争得参政权又盲目地吸收和发展党员，使不少官僚、政客充斥党内，不少昔日的同盟会骨干分子竟因争权夺利而相互倾轧以至相互残杀。革命时期同盟会在人民中建立起来的政治威信，几乎消失殆尽。这便断绝了革命党人与广大民众的联系，因此便丧失了再次取胜的希望。

总之，辛亥革命的胜利和失败都给我们留下许多经验和教训。当然评价辛亥革命，不宜以"成败"判其功过，应将其视为一种革命的历程，是中国民族民主革命的一个阶段。辛亥革命的重大成果是开启了中国民主政治的新进程，体现了中国社会发展的必然。实现中国的共和民主是一个复杂的历史过程，不可能一蹴而就，然而我们应该看到，由辛亥革命开辟的中国发展道路则不可逆转，这是重大的历史成就。

## 三

有一种看法，认为没有辛亥革命中国后来的发展会比现在好得多。对此，我历来都表示不以为然，因为这不仅仅是一个学术问题的探讨，而是对中国发展道路的选择如何评价的问题。

现在议论孙中山及革命党人要不要发动反清的辛亥革命，毫无意义。不管你支持还是反对辛亥革命，它已经发生了，并且形成了推翻清政府，终结中国的封建君主制度的事实。在辛亥革命已经过去了 100 年的今天，仍然有保留清政府让其进行自改革，实行体制内的君主立宪对中国的发展会更好的意见，则有点不知从何说起。辛亥革命是不是搞错了，历史已经证明它没有错，因为它对中国社会发展的影响是深刻的、积极的，这是无法否定的事实。

清政府作为中国封建君主专制的政体到了 20 世纪初年，它的各种弊端已经彻底地暴露，清政府已经成为当时中国一切矛盾的焦点和社会发展的主要障碍，它的垮台已经不可避免，让清政府进行体制内的改革来拯救中国，复兴中华已经不可能。因为它已经没有能力自救。由于它对外丧权辱国，对内专制腐败，引起朝野上下之间权贵的争权夺利，问题非常严重。国家贫穷，民生困楚，社会不稳，各种矛盾都在激化。中央要集权，地方要分权，因此地方督抚的离心倾向加剧，不听中央号令的事件时有发生。清政府进行新政又在方针政策上犯了大错，如科举制度的废除与封建士大夫的出路、实行铁道国有政策对商人的打击、新政款项的增派对民众生活的影响、皇族内阁的成立对汉族官吏的打击，等等，都是造成内部权力基础的离析和民众背离的重要原因。但是如果没有像辛亥革命那样全国性的打击，内部矛盾也不会激化到上下脱序的程度，民众也不可能动员起来造成社会的全面危机。以孙中山为首的革命派、康有为为首的海外立宪派、张謇为首的国内立宪派从不同的角度掀起对清朝统治不满的反清情绪，造成各种反清力量的聚合，促使清政府走上绝路，最后由辛亥革命造成朝野上下之间的矛盾，在辛亥革命的打击推力和各省督抚的独立下造成清政府垮台，这是不争的事实。清朝的垮台是全国反清力量的胜利，是各族人民不让清政府照旧统治下去的结果，是人民合力反清的胜利，尤其是以孙中山为首的革命党人的胜利。

辛亥革命胜利后，孙中山确立的共和民主政制未能延续，资本主义民主政治制度建立不起来。为了维护辛亥革命的成果，捍卫共和，孙中山进行了12年之久的讨袁"二次革命"、"护国"运动和两次"护法"斗争，但是共和民主制度还是恢复不起来，这是为什么？原因有多种，但不能简单地归咎为是孙中山的局限，也不能简单地归罪于革命党人的软弱。原因很复杂，有革命党人的主观原因，但从客观上去考察，民初中国出现反复，也是历史的必然，是中国社会本身新与旧，前进与复辟，维护中国旧的封建统治，还是走向新的共和民主道路、追随时代发展潮流斗争的结果。

民初的中国，由于封建帝国的终结，带来社会的大变动，有些旧的社会关系已经断裂，有些新的社会力量已经在成长，旧的传统复古势力在集合，新的革命的共和民主的力量也在重新组合，随着商会、社团、政党的纷纷成立，一个新的革命阵线在逐步形成。国权与民权观念在确立，皇权与民权在争斗。清朝残余势力想反攻，但成不了气候。社会变化潮流不可逆转，独立、共和、民主、富强成为中国各族人民肯定和追求的发展路向已成定势。但封建的传统旧文化的势力也不会经过一次革命的打击而退出历史舞台。以袁世凯为代表的清政府旧势力在新与旧的较量中，虽然一时得势，并掀起反民主反共和的复辟思潮，进步的新的一方的力量暂时斗不过旧的传统的势力，但是我们不能由此就否定以孙中山为代表的革命党人爱国、革命、建设或独立、共和、民主和富强的建国努力,以及他们为实现复兴中华、富强中国所作出的贡献。民初以来,中国战乱不止,军阀割据,帝国主义在中国重新洗牌,助纣为虐,企图在重新瓜分中国的较量中分得一杯羹。然而,以孙中山为代表的革命党人选择的共和、民主和富强的中国的历史发展道路,以及建设一个民有、民治、民享,实现国家是人民所共有,政治是人民所共管,利益是人民所共享的社会的方向,则从来也没有改变过,而且也不可逆转。

中国作为一个封建专制主义国家,无论传统意识,还是传统的阻力,都根深蒂固,它不会随着一次革命就退出历史,所以反复是避免不了的,但这不是辛亥革命造成的,而是中国传统复辟势力的垂死挣扎。

孙中山一生最大的理想是实现国家的独立、共和、民主和富强。他的主要任务有两个:一是革命,二是建设。他说:"先有了一种建设的计划,然后去做破坏的事,这就是革命的意义。"①革命是破坏,如果只破坏不建设,那就不要去破坏,即不要革命。"革命之破坏与建设必须相辅而行。"②但很难一时达到两个目的。所以在孙中山看来,革命是为了更好地建设,建设才是革命的最终目标,但他没有达到建设一个新的国家的目的。主要原因是辛亥革命推翻了封建专制制度,但未能彻底铲除封建的生产关系和旧的思想文化意识,在于革命党人未能利用新军作为推翻清政府的同时将它们进行改造,并利用民军重组一支忠于民国、忠于人民的军队,所以袁世凯篡夺了政权,孙中山等革命党人无力反抗。袁世凯要复辟,革命党人反复辟,但复辟与反复辟是力量的对决,不是是非的判断。由于辛亥革命后战乱不止,没有办法集中力量从事建设,贻误了建设的进程。孙中山为代表的革命党人随着政治资源的流失,各种复辟思潮的鼓噪,便使人们对资产阶级共和国方案产生怀疑。辛亥革命后中国出现复辟思想和复辟行动,招致辛亥革命开辟的共和民主政制的失败,是民初中国社会多种因素化合作用的结果。辛亥革命推翻了皇权,但对封建文化的冲击有限,它带来了文化人的地位转变,即由原来的文化生产者向文化的追随者转变,一部分人在辛亥革命后失落游离,失去了方向,他们对革命后的社会产生异向。而另一部分人为了寻求文化的出路干脆把注意力转向西方,向西方寻找中国的未来,用西方的新文化去构建中国的发展路向。各种文化人在社会中论长短,提出各种各样的建国主张。但不要

---

① 孙中山:《在上海青年会的演说》,《孙中山全集》第五卷,第124~125页。
② 孙中山:《建国方略》,《孙中山全集》第六卷,第207页。

文化,没有理想和方向的军阀用枪杆子去干涉政治,而新的又斗不过旧的,文的斗不过武的。军阀混战,以及文化的回归与封建复辟思潮的兴起则断送了辛亥革命的文化成果和政治革命的果实。但也因此又有新文化运动,有民主与科学精神的高扬。这说明,当时的中国不变革不行,变革也不行,这两难的处境一直在困扰着中国人的思维,那就是应该如何地看待新文化运动反传统文化的激进倾向,以及中国的政体是共和民主好还是君主立宪好,是开明专制好还是独裁专制更加适合中国。所以,我们应该如何看待辛亥后新文化运动反传统文化的激进倾向,应该如何看待辛亥革命时期文化对政局的制约,直至现在还是一个没有解决的问题。文化问题不是政治问题,但它对政治的走向则具有重大的影响。在民初,中国文化转换的背后仍有一些保持不变的东西,即中华文化的活力及其魅力的存在,保留"国粹"及弘扬中华文化的呼声还能在一定程度上激励着国人去奋斗。所以又有国粹主义思潮兴起,至于外来的无政府主义,西方的自由、平等、博爱,以及政党政治、民主政治、马克思主义、共和主义同时出现在中国,则给国人广泛选择的机会。如何地处理外来的文化与中国传统的文化;一元文化与多元文化如何地交融和造就新人,如何开创未来和珍惜过去,则是一个不能不重视的问题。新文化与旧文化矛盾冲突,必然会产生斗争,斗争的结果是追求新文化的一方与维护传统文化的一方,如何调和与统合,如何优势互补则是一个关系到文化重构的重要问题。在对待中西文化的问题上,我们长期以来有一种固定的看法,中国好一切皆好,外国好也一切皆好。我们应该如何地建构新的文化,我们也还没有理性地、心平气和地将问题讲清楚、说明白。总之,辛亥革命后的中国好像乱成一团,但这是新旧变革时的普遍现象,我们不必为此去过多烦扰。

辛亥革命已过去了100年。100年前的中国不是现在的中国。孙中山为代表的革命党人在100年前进行革命和改造中国的奋斗,自有其特殊情况,我们今天去研究孙中山和辛亥革命只能去加深理解,把问题讲清楚、说明白,不能教训前人应该怎么样,不该怎么样,否定先驱者的牺牲精神和爱国主义情怀,否定辛亥革命的历史意义和作用,对中国对未来都不见得有什么好处,更加不是今人所当为。

(原文载《近代中国》第21辑,<br>作者:林家有,广州中山大学历史学系教授)

# 近代政治与中外关系研究

# 1941年英国奥托·尼米耶使团的中国之行

[英]菲力普·理查森著

屠　强　唐雄兴　高正疆译

过去一年左右,我一直在研究中英经济关系的各个方面。这项研究是以伦敦档案局所藏财政部和外交部文件以及英格兰银行保管的文件为基础。我特别试图整理1941年从英国派往中国的经济和金融使团的事迹。我愿意在此提出的论文主要是这个使团的来龙去脉。按照英国以及某种程度上美国的观点来反映这件事。我未能做到的是,从中国方面思考这个使团。我希望在这里逗留时能做到的事情之一,就是看看是否可以做到这一点。

奥托·尼米耶爵士(Sir Otto Niemeyer)于1941年率领一个由英美联合组成的经济使团前往中国。他受命于6月,从10月中旬到次年4月驻在中国,但事实上并无所获。这至少是当时文献中的看法。一般西方历史教科书只是偶有提及,我也完全未能从中国的资料中发现提及这个使团。艾伦·夏(Aaron Shai)《1941—1947年的英国同中国》一书是迄今为止阐述40年代中英关系最详尽的著作,但它只有一句话论及此事。30—40年代在中国的美籍经济顾问杨格(Arthur Young)所作两个有关中国财政状况的全面记述提供稍多资料,但他把尼米耶的贡献降低为费力甚多而进展迟缓,与他已作出的结论一致。因此,这个使团受到忽视,并被抹杀为一场失败。然而,失败本身也是引人兴趣,并且意味深长,有时甚至超过成功。例如,为什么派出这个使团?政府为什么委派一个号称"大英帝国主要经济和金融专家"的使团,在战争最激烈的阶段到中国去了六个月?从一开始就知道使团注定要失败吗?如果并非注定失败,那么失败是由于尼米耶自己的原因,还是仅仅由当时的境况所造成?这个使团的目的、内容和结果,全然未经调查研究。今天,我想就此略作订正。

到1941年,日本人已占领整个华北平原、扬子江下游大部分地区、上海(除公共租界外),以及东南沿海大多数通商口岸。蒋介石领导的国民政府已经从南京退到重庆。未被占领的中国地区，通往沿海的道路几乎已全被切断，唯一剩下取道缅甸的陆路生命线。约占中国人口一半的自由中国地区，仅拥有不足 1/2 的工业生产能力。国家税收，特别是关税减少，政府被迫以印制钞票弥补支出。战争初期农业收成良好，通货膨胀按战时标准并不严重。但 1940 年以后，收成降到战前平均水平以下，原来同沿海地区的联系又遭切断，印钞机开始加速运转。到 1941 年，物价迅速上涨，造成损害中国作战能力的危险。中国被看作必须予以支持的盟友。1941 年派遣的使团，就是英国对中国所作承诺的一种实际表示，它谋求解决中国国内财政问题。

在此之前，已有几个英国使团到过中国。最为重要、最有成绩的一个，是在 1935—1936 年由李滋罗斯爵士(Sir Frederick Leith-Ross)率领的使团。这个使团的主要目的是劝告中国向管理通货过渡，并在健全的金融原则上设立中央银行。在短期内，它稳定了中国的局势，但从长期看，它却使中国政府拥有印刷钞票的特权，为通货膨胀开始扶摇直上造成了基本的必要条件。

奥托·尼米耶爵士自己对使团各项使命并非门外汉。他于 1906 年进入财政部，1922—1927 年任财政部主计官，他是国际联盟财政中心成员，1927 年任该中心主席。同年，他转入英格兰银行，1935 年成为银行总裁顾问，1938 年当选董事，同年被任命为执行董事。在 1930—1935 年间，他率领财政金融使团去过澳大利亚、巴西、阿根廷和印度。1941 年 58 岁时，他被任命率领他的最后的、也许是最困难的使团。

最终由尼米耶率领的这个使团的动议始于 1940 年 3 月，当时有一位维克托·凯热里特少校(Major Victor Cazalet)建议派出一个小规模的商业使团。外交部主要由于战略上的理由，赞成这一提议，并准备试图说服贸易部去劝说英国工业联合会为这一计划提供资金，同时认为，在两年间由财政部每年提供 10 000～15 000 英镑是"很值得的"。1940 年的夏天对英国来说是困难的日子。法国当时已沦陷于德国的进攻下，不列颠之战正达到最激烈的程度。毫不足怪，外交部有更多的急迫事项要考虑，使团的事事实上搁置起来。

1940 年 10 月，中国大使要求会见负责远东委员会的巴特勒(B. Butler)，寻求一个由医疗、金融和商业专家组成的友好使团。这一次外交部的答复十分热情。从政治上的理由考虑，向蒋介石表示友好，并且防止中国倒向苏联，至关重要。当时日本已加入了轴心国，派遣一个使团不再理会被看作是敌意的，而且不可能引起报复。派出使团在经济上也最符合英帝国的利益。贸易方面，短期内虽希望不大，但将来却能形成有利的强大基础。有关建议能够导致矿业、运输和工业的发展，它将可能向英国提供所需的原材料。这个使团被看成是比法国和美国先一步占有在中国西南地区利益的手段，对于英帝国将最为有利。问题在于以每年15 000英镑去换取政治和远期的贸易利益是否值得。对外交部来说，答案是肯定的。而且外交部还妄自建议应允许中国大使挑选使团成员，"以便中国人把这次访问看作是对他们自己的酬劳"。

李滋罗斯这时是英国政府主要的经济顾问，他被问及有关派出使团的前景。他认为，在这个阶段预测前景还为时太早——在和平恢复之前，什么也说不上，因为此时不可能有真正的复兴计划。他支持派遣技术专家，但是认为派出一个不做实际援助的友好使团是没有意义的。不过他建议提供一笔用于购买英帝国商品的相当数量的贷款。他相反地感到一个经济使团或许可以完成一个军事使团想要完成的任务。这也是巴特勒回复中国大使的基本意见。在还有多种不确定因素和对未来很难预料的当时，对于是否应该派出使团仍然存有不少疑问。

但在这时，有迹象表明中国自己更为坚定地要英国派出使团。11月2日，蒋介石会见英国驻重庆大使卡尔爵士（Sir Archibald Clarke-kerr），谈论的许多事情中有一件就是要求派出一个使团。蒋介石提出英美联合援助和合作。他想取得一项中、英、美关于中国完全独立的联合声明，并且需要三国一致反对日本建立一个"大东亚"的企图。他还要求中国和英国达成结盟条约，并邀请美国参加。最后，他谋求三项具体措施：一笔2亿至3亿美元的贷款，每年500～1 000架飞机和一个经济使团。卡尔表示，他对向蒋介石派出使团的可行性表示怀疑，因为在过去，提出的建议如果是批评性的，都被束之高阁，他认为，不论任何使团，都必须赋予广泛权力。委员长向他保证说："在这方面不必担心。"

两天以后，大使提出一个问题，这个问题在导致最后任命奥托·尼米耶的伦敦协商中，即使不是主要的因素，也将起重要的作用。卡尔建议，在经济状况能够有任何改进前，中国需要政治上的变革，特别是必须调换财政部长孔祥熙。卡尔认为，中国的困境在很大程度上是由于"财政部长始终愚蠢无能，以及他顽固地维护既得利益，全不顾及中国的命运"。他接着说："更换这位部长，将受到中国公众舆论热烈欢迎。这是中国民众多次要蒋介石接受的一剂良药，但他在最后一刻总是踌躇不决。我的印象是：他需要的是在背上善意地拍他一下，让他吞下这颗药丸。"卡尔建议使团应交托给一个"杰出的英国人"。

不管怎样，卡尔的观点得到了西里尔·罗杰士（Cyril Rogers）的支持。此人在当时是上海第一平准基金会的主席,而且或许是中国金融事务方面最精明的外国观察家和参加者。这种观点还得到远东财政特派员霍伯器(Edmund Hall-Patch)的热烈赞同。来自中国的信息是明确的:中国人正在要求派遣使团,这为迫使蒋介石调动财政部长、扫清经济改革的道路提供了机会。

要促成调换孔祥熙并非易事,而组成使团也花了6个月时间。孔祥熙毕竟是蒋介石的连襟和最忠诚的支持者之一。统治中国的高层人物包括宋氏家族,或者是由这个家族联结在一起。这个家族共荣体系内部唯一的薄弱环节,是孔祥熙同宋子文之间彼此猜忌,互不信任。但任何来自外界迫使孔祥熙下台的企图,都会遭到家族的坚决抵制。

英国政府对中国提出派遣使团的要求和大使一再建议的回应是并不热心。卡尔受命转告蒋介石,英国愿意保证支持中国,并愿提供一笔1 000万英镑的贷款,其中,500万英镑用于支持通货,500万英镑作为出口信贷,可用于帝国的任何地方。但是就使团本身而言,既然原则上无人反对,英国政府愿意虚心听取意见。大西洋彼岸美国政府反对有关中国的任何英美联合声明,但准备贷款1亿美元。这个反应确实体现了美国在这个阶段的立场——它不愿帮助中国过多,尤其不愿同英国合作。

直到1941年2月,外交大臣才收到蒋介石有关使团的详细而全面的条件。从中可以明显地看出使团的三重任务:

1. 在更充分、更迅速地发展中国自身的经济和作战潜力方面向中国政府提出建议;

2. 在最有效的方式扩大经济和财政援助,以提高中国的作战能力方面,对英国和中国政府提出建议;

3. 对战后重建的总政策提出建议。

这些细目清楚表明:使团将对中国的经济和财政状况进行充分调查研究,并作出建议,付诸实施。尼米耶后来透露,它实际上是由一位英国报界人士为反对大使的观点而草拟的。

外交部向李滋罗斯这位"中国专家"征询意见。对11月份那个孔祥熙应予调动的建议,他最初的反应是谨慎的,但到了2月他就不再小心翼翼了。李滋罗斯感到由于东海岸的失陷,从而丧失了关税收入,已使中国政府别无选择,只得靠印刷钞票维持局面,因而对英国来说,适当的做法就是以信用贷款支持中国通货。现在他已经改变了对罗杰士和霍伯器观点的看法,如他所指出,"如果高层人物（即孔祥熙）能被替换，则损害可能受到限制"，但他仍不相信有必要派一个使团。他怀疑孔祥熙的调动能否完全作为提供新贷款的条件。此外，李滋罗斯还认识到除了人事变更，还需要其他经济措施。他写信征求罗杰士的意见。他还支持这样的想法，即政府应该"在自由中国所有进入市场的产品中征收相当部分，以便获得更多的物力财力用作使物价下降的手段"，同时还询问罗杰士是否"考虑过收回现有的纸币，并使之贬值50%，如同征课一次财产税"。罗杰士立即，然而却是慎重地对李滋罗斯的观点作出答复。他以为像这样一个经济使团不会取得多少成绩，使团的首要目的应该是要孔祥熙下台。不过，他认为要求调动孔祥熙，作为任何援助的特别条件，是未经深思熟虑的建议——部分由于美国人不会配合这种"不合外交方式"的行动，部分由于已有的财政援助实在太少。需要有强大得多的"立足点"（locus stanai），这一点可以由一个英美联合使团获得。它的报告无疑将提出财政援助，这种援助将使伦敦和华盛顿有权要求中国进行内部整顿。至于李滋罗斯更为实际的提议，罗杰士坚持说他自己曾考虑过由政府发行粮食票券，但他暗示，如果将通货贬值一半，将会使币信尽失。

财政部的态度要持重得多。韦利（Waley）担心中国因相信可以通过使团取得贷款而欢迎它，但未必会欢迎任何建议，或者准备实施这些建议。他强调，对于已经答应给予的贷款不可能再附上新的条件，他也不愿看到有任何进一步物资上的承诺。经济方面，他看不出会出现任何大的改善。

尽管有这些相当消极的意见，李滋罗斯向外交部呈交他的答复时，虽然十分谨慎，对最后的结果不抱有太大的希望，事实上还是为派遣使团提出了强有力的理由。他明确指出中国通货膨胀的形势和预算状况，除非采取行动，否则便有中国战争努力全部付诸东流的危险。必须采取使人们对法币不致丧失信心的措施。他认为，对中国政府来说，补救的方法是减少开支（他以为实际上不可能），临时增加大笔收入（对此也无法可施），或者发行内债。他接着说，罗杰士"承认上述三者都难以实行，但如果委员长确实认识到它们的必要，那么每一方面都有一些事情可做"。但是即使如此，只要孔祥熙仍旧在位，就几乎一筹莫展。他认为，形势是"如此严峻，我们绝不应拒绝任何带来改善状况希望的提议。如果能够作出一个计划，使形势有所缓和，即使它未能完全解决中国国内的财政困难，而需要一个非经济的使团帮助渡过难关，英国也应该找出适当的代表人物"。李滋罗斯还提到霍伯器的想法，即先作出一个报告，经使团审查后呈交委员长。它将指出，政府当局必须有所变更，"因为不能相信孔祥熙会把这些建议付诸实施"。如果以这种方式提出报告,委员长同意调换孔祥熙就很有希望。李滋罗斯甚至提出了替代的人选。他首先选择的是宋子文,但美国人拒绝考虑。他又考虑到孙科,"甚至一个更能干的共产党领导人也行"。

这个建议是清楚的,使团应该派出。在经济方面,使团做成一些事,虽然未必很多——但只有更换孔祥熙才有这可能。这将是使团的主要职责。霍伯器在一份报告中强调了这些建议,他在报告中持这样的看法,即孔祥熙的地位已岌岌可危,他的调动在中国将会受到欢迎。

顺便指出,凯恩斯(Keynes)对这一切的评价是这"毫无害处",但工作应交给美国人去做。然而美国人却明显不愿也不能去做。事实上,正是一个美国人卷入了此事,使它长期拖延下来。2月初,美国总统助理劳林·柯里(Laughlin Currie)应蒋介石个人的邀请访问中国。他着手调查中国的经济状况,并决定进一步财政援助的范围。大西洋两岸都知道,任何关于使团的决定都得等待柯里回国提出报告后才能作出。2月末,卡尔从重庆反馈回来的消息是有希望的。他报告说,柯里还没有明确决定建议派出一个使团,如果他能为此项工作找到合适人选,他会提出建议。柯里一回到华盛顿,就向罗斯福作了简要汇报,然后在3月中写出一份30页的报告。在报告中,他说到蒋介石非常渴望得到美国的政治和经济顾问,并且想要一个以美国人为团长的英美联合经济使团。柯里的实际建议怎样,当时谁也弄不清楚。

他含混支吾的一个可能的原因是后来才知道的。看来柯里在中国时深信问题在于孔祥熙,孔必须去位。他完全决心在同蒋介石的最后一次会谈时当面提出此举的必要性。问题出在委员长一点也不会讲英语,通常总是由蒋夫人当翻译。夫人对不想让她丈夫听到的话根本不翻译出来。柯里和美国大使高思(Gauss)意识到这个问题,安排了顾维钧翻译。然而,柯里到会时蒋夫人已经在场;柯里不知所措,对此事一字未提。于是,问题在于柯里回到华盛顿后,准备向总统报告他的失败,并建议委派其他人去做他未能做的事呢,还是他根本不打算建议派出一个使团?

即使他提出了明确的建议,美国国务院和财政部之间明显的意见分歧也必然导致按兵不动。整个4月和5月上半月,华盛顿关于使团的意见和决策都杳无音信。5月16日,弗雷德里克·菲利普斯爵士(Sir Frederick Phillips)和凯恩斯在华盛顿会见国务院的代表,他们报告说,美国当局的看法"与我们的看法同样关系重大"。不过,他们都同意应派出一位经济和财政顾问,同已确定的使团一起迫使蒋介石赞同必要的改革措施。据凯恩斯说,华盛顿关心的是一位美国的顾问。伦敦立即作出的反应是采取步骤以便有一个与美国对应的任命。5月24日,外交大臣艾登写信给财政大臣征求适当的人选。要寻求一个卡尔所称的"杰出的英国人"——虽然这个阶段此人仅仅是一个顾问。在考虑了大量的人选后,直到6月间,奥托·尼米耶爵士才成为首选。而这时任命的目的又有改变。现在的想法是要赶在美国人之前,而不是步他们后尘,指派奥托·尼米耶不是作为财政顾问,而是作为一个财政使团团长或由他组成使团去蒋介石那里。

6月17日晚,尼米耶爵士会见财政大臣,希望同他达成确切的口头协议,即使团将取道美国并有美国参与,使团"只去几个月""看看能否在制定实际措施以维持中国经济或提出更为长远的解决办法方面提出任何建议"。尼米耶还要求确认那些措施不是由他而是由长期顾问去实行。最后,他明确指出,不应当拒绝考虑进一步提供资金。6月18日,他写信给财政大臣说,他已在他们讨论过的条件的基础上,暂时同外交部签署了会谈纪要。

因此,围绕这个使团的目标和可能成果,有许多不确定的、可作多种解释的、含糊混乱的说法。1940年年末、1941年年初的想法是在财政方面能够做一些工作,但很可能不会有成效。需要有财政方面引起兴趣的因素,但伦敦却不愿意。美国的合作是必不可少的,但当时却毫无指望。除非孔祥熙下台,否则什么事也做不成,但是这一点能否做到,仍然是疑团重重。在这个问题上,尼米耶爵士对其作用的认识同外交部向中国表达的看法之间存在混乱。尼米耶认为,他只是去看看能否提供建议。使团结束时他在报告中写道,主要目标是"调查中国人对他们的经济状况所声称的焦虑不安,考虑支持中国经济所能采取的实际措施,如果可能的话,为较长期的建议和合作拟订一个计划"。可是,当通知中国大使这一任命时,他被告知:尼米耶爵士将对长期建议和实际措施提出意见,他将充分运用使团的力量力陈采取其他必要的措施。尼米耶携带到中国的公函中,也清楚地表明他将就当前形势和战后重建两方面都提出建议。

而且,在所有这一切的后面,仍旧是指望尼米耶去策划使孔祥熙下台——尽管这个指望正在开始黯淡。委派他的原因是调动孔祥熙。尼米耶小心地避开对此作任何许诺,甚至不提起它。这是机敏的一着。夏天过后,孔祥熙在中国的政治地位改善。结果是,即使在这一年早些时候,所有明达的意见都认为如果孔祥熙不调换,几乎什么都不可能做成,代表团仍有必要承担较小的经济方面的目标。在这种环境里,很难说使团能取得很多成绩。使团虽派出了,却没有人对它真正抱有信心。

事实上,尼米耶访问中国期间的很长时间里,孔祥熙都在生病,尼米耶很少见到他。没有证据表明,尼米耶有过哪怕是微弱的倒孔的企图。

在尼米耶得以去中国前,他还要赴华盛顿去拉他的美国同伴。这比原来预想的要困难得多,而且耗费掉许多时间。他说服美国财政部的莫尔·科克兰(Merle Cochran)去中国,科克兰无法同尼米耶比拟——结果只能是尼米耶爵士的使团,英美联合只是名义,而不是实际。

尼米耶终于在10月9日到达香港,然后到了重庆。他的思考千头万绪,但他在11月13日和24日电报中向伦敦提出的中心建议是发行内国公债,由英国和美国担保,用以吸收国内购买力,减少货币供应量,减轻通货膨胀的压力。尼米耶爵士的想法是由中国政府发行一笔期限为15年的有息内国公债,以关税作担保,本金分为各1000万镑的两个部分,一半由英国担保,另一半由美国担保。债款于5年后开始偿还,偿还时按防止认购者受通货膨胀损失的办法处理,即如果购债时的英镑兑换率是3便士兑1元法币,那么,偿还时法币按当时相等于3便士的比率偿付。

这些电报的时间是重要的。它们先于美国在华顾问杨格提出的任何发行公债的建议。杨格从11月底起便同尼米耶共事,并于9月间写过一篇关于中国财政情况的文章,但是其中没有提到贷款,尼米耶制定上述方案时,他不在中国。看来至少在公债问题上,杨格是步随尼米耶之后的。

尼米耶对于这个问题重要程度所作的评估,为发行公债的方案提供了情况依据和基本理由。根据他收集的资料,自1937年以来,物价上涨了10—30倍,1940年6月后上涨尤速。1941年,预算有90%靠印钞解决,尼米耶十分清楚地看到这是问题的关键所在。他希望1942年税收增加,并尽一切可能压缩支出,以适应军事需要,而实际上他没有看到采取任何行动缩小收支差距的迹象。他认为,自己所说的作出"控制更加严重的物价上涨的切实努力"极端重要,并把发行公债视为英国政府能够帮助达到这个目的的手段。

这段时间伦敦的反应由财政部的韦利在协调,不论是李滋罗斯还是罗杰士都未介入。他最终给尼米耶的答复,大都不过是谨慎而有限的接受。英格兰银行坚决赞成应立即接受和执行贷款计划,而且似乎对计划的细节几无疑虑。但另外的一些人都不一样。财政部的诺曼·杨格（Nontian Young）关心如果英国提供的那部分贷款不能兑现，而美国提供的那部分贷款却贷出了，那对英国来说是很丢面子的事情，他要求按 1 英镑 4 美元的构成来偿付这笔同美国分担的贷款。凯恩斯认为，这个方案过于招眼，应使之淡化——亦即部分由外国支持，部分直接举办内债。他还赞同为利息而不是为本金作担保。5 年利息按 2.5％计算，这能使一笔相当于由英国许诺承担作为本金保证的款额增加 4 倍之多。这种计算是无可挑剔的，但凯恩斯没有意识到中国利率正在上涨每月至少 1％这一事实，没有什么人，甚至是最爱国的中国人会去承购利率仅为 2.5％又不保本值的内债。英格兰银行有礼貌地建议不应把凯恩斯的意见传达给尼米耶，而坚持自己的看法。

亨利·克雷（Henry Clay）对这个方案的疑虑在于认购债券的资金来源。他认为，它们有可能并不来自消费或投机，而是来自闲余款项。在这种情况下，发行公债无济于平抑物价。在他看来，公债几乎是一种政治的或心理的姿态。

主要的反对来自韦利。韦利提出了有许多人响应的草案，他显然不喜欢将来要支付 1 000 万英镑的主意。他很担心战后英镑债务的处境，而不愿看到它增加。他还预感到如果迁就中国，就会出现更直接的多米诺效应，其他经受预算赤字困扰的同盟国也会来申请贷款。

此外，在处理各种征询意见时，韦利故意或无意地错误表达尼米耶的意见，使它招来不利的反应。一开始，他就说尼米耶期望在 5 年内偿还贷款（其实并非如此），然后，他将尼米耶的主张描述为"即使全部债券都被认购，而且其中没有来自贮藏的资金，也只会使通货膨胀在 9—10 周内不致加剧，随后又将再次上涨"。或许韦利有其他来源知道尼米耶的想法，但也可能是他企图挑起一些否定的反应。

当这些磋商正在伦敦进行时，尼米耶越来越不耐烦。他写信给蒙塔古·诺曼说，他要求得到明确的答复，而这位总裁能够回答的只是："我们正怀着成功的希望在同逆境和拖延作斗争。"尼米耶还写了一份长篇备忘录给外交部，陈述他对于中国形势的总的看法。这是一份极为悲观的报告。他用这样的话作结尾："我能够在一些不太重要的事情上做一点工作，但我起作用的时间将是短暂的，而且成效微弱。"这可能表现了他对重庆的感受。尽管他最初把重庆描述为"某些地方很像（英国的）克利福顿峡谷"，但他觉得重庆是一个居住不舒适的地方。

12月初伦敦的正式答复来到,答复并没有给予尼米耶所需要的鼓舞。如果能够获得美国的相应行动,建议就将得到英国政府批准,但这封电报明确提出,仍然有一系列的技术细节必须精细制定。这个答复实际上已经为时过晚。就在那个星期,尼米耶得知蒋介石已向科克兰要求一项5亿美元的贷款,接着日本在12月7日、8日轰炸珍珠港,并占领上海公共租界,同时开始向东南亚进军,整个形势在一夜之间发生了变化。

事实上,中国本身几乎没有发生什么变化。变化的是美国对中国战略地位重要性的看法和中国意识到美国不会再忽视它了。财政上的要求增加,中国向美国要求5亿美元,向英国要求1亿英镑。在这种情况下,那2 000万英镑贷款的意义便微不足道了。就像尼米耶晚些时候曾说过的那样,"中国政府本来可能在11月或者12月初以感激的心情欣然接受那个贷款计划",珍珠港事件之后,他们就不会那样了。

同尼米耶爵士的预料相反,美国没有拒绝中国5亿美元贷款的要求,而且英国也终于被说服向中国提供进一步援助——尽管是5 000万英镑而不是原来要求的1亿英镑。然而,多少有点奇怪的是,尼米耶的贷款计划还在发生作用。有关英美两部分贷款的管理、利率以及贷放办法的商谈仍在进行。设想将这笔贷款包括在范围更广、数量更大的信贷之内——结果是将这笔贷款作为第一批贷款。英国坚决反对数额更大而且不附条件的贷款,在我看来,这是完全正确的。中国并不短缺外汇,全部战争必需物资都通过租界供应,这在地理上就不可能有更多的物资输送入中国。这些贷款在中国国内最多像橱窗装饰一样满足人们的心理需要——卡尔实际上已经使蒋介石承认,他只是要"一幅画挂在他的墙上"。即使从最坏的情形看,这些贷款会增强对通货膨胀的压力。还有人认为,国民政府领导人把这些贷款看作是一次使自己成为百万富翁的良机。他们并不仅仅满足于取得贷款,还要求美国政府无条件地把钱交到他们的手里。后来发生的事实正是如此,宋子文在美国设立好几个公司,以掌握这一财源。蒋介石、孔祥熙和宋子文本人在战争中全都一下子成了拥有数百万美元的富豪——宋子文可能是40年代中期世界上最富有的人。

至于尼米耶爵士的贷款计划,有关条件得到正式同意,又花了两年的时间。1944年5月,英国政府终于被说服向中国提供英镑贷款以发行1 000万镑公债,虽然条件尚待最后商定。1942年,英国允诺的5 000万英镑贷款,到1945年时中国只收到810万英镑,可是中国政府不待正式签署贷款协议,已以这笔贷款做担保发行一笔 10 亿中国元的"民国 31 年同盟胜利本国货币公债"。

这时尼米耶爵士业已回国,他对整个事情深感失望。这个使团总的说被认为是一场失败。例如,外交部约翰·布里南爵士(Sir John Brenan)就认为它是失败的,因为无论是英国还是中国政府都不准备接受贷款计划。

但事情远非仅止于此。我们应采取什么标准评价使团的结果呢? 如果标准是孔祥熙的撤换、行政管理的大改进、重大的经济改革,以及持久控制通货膨胀,那么,这些事没有一件可能完成。1941 年 2 月,西里尔·罗杰士提供一个较为实际的标准,即虽然成效不大,但至少在减少政府开支、增加附加税收入和发行内国公债这三方面是有可能做出一点成绩的,但是即使这样,也只有撤换孔祥熙才能做到。孔祥熙无法调动,计划实施的余地便相当有限。看来尼米耶方案的焦点集中在外国援助最明显的来源——贷款方面。

这就提出了一个问题:即使没有发生珍珠港事件,这些贷款能否发生效力。要对此作出回答,就得看看贷款的数量问题。尼米耶的方案是一笔 2 000 万英镑的贷款——按当时的汇率 3 便士兑 1 中国元计算是 16 亿元。他认为不可能全部被承购——如果我们假定当时约有 2/3 被承购,那么认购的公债将达到 10 亿元。1941 年,中国预算赤字近 100 亿元,预计 1942 年还要高得多。1941 年年初,钞票发行额约为 80 亿元,到年底已达 150 亿元。因此,发行的债券最多能够回笼大约货币流通总额的 1/10,不会超过 1942 年预期增钞量的 1/10,仅占预算赤字的 1/10。这笔公债对中国物价状况根本不足以发生很大影响——这还没有把闲置余款认购债券的部分考虑在内。

上述分析在 1942 年 4 月尼米耶爵士自己的报告中可以得到支持。尼米耶说到中国已经开始着手一项借款计划,并且提出中国政府可以在一年内成功地筹资 40 亿—50 亿元,在这种情况下,"1942 年大量印发新钞,以及随之而来的物价上涨,可以预计得到缓和"。这段话的含意是,贷款数如少于上述数字,将不会起什么作用,这批公债得到美国支持,并用外汇偿还,因而比尼米耶的公债计划更有吸引力。不过它们有大量未被认购。这一年被认购的不足 10 亿元——连阿瑟·杨格也承认这批公债对物价状况影响很小。而尼米耶那数目小得多的方案,自然也不免要落入同样命运。尼米耶爵士一直是被困在中国需要多少款项和英国政府准备提供多少之间的。但是不仅如此,中国根本不存在成功地发行公债的机制,搞投机却往往是更有诱惑力的勾当。

然而,也不应忽视尼米耶在另外两个方面所做的工作——增加税收收入和减少支出。送回伦敦的报告很少提到他在这方面的活动,但从存于英格兰银行的尼米耶爵士的文卷中可以发现他在这方面的贡献的若干线索。看来他在中国时的最主要的注意力在于预算问题,而不是公债问题。他向孔祥熙和其他人送去有关预算原则和实施办法的长而详尽且有说服力的备忘录。在收入方面,已经于1941年夏季采取一项重要的措施,即田赋改为征实。尼米耶的备忘录包括一系列有关征集进程的计算数字和对预算状况可能产生的影响。他还参加制订一项计划,由政府尽可能多地在市场出售征收的谷物以便增加财政收入。这一办法还可以压低物价,迫使投机者放弃囤积。尼米耶也写了一份备忘录,敦促缩减开支,并为哪些开支应予削减提出详细的建议。他也写信给蒋介石,极其清楚地指出问题的严重性以及应该采取的措施。因此,毫无疑问,尼米耶不仅仅是提出了正确、合理而又可行的建议,而且还亲自敦促中国人去加以实施。但是,这种敦促是不能采用对抗方式而只能巧妙进行。尼米耶的文卷清楚地表明,他已知道,正如罗杰士在他之前就已认识到的——中国政府不会采纳建议。能够提出种种办法,但是它们必须以这样一种方式提出,即好像那是中国人自己的办法,由他们提出,并加以施行。尼米耶似乎一直在机巧灵活地这样做。

从表面来看,这次使团是失败了,但过失不在于尼米耶爵士。原因在于以下几个方面结合在一起,即英国不愿意尽快作出决定;美国不愿意合作,随后又愿意提供大量无条件的、不必要的贷款,中国政府不愿意采取哪怕是基本的步骤,着手整顿行政和财政。

倘若尼米耶爵士于1940年年末或1941年年初就被派往中国,倘若美国一开始就给予全力合作和支持,倘若资金能够立即获得,然后孔祥熙可以被适时调换,倘若中国政府有一个新的财政部长,它愿意接受并执行按照尼米耶主张的路线而提出的一整套建议,结果可能大不相同。然而,以上这些十分重要的"倘若",竟没有一个实现。

结果到1941年秋季时,几乎已不可能做成什么事了,尼米耶做到了当时合乎情理期望任何一个人所能做到的一切,如果不是做得更多的话。珍珠港事件之后,形势已日益失控。尼米耶逗留的时间很短,而且成效微弱。可是,使团并非徒劳无功。8月,霍伯器写信给尼米耶,将一位英国外交官同前驻莫斯科大使、现为行政院要员的蒋廷黻的谈话转达给他。对1942年预算负有重要责任的蒋廷黻曾公开将尼米耶称为"一位第一流的金融家,中国的伟大朋友"。他接着对尼米耶帮助阻止了某些"神经错乱"的货币改革方案,表示感谢,最后还"感谢从尼米耶爵士得到的建议,才使预算降到抗战爆发以来的最低点"。实际上可能并非如此,不过1941年的情况也许确实有所改善——但至少尼米耶爵士的贡献是得到了公开承认的。

(原文载《近代中国》第1辑,作者:菲力普·理查森(F. Richardson),英国布里斯托尔大学社会经济史系高级讲师。译者:屠强、唐雄兴、高正疆)

# "训政"与"开明专制"*
## ——一个历史现象的探索

### 唐振常

孙中山《建国方略之一　心理建设（孙文学说）》之作，中心论旨在论证知难行易，在第六章《能知必能行》中，提出了著名的革命程序论，即："规定革命进行之时期为三，第一，军政时期，第二，训政时期，第三，宪政时期。"① 按照孙中山的解释，所谓军政时期，为破坏时期。即在此时期内施行军法，以革命军打破满清专制，扫除腐败，改革风俗，解放奴婢，等等。所谓训政时期，为过渡时期。在此时期内施行约法，建设地方自治，促进民权发达，以县为单位，扫除积弊，积极开启民智，办理卫生、教育、道路改革等各事。各县已达完全自治程度，则选举代表，组织国民大会，制定五权宪法。所谓宪政时期，为建设完成时期。即施行宪政，实行直接民权。孙中山称此三时期的划分，为其"革命方略之大要"。② 它的出发点是："夫革命之有破坏，与革命之有建设，固相因而相至，相辅而相行者也。今于革命破坏之后，而不开革命建设之始，是无革命之建设矣。"③ 孙中山此言，自是不易之论。革命破坏绝非目的，建设告竣之日，才是革命收功之时。④ 孙中山把这个问题看得非常重要，认为革命党不能行革命之建设，"其效果不过以新官僚代旧官僚而已。其于国家治化之源，生民根本之计，毫无所补，是亦以暴易暴而已"。⑤ 又据孙中山自述，在民国建元之初，他即向党人宣传这个革命方略，而吾党之士多期期以为不可。经予晓喻再三，辩论再四，卒无成效，莫不以为予之理想太高，"知之非艰，行之维艰'也"⑥。孙中山甚而因是说，他之所以甘让总

---

\* 此文为1991年4月25日至27日香港大学中文系与（台北）师范大学三民主义研究所在香港合办之《孙逸仙思想与二十一世纪》国际学术研讨会而写。
① 《建国方略》，《孙中山选集》人民出版社1956年版，第150页。
② 《建国方略》，《孙中山选集》人民出版社1956年版，第151页。
③ 《建国方略》，《孙中山选集》人民出版社1956年版，151～152页。
④ 《建国方略》，《孙中山选集》，人民出版社1956年版，第152页。
⑤ 《建国方略》，《孙中山选集》，人民出版社1956年版，第152页。
⑥ 《建国方略》，《孙中山选集》，人民出版社1956年版，第151页。

统,实由于此。①

　　这确是一个带根本性的重要问题。革命党人之所以不赞成孙中山的这个革命方略,是他们认为理想太高,难于办到。而革命党外人士,在国民党统治时期,对于"训政"之说,亦诸多不满。写作这篇短文,无意讨论其间是非,亦无意讨论"训政"之是否必要,只在读史之余,想到前乎中山此说的历史上一场大争论,因而做一些探索考究的工作,如是而已。

　　孙中山《建国方略》的《心理建设》部分,写于1918年。把历史回溯到12年之前,即1906年,革命派与维新派之间关于"开明专制"问题展开了一场大争论。论争中维新派梁启超的主张,以之与12年后孙中山《建国方略》之一《心理建设》相较,相似多多,颇堪玩味。

　　争论由梁启超的一篇文章引起。《新民丛报》于1906年第75期及第77期发表梁启超《开明专制论》,主旨在反对共和立宪(民主革命),论点大要认为,"中国今日万不能行共和立宪",中国今日尚未能行君主立宪,理由两条:一、人民程度未及格,不知何以行宪;二、施政机构未整备,无从行宪。于是,梁氏提出其命题:"中国今日当以开明专制为立宪制之预备。"②此处所谓立宪,指君主立宪。开明专制时期要做的工作,最主要的是开民智。开民智为维新派尤其是梁启超长期以来的主张和所从事,其实革命派所做的革命宣传工作,也何尝不是开民智之事,但因两派终极目的的不同,一在推翻清朝建立共和,一在维护帝制推行立宪,梁启超这一"劝告"和"要求"清政府实行开明专制的主张,遭到革命派的强烈反对,论争由是而起。

　　论争主要在《民报》和《新民丛报》两大刊物之间进行,在汪精卫同梁启超之间进行。汪精卫在《民报》第4期发表《驳新民丛报最近之非革命论》,直指《开明专制论》而驳之。虽然汪文发表之前,胡汉民在《民报》第3期,已有《民报之六大主义》文批评了开明专制说,但胡文对此只是捎带而及,并没有把问题展开,不过泛指"我民族不可以为共和立宪"之说而稍驳之(胡文发表时梁文只发表了一部分),且又标明开明专制的论点出于日本法学家笕克彦,③所以,梁启超继汪文而发表《答某报第四号对于本报之驳论》,即完全针对汪精卫驳论而发。之后,汪精

---

① 《建国方略》,《孙中山选集》,人民出版社1956年版,第152页。
② 《开明专制论》,张枬、王忍之编:《辛亥革命前十年间时论选集》第2卷,生活·读书·新知三联书店1963年版,第165～195页。
③ 《开明专制论》,张枬、王忍之编:《辛亥革命前十年间时论选集》第2卷,生活·读书·新知三联书店1963年版,第376～377页。

卫复于《民报》第 6 期发表《再驳〈新民丛报之政治革命论〉》。梁、汪之间,来来去去,针锋相对,争论势不可止。

两人所争,勿烦细述,大约言之,可分为三。

一、梁启超从反对共和立宪出发,以为"今日之中国万不能行共和立宪制。而所以下此断案者,曰:未有共和国民之资格"。所谓共和国民之资格,按梁氏所说,要具"有能行议院政治之能力"。① 他又把他的论据归结为四点:"一曰,未有共和资格之国民,万不能行共和立宪;二曰,今日中国国民实未有共和资格;三曰,共和资格非可短期之岁月养成;四曰,革命军倥偬骚扰时代必不适于养成共和资格。"② 汪精卫驳开明专制,结语看来得宜的:"开明专制者,待其人而后行,然欲得其人,非能自然必至,乃偶然之遭值而已。且治国者不徒有治人,而兼恃有治法,开明专制,有治人无治法者也。彼非无法,而法之力不足以限制之,则犹无法也。故开明专制,非适宜于今日之中国,尤非能望于今日之政府者也。"③ 但在因此而展开的辩论中,汪精卫则有顾左右而言他之势,避开了梁论的要害。梁启超说"今日"之中国国民未有共和国民资格,汪精卫则抽去了"今日"两字,而说"必能有"为共和国民资格,以致梁启超堂而皇之地答曰:"夫抽象的今日中国国民与具体的中国国民',其不能混为一谈明矣。吾文谓今日我国国民不能有此资格,吾文中之意谓在近的将来我国民不能有此资格,凡此皆就抽象的立论也。若具体的言中国国民,则吾何尝谓其必不能有此资格;岂惟未尝言其必不能,而且言其必能也。"④

二、梁启超认为,共和的国民心理,不是久已习惯于专制的人民在一二十年的岁月能养成。汪精卫认为,中国人民早有平等、博爱、自由观念,所以共和革命是很容易的事,民权立宪有如折枝之易,为之必能致之。梁启超对此提出批评,以为共和的真精神,在于自治秩序而富于公益心。汪精卫则以为自治秩序与公益心源于自由、平等、博爱精神。汪氏所谓中国人民早有自由、平等、博爱观念,显属附会,缘此而以为自治秩序与公益心一蹴而就,亦必未然。

三、两造都承认要养成国民的实力,在这一点上,前提相同,而养成之道有

---

① 《答某报第四号对于本报之驳论》,张枬、王忍之编:《辛亥革命前十年间时论选集》第 2 卷,生活・读书・新知三联书店 1963 年版,第 240 页。
② 《开明专制论》,《辛亥革命前十年间时论选集》第 2 卷,第 250 页。
③ 《驳〈新民丛报〉最近之非革命论》,张枬、王忍之编:《辛亥革命前十年间时论选集》第 2 卷,生活・读书・新知三联书店 1963 年版,第 411 页。
④ 《答某报第四号对本报之驳论》,张枬、王忍之编:《辛亥革命前十年间时论选集》第 2 卷,生活・读书・新知三联书店 1963 年版,第 242~243 页。

异。汪精卫认为,应用教育与革命的方法去养成国民的实力,说是在革命之前、革命之时和革命之后,教育皆一日不可缺。梁启超虽也重视教育,但认为,革命之前无从进行教育,革命之时亦无从进行教育。他又轻视"为政治谈"的教育,如上海某学社(按指爱国学社),也不承认革命前书报鼓吹的作用,因而说:"吾以为养之之途分两方面,开明专制其一也,政治革命之思想普及其二也。"①(按梁启超所谓政治革命,是指革君主专制而为君主立宪)梁启超又强调,无论开明专制或政治革命(君主立宪),都有利于教育普及,养成国民实力。"吾以为一日不行开明专制,一日不行政治革命,则一日教育不普及,而人民一日不能得共和之程度……不先利用国家之强制力以实行一切行政法规,则断无普及教育之理……开明专制与教育相倚,政治革命与教育相倚,经此两阶级后,则虽民族主义(笔者按:指排满反清)缘兹普及焉可也,虽共和资格缘兹普及焉可也。"②梁启超是绕了一个圈子,回到教育普及上去。他在这里所做结论,与后来革命发展的结果相悖,经普及教育才能达到排满目的之说亦为事实所推翻,但他讲普及教育与养成共和资格的关系,较汪说之流于笼统实为透彻。

在两派的争论中,孙中山始终未尝置一词,只是梁启超在《开明专制论》中引述了孙中山一段话。这段话于汪精卫发表在《民报》第1、2期的《民族的国民》中被引用,在说明革命之际兵权与民权的关系,梁启超词而辟之。这场争论之后,孙中山文字中,亦未曾见有对开明专制的批评。

争论过去12年之后,孙中山写作《建国方略之一 心理建设》,提出他的革命程序论,所持理由,颇多近似当年梁启超所持论据。

孙中山认为,共和之道,非一跃可就。他强调人民的知识和全国的习尚对能否达到共和的影响。他以美法两国革命为例,说:"美国一经革命而后,所定之国体,至今百年而不变……长治久安,文明进步,经济发达,为世界之冠。"道理在于,英国人本富于自治精神,"至美而后,即建设自治团体",独立以前,"十三洲已各自为政,而地方自治已极发达,故其立国之后,政治日上,以其政治之基础,全恃地方自治之发达也。""法国则不然,法虽为欧洲先进文化之邦,人民聪明奋厉,且于革命之前,曾受百十年哲理民权之鼓吹,又模范美国之先例,犹不能由革命

---

① 《答某报第四号对本报之驳论》,张枬、王忍之编:《辛亥革命前十年间时论选集》第2卷,生活·读书·新知三联书店1963年版,第269页。
② 《答某报第四号对本报之驳论》,张枬、王忍之编:《辛亥革命前十年间时论选集》第2卷,生活·读书·新知三联书店1963年版,第273页。

一跃而几于共和宪政之治者,其故何也？以彼之国体向为君主专制,而其政治向为中央集权,无新天地为之地盘,无自治为之基础也。"这就是说,有没有地方自治的习尚(传统),其结果迥然不同。孙中山接着说:"我国缺憾之点,悉与法同,而吾人民之知识、政治之能力,更远不如法国,而予犹欲由革命一跃而几于共和宪政之治者,其道何由？此予所以创一过渡时期为之补救也。在此期间,行约法之治,以训导人民,实行地方自治。"这同梁启超所说共和资格非可短期养成,所以要创一过渡时期,极为相近。和梁启超不同的,只是不能因此而不能革命。梁启超在君主立宪之前要有开明专制以为过渡,孙说则在民主革命之后要有训政时期以为过渡。

同梁启超一样,孙中山也认为中国人民知识程度不足,一说"吾人民之知识远不如法国",二说"夫中国人民知识程度之不足,固无可隐讳者也",三说"是故民国之主人者,实等于初生之婴儿耳"。孙中山进一步阐明,中国人民知识程度之不足,实和习尚相关连,那就是"数千年专制之毒,深中乎人心",是故革命之后,创一训政时期以为过渡,以提高人民的知识,改变人民的习尚。孙中山把这个过程,比之于如伊尹之于太甲,周公之于成王,而这个当代的伊尹、周公,就是当政的国民党,他说:"况为开中国未有之基之革命党,不尤当负伊尹、周公之责,使民国之主人长成,国基巩固耶？"①

仅举以上两大端,已可见孙、梁见解相近相似之处,如再毛举其细者,如梁启超谓"共和资格非可短期之岁月养成","革命军倥骚扰时代必不适于养成共和资格",只是孙中山倡行训政的张本梁启超认为共和的真精神在自治秩序而富于公益心(梁又称之为自治观念和公益观念),更为孙中山倡导的训政时期的主要养成内容。再以孙中山、梁启超文章和汪精卫的文章相对照,尤其汪精卫在《驳〈新民报〉最近之非革命论》郑重提出两条论据以驳梁启超之说,其一曰:"国民之能力,终远胜于政府之能力也。"其二:"我国民必能有民权立宪之能力也。"②孙中山则认为,国民现在无此能力,所以要进行训政,要革命党和革命政府去教育人民,去做伊尹、周公。当然,汪精卫指的是清政府与清政府统治下的人民,孙中山指的是革命政府及其统治下的人民。但按诸常理,绝无一经革命国民能力反而退步如孙中山所说为婴儿,政府能力亦不致立刻大为进步。孙中山既称革命后

---

① 以上所引孙中山之说,均见《建国方略之一　心理建设》,《孙中山选集》,第154～157页。
② 张枬、王忍之编:《辛亥革命前十年间时论选集》第2卷,生活·读书·新知三联书店1963年版,第412页。

国民尚无民权立宪之能力,则革命前自然更无此种能力了。此已见于前引中山所说。于此可见,孙中山对此,和汪精卫有不同的看法,而更接近于梁启超。于是,出现了一个奇怪而有趣的现象,似乎孙中山和汪精卫在论战了。尽管梁启超讲的是企求如何达到君主立宪的途径,孙中山说的是革命以后的现实,我们不能以立宪、共和两派根本性质的差别,而忽略两派对国民政治精神估价的相近相似。

还应该注意到陈天华的一篇文章。在汪、梁开始论战的前一年,即1905年,陈天华于《民报》第1期发表《论中国宜改创民主政体》一文,在梁启超之前提出了开明专制(梁的《开明专制论》多有驳陈说之处)。文章说:"欲救中国,惟有兴民权,改民主,而入手之方,则先之以开明专制,以为兴民权、改民主之预备,最初之手段则革命也。"①按此说,其程序应为革命—开明专制—兴民权、改民主(共和立宪)。此说与孙中山后来所提相似,而用"开明专制"一词,则与后来的梁启超同。梁启超用此为改良过程中之一时期,以反对革命,革命派(陈天华)用此以为革命后之一阶段。足证,革命派(汪精卫等)之反对开明专制,实在反对梁启超以民智未开作反对革命之借口而已。要之,开启民智则为两派的共同主张。汪精卫毕竟是革命党中一位理论家,能够在论争中讲述一番道理,如果像章太炎那样,"民智未开,即以革命开之"。语诚痛快,气势亦足以壮山河而令康有为语塞,但不作理论上的阐述,则不足以服人。

据梁启超引笺克彦开明专制之说:"开明专制,以发达人民为目的者也。""开明专制,与立宪同一状况,而为立宪所由之阶级也。""凡国家如欲立宪,必当经过开明专制。若中国汉唐时代,固亦可谓开明专制。故中国今日如欲立宪,当再经过开明专制。"②同样一个开明专制的提法,维新派的梁启超是全然接受和照搬,革命派的胡汉民、汪精卫则绝对的排斥(梁启超在《开明专制论》中未指名地引胡汉民之说而谓"然则论者固不能绝对的排斥开明专制",实是曲解);同是革命派的陈天华则有条件地加以接受。汪精卫在驳梁启超开明专制论时声明,他不同意陈天华的意见("吾与思黄按即陈天华〕所见稍异)。③ 12年之后,孙中山变换

---

① 张枬、王忍之编:《辛亥革命前十年间时论选集》第2卷,生活·读书·新知三联书店1963年版,第125页。
② 张枬、王忍之编:《答某报第四号对于本报之驳论》,《辛亥革命前十年间时论选集》第2卷,生活·读书·新知三联书店1963年版,第268页。
③ 张枬、王忍之编:《答某报第四号对于本报之驳论》,《辛亥革命前十年间时论选集》第2卷,生活·读书·新知三联书店1963年版,第409页。

了一个提法,其说与陈天华同,其内容则远远较陈说之极为笼统而大为详尽与周密,其论据则多与梁启超相近似。孙中山在《建国方略之一 心理建设》中,未曾用"开明专制"一词,然又自设一问:"或又疑训政六年,得毋同于曲学者所倡之开明专制耶?"而后出以极简单之回答:"曰:开明专制者即以专制为目的,而训政者乃以共和为目的。此所以有天壤之别也。"①其言自无可非,然以共和为目的而行之不善,亦未始不能流于专制。中山自设此问,不亦说明他有以疑及训政之说或有类于开明专制乎?

孙中山自述,他在民国建元前一年,在伦敦,曾与反对改共和的英国名士加尔根辩论,"迨予示以革命方略之三时期,彼乃涣然冰释,欣然折服,喟然而叹曰:"有如此计划,当然可免武人专制、政客捣乱于民权青黄不接之际也。"②果如是,孙中山革命程序论的构想,当早于民国建元前即已有之,我们不能确知孙中山这个构想究竟始于何时,但汪精卫发表于 1905 年 10 月、11 月《民报》第 1、第 2 期的《民族的国民》中,引述了一段孙中山的谈话,内容大致言革命之际兵权与民权的关系,如何解兵权以授民权。其言曰:"定此关系,厥为约法",组织地方议会,监视军政府之果循约法与否","国民瘁力于地方自治,其缮性操心之日已久,有以陶冶其共和国民之资格,一旦根本约法以为宪法,民权立宪政体有磐石之安,无漂摇之虑矣"。③ 从这一段话中,可以看出孙中山此时(1905 年,或早于此时)已有了此后写作《建国方略之一 心理建设》所倡革命程序论的雏形,管尚属朦胧明乎此,则 1906 年汪、梁论争,孙中山缄口不言之故,也就可解。然而,汪精卫既已引孙中山此话,还可以推想,孙中山日常对党人所谈必不止此,何以汪精卫在与梁启超论战中坚持其论据而不受孙中山的影响(这里说的只是论据,而不是君主立宪与民主共和之别)?对此,或者即是孙中山所说的党人"多期期以为不可"乎? 只能说是疑莫能明了。

上面所述,只能证明孙中山在革命以前已考虑到这个问题,并有所设想。更重要的是,革命以后的现实刺激了他,使他怀抱伤心之痛,更感革命方略三时期的构想切合事理,因而加深研究,写出了周详完备的著作。他自己说得很明白:"惟民国开创以来,既经非常之破坏而无非常之建设以继之,此所以祸乱相寻,江

---

① 《孙中山选集》,人民出版社 1956 年版,第 156 页。
② 《孙中山选集》,人民出版社 1956 年版,第 155 页。
③ 张枬、王忍之编:《辛亥革命前十年间时论选集》第 2 卷,生活·读书·新知三联书店 1963 年版,第 112~113 页。

流日下，武人专横，政客捣乱，而无法收拾也。""我中国人民，久处于专制下，奴性已深，牢不可破，不有一度之训政时期以洗除其旧染之污，奚能享民国主人之权利？此袁氏帝制之时而劝进之所以多也。"①此是就其大者而言，在写作《建国方略之一　心理建设》的前一年（1917 年），孙中山写了《民权初步》，后改其为《建国方略之三　社会建设》此作在教人如何开会，看来事涉琐细，可是，连会都不懂得怎样开，讲什么行使民权。孙中山可谓用心良苦矣。

就政制而言，孙中山的训政，并不等同于梁启超的开明专制。但是，作为近代思想史上先后问世的两种学理，它们之间却有着一脉相承之处，这是意味深长而耐人咀嚼的。当维新派倡开明专制论以抗拒革命之时，他们无疑是一群阻挡时代潮流的人。然而，他们以开民智立论，在悖乎时代潮流的言论中，又曲折地从另一方面反映了某些合理的历史内容。虽然后来革命造成了掀天巨潮，但合理的东西却不会被淹没，它们会顽强地表现自己，迫使身处潮头的人不得不正视自己。于是，由开明智作牵接，相隔 12 年之久，革命党领袖人物与维新派言论代表，竟然奇特地表现出种同一。这种同一反映了中国国情对于资产阶级不同政派的历史制约。此后多年，同一个问题又不断为先进的知识分子所关注，"五四"新文化运动之兴起，不是为了从伦理、文化上寻求根本出路，以启蒙为大任吗？所谓改造国民性，不也是为此而发吗？乃至于乡村建设、平民教育之类，过去都以改良主义而抹杀之，缘发起者的用心不也在开民智吗？五鬼闹中华之说，对国民贫弱愚私的揭载，揆其本意，亦当相似。甚而时至今日，也可以看出，制度的变革并不是一切问题就已解决。开启民智，教育人民，提高文化素质，能不承认还是极为重要的问题吗？

（原载《近代中国》第 2 辑，<br>作者：唐振常，上海社会科学院历史研究所研究员）

---

① 《孙中山选集》，第 153、157 页。

# 上海法租界的归还[①]

## ——萨尔礼事件与战后审判(1945—1946)

[法] 玛丽·格莱尔·白吉尔著

王　菊译

1945年8月日本的崩溃给众多的中国人带来了希望。他们期待着一场深刻的变化,一个摆脱了外国不平等条约重压的新纪元。中国将重新恢复主权的完整,并将被列为世界强国之一,被纳入五大国之中。对舆论和中国领导人来说,萨尔礼案件是一个彻底抛弃旧殖民地秩序的良机。在抨击警察个人的背后,是法租界的行政管理受到打击。因为自1940年起,法租界的管理是由从属于维希政府的行政机关维持的,由此可见,以同日伪合作为罪名对萨尔礼提出的诉讼,其目的在于使法租界行政管理机构威信扫地,同时加速租界的消失,肃清法国在上海的影响。

在太平洋战争末期,法国在上海的影响已经非常微弱。在日本人的压力下,以英美为实例,法国同意放弃在沪治外法权,恢复中国对租界的主权。1943年2月24日,维希政府作了"原则上声明";同年5月18日,与南京达成了意向性协议;7月30日,上海法租界被交给从属于汪精卫伪政府的中国市政当局,正式移交仪式由总领事马杰礼主持。当时正在上海的法国大使亨利·科斯梅(Henry Cosme)则没有出席仪式,因为他是委派与重庆的蒋介石政府交往的,与南京汪精卫伪政府没有任何官方联系。因此,法租界的归还是由维希政府和南京政府商定的,而这两个政府并没有相互承认过。这种含糊不清的局面使部分法国人对恢复法租界原状抱有希望。

## 一、法国人私下的盘算

1945年夏末秋初,国民政府与汪伪政府之间发生了一场不明确的过渡转

---

[①]　本文为作者1996年8月提交"近代中国城市发展史国际学术讨论会"论文的修改稿。

变,使私下持有恢复法租界原状想法的法国人感到更有希望。对重庆政府来说,日本的投降有些突然。始终以四川的崇山峻岭为掩护筑堡固守的蒋介石,需要几周的时间才能把国民党军队从西南大陆运到东部沿海各省。在此期间,上海一度出现了权力真空。直到9月末,持枪的日本军人仍在市区里自由行走,维持公共秩序。他们最后"自我拘禁"在他们自己修建的营房里,自己看守自己。①德国纳粹分子继续占领着他们征用的豪华住宅,②而6 600名被拘禁的同盟国人员却滞留在他们的营房内,身无分文,没有住所。③ 南京伪政府主要领导人逃往日本后,蒋介石给予上海伪市长周佛海一项任务,即维护上海的秩序直到9月中旬国民党军队进驻为止。④

此后,新任命的领导人上台了,然而他们对扭转局势几乎无能为力。新市长钱大钧将军是一位骁勇的战将,但没有任何行政管理经验,一上任就立即投入了与上海战区司令汤恩伯将军的激烈冲突中。⑤ 至于副市长吴绍澍,是位国民党地方官员,一些人认为他是"一个举止文雅,无足轻重的人"。另一些人认为他是个"著名的仇外排外的人"⑥。尽管上海局势混乱,但治安情况尚可,只是城里食物供应发生了很大的问题,并且出现了个别的社会骚乱。⑦

面对行政管理的脱节和变化不定的政策,许多法侨只渴望一件事,即恢复到战前的状况,"他们仍不明白为何法租界不重新运转"⑧。从日本宣布投降起,为了重申法国在前租界区域内的权力,领事馆的一些成员(似乎是在萨尔礼的鼓励和支持下)主动采取了行动:他们派遣好几个团队,每队十来个人,佩戴三色臂章(注:法国国旗为蓝、白、红三色)和手枪,在前法租界的主要交通要道上巡逻;他们力图把战时被日本人占领的法国建筑物直接从日本人那里收回来;他们想

---

① 法国外交部档案,1944—1955亚太类,中国分类,第14卷(以下简称:法外交部档案,第14卷),重庆法国大使馆副领事,大使佩西可夫(Z. Pechkoff)的驻沪代表让·德·蒙图斯(Jean de Montousse)报告(以下简称:蒙图斯报告),上海,1945年10月19日。
② 《每日邮报》(Daily Mail),1045年9月28日,"在上海的日本人都很愉快,纳粹生活奢侈"。
③ 英国外交部档案,371-46244-7815,公共租界工部局职工联合会秘书托马斯·毕斯雷(Mr. Thomas Beesley)的信,上海,1945年9月12日。
④ 霉华德·布曼(Howard L. Boorman)及理查德·霍华德(Richard Howard)主编,Biography Dictionary of China《中国人名词典》,纽约,哥伦比亚大学出版社1967,第一卷,第409页。
⑤ 法外交部档案,第14卷,费利浩总领事,上海,1945年12月12日;英外交部档案,371-462114-9469,西摩(Sir H. Seymour)的报告,1945年10月24日。
⑥ 英外交部档案,371-53573-33,奥格登(Ogden)总领事,上海,1945年11月29日;法外交部档案,第14卷,费利浩总领事,上海,1945年12月4日,12日。
⑦ 法外交部档案,第14卷,蒙图斯报告。
⑧ 法外交部档案,第14卷,居伊·凡总领事的私人信件,上海,1945年10月4日。

要确保美国情报机构所在地的安全;他们着手逮捕和拘禁他们的同胞,犹如法国仍享有原来的治外法权。①

在总领事馆内,对他们的这些行为似乎有不同的看法。如果说总领事居伊·凡(Guy Fain)男爵容忍或鼓励他们这样做的话,他的副手,领事萨拉特(Salade)则经常站在中国当局一边责备他们。② 到了秋末,局势稍有稳定。法国外交方面代表从遵循法律的角度出发,始终认为法方没有同国民政府正式签订过旨在废除治外法权条款的条约,治外法权就应继续存在。不管现实如何,这理由成为法国总领事某些行为的前提:1945 年 12 月 3 日,他下令逮捕了出名的同敌伪合作分子保罗·弗朗索瓦·卡尔平诺(Paul Francois Carcopino)③;要求中国当局把抓获的其他与敌伪合作的法国人,如勒内·达勒西(René d'Alessy)④和亚历山大·热尔帕西(Alexandre Gerspach)⑤交给法国领事馆;而又拒绝中国当局提出移交阿尔蒂尔·索非和泰奥多尔·索非兄弟(Arthur Sofer,Théodore Sofer)的要求,他们被指控同敌伪合作,扣押(或者更确切地说是庇护?)在法国总领事馆内。⑥

尽管在技术官僚眼中,当地的法国外交官的态度并不缺乏依据,但这种立场仍是对当时政治背景错误判断的反映,它并没有顾及战后中国民族主义者的情绪和力量,没有考虑到中国对殖民帝国主义的报复愿望,也没有估计到将会拥有外国在沪企业和公用事业的美好远景所激起的中国人的欲望。

## 二、中国人的毫不妥协及其欲望

重庆政府派遣的新权力机构一上任,就摆出难以对话的姿态。一位英国记

---

① 薛耕莘、侯芝明(Marie Holzman),Dans le Jardin des aventuriers(《冒险家的乐园》),巴黎,Seuil 出版社 1995 年,第 190 页。
② 薛耕莘等:《冒险家的乐园》,第 190 页。
③ 法国外交部档案,1944—1955 亚太类,中国分类,第 318 卷(以下简称:法外交部档案,第 318 卷),费利浩总领事,上海,1946 年 1 月 7 日;法国外交部档案,1944—1955 亚太类,中国分类,第 319 卷(以下简称:法外交部档案,第 319 卷),费利浩总领事,上海,1945 年 12 月 31 日;英外交部档案,371 - 53695 - 1059,比格(E. T. Biggs)副领事,上海,1946 年 2 月 12 日。保罗·法朗索瓦·卡尔平诺·蒂索利(Paul-Frar Kois Carcopino-Tusoli),又名让·卡尔平诺(Jean Carcopino),是著名历史学家,古罗马研究专家和维希政府部长热罗姆·卡尔平诺(Jédrme Carcopino)的侄子,参阅 Le Figaro《费加罗报》),1946 年 1 月 8 日。
④ 法外交部档案,第 319 卷,费利浩总领事,上海,1945 年 12 月 12 日、15 日、22 日;巴扬总领事,上海,1946 年 8 月 23 日。
⑤ 法外交部档案,第 319 卷,费利浩总领事,上海,1945 年 11 月 29 日、12 月 16 日、22 日,1946 年 1 月 15 日。
⑥ 法外交部档案,第 318 卷,雅克·梅理蔼大使,重庆,1946 年 1 月 8 日。

者评论它"比前伪政权多的是沙文主义和排外情绪，少的是通情达理"①。这是何应钦将军为执权机构定的基调。1945年9月8日，何在南京设立了总司令部；次日，他接受了日本在华部队的正式投降。9月17日，他在上海举行的记者招待会上宣布："国军已凯旋归沪，我们赢得了战争……随着不平等条约的废除，上海从现在起完全属于中国主权范围。从今以后，在上海的每一个人，不管他持有什么国籍，遵守的只能是中国的法律，而不是任何其他法律。"②几周后，中国军队驻沪司令部明确指出："所有犯有同敌伪合作罪的外国人将由中国法院审判"，并要求公众大力检举揭发罪犯。③ 12月中旬，外交部驻沪特别代表正式拒绝把法国人热尔帕西送交法国领事当局。④

中国当局不仅打算对1943年以来已收复的国土寸土不让，还力求利用日本战败后所形成的有利局面来实现收复法租界的一切和抹去法国在上海的最后一点痕迹。因此，它试图收回前租界公董局的一些大楼和财产，这些产业都是在1943年法租界归还汪精卫伪政府前的最后一刻，由当时的总领事马杰礼利用其职权拒绝同中国方面协商，把它们的产权保留给了法国，并转为国有财产的。⑤

为了使自身的行动合法化，中国地方当局又提出了其他的论据。当时法租界卫生处负责人想以巴斯德研究院和广慈医院曾与伪市政府达成过和解为理由，扩大自己在这两个机构内的权力。⑥ 而市警察局要求收回位于租界内的前市府诊疗所，把它归于自己的医院所有，为此警方指责前法租界当局口是心非，"显然……在归还法租界之前，法方曾有隐瞒和侵占诊疗所的建筑及土地的意图"⑦。据法总领事明确表示，中国外交部驻沪办事处支持警方这些行动时的态度"既不强硬又不特别恼火"。也许，上海人之间的利益清算并不像可能复活的治外法权那样直接涉及中国主权问题。

---

① 英外交部档案，371-53574-33，和《财政与贸易》（Financeand Commerce）的埃里克·哈勒芬（Mr. Eric E. Halphern）会谈记录，上海（以下简称：哈勒芬会谈记录）。
② 原文引自英外交部档案，371-46244-7823，霍勒斯·西摩（Sir Horace Seymour）大使，重庆，1945年9月20日。
③ 法外交部档案，第14卷，佩西可夫大使，重庆，1945年10月18日。
④ 法外交部档案，第318卷，费利浩总领事，上海，1945年12月16日。
⑤ 1943年，法国考虑到法租界要归还汪精卫政府，在维希政府许可下，于当年2—7月间把这些公董局的财产转为国有。参阅法外交部档案，战争类，维希分类，第144卷，总领事罗朗·德·马杰礼电报集，1943年2—7月。
⑥ 法外交部档案，第14卷，居伊·凡总领事，上海，1945年9月25日。
⑦ 上海警察局报告，1945年12月7日，引自：法国外交部档案，1944—1955亚太类，中国分类，第252卷（以下简称，法外交部档案，第252卷），费利浩总领事，上海，1946年2月12日。

但就上海当地而言,局势则更加紧张。法国在沪的大型企业战时都没有停止运转,有机会时与伪政府或日本人也有生意往来。此刻中国方面则力图使它们不复存在,或者干脆没收。法国企业中的东方修焊有限公司(Sociétéd'Oxygèneetd' Acétylèned' ExtrêOrient)和液态空气公司(Air Liquide)上海分公司都不得不关门歇工;法国邮船公司(Compagniedes Messageries Maritimes)和它所属的求新造船厂可能也将被迫停业。① 同时,法国在沪的电车、自来水、电力公司受到同样的威胁,公司经理和副经理被上海市政府和法院先后传讯,以证明公司在日本占领期间的态度。他们自我辩白,从来没有心甘情愿地交给日本人任何物资。②

如果说法国人的产业不是中国人唯一的目标,③它们则由于法国在远东的政治军事的薄弱而受到特别的威胁。在欧洲,自由法国与抵抗运动的斗争,重整后的法国军队参与攻打德国的战斗,这些给予了戴高乐所承担的职责以同盟国认可的某种正统性。而在远东,法国不战而败。在中国人和盟国成员的眼中,法国已失去了世界强国的地位。"法国人被看作是大国中的最弱者"④,因此他们受到了最猛烈的冲击。被操纵的罢工,市政当局和军队宪兵的干预,给法国人的压力日益增加。中国方面经常以惩治为名义,运用这些压力来捕捉"跟随维希的叛徒们"⑤。逮捕同敌伪合作分子,不管是证据确凿的还是推论假设的,均属于这场行动的一部分。据一位英国记者观察,这场行动正在把法国人引向避难的犹太人及白俄那种从未有领事保护的可悲境地。⑥ 萨尔礼事件就是在这种背景下发生的。

## 三、逮捕萨尔礼

1945年12月14日深夜,前法租界巡捕房副警务总监罗朗·萨尔礼(Roland Sarly)在其寓所被淞沪警备司令部派去的士兵逮捕。数日后,他被解送

---

① 法外交部档案,第14卷,蒙图斯报告。
② 法外交部档案,第318卷,费利浩总领事,上海,1946年2月13日。
③ 英国人非常担心中国行政当局不想把被日没收的英国企业和公共事业单位的合法所有权还给他们。英外交部档案,3H-46245,海军专员情报报告,重庆,1945年9月。
④ 英外交部档案,371-53574-33,哈勒芬会谈记录。
⑤ 英外交部档案,371-53574-33,哈勒芬会谈记录。
⑥ 英外交部档案,371-53574-33,哈勒芬会谈记录。

至上海警察局移交上海高等法院检察官审讯处理。① 根据淞沪警备司令部的调查报告,萨尔礼犯有同汪伪政权合作及通敌叛国罪(注:他被当成汉奸处理)。他被指控曾于1943年8月至1945年3月期间,在汪精卫伪政府的上海市警察局中任职,负责对外联络事务,② 而且在此之前已同汪伪警察协作,出卖潜伏在法租界内的国民党情报人员,③ 发给某些汪伪警察在法租界内使用的携枪许可证;他被指控同日本人合作,尤其是应日本人的要求,

把一些中国士兵交给日本人,这些士兵是在1937年秋中国军队失败后进入法租界寻求避难的,而且被解除武装并受到拘禁。此外调查人员还指责萨尔礼把租界内库存物资登记情况通知日本人,并把国民党军队避难士兵被拘禁时缴下的武器交给日本人。④

上海市警察局的调查结果也同意对萨尔礼的指控,并且还指责他犯有贿赂罪,不过警方引证的事实与军方的并不完全相同。它指出:萨尔礼参与了日本人于1941年12月在法租界发起的搜捕"恐怖分子"行动;利用日本当局统制物资及物品限价政策,敲诈勒索棉布商人;协助日本人没收"敌产"——属于同盟国侨民的财产,并在这些侨民的居住证上加盖特别标记,以便加强控制。⑤ 1945年8月日本投降后,他又侵犯中国主权,超越中国警察的权限,自行派遣便衣人员担任设在法租界内的美国情报机构的门岗警卫,还对与其意见相左的在沪法国侨民进行搜查逮捕。

就上述罪行的多重性和严重性,可以想见萨尔礼在法租界所负的责任和所起作用的重要。

---

① 法外交部档案,第318卷,亚太司记录,1946年1月14日;上海市档案馆,上海市公检法军事管理委员会政治档案,卷号187-2-14(以下简称:上海市档案馆,187-2-142),上海高等法院刑事卷宗,《汉奸重审,萨尔礼》(以下简称:萨尔礼)第二卷,第二分册,《外患萨尔礼》,《上海市警察局公函》1945年2月6日(应为1946年),第9—13页;《申报》1945年12月17日。
② 同日本合作的汪精卫政府1940年3月成立于南京,1945年8月日本投降后垮台。中国历史学家一般称之为"伪政府"。
③ 从1937年中日战争爆发起,上海的中国人居住区被日本军队占领。公共租界在1941年12月珍珠港事件后被日军占领。法租界由于从属于维希政府的行政机构管理,没有被占领,但被日本人严厉控制。1943年7月,在日本人的压力下,法租界归还汪伪政府。撤退到重庆的国民党政府在上海保留了许多情报人员,这些人经常在相对安全的法租界建立隐蔽据点。
④ 1945年12月20日,淞沪警备司令部逮捕萨尔礼,押送法院时,这些指控被列入萨尔礼卷宗。上海市档案馆,187-2-142,萨尔礼,第二卷,第二分册,《前上海法警务处(即巡捕房)副警监萨尔礼之罪行调查》(以下简称:萨尔礼之罪行调查),第64—82页。
⑤ 上海市档案馆,187-2-142,《上海市警察局公函》。

## 四、上海的一个法国巡捕

　　第一次世界大战结束后不久,二十来岁的罗朗·萨尔礼来到上海。身为法非混血后裔,他在完成了初等程度学业后,就再没有接受过什么其他特别教育。他是作为军警进入法租界巡捕房的。当时来自法国的警察并不多,萨尔礼很快就出了名,犹如鹤立鸡群。这位年轻的混血儿具有堂堂的仪表,聪明机灵,工作勤奋,善于阿谀奉承,很讨人喜欢。法巡捕房总监费奥里(Fiori)上尉也注意到了这些,平时极少信任人的他,却给予萨尔礼一种少有的信任。①

　　1927年春天,萨尔礼通过法巡捕房华籍警官的关系,得知蒋介石准备依靠上海的地痞流氓来对付共产党人。法捕房对此采取了听之任之的态度,在"四一二"事件中,还为蒋方提供了间接但可贵的帮助。②萨尔礼也因此受到嘉奖,晋升为督察长,得到了新设立的政治部负责人职位,并迅速使该部成为"法租界真正的权力机构"③。

　　此时萨尔礼开始发财致富。正如一位接近他的目睹者,前法租界华籍督察长薛耕莘所指出:"如果一个人1930年在上海当警察,他就不可能是一个非常正派的人。"④在法租界寻求庇护的各派别政客交纳的"保护费",各企业必付的"注册费",赌场烟馆奉送的"礼物",掏粪工、苦力上缴的"月捐",国民党当局为获得反对派的情报所付的津贴奖金,这些额外所得无疑增加了一个入乡随俗的公务员的收入。在他的职业守则中,无疑包含了贪婪与贿赂,只不过其敛财行为局限于同事与合作者能够接受的范围内。

　　然而,1932年法租界当局内部发生了一场大变动,萨尔礼极为勉强地躲过了这场风暴。由于总领事的无能,法租界失控三年后落入以杜月笙为首的青帮的掌握中。公董局的运行公开地依靠经营鸦片赌场的非法盈利来资助,使得这个地方行政机构不再受人尊敬。法国政府为此任命梅理蔼(Meyrier)为新的总

---

① 上海市档案馆,187-2-142,《萨尔礼之罪行调查》。
② 上海市档案馆,187-2-142,《萨尔礼之罪行调查》。法国巡捕房在"四一二"事件中的合作行为后来由总领事馆主管领事雅克·梅理蔼(Jacques Meyrier)承认。布赖恩·马丁(Brian Martin), The Greed Gang in Shanghai, 1920—1937, The rise of Duyuesheng:《上海的青帮,1920—1937,杜月笙的发迹》,澳大利亚国立大学,1991年7月,第212页,第258页。
③ 薛耕莘等:《冒险家的乐园》,第70页,第63页。
④ 薛耕莘等:《冒险家的乐园》,第70页,第63页。

领事,法布尔(Fabre)少校为新的巡捕房警务总监。① 在巴黎的督促下,收复法租界的控制权成为当务之急。租界当局的权威和道德的重建伴随着一场警察内部的严厉清洗。不知纯属巧合或是精心策划,萨尔礼当时正在法国休假。等他回沪后,局势已缓和。他深知如何获得新长官、正直的法布尔少校对他的好评。在法布尔领导下,法租界政治部成为 30 年代东亚最出色的情报中心之一。

当战争来临时,萨尔礼应征入伍回到法国,军衔上尉。他曾两次获得嘉奖。② 法国被德国占领后,他复员离开军队,并于 1941 年 3 月重返上海,继续担任政治部负责人,同时成为法巡捕房副警务总监,紧跟法布尔少校。他也成为维希政府委任的新总领事罗朗·德·马杰礼(Roland de Margerie)的主要合作者之一。1943 年 7 月,在日本人的压力下,维希政府决定放弃 19 世纪的条约所授予法国的特权,把法租界交给汪精卫伪政权。萨尔礼和其他一些前法公董局的雇员遂转为替汪伪政权服务。③ 他在市警察局中任警官。1945 年 3 月,日本军方发动反对印度支那和上海的法国军队与行政当局的行动,萨尔礼因此中断了其职务。④ 几个月后,同盟国的胜利使萨尔礼的生活恢复正常,重获职位。同年 8 月,他成为法国驻沪总领事馆参赞。

这位在 1945 年秋被中国当局以同汪伪政权合作及通敌叛国罪起诉的萨尔礼,确实是那时在沪的法国机构和社团中起重要作用的人物之一。他积极活跃,野心勃勃,只有 44 岁,还算年轻,但已积累了与上海各界交往的丰富经验。他的公职使其有机会同各阶层人士建立各种各样的联系,一般说来,这是以互相提供服务为基础的。他始终享有上司的信任,法布尔少校(后升为上校)一直赞扬这位副手的"勇气和果断";总领事马杰礼对他的工作给予最佳的评语,并于 1946 年 2 月与 1948 年 12 月两次毫不犹豫地出庭,在中国法官面前作了对萨尔礼有

---

① 马丁:《上海的青帮》,第 247~250 页。
② 《罗朗·德·马杰礼致检察官信》,1946 年 2 月 26 日。原件和中文译本均在上海市档案馆;187-2-142,萨尔礼,第二卷,第二分册,第 59~62 页。罗朗·德·马杰礼于 1940 年 10 月至 1944 年 9 月担任上海法国总领事,因此是萨尔礼的上级。
③ 这涉及 1943 年 7 月的协议。当时谈判者考虑到法租界公董局取消后,那些雇员就没有了工作,战争的继续又无法把他们遣回法国或印度支那,所以想保证他们的工资收入。一般说来,伪政权似乎没有托付给法国人和聘用的人什么任务和具体的责任。
④ 1945 年 3 月 9 日夜晚,日本人解除了大部分印度支那法国军队的武装,把他们监禁起来。同时日本人取代了一直被他们控制中的殖民地当局。3 月 10 日,属法国印度支那指挥部管辖的上海支队也被日本人缴械,伪政权中断与法总领事接触。

利的见证。① 在法租界老侨民和名人显贵的眼中,萨尔礼是(仅次于法布尔上校的)"近十至十五年来在上海最能体现法兰西尊严的人士"②。无疑,这就是为何萨尔礼诉讼案立即变成一起牵涉到复杂的外交与政治关系的"事件"的原因。

## 五、萨尔礼事件和法中外交危机

埃米尔·白尔丁(Emile Bertin)是一条法国船舶的名字。该船于1946年1月3日由上海港启航驶往西贡,载有一位法国当局指定送上船的旅客——卡尔平诺。这个同敌伪合作分子和亲德的宣传员是在1945年12月3日被法方逮捕的,同年12月28日被领事法庭传讯。尽管中国方面一再抗议,法国方面仍继续以治外法权处理此案。在领事法庭表示不能胜任审判的同时,此案就被移交西贡法院。为此,卡尔平诺仓促动身,上海市长和外交部驻沪代表试图阻止此行,但徒劳无效。③

"白尔丁号"离沪后,官方的抗议和民众的示威迅速导致了一场名副其实的危机,它威胁到法国在上海的影响和利益,不时还带有更广泛的仇外排外色彩。萨尔礼事件就在这种背景下发生了。中国军方在12月14日逮捕萨尔礼是对10天前法国人逮捕卡尔平诺的回答。这两个同样被指控为同敌伪合作的法国公民,一个被中国司法机关传讯,另一个几乎被绑架到西贡受审。这种状况说明了战后过渡时期法中关系在外交政治各方面的困难,这是战争造成的不可避免的后果,然而战争又不允许中法双方就战后事务做好充分的准备。

危机首先涉及外交。总领事费利浩(Filliol)以维持法国治外法权为基础对此事件所作的解释激怒了中国外交部。后者要求法国召回它的官员,④并提出了自己的证据。中国外交部回避了1943年7月法租界的归还有利于汪精卫伪

---

① 参阅1944年5月罗朗·德·马杰礼为萨尔礼写的极为赞扬的评语,附入总领事费利浩的电报,1946年1月25日,法外交部档案,第319卷;上海市档案馆,187-2-142,萨尔礼,第二卷,第二分册,《罗朗·德·马杰礼致检察官信》1946年2月26日,第59~62页,法国外交部档案,1944—1955亚太类,中国分类,320卷(以下简称:法外交部档案,第320卷),总领事布法纳(Bouffanais)电报,上海,1948年11月17日。
② 法外交部档案,第319卷,萨尔礼卷宗,"一位上海要人"所作,震旦大学校长热尔曼(Germain)神父送交外交部,1946年6月18日。
③ 法外交部档案,第318卷,费利浩总领事,1946年1月4日;附录,上海市长信件译文,1月2日,对法领事当局逮捕卡尔平诺的合法性提出异议。
④ 法外交部档案,第318卷,达里旦(Daridan)代办,法国大使馆,重庆,1946年1月5日;梅理蔼大使,重庆,1946年1月8日。

政府这一事实,而仅引证了1943年5月19日重庆政府单方面所作的声明。① 这个声明是在1943年2月24日维希政府发出原则性声明,并于5月18日与南京签订了意向性协议之后发表的。它通告废除19世纪有关条约给予法国在华享有治外法权的特权。法国方面认为,一个单方面声明不能对抗一个国际条约。然而此时强调这些法律和外交的因素是无济于事的。事实上,新闻界的鼓动和民众的示威很快使危机蔓延到政治层面,把领事馆提出的论据推到了次要地位。

1945年12月26日,《新闻报》报道法总领事馆拘捕了10个法国纳粹分子。② 次年1月4日,该报指责费利浩协助"战犯"卡尔平诺逃跑。③ 三天以后,1月7日该报再度指责法总领事费利浩把处理战犯引起的问题说成是地方事件。④

局势越来越紧张:中国当局以要求交出拘押在法总领事馆内的投敌合作分子索非兄弟,并禁止法国军舰进入上海港来威胁法方。⑤ 学生开始骚动,传单四处散发。⑥ 1月14日,2万—3万学生在总领事馆门前举行示威游行,提出几项要求:"把法奸交给中国当局";法国召回费利浩;巴黎向中国赔礼道歉;放弃法国电车公司和中法学校。上海的同业公会发了电报表示支持抗议活动,上海市长也同意同学生谈判。⑦ 此外,前巡捕房的723个警察也明确表态反对总领事。⑧ 这事牵涉到前公董局的安南巡捕,由于战争动乱没能允许把这些人遣返印度支那,从1945年7月起,他们就投入了叛乱,反对上司,声明与越南独立运动休戚相关。他们受到了当时的日本军事当局的保护。1945年8月后,国民党政府接替日本人,继续支持他们。这些流落异乡的士兵自然也就支持中国民族主义者对法国的抗争。⑨

依照二三十年代的运动方式,这次社会骚动又从政治领域及知识界扩展到

---

① 英外交部档案,371-53695-1059,比格副领事,上海,1946年2月12日。
② 《新闻报》,1945年12月26日:《法领拘捕纳粹法侨,有损我国法权》。
③ 《新闻报》,1946年1月4日:《法领不顾我方抗议,揸捕战犯解西贡》。
④ 《新闻报》,1946年1月7日:《法总领事演说,称谓"地方事件"》。
⑤ 法外交部档案,第318卷,雅克·梅理蔼大使,重庆,1946年1月8日、9日。
⑥ 法外交部档案,第318卷,传单之一:"上海法国总领事馆……竟敢把一个法国战犯偷送出中国……卡尔平诺·蒂索利是上海的法侨,战争中与德国纳粹合作……"签名上海学生"。
⑦ 《新闻报》,1946年1月15日,《抗议白尔丁事件学生三万人游行》;法外交部档案,第318卷,雅克·梅理蔼大使,重庆,1946年1月25日。
⑧ 英外交部档案,371-53995-1059,霍勒斯·西摩大使,重庆,1946年2月17日,英外交部在正文边上的注释。
⑨ 关于安南巡捕叛乱始末,参阅法外交部档案,第14卷,上海法国支队指挥官阿尔蒂格(Artigue)上校的报告,上海,1945年6月4日、7月23日、9月14日。关于国民党当局给予安南巡捕的保护,参阅法外交部档案,第14卷,费利浩总领事,上海,1946年1月14日。

工人群众中,并得到了试图重新获得对流氓和地方工会控制权的青帮首领杜月笙的支持。①

很明显,这次由卡尔平诺和萨尔礼被捕所引起的危机,只能通过对法中关系的重新定义来解决。巴黎和法国驻重庆大使馆很清楚地认识到重建对华政策的法律外交基础的必要性。前中国政府顾问、法学家让·埃斯卡拉(Jean Escarra)因而被召咨询,他竭力推崇实用主义的解决方法。② 然而,比"白尔丁号"危机更棘手的是总领事费利浩的毫不让步,这同法国外交部的照会及驻华大使雅克·梅理蔼(Jacques Meyrier)的电文中所持的缓和节制姿态完全背道而驰。费利浩千方百计不择手段地维持法国在华特权,时而托词1943年归还法租界的协议无效,以此来确认法国在治外法权上永久性的权力;时而利用这个协定中的条文,要求收回属于法国国有财产的前租界内的若干楼房。③ 巴黎试图抑制这位官员的过分热情,并要求他不要引用由"法国政府和中国政府都不承认的权力机构之间缔结的"协议。但是,这些提醒似乎没有被理解,使得巴黎必须反复重申。④ 至于法国大使梅理蔼,他则认为必须承认双方已一致确认放弃法国在华治外法权这个事实,即使这个放弃声明在1943年没能以条约的方式肯定下来。⑤

的确,法国尝试过同中方商谈执行一种特别诉讼程序,即在领事法庭关闭期间,未判决的政治诉讼案能够移交给法国法院或国际法庭审判。法方几次提出这个要求,1946年1月初再次提出,⑥但由于"白尔丁号"危机和萨尔礼案的发展,阻碍了这些尝试获得成功。

然而,从总体来看,法国的外交是持调停和解的态度。1946年1月14日学生示威后,官方没有提出任何正式抗议,并在1月21日法中新条约签订前几周关闭了领事法庭。⑦ 这种低姿态不仅说明法国正确地觉察并接受了这种不可逆转的局势,而且也证明法国政府把上海事件放在次要地位。对巴黎来说,当务之

---

① 法外交部档案,第318卷,雅克·梅理蔼大使,重庆,1946年1月22日;费利浩总领事,上海,1946年2月13日;英外交部档案,371-53573-33,海军参谋H.M.,总领事馆,上海,1946年1月18日,《上海总报告》。
② 法外交部档案,第318卷,亚太司记录,1945年12月4日。
③ 法外交部档案,第318卷,费利浩总领事,上海,1946年1月8日亚太司记录,1946年1月14日;第252卷,费利浩总领事,上海,1946年2月12日。
④ 法外交部档案,第252卷,亚太司记录,尤其是1946年3月16日的记录。
⑤ 法外交部档案,第318卷,雅克·梅理蔼大使,重庆,1946年1月8日。
⑥ 法外交部档案,第318卷,外交部致法国驻重庆大使馆,1946年1月3日。
⑦ 法外交部档案,第318卷,雅克·梅理蔼大使,重庆,1946年1月25日;英外交部档案,371-53695-1059,霍勒斯·西摩大使,重庆,1946年2月17日,英外交部在正文边上的注释。

急是处理好印度支那问题。其实,1945 年冬至 1946 年在重庆继续进行的外交谈判中,法国最关注的并非前法租界的命运,而是中国军队何时从印支地区撤出。因为根据 1945 年 8 月波茨坦条约,中国军队占领了北纬十六度以北的北部湾、安南和老挝等地区,阻止了法国军队在这些地区重新站稳脚跟,重申法国的主权。

因此,1946 年 2 月 28 日,在重庆签订的条约不是一个,而是两个。在第一个条约中,法国放弃在中国的所有的治外法权,归还法租界。在第二个条约中,中国政府同意法国军队接替在北印度支那地区的中国军队,接受法方的各种利益交换。①

从此以后,萨尔礼诉讼案失去了政治上的重要性。中国当局似乎只要求拥有审判通敌的法国人的权力,以此来进一步证明治外法权的终止。事实上,中国当局对这些法国人的命运并不感兴趣,②这也就是为何这些被告都受到宽大处理的原因。他们并非全是无辜的,但最终都被宣告无罪或免于起诉。至于法国当局,最担心的是看到萨尔礼诉讼案转变为对租界的诉讼案,或危害到法中处理北部湾事务中必要的谅解。1946 年 2 月签订的条约消除了这双重威胁,为萨尔礼"事件"画上句号。

## 六、萨尔礼诉讼案

如果说萨尔礼事件已经结束,那么诉讼案仍在继续。1946—1948 年,法庭辩论在上海和南京的法庭上展开,提出了一些最主要的问题:国家与敌合作和个人在其中的责任,积极合作和消极合作的分界,报复与法律的关系。

萨尔礼被捕后,于 1945 年 12 月 27 日及 1946 年 2 月 14 日两次被解往上海高等法院,由检察官就其犯罪事实对他进行审讯。萨尔礼必须以警察和个人的双重身份对自己的所作所为作出答复。审讯中涉及的问题都很复杂,大体上围绕淞沪警备司令部和上海警察局的调查报告提出讯问。不过,检察官也提出了

---

① 雅克·吉耶马(Jacques Guillermaz),Une Vie pour la Chine: Mémoires(1937—1989),《一生为中国,回忆录》1937—1989),巴黎,Robert Laffont 出版社 1989,第 146~147 页;法朗索瓦·儒瓦佑(François Joyeué),La Nouvelle Question d'extrêmeorient,L'ère de la guerre froide(1945—1959)《远东的问题,冷战的年代》(1945—1959),巴黎,Payot 出版社 1985 年版,第 119~120 页。
② 英外交部档案,371-53695-1059,霍勒斯·西摩大使,重庆,1946 年 2 月 17 日,英外交部在正文边上的注释。

一些新的问题,力图证实在法巡捕房职员中存在着一个"萨尔礼关系网",并确定他对马龙班(Maron)的行为负有责任。①

萨尔礼自称无罪。他说:"我是中国的朋友。我恨日本人。"②据他申辩这些指控纯属"诬告"。③他全盘否认。可是,在1945年12月的第一次审讯中,他承认过在1942年曾给驻在极司菲尔路(Jess Field)76号的汪伪警察发过几张携枪许可证。④而在1946年2月的审讯中,他又改变了供词。同年3月,在他从监狱致中国检察官的自辩书中,声称自己是无辜的,一口否认某些事情的真实性,并把责任推卸给他的同事(比如1943年敲诈勒索棉布商人的事,他就推在薛耕莘的身上),或者说自己只不过是执行上级的命令。⑤

在预审期间,萨尔礼被维持羁押。中国新闻界描述了他在监狱内"舒适"的生活条件:天天有面包,每日两餐有汤,家属可以探监,犯人有权接收来自家庭的包裹,每天放风一小时。而萨尔礼却向人权协会递交了抗议信。⑥

然而,萨尔礼的处境越来越困难。他的下属和亲近的同事接二连三地被捕,他们同样被控犯有同汪伪合作及通敌叛国等罪行:1月,越裔士官阮文响被捕。阮为前任总监法布尔的秘书,萨尔礼的好友,因不满中国当局逮捕萨尔礼而进行过激烈的反对活动。⑦ 2月,前法籍俄裔警官乔治·爱米诺夫(George Emelianoff)入狱。他曾当过军官,是个出色的语言学家和评论家,著有一份《引人注目的关于远东共产主义问题的报告》。⑧ 3月,轮到隆巴罗(Lambalot)和奥萨可夫斯基(Oossakovsky)了。前者为法巡捕房前副总监,萨尔礼的老朋友,被视为是个"毫不手软"的人,就如前督察长薛耕莘所描述的那样"粗暴","经常

---

① 便衣警察马龙(Maron)在租界巡捕房政治部工作,他领导一个特别班组,专门负责与日本宪兵保持联系。在日本人想进入法租界时,必须事先通知马龙,并得到他的同意,想在租界抓人,必须有马龙和他的组员在场。
② 上海市档案馆,187-2-142,萨尔礼,第二卷,第二分册,《讯问笔录》1945年12月27日,第33～41页。
③ 上海市档案馆,187-2-142,萨尔礼,第二卷,第二分册,《讯问笔录》1946年2月14日,第47～52页。
④ 极司菲尔路76号是上海伪警察局特别处的地址。
⑤ 上海市档案馆,187-2-142,萨尔礼,第二卷,第二分册,"SARLY to H. H. The Procurator"(《萨尔礼致检察官》),1946年3月11日,第86～90页。
⑥ 《新闻报》,1945年12月29日,《沙里(萨尔礼)在狱生活舒适》;法外交部档案,第319卷,费利浩总领事,上海,1946年3月22日。
⑦ 法外交部档案,第319卷,费利浩总领事,上海,1946年1月12日;《新闻报》1946年1月11日:《沙里死党被捕》;《申报》1946年3月17日:《沙里死党三人先后在沪落网》。
⑧ 法外交部档案,第320卷,巴扬(Bayens)总领事,上海,1947年4月24日,参阅附录中奥萨可夫斯基工作部门对他的记录。

使用警棍"①;后者是个1927年到上海的白俄,被看作是个有经验的谍报员。又是那位薛耕莘揭露他在战时"把本该保留给法国人的一些情报走漏(给日本人)"②。

4月中旬,萨尔礼收到法院控告他的起诉书,③他被正式指控犯有同敌伪合作的罪行。七条主要罪状被列出作为证据。反对他的中国媒体着重报道了他出庭时在法官面前摆出的那副无所谓的样子:口嚼胶姆糖,架着二郎腿,他观看着对证人的传讯,犹如在剧场看戏。④ 1946年6月17日,法院进行了宣判,判决书中只确认了两条对他的指控:发给极司菲尔路76号汪伪警察携枪许可证和1943年7月到1945年3月在上海伪警察局任警官。被告被判处三年徒刑及没收其一切财产。⑤

被告方面以法院没有审查一些有利于证明被告无罪的法国官方文件为由,决定立即提出上诉。⑥ 中国检察官也同时提出上诉,指出法院忽略了对被告提出公诉的其他五条主要罪状。⑦ 在等待最高法院的决定期间,萨尔礼被交保释放。⑧ 此时,对他有利的证据增加了。在已收入预审案卷的前法驻沪总领事马杰礼和前法租界情报官格罗布瓦(M. Grosbois)的辩护信中,⑨ 又多了一位"上海法侨要人"的信。这封写于1946年6月18日的信是直接寄给法国国务总理费里克斯·古安(Felix Gouin)的,请求他干预此案,直接向他的中国同僚行政院长宋子文交涉。⑩ 法国外交部官员在此信原件上所作的评语中,把写信人对萨尔礼的赞扬称为"滑稽可笑的夸大",同时也承认这反映了在上海的法国侨民社会中相当一部分人的意见。

法国外交部终于同意了向萨尔礼的律师提供某些可以加强被告辩护的文

---

① 薛耕莘等:《冒险家的乐园》,第19页。
② 薛耕莘等:《冒险家的乐园》,第170页。
③ 起诉书译本,法外交部档案,第319卷,费利浩总领事,上海,1946年4月18日。
④ 《申报》1946年3月30日。
⑤ 法国外交部档案,第319卷,巴扬总领事,上海,1946年6月19日,附件,萨尔礼的辩护律师普雷梅(Premet)对判决书内容的评论信。
⑥ 法国外交部档案,第319卷,巴扬总领事,上海,1946年6月19日。
⑦ 法国外交部档案,第319卷,巴扬总领事,上海,1946年7月6日。
⑧ 法国外交部档案,第319卷,雅克·梅理蔼大使,南京,1946年6月26日。
⑨ 上海市档案馆,187-2-142,《罗朗·德·马杰礼致检察官信》,第59~62页;《格罗布瓦(M. Grosbois)致总领事费利浩信》,1946年3月8日,第124页。
⑩ 法外交部档案,第319卷,萨尔礼卷宗,"一位上海要人"所作。在法外交部档案第319卷中,有另一个对前巡捕房副警务总监非常有利的按语,疑为"萨尔礼诉讼案"卷的前言,日期为1946年9月1日,无签名,但页边用笔注明是给前法租界财政部门负责人德·萨依夫(M. de Sayve)的。

件,其原因与其说是让步于上海法侨的压力,不如说是出于对政策的整体考虑。而这样做的同时,"法国外交部和领事当局也违反了所有的国际惯例,成了为被告辩白的证人"①。

1947年4月11日,南京最高法院经过重新调查后,撤销了对萨尔礼的判决,把此案再交付上海高等法院重审。② 对萨尔礼的第二次诉讼开始于1947年5月17日,③法院集中力量对第一次诉讼时忽略的五条主要罪状进行预审。同年11月11日,宣告萨尔礼为部分无罪,只保留对他发给汪伪警察携枪许可证的指控。④ 1948年1月2日,检察官再一次提出上诉,但南京最高法院维持部分无罪的判决。⑤ 同年12月15日,在原总领事马杰礼作证确认自己对发给携枪许可证应负的责任后,萨尔礼最终被宣判无罪。⑥

## 七、对曾同日伪合作的法国人的清洗

宣告萨尔礼无罪的判决结束了由中国警方和法官对被控犯有同汪伪政府合作及通敌叛国罪的法国人的一系列起诉。据驻沪法国总领事称,中国外交部要求上海警察局调查的"战犯"有50来个,其中40多个已经离沪。而中国司法部只接受33个案例,包括22个"缺席被告"⑦。

在出庭的法国人中,有些被判几年徒刑,继而在上诉后被宣告无罪;有些被免于起诉;有些最终被无条件放弃起诉。从1947年年末以后,中国官方决定结束对与日伪合作分子的诉讼,并作出有利于"小战犯"的赦免措施。⑧

所有这些诉讼案的收场,包括萨尔礼的,没有引起舆论的兴趣,无论是中国人或法国人,对此都早已淡漠。中日战争的始末,法租界的兴衰,似乎都已属于

---

① 法外交部档案,第319卷,亚太司一份记录,日期为1946年8月21日,收件人皮杜尔(Bidault)太太。
② 法外交部档案,第320卷,南京最高法院1947年4月11日判决书译件。
③ 法外交部档案,第320卷,《萨尔礼案记录》,无验证,日期为1947年6月,签名"萨尔礼",原稿,在正文的最后部分。
④ 法外交部档案,第320卷,总领事馆主管领事范·拉埃泰姆(VanLaethem),上海,1947年11月14日。宣布部分无罪判决书译件附入范·拉埃泰姆领事的电报,1948年1月。
⑤ 法外交部档案,第320卷,布法纳总领事,上海,1948年11月17日。
⑥ 法外交部档案,第320卷,布法纳总领事,上海,1948年11月17日,亚太司致布法纳,巴黎,1948年11月18日;布法纳总领事,上海,1948年12月9日。
⑦ 法外交部档案,第320卷,巴扬总领事,上海,1947年2月18日;同卷,亚太司,致南京法国大使馆,巴黎,1947年12月3日付邮。
⑧ 法外交部档案,第320卷,总领事馆主管领事范·拉埃泰姆,上海,1947年10月6日,领事引证了奥萨可夫斯基的辩护律师的声明,后者的消息得到司法部方面的证实。

遥远的过去。大多数外国侨民已经离开上海。四散的前法国侨团不再为政治审判的波折和当地法庭围墙内发生的人间悲剧而激动。在法国，右派和温和派势力已经发起一场要求赦免罪犯的运动，它最终导致1951年和1953年大赦令的颁布。对于中国人来说，他们的注意力越来越被前途难测的内战和共产主义的胜利远景所吸引。无论在中国，还是在外国，凡与战后清洗有关的诉讼案都是政治案件。中国法官同法国法官一样，力图在行使权力的同时实现报复惩罚的愿望，这点已被他们以前的对手和受害者的遭遇所证实。但是由于对刚从西方引入的现代司法的运用不熟练，以及来自各派政治势力和监管不严的军方强制性的压力，他们获得的结果还不够理想。

就这一点，上海警察局的调查报告很能说明问题。这份报告的附录中用来支持起诉的9个证据，几乎都引用了市政当局、法国领事馆或日本占领当局的官方原文，而这些并不能说明萨尔礼对此负有个人责任。至于特定归咎于萨尔礼的罪行——例如有一次他的办公室被窃，一位中国工役因此被巡捕房施以非刑致死——都没有提出任何具体证据。① 在淞沪警备司令部的调查报告中，调查人几次说明：没有证明，不少当事人已去世，萨尔礼太狡猾，这涉及机密……②当1946年3月26日，前法国商事裁判官，萨尔礼的死敌奥拉斯·高夫曼（Horace Kaufman）被中国法官作为预审证人传讯时，他也没有提供任何确凿的证据，只是重复诸如此类的回答：关于萨尔礼与汪伪政权的关系，"我不知道细节"，"最好去问他的下属"；或者"听说"（萨尔礼逮捕过中国情报人员），"但我没看见"，还有"我不清楚"（萨尔礼是否把军事情报告诉日本人），"但我知道这是个坏人"③。

抱怨中国司法部门滥用职权，或者有法不依的不仅只是一些如法国在华商会会长科尚（M. Cochin）这样的名人显贵，④一篇《中国周报》（*China Weekly Review*）社论也揭露了法院服从于政治和军事宗派："中国的法院不是自由的执法机构，司法并不独立，它太经常成为军事和政治宗派的工具。上海淞沪警备司令部逮捕一个人后，向媒介宣布他是有罪的，紧接着就把他送进了审判室。"⑤

1947年，法院宣告被告无罪的判决有所增加，无疑表明了诉讼案背后的政

---

① 上海市档案馆，187-2-142，《上海市督察局公函》。
② 上海市档案馆，187-2-142，《萨尔礼之罪行调查》。
③ 上海市档案馆，187-2-142，萨尔礼，第二卷，第二分册，高夫曼讯问记录，1946年3月26日，第149~152页。
④ 法外交部档案，第319卷，副国务秘书办公厅致亚太司的备忘录，1946年9月30日。
⑤ 《中国周报》（*China Weekly Review*）1947年5月3日和24日。

治意图的减缓,而且也显示了司法程序逐渐正规化,这是由于南京最高法院和司法部对上海法院的审判实行了监督的结果,它们不愿已被废除的治外法权因中国的司法程序不全而被重新提出。①

在上海,抗敌与投敌的界限模糊不清。这个现象和司法例行程序上的问题一样,使战后审判更加复杂化。萨尔礼诉讼案如同其他诉讼案,使人回想起1937 年夏中日战争开始到 1945 年 8 月太平洋战争结束期间的租界史、上海史,甚至中国史。这一段复杂的历史在某些方面与同时期法国的经历有很多相似之处:部分国土被敌人军队占领,自由中国政府(重庆的蒋介石政府)同与日合作的傀儡政府(南京的汪精卫政府)对抗,民族抵抗运动导致了共产主义势力的迅速发展,而这一趋势又被两个政府都视为威胁。在上海发生的事,犹如在巴黎发生的一样,严厉取缔黑市,定量配给生活物资,战争暴发户的奢华、谋杀、告发、逮捕和酷刑。

但是,远东的历史背景赋予日军,同样也给予中国抵抗运动和附敌行为某些特点:日军没有像希特勒法西斯分子那样的意识形态基础,也没有同样的野心;西方帝国主义的影响使中国公民的政治选择变得复杂化;共产主义势力的加强促进了重庆和南京之间的某种默契,即在不涉及日本人的情况下,双方反共的意愿是一致的。

在法国,维希分子模棱两可的"抵抗主义"并没能阻止产生一个相对明晰的划分标准②,而在上海,"曲线救国"的论调却大有市场。③ 它被普遍理解为是一种耍两面三刀手法的策略,被政治因素支配甚于思想意识因素,经常被个人好恶和利益所左右。上海,机会主义者胜利了……

这一切导致战后审判的过程困难重重。萨尔礼的诉讼案卷就带有这种时代的是非混淆的痕迹。而且司法诉讼也成为法国侨民社会中一部分人报复另一部分人的手段。因为上海法院用于指控萨尔礼的罪行中,相当一部分来自法侨的揭发。这里,犹如在法国,继占领后的清洗使左派和右派、社会主义者和教权主义者、小职员和管理经济精英之间由来已久的裂痕再次重现。政治上的分裂促

---

① 法外交部档案,第 320 卷,范·拉埃泰姆总领事,上海,1947 年 9 月 20 日。
② 关于"抵抗主义"的概念是由法国右派虚构的。参阅亨利·卢梭(Henry Rousso),《维希综合征,1944—1987……》(Lesyndromede Vichy, 1944—1987),巴黎,Seuil 出版社,1987 年,第 38~40 页。抵抗主义意味着"一种右派的抵抗,经常反对戴高乐,靠近贝当(Petain),忠于法国军人传统,与左派的抵抗相反,后者是被共产党渗透的不明确的抵抗,近似抢劫掠夺,一言以蔽之:革命"(作者把抵抗运动分为两类,维希派为右派,其余均为左派)。
③ 曲线救国这个策略被国民党所采用,目的在于渗入伪行政机构和军队,与汪精卫政府秘密合作。

进和激化了始终存在于这个小小侨社中个人之间的敌对情绪,并使其迅速得到充分的发展。

对萨尔礼事件,法国各派别的观点有时并不容易理解,一些有关档案至今依然不对外开放。而且,在上海发生的这一幕也只是一段间接涉及中国历史和中法关系的插曲而已。然而,如果萨尔礼事件结束后诉讼案仍然继续,一方面,这无疑是由于在上海的前法国抵抗运动成员的介入。他们是领事当局执行维希政策的牺牲品,而萨尔礼则是领事当局执行维希政策的工具。我们知道,前领事法庭法官高夫曼"因他的犹太人血统"于1940年被撤职,在萨尔礼案预审时,他作为原告证人接受传讯。① 我们也注意到埃加勒(EGAL)在1945年11月重返上海,此人自1940年起任戴高乐将军在上海的非正式代表,也是一抵抗运动团体(France Quand Même)的组织者,为自由法国武装征集志愿兵。② 1941年4月,埃加勒被领事当局逮捕,并被押上"堪迪阿(Kindhia)号"船,送往西贡海军法庭,要他就战时临阵脱逃同谋罪作出答复(注:维希政府对离开法国军队的抵抗运动者以临阵脱逃问罪)。这些人肯定坚持要审判照常进行。另一方面,中国法官由于种种原因似乎也在忧虑中。围绕在萨尔礼诉讼案初期的那些辩论,引起了一切有关人员的特别关注。这是中国重新成为主权国家后第一个大诉讼案,是对中国行使主权能力的一次考验。法国总领事写道:"我的外国同仁及我本人试图相信,我们对在当地司法机构和评论面前所进行的一切有关我们侨民的诉讼所给予的一向关注……以及外国媒体不断对中国法庭所作的追踪报道,逐渐促进中国当局密切注意法院的运作,以维护治外法权取消后中国司法的威严。"③

不管出于什么原因,我们必须看到,中国司法机关在处理萨尔礼诉讼案时是认真努力的,诉讼程序也不断改善,那些确定与敌合作罪的性质和惩罚的基本问题受到法官的注重。在1945年11月23日政府公布的条例中,"汉奸"的范围非常广泛,包括在日伪组织工作过的人,在占领区经营企业和文化事业的人,乃至自由职业者。④ 这个观念已发生一些变化。在1947年6月对隆巴罗宣告无罪的

---

① 法外交部档案,第14卷,殖民地部(殖民地社会处),人事处,巴黎,1945年2月3日,上海市档案馆,187-2-142,萨尔礼,第二卷,第二分册,高夫曼审讯记录,1946年3月11日和3月26日,第94~95页,第149页。
② 法外交部档案,第14卷,费利浩总领事,上海,1945年12月27日。
③ 法外交部档案,第320卷,总领事馆主管领事范·拉埃泰姆,上海,1947年9月27日。
④ 《新闻报》,1945年11月24日,《国府明令公布处理汉奸案件条例》,1945年11月25日,社评,《处理汉奸条例》。

判决中，中国法院明确指出，在一个伪政府里工作的事实不足以构成与敌合作的罪名。①

在上海的战后审判遇到了和在法国在欧洲遇到的同样性质的困难，即审判中司法的形式在定义上和实施上都是变动不定的。尽管如此，我们仍不能忽视上海的审判是在非常特殊的背景下进行的：中国坚决地要求收回主权，但面对奄奄一息的欧洲帝国主义，她还不善于运用主权。当时，体现国家和民族的尊严成为对同日伪合作的外国人提出的各类诉讼的主要原因。这些案件中最引起轰动的萨尔礼诉讼案针对的是法国在上海的影响。

（原文载《近代中国》第 8 辑，
作者：玛丽·格莱尔·白吉尔，法国国立东方语言文化学院教授；
译者：王菊，法国社会科学高等研究院博士）

---

① 法外交部档案，第 320 卷，总领事馆主管领事范·拉埃泰姆，上海，1947 年 6 月 30 日。

# 南洋华人根植于当地社会的历史基础

马克烈

当今东南亚诸国中,华人占了相当比例,他们同所在国的其他民族世代相处,共同致力于当地的开发和建设,成为所在国多民族构成中的一个民族。

中国历史上出现过几次向东南亚移民的浪潮,几乎都是在改朝换代、天下大乱的时候兴起的。第一次是在宋末元初(13世纪至14世纪中叶),不少宋朝遗臣纷纷南下,逃到了爪哇。第二次在明末清初(17世纪后半期),有不少士大夫及老百姓逃难南渡。第三次是在清朝末年,农村的破产使不少善良的人民不得不出国谋生。太平天国失败后,许多跟太平军有关的人士,为了免受报复,也纷纷移民海外。[①] 第二次鸦片战争后,1860年英、法两国强迫清政府签订的《天津条约》规定,中国政府必须取消海禁政策,其目的是为他们开拓殖民地提供苦力和仲介商人。从此以后,中国人民持续地、大量地向东南亚移民。这第三次移民浪潮,在19世纪初期已现端倪。1819年英国人占领了新加坡,首次登陆的莱佛士说:"这个岛上只住着150人,但是其中有30多位是华人。"当年莱佛士为了加速该岛的资源开发,厘定各种优惠待遇,以吸引大量华人移民。[②] 到1911年时,新加坡的华人已有21万多人,占新加坡总人口的73%。30年代中期以后,在马来亚的华人已占马来亚总人口的1/3强。

华人移民到东南亚后,即致力于当地的开发和建设。中国是一个有数千年悠久历史文化的农业国,积累了丰富的耕种技术和经验。16、17世纪,一方面由于大量华人移民在东南亚开辟草莽,从事开垦,或引导当地人民进行垦殖事业;另一方面,东南亚统治者也常鼓励本国人民学习中国先进的农耕技术。因此,中国的农业经营如种子、施肥、灌溉、收割等各个环节的技术及先进农具在东南亚得到广泛传播。1639年在菲律宾的卡兰巴,种稻的华人即达6 000人,菲律宾学

---

① 黄枝连:《东南亚华族社会发展论》,上海社会科学院出版社1992年版,第4页。
② 崔宁编:《华侨经商发展史》,香港永昌出版社1986年版,第159页。

者称他们为菲律宾的农学家。① 华人还把中国的甘蔗种植及加工技术带到了东南亚,印尼制糖业的发展主要是在大量华人移民的爪哇,并把种蔗经验和制糖技术传入当地后,才逐渐发展起来的。清朝光绪末年,举人黄乃裳率领福州移民到沙捞越(现在马来西亚的组成部分)开发新福州农垦场。当年他看到"故土久愁人太满",立志要为"数百万人求谋生之乐土或世外桃源,为同胞辟一生活路径"。② 那时的南洋乃是穷乡僻壤,华人以艰辛的劳动,把原始荒林开垦为片片良田,他们带去了在当时较为先进的生产工具、生产技术、生产知识和经验,他们自觉或不自觉地把国内的耕作制度向当地人民作介绍和推广,使当地原来居民结束了刀耕火种时代,使整个沙捞越社会经济结构发生了很大的变化。黄乃裳曾三次招收农垦共 1 118 人去沙捞越。到 1925 年,福州人估计有 8 000 移民到沙捞越。黄乃裳在创建新福州农垦场的同时,又兴办学校,普及免费教育,传播中西文化知识,既提高农垦的文化知识水平,也促进了当地教育事业的发展。他们所取得的创业成果得到了所在国政府和人民的肯定和赞扬。为了纪念黄乃裳,现在的沙捞越有一条马路被命名为黄乃裳路,一所中学被称为黄乃裳中学,还竖立了黄乃裳铜像。受黄乃裳的影响,闽粤各地竞相仿效前往垦殖,主要有广东农垦场和兴化农垦场。于是华族同马来族人民共同开发当地的壮举更扩大了规模。

对于手工业制造技艺的传播,华人移民也起了很大的作用。17 世纪 80 年代,中国移民在印尼创建造纸厂,开始把中国的造纸技术引入印尼。印刷术也相继传入东南亚各国。在建筑、采矿等技术的传播方面,华人的贡献也是有史可稽的。菲律宾学者珂力普说:"我们国家早期的艺术家、雕塑家和建筑师都是中国人。"③在菲律宾现在仍可看到许多具有中国独特风格的建筑物。

在航海、造船技术方面,16、17 世纪东南亚的航运业与华人的关系十分密切,如暹罗的海外贸易货物几乎都由华人的帆船来运输,其皇家船队完全由中国人创建,国王派往海外的代办官员、仓库员和会计员都是华人,商船均由华人管理。④

---

① 郑甫弘:《十六、十七世纪南洋华人移民与生产技术的传播》,厦门大学《南洋问题研究》1993 年第 1 期,第 63 页。
② 吴凤斌:《黄乃裳创建新福州垦场的因由及其影响》,《南洋问题研究》1993 年第 1 期,第 85 页。
③ 郑甫弘:《十六、十七世纪南洋华人移民与生产技术的传播》,厦门大学《南洋问题研究》1993 年第 1 期,第 69 页。
④ 郑甫弘:《十六、十七世纪南洋华人移民与生产技术的传播》,厦门大学《南洋问题研究》1993 年第 1 期,第 71 页。

华人移民在生产技艺和管理才能方面的传播，促进了东南亚生产技术的发展，推动了东南亚生产力的发展和社会历史进步，同时也为华人融入当地社会打下了坚实的基础。

华人在开发和建设东南亚的漫长岁月里同当地人民友好相处，建立了友谊，并且世代相传。这种友谊在抗日战争时期以及东南亚各国争取民族独立的斗争中得到进一步的增强，为了共存共荣，他们相互支持，共同奋斗，为各民族团结打下了更为坚实的社会基础。

1941年12月日本袭击珍珠港，而后又占领香港，接着席卷整个东南亚。日寇侵略的铁蹄所及之处，人民陷于水深火热之中，为了争取生存的权利，华人同当地人民发起了"援华抗日运动"。他们不仅在舆论上积极支持中国抗战，并以实际行动帮助中国抗战。早在1937年，在马来西亚峇株巴辖日本财阀经营的铁矿里，当华族工人开展罢工斗争时，成百名马来族和印度族工人也站在华工一边，迫使铁矿生产停顿。1938年1月，新加坡的华族和印度人民响应尼赫鲁提出的"印度之中国日"的号召，在克罗福码头广场举行了大规模的群众大会，并组织游行示威，英国殖民当局派军镇压，以致发生流血事件。为了抗议警察暴行，华族和印度族商人联合罢工。1944年4月，马来族和华族人士联合主办一次盛大的游艺晚会，演剧筹款救济中国伤兵和难民。大会主席哈森上尉在会上致辞说："马来民族绝对地拥护中国抗战，因为中国的抗战是反侵略的，是为世界人类的和平与安宁而战。马来民族必然与中国人民立于一道战线，予日本帝国主义者以联合的打击。"① 抗日战争时期，国内大批文化界知名人士如胡愈之、沈兹九、郁达夫、张楚琨等人先后到达新加坡，在该地被日本占领后，为了躲避日本特务的搜捕，他们撤往苏门答腊，在丛林中隐姓埋名，度过了三年多的流亡生活。当时生活十分艰苦，处境十分危险，他们在当地人民的热心帮助下，同甘苦、共患难，亲如家人。著名作家郁达夫因偶然的机会当上了日本宪兵部的翻译，他曾巧妙地从虎口救出了不少人，其中不少是印尼人，可惜在日寇投降后不久，他却被日本宪兵秘密杀害。

抗日战争胜利后，英、法、荷兰殖民者随之进入东南亚，为了支援东南亚人民争取民族独立的斗争，华人也积极行动，作出了贡献。

在印尼人民同荷兰殖民者开展斗争的过程中，华人以各种形式支持他们。

---

① 黄枝连：《东南亚华族社会发展论》，上海社会科学院出版社1992年版，第122~123页。

1947年,荷兰殖民者采取所谓"警卫行动",镇压印尼人民的独立运动。印尼华人积极配合印尼进步人士在荷兰控制区掀起罢工浪潮。华人在苏门答腊所办的《民主日报》《苏门答腊民报》《前进报》(周刊)等,在舆论上积极支持印尼人民反对荷兰殖民者的斗争。当时,荷兰殖民军在联盟的英军支持下,占领了印尼的许多城市,爪哇岛一度被划分为荷兰占领区及印尼共和国区。荷兰殖民军对中爪哇一带实行经济封锁,在连场血战之际,当地华人们组织起来,冒着生命的危险支持印尼人民的抗荷斗争。他们突破荷军封锁线,把白糖、椰干等土产品运到新加坡出售,再购买军需品和药用品运送给印尼游击队。今日世界巨富林绍良当年在印尼,凭借他多年积累下来的行商经验和广泛的社会关系,冒着风险源源不断地为印尼游击队输送弹药和医药用品。在此过程中,他结识了许多印尼军官,其中一位是总统苏哈托。每当苏哈托的军队陷入经济窘境,林绍良就义不容辞地予以有力的支持,苏哈托为之十分感激,两人结下了深交。[①] 林绍良还帮助苏加诺的岳父哈山·丁——印尼共和国的高级官员在他自己家中隐蔽了一年,摆脱了荷军情报人员的追缉。

世界上一切事物的发展都是曲折的,国家与国家之间,民族与民族之间,东南亚的华人与"原住民"(Bumputra)之间的关系也出现过曲折。

第二次世界大战后,美苏两国对峙,冷战的阴云笼罩世界,东南亚不可避免地也受到冷战冲击波的影响。以美国为首的西方国家的当政者视东南亚的华人为中共的"第五纵队",在东南亚国家和华人社会之间进行离间活动,把反共同反华、排华联系起来,反共情绪和反华人情绪交织在一起,造成了民族之间的隔阂,并使矛盾加深扩大。世代生活在东南亚并为当地的开发和独立作出过努力的大批华人受到不公正的对待。华人问题成了20世纪五六十年代东南亚最敏感的政治问题之一,华人也因而面临严峻的生存问题。

1955年4月,在印尼万隆召开了亚非会议。中国提出的和平共处五项原则,得到与会国的赞成,为改善国与国之间的关系打下了良好的基础。当年周恩来代表中国政府在印尼参加会议期间,又提出解决双重国籍的方案。他鼓励华人加入所在国国籍,不再保留双重国籍身份。由于大批华人成为居住国的国民,成为这些国家多民族组成中的一员,因此在一定程度上缓解了"原住民"同华人之间的矛盾,改善了国与国之间的关系。

---

[①] 郭伟锋:《当代港台南洋经济强人列传》,经济日报出版社(北京)、亚洲出版社(香港)1991年联合出版,第185页。

如今在东南亚的华族社会中,过去那种建立在方言集团和同乡会基础上的关系已经松懈,超出家族范围的种族关系和国际关系已经建立起来,华人对中国的倾向性已变为对中国传统与习惯的文化认同。华人同"原住民"在援华抗日和争取独立的斗争中结下的友谊已成为他们世世代代友好相处的坚实基础。华人认同并加入所在国的主流社会,同主体民族一起建设自己的国家。东南亚华人资本数额巨大,华族工人、专业技术人员、企业家在东南亚国家中所起的作用,已受到这些国家有识之士的重视,利用"华族资源"已成为东南亚国家经济发展的大势所趋,许多国家开始用"非政治化""非种族主义化"的方式来对待华族问题。而对于华人经济来说,离开了东南亚国民经济的发展,也就失去了依托,谈不上自身的发展。另一方面,东南亚的主体民族同华人之间的矛盾和冲突也不可能完全消除,但就其性质而言,则往往是掌握了较多财富的华人与相对贫困的原住民之间的矛盾。

民族融合是历史发展的必然趋势,而民族融合则是一个漫长的历史过程。在华人聚居的国家,华人作为一个民族将长期存在,并融合在一个求同存异、共同发展的社会框架之中。

(原文载《近代中国》第 5 辑,
作者:马克烈,民盟上海市委秘书长)

# 从抗争《商会法》看民初商会的发展

朱 英

辛亥革命推翻了清王朝,但前仆后继领导革命的资产阶级革命派却未能建立统一全国的新政权,而是由工于心计的袁世凯享受革命的胜利果实,最终建立了北京政府。在袁世凯政府的统治下,诞生于清末的新式民间商人社团商会面临何种命运?是受到约束和压制而一蹶不振,还是在原有基础上获得了进一步发展?这是值得深入探讨的问题。

如果不对有关史实作详细的考察和分析,仍用过去的片面观点看待这一问题,难免会简单地推论出在袁世凯政府反动的专制独裁统治下,作为民间社团的商会将无法获得进一步发展,只会受到压制和摧残。然而事实却并非全然如此。本文通过对商会坚持抗争《商会法》这一重要历史事件的剖析,可以说明民初的商会在思想认识的提高、组织程度的增强以及抗争官府的态度与行动等方面,都获得了明显的发展。

## 一、抗争《商会法》的由来与焦点

清政府在20世纪初倡导和鼓励各省商人设立商会时,并未制定《商会法》,而是颁行了具有法规性质的《商会简明章程》,共计26条,后又拟订《商会章程附则》6条。清朝灭亡之后,新成立的中华民国政府如果一成不变地继续沿用清朝政府制定颁行的商会章程,无论从哪个方面说均甚为不妥。另外,清朝政府颁行的商会章程内容过于简略,早已不适应商会的发展,也确有重新制定商会法规的必要。当时,北京政府和全国许多商会对此都不无共识。但是,对待新商会法中的某些重要条款,双方却产生了严重的分歧。这种分歧实际上在北京政府正式颁布《商会法》之前即已显露无遗。

1912年,北京政府工商部即已拟订了《商会法》草案,并交由法制局修改,后又提交参议院等待议决。同年11月1日至12月5日,工商部在北京发起召开临时工商会议,出席会议的代表分为以下三类:其一是由工商总长特别邀请的工商界代表人物,共计 24 人;其二是各省实业司、劝业道遴派该署行政官员各 1 人,工商团体遴选工商业者代表各 2～4 人;其三是由各驻外领事或各埠华侨商会选派侨商代表各 2 人。在这三部分人当中,工商各团体及海外侨商的代表显然占绝大多数,尤其是商会的代表为数最多。据不完全统计,全国有 40 多个商会选派 70 余名代表出席了会议,加上其他工商团体和特邀的工商界代表,大约占全部与会代表 150 余人的 80% 左右。

工商部提交临时工商会议讨论的议案中,包括筹开各本省商会联合会案。与会代表认为,筹开各省商会联合会,对于各商会之间互相联络,了解各地商情,研究改良办法等,均具有积极作用。但是,工商部制定此项办法的另一个原因,是拟取消原有的各省商务总会,由各省召开商会联合会予以弥补,而与会的商会代表对取消商务总会大多持不同意见。因此,在讨论过程中工商界的代表们对此案提出了不少异议,并认为《商会法》也应先交工商代表大会讨论通过再呈请参议院议决。有的代表明确指出:"该案先要由本会讨论一番,然后再交到参议院。"还有代表特别强调:"参议院有条文规定,政府提出之议案,无论何人,皆得提回修正。商会法案内容尚须研究,即可请工商部赶紧提回。"①在工商界代表的一致要求下,工商部将原案及法制局修改案一并提出,作为咨询案交付工商会议讨论。工商部特派员还表示:"只要事实上可行,法律上无所违碍,本部断无不从命者也。"②但从商会法案的讨论过程可以发现,工商界代表与工商部之间仍存在着较多的分歧。

工商部初拟的《商会法》共计 40 条,对原清朝商部颁布的《商会简明章程》在以下几个方面作了较大修改。其一是将所有的商务总、分会均改名为商会,不再设立商务总会,商务并非繁盛之地的原有商务分会也予取消;其二是"废去部发委任状及关防图记";其三是将工会与商会合并。然而,与会的绝大多数工商界代表对《商会法》在这二方面的改动,都表示难以接受,尤其认为取消总、分会的理由不充分,也不利于工商业的发展;同时,还要求工商部另订《工会法》。有的代表则提出改良商会设立全省商务总会案,强调非有全省商务总会这样"绝大之团体、绝大之魄力,以提挈其间,不足以资联络而谋统一"③。

---

① 工商部编印:《工商会议报告录》第二编《议案》(未决案),第 20 页。
② 工商部编印:《工商会议报告录》第二编《议案》(议决案),第 47 页。
③ 工商部编:《工商会议报告录》第二编《议案》(决议案),第 71 页。

经充分讨论之后,会议最终审定通过的商会法议决案,对工商部原案及法制局修改案作了修改。有关总、分会的规定为:"凡商务繁盛之城镇得设商会,省会及大商埠得设立总会。"这明显是仍然坚持设立总会,而且维持原有一省拥有多处总会的现状。关于商会领导人选举后由部加札并颁发关防图记,也仍指明:"商会关防由工商部颁发式样,照刊报部,以资信守。"工商界之所以有此要求,是希望维护商会已有的社会地位,以便于与各级官厅衙门周旋。另外,最后审定的议决案还加上了工商部原案及法制局修改案所没有的某些条款,如商会与官厅文牍程式方面,即专门补充以下条款:"商会对于工商部、各省都督一律用呈,对于司长以下各行政官署,各省各地商会一律用咨。"其目的同样是为了维护商会的地位与权利,以免遭受地方官厅的压抑。在商会权限方面,议决案也补充了数项条文。其中包括对工商部有"呈请维持之责",对行政官厅有咨请查办、维持和代商申诉之权。①

但是,1914年9月北京政府农商部正式颁布的《商会法》,却全然不顾工商界在工商会议上的强烈要求,仍坚持将商务总、分会全部改组为商会,取消各省的商务总会,连刚刚成立数年的全国商会联合会也欲一并取缔,而且限制各县只能保留一个商会。关于商会与官厅的行文程式,农商部也对工商界的要求置于不顾,强令凡京外行政各级官厅对商会一概用令用批,商会对各级官厅则一律用呈,由此将商会置于各级官厅的管辖之下。这自然引起各地商会乃至整个工商界的不满和抗争,从而导致一场工商界与政府之间的矛盾冲突。商会的一致要求是:确立全国商会联合会的合法地位,修改商会与官厅的行文程式,反对政府强令商会改组,这也是商会抗争商会法的主要焦点。各地商会和全国商会联合会曾多次为此举行特别会议,不断派代表赴京上书请愿,"要求照议修改,以顺商情",并以异常坚决的态度表示"万无中止之理"。

## 二、思想认识更趋提高

在抗争《商会法》的过程中,从商会的有关言论不难发现,其成员对于涉及商会社会地位、独立性、自治权利以及其他许多重要问题的认识,较诸清末有了明显的提高。

---

① 工商部编:《工商会议报告录》第二编《议案》(议决案),第3~4页。

例如商会之所以坚持要求按照工商界的意愿，在《商会法》中确认以往商会与官厅的行文程式，即是为了维护商会的独立性和社会地位。清朝农工商部曾颁布《商务总、分会与地方官衙门行文章程》，规定各商务总会于本省及他省督、抚均用"呈"，对司、道及以下各级衙门均用"移"。各商务分会对本省及他省督、抚、司、道均用"呈"，对府、厅、州、县则用"牒"①。根据清朝定例，平级衙门之间的公文才用"移""咨""牒"之类的字眼。因此，商务总会的地位仅在督、抚等封疆大吏之下而与司、道平行；商务分会也只在司、道之下，与府、厅、州、县平行，这说明商会的社会地位在清末是相当高的。民初的两年，商会与官厅的行文虽在字眼上有所改变，也基本上仍沿用这一程式。但《商会法》却规定商会对各级地方官厅行文一律用"呈""禀"，地方官厅对商会则用"令""批"。尽管农商部曾解释官厅"令人批人"非为专制之意，用"呈"也非为"牛马奴隶之意思表示"，商会却充分认识到行文程式之变，绝非单纯的公文体制之变，而是关涉商会独立性和社会地位的重大改变。其还意识到，商会独立性与地位的改变，一方面涉及商会在社会上的威望与影响，另一方面也直接关系到商会能否发挥其应有的作用和功能，因而不能不据理抗争。

对改变公文程式所造成的这种严重后果，许多商会都作了具体论述。有的商会指出，照此规定商会必将贬为行政官厅的属员，使各级行政官厅"微员末职皆得令之，上下攸分，诸形扞格，商情何由而达！商会安有！"②有的商会则阐明：所谓行文程式之变，"似属形式，要皆关乎体制"。"盖地方公益之事，官府与商民有共同担负之责任，无上令下行之体制。"③这说明当时的商会已对维护自身独立性和社会地位的重要性有了较为深刻的认识。

就当时的实际情况而论，商会的判断并非言过其实。前已说明，按照以往的公文程式，商会对一般地方官在清末用"移"，在民初则改用公函，均表明商会不仅不是隶属于官府的行政机构，而且是以同等的地位与官府相互咨商，此与呈请官府指示有着明显的不同。如果按《商会法》的规定对各级官厅一概用"呈"或"禀"，则意味着商会隶属于官厅，其地位甚至在一般县知事之下。因为县知事也能以上级官厅的口吻对商会用"令""批"这类字眼，商会也就谈不上拥有自身的

---

① 章开沅等主编：《苏州商会档案丛编》第 1 辑，华中师范大学出版社 1991 年版，第 37 页。
② 天津市档案馆等编：《天津商会档案汇编》(1912—1928)，第 1 册，天津人民出版社 1992 年版，第 667 页。
③ 天津市档案馆等编：《天津商会档案汇编》(1912—1928)，第 1 册，天津人民出版社 1992 年版，第 667 页。

独立性。正如有的商会所说：商会所办各事均须禀报地方官，"直将商会隶属县知事以下'则设立商会实不足轻重'"①。由此可知，民初商会对《商会法》中有关商会与地方官厅行文程式规定的抗争，从表面上看"虽系形式上之争，然关系甚大"，是维护其独立性和社会地位的一场重要斗争。

除此之外，民初的商会还认识到必须协力维护自身已享有的自治权利，因为仅有独立性和社会地位，没有实际权力，商会仍然形同虚设，无法真正广泛地发挥作用。可以说，这一认识也是促使商会奋力抗争《商会法》的因素之一。

虽然当时的北京政府在表面上并未宣称要限制和削减商会的权利，但按照《商会法》的一系列规定，商会在运作过程中的许多方面都必须受官厅的控制，实质上是削减了商会的已有权利。许多商会对此不无深切了解，并充分意识到此事关系重大，与商会的存废发展直接相关，如不抗争，"则虽有机关空名，而职权裁抑过甚，何必有此商会"②。

不少商会还对北京政府进行了激烈的抨击，有的指责政府"有意缩小商权，殊失保商本旨。商务权誉攸关，本会势难遵从"③。有的表示：政府"薄视商会，抑压商权"，使商会办事行文诸窒碍，"本会全体反对"④。另还有商会指出，《商会法》如果实施，其客观后果既削减了商会的权利，也加深了商会与官府之间的隔膜，"设使事事皆奉各官厅命令而行，渐次商会与政府隔膜，而留难壅闭诸弊及百端抑压，动辄申斥之手段，必立施于我商会。农商部之蹂躏民权，摧残商界，视商人如奴隶、牛马，亦势所不免"，如此则"商会事宜将呼应不灵，惟有任人摧抑，俯首听命而已"。⑤ 显而易见，民初商会抗争商会法以维护自身权利的态度是比较坚决的。

使商会颇感愤怒的又一个原因，是辛亥年间各省光复伊始，所在地区的商务总、分会大都组织商团维持市面，以补官厅所不逮。特别是"赣宁之役"爆发后，绝大部分商会又支持袁世凯，"坚抱宗旨，拥戴中央"，帮助北京政府镇压革命党人。商会本以为有功于政府而应得到奖励，然而"今则为官厅者，或累受勋章，或荣膺高位，而商会却特受此新法〔发〕明之体例，是不啻以压制为酬庸也"⑥。拥

---

① 《中华全国商会联合会会报》第 2 年第 7 号《商会文牍》，第 8 页。
② 《中华全国商会联合会会报》第 2 年第 8 号《商会文牍》，第 44～45 页。
③ 天津市档案馆等编：《天津商会档案汇编》(1912—1928)，第 1 册，第 664 页。
④ 天津市档案馆等编：《天津商会档案汇编》(1912—1928)，第 1 册，第 667 页。
⑤ 天津市档案馆等编：《天津商会档案汇编》(1912—1928)，第 1 册，第 676 页。
⑥ 天津市档案馆等编：《天津商会档案汇编》(1912—1928)，第 1 册，第 676 页。

戴北京政府却换来如此结局,自然导致商会的强烈不满。

有些商会还从另一角度阐明,民国建立,国号共和,公民理应享有更多的权利,而北京政府却反其道而行之,压制商会,摧抑商权,甚至不及专制时期的清朝政府。以下所引一段史料,即集中反映了商会的这一共识。"民国肇建,政治革新,凡一切宪法,次第厘定,无非求适合共和国体,以示咸与维新之意。商界人等,方喁喁然拭目景仰,以谓《商会法》之厘定,其重商政策,保商权利,比前清之时必有加无已,有伸无屈。迨《商会法》颁布施行,取缔太酷,阶级过严,事事均须禀由地方官详咨办理,反不如前清部定商会章程之直接便利。此在闭关之时,文明未启,固无足怪。今者国号共和,人民平等,何复出如此之规定?"①这显然是从政治体制的角度,论述北京政府所定《商会法》压抑商会权利乃大谬之举。有的商会更直接表示,北京政府的"抑商政策更有甚于前清专制者",如果依《商会法》之规定而行,"商会无一事不须秉承地方长官,层递周转,前清专制,尚且袪除此种抑压,民国共和,竟有此变本加厉政体"②。

从当时的实际情况看,上述商会对北京政府的某些指责可能有过于激烈之嫌。因为从有关的各方面史料中,似乎还看不出北京政府蓄谋通过制定《商会法》这一举措,大力限制和削减商会权利的明显主观意图。工商部解释拟订《商会法》的初衷,是因为"振兴商业,保护商人,必先改良旧有机关,以期有完全之商会法"③。另外,《商会法》草案的初订是在革命党人刘揆一担任工商部总长时期,此后修改和正式颁布时,则是工商界的代表人物张謇出任农商总长。应该说,像刘揆一和张謇这样的人,不大可能会大张旗鼓地限制和削减商会已经享有的权利。他们的看法与工商界出现分歧,主要是由于对某些具体问题有不同的认识所致。④ 然则也要看到,《商会法》的许多规定又确实将对商会已具有的权利产生一定的制约影响。商会的言论尽管有过激之处,但对这一问题的高度敏感性,恰好说明民初的商会对维护自身的权利更趋重视,即使与政府出现矛盾冲突乃至对抗,也不会轻易妥协退让。这种情况在清末尚不明显,因而可以视为民初商会思想认识提升发展的一个具体反映。

对商会抗争《商会法》进行深入的考察和分析,还可发现在其他许多方面,民

---

① 《中华全国商会联合会会报》第 2 年第 8 号《商会文牍》,第 38 页。
② 工商部编印:《工商会议报告录》第二编《议案》(议决案),第 44 页。
③ 《中华全国商会联合会会报》第 2 年第 7 号《商会文牍》,第 9 页。
④ 有关张謇与商会对商会法某些具体问题的不同认识及分析考察,详请参阅拙文《张謇辞卸农商总长的时间及其对修改商会法的态度》,载《香港中国近代史学会会刊》第 8 期 1996 年 12 月。

初商会的思想认识也有不同程度的提高。例如清末的商会在思想认识方面尚对官府存在着较多的依赖性,对商会与官府的多重互动关系缺乏了解,民初的商会在这方面则已获得了初步的认识,并对其有关行动产生了重要影响。

首先,民初的商会意识到:个人必须依附于社会,否则就难以生存;社会虽有其独立性,但也不能完全脱离国家,而且需要国家的扶植。《中国商会联合会会报》第1年第1号刊登的《发刊词》即曾阐明:"个人必须社会而生活,社会必有国家才稳固";没有国家发挥作用,往往造成"各种事业只为强者所专有,社会是个不完全的社会,个人是个不完全的个人"。因此,商会希望国家与社会形成一种协调互补的良性互动关系。特别是当时的中国,"元气未复,各种事业皆在草创之初",只有国家根基巩固,实行保护政策,才能使"经济界有生机,各种事业方能就绪"。不难理解,民初的商会是从国家与社会良性互动这一新的架构体系之下认识国家的作用,而不是像过去那样简单地对官府存在依赖性。

其次,民初的商会虽然强调国家对社会的扶植作用具有重要影响,但同时也意识到社会必须随时保持其独立性和应有的权利,必要时还须以各种方式与国家进行抗争,否则社会也将成为一个不完全的社会。正因为如此,《商会法》颁布之后,各地商会无不公开抵制。有的商会还明确指出:"当此商战剧烈时代,交涉发生,隐忍退让,无可与言争胜地位,此全国商业成败系之,愿各团体竭力协助。"[1]这表明商会已认识到,当国家对社会不仅不予以扶植,反而加以侵蚀之际,社会不能"隐忍退让",必须奋起抗争,誓达目的。在这种思想认识的指导下,民初的商会以不懈的努力对《商会法》进行抵制,最终维护了商会的独立性以及应有的权利,也一定程度地发挥了社会制衡国家的作用,这种情况在以往同样也是不多见的。

还应指出的是,民初的商会对法律的重要作用与影响的认识也更为显著。在工商部召集的全国临时工商会议上,与会的工商界代表即要求政府"参酌中国工商习惯,速订商法、公司律,颁布施行"。其后全国商会联合会成立,又在所办机关刊物上连续发表专文,阐明中国无商法之弊害。不少商会更深知法律对民间社会所产生的重要影响,力图争取实施有利于民间社会独立发展的法律法规,以便通过法律维护自己的生存和发展。至于与商会命运直接相关的《商会法》,各个商会更是甚为重视。诚如当时有的商会所说:"商会之设,当不外以振兴商

---

[1] 《中华全国商会联合会会报》第2年第7号《商会文牍》,第9页。

务、保护商民为两大宗旨,商会法为商会之命脉,善则全国蒙福,劣则全体失败,可不慎欤!自新商会法颁布后,详绎条件,限制甚严,取缔愈密,商会之权力,几至剥夺靡遗,全国商会当群起力争。"[①]还有商会指出:"当此改章伊始,若规模不善,贻害商业前途,何堪设想!"[②]这表明民初商会对《商会法》的意义及影响,有着非常深刻的认识;同时也反映出,当时的商会已意识到此次抗争《商会法》的行动,不仅关系到今后商会能否独立顺利地发展,而且也事关商业全局的兴衰。

以上主要通过考察商会在抗争《商会法》期间的言论,简略地分析了民初商会在思想认识方面更趋提高的具体表现。思想是行动的指南。可以说,正是由于民初的商会对上述许多重要问题的认识获得明显的提高,才促使其以不妥协的姿态坚持对《商会法》进行抗争,从而也使近代中国商会的发展达到一个新的阶段。

## 三、组织程度的增强与实力影响的扩大

商会在民初获得发展的另一个具体表现,是组织程度较诸清末也有了进一步的增强,其主要标志是全国商会联合会的成立。全国商会联合会成立之后,商会的实力与影响也随之日趋扩大,此在抗争《商会法》的过程中即得到充分的体现。在某种程度上甚至可以说,如果没有全国商联会的联络和领导,商会将难以在近两年的时间内,就修改《商会法》这一重大问题,坚持协调一致地与北京政府抗衡,直至取得最后的胜利。

全国性商会组织的成立,在清末即已开始酝酿。由于清末各省的商务总会互不统辖,即使是同一省区的总会也各自为政,加上没有全国性的商会联合会予以领导,这种状况显然不利于更好地统一全国各省商会的行动,也限制了商会发挥更大的作用与影响。于是,由上海商务总会等团体发起,1907年年底在上海举行第一次商法讨论会时,与会的各商会代表一致赞成创设商会联合会,并草拟了简章,议定由上海商务总会和新加坡华商总会分别负责筹备事宜。1909年在上海召开的第二次商法讨论会,又再次议及设立华商联合会之事。但由于种种原因,全国性的商会组织在清末始终未能宣告成立。

尽管如此,工商业者并未放弃成立全国商会联合会的努力。辛亥革命后,工

---

① 《中华全国商会联合会会报》第2年第12号《专件》,第2页。
② 天津市档案馆等编:《天津商会档案汇编》(1912—1928)第1册,第687页。

商界的许多有识之士进一步认识到:"时至今日,无论对内对外,皆决不可无全国商会联合之机关。盖有此机关则视线远大,规划周宏,一致进行,众擎易举。"①1912年11月,临时工商会议召开,全国各地绝大多数商会派代表出席,正好为全国商会联合会的成立提供了一个难得的机遇。会议期间,与会的各商会代表"相与论及此事,莫不认为急务",遂由上海总商会代表王震、汉口商务总会代表宋炜臣、盛炳记等人发起和联络,先后三次召开特别会议,议定在北京设立全国商会联合会本部,在上海设总事务所、各省和各侨埠则设分事务所以联络国内外商人所设之商务总、分会、所,协谋全国商务之发达,辅助中央商政之进行为宗旨"②。随后,仍由王震等三人领衔呈请工商部核准立案。同年12月,工商部即予以批准,并表示"该商等发斯巨愿,树此闳规,自能实力进行,扩充商业,本部实乐观厥成"③。

全国商会联合会的正式成立,在很大程度上改变了清末各省商会互不统属和各自为政的弊端。从此,各地的商会有了全国性的领导中心,相互间的联系更为密切,行动也更为一致,所产生的社会影响自然也更加突出。抗争《商会法》,即是全国商联会领导各地商会共同进行的一场令人瞩目的重要斗争。

《商会法》只字未提全国商会联合会,只规定各省商会在本省区设立每年举行一次会议的松散性质的商会联合会,实际上也就意味着全国商联会是非法团体,必须自动解散取消。对此,不仅全国商联会难以应允,而且各地的商会也坚决表示反对。为了联合海内外华商会共同抵制,全国商联会上海总事务所在《商会法》颁布之后,立即致电通告各省的商联会事务所和商会。各省事务所及商会也随即函电纷驰,无不阐明全国商联会的重要作用,强烈呼吁全国商联会"为海内外商人集合团体,借以集思广益,互通声气,必当永久存在。乃商会法未曾规定,应一致要求政府加入条文"④。于是,在商联会的号召下迅速掀起一场全国商会共同抗争《商会法》的斗争。连当时的社会舆论对商会的抗争也予以声援。《申报》即发表评论文章说:"方今全国商业窳败,又当商战剧烈之时,欲谋商务之振兴,实业之发达,非有全国商界集合团体为之联络研究进行,不足以言进步,抑且无以自存。吾国商会联合会上年业已组织成立,设总事务所于上海,现各省均

---

① 《中华全国商会联合会第一次代表大会》(上),《历史档案》1982年第4期,第43页。
② 《中华全国商会联合会章程》,《历史档案》1982年第4期,第44页。
③ 《工商部批》,《历史档案》1982年第4期,第47页。按:此档案的整理者误将工商部这一批文的时间记为1912年11月,实际上应为12月20日。
④ 《中华全国商会联合会会报》第2年第12号专件,第1页。

已赞成存在,应即要求政府赓续有效,另拟强固章程,详请立案,作为全国商会联合会之主体,设分事务所于各省。"①

全国商联会并不单纯是联络各地商会为了自身的合法地位与北京政府抗衡,而是作为各商会的中枢领导机关,表达所有商会的意愿,并组织各地商会对《商会法》中降低商会地位、限制商会权力及阻碍商会发展的一系列规定,进行坚决的抵制。

北京政府在《商会法》出台前公布商会与官厅的新行文程式时,全国商联会即已开始领导各地商会予以抵制。1914 年 3 月 15 日,全国商联会第一次代表大会在上海举行。虽然有关商会与官厅行文程式问题先前并未列入议事日程,但全国商联会仍将此事作为重点讨论的议题之一。经过与会各商会代表讨论之后,全国商联会又致电大总统及国务院,强烈要求修改新颁布的行文程式。除此之外,全国商联会还通电各省商会,宣布不承认北京政府农商部颁布的新行文程式令,各商会仍旧对省长以上用"呈",省长以下概用公函。

及至《商会法》公布之后,全国商联会更是专门为抗争《商会法》之事,召开各地商会代表参加的临时特别会议,商讨抵制办法与措施。1915 年 3 月,全国商联会特别会议如期在上海举行,21 个省区的商会均积极派代表参加。会议期间,各商会代表一致要求北京政府承认全国商联会的合法地位,修改商会与官厅行文程式,保留各省的总商会以及取消一县只能设立一个商会的限制。

经讨论磋商,会议草拟了《修正商会法案理由书》,决定以全国商联会的名义上书北京政府政事堂和农商部,表达全国商会的强烈要求;同时,推举盛竹书、朱葆三、胡钧堂、余民进等四人为请愿代表,"晋京要求照议修改,以顺商情"。

《修正商会法案理由书》综合各地商会的意见和建议,对要求修改《商会法》中某些内容的理由作了充分的阐述。关于全国商联会的存废,理由书说明:"全国商会联合会发起于民国元年工商会议,成立以来,迄今三载。上海总商会为总事务所,各省埠总商会为分事务所,其实质在联合全国商会之情谊,开通风气,交换知识,与总商会所行之职务迥不相同。今以各省城设立商会联合会,使全国商会联合会消灭于无形,于工商会议发起之宗旨骤然变易,联者分之,合者离之,决非商情之所愿。"对《商会法》取消总商会的规定,理由书以更加强硬的态度指出:"商会之组合,由各业公所、公会团结而成,与寻常社会以号召组织者不同。有组

---

① 《申报》1915 年 3 月 29 日。

合之时,无解散之事。既无解散之事,即无取消之理。"关于商会与官厅的新行文程式,理由书也充分阐明,"商会行文程式不能以行政官厅之阶级相绳",否则"无由见信于商人,何望商业之发达",因此商会万难接受。① 全国商联会的请愿代表到京之后,"遍谒当道,将应请仍旧并不便奉行者逐款说明,要求加以修正"。

尽管全国商联会在领导各地商会抗争《商会法》的过程中,所采取的斗争方式仍然是集会抗议、上书以及请愿,并未实施罢市和拒纳捐税等能够对政府施加更大压力的斗争手段,从这一点看民初的商会似乎又与清末的商会并无多大区别。但是,如果细加比较仍可发现其间的差异。尤其是全国商联会在斗争中所起的重要作用,在清末是不曾有过的,也是任何一个商务总会所无法替代的。例如否认北京政府颁行的商会与官厅之间的新行文程式令,只有经全国商联会代表大会议决,并由商联会出面通告各省商会才最具权威性。当全国商联会发出通电,宣布农商部"前项部令未经法制局商定,及本会议决呈请,始有与法制局商酌核办之语,则部令之行文程式当然无效,请转知各会查照议决案,一律办理,切勿参差为要"②,各地商会马上积极响应,遵照执行。如果不是全国商联会出面,而是由某一地区的商会领衔,其权威性势必大打折扣,某些商会也将难免会有所观望,从而不可能使全国各地的商会采取一致的行动。

在清末,被誉为中国"第一商会"的上海商务总会,也曾发起大规模的抵制美货运动,产生了重要的作用与影响。但是,上海商务总会并非全国商会的领导机关,而且也未就抵制美货召开专门会议与全国各地商会共商具体实施办法。因此,在这场运动兴起不久,即出现某些商会行动不一致的情况。例如天津商务总会起初也曾响应上海商务总会的号召,积极参与抵制美货运动,并表示"吾绅商尤当始终无懈",但很快又发出通告说:"缘不购美货,已购者停滞难销,已定而未出者亦不能临时退回,种种为难,于天津市面殊多未便。窃思我津商人当此创巨痛深之后,实不能再受此扰累,为此公议传单知会各行,凡有天津生意,一切照常交易,万勿为浮言所动,以期保全大局。"③这种状况显然不利于抵制美货运动的深入发展,也限制了商会作为一个整体发挥更大的作用。①

又如成都商务总会在清末的1911年曾经向清朝农工商部提出修改《商会简明章程》的要求,与此同时又照会各省商务总会,说明"仅以奏定商会简明章程为

---

① 此段引文见天津市档案馆等编:《天津商会档案汇编》(1912—1928)第1册,第693~694页。
② 天津市档案馆等编:《天津商会档案汇编》(1912—1928)第1册,第673页。
③ 天津《大公报》1905年6月22日。

施行法,一遇事实之发现有非章程所规定者,辄疑畏不前,反贻放弃职权之诮"①。成都商务总会原本希望得到各省商务总会的支持,以便最终达到目的,但各省商会却对这一呼吁没有予以积极回应,始终未能形成全国各地商会共同一致的要求与行动。之所以如此,或许有多方面因素的影响,但可以肯定,其中的一个重要原因即是清末的商会在组织系统上还存在着明显的缺陷,各省商务总会互不统属,以至影响了各地商会之间行动的协调一致性。这种缺陷在民初全国商会联合会成立之后,即有了较大的改变。

上述表明,由于民初商会的组织程度大为增强,特别是全国商联会的成立,使各地商会有了统一的全国性领导机关。因此,抗争《商会法》得以在短时间内即形成一场有领导、有组织而且是宗旨明确、目标一致的斗争行动,并能一直坚持到底;同时,在全国商联会的联络和领导下,这场斗争自始至终都是全国各个商会,包括海外华侨商会在内的共同行动,而不是少数商会孤立无援的分散行为,其声势和影响自然更为显著,以至北京政府最终也不敢完全对商会的要求置若罔闻,不得不基本上按照商会的要求对《商会法》予以修改。

## 四、与官府的抗争更趋坚决

在清末商会与官府的互动过程中,围绕着某些方面的控制与反控制,商会也曾不同程度地进行过抗争,并取得了一定的成效。但由于当时商会思想认识、组织程度等方面的发展均不无缺陷,独立性也欠充分,对官府存在着较多的依赖性,因而在与官府的抗争中又表现出态度不很坚决、斗争不甚彻底等弱点。当时即有人指出:"吾不谓中国之不宜立商会,而惜中国商会不能如欧美之完备。""中国虽立商会,而事事皆仰成于官,断无能久之理。"②

民初的商会在与官府的抗争这方面,较诸清末的商会也获得了明显的发展。上文已阐明,民初商会对有关维护自己社会地位、独立性及权利的重要意义及其影响的认识大为提高,而且通过成立全国商会联合会,使自身组织程度的发展也达到一个新的阶段,其实力和影响相应得到进一步扩充。另外,民初的商会还意识到,在与官府的互动过程中,如果面临官府的约束与侵蚀,商会不加抗争和抵

---

① 天津市档案馆等编:《天津商会档案汇编》(1903—1911)上册,天津人民出版社 1989 年版,第 96 页。
② 《论商会依赖政府》,《东方杂志》第 1 年第 5 期。

制,无论对商会还是工商业的发展,都将带来极为恶劣的影响。所以,民初的商会在与官府抗争的过程中,不仅态度与行动较前显得更趋坚决,而且成效也更为显著。这方面的具体表现,在民初商会抗争《商会法》的斗争中同样有比较突出的反映。具体说来,民初商会对《商会法》的抗争有以下几个特点:

其一是这场抗争坚持的时间较长。

《商会法》的正式颁布虽然是在1914年的9月,但实际上商会对《商会法》中某些重要内容的抵制,早在1914年初就已较大规模地进行。例如反对商会与官厅的新行文程式令,即在1914年初已广泛展开,后来也仍然是商会抵制《商会法》的焦点之一。1914年年初,农商部以其接管卷内各省农工商总、分会对各地方官署往来公文参差不一,甚或各会之间因此争执为由,重新制定商会与官厅的行文程式。1月17日,北京政府将农商部新定行文程式登入第609号政府公报,通令各省都统、民政长、驻外公使分别饬遵在案。许多商会对此坚决表示反对,全国商会联合会也马上联络和领导各省商会予以抵制。商会的抗争持续数月之后,农商部于6月答复说:"各商会对于县知事,关于设立、解散等应立案注册者,仍一律用呈、用批、用令,其余陈述商情及官署之咨询与商会之答复一切普通言事之文,则彼此用函。"①即使农商部作此些微让步,商会仍表示颇为不满。

及至9月《商会法》颁布,商会的抗争更发展到高潮。《商会法》虽未就商会与官厅行文程式作出具体规定,但综观该法各条款,凡有关官厅对商会者无不用"令",商会对官厅者则无不用"禀"。所以,在抗争《商会法》过程中商会仍然强烈要求北京政府修改行文程式。同时也对《商会法》中取消全国商会联合会和总商会、强令商会限期改组等规定,坚决加以抵制。由此可以说,民初商会抗争《商会法》的斗争,实际上始于1914年1月。

这场斗争从1914年1月开始进行,直至1915年12月北京政府基本上接受商会的要求,对《商会法》加以修改之后重新颁布,才逐渐趋于缓和,整个过程历时长达两年之久。民初商会在抗争《商会法》事件中所表现出的锲而不舍的斗争精神,由此可见一斑。在清末,还未曾见到商会就某一问题向官府抗争达如此之长的时间,这无疑是民初商会抗争官府更趋坚决的具体表现之一。

其二是在态度上也显得更趋坚决。

从起初抵制北京政府颁布的新行文程式开始,商会的态度即十分坚决。许

---

① 《申报》1914年3月23日。

多商会都表示：此事"关系全国商权，凡我团体，断无有忍受此压制者"①。全国商会联合会也以毫不妥协的态度，领导各地商会坚决抗争。在全国商会联合会第一次代表大会上，与会代表"争持激烈"，并表示政府"若不俯顺舆情，准予更正，势将解体"②以致报刊舆论对商会向政府作如此激烈的抗争不无忧虑，担心商会将因此而受到政府的责难处罚。全国商联会第一次代表大会在上海举行期间，《申报》即曾发表"杂评"说："国民方面各种会议已尽取消，所余者惟商会而已……夫商会之所以得存立于今日者，以与政争无涉也。今开会而后，于公文程式及各种商法案颇与政府争论，识者方谓将由此取恶于政府。"③然而，商会却并未因此而跋前踬后，仍义无反顾地坚持抗争。

《商会法》正式颁布后，全国各地的商会更是一片哗然，其抵制态度也更加坚定。除继续反对新行文程式外，又增加了抵制取消全国商联会和总商会的斗争内容。全国商联会上海总事务所和湖北事务所曾先后领衔，会同全国各省商会致电农商部，表示全国商联会万无裁撤取消之理。上海总商会则会同各省商务总会总商会禀文北京政府政事堂，表达全国各商会反对《商会法》有关取消总商会以及限期改组商会的共同立场与坚定态度。在1915年3月全国商会联合会专门为抗争《商会法》而举行的特别会议上，与会的各商会代表无不群情激昂，表示要坚决抵制到底，不达目的誓不罢休。会后，各地商会在全国商会联合会的统一领导之下，也仍然一直坚持斗争。

不难推论，如果商会的态度不坚决，这场抗争《商会法》的斗争将很难坚持长达两年之久。在两年的长时间抗争中，即使屡次碰壁受挫，绝大部分商会的态度也始终如一，未曾妥协。如此持久而坚决的斗争态度，在清末商会与官府的抗争中也是难以见到的。

其三是在行动上愈挫愈勇，坚持抗争。

民初商会抗争《商会法》的斗争并非一帆风顺，也不是轻而易举即达到了目的，而是与官府反复进行了多次的正面交锋，并接连遭受挫折。在两年的斗争期间，商会的呼吁和要求曾一而再、再而三地被官府严词拒绝，但商会的抗争行动却不仅未因此而趋于消沉，相反还更为坚定，显示出愈挫愈勇、决不妥协的特点。

---

① 天津市档案馆等编：《天津商会档案汇编》(1912—1928)第1册，第669页。
② 《申报》1914年3月19日。
③ 《申报》1914年3月23日。

例如北京政府公布商会与官厅新行文程文令之后,各地商会争相反对,全国商联会总事务所也致电农商部要求修改,所得到的却是农商部态度强硬且颇带威胁的答复:行文程式"已奉教令公布,复经国务院厘定文书用纸、程式及条例,通行农商部,岂能擅改!"①这一答复使各地商会更为愤慨,遂在全国商联会第一次代表大会期间又以全国商联会的名义向大总统和国务院提出同样的强烈要求,但仍未获允准。有的代表进而提出:"现在政府有两种紧要之事,一欲商界赴巴拿马赛会,二欲商界贴用印花税。如此事不达目的,则我商界对于以上二事誓不遵办。至行政各机关用令之公文,我商会应一律退回。"②最后经过讨论和议决,由全国商联会通告各省商会,公开宣布不承认政府制定的新行文程式令。可见,商会在所提要求被官府拒绝之后,其抗争行动更加坚定。

反对取消全国商联会和各省总商会的要求,也曾多次碰壁,但商会的抵制行动同样随着官府的一次次拒绝而愈趋高涨。全国商联会甚至还以极其强硬的态度直接向北京政府表示:"商会系正当团体,以商界之精神财力谋商界公共利益,法定如是,不法定亦如是。"③其言下之意显然是向政府表明,即使政府坚持在《商会法》中拒不承认全国商联会和总商会的地位,商会也仍将继续维持原有状况,绝不遵令改组取消。

正是由于绝大部分商会以坚定的态度和坚决的行动,对《商会法》进行了长达两年之久的抗争,才最终得以在这场斗争中取得了胜利。1915年12月,北京政府颁布了修订的《商会法》,规定"总商会、商会得联合组织全国商会联合会'全国商会联合会得设事务所'";同时也保留了原有的总商会,申明"总商会及商会均为法人",并取消了原《商会法》中一县只准设立一个商会的限制性规定④;关于商会与官厅的行文程式,新《商会法》虽未作具体规定,但却删去了"令"与"禀"等字眼。1916年2月1日颁行的《商会法施行细则》则明确规定:"总商会、全国商会联合会对于中央各部署及地方最高行政长官行文用禀,对于地方行政长官得用公函。"⑤从这些内容看,基本上是符合商会的要求的,因而可以说民初的这场商会法之争乃以商会的胜利而告终。

---

① 《农商总长张謇致全国商联会函》,《历史档案》1983年第1期,第49~50页。
② 《申报》1914年3月22日。
③ 天津市档案馆等编:《天津商会档案汇编》(1912—1928)第1册,第695页。
④ 中国第二历史档案馆编:《中华民国商业档案资料汇编》第1卷,上册,中国商业出版社1991年版,第52页。
⑤ 天津市档案馆等编:《天津商会档案汇编》(1912—1928)第1册,第708页。

## 五、结　　语

民初商会抗争《商会法》并取得胜利,在近代中国商会的发展史上是值得重视的一次重要历史事件。这场斗争维护了商会的原有社会地位,保持了商会作为商办民间独立社团的性质,也捍卫了商会已取得的权利。从商会在这场斗争中的言论与行动可以看出,在民初新的历史条件下,商会的思想认识、组织程度以及抗衡官府的能力,都较诸清末有了进一步的发展。

商会是具有市民社会特征的民间社团组织,它的发展从一个侧面体现出这个市民社会雏形,在民初也获得了明显的拓展。同时,民初商会对《商会法》的抗争并取得胜利,还表明市民社会制衡国家的能力与影响,较诸以往同样有了明显的增强,这也是近代中国市民社会发展史上令人瞩目的一种新趋向。

民初商会抗争《商会法》的胜利,在很大程度上固然得力于当时商会在各方面的新发展,是商会坚持抵制、努力斗争的结果。但是也要看到,这一结局与北京政府所采取的态度也有着密切的关系。笔者曾在先前发表的一篇论文中指出:"在民国初期,袁世凯组建北京政府之后,逐步采取种种手段削弱革命派的力量,从各方面扩大自己的实力。在鼓励和保护民间社团发展方面,总体看来袁世凯政府明显不及推行'新政'改革时期的清政府。但是,袁世凯为了笼络人心,巩固自己的统治地位,也未有意识地大力限制民间社团的扩展。同时,袁世凯政府在初期继续推行发展实业的政策,必须依赖广大工商业者的支持和协助。所以,不仅全国性的商会组织——中华全国商会联合会得以在民国初年成立,而且还出现了为数众多的民间实业团体,使市民社会的雏形在民初获得了进一步发展。"① 简言之,民初商会抗争《商会法》能够取得胜利,除自身各方面的发展外,与北京政府的最终让步也紧密相关;而北京政府之所以让步,既缘于商会的坚持抗争,又与当时北京政府所推行的基本经济政策不无关联。

如果当时的北京政府采取严厉的手段绞杀商会,或是真正对商会施以严格的限制与约束,坚持在修改《商会法》的问题上不作让步,商会将很难在这场抗争中最终取得胜利。因为商会除了集会抗议和上书请愿之外,并无更加有效的新斗争方式,逼迫政府除了让步再无其他选择。在近代中国,当国家与市民社会出

---

① 朱英:《关于晚清市民社会研究的思考》,《历史研究》1983 年第 4 期,第 133 页。

现激烈冲突时,市民社会也缺乏在重大问题上真正制衡国家的能力。只有国家采取扶植市民社会的政策,或者虽不主动扶植也不加限制和约束,市民社会才能获得扩展的机遇。而一旦国家对市民社会予以侵蚀甚或扼杀,市民社会最终将难以进行持续的抵御。由此可以说明,为什么在抗争《商会法》事件之后的15年,虽然商会在各方面又获得了更进一步的发展,但却在抵制国民党政府强制要求商会改组整顿的斗争中,未能取得最后的胜利。所以,考察民初商会抗争《商会法》这一事件,既应肯定商会获得了新的发展,但又不能脱离实际作过高的估计。

(原文载《近代中国》第10辑,作者:朱英,华中师范大学历史研究所教授)

# 清末上海公共领域的整合与市民阶级的兴起

方 平

19世纪末、20世纪初,随着各种非官方化的组织机构、社会公共事业、公共活动场所及社会运动的兴起,上海在社会层面产生了某种较为成熟的公共领域。这一领域独立于国家行政框架之外或处于其边缘,不依赖于政治权力而运转,在生长发育过程中依靠非官方的民间力量,逐渐建构起一套相对独立的规制化的整合机制。这套机制的有效运作,使公共领域的整合功能不断增强,一个新兴的社会阶级——市民阶级因之在上海城市社会结构演变过程中逐渐崛起。

## 一、公共领域的整合机制

所谓整合机制,简单地说就是指促进社会团结、保障社会有序运行的调控机制。任何社会的发展,都离不开必要的整合机制。一般来说,现代社会的整合可分为两类:一是以国家或政府为核心的政治整合;一是以非官方的民间社会为运作主体的社会整合。公共领域的整合,就其基本属性而论,属于社会整合系统的一个重要组成部分。依据整合媒介与手段的差异,大体上可将清末上海公共领域的整合分为以下几类:

一是舆论整合。这是公共领域发展过程中最基本的整合方式之一,其主要媒介就是各种民办报刊。甲午战争以后,由于受民族危机的刺激和维新思潮的影响,上海的报刊业呈加速发展的态势。1895—1898年,全国各地由华人自办的报刊共有94种,其中上海一地就有40余种。[①] 戊戌政变后,上海的报刊业虽也一度受挫,但很快便迎来了"新学书报最风行的时代"[②]。据不完全统计,

---

① 谷长岭:《新闻志》,第70页;刘梦溪主编:《中华文化通志·艺文典(8-078)》,上海人民出版社1998年版。
② 冯自由:《中国教育会与爱国学社》,《革命逸史》初集,中华书局1981年版,第115页。

1901—1911年间,上海出版的各种中文报刊,总数不下100种。① 其中,华资民办报刊又居于绝对的主导地位。民办报刊的大量涌现,不仅丰富了公共领域的结构形态,而且也为其在社会层面实现整合提供了制度性保障。

"个人之思想,以言论表之;社会之思想,以报表之。有一种社会,各有其表之之报。社会有若干之阶级,而报之阶级随之矣。"②事实上,"报之阶级"与"社会之阶级"之间存在着很强的关联性。作为社会集团的"耳目喉舌",各种报刊尽管宗旨不一、性质各异,但无不致力于反映本集团的利益诉求。由此,促进了集团内部的沟通与团结。"社会之阶级"亦因之逐渐形成。就此而言,可以说报刊"天然"具有整合功能。尤其是辛亥革命前两三年间兴起的一些政治性报刊,如《政论》《国风报》《神州日报》与《竖三民》等,作为政治宣传的舆论工具,其整合功能更强。这些报刊及其背后的主办者,在从事政治宣传的过程中,"不仅作为信息的社会转播台和传导体,并作为将人们的意见、态度转化为行动的'扳道工'而发挥作用"③。也就是说,通过向民众灌输特定的政治理念和政治信仰,诱导他们的意识与行为,政治性报刊得以营造出某种具有"统一性"和"连续性"的公众舆论,即所谓"健全之舆论"④,进而从思想意识层面将社会成员联结起来。

二是组织整合。组织整合是指学会、商会以及其他新式民间社团所具有的社会整合功能。据查,维新运动期间,全国各地有案可稽的学会共有72个,其中上海有17个。⑤ 以此为发端,20世纪初各种各样的新式民间社团如雨后春笋般纷纷涌现。据不完全统计,1900—1911年间上海出现的各种新式社团多达187个。⑥ 较之于会馆、公所、善堂等以地缘、血缘、业缘、神缘关系为纽带的旧式社团,新式民间社团大多建基于社团成员共同的利益与信仰之上,以自愿、平等参与为原则,以"合群进化"为指归,或积极传输西学新知,或注重开化风俗,或瞩目

---

① 这一数据系笔者根据有关资料统计而来,参见拙文《清末上海民间报刊与公众舆论的表达模式》注释④,《二十一世纪》(香港)2001年2月号,总第63期。
② 《说报战》,《警钟日报》1904年3月16日。
③ [日]竹内郁郎编,张国良译:《大众传播社会学》,复旦大学出版社1989年版,第177页。
④ 《〈国风报〉叙例》,《国风报》第1年第1期,1910年2月20日。
⑤ 参见闵杰《戊戌学会考》,《近代史研究》1995年第3期。
⑥ 此数据系笔者根据以下文献中的资料统计而来。张玉法:《清季的立宪团体》,(台北)"中央研究院"近代史研究所专刊,1971年版;《清季的革命团体》,(台北)"中央研究院"近代史研究所专刊,1975年版;何思眯:《清季江苏省学会运动之分析(一八九五—一九一一)》,(台北)政治大学历史研究所未刊硕士论文,1985年6月;胡怀琛:《上海的学艺团体》,上海通志馆编:《上海通志馆期刊》第2卷第3期,1934年12月;《上海指南》卷四《公益团体·各种公会》,商务印书馆1909年版;姚文楠纂,吴馨修:《上海县续志》,上海南园1918年刊本;姚文楠等编纂:《民国上海市志》,1935年铅印本;汤志钧主编:《近代上海大事记》,上海人民出版社1989年版。

商情实业,或致力于"灌输文明思想,开通下等社会"①,不仅在组织体制上具有开放性、契约性、民主性等多重特征,而且在组织功能上也更富"现代性"。实际上,世纪之交前后大量出现的新式民间社团,构成了公共领域组织化建构过程中的主导性因素和最为重要的社会力量。

西方学者曾指出:"西方社会的特点是常常有为种种目的而存在的许多团体,有时经国家公开承认,有时则否,但是它们全体构成个人间的许多社会关系。就大小说,这种关系常常比近代国家内公民权直接包含的关系,在个人生活中,占有大得多的地位。"②其实,就社团对社会关系的调节功能而言,19 世纪末 20 世纪初,上海所涌现的大量新式社团也具有与近代西方社团相近的社会学意义。易言之,作为一种有效的社会联结方式,新式社团的存在与发展,不仅为各阶层民众加强彼此间的相互联系与团结,表达各自的利益诉求提供了多元化的组织渠道和更加宽广的活动空间,为他们参与社会公共事务提供了必不可少的实践机会和手段,而且对于提高社会成员的群体意识,强化群体内部的自我认同感与归属感也产生了积极的影响。

三是空间整合。空间整合是指各种公共活动场所所具有的整合功能。由于各种公共场所的社会构造不一致,因而其整合方式与效果也不完全相同。大体上说可分为两种情形:

第一,直接整合,主要以报馆为媒介。甲午以前,"开报馆者,惟以牟利为目标;任笔政者,惟以省事为要诀"。③ 其时,报人社会地位低下,声誉不佳,为世所鄙薄。而报刊言论,非为谕旨奏折,即为琐屑纪事,即使是为数不多的"论说",也多辗转抄袭,有若制义,"于政治学问界,非有大关系焉"④。与之相应,报馆充其量只不过是办报人规划报政的业务场所而已,其社会整合功能有限。

然而,时至 19 世纪末 20 世纪初,随着报刊传媒民间化进程的加快,报刊的"公共性"越发彰显,成为真正意义上的公共言论机关。⑤ 报馆也由单纯的业务机构转变为具有自治结构和批判特性的公众交流场所。一些志同道合者基于共

---

① 《戏剧改良会开办简章》,《警钟日报》1904 年 8 月 7 日。
② [荷兰]克拉勃(H. Krabbe),王俭译:《近代国家观念・英译者序》,第 31 页,商务印书馆 1936 年初版,1957 年重印。
③ 戈公振:《中国报学史》,生活・读书・新知三联书店 1955 年版,第 101 页。
④ 梁启超:《〈清议报〉第一百册祝辞并论报馆之责任及本馆之经历》,《饮冰室合集・饮冰室文集之六》,中华书局 1936 年版,第 52 页,1989 年影印本。
⑤ 参见拙文《清末上海民间报刊与公众舆论的表达模式》,《二十一世纪》,香港:2001 年 2 月号,总第 63 期。

同的价值观念或政治信仰而聚于一处,尽管其职业身份仍为"报人",但他们在编辑、发行报刊的同时,还积极探讨政治,从事社会变革活动。著名的"息楼"是狄楚青在《时报》馆楼上辟筑的"精室",原只是朋侪憩坐清谈、宴饮聚会之所,对外称"俱乐部"。① 可是"当辛亥风云勃起的时候,狄楚青和一些对政治有兴趣或有关系的友人,常在息楼上聚谈或对政治问题有所议论。于是息楼人物也成为一个自然集合而又含有政治性的小集团"。② 据知情者回忆,经常出入息楼的有赵凤昌、沈恩孚、李平书、袁希涛、陈冷、雷奋、史量才、龚子英等,都是当时上海社会颇为活跃的精英人物。③ 从友朋休憩清谈之所,转而成为政治集议的据点,息楼作为公共活动场所,彰显于历史叙事中的是其所具有的社会整合与政治批判功能。与息楼相类,《大陆报》所设的虚拟机关"铁笔报"④以及《民立报》馆等作为辛亥前革命党人、会党以及地方士绅研究时局,"交换意见,互相报告,讨论进行"⑤的重要活动场所,同样也具有极强的政治整合功能。

第二,间接整合,即对外开放的私家花园与戏园、舞台等所具有的整合功能,其特点可用"潜移默化"一词来概括。在这些场所,前来看戏或集会、听演讲的人,或许只是为了消遣、娱乐,甚至看看热闹而已,未必一定有十分明确的目的与意图。但观者无心,演(言)者有意。演员在演戏或演说者在演说时,有意将某种明确的社会与政治变革意识灌注其间,制造出一种临场气氛,使观众、听众在不知不觉中受到感染,甚或认同、接受言(演)者的观点与主张。以著名的张园为例,20世纪初年这里的政治集会和演说持续不断,久而久之,"国家之观念,锲之而愈深,恢之而弥广"⑥。1903年,一位曾在张园听过演说的听众说:"吴稚晖演说是有名的,连泥水小工都听得来",听过几次他的演说,"才晓得革命就是这么一件事体"。⑦ 显然,在听众看来,吴稚晖的演说,无疑就是革命家的宣传。而吴稚晖本人则说自己是"在张园演说,演高兴了,才开始称说革命"⑧。可见,张园

---

① 《辛亥上海光复前后(座谈会记录)》,中国人民政治协商会议全国委员会文史资料研究委员会编:《辛亥革命回忆录》(四),第3页。
② 严独鹤:《辛亥革命时期上海新闻界动态》,《辛亥革命回忆录》(四),第84页。
③ 《辛亥上海光复前后(座谈会记录)》,《辛亥革命回忆录》(四),第3页。
④ 在"铁笔报"聚会的主要有吴稚晖、柳亚子、戴季陶、叶楚伧等,后来陈其美也加入其中。武昌起义后,陈其美、宋教仁、蔡元培等多次在此研究时局,讨论究竟是先以全力支援湖北还是先在上海起义。参见《辛亥上海光复前后(座谈会记录)》,《辛亥革命回忆录》(四),第2页。
⑤ 冯自由:《辛亥革命上海光复实录》,《革命逸史》第五集,第252页。
⑥ 《论国民公会》,《苏报》1903年5月3日。
⑦ 倬人:《敬贺癸卯科乡试诸君》,《国民日日报》1903年10月11日。
⑧ 吴稚晖:《回忆蒋竹庄先生之回忆》,上海通社编《上海研究资料》续集,上海书店1984年版,第100页。

演说，不仅对于听众而且对于演说者本人都产生了深刻的影响。实际上，张园"在一定程度上可以看作是 20 世纪初期中国政治的晴雨表"①，作为一个公共活动场所，其所具有的社会整合功能不可小觑。

如果说张园中的集会与演说，尚含有直接进行政治宣传的意味，那么戏园、舞台通过"寓教于戏"的方式所进行的社会动员与整合则又别具特色。20世纪初，在戏剧改良运动的推动下，上海的戏园纷纷向舞台化剧场方向发展，不仅演出的形式发生显著的变化，而且排演的剧目也由才子佳人、神仙鬼怪、英雄豪杰之类的题材，转而以讥讽时政、反映社会变革要求的时事新剧、外国剧以及具有现实借鉴意义的历史剧为主，如《黑籍冤魂》《东亚风云》《波兰亡国恨》《明末遗恨》等。这些剧目或警人心之萎靡不振，或策团体之涣散不坚，"或唤起民族主义思想，或讽刺社会现状，取材颇有新意"②。其结果不仅将戏园转变成政治宣讲场所，而且还将市民的目光由狭隘的私人小天地引向现实社会政治生活，由个体性的娱乐欣赏引向集体化、大众化、社会化的文化与政治批判的洪流之中。

四是社会运动整合。清末上海地方社会的主要领袖人物李平书曾说，甲辰(1904年)以前的上海，民智不可谓不开，但若论"国家思想、地方思想、政治思想，则茫乎其未闻"。然而，自乙巳(1905年)抵制美货运动兴起后，"一呼而应者千万人，俨若人人有公德心，人人有独立性，国民资格，骤然进步。当此之时，如长夜酣眠，闻晓钟一声，人皆唤起"③。毫无疑问，1905 年以后，随着大规模反帝斗争的不断深入，上海社会的政治参与意识空前高涨，整个城市的一体化进程明显加快。但若云此前国家思想、地方思想、政治思想，茫乎未闻，则不免失之偏颇。事实上，自维新运动以后，由于内外环境的刺激，各种各样的社会运动风起云涌。内有学界风潮、反对"己亥建储"斗争、地方自治运动、国会请愿运动等；对外除了抵制美货运动以外，还有拒俄抗法运动、挽回利权运动等。这些社会运动以知识界与绅商为主体，吸引了社会各阶层人士的广泛参与，表现出前所未有的政治能量和社会影响，极大地促进了不同社会阶层在思想情感和文化心理上的认同与融合，对于上海社会政治意识与民族主义的整体性觉醒起到了积极的推动作用。

---

① 章开沅：《辛亥革命与近代社会》，天津人民出版社 1985 年版，第 115 页。
② 胡怀琛：《上海的学艺概要》(三)，上海通志馆编：《通志馆期刊》第 1 卷第 4 期，1934 年 3 月。
③ 《录邑人李钟珏论上海》，姚文楠撰，吴馨修：《上海县续志》卷三十《杂记三》1918 年南园刊本。

概而言之，19世纪末20世纪初，上海公共领域的发展及其社会整合功能的不断加强，从舆论氛围、组织联结、心理意识、思想情感等方面促进了社会成员之间的联系与沟通。这就为上海城市市民阶级的形成奠定了基础。

## 二、"市民阶级"界说及其社会构成

所谓阶级或阶层，是指这样一个相对稳定的社会集团，这个集团的成员不仅在社会经济结构中居于同一的地位，具有共同一致的利益要求和价值取向，而且彼此之间还通过各种途径建立起密切的政治经济联系，进而结成一支相对独立的社会政治势力。马克思在剖析法国中世纪小农时曾指出："由于他们利益的同一性并不使他们彼此间形成任何的共同关系，形成任何的全国性的联系，形成任何一种政治组织，所以他们就没有形成一个阶级。"[①]可见，阶级或阶层的形成，有赖于社会成员之间相互联系的加强和组织程度的提高，任何分散、孤立的利益集团都不可能形成一个独立的阶级或阶层。

19世纪末20世纪初，随着公共领域的发展及其社会整合功能的加强，一个新兴的社会阶级——市民阶级逐渐兴起，成为上海社会结构变动过程中一个颇为引人注目的现象。所谓市民阶级，是指在价值取向与政治立场等方面具有相同或相近的诉求，且与近代资本主义发展息息相关的城市市民所组成的社群集合体，包括商人、绅商、报人、学校教员、青年学生以及一些知识女性等。

"市民阶级"一词，于史无征。在当时的书报杂志中，有一个与市民阶级在社会构成上大体相当的概念是"中等社会"。"中等社会"是一个包括许多不同职业群体的含义颇为复杂的集合体，其主体即为通常所说的"士类"。1902年，梁启超率先提出"惟中等社会为一国进步之机键"[②]的观点。此后，在各种民办报刊中，"中等社会"一语，频频出现，成为趋于新势力尤其是革命党人着力论说的一个概念。揆诸时人之立议，以"中等社会"作论题，其意在强调这一社群集合体的破坏性与革命性特征。易言之，就"中等社会"的角色定位而言，"实下等社会之

---

① 《路易·波拿巴的雾月十八日》，中共中央马克思恩格斯列宁斯大林著作编译局编：《马克思恩格斯选集》第1卷，人民出版社1972年版，第693页。
② 梁启超：《雅典小史》，《饮冰室合集·饮冰室专集之十六》，中华书局1936年版，第8页，1989年影印本。

所托命而上等社会之替人也",其责任在于"提携下等社会以矫正上等社会""破坏上等社会以卵翼下等社会"。①

与"中等社会"概念不同,本文提出"市民阶级"这一概念,旨在说明独立于国家政权之外的社会阶级阶层结构分化与整合的自主性,以及组成这一阶级的各个社会群体在调节民间社会与政治国家关系方面所具有的沟通功能。作为描述城市社会结构变动的一个分析性概念,"市民阶级"是对清末十多年间上海社会变迁过程中某一类社会群体所具有的共同社会属性的抽绎和概括,具有特定的历史内涵。因此,这里的"市民阶级",是一个历史性范畴,并不必然具有规范性意义,当然也不能将其简单地等同于西方"市民社会"理论话语中的"市民阶级",尽管两者在阶层结构、社会角色、功能等方面确有某些相同或相近之处。下文谨就构成上海市民阶级的各主要群体的情况,略加陈述。

### (一) 商人与绅商

商人。在中国传统社会中,士农工商,几乎是一种凝固不变的社会身份等级序列。商人居于四民之末,尽管握有财富,但却长期横遭摧压,地位卑下。翻开历史文献或小说、演义,举凡描写商人的文字,都是一副锱铢必较、重利轻义的形象,几乎无一例外。然而,时至19世纪末20世纪初,传统的社会阶层格局被打破,新兴的商人群体开始整体性崛起。据统计,1909年,上海共有各种类型的大小商号10 528家。② 其中尽管有一些仍是传统的"夫妻店"或家庭小作坊,但毕竟还有很多是新型工商企业。这些企业的业主事实上就是资本家,他们在商人群体中居于主导地位,并积极参加各种社会政治运动。

1903年拒俄运动进入高潮之际,上海的商人不仅积极投身于这场反对殖民侵略的爱国斗争中,而且发出了"凡我商人,宜发爱国之热诚,本爱国之天良"的呼声。③ 自此以后,商人的自我认同感日渐增强,整个社会对商人的期望值也有所提高。人们呼吁:"今之为商者,善保其固有之权利,自尊其社会上之品格,急于政府相离而坚于外人相争,以造社会无上之幸福,斯为中国商人至正之业。"④ 与群体意识觉醒相一致,这一时期各种各样专以"补习商学,交换智识,联络商

---

① 湖南之湖南人(杨笃生):《新湖南》,张枬、王忍之编:《辛亥革命前十年间时论选集》第一卷,下册,第615页。
② 《华商行名簿册》,1909年。
③ 《中国四民公会处知启》附《议办中国四民总会处公启》,《苏报》1903年4月30日。
④ 《论中国商人无权利思想》,《警钟日报》1904年5月21日。

情,固结团体"①的商会、商学会、商业补习会等也纷纷涌现。这些商人团体是无籍贯和行业限制的各业工商业者共同拥有的社会组织,自其诞生后,很快便打破了长期以来工商业者因分属各个不同的会馆、公所而形成的相互隔绝、各自为政的状态,使各行各业工商业者由封闭、分散走向开放式联合,进而发展为上海城市社会生活中一支相对独立的社会势力。

绅商。绅商是一个含义模糊的称谓,似乎很难给予某种严格的界定。它是在近代资本主义发展过程中由一向分属于两个阶层,且在价值观念和文化心理上相去甚远的商人和士绅相互渗透、相互融合②之后形成的一个亦商亦绅的新阶层。据查考,至迟到19世纪70年代,《申报》等中文报刊中就已经出现了"绅商"一词。③ 至19世纪末,"绅商"频频出现于各种官、私文件以及报章杂志之中,事实上已成为社会阶层结构中某一特定人群的身份符号。

较之于此前传统社会中的士绅集团以及后此现代意义上的工商资本家,绅商只是一个社会属性并不稳定的过渡性社会阶层。绅商既不同于传统的士绅,又有别于旧式商人。他们从事工商业活动,财力雄厚,在社会经济生活中占据支配性地位,同时又拥有国家认可的身份和地位。作为城市社会结构中的精英阶层,绅商上达官府,下联工商,代替了传统社会中的士绅阶层,成为最有影响力的一支社会力量。尽管绅商阶层与官府以及国家政治权力有着这样或那样的联系,其中某些上层人物甚至还具有官方身份,但就这个阶层的整体属性而言,他们实属体制外的在野势力。正因为如此,在革命浪潮澎湃、政治气候异常的情况下,绅商阶层有可能与其他市民群体一起转变为反政府的社会势力,甚至成为推翻专制制度的中坚力量。

### (二) 报人、学校教员与学生

报人,包括报刊编辑、记者在内的报人是清末上海社会中颇为活跃的一个群体。他们利用手中掌握的报纸杂志,报道新闻、评点时事,以公众舆论代言人的身份出现在社会生活中,对新思想、新文化的传播产生了极为深刻的影响。据估

---

① 《上海指南》卷四《公益团体·各种公会》,商务印书馆1909年版。
② 王先明先生将绅与商之间的相互渗透、融合,分为两种情形,即由绅向商的"顺向渗透"和由商向绅的"逆向渗透"。前者的代表人物有张謇、沈云沛、许鼎霖等,后者则以叶澄衷、朱葆三、祝大椿等人为典型。参见王先明:《近代绅士》,天津人民出版社1993年版,第245~256页。
③ 叶晓青:《19世纪下半叶的上海平民文化》,上海研究中心、上海市地方志办公室编:《上海研究论丛》第九辑,上海社会科学院出版社1993年版,第191页。

计,至 1909 年,上海专门以办报为业的报人至少有 580 人。① 从人数上看,并不算多,但却汇集了新型知识分子中的精英。事实上,自维新运动起,寓居上海的新知识分子几乎很少有不与报馆发生关系的。如梁启超、蒋维乔、蔡元培、叶瀚、杜亚泉、张元济、马君武、刘师培、张继、章士钊、李伯元、曾朴、孟森、孟昭常、雷奋、戢元丞、高旭、陈黻宸、罗振玉、陈去病、陈独秀、胡适等都曾在上海办过报纸。而汪康年、陈范、狄葆贤、林獬、包天笑、于右任、史量才、陈景韩、柳亚子等人更是以报人的身份著称于世。报人作为社会舆论的鼓动者和沟通知识阶层与其他社会阶层的中介,在市民阶级整合的过程中占据重要的社会地位。

教员与学生。据上海劝学所的调查,至 1907 年,上海已有各级各类学校 230 所。② 若以每所学校有 10 名教员计,则有 2 300 名教员。每所学堂的学生以 50 人计,则有 11 500 人;以 100 人计,则有 23 000 人。教员与学生加在一起,构成了一个庞大的社会群体,其力量自不可低估。尤其是青年学生,血气方刚,思想活跃,行为果敢,构成了各种趋新势力的社会基础,并常常扮演先锋者的角色。他们不仅自视为"国家生存之要素"③、"中国之主人翁者"④,而且也被其他社会阶层寄予厚望。时论认为,"今日稍知五洲六种之大势,具国家种族之思想,知自由平等之宝贵者,惟在学生社会","学生者,全国社会之先觉者也"。⑤ 较之于五四时期,这一时期的青年学生在思想与行为上虽然尚不成熟,但作为一个群体,他们毕竟也已开始参与诸如拒俄运动之类的重大社会运动,展示出自己的能量。

### (三) 知识女性

知识女性作为一个新兴的社会群体,在社会文化、教育生活中逐渐崛起,是世纪之交上海社会阶层结构变动过程中最为引人注目的现象之一。她们成立学会,创办报刊,开设女学,提倡女权,逐渐以一种独立的姿态活跃于上海社会,一方面展现了新型女性的群体风采,另一方面也昭示了女子社会身份、角色的变化趋向。试举几位新女性为例:

陈撷芬,著名报人陈范之女,中西女塾肄业,"既攻苦各种学问,尤慨然有哀时觉世之志"。她先于 1899 年创办《女报》,不久因费绌中止,继而于 1902 年再

---

① 熊月之:《略论晚清上海新型文化人的产生与汇聚》,《近代史研究》1997 年第 4 期。
② 《上海指南》卷四《公益团体·学堂》。
③ 《南洋公学退学始末记》,《选报》第 35 期,1902 年 12 月 20 日。
④ 林懿均等:《陆师退学生与陆师毕业诸君函》,《苏报》1903 年 5 月 3 日。
⑤ 《告学生社会》,《俄事警闻》1904 年 1 月 6 日。

办《女报》月刊。该报体例精善,词笔显邕,"欲一药数千载之痼疾,振二十世纪之文明,勤恳悱恻,大声疾呼以告国人"①,志愿宏大,颇有特色。时论因之赞誉她是"为中国二万万女子造福"的"女中豪杰"。②

张竹君,祖籍浙江,广东番禺人,肄业于广州夏葛女医学堂,邃于医理,时人有"女扁鹊"之誉。1904 年,她自南洋来沪,在爱国女校开办"女子手工传习所",以"为同胞女子谋自立之基础"为宗旨,专授手工编织及缝纫技法。③ 不久,她又自组育贤女学,发起成立女子兴学保险会、卫生讲习会,吸收会员 60 余人。④ 此后,她还在上海开办医院。1911 年武昌起义爆发后,她即发起成立中国赤十字会,随黄兴一起到汉口救治伤员。

郑素伊,宗孟学堂的创办人。1904 年与陈婉衍等发起组织对俄同志会。不久,又组织慈航社,公开刊登广告,声明将设法保护"遭卖国误国诸贼陷害,有性命出入"的爱国志士。⑤ 并发布征文启事,欲将"二百六十年来志士仁人杀身成仁者"的事迹,汇编成册,曰《成仁录》。所开列的名单,上自张煌言、黄道周、陈子龙、夏完淳,下至"戊戌六君子"以及唐才常、林圭、史坚如、沈荩等,近百人。⑥

其实,这一时期,像陈撷芬、张竹君、郑素伊这样的女性还有不少。如沈和卿、章浣香、蒋婉芳等发起成立旨在"振兴女学,为中国洗数千年女学黑暗之弊"的女学会⑦;尹锐志、尹维峻姐妹组织锐进学社,从事秘密革命活动;葛爱平与丈夫吴怀疚创办务本女塾;钟佩英创办文化女学塾等。此外,如王幕青、丁明玉、薛锦琴、经玉娟、金兰贞、盛晴英、林有蓁、赵愿孙、顾素芬、韦增英、韦增佩、吴亚男、吴弱男、夏小正、徐宝姒、杜清池、陈君素、林宗素、陈小庄、黄世振等皆颇为活跃。她们创办女学、鼓吹女权,反对封建礼教,呼吁家庭革命,甚至直接投身于民主革命,成为 20 世纪妇女解放运动的先驱者。

综合言之,市民阶级是一个社群结合体。组成这一结合体的各个社会群体,无论是其中一个个分散的个体成员,抑或是作为由分散个体结合而成的社会集团,都不是在世纪之交前后的短短数十年间突然产生出来的。不过,在民办报刊、民间社团等"公共性"的交往媒介兴起之前,各个社会集团不仅彼此之

---

① 《上海女学会演说》,《选报》第 20 期,1902 年 6 月 26 日。
② 《女报出版》,《选报》第 20 期,1902 年 6 月 26 日。
③ 《女子手工传习所章程》,《警钟日报》1904 年 5 月 27 日。
④ 《记卫生讲习会》,《警钟日报》1904 年 4 月 23 日。
⑤ 《慈航社广告》,《警钟日报》1904 年 4 月 18 日。
⑥ 《慈航社拟刊〈成仁录〉征文启》,《警钟日报》1904 年 4 月 24 日。
⑦ 《上海女学会演说》,《选报》第 20 期,1902 年 6 月 26 日。

间缺乏有效而稳定的沟通渠道和联系手段,而且每一群体内部的整合程度也不高。19世纪末20世纪初,随着公共领域规模的扩大及其社会整合功能的不断增强,这些分散的社会集团在群体内与群体间两个层次上的组织程度得以提高,一个包括多元群体结构的市民阶级因此得以形成并逐渐崛起于上海社会。

## 三、市民阶级的社会认同

市民阶级的自我认同是一个十分复杂的历史运动过程,也是一种社会文化心理现象。美国著名学者爱德华·希尔斯认为,"市民认同是对构成市民社会的那些制度或机构的一种珍视或依归"。它以关怀整个社会的利益与福祉为宗旨,兼具个人性、地区或集团性以及"整体性"三重性质。① 世纪之交前后,上海尽管尚未形成成熟的市民社会,但作为市民社会体制建构不可或缺的一些公共领域,如民办报刊、民间社团、公共活动场所等毕竟已经发展起来。通过这些公共领域的整合作用,市民阶级得以在阶级内部建立起种种有机联系,进而培养出某种一体性的社会认同。这种认同包括下述两个相互关联的层次:

### (一)对上海城市的地域认同

与许多历史古城相比,上海的历史称不上悠久。宋代以前,上海只是一个滨海小镇。元代开始设县,明代为防御倭寇而筑城。但直到1843年开埠以前,上海还只是一座小县城,声名不著,平淡无华。诚如李平书所言:"未通商以前,上海一县亦如直隶之静海,浙江之临海,广东之澄海,其名不著于中国十八行省,更何论五洲万国乎?"开埠以后,上海发展迅速。至20世纪之交前后,上海已成为全国最大的经济中心和文化中心,成为一座新兴的国际化都市,"五洲万国,莫不知地球上有此繁盛之区,而上海之名洋溢乎"。②

尽管上海的发展速度很快,但这里的居民对她的认同却颇为滞后。与其他城市不同,上海是一个移民城市。开埠以后,各地移民大量涌入,成为上海的主要居民,"社会经济,反客为主,而本地风光,相形见绌,故商帮会馆,俨为地方上

---

① [美]爱德华·希尔斯,李强译:《市民社会的美德》,邓正来、[英]J.C.亚历山大编:《国家与市民社会——一种社会理论的研究路径》,中央编译出版社1999年版,第41页。
② 《录邑人李钟珏论上海》,姚文楠撰,吴馨修:《上海县续志》卷三十《杂记三》。

之主人翁"①。但"月是故乡明",移民终究是移民。他们虽然生活在上海,在城市社会经济中居于主导地位,但异乡异客之感却时时萦绕心间,很少有人不作落叶归根之想。因此,至少在半个世纪的时间里,移民并未完全认同这座城市,他们也没有明确的"上海人"身份感。

事实上,20 世纪以前,甚至连"上海人"的说法也难得一见。当时的报纸杂志提到土生土长的上海本地人,一般称为"邑人""本邑人"或"本乡人",如"邑人李钟珏""乡人×××"等;而称呼非上海籍外地移民总要加上"寓沪"、"旅沪"或"寓居"字样,有的还明确标示出籍贯。本地人与外地人在称呼上就被清楚地区分开来。当然,文化学、社会学意义上作为一个具有稳定社会属性和文化特征的"上海人"也不存在。19 世纪 50 年代,上海发生小刀会起义。参加起义的主要是广东人、福建人。当时,无论是上海本地人,还是寓居上海的其他省籍商民,抑或是官府,都将其视为粤人、闽人的事。起义被平定后,苏抚奏善后十事,其中有几条,如慎选闽广会馆董事、递籍安插闽广移民、闽广商民会馆俱迁城外等,就是专门针对粤、闽两地商民的。1900 年,经元善等人通电反对"己亥建储",落款是"卑府经元善暨寓沪各省绅商士民……合辞电禀"②。显然,这样的署名既点出了他们都来自上海,但也清楚地表明他们不是"上海人",说明他们对自己所生活的这座城市尚未形成明确的归属感。

然而,来自五湖四海的移民毕竟长期生活在上海这座日趋现代化的大都市里,久而久之,对上海多少会产生某种认同感。移民社会学研究表明,移民对迁入地的认同程度,与他们在该地生活的时间长短、工作稳定程度以及生活境遇等密切相关。长久居住、工作稳定、生活条件好,则易于认同;反之,则难于认同。第一代移民与家乡联系紧密,对迁入地认同较慢;至于第二代、第三代移民,生于斯、长于斯,他乡成故乡,原籍反而是陌生之地,成为自己精神生活中的一个符号而已。渐渐地,移民跨越了籍贯认同与迁入地——上海认同之间的鸿沟,获得了新的身份感,进而融入上海社会。

距经元善等人通电反对"己亥建储"不过四年,即 1904 年,蔡元培等人所主办的《警钟日报》即发表了一篇题为《新上海》的"社说"。社说云:上海作为中国本部十八行省之"首市",乃黑暗世界中一"光彩夺目的新世界"。"上海何以美?

---

① 姚明辉:《小刀会起义琐记》,上海市文史馆、上海市人民政府参事室文史资料工作委员会编:《上海地方史资料》(二),上海社会科学院出版社 1983 年版,第 210 页。
② 《上总署转奏电禀》,虞和平编:《经元善集》,华中师范大学出版社 1988 年版,第 309 页。

上海者,上海人之上海也。上海人得此天然地势,宜其组织特色文明,随上海潮流,灌注全国,使全国人饱饮吾上海文明乳汁。再出其余力灌注全地球,使全地球人饱饮吾上海文明乳汁。果尔,则全国人民脑智之发达,皆受吾上海人之赐;全地球人民脑力之扩张,皆食吾上海人之福。上海人荣耀,即上海荣耀。上海形势既不辜负吾上海人,吾上海人又安得辜负此上海形势?"①有论者据此认定,所谓"吾上海人",表明蔡元培等人对"上海人"身份已有较为明确的认同感。② 其实,若结合当时的历史语境来看,此文中的"上海人"恐怕更多的还是意在表明对上海城市的一种地域认同。进而言之,这种对于家乡或自己所生活的城市的地域认同或曰乡土认同,乃是当时的一种普遍现象。

20 世纪初期,在民族主义和地方自治思潮的影响下,传统的乡土意识因获得新的内容而有所升华。各地有识之士,尤其是留日青年学生中普遍涌动着一股熔铸新"国民",改造家乡,造福桑梓,进而改造中国的热流。翻开当时的书报杂志,以各省命名的书刊或以"新××"为题的文章,比比皆是。如书籍有《新广东》(1902 年,欧榘甲撰、署名"太平洋客")、《新湖南》(1903 年,杨笃生撰、署名"湖南之湖南人"),刊物有《江苏》(1903 年)、《湖北学生界》(1903 年)、《直说》(1903 年)、《浙江潮》(1903 年)、《蜀报》(1903 年、1910 年)、《豫报》(1906 年)、《河南》(1907 年)、《晋乘》(1907 年)、《云南》(1906 年)、《江西》(1908 年)、《四川》(1908 年)、《滇话》(1908 年)等。此一现象,在当时就已经有人注意到了。《新小说》曾刊登一则题为《〈新小说〉的新〈笑林广记〉》云:"我国自《时务报》出,而丛报界始渐发达,《清议报》、《新民丛报》继起。近年来如《江苏》杂志,如《浙江潮》等,亦皆各具特色,而以地名报之风遂开,闻江西有《新豫章》,直隶有《直说》。或曰推《直说》之例,则山东则有《齐论》、《鲁论》,广东当有《广告》,河南当有《豫告》,甘肃当有《甘言》,福建当有《福音》。新小说社记者乃急为之辩曰:《新小说》非新疆人出版者。"③

因此,所谓"新上海"之论,与"新湖南""新广东"之类,命意一致;而"上海者,上海人之上海也"与"湖南者,吾湖南人之湖南也"④,论旨也大体相同,表达的皆是一种强烈的社会主体意识和责任意识。在《新上海》一文发表之前一年,即

---

① 蔡元培:《新上海》,《警钟日报》1904 年 6 月 26 日。
② 参见熊月之《略论上海人形成及其社会认同》,《学术月刊》1997 年第 10 期。
③ 我佛山人:《新笑林广记》,《新小说》第 10 期,1904 年 9 月。
④ 湖南之湖南人(杨笃生):《新湖南》张枏、王忍之编:《辛亥革命前十年间时论选集》第一卷,下册,生活·读书·新知三联书店 1960 年版,第 615 页。

1903年,《苏报》刊载《讼上海》一文,严厉批评上海"风俗之腐败"、"士习之腐败"、"教育之腐败"。① 此文与《新上海》一文,虽然一贬一褒,对上海的观感大相径庭,但在表达对上海城市的认同方面,事实上并无二致。

### (二) 对"国民"的身份认同

市民阶级在孕育、形成过程中,除了对上海城市产生某种认同感之外,还有另外一种认同,那就是对"国民"身份的认同。这种认同从时序上看要早于对"上海人"身份的认同。

所谓"国民",是一个与奴隶相对待之词。"奴隶者,国民之对点也。民族之实验,只有两途,不为国民,即为奴隶。"②在新兴的市民阶级看来,"国民"就是指立宪政体下的国家公民。国家的进步,民族的振兴,在很大程度上有赖于国民的努力。商人说:"商兴则民富,民富则国强。富强之基础,我商人宜肩其责。"③报人认为,由新闻记者组成的"第四种族","出平民之趋势迤逦而来,以平民之志望组织而成,对待贵族而为其监督,专以代表平民为职志",实为"国民"之代表。④ 学生自视为"二十世纪中国之主人翁"⑤。知识女性则表示,"女权为强国之元素"⑥,"天下兴亡,匹夫有责,匹妇亦与有责焉"⑦。几乎每一个阶层或利益群体都当仁不让,将本阶层或本群体视为国家重建的主体。事实上,正是由于产生了明确的"国民"身份认同,市民阶级中的各个阶层与利益群体才得以超越小团体的狭隘性与局限性,转而将目光投向更大范围的国家体制变革的问题上来。由此,他们培育出强烈的政治参与意识和社会主体意识。

对"国民"的身份认同与对上海城市的地域认同相结合,促使市民阶级将自己的切身利益同国家、民族的命运以及自己所栖身的城市的进步紧密联系起来,进而培育出某种明确的"上海人"身份感。由此,他们往往一面不遗余力地投身于国家政治变革的实践,一面又积极参与地方事务。或者可以这样说,上海的市民阶级在追求现代化的过程中,一眼向上,关注国家的制度变革;一眼向下,瞩目

---

① 穆杌(抒斋):《讼上海》,《苏报》1903年6月14日。
② 《箴奴隶》张枬、王忍之编:《辛亥革命前十年间时论选集》第一卷,下册,第702页。
③ 《兴商为强国之本说》,《商务报》第8期,1904年4月6日。
④ 《〈国民日日报〉发刊词》,《国民日日报》1903年8月7日。
⑤ 钱瑞香:《论童子为二十世纪中国之主人翁》,《童子世界》第5号,1903年4月10日。
⑥ 曾克雄:《女权为强国之元素》,《女子世界》第3期,1904年3月17日。

上海的城市化和地方自治运动。这两道目光,时而焦虑,时而欢欣,时而激烈,时而平静,尽管方向不同,但用情却是一致的,那就是力图以自身为主体,希望通过自身的努力来实现国家的强盛和地方社会的进步。

(原文载《近代中国》第 12 辑,
作者:方平,华东师范大学历史系讲师)

# 辛亥革命前后中韩互助运动研究

[韩]朴明熙

## 一、序　　论

韩国因在地政学上的特性,近现代时期与东北亚的国际政治变化有密切关联。特别因为与中国地理上的邻接性和政治、文化的同质性,两国之间可以说是"唇亡齿寒,唇齿相依"的关系。

传统的中韩关系具有儒教的东方文化特色,它是在两国国家利益极人化的目的上形成的。即朝鲜是中国的附属国,朝鲜政治的正统性得到中国承认,中国保护朝鲜不受外来侵略。而在中国的国防安全方面,韩国处在重要的位置。由此可以理解两国的唇齿关系。但19世纪70年代以后,以日本为首的列强对韩国的领土扩张野心,导致传统的中韩关系发生变化。日本对韩国侵略政策的全面强化和侵略政策扩张到南满洲一带后,为抗击日本帝国主义而展开的韩国民族斗争,使中国知识分子对韩国的命运表现出特别的关注。

以孙中山为首的中国革命党人对韩国独立斗争关注的增强,是从他主张独立和平等的民族主义的政治信念立场上开始的。中国革命党人同辛亥革命时期流亡到中国的韩国民族主义者申圭植、朴殷植、曹成焕等交往,他们在上海组织革命组织,积极支援韩国独立,构筑了中韩连带运动。与此同时,韩国民族主义者也直接参与中国革命,探索韩国独立的可能性。因此,在中国展开的韩国独立运动是以中国和韩国相互连带的必要性为前提的。

中国人民与在日本帝国主义压迫下全面抵抗的韩国民众处在相似立场,他们受到了韩国独立运动极大的激励和鼓舞。特别是中国的媒体积极报道韩国的"三一运动",在中国也造成了像韩国那样爆发出来人民大众对帝国主义的抵抗运动氛围。因此,如果没有"三一运动"的先行,五四运动或许会走向另外的一个过程;没有五四运动作为契机,韩国的民族斗争也许会遇到更大的困难。这种看法是可以接受的。①

在20世纪初,中国知识分子对韩国的认识尚未摆脱传统天朝大国的中华思想,亦即文化优越意识的影响,但以"三一运动"为契机,他们修正了对韩国的认识。特别是经历了五四运动以后,中韩人民遇到日本帝国主义这样的共同敌人,两国从过去的藩属朝贡的隶属关系,转化为并肩作战的互助关系,有了进一步发展。

本论文旨在考察辛亥革命前后两国革命党人的关系,探讨中韩连带运动的立足点的构筑经纬和以此为基础深入了解两国关系变化的必然因果;同时分析中国民族运动和韩国民族运动的相互关系,以此为基础,考察中、韩两国民族的共同意识的形成过程,即以辛亥革命为中心分析中国知识分子对韩国意识的变化过程。

## 二、清末民初时期中国知识界对朝鲜的认识

韩国传统上在中国的世界秩序中,是以中国作为上位国,由此形成了有机的体制,在政治文化方面同中国维持着密切的关系。但从19世纪末到20世纪初,随着西欧列强对亚洲的侵略政策加紧推行,这种传统的中韩关系发生了变化,虚弱落后的韩国沦落为列强侵略行径的利害冲突中的牺牲品。因此,韩国民族在外国侵略的压迫下比其他民族更早感受到民族屈辱和悲哀,并且为此而展开了不屈不挠的民族斗争。这种民族抵抗,影响到后来同样陷入日本侵略危机中的中华民族。但当时中国朝野对韩国的认识大部分还是停留在它是自己国家过去的朝贡国的认识上,因此初期尚未受到韩国斗争的影响,大约到了1905年日俄战争前后,韩国时局开始受到关注。

日俄战争时,虽然韩国朝廷宣布中立,但在日本军队的威胁下被迫签署条约,接受日本派出顾问掌管韩国的财政、军事、外务、治安、教育等一系列国家政事。日俄战争以日本胜利结束,两国签订《乙巳保护条约》,日本掌管韩国一切外交事务,突然自居为韩国的保护国。此后,日本解散韩国军队,利用卖国奴来操纵民意,终于1910年吞并韩国,完成把韩国殖民地化的计划。对此,韩国朝野激

---

① 关于"三一运动"和五四运动关联性的研究成果不少。不仅在韩国国内,在国外,特别在当事国形成的研究成果中也很多。林明德:《"三一运动"与"五四运动"的关联》,《近代中日关系史》,(台北)三民书局,1984年版;小岛晋治:《"三一运动"与"五四运动"其关联性》,《韩国学报》第2期;朴明熙:《"五四"与"三一"运动发生背景之研究》,(台北)台湾政治大学历史研究所硕士论文,1986年;小野信尔:《三一运动和五四运动》,《日帝下韩国社会构成体论》,汉城:清雅出版社1986年版等。

烈抵抗,以上诉、殉国、义兵武装斗争等形式展开了抗日斗争。柳麟锡、闵肯镐、崔益铉等一些官僚和儒学学者坚持民族气节,争取民族独立,但收效甚微。军队被迫解散后,他们纷纷参加义兵组织,加强其组织的力量,但因义兵本身不统一团结,并未能扭转韩国灭亡的厄运。① 一些知识分子通过别的渠道开始着手复兴事业,他们参与新闻舆论的建立,以唤起百姓关注为目的,发行了《越南亡国史》《波兰亡国史》《意大利建国史》《美洲建国史》等书籍,通过启蒙唤醒韩国民众的民族意识,同时激烈地展开了反日言论斗争,②同时展开了国债赔偿运动、日本旗破弃运动、反市场税斗争等反日救国斗争。在日本侵略中国野心膨胀的1915年以后,这种斗争方式也如出一辙地反映在中国的民族运动中。③

韩国人在向世界各国呼吁未能得到正义的回应下,爱国情绪达到了沸点。其喷发性的行为是暗杀,这是初期韩国独立斗争的一个手段。在这种情况下,发生了1909年10月26日安重根在哈尔滨击毙伊藤博文的事件。中国的媒体详细报道了此事件过程。由革命党人于右任主持的《神州日报》及《民吁报》的反应特别强烈。《民吁报》从1909年10月26日至11月14日的20天,连续发表了93篇文章。④《大公报》也从1909年10月28日到12月20日发表了14篇文章,赞扬韩国人的抗日民族运动。

1910年,日本强行吞并韩国,韩国朝廷覆灭和韩国被殖民地化,推动了中国民族运动的开展。中国通过日本对韩国殖民地政策的全过程,从韩国的命运和日本侵略政策的意图中,清楚地看到了自己的命运。中国的无政府主义者景梅九1910年从日本回国途经韩国仁川时,曾记录下日本帝国主义统治下被压迫的韩国的悲惨状况。他在《留日回顾》中对此作了详细描述。⑤ 后来成为山西军阀

---

① 赵芝薰:《韩国民族运动史》,《韩国文化史大系》Ⅰ,汉城:高大民族文化研究所1964年版,第611~618页。
② 国史编纂委员会:《韩国独立运动史》(1),汉城:国史编纂委员会1965年版,第331~405页。
③ 国史编纂委员会:《韩国独立运动史》,第87~90页。1914年7月第一次世界大战爆发后,日本乘西欧列强无暇顾及东亚的机会,展开了对南满一带的殖民地化,直到对中国发动全面侵略。首先实施对原德国租界地山东的军事侵略,表明了对中国的奴隶化政策。这引发了中国民众掀起新的抗日运动。抵制日货运动,爱国国货运动,全国展开的国储金运动,这些抵抗运动对日本经济界打击非常大。朴明熙:《马克思主义在中韩两国早期反响(1918~1928)》,(台北)台湾政治大学东亚研究所博士论文,1991年,第79页。
④ 胡春惠:《韩国独立运动在中国》,(台北)"中华民国"史料研究中心1976年版,第71页。
⑤ 景梅九在《留日回顾》中叙述了"船经半天的日程到达朝鲜的仁川港,看到日本的警官殴打朝鲜人力车夫,涌上无法言语的愤怒。当时来说,日本违反马关条约,吞并朝鲜。一切政治权力归属到日本人手中。因此早就想象过日本人把朝鲜当作犬马奴隶"。引自李圣根《东北亚的政治和思想》,汉城:三重堂1980年版,第176~177页。

的阎锡山在 1909 年从日本留学归国途中,经过汉城、平壤,也叙述了他"感受到了亡国百姓无法保持生命、财产、廉耻"。辛亥革命胜利后,他在山西民众讲演亡国的可怕时,提出了"救国要在亡国以前努力"的口号。① 滇系军阀唐继尧早年在日本留学,从日本政府对中国和韩国留学生的限制中理解了韩国现实。归国途中,他曾叙述对韩国的印象:"毕业日本士官学校后,回国时经过汉城,看到街上的学生都生机勃勃,活泼英俊,有才能,决不像亡国国民。"他经常说:"韩国国民不是亡国的百姓,早晚必定被拯救。"②

像上述回忆录中所描述的那样,通过日本帝国主义统治下被迫处于犬马奴隶般境遇中的韩国民族的悲惨命运,中国知识界怀着对中国变成第二个朝鲜的担忧,他们的民族危机意识迅速高涨。中国的民族主义者通过与辛亥革命前后在华韩国民族主义者申圭植、朴殷植、赵素昂、曹成焕的交往,加深了对韩国独立运动的关切。因此,宋教仁于 1911 年 3 月写的《日本的经济侵略与其意图》中,批判了日本政府对中国的借款计划。他回顾日俄战争后,日本对韩国借款是灭亡韩国的手段,意识到它是为吞并韩国铺路。他强调中国要以此为鉴,以免重蹈覆辙。戴季陶在《民权报》发表社论《刑罚与人道:"文明国"日本的真面目》,尖锐地揭露已采取废止刑罚的立法主义的日本,却对韩国人实施残酷的体罚,采用非人道的方法,夺取韩国的土地等罪行。他在文章中疾呼"我们南满一带的亲爱的同胞也在不久的将来会处在与韩国人一样的命运下"③。戴氏还发表了《公论与人道》,说明韩国的 105 人事件、新干会组织,谴责"日本人如果不以博爱对待韩国人的话,只会有自杀政策的"④。

综上所述,中国知识分子参照日本帝国主义吞并韩国的事实,从日本的大陆侵略野心中,认识到朝鲜的亡国历程。在极度高涨的危机意识中,展开了反日运动。他们以日本帝国主义殖民地先例的韩国悲惨现实考察中国政局趋势,认识到今日的高丽是未来中国的前身,过去的高丽是今日中国的缩小版。⑤ 这样的认识,刺激了中国知识分子,他们认为,韩国的殖民地化是中国的前车之鉴,韩国民族的对日抗争成为中国的参考基准,促使中国人奋起反抗日本帝国主义。

---

① 阎锡山:《阎锡山早年回忆录》,(台北)传记文学出版社 1968 年版,第 13 页。
② 闵石麟编著:《韩中外交史话》,《韩国魂》,汉城:普信阁 1971 年版,第 76~77 页。
③ 《戴天仇文集》,吴相湘主编:《中国现代史史料丛书》第 1 辑,台北:文星书店 1962 年版,第 5~7 页;伊东昭雄等编:《中国人的日本人观 100 年史》,东京:自由国民社 1974 年版,第 92~93 页。
④ 《戴天仇文集》,第 43~44 页。
⑤ 《晨报》1919 年 6 月。

## 三、20世纪初中韩革命志士的连带意识构筑

1910年韩国被吞并后,针对日本帝国主义殖民地政策展开的各种民族运动,被残暴的武力无情地镇压下去。韩国民族活动家在国内丧失了活动的舞台,大部分流亡海外展开独立运动。他们的活动大致可分4个区域,即俄国海参崴、满洲、中国本土和美洲,其中满洲地理上接近韩国,前往开展义兵活动和救国教育活动的人最早,也最多。① 当时,中国正兴起革命运动,韩国有一部分人到上海开展独立运动。② 特别是韩国被并入日本后第二年,孙中山领导的中国革命运动在武昌成功,这种形势的变化给渴望独立的韩国民族以极大的刺激和影响。③ 从此,更多的韩国独立人士来到中国,韩国独立运动与中国的关系日益密切。他们与中国革命领导者交流,甚至直接加入中国革命阵营,探索韩国独立的可能性和韩国独立斗争基地的形成。

韩国独立运动在中国展开,是在辛亥年(1911)春申圭植到上海以后开始的。④ 申氏认为,当时的中国革命给被压迫的民族精神以无限的鼓舞和希望,中国革命迅速发展和胜利的日子,直接联系着韩国独立解放,将会成为韩国前途新的转折点。⑤ 因此,申圭植为了支持中国革命顺利成功,除了金钱上的支援外,⑥ 他自己还加入了中国革命团体同盟会,申圭植是唯一直接参加辛亥革命的韩国人。⑦ 申圭植参加辛亥革命的意图是他认为标榜美国的独立战争和共和制宪法

---

① 清末,中国为了经济利益,开发当时未开发地间岛,欢迎汉人和韩人迁入,特别是优先接收水稻种植方面有专长的韩国人,接收越江流民编入籍。朴永锡:《万宝山事件研究》,汉城:亚细亚文化社1978年版,第19页。
② 上海是东方交通要道,也是西欧列强的租界地,具有可能自由展开独立活动的有利条件,西方人可以自由来往和居住,也便于国际舆论的形成和情报搜集。利用这样的有利条件,上海成为中国革命家活动的中心地带,他们出版了很多杂志和报纸,组织了很多革命团体,革命风气蔓延。上海成为中国以外的被压迫民族运动的战略中心。胡春惠:《韩国独立运动在中国》,第20页。
③ 野民:《韩国国内革命运动略史》,西安:《韩国青年》第1卷第1期,1942年9月。
④ 申圭植到中国上海的理由,可分析为如下三点。第一,申圭植一度在官立汉语学校学习中国语,很早便开始对中国感兴趣。第二,韩国并入日本后,中国对韩国来说更加重要。因此有要重新认识中国的设想。第三,当时中国处在巨大的变革时期,申圭植在自己发行杂志和报纸的同时,参加各种的学会活动。在这个过程中,他对中国局势有所了解,认为中国革命是可以改变韩国未来的很好机会。因此,申圭植不像别的韩国人那样选择中国的东北地区,而是选择了上海为流亡地。辛胜夏:《睨观申圭植和中国革命党人的关系》,《金俊烨教授花甲纪念·中国学论丛》,第597页。
⑤ 闵石麟编著:《睨观申圭植先生传记》,《韩国魂》,第126页。
⑥ 申圭植曾经在孙中山属下戴季陶创办《民权报》遇到资金困难时,把流亡时带来所有资金捐助给这家报纸,作为发行资金。闵石麟编著:《睨观申圭植先生传记》,《韩国魂》,第128页。
⑦ 高岩:《韩国革命志士申圭植》,《中央日报》1955年4月25日。

的辛亥革命的成功,将会成为以后韩国独立运动的榜样①,因此,后来的韩国独立运动和中国革命保持了密切的关系。

申圭植在上海投身中国革命运动,与当时的革命派杂志《民立报》的职员徐天复(血儿)结成了密友关系。② 通过他的介绍,结识中国革命派著名人士陈其美、宋教仁、胡汉民、黄兴、戴季陶等人,同他们交往,又通过陈其美与吴铁城、居正等中国各地革命家接触,以后与到上海的孙中山结成了私交。③ 此外,他还参加中国革命文学团体南社④和留学生组成的环球中国学生会⑤,以及中韩两国革命志士秘密结社新亚同济社等,展开活动,与中国革命党人结成密切的关系。⑥ 这些活动对于中国革命团体理解韩国独立运动起了积极的作用,而且在争取对他们的组织援助方面作出了贡献。特别是 1912 年 1 月,孙中山在南京就职中华民国首任临时大总统时,申圭植和曹成焕通过宋教仁的介绍,与孙中山直接见面,他们向孙中山倾吐韩国人民自被日本合并以来遭受亡国的痛苦,要求给予支援。对此,新成立的中国政府答应在可能的范围内提供援助。⑦ 可惜孙中山让位袁世凯以后,中国支援韩国的诺言未能履行。特别是 1913 年 3 月宋教仁遇刺身亡后,革命势力进入了混乱期,不能大力支援韩国独立运动。但中韩两国革命志士仍然保持了密切的交流与合作。申圭植、曹成焕等韩国独立运动领导者协助陈其美、唐继尧参与倒袁运动,⑧宣传共和革命的必要性。因此,中国革命的领导者对于韩国独立运动,可以说是到了"诚心互助,时常分担苦恼"的地步。⑨ 不过,当时中国的革命组织,不论同盟会、国民党,还是中华革命党,对于韩国的独立问题,都还没有在政策和宗旨上作明确的表达,仅是同情韩国的处境;对韩国独立人士在海外的活动给予关照,也仅属于

---

① 闵斗基:《辛亥革命史:中国的共和革命(1903—1913)》,汉城:民音社 1994 年版,第 17~18 页。
② 申圭植:《儿目泪》,第 24 页。
③ 辛胜夏:《睨观申圭植和中国革命党人的关系》,第 603 页。
④ 南社是 1909 年 11 月成立的革命文学团体,有 1 000 多名会员。与其把南社看作是单纯的文人集社,不如把南社看作是政治性质浓厚的革命团体更恰当。上海的言论机关及宋教仁等中国同盟会领导人都参加这个团体的活动。因此,南社的政治地位值得高度评价。关于南社的活动,参考辛胜夏《清末民初南社的创立和活动》,《中国学报》19,1979。
⑤ 申圭植加入 1905 年成立的环球中国学生会,与朱家骅等有过交往。参考闵石麟编著《睨观申圭植先生传记》,第 128 页。
⑥ 闵石麟编著:《睨观申圭植先生传记》,第 128 页。辛胜夏:《睨观申圭植和中国革命党人的关系》,《中国学论丛》,第 61 页。加入新亚同济社的中方革命派人士除了他们,还有殷汝骊、柏文蔚、邹鲁、吕天民、仲恺、张博泉、张静江、吴铁城、屈映光、胡露、杨春时、陈果夫等 40 余人。
⑦ 金正明编:《朝鲜独立运动Ⅱ·民族主义运动篇》,东京:原书房 1966 年版,第 259 页。
⑧ 辛胜夏:《睨观申圭植和中国革命党人的关系》,第 607~610 页。
⑨ 胡春惠:《韩国独立运动在中国》,第 40 页。

私人交谊的性质。

## 四、中国知识界对韩国独立运动的认识和支持

韩国不仅是地理上与中国接壤的邻国,而且两个民族在同一的文化圈内,历史上维持着密切的关系,因此,已沦为殖民地的韩国的命运,往往被视作中国自己的现实问题。在此情况下发生的韩国"三一运动",不仅给日本殖民统治以打击,也给当时受到日本侵略的中国民众以极大的刺激。这一事件在国际上引起强烈的反响,特别是中国舆论界对此作了大量的报道。①

在中国最早报道"三一运动"新闻的是 1919 年 3 月 5 日发行的上海《申报》和北京《晨报》。接着全中国的报章杂志以及在中国居住的外国人发行的英文新闻也广泛地报道了韩国"三一运动"。② 这些媒体在报道中对于"三一运动"作了积极的评价:第一,肯定它是朝鲜民众为争取民族独立而进行的非暴力的和平示威运动;第二,揭露并谴责日本帝国主义武装镇压导致流血的暴力政策,赞扬并支持韩国的独立运动,而且以此启发中国人民大众。中国的舆论界报道有关"三一运动"的消息,是与评论中国的社会现象相结合,它们在支持声援韩国独立运动的同时,也呼唤中国民众觉醒,充分认识日本帝国主义的侵略本质。

当时,在中国知识阶层具有强大影响力的、专门登载政治问题的周刊《每周评论》,发表了新文化运动的最高领导人陈独秀的多篇文章。③ 这些文章介绍分析"三一运动"的示威状况,高度评价韩国民族对日本帝国主义英勇不屈的斗争,称赞斗争"开创了世界革命史上的新纪元"。陈氏还以第一次世界大战和俄国革命以后的民族自决主义潮流形成的新认识,表现出对"三一运动"特别深入的关注。④ 这

---

① 中国关于"三一运动"的言论取材主要来自三个方面:第一是韩国人的投稿和提供的关联材料。事件发生后中国言论界收到了很多密信,其一是安重根的弟弟安又根 3 月 4 日写的密信《致中华民国同胞书》,寄往中国,呼吁中国民众的支持。国史编纂委员会:《韩国独立运动史》(2),第 997 页。韩国新闻界著名人士鲜于赫等 28 人发表《告中华民国官、商、报、学界诸君书》,以唤起中韩两国传统的唇齿相依关系,号召中国与韩国结盟,互相协助,讨伐日本。姜德相:《现代史资料》25,东京:三铃书房版,第 514 页。第二是根据英国的路透社及中美通讯社等西方通讯社采访的材料。第三是依据派到日本的中国记者的报道。朴明熙:《清末民初时期中国朝野的韩国观》,《中国近现代史研究》第 22 辑,第 13~14 页。
② 朴明熙:《清末民初时期中国朝野的韩国观》,第 13~16 页。
③ 《朝鲜独立运动消息民族自觉的思潮也流到远东来了》,《每周评论》第 13 号。
④ 朴明熙:《清末民初时期中国朝野的韩国观》,第 16~18 页。

不仅是陈氏，而且也是当时知识阶层的共同认识。梁启超、①傅斯年、李大钊、王光祈、毛泽东、景梅九通过各自的文章，揭穿并大力谴责日本吞并与中国唇齿相依的韩国后，还企图进一步吞并中国全境的无餍的野心，日本的侵略是亚洲人民当前面临的重大问题；韩国民族的独立斗争表明中韩人民必须进行更深入的联合抵抗。在五四运动时期全国各地集会和示威过程中发表的声明书、宣言书、电报和檄文等，时常提到韩国问题。"三一运动"后形成的对日本侵略者的民族危机感，扩展到中国各个阶层，在五四运动示威现场也突出表现出来。

北京大学学生领导者许德珩起草的《北京学生界宣言》《北京学生上徐总统书》《北京学生致日本国民书》，天津学生运动领导者周恩来起草的《天津学生联合会会报发刊词》《天津学生罢课宣言》等文章，无不明确指出中国正在变成第二个朝鲜。他们民族危机意识的根据之一就是韩民族的亡国。五四时期北京大学平民教育讲演也涉及韩国问题，演讲者介绍了朝鲜民族的斗争经历，街头讲演指出韩国民族的悲惨命运就是未来中国的命运。刘炽昌的《朝鲜独立》（5月4日）、黄耀华的《李完用与朝鲜》（5月28日）演讲，都热烈支持韩国的反日斗争。②

五四运动后期，上海中华总工会致北京政府各部部长的电文中，以"高丽是我们的教训"为前提，敦促出席巴黎和会的中国代表要奋发努力，收回青岛，废除秘密条约，不达到目的，决不签名。③

在"五四运动"达到最高潮的5月8日，张继、何天炯、戴季陶等人在招待日本驻上海各新闻社特派员及主编的宴会上，分发《告日本国民书》，号召日本国民关心朝鲜问题。④上海于5月7日举行数千至两万名的各阶层市民、学生、劳动者聚集的国民大会，韩国独立运动家和"三一运动"参加者，以及韩国侨民参

---

① 立宪派巨头梁启超戊戌变法以后移居日本，对以后日本灭亡韩国进行了历史性的分析，叙述其过程，研究其原因。梁启超关于韩国灭亡的著述共有4种：除《朝鲜哀词五律二十四首》文学作品外，还有《朝鲜亡国史略》《朝鲜亡国之原因》《日本并吞朝鲜记》。梁氏著述的动机是记录韩国灭亡的历史事实和警告中国的两个理由。张存武：《中国对于日本灭亡韩国的反应》，《清代中韩关系论文集》，（台北）商务印书馆1987年版，第396～401页。
② 中国社会科学院近代史研究所近代史资料编辑部：《五四爱国运动》，中国社会科学出版社1979年版，第525页。
③ 《民国日报》1919年5月17日。
④ 戴季陶在这篇文章中指出，中国人民对日本怀有怨恨和恐怖，完全是因为台湾的殖民地化及日本对韩国的统治。《五四爱国运动》，第339～342页。

加了集会。① 还有 30 余名韩国青年独立团团员也在会上分发抗日文件。② 5 月 9 日是国耻纪念日,中国学生 300 余名和韩国学生 30 余名聚集两江学堂,谴责日本帝国主义的行径。在对日斗争中,中韩两国人民谋求相互合作,彼此支持,对抗共同的敌人。③

从五四运动中可以看到:④第一,运动反映了中国人民面临民族存亡的危机意识;第二,中国民众民族存亡的危机意识是由于日本帝国主义对中国的侵略政策引起;第三,来自外部的日本帝国主义侵略威胁加重,中国国内领导层中有一部分人出现反民族的妥协乃至卖国的行径;第四,日本殖民统治下的韩民族的悲惨状况成为中国人认清日本对中国侵略政策本质的参考基准;第五,为克服民族的悲惨命运而崛起的韩国"三一运动"成为抗日斗争的模范实例。因此中国在"五四运动"期间,通过韩国问题提出了开展具有反帝反封建意义的民族运动,以提高民众觉悟,动员民众达到所期待的目的。在与韩国民众共同抗日斗争中,两国共同意识开始迅速增强。

## 五、代结论:中韩互助运动的发展

"三一运动"以后,中国知识分子对韩认识开始变化。要支持、援助韩国独立运动的呼声越来越高。这是受当时国内外大环境影响的结果。外在因素是 1919 年初第一次世界大战结束时,西方国家拒绝考虑中国的正当要求,就在巴塞罗那签署了和约。西方国家为了阻止共产主义在亚洲扩散,它们需要同盟国,因而满足了日本的要求,让它同苏联对抗,所以德国在山东地区的殖民地权益未能归还中国政府,而是让予日本。外交上的失败,使中国处于极端不利状况。而

---

① 据上海公共租界当局的报告,1919 年 3 月,韩国人只有 300 多名,但在韩国临时政府成立时期的 4 月,激增到 700 多人。其中相当多的人是从韩国流亡来的韩国独立运动家。Shanghai Municipal Council, Shanghai Municipal Report for the Year 1919 and Budget for the Year 1920, Shanghai, 1920, p.66a.上海市档案馆藏公共租界档案资料。据朝鲜总督府警务局的资料记载,700 多人中有 200 多人是不法之徒。《临政资料》,第 21 页,引自裴京汉《孙文和上海韩国临时政府》,《东洋史学研究》第 56 辑,第 81 页。
② 慎铺厦:《韩国民族独立运动史研究》,汉城:乙西文化社 1986 年版,第 376~377 页。
③ 有关当时的状况,驻上海的日本官员向日本本国作如下报告,即"5 月 7 日在上海举行的支那国民大会上,朝鲜人以青年独立国的名义散发排日反乱文书,煽动排日气氛,大约有 30 多名朝鲜人参加了这个大会"。金正明编:《朝鲜独立运动》Ⅱ,第 38 页;慎铺厦:《韩国民族独立运动史研究》,第 378 页。
④ 李圣根:《东北亚的政治和思想》,第 200~201 页。

从内部因素来说,南北政权分立,军阀割据,政局混乱至于极点。① 在如此内忧外患交相煎迫的形势下,中国民众在救国旗帜下,展开了以外争主权、内惩国贼为目标的民族运动。中国对韩国独立运动的支持和援助受到很大的限制;特别是南北政权的分立,北京政府实施亲日政策的情况,期待这样的政府能够对韩国伸出援助之手是不可能的。因此,正式的中韩共同抗日是经历了1919年的"三一运动"和五四运动,才开始形成。

"三一运动"后,韩国的抗日独立运动在海外更加组织化。其中最具代表性的组织是在上海成立的大韩民国临时政府(以下简称韩国临政),这是官方形式的政府机构。② 韩国临政以力图在巴塞罗那会议上得到独立承认,作为一项最大的目标,为此动员了一切外交力量。金奎植作为韩国临政的全权大使,派到巴黎,他提出了独立请愿书,阐明韩国人的独立意志。③ 金奎植此行的目的是揭穿日本侵略大陆的野心,以孤立日本,争取对韩国的独立保证。但因韩国问题是战前的问题,在巴黎和会上被拒绝讨论。对此,中国国民党的主要理论家朱执信在中国国民党机关报《民国时报》的副刊《建设杂志》上登载《和平会议中韩国代表的请愿》长篇社论,从精神上支援韩国。朱氏将高丽民国临时政府及其代表金奎植名义提交巴黎和会的独立请愿书译成中文,全文刊载,并在社论中详细分析日本对韩国统治的政治性和经济性实情,强调"朝鲜革命是世界革命的一部分"。④ 虽然金奎植的请愿外交未能获得实质性的成功,但得到了中国革命领导者的理解和支持,为中韩共同合作创造了良好的氛围。⑤

1921年1月,陈炯明的粤军收复广州,孙中山回到广州,当选为非常大总统。这为韩国临政以中国南方为中心展开抗日独立运动,创造了有利的环境。

---

① 朴明熙:《五四时期"打倒孔家店"论》,《东亚研究》第36辑,西江大学校东亚研究所1998年版,第281~285页。
② 韩国临时政府在上海成立,给韩国独立运动的影响有如下几个方面。第一,在以后的思想及行动上造成了左右分裂。第二,在上海租界有强大的势力,使韩国的抗日事业不必去很远的韩国内地展开。第三,由于地政学上的关系,韩国独立运动与中国的关系更加密切(胡春惠《韩国独立运动在中国》,第21~22页)。虽然在上海成立韩国临时政府,但由于是各种力量的混合体,难以形成合力,然而上海期间却是韩国临时政府26年间最活跃时期。特别是外交活动方面,巴黎和会和后来的国际联盟,以欧洲与美国为中心,当时中国分裂成南北,其外交重点只好放在美国方面。但因韩国临时政府不是流亡政府,没有统治权,不可能获得理想的成果。
③ 《新韩青年》第1卷第1号,1920年3月。
④ 《建设杂志》第1卷第4号。
⑤ 孙中山1920年与北京《益世报》驻上海记者的谈话;上海通讯记者提出如何解决山东问题时,孙中山回答说,朝鲜的独立和山东问题的解决有很密切的关系,遵守马关条约,21条卖国条约的废弃,能实现这两个话,我们的围墙会巩固起来的,山东问题也会随之得到解决。《国父全集》,第1029页。

韩国临政对中国外交,主要在于获得对临政的正式承认,以及对独立运动的援助。韩国临政为此于 1921 年 4 月 20 日派特使吕运亨到广州,转达了给孙中山的李承晚密书,同时还派朴殷植和吕运弘与孙氏协商。① 同年 10 月,韩国临时政府为了与中国护法军政府建立外交关系,派申圭植为专使到广州,交涉外交承认一事。当时,护法军政府孙中山以及多数革命志士,对韩国革命满怀同情,给予申请专使国使级礼遇,并且郑重地安排了向孙大总统递交国书的仪式。②

申圭植在广东居留期间,向护法军政府提出了 5 条互惠条约草案,内容如下:第一,韩国临时政府承认中国护法军政府为中华民国的正统政府,并尊重其元首和国权。第二,要求中国护法军政府承认韩国临时政府。第三,要求招收韩国留学生到中华民国各军官学校。第四,要求 500 万元的借款。第五,要求同意中国出租一地区,培养韩国独立军。分析这 5 条内容,可分为中国护法军政府和韩国临时政府间相互承认部分和韩国留学生到中国军官学校、提供借款,以及提供培养独立军的根据地等对独立运动实质性支援的要求。

对申圭植这种要求,孙中山说:第一,两政府间的互相承认原则上没有问题;第二,借款和租借地区,以护法军政府的现况来讲,碍难答允,北伐军占领武汉后是有可能的;关于韩国留学生到军官学校的问题,将下令各军官学校,招收韩国留学生。③ 可以说,5 个条款中,由于中国护法军政府的困难现况,除借款和租借地尚难定夺外,相互承认以及关于留学生到军官学校的要求,孙中山都非常积极乐观地表了态。中国护法军政府正式承认了韩国临时政府。

韩国临政为加强与中国护法军政府的联系,特派朴赞翊代表到广东,其一切经费由中国政府负担。孙中山还通知出席太平洋会议的代表,在会上与韩国临政派遣的要员保持密切的关系。④ 按照当时的法理来说,这是韩国自临时政府成立以来,在孤立无援的处境中获得的唯一的国际承认,也是韩国独立史上最值得纪念的事件。可以说,韩国独立运动从中国护法军政府获得了最大的精神鼓励。

"三一运动"直接导致了孙中山为首的中国革命领导人更加关注韩国独立运动,进而增强了中韩两国的友谊,增强了两民族对抗共同敌人日本帝国主义的斗

---

① 胡春惠:《韩国独立运动在中国》,第 40 页。
② 闵石麟:《中国护法政府承认韩国临时政府始末纪实》,党史会《革命文献》第 7 辑,台北:"中央"文物供应社,第 132 页。
③ 闵石麟编著:《韩中外交史话》,《韩国魂》,第 88~90 页。
④ 闵石麟编著:《韩中外交史话》,《韩国魂》,第 94 页。

争,结下了相互支援的友谊纽带。随后,中国各地相继成立了联合团体,开始发行各种出版物。韩国临政代表在广州活动期间,广东各界发起组织了中韩协会,以此支援韩国独立。① 该协会的主要赞助者大部分是中国国民党的中坚人物。② 从1921年年初开始,中国各地相继出现了两国的共同组织中韩互助社;3月,长沙③和安徽出现了中韩互助社;4月,汉口和上海出现了中韩互助社,全国各地的中韩互助社联合起来,在上海成立了中韩互助总社。④

上海《商报》报道中韩共同组织分布在广东、香港、在上海、北京、保定等地,也正要设立分会,但军警当局要粉碎其组织的计划。⑤ 中国护法军政府对韩国独立运动的热烈反响显示,韩国临政曾经要把独立运动大本营由上海迁移广州。⑥

关于中韩互助社及其各级组织与其后具体活动的状况,还有很多部分目前尚不得其详。但1921年8月15日以中韩国民互助总社的名义递交太平洋会议的提案宣言,提出了"三一运动"、对中国21条要求、西伯利亚出兵、间岛韩国侨民遭虐杀等问题,主张"为探索亚洲和世界的和平……中韩两国人民应当以一致的主张,达到共同的目标"。⑦ 1921年12月,在广州创刊的以中韩两国国民唯一舆论机构著称的月刊《光明》⑧第2、3号停刊后,虽然中韩协会的消息再也无法详细知道,但中韩互助社的活动一直延续到1925年。

在贵州成立的军官学校,遵从孙中山的指示,招收了韩国学生50名,黄埔军官学校第3期也招收了4名韩国学生,第4期招收24名,第5期招收6名。中

---

① 金正明编:《朝鲜独立运动Ⅱ》,第474页。
② 中韩协会的主要赞助者是丁象谦、古应芬、部鲁、朱念祖、谢伯英、汪兆铭、徐谦、孙科、李荡平、林友宇、叶夏声等。胡春惠:《韩国独立运动在中国》,第41页。中方人士中,非常国会议员在非常国会上通过了《韩国独立承认案》。对支持韩国参加太平洋会议,起到了很重要的作用。
③ 长沙的中韩互助社特别邀请上海韩国临政的外务部临时宣传员黄永熙,"以增进中韩两国人民的感情,开拓发展两国人民事业"为宗旨,黄永熙、李基彰、李愚珉等韩国人和28名中国人为发起者,同年3月27日正式宣布成立。中方发起人中16名是湖南"五四运动"的核心人物,是新民学会及文化书社组织相关联的人士。《五四时期的社团》,第7~9页。4个月后,在上海召开的中国共产党创立大会上,以湖南代表身份参加会议的毛泽东、何叔衡与黄永熙、李基彰分别担任通讯部、宣传部正副主任。金正明编《朝鲜独立运动》Ⅱ,第267、271、289页。
④ 1921年8月,在上海成立的中韩互助社的组成部分人员共有156名,其中中国人52名,韩国人104名,推举中国人吴山为理事长,韩国人金奎植为副理事长。《朝鲜治安状况(大正十一年)》,《临政资料》,第915页。
⑤ 秋宪树:《资料韩国独立运动》2,汉城:延世大学出版部1972年版,第295~296页。
⑥ 金正明编:《朝鲜独立运动》Ⅱ,第474页。
⑦ 《中韩国民互助社宣言》,《民国时报》1921年8月29日。
⑧ 创刊号的内容主要是站在中国的立场,对韩国独立运动给予激励和忠告,执笔者大部分是中国人。裴京汉:《孙文和上海韩国临时政府》,第87~89页。

国为培养韩国革命军的中坚干部给予大力协助。① 不仅如此,1924年孙中山创办的国立广东大学还特别招收了不少韩国青年,培养他们成为独立人才。②

中韩两国民族共同形成的中国舆论,号召中华民族对日本帝国主义的侵略正面抗争。例如,1918年在上海组织的新韩青年党机关杂志《新韩青年》(1920年3月1日创刊),及1920年10月10日在上海创刊的《震坛》周刊③和《天鼓》《东亚青年》《四民日报》等,都用中文编辑发行,向中国人民广泛宣传韩国独立运动。④ 另外,1920年12月,朴殷植为了得到"在中国领土上斗争的朝鲜国民的理解和联系",在上海用中文出版了《韩国独立运动之血史》。⑤

综上所述,韩国的民族独立运动家在中国各地通过大众组织和言论活动,鼓舞了中华民族展开抗日救国运动,从而扩大和增强了中国人与韩民族的共同联合意识。中国知识分子随着民族危机的加深,对韩国现实发生的变化、由传统的中华思想派生出来的天朝大国优越感,转变成了两国共同联合;从过去朝贡隶属关系,转变成了互相学习彼此抗日斗争方式及策略的平等关系,进而认识到韩国和中国互相联合是两国共同的需要。因此,两国民族间的共同联合意识是以1919年韩国"三一运动"和中国五四运动为契机而得到迅速加强的。除了中国国内的主要原因,韩国"三一运动"对中国"五四运动"的爆发,也起了一定的引发作用。

(原文载《近代中国》第16辑,
作者:朴明熙,韩国檀国大学教授)

---

① 胡春惠:《韩国独立运动在中国》,第43~44页。
② 胡春惠:《韩国独立运动在中国》,第41~42页。
③ 《震坛》在当时引起中国各界人士的关注,孙中山为其题词"天下为公",陈独秀题词"东亚之光",蒋介石题词"同舟共济",于右任题词"大仁大勇",张静江题词"一鸣惊人",唐绍仪题词"同我太平",等等。石源华:《韩国魂:追悼申圭植先生逝去80周忌》,《申圭植、闵弼和韩中关系》,汉城:那南2003年出版,第47~48页。
④ 国家报勋处:《海外韩国独立运动史料》(Ⅶ),中国篇③,汉城:国有报勋处1993年,第19页。
⑤ 《五四时期期刊介绍》第3集,第180页。这种状况在当时日本警察报告书上显示出来:"目前韩国人的宣传机关,上海有《独立新闻》《震坛》《新生活》《东亚青年》等,天津有《晨》《露饮》,满洲有《新韩公报》,间岛有《爱国申报》等;除韩人专用新闻外,中国和韩国通过各地中国人发行的报纸,共同登载过排斥日本的消息。其中上海的《国民日报》和天津的《益世报》最为突出。韩国人通过中国新闻,排日气势的倾向日渐高涨。"金正明编:《朝鲜独立运动》Ⅱ,第430~431页。

# 论清末中央集权的是是非非

李振武

如何平衡好中央与地方的关系,是始终困扰着清末民初当政者和思想家的一个难题。清廷在清末新政期间强行中央集权,时人对此有贬有赞。而后世学者则多目之为自掘坟墓之蠢举,在他们看来,清廷的中央集权引起督抚的强烈不满和消极抵制,不但令部分督抚萌生离心倾向,而且弱化了督抚控驭地方的能力,不能有效应对面临的革命危机,所以造成了清王朝在地方上的统治迅速土崩瓦解的局面。本文拟从时人对清廷中央集权行为的认知出发,来探讨晚清时期权力架构的运行样态,并分析亲贵集权对清王朝覆亡的影响,以期对辛亥革命时期中央与地方关系的真实面目能有一个客观的认识。

## 一、时人对清廷中央集权举措的反应

从目前所常看到的几种报刊如《申报》《大公报》《时报》《东方杂志》《国风报》等发表的评论来看,总的来说,反对清廷中央集权的舆论占了大多数,他们所持的理由主要是认为中国地广人众,各地风土人情不一,交通又未发达,在这样的情况下,由中央来处理地方具体事务,很难说有好的结果。

对于1906年的中央官制改革,《时报》曾评论说:"顾今日之所谓中央官制,非不简署灿陈,隐然如各文明国然。然一窥其内容,则惟汲汲以中央集权为秘计。且各部集权皆可从缓,独兵政与财政两部,一若惟恐稍纵即逝者,其用意果何在乎?夫立宪之与中央集权本有密切之关系,记者非不谓然,然若至今日,虽甚小国,无不兼采地方分权之制,况其为庞大之国土乎。夫交通未便,警察未便,国防未固,兵政不能集权;国税与地方税界限未分,财政不能集权。不然,先后倒置,百度废弛,是仍俄国假立宪名义,阴行专制之技(伎)俩而已。中央行政之不足恃者此其一。"[①]

---

① 《改革官制愤言》,上海:《时报》1907年1月26日,社论。

时论还指出,各国所以能行中央集权之策,是因为中央有负责任的政府,能对全国的一切政务统筹规划,而中国则不然,大多数事务是由地方督抚处理,正如两广总督袁树勋、吉林巡抚陈昭常所抱怨的那样:"是中央集权而四方负责任也。天下事安有权之不属而能负责任乎?!"①"不辨明政务之系统,而欲以中央之权力,支配各地方之官吏,在督抚固窃议其侵权,在中央亦实力有未逮。"②

《时报》认为,当时的国家权力体系并不存在什么"外重内轻"的问题,朝廷应该信任督抚,不要行中央集权之策:"自庚子年东南立约以来,朝廷于各省督抚即不无芥蒂,厥后因缘成见,而簧鼓之说又鼓动于其间,于是凡所谋为痕迹渐露,至于今日于各督抚几于有督责而无恩礼,多拘系而少自由。于是一举一动,辄疑各督抚有心而不能相谅,虽中央集权之说本出谣传,而事出有因,或即由斯而起。夫外重内轻之说,本无当于今日情形,在朝廷不必以此相疑,各督抚亦不必以此引避……各省之总督巡抚主也,为总督巡抚者宾也,其办事不合,乃为总督巡抚者之责,与总督巡抚两官之权限无干。朝廷之意不满于某人,则只当退黜其人,而不能减削其人所居之官之权力。至于用人不当,乃朝廷之责任也。朝廷不能慎选其人而用之,至于偾事,乃胶疑其官权力不可过大,不且失之愈远乎?"③

在赞成中央集权的一派人看来,"中国自去乡官、分六部、设行省、用督抚以来,中央之权已渐不能举"。④"一国大政,皇帝曰可行,督抚曰不可行,其事终不获行;督抚曰可行,皇帝曰不可行,而督抚或自由行之……督抚又复彼疆此界,互为畛域。隔境勘剿,侈为美谈;索饷邻封,有同乞丐。"⑤他们进而指出:"省自为制,自成区域,欲求所谓国家行政者,几不可得见。呜呼!以此治体立于世界竞争、国际交通之时代,若之何而不劣败哉!"⑥

著名的立宪派人物汤寿潜认为,行立宪必须急收督抚之权,他说:"今欲救中国之急,惟有收督抚之权,而集于中央。欲集中央之权,惟有立担负责任之内阁总理。否则,疆臣与部臣竞,疆臣与疆臣、部臣与部臣亦竞,将永无集权之一日。总理非必有绝地通天之才也,得清刚公溥者即足胜之。如惧不克负全国之责任,则宜提前速开国会,使中央与国民直接议事。全国人民既赞成中央集权,则总理

---

① 《署粤督袁树勋奏中央集权宜先有责任政府及监察机关折》,上海:《国风报》第1年第13号,文牍。
② 《吉林巡抚陈昭常奏请设立责任内阁折》,上海:《国风报》第1年第6号,文牍。
③ 《论朝廷宜信任督抚》,上海:《时报》1904年11月18日,本馆论说。
④ 《立宪问答》(桐城孟皕甫来稿),上海:《申报》1906年10月10日。
⑤ 《度支部学习主事邓孝可泣恳都察院代奏呈稿》,天津:《大公报》1910年9月11~13日。
⑥ 《谘议局事务调查会意见书》(留日学生来稿),上海:《申报》1909年3月2日,专件。

所担之责任,四万万人民共担之。不必使督抚分担责任,而后督抚各护其私之积习,不攻自破。夫君与民本一体也,有督抚分中央之权,下者又分督抚之权。上有德而不宣,下有情而不达,皆由督抚枝格其间。酿其害而不任其咎,一遇外祸之至,督抚转得诿其责于中央,而中央尚不知进人民而共担此责任,中外讵有此宪政乎?"①

## 二、晚清时期督抚的权力到底有多重

针对清廷的中央集权,民间表现出两种截然不同的态度。那么,当时督抚的权力到底有多重呢? 这里不妨摘录几则时人的评论,也许能让今人对这个问题有更多的认识。

中国号为专制之国,而至于今日,则大权所在,究难指实。政府有权矣? 而所下之令有不便于时者,则各省疆吏可以抗不奉行,政府无如何也。即或迫于严切之诏旨,不敢据理力争,而其势又万不可行,则相率以阳奉阴违了事,以免政府之催督,而政府无如何也。是政府之无权也。督抚有权矣? 而用一人必请命于大部,部臣驳以不合例,则不能用也;行一事亦必请命于大部,部臣如执不许,则亦不能行也;甚至其下之司道,若与督抚不洽,则亦可阴抗其意旨,而不为奉行。是疆吏亦无权也。夫疆吏无权,则政府宜有权,然政府实亦无权,则其权竟不知何属,而犹高言中央集权,论其程度,无乃去之尚远。②

天下有居至高之位,而常懔于不测之威,握最重之权,而常有不如意之事者,则莫如今日之督抚是矣。各督抚虽沿明制,名为管理军务,然实兼财政、刑法、民事之权而有之。所辖区域,大者跨数千里,小者亦千余里。听命之官吏,尝千百人;人民之任其生杀予夺者,每过十万。责不可谓不重矣,权不可谓不大矣。然一事之来,虽至纤悉,尝若不能自主;而遇有兴革,或大事变,则尝苦掣肘;或得罪以去,并其已成之事而败坏之。若有权,若无权,此亦中国政界之一怪象矣。③

自军兴以来,理财用人,中央难以遥制,于是督抚对于辖境内之行政权

---

① 《江西提学使汤寿潜奏稿》,上海:《东方杂志》第7卷第1号,文牍。
② 《论中央集权之流弊》,上海:《中外日报》1904年8月12日,论说。
③ 《论朝廷宜信任各督抚》,上海:《时报》1904年11月18日,论说。

始大,几与汉之诸侯王、唐之节度使同。其势力自庚子而后,新政繁兴,百事需财,因内帑之空虚,迫而为悉索敝赋,思以分督抚之肥,而中央集权之说又同时窜入于政府之脑海,于是,向日督抚所拥有之广大无垠之特权,始逐渐为中央所干涉,逡巡以至于今日,遂结成此亦难为亦易为、亦可为亦不可为之现象。督抚乃若一硕大无朋之大辘轳,任内外上下之牵掣、磨转,而犹必圆转如意,始博得一声叫好也,抑亦可怜之甚矣。则今日之督抚,以无拳无勇之分位,拥无臭无声之虚器,不自请裁撤,又奚待哉!①

督抚到底有多大权力,时人颇感茫然:"吾国官制,其权限之最广漠而空旷者,莫如督抚。能者处之,虽部勒全国而有余,不能者处之,至支配一省而不足,悉视其人之自为,而朝廷曾不过问焉。"②

程德全是一位对宪政极为热心的督抚,他曾上书朝廷,要求朝廷在对待立宪上要时时处处,认真核实③。但私底下却对僚属发牢骚说:"三分办事,七分对付。"④"中国的事,先看可气,再看可笑,再看看,则不足气、不足笑。"⑤如果督抚的权力真的可以发抒自如的话,程德全大概是不会发出这样的感慨的。

在清廷实施中央集权政策的过程中,督抚虽据理力争,与朝廷间不断讨价还价,但总的趋势却是清廷步步进逼,督抚节节让步。1911年年初,督抚因资政院核减京外各官公费太多,联名致电军机处、度支部,提出反对意见。电文中曾引用曾国藩、胡林翼延揽贤才,共襄"中兴"大业的例子,以此来反对过度核减督抚司道衙门办事科员的薪金。度支部尚书载泽竟然在电稿上批了这样七个字:"今日亦有曾胡耶!?"⑥一种廷臣对疆臣的轻慢之态跃然纸上。

时论亦对督抚因互相倾轧而不能抵抗中央集权的现象表示担忧:"彼枢臣者,非有慕于立宪国集权之善策,不过畛域之见未泯,猜嫌疑忌,遂思重内轻外,以巩其专制之权。各疆吏具有眼光,当亦共知其故,乃既不能互相联结,谋对待之策,冀以杀其威焰,迫之以入于改革之途,又各怀嫉妒,阴相排挤。疆吏恃政府以报其所仇,而政府亦借疆吏以去其所忌。手足既剪,浸及腹心,势必至如六国自残,尽入于秦而后已……吾恐政府之对于疆臣者,当不仅收回一二权限已也,

---

① 《论督抚宜自请裁撤》,天津:《大公报》1910年11月3日,社论。
② 《论疆吏不可数易》,天津:《时报》1907年11月6日,社论。
③ 《署黑龙江巡抚程德全请速开国会片》,沈阳:《盛京时报》1908年1月8日,奏折录要。
④ 天津:《大公报》1907年5月20日,言论。
⑤ 上海:《时报》1910年5月5日,要闻。
⑥ 《今日亦有曾胡耶(反对资政院公费之结果)》,沈阳:《盛京时报》1911年3月24日,紧要新闻。

疆臣既无权力,益无所设施,举国沉沉,将永久蜷伏于专制积威之下,而中国宁复有生气哉!"①

立宪派、革命派都揭露说清政府的预备立宪是以立宪之名行集权之实,这就需要我们对晚清的权力格局有一个正确的把握。民国初年,面对各省不听中央政府命令、各自为政的混乱状况,梁启超感慨:"夫晚清政治虽同腐败乎,然其内外相维,上下相属之形式犹在也。故阁部所欲行者,得以下诸督抚;督抚所欲行者,得以下诸州县。其有梗命,得而黜之;其有戤法,得而罚之也。以故政府不得人斯亦已耳,苟其得人,则据此成规以号令焉,风草之势,抑至顺也。"②梁氏是亲历晚清的政论大家,应该说他对晚清权力体系运作情况的观察还是比较准确的。但是,预备立宪过程中确实存在着清廷与督抚间的集权、分权之争,而这也是导致预备立宪无法顺利进行的症结之一。

## 三、中央集权对清王朝统治迅速覆亡的影响

孙中山在回顾其革命生涯时谈及武昌起义的成功原因:"按武昌之成功,乃成于意外。其主因则在瑞澂一逃。倘瑞澂不逃,则张彪断不走,则彼之统驭必不失,秩序必不乱也。以当时武昌之新军,其赞成革命者之大部分,已由端方调往四川;其尚留武昌者,只炮兵及工程营之小部分耳。其他留武昌之新军,尚毫无成见者也。乃此小部分,以机关破坏而自危,决冒险以图功,成败在所不计,初不意一击而中也。此殆天心助汉而亡胡者欤!"③瑞澂为什么会逃,孙中山没有指明,笔者认为,除了他贪生怕死之外,大概与清廷的中央集权导致督抚对地方控驭能力的弱化有着密切关系。

1911年9月3日,离武昌起义爆发只有一个月多一点的时间了,此时痛感危机日益临近的两广总督张鸣岐上了一个挽救危局奏折。他在折中警告朝廷:"窃维天下之大患,不在于瓦解,而在于土崩。今日之所忧不在于外侮,而在于内忧。我国积弱数十年矣,然国势之扰攘,民心之浮动,存亡危急未有如今日之甚者也。""国本之所系,系于人心。人心已去,则国虽无事,可以鱼烂而亡。"④张氏

---

① 《论近日各省督抚之互有意见》,上海:《时报》1907年2月28日。
② 梁启超:《政策与政治机关》,天津:《庸言报》1912年第1号。
③ 中山大学历史系孙中山研究室等合编:《孙中山全集》第6卷,北京:中华书局1985年版,第243~244页。
④ 《粤督奏陈挽救危局折》,上海:《时报》1911年10月24、28日,奏折。

绝没想到他竟一语成谶,从 10 月 10 日武昌新军打响了辛亥革命第一枪,到 1912 年 2 月 12 日清帝宣布退位,刚好 4 个月的时间,清王朝在全国各地的统治便告土崩瓦解,一个统治中国 267 年之久貌似仍然强大的王朝自此走进了历史的尘埃。到底是什么原因让辛亥革命能在革命力量并不强大的情况下迅速取得胜利?而作为坐镇一方的肱股之臣,督抚为何没能在王朝面临鼎革危机时,尽到臣子之道,对革命作出有效防范,而是消极应对,甚至倒戈反正,很少为王朝殉节尽忠的?个中原因,除了经过革命党人长期不懈的努力促使革命形势日渐成熟外,与清王朝统治者在预备立宪期间的乖张举措,导致立宪派、督抚与之离心离德有很大的关系。

1911 年 10 月 30 日,面对日益高涨的革命形势,摄政王载沣下诏罪己,他痛责自己:"用人无方,施治寡术。政地多用亲贵,则显戾宪章,路事朦于金壬,则动违舆论。促行新治,而官绅或藉为网利之图,更改旧制,而权豪或只为自便之计。民财之取已多,而未办一利民之事,司法之诏屡下,而实无一守法之人。驯致怨积于下而朕不知,祸迫于前而朕不觉。"表示自今开始,实施真正的宪政:"凡法制之损益,利病之兴革,皆博采舆论,定其从违。以前旧制旧法有不合于宪法者,悉皆除罢。"①载沣的罪己诏实际上是承认亲贵集权是导致革命局面出现的重要原因。

载沣上台后,清廷中央集权的步伐骤然加快,通过清理财政、试办预决算,剥夺了督抚的财权;通过自任海陆军大元帅、安排自家兄弟掌控军谘府以及海军部,以及派军事参议官到地方掌控新军的训练和管理,架空了督抚的军权。清廷的这些颠预举措不能不招致督抚的不满。署粤督袁树勋力驳中央集权之非:"各国之中央集权也,则尚有最要之政策焉,曰政府负责任。惟政府能负责任,故一切筹划支配皆在政府,酌盈剂虚亦在政府。而吾国则不然。历年国家关系行政经费,如海陆军各项,无一非责之各省督抚。又地方遍灾,或意外损失,并九年筹备种种新政各经费,无一非责之督抚,是中央集权而四方负责任也。天下事安有权之不属而能负责任乎?!""即使政府真能负责任,以吾国之地理、习惯,种种如彼其异,将来外省主管各官直接于中央政府,督抚介居其间,威信皆无所施,已成赘疣之势。若遽加裁撤,揆度时势,似又有不能,是所剥者四方办事之实权,而与为陵替者四方固有之责任。手足不完好,万无捍卫

---

① 《实行宪政谕》,故宫博物院明清档案部编:《清末筹备立宪档案史料》上册,北京:中华书局 1979 年版,第 96 页。

头目之理,此大可虑亦大可危者。"①

陆军部为统一军事起见,奏派各省督练公所人员。鄂督瑞澂上奏反对,认为"一省之治乱,朝廷责成于督抚。以安治而定乱者,惟军人是赖,今则于军事机关既已不负完全责任,譬如使臂而去其指,深所未喻。且我国幅员辽廓,交通未便,文报往返,淹旬累月,征调既属不及,因应尤属为难。加以伏莽甚多,事机万变者,督抚事事受成于部,并节制调遣之权亦渐归于消灭。是陆部得统一之虚名,而地方受无穷之实祸,揆之练兵初意大相径庭。以臣之愚,督抚若无军事实权,即将无从担负疆圻责任"。②

张人骏希望朝廷能协调好中央与地方的关系:"夫地方之元气,犹国家之根本。自来内外相维,上下交济,则治;重内轻外,损下益上,则乱。"③

即使对宪政态度极为消极的升允也明确表示反对中央集权:"近闻陆军部采中央集权之说,意欲将各省镇统以下、司务长以上,皆由部中选卒业学生充之,以取统一之效果。果尔,则头目不胜其烦,而四肢痿痺无用矣!……方今非有外重之弊,督抚所练之兵,无不听部臣调遣,部臣所派之卒,或将抗督抚命令,其势然也。推之度支部之于财政,学部之于学堂,法部之于刑案,以及民政、邮传等部,类皆欲收统一之权。夫此时何时也?非彼所谓立宪时代乎?君尚让权于民,而部臣则欲集权而专制之,孤上之势,削旁之柄,此何理也?"④

思想较为保守的御史胡思敬也将清廷厉行中央集权之策视为速乱之道:"行省之制,盖即政府分出之一支,如总银行之有分行,总税务司之有分司也。督抚以台职兼兵部长官,镌用关防,原属京朝体制,是天下之权本在中央,不待集也。谓外吏不尽可倚,尚书出为总督,巡抚入为侍郎,互相调用,可也,甚则罢而斥之,可也。自中央集权之说兴,提学使为学部所保之员,巡警道为民政部所保之员,劝业道为商部所保之员,皆盘踞深稳,不敢轻言节制。而又司法独立,盐政独立,监理财政官气凌院司,亦骎骎有独立之势。一省之大,如满盘棋子都成散局,将来天下有变,欲以疆事责之督抚,而督抚呼应不灵,责之学使以下各官,而各官亦不任咎。此速乱之道五也。"⑤

---

① 《署两广总督袁树勋奏中央集权宜先有责任政府及监察机关折》,上海:《东方杂志》第七年第七期,奏牍。
② 《鄂督之两大政见》,上海:《时报》1911年8月2日。
③ 《粤督张奏减解赔款以纾民力折》,上海:《时报》1908年2月5日,奏折。
④ 《补录开缺甘督升允痛诋新政折》(续),上海:《申报》1909年8月1日,要folder。
⑤ 《御使胡思敬奏新政扰乱天下请密筹善后策》(续),上海:《时报》1911年3月17日,奏折。

为了防止督抚在某一个地方长期任职,势力坐大,清廷使用频繁更调的方式,使督抚皆存"五日京兆尹"之心,无心政事。"朝廷以内政外交之不饬,归咎于疆吏之不宜,于是纷纭更调,移甲就乙。在庙堂用人器使之本心,原欲收迁地为良之效耳,而孰知效果所呈,不惟无革故鼎新之望,而转动人以抚今思昔之感也哉。"①"朝廷之用人,宜出之以慎重。若翻云覆雨,驰骋太甚,则服官者皆有五日京兆之心,废弃职权,以待其升转,国事将不可问也。"②

　　清廷汲汲于中央集权,亦引起时人不满。早在 1906 年清廷开始收回地方的练兵权时,时论即予以警告:"兵权属于疆臣,则疆臣有平乱之责。及兵权不属于疆臣,则疆臣视地方之祸乱,处于旁观之地,不关休戚于其心,或壅不上闻,以虚言粉饰,此诚中国之隐忧矣。""若实行中央集权之策,则各省之疆吏,必人人有自危之心,而地方之公务,浸以废弛。日后不能获其益,而目前转以受其害,其为中国之隐忧,岂浅鲜岂浅鲜哉?"③

　　对清廷借立宪之名行中央集权之实的做法,时论普遍认为,以中国国情而言并不可行:"自预备宪政之议起,而中央集权一语,遂为政府惟一之方针。虽然,今日政府之所以厉行集权也,岂真有见于事权之不可分歧,而谋统一之机关乎?抑第垂涎于各省财力之雄,而谋夺之以自豪也。夫果使中央政府之能力,足以居中驭外而有余,则疆臣各奉其权以归之朝廷,而专心以谋境内之治安,整齐严肃,不相逾越,宁非吾人之所大愿。而无如政府之所谓集权者,利益则攘以归己,而劳苦则推以与人。举一省财赋所入,胥以贡诸京师,而内政外交之繁难,仍责疆吏以鞠躬尽瘁,非独情所不可,抑亦势所不能。"④"督抚与中央非争权也,本亦自有其权在也。如人身然,耳司听,目司视,手足司动,听、视与动,即耳、目、手足自有之权也。"⑤"夫以吾国疆域之寥阔如此,地方政府与中央政府相隔过远,而交通机关又未完全,此时遽言中央集权,似非所宜。"⑥

　　革命党人徐锡麟在其供词中也对清王朝的中央集权政策予以抨击:"观其表面立宪,不过牢笼天下人心,实主中央集权,可以膨胀专制力量。满人妄想立宪便不能革命,殊不知中国人的程度不够立宪,以我理想,立宪是万做不到的,革命

---

① 《论疆吏不可数易》,上海:《时报》1907 年 11 月 6 日,社论。
② 《论朝廷进退大臣之当慎》,上海:《时报》1909 年 12 月 8 日,社论。
③ 《论中国兵权不可集于中央》,上海:《申报》1907 年 1 月 2 日。
④ 《读粤督议官制电后》,上海:《时报》1911 年 1 月 6 日,社论。
⑤ 《读袁督论中央集权折有感》,上海:《时报》1910 年 6 月 12 日,来稿。
⑥ 《论各督抚入觐事》,上海:《时报》1910 年 9 月 5 日,社论。

是人人做得到的。若以中央集权为立宪,越立宪的快,越革命的快。"①

民国年间的掌故名家金梁亦认为,亲贵用事、中央集权是导致清王朝国祚鼎革的重要原因,他痛心地说:"摄政王监国,亲贵用事,某掌军机,某专财柄,某握用人,某操行政,以参与政务为名,遇事擅专,不复能制。各引私人,互争权利。某某为监国所倚恃,某某为太后所信宠,间有一二差明事理者,为所牵率,亦不免逢君之恶。时又创中央集权,兵事财权,皆直接中央,疆吏不复负责,内重外轻,时争意见,国事不可为矣。"②

晚清最后十年间,清廷力谋中央集权,为的是加强中央权威,扭转自平定太平天国以来所形成的"内轻外重"权力格局,以维系爱新觉罗家族统治的长久治安。但由于"内轻外重"这种既存的权力格局形成由来已久,自有其适应时代发展的合理性因素在内,改变起来绝非一朝一夕之功所能奏效。尽管载沣上台后强力推行中央集权举措,但他并没有足够的权威来保障这项工作的顺利进行,督抚们的抵制常令中央集权举步维艰。可以这么说,当时旧的权力体系正在发生变化,而新的权力框架也未能成形并正常运转,清王朝的权力体系实际上正处于一种新旧混杂的过渡状态。中国社科院近代史所的李细珠研究员称这种权力格局为"内外皆轻"③,其实时人早已对此有所觉察:"吾国今日之政体,非内重外轻,亦非内轻外重,实则以军机处与各直省督抚,混合组织而成一轻重相维、两不相下之政体。"④处于过渡状态的权力体系是一种混乱的体系,往往会因受到各种不协调因素的影响而不能正常运转,这是导致辛亥革命发生时,无论是清朝中央政府,还是地方政府,都难以组织起有效应对的体制性因素。

另外,现在有不少人常常将中央集权等同于中央专制,有意无意中将之视为一种贬义的东西。其实,将"集权"一词放在晚清十年的具体语境中来观察,理解为"收权",即把原属于中央的,或当时看由中央掌控更合适的权力收回到中央手里,可能更合乎原意。"集权"所对应的是"分权","专制"所对应的是"宪政",前者是权力的配置方式,后者是权力的运行方式,两者不能混淆。时论即已指出:"夫中央集权与预备立宪,其事本两不相妨,使一面实行中央集权,一面助长行

---

① 《巡警道徐锡麟供词》,上海:《申报》1907 年 7 月 17 日,紧要新闻。
② 《亲贵》,金梁:《光宣小记》,章伯锋、顾亚主编:《近代稗海》第十一辑,成都:四川人民出版社 1988 年版,第 314 页。
③ 李细珠:《地方督抚与清末新政——晚清权力格局再研究》,北京:社会科学文献出版社 2012 年版,第 399 页。
④ 《论中外官吏皆当实行责任主义》,上海:《时报》1910 年 3 月 11 日,社论。

政,强迫教育,以促国民之进步,以养成立宪国民之资格,吾又何言?"他们之所以反对清廷的中央集权,是因为"观于政府近日所设施,无一事为国民谋幸福者,亦无一事助长国民之进步者,徒见平日巩固其中央政府之势力,而且兴党狱,挫民权,骚动不安,大张威焰,骎骎乎趣于极端专制之方面。"①

  清王朝本欲借立宪这颗"万能神药"来挽救自身的统治危机,延长自己的统治寿命。预备立宪初始阶段,民众对清廷的改革还是抱有一定希望的,但随着清廷在立宪过程中的敷衍拖沓,以及在立宪问题上与督抚的纷争,导致民众不再相信清廷能够真正实行立宪,"假立宪,真专制"成为民众的共识,清政府的权力合法性受到严重质疑。立宪派曾警告过清廷:"夫立宪云者,非徒一纸空文,与宣布数十条之宪法,及抄取他立宪国一二成文法典而粉饰名目而已……故今日而不立宪,则变速而祸小;今日立宪而不实行立宪之实,则变迟而祸愈大。"②但清廷权贵执迷不悟,继续玩弄权术,不但推出"皇族内阁",而且大肆行使中央集权,疏离了督抚,最终陷入众叛亲离、无奈让权的悲惨境地。

  1911年11月14日,英国伦敦《泰晤士报》发表评论,运用法国历史学家、政治学家托克维尔关于法国大革命发生根源的理论来分析中国正在进行中的革命,评论认为:"改革之真精神始终未入禁城以内","世上最为危险之事,莫如腐败政府忽欲伪示改革。此如久病之人,精力已疲,日在痛苦之中,初不自觉,小施疗治,遽作速愈之想,反有不能忍受者矣"。因此,"中国革命,原在有识者意料之中,不足深诧"③。应该说,该评论从统治者自身的角度深刻解释了辛亥革命的发生的内部原因,我们也可以看作是对清廷借立宪之名集权中央、搅乱了中央与地方关系,从而弱化了自身对地方的统治能力的评价。

(原文载《近代中国》第27辑,
作者:李振武,广东省社会科学院历史与孙中山研究所研究员)

---

① 《论中央集权仍当注意于地方自治》,上海:《时报》1907年3月17日,社论。
② 《立宪论上》,上海:《申报》1906年10月3日。
③ 《太晤士报之中国革命论》,《时报》1911年12月12日,通信。

# 近代经济与企业研究

# 南京时期的国民党政府和对中国工业的管制
## ——煤矿业中的竞争和统制

[澳]蒂姆·赖特*著 李必樟译

近代许多中国人在追求建设一个富强的中国时,都曾指望政府会成为社会和经济改革的主要力量。通过这条途径实现上述转变的可能性,把早期追求通过其他道路实现现代化的许多人,例如企图通过科学和医学道路的孙逸仙等吸引到政治中来。1928年,国民党的当权引起了新的希望,即中国现在已有一个足以使国家实现现代化的强大政府了。这个希望的破灭向人们提出了如下问题:在共产党执政之前,中国政府的行动实际上有多少效力,以及它在多大程度上更符合于米尔达尔在对南亚的论述中所讲的那种"软弱的政府……它们决定的政策即使已经颁布也常是不予执行的,其官方甚至在制订政策时就已不愿使人民承担义务"[①]。

发展经济是追求财富和权力的主要方向,而当19世纪末中国在清政府的主持下第一次进行现代化的努力时,由政府发起的经济转变在中国已不是一种新的观念了。然而军阀时期的北京政府却衰弱到了连数量有限的工程项目也未能发动起来,因而到1927年,在大多数经济部门中私营企业都处于支配的地位。[②]但是1928年上台的国民党在理论上信奉的是1918年孙逸仙在题为《建国方略》的演讲中所提出的转变、重建和发展经济的纲要。[③] 本文即研究上述宏伟纲要内关于统制私营企业的那一部分。文中对国民党有关这个问题的思想一方面追溯到孙逸仙关于"节制资本"的主张,他把这个比较笼统的概念视为实现民生主

---

\* 作者 Tim Wright 现任澳大利亚国立大学太平洋研究所远东历史研究室研究员。
① 米尔达尔(Gunnar Mgrdal):《亚洲的戏剧性事件》(伦敦,1968年)第1卷,第66、116页和第2卷,第895~896页。
② 柯博文(Parks M. Coble, Jr.):《1927—1937年上海资本家与国民政府》(坎布里奇,1980年),第20页。
③ 《孙中山选集》上卷,人民出版社1956年版,第104~419页。

义的两个基本手段之一①;另一方面也追溯到欧洲进行宏观经济管理和反衰退措施等试验的影响,以及更为直接的政治和个人的考虑。通过对上述政策在几个工业部门贯彻情况的考察和对煤矿业卡特尔遭到失败的专题研究,本文集中显示了当时中国政府的行动与经济转变之间的关系,而在 20 年后的中国,一个非常强大的新政权却发动了一场几乎史无前例的经济改革。

## 一、国民党时期的"统制经济"

国民党政府采取了孙逸仙关于由政府发动和统制工业化的思想作为达到平衡增长和避免那种为患欧洲的阶级斗争的最佳方法。按此方案,政府应建立重工业部门,还要对轻工业中的私营企业进行指导和监督。② 尽管 1928—1931 年和 1932—1935 年先后担任实业部长的孔祥熙和陈公博都曾提出宏大的计划,但实际上政府筹措重工业所需巨额资金的能力还不及私人投资者。由于制订计划者可动用的资金十分有限,因此关于由政府投资巨额资金建设钢铁厂和使全国电气化的计划是完全不现实的。③ 1936 年,虽然已有几家机器厂的建设取得了一些进展,但实际开工的却只有上海的一家酒精厂。④

政府比较有能力做的事是对个别工业内的私营企业的经营进行管制,进而甚至在这里也遇到了严重的难题。除了国民党对中国的长期发展战略之外,还有两种思潮对这一方面的政策形成也许起了更为直接的作用。在出口工业方面,中国人长期以来一直关切的是:甚至对那些主要由中国向全球供货的出口商品的价格也无力控制。因此经济国家主义和自利原则都使他们试图统制主要出口产品的贸易,以作为提高价格和增加外币收入的一个方法。尽管他们很少公开承认这个目的,但是这种政策常使他们同外国商界人士和外交代表发生冲突。其他国家,起先是在战时,后来是为了应付经济萧条的影响而对工业进行管制的经验也影响了中国人在这个问题上的想法。这个思想在 20 世纪 30 年代的

---

① 《孙中山选集》下卷,人民出版社 1956 年版,第 788 页。
② 见美国国务院:《美国的对外关系,1937 年》(华盛顿,1954 年)第 4 卷,第 584 页,访问实业部长的报告。
③ 吉迪恩·陈(Gideon Chen):《中国政府的经济计划和重建》,收入拉斯克(Bruno Lasker)和霍兰(W. L. Holland)编:《太平洋问题,1933 年》(伦敦,1934 年),352~354 页。
④ 方显庭:《中国走向统制经济》(上海,1936 年),第 68 页;《满铁调查报告》第 17 卷第 7 期(1937 年 7 月),第 66 页。

中国被通称为"统制经济"①,这个名词最初是从罗斯福的新政文告中变得流行起来的。② 它不仅包括对私营工业的管制,实质上同苏联的计划经济也有一些关系,虽然许多作者对"统制经济"和"计划经济"两个名词作了区别。③ 许多人觉得,同中国距离较近,日本政府促进工业化的成就中就含有适合于中国的教训,④尤其是日本在个别工业中组织卡特尔的方法给中国的一些工业家留下了深刻的印象。到30年代中期,满洲地区的迅速发展必然也使中国人对政府在经济上的作用更感兴趣。然而在一切中最起作用的还是意大利和后来德国的法西斯政策;实际上美国人担心的就是中国会被建成一个意大利式的"社团国家"⑤。这种思想曾被用来为向远远超出出口工业范围的工业,特别是向那些受到萧条影响最重的、供应国内市场的工业扩大短期管制的做法辩护。在上述情况下,由于认识到外资能够在工业发展中起积极作用,政府就试图把在华的外国企业结合到这个方法中去。

也许任何国家的政策都不是完全,甚至也不是主要在上述长期理论思考的基础之上作出决定的,国民党中国也非例外。在整个时期中,政府同其他对立的地方权力中心以及南京政府控制不了的其他社会团体之间的政权斗争必然会表现在许多决策之中。⑥ 个人多捞好处也起了重要的作用,以至于有些学者把"勒索"看作是国民党经济政策的首要动机。当然很难用文件证明这种活动的非法成分,但是例如在宋子文取得南洋兄弟烟草公司的巨额股份后不久,政府即降低卷烟税一事就很难说是一种巧合。⑦ 然而这种直接考虑个人利益的情况并不总是显而易见的,许多政策至少部分是为了达到比较全面的经济目标。⑧

---

① 见《中国走向统制经济》(上海,1936年);又见《经济学季刊》第5卷第4期(1935年3月),第61～176页,中国经济学会年会关于统制经济的论文。
② 陈公博:《四年从政录》(上海,1936年),第42页。
③ 陈长蘅:《民生主义之计划经济及统制经济》,《经济学季刊》第5卷第4期(1935年3月),第83页。另一方面马寅初则把它们视为同义词,见马寅初著:《中国经济改造》(上海,1935年),第191页。
④ 《日本统制经济的检讨》,《东方杂志》第30卷第23期(1933年12月),第56页。
⑤ 美国国务院:《美国的对外关系,1936年》(华盛顿,1954年)第4卷,第607页;朱通九:《统制经济声中之德国劳动统制》,《经济学季刊》第7卷第4期(1937年2月),第113～125页。
⑥ 柯博文(Parks M. Coble, Ji.):《1927—1937年上海资本家与国民政府》(坎布里奇,1980年),第208～209页。
⑦ 柯博文(Parks M. Coble, Ji.):《1927—1937年上海资本家与国民政府》(坎布里奇,1980年),第232页;高家龙(Sherman Cochran):《中国的大企业:烟草业中的中外竞争,1890—1930年》(坎布里奇,1980年),第197页。
⑧ 柯博文(Parks M. Coble, Ji.):《1927—1937年上海资本家与国民政府》(坎布里奇,1980年),第248、257页。

国民党执行其经济政策的主要机构包括政府各部和作为平行机构而设的专门委员会。在20世纪20年代末和30年代初经过几次改组后,内政部、财政部、实业部、铁道部和交通部都成为具有十分重要经济职能的部。此外还有1928年设置的全国建设委员会,专门负责电力公司和水利工程的工作。后来它的部分职责被新设的机构所接管,但是几乎一直到战前,它仍然管理着南京电厂以及淮南煤矿和铁路等最重要的企业。① 1931年,为了协调计划,在宋子文的领导下设立了全国经济委员会。它在这方面的进展不大,但是1933年设立的棉业统制委员会(对华商的统制委员会)由于向棉业保证该委员会并不设想实现国有化,而只是打算利用政权来帮助该行业,却取得了积极的、即使是有限的效果。②

各省政府也在境内开始实行"统制经济"的政策。他们同中央政府的计划有时是不协调的,甚至有部分是相对立的,例如阎锡山的山西省发展规划。③ 广东省也是国民党控制范围之外的一个省份,该省提出要对纸烟、水泥、糖和橙汁进行统制的建议几乎没有得到南京政府的支持。④ 另一方面,扬子江下游各省创议的方案后来却被中央政府接了过来。1936年,安徽省政府在江西省政府和国家经济委员会的合作下开始实行对江西、安徽两省的茶叶进行统制的方案。外国势力的抵制推迟了这个方案的执行,但是次年,实业部就在有私股参加的情况下设立了中国茶叶公司。⑤

政府多半在私股参加的情况下设立公司以控制产品的销售,有时也对产量制定限额。有的新公司名义上属私人所有,但也有的新公司政府直接拥有股份,如中国茶叶公司的股权中有50%属政府所有。⑥ 在以上两种情形中,政府在对卡特尔的控制上都起了主要的作用,因而能够在对它的指导上拥有强大的发言权。此外,如同美国驻华公使所说的:

---

① 吉迪恩·陈:《中国政府的经济计划》,第360~361页。
② 泰勒(George E. Taylor):《中国的重建运动》,收入《太平洋问题,1936年》(伦敦,1937年),第381~382页。
③ 季林(Donald G. Gillin):《军阀:1911—1949年阎锡山在山西省》(普林斯顿,1967年),第9~10章。
④ 《银行周报》第18卷43期(1934年11月6日)国内要闻,第1~2页;《工商半月刊》第6卷第12期(1934年6月15日),第133~134页;第23期(1934年12月1日),第151页;第24期(1934年12月15日),第93页。
⑤ 《银行周报》第20卷21期(1936年6月2日),国内要闻,第15~16页;第21卷第7期(1937年2月23日),国内要闻,第1~3页;《国际贸易导报》,第8卷第5期(1936年5月15日),第103~108页;该刊第9卷第3期(1937年3月15日),第248~250页。
⑥ 《银行周报》第2卷第7期(1937年2月23日),国内要闻,第1~3页。

"中国的现况是不会促使人们去发起那种不具备官方的关系以保证他们能够在营利的基础上不受干扰地进行活动的计划的。"①

事实上,这些计划多数引起了中外各界对建立所谓政府专利事业提出抗议。

在出口工业方面,外国人对政府办专利事业的抗议特别强烈。美国外交家发表意见反对组成表面上的私营公司以控制钨和锑的贸易,就这两种产品而言,中国都是世界上最大的生产者。这类公司最初是由江西和湖南两省的省政府组织起来的,这两种矿物的生产集中在这两个省,但是一个省营的卡特尔是很难防止矿物越过省界的走私的,因此国民政府也插手了上述两个公司。特别是锑,中国的报刊发现组织辛迪加的目的是要恢复对锑价的控制,第一次世界大战结束后,锑价一直停留在低水平上。尽管中国政府在外交函件中否认有直接牵连,但是其他中方人士都把锑的辛迪加说成是省政府、全国经济委员会和矿业界合办的一个机构。②

与此相似,1936年设立的中国植物油料公司表面上是为了防止该业同丝业一样地陷入萧条,并确保其产品能按质按量地出口,但是中外各界都认为,更确切地说它是政府官员部分为了他们本人的利益,部分为了政府的利益,试图夺取该业控制权的一种尝试。③

政府还试图对卷烟和糖等主要供应国内市场的工业实行管制。1936年,政府调查研究了对使用美国的种子在中国生产的烟草实行专卖,以及对进口卷烟征收保护性关税以促进中国卷烟工业的可能性。④ 进口糖亦被置于统制之下,虽然评论家们指出这个方案的缺点在于它未把国内的生产者包括在内。⑤

更为重要的是火柴业,对该业的管制是由私营企业主动发起的。火柴卡特

---

① 美国国务院:《美国的对外关系,1925年》(华盛顿,1953年)第3卷,第783页。
② 《美国的对外关系,1935年》第3卷,第778、784～788页;《美国的对外关系,1936年》第4卷,第611页;《矿业周报》第132期(1931年2月28日),第571页;第151期(1931年7月21日),第876～879页;第249期(1933年8月7日),第135页;第285期(1934年5月7日),第706页。
③ 《美国的对外关系,1936年》第4卷,第608～610页;布尔曼(Howard L. Boorman)编:《中华民国人民辞典》(纽约,1967年)第3卷,第453页;柯博文(Parks M. Coble, Jr.):《1927—1937年上海资本家与国民政府》(坎布里奇,1980年),第244页。
④ 《美国的对外关系,1936年》第4卷,第603～606、615～623页。
⑤ 《国际贸易导报》第8卷第8期(1936年8月15日),第246页;《中国之制糖业及其统制》,《东方杂志》第33卷第3期(1936年2月1日),第65页。

尔的历史表明,它同发生于煤矿业的情形有许多有趣的相似之处。① 早在1933年,中国的"火柴大王"刘鸿生(他在煤炭商业中也是一位重要的人物)就曾建议组织卡特尔,其主要目的在于保护他所创办的大中华火柴厂的市场占有率。翌年,他把华中的几家火柴厂争取了过来,可是华北的中外厂家仍然在外。1936年,他说服了在华的日本公司参加全国火柴产销联营社,但是它们的依附是以向其提供大于其原有市场占有率这个特别优惠的条件赢得的。美资火柴业一直在同上述集团谈判,先后于1935年和1937年同主要的华资火柴厂和全国火柴卡特尔达成协议(也是靠十分优惠的条件);然而美国政府仍持反对意见,而且拒绝支持本国的商人。

上述工业多半是将其大部分产品出口,或者大量地依赖于进口原料的工业。由于对外贸易的许可证和方法都受到政府的控制,因此同依赖国内市场和原料的企业相比,政府左右这类企业发展的能力要大些。所以,就政府的努力已有的模式而论,它与其说是在一个特定工业的内在重要性和内部问题上起作用,不如说是为行使官方的权力提供了机会。从煤炭卡特尔的情形就能看出这种权力是多么有限。

## 二、1936年前煤矿业的经济组织

煤矿业是中国最大的工业之一,因此1936年对该业内的竞争实行管制的企图是到此刻为止雄心最大的计划。1933年,只有棉纱和卷烟两个工业的生产净值之和超过了近代煤矿业。煤矿工人约有200 000人,同棉纺厂的工人人数一样多,而远远超过了其他任何一种工业。外资在这个工业中也拥有很大的股本。直到1931年,在近代煤矿的产煤中,有70%以上来自全部或部分外资的煤矿。② 1931年满洲被日本人占领之后,中国政府的统计内不再包括满洲的矿产,因此在30年代中,只有50%强的近代矿产出自外资或中外合资的矿山。煤矿业的规模和分散,以及有外资在内的情形都使它成为国民党政府难于进行管制的一

---

① 《美国的对外关系,1936年》第4卷,第600~603页。《银行周报》第19卷第33期(1935年8月27日),"国内要闻",第3~4页;第20卷第33期(1936年8月25日),"国内要闻",第5~6页;第21卷第5期(1937年2月9日),"国内要闻",第10~12页。马伯煌:《论旧中国刘鸿生企业发展中的几个问题》,《历史研究》1980年第3期(1980年5—6月),第50~60页。
② 刘大中、叶孔嘉:《中国大陆的经济:国民收入和经济发展,1933~1959年》(普林斯顿,1965年),第426~428页,第569、575页;严中平:《中国近代经济史统计资料选集》(北京,1955年),第124页。

种工业。

中国煤矿业卡特尔的出现可追溯到20世纪的头10年中,当时开滦矿务总局(设在河北省内的一家中英合营公司,也是当时中国最大的产煤公司)同日本煤的主要供应商达成了一项在沿海市场控制销售额的协议。① 1918年,南满铁路公司(所属抚顺煤矿的产量自1922年起超过了开滦煤矿而成为中国最大的煤矿)加入了这项协议。直到1931年,参加协议的各方每年开会,然而由于参加者不愿意公布他们商定的协议,因此人们不大知道它的内容。②

尽管我们未能从价格管制方面来判断这个卡特尔的成就,但是从它继续存在15年之久就可以表明它一直是有益于参加者的。它在大体上取得成功的背景是中国煤的生产和市场两者异常高度的集中。虽然在多数国家里,煤矿业几乎都被看作激烈竞争的完善例证,③但在中国,1918—1931年,开滦矿务总局和南满铁路公司所属煤矿的产量就占到现代煤矿产量的60%,或占包括未实行机械化的小煤矿在内的总产量的40%。上海是中国国内煤炭销售竞争最激烈的市场,因而卡特尔协定多半都是针对该市场的。上海从海路进口煤(占总数的绝大部分)的统计数字表明:1916年开滦、抚顺和日本煤合计占了市场的95%,而在1924—1927年间也占到86%。④

如同经济理论所预言的那样,由于第一次世界大战期间和战后的繁荣,其次也由于卡特尔的作用所导致的煤价上升,把新的投资吸引到煤矿业中来,因而在20年代初期,许多华资煤矿迅速扩大了它们的生产能力。但是就在由此而来的产品开始进入市场时,20世纪中期和后期的中国内战使华北遭到严重的破坏,并使南北铁路干线实际上处于停运的状态。同1923年的水平相比,1926—1930年平汉铁路的货运量平均减少了1/4,甚至1932—1933年的货运量还不到1923年水平的2/3。⑤ 1927年该铁路沿线的煤产量也下降到1923年产量的24%。这条铁路以及中国本土上其他铁路沿线的煤矿公司被迫削减产量,甚至停止生产,以致许多煤矿陷于破产的状况,需有巨额的银行贷款才能生存下去。另一方

---

① 日本煤的主要供应商是三井、古川和三菱,见东亚同文会:《支那省别全志》第15卷,江苏省(东京,1919年),第917页。
② 其已知内容见《纳逊文件集》,存牛津博德莱恩图书馆,特别是1925年6月28日纳逊致杨格函和1933年8月15日白崎致纳逊函。
③ 贝恩(Joe S. Bain):《工业组织》第二版(纽约,1968年),第27~28、473~475页。
④ 东亚同文会:《支那省别全志》第15卷,江苏省,第905页。
⑤ 平汉铁路管理委员会编:《平汉铁路年鉴》(汉口,1932年),第633页;南满铁路产业部编:《北支那经济综观》(东京,1938年)附表,第66~72页。

面,在外国保护下的开滦和抚顺两个煤矿的产煤在运输上所受的影响却没有那么严重,因此这两个煤矿的产煤和日本煤能够统治沿海市场达七八年之久,从而延长了这个卡特尔的有效期限。当时其他中国煤矿在市场上只占有很小的份额。在少数制造商共谋控制市场的情况下,存在一些小竞争者的现象并非罕见,因而它无须否定主要参与者合谋所取得的利益。①

随着 30 年代初期铁路网的逐渐恢复,上述小竞争者扩大成为市场上一股大势力,这是旧卡特尔的瓦解和人们试图组织新卡特尔的基本因素。但是中国煤外销情况的不稳定性和全球经济萧条的影响也使煤矿业的问题大为增加,并成为上述两个事件的背景。

1929 年起,日本煤的外销受到了金本位的日元价值急剧上升的沉重打击。尽管出口商把销给中国的煤的日元价格降低到成本之下,但 1929 到 1931 年之间,它在上海的价格还是上升了 40% 之多。② 中国进口日煤的数量有所下降,虽然中国煤的供应量一直处于紧张的状态使日煤进口量的下降不如预计的那么多,然而 1931 年 12 月,日本人废弃了金本位制,并使日元对银元的比价突然下降。所以尽管在 1931 年从日元价格看,日本煤已经在倾销,但它在上海市场上几乎还是没有竞争力;而在 1932 年,由于它的价格暴跌了 50% 之多,才使其市场占有率在那一年的下半年急剧上升。这激起了一场反对日本人倾销的风潮,而且由于它威胁到开滦矿务总局的利润和市场占有率,以致该局拒绝续订控制销售额的协议,从而增加了中国市场上的竞争。③

1933 年 5 月 16 日,中国颁布了它首次公开承认为保护性的新关税表。从这件事的来龙去脉看,全国矿业联合会大力进行游说活动,反对日煤倾销,也促成煤的关税激增,从每吨 1.6 日元提高到 3.5 日元。这使日本煤在中国的价格上升了约 25%。④ 随着市场上进口煤比重的急剧下降,中国煤获得了明显的优势。此外,由于 1932 年 9 月以后,满洲煤已被视为外国煤,因此也要按新关税表纳税,从而使市场上开了一个缺口,各种中国煤都能加入竞争。在此情况下,那些

---

① 贝恩(Joe S. Bain):《工业组织》第二版(纽约,1968 年),第 123 页。
② 按杵岛块煤价格计算,见上海商业储蓄银行调查部编《煤与煤业》(上海,1935 年)所列价目表。
③ 关于倾销的争论,见《日煤倾销中之国煤问题》,《社会科学杂志》第 3 卷第 4 期(1932 年 12 月),第 479~532 页。关于该卡特尔的结束,见《纳逊文件集》,纳逊致特纳函,1932 年 5 月 8 日、9 月 26 日、10 月 22 日。
④ 《纳逊文件集》,普赖尔致特纳函,1935 年 6 月 22 日;《国际贸易导报》第 6 卷、第 4 期(1934 年 4 月 10 日),第 257 页;柯博文(Parks M. Coble, Ji.):《1927—1937 年上海资本家与国民政府》(坎布里奇,1980 年),第 125 页。

对组织卡特尔感兴趣者不可避免地将其注意力从进口商转向中国国内的其他煤矿公司。

尽管在30年代中期,运输危机和有关倾销的争吵还存在着影响,但到1934年,人们的主要关注点已转到由于日本人1932年1月份首先进攻上海使那里的部分工业关闭了三个月之久所导致的工业需求的下降。还有两个因素也增加了中国工业的困难,并从而增加了它们对煤的需求。满洲的沦陷使中国,特别是华北的许多小型工业失去了一大块市场。① 此外,从1932年起,世界经济萧条的影响日益扩大。首先,随着白银的流入上海,农村地区的经济趋于衰退,同农民有关的进出口货价之间的比率急剧恶化。1934年起,世界银价的进一步上升把中国的白银统统吸引到国外去,同时迫使城市的物价下降,并使工业开始全面衰退,一直持续到1936年中期。

表1概括了上述各种势力对需求的影响。在1933年到1935年之间,可以合理地代表各大城市用煤工业活动水平的消费品产量持续下降。结果在整个30年代中,上海和其他大城市煤的消费量充其量也只能说是停滞不前的,同时低需求还迫使价格下降,使之于1934—1935年达到最低点。

表1 工业对煤的需求下降的影响

| 年 份 | 消费品的产量指数（1933年=100） | 上海从海路进口煤的数量（单位：千吨） | 五大城市煤的消耗量（单位：千吨） | 开平煤屑在上海的价格（每吨/元） |
|---|---|---|---|---|
| 1930 | 85.3 | 3 403 | 5 700 | 10.3 |
| 1931 | 91.7 | 3 617 | 5 810 | 12.9 |
| 1932 | 93.7 | 2 942 | 5 260 | 11.3 |
| 1933 | 100 | 3 323 | 5 100 | 10.1 |
| 1934 | 98.1 | 3 229 | 5 130 | 8.8 |
| 1935 | 93.5 | 3 303 | 5 585 | 8.8 |
| 1936 | 99.5 | 3 204 |  | 10.6 |

资料来源：章长基著：《解放前中国工业的发展》(芝加哥,1969年版)第79页；南满铁路经济调查会编：《关于中国煤炭市场的计划》(新京,1936年版),第18页；中国科学院上海经济研究所和上海社会科学院经济研究所编：《上海解放前后物价资料汇编》(上海,1958年版),第255～256页；手家正雄著：《日中战争前中国煤炭的生产与销售》(东京,1940年版),第252～253页。

---

① 棉纺织品,见赵冈：《中国棉纺织生产的发展》(坎布里奇,1977年),第200页；丝绸,见李明珠：《中国近代蚕丝业及外销,1842—1937年》(坎布里奇,1981年),第123页。

到 30 年代中期,煤矿业就处于一个日益增长的中国煤产量以低价去争夺呆滞市场的局面了。尽管日本和满洲煤进口量的下降减轻了一些压力,但华北煤的重返市场却损害了开滦矿务总局在整个 20 年代凭以赚取高额利润的半垄断地位,而且如同该局所预见的那样,东亚开始进入一个长期供应过多的时期。① 此外,作为内战的结果仍处于严重财务困难的那些华北煤矿渴望按任何价格出售煤炭,②致使已有的公司或新设的公司都很难赚钱。表 2 显示这些势力对上海市场结构的影响。诸如开滦矿务总局和中国最大的国营煤矿——山东省南部的中兴煤矿等老煤矿的市场占有率都开始下降,而安徽省,特别是山东省中部煤矿销售额的迅速上升却取代了以前进口煤所占的地位,这也使上述公司较长期地处于不安的牵挂之中。

表 2　1933—1937 年上海煤炭市场的结构供应的煤占煤销售总额的百分比(%)

| 年份 | 日本 | 抚顺 | 开滦矿务总局 | 中兴 | 山东省中部 | 安徽省 |
| --- | --- | --- | --- | --- | --- | --- |
| 1933 | 15.7 | 13.0 | 33.5 | 9.5 | 9.7 | 2.5 |
| 1934 | 8.0 | 5.5 | 35.5 | 11.8 | 16.8 | 3.4 |
| 1935 | 4.5 | 2.3 | 36.5 | 12.5 | 19.1 | 5.5 |
| 1936 | 3.4 | 1.1 | 28.0 | 7.5 | 27.3 | 8.3 |
| 1937* | 2.2 | 1.7 | 28.6 | 8.0 | 28.7 | 9.0 |

\* 1~5 月份。

资料来源:《矿业周报》第 391 期(1936 年 7 月 21 日出版);丁佶:《中国的煤矿业》,载《南开社会和经济季刊》第十卷第 2 期(1937 年 7 月出版);久保山祐三著:《中国煤炭调查报告书》(东京,1940 年版),第 102 页;《东洋经济新报》1937 年 8 月 21 日,第 678~679 页。

## 三、南京政府和 1936 年煤矿业卡特尔的失败

南京政府插手煤矿业反映了上述问题的性质以及对它们的认识在发生变化。直到 1932 年,煤矿的困难显然属于中国国内和平和稳定这个大问题中的一部分,因而任何解决办法都不能只靠该业本身而必须出自更大的范围。然而,在华北的秩序和稳定有了一定程度的恢复后,有关煤矿业的比较具体的问题就显

---

① 《纳逊文件集》,纳逊致特纳函,1932 年 9 月 26 日;《关于开滦矿务总局的历史和展望的备忘录》,(1938 年)。
② 《关于开滦矿务总局的历史和展望的备忘录》。

露了出来,因而煤矿业界开始更为认真地同国民党政府打交道,要求帮助解决这些问题,他们希望这个政府会比以前的政府更为支持他们的利益,为此,政府和煤矿业于 1932 年建立了中国煤矿救济协会。历任实业部长也都提出了各种帮助煤矿的计划,并于 1933 年举行会议讨论改善铁路运输设备以及有关煤矿业的比较普遍的问题。①

最初几年,他们的目标主要在于解决那些同进口、铁路运量和运费以及税率等有关的问题。政府为煤矿业的繁荣所作出的最大实际贡献也许是 1933 年颁布的关税表,它消除了已成为中国市场上一个严重威胁的进口货。人们对这个事实并不总是看得清楚的,例如 1934 年,全国经济委员会建议增加中国煤的销售量时就是以减少进口煤为中心目标的。政府不大理睬有关税率太高的抱怨,因为它的收入已经少于支出,但是铁路虽然在内战后同煤矿处于同样贫困的状况,还是通过了一连串的折扣把运价降低到大致相当于 20 年代初期的水平。②

煤矿公司对铁路的运量是同运价一样感到烦恼的。虽然铁路已于 1932 年前后开始正常运转,但是由于前几年的毁坏,车辆还是严重不足。因此人们向政府提出了几种方案,建议通过借款或为贷款作担保以筹集资金,添购铁路车辆。然而,尽管运输能力的不足必然限制特别是煤矿能够运往市场的煤炭数量,但是到 30 年代中期,它是否造成了主要市场上煤炭严重短缺的情形就不大清楚了。无论如何,根据各部门竞相要求政府财力支持的情况看来,上述方案都是不太现实的。③ 此外,由于预感到以后会出现麻烦,日本公使借口它违反 1923 年设立中日合资鲁大公司时签订的合约,反对筹集贷款。在陈公博说明这项贷款将由煤矿业自行筹集和偿还、政府对之只起保证作用后,日使似乎就不再反对了。④

所以到 1934 年,人们的注意力逐渐集中到当时该业的首要问题上——生产过多和由此而造成的价格与利润的下降。因此人们曾数度试图控制过分的竞争以使价格不致低落。1933 年和 1934 年,在山东省当局的赞助下组成了一家公

---

① 国民党中央党部经济计划委员会编:《十年来之中国经济建设》,"实业",第 64 页;《中国经济公报》1933 年 6 月 3 日,第 347 页;《矿业周报》第 367 期(1936 年 1 月 21 日),第 869 页。
② 《矿业周报》第 287 期(1934 年 5 月 21 日),第 739 页;第 367 期(1936 年 1 月 21 日),第 869 页。《中国经济公报》1933 年 4 月 29 日,第 261 页;《银行周报》第 18 卷第 19 期(1934 年 5 月 22 日),"国内要闻",第 1~2 页。
③ 陈公博:《四年从政录》,第 55~56 页;《矿业周报》第 349 期(1935 年 9 月 7 日),第 577 页。《鲁大公司,1921—1937 年》,《亚洲研究杂志》第 39 卷第 4 期(1980 年 8 月),第 711~727 页。
④ 陈公博:《四年从政录》,第 56 页;关于鲁大公司,见蒂姆·赖特:《中国的中日合资企业》。

司来统制山东省内产煤的销售额,但是该公司所提出的各种建议都因未能把中日合资煤矿纳入协议而遭失败。① 1934—1935 年,山西省阳泉煤矿的价格暴跌,这促使人们加紧讨论组织一家联合销售公司,这样的公司于 1936 年 1 月宣告成立,并于那一年使山西煤在石家庄和天津的价格有所上升。② 个别煤矿之间也达成了一些其他的协议。1934 年,开滦矿务总局同中兴煤矿达成了在扬子江流域控制销售额的协议,1935 年重新修订,并于 1936 年扩大到包括华南和日本。③ 开滦矿务总局还同河北省南部的中德合营井陉煤矿达成了控制华北市场的暂行协议,但是由于井陉公司未能同邻近的正丰公司达成类似的协议,以致缩小了该协议的范围,并使开滦矿务总局不大想再向前进。④

1935 年,这类方案引起了煤矿救济协会会员们的议论,⑤1935—1937 年担任实业部长的吴鼎昌于 1936 年开始试图把上述各种方案结合起来,组织一个全国性的卡特尔来帮助煤矿业。吴鼎昌对统制经济的兴趣至少可以追溯到 1933 年,当年他在银行学会曾就此问题作过演说。他原来是华北的一位著名银行家,同所谓"浙江财团"有密切关系,后一名词是最广泛地包括同中国银行界有关的大多数人士在内的一个不甚严密的术语。⑥ 这个集团的成员通过其银行职务在煤矿业中占据了对全局有重要意义的位置,最明显的如银行家钱永铭和周作民在 30 年代期间控制了中兴煤矿的管理部门。1935 年,钱永铭和中兴煤矿的秘书在去日本旅行中确实带回了非常赞成日本煤炭卡特尔活动的意见。吴鼎昌在政治上同其他银行家一起倾向于政学系,这是国民党内部最都市化和对资产阶级分子最有吸引力的团体。他们的主要目标之一就是要控制中国各大城市的金融和工业活动。⑦

就政府而言,上述方案总体上既是解决煤矿业问题的一个方法,又为政府提供一个向其势力薄弱地区华北扩大影响的机会。同样,宋子文设立华南米业公司的目的表面上是为了提高华南大米生产和销售的效益,但它也使政府能对这

---

① 赖特:《中国的中日合资企业》,第 725~726 页。
② 《矿业周报》第 351 期(1935 年 9 月 21 日),第 610~611 页;第 364 期(1935 年 12 月 28 日),第 823 页;第 378 期(1936 年 4 月 14 日),第 1150 页;第 381 期(1936 年 5 月 7 日),第 1196 页。
③ 《纳逊文件集》,纳逊致特纳函,1933 年 11 月 15 日、1935 年 12 月 31 日。
④ 《纳逊文件集》,纳逊致特纳函,1935 年 11 月 1 日、12 月 31 日。
⑤ 《工商半月刊》第 6 卷第 2 期(1934 年 1 月 15 日),第 116~117 页。
⑥ 布尔曼编,第 3 卷,第 452~453 页;田鸿谟:《1927—1937 年间国民党中国的政府与政治》(斯坦福,1972 年),第 65~71 页;《银行周报》第 17 卷第 37 期(1933 年 9 月 26 日),第 1~6 页。
⑦ 山上金男:《浙江财阀论》(东京,1938 年);蒂姆·赖特:《企业家、政治家和中国煤矿业,1895—1937 年》,《近代亚洲研究》第 14 卷第 4 期(1980 年 10 月),第 598 页。

块政治上敏感的两广地区加强控制。① 另外还有几个组织的政治和经济目标也是重叠的,而且无法明确估量各个的重要性。

在详细审查了煤矿界的意见后,吴鼎昌于 1936 年 6 月 1—3 日在南京召开了全国煤矿会议,② 出席会议的有 28 个大煤矿公司和 4 个煤矿协会,以及铁道部、财政部、实业部和资源委员会的代表。早先的方案是想把在华的中日合办煤矿排除在外的③,但新的建议却明确地把它们包括在内。实业部在其筹备声明中指出:自 1933 年提高关税率以来,进口煤的问题多半已经消除,因而部长在开幕词中虽然承认煤矿业担心的是运输费用和税捐,但是他说阻碍煤矿发展的主要因素是过多的竞争。

因此这个会议面临的主要任务是编制一个控制竞争的方案。经过三天的讨论,代表们在原则上同意实业部提出的计划,并选举了一个委员会以在上海制订一个试行方案,该方案的条款应在三个月内制订。吴鼎昌在闭幕词中说:他希望煤矿业能够管好自己的事情,而政府将只起到指导的作用。

这个委员会起草了统制全国销售额的组织及其上海办事处的章程草案,他们打算先设立上海办事处。这些章程本身并未对限额的分配作具体的规定,而只说明将由一个委员会每半年制订一次限额。然而实业部早先的建议却曾明确指出现有的市场占有率将予冻结,在总销售额中将只有 5% 分配给未参加该组织的小煤矿或供大煤矿在特殊情况下的额外销售。有关烟煤和无烟煤的规章将分别制订。总的看来,这是一个雄心很大的方案,它把全国分成几个大市场区,每区将由一个分处管理。这个方案的附加条款规定,在任何一个地区的公司中如有 75% 的多数同意就可以要求实业部对该地区任何违反章程的会员采取制裁行动。该委员会在致博山煤矿公会的一封信中着重指出政府在这个卡特尔中所扮演的角色,并指出如果这些煤矿不参加的话它们将面临的处境。

尽管如此,会议后的讨论表明,山东中部和安徽的煤矿虽然在表面上赞成管制的原则,却不愿意参与所提出的方案。现在遇到的问题是:人们对煤矿业的经济学和对 30 年代政府"统制经济"的政治史都有自己的一番大道理。尽管有人强烈地赞成这个主意,但是许多经济因素是同卡特尔的顺利运转相对立的。

---

① 柯博文(Parks M. Coble, Jr.):《1927—1937 年上海资本家与国民政府》(坎布里奇,1980 年),第 229~230 页。
② 关于第一届全国煤矿会议,见《矿业周报》第 385 期(1936 年 6 月 7 日),第 1~3 页;第 386 期(1936 年 6 月 14 日),第 17~19 页。
③ 《银行周报》第 18 卷第 19 期(1934 年 5 月 22 日),"国内要闻",第 2 页。

在一个难以加入的、集中起来的工业中,如果别的情况都相同的话,制订垄断价格的协议更起作用。① 虽然中国煤矿业的集中程度还是高的,但是它在30年代却比以前时期要低些。当时满洲市场已脱离中国,开滦矿务总局尽管仍居首位,却只占近代煤矿总产量的30%左右。1934—1935年,上海市场上两个最大的供应商——开滦和中兴煤矿的供货量还不到市场销售量的50%(见表2)。其他供应商的市场占有率没有一个达到10%的。因此在市场领袖之间签订垄断价格协议的条件还不如20年代那么有利。

参加煤矿业也是比较容易的。许多有煤炭储藏的煤田同地面十分接近,中型煤矿能够开采,因此不需要大批资金。规模经济在运输方面比在生产方面更为奏效,因而如果地理条件相似的话,中小型煤矿的经营成本会同大型煤矿一样低。② 进入煤矿业可能会受到政府的限制,因为采矿需得到许可。但由于中央法令在许多矿区不起作用,以致上述权力难以行使。更为重要的是,由一家现有的小型或中型煤矿扩大成为一家能够在全国市场上开展竞争的煤矿(例如山东中部禹村煤矿的情形),就会产生一种如同一家完全新办的煤矿加入该业的效果,这种可能性使现有几个大煤矿之间的垄断价格协议具有内在的不稳定性。

要是有一个强大的政府愿意控制它的话,设立一个卡特尔也许还是可行的。国民党政府确实有意鼓励设立卡特尔,但是它缺乏担当一个有力的控制者的力量。国民党内部被划分为军事——农村和城市——工业两大集团③,甚至后一集团内所提出的有关工业的计划也是极不一致的,而且没有一个协调的机构有足够的力量把共同的政策强加于各种根本不相同的分子。尽管人们开始时认为,全国建设委员会经营的安徽省淮南煤矿作为一个国营煤矿虽曾表示保留意见,还是会参加上述卡特尔的,但事实并非如此。该矿迅速扩大了它在长江流域的市场占有率,1933年至1937年,安徽煤在上海的销售额上升到5倍。如果签订了冻结市场占有率的协议,上述增长就会停止。然而如同开滦矿务总局的总经理所指出的那样,症结在于实业部甚至无权把自己的意志强加于由中央政府另一个机构经营的企业:"值得注意的是:就是一个由南京全国建设委员会管理的煤矿拒绝参加实业部召开的会议,而且同也不参加会议的、受日本人控制的煤

---

① 贝恩(Joe S. Bain):《工业组织》第二版(纽约,1968年),第27~28页。
② 菲茨杰拉德(Patrick Fihzgerald):《英国的联合企业》(伦敦,1927年),第35页。
③ 泰勒(George E. Taylor):《中国的重建运动》,收入《太平洋问题,1936年》(伦敦,1937年),第385~386页。

矿联在一起阻碍了政府的努力。"①

政府对外不得不同几家外资大煤矿打交道。其中英资煤矿坚决支持组织卡特尔。② 由于英国经济萧条的影响,英国在华的经济势力已见缩小。这使英国30年代初期的对华政策多少有点保守,但到30年代中期英国人已经试图扩大他们的影响,如哈蒙德少将为对铁路的情况提出报告而访问了中国,从美国人和日本人都认为1935年的币制改革含有中英密约这一点就能看出他们对英国人是有怀疑的。然而,由于日本人的势力日益扩大,因此英国人活动的主要企图还在于防止其在华地位受到进一步的侵害。事实上,英国的公司是诚心诚意地试图同南京政府联合在一起的,例如它们把参加宋子文的中国建设银公司作为挡住日本人对英国利益施加压力的一种方法。③ 在此情况下,他们发现组织卡特尔是保护他们在华北的最大直接投资——开滦矿务总局的一个方法,因而在第一批向实业部提出有关煤矿业的管制问题的名单中就有开滦矿务总局和英国人。同中兴煤矿的经理们一样,1935年,开滦矿务总局的上海经销人刘鸿生访日回国时就对日本的卡特尔留下极为深刻的印象,并决心在中国为实现同样的安排而努力,虽然开滦矿务总局的总经理感到中国的情况要"散漫"得多。④

日本人则持不同的看法。由于他们在总的和煤矿业方面所关切的都是扩充他们的势力而不是维持现状,因此组织卡特尔更不适合他们的目标。自从满洲脱离中国之后,日本人在华开办煤矿的主要赌注下在山东省的中部:设在该省博山县的博东煤矿只是在该区开业的许多小煤矿之一,而设在淄川县的鲁大公司的规模则要大得多。日本人是在1914年从德国人手中夺得淄川煤矿的,经营了八年之后于1923年把它移交给鲁大公司,这是一家专门为了接管该煤矿而组织起来的中日合资公司,从1923年起,日本的领事们就已为保护和推进该公司的权益而进行积极的活动。⑤

总的看来,30年代中期山东省中部煤矿的产煤在上海市场的销售量正在迅速扩大,1936年比1935年几乎上升了50%。这意味着如果签订冻结市场的协

---

① 纳逊:《关于开滦矿务总局的历史和展望的备忘录》(1938年)。
② 杨格(Arthur N. Young):《1927—1937年中国的建国努力:财政经济情况》(斯坦福,1971年),第231、246页。
③ 柯博文(Parks M. Coble, Ji.):《1927—1937年上海资本家与国民政府》(坎布里奇,1980年),第221页。
④ 《纳逊文件集》,纳逊致特纳函,1935年11月28日。
⑤ 赖特:《中国的中日合资企业》。

议就会使日本人处于不利的地位。然而博山地区最大的华资煤矿的业主显然是由于爱国的原因已被说服抱合作态度。可是,为了使卡特尔获得成功,必须使所有的大煤矿都来参加,因而1934年省一级的卡特尔组织方案未能把中日合资煤矿结合进来就已预示该方案将遭厄运。日本人对上述建议一直抱反对态度,因为它既有碍于鲁大公司的利益,又不符合日本人要扩大其在华经济和政治势力的大计划。中国人未能对部分日资的煤矿施加制裁,听任鲁大公司拒绝参加,以致山东省中部所有煤矿都不加入这个方案。

筹备委员会对章程取得一致意见后于1936年8月15日召开了第二次煤矿会议。① 山东省各煤矿拒不派遣代表,淮南煤矿也在最后一刻决定不派代表,虽然该矿声称:如果1937年它们在上海的销售额达到40万吨的指标的话,它们以后将会支持这个方案。但是当时19个煤矿和实业部的代表投票决定先在上海,然后再在平津地区、武汉、山东省和广东省设立办事处。一个月后,上海办事处按照先前提出的计划纲要公布了它的章程。由于淮南和山东省一些煤矿的供货已占市场供应量的30%以上,且其市场占有率还在不断迅速增长,因此这些煤矿的拒绝支持这个方案使上述决定成为空谈。政府继续试图说服山东省的一些煤矿前来参加,但都无效果,因而这个行业性的组织实际上归于失败。

与此同时,由于认识到未能说服鲁大和淮南两个煤矿,全国性的协议已不可能签订,②开滦矿务总局决定不要政府的直接卷入而依靠私营企业的力量独立干下去。③ 它们打算同中兴煤矿,以及同煤矿业关系最为密切的华资银行一起组织一个开滦拥有决定权的辛迪加,以尽可能地买进其竞争对手的煤炭,以便控制上海市场。1936年11月4日,开滦矿务总局、中兴煤矿和已经通过一个附属公司进行煤炭贸易的金城银行组成一家控股公司而成为华中煤矿公司的主要股东,浙江兴业银行④在这家公司里也拥有股份。由开滦矿务总局指定两人,中兴煤矿指定一人担任该公司的常务董事。它们还同上海一家主要的煤炭贸易商行(它的股东都是宁波人,因而料想同浙江财团有密切关系)签订了协议,⑤对每年

---

① 《矿业周报》第395期(1936年8月21日),第161~162页;第399期(1936年9月21日),第228~230页。
② 《纳逊文件集》,纳逊致特纳函,1936年10月29日。
③ 《纳逊文件集》,纳逊致特纳函,1937年1月30日、3月10日、5月9日、5月27日。
④ 原文为National Bank of Shanghai,查当时无此银行,疑系Natioua Com-mercial Bank,据《金城银行史料》,上海人民出版社1983年版,第286页,金城银行附属的通成公司与开滦矿务局和中兴煤业公司合组开兴成煤业公司,推定董事7人,浙江兴业银行总经理徐新六在内。——译者注。
⑤ 东亚同文会:《支那省别全志》第15卷,江苏省,第920页。

从海路进入上海的 300 万吨煤中的 230 万吨左右实行联合控制,在其余的供货中约有 10 万吨是按合同供应的。

开滦矿务总局在华北设立了华北煤矿公司以执行类似的任务,但只有它是唯一重要的参加者,因而销售量增长得最快的山西省北部大同煤矿的拒绝参加引起了类似于上海已经出现的那些问题。然而,早些时候同井陉煤矿签订的协议仍在执行,而且井陉煤矿的产煤也是由华北公司经营的。

后于 1937 年春季,开滦矿务总局、中兴煤矿,以及浙江兴业、中孚、金城和盐业银行等四大银行组织了中华实业公司,这家新的控股公司买下了华北煤矿公司和华中控股公司的股权,因而能够从全国出发制订控制市场的计划。

上述各种组织的工作至少在上海是取得了一些成就的。其目标在于尽可能买进山东省和淮南等煤矿的产煤,以迫使煤价上升。1936 年 11 月,开滦矿务总局的总经理纳逊报告说:

"我们当在一二周后就能够指示这里和上海,或许还有广州的销售部大幅度地提高售价。"[1]

1936 年 12 月,开平煤屑在上海和华北的售价果然提高了约 20％。[2] 尽管这次提价部分是由于商业情况的普遍改善,但是上述辛迪加也起了作用。[3] 它在破坏鲁大公司在上海市场的信誉方面大获成功。鲁大公司已与中国一家最大的用煤企业——上海电力公司签订了一个大合同,并打算从山东省的其他煤矿购煤以补充本矿产量不敷供应之数。由于上述辛迪加已将各矿所有余煤全部购进,以致鲁大公司无法履行合约。结果使开滦矿务总局于 1937 年同上海电力公司签订了合同,获得了该矿第二笔最大的供货份额达 13 年之久。

然而以上收获毕竟是暂时性的,开滦矿务总局及其合伙人无法继续购入数量日益增长的、投入竞争的煤炭,以维持煤价。从长期来看,如果市场扩大的速度不够快的话,就必须限制产量。对此有所认识的开滦矿务总局在 1939 年到 1940 年期间既担心中日合营煤矿会造成使它们很为难的情况,但又认为特别是日本国内市场的扩大也许会减少一些对它们的压力。开滦矿务总局和中兴煤矿所考虑的一个计划是要把特许在博山县开设的小煤矿的产煤尽量买下来,以防

---

[1] 《纳逊文件集》,纳逊致特纳函,1936 年 11 月 1 日。
[2] 《上海解放前后物价》,第 257 页;南开大学经济研究所编:《1913—1952 年,南开指数资料汇编》(北京,1958 年),第 128~129 页。
[3] 《北华捷报》1937 年 4 月 7 日。

止这些小矿被别的煤矿为了扩大产量的需要并了过去。然而它们的意图被传开了,以致这些小矿抬高了售价,因而在战争爆发前这方面没有取得进展。①

即使上述方案得到贯彻,它也许只会比管制销售额的办法多一点点长期的效果。同样的道理,它将只会促进开发新的煤矿或煤田,以便利用人力维持的煤价。在别的国家里,上述问题曾导致政府密切卷入对煤炭实行统制的方案。只有一个强有力的政府才能够把产量定额强加给这个工业。

## 四、结　　论

南京政府对工业实行统制的政策表明它具有成为这样一个强大政府的雄心。它发现为了从那些出口商品中增加国家的收入,锑、钨和植物油等面向出口的工业都是组织卡特尔的合适候补对象。它还认为,那些受萧条影响打击最重的、为国内市场服务的工业也需要有政府的干预以帮助它们复苏。政府着手对经济进行干预的计划使许多既得利益者感到惊恐,甚至在当时就激起了美国大使几次使用"国家资本主义"这个词语来形容中国的经济制度。② 还有许多中国学者和政治家在事后把南京时期归结为战时和战后"官僚资本"统治经济的序曲。③ 有几位西方的学者提出了类似的意见:

"官僚资本主义是政府同企业关系的一种历史模式,它在中国已有过许多先例,这个趋势在得到孙逸仙的赞同和党作出决议的情况下兴盛了起来。其目的是由少数人来控制而不是扩大产量。"④

甚至柯博文在提出公平和慎重的全面评价的同时,至少也把20世纪30年代中期上海的经济说成是一个有力的政府干预的高水平。⑤

上述对南京政府在经济方面作用的看法与实际情况并不相符,因为就中国的大多数工业而言,甚至雄心不那么大的政策在贯彻执行上也是受到阻碍的。

---

① 纳逊致特纳函,1936年7月9日。
② 约翰逊(Johnson)大使关于"中国的国家资本主义倾向"的函件,1937年4月6日,第413号(美国国务院档案 893.00/14100);《美国的对外关系,1936年》第4卷,第614页;《美国的对外关系,1937年》第4卷,第573～574,583～584页。
③ 许涤新:《官僚资本论》(上海,1949年),第29～48页。
④ 帕奥(Douglas Paauw):《国民党与经济萧条,1928—1937年》,《亚洲研究杂志》第16卷第2期(1957年2月),第220页。
⑤ 柯博文(Parks M. Coble, Ji.):《1927—1937年上海资本家与国民政府》(坎布里奇,1980年)第7章和第8章。

有几个主要的因素抑制了政府在工业方面的行动自由,也限制了它作为一个促进经济转变者的力量。每个因素还在缩小政府在其他领域行动的能力上起了更为广泛的影响。

1937年以前的中国政府在国民收入中只占有很小的部分而未能控制更多的数额,这使它在经济或其他领域都缺乏进行宏伟计划的资金。在为统制工业的许多方案筹措资金时都遇到了很大的困难,例如锑辛迪加就是因为资金困难和未能同一家外国企业就锑的外销达成建立垄断的协议,以致在该业中的影响迅速衰退。同样,在山东省未能设立省级煤炭卡特尔的原因之一也是在为拟议的组织筹措资金时遇到困难。

南京政府也未能把它的意志强加于整个中国;它在长江下游各省的势力是最强大的,而在煤矿集中的华北地区却比较弱。火柴卡特尔的情形很能说明上面所涉及的问题,那时实业部关于各火柴公司都应参加(私人组织的)卡特尔的命令就缺乏足够的力量以迫使在山东省内开业的13家工厂加入这个组织。实际上,各省的经济计划有时不仅同中央的经济计划不协调,而且最明显的如山西省,竟然不声不响地同中央相对立。南京政府同设在广州的西南政务委员会公然竞相控制钨的贸易,各自设立了属于自己的垄断组织,而且都试图不顾对方的利益强制执行。①

在同外国势力的关系上政府甚至更严重的软弱。日本人的反对是煤炭卡特尔未能顺利进行的唯一最重要的原因。同样,为了取得日商和美商的合作,火柴工业付出了很高的代价。外国政府常引用1844年同美国以及1858年同法国签订的条件中有关不得设立垄断组织的条款,以对拟议中的统制组织表示反对。日本有些学者就认为,"统制经济"的最大阻碍在于不平等条约内使外国政府得以反对在中国设立垄断组织的条款。②

因此,由于国民党政府在财政基础上,在将其意志强加于整个中国的能力上,以及同外国势力打交道上都显得软弱,所以尽管它怀有雄心,却仍未能发动经济转变,甚至也不能保护中国工业使其不受世界萧条的影响。那种认为战时和战后政府控制经济的能力水平与1937年以前时期水平相同的看法是完全错

---

① 汉口副领事米切尔(Mitchell)1934年8月24日的机密报告:《中国钨贸易的重要发展》(美国国务院档案893.6359钨矿/35)。
② 迈耶斯(William F. Mayers)编:《中华帝国与列强之间的条约》第5版(上海,1906年),第63、79页;《美国的对外关系,1935年》第3卷,第771~772页;《美国的对外关系,1936年》第4卷,第601~609页。

误的,如与 1949 年以后政府开始实行的工业化计划对比,差别尤为悬殊。1937 年以前的国民党政府在实行经济变革上是一个相当无能的政府,实际上这个时期所取得的进展没有多少可归功于政府的行动。

(原文载《近代中国》第 1 辑,作者:蒂姆·赖特,现任澳大利亚国立大学太平洋研究所远东历史研究室研究员)

# 19世纪后半期外国银行操纵中国金融市场的历史特点[①]
## ——及其与上海金融危机的联系

[日] 滨下武志著

朱荫贵译 丁日初 简柏邨校

## 前　言

本文论题包括下列四点：第一，以上海金融危机——特别是1883年的金融危机为中心，通过对其前因后果（发生—发展—结束和处理）的整理，指出外国银行对中国金融市场产生决定性作用的控制关系。第二，为此目的，就要对作为外国银行在中国金融市场建立其控制关系所在的两大活动领域进行研究，即对国际贸易金融和中国国内资本市场这两大领域进行研究，并阐述两者之间既相互依存又相互对立这一事实。第三，通过上述两个问题看到的外国银行活动中的矛盾，即在控制中国金融市场中形成的矛盾，不能在经济过程内部自行了结，因而就采取向清政府实行政治性贷款，作为谋求出路的办法。这种政治性贷款就意味着，列强在获取利权的竞争中，银行都承担着各自母国的政治前进基地的任务，从中也可以看出，外国在华银行形成殖民地银行机制的历史必然性。第四，要研究1883年金融危机的影响，使中国国家财政危机暴露出来，清政府因而倾向于接受贷款的实际情况。也就是说，要研究外国银行实行贷款的活动，接受贷款的中国是以怎样的条件来应付的问题。

如果要通过以上四点来结论式地说——外国银行在中国的地位和作用，那就是说，外国银行在中国金融市场是外在性的——处于可以不断向中国市场转嫁负担的地位，以及它对中国金融市场掌握得不深，是他律的，说它不是停留在

---

[①] 本文1974年发表于日本《社会经济学》第40卷第3期。

凭借资本实力操纵金融市场这一经济过程内部，倒不如说它是因为不得不同在华洋行联系下进行银行业务的这种实际情况所促使。从 1880 年代后半期起，外国银行为求自身的稳定，积极采取了承担政治任务的方针。

外国银行的活动，在外国同中国直接接触的通商口岸，表现为外国资本经济活动的一翼。而通商口岸一方面是约束农村市场的城市市场，另一方面，又是外国商品的输入港口，因此，关于外国银行在通商口岸的金融活动首先要提出一个作业假设：外国银行是媒介中国农村市场同外国市场的要津。因此，外国银行活动本身，除了利用城市剥削农村之外，就积聚地、集中地体现了以英国为首的资本主义列强对殖民地的剥削。其次，为了把握中国金融市场的动态，本文虽要研究景气变动的金融危机的一种局面，但中国的金融危机，即货币和信用领域的危机，同资本主义各国的危机，性质有所不同，那是由政治冲击和投机失败直接引起的。然而也不能忽视，它要受到资本主义各国经济危机的影响，这种影响就是中国发生金融危机的前提条件，也进一步扩大了危机现象的规模。我认为，资本主义各国是企图"输出"危机以减轻和扩散本国的危险，而中国市场受此影响，再加上政治和投机等国内因素，就承受着双重的负担。另一方面，外国银行为了维持营利，又需要中国市场稳定，并通过这种稳定进一步增强它的控制能力，这就推进了强化资本主义列强同中国市场这种特殊结合的进程。

但是，19 世纪 80 年代带有世界史特征的趋势表明，资本主义列强摆脱危机的对策就是向外扩张领土和推进向殖民地投资。在帝国主义阶段的初期，外国银行就凭借向清政府提供借款的政治作用，开始承担和推进争夺利权的国策了。这就意味着，外国银行是在中国体现了世界史上具有历史阶段规定性的殖民主义，也是它的体现者。

根据以上的作业假设和观察，笔者着重对在 19 世纪后半期上海金融市场的历史进程中外国银行操纵上海金融市场的特点加以探讨。

# 一、上海金融危机的历史

## （一）外国银行侵入中国

从 1830 年代起，英国财政部就已批准特许建立了以英国殖民地为营业范围的殖民地银行。随着殖民地同英国本国贸易的扩大,金融上也需要建立殖民地银行作为海外投资的一环。在亚洲,英国、印度、中国之间所谓三角贸易的金融关系,过去是由英国东印度公司垄断了的——截至18世纪末的中国茶和英国毛制品的贸易金融与兼营鸦片的三角贸易金融有所不同——但在1834年废除东印度公司的贸易垄断权之后,随着贸易商行的比重大增,殖民地银行就随着以英国为中心的外国商行,即外国洋行的活动,同时向中国发展。第一家到中国来发展的外国银行是英国资本的丽如银行(Oriental Bank),1845年在香港和广东,1848年在上海还分别开办了分行。此后,1860年年初,随着美国南北战争引起的"棉花热",又有一批外国银行进入中国,但其中的许多家都在"棉花热"过去之后,以及1866年的奥弗林德·格尔尼公司①在危机中宣告破产。这时已进入中国的外国银行中,引人注目的是麦加利银行(Chartered Bank of India Australia & China)和汇丰银行(Hongkong and Shanghai Banking Co.)。汇丰银行是以英国宝顺银行(Dent & Co.)为首,以及在中国营业的大洋行为发起人而创立起来的,资金是向同中国、日本有贸易关系的洋行募集,总行设在香港,1865年3月在香港和上海同时开业,这是一家洋行型的银行。这些银行一面在为获得汇兑业务互相争夺,一面又把洋行经办的金融业务逐渐掌握在自己手中。到了1850年,东印度公司经营三角贸易的结算业务,基本上已由银行代办,而且在华外国银行又利用运输、通信手段的变革扩大了对本国的直接贸易,以及1870年代初开始的银价下跌等因素作为杠杆,扩大其贸易金融,或增加其对在华外国企业的投资,如此等等,从而巩固了它自身的地位。

过去,外国银行经营汇兑、发行银行券、存款、贷款等业务,主要是以洋行为对象,但在1860年以后,外国银行就开始同中国商人和中国的金融机构(钱庄)建立了正式关系,通过向钱庄提供所谓"拆票"(Chop Loan)的短期贷款,利用钱庄的信誉,使它自身的资金有可能一直渗透到农村市场。

于是,侵入中国的外国银行,按性质可分为洋行型、本国银行型、殖民地银行型三种类型。在经营活动上,经过由贸易金融走向资本投入,由以洋行为对象,走向以中国金融市场为对象这样的发展历程,进入1880年代,就变成为争夺铁

---

① 这个公司的英文名称,滨下武志的论文中印成"Overend Gurney",经查应为"Overland Gurney"。——校订者

路、矿山等利权,向清政府提供政治性借款的活动了。①

### (二) 上海的金融危机和外国银行

在研讨构成近代中国经济史上一次转折的 1883 年金融危机时,首先要对上海金融危机的历史同上海外国银行的关系作一概括考察。

从 1860 年代后半期到 1880 年代前半期,是外国银行在中国的创立和发展期。在这期间,上海发生过四次金融危机,发生的时间如下:

(1) 1866—1867 年

(2) 1871—1873 年

(3) 1878—1879 年

(4) 1883—1884 年

在各次危机中,也包含着季节周期和小的繁荣周期,但总的看来,上述四次危机发生的周期大约为 4~5 年。

现在,把上海金融市场变动的指标,即从洋厘和银拆②变动中所见到的情况列于表 1。

表 1  上海洋厘、银拆的变动

| 年 份 | 洋厘(两) | | 银拆(两) | |
|---|---|---|---|---|
| | 最 高 | 平 均 | 最 高 | 平 均 |
| 1865 | 0.758 | 0.729 | | |
| 1866 | 0.751 | 0.734 | | |
| 1867 | 0.761 | 0.736 | | |
| 1868 | 0.784 | 0.747 | | |
| 1869 | 0.795 | 0.760 | | |

---

① 以上是参考下列著作和论文整理出来的:
A. S. J. Baster: The Imperial Banks, London, 1929; The International Banks. London, 1934; C. Mackenzie, Realms of Silver, London, 1954; Maurice Collis, Wayfoong: The Hongkong and Shanghai Banking Corporation, London, 1965; A. S. J. Baster: "The Origins of The British Exchange Banks in China", Economic History, 3. Jan. 1934; 内田直作:《在华英国经济的构成桥论丛》第 7 卷第 3 期, 1941 年 3 月; 松田智雄:《英国资本和东洋》, 日本评论社, 1950 年; 田中正俊:《中国社会的解体和鸦片战争》, 载《中国近代经济史研究序说》, 东京大学出版社 1973 年版。
此外,关于外国银行侵入中国的具体问题将另作专文讨论。

② 洋厘即银元(一元合库平银七钱二分,合漕平银七钱三分)一元的市场流通价格。银拆即贷出银两的日息。

(续表)

| 年份 | 洋厘（两） | | 银拆（两） | |
|---|---|---|---|---|
| | 最高 | 平均 | 最高 | 平均 |
| 1870 | 0.767 | 0.749 | | |
| 1871 | 0.776 | 0.756 | | |
| 1872 | 0.807 | 0.777 | 1.50 | 0.29 |
| 1873 | 0.781 | 0.757 | 1.50 | 0.34 |
| 1874 | 0.755 | 0.737 | 0.80 | 0.14 |
| 1875 | 0.743 | 0.732 | 1.40 | 0.20 |
| 1876 | 0.805 | 0.753 | 1.50 | 0.30 |
| 1877 | 0.765 | 0.744 | 0.95 | 0.16 |
| 1878 | 0.742 | 0.730 | 1.00 | 0.17 |
| 1879 | 0.764 | 0.733 | 1.00 | 0.25 |
| 1880 | 0.745 | 0.733 | 1.00 | 0.19 |
| 1881 | 0.767 | 0.738 | 1.00 | 0.16 |
| 1882 | 0.749 | 0.733 | 1.00 | 0.31 |
| 1883 | 0.740 | 0.728 | 1.00 | 0.22 |
| 1884 | 0.753 | 0.733 | 0.27 | 0.04 |
| 1885 | 0.754 | 0.739 | 0.30 | 0.03 |
| 1886 | 0.752 | 0.735 | 0.90 | 0.15 |
| 1887 | 0.735 | 0.728 | 0.65 | 0.15 |

资料来源：《上海钱庄史料》，上海人民出版社1960年版，第608～609、628页。
原资料出处为《申报》与《北华捷报》(North China Herald)。

从表1可以看出三个特征，(1)市场金利因危机时期货币供应不足趋于上涨；(2)1870年代前半期上涨最多；(3)从1870年代后半期起，有相对稳定的倾向。这些是怎样在外国银行对上海金融市场的渗透中产生的呢？对此将在以下对历次危机的探讨中予以阐明。

1. 棉花投机和1866—1867年的金融危机

这次金融危机，是由先前的棉花投机和股份公司以及银行创建热潮冷却的后果引起的。1861年开始的美国南北战争，给英国带来棉荒，其结果是，使中国棉花同印度棉花一样，成了投机买卖的对象。在1863年到1865年期间，中国棉花价格上涨了 3～4 倍,出口量增加了 2～3 倍。这次棉花投机热还在亚洲引起了创建银行的热潮。1861 年到 1864 年间,象汇川银行(Central Bank of WesternIndia)、利华银行(Asiatic Banking Co.)等设在印度的英资银行,为了搞棉花投机和汇兑投机纷纷进入中国,过去已进入中国的丽如银行等也参加了银元和汇兑的投机。①

1866 年,在棉花投机结束的同时,上海发生了开埠以来最大的金融危机。这是由与棉花热同时进入中国的汇川、利华、利生、利昇等银行破产引起的。收进的棉花价格下落,投机商的库存积压,银行的贷款无法收回,加以股票行情下跌等信用破产,遂至银行倒闭。上海金融吃紧,市场停滞。大买办徐润事后回忆 1867 年(同治六年)时说道:"冬间,市面大不靖。有某姓坏事倒至四五十万之。钱业各家无不被累。"②这就指出了当时市场停滞、金融吃紧的情景。这种影响还波及银行的分行所在地,如福建的福州也陷于贸易不振的困境。③

在华外国银行在 1866 年金融危机中之所以会连续破产,如上所述,是直接由英国奥弗林德·格尔尼公司的倒闭引起的。这些外国银行在英国本国的棉花投机热,以及创立泡沫公司的热潮中,仅仅是在完成对华派出机构的任务。这段活动时间不长,而且,棉花不过是在过去的出口贸易中只占次要地位的个别商品的投机买进,并不是进出口经营的主要品种。然而银行利用股票形态的活动虽因棉花投机失败,眼前结局是以破产告终,但它却展示了金融资本同中国市场相关的基本活动形态,这倒是大有历史意义的。这首先建立了同英国直接贸易的结构。过去的三角贸易是由以个人资本为基础的大洋行垄断经营,现在,这些银行的活动就保证了英国本国中小商人也能获得资金来经营棉制品的推销。可以说,这就是自由资本主义末期的英国产业资本企图进一步开拓中国市场在金融领域的表现。因此也是显示在华外国银行随后要承担的历史任务,亦即进入中国金融市场,借以改善和扩大本国贸易关系的任务。

2. 拆票(Chop Loan)和 1871—1873 年的金融危机

1860 年代末,汇丰银行已采纳该行买办王槐山的建议,开始向中国钱庄融

---

① Six Essays on the Trade of Shanghai, No.6, Banking P66. 转引自汪敬虞:《十九世纪外国在华银行势力的扩张及其对中国通商口岸金融市场的控制》,《历史研究》1963 年第 5 期,第 54 页。
② 徐润:《徐愚斋自叙年谱》,香山徐氏校印,民国十六年,第 14 页。
③ Imperial Maritime Customs, Reports on Trade at The Treaty Ports in China, 1867, p.40, Foochow.

通资金。① 这种被称为"拆票"（Chop Loan）②的短期贷款，旨在增加流动资金、扩大商品交易，取得比外国汇兑和贷款利息更多的利润。这就使外国银行以钱庄为桥梁进入了中国金融市场。

中国钱庄是以在共同利害关系上绝对互相信赖③这种对人的信用和无限责任为基础，发行被称为庄票的无现银准备的票据，也可以说是在制造又一种资金。发行庄票原是为弥补现银运搬不便，银、钱品质不定等缺陷的，但庄票的性质，如上所述又是并无保证的，因而在发行的同时也限制着庄票的流通。当时的《申报》评论说："中国钱庄或东人资本仅三五万而进出汇划，一年三四十万不止。盖全赖各处汇兑及各家存项。……若一有不顺风声漏泄于外，则各家之存银立时提取，而庄上无可以应，则倒之速矣。山西票号全赖放债。"④

如上所述，钱庄资本小，但在它无保证，无限制发行的庄票充斥金融市场的同时，使它本身也不稳定，庄票的内在矛盾也必然会随着流通增长而扩大，解决的办法就是必须不断向流通过程投入银和钱，或是再扩大信用予以掩盖，两者可任择其一（或兼施并用），这样的条件可以由外国银行以资金贷放的方式来满足，但又反而掩盖了庄票固有的矛盾。拆票对中国钱庄产生的一般机能就是如此。

进入19世纪70年代后，货币危机连续冲击了上海金融市场，1872年6月的报道说："近日上海银市正紧。洋厘二厘、银拆一两五。故西人之欲办湖丝、新春茶者，未敢十分放胆。且洋价七钱八分二厘亦太高。闻一西国银行存银八九十万不肯放出……兼近日汇银至西国价亦极大。昨市银行六月票贵至六先四偏（便）士。商人中有觅紧要汇票者至六先五偏（便）士之价。现在各路丝、茶旺出，而消流未正活动，因此故也。从前华人之开银号者，俟至四五月间，每抬高银洋市价，以逐什一之利。今则因银洋价太高，反至市场室凝。"⑤

这就是说，流动资金极端不足，银货（西班牙银元和墨西哥银元）、银两升水，汇兑行情、票据贴现率也很高，由于外国银行不贷出资金，汇价高昂，尽管上海市场上生丝、茶叶大量到货，交易却并不活跃。但是，仅在上述报道的11天之后，

---

① 《申报》1884年1月12日载"银行始初仅通洋商，外洋往来，以先令汇票为宗，存银概不放息。自己已年（1869年）余姚王某（王槐山）为汇丰通事。伊本庄伙，深悉各庄底细，导银行放息。"
② Chop 即日拆，以二月为一期，被称为"拆票"的期票，要有银行买办盖印（Chop）作保，因此得名。
③ 香川峻一郎：《钱庄资本论》，实业之日本社1948年。
④ 《申报》1883年12月6日，《论沪市衰象》。
⑤ 《申报》1872年6月8日，《银布茶丝市场》。

又有报道说：

> 今闻汇银之价大跌。前日商人所打票之价为六先三辨（便）五，今为六先一辨（便）五，银行票价则为六先零（令）七五。细查其价先昂之故，盖为银行所致。其意以为，现在丝茶上市，商人一时必多用银，而洋货中又无大进项，全赖彼以应急需。故欲乘机索高价。追见商人不多买，而各银行反争买，价遂忽然落。闻昨日银行买商人汇票，计共有十万两之数云。①

它指出了外国银行对市场的操纵。据第二年即1873年9月的报道，在叙述了因上海金融吃紧，生丝业者和钱庄破产的事实后写道：

> 银行多借银与华商各钱庄。一旦遽欲收齐，钱庄遂征银各客帮，以为补助。银根忽紧职此之由。至昨晚，银拆遂昂至一两五云。再由总会查出昨所收数已在六十万两。或者曰外国司令汇票价短，银行买票无甚合算。故将借出之银一时收起，则银根紧、银拆大。而各办货洋行卖出司令汇票甚，其价亦随之涨矣。②

银行回收银款，是要使银拆高涨，银行采取此种政策的理由，显然是由于外国汇票汇兑行情的低落。这时，银回收政策实际上是由伦敦的金融市况决定的。其结果就是在华外国银行要提高中国金融市场拆票（短期贷款）的利息来弥补外国汇兑行市下跌引起的利润降低。这就是要把外国银行的负担转嫁给中国金融市场。因此，外国银行一面要受到英国本国市面行情的制约，一面也正是把英国市场同中国联结起来的媒介者。接着，同年12月又有如下的报道：

> 今者携银来沪往往至于亏折。即以今年而论，而患则更烈异常。稽询各路生业殆无一可谓得利。且反有许多行业皆大亏本者。闻近日闭歇无力再亏者，共有四五十家，所亏银数殆不下白二十万两矣……夫丝、茶两业之不佳者，盖皆与海外市面所相系，故追原失利之由，亦不可但在本国求焉……今年银根又紧于常年数分。自正月以至今时，将每日利息统算，则合每月二分，较去年，则大四厘。细查银根之所以不佳，盖基于丝业……今年新丝到时均虽如常，而西人开办较迟，是以银根一时为之一紧。银既一紧，而各市为之窒碍。外国银行，见市不稳，遂皆敛手不敢放银。查外国银行平日所放银两，已有二百万两之数，与诸钱庄之合本相较，已有一半。故西人

---

① 《汇银价跌》，《申报》1872年6月19日。
② 《日内银拆息大涨之故》，《申报》1873年9月17日。

敛收如此大数,而市面更为寥落矣。兼之湖丝畅销之日,而价又极贱。①

这一报道记述了生丝、茶贸易停滞造成的市场紧张状况。贸易停滞是为外国市场条件所左右,外国商人迟迟不购买,造成银根不足,加以外国银行又控制贷款,于是就引起了这种连锁反应。

上面已讲过,从19世纪60年代末到19世纪70年代中叶,外国银行是以拆票为主要手段进入中国金融市场的。外国银行掌握着上海市场资金的大约一半,通过操纵资金进出,来实现本国产业资本扩大贸易的要求,似乎也可能在此期间完成掌握中国金融市场的历史任务。但是必须注意下列一点,那就是外国银行追求营利和稳定中国金融市场之间存在着矛盾的问题。外国银行自身造成的信用膨胀,又要由自身来使它收缩,从营利的观点看,这虽是保全自身必须采取的对策,但这种收缩,客观上仍是一种投机,并且还是形成新的、更大规模的金融危机的出发点。同时也不能忽视,这使制约在华外国银行活动的因素增强了。正如在上述报道中所看到的那样,这就是指外国市场对中国生丝和茶叶贸易的约束力的增大,伦敦金融市场变动,即西欧资本主义各国行情变动的约束力的增大。这样一来,外国银行对中国金融市场的掌握,也不一定能直接促成贸易的增长。可以说,上海金融危机的盲目自我运动,使向帝国主义阶段过渡的世界资本主义对在华外国银行的活动显现出制约力量来。在这种情况下,外国银行就被迫促使中国金融市场的信用膨胀从自行延续的做法转变过来,探索如何稳定,追求自身的保全。外国银行对1878—1879年上海金融危机的应付,就表明了这种情况。

3. 相对的"稳定"和1878—1879年的金融危机

在1870年代后半期,谁都知道,钱庄是在用外国银行的资金做生意。② 外国银行平时贷出300万两左右已成为上海市场周转的必要条件。流通的货币一旦低于这个限额,银根立刻就会吃紧。1878年和1879年的金融危机,就是在这种情况下发生的。

从1878年初开始,上海市场的银根始终不足。这一年间的拆票利息以年平均计算比头一年上升了25%,到年底,因破产无法恢复交易的钱庄增加到20～30家。造成这种状况的原因是由于外国银行把贷放金额收缩了200万两。③

---

① 《上海银根今年愈紧》,《申报》1873年12月25日。
② (North China Herald), Aug.17, 1878, p.159~160, "Our Present Financial Position".
③ 《申报》1878年12月10日,转引自汪敬虞前引论文,第72页。

下年,即 1879 年的货币危机,正是在生丝和茶上市的 5 月份发生的。这个时期,虽然收购生丝和茶的资金需要 300 万两,但因外国银行收紧银根,只放出 90 万两,而外国银行还把库存银块增加到 60 万两,事态就更加复杂化了。① 可以认为,外国银行的货币回笼政策,就是通过尽量储备银块,或是公开这种储备以资当前的自我保卫。市面利息的相对稳定,同利用显示现银准备来维持信用膨胀这一事实是不无关系的吧。

## 二、1883 年的危机和借款政策的倾向

如上所述,外国银行通过金融危机这种方式,在自己的活动中培育了能够承担政治任务的客观条件。另一方面,清政府之所以倾向于引进外债的政策,也是由于 1883 年金融危机充分暴露了国家财政危机的缘故。以下想在对 1883 年金融危机的具体考察中来分析一下清政府同外国银行向借款政策接近的情况。

### (一) 危机经过

在 1879—1880 年的世界景气时期,上海和香港都出现过广泛的商业投机活动,促进了进口。一到 1882 年,进口商品在通商口岸泛滥成灾,造成投机失败、金融吃紧,贸易衰退。其中,由于大金融家胡光墉的生丝投机失败,在 1883 年秋天就引起了上海金融危机。与此同时,大商人徐润经营的宝源祥房产公司也倒闭了。对 1883 年末上海的市况,徐润有如下的回忆:

> 忆自癸未年(1883 年、光绪九年)败事负累数至二百余万,家业因此荡尽……斯时申地现银极少,各庄十停八九不能周转,房屋十空二三。百两轮(轮船招商局)股跌至三十四两,五十两保险(仁和水险公司和济和水火保险公司)跌至二十七八,百两之开平(开平煤矿公司)跌至二十九,其余铜矿等各种股票更不可问。江浙两省当铺十停二三。地基更无论矣。举市百货俱跌……溯败事之由,实因时势所迫,适值法人构衅……延扰及吴淞口……常有一日三警攻取制造局(江南制造局)之传言,是以市面忽败,市居民迁徙过半……上海百货,无不跌价三五成。统声存银照常不过十分一二,只有三十八万,此二十天之难过也。期时兼有胡姓(胡光墉)等大户以受挤周转不及,

---

① 《North China Herald》, May. 17, 1879, p.154, "Banks and Banking in Shanghai".

而润遂继之。①

这里徐润指出了上海市面现银极少,只有 38 万两;钱庄 80%～90%、当铺 20%～30%不能营业;空房连续出现;洋务企业的股票价格以及地价、各种物价都在下跌。其原因他指出是由于中法战争导致居民、资金外逃造成的。

从经营房地产的徐润看来,破产②的直接原因是受中法战争的影响,而显示现银不足的原因的事件,则是胡光墉③的破产。关于他生丝投机的失败,英国驻上海总领事有如下评论:

> 去年(1883 年)的生丝行情波澜迭起,六月时预测,生丝产量要低于常年的平均水平……同时又传闻意大利的生丝生产欠佳,因而上海市场生丝价格飞涨,中国商人多从内地出高价收购。但新生丝从中国内地运到上海时,销路不佳,又因已证实意大利生丝丰收,外国商人由此断定生丝的需要量已经足够,不收买胡光墉手中量达一方四千捆的存货。在三个月之间,胡光墉不肯降价,外国商人又观望不买,以致市面呆滞。结果由于金融吃紧,胡光墉不得不抛售手中生丝,生丝价格于是急剧下落……胡光墉的损失高达 150 万两(35 万英镑),其影响也波及别处。④

关于进口贸易方面,还有如下的叙述:

> 截至 1883 年末的一年间,对英国商人来说是最不满意的一年。几乎所有工业品的存货都超过交易的需要量,而且……消费地区发生水灾,使所有的交易都受到阻碍……由于 1882 年受了大损失,中国商人的资金已经耗尽。这就是贸易不振的原因之一,东京问题及其结果也给贸易造成了强大的压力。⑤

关于当年的金融窘迫、金融危机又写道:

> 贸易活动中的损失使多数钱庄破产。年初有 78 家,到年末就只剩下了 10 家,失败原因在于钱庄的交易对手做了过头的买卖和投机。加以钱庄互相竞争激烈,造成不正常的信用膨胀。对矿山和其他企业的股票提供了过

---

① 《徐愚斋自叙年谱》,第 81～82 页。
② 徐润的负债总额达 252 万余两,《徐愚斋自叙年谱》,第 35 页。
③ 胡光墉,字雪岩,浙江杭州人。从钱庄学徒起家,曾为左宗棠的幕僚,筹措西征军饷。从事外国借款的中介、经营海关银号、开设阜康银号等多种活动。
④ British Parliamentary Papers(英国国会文件,以下简称 BPP),China. No.1(1884),Trade Reports. Partl_pp.230～231,Shanghai.
⑤ BPP, China, No.5(1884),Trade Reports,Parts Ⅲ,p.225,Shanghai.文中的东京,指当时安南的北部。——校订者

多的预付款。但大多数股票都没有超过票面值,钱庄也为这些有价证券的跌价而苦恼,这些投机的失败,丧失信用,就是下半年金融吃紧的原因之一。另一个原因是,由于生丝生产减少,损失了本应投入流通过程的 800 万两……由于外国银行拒绝给钱庄发放常年的折票(短期贷款),使钱庄的营业陷入困境。又得不到山西票号的援助。山西票号此时也仿效外国银行抽回了资金。①

由此可见,这一年引起上海金融危机的原因是:(1)因投机失败,导致信用崩溃;(2)因生丝出口减少,导致市场流通资金不足;(3)进口贸易不振;(4)中法战争导致政治动荡;等等。再加上外国银行和山西票号拒绝贷款,又抽回资金,因而使金融危机更加深化。特别是胡光墉生丝投机失败,导致其自身经营的阜康银行倒闭。因此也使金融危机的影响波及阜康银号设有派出机构的所有通商口岸和商业中心地区。在镇江②、扬州③、杭州④、汉口⑤、北京等地,都引起了钱庄破产、金融吃紧。其中,对北京的影响显示了同过去的金融危机有所不同的方面。

在北京,阜康银号的倒闭,发生在宁波该号倒闭五天之后的 1883 年 12 月 5 日(光绪九年十一月六日)。有位京官作过如下记述:

> 阜康之号,杭州、上海、宁波皆有之,其出入皆千万计。都中富者自王公以下,争寄重资为奇赢。前日之晡,忽天津电报言其南中有亏折。都人闻之,竞往取所寄者,一时无以应,夜半遂溃……闻恭邸/文协揆等皆折阅百余万。⑥

这位京官还说:

> 园通观粥捐公项六千两亦在内,奈何奈何。⑦

> 钱铺闭歇者不下百家,街市萧条,小民愁苦,恐酿事端也。⑧

就这样,因天津来的电报传出江浙地区的阜康银号倒闭,或发生挤兑,使得北京的阜康分号也倒闭了。该号存款总额在 1 000 万两以上,不但有协办大学

---

① BPP, China. No.1(1884), Trade Reports, Part Ⅰ, pp.232-233, Shanghai. 文中的东京指当时安南的北部。——校订者
② BPP, Report on the Trade of Chingkiang for the Year 1883, pp.197、206.
③ 《银根大紧》,《申报》1883 年 12 月 19 日。
④ 《杭事碎录》,《申报》1883 年 12 月 10 日。
⑤ 《申报》1883 年 12 月 23 日,《汉皋琐录》。
⑥ 李慈铭:《越缦堂日记》1883 年 12 月 6 日。
⑦ 翁同龢:《翁同龢日记》1883 年 12 月 5 日。
⑧ 翁同龢:《翁同龢日记》12 月 22 日。

士文煜等大官僚的私人存款,同时也有公款存款,招致北京多数钱庄、当铺破产,民众不稳,已到了令人担心的程度。阜康银号收存公款这一点成了1883年金融危机的一个历史特征。以下将这一点作为这次金融危机对国家财政产生影响的问题加以探讨。

### (二) 危机的影响和国家财政的危机

拥有极大财力和绝对信用的胡光墉和徐润的破产,显示出1883年危机无论在规模上或影响的深度上都同过去的金融危机具有不一样的性质。在1882年到1883年间,既有投资失败、金融机构破产、自然灾害、叛乱、战争等金融危机的原因,也有那些可以想得到的经济上、社会上、政治上的各种原因,它们积累起来,一下子爆发出来了。

金融危机的影响,直接表现在流通和生产的各个领域。杭州的情况是:

> 杭垣自德馨、阜康两巨庄停歇后,市面日紧一日。上城之各衣庄、绸庄及皮货庄,本月以来门常如水,略有零星交易,以敷火食尚且不足。各处行栈、店铺往来者皆须现洋,概不用票……且闻下城之箔业亦将停歇。各箔作坊之工伙,回宁波者十有其六。往常箔纸百张,可卖钱四十左右,极贱亦得三十余文。近则百张贱至二十八文。①

如上所记:各种商店已停止交易,即使有些生意,也不用庄票,必须用现银或银元,且因物价下跌,手工业者的经营也非常困难。

在农村,据报道:

> 嘉定各乡木棉广植,土人所产以机布为大宗……近因饥荒兵兆,风鹤谣传,故商人裹足不前,收布只求上等,粗糙者一概退还。是以蓬户小民、生计愈窘。②

农村市场直接承受城市物价下落的影响,它压迫农村手工业即农民的生活。而且英国驻镇江领事记述中法战争对农民的影响如下:

> 出口贸易极端减少……最大的特征是谷物出口的减少(按重量比上年减少75%)。最大的原因是安南战争。它使投机商拒绝向战区附近运送大米……运输用的汽船仅能偶尔雇到,农民因无法出售大米,任凭可耕地抛荒。③

---

① 《市面日紧》,《申报》1883年12月15日。
② 《益闻录》,第324号,1884年1月12日。转引自《中国近代农业史资料》第一辑,生活·读书·新知三联书店1957年版,第533页。
③ BPP, Report on the Trade of Chingkiaog for the Year 1883, p.203.

如果说1883年金融危机影响所波及的一方面是直接生产者的农民,那么,另一方面就是国家财政,亦即清政府了。

由于以通商口岸为中心,在华中、华北设有分号的阜康银号倒闭,断绝了向户部汇兑解款的道路,各省的税收和关税原是通过国内汇兑解送的,但因金融危机切断了国内汇兑网络,并重新在户部引发了关于解款方法的争论。户部为确保财源,就禁止用汇兑解款,以求确保财源:

> 各省应解京饷,当同治初年(1862年)道路多阻,间由银号汇兑。嗣以各省肃清,于同治五年……饬令各督抚于部拨银两,派员亲赍交库……嗣经督抚纷纷陈请……乃各省竞视汇兑成例。致有去岁阜康银号倒闭库款被失之事。经臣部于上年(1883年)十二月奏明,请旨饬令各省关所有应解部部库银两、各衙门饭银、京员津贴以及各省协饷,概令委员亲赍,不准再行汇兑。①

但实际上却如下所述:

> 京官津贴银两各省筹款解到者仅十万有奇。尚有十余万两,刻未解部。传闻某侍御奏,各省灾黎之苦转甚于京官十倍。请将未解各款由外省拨赈。云云。②

能够解到户部的公款很少,而赈灾(黄河泛滥)费用增大,清政府的财源就更缩减了。再加上还被迫为中法战争筹措战费。筹措赈灾和战争费用,主要靠增税和强制捐输等,可是,这一年据报:

> 两淮二十年来课厘两项报部者,将及八千万两。他如各项商捐并前年户部筹饷捐输入奏者,又三百余万两。近因各处钱店倒闭,银路艰紧。该商等方请借给公项,以资周转。若令再捐巨款,商力实有不支。③

由此可见,增征捐款也是无可指望的了。

从统计来看,当时清政府的年总收入:1885年(光绪十一年)的统计约为7 708万余两④,比1884年(光绪十年)的约8 234万余两约减少了6%。收入如此减少,而1884年中法战争的经费却高达1 500万两⑤,其中只有215.4万余两

---

① 《光绪朝东华录》,光绪十年二月八日(1884年3月5日)《户部奏》二,页十四,总页一六六六。
② 《都门近事》,《申报》1884年1月4日。
③ 《光绪朝东华录》,光绪九年十二月二十一日(1884年1月18日),《左宗棠奏》二,页一七六,总页一六四六。
④ 刘狱云编:《光绪会计表》,第一卷,一~二页。转引自 E. G. Beal Jr. The Origin of Likin, Cambridge, Mass. 1958, p.3。
⑤ 吴廷燮:《清财政考略》,中华民国三年,第20~21页。

是由海防捐筹措的①。这样,在临时增收毫无指望的情况下,还要付出巨额费用,这是不可能靠以往国家财政的运营方式来解决的,于是就只好引进外国借款了。

### (三) 外国贸易和外国银行

1883年的金融危机对外国银行的活动来说,特别是在国际贸易金融领域里,显示出制约因素正在增强。

这时期,外国银行已取代洋行垄断了贸易金融,但外国银行并不是贸易成交的当事者,由于作为当事者的洋行同本国的交易是采取订货制,外国银行的主导性就受到限制。这时期来自中国的贸易,出口的两大品目是茶和生丝,由于日本、印度,以及日本、意大利的生产增长,都正在从卖方市场的地位后退(见表2)。这种变化就对给在华洋行融通资金,并经营贸易金融的外国银行造成了利润下降的后果。

表 2　输出入品统计

| 年份 | 棉制品总额<br>(海关两) | 坯布1匹<br>(约10.6米)<br>价格(海关两) | 生丝总董<br>(担) | 生丝(白)<br>1担·价格<br>(海关两) | 茶(Black)<br>总量(担) | 茶(Black)<br>1担价格<br>(海关两) |
|---|---|---|---|---|---|---|
| 1865 | | 3.85 | | 419.79 | | 27.42 |
| 1866 | | 2.52 | | 500 | | 26 |
| 1867 | 14 623 267 | 2.12 | 39 627 | 455.44 | | 30.53 |
| 1868 | 22 373 056 | 1.76 | 50 800 | 517.39 | | 24.84 |
| 1869 | 25 208 918 | 1.77 | 43 790 | 464.95 | 1 214 631 | 23.05 |
| 1870 | 22 037 717 | 1.70 | 45 823 | 515 | 1 087 121 | 20.61 |
| 1871 | 29 803 783 | 1.54 | 55 863 | 503 | 1 362 634 | 22.39 |
| 1872 | 25 407 069 | 1.47 | 63 192 | 490.08 | 1 420 170 | 23.62 |
| 1873 | 21 535 879 | 1.40 | 54 002 | 500 | 1 274 232 | 25.59 |
| 1874 | 18 270 196 | 1.29 | 68 350 | 300 | 1 444 249 | 21.60 |
| 1875 | 20 061 143 | 1.25 | 74 183 | 285 | 1 438 611 | 20.67 |
| 1876 | 20 216 246 | 1.19 | 76 291 | 443 | 1 415 349 | 21.31 |

---

① 《光绪朝东华录》,光绪十一年九月二十一日(1885年10月28日),户部奏折,页一二三,总页二〇一四。

(续表)

| 年份 | 棉制品总额（海关两） | 坯布1匹（约10.6米）价格（海关两） | 生丝总量（担） | 生丝（白）1担·价格（海关两） | 茶(Black)总量（担） | 茶(Black)1担价格（海关两） |
|---|---|---|---|---|---|---|
| 1877 | 18 955 795 | 1.07 | 56 235 | 340 | 1 552 450 | 17.49 |
| 1878 | 16 029 231 | 1.09 | 63 143 | 329.58 | 1 517 617 | 17.88 |
| 1879 | 22 599 678 | 1.08 | 75 828 | 321 | 1 523 419 | 18.07 |
| 1880 | 23 382 957 | 1.10 | 78 100 | 300 | 1 661 325 | 17.64 |
| 1881 | 26 045 836 | 1.11 | 60 483 | 349.86 | 1 636 724 | 16.01 |
| 1882 | 22 706 784 | 1.10 | 60 419 | 306.98 | 1 611 917 | 16.05 |
| 1883 | 22 046 785 | 1.08 | 59 412 | 319.88 | 1 571 092 | 17.01 |
| 1884 | 22 141 222 | 1.01 | 61 139 | 273 | 1 564 450 | 14.80 |
| 1885 | 31 493 823 | 1.02 | 50 113 | 272 | 1 618 397 | 16.39 |
| 1886 | 29 114 622 | 0.99 | 56 682 | 300 | 1 654 053 | 16.74 |

资料来源：据 Wagel, Finance in China, Shanghai, 1914. 和 Imperial Maritime Customs, Decennial Reports, 1892～1901. Shanghai, 1892. 的附注编制。（第二个资料出处有误，因时间不对。——校订者）

在这一过程中发生的金融危机，使得外国银行只能紧缩放款以求自保。同时，由于危机降低了本国的购买力，出口减少，这又迫使外国银行的利润更加降低。

其次，作为向中国出口的重点商品的棉制品，在景气时已因出口增加开始落价，1882年世界危机更加促成了价格下跌。英国是以倾销方式来销售过剩产品，并开拓新的更广阔的市场来扩散和救济危机的。这就以所增"输出危机"引起连锁反应来强行转嫁危机。可是，中国的出口贸易这时也受世界危机影响趋于衰退，外国银行就不得不从此开始紧缩流动资金。这样一来，外国银行本来是应该为扩大出口商品销路而进行放款的，却不得不反而采取实行收缩的自相矛盾的对策。正因如此就点燃了金融危机的导火线。

从以上的分析可以看出，外国银行在两大活动领域中互相矛盾的关系，在盲目的危机自我运动中更加深了矛盾本身。外国银行对此的反应就是保有储备白银以求自保。但是，从1883年的危机经过中法战争，到了本国金融资本和本国政府都决心采取从中国攫夺利权的政策，外国银行的储备白银已不像过去那样只限于自我保卫，被改变其用途的历史形态，而向对外政治借款转变了。

作为本国在中国当地金库的殖民地银行，从贸易向被带上浓重政治色彩的借款的转变,就是如上所述在 19 世纪 80 年代前半期的历史过程中发生的。

## 结　束　语

中法战争时期,上海外商商会主席 J.盖西克(J. Keswick,属怡和洋行)向在伦敦的约翰逊(F. B. Johnson)提出要求,为谋求从法国得到不进攻上海的保证,同伦敦商会合作,争取中立国的调解。约翰逊的回答是,伦敦商会已得到英国外交部通知,"迫使法国政府作出限制他们在战争中自由行动的任何正式公开声明,不是上策"[①],拒绝了英国在华商人团的意见。围绕着争夺中国利权的帝国主义各国的竞争,越过当地商人而开始了。

清政府在战争中,从 1883 年 9 月第一次广东海防借款开始,共接受了七次贷款。其中,汇丰银行贷款五次。企图打进矿山、铁道事业的怡和洋行,在这一过程中,1885 年 5 月的神机营贷款,成功地获得了一部分用于军事目的,一部分也用于建造铁路和采矿的条件。[②] 当地洋商的怡和洋行也借此打开了获得利权的途径。此后,通过本国金融资本和当地洋行的借款日益频繁,然而当时作为它的财政金库发生作用这一事实,正是作为殖民地银行的外国银行内在矛盾的归结。

(原文载《近代中国》第 2 辑,

作者:滨下武志,日本东京大学东洋文化研究所教授;

译者:朱荫贵,中国社会科学院经济研究所助理研究员)

---

[①] Jardine Matheson Archives: F. B. Johnson to W. Keswick, Sept. 26. 1884, requoted from Edward Lefevour. Western Enterprise in Late Ching China, Cambridge Mass. 1968, p.74.(参见中国近代经济史译丛之一《怡和洋行》,上海社会科学院出版社 1986 年版,第 64 页,译文略有改动。——校订者)

[②] Jardine Mathescm Archives: F. B. Johnson to W. Keswick, Sept. 26, 1884, equoted from Edward Lefeowr. Western Enterprise in Late Ching China, Cambridge Mass, 1968, p.74.(参见上引《怡和洋行》第 66 页。——校订者)(本文中引自《申报》《光绪朝东华录》的若干资料,如文句不顺或注释写法不统一者,经委托陆兴龙、张忠民君查对原书刊后作了改正——丁日初注)

# 1927—1937年间的中国对外贸易

王方中

1927—1937年间的中国对外贸易，内容很多，这里只谈三个问题，对外贸易发展过程、进出口商品结构、白银流动与国际收支平衡。

## 一、对外贸易发展过程

表1 1926—1937年间进出口贸易值

单位：法币万元

| 年 份 | 进口值 | 出口值 | 入超值 | 入超指数 |
|---|---|---|---|---|
| 1926 | 175 154 | 134 657 | 40 497 | 100 |
| 1927 | 157 815 | 143 121 | 14 694 | 36.3 |
| 1928 | 186 332 | 154 453 | 31 879 | 787 |
| 1929 | 197 208 | 158 144 | 39 064 | 96.2 |
| 1930 | 204 060 | 139 417 | 64 643 | 159.6 |
| 1931 | 223 338 | 141 696 | 81 642 | 201.6 |
| 1932 | 163 473 | 76 754 | 86 719 | 214.1 |
| 1933 | 134 557 | 61 183 | 73 374 | 181.2 |
| 1934 | 102 967 | 53 521 | 49 446 | 122.1 |
| 1935 | 91 921 | 57 581 | 34 340 | 84.8 |
| 1936 | 94 154 | 70 574 | 23 580 | 58.2 |
| 1937 | 95 339 | 83 826 | 11 513 | 28.4 |

注：1932年含有东北各关该年上半年数字，1933年后无东北各关数。

表2  1927—1936年进出口贸易值折美元统计

单位：千美金

| 年　份 | 进口值 | 出口值 | 入超值 | 入超指数 |
|---|---|---|---|---|
| 1926 | 854 408 | 656 864 | 197 544 | 100 |
| 1927 | 698 922 | 633 848 | 65 074 | 32.94 |
| 1928 | 849 138 | 703 862 | 145 276 | 73.54 |
| 1929 | 810 098 | 650 040 | 160 058 | 81.02 |
| 1930 | 602 488 | 411 628 | 190 860 | 96.62 |
| 1931 | 487 386 | 309 222 | 178 164 | 90.19 |
| 1932 | 356 743 | 167 498 | 189 245 | 95.8 |
| 1933 | 349 847 | 159 075 | 190 772 | 96.57 |
| 1934 | 347 893 | 180 832 | 167 061 | 84.57 |
| 1935 | 333 150 | 208 690 | 124 460 | 63 |
| 1936 | 279 752 | 209 689 | 70 063 | 35.47 |

资料来源：原载《民国二十五年第三季第四季贸易报告·附全年贸易报告》，见《国际贸易导报》第9卷第4、5、6号，1937年4、5、6月。

1929年资本主义世界经济危机爆发后，全世界贸易值大幅度下降。[①] 中国折合美元计算的进出口贸易值反映了相同的趋势。以1929年进出口总值指数分别为100，1930年为69.45，1931年为54.56。以1929年进出口值指数分别为100，则1930年进口值指数为74.37，1931年为60.16；1930年出口值指数为63.32，1931年为47.57。出口值下降幅度明显地大于进口值下降幅度。自1921年起，银价即趋于下落。1929—1932年跌势更猛。[②] 1929—1930的1年间按银元计算的进口总值不仅没有下降，反而显著上升，这正是银价剧烈下降情况下进口物价显著上升的结果。由于按银元计算的进口值显著增大，所以，这几年入超指数大幅度上升。一般情况下，币值下跌，不利于进口贸易，有利于出口贸易。

---

① 1929—1933年间不包括苏联的世界贸易值(单位：10亿美元)如下表：

| 年　份 | 1929 | 1930 | 1931 | 1932 | 1933 |
|---|---|---|---|---|---|
| 进口 | 35.1 | 28.5 | 20.2 | 13.6 | 12.3 |
| 出口 | 32.5 | 26.0 | 18.5 | 12.6 | 11.5 |

见瓦尔加：《世界经济危机(1845—1935)》，世界知识出版社1953年版，第430页。

② 郑友揆：《中国的对外贸易和工业发展》，上海社会科学院出版社1984年版，第343页。

银价猛跌对 1929—1931 年间的进口贸易有无抑制作用呢？完全否认这种抑制作用是不符合事实的。按美元计算的进口值显著下降,棉布、糖、煤油这三种重要进口商品的量、值呈明显的下降趋势①难道与银价下跌没有一点关系吗？但是,又不能把这种抑制作用估计过高。中国进口货物中,大量是生活必需品,"盖皆一日不可缺者。或以本国尚无出产（如煤油）,或以国货供不应求（如纱布、火柴）,非有舶来品之输入,不足以利民用"。② 国内农业危机严重,对进口粮食的依赖程度日益加深,大米进口维持在较高水平。洋布、煤油、糖的进口虽然下降了,仍维持在较高水平。工业所需机器、原料的相当一部分也依赖舶来品。小麦作为面粉工业的原料,1931 年的进口量、进口值达到了空前高峰。棉花进口量、进口值突飞猛进,机器进口量、进口值也越来越大。此外,如化学工业所需酸碱、纺织上品呢绒所需澳洲羊毛也不能不依赖进口。③ 连年内战,军火进口也在上升。④ 1928—1931 年奢侈品进口达到了民国以来的最高水平。⑤ 这几年侨汇大幅度上升,因此,华南进口贸易很活跃,进口值持续增长。⑥ "是以今日之金贵银贱问题,对于进口业,虽不能谓为毫无影响,但结果则大部分之负担,仍加诸吾国民也。试以目前之事论之,如洋米、洋布、煤油、五金、纸张及建筑材料、机器之类,市价里涨,人民仍不能不忍痛以购也。"⑦银价下跌对于出口业则是一点促进作用也没有。中国的出口商品主要由农副产品和其他初级原料构成。在天灾人祸频仍、农村经济破产的情况下,国内所需衣食和原料尚且不敷,哪能有更多的东西出口？农民和手工业者是分散的、闭塞的小生产者,对国际市场信息几乎完全无知,就是有一点多余的产品,他们又怎么可能适应汇价的下跌在短期内集中起来以

---

① 洋布净进口值见《上海市棉布商业》,第 93 页。棉布进口值,1929 年 26 955 万元。1930 年 21 374 万元,1931 年 17 642 万元。糖进口值,1929 年 15 543 万元,1930 年 13 444 万元,1931 年 13 607 万元。石油进口量,1929 年 38 875 万加仑,1930 年 31 633 万加仑,1931 年 34 365 万加仑。此外棉纱和面粉进口量、进口值也是下降的。
② 诸青来:《关税自主之目的安在》,《东方杂志》第 28 卷第 17 号,1931 年 9 月。
③ 诸青来:《关税自主之目的安在》,《东方杂志》第 28 卷第 17 号,1931 年 9 月。
④ 据郑友揆:《我国近十年国际贸易平衡之研究(1925—1934)》,《社会科学杂志》第 6 卷第 4 期,1935 年 12 月,1929 年报关进口之军火 600 万元,1930 年 2 400 万元。
⑤ 1928 年进口奢侈品值 13 998 万元,1929 年 11.271 万元,1930 年 12 502 万元,1931 年 12.740 万元,分别占各年入口值的 7.5％、5.7％、6.1％、5.7％。见谷獠田:《吾人对于减少国际贸易入起应有的觉悟》,载《大公报》1935 年 6 月 26 日第 11 版。
⑥ 1929 年,广东对外贸易进口值 22 949 万元,1930 年 24 392 万元,1931 年 27 824 万元,1932 年 31 426 万元。见广东省政府秘书处统计室编:《广东统计汇刊》第 1 期,第 182 页。1929 福建对外贸易进口值 4 677 万元,1930 年 5 072 万元,1931 年 5 817 万元,1932 年 4 879 万元。见周浩等合编:《二十八年来福建省海关贸易统计》第 30 页,表 9,福建省政府统计处,1941 年 7 月出版。
⑦ 朱羲农:《金贵银贱与进出口业之关系》,《国际贸易导报》第 1 卷第 4 号,1930 年 4 月。

供出口？而且,汇价下跌的利益大部分为出口商和中间人所中饱,农民所得无几,所以也刺激不起他们增加生产的积极性。当时的中国政府也根本没有扶助出口贸易的能力和愿望。加之,1929 年资本主义世界经济危机爆发后,各国高筑关税壁垒,丝茶等主要出口货又受日、印等国的竞争,我国出口贸易更难以增长。

银价逐年下跌使进口商品以白银表示的价格不断高涨,中国为购买同样数量的商品要支付一年比一年多的白银。按美元计算,1930 年的进口值为 60 249 万元,中国以白银实际支付 204 060 万元。1931 年进口值减少到美元 48 739 万元,但中国实际支付的白银反而增加到 223 338 万元。仅此一项,1931 年进口值中就要损失 58 263 万元（按 1930 年美元与关平比价计算）,相当于 1931 年入超额的 71.36%。如将 1930～1932 年三年按美元计的进口值都按 1929 年美元与关平比价来支付,则这三年中国共多付了 237 711 万元的冤枉钱,这个数字足以抵消这三年的入超额之和 233 003 万元尚略有余。当时进口了洋货的工业部门都由于金贵银贱而受到了损失。"国内工商业需用机器,大半由国外购来,金价奇涨,一般机制工业皆受极大打击。纱厂采用外棉,因本国棉花绒头太短,金价虽贵,仍不能不买。故许多工商业只受金贵之害,而不获其利。"[①] 1930 年,永安纱厂就发出了"此期内国际汇兑变动剧烈,金银比价差额太多,本公司受此影响,亏耗汇水为数已属不赀"[②]的抱怨。金贵银贱也使印刷、面粉等业进口机器的价格大幅度提高。[③]

总之,就进出口贸易而言,半殖民地半封建中国从金贵银贱中不仅没有得到什么好处,反而受到了很大的损失。

1932 年以后,进出口值都在大幅度下降的主要原因是:(1) 1931 年"九一八"事变后,占我国出口贸易 1/3 以上与进口贸易 1/10 以上的东北三省沦于敌手,从 1932 年下半年起,东北的对外贸易值未计入上述统计数字之中。(2) 1932 年"一·二八"淞沪战役使进出口贸易受到很大影响。[④] 1933 年 3 月,日寇占领热河,接着大举进攻长城各门,天津的贸易也受到很大影响。(3) 实行"关税自主后,1929 年进口税率提高到了 8.5%。这个税率对 1929 年、1930 年进

---

① 刘大钧:《从银价跌落说到工商业》,《国际贸易导报》第 1 卷第 5 号,1930 年 5 月。
② 《永安纺织印染公司》,中华书局 1964 年版,第 158 页。
③ 《上海民族机器工业》上册,中华书局 1966 年版,第 352～353 页。
④ 1933 年 1 月,全国进口贸易值为 10 318 万关两,2 月激减至 6 136 万关两,3 月 9 651 万关两。出口贸易也受到严重影响。上海的进口贸易,1931 年为 83 359 万关两,1932 年减至 51 037 万关两;上海的出口贸易,1931 年为 27 748 万关两,1932 年减至 15 832 万关两。

口贸易不可能起到限制作用。1931年提高到14.1%后,关税对进口贸易的限制作用逐渐明显。此后随着税率的提高,关税对进口贸易的限制作用越来越大,成了影响进口贸易的一个重要因素"。① (4)国民经济的破产日趋严重,特别是在1934年美国高价收购白银、中国白银大量外流以后,城乡购买力都在下降。这也是进口贸易下降的原因。

自1933年起,银价回升,此后涨幅越来越大。② 中国出口贸易未能从前几年的汇价下跌中获益,却立即从汇价上涨中受到很大的损失。生丝、茶叶、桐油以及不少手工业品的出口价格都从1932年起显著下跌。影响所及,农产品价格从这一年起普遍下跌。③ 好在从1933年起国外物价差不多在以与银价同样的幅度上涨,④汇价上涨给出口贸易带来的消极影响或多或少被国外物价上涨带来的积极影响所抵消,从而减轻了中国出口贸易下落的幅度。一般情况下,币值上升应该有利于进口贸易,但中国的进口贸易在1933年以后却急剧下落。除了前面列举的几点原因外,这还与1933年以后世界物价上升有关。物价回升对中国进口贸易的消极影响多少抵消了中国汇价上升对进口贸易的积极影响。⑤ 在进口贸易下降幅度很大、出口贸易下降幅度不大的情况下,1932年以后按银价计算的中国进出口贸易逆差指数呈下降趋势。

依据海关统计的数字,以1933年与1929年比较,进口减少32%,出口减少62%,入超增加88%。1929年入超对进口总值之比例为20%,1932年增至53%,1933年更增至55%。这就是说进口商品中,一半以上不能用出口来偿付。这是一个空前严重的情况。⑥ 1932年入超额达86 720万元,这是近代中国入超数字最高的一年。1933年以后的入超数字逐年减少。但是,如果把日趋严重的走私进口包括进来,则入超下降的幅度远没有本文表1反映的那么大⑦。

30年代严重入超的形成,原因很多。其中最重要的是以下两点:

---

① 郑友揆:《中国的对外贸易和工业发展》,上海社会科学院出版社1984年版,第75、78、79、92页。
② 郑友揆:《中国的对外贸易和工业发展》,上海社会科学院出版社1984年版,第343页。
③ 章有义:《中国近代农业史资料》第3辑,生活·读书·新知三联书店1957年版,第615页。
④ 郑友揆:《中国的对外贸易和工业发展》,上海社会科学院出版社1984年版,第343页。
⑤ 参见郑友揆:《中国的对外贸易和工业发展》,上海社会科学院出版社1984年版,第92~93页。
⑥ 1894—1928年,1905年这个比例达到49.03%,1906年42.37%,这是最严重的两年。但当时的进口值只相当于1932、1933年的一半。此外,1895、1901、1902、1903、1904、1907、1914、1921、1922年在20%以上,其余都在20%以下。
⑦ 中国银行公布的自1933年起包括走私进口值在内的历年入超额的修正值为:1933年807.2百万元,1934年568.7百万元,1935年467百万元,1936年329.9百万元。见千家驹:《论中国国际收支平衡》,《东方杂志》第34卷第13号,1937年7月。

一是进出口物价差额日趋严重。

表3　1927—1936年进出口物价指数

| 年份 | 1927 | 1928 | 1929 | 1930 | 1931 | 1932 | 1933 | 1934 | 1935 | 1936 |
|---|---|---|---|---|---|---|---|---|---|---|
| 进口 | 107.3 | 102.6 | 107.7 | 126.3 | 150.2 | 140.2 | 132.3 | 132.7 | 124.8 | 141.7 |
| 出口 | 106.1 | 104.5 | 105.2 | 108.3 | 107.5 | 90.4 | 82.0 | 71.7 | 77.6 | 96.1 |

1927—1929年的3年间,双方均以较接近的幅度上涨,差距不大,1928年,出口物价指数还略高于进口物价指数,略有利于我国的出口。1930年后,两者的差距愈拉愈大,1934年出口物价指数只相当于进口物价指数的54%,据估计,1927—1936年间,由于进出口物价指数的巨大剪刀差,我国在进出口总值中所受的损失,共达当时币值50亿余元——此数正好与1927—1936年的入超总值大体相当,这里还没有把1926年双方基数本来就已经包含很大的不等价因素计算进来。另据《南开指数》计算出口货购买力指数$\left(购买力=\dfrac{出口物价指数}{进口物价指数}\right)$,以1913年为100,1920年下跌到64.3的最低点。此后逐步回升,1925年达96.6。1926—1936年见表4。①

表4　1926—1936年出口购买力指数

| 年份 | 1926 | 1927 | 1928 | 1929 | 1930 | 1931 | 1932 | 1933 | 1934 | 1935 | 1936 |
|---|---|---|---|---|---|---|---|---|---|---|---|
| 指数 | 101.4 | 92.1 | 99.6 | 107.4 | 97.5 | 86.2 | 77.7 | 70.1 | 73.5 | 79.9 | 91.4 |

1926年、1929年出口货购买力指数大于100,对中国有利。1930年以前总的情况还不错。自1931年以后急剧下降,1933年跌至70.1的最低点。这一年中国必须多输出37.73%$\left(=\dfrac{107.4-70.1}{107.4}\right)$的货物,才能换回和1929年等值的进口货。

二是中国的重要出口商品在30年代差不多都经历一个出口量、出口价格、出口值下降的过程,其中对出口总值影响最大的是丝和大豆两种。1912—1931年间最重要的13类出口货物中,第一类是生丝,在这20年里平均占出口值的15.9%;第二类是大豆及豆饼,平均占15.14%;第三类纺织品所占比重小多了,

① 据孔敏主编《南开经济指数资料汇编》中国社会科学出版社1988年版第376页计算得出。

只有 6.5％，第四类油类占 5.79％。① 正是最重要的生丝和大豆在 30 年代的出口值及其在出口总值中的地位都大幅度下降了。1929 年，中国出口生丝 189 980 担，出口值 23 000 万元。此后逐年下降，1934 年只剩 54 531 担，出口值 2 352 万元。出口值减少了 20 000 万元。1933 年生丝在出口总值中的地位下降到了 7.8％。1928 年以大豆为主的豆类出口值为 22 956 万元，1929 年 25 908 万元，1930 年 17 610 万元，1931 年 21 054 万元。② 东北沦陷后，1932 年下半年下降到 7 980 万元。1933 年以后更是微不足道了。大豆在出口总值中的比重从 1929—1931 年的 14.8％下降到 1933 年的 0.8％。③ 经常达 2 亿元以上的豆类出口值（如果与豆饼、豆油合计，则在 3 亿元以上）几乎完全从出口总值中消失了。生丝、大豆出口值的大幅度下降，无疑是造成 30 年代严重入超的重要原因之一。

1934 年是出口值最低的一年，这一年丝的出口值仅及上年时 48.76％，棉花仅及上年的 50.28％。此外，棉纱、蛋产品、桐油、绸缎、棉布、花生等也减少了。1935 年，出口贸易有所回升，这一年的 12 月，甚至出现了 535 万元的出超额，1936 年 1 月也有 972 万元的出超额。1936 年的出口值较上一年增长 22.6％。1937 年"八一三"事变前进出口贸易的形势也比较好。造成这种形势的主要原因是：第一，从 1933 年起，整个资本主义世界的经济形势开始好转，国际贸易正在缓慢回升。④ 从这一年起，帝国主义各国开始扩军备战，对中国的军需原料的需求日趋迫切。1935 年意大利侵略阿比西尼亚后，这一点更加明显。桐油、猪鬃、丝、锡锭、锡块、钨砂等的出口量、出口值从 1935 年起明显回升。第二，1936 年农业收成不错，出口能力增强。在 36 种重要出口商品中，除羽毛、豆饼以外的其他籽饼、花生、棉纱、绸缎等 5 种的出口值较 1935 年略有下降外，其余都是上升的。⑤ 第三，1935 年 11 月发行法币后，币值降低，外汇比价一直比较平稳，有利于出口贸易。

1935 年、1936 年、1937 年出口值平稳上升，而进口值上升幅度很小。如按美元计算，这几年进口值还是下降的。在出口情况好转、国内购买力提高的情况

---

① 陈君慧、蔡谦：《民国二十年来中国对外贸易的性质和趋势》，《社会科学杂志》第 4 卷第 3 期，1933 年 9 月。
② 1928 年、1929 年的数字见陈济元：《中国豆产之国际市场》，《国际贸易导报》第 2 卷第 6 号，1931 年 6 月；1930 年、1931 年的数字见《二十年份中国之对外贸易》，《中行月刊》第 4 卷，第 1、2 期，1933 年 1、2 月。
③ 严中平等：《中国近代经济史统计资料选辑》，科学出版社 1955 年版，第 76 页。
④ 美国、英国进出口贸易均从 1933 年第 3 季回升，德、法两国 1933 年回升迹象不如英、美明显。瓦尔加：《世界经济危机》，第 651、652、602、605、667、676、678 页。
⑤ 孙达兼：《二十五年份之中国对外贸易》，《中行月刊》第 14 卷第 1、2 期合刊，1937 年 1、2 月。

下,为什么进口情况没有明显好转呢？大概有三点原因：

一是国内工业生产发展和国产品埠际贸易的增进抑制了进口贸易的增长。据估计,30年代全国制造业总产值的最低点在1934年,为7 500百万元(其中工业产值2 186百万元),1935年回升到8 282百万元(其中工业产值2 317百万元),1936年10 235百万元(工业产值2 864百万元)。① 国内制造业有了发展,商品多了,自然会抑制进口贸易的增长。② 海关统计中各关之间的"土货出口总数"一项可以代表国内生产的商品(土货)的埠际流通总值(此关出口数即彼关入口数)(见表5)。

表5　1932—1936年关内各关土货出口总数

单位：万元

| 年　份 | 1932 | 1933 | 1934 | 1935 | 1936 |
| --- | --- | --- | --- | --- | --- |
| 总值 | 99 522 | 97 122 | 94 776 | 113 144 | 110 186 |
| 指数 | 100 | 97.6 | 95.2 | 113.7 | 110.7 |

1933年、1934年显著下降,1935年、1936年显著回升。③ 城乡交换与国内市场有明显发展。④ 中国内地购买力弹性不大,老百姓买了本国货(包括帝国主义在华企业和民族资本企业的产品)就会少买洋货。这种现象不能不对洋货的进口起到抑制作用。

(2) 日本帝国主义的猖狂走私侵占了相当一部分国内市场。⑤ 据估计,1933年、1934年走私进口值为10 000万元,⑥1935年增加到21 000万元,⑦相当于是年进口值的22.85%。1936年进一步上升到25 000万元,如与华南走私进口值5 000万元合计,则为30 000万元,⑧相当于是年进口值的31.86%。这不能不对正当的进口贸易产生严重的影响。

---

① 巫宝三：《〈中国国民所得·1933〉修正》,《社会科学杂志》第9卷第2期,1947年12月。
② 1936年的农产丰收对减少这一年大米小麦的进口也应有一定作用。
③ 另据郑友揆：《中国的对外贸易和工业发展》,上海社会科学院出版社1984年版,第47页,以进口贸易值(1)、出口贸易值(2)和国产品的埠际贸易值(3)之和为100,1930年(1)为44.4,(2)为307,(3)为24.9;1936年(1)为33.1,(2)为24.8,(3)为42.1。国产品埠际贸易值比重的上升与进口贸易值比重的下降之间应有内在联系。
④ 参见笔者《1927—1937年间的中国民族工业》,《近代史研究》1990年第6期。
⑤ 孙达兼《二十五年份之中国对外贸易》将华北走私列为进口贸易减少的主要原因。
⑥ 据郑友揆《我国近十年国际贸易平衡之研究(1925—1934)》,《社会科学杂志》第6卷第4期,1935年12月,1929年报关进口之军火600万元,1930年2 400万元。
⑦ 魏友斐：《平衡预算声中的华北走私问题》,《东方杂志》第33卷第13号,1936年7月。
⑧ 千家狗：《论中国国际收支平衡》,《东方杂志》第34卷第13号,1937年7月。

(3) 进口关税税准的限制作用。以 1926 年税准和进口货物数量指数为 100,1933 年税准为 120.5,1934 年 129,1935 年 130,1936 年 129.2,呈明显的上升趋势。进口货物数量则呈明显的下降趋势。1933 年 79.1,1934 年 64.4,1935 年 59.6,1936 年 55。[①] 可以看出,进口税准对进口货物数量有一定的限制作用。

## 二、进出口商品结构

**表 6　几种重要进口货物在进口总值中所占比重**[②]

| 年　份 | 棉布 | 棉纱 | 棉花 | 煤油 | 糖 | 米 | 小麦 | 钢及铁 | 机器及工具 |
|---|---|---|---|---|---|---|---|---|---|
| 1929～1931 | 10.0 | 0.7 | 10.0 | 4.4 | 6.8 | 6.1 | 3.0 | 4.4 | 3.5 |
| 1933 | 4.3 | 0.3 | 7.3 | 6.5 | 3.1 | 11.2 | 6.5 | 6.1 | 3.2 |
| 1934 | 2.6 | 0.3 | 8.7 | 3.9 | 3.2 | 6.4 | 3.1 | 8.3 | 5.7 |
| 1935 | 2.3 | 0.2 | 4.5 | 4.1 | 3.0 | 9.8 | 3.8 | 8.1 | 7.2 |
| 1936 | 1.3 | 0.2 | 3.8 | 4.2 | 2.2 | 2.9 | 1.3 | 9.8 | 6.4 |

1901—1903 年,棉纱在进口总值中占 18.6%,此后逐步下降。从 1928 年起,棉纱出口数量超过进口数量。[③] 1927 年进口棉纱 178 618 担,1936 年减少到 6 006 担。1871 年棉布在进口总值中比重曾达 35.44%,[④] 此后逐步下降。到 1936 年棉布的进口值(1 207 万元)在进口总值中的地位已微不足道,与棉布出口值 879 万元已接近平衡。

农产品的大量进口是这 10 年,特别是 30 年代的重要特点。

1927 年以前共有 3 年(1922 年、1923 年、1926 年)大米进口数量在 2 000 万担以上。1927—1937 年间却有 5 年在 2 000 万担以上,其中有 4 年是在 1929 年资本主义世界经济危机爆发以后。1930 年大米入超 2 300 万担。1931 年江淮发生大水灾,1932 年大米入超 2 600 余万担。1933 年雨量调匀,稻谷丰收,但大米仍入超 2 500 余万担。1934 年旱灾严重,1935 年入超达 2 500 余万担。1933 年、1935 年大米在进口总值中占到第一位。1936 年大米进口较上年减少了

---

① 郑友揆:《中国的对外贸易和工业发展》,上海社会科学院出版社 1984 年版,第 77 页。
② 严中平等:《中国近代经济史统计资料选辑》,第 76 页。
③ 郑友揆:《中国的对外贸易和工业发展》,上海社会科学院出版社 1984 年版,第 42 页。
④ 姚贤镐:《中国近代对外贸易史资料》第 3 册,中华书局 1962 年版,第 1608 页。

76%。1932—1936年间，向中国出口大米最多的是越南、暹罗、印度。1930年12月，国民党政府公布的进口税则继续把米、麦、面粉列为免税商品。直到1933年9月，国民党政府才决定对洋米征税。① 大量洋米进口固然是国内粮食危机日趋严重与运输条件落后②的反映，也与资本主义国家利用洋米生产费用低、运输便利、采购简捷等进行倾销分不开。洋米有相当一部分是进入广东的。③ 广东一向是缺米省份。自1887年进口洋米从上年的52万担上升到194万担后，除个别年份低于100万担外，一般都在几百万担，甚至上千万担。1895—1911年年均进口618万担，1912—1930年年均进口456万公担，1931—1937年年均进口537万公担。④ 和广东不同，上海有广大的长江流域作为腹地，大米供应本来是不成问题的，1928年以前，只有1926年进口洋米达35万公吨（合467万担），其余各年都在10万公吨以下，有些年份只有1 000公吨，还有不少年份没有进口。但1930—1936年，年均进口增加到204 149公吨（合272万担）。上海的特点是洋米进口数量远不如广东稳定，进口洋米在全国进口洋米中所占比重起伏很大。⑤ 上海年需大米600万担（每担150斤）左右。⑥ 1932年进口洋米232 661公吨，合310万担；1935年进口587 229公吨，合783万担。这表明个别年份上海对洋米的依赖程度已经很高。这是中国粮食危机日趋严重的反映。另一方面，大量洋米进口又会使农业危机更加深化。大量洋米进入沿海地区使内地余粮更难以外运。⑦ 粮食价格取决于许多因素，但30年代上海米价的长期下落⑧与洋米进口是分不开的。1930年，进口大米每担价格较国产米可便宜0.92

---

① 盛焕明：《粤省洋谷米免税问题》，《银行周报》第21卷13期，1937年4月。
② 1936年粤汉铁路通车前，湘米入粤极其困难。1934年旱灾发生前，湖南积米足够二三年之用，竟无可宣泄。见盛焕明《粤省洋谷米免税问题》。
③ 1931年，广东进口洋米占全国进口总量的50.7%，1932年占60.4%，1633年占79.7%，见林通经：《洋米谷输入广东之史的分析》，《广东省银行季刊》第1卷第2期，1941年6月。另据林文及有关资料计算，1934年为65.26%，1935年为38.1%，1936年88.8%。
④ 据林通经《洋米谷输入广东之史的分析》计算得出。
⑤ 上海进口洋米在全国进口洋米中所占比重：1926年为31%，1928年0.92%，1930年35.89%，1931年7.79%，1932年17.12%，1933年4.4%，1934年7.89%，1935年45.3%，1936年2.96%。见《上海对外贸易》上册，上海社会科学院出版社1989年版，第433页。
⑥ 《商品研究：米》，《中行月刊》第5卷第6期，1932年12月。
⑦ 关于洋米进口阻碍长江流域大米外运，请参见笔者：《本世纪30年代初期地方进出口贸易严重入超的情况、原因和后果》，《近代中国》第1辑，关于洋米进口阻碍桂米输粤，参看林通经《洋米谷输入广东之史的分析》。
⑧ 以1926年上海中等粳米价格指数为100，1929年为107.93，1931年77.93，1932年71.97，1933年51.11，1934年65.12，1935年78.06，1936年66.14。见邹大凡等：《近百年来旧中国粮食价格的变动趋势》，《学术月刊》1965年第9期。

元。① 这一年,金贵银贱十分严重,日用百货如火柴、火油价格都在上升,但糙米价格却从 1929 年的每石 14.7 元下降到 8 元。这一年稻谷收成不错,但农民的实际收入反较 1929 年减少了。② 1925 年至 1930 年,上海米价和 6 种工业品的比价趋于缩小,但 1931 年以后,差距日益扩大,越来越不利于大米。③ 这与洋米大量进口应有密切关系。

1922 年以前,中国是个小麦出超国。20 年代,小麦进口逐渐增加,但最多也不过 500 余万关担(1924 年、1929 年)。1929 年资本主义世界经济危机爆发后,小麦库存量大增,价格猛跌。④ 1931 年中国进口小麦猛增到 2 280 万关担,1932 年 1 510 万关担,1933 年 1 770 万关担,1934 年 770 万关担,1935 年 860 万关担。⑤ 1932、1933、1935、1936 年进口小麦来自澳大利亚的最多,1934 年来自美国的最多。还有一部分来自加拿大、阿根廷等。美国在 1931 年 9 月与国民党政府订立"美麦借款合同",1933 年 6 月又订立"棉麦借款合同",通过贷款与中国以推销小麦。洋麦大量进口与本国运销制度、运销条件落后有密切关系。从美国中部运一吨小麦到上海,一切税捐运费在内不过三十元,而从陕西中部运麦一吨到上海需一百三四十元。⑥ 大量洋麦进口对工业和农业的作用是不同的。1931—1935 年是民族面粉工业危机严重的时期。上海、天津的面粉价自 1931 年显著下跌,1934 年跌至最低点。⑦ 1930—1935 年间粉麦差价虽有起伏,但总的来说在显著缩小。⑧ 大量洋麦进口却在一定程度上使危机得到缓解。廉价洋麦的进口压低了国产小麦的价格,也解决了面粉工业的原料问题。洋麦不仅价格便宜,而且品质整齐,出粉率高,⑨ 上海、无锡的面粉厂大量采购洋麦制粉。1931—1935 年,上海面粉工业因此得以维持较高的开工率。⑩ 在百业凋敝的情

---

① 张心一等:《上海米麦价格与外国米麦进口之关系》,《中行月刊》第 9 卷第 1 期,1934 年 7 月。
② 《米业请禁洋米麦粉进口》,《银行周报》第 15 卷第 14 期,1931 年 4 月。
③ 《上海解放前后物价资料汇编》,第 68 页。
④ 美国二号冬小麦价格:1929 年 12 月每蒲式耳 1.35 美元,1933 年 12 月降至 0.47 美元,下降了 65%,见瓦尔加:《世界经济危机》,第 649 页。
⑤ 上海市粮食局等编:《中国近代面粉工业史》,中华书局 1987 年版,第 365~366 页。
⑥ 蒋学楷:《中国食粮供求的新估计》,《国际贸易导报》第 8 卷第 6 号,1936 年 6 月。
⑦ 上海市粮食局等编:《中国近代面粉工业史》,中华书局 1987 年版,第 393 页;孔敏主编《南开经济指数资料汇编》中国社会科学出版社 1988 年版第 59 页。
⑧ 上海市粮食局等编:《中国近代面粉工业史》,中华书局 1987 年版,第 144 页。
⑨ 中国小麦每担平均出粉 77 斤,外国小麦出粉 80 斤,而且品质优于前者。见张心一等:《上海米麦价格与外国米麦进口之关系》,《中行月刊》第 9 卷第 1 期,1934 年 7 月。
⑩ 上海市粮食局等编:《中国近代面粉工业史》,中华书局 1987 年版,第 143 页。

况下,福新面粉厂在 1930 年、1931 年连续两年亏损后,1932—1935 年历年都有盈余。① 1932—1935 年阜丰面粉厂的盈利也显著超过 1931 年以前。② 大量廉价洋麦进口使农业生产受到沉重的打击。1931 年是小麦开始大量进口的头一年,正是从这一年起,上海、天津两市的小麦价格开始显著下跌。③ 两者之间内在的因果联系是十分清楚的。徐州是产麦区,往年津、济、沪、锡粮商都来采购,"农村经济得以调剂裕如"。到了 30 年代,沪、锡粉厂纷纷采用洋麦,不再出现于徐州市场上。河北小麦也由于洋麦进口,而"无处宣泄"。④ "去年(1933 年)小麦价格的跌落远过于米。米价跌落尚可一部分推诿于国内产量之增多,小麦则增减甚微,故跌价之因,完全由于外麦的压迫。"⑤麦价的狂跌使广大农民身受其害。

1930 年、1931 年、1932 年、1934 年,棉花进口值在进口总值中都占第一位。1927—1929 年进口棉花在 250 万担以下。1930 年上升为 346 万担,1931 年 469 万担,1932 年 372 万担。1933 年、1934 年减少到 180 万担左右,此后进一步减少。1929 年进口皮棉相当于全国皮棉产量 33.15%,1930 年相当于 39.24%,1931 年 73.25%,1932 年 45.89%,1933 年 20.41%,1934 年 17.19%。⑥ 1927 年进口棉花来自美国的居多,1928—1930 年来自印度的居多。1931 年美国棉花占到 54.9%,1932 年 83.4%,1933 年 63.79%,1934 年 50.14%,1935 年 50.29%。1928 年 12 月纽约中等棉每磅价格 20.5 美分。大危机爆发后,价格大跌,1929 年 12 月 17.3 美分,1930 年 12 月 10.1 美分,1931 年 12 月 6.3 美分,1932 年 12 月 5.9 美分,⑦只相当于 1928 年 12 月价格的 28.8%。民族棉纺织业以美棉、印棉价廉物美,群起采用。1931 年、1932 年申新和永安各厂购用外棉占全部用棉量的 40% 以上,1930 年、1933 年永安也在 40% 以上。⑧ 但是,由于棉纺织业的市场危机比面粉业深刻得多,棉纺织业对于采用进口棉花不如面粉业采用进口小

---

① 许维雍、黄汉民:《荣家企业发展史》,人民出版社 1985 年版,第 58、122、123 页。
② 许维雍、黄汉民:《荣家企业发展史》,人民出版社 1985 年版,第 58、122、123 页。
③ 《中国近代面粉工业史》,第 391 页;孔敏主编《南开经济指数资料汇编》中国社会科学出版社 1988 年版第 60 页。
④ 《中国近代面粉工业史》,第 61 页。
⑤ 巫宝三:《民国二十二年的中国农业经济》,《东方杂志》第 31 卷,第 11 号 1934 年 6 月。
⑥ 进口皮棉数量据海关统计,全国皮棉产量据《二十四年棉产最后估计》,《中行月刊》第 12 卷第 3 期,1936 年 3 月。
⑦ 瓦尔加前引书,第 650 页。
⑧ 《荣家企业史料》上册,上海人民出版社 1963 年版,第 533 页;《永安纺织印染公司》,中华书局 1964 年版,第 155、154 页。

麦积极，①采用了外棉以后，也未能如面粉业一样，使危机得到缓解。1930年以后，永安盈利率下降的趋势以及申新连年亏损的局面②都没有因采用了大量外棉而略有改变。廉价外棉的倾销对中国棉农的打击是沉重的。上海、天津市场上，1932年棉价显著下落。③ 1933年中美5 000万美元棉麦借款④成立的消息发表后，皮棉价格每担即下跌四五元。⑤ 国产棉花价格的涨落不以棉花的生产费用为标准，不以棉产的丰歉为转移，而完全受国际市场上棉花价格的操纵。⑥ 浙江、江苏、河北、山东、陕西等地棉农都由于棉价低贱而受到很大的损失。⑦

1890年以前糖多为出超。1895年以后就一直是入超了。⑧ 1929年洋糖占进口值的7.88%，仅次于棉布而居于第二位。1930年以后，进口值明显下降，1932年以后降幅更大，在进口总值中的地位也下降了。但对于本国制糖业仍是个不小的威胁。例如，1933年全国制糖业总产值为5 582万元，⑨而是年洋糖进口值即达4 203万元。不过，在不同地区，洋糖威胁的程度是不同的。自1932—1937年，广东这个盛产蔗糖的省份都是洋糖进口大大超过国产糖的出口。⑩ 但由于广东本身糖的消费量大，由于广东糖的质量好、成本低，在内地拥有广泛的市场，⑪洋糖的大量进口对广东蔗糖业并未构成威胁。福建绵白糖销路受到了洋糖侵占外，其余赤糖、青糖、冰糖都未受到影响。但是，四川糖业则由于洋糖之倾销与广东糖在长江一带争夺市场而困难重重。⑫ 江西糖业也由于洋糖进口而受到影响。⑬

---

① "其时适值外棉涌到，以纱销不旺，颇少受主。"见《荣家企业史料》上册，第379页。
② 《永安纺织印染公司》，第211页；《荣家企业史料》上册，第362页。
③ 中国科院上海经济研究所、上海社会科学院经济研究所编：《上海解放前后物价资料汇编》，上海人民出版社1958年版，第229页；孔敏主编《南开经济指数资料汇编》中国社会科学出版社1988年版，第63页。
④ 此借款成立于1933年6月。原定4 000万美元棉花借款，1 000万美元小麦借款。1934年12月棉花借款减为1 000万美元。日商纱厂停止购买美棉是"美棉贷款削减为1 000万美元的主要原因"。杨格著，陈泽宪、陈霞飞译：《1927至1937年中国财政经济情况》，中国社会科学出版社1981年版第432页。
⑤ 良辅：《美国大借款》，《东方杂志》第30卷第13号，1933年7月。
⑥ 参见《永安纺织印染公司》，第157—162页。
⑦ 章有义：《中国近代农业史资料》第3辑，生活·读书·新知三联书店1957年版，第631～634页。
⑧ 饶信梅：《中国历年来之糖类进口与消费》，《国际贸易导报》第1卷第9号，1930年12月。
⑨ 巫宝三等：《中国国民所得》下册，中华书局1947年版，第139页。
⑩ 1932年，广东进口洋糖608 205公担，7 097 051元；出口土糖799公担，14 427元。广东省政府秘书处统计室编：《广东统计汇刊》第1期，第62、63页，1939年版。前者分别为后者的761倍和492倍。
⑪ 朱博能：《中国之蔗糖业及其统制》，《东方杂志》第33卷第3号，1936年2月。
⑫ 朱博能：《中国之蔗糖业及其统制》，《东方杂志》第33卷第3号，1936年2月。
⑬ 江西省社会科学院历史研究所：《江西近代贸易史资料》，江西人民出版社1987年版，第139页。

1936 年、1937 年，钢铁在进口总值中居首位。1933—1937 年，进口值在 7 400 万元(1935 年)至 10 856 万元(1937 年)之间。钢铁主要来自英、美、日、德四国。由于本国钢铁工业微不足道，钢铁进口对民族钢铁业不可能有多大压力。

　　中国进口的石油制品包括煤油、汽油、柴油、滑物油。1927 年以前的 10 年中，煤油在四种主要油品进口总量中所占比重虽然不断下降，但至 1926 年仍占 70%。这 10 年里，煤油所占比重显著下降，1926 年占 61.9%，1934 年占 26.5%，1936 年 30.2%。1927—1930 年间，汽油、滑物油进口数量及所占比重逐步上升，柴油进口则呈下降趋势。自 1931—1936 年的 6 年间，情况有了很大的变化，汽油、滑物油的进口量虽然也在上升，但柴油上升的势头更猛，成了油品中的大宗，1930 年在进口总量中只占 27.8%，1935 年上升到 60.2%，1936 年 52.8%，这种情况是 30 年代国民党政府正在竭力扩充空军、修筑公路、增强水陆运输能力、增加其他军用设施的反映。汽油、煤油、柴油绝大部分来自荷印，其次来自美国；滑物油则 80% 来自美国，其次来自荷印、日本。① 中国基本上没有石油工业，石油制品的进口对民族工业不构成威胁。

　　中国进口机器出现过两次高峰，一次是 1921 年至 1923 年，一次是 1930 年(进口值 7 057 万元)、1931 年(6 934 万元)。此后有所下降，但 1935 年在进口总值中的比重达 7.2%，仅次于大米、钢铁而居第三位。棉纺织机器在机器进口总值中占有重要的地位，1930—1937 年间，最高占 36.53%(1932 年)，最低占 21.77%(1935 年)。② 轻纺机器几乎全部被外国垄断，民族机器工业因此承受了巨大的压力。

　　此外，水泥、③人造丝、④毛纺织品、⑤纸张、⑥面粉、⑦染料颜料⑧等的进口对民族工业也有一定的压力。

---

① 孔庆泰：《国民党政府时期的石油进口初探》，《历史档案》1983 年第 1 期。
② 据《上海民族机器工业》上册，第 434 页；下册第 498 页算出。
③ 参见笔者稿《1927—1937 年间的中国民族工业》。
④ 据估计，30 年代初，我国生丝每年消费量最多不过 2 万担，而同期人造丝进口数量却达 13 万担左右。转见李平生：《世界经济危机与中国蚕丝业》，《中国经济史研究》1989 年第 4 期。
⑤ 上海社会科学院经济研究所编：《刘鸿生企业史料》中册，上海人民出版社 1981 年版，第 56 页。
⑥ 1927 年纸进口值 3 980 万元，此后平稳上升，1931 年达到 7 074 万元的顶峰，次年显著下降，1936 年为 3 837 万元。在纸进口值中，1931 年以前日纸占 40% 左右，1932 年一度有所降低(《江西纸产之危机》，见《(江西)经济旬刊》第 2 卷第 4、5 期合刊，1934 年 2 月)，30 年代日纸倾销势头极猛，每令成本加关税为五元三四角，但售价仅 4 元，民族造纸工业承受了巨大的压力(管世楷：《日纸倾销与中国纸工业之前途》，见《新中华杂志》第 2 卷第 12 期，1934 年 6 月)。
⑦ 据《中国近代面粉工业史》53 页计算，1927—1936 年平均每年进口面粉 44 万关担，约合 1 200 万包，约占国内年销量 1 亿包的 12%，对民族面粉工业是个不小的压力。
⑧ 染料颜料的进口情况与纸张相似，1928 年 4 443 万元，此后呈上升趋势，1931 年达到 6 427 万元的顶峰。次年显著下降，1937 年 3 707 万元。

总起来说,这一年里,从进口商品侵占国内工农业产品市场这个角度来看,进口贸易对中国工农业生产的影响可以区分为 3 种情况。钢铁、石油制品的进口固然反映了中国经济的落后,但由于中国基本上没有钢铁石油工业,这种进口对民族工业没有压力。机器、糖、水泥、人造丝、毛纺织品、纸张、面粉、染料颜料等的进口对民族工业有不同程度的压力。大米、小麦、棉花的进口使中国农业受到沉重的打击,是导致 30 年代农业陷入深刻危机的重要因素之一,对整个国民经济的震动远远大于机器等的进口。

表 7　1928—1936 年 12 种主要出口货物所占出口总值比重①

单位:%

| 年　份 | 茶 | 丝 | 豆 | 豆饼 | 花生 | 棉花 | 棉纱 | 桐油 | 猪鬃 | 蛋 | 锡 | 钨砂 |
| --- | --- | --- | --- | --- | --- | --- | --- | --- | --- | --- | --- | --- |
| 1929～1931 | 3.6 | 12.1 | 14.8 | 5.5 | 2.2 | 2.9 | 2.5 | 2.7 | 1.1 | 5.0 | 0.8 | 0.3 |
| 1933 | 5.6 | 7.8 | 0.8 | * | 2.8 | 4.9 | 6.5 | 4.9 | 2.0 | 5.9 | 3.3 | 0.5 |
| 1934 | 6.7 | 4.5 | 1.3 | * | 2.2 | 2.8 | 5.8 | 4.9 | 2.8 | 5.6 | 2.6 | 1.1 |
| 1935 | 5.2 | 6.3 | 0.9 | * | 3.5 | 3.8 | 3.3 | 7.3 | 2.8 | 5.6 | 3.5 | 1.2 |
| 1936 | 4.4 | 5.2 | 1.1 | 0.3 | 1.6 | 1.7 | 10.3 | 3.5 | 5.9 | 3.8 | 1.3 | |

\* 不及 0.05。

1929 年资本主义世界经济危机爆发后,世界上最大的生丝消费国——美国②的生丝消费量逐年下降。③ 法国是当时第二生丝消费大国,它所消费的生丝以华丝为主。危机期间,法国丝织工业萎靡不振,对华丝的需要量大大减少。④ 纽约丝价大幅度下跌。⑤ 此外还有一系列不利于华丝出口的条件:1932 年、1933 年开始的银价上涨、各国高筑关税壁垒,⑥ 日本丝的强劲竞争,⑦ 人造丝的

---

① 严中平等编:《中国近代经济史统计资料选辑》,科学出版社 1955 年版。
② 《第一次世界大战以后,美国消费的生丝占全世界生丝产额的 85%》。见陈济元《华丝之国际市场》,载《国际贸易导报》第 2 卷第 9 号,1931 年 9 月。
③ 1929 年美国消费量为 619 747 担,此后逐步减少,1934 年为 461 706 担,见刘佐汉:《中国生丝业衰落原因之检讨》,载《东方杂志》第 32 卷第 15 号,1935 年 8 月。
④ 1934 年法国消纳华丝量较 1930 年减少 1/3,转见李平生:《世界经济危机与中国蚕丝业》。
⑤ 1928 年每磅值 5.03 美元,此后直线下降,1934 年只值 1.4 美元。转见李平生:《世界经济危机与中国蚕丝业》。
⑥ 原来生丝进口免税的美国,危机期间开始征收 25% 以上的蚕丝进口税。见高景岳:《无锡缫丝工业的发展和企业管理的演变》,载《中国社会经济史研究》1983 年第 1 期。
⑦ 1908 年日本出口生丝为中国出口生丝的 89.1%,1918 年为 194.4%,1928 年 305%,1931 年 412%,1934 年 938%,1936 年 801%。见张国辉:《甲午战后四十年中国现代缫丝工业的发展与不发展》,《中国经济史研究》1989 年第 1 期,附表 4。

迅速发展,①等等。中国生丝出口量急剧减少。1929 年,中国生丝出口曾达到自有生丝出口以来的最高峰,计 189 980 担,值 23 009 万元,在出口总值中占 14.5%。次年开始直线下降,1933 年只有 77 083 担,出口值 4 825 万元,在出口总值中占 7.8%;1934 年 54 531 担,出口值 2 352 万元,在出口总值中占 4.3%。1935 年以后略有回升。中国的生丝约有 70% 是供出口的。生丝出口剧减使缫丝工业受到沉重打击的情况,拙稿《1927—1937 年间的中国民族工业》已有所论列。生丝出口剧减使农村蚕桑业受到同样沉重的打击,茧产减少,苗价、桑价下降,桑田减少。20 年代蚕丝业鼎盛时期我国蚕茧产量(不包括柞蚕)每年在 350 万担左右,②1935 年下降到 140 余万担。③ 20 年代的茧价以每担 90 元计,④共值 31 500 万元。1935 年,茧价以每担 23 元⑤计,共值 3 220 万元。这就是说,农民由于生丝出口的剧减承受了将近 3 亿元的损失。写于 1932 年冬的茅盾的著名小说《春蚕》反映的就是这一严酷的历史事实。老通宝一家的悲剧是 30 年代生丝出口一落千丈的情况下江浙蚕桑区广大蚕农悲惨境遇的典型概括。

1929—1932 年,大豆出口值在出口总值中都占第一位。东北沦陷后,大豆出口值已微不足道,豆饼亦然。大豆历来是出口到日、德、苏的主要物资。1933 年,中国对上述三国出口贸易大幅度下降;中苏贸易中国历来是出超,1933 年以后变成了入超,这些都与大豆不再出口有密切关系。

19 世纪末,中国出口茶叶总额在各茶叶出口国中尚居首位,到 20 世纪 30 年代,下降到印度、锡兰、印尼之后而居于第 4 位。⑥ 在英国的茶叶消费量中,1865 年华茶占 97%,1886 年占 59%,1936 年下降到只占 1.8%。⑦ 1860 年,美国市场上中国茶叶占 96.41%,1900 年占 50%,1936 年只占 7.42%。⑧ 中国茶叶在

---

① 1928 年美国人造丝用量为 10 013 万磅,1933 年增加到 20 677 万磅,见刘佐汉:《中国生丝业衰落原因检讨》。
② 据日人调查,20 年代末中国蚕茧产量 366.2 万担,除去柞蚕茧,蚕茧约为 350 万担。见陈济元:《华丝之国际市场》。
③ 李平生:《世界经济危机与中国蚕丝业》。
④ 1926 年、1927 年江苏常、锡一带,每担茧价在 100 元以上。章有义:《中国近代农业史资料》第 2 辑,生活·读书·新知三联书店 1957 年版,第 190 页。常、锡一带以改良茧居多,其他地方的茧价不可能有这么高。通常以 90 元计。
⑤ 以章有义《中国近代农业史资料》第 3 辑第 623、625 页所列 1934 年苏州、嘉兴、吴兴改良种与土种茧价平均,得 22.5 元,此处以 23 元计。
⑥ 许道夫:《中国近代农业生产及贸易统计资料》,上海人民出版社 1983 年版,第 257 页。
⑦ 1865 年、1886 年数字见姚贤镐《中国近代对外贸易史资料》,第 1194 页。1936 年数字据许道夫《中国近代农业生产及贸易统计资料》,第 259 页表算出。
⑧ 许道夫:《中国近代农业生产及贸易统计资料》,第 260 页。

国际市场上地位的急剧下降,固然是由于锡兰、印度、日本(包括在它奴役下的台湾)等国的竞争,也是由于中国生产方法落后,苛捐杂税繁重,运输费用高,流通环节过多。1871—1873年,茶叶在出口总值中占52.7%,1920年跌至1.64%的最低点。此后有所回升。1929年出口量572 998公担,出口值6 427万元,在出口总值中占4.06%,成为一个新的高峰。进入1930年,出口量减少,价格也在下跌。① 1935年,出口值降至2 962万元的最低点。20年代末,中国绿茶即已运销摩洛哥。1932—1936年,销往摩洛哥的茶叶在茶叶出口值中居首位。销往苏联的在出口量中居首位,但销往苏联的绝大部分是质量较低的砖茶,所以在出口值中的地位远逊于摩洛哥。英、美、香港在出口值中也占有较大的比重。

农业生产也因茶叶出口的下降而受到打击。1929年以前茶圃面积为535万亩,1932年减至448万亩。② 但这种打击远不如蚕丝出口的下降那么严重。因为茶叶出口值即令在1929年的高峰也不过6 427万元,下降的幅度也没有生丝那么大。

花生和花生仁的出口顶峰在1931年,达4 356万元,1932年下降至3 026万元,此后降幅更大,直到1937年也未见明显回升。花生、花生仁绝大部分经青岛出口。③ 青岛花生出口的下降情况与全国完全相同。

中国桐油绝大部分出口到美国。④ 桐油出口经历过剧烈的起伏。1930年以前呈上升趋势。1931年开始下降,1932年出口量、值均跌至最低点,1933年价格跌至最低点。进入1935年,由于美国经济复苏势头高涨以及帝国主义扩军备战的需要,中国桐油供不应求,价格猛涨。1935年、1936年、1937年桐油在出口总值中均居第一位。出口量从74万公担,上升到87万公担,再升到103万公担,出口值从4 200万元、7 300万元,上升到9 000万元。

猪鬃的情况与桐油很相似。1930年、1931年出口值1 500万元。1932年略有下降。1934年开始回升,1936年达2 530万元。

出口的蛋类包括鲜蛋、制过蛋(皮蛋、糟蛋)、蛋产品(冰蛋、湿蛋、干蛋)。鲜

---

① 如汉口红茶,1931年每担最高价167元,1932年143元,1933年94元,1934年75元,1935年52元,1936年91元。见湖北省志贸易志编辑室编:《湖北近代经济贸易史料选辑》第2辑,第50页。
② 许涤新:《农村破产中的农民生计问题》,《东方杂志》第32卷第1号,1935年1月。
③ 1931年青岛出口值4 223万元,1935年1 210万元(交通部烟台港务管理处编:《近代山东沿海通商口岸贸易统计资料》,第156页),分别占全国出口值的96.95%和61.74%。
④ 1931年出口到美国的桐油占桐油出口量的63.55%,1932年61.76%,1933年70.51%,1934年62.86%,1935年66.59%。据沈真一:《二十四年我国重要商品之回顾》,载《中行月刊》第12卷第3期,1936年3月。

蛋和蛋产品,均以输往英国者居多。蛋产品出口始于1902年。第一次世界大战结束后,成为主要出口商品之一。1929年上升到第三位。1936年、1937年上升到仅次于桐油而居第二位。

中国的锡绝大部分用于出口。锡锭、锡块的输出量、值在1932年均跌至最低点。1933年即显著回升,价格也在上涨。钨砂是中国的宝贵资源,但国内连起码的加工能力都没有,全部用于出口。绝大部分经香港转口。如除去经香港转口者不计外,1931年以前出口到美国的最多,1932年以后出口到德国的最多。① 钨砂的出口量、值的最低点也在1932年。1933年后显著回升,价格也在上涨。这些都与帝国主义扩军备战的需要密切相关。

1929—1935年都是棉花进口量、值大于出口量值。出口棉花在全国棉产中约占7.5%左右(出口棉花以66万担计,皮棉产量以900万担计)。绝大部分运销日本。棉花出口量、值自1929年起下降,1934年跌至最低点,此后有所回升。中国的棉价受国际市场操纵。外棉的倾销压低了中国的棉价。中国的棉花是在极其不利的条件下出口的。

从1928年起,棉纱出口量超过了进口。② 1933年、1934年,棉纱出口值一度在出口总值中居第二位。棉纱是在中国出口的大宗商品中,唯一完全由近代工业生产的商品,但出口棉纱中,绝大部分是在华日厂的产品。民族资本纱厂生产的棉纱虽然在东南亚一带很受欢迎,但因缺乏起码的推销手段,在出口棉纱中所占比重甚小。③

对于出口商品结构,做以下几点说明:

首先,绝大部分是农产品、手工业品和其他初级原料。上面只谈到了桐油和豆饼这两种手工业品,其实出口商品中手工业品种应有很多,只是因为在出口总值中所占比重甚小,这里未曾谈到。作为一个整体,手工业品在出口贸易中地位很重要。在这10年里,它在出口贸易总值中的比重从1929年的25.5%平稳地上升到1937年的35.4%(桐油出口的增加是上升的重要原因)。④ 这种出口商品结构深刻地反映了中国经济的落后,是中国对外贸易长期处于极其不利地位的根本原因之一。

---

① 熊之孚:《中国钨矿之生产及其对外贸易》,《东方杂志》第33卷第5号,1936年3月。
② 郑友揆:《中国的对外贸易和工业发展》,第42页。
③ 单揆亚:《荷属东印度群岛与中国贸易之鸟瞰》,《国际贸易号报》第9卷第3号,1937年3月。
④ 彭泽益:《中国近代手工业史资料》第3卷,中华书局1962年版,第816页。

其次,1871—1873 年,茶叶在出口总值中占 52.7%,丝占 34.5%。1927—1937 年,没有哪一种商品能占有这么高的比重。大豆曾达到 16.37%(1929 年)、15.2%(1931 年),但很快就从出口贸易中消失了。桐油最高也只占到 10.72%(1937 年),金属、矿砂两者共计最高也只占到 12.23%(1937 年)。中国已经没有一种商品具有比较稳定的国际市场。这时中国商品在国际市场上还有一点垄断地位的,只有桐油和钨、锑等稀有金属了。中国出口商品大都是主销一两个国家,如桐油之于美国,棉花之于日本,茶叶之于摩纳哥、苏联,钨砂之于德国,蛋类之于英国,一旦这些国家稍加限制,土货立即有滞销的可能,往往被迫削价求售。这几年,不少商品出口呈现剧烈的升降起伏,首要的商品一再突然地从一个项目转变到另一个项目,这种情况使国内的农业生产者和农矿产品加工业者不得不作痛苦的调整,承受沉重的经济损失。①

最后,中国的大部分出口商品都经历了一个价格下跌和上升的过程,而大幅度下跌差不多都在 1932 年。棉花、桐油、钨、锑、生丝、茶叶等莫不如此。价格回升的时间各不相同,有的在 1933 年(如纯锡、纯锑),有的在 1934 年(如钨砂),有的在 1935 年(如桐油、生丝)。但大多数商品的价格都未恢复到 1930 的水平。除桐油、猪鬃、钨、锑等以外,大多数商品的出口值也未恢复到 1930 年的水平。由于出口价格显著下降,30 年代出口物量指数的下降幅度远远小于出口值的下降幅度,②中国要输出更多的货物才能获得以往同样多的收入。

## 三、白银流动与中国国际收支平衡

进出口贸易值是中国国际收支中最重要的项目。1928 1936 年间:在国际收入中,出口货值占 40%—70%;在国际支出中,进口货值占 64%—92%。③ 如何弥补 1927—1937 年间 50 亿元的入超额就成了平衡国际收支中的首要问题。

---

① 郑友揆:《中国的对外贸易和工业发展》,第 269 页。
② **1930—1936 年出口总值和出口物量指数**
(1929 年=100)

| 年　份 | 1930 | 1931 | 1932 | 1933 | 1934 | 1935 | 1936 |
|---|---|---|---|---|---|---|---|
| 出口总值指数 | 88.2 | 89.6 | 48.5 | 38.7 | 33.8 | 36.4 | 44.6 |
| 出口物量指数 | 87.9 | 91.5 | 67.6 | 83.6 | 79.5 | 84.9 | 84.2 |

注:出口物量指数,据孔敏《南开经济指数资料汇编》第 376 页算出。
③ 《中国近代经济史统计资料选辑》,第 86~88 页。

中国用来平衡国际收支逆差的主要收入不外乎侨汇、金、银、外国在华投资4项。1931年以前,银价下跌使得侨汇空前增加。1932年以后侨汇减少,1935年起,略有回升。1928年侨汇相当于贸易入超额的81.7%,1932年下降到37.7%,1935年75.7%,1936年135.7%。[1] 侨汇在平衡国际收支中无疑发挥了重要作用。中国是个沙金生产国,黄金在平衡国际收支中也有一定的作用。[2] 白银流动有时却呈现出与国际收支相矛盾的现象。例如,1865—1871年间,中国对外贸易一贯保持入超,但这几年,中国的白银也是入超。"何以全国对外贸易保持逆差,而白银又保持入超,是一个非常复杂而又缺乏可靠依据进行研究的问题。"[3] 在这10年里,也出现了白银流动与国际收支相矛盾的情况,其中最突出的是1932年。这一年入超86 700万元,侨汇、黄金出超两者共计28 001万关两,折43 626万元,只能弥补入超额的50%。可是,这一年白银却是入超2 429万元。[4] 那么,剩下的那部份贸易逆差是不是由于这一年帝国主义投资有很大增长而得到弥补了呢?不是。对于帝国主义投资在抵补中国贸易逆差中的作用,经济史学界是有分歧的。就算帝国主义投资在抵补中国贸易逆差中确实曾经发挥过作用,但到了30年代,这种情况也有了很大的变化。资本主义世界经济危机爆发后,帝国主义对外投资急剧下降,[5] 外人在华投资也显著减少。据估计,1920年外国在华投资(不计庚子赔款)为2 017.7百万美元,[6] 1930年3 314.6百万美元,[7] 年增长率5.09%。1931年东北沦陷后,30年代只能用外国在关内的投资做比较

---

[1] 郑友揆:《中国的对外贸易和工业发展》,第112页。
[2] 1928年黄金入超606万关两,1929年出超197万关两,1930年1 596万关两,1931年2 211万关两,1932年7 011万关两。见蔡玫通:《二十一年份之中国对外贸易》,《中行月刊》第6卷第1、2期合刊,1933年1、2月。
[3] 严中平主编:《中国近代经济史1927—1937》上册,人民出版社1989年版,第366页。有的学者对甲午战争前进出口值进行求证后,得出了甲午战争前中国对外贸易一直保持出超的结论(见《上海对外贸易》上册,第39页)。如果这个结论能够成立,这道难题就不难解决了。
[4] 蔡敬通:《二十一年份之中国对外贸易》。
[5] 1928—1935年英、美两国资本输出额:

单位:百万英镑;百万美元

| 年 份 | 1928 | 1929 | 1930 | 1931 | 1932 | 1933 | 1934 | 1935 |
|---|---|---|---|---|---|---|---|---|
| 英 | 105.5 | 87.2 | 97.1 | 47.6 | 25.8 | 34.5 | 31.4 | 15.4 |
| 美 | 1 319 | 758 | 1 009 | 254 | 26 | 0.1 | 0 | 0 |

见瓦尔加《世界经济危机(1845—1935)》,第349、357页。
[6] 许涤新、吴承明主编:《旧民主主义革命时期的中国资本主义》,人民出版社1990年版,第728页。
[7] 吴承明:《帝国主义在旧中国的投资》,人民出版社1956年版,第52页。

才能较准确地反映实际情况。1930年外国在关内投资2 753.4百万美元,①1936年增加到2 854.6百万美元,②6年内只增加1亿美元,年增长率只有0.6%,③远远低于20年代。1930—1936年,英国企业财产只增加了994万美元,美国增加了4 757万美元,德国减少了3 491万美元。④ 日本在关内的企业财产,据我们的计算,只增加了3 884万美元。1930—1936年间,区区1亿美元的外国投资远不足以弥补同期内中国累计达92 000万美元的贸易逆差是十分明显的。但是,30年代却有人提出了与事实相反的论断。"今日中国国际收支均衡的维持,是由本国银行代理全国消费者将现金送入在华的外商银行,以清偿其债务;外商银行收受此项现金后,并不运送国外,而是另行在国外吸收现金,以偿付债务。近读国内时论,群以中国现在既然处于国际收支的不利地位,现金势所必然要流出国外,在这里,我们可以知道,并非事实。"外商银行"就用这批钱,投资于中国市场"。⑤ 对于这种看法,当时就有学者表示了不同的意见,举的就是1932年的例子。1932年的巨额逆差究竟是如何弥补的?"若以之归入外人投资,深觉不当。盖1932年我国既未举借外债,是年外人投资于华又无特殊显著的新进展"。⑥ 总之,外人投资在弥补30年代的巨额贸易差方面所起的作用微乎其微,1932年巨额贸易逆差究竟是如何弥补的,暂时还无法做出合理解释。

在近代中国,白银在国内外流动的规律确有其特点。郑友揆先生在对白银流动规律进行深入研究后,认为"白银在国内及国外购买力在时间上和程度上的差异,这同其所引起的中国经济膨胀及萎缩的影响,是导致白银向中国流入或流出的主要原因",从而否定了白银流动是抵消中国对外贸易入超的一个因素。⑦ 1933年中国白银开始净出口,是年净出口额1 420万元。⑧ 1934年,受美国实施"白银法案"的影响,中国外流白银达35 616万元。1935年,在币制改革以前,白

---

① 吴承明:《帝国主义在旧中国的投资》,第52页。1930年日本直接企业投资的62.9%在东北(雷麦著,蒋学模、赵康节译:《外人在华投资》,商务印书馆1959年版,第380页)。据此,则日本企业财产89 216万美元中的56 117万美元在东北。从各国总计中减去此数即得各国在关内的资本数。
② 吴承明:《帝国主义在旧中国的投资》,第52页。从各国总计中减去日本在东北的企业财产132 423万美元(见同书,161页),即得此数。
③ 另据王丕烈:《国内白银之逆流与外流问题》(《银行周报》第18卷第42期,1934年10月),1928年外人在华投资为9 600万元,1929年17 000万元,1930年20 200万元,1933年剧减至3 000万元。
④ 吴承明:《帝国主义在旧中国的投资》,第52页。
⑤ 褚探弊:《中国国际收支的均衡问题》,《东方杂志》第31卷第8号,1935年4月。
⑥ 余捷琼:《论今后入超的动因及其弥补问题》,《工商半月刊》第7卷第10号,1935年5月。
⑦ 郑友揆:《中国的对外贸易和工业发展》,第107页。
⑧ 谢菊曾:《1935年上海白银风潮概述》,《历史研究》1965年第2期。

银外流规模也是很大的。1933年、1934年、1935年的白银外流有没有起抵消中国对外贸易入超的作用呢？与郑友揆先生的意见相反，30年代的人士对此是持肯定看法的。中国银行就是把1933—1936年的白银出口作为抵补国际收支逆差的重要手段。① 一位学者指出："大批现金外流的根本原因，仍造因于国际收入之不敷支出，这是我们不能不承认的。"他还指出："私运白银，有利可图。但其根本症结，则仍在国际收支之不利。尤以近年来入超额之持续增加，内地资金之流入上海，上海存银增加，即内地输出入不能平衡，不得不以现银输出相抵之明证。但此项存银，大部分流入外商银行，即不出口，亦不过由洋商暂时存储，借图投资厚利，实则已非复我有。迨银价高涨，输出有利可图，外流实势所必至。"这段话把地方进出口贸易入超、中国对外贸易入超、白银向上海集中、银价高涨、白银外流之间的关系说得很清楚，很值得注意。这位学者还举出1934年的例子，说明"白银出口之由于贸易入超，再没有比这更明显的了"。② 有的学者还针对白银外流与入超并无关系的说法，指出："中国国际收支若是长此不利，即使没有美国白银政策的发生，白银亦是要继生金而流出。"③

关于30年代白银外流的严重后果及其对民族工业的打击，笔者《1927—1937年间的中国民族工业》一文已有所论列，但是，该文把白银外流仅仅看成美国实施白银政策这一个因素的后果是不妥当的。在明确了30年代严重的贸易入超也是导致白银外流的因素之后，故应该指出30年代的贸易入超与1929—1933年间资本主义世界经济危机、美国白银政策一样，也是使民族工业陷入深刻危机的因素。但是，贸易入超不仅仅通过白银外流，也通过其他方面，如削弱人民群众购买力等使民族工业受到影响。30年代的一位学者曾经指出："国际贸易的长期入超，是今日财政金融以至于整个国民经济感受国际势力严重威胁的原因。入超无法弭平，则要望财政宽舒，金融安定，以至于国民经济的复原，恐为不可能之事。"④对于30年代严重的贸易入超对民族经济的破坏性影响是应该引起充分重视的。

（原文载《近代中国》第3辑，
作者：王方中，中国人民大学经济系教授）

---

① 参见严中平等编：《中国近代经济史统计资料选辑》，第86页。
② 千家驹：《论中国国际收支平衡》，《东方杂志》第34卷第13号，1937年7月。
③ 孔士谔：《入超与中国之利害》，《东方杂志》第32卷第18号，1935年9月。
④ 余捷琼：《论今后入超的动向及其弥补问题》。

# 1895—1927 年中国国内市场商品流通规模的扩大

沈祖炜

经过鸦片战争以来 50 多年的发展，1895—1927 年间，中国国内商业市场新的框架业已形成，商品流通的规模达到了新的水平。本文试图对其规模的扩大作一评估分析，俾能从中觇见近代国内市场商品流通的基本状况。

由于统计资料的缺乏，对近代中国国内市场上商品流通总量的测算存在很多困难，尤其是对于 1895—1927 年的商品流通规模，迄今尚未有人作过全面估计。笔者尝试在一些学者开创性研究的基础上，对该时期的国内市场商品总量提出一个估计数，然后分别从农产品的商品化和工业、手工业生产的发展来考察该时期社会生产为市场所提供的商品价值量的增长情况，并且从流通角度进行考察，分别以对外贸易以及国内邮政和交通运输业的发展来验证该时期商品流通规模的扩大。最后，再以棉纱、棉布和卷烟三项有代表性的商品为典型例子，来进一步论证商业市场规模的扩展。

## 一、对国内市场商品流通总量的估计

吴承明先生曾经估计，鸦片战争前夕国内商品流通总额约为 3.9 亿银两，合 5.5 亿元。其中长距离贩运贸易约占 20%，即 1.1 亿元左右。进入近代以后，可以反映长距离贩运贸易的有厘金、海关的出口贸易统计和土产国内贸易统计三种数字。但是厘金延续的时间不长，厘金率在各地颇不统一，且有不少偷漏、重复，因而难以为准。根据海关的两种统计做成的指数是相当接近的，出口商品往往先要经过国内埠际贸易，故两种统计均可反映国内商品流通情况。如果以海关的土产国内贸易统计为准，那么设定 1905 年的指数为 100，1910 年为 125，

1920年为250,1925年则为360。① 在19世纪七八十年代以前,土产贸易量的指数长期在30～40之间波动,我们不妨将鸦片战争以前的国内长距离贸易量指数的最高值定为30。据此把20世纪的指数还原为长距离贸易的价值量,那么土产贸易量在1905年当比鸦片战争前的国内长距离贩运贸易量多两倍以上,达3.3亿元,而1910年当为4.13亿元,1920年为8.25亿元,1925年为11.88亿元。

土产国内贸易统计只限于轮船运载的国内产品(一度包括民船),而由铁路、公路运载者均不入海关记录,②因此,把这项统计作为国内土产流通总额的数量依据,也是有问题的。不过,在苦无其他可靠资料的情况下,我们仍不妨以此为分析商品流通量的主要参考。如果把轮船以外的铁路、公路运载国产品的因素估计在内,那么国内长途贸易量应当有所增加。以上根据土产贸易量指数推算的各年长距离贸易量已经包含了这些因素,其数额大于海关的土产国内贸易统计值。

随着近代运输手段的改进和市场交易圈的扩大,长途贸易在国内贸易额中的比重会有所增加。估计近代土产长途贸易量在全国国产商品流通总额中的比重略高于鸦片战争前的20%,如果以25%计,那么国产商品即土产的全国流通总额当为:1905年13.2亿元,1910年16.5亿元,1920年33.0亿元,1925年47.52亿元。

进口商品几乎是全部进入国内市场的流通网络的。1905年进口商品值6.3亿元,1910年6.7亿元,1920年10.9亿元,1925年12.1亿元。土产全国流通总额和进口商品值两项小计,1905年为19.5亿元,1910年为23.22亿元,1920年为43.9亿元,1925年为59.62亿元。

据海关贸易报告,进口商品分类目录有棉制品、棉纱、棉花、粮食、面粉、糖、烟叶、纸、煤油、液体燃料、交通器材、化学染料及颜料、钢铁及其他金属品、机械和其他。其中在进入中国市场以后可用于进一步加工,成为中国"土货"的商品有棉花、棉纱、烟叶、化学染料及颜料等。这些可用作原料的商品在进口商品总值中所占百分比见表1。

根据表1估计,历年进口商品中原材料所占比重约为20%～30%。当这些进口原材料被国内工业和手工业加工以后,产品中大部分是在加工地本埠销售的,只有少部分进入长距离贸易,所以上述海关土产国内贸易统计中,只有一部

---

① 参见吴承明:《中国资本主义与国内市场》,中国社会科学出版社1985年版,第266～267页。
② 吴承明:《中国资本主义与国内市场》,中国社会科学出版社1985年版,第266页。

表 1　原材料占中国进口商品总值的百分比(%)

单位：%

| 年 份 | 棉 花 | 棉 纱 | 烟 叶 | 化学染料及颜料 | 钢铁及其他金属 | 煤 |
|---|---|---|---|---|---|---|
| 1900 |  | 14.3 | 0.5 |  | 4.7 | 3.1 |
| 1905 |  | 15.0 | 1.4 |  | 10.4 | 1.6 |
| 1913 | 0.5 | 12.7 | 2.9 | 5.6 | 5.3 | 1.7 |
| 1916 | 1.6 | 12.4 | 5.8 | 4.1 | 5.1 |  |
| 1920 | 2.4 | 10.6 | 4.7 | 6.4 | 8.3 |  |
| 1925 | 7.4 | 4.4 | 4.1 | 5.6 | 4.7 |  |

资料来源：《中国海关贸易报告》，见郑友揆：《中国的对外贸易和工业发展》，上海社会科学院出版社1984年版，第23、41页。

分进口原材料的价值被重复计算。[①] 考虑诸如此类的因素，我们设定进口商品值中10%会被海关的土产国内贸易统计所重复，从而土产国内流通总额和进口商品值的合计数当作适当调整。经调整后，其数额为：1905年18.87亿元，1910年22.95亿元，1920年42.81亿元，1925年58.41亿元。两项商品流通总量从1905年到1925年的20年间增长了将近2.1倍。

以上估算不是商品的最后销售价，因此基本上未包括国内近代交通运输业创造的价值，生产部门转让给商业、金融业的那一部分国民所得所体现的产品价值也未能反映出来。由于统计资料的缺乏，目前尚难得出一个精确的数据。笔者暂且以巫宝三《中国国民所得·1933》一书所提供的1933年的各项估计数为进一步分析的基础。据巫宝三估算，1933年交通运输业净所得9.22亿元，商业所得25.41亿元，金融业所得2.00亿元，合计36.63亿元[②]。估计1905—1933年间的年均国民生产总值增长率为5%[③]。在近代经济中，交通运输业、商业、金融业的所得水平的增长当高于国民生产总值的增长，即使它与整个国民生产总值同步增长，那么交通运输业净产值和商业、金融业的所得之和在1905年有15.26亿元，1910年有17.04

---

[①] 在海关土产国内贸易统计中除部分进口原材料的价值被再次计算，当土产作为原料时，在产品计价中，也会重复计算。笔者考虑到这个问题的复杂性，暂时存而不论，未将这部分因素剔除。
[②] 巫宝三：《中国国民所得·1933》，中华书局1936年版各章。
[③] 据章长基估算，1912—1949年中国近代工业的年均增长率是5.6%，其中1912—1920年为13.4%，1923—1936年为8.7%(John K. Chang Industrial Development in Pre-Communist China,芝加哥1969年版，第71页)。在农业为主的传统经济占主导地位的近代中国，国民生产总值的增长率当低于工业生产增长率。

亿元,1920 年有 22.16 亿元,1925 年有 26.16 亿元。将此值同上述经过调整的土产全国流通总额、进口商品值之和相加,得到一个粗略的估计数,即 1905 年国内市场商品流通总量为 34.13 亿元,1910 年为 39.99 亿元,1920 年为 64.97 亿元,1925 年为 84.75 亿元。杜恂诚曾参考巫宝三 1933 年国民所得数据,将 1933 年全国商品流通总量估算为 108.6 亿元①,同本文估算的结果基本上是互相吻合的。

应当承认,本文的估计数是粗线条的,为了使它具有学术上的参考价值,尚需作多角度的印证。

## 二、工农业生产和商业市场的发展

近代国内商业市场商品流通水平的提高,同国内工农业生产的发展是密切相关的。新兴的近代工业必须通过市场来采购原材料、推销产品,因此近代工业发展的状况,必然影响国内市场商品流通的规模。传统的农业、手工业中也有相当一部分属于商品生产,在近代市场发育的影响下,传统农业、手工业产品的商品化程度也有所提高,成为社会商品流通规模扩大的重要因素。

根据章长基对煤、铁矿、生铁、钢、锑、铜、金、汞、锡、钨、棉纱、棉布、水泥、原油 14 种工矿业产品价值所作的统计,我们可以大致看出 1912—1927 年间工业生产增长情况(见表 2)。1927 年,上述 14 种工矿业产品的价值已达 86.280 万元,是 1912 年的 568.38%。这一统计不包括东北和台湾。对于反映工业生产发展全貌而言,所列 14 种产品有一定的片面性,至少忽略了除棉布、棉纱以外的众多轻工业产品,而轻工业在近代中国工业发展中却是一个十分重要的方面。

表 2　14 种工矿业产品价值

单位:百万元

| 年　份 | 产　值 | 指　数 | 年　份 | 产　值 | 指　数 |
| --- | --- | --- | --- | --- | --- |
| 1912 | 151.8 | 100 | 1917 | 353.8 | 233.07 |
| 1913 | 198.8 | 130.96 | 1918 | 364.2 | 239.92 |
| 1914 | 261.1 | 172.00 | 1919 | 457.3 | 301.07 |
| 1915 | 294.3 | 193.87 | 1920 | 540.7 | 356.19 |
| 1916 | 315.7 | 207.97 | 1921 | 572.3 | 377.01 |

① 《中国经济史研究》1989 年第 4 期。

(续表)

| 年份 | 产值 | 指数 | 年份 | 产值 | 指数 |
|---|---|---|---|---|---|
| 1922 | 451.2 | 297.23 | 1925 | 720.1 | 474.37 |
| 1923 | 545.8 | 359.55 | 1926 | 745.9 | 491.37 |
| 1924 | 610.8 | 402.37 | 1927 | 862.8 | 568.38 |

资料来源：John K. Chang：Industrial Development ia Pre-Communist China,爱丁堡大学出版社 1969 年版,第 131 页。产值按 1925 年币值计算,I 指数原来以 1933 年为 100,现据本文内容以 1912 年为 100 重新计算。

巫宝三估计,1933 年中国的手工业生产占整个工业生产的 72％,而刘大中、叶孔嘉则估计占 67.5％。① 其差别之原因在于两者统计口径不一。在巫宝三的统计中,工厂是指雇工 30 人以上使用动力机器的企业,而在刘、叶的统计中,工厂指使用机器动力的企业,不论雇工多少。1895—1927 年间,手工业生产在整个工业中所占比重当比 1933 年高,参考对 1933 年的两种估计,则可以推断,1895—1927 年这一时期手工业生产所占比重当高于 70％。一般说来,手工业产品是进入市场交易活动的,即使在传统经济中,手工业产品也是商品交换的主要对象。由于外资不能在主要的沿海通商口岸之外设立工厂,中国资本的工厂也集中在一些通都大邑,因而散布于全国各地的手工业作坊、工场和家庭手工业,仍然是内地市场的主要供应者。

棉纺织业是近代工业中发展成绩最好的一个部门,但是手纺棉纱、手织棉布仍然长期占有很大比重。据研究,1905 年棉纱供应中手纺纱占 49.9％,进口纱占 38.6％,国产机制纱占 11.5％。其后国内棉纺业大有发展,但机制纱主要取代进口纱,对手纺纱的影响比较小。至 1919 年,手纺纱占 41.2％,进口纱占 22.0％,国产机制纱占 36.8％。在全国棉布产量中,1905 年手织棉布占 78.7％,到 1919 年仍占 65.5％。② 进入 20 年代,国产机制棉纱、棉布产量继续大幅度增长,对手纺棉纱的产量和比重逐渐产生影响,但是对手织棉布的影响却不明显。如上海地区农村的土布手工业具有悠久的传统,在洋布、机制布的竞争下仍然维持不衰。1920 年《申报》报道说,宝山县一带乡民木机所织"毛宝土布","向销广东、香港为多,如真茹全镇有广成、万成、协成、丰大、源记、丰成瀛记等八家,此项

---

① 刘大中、叶孔嘉：The Economy of Chinese Mainland,普林斯顿大学 1965 年版,第 69 页。
② Ruce L. Reynolds：Weft：the Technological Sanetuary Chinese Handspun Yarn.《清史研究》第 3 卷第 2 期(1974 年 12 月)。

布庄或收买后自运广东,或售与粤客装运往粤,全年亦有一百万元之谱"。①

手工丝织业是一个在近代工业竞争下明显衰落的行业,但是仍然长期维持一定的规模。据南京1922年的估计:"全城玄锻织机尚有三万架,依缎业为生者尚有八万余人,而每年出产亦尚能售得银四五百万两。"②

商业繁荣同各种手工业生产几乎是密不可分的。竹器的生产和销售就是一个极好的例子。在中国城乡,竹器作为生活用品和生产工具,应用十分广泛,竹器制作手工业和竹器的商业交换几乎渗透各地城乡。中国南方普遍产竹,竹器加工和交换是农村集市和城镇市场的重要活动,其中一部分还进入了长距离贸易。如"每年有价值数百万两的茶叶运销西藏,其包装用的就是竹筐,以适应山地崎岖道路上的颠簸",四川的许多城市如叙府、泸州、重庆等地,"所有街道都是为这种〔竹器〕贸易而设的","长江上常常可以看到大批竹筏","雅州也许是中国西部最大的竹器制作中心,大量的筏子从这里沿岷江和长江运往下游"。③

农业生产同商业市场的关系同样密切。在中国这样一个农业国,农产品的商品化程度,对商业市场的影响极为明显。1895—1927年是中国农产品商品化发展比较迅速的时期。根据卜凯20年代初对17个县所作的农家经济商品化程度调查,作平均计算,农户产品中自用部分为47.4%,出售部分为52.6%,而农家生活资料中自给部分占65.9%,而通过市场购买部分占34.1%。④ 农民对市场的依赖程度已相当高。根据吴承明对几种主要农产品的商品量和价值量的估计进行计算,1894—1919年的25年中,8种主要农产品的商品值增长了176%,其中粮食的商品量增长了41.4%,但价值量增长了175%;棉花商品量增长132%,商品值增长415%;大豆商品量增长188.5%,商品值增长597.5%。⑤ 中国农产品商品总值的增加,首先是粮食商品化程度的提高,因为粮食在8种农产商品价值中所占比重1894年为68.3%,1919年仍有68%。其次,各种经济作物的商品化也促进了农产商品价值总量的提高。大豆、棉花、烟叶等作物的商品化抵消了因国际市场形势变化而造成的茶叶、生丝商品量的相对减少。当然,对茶叶等在国际市场上的滞销而造成国内茶叶市场的呆滞估计不能过分,因为中国本身是

---

① 《申报》1920年5月11日。
② 王孝通:《中国商业》,世界书局1932年版,第287页。
③ 《北华捷报》1916年9月30日,第120卷,第691~692页。
④ 严中平:《中国近代经济史统计资料选辑》,科学出版社1955年版,第328页。
⑤ 吴承明:《中国资本主义的发展述略》,《中华学术论文集》,中华书局1981年版,第313页。

世界上最主要的茶叶消费国。正如《北华捷报》所说:"尽管在世界上丧失了很多市场,中国仍然是世界上最大的茶叶生产国,因为她自己消费的茶叶最多。"① 以北京为例:20年代初北京人口为400万,而平均每年消费的茶叶达370万～400万斤②。估计全国茶叶消费总量在2亿斤以上。中国茶叶出口最多的年份为1883—1888年,每年200余万担合2亿斤,③以后茶叶出口量逐步减少,但国内人口增长,茶叶消费量却有所扩大,在一定程度上弥补了出口的不足,维持了茶叶市场的规模。尽管茶叶的商品量从1894—1919年有所下降,而价值量却反而增加了14.6%。

由于工农业产品交换存在剪刀差,农民在出售农产品和购入生活、生产资料方面对市场的依赖程度是不一样的。

表3是1906—1926年农民在市场上出售产品和购买商品的不同价格指数。以1926年的物价为参照基准,那么从1906—1926年的20年中,农民出售商品的价格指数上升了61个百分点,购买商品的价格指数仅上升了29个百分点。也就是说,农产品价格上升幅度高于工业品价格的上升幅度。1906—1916年工业品价格偏低,1916年以后才以1906年为基数上涨,而农产品价格,除1912年、1924年指数比上一年各低一个百分点以及1917—1919年三年不变以外,大体上呈逐步上升趋势。农产品价格的稳步上升,刺激农民为市场生产,推动了农产品的商品化。工业品价格的相对低落和平稳,对于拓展工业品在农村的销售市场也起了作用。所以,该时期中国商业市场有较大幅度的扩展,从上述价格变动中也可以得到说明。

表3 农民买卖商品的价格指数

1926=100

| 年份 | 农民出售商品 | 农民购买商品 | 年份 | 农民出售商品 | 农民购买商品 |
| --- | --- | --- | --- | --- | --- |
| 1906 | 39 | 71 | 1911 | 56 | 61 |
| 1907 | 46 | 58 | 1912 | 55 | 65 |
| 1908 | 49 | 57 | 1913 | 58 | 65 |
| 1909 | 50 | 54 | 1914 | 59 | 64 |
| 1910 | 53 | 57 | 1915 | 61 | 68 |

---

① 《北华捷报》1916年8月12日,第119卷,第324页。
② 《中外经济周刊》1926年9月11日,第178号,第13页。
③ Hsiao Liang-lin: China's Foreign Trade Statistics, 1864—1949,哈佛大学出版社1974年版,第117页。

(续表)

| 年份 | 农民出售商品 | 农民购买商品 | 年份 | 农民出售商品 | 农民购买商品 |
|------|------|------|------|------|------|
| 1916 | 65 | 71 | 1922 | 92 | 91 |
| 1917 | 69 | 76 | 1923 | 98 | 95 |
| 1918 | 69 | 79 | 1924 | 97 | 101 |
| 1919 | 69 | 82 | 1925 | 102 | 101 |
| 1920 | 80 | 85 | 1926 | 100 | 100 |
| 1921 | 90 | 88 | | | |

资料来源：Buck, J. L. Land Utilization in China, 上海 1937 年版，第 319 页。

## 三、对外贸易对国内商业规模的影响

资本主义世界市场同中国国内市场的接轨主要通过进出口贸易。进口商品和出口商品在中国境内都必须经历一段流通过程。进出口商品在国内的流通是国内商业中十分重要的方面。因此，进出口额是衡量国内市场商业流通规模的一个重要指标。

先以中国进出口贸易五年平均额来作一分析。在甲午战争前后，中国进出口贸易额每年为 24 667.3 万美元，至 1927 年前后则增加为 138 564.7 万美元，大约是甲午战争前后的 5.6 倍。其中增长最快的是 1916—1920 年间，平均每年进出口贸易额为 131 503.5 万美元，比前五年的平均额 61 393 万美元增长了 114.2%。[1]

1895—1927 年的进出口贸易的价值均提升为原来的 500%～600%，但是这时期物价上涨的幅度也是较大的。以南开物量指数来判断，如以 1913 年的进出口物量指数为 100，1895 年则是进口为 5.8，出口为 66.3，到 1926 年进口的物量指数是 130.5，是 1895 年的 284.9%，1926 年出口物量指数是 141.1，是 1895 年的 212.8%。剔除物价上涨因素，实际进出口贸易量的增长要打很大的折扣。即使如此，仍比 1895 年翻了一番以上，市场上同外贸衔接的商品的实际流通量大大增加了。1926 年同 1895 年相比，进口物量指数的升幅大于出口物量指数的

---

[1] Nai-ruenn Chen: China's Balance Payments, 见侯继明、于宗先编：《现代中国经济史讨论会论文集》，台北 1979 年版，第 391 页。

升幅,进口商品的流通比出口商品的流通增长得更快。贸易率指数(即进口物价、出口物价)以 1913 年为 100,则 1985 年为 123.6,1926 年为 98.6。① 说明在普遍的物价上涨中农产品(出口商品中的主角)的价格上涨幅度比工业品(进口商品中的主角)更大。

以进出口为起点和终端的商品流通,其规模在 20 世纪最初 20 年中迅速扩大。进出口贸易对国内商业的推动,并不能以简单的算术等式计算。一方面,进口商品在国内的流通,往往要经过几个环节,几经转手才到达消费者手中,出口商品也要经过几个环节才能完成在中国境内的流通,最终运往国外,所以进出口商品在国内市场上的实际交易量当数倍于海关统计的进出口量。另一方面,同进出口贸易相联系的那部分国内商业具有示范效应,它会刺激传统商品的生产和消费,促进商品流通总量的增加。

既然外贸对国内市场流通的影响如此明显,那么外贸的地区性差异往往是国内商品流通地区性不平衡分布的反映。自 19 世纪 50 年代起,上海取代广州而成为全国外贸中心,于是全国商业物流也向上海汇集。1895—1906 年,上海在全国外贸总额中占有 50%以上,1907 年起这个比重有所下降,但是到 1927 年为止,基本上都占 40%以上。②

上海在进口方面的重要性更甚于出口。1895—1927 年的 33 年当中,上海在全国进口额中所占的比重大于在全国出口额中所占比重的年份有 23 年。尤其是 1906 年以前,上海在全国外贸总额中占 50%以上,主要归功于上海在进口方面的作用。上海众多的商业机构、同内地的广泛联系和多种多样的流通渠道,使上海向内地输出进口洋货的能力十分突出。

上海既执全国外贸之牛耳,在国内埠际商品流通中同样占有特殊地位。洋货经上海销往内地市场,土产经上海销往国外市场,其数额均大大超过上海本地消费的洋货和土产。进出上海的洋货、土产情况可见表 4。由表 4 可知上海充当了中国对内和对外贸易的两个辐射扇面的结合部。

---

① 天津南开经济研究所:《1936 年南开经济指数》,1937 年版,第 37~38 页。郑友揆:《中国的对外贸易和工业发展》,上海社会科学院出版社 1984 年版,第 334~337 页。
② 据海关贸易统计计算,进出口贸易总额上海占全国比重:1903 年为 52.8%,1897 年为 57.5%,1907 年为 47.7%,1922 年为 39.9%,1926 年为 48.2%。进出口值均为净值,剔除复出口额。Hsiao Liang-Lin: China's Foreign Trade Statistics 1864—1949,第 23~24、175~176 页。郑友揆:《中国的对外贸易和工业发展》,第 334~337 页。

表 4　洋货土产经上海销往国内外货值

单位：万海关两

| 年份 | 土产进入上海 | 土产转输外洋香港 | 1 | 洋货由外洋香港进入上海 | 洋货转输外埠 | % |
|---|---|---|---|---|---|---|
| 1895 | 4 852 | 1 782 | 36.7 | 6 625 | 5 051 | 76.2 |
| 1900 | 6 653 | 4 455 | 66.9 | 12 599 | 8 118 | 64.4 |
| 1910 | 17 650 | 11 216 | 64.0 | 19 829 | 13 802 | 69.6 |
| 1920 | 21 815 | 10 478 | 48.0 | 38 392 | 15 027 | 39.1 |

资料来源：据罗志如《统计表中之上海》1932 年版第 87 页数字计算编制。

货币流通量的增加同商品流通量的增加是同步发生的。美国学者郝延平估计，19 世纪末在中国流通的大约有 17 亿银元和 30 亿元银行、钱庄的票据，他认为，每年消耗的 5 000 万元的鸦片也常常被用来充当商品交换的媒介。[①] 进入 20 世纪，上海对外、对内贸易值都大为增加，因而出入上海的白银、银元的数量也相应增加。海关统计数字表明 1922—1925 年四年中上海进口的白银合计 22 000 万两，其中从美国进口 14 810 万两，从伦敦进口 5 490 万两，从印度、日本、香港进口 1 700 万两。除复出口印度、伦敦 70 万两以外，9 410 万两在上海熔化成流通用的银锭，11 920 万两运往南京、杭州和其他省份用于铸成银元。[②] 与此相平衡，各地又有大量银元运入上海用于向上海购货，上海也运出银元向其他口岸购货。1925 年，各地向上海购货运入上海的银元合计 9 369 万元，而从上海运出的银元则为 6 110 万元[③]。商业市场流通水平的提高从中可见一斑。

## 四、从邮政和运输业看商品流通

自 1861 年赫德在海关附设邮政业务，中国近代邮政就同商品流通息息相关。1911 年，邮政业务划归邮传部管辖，但列强在华均设有自己的邮局，邮政统计十分混乱。直到第一次世界大战后的华盛顿会议，英、法、日、美承认中国邮局的效率，同意放弃他们的在华邮局，中国邮政才得划一。[④] 据 1921 年的统计，1920 年全国

---

① 侯继明、于宗先编：《现代中国经济史讨论会论文集》，第 309 页。
② North China Trade Review, 1926 年 3 月 17 日，第 11 页。
③ North China Trade Review, 1926 年 3 月 17 日，第 11 页。
④ North China Trade Review, 1926 年 3 月 17 日，第 63 页。

邮政业务有了较大幅度的增长。表 5 是 1905—1920 年邮政业务的拓展情况。值得注意的是邮政包裹和汇款金额的增加，因为这两者都同商品流通的增加密切相关。经过邮局投寄的包裹重量从 1905 年的 110 万公斤增加到 1920 年的 2077 万公斤，几乎是原来的 200 倍。汇款金额则从 1905 年的 123 万元，增加到 1920 年的 5 892 万元，是原来的近 500 倍。按邮局规定，邮包重量即使是在不通轮船的地方 1916 年也从原来的每包 3 公斤提高到 5 公斤，1919 年又提高到 10 公斤，在轮船通航的地方，邮包重量还可提高。[1] 一些商人利用邮局开展邮购业务，沿海城市的西药、百货等行业对外埠发货充分利用了邮局提供的便利。中国邮政总局的报告说："在很大程度上，邮包投寄量是（内地）是否出乱子的可靠晴雨表，本地商人从中迅速预见到他们以邮寄方式进行交易的市场是否会关闭。云南日益恶化的交易环境，使流向该省的邮包有减少的趋势。"[2] 邮局收寄的"货到付款包裹"，是明显的商品流通，保价包裹和普通包裹中也有相当部分属于处在交易过程中的商品。

表 5　1905—1920 年邮政业务的扩展

| | | 邮件数（百万） | 包裹重量（公斤） | 汇款金额（元） | 机构数（个） | 邮递线路（里） |
|---|---|---|---|---|---|---|
| 1905 年 | 增加 | 3 | 111 259 | 478 758 | 307 | 20 000 |
| | 合计 | 23 | 1 103 403 | 1 231 266 | 1 626 | 121 000 |
| 1910 年 | 增加 | 76 | 2 151 727 | 4 048 734 | 3 731 | 166 000 |
| | 合计 | 99 | 3 255 130 | 5 280 000 | 5 357 | 287 000 |
| 1915 年 | 增加 | 111 | 4 658 999 | 67 068 000 | 3 151 | 123 000 |
| | 合计 | 210 | 7 904 129 | 11 986 800 | 8 510 | 410 000 |
| 1920 年 | 增加 | 190 | 12 872 008 | 46 936 800 | 1 959 | 65 000 |
| | 合计 | 400 | 20 776 137 | 58 923 600 | 10 469 | 475 000 |

资料来源：Report on the Chinese Post office, An Historical Survey Of the Quarter-Century (1896—1921)1921 年编印，第 13 页。

中国邮局报告曾对 1921 年全国邮寄包裹数量、价值和重量做过分省统计[3]。从各地投寄包裹的情况，也可以看出商品流通的地区性差别。

---

[1] Report On the Chinese Post Office, 第 11 页。
[2] Report On the Chinese Post Office, 第 76 页。
[3] Report on the Chinese Post Office, 第 116 页。因资料缺乏，该统计未包括西藏，也不包括日本占领下的台湾。

上海是投寄包裹最多的城市，重量达 375.3 万公斤，价值达 1 899.5 万元，分别占全国投寄包裹总量值的 16% 和 23.0%，其次是直隶（包括天津），包裹重量 303.8 万公斤，价值 810.3 万元，分别占全国总量值的 13% 和 10%。再次是广东，包裹重量 125.6 万公斤，价值 474.5 万元，分别占全国总量值的 5.4% 和 5.9%。邮寄包裹分省统计数基本上同各地商品经济发展不平衡的情况相吻合。上海、天津、广州、北京及南满、山东的邮包量值同其他内地省份形成强烈对照。江西、湖南、安徽、陕西、云南、贵州、广西和新疆等省，邮包投寄的数量和价值均处于很低的水平。十分有意思的是，上海投寄的邮包重量占全国总额的比重，同其价值占全国总额的比重差距很大，这一点说明上海寄出的邮包，多为价值高、重量轻的商品。

根据 1929 年、1921 年各省市邮政汇款统计，汇出款额大于汇入款额的地区有：北京、河南、陕西、甘肃、新疆、南满、北满、四川、湖北、江西、安徽、福建、广东、广西；汇入款额大于汇出款额的地区有：上海、江苏、浙江、直隶、山东。另外，湖南 1920 年汇出大于汇入，1921 年则汇入大于汇出，两年平均计算则出入正好相抵。贵州、云南两省 1920 年汇入大于汇出，1921 年汇出大于汇入，但总数都很小。[①] 上海等地汇入款额大于汇出，主要是内地各省向上海等沿海地区汇出的购货款比较多的缘故，而北京是个典型的消费城市，汇出款项的主要原因是向各地收购货物，其他内地诸省均表现为资金向沿海地区流动，而沿海地区的进口商品和国产工业品向内地市场流动，两者形成鲜明的逆向对流，表现出东西部经济发展的严重不平衡性。

运输业的发展对商品流通的促进作用是不言自明的。上海面粉工业在 20 世纪初迅速发展的原因之一，是上海"交通发达购销运输便利"，江淮流域特别是苏北一带的小麦，随长江、运河顺流而下，北方小麦由津浦、沪宁铁路直运上海。面粉销路南至厦门、汕头，北抵天津、营口，均有海轮通航。[②] 可见，交通运输业对从原料到产品的全部商品流通环节都有影响，运输业的发展状况往往直接反映商品流通的水平。

以近代新兴运输系统铁路货运水平为例，自 19 世纪末 20 世纪初铁路大量修筑以后，货运量大为增加。表 6 是 1916—1925 年每年的铁路货运延吨公里数。统计数字表明铁路货运量总的趋势是稳步增长的，其中制造品、矿产品、林产品的增长最为明显，而农产品积畜产品运输量的增长幅度不大。

---

① Report on the Chinese Post Office，第 117 页。这项统计包括本省本市范围内的汇入和汇出金额。
② 《中国近代面粉工业史》，中华书局 1989 年版，第 32 页。

表 6　铁路载运货种延吨量(1916—1925)

单位：万延吨公里

| 年份 | 总计 | 制造品 | 矿产品 | 农产品 | 林产品 | 畜牧产品 | 其他 |
| --- | --- | --- | --- | --- | --- | --- | --- |
| 1916 | 262 007 | 31 032 | 100 596 | 80 924 | 4 390 | 12 559 | 31 506 |
| 1917 | 276 684 | 32 727 | 107 235 | 88 617 | 5 420 | 9 899 | 32 786 |
| 1918 | 342 581 | 40 794 | 136 850 | 109 452 | 6 552 | 9 615 | 39 248 |
| 1919 | 386 310 | 43 381 | 170 495 | 101 285 | 7 983 | 10 304 | 52 898 |
| 1920 | 454 094 | 45 218 | 176 928 | 164 995 | 9 299 | 10 123 | 47 531 |
| 1921 | 470 994 | 45 453 | 188 400 | 149 583 | 10 745 | 9 120 | 67 693 |
| 1922 | 398 153 | 50 955 | 162 355 | 113 220 | 10 231 | 12 643 | 48 749 |
| 1923 | 513 674 | 60 002 | 258 223 | 120 159 | 14 354 | 14 269 | 46 667 |
| 1924 | 457 152 | 51 831 | 213 779 | 91 001 | 12 257 | 12 026 | 76 558 |
| 1925 | 411 132 | 49 924 | 142 166 | 85 936 | 11 954 | 10 484 | 110 668 |

资料来源：严中平：《中国近代经济史统计资料选辑》，第 212 页，交通部编《国有铁路会计统计报告》(1924、1925)。

注：其他项内包括政府，他路材料及本路材料数字。部分年份细数相加与总数不符，于其他项内增减之，以符总计。

对照前述农产品商品化程度提高的说法，铁路货运情况似乎与此有不符之处。这一点可以从商品运输结构方面加以解释。农产品价值较低，一般倾向于利用更为廉价的水运，故利用铁路运输的数量增长幅度不大，如上海城市数百万人口耗用的粮食，主要依靠长江和江南水网地区的水运。东北地区迅速发展起来的大豆种植业，其产品主要也是经辽河从营口等港海运输出。一些农产品的长途贩运，常常由铁路、轮船互相配合，而其中水运承担的份额较大。如天津运出的花生，在 1895 年以前数量极少，而铁路开通以后，华北地区的花生云集天津，"码头仓栈里花生堆积如山"，这些花生又由轮船公司经过长途海运，运往南方，主要是广州，用于榨油。[①] 因此，铁路负担短途运输，远远不能同轮船承担的长途运输相比，铁路运输农产品的延吨量相对较少。而且，农产品的商品化发展不一定表现为农产品的大规模长途贩运，大部分农产品是在当地的市镇交易，由当地人口消费的，大都市消耗的农产品也有相当部分须依靠市郊农业来满足。

轮船运输业的发展在很大程度上是轮船逐步取代传统的帆船运输的结果。

---

① 《北华捷报》1898 年 12 月 19 日，第 111 卷，第 1147 页。

但是从运输能力上看,水运的总体水平大大提高了。以川江航运业中轮船、帆船消长变化情况为例,表7说明了20世纪初轮船进入川江,逐步取代帆船的情况。川江航业中帆船在1895年多达2 117艘,计54 118吨,以后渐有增加;1914年帆船总吨位达94 782吨,但是自此以后逐步萎缩,1923年只剩246艘15 428吨,1924年、1925年减少更多,1926年以后竟然统计数字全无。究其原因,一方面固然是轮船业的竞争使帆船渐遭淘汰,另一方面,战争造成水路不靖也是原因之一。

表7 20世纪初轮船进入川江逐步取代帆船情况

| 年份 | 轮(艘) | 船(吨) | 帆(艘) | 船(吨) |
| --- | --- | --- | --- | --- |
| 1895 | — | — | 2 117只 | 54 118 |
| 1900 | | | 2 681 | 84 862 |
| 1905 | | | 2 513 | 81 126 |
| 1909 | 1 | 196 | 2 339 | 74 300 |
| 1910 | 31 | 6 076 | 2 027 | 79 605 |
| 1911 | 17 | 3 332 | 2 162 | 72 394 |
| 1912 | 25 | 4 900 | 2J14 | 74 861 |
| 1913 | 26 | 5 096 | 2 033 | 75 526 |
| 1914 | 90 | 25 447 | 2 073 | 94 782 |
| 1915 | 120 | 31 627 | 1 905 | 85 793 |
| 1916 | 53 | 16 374 | 1 685 | 90 855 |
| 1917 | 113 | 31 117 | 1 723 | 80 327 |
| 1918 | 43 | 8 694 | 1 362 | 60 996 |
| 1919 | 220 | 58 728 | 1 619 | 74 289 |
| 1920 | 295 | 75 386 | 863 | 40 757 |
| 1921 | 367 | 133 098 | 949 | 47 097 |
| 1922 | 639 | 279 009 | 441 | 22 810 |
| 1923 | 628 | 253 902 | 246 | 15 428 |
| 1924 | 858 | 339 210 | 1 | 469 |
| 1925 | 1 171 | 441 478 | — | 20 |
| 1926 | 1 091 | 393 376 | | |
| 1927 | 660 | 220 669 | | — |

资料来源:严中平主编:《中国近代经济史统计资料选辑》,科学出版社1955年版,第235页;中国银行经济研究室:《四川之航业》,《复兴月刊》第3卷第6、7期合刊,1935年3月。

与此相对照,川江轮船自 1909 年第一次统计为 1 艘 196 吨以后,增加十分迅速,到 1914 年已有 90 艘 25 447 吨,1921 年为 367 艘 133 098 吨,1923 年达到 628 艘 253 902 吨,1924 年 858 艘 339 210 吨,1925 年又猛增为 1 171 艘 441 478 吨。就全国情况而言,沿海、长江、珠江、松花江、黑龙江和乌苏里江上的国内航运轮船实力,就 1921 年来说,外国在华势力共拥有轮船 319 艘计 494 165 吨,中国的大中型轮船企业则拥有轮船 345 艘,计 310 713 吨。①

当然,轮船并不能完全取代帆船,甚至在沿海航线上帆船也长期维持着相当水平。温州 1911 年进港结关帆船数为 6 006 艘,总计 77 000 吨。1915 年增加到 13 502 艘,198 000 吨,分别是 1911 年的 225％和 257％。1919 年进港结关帆船 8 507 艘,计 218 000 吨;1924 年 6 162 艘 181 000 吨,1927 年 5 608 艘,181 000 吨。② 由此可知,进入 20 年代以后,进入温州港的帆船数目虽与 1911 年相近,但吨位却增加了一倍以上。营口进港结关的帆船吨位数更大。1920 年进港帆船 6 480 艘,390 000 吨,1922 年达 8 594 艘 530 000 吨,1925 年为 9 612 艘 540 000 吨。③

在一些内河小港,帆船运输更是不可偏废。巫宝三先生 1933 年统计全国帆船数目多达 988 000 余艘,其分布情况也颇有意思。在商品经济发达,并且内河轮船运输业发达的地区,帆船数目照样处于领先地位。如江苏有帆船 12 万艘,浙江有 12 万艘,广东有 10 万艘。相对来说,商品经济不如沿海发达,内河轮运业也比较落后的湖南、湖北,因为水网条件好,帆船数目也相当可观。④ 其他省份拥有的帆船数量比较少,特别是西北、西南诸省。这固然同各地的水运河道条件密切相关,但同样不可否认,同各地的商品流通的状况也有一定联系。

## 五、几种有代表性的商品:棉布、棉纱和卷烟的流通

棉布、棉纱和卷烟在近代中国是最具有大众消费色彩的商品,其流通量大、范围广。在通商口岸近代都市一端,它们是最有代表性的商品,在市场体系的另

---

① 樊百川:《中国轮船航运业的兴起》,四川人民出版社 1985 年版,第 597 页。另外,在航线远洋上外资拥船 7 艘。
② 《温州港航远条件》,《交通杂志》1935 年第 3 期。
③ Thomas G. Rawski: Econmic Growth in Prewar China,加州大学 1989 年版,第 206 页。
④ 巫宝三:《中国国民所得·1933 年》,上海 1947 年版,第 2 卷,第 181 页。

一端,即内地市镇和乡村,它们仍然是最有代表性的商品。因此,以此为代表,考察它们的流通情况,也可以从一个侧面看出 1895—1927 年国内商业市场的商品流通规模。

表 8 是根据海关统计计算的 1895—1927 年全国各口岸进口的原棉、棉纱和棉织品数量和价值的五年平均数。根据该表计算,1895—1927 年期末年均进口棉制品价值是期初的 228.2%,暂且不计物价因素,可以粗略地把进口棉制品的市场总销量估计为翻了一番多。如把物价上涨因素考虑在内,则增长幅度当估计为不到 100%。进一步分析表 8,则可以看到,原棉在期末年均进口值是期初的 38.4 倍,数量是期初的 14.3 倍,增幅极大。棉纱在期末的年均进口值反比期初减少,仅是期初的 75.7%,尽管在 1924 年以前一直是期初的 143%～177%。棉织品在期末的年均进口值是期初的 202.3%。由此可知,在进口棉制品市场扩大的过程中,是棉花销量的急剧扩大起了主要作用。

表 8 每年进口原棉和棉制品数量和价值(五年平均)

| 年 份 | 原棉数量价值<br>(千担)(千关两) | 棉纱数量价值<br>(千担)(千关两) | 棉织品价值<br>(千关两) | 总计价值<br>(千关两) |
| --- | --- | --- | --- | --- |
| 1895—1899 | 162.2<br>2 090.6 | 1 805.6<br>36 173.6 | 78 480.2 | 116 744.4 |
| 1900—1904 | 151.6<br>2 301.2 | 2 245.6<br>51 745.4 | 111 222.0 | 165 268.6 |
| 1905—1909 | 93<br>1 543.6 | 2 320.6<br>58 791.2 | 140 474.2 | 200 809.0 |
| 1910—1914 | 157.2<br>3 487.8 | 2 367.4<br>62 740.4 | 149 202.0 | 215 430.2 |
| 1915—1919 | 300.2<br>6 739.4 | 1 953.2<br>64 158.6 | 162 049.2 | 3 038 452.0 |
| 1920—1924 | 1 390.5<br>39 689.8 | 1 033.6<br>57 687.4 | 208 734.8 | 306 112.0 |
| 1925—1927 | 2 322.3<br>85 176.3 | 463.7<br>27 394.5 | 158 792.7 | 266 363.3 |

资料来源:根据 Hsiao Liang-Lin, China's Foreign Trade Statitics 1846—1949(哈佛大学出版社 1974 年版)所录海关统计数据计算。1925—1927 年为三年平均值,其他为五年平均值。

进口棉花销量的增加对市场扩展具有一系列的连锁效应。因为同进口棉花增加相对应的是国产机制棉纱和棉布以及使用机制纱的手织棉布的同步增加。据一位美国学者的研究,1905—1931年中国市场上棉纱、棉布的供应来源如表9所示。20世纪以后国内机制棉纱生产发展迅速,逐渐成为国内市场上主要的棉纱供应来源。国产机制棉布增加的趋势也相当明显。手纺纱在1919年尚维持在41.2%,而到1931年则下降为16.3%,其下降幅度相当大,手工织布长期维持着较高的百分比,直到1931年仍占60%以上。就全国市场上供应的棉纱、棉布的总量来说,也是有所增长的。棉纱总量1919年比1905年增加2.8%,1931年又比1919年增加31.4%。棉布总量1919年比1905年增加9.0%,1931年又比1919年增加7.4%。① 同供应结构的变化相比,总量的增长并不显著,但是供应结构的变化说明了中国棉纱、棉布市场体系的近代化和交易层次的提高。

表9 1905—1931年中国市场棉纱、棉布来源

单位:%

| 年 | 份 | 1905 | 1919 | 1931 |
|---|---|---|---|---|
| 棉 | 机制 | 11.5 | 36.8 | 90.9 |
| | 进口 | 38.6 | 22.0 | 7.1 |
| 纱 | 手织 | 49.9 | 41.2 | 16.3 |
| 棉 | 机制 | 1.1 | 5.8 | 28.2 |
| | 进口 | 20.2 | 28.7 | 10.2 |
| 布 | 手织 | 78.7 | 65.5 | 61.6 |

资料来源:RniceL. Reynolds:Weft:the Technological Sanctuary of Chinese Handspun Yarn,《清史研究》第3卷第2期,1974年12月。

作为棉纱、棉布市场体系近代化和交易层次提高的主要标志之一,是各新兴棉纺业城市向全国市场输出棉纱规模的扩大。据海关报告,1897年输出机制棉纱的城市仅上海、汉口、宁波三口岸,其数额分别为107 846包、7 281包、815包。② 刚刚兴起的国内棉纺工业,所产棉纱主要由当地织布业消费,向外埠市场

---

① Rruce L Reynolds:Weft:the Technological Sarc tuary of Chinese Handspun Yarn,《清史研究》,第3卷第2期,1974年12月。
② 《北华捷报》1898年7月4日,第111卷,第43页。

提供的商品量是极为有限的。到了 1926 年，国内埠际贸易中，棉纱的流通量就大大增加了。据上海商业储蓄银行调查部提供的统计数，1926 年，上海一口岸输出的机制棉纱为 2 294 149 担，加上苏州、汉口、胶州、大连、宁波、杭州和其他城市，进入埠际流通的机制棉纱总计 2 756 050 担。① 约为 1897 年的 40 倍。1926 年，上海输出棉纱占各埠输出总数的 83% 左右。直接从上海输入上海产棉纱的城市有芜湖、九江、汉口、镇江、宜昌、重庆、烟台、天津、威海卫、沙市、大连、安东、宁波、温州、福州、厦门、汕头、广州、牛庄、秦皇岛等。② 1926 年，上海生产的机制棉纱在相当程度上取代了进口棉纱。这样，棉纱的市场流通情况也有了突破。以前各埠或从上海等主要口岸转进口洋纱，或直接输入洋纱，现在则是上海生产的棉纱在上海同各城市间的埠际贸易中占了主导地位。

从商品量上分析，机制棉布总量的增长同样不能忽视，在章长基对 14 种工矿业产品产量的估计中，棉布产量的增长最为明显地说明市场覆盖面的迅速扩大。据章长基的估计数，1912 年棉布产量为 73.2 万匹（每匹 40 码），1926 年产量达 376.4 万匹，比 1912 年增加了 4 倍多。③ 这些机制棉布都进入市场，为棉布商业的发展提供了基础。

卷烟是 20 世纪才产生较广泛影响的新商品。1890 年，美国香烟首次进入中国，其后在外资烟草公司和华资烟草公司的积极推销和互相激烈竞争下，市场迅速扩大。据海关统计，有卷烟经销的口岸达 50 个之多，北起爱珲、哈尔滨、珲春，南至思茅、龙州、腾越。④ 中国的香烟消费量呈十分明显、十分迅速的递增趋势。1900 年，全国消费量为 0.3 亿支，1902 年即增为 1.25 亿支，1910 年 7.5 亿支，1912 年 9.7 亿支，1916 年 13 亿支，1920 年 25 亿支，1924 年 40 亿支，1928 年 87 亿支。⑤ 自 1900 年至 1928 年，29 年全国香烟消费量增加了 289 倍。同一时期，美国的香烟消费量从 2.5 亿支增加到 100 亿支，尽管增幅也很大，但尚不及中国。⑥ 实际消费量，中国的水平已经同美国接近。珀金斯估计，中国人口在

---

① 上海商业储蓄银行调查部编印：《上海之棉纱与纱业》，出版日期不详，第 28～29、43 页。
② 上海商业储蓄银行调查部编印：《上海之棉纱与纱业》，出版日期不详，第 28～29、43 页。
③ John K. Chang：Industral Development in Pre-Communist China，爱丁堡大学出版社 1969 年版，第 30 页。
④ China, Inspectrate General of Customs，Returns of Trade and Trade Reports，上海 1919 年版，第 1 卷，第 259～260 页。
⑤ Chinese Ecomic Bulletin，1925 年 6 月 13 日第 338 页；Chinese, Economic Journal, 1934 年版，第 14 卷第 1 期，第 91 页。
⑥ Sherman Cochran：Big Business in China：Sino-Engligh Rivalry * in the Ciagrette Industry, 1890—1930，哈佛大学出版社 1980 年版，第 234 页。

1893 年为 3.85 亿,1933 年为 5 亿,人均产值也比较稳定。① 高家龙认为,人口和人均收入的增加都不足以说明 20 世纪初香烟销路在中国迅速扩大的原因。卷烟销路的扩大首先同英美烟公司为代表的近代卷烟工业的发展有关,其次,同这些烟草公司在各地积极开展商业促销活动有关。中国人的消费习惯逐渐改变,改旱烟为卷烟,从而扩大了卷烟市场。②

卷烟销售量的地域分布,颇能说明商业市场在各地的发育水平。根据海关统计,1916 年,香烟在各地销售数量,按大区划分,如表 10 所示。长江下游浙江沿海区 8 口岸,其辐射范围主要是江浙两省和安徽之一部分,在全国广阔地域中所占比重很小,但是卷烟销量却占全国的 47.31%,而云南、东北等边远地区的卷烟市场发展相对滞迟,这既是交通不便之故,又是在内地传统经济结构下,旱烟消费仍占主导地位,卷烟尚未取代旱烟之故。广东、福建的卷烟销量也不如江浙,这同粤、闽两省商业水平低于江浙的情况是相称的。

表 10　卷烟销量的地域分布(1916 年)

| 地　　区 | 销售数量<br>(千枝) | 占总数<br>(%) | 价值<br>(海关两) | 占总数<br>(%) |
|---|---|---|---|---|
| 东北地区 11 口岸 | 1 046 773 | 14.46 | 3 678 418 | 12.99 |
| 华北地区 6 口岸 | 1 618 546 | 22.36 | 6 609 286 | 23.33 |
| 长江中上游 7 口岸 | 717 537 | 9.91 | 3 011 067 | 10.63 |
| 书:江下游及浙江沿海 8 口岸 | 3 281 502 | 45.34 | 13 399 520 | 47.31 |
| 福建广东广西 14 口岸 | 418 979 | 6.66 | 1 466 906 | 5.18 |
| 云南 4 口岸 | 90 757 | 1.2 | 160 476 | 0.57 |
| 总　计 | 7 237 094 | 100 | 28 325 673 | 100 |

资料来源:据 China, Inspectorate General of Customs' Returns of Trade and Trade Reports,上海 1919 年,第 1 卷,第 259～260 页所提供各口岸数据计算。Sherman Cochran 上引书第 227～228 页。

总之,棉纱、棉布和卷烟三项近代有代表性的商品流通情况明显地呈现三个梯级:第一级是以上海为主的外贸中心和近代工业中心,第二级是其他沿江沿海口岸城市和商业重镇,第三级是作为口岸城市腹地的内地城镇和乡村。市场发展的水平和商品流通的规模都按照这三个梯级排列,表现了近代中国国内市

---

① China's Modern Economy in Historcal Perspective,斯坦福大学 1975 年版,第 122～123 页。
② Sherman Coehran: Big Business in China,第 201～202 页。

场发育的不平衡性。这一点,是我们在肯定1895—1927年国内市场商品流通规模扩大的同时必须加以强调的。

(原文载《近代中国》第4辑,
作者:沈祖炜,上海社会科学院经济研究所副研究员、副所长)

# 《战前中国经济的增长》[①] 一书的导言

[美]托马斯·G.罗斯基著　蒋士驹译

本书研究的是中国在第二次世界大战前半个世纪中的经济增长。我把研究重点放在现代化部门的发展上,这里所说的现代化部门是指以外国模式的产品、原材料、工艺技术、机构制度等为基础而开展的各种经济活动。棉纺织工厂、铁路运输、轮船运输、西方式的商业银行等就是现代化经济活动的典型例子。战前中国的经济增长,尽管是在政治和经济都极不稳定的情况下实现的,却产生了可观的结果,其规模和影响足可与同时期其他一些快速增长的经济诸如日本等国的发展相比拟。

经济变化的影响远远超出了现代化银行和工厂云集的那些城市范围之外。老式与新式企业之间互补性强,这就意味着现代化部门的增长也加强了中国经济中由来已久的传统部门。以中国沿海城市为中心的现代化部门的创新,给该国广大居民的经济生活带来了不少改善,因而使全国居民的人均实际生产量和消费量的平均水平在第一次世界大战到1937年太平洋战争(中国抗日战争——编者注)爆发之间那段时期内有了相当大的提高。本书的目的就是试图描绘出中国战前经济增长及其结构变化的规模和限度,研究现代化部门与传统部门之间的关系,进而考虑战前这些事态发展对战后共产党领导下的这段时期内中国经济的形态有怎样的影响。

中国经济现代化增长的起源可以追溯到19世纪90年代,那时,导致新型经济格局的三大源泉——铁路和轮船运输、工厂工业和商业银行——开始有了一定的规模。这些创新所需的创业动力不同程度地来自中国政府、中国工商界人士和外国侨界。

战前中国的经济增长是从两个地域向外扩展开来的,这两个地域是,以上海

---

[①] 此书于1989年由美国加利福尼亚大学出版社出版。——《近代中国》编者注。

这一生气勃勃的大都市为中心的江南地区以及与现属辽宁省东南部的一些工业和交通中心诸如沈阳、鞍山、本溪、营口（牛庄）等联系起来的满洲地区。上海原是条约口岸之一，19世纪40年代迫于武力而对西方商业活动开埠通商的。位于中国国内商业主要大动脉长江出海口处的这一地理优势，使上海成为世界最大港口之一，甚至在19世纪条约规定下中国让出部分城市主权并随之而来的贸易和制造业扩展之前就早已如此。[1] 上海的商业和工业发展几乎全部掌握在私人业者手中，有中国业者也有外国业者。从一开始，这一大都市就利用它同传统经济部门之间的联系来取得其所需的投资资金以及原材料、劳动力和市场。

满洲是在私人创业精神和外国政府势力结合下发展起来的，外国政府势力最初来自俄国，1904—1905年日俄战争中俄国战败后转而来自日本。20世纪20年代和30年代期间，一个巨大的采矿和冶金企业联合体发展了起来，但始终是面向日本经济而不是面向中国经济的。与此同时，大片未开垦处女地的存在和中日政府经营下运输设施的扩充，吸引一批批移民从华北流来，推动了满洲农业经济的有力发展。

新型经济活动从江南和南满的各个中心城市沿着几条路线扩展开来。一些主要的贸易中心，原是为中国的出口商品或者为上海、大连或其他大城市中工厂需用的原材料起着集中收购点的作用的，也逐渐发展起它们自己的工业。它们同广大地区间的贸易联系也激发了运输、交通、金融等企业的成长。工厂的发展和交通运输网的深入延伸又引起了对电力公用事业、修理行业和其他各种辅助性设施新的大量需要，这样，到了20世纪20年代，诸如汉口、哈尔滨、长沙、昆明等中心城市相继兴起，尽管还远远落在上海、天津的后面，却也有了相当多一批很可以自豪的现代化经营活动了。在一些较次要的城市中也以较小的规模发生类似的变化。

工业化的向外扩张作用，也影响着主要经济增长中心的毗邻周围地区。这在上海附近的长江下游一带特别明显，这一地带原来就是有着商品化农业生产和手工业生产的长期历史的。由于有便于利用大都会提供的市场和资源的优越条件，整个江南地区逐渐发展成了熙熙攘攘的工业活动繁忙地带。随着愈来愈多的农村劳动力被吸收为现代化部门的雇员，诸如武进、无锡、宁波、常州等地空前密切地同上海的工商业经济结合起来。邻近其他一些现代化经济活动中心城

---

[1] 罗兹·墨菲（Rhoads murphey）：《上海：现代中国的钥匙》（坎布里奇，1953年），第58～59页。

市的周围腹地也发生着类似的情况,在中国内地是如此,在满洲也是如此,不过由于满洲最大的一些工矿金融企业的经营活动是面向日本经济的,在东北当地散布经济增长的作用不免有所减弱。

上述这些事态发展,在中国内地主要应归功于私人业者的孜孜经营,在满洲则大多是私人经营加上外国政府经营的共同结果;但除此之外,中国官府也鼓励、促进了新型经济活动的扩展。政府办企业,这一战后中国经济的主要特征,早在1937年前就已经出现了。具有改革思想的一些清政府官员努力发展兵工厂、轮船航运、铁路、矿山、棉纺织厂、钢铁厂、新式学校和其他各种各样的新型企事业,这些事迹由于许多历史文献记载而为人所熟知。1912年继清朝之后的民国时期,官办企业继续发展,特别是在运输业、重工业及银行业等方面。在南京统治的10年中(1928—1937),中央政府做了不少规划和努力来创办国营工业,扩大全国公路、铁路网和统一币制。① 官僚兴办企业的一个突出例子出现在内陆腹地山西省,1911年到1949年期间一直拥兵控制着该省的军人阎锡山主持实施一个发展纲领,其中包括新建铁路线、民用和军用工厂及银行等,甚至还为此制订了五年计划和十年计划。② 其他省的军人政权也支持过各种发展项目,试图借以增产一些军事上有用的东西或可以征税的商品,但只有山西省所作的努力能够给本地区的经济结构带来一些看得见的持久变化。

无论是私人企业家或是官方的企业家,在试图扩大现代化经济增长的范围使其超出于最初发展中心之外时,都遇到了不易克服的障碍。有一些制约条件限制着中国经济的增长,其中包括中国幅员过于广阔,传统经济模式的势力与顽强,政治上的不稳定与不统一,以及长长一连串对投资起着总的抑制作用的突发事件。

在任何一个国家或地域,经济增长总是某个地方先开始,不是处处同时开花的。经济发展势头总是从最初增长的中心逐步扩展开来,渐渐带动愈来愈大的一部分人口和生产单位。等到大多数经济行业主体进入了增长过程,经济发展才成为全国性的而不仅仅是地区性的了。诚然,就促成这一转变所需的人均资源而言,大国未必比小国少,但是大国人口多,因而有必要使为数更

---

① 国营工业的历史过去一直未受重视,现已由威廉·C.科比(William C. Kirby)作了详细记述,见其所著《国民党中国的"大跃进":1936年的工业发展三年计划》,《伊利诺大学亚洲研究论文集》第2卷(1983年)及《德国和民国时期的中国》(斯坦福,1984年)。
② 唐纳德·G.基林(Donald G. Gillin):《中国的第一个五年计划》,《亚洲研究杂志》第24卷第2期(1965年),及《山西军阀阎锡山,1911年—1949年》(普林斯顿,1967年),第9、10章。

多的人认识到新型经济的好处,这就可能成为减缓工业化扩展的一个因素,即使像中国那样一个在伦理观念、文化和语言上具有高度同质性的国家也仍不免如此。

许多历史记载证实现代化进程对目击者所产生的巨大影响。在小国,新工艺、新产品、新材料的第一手知识传播很快。例如,据 E.A.里格利调查,18 世纪英国成人人口中约有 1/6 有过伦敦生活的亲身体验。① 在明治时期的日本,人员流动性大,几个大城市周围又聚居着密集人口,对新型经济活动方式有过这一或那一方面直接知识的成人所占的百分比可能还要高。相比起来,中国人口很分散,好几亿人生活在远离经济革新中心的地区。据罗兹曼估计,19 世纪中期中国人口中住在 3 万或 3 万以上居民的城市中的不到 3%;施坚雅就 1893 年所作的类似估计也只有 4%。② 通商口岸城市(指对外国人定居和经商开放的城市)的人口只占城市人口总数的很小一部分。③ 对照一下日本的有关数字,1898 年日本有 13.2% 的人口住在两万人以上的城市中。④ 即使在今天,中国仍有大片大片边远地区的居民几乎完全没有进入现代化经济。在太平洋战争前的几十年中,中国的辽阔疆域和庞大人口成了阻碍其经济增长范围扩大的一大因素。

如果说无知是一个制约因素,使人们不能利用潜在机会把资源转移到新型活动上来以提高生产率,那么同样真实的是,中国传统经济的顽强竞争力也常常会延缓新产品和新方法的采用,即使人们对这些产品和方法已很了解。新的经营方法赢得了初步立足点之后,却往往会对原有老式企业起补充作用,使之有所加强。生产、金融、运输、贸易等活动的新老形式之间广泛存在着互补性,这就意味着,除非需求迅速扩大,新型企业只有把顾客从原有供应者手中抢过来才能在市场上兴旺发达。但要做到这一点往往是非常困难的。

一些当时发表的议论和事后写的追述,都对中国人天生不大肯接受外国事

---

① E.A.里格利(Wrigley):《1650—1750 年间伦敦在改变英国社会经济方面所起重要作用的简单模型》,《过去和现在》第 37 卷(1967 年)。
② 吉尔伯特·罗兹曼(Gilbert Rozman):《清代中国和德川时期日本的城市网》(普林斯顿,1973 年),第 60、272 页;G.威廉·施坚雅(G. William Skinner);《十九世纪中国的地区城市化》和《地方等级制中城市的地位》,载 G.威廉·施坚雅编:《晚清时代中国的城市》(斯坦福,1977 年),第 229、287 页。罗兹曼数字所属的大致时期是根据何柄棣《中国人口研究,1368—1953 年》(坎布里奇,1959 年)第 282 页推断的。
③ 1930 年时 22 个大城市人口的合计数为 1 430 万人,不到全中国总人口 5 亿~5.5 亿的 3%(参见墨菲《上海:现代中国的钥匙》,第 55 页及表 6.3)。
④ 《日本经济的百年统计资料》(东京,1966 年),第 14 页。

物的抗拒心理大事渲染。虽然这一观点不是完全没有一点真实核心,但有充分证据表明,在中国也像在其他地方一样,一般经济理论中所假设的那种追求经济收益的行为支配着人们对经济机会所作的反应。经过一段时期辩论之后(辩论中合理和不合理的论点交错混杂在一起,这种情况对关心核动力和当代其他新鲜事物的学者来说是司空见惯、不足为怪的),中国人很快就接受轮船、电报、铁路、银行、工厂和其他各种涉及许多外国工程技术和组织技术的新事物,始而乐于使用,继而对之进行投资。

有些新事物,如电报、百货公司、纵贯南北的铁路线等,其提供的服务是传统商家无法供应的。另一些新事物则面对原有老式企业的顽强竞争,要把这些老企业赶出市场往往非常困难。传统老企业竭力寻求官方的支持,但它们那些来自现代化部门的竞争对手在这方面所作的努力也是不弱的,这些竞争对手中有以强大外交和军事力量为后盾的外国人,也有路子很多的中国商人。虽然政治上的干预有时会起决定性作用,但更多的新旧竞争却是在市场上决一雌雄的,而在这里,传统经营方式的那种强劲的韧性不由不使人相信原有的经济模式还是很有力量的。

关于这种强大生命力的例子举不胜举。货运汽车和铁路面对来自帆船、独轮车、马拉货车等非机动运输工具的猛烈价格竞争。早期压榨机的大豆出油率比不过原有的手工炼油操做法。外国商人抱怨中国竞争对手似乎有本领把其经营毛利率无止境地压低下去。尽管有强大的外国银行,中国出口贸易仍少不了当地老式金融机构的合作。下面各章中将较详细地论述这类竞争的三个例子:手工棉纺织生产,钱庄亦即"土银行",和非机械化的水上运输业。在这三个方面,都是传统的老式经营在面对现代化对手无限制竞争的情况下能够存活下来,甚至还有所发展,直到第二次世界大战爆发。

为什么中国传统经济的几个重要部门在对付那些拥有现代技术的外国和本国竞争者方面取得如此引人注目的成功呢?为什么在这一点上中国显得同日本或印度不一样呢?要彻底研究这些问题,须得另写一本专著,但虽然如此,还是可以提出几个可能使中国经营者更易于抵挡住新型经济闯入的因素。

我首先要提到的是,中国在现代化之前就已有了经济的高度一体化。如果组成中国经济的只是些不相关联。基本上自给自足的农户或村落,其间只有起码的一点专业分工,则传统组织就决敌不过现代技术的成本优势。但情况不是这样,正如我下面要指出的,以每单位产品平均包含的货运工作量来衡量的国内贸易强度是很高的，在水上运输发达的商业地区尤其是如此。大规模的商品流通得到很完备的各种商业和金融机构的支持，这些机构具备充分条件，很能以降低成本和压缩毛利率为手段来在竞争中一决雌雄。

对19世纪时中国和日本的半封闭经济，外贸扩大所产生的影响截然不同。在日本，外贸的到来使其国内价格结构发生重大变动。进口的棉织品、铁和其他商品远比国产代用品便宜，从而很快就把这些国内产品赶出了市场。与此同时，一些生产者则由于茶叶、蚕丝等新的大宗出口品价格上涨而获利。这种"贸易条件"效应导致实际收入大幅度提高。① 可进口商品的国内生产急剧下降，而高额利润则引导资源流入新繁荣起来的出口部门，这样就促使资源作大规模重新配置。同时，进口商品取代国内传统手工艺品的迅速告捷，又为后来一浪接一浪的进口开辟了新的取代目标，始而在纺织业方面，继而是其他各种行业。

虽然关于中国19世纪时的外贸缺乏详细的研究资料，但看来外贸扩大的总的经济冲击不是很大。无论在贸易条件方面或在资源配置的格局方面，看来都没有戏剧性的变化，即使在最受进出口增长影响的地区也是如此。在中国，冲击造成的最初破坏以及后来因国际分工而使生产得以提高的机会，似乎都没有在日本那么大。结果，外贸的扩大在中国似乎并没有像在日本那样导致产业间资源的大规模转移。②

这一关于外贸的讨论引向一个涉及传统经济转变速度的更一般的问题。最近一些日本经济史的著作以人口、生产量、国内商业、金融机构和人均收入等的增长作为例子，强调德川时期（1600—1868）经济发展的劲头。③ 这些发展有许多属于17世纪和18世纪，包括乡村市场的形成和城乡间贸易联系的发展，在中国发生类似这样的变化要早得多。德川时期的日本被描绘成正在进行商品化，它所走向的商品化水平，在中国似乎早已成为典型的经济特征，不仅在清朝时期

---

① J.理查德·休伯(Richard Huber)，《1858年后日本进入世界商业对价格的影响》，《政治经济学杂志》第79卷第3期(1971年)。
② 1842年条约缔结后外贸从广州向上海转移所产生的地区性影响是这一断言的一个例外。除了对这两个城市周围地区的明显影响外，威廉·T.罗(Wilaliam T. Rowe)的研究还表明，湖南省经济地理布局上的一些重要变化也可归因于外贸路线的改变。
③ E.S.克劳库尔(Crawcour)：《德川传统》，载威廉·W.洛克伍德(William W. Lockwood)编：《日本的国家和经济企业》(普林斯顿，1965年)；E.S.克劳库尔与山村：《德川时期的货币制度：1767—1868年》，《经济发展与文化变迁》第18卷第4期(1970年)，第1部分；苏珊·B.汉利(Susan B.)Hanley 与山村：《德川时期经济史中一个不引人注目的转变》，《亚洲研究杂志》第30卷第2期(1971年)，以及《工业化前日本的经济和人口变化，1600—1868年》(普林斯顿，1977年)，威廉·B.豪泽(William B. Hauser)：《德川时期日本经济制度的变化：大阪和畿内的棉货交易》(坎布里奇，1974年)。

(1644—1911年),早在明朝时期(1368—1644年),甚至在宋朝时期(980—1260年)就已如此。

如果说德川时期达到的发展水平(不是说增长速度)类似于清朝时期的中国,那么两国在外贸到来以前国内变化速度的不同也许能说明为什么它们对新情况的反应不同。虽然历史学者常常强调日本惯于仿效外来事物的传统,但促使日本人易于接受新型经济的,也许并不是这一文化模仿的历史传统,而是不久前在应付较快变化方面积累起来的经验,而同他们处于类似时期的中国人则宁愿保持原来的经营方式,这些老式经营还往往因注入外来方法而得到加强,得以更有力地抗拒新型经济的侵袭。

中国国家政权的软弱在许多方面制约了经济增长的扩展。有些论者认为,政府的阻挠是经济现代化最主要的一个障碍,但这是把政府的力量过于夸大了。官方行动使私人创新延迟一些实现的情况往往有之,如中国第一条铁路由政府买下来拆毁掉就是一例,但这样的干预是偶发性的,也是暂时性的。在19世纪或20世纪早期,中国从未有过任何一个潜在能赚钱的行业仅仅因政府的反对而没有办起来的。①

有时听到这样的论点,说妨碍新企业创办的不是官方的阻挠,而是官方的过多参与,其官僚主义、裙带作风和贪污勒索使刚起步的新生企业不胜负担。这些问题当然是存在的,但没有令人信服的证据说贪污腐败行为在中国比在日本、美国以及其他地方更凶恶、更有害;在这些其他地方,经济进步同贪污和睦共处,并行不悖。

本书支持珀金斯的观点,认为政府无所作为的经济后果要比实际的政策抉择的影响严重得多。② 正如下面第一章中所列示的,政府的财政收入一直为数很小,而其财政开支则集中用于安全、行政、债务偿还等对经济增长很少有直接影响的方面。有几个重要的例外,包括日本人在满洲所作的半殖民性质的努力,国民政府资源委员会办的工矿企业,阎锡山在山西的一些项目,以及由中国政府经营但主要用对外发行债券的收入建造的国家铁路网等。除此之外,公家的投

---

① 德怀特·H.珀金斯(Dwight H. Perkins):《政府作为工业化的一个障碍:19世纪中国的实例》,《经济史杂志》第27卷第4期(1967年)。
② 珀金斯:《政府作为工业化的一个障碍》。一个重要的例外是1875年的一项政府决策:决定集中军事资海于维护中亚陆地边防的安全而不是加强针对欧洲和日本的海上防务。要不是这一战略失误,1894—1895年那次灾难性的中日战争也将永不会发生,即使发生,也可能得出不同的结局。参见徐中约 Immanuel C. Y. HSU:《中国1874年的大辩论:海防与塞防之争》,《哈佛大学亚洲研究杂志》第25卷(1964—1965)。

资很少对中国经济的大多数部门有什么影响,这情况直到1949年后才有所改变。

如果说政府缺乏直接参与经济增长所需的资金,那么政府为私营部门的发展创造合适环境的能力同样也是很有限的。直到20世纪30年代,国民党当局才着手采取一些同半个世纪前日本改革相仿的措施,而在此之前,政府行动可能提供的各种间接帮助和方便,诸如币制的统一、中央银行的调节、稳定少变的税收、社会公共设施的发展、对有前途而初创时未能立即赢利的企业提供补助、运用关税或补贴以支持国民经济发展的政策等,在中国经济中一概阙如。

1911年清皇朝崩溃后扰攘的数十年中,甚至连法律和秩序这种保障一国经济安宁最基本的政府服务也没有能提供给中国经济。虽然我在第一章中将指出历史学者往往夸大了所谓军阀时期政治骚乱的消极经济后果,但毫无疑问,变化无常的政治结盟和由此而来的军事冲突、货币混乱和交通破坏,给新办企业本就脆弱的前景增添了大量新的不确定因素,直接导致一些企业的失败。

只要列举1894—1895年中日战争起到1937年日军大举入侵止那段时期内中国经济所经受的几次重大冲击,就不难看出不确定因素的普遍存在。这些冲击包括:1900年义和团起事和外国干预远征军洗劫北京;1904—1905年主要在中国国土上作战的日俄冲突;1910年的橡胶风潮;1911年清皇朝被推翻和民国的建立;随之而来的军阀年代,各派军人为争夺国内控制权和国际承认而混战;第一次世界大战,给外贸有关的各经济部门带来机会也带来破坏;1920—1921年的华北饥荒;1926—1927年北伐,导致南京新国民政府的组成;1931年长江水灾;日本在东北设立殖民地政权满洲国,因此而使贸易、税收和国际收支遭到破坏;1932年日军侵袭上海;世界经济大萧条,严重影响中国国外市场,并使中国货币的国际价值发生剧烈波动。

这异乎寻常的一连串冲击,再加上任何一个农业经济都免不了的年景丰歉波动,其所产生的不确定性真达到了难以想象的水平。构成本书研究内容的,就是在上述这种情况下所实现的持续经济增长,它代表着企业精神面对逆境而取得的非凡胜利。

下面各章的任务,就是要表明中国的战前经济确实有了如此可观而又持续的发展,致使其实际生产总量能够在第一次世界大战到1937年的那段时期内以大约每年 2% 的年率递增，这也就意味着，20 世纪 30 年代初期各年中国的国民产品较之第一次世界大战时增大了 40%。这同一时期内人均实际产量提高了 1/5 以上。投资迅速增加，吸收了所增长产量的 1/4，再加上政府的花费，由于这两项开支，使个人消费落后于生产量的增长，但即使如此，从第一次世界大战到 30 年代，个人消费平均水平还是增加了近乎 1/10。

这些结论远不是显而易见的。历史学家常常把战前的几十年描绘成一个停滞或衰落的时期，认为经济增长和工艺技术上的变革只有在很个别的少数几个企业和局部地区中进行，对总的经济大局绝少有什么益处。有些经济学者认为，社会的僵化妨碍了私人投资。通过研究使我深信，上述这些看法不仅低估了现代化部门的规模和增长步伐，还忽视了新老型企业之间广泛存在着的，而且在大多数情况下起着相互补充加强作用的种种联系，从而在根本上误解了中国战前经济的性质。第一章是为探究这些问题作准备的，为此先着重论述一下现有的一些经济史研究时常误解中国战前经济基本特征的如下四个方面：外国影响所起的作用，国家介入的性质，军事活动的影响，以及市场的组织。

第二、第三和第四章研究的是，战前经济中创新活动集中的三个主要部门制造业、货币银行业和交通运输业的增长规模。第二章描述制造业总的增长情况，其增长之快，超过同时期的日本。从棉纺织业和火柴生产的实例研究中，可以清楚看到进口替代的强大劲头和新技术的迅速引入，看到各业、各地间的广泛联系，通过这种联系一个行业或一个地区的工业化激励、带动了其他行业或地区的发展。中国的币制和银行机构是第三章研究的内容。在这里我们看到战前转变得最彻底的一个经济部门，早在 1935 年政府的货币改革之前银行兑换券和银行存款就取代了银元、银锭和金条，成为全国流通货币的主要组成部分。这一货币结构改革主要是由新型的中国商业银行实现的，这种新型银行既同外国金融机构也同老式的钱庄（亦即"土银行"）保持着密切关系。各不同类型金融中介机构之间的广泛联系加强了整个金融体系，促进了经济一体化，也使钱庄得以兴旺发达。银行体系的迅速扩大和由此而来的币制转变，还使中国免于受到 30 年代世界经济大萧条最严重的危害。第四章说明新型运输工具和交通通讯的发展如何使中国经济许多领域中的交易成本得以降低。交易成本的降低导致了国内和国际贸易的大量增加，从而使中国经济的所有部门都得到好处，虽然政治和军事的不稳定使经济无法充分享受到交通运输方面这些创新的全部潜在效益。

第五、第六章从更广的视角来研究中国经济的增长。第五章集中谈投资。有些论著的作者认为,战前中国几乎没有什么投资可言。我们就 1903—1936 年那段时期内"现代导向的"固定资产投资编制了一个时间数列,对之进行了分析,就得出一套衡量现代化部门总的发展规模的数据。这些数据表明,确乎存在着一个投资高潮,其规模之大和步伐加速之快,足以与同时期日本经历的情况相比拟。对其他类型投资所作的较带推测性的估计帮助我们得出如下结论:战前的数十年中资本形成所占的比重在提高,到 1931—1936 年时固定资本形成毛额超过总产值的 10%。

第六章就中国战前经济增长所达到的广度及其所受到的限制都作了评价。大量来自多方面的证据指向这样一个结论,即中国战前经济在人均生产量和消费量方面经历着一个上升的趋势。这种变化并不局限于城市。有数据表明,付给农业劳动者的实际工资,正如付给那些从事于非农务劳动但其职业对农民也有吸引力的不熟练工人的实际工资一样,长期中都有相当大的增长。这说明,不仅在那些受技术变革和组织创新影响较直接的职业中收入有所增加,在农业部门中收入也同样有增加。也就是说,人均实际生产量的增加是全国性的而不是局限于几个部门、几个地区的,这一结论足以证实,现代化部门的发展确是具有强大的扩散作用的,那些在战前经济中处于支配地位的老式机构和老式经营方式也确是具有伸缩性和增长潜力的。

现在还不能确定人均产量是从什么时候起开始上升的,也许,达到雷诺兹称之为"内涵"增长阶段的这种转变发生在 19 世纪 90 年代(那时新技术的应用第一次达到了数量上不容忽视的规模),也就是说,在清皇朝(1644—1911)最末的十几年中除此之外的另一种结论也只能是,1912 年共和革命以后的年代中人均产量才开始上升,如果这样的话,那就是这一重要的转折发生在国际大萧条严重时期,那时"只有极少数几个国家"有幸处于"特殊环境下",才能作出类似上述那样的突出业绩。① 无论是哪一个结论,都只能加强人们从本书各章论述中会得出的经济势头强大的印象。

同日本作一对比,也得出同样的结论。没有人能怀疑日本在本世纪头 40 年取得的经济进步。本书中所作的分析则一再表明中国成就之大并不

---

① 劳埃德·G.雷诺兹(Lloyd G. Reynolds):《第三世界的经济增长,1850—1985 年》(纽黑文,1985 年),第 36 页。

同日本有多大差别。以 1914—1918 年作为基期，两国 1952 年的人均产量指数几乎完全相等。诚然，日本经济因美军轰炸而遭受过巨大物质损失，但 1895 年到 1950 年间政治、军事和币制的不稳定给中国经济带来的灾难很可能更为深重。

如果中国的执政者能够在稳定财产权、货币制度、社会公共设施等方面为私人业者提供一个如同日本明治时期执政者所创造的那种大环境，中国战前经济的进步可能会远远超出不具备这些条件下实际取得的可观成就。但事实是，一直到 1949 年中华人民共和国成立才出现一个较稳定的制度框架。中国经济随后发生的增长可以视作一个更长期的增长过程的第二阶段，该长期过程可一直追溯到 19 世纪后期。20 世纪 50 年代，随着币制的恢复稳定和运输、通讯等的重趋正常，中国才得以充分发挥战前早就具备而未曾好好利用的各种设施和技术的潜力，这样，生产就很快发展。90 年代中期以后中国经济的增长，固然是依靠了苏联技术装备的大量注入，似乎同战前几十年的市场经济离得很远，但其中还是存在着重要的连续性的。战前经济成就的长期影响将在最后一章中予以考虑。

本书的编写是从这样一个信念出发的：为要建立一个总的框架，俾使我们能对战前中国经济增长和经济停滞有关的各种问题获得较为深入的知识和理解，最有希望的一个途径是从数量研究上手。在中国这样一个大国，诸如产量、收入、投资、物价、税收、工资等的全国性或区域性趋势都是统计现象，其高低大小是不可能单凭个别一些人的陈述或见闻轶事之类的证据来推论臆测的。可靠的概括性论断都需要有本书所力求建立的那种统计基础。有些人也许会说，研究战前中国所需的可以收集到的数字资料远不是很理想的。这一点，本书作者完全同意，也不比任何人少了解这方面的不足。可是，有用的资料远比人们可能期望的多，其包括的范围和数字的质量，虽还有许多不尽如人意之处，但同人们在研究南北战争前的美国，18、19 世纪的欧洲，战前的日本或当代的第三世界国家时经常使用的那些资料比起来并不见得特别差。只有把历史资料彻底挖掘探究之后，才能知道数量研究会给我们带来多么大的收获。

本书作者在着手写下面各章时，力求遵循凯尔文的名言"凡是你还不能计量的，你对它的知识总还是贫乏的、不能令人满意的"，同时又力求不被弗兰克·奈特的那句气愤话所言中，奈特曾说，在社会科学研究中"凯尔文的这句格言在实践中往往被理解为'如果你无法计量,就不管怎样胡乱作点计量'"[1]！结果会如何,能否符合凯尔文的要求呢,还是更可能会引起奈特的气愤,那得留待读者来判断了。

(原文载《近代中国》第5辑,
作者:罗斯基,美国匹兹堡大学经济系教授;
译者:蒋士驹,上海社会科学院世界经济研究所教授)

译者注:本文第二自然段中写到"1937年太平洋战争爆发",原文如此,当指中国抗日战争爆发。

---

[1] 梅尔文·雷德(Melvin W. Reden):《芝加哥与经济学:永恒与变化》,《经济文献杂志》第20卷第1期(1982年):7;弗兰克 H.奈特(Fuank H. Knight):《论经济学的历史和方法》(芝加哥,1956年),第166页。奈特那句引语的出处是承雷德教授盛情提供的。

# 供给和需求变动与近代中国的市场模式

刘佛丁

从本质上看,市场关系是在某一历史时期和条件下,一个国家全部供给和需求的总和。这两者各自的变动趋势和它们相互之间的关系对市场的模式和经济的发展具有决定性的作用。

## 一、前近代化时期人口迅速增长对我国市场和经济发展的影响

1650—1850 年期间,中国人口由大约 125 000 000 人增加为 410 000 000 人,年率达 6‰,远远高于西方中世纪后期的增长速度。虽然这一时期在人口的压力下,我国的耕地扩大了一倍,由大约 6 亿亩增为 12 亿亩,但人均占有的耕地数却由 4.8 亩减少为不足 3 亩,下降了近 40%,出现了人地比例失调的现象。[①]

鸦片战争前的 200 年间,人口的迅速增加造成需求过快增长,某些地区人口资源已经过剩,但由于文化和制度的限制,我国向国外移民的数量不多,占当时中国全部人口的比重可谓微乎其微。作为一个农业社会,人们可以利用的自然资源主要是土地,而耕地面积却受到技术水平和政策的限制(如对东北地区的禁垦政策)而难以相应的扩大。这就迫使农民家庭不得不在土地不敷需要的情况下,将多余的劳动应用于家庭副业的生产以维持起码的生计,形成家庭农业与手工业相结合的生产模式,亦即经营的内卷化。这对于市场的扩大无疑是不利的,这种状况的不断循环往复,使其结合的程度不断加强,依靠社会内在的力量很难改变,只有在外来的强有力的冲击下,才能打破这种均衡。

一般说来,需求的扩大本应造成市场的扩大,但前近代化中国由于人口增长所

---

[①] 关于这一时期人口和耕地的估算,详见拙作《有关清代农业生产力发展水平的几个问题》,《南开经济研究所年刊》1984 年。

造成的需求的扩大,是一种自然的需求,并不能使市场的需求相应地扩大,因为人们有货币支付能力的需求,即有效的需求并没有成比例地增长。尽管如此,由于人口迅速增长毕竟使某些地区出现缺粮的现象,并对市场构成了压力。所以我国清代前期和中期粮食的流动主要是由产粮区运往缺粮区。诚然,一部分地区缺粮是由于农民转入专业化生产经济作物,或专门从事手工业生产,所以需要购入粮食,但多数地区是人口增长导致耕地不足,从事家庭副业生产并出卖副业产品换取粮食,从而形成了这一时期市场流通的基本模式。粮食和棉布的流动如是,丝、茶流动也可纳入上述模式,这就形成了前近代中国市场的狭隘性和长距离贸易的局限性。但生产力在进步,市场还是在缓慢地扩大,而资本主义生产却发展不起来。这种由需求决定的市场是一种为买而卖的市场。自然经济条件下的市场,行使的正是这样一种职能,其主动和发起的一方在需求,不在供给。而资本主义的市场是为卖而买的市场,是生产者即供给的一方在市场上处于主动和发起的地位。

以上是就农民小生产者私人的消费与投资而言。而地主通过收取地租和政府通过征税所取得的收入则成为我国传统市场上需求的另外一个方面,有时其对市场商品的流动和市场格局,尤其是长途贩运贸易的格局甚至有较前者更大的影响。在这种供需关系中,也是需求的一方处于主导的地位,供给其需要的农民和个体手工业者在市场上处于被支配的地位。由于皇室、贵族、官吏和士绅等居住于城市,这种来源于地租及其转化形式的需求,使农副产品由农村流向城市,也使各地的土特产品经过长途贩运由产地流向北京等政治中心城市,而没有或很少回流。

## 二、中国近代市场上供给的增加

鸦片战争后,由于外国资本主义的入侵,中国市场上的供求关系发生了重大的变化,其市场模式由需求决定供给向供给决定需求的方向转化。总的说来,进入近代社会以后,是供给的增加造成需求的扩大。首先是外国商品的输入创造了市场和需求,而刺激起来的需求使国内市场扩大,促使了中国近代工业的产生和发展,从而使供给进一步增加。另一方面,国内市场的扩大是由于出口土货的增加,这种需求的增长不是国内需求的增长,而是国外需求增长的结果。

中国步入近代社会后,其经济首要的和根本的变化是被迫对外开放和中国与世界市场关系的建立。开埠后,外国商品的输入逐步成为中国近代市场的主导力量。其对中国近代市场供求关系的影响,首先表现于供给因素的增长,而且这种供给的增长是机器大工业的产品,是一种与传统的农业和手工业不同的、具有新的性质的商品。这种商品的供给由于其生产力的性质具有迅速大量增长的可能性,据海关统计,1864 年我国进口净值为 46 210 000 海关两,1931 年进口最多时净值达到 1 433 489 000 海关两,增加为 1864 年的 31 倍。①

19 世纪 70 年代以后中国近代工业产生,1895 年后允许外国人在华设厂,形成 19 世纪末和 20 世纪初外国资本进入中国的热潮。这些都成为中国近代市场上供给增加的新的重要元素。它的产品与进口工业品具有相同的性质。在传统社会中人们所能够利用的自然资源主要就是土地,社会和市场的供给主要是依赖于土地的产出物,其他资源的利用则受到技术条件的限制,设备、技术的进口和国内机器大工业的发展,使在传统社会中许多不能被利用或不能广泛被利用的资源,尤其是矿业资源的被开发和应用。

供给的增长除了技术的因素外,还有制度的因素。在我国传统社会中,矿业资源的开采受到国家政策的限制,这些限制是在洋务运动开始以后才逐步废除的。东北地区的禁垦律令则是 20 世纪初年才彻底改变的,从而使关内的劳动力可以大规模移向关外,那里的土地资源得到利用。这造成中国近代化过程中不只是工业品的供给有较大的增长,农产品的供给也因耕地面积的扩大而增加。

表 1　中国国内生产总值(1887 年、1936 年)

1936 年币值/单位:亿元

| 年　份 | 农　业 | 工矿交通业 | 服务业 | 总　值 |
| --- | --- | --- | --- | --- |
| 1887 | 99.87 | 14.49 | 29.07 | 143.43 |
| 1936 | 166.41 | 40.06 | 51.51 | 257.98 |

资料来源:
① 1887 年的数字系根据张仲礼先生《中国绅士的收入》附录中的数字加以修正,修正的方法见刘佛丁等即将出版的《近代中国的经济发展》第一章附录 2。
② 1936 年数字系根据巫宝三《中国国民所得·1933 年》修正,载《社会科学杂志》第 9 卷第 2 期,1947 年。

由上表 1 可以看出,在中国近代经济发展比较正常的 19 世纪 80 年代至 20 世纪 30 年代期间(没有大规模的战乱破坏时期),总供给仍有相当的增长。1936 年与 1887 年相比,国内生产总值增加近 80%,尤其是工矿交通业有更快的增长,50 年间增加了 1.76 倍。

---

① 根据郑友揆《中国的对外贸易和工业发展》附录 2 中的数字计算。

## 三、有货币支付能力的需求不足

### 1. 人口增长速度减慢

由前述可知,1650—1850年期间中国人口以较快的速度增加,到19世纪中叶已经突破4亿。据《清文宗实录》卷24记载,1850年为414 698 899人(本文前面所用4亿1千万为概数),而该年世界的全部人口数据估计约为1 171 000 000人,中国人口所占比重超过35%。① 庞大的人口基数及其对土地造成压力,成为中国近代社会继承下来的一个沉重的历史包袱,这种状况是任何西方国家在开始近代化以及其后的发展过程中所不曾面临的。

1949年以后,据我国政府的估计,1949年年底,中国人口共计为541 670 000人②,比1850年增加126 971 601人,99年间仅增加了30%,年增长率仅为2.7‰。而同期(1850—1950)欧美和大洋洲地区的人口却由335 000 000人增至918 000 000人,增加了1.7倍还多,年增长率高达10‰。③日本在开始近代化以后人口也加速增长,1872年日本人口为34 940 000人,到1942年增至75 114 000人,70年间增加了1.15倍,年增长率为11‰。④

因此,1850—1949年期间,即在中国近代社会中,人口的增长速度低于前近代化时期1650—1850年的6‰,更低于同期欧美和日本等发达国家的10‰,或11‰。

中国近代由于人口增长速度较慢,因此需求增长的压力相对减轻,这与前近代化时期比较起来是一个重大变化。但是因为在近代化开始时已经形成了庞大的人口基数,所以在整个中国近代社会中人与地之间比例的失调和自然资源相对不足的矛盾始终存在,并成为实现国家工业化的重大难题。但如前所述,这种庞大的人口基数的实际需求并不等于市场上有货币支付能力的需求。

### 2. 投资需求在近代和传统部门增长的差别

中国从19世纪末期开始,由于近代生产部门的发展,投资需求较前近代化

---

① 库兹涅茨:《近代经济增长:速度、结构和扩展》(Simon Kumet S, Moden Economic Growth, Structure and Spread, p.38 Yale Univ. Press, 1966)。
② 《中国统计年鉴》,1984年,第5页。
③ 库兹涅茨:《近代经济增长:速度、结构和扩展》,第38页。
④ 大川一司:《1878年以来日本的经济增长率》(Kazushi Ohkawa, The Growth Rate of the Japanese Economy Since 1878, Kinokuniya Bookstore Co. LTD Tokyo Japan, 1957, pp.140~141)。

时期有所增加:

表 2 中国产业资本的增长

单位:万元

| 年　份 | 1894 | 1911/1914 | 1920 | 1936 | | 1947/1948 国统区, 1936 年币值 |
| --- | --- | --- | --- | --- | --- | --- |
| | | | | 关内 | 东北 | |
| 资本额 | 12 155 | 178 673 | 257 929 | 554 593 | 444 463 | 654 992 |

资料来源:吴承明:《中国近代资本集成和工农业及交通运输业产值的估计》,《中国经济史研究》1991 年第 4 期。

根据表 2 中的数字通过计算可以得知,1894—1947/1948 年期间,中国近代部门投资需求的增长率为 7.7%。1894—1936 年期间的增长率则为 9.5%(关内)。另据罗斯基的估计,中国近代方向的固定资本投资 1903 年为 7 600 万元,1936 年增加为 87 300 万元(关内),年增长率为 7.7%。①

由于没有各时期总需求和私人消费的变动数字,所以我们无法准确地比较投资需求与总需求、私人消费的增长速度。如果我们假定在一个长时期内,总供给和总需求基本相抵,而用总生产的数字(见表 1)与投资增长的速度相比较,那么似乎可以认为,投资需求的增长速度远远大于总需求的增长速度,自然也大于私人消费的增长速度。但这里所说的投资需求只限于近代方向的投资,实际上这部分投资在全部投资中的比重是有限的,到了 20 世纪 30 年代,其在全部国民生产中的比重不过只有 0.2%~0.3%,更大比重的投资需求还在传统的农业部门。而这一部门的投资尽管在近代化开始后比前近代化时期有所增长,但增长的速度刚远低于近代生产部门。据一些人认为罗斯基估计的数字颇高,中国农业中的固定资本投资在 1914/1918—1931/1936 年期间的增长率也只有 1.4%,低于他所估计的 1.8%~2.1%的农民收入的年增长率。②

3. 政府财政支出的扩大及其结构特征

西方国家在近代化过程中,政府需求(包括消费和投资需求两个方面)均呈明显增长的趋势。中国从 19 世纪后半叶起政府的财政开支也逐步扩大,过去每年大约 8 000 万两左右的财政收入已越来越感到不敷应用,到清朝末年其财政支出已增至 14 000 万两左右。③ 民国时期,北洋政府和南京政府的财政支出迅

---

① 罗斯基:《战前中国的经济增长》,唐巧天译,浙江大学出版社 2009 年版,第 245 页。
② 罗斯基:《战前中国的经济增长》,第 260、330 页。
③ 王业键:《中国帝国的土地税》,哈佛大学出版社 1973 年版,第 89 页。

速增加,到 1937 年达到 125 100 万元。① 清末和民国时期财政开支增加固然有对外赔款、偿债等非市场因素,但因兴办洋务、实业、银行、铁路和投资于其他公共设施(如城市中的道路、交通、水电、卫生、文化和教育等)的开支则扩大了市场上的有效需求,尤其是对生产资料的需求,有力地刺激了供给的扩大。而用于扩充军备和行政机构所增加的开支,对于经济发展的作用应根据不同情况作具体的分析,但其对供给增长的推动作用则是毋庸置疑的。最明显的是抗日战争时期,国民政府的军事开支促进了后方重化工业的迅速发展。

虽然在中国近代化过程中政府需求有明显扩大之势,到抗战前其在总需求中的比重占到 6% 左右,与同期西方国家相比已不算低,但因统计口径不同(西方均将私人投资与政府投资合并计算为投资需求,政府需求则只包括消费需求),所以需要对上述现象作进一步分析。实际上,中国近代政府需求的增长,主要是消费需求的增长。因为在历届政府的财政开支中用于经济和文化建设的投资比重不大。所以应当看到中国近代政府需求的结构与西方发达国家存在着不同,与私人收入的开支一样,国家财政开支中,消费需求所占的比重很高,投资需求所占的比例则明显低于西方发达国家。

4. 出口对总需求增长的有限作用

出口的增长所创造的需求是一种有效的需求,1864—1929 年间,我国的出口净值增加了近 21 倍,②对市场的扩大发挥了一定的作用。现代经济学将净出口纳入总需求的模型之中,但我国从 1877 年开始净出口就变成负值,而且在相当长一段时间内,出口创造的需求中有可观的一部分为鸦片输入所抵消,这种需求的扩大对中国自身经济的发展有害无利。

由于出口的中间环节过多使流通成本增加,洋行和买办为了在世界市场上能够出售其产品并取得最大限度的利润,采取的手段是尽力压低收购价格,复加以各级市场上中间商的层层剥削,最终受害的还是在基层市场上出售产品的农民和手工业者,他们的收入下降,减少了从出口产品中的获取的收益,从而使他们需求的增长受到限制。流通成本过高最后甚至导致某些中国传统的出口商品在世界市场上无立足之地,以致使从事该业的农民和手工业者生计全失,收入和需求能力下降自不待言。

---

① 杨格:《一九二七至一九三七年中国财政经济情况》,陈泽宪等译,中国社会科学出版社 1981 年版,第 489 页。
② 根据郑友揆《中国的对外贸易和工业发展》附录 2 中的数字计算。

以表 3 可以看出,1887—1936 年期间,我国人均国民收入只由 38 元增加为 51.51 元,50 年间增加了 36%,也就是说在中国近代经济发展较为正常的时期,人均收入的增长也是很缓慢的,收入的绝对水平是相当低下的。就是到了 1936 年,大约也只有西方发达国家开始工业化时人均实际收入的一半左右。这是造成中国近代总需求增长缓慢和总水平低下的根本原因。尤其是低收入阶层,虽然在中国近代化过程中他们的收入比高收入阶层有较快的增长,但他们实际消费水平的改善仍然有限。内地和偏远地区农村人民生活十分贫困,温饱问题尚未解决。因而对低收入阶层而言,他们的投资能力是很有限的。

表 3　中国人均国民收入(1887 年、1936 年)

1936 年币值

| 年　份 | 国民收入(亿元) | 人口数(千人) | 人均收入(元) |
| --- | --- | --- | --- |
| 1887 | 143.43 | 337.636 | 38.00 |
| 1936 | 257.98 | 500.789 | 51.51 |

资料来源:国民收入数字据表 1;人口数 1887 年据《光绪会典》,1936 年据章有义《近代中国人口和耕地的再估计》,《中国经济史研究》1991 年第 1 期。

## 四、近代中国的需求结构

西方发达国家在近代化过程中需求结构变化的一般规律是,私人消费的绝对值迅速增加(如欧洲各国在 1920—1970 年间私人消费平均增加了 3 倍),其在全部需求中的比重却下降了,而私人和政府的投资不但绝对值迅速增加,在总需求中的比重也迅速增加,同时政府开支中用于社会福利方面的数量也有明显的增长。比如英国 1860—1869 年期间其总需求的结构为私人消费占 83%,政府消费占 5.1%,资本形成占 11.9%,到 1905—1914 年期间,私人消费所占比例下降为 78.4%,政府消费和资本形成所占比例则分别增加为 7.1% 和 14.5%。同样的变化也发生在德国、意大利、瑞典等国。①

中国的情况则与西方国家不尽相同,其私人消费的增长速度虽然远低于西

---

① 库兹涅茨:《各国经济增长的数量方面——消费的份额和结构》,《经济发展和文化变化》1962 年第 10 期。

方,但在全部需求中始终保持着很高的比例,用于投资方面的开支,无论是城市还是农村虽然也在增长,而且近代方向的投资还有较快的增长。但这方面的支出在总需求中所占的比例则明显的低于发达国家。尤其是农村用于生产的投资增长有限,这样的需求结构只能造成经济的低速增长。但一般说来,低收入国家总是要有较大份额的需求是在私人消费方面,否则无法维持最低生活水平。此外,中国公共消费所占的比例是很低的,政府的需求也主要是私人消费的性质。

按照一般规律,资本主义市场的扩大主要是生产资料市场的扩大,关于这一问题列宁在《俄国资本主义的发展》一书中有详细论述。中国近代需求结构的特征显然是不利于市场迅速扩大的。

根据张仲礼先生的估算和笔者所作的修正,1887年仅占全部中国人口2%的最富有的绅士阶层的收入占全部国民收入的比例达21%。[1] 他们的收入如何应用,对中国市场的需求结构有着决定性的影响。

中国绅士有他们传统的生活标准,包括住房、穿着、饮食、社会生活和交往等各个方面。这种生活标准是维持他们名誉和声望所必需的,是他们权力和高贵地位的象征。他们挥金如土的生活方式,对社会上其他富有者都产生影响,成为许多人追求、效仿的目标。而这种效应对国民收入的剩余转化为储蓄,并投向生产领域是非常不利的。随着外国资本主义的入侵,中国的商品经济有了进一步发展,这种发展更加刺激了富有阶层的高消费。特别是对外贸易的扩大,西方各国的新奇消费品使中国市场变得五光十色,又使这些人对价格昂贵的舶来品产生了浓厚兴趣,获取这些高档消费品成为他们权力和地位的新象征。与日本先是通过出口传统工业产品,然后转换为出口近代工业产品,换回西方先进技术设备和国内所缺乏的原材料的对外贸易格局不同,中国先是出口传统手工业产品,其后不得不靠出口廉价的农产品和矿产品,换回来的主要是消费品和消费品原料。中国在总的经济水平提高很慢的情况下,一些大城市却迅速发展起来。上海在20世纪前中期号称东方第一大都会,其生活水准之高令很多西方游客瞠目结舌。大量中国富有的寄生阶级云集此地,过着豪华、奢侈的生活。他们的超前消费使国民收入剩余的相当一部分被挥霍。对于那些不曾到过中国农村,尤其是偏远地区农村的西方人来说,只通过沿海的几个大城市来看中国,无疑会认为其与当时发达的资本主义国家的生活并无不同。

---

[1] 刘佛丁等即将出版的《近代中国的经济发展》第三篇第一章。(该书由山东人民出版社1997年出版——编者注)

高收入阶层在开埠后加速向东南沿海的城市集中,使有货币支付能力的需求也向城市集中。到20世纪二三十年代,城市市场的繁荣与农村市场的不景气形成对照。中国在步入近代社会后,城市的消费结构有明显的变化,而农村的消费结构则基本上没有变化,这就使中国市场出现了明显的二元结构。1933年,中国农村消费中食品开支所占比重为59.8%,但城市人口的食品消费开支只占29.5%,全国平均为46.8%。

表4 中国的消费结构(1933年)

| 项　　目 | 农业人口(%) | 非农业人口(%) | 蒙藏地区(%) | 总计(%) |
|---|---|---|---|---|
| 食品 | 59.8 | 29.5 | 61.8 | 46.8 |
| 衣着 | 6.8 | 15.9 | 6.7 | 10.7 |
| 房租 | 3.8 | 11.3 | 4.0 | 7.0 |
| 燃料灯光 | 10.4 | 7.3 | 12.1 | 9.1 |
| 杂项 | 19.2 | 36.0 | 15.4 | 26.4 |

资料来源:巫宝三《中国国民所得·1933》,上册,中华书局1947年版,第171页。

从表4可以看出,1933年时中国经济比较发达的地区食品消费所占的比例已经相当的低,而衣着、住房和杂项开支(文化娱乐教育费用、交通费用、医疗费用,以及各种其他日用品等)所占的比例则超过60%。而经济落后地区的食品开支所占比重还相当大,衣着、住房和杂项开支所占的比例不到30%。

另外,从非农业区富有人家的消费比例更可以反映出他们生活的高消费水平。这些人家食品支出所占比例只占全部消费支出的15%左右,而华北地区城市中富有人家的衣着支出约占其全部消费的25%以上,已远远超出其用于食品的开支,其杂项开支则几乎占了全部支出的一半。① 了解当时中国富有人家生活的读者都知道,他们的食品支出所占的比例较低绝非节省所致。中国的饮食文化传统历来是"食不厌精,脍不厌细"的,终日宾客盈门、山珍海味的宴请已习以为常,但食品的开支就是在这种条件下仍然是有限度的,需求弹性和价格弹性都相对较小,而衣着和杂项开支的消费弹性较大,即可供挥霍的领域更加广泛。

消费结构和收入水平的关系,还可以通过农业人口的消费状况反映出来。

---

① 巫宝三:《中国国民所得·1933》上册,中华书局1947年版,第170页。

比较富裕的自耕农食品消费占全部支出的 50% 左右，而佃农则高达 63%；自耕农的衣着开支占全部开支的比例为 9%，而佃农只有 5%；自耕农的杂项开支占全部开支的 30%，而佃农杂项开支只占全部开支的 7%。[①]

## 五、国民收入剩余转化为投资的机制

经济起飞的基本条件是要在一个国家中创造一种机制，使国民收入的剩余习惯性地转化为生产投资，而不被浪费掉。美国经济学家沃尔特·罗斯托认为，一个国家经济起飞的前提条件是生产性投资要占国民收入的 10% 以上。为达到这一目标，必须增加储蓄。亚瑟·刘易斯 1954 年在《劳动力无限供给条件下的经济发展》一文中认为，经济发展的中心事实是迅速的资本积累。其后在《经济增长理论》一书中明确指出，经济增长理论的中心问题是要了解一个社会从 5% 的储蓄者（投资者）转变为 12% 的储蓄者（投资者）的过程，及伴随这个转变，人们在态度、制度及技术等方面的变化。

在一个国家里，国民收入剩余转入生产部门的可能性是经济发展的一个决定性因素。但就其本身性质而言，在自由市场经济机制下，这种转化并不能十分有效地进行，因而需要政府用这样或那样的手段加以干预。与供求型的关系不同，这是一种强制的收入转化过程，而国家财政在这种转化机制中具有十分重要的作用。

旧中国总需求的一个特征是在于缺乏一种机制使民间的私人财产转化为支持工业化的现代社会资本。国民收入的剩余投向捐官、买地和过度消费等领域，生产性支出比例低下而且增长缓慢。无论是清政府，还是后来的北洋政府和南京政府都没有在需求结构的调整方面发挥应有的作用。

其实，在大多数不发达国家开始实行近代化以前或以后，农业中都程度不等地存在着剩余，中国尤其是如此。这是由于中国在中世纪后期农业生产已缓慢地发展到一个较高的水平。近代化后，虽然农业劳动生产率几乎没有什么增长，但每年的剩余仍然是可观的。而且由于在中国和其他很多不发达国家的收入分配较之发达国家更为不平等（地租率一般超过 50%），所以国民收入的剩余更多地集中在少数人手中，如果向工业投资转化，自有其便利之处。

---

① 巫宝三：《中国国民所得·1933》上册，中华书局 1947 年版，第 170 页。

1887年,中国最富有的绅士阶层收入为白银671 350 000两,该年的全部国民收入为白银3 202 265 000两①,平均每人为8.48两,如果以这个平均数作为绅士阶层的消费标准,其家庭全年消费额为63 600 000两。可有节余607 750 000两,相当于该年国民收入的19%,是十分可观的数字。

那么这一笔庞大的收入到哪里去了呢?笔者在前面已经说明,当时中国最富有的绅士阶层其收入大部分系用于高标准的消费。还有一部分则按照中国传统的习惯用来购买黄金、珠宝、文物等储藏起来。直到19世纪末中国尚没有建立起自己的近代金融系统,资本市场的不发达,阻碍了积累起来的个人财富转化为投资。

绅士收入的另一部分用来投资于地方和家族的各种事业,不仅他们自己这样做,而且还运用他们的地位和影响,经常是在带有某种强制的形式下,要其他有钱人(一般地主和商人)也来资助这些事业。而他们本人则利用主持者的权力从中渔利,捞取财富,名利双收。这些事业中的一部分具有生产投资的性质,如水利灌溉工程和道路桥梁的兴建和维修,有利于农业生产的发展和商品的流通。学校的兴建和修缮有助于改善劳动力的素质。但这些投资在绅士收入中所占的比重有限。

中国传统社会长期以来的一个基本特征是政治权力转化为财产。历代王朝的最富有阶层都是以皇室和官绅为主体的。他们凭借统治地位和权势,以合法和非法手段聚敛大量的财富,当传统社会进入后期阶段,卖官鬻爵的制度出现以后,一些手中握有货币资本的世俗商人和地主往往通过捐款纳税的途径进入特权阶层的行列,以图利用获取的政治权力榨取更多的财富。19世纪末期,这仍然是中国国民收入剩余运用的一条重要途径。这笔钱或为皇室所挥霍,或经由国家财政转为对外国的赔款和偿债,或用于不断增长的行政、军事开支,这些均与资本的积累无关。少量用于兴办洋务,但份额很小。

由于土地税的负担很轻,随着农产品价格的上涨,地主阶级的地租在土地收入中所占的份额越来越大。所以占有更多的土地以收取地租变得十分有利。货币持有者因此而争相购买土地,导致从19世纪80年代起,特别是20世纪初年以后,土地价格猛烈上涨。据巫宝三的估算,1933年的农业净产值中,工薪收入只占38.5%,而地租和利息收入所占的比例竟高达61.5%,远远高于制造业等近

---

① 绅士收入数的估算见《近代中国的经济发展》第三编第一章"国民收入数的估算",见该书第一编第一章附录2。

代部门中利润和利息收入所占的比例。① 这就造成国民收入剩余中相当大的一部分沉淀在土地之中,而不可能投资于近代工业生产。

总的看来,中国步入近代社会后,市场的供求关系发生了变化,由于供给的因素比需求的因素有更快的增长,所以传统社会后期那种总需求的增长大于总供给增长,由需求拉动和压迫所形成的市场和经济发展的模式有所改变。生产增长的速度虽然低于西方国家,但市场上却出现了有效需求不足和供给相对过剩的局面。如同大多数资本主义国家一样,旧中国的市场基本上是买方的市场。19世纪末和20世纪早期我国内地各关一直是入超,说明市场的狭小,有效需求不足,供给大于需求。

(原文载《近代中国》第6辑,
作者:刘佛丁,天津南开大学经济研究所教授)

---

① 巫宝三:《中国国民所得·1933》上册,中华书局1947年版,第17页。

# 试论华盛纺织总厂

徐元基

## 一、创建过程的几点补正

关于华盛纺织总厂创建的论著不多,但有些评论分歧,有些问题或阙疑或讹误,爰作几点补正,以供参考。

晚清建立起来的少数几家新式工矿交通单位,都经历一番艰辛。

纺织厂最为偃蹇困厄。筹建10余年,整顿多次的上海机器织布局,刚刚"出布渐多,市廛乐于购运,其行销南北各处者骎骎乎有层累益上之势"①,突然于1893年10月19日在清花间冒出星星之火,竟将拥有35 000纱锭、530台布机②和配套设备的大厂化为灰烬。

李鸿章闻讯后即派员会查。为了抓住有利时机,又派天津海关道盛宣怀赴沪,结束前局,截清界限,分筹资本,规复扩充。

论者对盛宣怀《规复机器织布局禀稿》③提出并经李鸿章批准的织布局烬余资产摊派章程的评价不同。

其实,这份摊派章程一反官府惯例,不是先偿还官款,而是按照商股及奉饬的存款摊派,正好适应了规模扩充的需要。时论给予较佳评说:"盛观察拟将烬余之物公同估价,先尽商股摊分,官款则俟日后出纱时陆续归缴,是观察之顺商情也。"④他们的扩充推广机器纺织计划,限定的纱锭(40万)和布机(5千)数瞄

---

① 《论中国必当振兴纺织》,《申报》1893年11月10日。
② 纱锭和布机数,据《申报》1893年10月20日。严中平《中国棉纺织史稿》(科学出版社1955年版,第104页),据徐蔚南《上海织布局的始末》,收于《上海研究资料续集》(上海书店1984年影印,第307页),以及许涤新、吴承明主编:《中国资本主义发展史》第二卷(人民出版社1990年版,第416页),所载数字也与此相同,《上海近代经济史》第一卷,第618页。另据《北华捷报》载,布机500台、纱锭25 000枚,似乎不确切。
③ 载《申报》1893年12月21日,又载《益闻录》光绪十九年十一月二十日。转载《新辑时务汇通》卷八十三商务门,以及《洋务运动》(七),上海人民出版社1961年版,第491～493页。
④ 《论规复布局当顺商情》,《申报》1893年12月29日。

准进口纱布数量,似亦未可厚非。但"十年之内不准续添,俾免壅滞"①的指导思想仍未脱出封建行会思想范畴,难怪商人对这类思想每多指摘。

华盛纺织总厂是盛宣怀直接筹建的。有的论著说"招股情况未详"②。盛宣怀确定集股 80 万两,大体如下:织布局烬余资产估价入股(新旧商股 554 900 两＋存款 100 000 两＝654 900 两×20％)13 万余两;仁济和保险公司 32 万两;③上海、宁波、苏州绅商(包括上海洋货公所所属各行认股)约 35 万两。再加天津筹赈局公砝平化银 10 万两和天津海防支应局库平银 10 万两,合计存款 20 万两,④集资达 100 万两之谱(绅商认股确数不详,一般先缴一半)。这就是盛宣怀电告李鸿章"规复织局,筹本百万,已有就绪"⑤的由来。

华盛总厂以及计划在上海、宁波等地方分设十厂的性质问题,论者尤多分歧。李鸿章对之一律定为官督商办。⑥ 华盛的督办为盛宣怀。1894 年 1 月(光绪十九年十二月)确定盛的堂弟盛宙怀(字荔孙,广东候补知府,曾任职两广总电报局)为总办,⑦办事董事为:严作霖(字佑之,国子监学正,著名办赈务义绅)管银钱;沈廷栋、堵成炜管工作;许春荣(字树棠,买办,大丰洋布号主,洋布公所董事)、杨廷果(字子萱,候选知府,电报总局商董、总局收支所主管)、严潆(字芝楣,轮船招商局与仁济和保险公司办事董事)三人管买卖棉花、纱布。⑧ 盛宣怀又是

---

① 《推广机器织局折》,《李文忠公全集·奏稿》第七十八卷,第 11 页。
② 许涤新、吴承明编:《中国资本主义发展史》第二卷,第 418 页。
③ 盛宣怀:《光绪十九年仁济和保险节略》云:"爱集各董与钜股同人熟筹,将商局提回存款二十万,益以银行提回十二万,凑成三十二万,附人上海织布总局所改之华盛纺纱总厂,作为股分,官利徐利悉归公司。"(《申报》1894 年 3 月 30 日)仁济和保险公司在华盛的全部投资如下:(原织布局股份 17 000 两二成入股)3 400 两＋(原织布局存款 8 万两二成入股)16 000 两＋(新投资)320 000 两＝339 400 两。尚有原织布局来偿的八成股份与存款,计 77 600 两。《光绪二十二年办理仁济和保险有限公司情况节略》,《申报》1897 年 4 月 17 日。接办附股者不甚踊跃,故将仁济和拨搭三十二万两,但开办以后连年亏折,遂于光绪二十四年复将此款如数转归招商局,从是年起不发股息(《徐愚斋自叙年谱》,第 92—93 页)。
④ 光绪二十年六月初二日,盛宣怀致盛宙怀函云:"查纺织总厂月总,十二月二十四日收天津筹赈局公砝平化宝银五万两,又十二月十八、二十、二十六日三期收天津筹赈局公砝平化宝银五万两,正月二十日收天津海防支应局库平足宝银十万两。原议作为官股,现与两局会办商酌,改为存项,十年为期,前五年缴利不本,后五年归本带做利,每年还银二万两,只需长年五厘算息,似此总厂大有利益,业已会禀批准定案。"(《盛宣怀实业函电稿》下册,(台北)"中央研究院"近代史研究所 1993 年版,第 998 页),但据盛宣怀上北洋大臣王文韶书云:"筹赈局长存公款二十万两"(《盛宣怀未刊信稿》,中华书局 1960 年版,第 22 页),可能海防支应局存款已归并入筹赈局。
⑤ 《盛道来电李鸿章全集》(二),电稿二,上海人民出版社 1986 年版,第 640 页。
⑥ 《推广机器织局折》,《李文忠公全集·奏稿》第七十八卷,第 10 页。
⑦ 《上海近代经济史》第一卷,第 616 页,把总办盛宙怀误作总管盛宣怀,广东候补知府误作厂东候补知府。
⑧ 《盛道来电李鸿章全集》(二),电稿二,第 640 页。

纺织稽查公所督办,凌驾于华盛总厂以及各分厂之上,对东南一带纺织业起监督、指导作用,可谓独揽大权。分厂即使没有官股官款,仍受稽查公所监督,官督的帽子还是戴得好好的。至于说分厂是向北洋集团开放厂禁,实不尽然。例如买办商人黄佐卿,热心赈务,同盛宣怀有交谊,恐不能算是北洋集团中人。作为一个集团成员,有经济甚至政治的规定性,不能把有某些交往联系的人都划入集团成员。如果这样,岂不是"打击面"太大了吗?

华盛总厂的纱锭和布机数,诸说不一。确切地说,华盛有纱锭 65 000 枚、布机 750 台。1901 年 9 月盛宣怀奏《上海华厂纺织亏累招商接办所》①与 1905 年 3 月填报商部的调查综计表②均载明纱锭 65 000 枚。他别处曾云"购机七万纱锭"③;"华盛七万锭,仅装成五万锭"④。说七万锭,系指大数;如果根据后一条资料说五万锭⑤,则仅指已装者,不是全部,显系失误。这 65 000 纱锭分设两个厂房。"杨树浦华顺(盛——引者注)纺织局中分南、北二厂,北厂逼近马路,南厂则临浦滨……南厂中一切器具较北厂尤觉宽宏。"⑥北厂先建,安装 25 000 多纱锭(号称 3 万),南厂安装 4 万纱锭。严中平先生因华盛开办如此迅速,疑机器久已订购,为准备织布局之用。⑦ 华盛机器中仅细纱机 24 张(以每张纱锭 292 枚计,共 7 008 枚)系织布局焚毁前,1893 年 7 月,杨宗瀚向上海瑞生洋行订购。其余都系华盛筹建中订购的。1894 年 1 月,盛宣怀在上海向德商信义洋行订购细纱机 50 张、纱锭 18 200 枚,5 个月内到沪;1894 年 8 月,盛宣怀向天津信义洋行订购细纱机 110 张、40 040 枚纱锭,8 个月交货(其他配套机器设备从略)。

1894 年农历三四月间,向瑞生与信义两洋行订购的细纱机 25 208 枚纱绽已运到华盛,盛宣怀函嘱速即安装,并建造 4 万枚纱锭的厂房。他在 4 月 24 日函称:"十三号来函所述信义机器已到三分之二,均已提上厂内……朱子文面禀瑞生机器亦到。"⑧他的 4 月 12 日函称:"瑞生密尔尖零(miniature bearing 音译,微型轴承——引者注)约英七月半到沪,务望督饬丹科将各事齐备,已到机器全行

---

① 《愚斋存稿初刊》第五卷,第 42 页。
② 上海图书馆藏盛宣怀档案资料。
③ 《上北洋大臣书》,《盛宣怀未刊信摘》,第 21 页。
④ 《愚斋存稿初刊》第二十四卷,第 10 页。
⑤ 《上海近代经济史》,第一卷,第 618 页。
⑥ 《申报》1897 年 3 月 10 日。
⑦ 《中国棉纺史稿》,第 106 页注 3。
⑧ 《盛宣怀致盛宙怀函》;《盛宣怀实业函电稿》下册,第 984 页。又,第 986 页载明"信义所定细纱机五十张"。

装好，一俟密尔夫零一到即可开工。原禀中堂六月内开机，想来不致悬虚。纺纱洋匠哈登、织布洋匠惠林敦，已各定薪水规银一百三十五两，房租二十五两，合同均照丹科一律写清。哈登以纱机已到，薪水、房租照发；惠林敦先给一百两，均准照行……布机拟俟已定一半到后再行添定，因三万定子（锭子）所出之纱不能全行织布也……四万定子（锭子）之厂亦须迅速填上画图开工。中堂已入奏，措词阔大，深盼华盛各厂年内全行完工，传谕吾弟，不准迟延，且收到本银皆须出利，岂可不求速成耶？"①1894 年 4 月向英国订购 750 台织布机的首批则于农历五月开始运沪："布机七百五十张，头批已装船来华，已将规银六万五千两交信义存储，照第四条合同办理，未知厂屋何时可完耳。"②

一般论者依据 1894 年 9 月 28 日《北华捷报》，都说华盛总厂于 9 月 17 日（光绪二十年八月十八日）开工，其实仅指北厂 25 208 枚纱锭，而南厂 4 万枚纱锭即使如期运到，也须在 1895 年农历三月间，远不能开工。布机厂亦未完成。1894 年 9 月 6 日《申报》载："杨树浦织布局自被灾重造以来，迄今已将一载。以旧址为纱厂，刻已竣工……织布厂则在旧址外，计房屋数百"（？——引者注），秋间势难告竣。烟囱刻已砌就，高约十丈余，炉灶三座。机器尚堆积码头上，须俟房屋建就，然后安装，大约开工尚在冬间矣，1894 年 11 月 12 日《申报》接续报道："虹口迤东杨树浦织布总局自前次被灾后，兴工重造，迄今尚未告竣。局内筑有铁路两条，以便搬运货物，东达大纯纱厂，西至总局，计有六里之遥。纺纱厂早已告竣，工作多时。"到农历十二月初，"纱已纺成一千余包，现价六十余两，自应陆续出售"③。布厂至 1895 年开工。据英国领事报告，这年华盛粗斜纹布产量为 6 万匹。1896 年生产粗斜纹布 58 989 匹，粗布 43 599 匹。④

英商老公茂纱厂有 25 000 枚纱锭，1895 年 8 月筹建，历时 20 个月，至 1897 年 4 月开工。华盛则自盛宣怀于 1893 年 12 月 8 日（光绪十九年十一月初一日）抵上海后开始筹建，不到 10 个月，25 000 余枚纱锭开工，可称迅速。这是由于：（1）李鸿章对盛宣怀《规复机器织布局禀稿》批示："至规复原局，该道拟一面估价匀派，一面就旧址收拾机器锅炉，建厂开工，俾昭迅速。"他们的指导思想是：抓住时机，各方工作齐头并进，尽速开工。（2）就织布局原有基础重建，拆除整

---

① 《盛宣怀致盛宙怀函》，光绪二十年四月十一日《盛宣怀实业函电稿》下册，第 981～982 页。
② 《盛宣怀致盛宙怀函》，光绪二十年五月二十八日，《盛宣怀实业函电稿》下册，第 997 页。
③ 《盛宣怀致盛宙怀函》，光绪二十年十二月十五日，《盛宣怀实业函电稿》下册，第 973 页。
④ 李必樟编译：《上海近代贸易经济发展概况》，上海社会科学院出版社 1993 年版，第 885 页表三；第 912～913 页表四、五。

修颇费时日,但有基础总比平地兴建要快。(3)所订机器一般限 5 个月交货。只是 1894 年农历二月向上海瑞生、地亚士两洋行订购 4 万纱锭,因故毁约,迟至七月向天津信义洋行订购落实,使新纱厂建成开工耽误不少时间。(4)盛宣怀对筹建工作抓得很紧,要求刻期完成。最初他禀告李鸿章农历六月开工,后定在年内,严词督促他担任总办的堂弟盛宙怀"不准迟延"。

## 二、盘售说明了什么?

1895 年,上海各棉纺织厂"全年都日夜开工,一派兴旺发达的景象","获利甚大"①。而且,从这年看来,"毫无疑问,上海棉纺织业的前景是很好的。最近三年对孟买棉纱的需求光上海一地平均每年就有 180 000 包,价值近 10 000 000 两,约 1 500 000 英镑。年初以来一直在从日本进口大量棉纱,每包价 72 两,比孟买棉纱还贵 4 两。这种返销中国的棉纱大部分是用中国棉花制造的,纱厂的所有人在支付出口税和全部运输费用后将成品运回中国仍能获利"②。可是,昙花一现,1896 年起,上海棉纺织业陷入连续多年的不景气状态。华盛 1895 年发股息 6 厘(尚低于官利),1896 年仅发 3 厘。③ "华盛已押"出,"堂弟等败军之将,无复可为。今春(1897 年——引者注)添派分董,群策群力……如果再能加本,亦不难与彼族争衡。但目前局势,官商之力均难接济。宣身兼数役,只能尽心照料,不能济之以财,致碍全局。适有英商恭佩珥因卢汉借款一百零五万,按年租息五厘,盈亏与我无涉;并将全厂抵押银二百零五万,亦作息五厘,彼此相抵。三年期满,或收回自办,或再议售,届时再定。似此既可收回押款,一清债累,且免亏折之虞。众商沥情具禀,势难不准。"④ 华盛这次出租未成。"商董筹借息债,支持危局七年之久。截至光绪二十六年十二月止,将原股八十万亏完之外,并将应给各债项利息酌成,愿求商办他事。当与酌议租办三年,照原本打八折之后,作成厂本二量蠲除,尚亏垫银十六万余两。所有息借各款纷纷催逼,补救无方。经各股商会议,不愿再添资本,只得将该厂地基、房屋、机器等项,悉照原价,全盘售与集成公司,计价银二百十万两……此外,亏垫十六万余两,应按照公司章程,

---

① 李必樟编译:《上海近代贸易经济发展概况》,第 896 页。
② 李必樟编译:《上海近代贸易经济发展概况》,第 900 页。
③ 《光绪二十二年办理仁济和保险有限公司情形节略》,《申报》1897 年 4 月 17 日。
④ 《上北洋大臣书》,《盛宣怀未刊信稿》,第 22 页。

责成股商陆续设法摊还。业已另立售契,改名集成,悉归新股接办。所有华盛旧股既不添本,以后新股盈亏皆与旧股无涉,其所执华盛及织布老局股票,一概作废,以符公司章程。"①这是1901年二三月间(光绪二十七年正月)的事。1901年3月2日(光绪二十七年二月初一日)集成公司将华盛整个工厂出租与更新,按工厂固定资产210万两,长年5厘息计,每年收缴租费105 000两(1905年2月4日即光绪三十一年正月初一日起租费增加为15万两)。还规定所出纱布仍用华盛牌子,每包纱缴牌费3钱,以弥补华盛亏蚀16万余两之款,至还清为止。②"又新公司筹备成本银四十万两,为采办子花、皮花之用。若遇纱布滞销,尚须另筹活款约四五十万两,所需工资、煤、物料等通年约计五十万余两。现开细纱锭子六万四千六百九十二枝,布机五百部。通年出纱三万余包,粗布十五万匹。"③

我们对这次盘售作何评说呢?

第一,这时期上海纱布市面对棉纺织业确实不利。

首先,生产成本加重。《海关十年报告》(1892—1901)分析后5年上海棉纺织业成就不大的"第一个原因是中国原棉价格的不正常上涨,而当初建立这些纱厂,就是为了利用这些原棉。在外资纱厂建立之前的4年间(1891—1894年——引者注),只要花12~14两就能够买到一担棉花。由于需求量的增加,1895—1896年价格上涨了。此后价格继上升到每担14~19两不等。1900年的价格尤其是灾难性的,其原因是:在印度和美国棉花歉收的同时,中国的收成也只略多于往常产量的一半。日本一直是这里棉花的买主,购去的棉花用于填棉胎,也有一部分用于纺纱。由于上述这些国家棉花歉收,日本也就被迫到这里来购买更多的纺纱用棉"④。当年的《申报》对此陆续有所反映。1895年:"至棉花一项,皆来自南通州等处,今年长江等通商码头闻皆添设纺纱织布机器,所有产花之区均纷纷载运出江,销场极旺。故今年花价亦日渐增长。本城(扬州。则上海花价将更高。——引者注)每百斤现已售至20元左右。说者谓此等价值实昕

---

① 《上海华厂纺织亏累招商接办折》,《愚斋存稿初刊》第五卷,第42页。
② 又新公司仍用华盛纱商标,甚至工厂仍挂华盛牌子,可参见《申报》1901年8月17日所登《告白》:"杨树浦华盛工厂专做工作,只售鹤鹿、福字、如意等牌飞花所做之副号纱。至各种团龙、弥陀、龙卦、鸡卦等牌之纱,向归新公司(当指集成公司——引者注)与又新公司经售,与工厂无涉。即样纱小包亦凭公司与又新公司来条再付,诚恐无知客人藉词推诿是以工厂声明。"光绪二十七年八月间华盛股商经盛宣怀批准开设华大公司,代办江浙各州县光绪二十八年漕粮并作米麦生意,获利12 000余两,以弥补前亏垫16万余两之一部分(《查明盛宣怀等参款折》,《张文襄公奏稿》第三十六卷,第32页)。
③ 光绪三十一年二月填报商部的调查综计表,上海图书馆藏盛宣怀档案资料。
④ 徐雪筠等译编:《上海近代社会经济发展概况》,上海社会科学院出版社1985年版,第107~108页。

数年来所未有也。"（1895年11月8日）1896年："弹花同业公议,在上年棉花每斤两次共加价五十文的基础上再加价三十文。吾同业本重利轻,生意艰难,加之近年花价日昂,更兼房金、辛工无物不贵,吃亏不赀。况今年新花上市以来,又日渐步涨,共见共闻。公议自九月十二日起棉花等照旧价每斤加钱卅文,棉纱每两加钱十文,弹工每斤加钱十文。"（1896年10月17日）1897年："各机器纺纱厂,则以吉贝（kapok音译,木棉——引者注）价贵,纱价不能随之而贵,闻亦亏耗众多也。"（《综论本年沪上市景》,1898年1月20日）1898年："丝、茶两项之外,资本之巨端推纱厂。今年花价大而纱价小,各厂又以规模闳壮,费用浩繁,欲逐锥刀,殊非易易。"（《综述本年沪上市情》,1899年2月7日）就在这一年,"由于棉价偏高,秋季期间有部分中国棉纺厂暂时停工。已安装的锭子总数313 000 枚,而逐日开工的锭数还不到280 000 枚。多数工厂已停开夜工"①。华盛也于中秋节后暂停一个月。②

工人工资提高,也加重了生产成本。1897年英领报告说：棉纺厂"主要雇用女工,由于需求骤增,工资被抬得很高,熟练工人的供应与需求自然是不相称的。月工资从年初的20分（四又二分之一便士）上升到30分（六又二分之一便士）,但其后由于供应的增加又下降到25分（五又二分之一便士）"。③华盛厂地处杨树浦。老公茂和瑞记两"洋厂均聚集杨树浦,与我厂相邻,男女熟手工匠均为加价勾引前去"④。"工价因争雇而益昂。"⑤

其次,纱布竞争加剧。洋纱洋布一直是进口的大宗商品。日本纺绩界在政府、航运业、金融业的支持下,极力向中国输出棉纱。日纱、日布分别于1893年、1894年首次进入上海,发展较快。1896年7月至1898年2月间就有6家日本洋行在《申报》刊登广告,或新设或老行扩大推销日本纱布。如：新开日东洋行"向运上海顶好白花,在大阪设厂精制上品棉纱,运到中国各省,均称货高价廉。今特设上海分行批发,贵客赐顾请至法大马路7号门牌交易。"（1896年7月13日）又如：新开吉隆洋行,"兹有日本象塔老牌棉纱归小行独家出售,加工选造,洁白细匀,斤两放足,价比别家公道格外,以广招徕。倘蒙贵商赐顾,请至美租界盆汤弄桥西首面议可也"。（1897年2月12日）这些广告用显眼大字,连载数月

---

① 李必樟编译：《上海近代贸易经济发展概况》,第947页。
② 《申报》1898年10月6日、1898年11月5日。
③ 李必樟编译：《上海近代贸易经济发展概况》,第936页。
④ 《上北洋大臣书》,《盛宣怀未刊信稿》,第22页。
⑤ 《上海华厂纺织亏累招商接办折》,《愚斋存稿初折》第五卷,第41页。

之久。上海新设的 4 家外资纱厂在 1897 年内开工,拥有纱锭 155 000 枚①,生产的棉纱也投放市场。综上所述,纺织厂生产成本提高,市场上棉纱供应扩大,竞争加剧,对纱布业十分不利。

第二,资金短缺,利息负担过重,这也是中国棉纺织业的一个致命问题。由于资本主义先天不足,晚清政治经济体制腐朽保守,即使像上海这样的金融市场也是非常落后。企业招股、融资困难,利息率高。城市银行放款利率最低为 6%,最高达 20%,一般在 10% 左右。工厂向钱庄通融资金,利率在 20%～30% 之间。资本主义国家的利率,则最高不超过 5%。② 息债像一根套在企业脖子上的绳索,愈勒愈紧,终将使企业窒息而奄奄待毙。

上海华商棉纺织厂最早实行改组的是 1895 年黄佐卿③创设的裕晋纱厂。1897 年 5 月 27 日,黄以 60 万两将厂售与协隆棉纱有限公司。该公司由协隆洋行、平和洋行、耶松船厂、道胜银行等组成,协隆总经理筹资 750 000 两,黄佐卿占资本 32%。④ 协隆实收资本仅 571 600 两。1901 年 12 月 11 日,为偿还道胜银行到期透支款 380 000 两,被迫拍卖,改组为兴泰纱厂;1902 年被三井洋行上海支店收买,改为上海纺绩株式会社。其他几家纱厂境遇亦不佳。华盛总厂规模最大,困境尤甚。盛宣怀"深悔从前购机太多,以致尾大不掉"。"计费厂本二百余万,连工人房屋等二百三十余万,买棉花等活本百余万。只有股分八十万,筹赈局长存公款二十万,其余皆属东扯西拉。"⑤即使不计活本,仅就厂本所缺 100 余万,全靠息债维持。这是一个多么大的包袱。遇上连续多年纱市不利,着

---

① 1897 年上海外资纱厂的纱锭数列表如下:

| 厂　名 | 纱锭数(枚) | 资　料　出　处 | 备　注 |
|---|---|---|---|
| 老公茂 | 25 000 | 《申报》1895 年 8 月 1 日 | 1897 年 10 月招股 |
| 怡和 | 50 000 | 《申报》1896 年 1 月 30 日 | |
| | | 《申报》1897 年 10 月 14 日 | 增资,再添 5 万锭 |
| 鸿源 | 40 000 | 《海关十年报告》 | |
| 瑞记 | 40 000 | 《海关十年报告》 | |
| 合计 | 155 000 | | |

② 严中平,《中国棉纺织史稿》,第 160 页。
③ 黄佐卿,名宗宪,湖州丝商,公和洋行买办,1882 年创办上海第一家缫丝厂——公私永丝厂。
④ "协隆棉纱有限公司",《申报》1897 年 7 月 2 日。
⑤ 《上北洋大臣书盛宣怀未刊信稿》,第 21～22 页。

实使人走投无路。盛宣怀一直想通过出租或出售方式卸下它,都未谈成。

第三,经营管理也是一个严重问题。

市面尽管险恶,如果经营得法,管理规范,也能维持,至少可以减少亏损,俟机振兴。晚清新式工厂,机器设备与工艺技术从西方移植,却根本没有建立起资本主义的一套管理制度。迟至 1911 年 11 月,日本内外棉株式会社在上海设立第三厂,注意工厂设备的保养和职工的培训,成绩良好,在上海被称为名副其实的模范厂。以后华商纱厂的管理制度陆续仿效日本纱厂。华盛办了七年,亏去 96 万余两,同经营管理太差有关。这方面情况苦于缺乏资料,我们只能找到一点蛛丝马迹。"记得荔孙初办华盛甚好,因赴粤而代理人不得法,从此华盛大坏。"①"现今华盛,你在家时只晓得折去 51 万两。据永珊、永韶等俱说,结来共要折去 60 余万两。想荔荪如此糊涂,由别人瞎闹。所有韩仲藩在厂通同作弊,将纱花私运出去,至镇江所,被其姊夫李应之闹穿,人人知道。想来他等分赃不匀,故而闹出此等事。荔荪只做不知,因此韩仲藩是吾家所用,故此荔荪要其如此。你再不将此人歇去,华盛越无(法)收拾。"②盛宣怀的妻子庄氏(名畹玉)好做投机生意,依托华盛,侵蚀华盛,岂不是也能从一个侧面反映华盛的经营管理状况吗?1896 年盛致庄氏信:"汝若要做生意,只得棉花可买,明年必涨价,且系自家可用之物,不怕卖不出。今特附上华盛存折一扣,计洋二万元,并致荔孙一信。汝若要买棉花,即将此信交去,将来可在杏记帐上划算。惟买花须托好手。如来年要卖与华盛,仍须嘱托荔孙定买何路花色。我想(庄)仲咸可总管,(庄)得之可奔跑。如凑买三千包花,总可稳嫌三四千元也。"③1899 年信:"天气久晴,花价必松,纱价必更贱。汝所存之纱一千二百五十包,银根太巨(约银九万两),华盛亦难久欠,难保不贱至六十两以内(须亏本一万两以外),亏本甚大。中秋节后无论如何务必全行售出,以后做生意切勿太贪。"④

第四,截至光绪二十六年年底,华盛 80 万股本全部亏完,工厂地基、房屋、机器等照原价 210 万两盘售与集成,华盛与原织布局股票一概作废。这就是说,华盛股商分文无着,官督商办的华盛纺织总厂宣告结束。本来,华盛股商还要摊还亏去的垫款 16 万余两。盛宣怀设法弥补,让又新缴华盛商标费每包纱 3 钱,至

---

① 《致铁厂总办》,《盛宣怀未刊信稿》,第 66 页。
② 《庄畹玉致盛宣怀函》,光绪二十五年十一月十日,上海图书馆藏盛宣怀档案资料。
③ 《盛宣怀未刊信稿》,第 270 页。
④ 《盛宣怀未刊信稿》,第 272 页。

偿清为止。这样，华盛股商还有何话可讲呢？

集成、又新与盛宣怀的关系如何？填报商部的调查综计表载集成公司董事名单为：杨子萱、严芝楣（两人见前简介）、陈霭庭（不详）、朱子文（名宝奎，同治十三年第三批留美官学生，电报总局驻沪总办，直隶候补道）、盛揆臣（名昌颐，盛宣怀长子，曾任湖北德安府知府）、杨绶卿（名学沂，候选道，汉冶萍厂矿沪总局办事总董）、叶静涛①、金匋蕃（名忠赞，分省试用知县，汉冶萍厂矿沪总局收支兼铁路总公司收支）。集成公司8名董事中，1人不详，7人都是盛宣怀所说的"皆我这边人"②，又新工厂经理陈泳珊，系盛宣怀外甥。从盛宣怀的亲笔信稿，还可以进一步看出点情况。盛宣怀答青岛美领事，"顷将集成纱厂原抵三井日金一百万圆，西历年底到期，如能代借，可与尊处商量"。③"一、又新纱厂因迭次来函，恐革干预，故欲三井挂牌。恐金融为难，故欲三井代办。又因日工必好三井所拟条款，允为代垫活本，并可长借二十万，故决计准代签字。乃忽因兴业不肯接做□（押——引者注）款，又因认垫之款不能如数，以致合而复散。来电业已停工，则此厂如何得了。总之，借押百万，关系在汉冶萍，不在又新。已另函一琴酌办。余意，若仍抵押日款，则三井尚可真代办，若改押他处，则三井只能挂牌。俟美花到后，随做随押，做到那里是那里。至于厂内同事，想兰泉素得人心，必能驾驭。公司同事与汝皆有感情，似尚不难操纵一切。""一、……家用太无限制，外间富名未始不因乎此。此后又新供支为难，进款极少，只得趁此收束。"④倘三井不能如期，尚须拨又新四万。⑤ 这几条资料反映盛宣怀一手调剂集成、又新资金，而且公司与厂一家。又新厂向三井押款，系汉冶萍借押。除了盛宣怀，谁有权这样做？看来，集成与又新都属于盛宣怀的。⑥ 我们是否可以由此推论：华盛资金向由盛宣怀一人调控，他掌握一切大权。华盛亏蚀过多，无法维持，没有谁能代替

---

① 辛亥革命期间，盛宣怀关照其外甥，得力心腹顾永铨："已另函将帐房面子暂撤，以免静涛被逼。"（《盛宣怀未刊信稿》，第234页）则叶静涛亦是盛的手下人。
② 《盛宣怀致盛宙怀函》，光绪二十年，《盛宣怀实业函电稿》下册，第074页。
③ 《致王阆臣、顾永铨函》，《盛宣怀未刊信稿》，第230~231页。
④ 《致上海顾永铨函摘》，宣统三年十月十二日，《盛宣怀未刊信稿》，第232~234页。
⑤ 《致上海顾道函》，宣统三年十月十五日，《盛宣怀未刊信稿》，第239页。
⑥ 这里提供一则轶事。1901年11月8日华盛已盘售与集成纺织公司10个月后，醇亲王载沣在沪由盛宣怀和上海道袁树勋等安排参观杨树浦华盛等新式工厂。当时报载："钟鸣十点，王驾由泥城外洋务局率同张燕谋学士乘坐四轮黄缰轿式马车，前导有英美租界工部局派出骑马印捕六名各执长枪与五号骑马西捕一名手执长刀，以资护卫。后随蔡和甫星使、袁观观察、严筱舫观察等，由英大马路过外大桥，经百老汇路，先至杨树浦大纯厂前停车，由督办盛杏荪丞堂、总办盛荔荪观察迎入，至想纱、细纱、轧花各厂详阅一周。既而至华盛厂细加察阅，即在该厂公事房小坐片刻而出……"（《申报》1901年11月9日）纱厂仍称华盛，似没有变化。

盛宣怀出来弥缝这么一大笔息债。只有他长袖善舞,游刃有余,于是,息债归他调理,工厂产权就自然而然地落入他一人手中。严中平先生曾尖锐指出:"但我们确知,所谓招商顶替,实是盛宣怀把官厂变为私厂的一套诡计,股票始终还是握在盛家手里的。"[1]实际上,盛宣怀掌握的并非股票,而是一纸卖契所代表的实实在在的全部工厂产权。申言之,他控制企业,靠的从来不是股权,而是官的赫赫权势。盛宣怀饱更世事,多次被参,宦海波涛,心有余悸,于是,他幕后策划,主宰一切,由他的身边人出面组织公司、经营工厂,既作过渡,又可掩人耳目,不致被人奏参。有资料说:"民国二年十二月又改为三新纱厂。时产权已尽归盛氏。"[2]这时北京政府鼓励私人企业,政治气候对盛宣怀有利,他便再玩弄一次改组把戏。不必躲躲闪闪,直接由盛家出面组织接办,人们将惊悉工厂产权"已尽归盛氏",其实,1901年初早成定局了。华盛总厂作为官督商办的大型棉纺织企业,短短七年间落得如此结局,不能不说是触目惊心、"颇骇闻听"[3]的,也足以发人深省。

(原文载《近代中国》第 6 辑,<br>
作者:徐元基,上海社会科学院历史研究所研究员)

---

[1] 《中国棉纺织史稿》,第118页。
[2] 《荣家企业史料》上册,上海人民出版社1962年版,第252页。
[3] 1897年李鸿章不赞成华盛出租与洋商,他致盛宣怀电云:"租给洋商,颇骇闻听。"(《愚斋存稿初刊》,第二十八卷,第12页)此处借用之。

# 辛亥鼎革之际中国外债透析

宓汝成

辛亥鼎革之际的时限，一般指从武昌起义爆发日的1911年10月10日（宣统三年八月十九日）起，到第二年4月1日中华民国南京临时政府结束之日止。本文亦以此为准。不过，考虑到南京临时政府在其存在期间，追认了在其成立前同盟会人所举借的债项，在其结束后设立的留守府所料理的事务中，也有几笔是外债，为求叙述的全面，乃上溯至1911年6月和下延至1912年11月。

这个鼎革之际，从政体上说，是有清一代即中国持续两千余年的"封建专制"之被废除和"共和"政体从此确立为内容的。在这为时不到半年的日子里，政事纷杂，主要政治走向，简言之，有如孙中山晚年所总结，是革命者为形势所迫，不得已而与反革命的专制阶级谋妥协，"而此种妥协，实间接与帝国主义相调和"[①]，终于导致封建帝制虽然崩溃，而中国的半殖民地半封建社会秩序照旧延续下来。

当年革命者的首脑机关，为民军的名称不一的军事机构、南京临时政府及其结束后的留守府以及宣布独立各省名称不一的最高军政当局（这里概称之为军政府），而革命对象则为清政府及其余孽——1912年1月1日起仍受命于清室的袁世凯内阁，包括执掌国政最初日子的中华民国（第二任）临时大总统。为简便计，对此两方，行文中或以南方、北方代称。

南、北双方当时之寻求外债，自然迫于财政都属困窘的局面，就从这点写起。

## 一、南北双方的困窘财政

在帝国主义列强的榨取及其施展商品资本双重侵略下，清政府从上世纪中叶起虽有过"求富"的设想、"振兴实业"的政策，由于思想路线的谬误，终都未收

---

[①] 《孙中山全集》第9卷，中华书局1986年版，第114页。

到预期效果;挨到清末最后十余年间,国穷民贫,财政长期陷于拮据不堪的困境。武昌起义爆发前数年里,每年赤字在银 2 000 万～7 000 万两之间。① 这个数字意味着什么?设取其中数(银 4 500 万两)为准,也超过同时年均岁入总量的 1/3,这就足以察出财政困窘的深度。这也是这次起义爆发后南、北双方困窘财政的总背景。还须指出的一点,武昌起义一爆发,列强借口中国关税在此之前充作多项借款等的担保,悍然称这笔税入"确系各国债权所有人的财产"②,予以劫持扣留。关税一项,在当年财政收入中是仅次于田赋的大宗收入。当辛亥革命前四年(1907—1910 年)年入近库平银 3 350 万两③,而且又是征取集中、花费较少的一个税种。它一被列强劫持,对南、北双方困窘财政,尤其是对南方的财政④,更似雪上加霜。

双方财政支绌实况略如下。先述北方。

武昌起义敲响了清王朝的丧钟。清政府权威在起义斗争的打击下急剧失坠;日益增多着的独立各省先后不再解交"京饷",依然接受其统治的一些省份乘机各为地方谋,多以筹办戒严、设防等说辞,截留应该解交中央的税收;少数照常征解的省份也鲜有解足。与此同时,清廷力谋作垂亡的挣扎,决心大动干戈,抵制革命,"应需饷械,用款浩繁"。在收入剧减、支出激增的交迫中,户部奏报警讯、财政"势将不支"。⑤ 这未必不是实情,却也需指出一点:清王朝毕竟实施了 268 年的统治,所谓"百足之虫,死而不僵"。财政在一定意义上虽属难以为支,却远不意味着库空如洗。何况当年国家是穷的,清王室却是富的。"内帑"积攒着大量金银财宝。辛亥革命爆发前的数十年间,中国历经了如中法战争、中日战争、八国联军入侵等战争以及其他财政紧急需要,这些"内帑"却从来没有触动过。这时清室作出了非常之举,抬出"三十三箱黄金"。⑥ 据估计,这些黄金折合银约 300 万两,交给度支部变卖了 1/3,转交陆军部供作购买枪械、军火和支付兵饷的国用。当年知情者认定,这些黄金相当于慈禧太后死后"所遗留下来的财

---

① 奥佛莱奇:《列强对华财政控制》(Overlach "Foreign Financial Control in China"),第 154 页。
② 《朱尔典致格雷函》,1911 年 11 月 23 日发,12 月 12 日收,英国《蓝皮书》(Bine Book),中国(第 1 号),1912 年,第 121 件。
③ 参看陈诗启:《中国近代海关史》晚清部分·附录十》,人民出版社 1993 年版,第 596 页。
④ 对南方治区海关征收所得,在北京的公使团决定绝不解交临时政府,对北方治区某些海关税收,部分解交给北方当局。《朱尔典致格雷函》,1911 年 11 月 23 日发,12 月 12 日收,《蓝皮书》,中国(第 1 号),1912 年,第 121 件。
⑤ 度支部大臣载泽奏折,宣统三年九月初六日,《清宣统朝外交史料》第 23 卷,第 22 页,1932 年。
⑥ 《朱尔典致格雷函》,1911 年 12 月 1 日收,《蓝皮书》,中国(第 1 号),1912 年,第 101 件。

产总额中的一个很少的比重"①。这些事实说明：政府财政确是到了相当拮据的地步，即使到了这样的地步，清室为私谋，仍不甘拿出较多的存金（虽然后来被迫又拿出过一些）。清廷作出的决策，是举借洋款，以资接济。② 这个对策的决定除了在统治生命危急之际企图取得外国——只能是帝国主义列强——的财政支援，尤其重要的是，通过借款以取得后者的政治支持。

南方与之根本有别。从来革命势力发动斗争，在经费上罕有不是白手起家的，这次辛亥革命也是这样。南京临时政府于1912年1月1日成立时面临的是十分困难的局面。本来最简捷易集的关税既被列强所劫持；其他税项，匆促间也难以征集。独立各省掌握实权的都督，除个别外，在财政上，不但不予临时政府以支持，反而频频索取饷项。临时政府事先曾注意到财政问题，并设想发行内国公债来缓解。据此，在其成立的当月，即经临时参议院通过向公众发行民国元年军需八厘公债1亿元。可是，债票发行需要一定时间，事实上又未能如所预期，南京临时政府为保障军政大事的运作，决定举借外债，这实在是迫不得已的选择。

响应武昌起义的一些省份，继宣布独立于清王朝的统治，先后组成以省（或地方）为名的军政府。一般说来，它们都能从原清王朝地方政府的库存中，多少接收到一些。这些军政府的初期费用，主要是军饷支出，但遗存的库帑，无论多少，都只能是一次性的。在大震荡的岁月里，赋税中如田赋、钱漕以及厘金等，由于种种原因，或需作出一些"豁免"，或因税源壅塞，征取减少，而该支出的经费能够减省的，往往有限。这样，财政拮据也成了地方军政府的普遍现象。

总之，辛亥鼎革之际，中国的南方和北方财政，都处于竭蹶难堪的境地，但也有差异。就北方、南方这两方来说，前者较好，也就是困难程度上略浅于后者；就后者说，地方军政府相对于作为中枢的临时政府又稍胜一筹。这是双方都要举借外债的基本原因，至于怎么借、借多少，则决定于双方政策的不同。

## 二、列强的一时行动方针和贷款策略

帝国主义列强——英、法、德、美、俄、日六国——面对中国发生辛亥革命、出

---

① 《朱尔典致格雷函》，1911年12月1日收，《蓝皮书》，中国（第1号），1912年，第101件。
② 《载泽奏折》，宣统三年九月初六日，《清宣统朝外交史料》第23卷，第22页。

现推翻帝制开创共和大变的形势,谋求在保持其在华殖民主义已形成的威势和既得权益的基础上,进一步增强其在华势力控制中国,力图影响这次革命的进程和结局。

英国国势相对地说此时已远不如前,但历史的积淀使它在中国占有优势,武昌起义爆发后不久,它宣布要在中国除了保护英国及其臣民的利益和生命财产安全外,也要保护那些"未受保护的外国臣民的生命安全"而行动。① 它以殖民主义的眼光看,中国只是"一个庞大丰富的市场";从这点出发,它"希望看到中国的完整得能维持",不致被"别具野心的国家(实指俄国——引者注)所吞并"。② 它谋求维持这个市场的秩序,需要在中国"保持一个政府,一个基本行政机构",并早已把此时沦为革命对象的清政府驯化为它所需要的那样一个"政府"和"行政机构"了。革命一开始,它从主观愿望出发,认为清王朝"决不会被推翻","希望重新建立"它的"权力";待革命成为燎原之势,它才警觉到清王朝"在本国人民中间很不得人心,面临的前景是黯淡的","结果很可能是朝廷的垮台",但仍说什么"中国人的教育程度不足以适应政体中如此激烈的一项变故"③,更不愿中国以这一"变故"为转折点,而"发达起来,扩充国权"。它不只是"拒绝与起义军保持任何联系",还幻想"目前的乱事"——即辛亥革命"能被镇压下去"。④ 与此同时,它抓紧在中国寻找用以取代清王朝而能为它所利用的代理人,这样的人首先被美国驻华公使嘉乐恒(W. J. Calkoim)所相中⑤;英国驻华公使朱尔典(J. N. Jordan)也同声叫好,认为是个"理想人选",即"拥有军事实力"的袁世凯。当年10月底,朱尔典致英外交大臣格雷(E. Grey)函中力予推荐:"谁也不可能比袁世凯更好地在中国人和清王朝之间起中间人的作用。"⑥格雷所见略同,表示了"我们对袁世凯怀有很友好的感情和敬意",我们希望看到,"作为革命的结果,有一个强有力的、能与各国公使交往并维持内部秩序"的政府。他继又表示:这样的政府的执掌者非袁莫属;我们应对这样的政府给以外交支持,以期在中国

---

① 法国外交部长柏梯(F. Benie)致格雷函,1911 年 12 月 5 日,《蓝皮书》,中国(第 1 号)1912 年,第 108 件附件。
② 熙礼尔(E. G. Hillier)与周学熙语。黄远庸:《远生遗著》第 2 卷,第 214 页。
③ 朱尔典致格雷电,1911 年 10 月 30 日收,《蓝皮书》,中国(第 1 号),1912 年,第 23、25 件。
④ 朱尔典致格雷函,1911 年 10 月 30 日收,《蓝皮书》,中国(第 1 号),1912 年,第 23 件。《蓝皮书》,第 23、25 件。
⑤ 参看[苏] 齐赫文斯基主编:《中国近代史》,莫斯科 1972 年,第 503 页。
⑥ 朱尔典致格雷函,1911 年 11 月 17 日收,《蓝皮书》,中国(第 1 号),1912 年,第 60 件。

已经建立起来的贸易获得进展"。① 支持袁世凯,替换清政权,从此定为英国的政策。

政治上、经济上利益的一致,法、美、德三国认同英国的政策,相互间保持密切联系,协调行动;俄、日两国不表示异议。如用俄国驻华公使廓索维兹(Н. Я. Коростович)的话说,也就是不可能去明显地反对……法英两国的意图②。但由于地缘政治上的差异,这两国别有谋算,又各按照自己的谋划来活动。

俄国其时正力求在中国的东北地区和蒙古地方增强其殖民势力,攫取新的特权和利益。它把中国发生的辛亥革命看作"占领与俄国接壤的中国的几个省份",首先是把外蒙古(即今蒙古国)肢解出去的绝好机会;公开煽动叫嚣"欢迎蒙古王公们为解放他们的土地所作的努力"③。它的驻外使节当年作了此地无银三百两般的辩白和否认,事实上恰正在全力策划上演所谓蒙古的"自治"和"独立"的闹剧。日本最初不反对支持中国的革命运动,指望中国在持续内战中自我削弱,以利其在东南、华南、中南各地发展势力。它野心极大,但其经济实力尚远不足以相符;作为英国在东亚的盟友,它为避免招致"列国的恶感",旋转为"暂时观望形势的变化",并作出了在与英国协调行动中倘若可以扩张我(即日本——引者注)之权益,则不要失去可乘之机的决策。它亟求实现的目标有三点:(1) 不能"以得到南满洲为已足,还应该占据直隶、山西地方";(2) 就是在南满洲,应"设法使别国承认日本在该地的优势地位";(3)"占有清国中部资源,扼制扬子江口,夺取该江之利益和资源及大冶等矿山"。其中对最后一项认为,"与我国(即日本)之关系最深,如有必要,可以兵力加以保护,进行军事上的占领"④。

上述英、法、德、美和俄、日共六国混成一体的列强,针对中国发生辛亥革命的行动方针一经确定,除了运用军事的、政治的手段加以实施外,财政信贷也被作为实现其目标的一种战略性措施。其贷款策略的演变,从下述事例中清晰地体现了出来。当初,朱尔典急着向其本国政府动议给予袁世凯以财政援助,遭到质问:"如果南方完全被共和政休统治,则对北方的任何资助将会引起报复性的

---

① 格雷致朱尔典电,1911 年 11 月 15 日发,《蓝皮书》,中国(第 1 号),1912 年,第 58 件。
② 转引自齐赫文斯基主编:《中国近代史》,第 504 页。
③ 《列宁全集》第 17 卷,第 457 页。英国驻俄公使布坎南(G. W. Buckanan)致格雷函,1912 年 1 月 3 日收,《蓝皮书》,中国(第 3 号),1913 年,第 11 件。
④ 转引自[日]依田熹家著,卞立强等译:《日本帝国主义与中国》,北京大学出版社 1989 年版,第 112~117 页;中国社会科学院近代史研究所:《日本侵华七十年史》,中国社会科学出版社 1992 年版,第 116~119 页。

抵制……反洋运动高涨,以及在华外人的被屠杀等,将如何处理?"并告诫他,"避免给中国任何一方以贷款"。后来,朱尔典在取得本国政府认可,"为了(促成南北双方展开)谈判的利益",在向上海、汉口等地民军当局说清情况并取得默许的条件下,对袁世凯内阁提供财政援助,终至确定为了在过渡阶段维持"袁世凯政权"不致垮台,准备随时应其"迫切需要",给以及时支持。①

英、法、美、德四国在此之前早已示意,支持各该国财团联合组成了国际银团(以下简作"四国银团")作为贯彻实施其本国政策的工具,并企图垄断对中国的贷款。四国银团紧跟列强的行动方针而行动。随着列强贷款策略的演变,它也从 11 月 8 日巴黎会议上决定暂时不向清王朝提供财政援助,但绝不反对"向一个能负责任的中国政府提供贷款"②;后来改为决定提供,也就是所谓"为了促成南北和谈的利益",决定给袁内阁的信贷援助。四国银团的这一转变,对袁内阁来说,无异于正当南方筹备成立中华民国临时政府之际,抓紧传达一个讯息:列强承认它是一个"能够负起责任的中国政府"③。

俄日两国给予其他四强以支持。如俄国自我标榜:"在一系列头等重要的问题上我们跟英国、法国是休戚相关的"。日本窃喜,因为它先于 11 月 17 日内阁会议上已经作出"给予清政府以相当援助"——自然也包括财政援助。④

由 4+2 混合而成的列强的贷款策略一经趋同,尽管它们相互间由于利益上存在差异而时有矛盾,总的说来,却似互相照应而合力行动。

## 三、南北双方举债经过和量的核计

北方和南方因财政困敝,前者制定了寻求外来财政支援以济急需的政策,后者则迫于形势,把举借外债作为一种不得已而采取的选择。兹对双方借债经过和数量,分别叙述如下。

---

① 奥佛莱奇:《列强对华财政控制》,第 154 页。《美国外交文件》,1912 年,第 102~104 页。罗韦:《英国和日本,1911—1915》(P. Lowe:"Great Britain and Japan, 1911~1915"),第 74 页,伦敦,1969 年。
② 《美国外交文件》("Porpers Relating Foreign Relations of U.S."),1912 年,第 103 页。
③ 《美国外交文件》,1912 年,第 102~104 页。罗韦:《英国和日本,1911—1915》,第 74 页。安徽、山东及江西等 11 省代表于 1911 年 12 月 3 日通过《中华民国临时政府组织大纲》,朱尔典于 12 月 14 日致格雷函中作为附件寄出,《蓝皮书》,中国(第 3 号),1912 年,第 3 件附件。
④ 驻华公使廓索维慈语。转引自齐赫文斯基主编:《中国近代史》,第 504 页;[日]外务省编:《日本外交年表主要文书》(日文),第 186 页,东京,1978 年。

## (一) 北方

北方的债项有中央和地方两类,先述一些地方督抚的举借经过。地方督抚在武昌起义的震慑下,纷纷奏陈清廷,要求举借洋债,以济急用。最先提出的是两江总督张人骏。起义爆发后第三天,即10月13日,他急电清廷:"鄂乱事起仓猝,江南地处下流,向多伏莽,窃发堪虞。皖赣逼近鄂疆,兵备均甚空虚;非缓急有备,实难肆应。且饥民载道,更应速为抚遣。在在需款",要求先行息借洋款银500万两;硃批照准。他于24日又以"招勇购械"、"赶拨""鄂省","不敷应用",提出"拟加借200万两";旋即又准其"着照所请"。张人骏在向清廷奏准后即派人到上海炮制成法,向侨寓当地一些外商商洽借款,①最后都告落空。山东巡抚孙宝琦为融通资金,于同月17日从德华银行融资济(南)平银100万两②以资周转后,紧接着于20日电奏清廷:"东省事机紧迫,库存现银不敷备用",提出"拟向德华银行借银300万两"的请求,廷议认可:"山东兵备空虚",准其如数举借专为添募巡防20营的"非常特别之需"。山东当局转与法国男爵勾堆(Baron Cuttu),由奥地利商人戴玛德经手商定举借英金40万镑(或法币1000万法郎),九二扣交实银,于11月21日草签一份借款合同;但这个戴玛德旋以中国乱事日紧,借款情形亦日见其难,③意有反悔,不再过问。

同月中,直隶总督陈夔龙以武昌起义的警讯给予天津市面以沉重冲击,电奏清廷:"津市危急","饷需万急",已"饬交涉使与各洋行商借银200万两,一年归还,以本省各实业股及烟酒税作虚抵"。他的活动在前奏请在后,清廷照批:"着准其向洋行商借,以济急需。"④这笔贷款旋由法国东方汇理银行通过大清银行经手,于10月25日连续提供行平银5万两、又100万两共105万两,充作救济天津市面紧急危机用。⑤

东三省总督赵尔巽一得知武昌起义讯息,立即先后向日本正金、俄国道胜两银行试探"商借钞币各500万,专备东省非常缓急之用"。然后补行奏报,于10

---

① 上谕,宣统三年八月二十二日,九月初三日,《宣统政纪》第61卷,第29页;第62卷,第9~10页。
② 五国银行团1913年6月23日致代理财长梁士诒函送各省地方借款明细表,中国社会科学院经济研究所藏日文档案(以下简称"日文档案")。
③ 度支部片,宣统三年八月二十九日,户部奏档抄本,宣统三年,下卷;孙宝琦致外务部函,宣统三年十月初五日、十七日,外务部档案。
④ 宣统三年九月十六日谕寄陈夔龙,《宣统政纪》第40卷,第47页。
⑤ 1913年6月23日五国银行团致代理财政部长梁士诒函附件;日文档案。

月27日获准予以备案:"着度支部知道"①。赵尔巽先于10月17日在派遣督署度支使往访沈阳(时称奉天)正金银行分行经理小野请借正金银行券时要求"严守秘密",连对日本政府他也要求"不使知道",为期三年,并情愿提供盐税或落地税作担保。小野当即正告:"凡借款合同必得总领事的检证"而后可,"不告知政府是不可能的",又道:所提供的担保税种已充当此前外债的担保,该"另找适当担保"。这个度支使一听急了,马上解释:"此次借款系充当出兵费用;如正金银行方面不答应也没有办法。"过了两天,他又去访问小野,说:"连日来官银号遭受挤兑,准备银仅剩有200万元,对今后情况不胜忧虑","如500万元借款之事不能立即实现,希即先借100万元也好",并强调"希望立即借款","任何条件不拘",等等。过后,小野与督署方面继续保持接触,先后探悉后者以有"急需",唯求能"立即贷给",款额可以"减为300万两",担保可改以"地租40万两"来充当,"如不够,则以土地房屋买卖税100万两作为担保"。小野不在乎这些,向督署问询:从海龙及洮南到南满铁路上某一地点敷设铁路"计划中是否准备向正金银行举借款项?"原来日本旨在搜取建筑铁路的权益。而铁路事务时属邮传部掌管,东三省总督无权过问,也不能做主做出可否的答复。于是赵尔巽于23日亲自询问该行副总经理井上:这次借款"正金银行何以一反往例,迟迟不予回答";又道:"其中一部分系用以支付自三井物产公司所购买的武器之类的代价"仍要"回到日本"的。井上把这些情节除向总行报告外,又向日本驻奉天领事小池张造作了汇报。日本外务大臣内田康哉以东三省督署准备提供的担保不能满足日方的要求,复电小池,要他向日本驻华公使通报:日本政府已决定横滨正金银行"对此项贷款"暂时不再进行。② 此事才告一段落。

地方督抚经奏准而进行的借债活动,事实上只借成两笔,其余几起,都以失败告终。

此外,还有不能定性为国债的三笔。

日本浪人川岛浪速之流,在其国家政策作用和有关部门的支持、纵容下,加紧策划所谓"满蒙独立",即把东北和内蒙部分地方从中国肢解出去的活动。1911年、1912年之交,他们风闻清帝即将退位,便联络一些敌视共和制的满族亲

---

① 上谕,宣统三年九月初八日,《宣统政纪》第62卷,第45页。
② 日本驻奉天领事小池张造致外务大臣内田康哉报告,明治四十四年(1911年)10月17日,"往电320号";同年10月19日,"往电329号";同年10月23日,"往电337号"。日外务大臣内田康哉致驻奉天领事小池张造,同年10月24日,"来电177号"和小池致内田电,同年10月26日,"往电345号"。内田致小池电,同年10月28日,"来电187号"。日文档案。

贵,在日本参谋本部以及关东都督府的支持下,计划"发动满蒙勤王军",并以"坚守满人祖先故土决不归还为理由,保留大清之名,暂据满蒙,以养实力"。一时间内,蒙古卓索图盟右翼旗喀喇沁王贡桑诺尔布、昭乌达盟巴林部右翼旗巴林王等中华民族败类闻讯蹁跹起舞。没法辨明,实也无需辨明,究竟是日本主动还是这些"王爷"主动,"日本政府拨款",由日本横滨正金银行出面,于 1911 年 12 月 18 日,以"借"的名义给喀喇沁王银 2 万两,以该王领地的收入作担保,第二年 2 月 28 日和 3 月 1 日,又分别给巴林王和喀喇沁王各 2 万日元和 9 万日元,并以德王旗内和卓索图盟内所有矿山作担保。日本政府拨款给横滨正金银行时说明,这些拨款所构成的贷款"其所发生的权利","亦系由政府承担"①。这两个"王爷"获得了这些款项都充作谋求分裂祖国活动用,如购买军火以及所谓军费、政费。日本国觊觎"满蒙"地方,拨出一点小钱,通过银行,"借"给几个中华民族败类,按照它的部署来活动,尽管有"借契"、"借据"、"受领证"等文书,这种"借"款能定性作中国的国债吗? 否! 个人认为:连真正的债也不是,更不能算作国债。

次述北方中央政府的举借经过。

户部遵旨筹借"洋款"以资救济,当即奔走行动,先是就已有成议的项目,以期落实。一是加速签订"海军借款"合同;二是"从速"发行"币制实业借款"的债票。

早在 1910 年 8 月,载洵以筹办海军事务大臣身份在美国考察时,虽与伯利恒钢铁公司(Bethlehem Steel Corporation)首脑席洼布(C. M. Schwab)初步议定一笔英金 500 万镑的"海军借款"。此时,席洼布谋求落实细节,遣其代表约翰逊去北京活动。海军部趁此机会,力促借款成为事实,不惜出让大批权益——也就是把中国拟建的海军军港和兵工厂、造船厂等,都归美国掌握,由美国厂商承办经营为代价,迅即于 1911 年 10 月 21 日签订借款合同一件。② 又,同年 4 月,户部与东三省总督为一方,与四国银团签订英金 1 000 万镑的《币制实业借款》一笔,并当即收下垫款英金 40 万镑。借款合同规定,该借款债票"尽速"发行。户部即据此要求贷方履行合同,以尽速兑付除了垫款外的余额。海军借款合同

---

① 日本外务省编:《日本外交文书选译——关于辛亥革命》,中国社会科学出版社 1980 年版,第 87~88、96~99 页。内田康哉致日本驻华公使伊集院彦吉,1912 年 2 月 2 日,"极密电第 21 号";伊集院彦吉致内田康哉,同月 15 日,"密电第 125 号";又 18 日,"密电第 129 号";29 日,"密电第 151 号";3 月 8 日,"密电第 201 号";日文档案。徐义生编:《中国近代外债史统计资料,1853~1927》,中华书局 1962 年版,第 114~115 页。中国社会科学院近代史研究所:《日本侵华七十年史》,第 126~127 页。
② 参见孙毓棠著:《抗戈集》,第 344~346 页。

虽经签订而无后续行动，实业借款因贷方借口大清政府信用不佳拒发债票，都以失败告终。

户部再一着是几乎与上述活动同时并进，向四国银团提出重新举借一笔巨款的要求，遭到拒绝后转与四国银团外的财团接洽多海，这里只举其中较著的一事，作为实例说明。

上文提到的法国男爵勾堆，获悉清政府切望得到借款，乃身揣一份借款草约，与度支部接触，声称愿提供贷款6 000万法郎，也可以增加到15 000万法郎。后者正处在饥不择食的境况中，不加审察，迅即于10月27日与勾堆、法华公司代表甘锡雅草签"宣统三年中国整理各项新财政之借款"合同一件，规定借款额为法金9 000万法郎，或英金360万镑，九六扣，年息6厘，60年还清。度支部同日奏陈清廷，"此次借款，实为非常特别之用"，"虽利息较重，一再磋商，实难减让，军需万急，不能不勉为定议"。勾堆等贷款活动初步实现，急返巴黎活动；但在法国政府的干预下，被禁止在巴黎证券市场发行他们所期望发行的债票。他们改谋在伦敦、柏林等地证券市场上发行，也遭到同样的对待。勾堆等的所谓提供贷款成为画饼。清政府在各省"防务吃紧"、"纷纷请款"的压力下，认为断非原借款量所能济事，轻信勾堆"第一期款项已集"的谎话，竟与之续行订借法金6 000万法郎（与前订定的合计共15 000万法郎），并特许给予据说与勾堆有利害关系的克鲁索钢厂（Crussee Steel Works）以修建一条从武昌到汉口横跨长江的大桥。勾堆谎话连篇，实事则没有一件。清政府于绝望之余，迟至12月中旬，无可奈何地照会法国代理公使，原"借款即应作废"，才放弃这笔借款。

截至1911年年底，清政府为了扑灭革命烈火，一时多方采购军火，价款的全部或一部，由欠款而衍变成几笔借款。

武昌起义后三天，即10月13日，陆军部秘密恳托在北京的日本大仓洋行支店向日本泰平组合采购军火，并要求代垫价款，后者在日本政府的指使下，即与陆军部继10月23日签订供应武器合同之后，于第二年2月5日与陆军、度支两部为一方签订略如价款余欠额的日金182.18万元的借款合约一件。袁世凯被清廷起用后，派遣北军南下汉口与民军作战，亟须充实装备。代表德、奥军火工业集团的军火商们迎合其需要，由德国瑞记洋行经手，并于事后的1912年1月29日与清王朝余孽的袁内阁度支部尚书绍英，按价款加倍，签订英金75万镑的借款一笔。按合约规定折扣九五，利息6%，以崇文门商税作为担保，其实际用途,一半充作付给斯柯达厂的军火价款,一半挪作政费。德商西门子厂(Siemems & Co.)和英国厂商威克斯厂(Vickers' Works)等,在向海军部分别供应了无线电器材和船只等价款全部或余欠(含有武昌起义前的少量积欠),于1912年年初分别与海军部商定改成借款,分别签订合同各为11.75万马克和英金33.85万镑。①

孙中山于1912年1月1日就任中华民国临时大总统之际,鉴于革命与反革命力量对比处于劣势,于是迫于国内、国际形势,对袁世凯作出了自己暂行"承乏"、"虚位以待"的妥协;帝国主义列强认定中国政治走向清楚地在朝着它们所希望的方向发展。袁世凯经孙中山推荐由临时参议院被举为(第二任)临时大总统,之后,"借口南方军队骤增,糜饷过巨",并以"南北既已统一,国民希望和平"为词,"倡议裁兵"②,对南方发动政治攻势;帝国主义列强紧相支持,配合其需要随时供应贷款,以便将其中部分,转用之于遣散南方军队。

袁世凯在正式就职前,仍以清朝内阁大臣身份,遣阁员度支部副首领(当时称谓)周自齐向四国银团驻京代表要求贷款,说是南京临时政府需银700万两,其中200万两为急需。该代表立即电致上海的银团成员代表,与临时政府代表签约,垫给库平银200万两,构成日后被习称为善后大借款的第一次垫款(详见下文)③。2月29日,袁世凯派遣唐绍仪向四国银团提出一份垫款暨借款的全盘计划;另一方面,袁为拒往南京履任制造借口,在天津、保定一带策动兵变。紧接着于3月2日他又派周自齐与四国银团代表会晤,以有"迫切需要"为辞要求紧急提供垫款一笔。这个信息传到伦敦汇丰银行,由它向英国外交部陈述意见,并获得为加强中国的实际政权在"过渡时期"的"急需","维持其不致垮台"④的指示后,于3月9日提供周自齐所要求的垫付银110万两,即称的善后借款第二次垫款。袁内阁将此垫款分成三份:一是充作安抚清室遗老的旗饷;二是处置被炮制起来的动乱;三是采购军需以震慑南方革命势力。这些也就是被混称为充作军政经费。四国银团方面则在交付支票的同时,取得了袁内阁的"谅解和同意保证赋予银行团以提供""将来大改组时需用的一笔巨额借款的优先权"⑤,即

---

① 参见徐义生编:《中国近代外债史统计资料,1853～1927》,中华书局1962年版,第52～53、114～115页。
② 周震麟:《关于黄兴、华兴会和辛亥革命前后的孙黄关系》,《辛亥革命回忆录》第1集,第337页。
③ 参见丁名楠等:《帝国主义侵华史》第2卷,第367页。
④ 朱尔典致格雷,1912年4月11日,《蓝皮书》,中国(第2号),1912年,第22件。四国银团与袁世凯的往来函,1912年3月9日,日文档案。
⑤ 参见费尔德:《美国加入在中国的国际银团》,1931年,第75～76页。

为日后达成"善后大借款"作一伏笔。

3月11日,袁世凯在就任临时大总统的第二天,再向四国银团要求提供垫款银500万两,该银团在伦敦的代表于12日集会决定,同意垫支此中预定用于支付军饷的银200万两。这个决定还未及付诸行动,该银团突然发现袁世凯政府于同月14日与英比俄财团由道胜银行在俄国政府指使下,张罗了法国巴黎毕抽尔公司、比利时总公司联合会和英国东方银行等签订"英金1 000万镑以内"的借款草合同一件,并先后于同一天和4月6日为应袁政府排除异己、收买对手等的急需,分别垫支100万镑和25万镑,共计125万镑的款项(习称华比银行借款)①,乃向袁世凯政府提出强烈抗议,并由有关四国即英、法、德、美驻华使节施加处交压力,要求废除此项华比银行借款。袁世凯政府作了牵强的自我辩护后终于在4月27日屈服。

一场风波既过,四国银团在原则同意继续进行半充"裁兵"经费的垫款磋议中,提出了以监督垫款用途为条件,即中国政府须偕同一位或数位"由公使馆指派的外国军官"亲赴现场,如"南京、上海监督裁军"。临时参议院闻讯哗然,认定断难接受。黄兴更激烈反对,并认为根本没有借巨额外债的必要,②袁政权则一意孤行,到5月17日,双方达成了在措辞上藻饰成为如此的协议:设立核计处(又作核算处),由四国银行团和中国政府各任用给薪一人,共二人组成,对由垫款中提取款项的一切支票,都须经该两核计员签字。俟垫款完毕,核计处即行裁撤。各省发放军饷及遣散军队费用,该地方军政府须备三联领饷清单,由中央政府委派高级军官及各该地方的海关税务司会同签字;如在北京及其附近地方发放军饷或遣散军队,由中央政府派一高级军官会同核计员在三联领饷清单经查核签字后才能从垫款中提取。③

四国银团迫使袁世凯政府接受垫款用途监督的同时,在伦敦应俄、日两国银行代表的要求,邀请他们共同讨论对华借款、垫款问题,并同意后者参与垫

---

① "参议院修正华比借款草约全文",《中国日报》1912年4月3日,《政府公报》1912年7月20日,第81号"公文"。朱尔典致格雷函,1912年5月6日,《蓝皮书》中国(第3号),1913年。此项借款系由华比银行经手,习称"华比借款";借款合同上贷方签字者除了华比银行代表陶普施外,还有英国东方银行的劳森(H. F. Uwson)副署,因此,又称"英比借款"。
② 黄兴先对袁世凯的"裁兵"说:"格于形势,予同意通令南省各革命军严加裁汰。"参见金冲及:《杰出的民主革命家黄兴》;中山大学近代中国研究中心编:《从林则徐到孙中山……》,中山大学出版社1994年,第315页。迨这次垫款规定如正文中所述条件,他于5月24日通电反对;略曰:"匪独监督财政,并直接监督军队……20年来,海内各志士赴汤蹈火,粉身碎骨所辛苦缔造之民国,竟一旦断送于区区300万之垫款,吾辈犹不死,誓不承认。"
③ 丁名楠等:《帝国主义侵华史》第2卷,第371页。

款的分摊。这样,国际银团由四国扩大成为六国组成(简称"六国银团"),除了于 5 月 17 日当天,接着于 6 月 12 日和 18 日,连续三次,提供了数额均为银 300 万两的垫款三笔。也就是后来习称的善后借款第三、第四、第五的三次垫款。这些垫款用途,半数充北京政府经费,半数交南京留守府使用。就后一部分说,被袁世凯政府视为心腹之患的、驻在南京附近十几万军队的遣散等费用,就是从中获取的。

袁世凯政府接受的善后借款最后一次,也就是第五次垫款,成为辛亥鼎革之际北方举借外债中的最后一笔。

北方从 1911 年 10 月中旬起的 8 个月里,先后向德、法、日、英、俄、比、美等国资本组织(包括数国财团结成的国际银团),共计 12 笔,统一折合成银元,总量近银 3 940 万元。详见表 1。

表 1　1911 年 10 月至 1912 年 6 月中国北方外债统计

| 序号 | 年　月 | 名　称 | 贷　款　者 | 金　额 |
|---|---|---|---|---|
| 1 | 1911 年 10 月 17 日 | 山东省借款 | 德华银行 | 济平银 100 000 两 |
| 2 | 1911 年 10 月 25 日 | $津市面救济借款 | 东方汇理银行 | 行平银 150 000 两 |
| 3 | 1912 年 2 月 5 日 | p军部借款 | 大仓组 | 日金 1 821 760 元 |
| 4 | ? | 海军部借款 | 西门子厂 | 德金 117 482 马克 |
| | | | 威克斯厂等厂 | 英金 337 428 镑 |
| 5 | 1912 年 1 月 29 日 | 瑞记第一、二次借款 | 瑞记洋行 | 英金 750 000 镑 |
| 6 | 1912 年 3 月 9 日 | 善后借款第二次垫款 | 四国银团 | 规平银 1 100 000 两 |
| 7 | 1912 年 3 月 14 日 | 华比借款第一次垫款 | 英比俄财国(华比银行经手) | 英金 1 000 000 镑 |
| 8 | (1912 年)4 月 6 日 | 华比借款第二次垫款 | 英比俄财国(华比银行经手) | 英金 250 000 镑 |
| 9 | 1912 年 5 月 1 日 | 直隶借款 | 东方汇理银行 | 行平银 100 000 两 |
| 10 | 1912 年 5 月 17 日 | 善后借款第三次垫款 | 六国银团 | 规平银 3 000 000 两 |

(续表)

| 序号 | 年　月 | 名　称 | 贷　款　者 | 金　额 |
|---|---|---|---|---|
| 11 | 1912年6月12日 | 善后借款第四次垫款 | 六国银团 | 规平银 3 000 000 两 |
| 12 | 1912年6月18日 | 善后借款第五次垫款 | 六国银团 | 规平银 3 000 000 两 |
| | 总　计* | | | 银 39 387 945 元 |

　　* 统一折合成银元。各种成色的银,统作库平银。库平银1两,折银1.34元,日元与银元等值,1马克折成银0.48元,1英镑折成银9.8元。
　　资料来源:据徐义生编《中国近代外债史统计资料,1853～1927》第52～53、114～116页表中有关项目改制。

## (二) 南方

　　南方临时政府一成立,估计到财政定将难以保障供给,当即采取发行公债的措施,继而鉴于民间承购国债,"仓猝零星,征集颇难应急",决定采取外债国债化。怎么实施这个"化"? 引用临时大总统孙中山日后致参议院一件咨文中所说明的原话是:向治区内大型企业如"汉冶萍及招商局管产之人商请将私产押借(国外)巨款,由彼得款后,以国民名义转借于政府,作业一万万之国债内之一部分"①。南京临时政府如此决定,也力图这么做。

　　南京临时政府作为借方的外债,包括所追认的早先同盟会人为筹措革命经费以个人名义举借的款项,也包括留守府的一些债务。

　　同盟会人谭人凤当该会于1911年初策划广州起义时,对黄兴表示了自己的主见:"两湖居中原中枢,得之可以振动全国,控制房廷"②。起义一失败,他和宋教仁等人为便于领导统筹长江中游各省革命活动,组织了中国中部同盟会。③ 为展开活动筹措经费,谭人凤于6月10日、7月15日先后签具借据,由日人北辉次郎经手,向日本今野洋行借取日金各10万元,共20万元,年息6％,借期一年,许以新政府成立后把苏杭及湖南所产之米由其独家输出,并给予采掘长江流域矿山的优惠。南京临时政府一成立,谭人凤

---

① 《孙中山全集》第2卷,第106页。
② 曹亚伯:《广州三月二十九日之役》,《武昌革命真史》,前编,上海书店1982年版,第277页。
③ 组织中部同盟会,最先由宋教仁于1910年在日本东京召开的十一省区同盟会分会长会议上所提出,谭人凤极表赞成。

又以北面招讨使①的名义与之商洽借款,并于 1912 年 2 月 15 日连前所欠,与该洋行改定借款额为日金 30 万元一笔,月息 1%,半年期,以民元军需公债 30 万元作为担保。② 当清军在南京负隅顽抗时,黄兴因进攻急需订购军械等物资,由日本大仓洋行经手后,将价款余欠数,于 1911 年 11 月底转成京平银 54.3 万余两的借款一笔,年息 7.5%,期限一年。③

几乎与南京临时政府成立同时,实业总长张謇鉴于政府财政匮乏,以私人名义出具保证,向日本三井洋行借款 30 万元以应急需,借期一个月;1912 年 1 月 24 日签订借约,30 万元改成日元,借期延长为半年。接着,南京临时政府为采购军械、被服等物品,于同年 3 月 18 日与该洋行达成包括规平银 8.6 万两、日金 7.9 万元和银元 192.232 万元的借款一笔。

临时政府谋求较好地解决经费问题,拟定:

(1) 以招商局局产为担保,向日本资本组织商洽借款银 1 000 万两;

(2) 以汉冶萍公司股票为担保,向大仓洋行洽借日金 500 万元,均未成为事实。

其经过如下。

临时政府于成立的次日会议上决定:责令招商局以局产"抵押一千万两",暂借于中央政府"以充军用",由政府"分年偿还利息"。④ 招商局予抵制,直到 2 月 1 日才付临时股东大会表决通过。⑤ 日本驻上海领事有吉明闻讯,断定这是乘机在长江中下游流域扩张日本航运势力的绝好机会并报告日本外务省,建议敦促国内财团速下决心筹备款项。外务省经与有关方面协商后推动日本邮船公司抓紧行动,并授予机宜:力求避免暴露出似乎"公然向革命军提供军费之形迹"⑥。2 月 6 日,日本邮船公司上海支店长抓紧与南京临时政府签订一份草约

---

① 南京临时政府成立后一度制订出了六路北伐计划,除了沿津浦路北上一路攻克徐州而止外,其他各路都没有什么行动。参见金冲及:《杰出的民主革命家黄兴》,中山大学近代中国研究中心编:《从林则徐到孙中山……》,第 213 页。

② 谭人凤与斋藤德次、石桥重太郎、蒲生剑秋于 1911 年 6 月 10 日、7 月 16 日和 1912 年 2 月 15 日签订的借款;又 1914 年 10 月 24 日今野晋三呈财政部文,附件和 10 月 31 日、11 月 20 日复函。日文档案。

③ 《中央政府短期内外债报告册》,外债,第 5 页。《短期外债关系杂件》,日文档案。〔日〕对支功劳者传记编委员会编:《续对支回顾录》下卷,1936 年,第 326 页。

④ 《申报》,1912 年 1 月 25 日;《粤北伐军总司令姚雨平等致招商局电》,1912 年 1 月 20 日;《沪军都督陈(其美)照会招商局,1912 年 1 月 24 日》,招商局档案。转引自张后诠主编:《招商局史(近代部分)》,第 286~287、365 页。

⑤ 《申报》1912 年 2 月 2~3 日,

⑥ 邹念之译:《日本外交文书选译——关于辛亥革命》,中国社会科学出版社 1980 年版,第 358 页。

合同,规定应进一步商定具体条件;在签订正式合同前中国方面不得再为第三国进行借款交涉;中国若有急需,则日本方面可以随时先行垫款100万元。英国闻悉这一信息后,出面干预,要求日本政府制止这项贷款。因日本与英国的第三次同盟条约刚签订不久,由外务省向英国表示,政府对日本邮船公司的行动"不鼓励""不劝阻";但给有吉明的指示则是为求进展顺利,对日本邮船公司随宜"从背后给予必要的援助"①。到3月,日本不准备签订正约而决定退却:"一面努力为日后交涉留有余地,一面迫使对方(即中国——引者注)约定,不以招商局财产为抵押向他国进行借款交涉。"②此项借款虽不了而了,被搁在一边,日后日本却蛮横无理地把它设想的"约定"作为似乎已经"约定"的权益。

日本对汉冶萍煤铁厂矿公司觊觎有年,蓄谋以贷款"合办"名义予以实际吞并。公司总理、原清政府邮传大臣盛宣怀于武昌起义后遭清廷罢黜,在日人掩护下流亡日本,更被日本视作实现"合办"的最好时机。盛宣怀接受南京临时政府责成他以汉冶萍公司名义为政府筹措500万元以接济军费的委托,他自己则为维护作为汉冶萍一大股东的利益计,立即表示"义不容辞",向横滨正金银行董事小田切万寿之助提出继续甫告中止的借款商谈。后者同意,但要求以汉冶萍煤铁厂矿公司实行中日合办为条件。孙中山虽认识到如此条件恐有流弊,而迫于财政极端困难,一度决定姑作"质衣疗饥"的险着,授权盛宣怀与三井洋行议订借款合同③;接着再由南京临时政府和汉冶萍公司为一方和三井洋行为另一方于1912年1月26日签订"汉冶萍公司中日合办草约";2月11日,又由汉冶萍煤铁厂矿协理李维格与小田切在东京签订《汉冶萍预借矿砂合同》。这些草约合同分别列有两项规定:(1)作为日方提供的"合办"股本1 500万日元中的500万日元,由公司转借给政府;(2)准备于第二天(2月12日)由横滨正金银行提供给公司的300万日元中,转借给政府200万日元。这些信息传出后,国内舆论哗然,怒斥盛宣怀为"贼""将汉冶萍与日"④。总统府枢密顾问章太炎、实业总长张謇等也坚决反对,向孙中山恳挚陈言。孙中山当机立断,除了已"火急借入日金200万元以应军队之需"外,经两度向参议院提出咨文说明经过后,于2月23日

---

① 邹念之译:《日本外交文书选译——关于辛亥革命》,中国社会科学出版社1980年版,第361~363页。
② 邹念之译:《日本外交文书选译——关于辛亥革命》,中国社会科学出版社1980年版,第369页。
③ 王勋致陈荫明转王宠惠电,1912年1月14日,陈荫明复王勋电,同月17日,盛宣怀致黄兴电,同月24日,《辛亥革命前后》,上海人民出版社1979年版,第230~232,239~240页。
④ 《民立报》1912年1月26日。

发布废除合办借款草约令,①把此事了结。

其时,俄国道胜银行对贷款也有所活动。临时政府鉴于该行想以"赋税之所入",作为"付息及偿本之用"的条件,拒与深入商洽。②

临时政府的财政境况一直陷于山穷水尽的困境。苏、沪军政府和张謇(他既是政府中的实业总长,又负时望)有鉴于此,倡议有成,决定由苏路公司以该公司产业作担保,出面举借外债一笔,转借给南京临时政府。日本财团如大仓组、三井洋行等在其本国政策作用下,也正谋求乘机活动,攫取中国的路矿权益,乃给予积极响应。日本外务省注意到该路"与英国的关系相当复杂",志在必得地训令有吉明就近与大仓洋行上海支店长加强联系,"给以必要的关切"、"促成其实现",并要他提醒大仓洋行,在应江苏铁路公司的要求准备贷款时务必要求该公司"出具文书",说明拟议中的借款对"英国方面之利益并无侵害"③。1月18日,双方在上海签订了借额为日金300万元的草约合同一件。草合同一签字,英驻日大使质问日本外务省,此项借款是否"与日本迄今声称不干涉立场和不鼓励对任何一方提供借款的方针相悖";又要求日本注意:据1908年中英沪杭甬铁路借款合同规定,作为担保的包括江苏铁路(实指该路的上海—枫泾段),而今草约合同中也以江苏铁路充作担保,岂非恰"相抵触"?进而强硬要求"无论如何应着其暂停交款"④。日本外务省虚与委蛇,示意大仓洋行把这笔贷款做成既成事实,于同月27日签订正式合同,并即提供贷款日金300万元。英国暂时未与计较,两年后以此迫使北洋政府接受沪枫铁路借款垫款,用以归还清算这笔大仓借款。这是后话。

嗣后,临时政府作为借方所形成的对外债项,除了为采购被服军装,于3月18日由日本寿屋洋行提供贷款银1.3万元外,多半是为了结清旧欠款,计有如下数笔:(1)上海总商会谋求收回前时先后分别垫给宁(南京)、沪军政府的款项,由它经手,以南京临时政府(实为它的留守府)名义,于1912年4月27日与德商捷成洋行签订款额为德金500万马克借款一笔,除了归还上海总商会垫支的银

---

① 《孙中山全集》第2卷,第88、106、123~124页,张孝若:《南通张季直先生传记》,中华书局出版,第176页。
② 《民兴报》1912年3月15、23日。高劳:《临时政府借款记》,《东方杂志》第8卷第11号,第18~19页。
③ 《苏路公司布告各股东书》,《时报》1912年2月4日,《政府公报》1912年7月20日(第81号)"公文"。伟晋颂(F. E. Wilkinson)致朱尔典,1912年1月20日,《蓝皮书》,中国(第3号),1912年,第126号附件。邹念之译:《日本外交文书选择——关于辛亥革命》,第372~373页。
④ 邹念之译:《日本外交文书选择——关于辛亥革命》,第375~376、380页。

180万两本息外,余数充作留守府的经费。(2)留守府为结清前购军械等余欠款,和应新购一些物资以及保障本身运作的需要,先后于同年5月13日与沪军都督一起,与三井洋行签订数额为规平银35万两的借约。(3)10月,留守府与德商礼和洋行商定把旧欠款变为借款,计德金420万马克。(4)与此相似,11月与英商怡大洋行达成借款规平银19.17万两。①

湖南和沪、宁等六省两地军政府,在临时政府成立前至撤销后,主要为采购军械、发放军饷等急需,向在华外国企业举借过一些外债。这里以时间先后为序,分省(地方)叙述如次。

早在1911年12月8日,沪军都督以招商局所有各埠找房及市房等财产作担保,向汇丰银行借款规平银150万两,其中40.23万余两归沪军都督运用,余则充招商局添置轮船的经费。第二年4月20日、6月1日和13日,沪军都督陈其美和黄兴、朱佩珍等,为筹措军政经费连续向三井洋行通融短期、少量资金应急,分别为规平银15万两和两次各10万两,共规平银35万两。此外,由沪军都督府成员、荷兰鲁意洋行买办虞洽卿经手,于6月18日向荷兰银行借规平银1万两充发沪军军饷。湖南军政府以湖南矿务总局名义,为筹措军政费用,以水口山铅锌矿砂10万吨作为担保,与德商礼和洋行洽商,拟借银326万两;1912年2月24日达成协议,款额改为长(沙)平银100万两,年息5％。差不多同时,福建都督孙道仁与日本台湾银行商洽借款300万元,以供该省军政经费,同月达成协议,借款日金50万元,以省内盐税及内地常关税、茶税和福建省造币局财产作为担保,日息0.28％,为期2年。7月,为筹措补发闽军5月、6月两月份的军饷,孙道仁向美国美孚石油公司借款30万元,年息5％,为期3年。浙江都督蒋尊簋为筹措部分浙军退伍费以及筹办平粜、防疫等费用,以财政司高尔登为一方,礼和洋行为另一方,以向德国克虏伯厂订购军械为条件,以浙江丝绢及国库证券160万元为担保,于该年5月5日,借600万马克。安徽都督柏文蔚为筹措该省军政经费,与三井洋行接洽,拟借日金150万元,商洽结果,于5月6日,与矿务总局窦以钰一起与该洋行签订借约,以中日合办铜官山铁矿为条件,并以铜官山矿山为担保,由后者提供贷款日金25万元,年息8.5％,期限1年。湖北都督黎元洪为筹措官钱局资金和龙角山锑矿购置器械等费,于6月26日与德商捷成洋行签订借约,给予该行采购器械优先权为条件,以汉口销场税等为担保,提供贷

---

① 参见徐义生编:《中国近代外债史统计资料,1853—1927》,第96～101、102～104页。

款洋例银 300 万两一笔,年息 6%,期限 2 年。①

南方——南京临时政府和省军政府——共借外债 23 笔,折成银元 2 810 余万元,列表如下:

表 2　1912 年中国外债统计

| 序号 | 年　月 | 名　称 | 贷款者 | 数　量 |
|---|---|---|---|---|
| 1 | 1911 年 11 月 31 日 | **大仓洋行借款 | 大仓洋行 | 京平银 543 420 两 |
| 2 | 1911 年 12 月 8 日 | 招商局汇丰借款 | 汇丰银行 | 规平银 1 500 000 两 |
| 3 | 1912 年 1 月 24 日 | *三井洋行借款 | 三井洋行 | 日金 300 000 元 |
| 4 | 1912 年 2 月 15 日 | *今野洋行借款（三次） | 今野洋行（北辉次郎经手） | 日金 300 000 元 |
| 5 | 1912 年 2 月 24 日 | 湖南礼和借款 | 礼和洋行 | 长平银 1 000 000 两 |
| 6 | 1912 年 2 月 26 日 | *汉冶萍抵押借款 | 三井洋行 | 日金 2 000 000 元 |
| 7 | 1912 年 2 月 28 日 | 善后借款第一次垫款 | 四国银团 | 规平银 2 000 000 两 |
| 8 | 1912 年 2 月 | *苏路借款 | 大仓洋行 | 日金 3 000 000 元 |
| 9 | 1912 年 2 月 | 闽省台湾银行借款 | 台湾银行 | 日金 500 000 元 |
| 10 | 1912 年 3 月 18 日 | *三井借款 | 三井洋行 | 规平银 86 000 两<br>日金 79 500 元<br>银元 1 922 315 元 |
| 11 | 1912 年 3 月 18 日 | *寿屋洋行借款 | 寿屋洋行 | 银元 13 016 元 |
| 12 | 1912 年 4 月 20 日 | 沪督三井借款 | 三井洋行 | 规平银 150 000 两 |
| 13 | 1912 年 4 月 27 日 | *捷成洋行借款 | 捷成洋行 | 德金 5 000 000 马克 |
| 14 | 1912 年 5 月 5 日 | 浙江礼和借款 | 礼和洋行 | 德金 6 000 000 马克 |
| 15 | 1912 年 5 月 6 日 | 安徽借款 | 三井洋行 | 日金 250 000 元 |
| 16 | 1912 年 5 月 13 日 | *三井借款 | 三井洋行 | 规平银 350 000 两 |
| 17 | 1912 年 6 月 1 日 | 沪督三井借款 | 三井洋行 | 规平银 100 000 两 |

① 参见徐义生编：《中国近代外债史统计资料，1853—1927》，第 96～101 页。

(续表)

| 序号 | 年　月 | 名　称 | 贷款者 | 数　量 |
|---|---|---|---|---|
| 18 | 1912年6月13日 | 沪督三井借款 | 三井洋行 | 规平银 100 000 两 |
| 19 | 1912年6月18日 | 上海和兰银行借款 | 和兰银行 | 规平银 10 000 两 |
| 20 | 1912年6月26日 | 湖北捷成借款 | 捷成洋行 | 洋例银 3 000 000 两 |
| 21 | 1912年7月 | 福建美孚石油公司借款 | 美孚石油公司 | 银元 300 000 元 |
| 22 | 1912年10月 | *南京留守府礼和借款 | 礼和洋行 | 德金 4 200 000 马克 |
| 23 | 1912年11月26日 | *南京留守府怡大洋行借款 | 怡大洋行 | 规平银 191 717.18 两 |
| **总　计 | | | | 银 28 111 982 元 |

资料来源：据徐义生编《中国近代外债统计资料，1853～1927》第96～100页表1改制。
* 借者为南京临时政府及留守府，无 * 者为各省军政府。
** 折合率同表。

南北两方借款合计35笔，总量为银6 750万元，其中北方占58.35%，南方占41.65%。北方借款中属于地方政府借的不多，在总量中只占0.4%，略去不计。南方借款中属于临时政府及其留守府和各地政府的，分别占59%和41%。借量少、借期短（最短的以月计），是这一期间借款的特点，基本上属于短期周转性质。没有一笔是在国际金融市场上筹集，而多由借者出资或垫支。北方外债的贷方主要是国际银团、四国银团及其扩大后的六国银团和英比俄财团，它们提供的数量超过北方借款总数的一半。南方外债的贷方，德国占最大比重（45.8%），日本次之（37.6%），其余各国依次为英国（10.3%）、美国（3.7%）、法国（2.5%）和荷兰（0.1%）。所有借款都是主权债务，几乎全部充作军政费用。超过总量1/3的债项，旋即从1913年和1914年举借的新债中扣还和偿清，其余约占1/3债量的债项，根据武昌起义爆发后数日革命军事当局的声明，是属于干涉内政的举动，拒予承认；又占1/3多点的债项除了有一笔贷方自我收回债权，其他的多半系购货价款欠额衍变而成。

## 四、借款的透视和分析

辛亥鼎革之际的中国外债，总的说来，固然出于南北双方都谋求缓解财政困境的需要,而所以成为债务,事实更是帝国主义强权政治的产物。30余笔外债的形成,既简单也复杂,内含着似若矛盾的现象,值得作一番透视和分析,兹略举四点,兼代小结。

第一,当年南北双方财政都拮据不堪,决定了它们在借贷关系中都被处于劣势的地位。尽管如此,由于外债政策的不同,在怎么借这一点上,双方出现根本性的区别。北方一心指靠国际信贷,以求拯救和增强自己,博取列强的支持。这样,只求款项能到手,什么国家主权、民族利益都可以扔在一边;不论已成的借款,还是拟借未成的活动,都暴露出这种情况,如与美国财团签订的海军借款合同中所表明的。南方则不同。它的政策是:即使外债非筹措不足以济急,也力求使之国债化;对于为筹措军政经费而负主权债务所可能产生的后果,深有戒心,力主慎重。即使迫不得已,着手举借,还是守住避免利权外溢这个分寸;即使最终废止,也在所不惜。招商局借款垂成而罢,就是一个著例。

第二,帝国主义列强面对辛亥革命形势,制定对华行动方针,规定了对华贷款策略。它们以国际银团(不管是四国还是六国)做工具,运用信贷的杠杆,作为实现其既定方针的一个方面。列强明白宣布"支持"国际银团的活动,又声称不"禁止"国际银团外其他财团的活动(这是春风人情。垄断并不能排除竞争。怎"禁止"得了)。不"禁止"者何?事实表明,是听之任之。设若在它们认为超越了它们所设定对华政策的"度",也就是有碍于推行它们的既定方针,便施加影响,使之失败。勾堆借款终归无成,就是一个例子。它们运用这种"支持"和不"禁止"的两手,或隐或现地使国际银团外的财团,以国际银团为轴心而转动,来作为必要的补充,银团外的商行如德国瑞记洋行和日本大仓洋行等向北方,也向南方,或以军火价款余欠款衍变成借款,或为促成军火交易提供价款借款,基本上属于这一类。瑞记洋行的第一、第二次借款是对袁世凯内阁策划军事镇压汉口一带民军的支持,恰与列强的以战迫和的对策相吻合,事实也竟成为南方革命派的民军与北军达成由一时的停战协议而展开"南北和谈"的一个促成因素。所有外债中除了一些量少、期短、应一时之急的周转性的债项外,都与当年剧变着的政治大事紧密相关,不是作为一件大事的前因之一,就是成为一件大事后果的一种。

第三,列强/国际银团提供贷款给北方,在与借方磋商中,从来是它提出了要求并最终如愿得逞。善举后借款第三次垫款约定的借款用途监督这点来说,规定之具体和细密,是前所未见。为了这点,借贷双方磋商多次才定局,这只是做给局外人看的。不妨假设借贷双方有着默契，或者是，有文字记录而未经发现。这个默契该是：贷方以直接插手遣散被北方认为心腹之患的南方军队，换取深入监督借款用途的权益；借方则正谋假手贷方——帝国主义列强的直接参与监督，遣散南方的军队，心照不宣地让予这一严重侵犯中国行政主权的特权。如果这个假设能够成立，则这些借款对当年瓦解革命势力中的作用不容低估。

第四，日本对当年南方贷款的次数特多。作为个人的行为，包括经手、介绍和贷放，不排除或系出于同情革命而有这样举动的可能性。即使如此，只要日本政府的行为一经介入，则莫不使之变质；对每笔借款都一无例外地被当作推行其对华政策全局中的一着。日本积极参加汉冶萍借款，目的是以"合办"之名作实质的兼并；至于以此而贷出的款项究竟做什么用，它虽非绝不考虑，实际上则置于极其次要的地位。它同意支持日本民间企业向南京临时政府贷放款项，是谋以此实现其势力的扩张。当年即有人犀利地揭露它的行为"毫无援助南京政府之意"①。有必要做一点补充的是：设若注意到日本的对策抉择，仍以汉冶萍借款事为案例，当初日本对它志在必得，甚至考虑过必要时采取军事占领一策（事实上当年也一度这样干过）。而通过借款既可以实现预期目标，又可以不必动武。这说明什么？说明了借款在某种特定时势场合，在贷方眼里，其作用犹如采取军事手段，而且胜过军事手段。

（原文载《近代中国》第 7 辑，<br>作者：宓汝成，中国社会科学院经济研究所研究员）

---

① 中国第二历史档案馆编：《中华民国史档案资料汇编》第二辑，江苏人民出版社 1981 年版，第 280 页。

# 盛宣怀在汉冶萍公司成立前的日本借款论析

易惠莉

张之洞主持之下的官办汉阳铁厂（以下简称汉厂），自1894年6月开工到1895年6月一年的时间中，炼铁炉只间断性地开工了不足四个月。张之洞面对汉厂难以为继的局面，准备将汉厂招商接办，在与包括洋商在内的多方接触之后，他将汉厂交盛宣怀招商接办。盛宣怀1896年接办汉厂后，为解决汉厂的经营危机，曾多次举借巨额外债。对此，长期以来海内外历史学界多有非议，尤其是关于向日本借债的问题。本文通过对盛宣怀1896年接办汉阳铁厂、1898年为汉阳铁厂而创办萍乡煤矿到1907年酝酿成立汉冶萍公司10年历史的分析，认为在清末政治经济环境之下，对于汉阳铁厂、萍乡煤矿这样在国民经济中有至关重要地位的新兴大型钢铁联合企业，初建时期国家不能及时予以贷款扶持，在西方列强及日本竞相向中国进行资本输出的时代背景下，它纵使不向日本借款，也会或向德国、或向英国、或向比利时等其他国家借款，沦为这些外国资本的附庸。盛宣怀最初为汉阳铁厂、萍乡煤矿大举日债，实系形势所迫，是一种反复权衡利弊之后的选择。对于盛宣怀的做法，应予以同情的理解。对汉冶萍公司最终的命运，当时的政府应负主要责任。

## 一、汉阳铁厂严峻的现实(1896—1898)

1896年4月，盛宣怀与张之洞谈妥由他招商接办原官办汉阳钢铁厂。当时投入资金已达银560余万两的汉厂，[①]"除厂地机炉可作成本二百余万两外，其

---

① 张之洞与盛宣怀议定：官办汉厂用去的560多万两银，一旦汉厂生铁炉开始炼铁，每出铁一吨就要上缴政府银一两，当560多万两银缴完后，就要作对政府的报效，永远是每出铁一吨上缴银一两。另外，一旦铁路公司向汉阳铁厂订购钢轨，汉阳铁厂就得先从铁路公司的预付轨价银中分两次共提取100万两上缴户部，作为归还官办汉阳铁厂所用户部200万两拨款的一半。《张文襄公全集》卷47，光绪二十四年闰三月十三日"查明炼铁厂用款咨部立案折"卷44，光绪二十二年五月十六日，《铁厂招商承办议定章程折》。

余皆浮费之款",①没有留下可供盛宣怀使用的资金。当年5月、6月,盛宣怀两次向社会发布招集商股章程,第一次计划招股100万两,第二次则声称计划招股200万两,②但直至年末,并未招到分文商股。1896年,汉厂运营周转资金除有张之洞的铁政局拨款银15万两外,③主要是向各钱庄借短期息款。据在汉厂管银钱的盛春颐12月的报告,汉厂当年"综计用款自十月底止,已欠各庄有十万一千有余,加以冬月上旬为止,又用二万之谱,统计岁内用款总在二十万以外"。盛春颐要盛宣怀汇银30万两,其中20万两赶在年关前用以归还钱庄欠账,余数则存放钱庄,俾给钱庄留下好信誉,以利下年再度举借。④ 向钱庄借款对汉厂来说是饮鸩止渴,因为钱庄借款"月月计息,随时转票借本还息,则息银即变本银;庄号月结,月滚越多"⑤。从1899年萍乡煤矿与德商礼和洋行之间的12年期借贷利息为7厘来看,当时钱庄的短期借款月息应远高于此数。钱庄借款势必导致汉厂经营成本越来越重。

1896年10月,盛宣怀被委中国铁路督办,1897年2月他就以预付轨价的方式将筹办淞沪路、卢保路的铁路经费银30万两拨用于汉厂。不过,在钢轨等产品未交付给铁路公司前,汉厂须为这笔预付轨价向铁路公司至少支付年息7厘

---

① 《汉冶萍之历史》,陈真编:《中国近代工业史资料》第3辑,生活·读书·新知三联书店1961年版,第423页。
② 陈旭麓等主编:《盛宣怀档案资料选辑之四》《汉冶萍公司》(一),上海人民出版社1984年版,第66、76页。过去相关的研究论著及资料中,根据盛宣怀的这两份招商集股章程,判断1896年盛宣怀接办汉厂时,已招到商股银100万或200万两,这缺乏可靠的事实依据。据《汉冶萍公司》史料确切的记载,汉厂直到1905年,才有轮船招商局和电报局的商股银50余万两。而据轮船招商局的账目记录,1898年投资汉厂银10万两,1901年又投资银17.4万两,1902年到1907年没有投资,此期盛宣怀已离轮船招商局督办职,如此,1898年到1905年轮船招商局对汉厂的投资总共只有27.4万两,而电报局的投资到1905年时就只有不到23万两了。据盛宣怀的说法,电报局的投资是在轮船招商局之后,那么,电报局对汉厂的投资就必定是在1898年后了。另外,还据轮船招商局的账目记录,1899年它向萍矿投资10万两,1901年投资6.4万余两,1903年投资7万两,1906年投资21.7万。轮船招商局之所以在1903年、1906年两年还对萍矿投资,是因为它的用煤在开平被英资吞并后主要依靠萍矿。尽管如此,这种零星小额的资金开始并不是作为股本银,而是作为代汉厂或萍矿垫付某项经费而投入,因而不能如真正的股银被有计划地合理地使用。关于这点,在1905年萍矿总办张赞宸谈及轮、电二局和铁路公司给萍矿的投资情况时有很清楚的说明。本文后面将论及。轮船招商局向汉厂、萍矿的投资情况,参见朱荫贵《国家干预经济与中日近代化》,东方出版社1994年版,第120~121页。
③ 盛宣怀两次说及这笔拨款。其一称,1896年他在与张之洞交涉接办汉厂时,"空拳赤手屡辞未获,遂请回沪招集商股,必得现款百万,宽期三月再行来鄂接办。复蒙慰谕,再三饬由铁政局交付银15万两,为接办成本,即日交替"。其二称,这15万两银的拨款实质是铁厂"代铁政局还帐从前官局结欠各洋行约18万余两。香帅拨银15万两,即是交商转还。现除还去外,向各洋行分期展缓,而所拨之15万两,业以移缓就急,凑入成本应用,是商局又多一累"。《汉冶萍公司》(二),第179~180页,《汉冶萍公司》(二),第383页。
④ 《汉冶萍公司》(一),第308页。这样要求盛宣怀为汉厂汇款的信函1896年年底前还有好几份,见《汉冶萍公司》,第316、321页。
⑤ 陈真编:《中国近代工业史资料》第3辑,第418、443页。

的利息。① 种种迹象表明，1896 年至 1897 年间，汉厂的运营周转资金几乎全依赖于高利贷性质的钱庄借贷和铁路公司贷款性质的预付轨价。②

早在 1892 年，张之洞初步预测汉厂开工后常年周转资金在银 100 万两以上，盛宣怀接办后，区区数十万的预支轨价及钱庄借款，只堪维持于一时，且使汉厂债务日趋加重。即使没有运营周转资金短绌的问题，盛宣怀从更经济合理的借贷条件出发，举借外债也是早晚之事，更何况当时他还面临着汉厂设备技术改造巨额资金需求的压力。张之洞官办时期遗留下来的设备技术及生产上的要害问题有如下三项：

其一，生铁炉问题。汉厂虽建有甲乙两座生铁炉，但是甲炉由于设计建造的问题，始终未开炉冶炼。至于开工的乙炉也因设计建造存在问题，生产状况并不理想，时有停炉修理情况，产量过少，导致成本高昂，③"外洋生铁每吨 15 两，本厂成本 25 两。"生铁成本高昂导致熟铁成本每吨高达 52 两，而外洋市价不过 40 两。④ 按照生产成本核算，汉厂仅冶炼及销售生铁一项，就要"月计赔亏 4 万金"。⑤

其二，炼钢炉问题。汉阳铁厂虽有一座马丁炉可以炼出适合制造钢轨的钢材，但炉小费料，产量少，出钢成本极高，不能满足钢轨生产的要求。汉厂生产钢轨依靠的是两座贝色麻酸法炼钢炉，因该炉型不能适应大冶矿石，炼出的钢含磷

---

① 参见 1907 年盛宣怀建议四川总督赵尔巽将川汉铁路公司款以预付轨价方式存放汉厂时所提条件，当时盛宣怀的条件是按年支付利息 7 厘，而赵尔巽的条件则要月息 7 厘。见香港中文大学中国文化研究所史料丛刊之六《宜怀实业函电稿》，第 820、822、823 页；又《汉冶萍公司》（二），第 641 页。
② 虽然盛宣怀在 1897 年 2 月说过以下的话，汉厂的现有资本银为"铁路总公司预支轨价银 30 万两，湖北铁政局拨银 15 万两，备账存款银 2 万两，股份 50 万两，四共成本银 97 万两。现仅股份银未动"（《汉冶萍公司》（一），第 382 页），但是股份银 50 万两在当时只是一个虚拟的数字，这是盛宣怀拟议中的轮、电二局向汉厂的投资。关于轮、电二局向汉厂的投资情况，见本文前注。盛宣怀所以在毫无资金也毫无商股的情况下接办汉厂，其最初的考虑的确如他所言，"所恃招商、电报、铁路、银行皆厉笼罩之中，不必真有商股，自可通筹皆顾"（《汉冶萍公司》第 539 页），他想依靠自己督办的轮船招商局、电报局、铁路总公司及中国通商银行等的资金使汉厂运转，然而事实上，这种"挹此注彼"的办法在这些独立经营的企业的运转中很成问题，再加上它完全依靠盛宣怀督办的权威，一旦这种权威失去，挹此注彼就根本无法实现，如前注关于轮、电二局向汉厂投资情况的说明。
③ 1899 年，比利时商人欲以提供贷款的名义承办汉厂，委托汉厂比籍工程师吕柏详细调查报告汉厂的设备生产等的情况。吕柏是张之洞在 1894 年汉厂投产之际就开始聘用，因此相当熟悉厂内情况，汉厂的乙号生铁炉就是在吕柏来厂后建议与主持下设法将炉脚直至送风管止，尽行拆毁改造之后投产。按照乙炉的生产状况，一日出铁不过 40～50 吨，后将甲乙两炉所用机件并为一炉使用，才使乙炉出铁每日达到 70～80 吨。《汉冶萍公司》中就有这份吕柏向比商公司提供自 1894 年到 1898 年汉厂设备与生产状况报告书，它对了解此时期汉厂的设备与生产情况具有重要价值。见《汉冶萍公司》（二），第 101～106 页。
④ 《汉冶萍公司》，第 208、187 页。
⑤ 《汉冶萍公司》，第 121 页。

过高,制成钢轨容易断裂。这一问题不仅严重影响了钢轨的成品率,也影响到销售价格和销量。外洋轨价"每吨 30 余两,厂造则须 50 两左右,每吨吃亏银 10 余两"。而当时"厂铁除路轨外,别项销场甚稀,又不能不相依为命"①,因此汉厂处于这样的情况:销轨越多,亏本越大,而如果一旦停止炼钢或销轨,又势必导致停工关闭。

其三,焦炭来源问题。张之洞将铁厂建在汉阳,原设想在湖北境内开采煤矿,该计划落空,汉厂的生铁炉不得不使用昂贵的开平焦和进口焦。② 不过,即使每吨价位常在银 16～17 两的开平焦,也常有或质量不佳或接济不上的情况,③导致铁厂仅开工的一座生铁炉停炉。生铁炉时开时停,不仅导致炉身受损,需要耗资修理,还影响全厂的生产。据 1897 年初的报告,盛宣怀接办后 8 个月中,生铁炉开工 5 个半月,而"贝钢厂只做二十余日,钢轨厂四十余日,马丁厂六十余日,闲时多,做时少,成本自重"④,"净亏本银三十万零七千七百"⑤余两。

上述生产环节上的问题是致命性的。盛宣怀接办后,欲从根本上扭转,非投入大量资金改造技术设备不可。他一开始就接受洋工程师的建议,欲改造甲座生铁炉,使其可与乙炉同时开工,提高生铁产量,但终因经费缺乏而作罢。⑥ 总办郑观应在惨淡经营了近一年之后,1897 年 3 月向盛宣怀建议:"铁厂既难停工,现在办法又难保本,如欲获利,必须变通,只有拨归铁路公司。"郑观应的方案是铁厂归铁路公司,由后者拨款 200 万两,投资建煤矿炼焦及新的生铁炉等。⑦ 郑观应当初曾竭力怂恿盛宣怀从张之洞手中接办汉厂,⑧如今自己主持汉厂不到一年,就提出这样的建议,可见汉厂处境之棘手。

---

① 《汉冶萍公司》,第 383 页。
② 汉厂曾经尝试用马鞍山煤焦,但结果出铁少,而且生铁炉被烧坏。见《汉冶萍公司》(一),第 171、182 页。
③ 《汉冶萍公司》资料中,就常见到汉厂向盛宣怀报告,开平焦不佳、影响生铁炉的出铁,所订购的数量到厂不足、影响生铁炉的开工,盛宣怀为此还致函开平矿局总办张翼等人。见《汉冶萍公司》(二),第 6 页。
④ 《汉冶萍公司》(一),第 461 页。
⑤ 《汉冶萍公司》(二),第 45 页。
⑥ 当然汉厂也缺乏合格的管理生产技术的工程师。张之洞的官办汉厂虽用洋工程师 36 名,但是"不务实",合格者不多,经总办郑观应整顿,只留下 14 名,仍不见称职,见《汉冶萍公司》(一),第 517～535 页。
⑦ 《汉冶萍公司》,第 424、473 页。
⑧ 参见夏东元《郑观应传》第七章《总办汉阳铁厂》,华东师范大学出版社 1985 年版。

## 二、开发萍乡煤矿与首次举借外债
（1898—1899）

  1896年后，盛宣怀、郑观应首先着力解决的生产环节问题是确保乙号生铁炉不因缺焦而停炉，维持全厂生产，以满足淞沪路、卢保路订轨。当时汉厂不计价格，大力开拓焦炭来源，除开平焦外，积极联系日本、英国，甚至德国的进口焦。这样做的结果是，1897年全年乙号生铁炉未因缺焦而停炉，基本满足了淞沪路、卢保路的订轨需求，不过，该年汉厂成本亏折高达银40余万两。①

  1898年年初，卢汉路也开始向汉厂订轨，而汉厂生铁炉洋工程师抱怨开平焦量少质劣、影响生铁炉产量的报告时时上达盛宣怀。② 提高生铁产量，将两座生铁炉同时开工的问题重新提上议事日程，其前提则是确保焦炭来源。由此而有投资开发萍乡煤矿之举。4月，盛宣怀奏请清廷获准后，即任命汉厂提调张赞宸为萍矿总办，并请大冶洋工程师造算开发萍矿所需费用。③ 在毫无资金准备的情况下，盛宣怀一面命张赞宸向钱庄借款做开发前期准备工作，一面亲自在上海和汉口同各国领事和商人进行多方借款交涉。

  当时日本驻上海代理总领事小田切万寿之助认为，汉厂借款对于日本政府是极好的机会。他1898年12月给日本政府的报告中建议："此际由我国提供此项资金，将铁政局和大冶铁矿管理权，掌握到我国手中，实属极为必要之事……如果（盛宣怀）向日本借款，则希望按以下条件订立合同，贷款额二百万两，利息五厘，偿还期限十年，铁政局和大冶铁矿等必要管理人员，由日人担任，技师之聘任解雇，由管理人员决定，但不能专用一国人员；关于纯利润分配，要比英、比两国条件多少对中国有利，即贷款人分得四分之一。……现在我国如能援其资金，则除营业上一般利益外，还得获得下列利益：第一，有运出我国焦煤，而回运矿石生铁之利；第二，有在中国扶植我国势力之利；第二，有东方制铁事业由我国一

---

① 盛宣怀致张之洞函称，"自二十二年四月起，二十三年十二月止，结账亏折银七十余万两"，除去前一年亏折30余万两，1897年亏折应是40余万两。见《汉冶萍公司》（二），第180页。
② 《盛宣怀致张翼、陈霭亭函》，《汉冶萍公司》（二），第6页。
③ 《汉冶萍公司》（一），第276～288、548、730页。盛宣怀接办汉厂后，在派人主持开采安徽东流煤矿、江西康中煤矿的同时，派洋工程师勘查萍乡煤矿，从汉厂派员驻在萍矿收购土法炼出的焦炭。另又派员将萍矿收购的煤炭运往马鞍山煤矿，利用该矿炼焦炉炼焦。当时洋工程师已向盛宣怀报告，萍煤质量极佳，极具开采价值。因此，萍煤运往马鞍山后，是以萍煤7分、马煤3分掺和使用，汉厂在使用开平焦、外国焦的同时，也用这种萍乡焦。

手掌握之利；第四，有使中日两国关系密切之利；等等。"小田切的报告中还具体提到各国的借款条件中，英国建议条件为贷款五十万英镑，利息五厘，接管铁政局和大冶矿山管理权，技师悉用英国人，营业纯利润分得十分之三，偿还期限极长。比利时郭格里尔公司条件为贷款四百万法郎，年利七厘，纯利润分配十分之四，企业如未获利，其亏损概该国负担十分之四。其他条件与英国大体相同。①

小田切报告只提到盛宣怀正在与日、英、比三国交涉。而事实上，盛宣怀与德国的借款谈判也正在秘密进行中，并于1898年6月向德商礼和洋行提出了一份详细的借款条件意向书。② 经过将近一年的交涉，1899年4月，盛宣怀与礼和洋行签订了《萍乡煤矿公司与上海礼和洋行借款合同》。萍矿向礼和借款400万马克，其中300万用于礼和代萍矿购置矿机、洗煤机、洗焦炉等，100万现银交付，用作萍矿开发的周转资金。借款为12年期，年息7厘，③并以轮船招商局"所有在上海洋泾浜南北之地皮、找房以及各项产业"作抵押。礼和则由此取得为期12年期烟台缫丝厂产品的专卖权。从借款的抵押条件可以了解盛宣怀之所以选择德商礼和借款，而未选择日、英、比的原因。日、英、比的条件或是要求参与管理，或是要求合办汉厂。④ 尽管向德商借款是盛宣怀权衡利弊后的选择，然而其中仍有许多不利的因素。据萍矿总办张赞宸称："礼和借款，未购机先付息，计息更重。"⑤另外借款和还款均以德国马克结算，萍矿还款银两与马克结算也吃亏甚多。⑥

礼和借款到手，距张赞宸筹建萍矿已整一年。这一年，萍矿所有用款全赖从钱庄筹借。礼和现金交付的100万马克，折合银不到30万两，还不够还钱庄借款；而礼和借款还款"一年两期，转瞬即届应还息本之日率，又由息借，以为应付"。⑦ 因此在与礼和签订借款合同4个月后，即从1899年8月开始，萍矿请求

---

① 武汉大学经济学系编：《旧中国汉冶萍公司与日本关系史料选辑》，上海人民出版社1985年版，第28、29页。以下简称《史料选辑》。
② 这份意向书见《汉冶萍公司》(二)，第28~30页。
③ 盛宣怀向礼和提出借款意向书中借款利息为6厘，但双方签订的合同书中却变成了7厘，从盛宣怀最终还是选择礼和借款，可知当时借款的困难。《萍乡煤矿公司与上海礼和洋行借款合同》见《汉冶萍公司》(二)，第96~100页。
④ 比商公司更以获得汉厂承办权作为此次借款的条件，它于1901年再次以借款为由提出与盛宣怀合办汉厂。见《汉冶萍公司》(二)，第101，232页。
⑤ 《汉冶萍公司》(二)，第240~241页。
⑥ 见1905年张赞宸在回顾萍乡煤矿开办时的困难的分析和评论，陈真编：《中国近代工业史资料》第3辑，第443页。盛宣怀则为此笔借款以轮船招商局产业作抵押，被言官择期弹劾。见《愚斋存稿》卷十三补遗七十，光绪二十五年四月初二日"北京冯志先来电"；又《汉冶萍公司》(二)，第153页。
⑦ 陈真编：《中国近代工业史资料》第3辑，第443页。

火速调拨资金的信函就频频向盛宣怀发出。① 盛宣怀迫于为萍矿筹措建设资金,成立萍矿股份公司,其股份"汉厂银 20 万两,招商局银 15 万两,铁路公司银 15 万两,共银 50 万两"。不过汉厂的股份银以旧欠相抵,而招商局、铁路公司的股份银则是"陆续零交,指作还款,不能应时济用",最终,萍矿用款仍不得不向钱庄挪借,所谓"不得不展转挪移,以为扯东补西之计"。② 不久,受义和团运动的影响,在萍矿工作的德、美工程师全部撤到上海长达一年。建设工程停顿,这对萍矿筹建无疑又是雪上加霜。③

## 三、汉阳铁厂与日本签订《煤铁互售合同》
(1899—1901)

与德商礼和签订萍乡煤矿借款合同当月,即 1899 年 4 月,盛宣怀又与日本签订了《煤铁互售合同》,通过向日本制铁所出售大冶铁矿石的方式,为汉阳铁厂筹措资金。该合同虽不属借款性质,但它奠定了此后日本对汉冶萍公司资本输出的模式。

日本制铁所由日本政府于 1897 年创建,因日本国内可供冶铁的铁矿资源不多,虽说尚在建设之中,制铁所及日本政府方面就在考虑如何获得大冶矿石的可靠供应。前述小田切的报告书中即有通过借款而获得"回运矿石生铁之利"一说。《煤铁互售合同》的签订,主要出于日本方面的主动。日本前首相伊藤博文受日本制铁所所长和田中雄委托,1898 年 10 月在武汉会见张之洞时表示此一意向。张之洞要日本方面直接与盛宣怀交涉。④ 小田切作为日本方面参与交涉的主要人员,从一开始就接受了外务大臣青木周藏的下述训令:"购买现属中国

---

① 《汉冶萍公司》,第 153、168、189、191、214 页。
② 《汉冶萍公司》,第 155 页;又陈真编:《中国近代工业史资料》第 3 辑,第 443 页。在轮船招商局的账目上,的确看到有 1899 年投资萍矿 10 万两银的记录,以后又有 1901 年投资 6.44 万两,1903 年投资 7 万两,1906 年投资 21.7 万两银的记录。参见朱荫贵《国家干预经济与中日近代化》,第 120~121 页。不过,这些投资记录在《汉冶萍公司》史料中并没有留下明确的记载,因此正如上举萍矿史料的记载,它们不是作为股本一次性投入,而是"陆续零交,指作还款,不能应时济用",铁路公司的股本也应属同样性质。
③ 《汉冶萍公司》(二),第 191、204、241 页。
④ 许同莘《张文襄公年谱》光绪二十四年载:"九月,日本侯爵伊藤博文来……云所办神户船厂能炼焦炭,拟运煤来鄂,而回船时代销大冶铁矿,答与径与盛京堂商之据盛宣怀向总理衙门报告,日本制铁所长官和田持伊藤函,先赴湖北与张督部堂面商,允以可行,即回至上海与本大臣商议合同年限价值。"《史料选辑》,第 15 页。

人所有之大冶铁山某一特定区域内之全部矿石,及商议在上述区域内之矿石由日人单独开采是否可能。"①盛宣怀为维护汉厂的利益,坚决拒绝了日本方面的要求,见小田切给日本外务省的密函:"盛氏对出卖矿石一事,虽立即表示同意,但对于划出矿山一部分,全部委托我国人进行开采之提议,则无轻易允诺之意。因此,相约俟熟虑之后再议。其后,因无满意回答,本领事乃先将详情向湖广总督张之洞申述之后,更向盛督办提出下列建议:(1)在大冶铁矿,指定某一部分,该区域内所产一切矿石,以一吨若干代价,售予日本制铁所。该区域内所采掘矿石,不得供作他用。(2)矿山土地所有权属于中国,此次商议之办法,决无借用中国土地之意,只不过在其土地上买卖搬运该指定区域内所产矿石而已。(3)中国铁政局聘请日本采矿技师及助手若干人,管理采掘事宜;日本制铁所得派遣委员到该地区,与中国委员共同处理有关矿石搬运事宜。(4)矿石代价及其他必要条款等,一俟日本委员来华后,即进行商议、缔结合同。对于上述提议,盛氏表示同意,并希望制铁所和田长官亲自来华商议。"②

1899年3月,和田中雄来沪与盛宣怀商谈合同事,盛宣怀向张之洞报告谈判情况:"彼请第一办法,系租山由其自开,已力胆不允;第二办法,只售铁石,按吨定价,或换焦煤,当可无弊。"4月7日,盛宣怀与和田在沪正式签订的合同,基本上是按照上述他与小田切谈判的条件而订。③ 合同的核心部分是在订约后的15年内,大冶矿每年向日本制铁所销售5万吨矿石;在直至1901年12月前的两年内,矿价定为每吨(日元)2元4角,此后矿价重订;汉厂所需煤焦等,可由日本制铁所代其购买。不过,这份合同对于汉厂向日本制铁所购买煤焦的意义并不大,因为日本制铁所本身并不产煤焦,加之煤焦在中国市场上的价格变化很大,因此该合同主要在于汉厂向日本制铁所售卖大冶矿石,汉厂由此每年获得可靠收入10万日元以上,以此作为一部分周转资金的来源。④

---

① 《史料选辑》,第5页。
② 《史料选辑》,第6~7页。
③ 《史料选辑》,第8,9~13页,《汉冶萍公司》(二),第92~96页。
④ 关于这笔为期两年每年售卖5万吨矿石所得款项,盛宣怀最初并未想将它用于汉厂资金周转,而是想用于"汉阳厂内开设学堂,专肆化矿炼铁炼钢诸学,预备替易洋匠。庶藉销矿之余,教炼矿之人,无待借材异国,其事乃可经久。"(《史料选辑》,第15~16页)可惜这笔款项并未照盛宣怀最初设想的那样利用,它虽为数不多,张之洞却想分得一份。在盛宣怀与日本交涉时,张之洞向他提出以下要求"前铁厂归商承办,议定每出铁一吨,缴官银一两,现日本购办大冶矿石五万吨,商厂岁获巨款,此利益在铁厂制造之外,似应地方亦同受其益,众论方惬。拟援照生铁例减半,每运铁矿一吨,由商厂分价银五钱归官,以昭公允。至炼铁学堂乃于铁厂有益之事,似与地方无涉。"(《愚斋存稿》卷34电报十一,光绪二十四年十一月初十日"香帅来电")盛宣怀答复张之洞:"售日矿石需雇人开采、运输、装运、修趸船、购买安装起重机械等约需银十余万,初办三年必无余利,钧意欲令每吨捐银五钱,断办不到。(转下页)

由于 1898 年后加快了萍矿建设进度,并在礼和贷款采购的机器设备未到时,将马鞍山煤矿和大冶铁矿的一部分矿机、洗煤机、炼焦炉等设备撤去供萍矿利用,因此萍矿尚能接济汉厂焦炭所需。1898 年、1899 年两年,乙号生铁炉除短暂的缺焦停炉和修理停炉外,基本维持了正常开工。不过,仅一座生铁炉开工以及萍焦质量不佳等问题,①汉厂钢轨成本仍然极昂贵,每"出轨一千吨,须亏本银七千两"②。卢汉路洋总监工沙多向汉厂订轨每吨价为英金 6 镑,即"每吨轨不过四十三四两",而汉轨成本"总在五十两以外",后经讨价还价,沙多答应以每吨 7 英镑订购。但汉厂总、会办盛春颐、宗得福等人仍认为轨价太低,联名致函盛宣怀,请其再与沙多论加价,③而沙多则认为每吨 7 英镑的轨价已高于市场上洋轨的价格,铁路公司实已吃亏,不肯再加价。④ 洋轨有西方优势的生产设备技术,价格自然远低于汉轨。

在汉阳铁厂资金亏空日趋严重的情况下,⑤盛宣怀又遭遇政府催还两笔欠款。一是盛宣怀接办之际张之洞的铁政局拨款银 15 万两,1900 年间尚有部分未还;二是按 1896 年商办章程从铁路预付轨价中提银 100 万两归还户部原官办汉厂拨款的尚欠款部分。⑥ 对于户部催款,盛宣怀一面组织参与制订商办章程的郑观应等人辩复,一面两次致函张之洞,告以汉厂"此数月间,正值铁货难售,钢轨停造"的困难情势,请其出面转圜,暂缓还款时间。⑦ 1900 年 8 月,盛宣怀与日方代表小田切签订《续订大冶矿石合同》,正是在政府催还欠款的情势下进

---

(接上页)拟令大冶局员将日本矿价二元四角专款列收,除开支外,实得余利,每十两抽缴五钱,庶可官商两顾。《愚斋存稿》卷 34 电报十一,光绪二十四年十一月十一日"寄香帅"。
① 本来在当地很好的萍焦,经 500 多公里的水陆长途运输,到汉厂后已是大块变小块,并被掺杂进不少的泥沙。萍焦不佳的问题常引起汉厂与萍矿的矛盾,后来双方均认识到这是运输过程中的问题,盛宣怀也因此下决心大借外债,修建萍焦的运输铁路。
② 《汉冶萍公司》,第 152 页。
③ 盛春颐、宗得福感情激愤地向盛宣怀表示万一价已定局,不能更改,则汉厂决不为之代造,情愿听其向外洋定购,饬停钢厂。照此情形,钢轨尚复有何指望,不如及早停炼,以免江河日下(《汉冶萍公司》(二),第 143、159 页)。而卢保订轨,盛宣怀利用自己是扶路总公司督办的特权,使其轨价每吨提高至 60 两(《汉冶萍公司》(二),第 143 页)。卢保订轨主要在 1898 年,它向汉厂付出轨价,因而盛宣怀说 1898 年汉厂"损失不重"(《史料选辑》,第 29 页)。在卢汉路订料方面,盛宣怀则完全没有发言权,一切由该路洋总监工决定。
④ 《汉冶萍公司》(二),第 159、160 页。
⑤ 盛春颐在无法再向钱庄借款的情况下,直接向盛宣怀要款,如 1899 年 9 月催款时称,"厂待款急如星火,大有断炊之势。协成催款之急,亦如星火……厂所恃者协成,倘协成接济一断,大局如何。前已一再函电具禀,不知宪台如何设法,尚乞迅赐酌行为要"(《汉冶萍公司》(二),第 167~168 页)。协成是汉厂借息银的主要钱庄,《汉冶萍公司》的史料中,频频见到协成的名字。
⑥ 1898 年卢汉路向汉厂预付轨价时,汉厂大约归还了 50 万两,1900 年户部加大了催还尚余 50 万两的压力。
⑦ 《汉冶萍公司》(二),第 200、202~204 页。

行的。

《续订大冶矿石合同》规定,今后 5 年内每年汉厂向日本制铁所销售矿石 7 万吨,其中每吨价日元 3 元的头等矿石 5 万吨。① 该合同可使汉厂每年有 20 万日元左右的收入。盛宣怀与日本续订矿石售卖合同,除有经济的考虑外,另有一重要原因,即是他想以此阻止日本援西方列强,向中国强索矿山开采权。自 1898 年以来,日本已经多次向盛宣怀提及:"若据俄、德、英、意成案,索办一矿,自开自运,何难之有?"盛宣怀多次向张之洞提议,共同设法抵制日本这一企图。② 1900 年 7 月,开平煤矿的主权丧失于英国,盛宣怀有一种很深的危机感,8 月 9 日,他密函告张之洞:"自开平为西人谋占,轮电厂矿无不觊觎,防维补救之不遑,实推暨之乏术。"③当月 29 日他与日方续订大冶矿石合同,即有阻止日本谋占大冶铁矿之意。

## 四、第二次举借洋债失败(1901—1902)

萍乡煤矿大举建设,因受义和团运动的影响,工程耽搁了近一年,不但停工糜费,而且还影响到汉厂的煤焦供应,④汉厂又不得不用价格极昂贵的开平焦,造成更大资金的缺口。此时,卢保路、保正路等订轨已全部完成,而卢汉路洋总监工沙多则因汉轨含磷过重的问题未解决,拒绝将该路使用的钢轨、铜件全部向汉厂订购,致使汉厂"路轨不销";而一向是汉厂生铁主要市场的日本亦价格大跌,销路不畅,厂内轨、铁的积压越来越大。萍矿的建设资金和汉厂的周转资金均频频告急,钱庄挪借太多已无法再借。⑤ 1901 年年初,盛宣怀决定再次举借洋债,为萍矿筹措建设资金,并修复汉厂从未使用过的甲号生铁炉。

此次借洋债,盛宣怀仍然是与德、日、比、法等国同时交涉,如日商东肥洋行、德商礼和洋行、比商万顺公司等。东肥洋行答应借款日元 200 万,条件是以大冶铁矿作保。⑥ 盛宣怀原打算向比商"万顺公司抵借银壹百万两,将上海华盛纱厂及芜湖煤矿作抵",而万顺公司贷款的条件则是"如汉厂之修理机器厂、锅炉厂、

---

① 《汉冶萍公司》(二),第 205~207 页,《史料选辑》,第 26~27 页。
② 《史料选辑》,第 14 页;《汉冶萍公司》(二),第 222 页。
③ 《汉冶萍公司》(二),第 204 页。
④ 此时东流煤矿、康中煤矿的开发均告失败。《汉冶萍公司》(二),第 121、169 页。
⑤ 《汉冶萍公司》(二),第 241~242 页。
⑥ 《汉冶萍公司》(二),第 213、215、222、229 页。

翻砂厂、木厂等处，就刻下所有各机件及房屋作汉厂之成本，交万顺公司代办，由万顺公司添本拓大……万顺公司刻已拟定与汉厂合办"。① 日商、比商的要价太高，盛宣怀不能答应，交涉没有成功；与法、德交涉也无结果。②

1901 年 2 月，开平煤矿正式交付英国大东公司，盛宣怀考虑到轮船招商局用煤向恃开平，而今开平沦为英产，担心"倘或海上有事，禁煤出口，势必无从呼吁。今中国大煤矿仅一萍乡，幸在长江之内，虽有事亦可接济"。③因此，盛宣怀打算将萍矿归并于轮船招商局，俾从轮局获得建设资金。但此计划未成为现实，因当年 11 月李鸿章去世，袁世凯接替李鸿章出任直隶总督兼北洋大臣，向属北洋势力范围的轮、电二局归袁世凯统辖，盛宣怀自然不愿意将萍矿归于轮船招商局。当盛宣怀计划将萍矿归于轮船招商局时，他曾向张之洞试探将汉厂归还张，张在幕僚面前"怒诟久之"，坚予拒绝。④

在此情况下，盛宣怀决计用萍矿、汉厂作押，举借洋债。1902 年年初，他分别以汉厂、萍矿全部产业作押，向德商礼和交涉各借 400 万马克，于 8 月签订了《萍乡煤矿与礼和洋行借款合同》，⑤但因张之洞强烈反对，此项合同未生效。10 月，盛宣怀丁父忧，按例辞去了包括轮船招商局、电报局督办在内的所有职务在家"守制"。⑥ 从此，汉厂、萍矿利用轮、电二局资金作周转的可能性不复存在了。⑦ 11 月，袁世凯以视察为名，要汉厂将商办后全部账目清理上交，势欲接管汉厂。⑧ 该月，盛宣怀在上海向袁世凯试探他对汉厂的真实意图，提出汉厂办下去的唯一办法在"借洋款，还商本，统归官办"。袁世凯回京后答复盛宣怀："铁事详细面奏，指厂借十兆，扩充整顿，以保大利，但不可由外人执权。"⑨汉厂前途未

---

① 《汉冶萍公司》(二)，第 224、232、233 页。
② 《汉冶萍公司》(二)，第 256、263 页。
③ 《汉冶萍公司》(二)，第 249 页。
④ 《郑孝胥日记》，中华书局 1993 年版，第 811 页。
⑤ 《汉冶萍公司》(二)，第 282～286 页。
⑥ 最终除轮、电二局，盛的其他一些差缺并未被清廷开去，而改为署任。1903 年 1 月，清廷派袁世执为督办电政大臣，2 月，袁世凯派亲信杨士琦为轮船招商局总理，3 月，会办电政大臣吴重熹正式接办电报局。参见夏东元《盛宣怀传》"盛宣怀一生经历纪要"。
⑦ 如该年在轮船招商局的账上，就有为汉厂、萍矿垫款 46.9 万两的记录。见朱荫贵《国家干预经济与中日近代化》，第 121 页。
⑧ 《汉冶萍公司》(二)，第 298～299 页。袁世凯立刻就想接管汉厂，见 1902 年 1 月盛宣怀在汉厂与礼和借款失败后，致函张之洞的亲信赵凤昌："铁厂所借礼和 400 万马克，已废议不成，厂与萍年终应还之款须二三十万，来年不能扩充，更不能了。轮、电两局接济之路已绝，实非借巨款不办……今之议者皆云，铁厂亦宜交慰帅一手办理。读慰帅来电，亦愿自任。"《汉冶萍公司》(二)，第 263 页)盛宣怀考虑张之洞不愿汉厂最终落入袁世凯手中，想请赵凤昌说服张，同意汉厂借洋债以求发展。
⑨ 《汉冶萍公司》(二)，第 404 页。袁世凯并致电张之洞："铁厂必须全力维持，又须就铁或就煤扩充新厂，已在宫枢前谆切陈明，但借款以矿厂作押则可，由外人执权则万不可。"《愚斋存稿》卷 59 电报三十六，光绪二十八年十一月二十六日"并致张香帅"。

卜,清廷中枢既答应向洋商借巨债,盛宣怀将为解决汉厂技术设备改造问题赴日本和欧美考察的李维格半途召回,命他加紧与洋商交涉借债,准备加快在萍矿新建铁厂及汉厂技术设备改造的进度,①以与袁世凯争夺汉厂。②

但是,此时洋商借贷的条件更加苛刻。如德商礼和提出,除非盛宣怀同意与其合办萍矿,或与其合办汉厂,否则不再贷款;③比商万顺公司表示只有"厂矿两处,或招洋股,或售股票,华洋合办",才肯贷款。④ 对借款前景感到悲观的李维格,在向盛宣怀报告礼和拒绝贷款的消息5天之后,提出辞去汉厂会办职,辞职的第一条理由便是汉厂"无钱不能办事"⑤。

1903年年初,听说北洋要办银行,考虑到北洋银行一建,通商银行非其竞争对手,盛宣怀奏请军机处、户部拟将通商银行250万两银的商股改作萍矿商股,户部拨存通商银行的100万两银则作为贷款拨入汉厂。⑥ 但此举因张之洞和袁世凯反对而未得获准。⑦

盛宣怀与日本方面关于日方以预付矿价的方式向汉厂提供贷款的谈判,正是在这样的背景下进行的。

## 五、首次向日本举借巨款——大冶矿石预借矿价(1903—1904)

1902年年底,日本方面听说盛宣怀正在为汉厂向德商交涉借债,立刻采取了行动。12月27日,日本外务大臣小村寿太郎密函小田切:"对于该铁矿如有贷款之必要,我方决定将进而予以应允。希即善体此意,拟定适当方案,见机与

---

① 原在汉厂作翻译后充会办的李维格,1902年9月与盛春颐共同向盛宣怀建议,如果汉厂不归官办或不与洋商合办,那么,就"以铁就煤",在萍矿设立铁厂并改造汉厂,当月,李维格就这一建议向盛宣怀提交了详细报告。盛宣怀接受了建议,10月,他派李维格赴日本及欧美考察钢铁业,为新铁厂及汉厂的改造订购机器设备。《汉冶萍公司》(二),第289~291、291~294页。
② 盛宣怀想把汉厂归还张之洞,显然不想把汉厂交给袁世凯。
③ 《汉冶萍公司》(二),第324~325页。
④ 原汉厂洋工程师吕柏从比利时寄信汉阳铁厂章达,谓"前时闻得盛宫保曾因厂、矿两处经费,向洋商借贷数处,终无成议,"表示愿意为盛宣怀在比利时交涉借款。《汉冶萍公司》(二),第343页。
⑤ 李维格在辞职的同时,又再重申汉厂归官办的意见:"如此看来,以矿厂欲借巨款,终难望成;而矿厂非有巨款,无可办之理。一再筹思,惟有归官之一法,由国家出面指一的歇抵押,作为国债,或者竟以进路许之,借款方能有成。"《汉冶萍公司》(二),第301页。
⑥ 《汉冶萍公司》(二),第404~405页。
⑦ 《愚斋存稿》卷59电报三十六,光绪二十八年十一月十八日"袁宫保来电"、十二月二十八日"张宫保来电"。

盛宣怀进行商谈。倘或落入外人之手,则实为极严重问题。所以,为了确立我方权利,务望全力以赴。"

1903年2月6日,小田切复电小村:"……盛宣怀希望借款二百万两至三百万两,年利百分之五或百分之六,本领事先就此提出以下三项条件,即:(一)铁矿不得出让或抵押与其他外国;(二)铁矿石价格在合同规定年限第一期末妥善商定;(三)借款由铁矿石价偿还。"

3月10日,小村第二次密函训令小田切:"嗣接贵领事二月六日第七号来电……曾就此与有关阁僚谘商,并召制铁所长官,认真进行商谈,结果,决定以附记条件接受盛之要求。因此,希望以此为基础与盛氏进行交涉……总之,我国对大冶铁矿方针,在于使其与我制铁所关系更加巩固,并成为永久性者;同时,又须防止该铁矿落入其他外国人之手。此乃确保我制铁所将来发展之必要条件。"①

自1898年盛宣怀与外国交涉借债以来,这是日本第一次有可能获得的机会,因而外务大臣小村、驻北京公使内田康哉、驻沪总领事小田切等联合采取了积极的行动。日方与盛宣怀之间围绕借款条件的谈判虽然基本上是按小村给小田切的训令进行,但在关键问题上盛宣怀针锋相对,绝无退让。以小村3月10日训令关于日方贷款的具体条件与7月17日盛宣怀提出汉厂方面的借款条件对比,可以对此有清楚的了解。

小村关于贷款条件训令的具体内容分两部分:"(一)借款条件:一、明治三十二年四月和田、盛宣怀间所订矿石购买合同,如下列条件予以修订。二、借款金额二百万日元(如必需增加则为三百万日元),年息六厘,偿还期限三十年。三、以大冶矿山及其附属铁路、房屋和机器等一切物件作为借款担保;在此期间,不得将上项抵押品出卖、出让或抵押与他国政府与私人。四、大冶矿山聘用我国技师。(二)矿石购卖合同修订要领:一、期限自本年起延长三十年。二、头等矿石价格在明治三十八年八月以前,仍按现行协定率,以后每五年在最低二元四十钱,最高三元范围内,议定适当价格。三、一年购买量为五万吨以上,若超过八万吨,则应在上述价格内全部酌予减价。"②

7月17日,盛宣怀提出的借款条件主要有六项:(1)借款总额为300万日元,其中100万日元于合同签字之日交付;其余200万日元,分两次交付,即签字后每3个月交付100万日元。(2)不以大冶全部为抵押,而以其一部,即目前为

---

① 以上均见《史料选辑》,第43~45页。
② 《史料选辑》,第45~46页。

运往日本而进行采掘之矿山及铁路全部为抵押。(3) 日本工程师担任上述抵押矿山之采掘事务。(4) 矿石价格,30年内不变。上等定为日金3元,下等日金2元40钱。(5) 购买8万吨以上要减价之条件删除。(6) 汉厂直接由贷款人取得贷款,制铁所向贷款人支付矿石价金。①

在此后的交涉中,除借款金额为300万日元双方均无异议外,其他各款都进行了反复交涉,尤其是关于矿价。盛宣怀提出矿价30年不变,是根据1901年《续订大冶矿石合同》的经验。该合同规定矿价5年不变,头等矿石价每吨3元,是依据伦敦市场价所订,当时正值"铁价飞腾"之时,而两年后铁价大跌,碍于合同的关系,日方无法降低矿价,1901年合同矿价订5年不变对汉厂来说是得利的。日本则因为上次矿价吃亏,所以此次交涉特别重视矿价问题,②不肯在30年还款期限内固定矿价,而坚持矿价至少5年按伦敦市场价协议一次。后来盛宣怀在矿价问题上有新的立场,实是他在向汉厂洋工程师咨询后对该问题有了新的认识,关于这一点可从他所提出的矿价协议方案中看到。盛宣怀提出:矿价在5年后必须变动,此变动是要"按矿之深浅难易,比较前五年,会定矿价。如会议未定,则于未定期内,以现款抵偿,照合同第一款年限匀摊,每年还日本金洋十万元,矿石即时停售"。③此方案危及日本制铁所的矿石来源是否有保障的问题,因而日本方面坚决反对,最终在1904年1月正式签订的《大冶购运矿石预借矿价正合同》中该条改为:矿价10年一协议,协议时视"挖矿之深浅难易,比较前十年,又须考查英国铁价涨跌,折中会定矿价。倘会议不定,即应彼此各请公正人一人,秉公定价。倘此两人有意见不合之处,即由此两人公请一人断定,彼此即应照办,不得再有异议"。④

中日借款交涉,从1902年12月开始,到1904年1月正式签订合同,经历一年多的时间,可见谈判进行之艰难。从正式合同的全部内容来看,基本上依照了1903年7月17日盛宣怀提出的借款条件。⑤ 应该说日方的妥协多于盛宣怀,因为这是自1898年以来日本一直希望实现的贷款,⑥日方在交涉中,始终担心德、比等国抢在前面向汉厂贷款。小田切在向政府报告盛宣怀同时也在与德、比交

---

① 以上均见《史料选辑》,第53~54页。
② 《史料选辑》,第55页。
③ 《史料选辑》,第60页。
④ 《史料选辑》,第114页。
⑤ 《史料选辑》,第113~116页。
⑥ 日本政府为了贷款汉厂以达到长期获取大冶矿石的目的,于1902年3月设立兴业银行,准备一有机会,便与盛宣怀交涉。[日] 信夫清三郎:《日本政治史》第三卷,上海译文出版社1988年版,第352页。

涉借款时提醒政府："根据盛氏习性，如遇类似本件情况，常是向多方面进行交涉，而从中选择对自己提出最有利条件之对方订立合同。所以目前应特加注意。"① 相比德、比两国的贷款是以合办汉厂为条件来说，盛宣怀认为日本通过预付矿价的方式向汉厂贷款，对于汉厂是有利的。另外，他认为通过这种借款方式，有利于阻止日本向中国索要矿山开采权。②

1903年汉厂的经营状况，是盛宣怀接办后最严峻的一年。③ 1902年下半年，乙号生铁炉因炉身损坏熄火修理，该年开工不足，卢汉路订轨尚少9 000吨不能交货。1903年年初，卢汉路续订轨2万吨。迫于订货压力，汉厂虽将动议多年的甲号生铁炉的修复付诸实施，实现了两炉齐开，但因为还有焦炭及技术设备等诸多问题未解决，生铁产量仍然不足。④ 为解决卢汉路的订轨，汉厂甚至与大冶地方上签订购买土炉炼生铁的合同，⑤用于贝色麻炉炼钢制轨。汉厂生产的实际状况，加深了盛宣怀对汉厂设备改造的迫切感，这应是促使此次合同签订的重要因素。⑥

## 六、汉厂、萍矿走上举借日债的不归之路
（1904—1907）

1904年1月，预借矿价合同签订，第一笔款到手，盛宣怀立即实施改造汉厂计划。2月，李维格偕两名洋工程师出洋考察，目的在解决生铁和钢含磷过高等长期困扰汉厂的技术问题，并为计划中的新厂订购机器设备。⑦ 年底李维格一

---

① 《史料选辑》，第48页。
② 盛宣怀向外务部和张之洞说明自己的意图为：维持铁厂筹款不得已之计，历年与洋商磋议借款不止一次，厂矿担保外，并须侵我办事之权，因是屡议无成。日人肯如此迁就者，因制铁所业费官本二千万元，非购铁制炼不可……查部定章程，洋人准在中国地方买地开矿，设执此相争，不必预付巨款，便可购山自办，官商俱困，流弊更多。即如福公司因矿及路坚持欲在晋豫内地自行剿铁，但求其照约在商埠设厂尚无把握。此次日人在合同内载明，不得在中国境内设炉设厂将所购矿石熔炼钢铁，实已力防流弊。两两比较，大冶合同已极便宜。《史料选辑》，第92页。
③ 《汉冶萍公用》（二），第405～408页，这一年年底，汉厂欠钱庄和洋行急待归还之款就达银84万两，萍矿则欠达银42万两，因而在预支矿价合同签订之前，1903年12月，汉厂已向日本民间资本大仓组借款20万两，用于急待归还的钱庄借款。
④ 见盛春颐1903年6月18日报告中自两炉同开后，出铁亦仅与一炉仿佛，且所出之铁，磷重者多，钢厂不能合用。沙多于月初到汉，先定轨五千吨，只收头号，不收次号至年底，废轨已积存6 000多吨，不能炼钢之生铁已积存一万多吨。《汉冶萍公司》（二），第333、313、378页。
⑤ 《汉冶萍公司》（二），第338页。
⑥ 当年11月，盛宣怀向张之洞第二次提出要将汉厂归还的意图，同时，他向军机处、外务部、户部等递送《汉阳铁厂收归国有、议借洋债说帖》，以使之同意汉厂向日本预借矿价。《汉冶萍公司》（二），第369、399～404页。
⑦ 为在萍矿设铁厂就焦炼铁的问题，盛宣怀已多次向厂矿及上海洋工程师咨询。此次李维格一行出洋，盛宣怀向他们提出了数十条需要考察的问题。见《汉冶萍公司》（二），第312、315～317、327～332页。

行从国外归来,次年 1 月提出考察报告。报告中有两项对于此后汉厂的发展颇具关键意义。其一,汉厂钢铁含磷过高原因在贝色麻炉不适合大冶矿石的性能。李维格听从英国专家的建议,决定废弃汉厂的两座贝色麻炉,重新在欧洲订购容积在 30 吨的马丁碱法炉两座及配套机器设备。① 他建议除生铁炉继续开工外,②包括炼钢、制轨在内的所有生产全部停工,直至新马丁炉等机器设备安装到位后,全面技术改造的实现。其二,由于经费有限,放弃出洋考察前拟订的在萍矿或大冶矿建设新铁厂的计划,将新购置的两座马丁炉设置于汉厂。为保证新马丁炉炼钢用铁,一俟汉厂资金有周转余地,即在大冶矿新建 250 吨的生铁炉一座。李维格的报告得到盛宣怀的认可。

按原设想,300 万日元的预借矿价是为汉厂改造筹款,但改造计划一旦实现,汉厂煤焦供应问题势必更加严峻。为彻底解决萍焦的运输问题,盛宣怀将预借矿价中的 160 万日元用于建萍株铁路。这样,可用于汉厂改造的资金仅有 140 万日元左右,而改造汉厂计划,仅新购两座马丁炉及配套设备和大冶矿建生铁炉两项,就需银 300 万两。③ 汉厂改造计划的资金缺口,令盛宣怀仍然面临举借巨款的压力。

1905 年 5 月,在日本驻汉口领事向外务大臣小村的报告中,就已经有汉厂向日本民间财团大仓组筹借日元 50 万、萍矿借银 35 万两的记录。6 月,萍矿与大仓组的借款合同签订,④而汉厂与大仓组的借款交涉则没有下文。

同年 6 月,盛宣怀在天津向德商礼和交涉汉厂借款,具体内容见盛宣怀致李维格函:"一借银二百万两,息可厚,期可短;一借四十万镑,息五厘,九一扣,期二十年,均照户部。彼要汉、冶、萍三处抵保,允以汉、萍,别开大冶为日本生铁预借地步。"⑤大约因盛宣怀不能满足礼和的贷款要求,礼和借款没有结果。⑥ 7 月,盛宣怀与德资的德华银行借款交涉及委托汉厂新洋总监工吕柏向比利时国内借

---

① 这是张之洞的官办汉厂 1894 年开工以来一直困扰汉厂生产的问题,李维格一行赴欧洲考察时,沪宁铁路的洋工程师就将钢轨样品寄回英国该铁路驻伦敦工程处化验,得出了与李维格在英国听到的其他专家同样的结论。沪宁公司为此决定不向汉厂订轨及其他钢料,而转向英国订购。《汉冶萍公司》(二),第 450~453 页。
② 因日俄战争,日本大量向汉厂订购生铁。见《汉冶萍公司》(二),1904—1905 年部分。
③ 《汉冶萍公司》(二),第 488 页。
④ 在前一年 10 月,萍矿就已向大仓组借款日元 37 万多。《汉冶萍公司》(二),第 449、502~504 页。
⑤ 《汉冶萍公司》(二),第 492 页。
⑥ 不过年底在日本方面与盛宣怀关于汉厂、萍矿的借款交涉过程中,又看到礼和方面与盛宣怀关于借款交涉的记录。《史料选辑》,第 130、136 页。

款的交涉均未成功。①

没有巨款,汉厂改造计划即面临半途搁浅的危险。此时正值日俄战争后期,虽然战争已经停止,但汉厂仍接有日本方面大量的生铁订单。日本对汉厂生铁依赖的加深,不但为再度举借日债提供了有利的机遇,而且鼓舞了盛宣怀对汉厂前景的信心。盛宣怀举借日债以完成汉厂改造计划的迫切心情见于8月1日致李维格函:"汉、萍、冶出类拔萃,兄所谓只要有本钱,必有一鸣惊人之日。弟亦有无穷之奢望也。目前借款为第一要义,成效利钝间不容发,制铁所拟订每年三万吨,及与大冶矿石各条事宜不致更改等语,可以照准。惟铁价应以三井、大仓为根据。弟意彼需铁,我需款,各有所图。或可成就,争一步是一步。"②

同月23日,日本驻汉口领事永泷致内阁总理大臣兼外务大臣桂太郎的机密函,已谈到汉厂、萍矿向日方提出的具体的借款要求。所谓:"现在,铁政局总办向三井物产会社申请借款四百万日元乃至五百万日元,萍乡煤矿局总办向大仓组申请借款四百万日元。两局所提出条件相同。"26日,桂太郎向永泷发出训令:"政府对此经认真研究后,认为不确定将来方针,陡然随着问题之发生进行小额贷款,并非良策……关于本案,应根据上述方针,同对方交涉。即:借款金额增大,利息减低,延长大冶矿山采掘权之年限,并以铁政局及萍乡煤矿作抵押,其技师应聘日本人担任,负责业务。"③不过,桂太郎代表日本政府提出的借贷条件,汉厂、萍矿与三井、大仓组借贷双方都不能接受。汉厂原意是三井以预付生铁价的方式贷款,而萍矿原意则是"将焦炭在日本之专卖权给予大仓,而以预付代价之名义"实现贷款。至于桂太郎所谓要延长大冶矿山采掘权之年限及以汉厂、萍矿全部产业作抵押、技师应聘日本人等条件,汉厂、萍矿"一件亦难同意"。再者,贷款金额过巨,三井、大仓组也"颇有困难"。对此,桂太郎希望在坚持他上述方针的基础上,由政府的兴业银行出面贷款。④ 于是从10月19日开始,兴业银行理事井上等人在沪与盛宣怀、李维格等进行贷款条件的交涉,但归于失败。⑤

不过,无论如何,在盛宣怀看来,日本方面贷款条件优于德、比等国。因此他在上述一系列交涉失败之后,并没有放弃向日本方面借款的愿望,仍然在寻找机

---

① 《汉冶萍公司》(二),第508页。
② 《汉冶萍公司》(二),第515页。
③ 《史料选辑》,第127、128页。
④ 《史料选辑》,第131~132、129、135页。
⑤ 《史料选辑》,第143页。

会与三井、大仓组等重新交涉。汉厂与三井的 100 万日元的借款交涉，即是在上述兴业银行交涉失败之后立即开始的。1906 年 2 月，双方签订了借款合同。借款基本上是依照汉厂原来的条件，三井以预付钢铁价款的方式贷款，合同中没有以汉厂作抵押的条款。① 汉厂向三井的借款成功后，萍矿向大仓组借款 200 万日元的交涉随即开始。上年因借款数额大，导致日本政府插手而失败。此次盛宣怀一开始就"坚持仅限于商业上之关系，回避与（日本）政府或银行协商"。尽管盛宣怀坚持仅与大仓组的人员交涉，但是最终并不可能避开日本政府插手。盛宣怀与大仓组借款合同在 1907 年 5 月 1 日正式签订，日本外务大臣林董 6 月 13 日致驻华公使林权助的机密函透露了日本政府操纵此次贷款的内情："今春，江西省萍乡煤矿局向大仓组申请借款二百万日元，大仓组因无资力承担全额借款，请求政府协助。经本省与大藏省商议后，认为该矿局为现在华南唯一煤矿，保留其担保权，实属有利，故决定全部金额，由政府支出。即由日本兴业银行买入相当于二百万元之债券，由该银行以六厘五利率贷给大仓组二百万元，再由该组以七厘五利率，期限七年，将上项金额转贷与萍乡煤矿局。"② 此次大仓组贷款 200 万日元，实质上是萍矿向大仓组"预收焦价一百四十余万两"。8 月 1 日，萍矿又与大仓组签订了由大仓组专销向日本出口萍矿焦炭的合同。③

正当盛宣怀交涉三井、大仓组两笔借款之时，1906 年 2 月，清廷以唐绍仪取代盛宣怀督办铁路总公司，3 月，盛宣怀交卸铁路总公司差使。此后，即有铁路总公司催还存放于汉厂两笔总额为 190 余万两的预付轨价银。④ 面对此种压力，盛宣怀第三次向张之洞提出汉厂收归官办，或官商合办。⑤ 张之洞则仍以

---

① 此笔 100 万日元的借贷款，由三份合同来确认（见《史料选辑》，第 129、131、135 页；《汉冶萍公司》（二），第 540~544，546~547 页），主要内容为，三井贷款 100 万日元给汉厂，年息 7 厘半，3 年期。而汉厂的所有钢铁在 3 年期内除去中国境内（东三省、威海卫、青岛仍归三井代销）及香港所销钢铁归三井一家专销，三井将所销钢铁价款，作为汉厂归还三井的借款本息。同年 12 月，盛宣怀以汉厂从第二年开始，每年向日本制铁所加售 2 万吨矿石为名，与日本横滨正金银行签订借款合同，即向正金银行预支矿价 30 万日元，然后由制铁所将矿价交付正金银行，5 年期，年息 7 厘，所有担保条件如 1904 年 1 月的兴业银行借款合同。见《史料选辑》，第 150、155 页。
② 以上均见《史料选辑》，第 150，155 页。
③ 该笔借款为 7 年期，年息 7.5 厘。在 6 年之内，萍矿销往日本的焦炭由大仓组专销。见《汉冶萍公司》（二），第 659、588~590、605~607 页。
④ 《愚斋存稿》卷 62 电报三十九，光绪三十二年十一月初六日"寄张宫保、靖午帅"。《汉冶萍公司》（二），第 553~554、556 页。
⑤ 盛宣怀函告张之洞近日，"接友人密缄，谓倾挤我者，料我厂矿必因债户四逼而倒，不仅仅为天下笑，公亦为天下笑。览竟，不禁略血无数星点，俚尝终夜思索，钢铁厂必归官办，即不然，亦必归官商合办"（《汉冶萍公司》（二），第 539 页）。此时的盛宣怀确为汉厂、萍矿缺款及还款事窘迫至极，见当年 2 月 27 日李维格致盛宣怀函有"窃窥府主言论之间忧形于色"语。《汉冶萍公司》（二），第 544 页。

"巨款难筹,坚持不允"。盛宣怀又致函位居清廷中枢的奕劻,请求支持其暂缓归还铁路公司款。① 想必铁路公司的催款压力由此得以缓解。当时的汉阳铁厂实际上无人敢于接手,盛宣怀不断举借巨款外债正是在这样的背景下获得清廷的认可。另外,也不能不承认,只有盛宣怀有这样的政治能量与魄力在当时的政治经济环境下为汉阳铁厂争得如此的发展之路。

1907年萍矿与日本大仓组借款合同签约后,汉厂、萍矿在独力经办前提下再举外债已经极少可能了。② 当年10月,历经三年的汉厂改造工程基本竣工,同时萍矿的建设也基本告成,向社会展现了甚好的发展前景。③ 盛宣怀抓住此有利时机合并汉厂与萍矿,组建汉冶萍煤铁厂矿公司,面向国内招集商股,为汉冶萍的经营发展筹措资金。

1908年3月,汉冶萍煤铁厂矿公司奏准成立,并向农工商部注册,成为完全商办公司。汉冶萍公司计划在原来老股加息股500万元的基础上,增招新股1 500万元,使股本达到2 000万元。④ 不过,纵使新公司完全实现招股计划,而新公司此后数十年内生产的矿石,数年内炼成的生铁、钢、焦炭等主要产品的大部分,早已由前述与日本方面签订的种种借款合同,以预支矿价、预支生铁价、预支钢价、预支焦炭价等方式出卖了。因此新公司在很长时期内,将处在只生产而进款甚少的境况下,为维持和扩大生产,增加收入,所需资金仍然必须依靠借款。⑤ 这就是汉冶萍公司成立后要不断地向日本借债的原因。

张之洞的官办汉厂,由于厂位失宜、煤焦缺乏、生铁炉的设计建造及向外国订制的炼钢炉均不合适等先天性的缺陷,给后来接办者留下了难以克服的困难。

---

① 《汉冶萍公司》(二),第548页。
② 就在萍矿向日本大仓组借款200万日元之后的3个月,1907年8月,盛宣怀在与李维格谈到萍矿及汉厂的用费时即有如下说法:"萍矿月支经费,除汉厂应付焦煤价及汉阳运销局零星销场进款相抵外,每月不敷八九万两之巨。兼之萍市欠款一百六十万,移东补西,筹措为难,其拮据情形实属日紧一日。"(《汉冶萍公司》(二),第614页)他自接办汉厂以来,汉厂已用去银726万多两,萍矿则用去银577万多两,而其中,汉厂只有商股银100万两,萍矿则只有商股银150万两,绝大多数用银来自钱庄和日本方面的各种借款(《汉冶萍公司》(二),第620、617页)。
③ 盛宣怀向张之洞报告新汉厂"机炉皆属极新,其电气之神速,钢质之精美,东西人阅厂者皆啧啧称颂,英美报章惊为意外。目前两炉改良添机后,日出生铁二百吨,新置马丁钢厂三座,只用两座,炼钢称是,并已开造第三化铁火炉,明年竣工,可出三百吨,连前每日共出五百吨,足供各路路轨及在华各厂船械之用。"而初步建成的萍矿,"所炼焦炭每月万吨,汉厂自用。炼铁一吨只需焦炭一吨有零,与从前以平用、日本焦两吨炼铁一吨大相悬殊。现又添造洗煤机、炼焦炉,月计可出三万吨,足供添炉之用,兼销日本等处。"(《汉冶萍公司》(二),第650页)盛宣怀对新汉厂有一定的信心,因此他四处致函宣传新汉厂和萍矿的面貌。
④ 《汉冶萍公司》(二),第638页。
⑤ 事实上,汉冶萍公司的股本筹集进展非常缓慢,直到1911年,才筹集到1 300万元,距2 000万元的目标还很远。参见全汉昇:《汉冶萍公司史略》,香港中文大学出版社1972年版,第127页。

要想使汉厂走上正常的生产运行轨道，必须投入巨额资金，进行全面的改造和扩建，这在1896年至1907年期间，盛宣怀都基本上办到了。他在使汉厂走上正常的生产运行轨道的同时，还建成了一座大规模的萍乡煤矿，并最终将它们组建成中国最早、规模最大的钢铁联合企业。汉冶萍公司的建成，盛宣怀功不可没。至于汉冶萍公司在建成的同时也走上了向日本借债的不归之路，在偿还日债的几十年间，成为向日本制铁所提供优质原料产地的结局，如本文所述及的，其原因主要应该从当时中国的政治、经济、社会环境中去寻找。如果结合本文所涉及的日本方面的内容来看，就将会有更清楚的认识。日本制铁所自1897年动工兴建，到1908年共用去经费6 000万日元，全由政府出资。为解决制铁所缺乏铁矿石的问题，历届政府的各部门从最高层领导，到驻华领使馆人员，再到民间资本财团，为达到使汉厂成为其长期稳定的提供优质铁矿石基地的目的，各方联合起来进行了种种的努力。正视这一点，对在清末时代环境下汉冶萍公司最终沦为日本资本附庸的历史必然性可以有一更全面的理解。

（原文载《近代中国》第11辑，作者：易惠莉，华东师范大学历史系教授）

# 略论19世纪30年代至20世纪30年代活跃于香港和上海的英资银行

李培德

## 一、引　　言

1840年爆发的鸦片战争，可以说把中国原来的对外贸易体制彻底破坏，于广州设立的行商制度和其他所有管制性措施一扫而空，战后中国还须割让香港及开放五个港口城市。对于英商来说，随着东印度公司的没落，自由贸易主义的抬头，中国新通商口岸的出现，对于为东西方贸易提供融资的银行业来说，出现空前的繁荣，不少新开设的银行应运而生。

从表1可见，最早开设的英资银行是丹拿银行（Agra & United Service Bank），成立于1833年。随之设立的包括东藩汇理银行（Oriental Bank Corporation）、金骂索银行（Commercial Bank of India）、角士顿新银行（Chartered Mercantile Bank of India, London China）、些活银行（Chartered Bank of India, Australia & China）。① 这些19世纪中期出现的英资银行，有一个共同特点，开办时都并未把主力放在中国市场。例如，丹拿银行要到开设后21年才于中国开设分行，金骂索银行要到开设后15年，而些活银行要5年后才发展中国业务。显然，对于这些银行来说，新兴市场的兴趣是需要时间来培养，只有东藩汇理银行和角士顿新银行不同，开设后不久便于香港和上海设立分行。

表1　英资银行在香港、中国及东南亚开设年份

| 银行名称 | 设立 | 特许 | 香港分行 | 广州分行 | 上海分行 | 新加坡分行 |
| --- | --- | --- | --- | --- | --- | --- |
| Agra & United Service Bank | 1833 | — | 1856 | 1854 | 1858 | — |
| Oriental Bank Corporation | 1842 | 1851 | 1845 | 1853 | 1847 | 1846 |

---

① 在香港、广州、福州又称"渣打银行"。

(续表)

| 银行名称 | 设立 | 特许 | 香港分行 | 广州分行 | 上海分行 | 新加坡分行 |
|---|---|---|---|---|---|---|
| Commercial Bank of India | 1845 | 1864 | 1860 | — | 1860 | — |
| Chartered Mercantile Bank of India, London & China | 1853 | 1857 | 1857 | 1854 | 1854 | 1855 |
| Chartered Bank of India, Australia China | 1853 | 1853 | 1859 | — | 1858 | 1859 |

香港和上海不同,是英国殖民地,虽然很多英商涌到上海开设公司,但他们都于香港办理具法律效力的公司登记。不过,当时的银行和贸易商不同,东藩汇理银行和其他英资银行一样,都在伦敦而非香港注册。东藩汇理银行初期业务发展颇为顺利,很快便成为香港政府的往来银行,并取得授权发行钞票。值得一提的是,英资银行在香港和上海都有不同的中文名称,从表2见到,Oriental Bank Corporation 在香港称为金布银行或东藩汇理银行,在上海则称丽如银行。Chartered Bank of India, Australia China 在香港称些活银行,而在上海则为麦加利银行。

表2　1861年英资银行在香港和上海的中文称谓

| 银行英文名称 | 香港 | 上海 |
|---|---|---|
| Agra & United Service Bank | 丹拿银行 | 呵加剌银行 |
| Oriental Bank Corporation | 金布银行〔东藩汇理〕 | 丽如银行 |
| Commercial Bank of India | 金骂索银行 | 汇隆银行 |
| Chartered Mercantile Bank of India, London & China | 角士顿新银行 | 有利银行 |
| Chartered Bank of India, Australia China | 些活银行〔渣打〕 | 麦加利银行 |

资料来源:The China Directory for 1861(HongKong:A. Shortrede & Co., 1861);黄光域编《近代中国专名翻译词典》,四川人民出版社2001年版。

## 二、英资银行与华商

过去学界对英资银行的评价多集中于它的特权、与宗主国的关系、对中国经济造成的负面影响等。值得指出的是,英资银行虽然有特权,但如果没有华商的合作,根本无法立足于中国市场。如表3所示,中国近代最主要的4种银行机构,无论在资金、业务范围、活动区域等,都有互相补足的地方。

表3 中国近代4种银行机构的比较

| | 资本规模 | 组织形式 | 责任 | 主要业务 | 地理分布 | 行业组织 |
|---|---|---|---|---|---|---|
| 票号 | 小,多采用独资或合伙形式,以三千至一万两为度,每三至四年核账一次 | 设总号和分号 | 无限 | 汇兑,收1‰~2‰的手续费、存款、放款、替中央及地方政府征收各项费用 | 跨区域甚至国际,合盛元在大阪、神户,蔚泰厚在乌鲁木齐,大盛川在库伦(今蒙古),大德恒在香港及广东开设分号 | 没有 |
| 钱庄 | 小,多采用独资或合伙形式 | 没有分行但有联络行(correspondent bank) | 无限 | 兑换银铜钱币、存款、放款 | 通常集中于一城市或一地区 | 钱业公所、公会 |
| 外国在华银行(包括英资银行) | 大 | 设总行和分行 | 有限 | 国际贸易、兑换外汇、短期贷款(指钱庄)、收存关税及盐税、投资铁路和矿山、工业制造、政府借款、发行钞票及收受存款 | 只限于条约港 | 银行公会 |
| 华资银行 | 大 | 设总行和分行 | 有限 | 替政府收取各项费用、政府借款、发行钞票及公债 | 全国各地 | 银行公会 |

首先,在资本方面,中国旧式金融机构如票号、钱庄规模较小,以英资银行为首的外资银行向钱庄提供大量的短期借款(又称 chop loan)。[①] 钱庄发出的庄票,大多依赖从外资银行所获得的短期借款,所以每当外资银行一收紧对钱庄的信贷,不承兑庄票,钱庄就会面临倒闭的危机。

其次,在活动范围方面,外资银行只限活跃于条约港,虽然通商口岸的数目在以后不断增加,但外资银行的力量始终不能深入中国内地。英资银行雇用不少买办,目的不在于利用他们来与华商沟通,而在于防范银行的风险,所以买办

---

① Shizuya Nishimura, "The Foreign and Native Banks in China: Chop Loans in Shanghai and Hankow before 1914," in *Modern Asian Studies*, Vol.39, No.1(2005), pp.109—132.

都要交付巨额的保证金。不过,买办同时也是独立商人,他们当然可以利用与外商的关系去与其他商人进行交易。华商欠外商钱,固然有之,但外商欠华商钱而不了了之的个案,亦不在少数。①

第三,在业务内容方面,外资银行的重点与钱庄和后来兴起的华资银行都有所不同。外资银行较着重巨额的投资和借款,例如投资铁路、矿山、大型工业等,向地方或中央政府、大企业提供贷款。因此,对于小额存款和以中小企业为借贷对象的钱庄及华资银行,外资银行并未感到威胁,这种情况一直维持到20世纪30年代始有改变。

1865年,由多个国家投资者组成的汇丰银行正式成立。这家银行和过去的英资银行不同,它不在伦敦而在香港注册。它的总行不设于伦敦而设于香港,对香港此后中外贸易扮演的中间角色,表现出极大的信心。在短短10年间,汇丰便能取代东藩汇理银行的位置,成为香港和上海最大而且最具实力的英资银行。它的成功,更成为中国于1897年成立第一家银行中国通商银行的模仿对象。②

汇丰银行的成功,当然有多种复杂的因素,但始终离不开它与中国的紧密关系。汇丰银行原称 Hongkong and Shanghai Banking Company, Limited,初时中文名称为"香港上海汇理银行"。笔者认为,这与后来改称为"汇丰银行"并无关系。据罗存德(William Lobscheid)编的《英华字典》,bank 和 banking company 都可译成"汇理银行",显示出该中文译名在当时之普遍。③ 1881年,时任驻英公使的曾纪泽替汇丰银行用毛笔写下"汇丰"二字,翌年"汇丰银行"的名称便出现于它发行的钞票上。④ 为何要改称"汇丰"? 到目前为止都未找到可以令人信服的答案。不过,把"汇丰"的意思理解为"财富的汇聚"(focus of wealth)则有点牵强。⑤ 笔者认为,"汇"应解释为汇款,而"丰"则是丰厚的意思,"汇丰"则是指丰厚的汇款(abundance of remittances)。

---

① 参阅 EiichiMotono, Conflict and Cooperation in Sino-British Business, 1860—1911: the Impact of the Pro-British Commercial Network in Shanghai (Basingstoke, Hampshire; London: Macmillan; NewYork: St. Martin's Press, 2000).
② 滨下武志:《中国通商银行的设立邑香港上海银行(The Hong Kong and Shang-hai Bank)——论一八九六年盛宣怀的设立案をめぐって》,《一桥论丛》第84卷第4号(1980年),第448~456页。
③ William Lobscheid, English and Chinese Dictionary with the Punti and Mand-arin Pronunciation (HongKong: DailyPress, 1866), Part I, p.135.
④ Maurice Collist Way foong: The Hongkong and Shanghai Banking Corporation (London: Faber and Faber Ltd., 1965), p.30.
⑤ Frank H. H, King and others (eds.), The Hongkong Banking Late Imperial China, 1864—1902: The History of the Hongkong and Shanghai Banking Corporation, Vol. I (Cambridge: Cambridge University Press, 1987), pp.20, 68—69.

据学者的研究,汇丰银行之所以成功,其中一个重要因素就是利用华侨商人及华侨汇款,通过与他们的竞争和合作,大大扩大了汇丰在亚洲的势力范围。从1865年汇丰于上海设立第一家分行开始,在30年间,汇丰的分行网络从中国延伸出去,逐渐扩展到日本、南亚、东南亚和北美,依开设年份次序应为上海(1865)、横滨(1866)、福州(1867)、加尔各答(1867)、汉口(1868)、神户(1869)、孟买(1869)、西贡(1870)、大阪(1872)、厦门(1873)、旧金山(1875)、马尼拉(1875)、新加坡(1877)、纽约(1880)、天津(1881)、怡朗(1883)、槟城(1884)、巴答维亚(1884)、北京(1885)、曼谷(1886)、仰光(1891)、长崎(1891)、科伦坡(1892)、泗水(1896),可以说覆盖了整个亚洲太平洋地区,并与华侨网络重叠。①

由于华人于19世纪中后期大举移居海外,因个人或商业的需要而造成向母国大量汇款,汇丰银行充分把握这个机会,在东南亚不断开设分行,以尽量吸纳来自东南亚的华商资金。此外,为了发展包括英国于东南亚的殖民地农业金融和提供对农产品进出口的融资,汇丰银行先后在西贡、新加坡、曼谷、仰光等地设立分行。汇丰银行便是利用华侨汇款,作为其在东南亚交易的资金,从而赚取巨额利润,所谓"移民的网络就是贸易的网络,贸易的网络就是汇款的网络",便是这个道理。②

## 三、东藩汇理银行和汇丰银行的比较

汇丰银行能够利用华侨的网络来扩展业务,成为一家最具实力的英资银行,取代了东藩汇理银行的领导地位。它的成功,是否还有其他因素?根据目前的研究,有两点是值得讨论的。

首先,汇丰银行的总行设于香港而非伦敦,它的财务结算是以香港和中国流通的银元为单位,这是其他英资银行所没有采用的办法,对于汇丰来说,极为有利。理由简单,当使用金本位的国家发生金融危机时,汇丰便可免被卷入灾难,此其一;当银价下跌时,以英镑为货币单位的银行、企业,无不为已投放于亚洲市场的资金而烦恼,因为要追回已失去银元兑换英镑的差价,此其二。

从19世纪70年代起,由于银的生产量不断增加,银价开始下跌,从70年代初的每盎司60便士,下调到90年代中期的每盎司28便士,达到前所未有的低

---

① 滨下武志著,马宋芝译:《香港大视野——亚洲网络中心》,商务印书馆1997年版,第111~116页。
② 滨下武志:《香港大视野——亚洲网络中心》,第63~69页。

水平。由于汇价下跌而衍生出来的各种问题，包括账面上的资本损失、额外的股息和利息支付等，出现了所谓"镑亏"现象，打击了所有总行设于英国的亚洲殖民地银行。从1866年起到19世纪末，银价一直下跌，主要资本投放于中国和印度的英资银行，都要经历一段漫长的挣扎时期，才能使投放出去的资本和营运资金回复原有的金镑数额。当然，以银元为资本货币的汇丰银行，并没有受到严重的"镑亏"威胁。① 从表4可见，东藩汇理银行的业务进入1860年代以后便开始恶化，外来资金的数目一直大大超过自己原有的资本，银行营运的安全性备受考验。此外，其他巨额的股息支出、扩张成本的开支等，都成为银行庞大的财政负担。这种情况一直维持到1879年，开始有所改善。

表4 东藩汇理银行的各项统计

单位：英镑

| 年 份 | 资本 | 债务* | 资本占负债比率(%) | 发行钞票 | 硬货储备 | 储备率(倍) |
|---|---|---|---|---|---|---|
| 1851 | 600 000 | 2 646 569 | 22.7 | 51 891 | 250 727 | 4.8 |
| 1852 | 818 965 | 3 898 662 | 21.0 | 63 359 | 1 115 866 | 17.6 |
| 1853 | 942 450 | 5 877 063 | 16.0 | 76 380 | 925 827 | 12.2 |
| 1854 | 1 080 235 | 5 445 238 | 19.8 | 107 255 | 1 146 529 | 10.7 |
| 1855 | 1 228 115 | 5 766 681 | 21.3 | 233 253 | 1 561 546 | 6.7 |
| 1856 | 1 260 000 | 7 485 188 | 16.8 | 358 366 | 2 216 641 | 6.2 |
| 1857 | 1 260 000 | 7 771 914 | 16.2 | 341 220 | 1 923 490 | 5.6 |
| 1858 | 1 260 000 | 9 876 508 | 12.8 | 645 782 | 2 553 093 | 4.0 |
| 1859 | 1 260 000 | 11 540 174 | 10.9 | 729 956 | 1 889 900 | 2.6 |
| 1860 | 1 260 000 | 12 697 538 | 9.9 | 745 006 | 2 522 512 | 3.4 |
| 1861 | 1 260 000 | 13 176 237 | 9.6 | 711 863 | 3 432 570 | 4.8 |
| 1862 | 1 260 000 | 14 633 184 | 8.6 | 664 859 | 3 611 345 | 5.4 |
| 1863 | 1 260 000 | 16 376 888 | 7.7 | 662 277 | 2 959 834 | 4.5 |
| 1864 | 1 500 000 | — | — | — | — | — |
| 1865 | 1 500 000 | 16 218 055 | 9.2 | 642 212 | 2 335 182 | 3.6 |

① 汪敬虞：《19世纪80年代世界银价的下跌和汇丰银行在中国的优势地位》，《近代中外经济关系史论集》，方志出版社2006年版，第218～224页。

(续表)

| 年 份 | 资本 | 债务* | 资本占负债比率(%) | 发行钞票 | 硬货储备 | 储备率(倍) |
|---|---|---|---|---|---|---|
| 1866 | 1 500 000 | 18 716 588 | 8.0 | 473 581 | 3 294 073 | 7.0 |
| 1867 | 1 500 000 | 16 903 436 | 8.9 | 500 675 | 4 287 705 | 8.6 |
| 1868 | 1 500 000 | 19 607 723 | 7.7 | 519 589 | 3 397 854 | 6.5 |
| 1869 | 1 500 000 | 19 104 191 | 7.9 | 514 934 | 3 490 615 | 6.8 |
| 1870 | 1 500 000 | 20 001 520 | 7.5 | 479 431 | 4 101 044 | 8.6 |
| 1871 | 1 500 000 | 20 237 639 | 7.4 | 666 046 | 1 948 849 | 2.9 |
| 1872 | 1 500 000 | — | — | — | — | — |
| 1873 | 1 500 000 | 21 748 003 | 6.9 | 717 862 | 3 041 135 | 4.2 |
| 1874 | 1 500 000 | 23 433 929 | 6.4 | 685 713 | 3 053 136 | 4.5 |
| 1875 | 1 500 000 | 21 116 914 | 7.1 | 814 869 | 2 201 138 | 2.7 |
| 1876 | 1 500 000 | 20 408 886 | 7.3 | 775 824 | 2 418 488 | 3.1 |
| 1877 | 1 500 000 | 19 890 777 | 7.5 | 713 372 | 2 164 321 | 3.0 |
| 1878 | 1 500 000 | 20 493 827 | 7.3 | 776 321 | 2 140 731 | 2.8 |
| 1879 | 1 500 000 | 14 205 460 | 10.6 | 663 759 | 1 849 163 | 2.8 |
| 1880 | 1 500 000 | 13 225 683 | 11.3 | 602 205 | 1 439 724 | 2.4 |
| 1881 | 1 500 000 | 13 867 567 | 10.8 | 645 541 | 1 226 645 | 1.9 |
| 1882 | 1 500 000 | 13 583 841 | 11.0 | 735 527 | 949 382 | 1.3 |

资料来源：Bankers' Magazine, Vol. XII(1852)—Vol. XLII(1883)，转引自本山美彦：《The Oriental Bank Corporation，1851—1884年(下)——世界市场创设期におけるアジアの为替と信用》，《经济论丛》(京都大学经济学会)第121卷第5号(1978年5月)，第3、9页。

\* 这里所指的债务包括：发行钞票、要支付的支票、其他银行的结欠、由存户收来的存款等，是以 total due to the public 形式表现；而缴纳的资本金、储备金、纯利等，则以 due to share holder 形式表现。

其次，汇丰银行成立后不久，便取得承办香港政府对外汇款的全权。此外，汇丰在发行钞票方面，亦很快就可超越对手。从表5可见，汇丰的发钞量，从19世纪开始到20世纪30年代，一直在增加。相反，东藩汇理银行(如表4所显示)，在1851年至1860年的头10年里出现过增加趋势以外，其后的10年则年年递减。东藩汇理银行的发钞金额，从未多过它的资本金额。值得一提的是，东藩汇理的硬货储备率在开业后的数年，高得惊人，令人难以相信，有10至17倍。虽然之后不断回落，但经历过1866年金融恐慌后，又开始回升，最低时亦有2至

3 倍。这样保守的经营方法,1870 年时受到银行股东的责难。①

汇丰银行能够不断增加发钞数目,无疑与香港殖民地政府的支持不无关系。1872 年,香港政府特准汇丰发行低面额的 1 元钞票,以解决当时香港市面缺乏流通货币的问题。此举有违殖民地银行条例,因为根据规定,汇丰只能发行 5 元或 5 元以上的倍数面额钞票。1890 年,汇丰的发钞量已达 650 万元,大大超越它的资本额 10 万元,而且汇丰的钞票,在中国内地特别是华南地区大受欢迎,因而发钞额迅速增加。②

## 四、20 世纪汇丰银行在中国的挑战

如表 5 所示,汇丰银行初办时资本只有 250 万元,在中国抗日战争爆发前夕,共增资过 4 次,最后一次是 1927 年的 2 000 万元,大约 60 年间增资 10 倍。由于经营得法,汇丰银行的盈利数字节节上升,直至 1931 年才出现回落的趋势。可以说,汇丰从 1865 年到 1931 年的 60 年间一直处于强势。由于汇丰的强大实力,它在香港和中国内地均扮演了中央银行的角色。

表 5  汇丰银行的扩张(1865—1937 年)

单位:百万元

| 年份 | 资本 | 公积 | 存款 | 发行钞票 | 利润 | 资产 | 利润率(%) |
|---|---|---|---|---|---|---|---|
| 1865 | 2.5 | — | 3.4 | — | — | — | — |
| 1876 | 5.0 | 0.5 | 11.0 | 1.9 | 0.5 | 43.3 | 9.1 |
| 1890 | 10.0 | 6.8 | 109.3 | 6.5 | 1.6 | 149.7 | 9.5 |
| 1900 | 10.0 | 12.0 | 100.0 | 12.5 | 3.0 | 280.0 | 13.6 |
| 1912 | 15.0 | 32.0 | 288.0 | 24.8 | 5.7 | 371.0 | 12.1 |
| 1919 | 15.0 | 37.2 | 337.2 | 30.5 | 7.4 | 425.8 | 14.2 |
| 1927 | 20.0 | 73.1 | 557.7 | 52.6 | 14.2 | 726.5 | 15.3 |
| 1928 | 20.0 | 73.4 | 548.0 | 48.4 | 13.4 | 710.8 | 14.3 |
| 1929 | 20.0 | 89.5 | 654.8 | 64.9 | 14.1 | 852.8 | 12.9 |

① 本山美彦:《The Oriental Bank Corporation,1851—1884 年(下)世界市场创设期におけるアジアの為替と信用》,京都大学经济学会:《经济论丛》第 121 卷第 5 号(1978 年 5 月),第 8 页。
② 汪敬虞:《19 世纪 80 年代世界银价的下跌和汇丰银行在中国的优势地位》,第 234 页。

(续表)

| 年份 | 资本 | 公积 | 存款 | 发行钞票 | 利润 | 资产 | 利润率(%) |
|---|---|---|---|---|---|---|---|
| 1930 | 20.0 | 128.9 | 925.3 | 108.2 | 20.7 | 1 214.7 | 13.9 |
| 1931 | 20.0 | 100.4 | 773.5 | 129.2 | 16.5 | 1 049.9 | 13.7 |
| 1932 | 20.0 | 114.0 | 931.6 | 137.4 | 16.9 | 1 233.9 | 12.6 |
| 1933 | 20.0 | 99.8 | 874.0 | 146.5 | 15.2 | 1 168.5 | 12.7 |
| 1934 | 20.0 | 86.1 | 683.4 | 133.9 | 13.0 | 948.0 | 12.3 |
| 1935 | 20.0 | 109.8 | 776.2 | 119.0 | 12.1 | 1 051.5 | 9.3 |
| 1936 | 20.0 | 114.9 | 837.9 | 127.6 | 15.1 | 1 130.7 | 11.2 |
| 1937 | 20.0 | 114.9 | 860.2 | 200.3 | 15.4 | 1 232.3 | 11.4 |

资料来源：王业键《中国近代货币与银行的演进(1644—1937)》〔台北："中央研究院"经济研究所，1981 年〕，第 71 页；Frank H. H. King and others（eds.），*The Banking Late Imperial China*，1864—1902：*The History of the Hongkong and Shanghai Banking Cor-poration*，Vol. 1（Cambridge：Cambridge University Press，1987）；Frank H. H. King and others（eds.），*The Hongkong Bank Between the Wars and the Bank Interned*，1919—1945：*The History of the Hongkong and Shanghai Banking Corporation*，Vol. 3（Cambridge：Cambridge University Press，1988）。

不过，随着中国民族主义情绪高涨，中国自办银行实力逐渐增强，外资银行在中国的特权地位受到考验。由于汇丰银行是外国在华最具实力的银行，自然成为受攻击的对象。1925 年 6 月，省港大罢工爆发时，中国各大城市普遍出现反帝国主义示威，汇丰银行成为众矢之的，备受批评。当时罢工风潮正进行得如火如荼的时候，有一位留学美国的经济学家马寅初站出来，提醒大家要冷静分析汇丰在华的实力，不要胡乱挤兑汇丰的钞票。他提出：

> 故汇丰之势力，固在活期存款（为钞票之九倍），而汇丰之危险，亦在此一项。今国人不知汇丰之内容，相率挤兑钞票，殊不知汇丰之弱点，不在钞票，乃在支票（用活期存款，必用支票）。①

从表 6 见到汇丰的负债项目中，以活期存款为最大宗，几乎是钞票发行额的 10 倍，远远超过它资产项目中的现金、贴现与放款、应收未收之票据等收入。由于汇丰的声誉昭著，它不需要高的储蓄率来支持发钞，这一方面可谓与东藩汇理银行截然不同。当然，风险亦较高。因此，马寅初指出汇丰的弱点不在于钞票而在于支票。他说：

---

① 马寅初：《汇丰银行》，《马寅初全集》第三卷，浙江人民出版社 1999 年版，第 3 页。

倘海员与码头工人继续罢工,货物一日不能发动,此种贴现与放款,均无随时收回之希望。汇丰之弱点在此一项。苟中国钱庄,真能实行经济绝交,将所有支票持向汇丰兑取,其余中外银行,亦不与以通融与调款之援助,则汇丰惟有坐以待毙而已。然汇丰平日之声势甚大,帮人之处亦甚多,谁忍听其自毙耶?①

表6　汇丰银行的资产与负债

单位:元

| 资　产 | 1917年 | 1918年 | 1919年 | 1920年 | 1921年 | 1922年 |
|---|---|---|---|---|---|---|
| 现金 | 84 132 051 | 77 443 150 | 69 555 614 | 124 113 685 | 90 009 945 | 84 278 423 |
| 存库与在运送中的银块 | 7 590 795 | 2 543 589 | 12 481 903 | 5 631 618 | 13 461 180 | 4 559 537 |
| 各种投资 | 21 278 956 | 21 918 126 | 19 255 635 | | | |
| 金镑准备投资 | 15 000 000 | 15 000 000 | 6 153 846 | 32 372 386 | 95 485 672 | 103 013 825 |
| 贴现与放款 | 131 607 146 | 151 796 213 | 154 687 077 | 161 779 784 | 202 073 979 | 228 466 379 |
| 应收未收之票据 | 146 126 895 | 154 814 717 | 154 589 867 | 215 342 082 | 203 763 642 | 208 864 971 |
| 承受(收入) | 6 085 625 | 1 824 504 | 2 097 831 | 7 461 486 | 2 579 840 | 7 826 433 |
| 房地产 | 7 115 947 | 6 623 768 | 6 948 288 | 8 108 995 | 14 230 416 | 16 781 350 |
| 总数 | 418 937 415 | 431 964 067 | 425 770 061 | 554 810 036 | 621 604 674 | 653 790 918 |
| 负　债 | 1917年 | 1918年 | 1919年 | 1920年 | 1921年 | 1922年 |
| 已缴资本 | 15 000 000 | 15 000 000 | 15 000 000 | 15 000 000 | 20 000 000 | 20 000 000 |
| 金镑准备 | 15 000 000 | 15 000 000 | 6 135 846 | 15 789 474 | 34 838 710 | 40 373 832 |
| 银准备 | 18 500 000 | 19 500 000 | 21 000 000 | 19 470 588 | 22 130 282 | 23 500 000 |
| 保险 | 250 000 | 250 000 | 250 000 | 250 000 | 250 000 | 250 000 |
| 钞券流通额 | 24 920 907 | 25 305 644 | 30 516 905 | 29 332 658 | 44 034 392 | 41 883 655 |
| 活期存款 | 223 166 607 | 235 680 858 | 232 036 602 | 336 735 274 | 341 724 751 | 366 620 124 |
| 定期存款 | 90 860 876 | 106 080 904 | 105 182 636 | 114 330 325 | 139 146 678 | 135 710 948 |
| 应付未付之票据 | 17 383 062 | 5 700 316 | 4 438 625 | 6 329 854 | 5 624 331 | 5 098 143 |

---

① 马寅初:《汇丰银行》,第6页。

(续表)

| 负　　债 | 1917 年 | 1918 年 | 1919 年 | 1920 年 | 1921 年 | 1922 年 |
| --- | --- | --- | --- | --- | --- | --- |
| 承受(收入) | 6 085 625 | 1 824 504 | 2 097 831 | 7 461 486 | 2 579 840 | 7 826 433 |
| 损益账 | 7 773 238 | 3 212 841 | 9 093 616 | 10 110 377 | 11 275 690 | 12 527 783 |
| 总数 | 418 940 315 | 427 555 067 | 425 770 061 | 554 810 036 | 621 604 674 | 653 790 918 |

资料来源：马寅初：《汇丰银行》，《马寅初全集》第三卷，浙江人民出版社 1999 年版，第 8～9 页。

继马寅初之后，提出向汇丰银行收回特权的是一位银行家陈光甫。陈光甫留学美国，是上海商业储蓄银行的创办人。他认为，中国每年向列强交出的 9 000 万元赔款不应由汇丰收存，中国的外汇牌价，亦不应由汇丰来操控。陈光甫说：

> 故现在关税统存于汇丰一家，此皆总税务司之主张，实际上已将前项八条办法变更，致使我国每年九千余万元之关税收入，将永为英商汇丰银行所处置，而汇丰之运用此项存款，皆以英商利益为前提，吾国凡百商业因之失其维持，受重大损失于无形中，不平等之办法孰有甚于此者矣。①

陈光甫认为，只要能够收回关税收存之权，汇丰就会失去控制中国外汇的能力。当然，代替汇丰管理巨大关税收入的自然是华资银行。他提出道：

> 或者谓关税存放之权，既向汇丰收回后，何以不分存于华商各银行，藉以挽回利权？鄙见以为关税存放，非权利问题，乃国民生计问题。如存洋商银行而能调剂金融，有益吾民也，则亦听之。如无益也，则存诸华商各银行，亦仅予少数人以便利。在我国中央银行未曾设立以前，特设专库保管，免起中外各银行觊觎纷争之念，似较安全。将来中央银行组织完备，不妨移交保管之。②

1928 年，中国经历北伐全国统一后，中央银行正式成立，但当时并未马上收回汇丰的关税收存之特权。1929 年，国民政府开始与列强谈判收回中国关税主权，但初时并未得到接纳，谈判过程可谓悠长和复杂。进入 30 年代，国民政府陆续推出各种金融改革，其中，于 1935 年中国银行经增资改组后，成为管理中国外汇的国营特许银行，并成功地从汇丰收回中国的关税收存之特权，从此汇丰在中国的外汇超然地位逐渐消失。

---

① 陈光甫编：《关税存放问题意见》，上海图书馆藏，1925 年，第 8 页。
② 陈光甫编：《关税存放问题意见》，第 13 页。

## 五、小　　结

在 19 世纪，汇丰银行虽然不是香港或中国内地最早出现的英资银行，不过它能够击败强劲对手，显然有它成功的道理。汇丰银行虽然是殖民地银行（colonial bank），但它把自己看作是本地银行（local bank）。当所有的英资银行都在伦敦注册，并把总行设于英国，汇丰银行却逆道而行，把总行设于香港，充分表现出今日汇丰所强调的"环球金融，地方智慧"。

汇丰银行最早的名称是"香港上海汇理银行"，把"汇理银行"改为"汇丰银行"，表现出它对汇款业务之重视。汇丰银行能够与华商合作，吸纳华侨汇款来作为银行的营运资金，利用华商于亚太地区的网络来扩展业务，最后成为香港和上海最具实力的英资银行。2005 年，汇丰在成立 140 周年之际，它的资产已达 1 500 亿美元，纯利 150 亿美元，分行遍布全球 70 多个国家和地区。汇丰银行与香港和上海的关系，是极其密切的，它的成功故事，很值得我们注意。

（原载《近代中国》第 20 辑，
作者：李培德，香港大学亚洲研究中心专职研究员）

# 清政府与商办企业：
# 轮船招商局[①]（1872—1902）

[澳]黎志刚著

陈俊仁译

## 一、前　　言

自20世纪50年代末，不少学者研究19世纪末清政府与中国商办企业的关系。[②] 有关研究主要强调受政府资助的企业存在严重的限制，尤其与明治时期的日本比较，导致中国早期现代化的努力蒙上阴影。

有关研究的另一个主题是政府的负面角色。费维恺认为，官僚资本主义是中国工业化失败的主要原因之一。[③] 段本洛认为，"商股投入官督商办企业，无异掉进陷阱"。[④] 学者们坚称官僚对企业金钱上的压榨，严重阻碍近代企业的发

---

[①] 本文原为英文论文"The Qing State and Merchant Enterprise: The China Merchants' Company, 1872—1902"，收入Jane Kate Leonard 及 John R. Watt 编"To Achieve Security and Wealth: The Qing Imperial State and the Economy, 1644—1911"（追求稳定及财富：清代政府与经济，1644—1911年），康内尔大学，1992年，第139～155页。现由陈俊仁译为中文。

[②] 主要著作有：陈锦江：《清末现代企业与官商关系》(Wellington K. K. Chan, Merchants, Mandarins, and Modern Enterprise in Late Ch'ing China)，哈佛大学出版社，1977年，及"Government, Merchants and Industry to 1911"《1911年前的政府、商人及工业》，见费正清、刘广京编：《剑桥中国晚清史》(The Cambridge History of China, Vol.11, Late Ch'ing, 1800—1911, Part 2)，剑桥大学出版社1980年版；费维恺：《中国早期工业化》(Albert Feuerwerker, China's Early Industrialization: Sheng Hsuanhuai 1844—1916 and Mandarin Enterprise)，哈佛大学出版社1958年版；郝延平：《十九世纪的中国买办：东西间桥梁》(Hao, Yen-p'ing, The Comprador in Nineteenth-Century China: Bridge between East and West)，哈佛大学出版社1971年版，及《中国近代商业革命》(The Commercial Revolution In Nineteenth-Century China: The Rise of Sino-Western mercantile Capitalism)，加州大学出版社1986年版；刘广京："Steamship Enterprise In Nineteenth-Century China"《十九世纪中国的轮船企业》，见The Journal of Asian Studies 18, 4, 1959年，第435～455页及"British-Chinese Steamship Rivalry in China, 1873—1885"（中英轮船竞争1873—1885年），见C. D. Cowen 编：Economic Development of China and Japan: Studies in Eco-nomic History and Political Economy（中国与日本的经济发展：经济史与政治经济学研究），Allen and Unwin, 1964年；张国辉：《洋务运动与中国近代企业》，中国社会科学出版社1979年版；夏东元：《晚清洋务运动研究》，四川人民出版社1985年版。

[③] 费维恺：《中国早期工业化》，1958年版。

[④] 段本洛：《简论"官督商办"对民族资本主义发展的阻止作用》，《历史教学》1982年第10期，第14～18页。

展。① 陈锦江声称,因为政治凌驾于经济发展,经济方面常出现不济的决定。② 另有学者论证政府的角色和经济发展之间的关连是负面的。③

然而,近期的研究更有系统地重新评估近代中国经济的本质。原有的看法是 19 世纪末 20 世纪初是停滞甚至倒退的时期,但是罗威廉、④郝延平、⑤罗斯基、⑥Loren Brandt 及科大卫⑦等人的研究对此看法提出挑战。罗斯基看到制造业、商业银行及海陆运输均有明显的增长。再者,他不认为政府是中国经济发展的绊脚石,相反,他认为无论好坏,中国政府对经济发展的影响轻微。帕金斯⑧及白吉尔⑨亦有类似的看法,他们相信中国政府并无能力帮助工业发展。

政府压榨论的主要问题是,提出的学者们没有探究政府政策的实质演变,也没有将涉及的企业放在历史的背景中进行研究。可是,现在新史料的出现,使我们更能理解复杂的历史,它由 19 世纪中商业民族主义的兴起及外商竞争引致的新环境所共同构成。

本文探讨的个案,是政府在轮船招商局(简称招商局)——中国最早的现代化企业之一——的发展上的角色。招商局是满清官僚与华商一起为对抗西方在华轮船业的入侵,所进行的一个独特而混杂的实验。招商局是中国第一家合资公司,它采用的企业制度有别于传统中国商业习惯。招商局依据早已建立起来的官商合作的互利模式而成立和发展。⑩ 在较早的例子中,政府招集商人、团体

---

① 白乐日:《中国文明与官僚政治》(Étienne Balazs, Chinese Civilization Bureaucracy),耶鲁大学出版社 1964 年版。
② 陈锦江:《清末现代企业与官商关系》,1977 年版;《1911 年前的政府、商人及工业》,1980 年版。
③ 帕·小科布尔:《上海资本家与国民政府,1927—1937》(Parks M. Coble, The Shanghai Capitalists and the Nationalist Government, 1927—1957),哈佛大学出版社 1980 年版。
④ 罗威廉:《汉口:一个中国城市的商业和社会,1796—1889》(Wimam T. Rowe, Hankow. Commerce and Society in a Chinese City, 1796—1559),斯坦福大学出版社 1984 年版。
⑤ 郝延平:《十九世纪的中国买办:东西间桥梁》,1971 年版。
⑥ 罗斯基:《战前中国经济的增长》(Thomas G. Rawski, Economic Growth in Preiw-ir China),加州大学出版社 1989 年版。
⑦ Loren Brandt:华中及华东的商业化与农业发展 1870—1937 年(Commercialization and Agricultural Development: Central and Eastern China, 1870—1937),剑桥大学出版社 1989 年版;David Faure: 1870—1937(科大卫:《解放前中国的农业经济》)(The Rural Economy of Pre-Liberation China: Tra-de Expansion and Livelihood in Jiangsu and Guangdong),牛津大学出版社 1989 年版。
⑧ Dwight H. Perkins:"Government as an obstacle to Industrialization: The Case of Nineteenth-Century China"(帕金斯:《政府作为工业化的障碍:以十九世纪中国为例》),Journal of Economy History 27, 7, 1967, pp.478~492.
⑨ 白吉尔:《中国资产阶级的黄金时代,1911—1937 年》(Marie-Claire Bergere, The Golden Age of the Chinese Bourgeoisie, 1911—1937),剑桥大学出版社 1989 年版。
⑩ Jane Kate Leonard, "Controlling from afar: The Daoguang Emperor's Man-agement of the Grand Canal, 1824—1826"(《运筹帷幄:道光皇帝对大运河的管理,1824—1826 年》),1991 年,未刊稿。《教派与社会:清漕运船夫中罗教的演变,1700—1850 年》(David E. Kelley, Sect and Society:(转下页)

或物资,以不同的官督商办方式,营运各种合资企业。

由1872年至1884年,招商局在一个充满挑战和剧变的政治经济环境中,努力将官商合作的旧模式和新的合资企业制度融为一体,结果失败了。但这个实验显示由1872年至1884年,当营运管理由商人负责,而政府同时提供资助及漕运专营权时,招商局曾兴盛一时,但当政府由1885年起逐渐加强插手局务后,招商局便日见衰落。

本文将分析由1872年招商局成立至1902年间政府所扮演的角色,亦将说明清政府官僚尤其是李鸿章,对管理招商局所采取的不同方式。

## 二、招商局作为合资企业

招商局在1872年筹备,1873年1月14日正式成立。① 它把漕粮由长江下游运至天津,并与经营沿海运输的外商轮船竞争。在经营的最初10年(1873—1884),企业的业绩优秀。这非凡的成就主要归功于招商局的管理和官方的保护。②

招商局不是官办企业,亦非家族公司,而是由中国政府资助的第一家本土合资企业。合资企业的模式约在同治中兴时期(1862—1874年),由外商首先引入通商口岸。由美商旗昌洋行经营的旗昌轮船公司自1862年成立,在随后10年内发展迅速。③ 香港上海汇丰银行是另一个主要的外商合资公司。早在1865年,汇丰银行发行了2万股,总实收资本为250万港元。④ 在19世纪的欧洲和美国,合资公司被视为法律实体,它具有法人特性,可以超越其成员的生命而存在,比合伙制优点更多。由最初开始,因为政府的鼓励和规范管理在中国公司的商业发展中,起着重要的作用,所以与欧美公司相比,中国合资企业在一个不同的政治环境中经营。

---

(接上页) The Evolution of the Luo Sect among Qing Dynasty Grain Tribute Boatmen, 1700—1850,哈佛大学博士论文,1986年。
① 徐润:《徐愚斋自叙年谱·附上海杂记》,台北:食货出版社重印,1977年版,第68～83页。
② 黎志刚:《轮船招商局经营管理问题,1872—1901年》,《"中央研究院"近代史研究所集刊》1990年,第19期,第67～108页。
③ 刘广京:《英美航运势力在华的竞争(1862—1874)》(Liu Kwang Ching, An-glo-American Steamship Rivalry in China, 1862—1874),哈佛大学出版社1962年版。
④ Frank H. H. King, The Hong Kong Bank in Late Imperial China, 1864—1902(《帝制晚期中国的汇丰银行,1864—1902年》),剑桥大学出版社1987年版,第7页。

这种发展至少有两个原因。第一,19世纪中叶的华商需要通过政府支持,发展本地的合资公司来与外商竞争。① 第二,不少中国官僚包括丁日昌、李鸿章,认识到合资公司可以收集大量资金,以进行工业化。尽管当时国家没有关于合资公司的法规,但丁、李两人通过政府的支持,鼓励华人成立合资公司。商人可以投资到政府的保护伞下的新式公司,它的管理制度不同于西方的合资公司、华商家族企业,以及以往的官办企业。

## 三、企业的成立

李鸿章设立招商局的主要动机,正如他所指出,是"分洋人之利"。他于1872年12月11日给张树声(署两江总督)的信中强调:

> 兹欲倡办华商轮船,为目前海运尚小,为中国数千百年国体、商情、财源、兵势开拓地步。②

因此,李鸿章的目标是建立一家具有竞争力的企业,争取外商在华所赚得的部分利润,这可说是一种商业民族主义。

有关招商局的所有权,李鸿章曾考虑三个不同方案:官方拥有、官商联合拥有及商人拥有。③ 浙江海运委员朱其昂草拟了两个方案,④第一个建议是官商合资。他建议向官办船厂购买轮船。如商人资本不足,官方可以轮船充当股本,入股招商局。虽然这项计划的原意是为官方服务,但李鸿章驳回了朱氏的官商合资建议,宁可选择私人合资企业的模式。李氏并不反对投入政府资源,但他认为应以借贷而非入股形式进行。他觉得合资企业有更大的潜力吸引私人资金,而私人投资者应负起管理企业的全部责任。

李鸿章有能力替新式企业取得官方的贷款和其他资助,但他知道单靠官方的力量,不足以推动工业化。李氏决定招商局应全由商人拥有,应吸收商人,即非官僚的私人资金。同时,李氏明白,这类新式企业会遇到"招商难"的问题。在1872年6月2日致总理衙门函中,他抄附吴大廷(前台湾道

---

① 郑观应:《郑观应集》,上海人民出版社1982年版,第635~638页。
② 李鸿章:《朋僚函稿》,《李文忠公全集》,1921年重印,南京1905年原版,12:31。
③ 李鸿章:《李文忠公全集》,"奏稿",20:32b。汪敬虞:《十九世纪外国侵华企业中的华商附股活动》,《十九世纪西方资本主义对中国的经济侵略》,北京人民出版社1983年版,第38~39页。
④ 《海防档》,影印总理衙门文件,台北:"中央研究院"近代史研究所1957年版,丙,第910~912、921~923页。

台)的禀文称：

> 中国殷实可靠之商皆系别有生业，以素所未习之事，而出其重资，涉于重洋，势必望而裹足，其素在洋商经商得利者，彼与洋人交易已久，非官法所能钤束，未必乐于它图……其难一也。①

通商口岸的中国商人，只有在企业的独立性有所保证，而且企业必须有政府支持才可成立的情况下，才会投资于官方资助的企业。关键的问题是：（1）为何李鸿章会招商投资于现代化企业？（2）他如何替企业取得官方的支持？（3）这些政策对经济创新有何影响？

在筹备阶段，李鸿章考虑了一系列有关股东组合、所有权和公司规章的建议。1872 年年初，天津海关委员林士志建议招揽早已投资于外商轮船公司的广东籍商人主理其事。他建议官方借出 30 万两给予招商局，并委任商总一名以接收借款及监督局务。② 同年 4 月，李鸿章的幕僚盛宣怀提出一个不同的计划，以六条章程作为经营方针，包括设立公司、集中管理权、招募足够商股、向官方船厂购买轮船、划一轮船租金及给予漕粮海运权。盛氏认为，投资者应为企业的盈亏负全责，而官方则与此无涉。然而，为加强此合资公司的竞争力，盛氏亦建议官方借出 10 万两予招商局，而后者则每年承运约 40 万担的米粮作为回报。③ 虽然林氏及盛氏的建议没有被正式采纳，但李鸿章稍后为招商局订立的规条与建议相若。

1872 年 10 月，李鸿章命朱其昂在上海设立轮船招商公局，并命他为总办，主理其事。李氏希望招揽曾投资沿海贸易或在华洋行的华商。为吸引资金，投资者保证可取得年息 10 厘的丰厚官利。李氏在 1872 年年底又从直隶军饷中拨出 135 000 两借给予该局。虽然如此，华商仍裹足不前。到 1873 年 4 月，华商承诺入股 10 万两，但实收股本只有 1 万两。两个上海华商界的主要人物，丝业及钱业商人胡光墉及茶商李振玉，均拒绝入股。

事实证明朱其昂完全没有集资能力，因此他在 1873 年 6 月调职主管漕运业务，而招商局亦进行改组。由 1873 年至 1884 年，唐景星及徐润这两个买办商人，变成招商局的实际管理人。他们是大股东，而各分局的商董亦由股东出任。在他们的领导下，到 1874 年秋，实收资本增至 476 000 两，到 1880 年及 1882 年，

---

① 《海防档》，甲，第 904 页。
② 李鸿章：《朋僚函稿》，《李文忠公全集》，12：4。
③ 《招商局章程》，《盛宣怀档案》，1872 年，香港中文大学藏。

更分别增至 100 万两和 200 万两。

## 四、官督商办的实践：招商局的制度创新

因为公司的规章制度是由李鸿章批准，它们体现了李氏的意图。在 1873 年 6 月把唐、徐二人招揽入局后，李氏成功地吸引新技术、管理方式及资金。唐、徐两人根据在华英美轮船公司所采用的西方合资公司的模式，对招商局进行改革。① 唐氏在 1873 年接管并着手改组招商局，他依据良好的商业原则，起草局规及章程，以便推行局务。②

虽然李鸿章经常向招商局发出指示（在档案中，仍可找到他就局方日常运作所发出的指示至少有 400 多次），并委任高层管理人，但他确实认可唐、徐两人的改革。招商局必须严格按照商业模式运作。根据规章，不可委任官员入局，局方不会聘请衙门差役，亦不需向政府提交报告及账册。即使有政府的资助，招商局必须由冒商业风险的私人股东所拥有及管理。

可是，招商局需要依赖官方的贷款，以补充商股。李鸿章接纳官款的必要性，并以此作为官督商办的一个主要方法。感谢李氏及受其影响的地方大员，包括江苏、浙江、江西及湖北等，以及天津和上海的海关道台，官款陆续汇到，共银 1 902 868 两。1885 年前，共安排了至少 18 宗政府借款（见表 1）。有政府借款的支持，招商局不但可以偿还钱庄的短期高息贷款，更可在 1877 年收购美商旗昌轮船公司。

表 1　轮船招商局所借官款，1872—1883 年

单位：上海海关两

| 官款来源 | 年份 | 借款数额 | 年利率（%） |
| --- | --- | --- | --- |
| 天津练饷 | 1872 | 120 000 | 7 |
| 江宁木厘 | 1875 | 100 000 | 8 |
| 浙江塘工 | 1875 | 100 000 | 8 |
| 海防支应银 | 1876 | 100 000 | 8 |
| 扬州粮台 | 1876 | 100 000 | 8 |

---

① 刘广京：《十九世纪中国的轮船企业》，1959 年版及《英美航运势力在华的竞争》，1962 年版。
② 交通部及铁路部交通史编纂委员会编：《交通史航政篇》，1931 年，II，第 143～146 页。

(续表)

| 官款来源 | 年份 | 借款数额 | 年利率(%) |
|---|---|---|---|
| 直隶练饷 | 1876 | 50 000 | 10 |
| 保定练饷 | 1876 | 50 000 | 8 |
| 东海关 | 1876 | 100 000 | 8 |
| 江宁藩库 | 1877 | 100 000 | 10 |
| 江安粮台 | 1877 | 200 000 | 10 |
| 江海关 | 1877 | 200 000 | 10 |
| 浙江丝绢 | 1877 | 200 000 | 10 |
| 江西司库 | 1877 | 200 000 | 10 |
| 湖北司库 | 1877 | 100 000 | 10 |
| 海防经费 | 1878 | 150 000 | |
| 海防经费 | 1878—1881 | 100 000 | |
| 出使经费 | 1881 | 80 000 | |
| 天津海防支应局 | 1883 | 200 000 | |

资料来源：黎志刚：《轮船招商局国有问题，1878—1881 年》，《"中央研究院"近代史研究所集刊》，1988 年第 17 期，第 21 页。

1882 年前，政府借款的总数远大于公司的实收资本。这些借款占公司总借款数的 50%～60%，或是 1876 年至 1880 年间，公司最高实收资本的 2.2 倍。官方借款的保证利息为 7 至 10 厘，比股东享有的 10 厘官利为低。1877 年，李鸿章得到朝廷的允许，暂停征收借款利息 3 年，并让局方分 5 年偿还本金。事实上，招商局由 1877 年至 1885 年并无偿还利息。在这 8 年间，待付的利息共有 90 万两，差不多是 1882 年至 1893 年公司实收股本的一半。换句话说，清政府在这时期共给予招商局数以 10 万两计的补助。

与政府良好的联系，对公司获得优惠的船务安排亦十分重要。招商局成立最初 10 年的成功部分原因是，李鸿章把管理权交到专家即商人手上，并运用他们巨大的影响力，为招商局创造有利的条件。李使各省官员每年把部分漕粮交托招商局承运，运费与海运帆船相同，1879 年前，每担米粮可得 0.6 两运费，1880 年至 1884 年间，则可得 0.531 两，相当于外商轮船公司一般运费的 2 至 3 倍。正如表 2 显示，招商局平均每年运送 50 万担米粮。

表 2　轮船招商局承运漕粮

| 年　度 | 运漕粮数(担) | 运费率(%) | 总收入*(上海海关两) |
| --- | --- | --- | --- |
| 1873 年 6 月 | 170 000 | 0.600 | 102 000 |
| 1873—1874 | 250 000 | 0.600 | 150 000 |
| 1874—1875 | 300 000 | 0.600 | 180 000 |
| 1875—1876 | 450 000 | 0.600 | 270 000 |
| 1876—1877 | 290 000 | 0.600 | 174 000 |
| 1877—1878 | 523 000 | 0.600 | 313 800 |
| 1878—1879 | 520 000 | 0.600 | 312 000 |
| 1879—1880 | 570 000 | 0.600 | 342 000 |
| 1880—1881 | 475 415 | 0.531 | 252 445 |
| 1881—1882 | 557 000 | 0.531 | 295 767 |
| 1882—1883 | 580 000 | 0.531 | 307 980 |
| 1883—1884 | 390 000 | 0.531 | 207 090 |
| 1884—1885 | 470 000 | 0.531 | 249 570 |

资料来源：黎志刚：《轮船招商局国有问题，1878—1881 年》，1988 年，第 20 页。
＊运漕粮数×运费率。

## 五、国有化计划及商人的醒觉，1877—1885 年

鉴于招商局业务扩充，日渐获利，不少官员建议政府将招商收归国有。有关建议曾分别于 1877 年、1879 年及 1881 年由两江总督沈葆桢、漕运商人叶廷眷及当时的两江总督刘坤一提出。刘氏的建议尤其对招商局构成严重威胁。[①]

曾一度为上海道台的叶廷眷在一封写给李鸿章的函件中虽然没有使用国有化这个现代名词，但叶氏建议官方出资 200 万两将招商局收归国有。叶氏认为，招商局收归国有，可省却每年应付予钱庄共 20 万两利息，及股东的 7 万两股息。他相信政府十年内可全数收回 200 万两的投资。可是，李鸿章没有接纳此建议。事实上，他把叶氏从招商局管理层裁撤出去。[②]

---

[①] 黎志刚：《轮船招商局国有问题，1878—1881 年》，1988 年。
[②] 刘坤一：《刘忠诚公遗集》第 8 卷，1909 年，台北：文海出版社重印，第 17 页。

刘坤一建议将官方借款转为官股，使政府成为招商局的最大单一股东。他在 1881 年 2 月 15 日给黎兆棠的信中写道，"其提剩之官帑七十余万，截至光绪八年止，缓息亦七十余万，两共一百五十余万，均存局作为官股"。

招商局的股东立刻把刘氏的意见理解为官方控制该局管理的策略。如上所述，公司的商董是最大的股东，而分局的经理亦是股东。由 1878 年至 1879 年，招商局共发行值 800 600 两的股票。唐氏及他的近亲拥有约 8 万两，而他的其他亲戚亦入股 20 万两。徐润及他的亲人所拥有的股份，亦与唐氏不相伯仲。超过一半的股权在这两个商董的控制之下。在他们看来，政府毋须进行监察。如果经理有任何方式的不端行为，他们会认为："有股众商大半局员之亲友，商人耳目较近，岂肯受其欺蒙。"因此商人应对自己的投资负责。当招商局受到京中御史严厉批评时，唐、徐两人曾在一封信中说：

> 或恐都中人言，借以有关公款为责，此亦易办，只须弟等变卖船只埠头，归还公款有余，散此公司，另图活计，纵有亏折，与公家无涉，可不须查办。①

幸得李鸿章的反对，刘坤一的计划没有实现。刘氏在致王先谦的信中，沮丧地承认李的努力成功：

> 合肥相国先经会同吴健帅复奏，将该局借用公款一百九十余万，分为五年提还以后，归商局，不归官。

李鸿章尽力保障公司的自主权，强调"盈亏全归商认，与官无涉"，但当他的属员想把官款转为私股，他却答应了。② 李氏的决定损害了招商局的自主权及商人的投资。

我们可以如何总结早期招商局的历史呢？从 1877 年起，许多官员建议朝廷将招商局收归国有，李鸿章保护了招商局的自主权，并且鼓励商人投资企业。然而，李氏的政策却不能避免来自北京和两江地区保守官员的批评和干预。慈禧太后的朝廷未能为日益增加的中国防务需要提供资金，以及部分由于中法在越南的紧张局势所造成的 1883 年上海金融危机，③ 使朝廷难以继续对这家航运公

---

① 《盛宣怀档案》，转引自刘广京：《从轮船招商局早期历史看官督商办的两个形态》，稿本，后刊于张寄谦编：《素馨集：纪念邵循正先生学术论文集》，北京大学出版社 1993 年版。
② 《招商局档案》，中国第二历史档案馆，468/82。
③ 全汉升：《中国经济史论丛》，香港中文大学新亚书院、新亚研究所 1972 年版，第 777～794 页。郝延平：《中国近代商业革命》，1986 年版。刘广京：《经世思想与新兴企业》，(台北)联经出版社 1990 年版，第 571～593 页。

司作进一步的支持。① 事实上,清政府现在极力从中国企业榨取更多金钱。由 1883 年至 1885 年,招商局的商董由官僚取代,而企业的发展潜力下降。招商局头 10 年的成就,显然是因为在官方财政支持和商人管理自主权之间取得平衡。当官方的支持变为官僚控制,经营模式便改变了。

## 六、招商局的衰落,1885—1902 年

当 19 世纪 80 年代中外关系出现危机时,李鸿章无法维持他先前保护商人利益的政策。因此,一方面官僚干预增加,另一方面商人减少对这类企业的支持,②导致这些原来由官方扶助的企业成功之路便到此中止。1885 年后,原来官督商办的模式已不再有效。由于李鸿章自己的政治地位动摇,他帮助招商局的能力减弱了。当中法冲突与和谈时,李氏因军事挫折和拟对法国让步,而受到严厉的批评,尤其是清流党的批评。

因中法之战的失败和日本对朝鲜的威胁,朝廷需要支出更多军费,李鸿章亦正在建立北洋舰队。大量政府收入用于国防,及为慈禧太后建造宫殿园囿,供她享乐,削弱了政府对私人企业的支持。清政府在头 10 年有能力为招商局提供强力的支持,但 1880 年后,它不但无法为同类企业提供类似的资助,亦不能维持对招商局的支持。当海防的需要上升,李氏决定将招商局的资源转投北洋舰队③及其他事业,④他甚至在 1885 年 8 月将局内的船务人员调往北洋舰队。⑤ 中国推行现代化的弱点必定归咎于国防的需要及财政紧绌。然而,官僚政府的祸害亦复如是。

经过 1883 年上海的金融危机,李氏下令改组招商局。他在 1885 年任命盛宣怀为督办,而旧有的商董部分因在金融危机中赔上他们的股本而退出。盛氏其时已购入公司的股份,并在 1885 年成为大股东。在他的管治下,由 1885 年至 1902 年间,他继续保留芝罘或天津的海关道台的官职,遥遥地控制着公司的业

---

① Lloyd E. Eastman, *Throne and Mandarins: China's Search For a Policy During the Sino-French Controversy*, 1879—1885(易劳逸:《皇室与官员:中法争端时期中国对一项政策的寻求,1879—1885》,哈佛大学出版社 1967 年版)。
② 陈锦江:《清末现代企业与官商关系》,1977 年版。郝延平:《中国近代商业革命》,1986 年版。夏东元:《晚清洋务运动研究》,1985 年版。郑观应:《郑观应集》,1982 年版,第 611 页。
③ 《招商局档案》,468/81。
④ 《招商局档案》,468/68,113:1。
⑤ 《招商局档案》,468/81。

务。无论他的亲信持有多少股份,他任命他们为公司的最高管理人。公司内的官僚控制日见增加,大部分的管理人有官方背景,却无管理现代企业的经验。[①]

虽然招商局曾一度享有优势,1884年至1885年的中法战争后,它的利润未有再投资在技术改良方面。公司肯定在它的下一个发展阶段(1885—1902),继续清还它的债务,向不断苛索的朝廷报效大量的金钱,及投资在其他企业。可是,资本投资停滞,船队的吨位没有增加。公司在1877年拥有30艘轮船,是最大的华商航运公司。1878年至1883年间,公司买下8艘新船,并完成了一项大型投资,收购在总局前面的码头和货栈。然而,当外商航运公司在华的吨位急速增加时,招商局到1893年才只有26艘船。招商局终于失去商人的控制,华商普遍认清官方扶植企业的本质,从而影响他们投资其他新式企业的意愿。

## 七、结 论

从招商局最初30年的简史中,我们最重要的发现是,当推行正确的政策时,清政府对工业化有正面的作用。好比招商局,洋务企业的初步成功,是由于在政府财政资助(利润获得保证)及企业自主(保证得到良好的管理)之间取得平衡。其后,政府的资助导致官僚直接控制企业的运营,破坏管理的自主权,推翻了这个平衡。尤其是在1883年金融危机后,政府改变了它的政策,严重损害了管理的质素,取消进一步的投资。商人不愿意投资在他们自己不能控制的企业,他们相信企业不能让他们随时取回其投资。

在费维恺对招商局及其他官督商办企业所作的著名分析中,他认为,招商局基本上是被官僚主义、缺乏效率和贪污腐败所拖垮。[②] 这个形象不符合李鸿章成立招商局的初衷,亦与公司最初10年(1873—1884)的业绩不符。由19世纪80年代中开始,当官督商办模式证实不行时,招商局另有其发展,但我们可以利用新史料,重新评估它的成立和早期发展。

当尝试解释为何中国第一家本土合资企业需要政府的保护时,我们已探讨官员和商人的互动。基本的问题在于商人极不愿意投资在一家本土合资企业。大部分可能的投资者不会单为经济民族主义所打动。他们需要明确证明,新的华人合资企业可以运作良好,有利可图。同时,有些政府官员,尤其是李鸿章,相

---

[①] 黎志刚:《轮船招商局经营管理问题,1872—1901年》,1990年版。
[②] 费维恺:《中国早期工业化》,1958年版。

信现代企业或合资体制,对新式运输及工业的发展至为重要。商人得到国家的支持,便愿意投放金钱在这些洋务事业上。这是官督商办模式良好的一面。

招商局早期的成功,部分是李鸿章精明的政策和商董们的积极进取和技巧所共同缔造的。然而,李氏在中国早期工业现代化中的个人角色,亦引申出国家政策及投资环境的稳定性和可靠性等难题。招商局在1885年后运势逆转,显示我们绝不可忽略新式企业运作于其中的晚清政局。这个政府资助的公司生存在特定的政治架构中。因此,它的盛衰有赖于政治和经济的环境。总括而言,招商局是在市场的涨落和19世纪末中国政治的乱风中扬帆而起。

(原文载《近代中国》第20辑,
作者:黎志刚,澳大利亚昆士兰大学历史学教授;
译者:陈俊仁,复旦大学历史学博士研究生)

# 1927—1937年外资银行在华金融市场控制权的变动①

宋佩玉

近代中国在华外资银行是中国经济史、金融史研究的重要领域,自20世纪20—30年代始,学者们即对其相当关注,焦点是外资银行如何掌握中国的政治、实业贷款,投资铁路和矿山;如何保管中国关盐税款,吸收巨额存款;如何发行纸币,攫夺中国财富;如何从19世纪为工商企业担任收付的中介,一变为与工业垄断资本融合的垄断力量。1927—1937年间,在机构数相对较少、资产总额所占比重下降、特权业务有所削弱的情况下,外资银行的扩张势头与前80年相比,处于停滞时期。迄今为止,学界对外资银行在华的起源及其扩张关注较多,只有少量的研究致力于其停滞与衰退的过程,②文献的零散和统计资料的缺乏可为这一现象提供部分的解释。日本东亚研究所对1936年和1938年外商在华投资情况进行了系统的调查,而中国银行总管理处经济研究所亦于1934—1937年间对金融机构进行了全面统计。本文即主要参照以上两方面调查、统计资料,③通过中外银行业的对比研究,厘清这一时期外资银行的嬗替,审视其在华金融市场控制权的变动,并对造成这一变动背后的原因进行一定程度的阐释。

---

① 本文是国家社科基金项目"近代中国外资银行研究"(14BZS038)的阶段性成果。
② 国内学界对此过程少有专门讨论,主要论著有洪葭管的《中国金融通史》(中国金融出版社2008年版)、朱荫贵的《抗战爆发前的外国在华银行——以南京国民政府时期为中心》(《中国经济史研究》2004年第4期)。国外学界则利用英、法等国银行档案进行了较为具体的研究,诸如汇丰银行、花旗银行、麦加利银行、大通银行、有利银行等的行史著作中对其在华衰微的过程有微观述评(John Donald Wilson, *The Chase: the Chase Manhattan Bank*, N.A., 1945—1985, Boston, Mass: Harvard Business School Press, 1986. C. Mackenzie, *Realms of Silver: One Hundred Years of Banking in the East*, London: Routledge & Keqan Paul, 1954. Frank H. H. King, *The History of the Hongkong and Shanghai Banking Corporation*, 1919—1945, Cambridge: Cambridge University Press, 1988)。
③ 尽管基本数据显示还存在许多不足,但仍然可以勾勒出1927—1937年间外资银行变迁的大体轮廓。

# 一、在华外资银行的嬗替

## （一）近代在华外资银行建立概况

近代在华外资银行，以 1911—1926 年的 16 年间成立最多，据不完全统计，新增外资银行总计达 42 家。① 重要者如英国的大英，美国的大通、运通、友邦，日本的住友、三井、三菱，荷兰的安达，意大利的华义银行等，都是这一时期进入中国的。其中日资银行增速最为迅猛，根据日方统计，1895 年以前日本在华银行 1 家，1902 年 5 家，1913 年 12 家，1925 年已达 37 家。② 欧美籍银行这一时期增设 16 家，至 1927 年，总计 22 家，其中英商 5 家（汇丰银行、麦加利银行、有利银行、大英银行、通济隆）、美商 4 家（花旗银行、大通银行、美丰银行、运通银行）、法商 2 家（东方汇理银行、汇源银行）、荷商 2 家（荷兰银行、安达银行）、德商 1 家（德华银行）、比商 1 家（华比银行）、意商 1 家（华义银行）、俄商 1 家（远东银行），此外合办银行 5 家（义品放款银行、中法工商银行、中华懋业银行、中华汇业银行、北洋保商银行）。③

在华外资银行势力发展处于一个变动不居的状态，单纯从机构的增减看，1927—1937 年间，与此前强劲发展势头相比，外资银行增幅受到抑制，且有多家银行倒闭。根据各年《全国银行年鉴》统计：英商银行只增加了沙逊银行（1930 年设于上海）、达商银行（1931 年设于上海）两家。美商增设信济银行（1927 年设于上海）、友邦银行（1930 年设于上海）两家，莫斯科国民银行 1934 年接收上海俄商远东银行作为该行上海分行。而与此同时，却有多家银行倒闭或变更股权关系。1928 年，中日德合办北洋保商银行发生严重挤兑，洋股全数退出，成为华商独资银行。④ 中华汇业、中华懋业银行分别于 1928 年、1929 年停业。⑤ 美丰、

---

① 日籍银行增设 26 家，资料来源彭瑞夫：《在华外商银行的剖析》，《政训月报》第十八期，1936 年。欧美籍银行增设 16 家，资料来源吴承明：《帝国主义在旧中国的投资》，人民出版社 1956 年版，第 40 页。
② ［日］东亚研究所编：《日本の对支投资》，东亚研究所 1942 年版，第 62 页。
③ 根据 Frank M. Tamagna, *Banking and Finance in China*, New York: Institute of Pacific Relations, 1942；汪敬虞：《外国资本在近代中国的金融活动》，人民出版社 1999 年版，第 296～297 页。
④ 《北洋保商银行扩充新股》，《银行周报》第 13 卷第 11 号，1929 年 3 月 26 日。
⑤ 徐寄庼编：《增改最近上海金融史》第三版（下册），华丰印刷铸字所 1932 年版，第 9 页。《中华懋业银行宣告清理》，《银行周报》第 13 卷第 44 号，1929 年 11 月 12 日。

信济银行分别于 1935 年 5 月、10 月倒闭。① 在华日资银行亦出现倒闭情况,截至 1931 年,"九一八"事变之前,日资银行从 1925 年设立的 37 家减至 31 家。②

根据东亚研究所的数据,截至 1936 年年底,外资在华银行 33 家,其中日本 11 行(不包括东北的日资银行,分别为横滨正金银行、台湾银行、朝鲜银行、三井银行、三菱银行、住友银行、华南银行、汉口银行、上海银行、济南银行、天津银行),英国 7 行(汇丰银行、麦加利银行、有利银行、大英银行、沙逊银行、达商银行、通济隆),美国 4 行(花旗银行、大通银行、友邦银行、运通银行),法国 3 行(东方汇理银行、汇源银行、中法储蓄会),荷兰 2 行(荷兰银行、安达银行),德国(德华银行)、意大利(华义银行)、比利时(华比银行)、俄国(莫斯科国民银行)、法比合办(义品放款银行)、中法合办(中法工商银行)各 1 行。③

外资银行(除去日商 11 家银行)的在华资产,从其全行资产额来看,虽只占 10.8% 这一极小比例,④但如果从其资产在外人对华投资数额中所占的比例,以及对中国金融市场控制力而言,却占着极为重要的地位。据日本东亚研究所的调查,1936 年,33 家外资银行(包括 11 家日商银行在内)在华资产总计达 19.075 35 亿元(详见表 1)。资产超过 1 亿元以上的有 4 家:汇丰银行 6.45 亿元,占在华外资银行资产总额的 33.8%;麦加利银行 2.66 亿元,占资产总额的 13.9%;花旗银行 1.62 亿元,占资产总额的 8.5%;东方汇理银行 1.59 亿元,占资产总额的 8.3%;其余如沙逊、大通、横滨正金、朝鲜等银行实力亦是很强。如果以国别比较,英商 7 行资产最多,价值 10.56 亿元,占 55.3%;次为法商 4.5 行(包括中法工商银行的全部和义品放款银行的 2/3),价值 2.71 亿元,占 14.2%;美商 4 行价值 2.37 亿元,占 12.4%,列第三;日商银行 11 行价值 1.5 亿元,占 8%,列第四(详见表 1)。

南京国民政府成立后的最初 10 年,根据外资银行数量以及在华资产情况,我们可以发现这一金融机构的整体演变呈现以下态势:(1) 英、法、美等国银行总体数量未有变化,资产总额仍然占据在华外资银行的前三位。(2) 从这一时

---

① 《不景气之上海——上海美丰银行》,《通俗文化》第 1 卷第 12 期,1935 年 6 月。《信济银行停业》,《银行周报》第 19 卷第 14 号,1935 年 10 月 15 日。
② [日] 东亚研究所编:《日本の对支投资》,第 62 页。
③ 资料来源:[日] 杉村广藏编:《列国对支投资概要》,东亚研究所 1943 年版,第 18~20 页。
④ 根据日本方面的统计数据,22 家外资银行(除去 11 家日资银行)总资产折合法币 11 353 612 512 元,其中在华资产折合法币 1 757 535 000 元,占比 10.8%,资料来源:[日] 杉村广藏编:《列国对支投资概要》,第 22 页。

表 1　1936 年外资银行行别在华资产估计额

单位：元

| 国籍 | 行　名 | 总资产 | 在华资产 | 在华资产在总资产总所占百分比 |
|---|---|---|---|---|
| 英国 | 汇丰银行 | 1 173 519 859 | 645 435 000 | 55 |
| 英国 | 麦加利银行 | 1 063 741 438 | 265 935 000 | 25 |
| 英国 | 有利银行 | 304 544 971 | 24 364 000 | 8 |
| 英国 | 大英银行 | 242 631 667 | 9 705 000 | 4 |
| 英国 | 沙逊银行 | 121 391 448 | 84 974 000 | 70 |
| 英国 | 通济隆 | 70 359 532 | 1 451 000 | 2 |
| 英国 | 达商银行 | 485 448 | 485 000 | 100 |
| 美国 | 花旗银行 | 6 466 795 311 | 161 670 000 | 2.5 |
| 美国 | 大通银行 | 114 763 636 | 68 858 000 | 60 |
| 美国 | 运通银行 | 118 983 635 | 3 570 000 | 3 |
| 美国 | 友邦银行 | 3 074 568 | 2 767 000 | 90 |
| 法国 | 东方汇理银行 | 423 873 027 | 159 026 000 | 35 |
| 中法 | 中法工商银行 | 65 018 793 | 27 958 000 | 43 |
| 法比 | 义品放款银行[1] | 16 746 658 | 7 229 000 | 30 |
| 法国 | 汇源银行 | 4 793 086 | 4 881 000 | 100 |
| 法国 | 储蓄会 | 59 797 278 | 72 317 000 | 95 |
| 德国 | 德华银行 | 49 013 917 | 41 661 000 | 85 |
| 意大利 | 华义银行 | 17 232 123 | 9 861 000 | 57 |
| 荷兰 | 安达银行 | 284 321 102 | 28 432 000 | 10 |
| 荷兰 | 荷兰银行 | 650 433 118 | 52 035 000 | 8 |
| 比利时 | 华比银行 | 35 248 000 | 24 674 000 | 70 |
| 比法 | 义品放款银行[1] | 16 746 658 | 3 545 000 | 30 |
| 俄国 | 莫斯科国民银行 | 66 843 897 | 33 422 000 | 50 |
| 日(11 行) | 横滨正金银行等 | — | 150 000 000 | — |
| 总计 | | 11 353 612 512[2] | 1 907 535 000 | 10.8 |

备注：1. 义品放款银行属法比合办，在表 1 分别核算。
　　　2. 这一数字为除去日商 11 行之外的 22 家欧美籍银行的全行总资产额。
资料来源：［日］杉村广藏编：《列国对支投资概要》，东亚研究所 1943 年版，第 21～22 页。

期增设的银行来看,主要是为在华侨民服务。如美国信济银行为上海的俄侨办理储蓄、放款;达商、汉口银行则是为便利各该国外侨在沪而设。还有一些银行则为其上级机构发展业务服务,如友邦银行原为友邦人寿保险公司的储蓄部,沙逊银行则由沙逊洋行主办。由此可见,无论从质还是量上考察,各国银行的发展变动不大,在华银行之间力量对比已臻确定。(3)合办银行出现于晚清末年,兴起于北洋时期,至南京国民政府时期,经过历次淘汰,仅余中法工商、义品放款银行两家,其中义品放款还是法、比合办。(4)1931年"九一八"之前的日资银行,是在华外资银行中增长最快的,即便如此,从机构的增减而言,1925—1930年间增速也出现了下滑的趋势。自1932年起,东北成为日本的殖民地,设立于东北的日资银行便不在本文考察之列。

### (二) 外资银行金融市场各项指标的变动趋势

在20世纪20年代,中国金融市场形成了外资银行、华资银行、钱庄三足鼎立的格局,外资银行势力膨胀仍然很快,中外银行业之间呈现着激烈的竞争态势。1927—1937年的10年间,外资银行相较于前经历了一个缓慢发展到停滞衰落的过程。单纯从数量的增减及在华资产的角度无法展现外资银行全貌,如果对其资产负债以及金融市场的运作情况进行分析,则能够更为深刻地了解其营运状况以及兴衰的趋势。

银行资产负债表通常包含资产、负债,其中资产是指银行资金的用途,负债和资本金则是资金的来源。以下依据日本东亚研究所的统计资料,以资产负债表负债中的存款、发钞与资产中的放款与投资作为重要指标,借以对外资银行在中国金融市场上的实力消长有一个清晰的了解。

#### 1. 存款

银行经营货币资本的借贷,承担集中信用的职能,其资金的运用不限于本身资本的大小,而是主要依靠存款。依据东亚研究所的调查,至1936年年底,外资银行(不包括11家日商银行、达商银行、义品放款银行)在华吸收的存款共达3.53亿美元,[1]折合法币10.424 09亿元,与此同时,日商11家银行存款0.994 63亿元,[2]两项合计11.52亿元。其中外商私人与官方机构的流动资金、中国关盐

---

[1] 100元法币=29.53美金,[日]东亚研究所编:《诸外国の对支投资》,东亚研究所1942年版,第2~3页第一表。
[2] [日]东亚研究所编:《日本の对支投资》,第84页。

税款及华人官绅豪富存款是这一时期外资银行存款的三大源泉。

根据雷麦估算,1931 年,外人商业投资和非盈利性质的财产估计为 20 亿元(包括香港,排除满洲),其中大约 1 000 万~1 500 万元是每年由国外汇往中国用于宗教目的。① 此外,外国在华机构,包括外交、军事、司法等的存款主要也存于外资银行。中日战争爆发前,外国政府在华行政支出大致为 3 000 万元,上海的工部局、公董局总计存款计约法币 4 000 万元,②在未动用之前都在各该国在华银行。至于外商企业存款则数量不大,依据东亚研究所的调查,1936 年,与外资银行签订透支契约的 56 家上海最大外商企业,存款数额一般均较透支数额为少,其中 44 家英商企业,透支占其资本额的 34% 以上,存款仅占其资本额的 5% 强。12 家美商企业,透支占资本额的 28%,存款仅占其资本额的 9%。从存款总额看,56 家外商企业总计 1 480 万元③,仅占外资银行在华存款的 1.23%。

而作为中国政府财政主要收入来源的关税和盐税,由于成为抵借外债的抵押和还债基金,长期被汇丰、道胜、德华、汇理、正金等外国在华银行保管,后来基本上落入了汇丰银行之手。据统计,1925—1926 年间,关税收入 1.2 亿元,海关经费约 0.1 亿元,其他经费尚有 0.1 亿元,其中 1 亿元存入汇丰银行以为支付所用。④ 与此同时,1927 年,中国年收盐税亦达到 6 000 万元,⑤盐税收入的数额跃增至仅次于关税。1927—1928 年间,年入 2 亿元左右的关、盐税款存于外资银行,不仅提升了外资银行尤其是汇丰银行的信用,还无形中给其提供了一大笔无息、低息流动资金,供其以低利借贷外商,发展对其有利的在华投资。这一状况直至 1929 年之后才发生改变,关税渐次由中央银行、中国银行存管,最后全部集中中央银行,盐税亦交由中央银行列收稽核总所盐款债务账户。⑥ 至此,外资银行失去了这两笔大额存款,资力受到极大影响。

在外资银行存款构成中占较大比例的还有中国官绅豪富存款。自清末以来,社会动荡不安,而租界依仗外国势力得以保全,官绅豪富为安全计,开始将资金存入外资银行。民国肇始,各地战乱频仍,而华资银行资力及信用较差,显宦豪绅资金存入外资银行为数剧增。根据 1932 年北平《世界日报》报道,"中国富

---

① Frank M. Tamagna, *Banking and Finance in China*, p.102.
② Frank M. Tamagna, *Banking and Finance in China*, p.99.
③ [日] 杉村广藏编:《列国对支投资概要》,第 28 页。
④ [日] 东亚研究所编:《诸外国的对支投资》,第 33 页。
⑤ [美] 杨格著,陈霞飞等译:《一九二七年至一九三七年中国财政经济情况》,中国社会科学出版社 1981 年版,第 21 页。
⑥ 洪葭管主编:《中央银行史料(1928.11—1949.5)》(上卷),中国金融出版社 2005 年版,第 95~96 页。

豪将现款存于外国银行之总额,达二十万万元"。① 而东亚研究所 1936 年年底的数据显示,汇丰银行在华吸收存款 5.02 亿港币,其中华人存款 2.85 亿港币,占其存款总额的 56.75%;麦加利银行在华吸收存款 1 204.5 万英镑,其中华人存款 739.7 万镑,占其存款总额的 61.41%;有利银行在华存款 150 万英镑,其中华人存款 90 万镑,占其存款总额的 60%。② 英资三家银行所吸收华人存款不仅数量惊人,且在存款总额中所占比重很高。

2. 放款与投资

放款与投资是外资银行的核心资产业务,通常也是最主要的盈利资产及实现利润最大化目标的主要手段。外资银行将吸收到的存款和发行的纸币转化为投资的形式,大体可分为两大类:第一类是直接投资于外资企业,第二类是间接投资的政治实业借款。截至 1936 年年底,欧美籍银行放款共达 3.79 亿美元,③折合法币 11.21 亿元,11 家日资银行放款 0.58 亿元④,两项合计 11.79 亿元。

外资银行的企业投资,包括矿山、铁路、轮船、工厂、码头、仓库、房地产、国际贸易,等等。而对于外商企业的有力支持和优惠待遇主要是信用透支,凡是外商企业单位与银行有往来存款,订有透支合约者,在业务经营需要款项时都可向银行透支,这是一种最为普通的信用放款形式。根据东亚研究所的统计数据,1936 年以前,上海的外资银行与外商企业往来者 1 208 户,与华商企业往来的仅 155 户。不仅如此,各外资银行多与本国企业往来。美资银行的往来户中,美商企业占据 61.02%。英资银行的往来户中,英商企业占据 56.48%。法资银行的往来户中,法商企业占据 57.35%。⑤ 其中若干家根本就是银行资本与工商业资本共同经营的混合产物。怡和集团、太古集团与汇丰银行有着血肉相连的关系。安利洋行、沙逊洋行等,与沙逊银行的资金和人事关系则属于一个系统。日本的三井银行与三井物产公司,三菱银行与三菱商事公司,住友银行与住友本社亦属于同一资本体系。⑥ 而标准石油将其资金长期存放花旗银行,花旗银行则反过来在标准石油需款之时积极为其融资,由此这两家企业成为中国最为显赫的美国

---

① 转引自吴承禧:《中国的银行》,商务印书馆 1934 年版,第 108 页注释 2。
② [日]东亚研究所编:《诸外国の对支投资》,第 46、57、65 页。
③ [日]东亚研究所编:《诸外国の对支投资》,第 11 页。
④ [日]东亚研究所编:《日本の对支投资》,第 89 页。
⑤ [日]杉村广藏编:《列国对支投资概要》,第 39~40 页。
⑥ [日]樋口弘:《日本の对支投资》,慶应书房 1940 年版,第 73 页。

资本企业。①

外资银行对于房地产业的投资自始即有相当兴趣,几乎所有的银行对这一领域都有涉足,这一方面的投资一般通过直接投资和为房地产公司融资两种方式。从为房地产公司融资来看,上海的几十家房地产公司,背后往往都有外资银行作为后盾。其中,8家英商房地产公司在银行的透支达其资本总额的54.5%,3家美商房地产公司在银行的透支达其资本总额的89.7%。② 由此可见,房地产业主要依赖于外资银行的资金融通,银行资本对于房地产资本的支配力普遍得以增强。梳理外资银行房地产投资的动态趋势非常困难,但是上海作为其最为重要的区域是毋庸置疑的。根据吴承明的估算,1936年,外人在上海房地产业投资占全国房地产业投资的76%,③由此外资银行对于上海房地产业的投资大体能够代表其在华房地产投资的整体情况。从成交量来看,1931年上海房地产成交额达到顶峰的1.825 6亿元,至1936年成交额萎缩至0.120 01亿元,④仅为1931年的6.6%,成交量的巨幅下跌反映的恰恰是房地产投资从繁荣至衰败的程度。根据1936年东亚研究所的统计,外资银行在中国占有的房地产业合计1.326 5亿元,其中关内1.109 7亿元。⑤

至于在华外资银行所掌握的外国贷款,在这一时期不仅数量减少,且借款金额也不大。英债5项,为汇丰银行参与的1929年沪宁路购车垫款(中英银公司承担)15.6万英镑,1936年的沪杭甬铁路借款110万英镑(中英银公司承担)、京赣铁路借款45万镑(与怡和机器公司共同承担)、京沪铁路改善设备借款(中英银公司承担)80万镑,麦加利银行出面承借的1931年平汉铁路透支17.498 7万元(银元)。法债4项,主要有中法工商银行承贷的1930年中法实业借款提用余额保息借款233.360 8万法郎、中法教育基金委员会借款91.492 7万元(银元),1936年成渝铁路借款3 106.690 6万法郎,东方汇理银行承贷的1931年平汉铁路短期借款91.492 7万元(银元)。此外华比银行承担1项,为1931年平汉铁路透支11.967 6万元(银元),日商台湾银行承担1项,为1931年粤汉路广韶段借

---

① Mayer Robert Stanley, *The Influence of Frank A. Vanderlip and the National City Bank on American Commerce and Foreign Policy, 1910—1920*, Ann Arbor: U. M. I. Dissertation Information Service, 1989, p.33.
② [日]杉村广藏编:《列国对支投资概要》,第28页。
③ 根据吴承明:《帝国主义在旧中国的投资》,人民出版社1958年版,第174页表格。
④ 姚玉民、崔丕、李文译:《日本对南洋华侨调查资料选编(1925—1945)》第三辑,广东高等教育出版社2011年版,第111页。
⑤ [日]杉村广藏编:《列国对支投资概要》,第65页。

款 2.7 万港洋,华南银行提供 1 项,为 1931 年粤汉路广韶段借款 1.1 万毫洋。① 根据郑会欣的统计,战前 10 年,国民政府举借外债 74 项,合计金额 1.6 亿美元,②其中在华外资银行经手外债 12 项,折合金额为 1 579.5 万美元③,从项数而言,仅占 16.22%,从金额来看,仅占所借外债总额的 9.87%。

3. 发钞

发行银行券与吸收存款一样,是外资银行雄厚资力的主要来源,同时也是外资银行利用中国财富以继续加强其对中国掠夺的魔杖。外资银行发行纸币,有的虽曾以全额准备为标榜,但这只是极个别或极短暂的特例,绝大多数是既有现金现银准备,又有证券或房地产契据准备。由此,外资银行发行钞券一般而言有两重利益:一为保证准备既能获利,二为钞券贷出更可生息。

1925 年五卅运动中,民众提出"不向外国银行存款,不用外国银行钞票"的口号,对英、日系银行钞票发行打击很大。与此同时,华资银行业逐渐建立起比较健全的发行制度和发行准备,信用相对提高。与之前外资银行钞票发行额直线上升不同,自 1925 年起,外资银行钞票发行额有上升也有下降,有的银行逐渐被淘汰,有的则进一步增长。截至 1935 年,外资在华发行钞票的银行计有汇丰、东方汇理、花旗、麦加利、华比、美丰、有利、德华、横滨正金、台湾、朝鲜 11 家银行,发行纸币总额折算华币 4 亿多元。④ 1935 年 11 月,国民政府实行币制改革,全国发行权集中于中、中、交、农四行,外资银行不得在中国发行,原有发行亦限期全部兑换收回,外资银行在华发钞业务受到全面遏制。

存款、放款与投资、发钞是衡量银行资力的主要指标,其数额越大则意味着其所集中的社会货币资本越多,对于金融市场的控制力也越强。通过对以上主要指标的分析可见,外资银行在华传统业务,由于关盐税存管权的收回,外债的大幅降低,钞票发行和流通的禁止,房地产业投资的骤减,自 1930 年代之后整体呈现停滞甚或衰落的趋势。

---

① 根据郑会欣:《关于战前十年举借外债的基本估计》,《近代中国史研究通讯》第 9 期,1990 年 3 月,附录。
② 郑会欣:《关于战前十年举借外债的基本估计》,《近代中国史研究通讯》第 9 期,1990 年 3 月,第 65 页。
③ 根据吴承明所编制的 1936 年各国货币折合美元的表格折算,每单位货币折合美元是:1 英镑=4.97 美元,1 法郎=0.06 美元,1 比法郎=0.034 美元,1 银元及法币=0.30 美元,1 港洋=0.30 美元,1 毫洋=0.24 美元折算加总所得。吴承明:《帝国主义在旧中国的投资》,第 181 页。
④ 献可编著:《近百年来帝国主义在华银行发行纸币概况》,上海人民出版社 1958 年版,第 52~56 页。

## 二、对金、银、外汇市场操控的弱化

1935年以前,上海外汇市场的汇率最终表现为金银比价,实质上是以金来表示银的价格。用金来表示银的价格,有两种涵义:一是世界金融市场上用金表示的银块的价格(或简称银价);一是中国外汇市场上银两或银元对外国金本位币的汇价(或简称汇价)。而在中国金融市场中,则表现为标金、大条银和外汇市场三位一体,相互"套做",形成多角汇兑关系,参与伦敦、纽约、东京等国际金融市场资金的调剂与流通。而长期以来,这三个市场俱为外资银行所操纵。

### (一) 外汇市场

法币改革之前,中国是实行银本位的国家,在金银比价上不得不听命于伦敦或纽约(国际白银市场)的行情。而中国的国际收支,一向操纵在外资银行手中,历次外债和赔款的取偿,由外资银行经手;进出口贸易长期控制在洋行手里,洋行因进出口贸易所产生的结算和外汇收支,绝大部分是通过外资银行办理;就是华侨汇款,也因机构分布较广信用卓著而大多流入外资银行之手。由此,外资银行垄断着中国的国际汇兑。19世纪70年代以来,外汇买卖一向是外资银行最为活跃的业务,而且也是外资银行操纵中国货币金融的最主要方式。

在外汇市场中,以汇丰银行实力最强。从19世纪80年代至20世纪20年代末,汇丰银行用于国际汇兑的资金在其资金总额中所占比例常为1/3,个别年份则高达1/2以上。① 由于有足够的资金买入或售出外汇,自19世纪70年代至1935年法币改革之前,中国的汇兑行市挂牌每日由汇丰银行上海分行于早9时30分公布,10点则其外地分行亦公布外汇行市,② 由此,汇丰银行实际操控着中国的外汇市场。

据东亚研究所调查,至1935年年底,外资银行在外汇市场上的吞吐数额都是非常惊人的。英资银行麦加利银行外汇买卖额达到了39 633 571英镑,有利银行13 487 663英镑,大英银行14 765 967英镑,合计67 887 201英镑,折合法币11.54亿元。而根据这三行所做的外汇业务为上海外资银行的1/4推断,外资银

---

① 常南:《英国汇丰银行的经济掠夺》,《天津文史资料选辑》第9辑,天津人民出版社1980年版,第69~78页。
② [奥] 耿爱德著,蔡受百译:《中国货币论》,商务印书馆1929年版,第123页。

行外汇买卖额约45亿元。而据当时的估算,华资银行的外汇买卖额大致为5亿元。① 总计50亿元的外汇交易额中,外资银行占90%之多。

外资垄断外汇市场的情势至法币改革之后逐渐发生变化,至抗战前夕,"外商银行国际汇兑因中国银行国际汇兑信用激增,于国外汇兑突生阻碍,且国内汇兑又因统一汇兑率近远每百元只收一元,因此外商业务无不受损"②,外资银行在外汇市场上的地位已经受到强有力的挑战。正如有利银行经理所言:竞争非常激烈……中国商人趋向于中国的银行,以避免买办的费用……贸易交割不再仅限于这里的23家从事汇兑业务的银行。③ 1937年4月23日,麦加利银行上海分行经理在给伦敦总行的信中亦道出其所处的窘境:"这里的外汇市场控制权已经全部从外国银行转归各中国银行掌握,他们现在能同伦敦、纽约两地的各大银行直接发生资金往来,无需再依靠所谓的外汇银行……因而,我们已不再能在汇兑上取得巨大利润。"④

有利、麦加利等英资银行所遭遇的困难,在其他外资银行身上亦有所体现。由于各种因素的交互作用,特别是华资银行业的整体壮大以及民众民族意识的觉醒,外资银行在逐步丧失特权的情况下,其发展受到了一定程度的限制。至抗战爆发前,"华资银行打破了外资银行对于外汇业务的垄断"⑤,并逐渐占据了外汇市场的主导地位。

### (二) 白银市场

除了操控上海的外汇市场之外,外资银行也是上海金银市场中最为主要的贩运者和投机者。自19世纪下半叶,外资银行就已经把买卖金银作为一项经常的业务。运送金条银块,同调剂汇率一样,成为它们买卖远期汇票,使之互相抵算平衡的一种手段。长期以来,白银的进出口多由外资银行经手。外资银行中,以汇丰为代表,凭借其优势地位,掌握白银的进出口吞吐,每逢国外银价跌贱就大量运进白银,而国外银价昂贵就大量运出白银。美国购银政策实施之前,世界

---

① [日]杉村广藏编:《列国对支投资概要》,第35页。
② 《汇丰再减利息,外商银行又起竞争》,《申报》1937年5月4日。
③ Geoffrey Jones, *British Multinational Banking, 1830—1990*, Oxford: Clarendon Press, 1993, p.202.
④ 陈曾年:《美国银行二十世纪初在上海的扩展和上海逐步形成国际汇兑中心之一》,《上海研究论丛》第三辑,上海社会科学院出版社1989年版,第350页。
⑤ 张公权:《中国货币与银行的现代朝向》,秦孝仪主编:《革命文献·抗战前国家建设史料》第七十四辑,(台北)中国国民党中央委员会党史委员会1978年版,第87页。

银价长期下跌,银行的金融实力"完全看他们持有白银准备的多寡"①。

1931—1933 年间,由于外资银行从国外输入大量白银、银币,并向内地农村吸收"过剩"资金,使上海的银行存银增加了 1 倍以上,达到 4.56 亿元,占全国可称为资金的银货的 76%。② 左右其中的尤以外资银行为最,1931 年,外资银行白银占有比例为 32%,至 1933 年已跃占 50% 以上。这一情势至 1934 年美国实行提高银价,购买白银的政策后才发生改变。1935 年年初,"国外银价和上海汇率相差达十六点五,但该年十月更增至百分之二十九"③,这一差额使得外资银行将手中原有及另行搜刮的白银、银元运售国外,博取高利。汇丰等外资银行的白银存量大幅减少,从 1933 年至 1934 年年底,上海白银持有量从 5.474 46 亿元降至 3.387 13 亿元,其中外资银行存银骤减至 0.54 亿元。1935 年 10 月,法币改革前夕,上海全市存银为 3.34 亿元,其中华商银行为 2.93 亿元,外资银行仅剩下 0.41 亿元。④

长期以来,外资银行利用白银作为信用工具,经营外汇投机买卖,控制中国金融市场,1930 年代上半期,外资银行大量贩运白银出口,手中现金筹码逐渐丧失,不仅这一传统业务已无利可图,而且还导致其金融市场上的控制力逐步下降。

### (三) 标金市场

上海标金市场始终与白银市场、外汇市场有着密切的联系。银价高则金价低,金价高则银价低,因而上海的进出口商往往将外汇与黄金期货套做,即在买入或卖出外汇期货时,再买入相等数量的黄金期货。这样,上海标金市场的存在,在有效规避汇率风险上就占据着非常重要的地位。

上海的标金买卖以期货居多,如到期之日既不掉期,又不交货,则依照当日汇丰银行挂牌的外汇行市折合本国货币,以资了结,这就是所谓的标金结价。起初,在华金融势力以英国为大,故金价计算是以伦敦电汇为根据的。第一次世界

---

① 张公权:《中国货币与银行的现代朝向》,秦孝仪主编:《革命文献·抗战前国家建设史料》第七十四辑,第 78 页。
② 根据张嘉璈:《中国经济目前之病态及今后之治疗》,《中行月刊》第 5 卷第 3 期,1932 年 9 月,该文估计当时可称为银货的资金不过 6 亿元左右。
③ 吴群敢:《在华外商银行的概况》,现代经济通讯社 1949 年版,第 67 页。
④ 中国人民银行总参事室编:《中华民国货币史资料(1924—1949)》第二辑,上海人民出版社 1991 年版,第 856 页。

大战之后,由于日本是最接近中国的金本位国,装运较快,所以黄金买卖曾以日元计价,日英两国银行最为活跃。① "九一八"事变之后,日英汇暴跌,美汇则较为稳健,且现金可以随时运输,定期买卖至期末日如货未交清,即照是日美汇价格标准结价。②

20 世纪 30 年代中期以前,上海每年标金的成交量自 3 000 万条至 5 000 万条,交易额居世界黄金市场伦敦、纽约以后的第三位。③ 美国放弃金本位,将美元贬值,并推行购银法案之后,上海金银外汇市场出现了极大的波动,外汇的理论平价与实际汇率相去甚远,一时各类投机活动盛行。为此,1934 年 9 月 9 日,国民政府宣布取缔标金投机,此后,中央银行逐日公布关金市价,使金价直接与伦敦金银供求状况相联,不再为人为的力量所操纵,从而稳定金价,便利进出口商从事国际贸易。

1935 年法币改革之后,法币的对外汇价钉住在英金 1 先令 2 便士半及美金 0.3 元的水准,标金买卖也就失去了兴风作浪的条件,成交数额大大减少,1935 年 4、5 月间,成交数还能达到 278 万条,而至 1937 年 7 月间,就只剩下 3 674 条。④

因为外汇、白银、黄金市场的密切关系,因此将三者联系起来考察。如果将这三项放在外资银行资产负债表中,体现的是外汇和金银的买卖,自近代以来,这一向是外资银行最活跃的业务,也是外资银行操纵中国货币金融最为主要的方式。显而易见,在遭受美国购银政策以及 1935 年币制改革的双重打击之下,外资银行不再能够通过持有和买卖金银来控制中国的银根和白银的市价,进而也不再能够操纵中国的货币、信用、汇率与利率。

## 三、影响外资银行实力消长的原因分析

从对外资银行资产负债情况及对金融市场的控制力的分析可知,不论是欧美籍银行还是日资银行,1931 年以前是步步深入和缓慢增长的,在 1931 年达到顶点后,外资银行在华整体走向停滞,1935 年的法币改革使得这一趋势更加明

---

① 吴群敢:《在华外商银行的概况》,第 65 页。
② 《金交通告美汇结价》,《申报》1931 年 10 月 3 日。
③ 投资周刊社编:《黄金交易须知》,投资周刊社 1947 年版,第 19 页。
④ 寒芷:《战后上海的金融》,香港金融出版社 1941 年版,第 97 页。

显。导致外资银行发展不平衡和停滞的决定性因素是什么？提出这样一个问题并进一步深入探讨，无疑对深化研究有一定的裨益。

### （一）关盐税保管权收回的影响

1928年，财政部训令总税务司，将存放于汇丰银行关税项下的内债基金600万两，改存于中央、中国、交通三行，并由其负责公债库券的还本付息及承销经募事宜。1929年2月，实行关税自主，中央银行逐渐收回关税存放权，并处理支付本利事务。与此同时，国民政府宣布盐税除指定为支付外债之还本付息外，其余额亦由中央银行收管。至此，除充作外债及义和团赔款部分仍由汇丰银行保管外，其余大部分由中央银行代为保管。

随着关税自主权的收回，关税税率也相较以前有大幅提高。1929年以前，中国进口税率平均为货物价值的4％左右，1930年上升到10％，1931—1932年两年为15％，1933年为20％，1934—1937年则提高到25％以上。[①] 随着关税税率的调整，关税收入随之骤增，1924年至1928年间，平均每年关税收入1.21亿元，1929年上升到2.45亿元，1930年为2.92亿元，1931年达到战前最高峰，为3.88亿元，在以后几年中，尽管国内政治、经济情况极不稳定，但关税收入仍然保持在3亿元以上。[②] 而与此同时，随着国民政府对盐政的改革，盐税收入亦大幅增加，1929年，盐税收入仅0.3亿元，1930年即增至1.22亿元，1931—1933年间，徘徊在1.5亿元上下，至1934年，增至1.77亿元，抗战爆发前的1936年已增至1.87亿元。[③] 如果按照1936年计算，超过5亿元的关盐税收入存储中央银行，增强了政府银行的实力。而同期外资银行存款总额11.52亿元，关盐税款几乎相当于外资银行存款总额的一半，相较而言，外资银行资力即大为减弱，业务亦逐渐收缩。

### （二）金融管制的影响

1934年6月，美国政府公布白银收购政策，并开始在国内外市场上大量购买白银，国际银价大涨，投机商乘机在上海大量出售国币外汇，同时输出现银以图利。结果，巨额白银外流。从1934年7月开始到10月间前后仅三个半月，白

---

① ［美］杨格著，陈霞飞等译：《一九二七年至一九三七年中国财政经济情况》，第54页。
② ［美］杨格著，陈霞飞等译：《一九二七年至一九三七年中国财政经济情况》，第55页。
③ ［美］杨格著，陈霞飞等译：《一九二七年至一九三七年中国财政经济情况》，第483页附录。

银输出额超过 2 亿元大关。① 为谋安定外汇市场，国民政府先后采取数项金融管制措施。

第一，提早中央银行外汇挂牌。汇丰银行外汇行市的挂牌，向来是在早晨 9 时 30 分开出。自 1934 年 9 月 11 日起，中央银行每日将关金英汇等行市提早于每日晨 9 时开出，②较汇丰早半小时，逐渐成为汇市挂牌的标准之一。这一措施在某种程度上收回外汇行市的挂牌权，借此，中央银行在外汇市场的控制力得以增强。

第二，中央银行掌控标金结价权。1934 年 10 月 15 日起，中央银行"将标金买卖结价，由美元汇价改为中央银行海关金单位挂牌为标准"。③ 此后，中央银行逐日公布关金市价，一改汇兑市场前以汇丰挂牌为标准的惯例，清除了没有标金标准挂牌，任凭交易所开盘涨落的状况，这事实上意味着中央银行逐日挂牌的关金行市，开始介入汇市稳定。

第三，设立汇市平衡委员会。自白银加增出口税后，财政部为避免汇市激烈变动，于 1934 年 10 月 16 日下令中央银行筹资 4 000 万元，中国、交通两行分别筹集 4 000 万元与 2 000 万元，合计 1 亿元作为基金，组织外汇平市委员会。通过该会，中央银行"接受委托代为买卖外汇及生金银，于必要时办理金银之输出入"。④ 该会的成立起到平衡汇市的作用，因此每日中央银行买进卖出，为外汇经营者所重视。

第四，实行法币改革。1935 年 11 月 3 日，财政部长孔祥熙发布法币改革公告，自 11 月 4 日起实行改革，"以谋货币金融之永久安定"。⑤ 法币政策规定中、中、交三行的纸币为法币（1936 年 2 月起中国农民银行的纸币亦称法币），"以法币为限，不得行使现金"，凡银钱行号、商店及其他公私机关或个人，持有银本位币或其他银币、生银等银类者，应交发行准备管理委员会或其指定之银行。关于对外汇兑的重要规定则是：为使法币对外汇价按照目前价格稳定起见，应由中央、中国、交通三行无限制买卖外汇。⑥

---

① W. Y. Lin，*The New Monetary System of China*，Chicago：The University of Chicago Press，1936，p.26.
② 杨荫溥：《中国金融研究》，商务印书馆 1936 年 8 月初版，第 256 页。
③ 杨荫溥：《中国金融研究》，第 255 页。
④ 《中央银行之发展》，上海档案馆馆藏金城银行档案，档号：Q264-1-791。
⑤ 《新货币法令》，朱斯煌著：《银行经营论》，商务印书馆 1939 年版，第 355 页。
⑥ 中国人民银行总行参事室编：《中华民国货币史资料(1924—1949)》第二辑，第 181 页。

在不平等条约尤其是领事裁判权的约束下，直到抗战中后期之前，中国政府都没有形成一套直接针对外资银行的监管机制。但是在遭遇"金贵银贱风潮""白银风潮"之后，国民政府逐渐开始介入金融市场的管理，以上一系列金融监管政策的实施，其导致的直接后果首先是国家银行逐渐成为金融市场的主角，操控金融的能力渐次增强，而间接的后果则是外资银行在政策的影响之下，对金融市场的控制力逐步下降。

### （三）华资银行资力扩展的影响

华资银行与外资银行、钱庄夺取金融控制权，经历了长期的过程。大体而言，1927年以前华资银行的发展，因第一次世界大战从外部给中国资本主义的发展带来了难得的机遇，数量上增加较快。而1927—1937年间，华资银行数量增加达到了又一个高峰，不仅如此，华资银行的发展性和稳定性均好于上一个阶段，①最终使得华资银行在三大金融集团中逐步占据优势地位。

1927—1936年，华资银行各项业务都进入了飞速拓展的阶段。从总分行的设立来看，截至1936年，30个商埠华资银行设立总分行716家，比较同期外资银行的116家②，高出5.2倍。从资产总额的角度而言，1932年全国银行资产总额为31亿元上下，4年后的1936年资产总额增长了1.5倍，为72.76亿元，③比较同期外资银行的19.08亿元，高出2.8倍。从存款总额的角度而言，1926年全国重要银行存款合计为9.3亿元，1931年增为18.6亿元，1936年再增为40.4亿元。④ 比较同期外资银行的11.52亿元，高出2.5倍。与此同时，作为银行主要业务的放款亦大幅增加，1927年度，全国28家重要银行各项放款为9.08亿元，⑤至1936年已达到31.96亿元，⑥增加了2.5倍。比较同期外资银行的11.79亿元，高出1.7倍。从钞票发行的角度而言，在1935年币制改革时，华资银行的发行额达到了3.5亿元，外资银行纸币在上海流通的为300万元，天津流通的

---

① 根据朱荫贵：《两次世界大战间的中国银行业》，《中国社会科学》2002年第6期。
② ［日］杉村广藏编：《列国对支投资概要》，第69—70页。
③ 资料来源：1932—1935年的数字根据中国银行总管理处经济研究所编：《民国二十五年全国银行年鉴》，中国银行总管理处经济研究室1936年版，A61页；1936年的数字根据中国银行总管理处经济研究所编：《民国二十六年全国银行年鉴》，中国银行总管理处经济研究室1937年版，第42页。
④ 上海金融研究所编：《上海商业储蓄银行史料》，上海人民出版社1990年版，第266、701页。
⑤ 中国银行总管理处经济研究室编：《中国重要银行最近十年营业概况研究》，新业印书馆1933年版，第314～315、326页。
⑥ 中国银行总管理处经济研究室编印：《民国二十六年全国银行年鉴》，A47页。

150万元,合计450万元,仅占当时总发行额的15‰。①

此外,国民政府对于公债的经营,助长了华资银行的勃兴。自晚清至南京国民政府时期,历届政府都靠举债以弥补财政赤字,但有所不同的是,南京国民政府以举借内债为主。就1894年至1936年间内外债数额作比较,1894—1926年间,清政府与北洋政府共借各种款项总计达29.4亿元,其中外债占71%,内债占29%。国民政府成立后至抗战前一年,政府举借的债务总数29.43亿元,与此前的32年总数持平,但是其中88%都是内债,外债只占12%。② 而占据举借债务大宗的内债主要是华资银行承销,承销的折扣普通为5～6折,同时公债年利颇高,在6～8厘不等,银行投资所得的利益,约在年利3～4分之间,利息非常优厚。③

应该来说,在同一个金融市场,华资银行尤其是政府银行,在南京国民政府成立初期的10年里,一直处于稳步发展的态势,而此消彼长,华资银行整体实力的增强,成为制约外资在华银行扩张的重要力量。

### (四) 经济大恐慌的影响

1929年世界经济大恐慌,在随后的几年使得中国陷入长期的不景气,自1934年起,银根趋紧、利率高涨,从而引发信用紧缩,最终导致工商业因资金周转困难而停业或倒闭,工商业的倒闭反过来造成资力薄弱的银行和钱庄纷纷倒闭,从而酿成被称为"白银风潮"的货币危机和经济衰退。处此情势之下,外资银行对中国工商业投资的能力和兴趣也大不如前。

首先,进出口贸易锐减对外资银行造成很大的打击。1929年,进出口贸易总值达229 700.8万关两,1931年,总值达到235 766.3万关两的最高值,随后则逐年下降,1934年衰落至101 072.6万关两,仅及1931年的43%,1936年虽略增至105 989.3万关两,但仍只是1931年45%。④ 以上贸易的增减情况是按照海关两计算的,但是1929年世界经济危机时期,中国金贵银贱的背景之下,海关两对外币的汇率暴缩,1929年每关两合0.64美元,至1931年仅合0.34美元,

---

① 吴群敢:《在华外商银行的概况》,第12页。Frank M. Tamagna, *Banking and Finance in China*, p.106.
② 王业键:《中国近代货币与银行的演进(1644—1937)》,台北1981年版,第80页。
③ 寿进文:《战时中国的银行业》,1944年1月(出版地不详),第51页。
④ 上海社会科学院经济研究所、上海市国际贸易学会学术委员会编:《上海对外贸易》(上册),上海社会科学院出版社1989年版,第184页。

1934年在美国的购银政策影响之下,汇率回升至0.526美元,1936年则又有下降,减至0.463美元。① 因此,按照海关两计算,1931年虽然是中国进出口总额最高的一年,但以美元计算,仅及1929年的55%,1934年仅及1929年的46.6%,而1936年以美元计算的全国进出口额继续下降,只及1929年的33%左右。外资银行几乎垄断了中国对外贸易资金的供应和国外汇兑业务,贸易与汇兑的锐减,外汇业务收入大减,自然极大地削弱了其在金融市场上的控制能力。

除了对外贸易之外,经济危机时期,华侨汇款也从3.6万元减少至2.6亿元。② 外商在华支出在1930—1935年间,从2.18亿元减少至1.50亿元。外国对华投资从2.02亿元降至1.4亿元。③ 华侨汇款、外商在华支出、外国对华投资自来为外资银行业务的大宗,在经济危机的影响之下,这些业务都受到了重创。

综上所述,1929—1933年世界经济危机期间,中国经济与世界市场因银汇的堤防,直到1931年才开始产生滞后效应,这是外资银行在华经营不可回避的外部条件。内部因素如日本发动的"九一八"事变以及淞沪"一·二八"抗战等原因,加剧了1932—1935年的危机,中国经济转入萧条。处此情势,华资商业银行放缓了发展速度,但国家银行实力迅猛扩张,逐渐成为中国金融市场的控制力量。而与此同时,由于特权业务受到限制或者丧失,日常投资因"白银风潮"而低迷甚至下降,金银外汇投机亦因金融管制的逐渐增强受到打击,外资银行整体上开始出现停滞与衰落迹象。

## 结　语

从金融市场的层面考察,根据唐传泗、黄汉民估算,1925年五卅运动以后,外资银行、华资银行与钱庄的资力为13.039亿元、14.537亿元、8亿元,分别占金融市场总资力的36.7%、40.8%、22.53%。④ 而经过11年的发展,1936年33家外资银行在华资产总额为19.075 35亿元,145家华资银行的资产总额为72.758 9

---

① 根据陈争平:《1895—1936年中国国际收支研究》,中国社会科学出版社1996年版,第55页第二章附录一。
② 余捷琼:《中国的新货币政策》,商务印书馆1937年版,第27页。
③ Albert Feberwerker, *The Chinese Economy, 1912—1949*, Ann Arbor, Center For Chinese Studies, University of Michigan, 1968, p.71.
④ 唐传泗、黄汉民:《试论1927年以前的中国银行业》,《中国近代经济史研究资料》第四辑,上海社会科学院出版社1985年版,第82页。

亿元，钱庄的资产总额 7.9 亿元，分别占整个金融市场总资产的 19%、73%、8%。① 以上数据是资力、资产市场份额中所表示的中外金融机构的变化情况，三大金融机构中，外资银行集中的货币资本在中国金融市场上所占份额相对而言减幅较大，发展趋势已经遭受遏制，华资银行尤其是政府银行则在外资银行、钱庄的衰落之下，增幅惊人，具有压倒多数的实力。正如美籍财政顾问杨格（Arthur N. Young）所说："战前十年内出现的现象是外国银行已经大大为中国的现代化银行的进展所超越。"②

不仅如此，外资银行控制权的衰落还体现在其对中国财政税收掌控能力的弱化之上。近代外资银行资本与中国国家财政之间长期存在着一种共生共栖的依存关系，两者关系的疏密某种程度上取决于中央政权的运行机制健全与否。当中央政府的统治机能严重弱化之时，外资银行资本多与国家财政保持一种密切的关系，相反，当整个国家由一个强有力的中央集权政府控制之时，外资银行资本同国家财政的关系则较为疏离。放在历史变迁中审视，清末民初恰是国家处于列强瓜分时期，有各该国政府作为支撑的外资银行大量增设，通过外债的举借以满足晚清、北京政府的财政需求，关盐税存管权的获得，使得外资银行，尤其是汇丰银行"实属于中国国家之金库"③，此时外资银行与国家财政关系无疑是颇为密切的。1927—1937 年间，国民政府大力发展政府银行，不断加强金融管制，从而强有力地掌控国民经济，而外资银行则自觉不自觉地与国家财政拉开距离。其中自觉与国家财政拉开距离表现在因北洋时期政府债信不佳，外资银行逐渐减少外债的举借；而不自觉与国家财政拉开距离表现在与国家财政相关的特权业务渐次为国民政府收回，外资银行不再能够插手中国财政税收事务。以关盐税存管为例，外资银行丧失这一特权所造成的影响不仅仅限于存款来源减小这一金融问题，同时也丧失了操纵、干预中国财政的权利。此外，清政府、北京政府所借外债多半为在华外资银行经手，④且主要是用于解决中国的财政问题，

---

① ［日］杉村广藏编：《列国对支投资概要》，第 78 页。
② ［美］杨格著，陈霞飞等译：《一九二七至一九三七年中国财政经济情况》，第 300 页。
③ 沧水：《闻汇丰银行新屋落成有感》，《银行周报》第 7 卷第 25 号，1923 年 7 月 3 日。
④ 根据马金华：《外债与晚清政局》（社会科学文献出版社 2011 年版）第 313～348 页附录一统计，1890—1912 年间，总计贷款 120 项，合计贷款金额 1 335 455 877.95 库平两，其中通过在华外资银行、银行团、外资银行操控的投资公司等经手的贷款数量达 89 项，占总贷款项数的 74%，合计贷款金额 1 238 737 721.03 库平两，占总贷款总额的 92.76%。根据对许毅著《北洋时期外债与封建复辟》（经济科学出版社 2000 年版）第 514～560 页附表一北洋政府时期外债债项一览表统计，总计这一时期贷款 548 项，其中由在华外资银行、银行团操控的投资公司经手的贷款 319 项，占总贷款项数的 58%。

而 1927—1937 年间,外资银行经手外债仅占外债总额的 9.87%,且主要是用于铁路方面。① 总体而言,清末民初"银行家能变外交家"②,金融领域与财政领域密不可分,经济领域与政治领域相互渗透的局面已经发生改变。由此,外资银行无论是在中国金融市场,还是在中国财政税收中所占据的重要性都在下降,其所能产生的负效应也逐渐减轻。

(原文载《近代中国》第 27 辑,
作者:宋佩玉,上海师范大学马克思主义学院教授)

---

① 根据郑会欣:《关于战前十年举借外债的基本估计》(《近代中国史研究通讯》第 9 期,1990 年 3 月)的数据显示,由外资银行或外资银行操控的投资公司经手的 12 项贷款中 10 项为铁路或与铁路相关的贷款。
② R. R. Gibson, *Force Mining and Undermining China*, 1914, New York: The Century Co., p.117.

# 近代思想与文化研究

# 论近代中国的产业革命精神

汪敬虞

在中国的近代史上不曾有过产业革命的记录。中国虽然经历了资产阶级的民主革命,推翻了继承长期封建统治的清王朝,但是中国仍然面临着外国资本、帝国主义的严重入侵,面临着国内封建主义势力的继续存在。半殖民地半封建的土地上,不具备进行产业革命的前提条件,在半封建半殖民地出土的资本主义,不可能开辟一个为资本主义充分发展作准备的产业革命的场所,不可能具有资本主义国家产业革命的经历。108年的中国近代史,已经注定了这样一个客观的事实。

中国没有产业革命,但是近代中国充满着产业革命的精神,这也是一个客观的存在。中国的半殖民地半封建的地位,激发了中国独立发展民族资本主义的强烈愿望,激发了几代人为这个目标而进行的艰苦奋斗,激发了中国人民为实现祖国的现代化而进行的奋勇拼搏。一句话,激发了中国的产业革命精神。

产业革命的精髓,是先进的机器生产对落后的手工生产的取代,是社会生产力的大发展、大解放。产业革命代表整个一个变革时期,"一个工业部门生产方式的变革,必定引起其他部门生产方式的变革"。"工农业生产方式的革命,尤其使社会生产过程的一般条件即交通运输工具的革命成为必要。"[①]中国没有经历产业革命,没有这样一个完整的过程。但是产业革命的精神,却有广泛的波及面。它不但表现在工业各部门之内,也表现在交通运输以及农业垦殖等一系列经济部门之中。

在资本主义世界,产业革命是继资产阶级革命的胜利而发生的。17—18世纪,英、法、美等国资产阶级革命的胜利,给资本主义的发展扫清了道路。

从18世纪中叶起,在欧美一些主要资本主义国家,先后发生了以机器生产代替手工业劳动、以机器大工业代替工场手工业的重大变革。以外国资本主义

---

① 《资本论》第1卷,《马克思恩格斯全集》,1972年版,第421页。

的入侵而开端的近代中国,情形与此不同。如果说孙中山领导的革命是中国资产阶级革命的开始,辛亥革命是中国资产阶级革命的第一个胜利,那么近代中国的产业革命精神,在此之前早已引发。这就是说,在封建中国的大门由于西方资本主义国家的叩击而被迫开放的条件下,随着资本主义新生产力的引进,直接激发了中国的产业革命精神。具体地说,从19世纪70年代开始,在由封建政权内部的洋务派所发动的现代企业的活动中,人们已经开始感到中国的产业革命的气氛之迎面而至。尽管洋务派官僚并不能承担发展中国资本主义的历史任务,但这并不能抹煞这些企业中为争取中国资本主义现代化而献身的人的动人事迹,不能抹煞这些先进人物的身上所保有的产业革命精神。

这种精神,可以上溯到洋务派最先创立的官办军用工业中。在中国最早而规模较大的一家军工企业——福州船政局中,中国人自制轮船的情况,就是一个例证。

福建船政局建厂之初,就在聘用外国技术人员的同时,通过设置学堂和派遣留学生两重途径培养自己的技术力量。而中国人自制轮船的试探,在开办不及10载的1875年便已开始发动。1874年船厂辞退了合同期满的洋匠,1875年,前此派遣出国的留学生吴德章等就"献所自绘五十匹马力船身机器图,禀请试造"①。

当时福州的一位洋税务司曾断言:"欲学全功者,非数十年难知奥妙,欲使中国素不识外国语言文字之幼童人等,期于五年中能造机器,能驶轮船,本税司深知徒糜巨款,终无成功。"②然而,由吴德章等"独出心裁"试制之艺新号轮船,不但在不到一年时间内就制成下水,而且检验结果,证实"船身坚固,轮机灵捷"③。同时,应该指出:这艘被称为"船政学生学成放手自制之始"的轮船,船身图式虽为吴德章等所测算,但测算船内轮机、水缸等图,则出自一个并未出国的船政局学生汪乔年之手。他之所以成功,得力于"当其肄业之时,半日在堂研习功课,半日赴厂习制船机,曾经七年之久"④。

过了不到八年,中国人自制的第一艘巡洋舰,又在吴德章等人设计制造之下

---

① 《船政奏议汇编》第12卷,第16页。转见林庆元《福建船政局史稿》,福建人民出版社1986年版,第161页。
② 《海防档》,乙,《福州船厂》(一),第65页。转见林庆元《福建船政局史稿》,第161页。
③ 《船政奏议汇编》第14卷,第1页。转见林庆元《福建船政局史稿》,第162页。
④ 光绪十三年五月十五日署理船政大臣裴荫森奏,见《洋务运动》(五),上海人民出版社1961年版,第367页。

获得成功。当时的督办船政黎兆棠说:这艘命名为开济的巡海快船,"机件之繁重,马力之猛烈,皆闽厂创设以来目所未睹"。其"制件之精良,算配之合法"悉皆吴德章等"本外洋最新最上最便捷之法而损益之,尤为各船所不可及"。① 吴德章等人的成就,当然比不上英国产业革命中一大批生产工具的创造、发明和革新者那么杰出,但是他们的进取精神,应该说是并不逊色的。

在以后洋务派官督商办的某些民用企业中,人们也能察觉到同样情景的存在。作为一个整体而言,官督商办的企业并未取得令人满意的结果。但个别企业经营者的艰苦创业精神,的确称得上是一种要求产业革命的心态。在洋务派民用企业里面比较不为人所注意的漠河金矿中,这种精神充满了企业创建的全过程。漠河金矿坐落在中国极北的黑龙江边陲,"地处荒僻,人迹罕通",但因盛产金砂,成为强邻沙俄长期觊觎、久欲"设厂挖金"之处。中国兴办漠河金矿,固然是"内以立百年富庶之基",同时也是"外以折强邻窥伺之渐"。"兴利""实边",两者并举。然而"建置之难,则平地赤立;购运之远,则千里孤悬"。而"取金之硐,夏则积水,冬则层冰,凿险缒幽,艰难万状"。② 主持这个金矿的李金镛,以一江南人士而远役遐荒,其备尝难苦之状,是可以想象的。他在漠河金矿虽然只有两年时间(1888—1890年),但做了大量的工作,为漠河金矿后来的发展奠定了初步的基础,他却因此付出了自己的生命。最值得大书特书的,是他始终一贯的自力更生精神。他考虑到漠河地处边陲,生产和运输同等重要,两者都必须立足于自力更生。关于运输,他说:黑龙江的轮运对金厂特别重要,但是这条江上的运输已为俄国所独占。全厂频年租用俄轮,种种受其挟制"终非久计",应"赶即自备,庶几有恃无恐"。③ 他具体提出:"商请吉林机器局代造小轮船两只,一上一下,专以拖带驳船为主。"④他主张采金机器必须购自外洋,"但定购之时,宜加详考,须求其至精至坚可适久用者,以免停工待修,虚靡贻误"⑤。考虑到运输困难,他甚至有开矿所用机器由吉林机器局就近制造的主张。⑥ 而这种主张,似乎得到实现,因为当时上海一家外国报纸说道:漠河金矿"所用机器非自外洋购

---

① 《洋务运动》(五),第267~268页。
② 光绪十八年九月二十九日李鸿章奏,转见孙毓棠编:《中国近代工业史资料》第1辑,科学出版社1957年版,第738页。
③ 《为准直隶总督咨据漠河矿务李金镛禀造轮船札机器局遵照由》,转见曲从规、赵矢元:《漠河金矿与李金镛》,1982年洋务运动史学术讨论会论文。
④ 《黑龙江金厂公司章程》,转见《洋务运动》(七),第323页。
⑤ 《黑龙江金厂公司章程》,转见《洋务运动》(七),第323页。
⑥ 曲从规、赵矢元:《漠河金矿与李金镛》。

来,而系矿厂附近之机器厂所制"①。他也主张聘用外国矿师,但考虑到金矿"僻在荒漠,须耐艰苦",因此"宜择用西国矿师之肯耐劳者",并要求"延订合同内,声明到厂后如无明效,不拘年限,即行辞换"。②他的所有这些措施,主要是根据漠河金矿的具体情况着眼,从自力更生的原则出发,不能视为守旧。他是极端热忱于新事物的汲取的,一直到"病殁差次"之时,他还在为修通电报、加速金矿同外界的信息传递而殚精竭虑,还在咨调电报学生在沪购置有关机器,加紧筹备。③

从20世纪开始,当中国资产阶级民主革命进入高潮之际,中国大地上的产业革命精神也展现出新的场面,突出地表现在铁道、航运等交通运输业和信息传递的电讯业中。被称为中国"铁路之父"的詹天佑和他所设计的第一条中国自建、"与他国无关"的京张铁路,就是这种精神的一个代表。

詹天佑为中国铁路事业的开拓而付出的心血和取得的成就,现在是世所公认的。35年前大陆出版的一部詹天佑传记中,在描写詹天佑勘测铁道线路的情景时写道:1905年詹天佑接任京张铁路总工程师以后,不但亲历初测之路线,而且"在复测当中,詹天佑又亲自率领工程人员,背着标杆、经纬仪在峭壁上定点制图。塞外常有狂风怒号,满天灰沙,一不小心,就有被卷入深谷的危险。但詹天佑不管在任何恶劣的条件下,始终坚持工作,并鼓励大家一起坚持工作。他为寻找一条好的线路,不仅多方搜求资料,而且亲自访问当地的农民征求意见。他常常骑着毛驴在小路上奔驰。白天翻山越岭,晚上还要伏在油灯下绘图计算。他在工作中总是想到:这是中国人自筑的第一条铁路,如果线路选不好,不只那些外国人必然讥笑,还要使中国工程师今后失掉信心。必须选好线路,认真完成它"。④ 詹天佑"骑着毛驴在小路上奔驰"的情景,不但被中国人看到,也曾被外国人看到。当时住在北京的英国伦敦泰晤士报记者莫理循⑤就亲眼看到过这一幅情景。但是这位记者是怎样观察的呢?他得到什么样的结论呢?同30年前那位洋税务司之于吴德章等人制造轮船一样,这位洋记者在1905年5月25日写的一篇通讯中说道:

---

① 《北华捷报》(North China Herald),1890年8月22日,第227页。
② 《黑龙江金厂公司章程》,转见《洋务运动》(七),第322页。
③ 曲从规、赵矢元:《漠河金矿与李金镛》。
④ 徐盈、李希泌、徐启恒:《詹天佑》,中国青年出版社1956年版,第32页。
⑤ 莫理循(G. E. Morrison)(1862—1920),澳大利亚人。1895—1912年任《泰晤士报》驻远东记者,1897年以后常驻北京。1912—1917年任袁世凯政治顾问。

"我已和金达①同赴张家口对计划中的铁路线作了一次走马看花式的勘察。"

"中国仅有的一位工程师是一个名叫詹(天佑)的广东人。他已被任命为这条铁路的总工程师。他从未做过独立的工作。而前此他在外国监督之下所进行的华北铁路工程,现在必须从头再来。我们在山口碰上了他和他的同伴。詹骑着一头骡子,两个助手骑着毛驴,苦力们则背着经纬仪和水平仪行进。他们显然不打算测量。他们的主要任务是让大批满载的货车免税通过厘卡,以便运销张家口,获取暴利。"②在莫理循眼中,詹天佑不是在测量铁路,而是在走私!

"中国会修这条铁路的工程师还没有诞生呢。"这是包括金达在内的外国工程师对詹天佑的嘲笑。然而,不过四年,他们的话便成了笑柄。还是那个莫理循,在1909年12月6日写的通讯报道中,就掌起自己的嘴巴来。他说道:"所有的工程师都告诉我,这项工程是不错的。这是金达无意于着手的一项工程。因为它需要在崎岖的山峡中修建大量的涵洞。金达在他经手的铁路中,不曾修过一条隧道。所有的铁路,都是在平原上修建的。他以前一直认为中国人匆促上马是决不可能干好的。现在如果要在我的报告中有意地去抹煞对这条铁路的任何赞美之辞,我以为是不公正的。"③

外国人看来是气馁了。詹天佑却早就自豪地说:"中国已渐觉醒。""现在全国各地都征求中国工程师,中国要用自己的资金来建筑自己的铁路。"④"我们已有很多要学习工程的人,这些人互相帮助,互相依靠,就什么都可以做得到。我们相信这条新路一定能够如期完成。"⑤

詹天佑的这段话,绝非大言不惭。这条原来计划需时六年才能完工的铁路,在詹天佑和铁路工人的努力下,只用四年的时间(1905—1909年),就提前大功告成,而且还节省了28万余两银子的工程费用。⑥ 这在中国筑路史上是罕见的。

詹天佑的行动,代表着一个潮流。几乎与此同时,一位并非工程师出身的华

---

① 金达(C. W. Kinder)(1852—1936),英国人。1880—1881年为开平矿务局修建唐胥铁路,后任京山铁路总工程师。
② 1905年5月25日莫理循致濮兰德(J. O. P. Bland),见骆惠敏(Lo Hui-min)编:《莫理循通讯集》(The Correspondence of G. E. Morrison)第1辑,1976年版,306~307页。
③ 1909年12月6日莫理循致吉尔乐(V. I. Chirol),见骆惠敏编上引书,第534页。
④ 1906年10月24日詹天佑致诺索布夫人(Mrs. M. D. Northrop),见吴相湘:《詹天佑是国人自筑铁路的先导》,载刘绍唐编:《传记文学》第43卷第5期,1983年11月。
⑤ 徐盈、李希泌、徐启恒:《詹天佑》,第33页。
⑥ 徐盈、李希泌、徐启恒:《詹天佑》,第43页;凌鸿勋:《詹天佑先生年谱》,(台北)工程师协会1961年版,第62~65页。

侨陈宜禧，凭着他"旅美操路矿业者垂四十余年""谙熟路工"的经验，怀着"叹祖国实业不兴""愤尔时吾国路权多握外人之手"的激情，立志要在他的故乡广东台山兴办第一条民营铁路。他打出"不收洋股、不借洋款、不雇洋工"的鲜明旗帜①，一身兼任"股款之招集、工程之建设、路线之展筑、公司之管理"的重任。②以60岁的高龄，"亲自带领勘测队进行选路工作"，"不仅亲临工地指导建筑工作，还常常拿着镐头和工人们一起干活"。③经历了14年（1906—1920年）的艰苦奋斗，终于建成了一条全长137公里、有桥梁215座、涵洞236个的新宁铁路。④

建成以后的新宁铁路，曾经有一度的营业景气，对台山的社会经济产生了显著的影响。⑤但是好景不长，抗日战争期间，这条铁路受到严重的破坏。等到战争结束，这里的铁路已荡然无存，只剩下残缺的路基。但是，曾经屹立在台城火车站前的陈宜禧铜像，和现在仍然站在青龙桥车站前的詹天佑铜像一样，同为今天中国人民心中的一座丰碑。他们的奋斗目标，都是要使中国跻身于世界现代化国家的行列，具有浓郁的产业革命的精神。

轮船航运业中出现了同样的情景，突出地表现在长江上游的川江航运中。几乎与京张铁路落成的同时，川江上出现了第一艘中国人自己经营的轮船——象征着四川对外开通的"蜀通"号。这是一艘吃水三英尺的浅水轮船。它购自英国，组装完毕却是在上海的江南船坞。⑥它的载重虽然不超过百吨，⑦却要在中国人的手中试一试三峡中的急流恶浪。它于1909年9月6日由宜昌开出，经过八天的航程，安全到达重庆，顺利地完成了穿越三峡的处女航。⑧

首航川江的这条小轮船，是属于一家由四川士绅和商人组成的川江轮船公司的。这是一家在四川收回路矿权利的运动中诞生的华商公司。它打着官商合

---

① 《新宁铁路股份簿》，转见林金枝、庄为玑编：《近代华侨投资国内企业史资料选辑》（广东卷），福建人民出版社1989年版，第430页。
② 《陈宜禧敬告新宁铁路股东及各界书》，转见林金枝、庄为玑编：《近代华侨投资国内企业史资料选辑》，第435页。
③ 莫秀萍：《陈宜禧传略》，转见林金枝、庄为玑编：《近代华侨投资国内企业史资料选辑》，第472页。
④ 林金枝、庄为玑编：《近代华侨投资国内企业史资料选辑》，参阅林金枝：《近代华侨投资国内企业概论》，1983年版，第173页。
⑤ 刘玉通等：《华侨、新宁铁路与台山》，载《中山大学学报》1980年第4期。
⑥ 《支那经济报告书》第47期，第24～25页，转见樊百川《中国轮船航运业的兴起》，四川人民出版社1985年版，第410页。
⑦ "蜀通"号载重，一说为80吨，一说为30吨，均不超过百吨。参阅樊百川《中国轮船航运业的兴起》，第410页；聂宝璋：《川江航权是怎样丧失的》，载《历史研究》1962年第5期，第144页。
⑧ 《海关十年报告》，1912—1921年，第1卷，宜昌，第261页，参见聂宝璋《川江航权是怎样丧失的》，第144页。

办的招牌,但在经营的过程中,却受到官府的阻碍。它虽然得到四川总督赵尔丰在草创时期的赞成,但却遭到湖广总督陈夔龙在营运过程中的反对,以致后来竟一度闹到"蜀通"轮船不准进入湖北的境地。① 创业艰难是可想而知的。尽管如此,"蜀通"号还是出了川江。不仅如此,通过"蜀通"的影响,此后数年,川江之上还陆续出现了众多的小轮船公司。当然它们的寿命,大都是短暂的。但川江轮船公司却顶住困难,存在了一个相当长的岁月。1919 年 4 月,我国著名的科学家任鸿隽从海外回到故乡,坐的就是"蜀通"号轮船。他在船上还对这条陌生的小轮作过一番描写,抒发了自己对这条船的感情。在 4 月 16 日的一封信中,他这样写道:"这船是航川江商船的始祖。他的造法甚为稀奇。全船分为两只,一只单装汽机,一只单装客货。两只合并起来用绳缚住成一个'狼狈'形势。但是若在河中遇着大风,风水鼓荡,两只船一上一下,所生的剪力(Shearing force)可了不得,就有一寸来粗的麻绳,也可以震断。因为蜀通轮船是四川人办的,坐船的也大半是四川人,所以我一上蜀通船,就有身入川境的感想。"②这位科学家的见闻和感情都是真实的。"蜀通"号在订购之时,就附有一只拖船,它的载重,甚至超过了轮船本身。其所以如此,显然是为了减轻轮船的吃水,以适应峡江的航行。③ 这说明当年川江航行的原始状态,反映了航行条件的极端困难。就在任鸿隽乘坐的这趟船上,根据他的亲身体会:"那船的簸动,比在海船上遇风还要利害。"④尽管这样,它却引发了这位爱国科学家的怀乡情感。

任鸿隽把"蜀通"号说成是航行川江商船的始祖,从一个角度看是事实,即它是中国自办商轮航行川江之始。从另一个角度看,则并非事实,因为在它第一次航行川江之前 10 年,英国的"利川"号轮船已经到过重庆,⑤而德国的轮船"瑞生"号,则在其后两年准备继"利川"而进入川江之时,沉没在宜昌上游之崆岭。⑥"利川"号航行的成功,在英国人的眼中,是"以文明的方式进入川江之始"⑦,可以提到"名垂史册"的高度。⑧ 而"瑞生"号的沉没,在德国人的眼中,则是"一个

---

① 《交通史航政编》第 3 册,第 1253 页,转见樊百川:《中国轮船航运业的兴起》,第 410 页。
② 民国八年四月十六日,任鸿隽致胡适,见《胡适来往书信选》(上),1979 年版,第 37～38 页。
③ 樊百川:《中国轮船航运业的兴起》,第 410 页。
④ 任鸿隽致胡适函。
⑤ 《北华捷报》(North China Herald),1898 年 4 月 11 日,第 612～614 页。
⑥ 《北华捷报》1901 年 1 月 2 日,第 3～4 页。
⑦ 《北华捷报》1898 年 4 月 11 日,第 613 页。
⑧ 《北华捷报》1898 年 4 月 11 日,第 613 页。

挺有希望的事业的可悲结局"①,是"一场明白无误"然而又是"极其伟大"的悲剧。② 事情是实际存在的,看法却颠倒着。任鸿隽的提法,有把颠倒过去的看法再颠倒过来之效。人们从这里所感受到的,是弘扬中国企业的精神,也就是弘扬中国的产业革命精神。

在讯息传递的电报业中,中国人所表现的进取精神也异常突出。早在中国电报局正式成立之前的1872年,据说一个在法国研究电报技术多年的华侨,就从那里带回自制的汉字电报机器,准备在上海开办。③ 这个计划虽然没有下文,但是在后来的中国电报局中,中国的留学生在电报技术的更新和标准化方面,起了很重要的作用。留美学生周万鹏就是其中比较出色的一位。1907年邮传部成立之际,周万鹏被派出席在葡萄牙举行的万国电约公会。会议期间他了解到西方各国的电报政策和技术规范,深感我国治理电政未谙约章,动辄为外人所牵制,于是在回国以后,着手编纂《万国电报通例》,使我国电政"底于统一"。1909年,周万鹏任职电报总局兼上海分局总办时,发现各局仍用旧莫尔斯机收发电报,易于阻滞,乃全部改换成新创的韦斯敦机,从而使上海电报局趋向当时世界先进水平,推动了电报业的全面革新。④

电话业中,传出了同样的讯息。20世纪之初,据说有人制留声筒,"以玻璃为盖,有钥司启闭,向管发声,闭之以钥,传诸千里,开筒侧耳,宛如晤对一堂"。还有人造德律风,"较西人所制,可远三倍"。⑤ 这些虽属传闻,缺乏具体依据,但从中可以察觉到:社会风尚,已不同于往昔,甚至在不为人所注意的航空领域中,也闪烁着产业革命精神之火星。被称为中国第一个设计飞艇的澳洲华侨谢缵泰,就是一个既从事政治革命又涉足技术革新的中兴会员。他在20世纪之初所设计之飞艇,据说"能航行狂风中,无陨越之虞,而其推行机之力,每小时能行六十英里至百英里"。⑥ 他自己这样说过:"吾终愿事权在手,俾吾所发明之飞艇,有由吾督造之一日而后快!"⑦ 这个愿望看来没有实现。但是他的思想和行

---

① 《北华捷报》1901年1月9日,第63页。
② 《北华捷报》1901年1月9日,第63页。
③ 《海防档》,1957年版;丁,电线(一),第100,105页;(二),第306~307页。
④ 《宝山县再续志》卷14,人物事略。转见沈其新《洋务运动时期留学生与中国近代实业》,载《中国近代经济史研究资料》(10),上海社会科学院出版社1984年版。
⑤ 张通煜辑译:《世界进化史》下卷,1903年版,第68页。
⑥ 《中国发明飞艇家谢缵泰小传》,转引自刘绍唐主编:《传记文学》第46卷,第5期(1985年5月版),第142页。
⑦ 《谢缵泰(1872—1937)》,《传记文学》第46卷第5期。

动出现在 20 世纪的发轫,无疑地代表一种产业革命的精神。

资本主义工业中焕发出来的产业革命精神也引人注目。作为例证,我们选取人们所熟知的三个企业——张謇的大生纱厂、简照南与简玉阶兄弟的南洋烟草公司和范旭东的久大与永利盐碱工业系统,它们都有艰难的创业历程,都有高度发挥生产力的业绩。久大开辟了中国制碱工业的新时代,获得了世界瞩目的成就,这是人所共知的。南洋大生的早期奋斗业绩,也为人所知晓。它们的历史,共同表现了中国近代产业革命的精神。没有必要描述它们的全部历史。表现他们之间的共同精神,只需各举一例。

创办久大、永利的范旭东,被人们公认有"一颗炎黄子孙的心"。如今保留在天津碱厂的档案中,有这样一段记载:"1922 年,当永利正在建厂的过程中,英国卜内门洋碱公司的经理李特立①曾当着范旭东的面说碱对贵国确是重要,只可惜办早了一点,就条件来说,再候 30 年不晚。"面对这种奚落,范旭东的回答是恨不早办 30 年,好在事在人为,今日急起直追,还不算晚。② 三年以后,当永利建成并成功出碱之时,卜内门的首脑又反过来要求"合作",这时的范旭东则坚持公司章程"股东以享有中国国籍者为限",将卜内门拒之于永利大门之外。③ 最终打破卜内门独霸中国市场之局面。

这种精神,在南洋兄弟烟草公司的简玉阶身上,同样可以找到。

南洋烟草公司成立于 1905 年。它的成立,本身就有着抵制洋货、收回利权的历史烙印。④ 成立以后,中间经多次挫折,一直到第一次世界大战爆发以后,才慢慢立定脚跟。正当南洋蒸蒸日上之时,曾经多方遏制南洋于襁褓之中的英美烟公司,此时却变换手法,企图以"合办"的方式,兼并南洋。这一外来压力,在简照南、简玉阶兄弟之间,引起了尖锐的意见分歧。哥哥简照南认为,英美烟公司"势力之大,若与为敌,则我日日要左顾右盼,无异与恶虎争斗,稍一疏忽,即为吞噬。若与合并,则变为通家,如孩童之得有保姆护卫,时时可处于安乐地位也"⑤。弟弟简玉阶则坚决表示拒绝,一再表示:"纵有若何好条件,亦不甘同外

---

① 卜内门公司(Brunner, Mondand Co. Ld.)为 E.S.Little 所创办。李特立亦作李德立。
② 《永利厂史资料》(1)48/53,第 110~126 页,转见《工商经济史料丛刊》第 2 辑,1983 年版,第 3~4 页。
③ 《工商经济史料丛刊》第 2 辑,第 4 页。
④ 清原:《简玉阶先生和他的事业》,转见陈真、姚洛合编:《中国近代工业史资料》第 1 辑,生活・读书・新知三联书店 1957 年版,第 489 页。
⑤ 1917 年 3 月 16 日简照南致简玉阶,见《南洋兄弟烟草公司史料》,上海人民出版社 1958 年版,第 113 页。

人合伙。倘大兄不以为然,弟唯退隐,无面目见人而已。"①简玉阶的意见占了上风,南洋免遭兼并,获得了一段空前的营业鼎盛时期。

这种精神,同样也见之于张謇在大生纱厂的创业阶段。张謇在封建文士耻于言商的清王朝治下,以"文章魁首"的状元之尊,为创办通州的第一个资本主义企业而全力奔走,这本身就具有明显的为振兴实业而献身的精神。"马关条约"开外国在中国内地设厂之禁,使他的这种精神受到极大的推动。他大声呼号:"向来洋商不准于内地开机器厂,制造土货,设立行找,此小民一线生机,历年总署及各省疆臣所力争勿予者。今通商新约一旦尽撤藩篱,喧宾夺主,西洋各国,援例尽沾。"②日本"今更以我剥肤之痛,益彼富强之资,逐渐吞噬,计日可待"③。张謇之全力创办大生纱厂,即使还有其他种种原因,也不能抹煞这个基本的因素。

众所周知,张謇的实业活动,初期遇上了严重的困难,从大生筹办(1895年)到开工(1899年)的五年中,多次陷入筹措资金的困境,几乎到了"百计俱穷""一筹莫展"的境地。在走投无路的时候,他也曾用招洋股的办法,来威胁曾经支持他的两江总督刘坤一。然而他究竟没有这样做,终于挺了过来,作困兽之斗。这还是难能可贵的。把它归结为产业革命的精神,应该说:"当之无愧"。

"产业革命今也其时"的气氛,也弥漫到相对沉寂的手工业中来。中国封建社会中手工业的资本主义萌芽,没有来得及为中国的机器大工业提供产生的条件,但是在大工业已经产生的土壤上,却不妨出现手工业向机器大工业的转化。这种情形,在辛亥革命前后的20世纪初,尤其明显。这里只选取中国的传统两大著名手工业——以四川为中心的井盐和以苏南为主体的丝织,让它们来印证这种气氛的弥漫景象。

四川井盐采用蒸汽动力和机械开采的酝酿,在19世纪的90年代,就已经有人提到。④ 实际着手,是在义和团运动至辛亥革命的10年间。而正式生效推广,则在辛亥革命之后,大约又经历了10年的光阴。

作为四川井盐重镇的自贡盐场,是蒸汽采卤机车诞生之地。走第一步的,却是一个经营花纱等生意的商人。他的名字叫欧阳显荣,从1884年起,就在内江

---

① 简玉阶致简孔昭,见《南洋兄弟烟草公司史料》,第11页。
② 《条陈立国自强疏》,见《张季子九录·政闻录》,参见章开沅《开拓者的足迹》(张謇传稿),中华书局1986年版,第48页。
③ 《张謇致沈散夫函札》(稿本),转见章开沅《开拓者的足迹》,第60页。
④ 《海关贸易报告册》(Returns of Trade and Trade Reports),重庆口,1891年,第68页。

经营花纱生意,并在重庆设有庄号。① 大约与此同时,他又曾在自流井办过盐井,深感"纯用牛力"吸卤的困难。1894 年,据说他曾经去过一趟武汉,在汉阳看见长江码头的货轮用起重机装卸货物,便产生了起重机升降货物的原理,用于盐井汲卤的设想。随后通过同他人的合作,设计出一张汲卤机的草图,由汉阳周恒顺五金工厂试制。经过一年的时间,终于制成第一部汲卤机车。随后运到自流井试行运作,这时已是 1902 年前后。此后两年,对机器不断进行改进。据他自己说:"此井推水较前用牛力推水者加强 10 倍。"但因机件易于损坏,经常发生故障,"终难获永久之利用"。② 一直到 1904 年以后,才基本上解决了汲卤中的各种问题,机器应用于井盐生产才逐渐得到推广。到 1919 年止,整个自贡地区盐场中,使用蒸汽机车的盐井,共达 37 眼之多。③

手工丝织业向机器大工业的转化,在时间上比井盐业要晚一些。而且既有一个落后的手工工具→改良的手工工具→机器的完整过程,又有未经手工生产而直接进入机器生产的例证。

改良手工工具的引用,最先是日本式的手拉提花丝织机的引进。大约从 1912 年开始,这种织机先后出现在苏州、杭州、湖州、盛泽。而电机的引用,则首先见之于 1915 年的上海。④ 至于苏杭等地手工丝织业中由改良工具向机器的过渡,则迟至 20 世纪的 20 年代以后。苏州手工丝织业在正式引用改良手工工具之后七年,就进而引进电力织机。⑤ 杭州的手工丝织业,在 1919—1926 年之间,也"由旧式木机,一变而为手拉铁木合制机,再变而为电机"。⑥ 稍后更扩大到湖州、宁波等处。⑦

半封建半殖民地中国的手工业,在 20 世纪之初,再现了 18 世纪世界资本主义产生时期手工与机器的对抗。四川井盐中第一部汲卤机车的出现,多数井户持反对的态度。最先试办机车推卤的欧阳显荣,甚至碰到"没有井户把盐井出租给他推汲"的尴尬处境。⑧ 苏州第一家引用电力织机的苏经绸厂,也引起了传统

---

① 张学君:《四川资本主义近代工业的产生和初步发展》。参阅《中国经济史研究》1988 年第 4 期,第 97 页。
② 自贡市档案馆 47S 号案卷:《欧阳显荣呈文》,转见《四川井盐史论丛》,1985 年版,第 335~336 页。
③ 钟长永据林振翰:《川盐纪要》订正。见《四川井盐史论丛》,第 340 页。
④ 王翔:《中国传统丝织业走向近代化的历史过程》,参阅《中国经济史研究》1989 年第 3 期,第 86~87 页。
⑤ 苏州档案馆藏档案资料,见王翔《中国传统丝织业走向近代化的历史过程》,第 88 页。
⑥ 彭泽益编:《中国近代手工业史资料》第 3 卷,中华书局 1957 年版,第 73 页。
⑦ 王翔:《中国传统丝织业走向近代化的历史过程》,第 88 页。
⑧ 《四川井盐史论丛》,第 337 页。

手工业者的恐惧和反对,经常受到他们的"来厂滋扰",以至厂主不得不请求地方当局的"保护"。①

正由于此,由手工向机器的转变,在20世纪初叶的中国,仍然是一个艰难的进程。欧阳显荣为了向手工井户证明机器生产的优势,不惜将他长期从事的花纱生意停下来,把营业权和房产加以变卖,三赴汉阳,聘请翻砂工,制造车盘、车床、车钻、车挂和双牙轮等部件,反复试验,通过同各种阻力和困难的斗争,终于成功地安装起第一部汲卤机车,为以后的推广打下了基础。② 而苏州丝织业中采用机器生产的厂家,在变木机为拉机、电机,变土丝为厂丝、人造丝,变分散织造为集中生产三个方面,也作出了艰巨和富有成效的努力。"进行之神速,出品之精良,实有一日千里之势"③。不能不承认,这也是一种产业革命的精神。

在变化最小、最少的农业中,人们也能察觉到这种精神的存在。

应该承认,在近代中国,农业中的"最陈旧和最不合理的经营",并没有"被科学在工艺上的自觉应用"所代替,农业和手工业的"原始的家庭纽带",也没有"被资本主义生产方式撕断"。④ 但是在资本主义现代企业向国民经济各个部门扩散的影响下,这个内里保持不变的最大经济部门的表层上,也出现了若干新的斑点。其中最引人注目的,就是20世纪初开始出现的新式垦殖企业。从1901年开始,在全国范围内,从东北到西南,掀起了一个设立垦殖公司的小高潮。到辛亥革命后的1912年止,全国各地设立的各种类型的农垦企业,在170家以上,申报的资本达600多万元。⑤ 这些农垦企业,绝大部分是徒具形式,既少自营,更少更新生产工具和技术。同资本主义农场还有很大的距离。但是,这些农场的出现,毕竟是前所未有的,其中不能说没有一点资本主义的影响。这些企业的创办者,不少是接触过西方资本主义的人物。如1906年在海南岛创办中国第一家橡胶垦殖公司的何麟书,是一个曾经在英国殖民地马来西亚橡胶园里做过工人、对橡胶树的培植管理积累了丰富经验的华侨。⑥ 1907年在黑龙江成立的兴东公司,它的创办者也是一名久居海外的华侨。⑦ 1916年在江苏宝山创设一家万只

---

① 《苏经绸厂请求保护电机案卷》,见王翔:《中国传统丝织业走向近代化的历史过程》,第88页。
② 《四川井盐史论丛》,第336~337页。
③ 《铁机丝织业同业公会呈请立案》,见王翔:《中国传统丝织业走向近代化的历史过程》,第92页。
④ 参阅马克思《资本论》第1卷,第551~552页。
⑤ 《农商部第一次农商统计表》,转见李文治:《中国近代农业史资料》,生活·读书·新知三联书店1957年版,第698页。
⑥ 林金枝:《近代华侨投资国内企业概论》,第178页。
⑦ 李文治:《中国近代农业史资料》,第696页。

养鸡场的何拯华,则是一位曾经"留学毕业返国"的洋学生。① 有的农场的经营管理,也能吸收一点资本主义的经验。如1905年成立的浙江严州垦牧公司,其种植技术"悉仿日本新法"②。1906年在广东嘉应成立的自西公司,也声称"参用西法试种橙、橘、松、杉、梅、竹各种木植"③。而上述的兴东公司和张謇在1901年首创的通海垦牧公司,一个声称引进外国火犁,进行开垦④;一个更具体提出怎样"采用美国大农法"于棉麦的种植。⑤ 这些事实,客观上可能都有夸大之处,但它至少表现出创办者的主观意图,这是无可置疑的。

同在手工业中一样,在农垦业中,也存在着新旧势力的冲突。同何麟书齐名的另一华侨梁炳农,1911年在南京后湖创立了一个江宁富饶垦牧场,还没有正式开办,就受到了"湖民全体"的"聚集"反对,原因是农场成立以后,他们会"陡失生机"。⑥

这种先进同落后的冲突,甚至延续到20世纪30年代以后。福建华侨之投资农垦企业,集中在30年代的后期。然而蓬勃一时,又迅速衰落。其所以如此,一个重要的原因,"是遭受反动统治机构和地方封建势力的摧残"⑦。在遗留下来的旧时代官府档案中,如今还保留着大量的华侨为举办农场而请求地方官府给予保护的文件。这些只是"层层转呈"而没有下文的文件,就是这些农垦企业的命运的最好证明。

同在其他行业中一样,新式农垦业的兴起,也包含着创业者的艰苦努力和革新精神。被称为海南橡胶鼻祖的何麟书,在森林莽苍、蔓藤纠葛、荆棘丛生、山岚瘴气的海南岛上,开发这块沉睡的土地,的确包含了无限辛酸。他胼手胝足,身体力行,不顾不服水土,吃住在山林,不顾身患重病,仍然坚持工作,艰苦备尝,终于垦出了200多亩胶园,为农场奠定了基础。⑧

他又是一个勇于探索、百折不回的革新者。他在海南岛引进橡胶,最初的方法是播种橡胶种子,但是一连三年,几次播种,全都失败,集来的股本付诸东流。

---

① 《宝山县续志》,实业志,卷6,转见毛德鸣:《中国近代新式农垦企业初探》,参阅《中国经济史研究》1989年第2期,第94页。
② 《东方杂志》2年7期,转见毛德鸣《中国近代新式农垦企业初探》,第94页。
③ 《东方杂志》3年3期,转见李文治:《中国近代农业史资料》,第878页。
④ 李文治:《中国近代农业史资料》,第696页。
⑤ 《张季子九录》,实业录,卷二,第29~30页,参见毛德鸣:《中国近代新式农垦企业初探》,第94页。
⑥ 《时报》,宣统三年三月卅日,转见小岛淑男《清朝末期南洋华侨在祖国的企业经营》(油印稿)。
⑦ 林金枝、庄为玑编:《近代华侨投资国内企业史资料选辑》(福建卷),福建人民出版社1985年版,第199页。
⑧ 林金枝、庄为玑:《近代华侨投资国内企业史资料选辑》(广东卷),第314页。

在股东纷纷要求退股的情况下,何麟书毫不动摇。他变卖自己的产业,清偿旧股,重招新股,继续进行试验,精心培育,终于探索出一条从播种树种到移植树苗的成功办法。① 不到10年工夫,乳白色的胶汁,第一次在中国的土地上从橡胶树上流了下来。② 应该说,这种努力,不能不代表一种产业革命的精神。

  的确,中国没有经历过资产阶级的产业革命,但是,新生的中国资产阶级,的确充满了产业革命的精神,充满了"几代人为资本主义前途而进行的艰苦奋斗"。在中国近代史的最后几页中,中国资本主义的发展呈现出一副暗淡的前景。抗日战争的爆发,促使民族资本主义企业的大颠簸,抗战后期官僚资本的膨胀,又造成民族资本主义企业的大窒息。然而,即使经历这样大的磨难,面临着这样一个艰难痛苦的环境,中国的民族资本主义企业仍然有奋发图强的一面。激烈的动荡不安并没有阻止中国民族资本主义企业的积极进取。1937—1938年的民族工业大西迁,在历史的石柱上刻下了不可磨灭的证明。它经历了人世间难以想象的艰难,也创造了历史上举世罕见的奇迹。一个亲身经历并主持民营厂矿内迁的人,在将近半个世纪以后写出那时的情景道:"在连天炮火中,各厂职工们正在拼命抢拆机器的时候,敌机来了,伏在地上躲一躲,然后爬起来再拆,拆完马上扛走。看见前面伙伴被炸死了,喊声'嗳唷',洒着眼泪把死尸抬到一边,咬着牙照旧工作。冷冰冰的机器,每每涂上了热腾腾的血。白天不能工作了,只好夜间工作,在巨大的厂房里,暗淡的灯光下常有许多黑影在闪动,锤凿轰轰的声响,打破了黑夜的沉寂。"③

  "冷冰冰的机器,每每涂上了热腾腾的血。"这种只能出现在战场上的情景,如今出现在中国民族工业的大西迁中,这同样是可以惊天地而泣鬼神的。

  内迁工厂,绝大多数表现出极大的热忱。在当时一家大型钢厂——上海大鑫钢铁工厂的申请内迁报告中,有这样一段文字:"我国工业落后,无相当之炼钢厂。一旦大战开始,后方对于运输机件之修理补充,定有大感缺乏之虞。查商厂成立不过四年,对于火车上所需之钢铁材料,已经全国各铁路采用,坦克车配件亦经交辎学校试用。合宜即改制其他,亦能应军用上之需要。如飞机炸弹钢壳,亦曾代兵工署上海炼钢厂制造二千余枚。在此最后关头,深愿全厂已经训练之职工与齐全之设备为国家效力,担任运输机械方面钢铁材之供给。"它最后向"厂

---

① 林金枝、庄为玑:《近代华侨投资国内企业史资料选辑》(广东卷),第314页。
② 林金枝:《近代华侨投资国内企业概论》,第180页。
③ 林继庸:《民营厂矿内迁纪略》,载《工商经济史料丛刊》第2辑,文史资料出版社1983年版。

矿迁移审查委员会"呼吁道:"寇深时危,敬请钧会迅赐示导,使民间实力得以保全,长期抵抗得以达到最后胜利之的。"①

人人都可以体察到这封信中所洋溢的爱国热忱。它所表达的正是要把新的生产力用到最需要的地方,用到最能发展自己的用武之地。这封信所代表的民族资本家的心愿,说到底仍然是"产业革命"四个大字。

依靠这种精神的支持,中国的民族资本家就是在这样艰难的条件下,把至少是 452 家工厂总计 12 万多吨的物资从东南沿海迁到内地。② 在整个抗战时期,他们继续发挥着这种精神。上面那位工厂内迁的主持者在他的回忆录中写道:"迁川的厂家们多来自上海,他们平素享用豪奢,自经迁移,沿途备尝艰苦,已把原来的享受习惯改变过来,当老板的不坐汽车了,步行三五十里路算不了一回事。天原厂主吴蕴初为了安装电介槽子,七日七夜未脱工衣。建国造纸厂协理陈彭年,为了浇造纸机的水泥地脚,两日夜未曾离开他的岗位。"③ 而由香港内迁重庆的女化学家丰云鹤和她的丈夫"在渝创办西南化学厂,所有厂中设备,均由其夫妇胼手胝足自行设计。从肥皂的废液里提炼甘油,供制造炸药之用。她又用麻纤维制成一种类似丝绵的物料,取名'云丝',供衣被之用。他们的化验室,就是他们的卧室,床前床后排满试验仪器、书籍、药品、半成品等。他们的厨房里,也加装提炼药品的设备"④。

这是一种什么精神?"产业革命"的精神恐怕仍然是最好的概括。

中国的资产阶级对产业革命寄托了浓厚的希望。在辛亥革命成功之初,民国政府成立之日,中国的资产阶级团体就发出了产业革命的呼声。一个名叫工业建设会的团体在南京国民政府成立不久的 1912 年年初就曾发出"建设我新社会以竞胜争存,而所谓产业革命者,今也其时矣"的欢呼。⑤ 然而很快一切都成了泡影。中国的民族资产阶级从那时起奋斗了 36 年,经受 20 多年的风雨,最后又经历了长达八年的大颠簸,终于落得一个"现存工厂无论在资金设备、技术各方面,都根本不算工业,不如任其倒闭"⑥的可悲结局。中国资产阶级不可能实现自己的产业革命的希望。

---

① 中国第二历史档案馆:《抗战时期工厂内迁史料选辑》(一),载《民国档案》1987 年第 2 期。
② 林继庸:《民营厂矿内迁纪略》,载《工商经济史料丛刊》第 2 辑。
③ 林继庸:《民营厂矿内迁纪略》,载《工商经济史料丛刊》第 2 辑。
④ 林继庸:《民营厂矿内迁花絮》,载《工商经济史料丛刊》第 2 辑,1983 年版。
⑤ 《1912 年工业建设会发起趣旨》,见《民声日报》1912 年 2 月 28 日。
⑥ 齐植璐:《抗战时期工矿内迁与官僚资本的掠夺》,载《工商经济史料丛刊》第 2 辑。

是不是可以把产业革命的希望寄托在中国的统治阶级的身上呢？

的确，同中国资产阶级梦想产业革命平行，中国的封建统治者，从慈禧到袁世凯，也摆出一副提倡产业革命的架势。亲手扼杀了资产阶级维新运动的慈禧，在签订了屈辱的《辛丑条约》之后，在中国政局日趋沉沦的时刻，为了维系这个失去生命力的王朝于不坠，发起了一场所谓推行新政的活动。从经济领域到政治领域，从振兴工商到刷新政事，推出了一系列的改革方案。而围绕着振兴工商这个中心，又有一系列相当完整的配套措施。从 1903 年商部的设立开始，1910 年清王朝终结之前夕为止，先后颁布的各项振兴工商的法令和措施，包括工农、路矿、航运、商事、金融等各个方面，总计将近 30 项之多。① 而在袁世凯的统治下，北洋政府所公布的有关发展实业的条例法令，单在 1912—1916 年的五年中，就达 80 多项，② 又超过了清王朝最后 10 年的新政规模。

他们好像的确有振兴实业的要求了，他们的观念，似乎的确有些更新了。且不说袁世凯，单说慈禧吧。以前清王朝统治者一直认为：修建铁路，既妨碍坟墓庐舍，又违反祖宗成法，坚决表示禁拒。当 19 世纪 70 年代末，开平煤矿拟建运煤铁路之时，最初就因"机车直驶、震动东陵"而被"勒令禁驶"，使得煤矿当局不得不暂以"驴马拖载，始得邀准"。③ 现在的确风气大变。当慈禧太后从北京出走西安，又从西安回到北京以后，她的观念大变了。不但对火车旅行赞不绝口，而且亲自下手谕，要修建一条北京至西陵的铁路，供她个人乘坐。④ 五年以前，内务府从节省陵寝费用出发，也曾有过修建这条铁路的念头，然而却未能实现。⑤ 现在慈禧一转念，"那些死抱着旧规不放的保守派的最后疑虑，也就烟消云散了"⑥。不但如此，火车不但要修到死人的宫殿，而且还要修到活人的宫殿。从北京向颐和园修上一条铁路，专供慈禧消夏之需，也同时出现在慈禧的意念中。⑦ 接着又有西直门到颐和园的电车计划，⑧还有摩托车的参加。为了这个目的，慈禧一口气订了 23 部。⑨ 这时的颐和园，已完全按西方模式修葺一新。新

---

① 根据笔者所编：《清末新政措施表》（未发表）。
② 根据笔者所编：《民初新政措施表》（未发表）。
③ 宓汝成：《中国近代铁路史资料》，第 1 册，中华书局 1963 年版，第 121 页。
④ 《北华捷报》1903 年 9 月 4 日，第 486 页。
⑤ 《北华捷报》1897 年 10 月 22 日，第 728 页。
⑥ 《北华捷报》1903 年 9 月 4 日，第 486 页。
⑦ 《北华捷报》1903 年 9 月 4 日，第 486 页。
⑧ 《北华捷报》1903 年 11 月 6 日，第 964 页。
⑨ 《北华捷报》1903 年 9 月 25 日，第 634 页。

建筑中完全采用外国的款式,膳房也采用西式操作,厨师都练就一手外国的烹调技术。① 使用的餐柜,是上海的福利洋行②在欧洲技师亲自监督之下精心制造的。③ "家具装饰以及生活中的许多小的享受方面的外国口味,很快地在一大批有影响的官员中风行开来。"④统治阶级在这一方面几乎是全部现代化了。

但是,这离近代中国的国家现代化,该有多么遥远的距离啊!人们从这里看到的是:本体末用,已经到了末用的末流。统治阶级的走向和产业革命的要求,南辕北辙。

是不是可以把产业革命的希望寄托在入侵中国的外国资本主义的身上呢?

的确,入侵中国的外国资本主义,是近代中国出现的新生产力的引进者。从这一点上看,它的确似乎是中国产业革命要求的推动力量。西方国家当时在中国的活动者和后来记述他们这种活动的历史学家,从各方面肯定这一观点。他们很自然地把他们的一切活动都同中国的现代化直接挂起钩来,把他们的所作所为都同文明的西方对落后的东方的帮助直接联系起来。改变中国的落后,包括产业革命的发动,只能指望西方的帮助。

然而,这一种论点,在中国人民中间是通不过的。不但在后来中国历史的客观研究者中间通不过,就是在当时中国民族资本企业的创业者当中,也是通不过的。在本文前面提到的几位中国近代企业的创业者当中,陈宜禧就首先通不过,他是"愤尔时吾国路权多握外人之手"才立意修建长达 137 公里的新宁铁路的。他的公司毫不含糊地打出"不收洋股、不借洋款、不雇洋工"的鲜明旗帜。詹天佑那里也通不过。他在外国人奚落嘲笑的面前,挺直腰板地宣称:"中国要用自己的资金来修建自己的铁路。""我们已有很多要学习工程的人,这些人互相帮助互相依靠,就什么都可以做得到。"推而广之,范旭东、简玉阶兄弟,乃至绅士兼资本家的张謇,都通不过。因为他们的创业过程,也就是抵制外国资本主义压力的过程。事实上,陈宜禧的三不主义,在他所处的那个时代中,正是一个普遍的现象,是当时汹涌全国的收回利权运动的大潮中的一个浪花。⑤

---

① 《北华捷报》1902 年 9 月 17 日,第 570 页。
② 福利洋行(Messrs. Hall and Holtz)是一家历史悠久的外国家具公司。1888 年公司广告称:"本公司置备了最新式的木材家具制造的机器,装饰与雕嵌都由外国工程师监制。"(《北华捷报》1888 年 6 月 15 日,第 768 页。)
③ 《北华捷报》1903 年 9 月 4 日,第 482 页。
④ 《北华捷报》1903 年 9 月 4 日,第 486 页。
⑤ 参阅宓汝成编:《中国近代铁路史资料》,第 967、1001~1002、1014 页;汪敬虞编:《中国近代工业史资料》,科学出版社 1957 年版,第 742~760 页。

总起来说，近代中国不可能出现真正的产业革命。近代中国产生了代表新的生产关系和生产力的资本主义生产方式，但是中国没有经历过产业革命，没有进入资本主义社会。出现了资本主义企业的中国，仍然是一个半封建半殖民地的社会，它仍是一个向下沉沦、走着下坡路的社会。

中国的沉沦，并不等于说中国不再奋起。恰恰相反，正是由于中国近代社会的沉沦，所以才有代表历史前进方向的新兴的资本主义力量在艰难中的奋起；正是由于中国的资本主义是在一个沉沦的社会中诞生，所以新兴的资产阶级才面临着奋起的艰难。产业革命之不能出现于近代中国，正说明在中国发展资本主义的理想是多么艰辛而难以实现，正是要人们记取几代人为资本主义的前途进行艰苦奋斗，而又不能如愿以偿，必须另觅途径的历史必然。

中国的无产阶级接受了这个时代的挑战。孙中山领导的旧民主主义革命失败了，中国共产党人、无产阶级革命家接过了革命的火炬，领导全国人民将旧民主主义革命转变为新民主主义革命，并且取得了成功。资产阶级的民主主义让位给工人阶级领导的人民民主主义，资产阶级共和国让位给人民共和国。①

中国仍然需要前进。完成了民主革命的新中国，在中国共产党的领导下，现在正在进行社会主义的建设，提出实现四个现代化的宏伟目标。这是在新的条件下继续实现中国资产阶级所不能实现的产业革命。在中国共产党的领导下，中国人民有力量完成中国的民主革命，也有信心实现中国的产业革命。

（原文载《近代中国》第一辑，<br>作者：汪敬虞，中国社会科学院经济研究所研究员）

---

① 毛泽东：《论人民民主专政》，《毛泽东选集》一卷本，第 1476 页。

# 师夷与制夷
## ——清末国家现代化的教训

丁日初

鸦片战争已过了150年。大清帝国在这场战争中惨遭败绩,于是中华各民族面临两大任务:一是反对西方列强的侵略;二是向西方学习,对外开放,对内改革,改变落后状态,走现代化的道路。林则徐在战争爆发前就有这种想法,并在战争中付诸实践。魏源发挥林则徐的思想,在《海国图志》中将它概括为对近代中国知识分子影响甚大的"师夷长技以制夷"的主张。这个主张包含有辩证法思想:反对敌人,但要承认敌人先进;"师夷"是手段,"制夷"是目的;能否"制夷",关键在于是否"善师四夷"。"善师四夷者,能制四夷,不善师外夷者,外夷制之。"[①]魏源这一正确论点,我国史学界长期似无不同意见。10年前一位史学家曾经写道:"中国能不能抵抗住外来侵略,或者能不能减轻外来侵略的祸害,决定于中国能否急起直追,迅速进步,改变中国和外国的力量对比。"[②]这个见解可说是大陆史学界的共识。然而,最近却听到有人对魏源的上述主张发出不同的论调,说既"制夷"又要"师夷",即既要反抗西方侵略者,又要向他们学习,这是很难处理得好的矛盾。看来,对于林则徐、魏源的上述思想,还需要结合中国近代史的实际,重新讨论下面两个问题:近代中国在成为半殖民地的条件下是否有可能"师夷长技以制夷"、从鸦片战争到辛亥革命我国的反侵略与学习西方两大任务长期难见成效的原因究竟是什么,从而搞清楚"师夷长技以制夷"是否有很难处理得好的矛盾,魏源关于处理师夷与制夷的关系的论断究竟是否正确。

## 一、师夷与制夷

在半殖民地中国是否有可能"师夷长技以制夷"?

---

[①] 《海国图志》百卷本,卷37,同治七年(1863)刻本,第2页。
[②] 戴逸:《闭关政策的历史教训》,《人民日报》1979年3月13日。

从鸦片战争后到辛亥革命前,西方侵略者在中国获得的条约特权难以枚举,但就其主要者而言,鸦片战争结束后不到 20 年的时间,不平等条约体制已基本确立。西方国家(以后还有日本)的主要特权有:协定关税权、领事裁判权、外国商轮的沿海贸易权以及后来的内河航行权、传教士的内地传教权、设立租界权、外国人代管海关行政权、外国人设立工厂与开矿权、义和团事件后各国有自北京至海滨各处的驻军权。不平等条约体制的不断扩大,使我国到清末遭到外国的压迫越来越严重,清廷已无法对本国经济实行保护,国人兴办企业和事业或多或少地受到外国人的竞争或控制。这一切对于我们来说,已是众所周知的事实,不会有不同的看法。问题在于:在半殖民地的条件下学习西方,赶上列强是否可能,是否绝对不可能由此实现独立的目标,因而必须在"制夷""攘夷"(赶走帝国主义)之后才可以"师夷"呢?

有人说,在旧中国,帝国主义势力被驱逐出去以前,封建主义统治被推翻以前,民族资本主义得不到顺利发展的机会。从上述列强在华拥有广泛特权来看,这种论断是有根据的。

但有人认为,实现国家的现代化必须以赶走帝国主义为前提,这个论断需要进一步讨论。根据日本近代史的经验,日本在没有修改不平等条约、恢复国家的完全独立以前,就初步实现了现代化。然后在这一基础上经过争取,修改了不平等条约。在日本,向西方学习,发展资本主义,成为争取独立和谋求进步的根本道路,这个历史事实说明,现代化能否实现,既要看国际环境又要看国内环境。第二次世界大战后许多原来的殖民地或附属国获得了独立,然而它们长期未能实现现代化,由此可见,一个国家能否实现现代化,外部条件固然重要,但不是唯一的前提。关于这个问题留待下面论列。这里先谈另外一个问题。有人说,外国资本主义不允许中国发展资本主义,或者说不允许发展独立的资本主义,孙中山先生高明之处就在于他懂得了要救中国,必须革命,必须争取国家的独立、自由和主权。按照这种意见的逻辑,近代中国不是完全独立的国家,即使有人为发展民族资本主义而艰苦奋斗,也成不了什么气候,因而当时发展资本主义是无足轻重的。让我们来看一看,这种论调是否符合历史的实际。

产业革命以后,资本主义作为一种先进的生产方式,采用各种办法,包括残酷的血腥手段在内,为自己在全世界的扩展开辟道路。外国商人向中国运销机制产品,目的是为了牟取高额利润,但不管他们的主观愿望如何,却促使中国进口替代工业的发展。1880 年(光绪六年)11 月,李鸿章在《试办机器织布局以扩利源而敌洋产折》中写道:"由于各国制造均用机器,较中国土货成于人工者,省费倍征,售价既廉,行销愈广,自非逐渐设法仿造,自为运输,不足以分利权。"①后来我国棉纺、面粉、火柴、卷烟等民族资本主义工业行业,都是为了抵制洋货而逐渐发展起来的。中日甲午战争后,《马关条约》规定外国人有在中国通商口岸开设工厂从事机器生产的特权,后来在许多方面对中国产生了深远影响。例如,"从那时以来,上海就出现了制造企业纷纷开张的局面"②。有些缫丝厂"最初是由外国人创办的,但是当中国人发现它们具有远胜于旧式工业的巨大优越性,由中国人投资的工厂便开始兴建起来。起初是零星分散的一两家,继而数量愈多,其地位愈显重要"③。这正如列宁所指出的:"资本输出总要影响到输入资本的国家的资本主义发展,大大加速那里的资本主义发展。"④因此,自从外国资本主义入侵中国以后,不论它允许不允许民族资本主义在中国发展,后者必然适应国际和国内环境或快或慢地发展起来。

其实,外国资本家为了在中国造成一种对他们经营贸易和开设工厂有利的投资环境,比起愚昧糊涂的清廷统治集团,还更愿意中国在他们的指导与合作下,一定程度地实行资本主义现代化。这里可以举一个例子。海关总税务司赫德于1865年向总理衙门呈递的《局外旁观论》中,建议"准洋商合华商会制轮车电机等事"。他提出了四项"外国可教"而中国"应学"之善法,即"铸银钱以便民用,做轮车以利人行,造船以便涉险,电机以速通讯"。这几项是外国为改善贸易环境"日后必请之事",因此中国之"应学应办",最好走在外国"必请"之前。⑤ 推动发展资本主义的政策,得到了英国在华大企业——怡和洋行的支持。美国一位研究19世纪怡和洋行50年历史的学者、已故的勒费窝在他的书中写道:在1870年至1895年一代人的时间里,(怡和)档案中所发现的各种政策性言论,表明怡和洋行的成员一般说来都赞成帮助中国朝着现代化的方向发展。⑥ 而当时清政府对于向西方学习进行资本主义改革这一紧迫任务又是抱什么态度呢?还是先听听深知清政府内情的赫德的评论。他说:"只要你坚定地提出要求,不管

---

① 《李鸿章全集》,奏稿,卷43。
② 徐雪筠等译编、张仲礼校订:《上海近代社会经济发展概况——〈海关十年报告〉译编》,上海社会科学院出版社1985年版,第102页。
③ 徐雪筠等译编、张仲礼校订:《上海近代社会经济发展概况——〈海关十年报告〉译编》,上海社会科学院出版社1985年版,第330页。
④ 《列宁选集》第二卷,人民出版社1972年版,第785页。
⑤ 《筹办夷务始末》,同治朝,卷40,第13~21页。
⑥ 勒费窝:《怡和洋行》,上海社会科学院出版社1986年版,第124页。

对中国有多大损害,中央政府都会加以承诺,而如果采取友好建议的态度,那就不管它对中国多么有用,中央政府也会加以拒绝。"①用勒费窝的话来说就是:清政府之所以没有进行重大的经济改革,"这应该从中国传统秩序的本质中去寻找原因"。② 由此可见,事实上并不是外国资本主义势力不允许中国发展资本主义,而是顽固专横的西太后把持下的清廷,在第二次鸦片战争结束多年后还没有真心实意地对待改革事业,必须外国人猛力推动,才肯勉强迈出前进的步伐。

当然,西方国家允许甚至支持中国发展资本主义,是希望它符合本国的利益,附属于以西方先进国家为主体的世界资本主义体系。然而,后进国家的资本主义却不是注定不能独立的,只要政府采取正确的政策与措施,并经过企业经营者的努力争取,它就有可能从依赖过渡到独立。日本于1854年同美国签订《日美和好条约》,被迫"开国"。1858年日本又被迫同美国签订了不平等的《日美友好通商条约》,欧美资本主义列强借此在日本享有领事裁判权、协定税率和贸易最惠国待遇,并得在通商口岸设立自行治理的租界,日本也开始沦为西方资本主义国家的附属国。接着外国资本大举侵入日本,实行贸易垄断、金融垄断和海运垄断,还直接控制日本某些部门的生产。外国资本的有些垄断、控制和渗透活动一直继续到19世纪90年代初。③ 明治维新以前,日本维新志士集结起来,团结广大人民,推翻失去人心的幕府,建立了明治政府。新政府对外要求修改不平等条约,对内实行资产阶级改革,尤其大力进行"殖产兴业",加速扶植资本主义。但是,明治政府一再要求修改不平等条约的努力,因为它还缺乏实力作为后盾,均遭失败。"当它一旦认识到修改不平等条约无望时,便下定决心急起直追,以西方国家为榜样,实行日本的资本主义化,以达到富国强兵,凭实力来实现民族的独立自主。"④到了19世纪90年代,日本资本主义的发展已有一定基础,它利用英国拉拢它共同对抗俄国的有利时机,同英国以及一系列国家签订了1899年起生效的新约,但还在修改关税和协定税率等方面留下一个悬案。迟至1911年日本才宣布废除以前的不平等条约,重新签订平等新约。重温日本资本主义发展史和日本近代史,对于我们认识现在讨论的问题有以下三点帮助:(1)日本资本主义是在不平等条约的体制中,特别是关税不能自主,而外国资本处于垄断地

---

① 费正清等编:《总税务司在北京》,转引自汪敬虞著:《赫德与近代中西关系》,人民出版社1987年版,第282页。
② 勒费窝:《恰和洋行》,上海社会科学院出版社1986年版,第125页。
③ 参阅万峰:《日本近代史》,中国社会科学出版社1981年版,第45~48页。
④ 万峰:《日本资本主义史研究》,湖南人民出版社1984年版,第67页。

位的条件下发展起来的,向西方各国学习,尽快发展暂时还不能独立的资本主义具有十分重要的意义。"只有资本主义化成功,即日本自主的近代资本主义形成和发展,才能解决实现民族独立自主这一根本的历史课题。"①那种认为中国在获得完全独立以前,不可能进行和实现现代化,因而否定向西方学习、发展资本主义是争取独立和谋求进步的根本道路的观点是值得商榷的。(2)在不平等条约体制下,半殖民地、附属国可以自主地创办和经营自己的企业,但由于不平等条约的束缚和外国资本的压迫,本国资本主义暂时难以完全独立。不过随着本身实力的增长以及适当时机不平等条约的改订,这种资本主义就可以从半独立逐步过渡到独立,那种认为帝国主义不允许中国发展独立的资本主义,因而对发展半独立的资本主义采取轻视的观点,也是需要商榷的。(3)日本修改以至废除不平等条约,虽然是在它国力有所增强之后进行的,但都不是同西方国家作了强有力的斗争后取得的,而是在适当时机利用各大国之间的矛盾,通过谈判实现的。那种认为中国在现代化实现以前,就可以独立地把帝国主义全部"赶走"的意见,虽颇动听,却举不出任何历史事实可作为这一豪言壮语的佐证。1900年英勇而幼稚的义和团搞过这样的壮举,中华民族因此而吞下的苦果,中国人民是不会忘记的。

现在,让我们温习一下孙中山的思想,看看这位伟大的民主革命家是否能帮"先制夷而后师夷"论者的忙。的确,孙中山作为一个革命家,一贯主张进行民族民主革命,争取国家的独立、自由和主权,从未主张抛开反帝反封建,抛开民族独立,仅仅强调向西方学习,发展资本主义。然而,孙中山却也从来没有说过,在中国尚未废除不平等条约以前,不要重视向西方学习,发展资本主义。我曾经在《孙中山关于中国国民经济现代化的思想》一文中强调,孙中山提出"对外开放、利用外资的主张时,他完全不是幻想由军阀政权来实行,而是给他毕生为之奋斗的'政治最修明'的民主政权作政策上的准备的"②。另一方面,孙中山又根据对于世界近代史的研究,明确认识到,开放门户、利用外资与外才,对于大小强弱国家的现代化事业都有益处。自然,这个重要政策能否付诸实施,或者实施后能有多大成效,还得看某一国家的国内政局是否安定,是否有一个长期稳定的中央政权,国内其他政治经济条件是否有利于吸引外国资本和外国人才。

关于日本在明治维新之前如何处理"攘夷"与"师夷"的关系,孙中山写道:"……日本维新之前……忽遇外患凭凌,幕府无措,有志之士激于义愤,于是

---

① 万峰:《日本资本主义史研究》,湖南人民出版社1984年版,第67页。
② 中国孙中山研究学会:《孙中山和他的时代》中册,中华书局1989年版,第1445页。

倡尊王攘夷之说以鼓动国人,是犹义和团之倡扶清灭洋,同一步调也。所异者,则时势有幸有不幸耳。及其攘夷不就,则转而师夷,而维新之业乃全得师夷之功。"①

孙中山的这一段话,如实地论述了明治维新前日本是怎样解决了"攘夷"与"师夷"的争论的。魏源的《海国图志》刊行后不久便传入日本。1854 年日本翻刻了它的 60 卷本,于是它更加流传开来。该书传入日本前,日本的开国论和锁国论两派正在激烈争论。传入后,开国论者读了这部书都提高了认识,明确锁国攘夷不能挽救国家的危亡,主张积极学习西方长处,维新图强,借以抵制西方侵略,因而增强了辩论的勇气。锁国论者读了这部书,不少人也受到启发,逐渐转向开国论。1863 年,长州藩先后同美国、法国发生武装冲突;英国军舰也同萨摩藩开战。1864 年,英、美、法、荷四国联合舰队在下关海峡同长州藩交战。后两场冲突都以日本方面屈辱求和了结。事实教育了日本人民,他们中的大多数人终于摒弃了锁国攘夷的方针,拥护开国师夷的方针。这样,魏源的"师夷长技以制夷"的正确思想在日本的适宜土壤中结出了明治维新的硕果。孙中山还举暹逻(今泰国)为例,说:暹逻"二十年前几岌岌可危。其王室亲近,乃骤然发奋为雄,仿日本之维新,聘用外才,采行西法,至今不过十余年,则全国气象为之一新,文化蒸蒸日上。今则居然亚东一完全独立国,而国际之地位竟驾乎中国之上矣"。②孙中山根据日本、暹逻近代史的经验,完全赞成他们"攘夷不就,则转而师夷",他丝毫没有先驱夷而后师夷的想法。

孙中山是真正爱国的革命家,他不仅懂得必须用革命的办法去推翻旧统治者,而且懂得在另一种条件下必须用向对手学习的办法来制服对手,也就是说,他深刻领会能否制夷的关键在是否善师四夷。那种不师夷或不善师夷的人,毫无准备或不顾力量对比而贸然"制夷"、"攘夷",没有不吃大亏的。

下面,我把自鸦片战争至辛亥革命分成三个阶段,逐个阶段考察清廷是如何处理"师夷"与"制夷"的,从而明确中国半殖民地地位之愈陷愈深的真正原因。

## 二、吞下不师夷而制夷的苦果

笔者把 1842 年签订《南京条约》至 1865 年创办江南制造总局以前划为第一

---

① 《建国方略》,《孙中山选集》,人民出版社 1956 年版,第 158 页。
② 《建国方略》,《孙中山选集》,人民出版社 1956 年版,第 164 页。

阶段。它的基本特点是：一方面中国在鸦片战争中的失败震动了我国的先进分子与爱国人士，他们提出了正确的救国主张，可是在腐朽势力统治下的守旧的中国社会中，它却遭到压抑，因而得不到广泛的回响，更谈不上为政府当局所采纳而付诸实施了。另一方面，颟的专制皇帝的统治，使整个官僚系统仍然充满着陈旧的思想和腐败的作风。梁启超对这一阶段作了如下言简意赅地概括："自道光二十年割香港，通五口，魏源著《海国图志》，倡师夷长技以制夷之说，林则徐乃创译西报，实为变法之萌芽，然此后二十余年，叠经大患，国中一切守旧。"①

第一次鸦片战争后清帝和高官仍然昧于世界形势，坚持"天朝"的优越感和对西方"蛮夷"的轻视。清政府无意履行被迫签订的条约中某些条款，也不愿按条约的规定让西方外交官同中国高级官员进行更开放的接触，结果引起许多外交摩擦。在总理衙门成立以前，清政府没有设立专门机构处理同西方的外交关系。西方各国原来期望《南京条约》签订之后这种情况会有所改变。但事实上一切依然如故。当时西方国家对这种情况十分不满之外，还企图增开商埠以便深入内地市场，并扩大其他权益。这一切导致中国同西方国家将发生一场新的冲突。然而，"无论是中国皇帝还是朝廷官员都不曾考虑到西方的实力会有可能来自精良的技术"，②"由于很晚才开始研究西方，中国对工业化是产生实力的源泉一无所知"。③ 因此，清廷并没有感到有"师夷"的需要，丧失了14年（1842—1856年）的宝贵时间，它的军事力量依旧大大落后于西方国家。于是，1856—1860年发生的第二次鸦片战争期间，在中国又演出了一轮落后—挨打—吃亏的悲剧。

1856年10月第二次鸦片战争开始，翌年12月英法联军占领广州。1858年5月，英法联军北上，轻易地占领大沽炮台，逼近天津，迫使清廷屈服，同英法美俄四国签订了丧权辱国的《天津条约》，但咸丰皇帝继承他父亲道光皇帝的衣钵，重演不师夷而制夷的故技，1859年6月，英法美三国公使率舰队北上，武装换约。联军闯入大沽河，轰击炮台。僧格林沁下令开炮回击，命中率极高，击沉英国炮艇四艘，重创两艘，陆战队亦陷于泥潭中，死伤甚多，颇有制夷的架势，英法联军一度退回上海，等待援军。清廷认为这次"操全胜之算"，"为二十余年未有之快事"，咸丰皇帝滋生了依靠落后的军事力量去制夷的幻想，发出了"（咸丰）八

---

① 梁启超：《戊戌政变记》，中华书局1954年版，第20页。
② ［美］孔华润（Warren·Cohen）：《美国对中国的反应》，复旦大学出版社1989年版，第15页。
③ ［美］孔华润（Warren·Cohen）：《美国对中国的反应》，复旦大学出版社1989年版，第8页。

年议和条款概作罢论"的谕旨。① 1860年英法联军得到部队增援后,于8月恢复军事行动,轻而易举地夺取大沽炮台,占领天津,威胁北京。清廷不得不接受英法的全部条件。几天后英法代表又提出公使到北京后必须向中国皇帝面递国书,这本来是国际通行的外交礼节,但咸丰到这时候还想维持皇帝至高无上的权威,由戴垣等坚决拒绝认为"国体所存,万难允许",如一定要这样做,则须按照中国礼节,跪拜如仪,意在使对方放弃这一要求。谈判破裂,清军将英法代表巴夏礼等39人扣押。英法联军随即向北京进攻,咸丰命僧格林沁坚守通州,自己准备逃往热河,却下了一道"坐镇京北(热河)"的上谕,说"将以巡幸之备,作为亲征之举",②把逃亡说成是"亲征",虚骄之状既可笑又可怜。

空话和大话自然抵抗不了全副新式装备的英法联军。他们很快攻进了北京,洗劫并烧毁了举世罕见的壮丽园林圆明园。清政府签订了比《天津条约》更为苛刻的《北京条约》。第二次鸦片战争期间签订的这两个不平等条约,给中华民族带来更大的屈辱和损害。在中英《南京条约》中,对于关税只抽象规定"秉公议定则例",而在第二次鸦片战争后签订的中英《天津条约》中则规定进出口货税率为值百抽五,内地通过税则一次照此减半交纳。关于治外法权,我国历来对汉人同"蛮夷"发生诉讼时,采取"各治其民"的做法,因此在1843年议定中英《五口通商章程》时,由于对新的世界形势的无知,居然按照历史传统,同意如英国人犯法,由本国领事审讯判罪。对于片面最惠国待遇,不但不了解它对我国的严重损害,却认为这是大清皇帝的"恩惠"。1843年中英《虎门条约》中就有反映这种荒唐虚骄思想的文句:"设将来大皇帝有新恩施及各国,亦应准英人一体均沾,用示平允。"除以上各项特权外,《天津条约》更给予英国人以内河、内地通商权,内地传教权;又在《中英通商章程》中给予沿海转运贸易权,并规定由英国人执掌海关行政权,同意以"洋药"名义将鸦片贸易合法化,在《北京条约》中则承认英国人可以掠卖华工,并将九龙司地方交给英国作为租借地。由此可见,《南京条约》中虽有不平等的条款,但都由于我方的无知识而自作聪明愿意放弃的。第二次鸦片战争后签订的条约,又给外国扩大了许多特权,因此,可以说鸦片战争后签订的几个条约只是不平等条约的开端,而第二次鸦片战争后签订的条约,则是不平等条约之集大成,从此我国受人钳制,国际地位显著低落了。

---

① 参阅萧一山:《清代史》,商务印书馆1945年版,第151页。
② 范文澜:《中国近代史》上册,人民出版社1959年版,第188页。

这一阶段的主要教训是,清政府毫不师夷之长技,只想用羁縻的办法来对付海外的"蛮夷",其目的是打算维持天朝上国的体面。这种企图是必然会破产的,而当矛盾激化发生军事对抗时,想单纯凭借落后的武装力量来"制夷",只能再挨一次痛打而陷于更悲惨的结局。"蛮夷"并没有被赶走,反而越发深入我们国家里来了。

## 三、不全面、不认真师夷造成的悲剧

第二阶段是从1865年江南制造总局创办至1898年戊戌变法以前。这一阶段的基本特点是:由于在第二次鸦片战争中的惨败,以及同太平军作战中使用西方武器而获得战果,某些枢廷大员和地方督抚感到确有必要学习西方各国的长处,进行若干改革,同时,西方国家也愿意实行对它支持的所谓"合作政策"。关于这一阶段清政府现代化事业的启动,梁启超写道:因"创巨痛深,曾国藩曾借洋将,渐知西人之长。创制造局以制器译书;设方言馆,创招商局,派出洋学生;文祥亦稍知时局,用客卿美人蒲安臣为大使,遍交泰西各国;变法之事,于是筚路开山矣"①。

洋务运动对中国社会的发展起了积极的作用。判断历史是非不能根据历史活动家的主观意图,而要根据他们是否比前辈给社会提供了新的事物。连骂洋务运动为"反动"的论者,也不得不承认它在中国大地上发展了一批中国人自己的资本主义企业,它们是以后中国社会经济进一步发展的起点。到1899年,在中国的一些通商口岸,工业的发展已显示一定的气势,新兴的技术、资本家阶级与工人阶级也随着产生。尤其重要的是,在新的形势下因洋务机构与教会介绍西学,林则徐、魏源掀起的新思潮开始传播到知识分子中间,为历史在下一阶段的前进创造了条件。因此,我们应当首先肯定洋务运动是"师夷长技以制夷"思想的实践,是我国将向西方学习付诸实践的一个重要阶段,用清史专家萧一山的话来说,"洋务时期是维新事业的正式启幕"②。

然而,这33年的洋务运动并没有产生应有的效果。中国在甲午战争后更深地陷入半殖民地的屈辱处境,这并不是洋务运动的过错,而是当时的社会环境和洋务派本身的素质,无法使洋务派做到如魏源所说的"善师外夷",结果中国继续

---

① 梁启超:《戊戌政变记》,第21页。
② 史仲文、胡晓林主编:《清代史》,人民出版社1994年版,第159页。

为外夷所制。下面,就让我们从这两方面探索洋务运动不能成就一番维新大业的原因。

洋务运动中出现的新事物,必然会使许多习惯于传统的生活方式与思维方式的人们感到抵触,进行反对。洋务运动是一场低层次的改革,也会遭到守旧顽固势力的破坏。实行这样一场关系国家命运的改革,不能没有具备雄才大略和坚韧不拔精神的领袖和一批开明助手,来制定政策,确定计划,督促百官,团结人民,克服困难,力求实现,可是清政府恰恰缺少这样一个领导集团。掌握着最高权力的慈禧太后左右着国家的决策,她是怎样的一位领袖人物呢?慈禧"有坚毅的能力、灵活的手腕",但"知识不够","没有政治家的眼光,思想又极顽固"。①在她身边生活过两年的德龄公主说:"太后自己就是最善于策划各种密谋的领袖,她的密谋的重心,第一自然是集中在怎样维持她自己的权势的一点上。"②对于洋务运动,慈禧是有所支持的,但其目的只是为了巩固以她为中心的清廷的统治,而不是根据国家的根本利益来对待的。所以,萧一山说,对于慈禧,人们"怎能希望她实行新政呢"③?实际上慈禧对洋务运动是掉以轻心的。一位美国学者对此作了辛辣的批评:"日俄两国的前现代政治体系是组织有素的,一旦具有现代观念的领导人掌了权,变革就迅速地起飞了。在19世纪晚期,若论领导人对现代化的忽视程度,中国恐怕算得上是世界冠军。"④

在专制皇权的控制下,晚清时期也不可能产生一个团结一致共同推进洋务运动的官僚集团。同光两朝清廷对地方控制的削弱,是一些开明的督抚在地方上得以推进洋务事业的条件,然而他们都受了很深的传统教育,对外国的知识有限,不完全了解西方文化。"他们只知道学西洋的科学,而不知道,远人政教之有绪,富强之有本'(曾纪泽语),还以为中国的政治制度和立国精神都是好的。其实他们的事业,就受了这旧制度和旧精神的阻碍。"⑤皇权的专制,使那些督抚不但不可能结成一个政治派别,用集体的力量去争取洋务事业的贯彻,反而"都必须对慈禧太后卑躬屈膝以赢得她的青睐,才能施展自己的抱负"。⑥可是慈禧对他们还不放心,放任守旧派对洋务派的实业计划和各种新式事业进行攻击,加以

---

① 史仲文、胡晓林主编:《清代史》,人民出版社1994年版,第224页。
② (清)德龄:《瀛台泣血记》,云南人民出版社1980年版,第109页。
③ 《清代史》,第224页。
④ [美]G.罗兹曼主编:《中国的现代化》,江苏人民出版社1988年版,第666～667页。
⑤ 《清代史》,第222页。
⑥ [美]G.罗兹曼主编:《中国的现代化》,江苏人民出版社1988年版,第109页。

阻挠。再说，北京清政府的官员对形势既不能认识，又没有远见，办事因循拖沓，敷衍了事，因而无法发挥协调全国现代化所必要的统一作用。直到19世纪结束，它一直没有建立起像农业部、工业部和商业部这样一些职能机构来促进现代技术的利用，以致有的外国学者认为："清廷根本就没有认识到有必要去发展中国。"①

洋务运动未能完全实现现代化任务的原因是很多的，从洋务派的素质条件来说，是"由于他们的知识魄力不够"，从社会环境的条件来说，则"也由于社会政治的阻碍太大"。② 就社会政治环境而论，总的说来，"中国失败的原因的确应该归咎为缺乏能够引导经济发展的中央政府"③。

在这一阶段，发生了两次中外战争，一次是法国侵略越南而引起的1883—1885年的中法战争，一次是日本侵略朝鲜而引起的1894—1895年的中日战争，前者发生于中国进行现代化20年之后，后者则发生于更后10年。现代化的努力对清军在中法战争与中日战争中的情况曾起过一定的作用，但实效不著，而且指挥失当，仍遭可耻的败北。中法战争爆发以后，清廷对和战举棋不定，造成地方官员思想混乱。1884年8月法舰开入马尾，"船政大臣何如璋恐妨碍和议不敢阻止"④，亦不令海陆军备战。后来法舰队突然袭击，我军战机全失，以致一支由11艘军舰组成的中国自造的福建舰队，不到一小时就被法国海军摧毁。清军在安南陆战中虽然取得了令人瞩目的胜利，但总的看来，清帝国的行政制度，很不利于对法国的挑战作出迅速而举国一致的反应。战争结果，中国断送了对安南的宗主国关系。事实证明，政治没有改革，只有技术、经济与军事上有限的现代化，未能使中国免遭西方强国的侵略。令人慨叹的是，"甚至当中国在……中法战争中战败之后，大多数官僚仍然没有觉悟到需要实行根本性的经济改革"⑤，当然更谈不上政治改革了。

10年以后的中日战争，是两个从事现代化历一代人之久的国家之间的一次较量，日本的陆海军建设得力于明治维新以后富有成效的其他部门的现代化革新，而中国在中法战争中暴露出来的缺点，由于政治腐败却变本加厉。（1）在战

---

① ［美］G.罗兹曼主编：《中国的现代化》，江苏人民出版社1988年版，第116页。
② ［美］G.罗兹曼主编：《中国的现代化》，江苏人民出版社1988年版，第227页。
③ ［美］兰比尔·沃拉（Ranbir Vohra）：《中国：前现代化的阵痛》，辽宁人民出版社1989年版，第120页。
④ 范文澜：《中国近代史》上册，人民出版社1962年版，第232页。
⑤ 《怡和洋行》，第56页。

争之前李鸿章已获悉日本正在购买一种更新式的经过改进的军舰,只因慈禧从海防经费中提取数百万两建筑颐和园而不得不决定"停购船械",以致中国舰队虽然吨位超过日方,可是多已陈旧,速度也较慢,难以同日本的新式与快速军舰匹敌。(2)中国内部意见分歧,"总理衙门、地方当局以及不负责任的清流党官员各执一词,主张互异,使得清廷难下决心",①贻误了战备和战机。(3)同日本作了充分准备、动员全国力量同我作战的情况相反,我国同日本作战的只有北洋舰队与淮军,南洋舰队以及驻在广东、福建的两支舰队则恪守中立以图自保,不起配合作战的作用。(4)北洋舰队指挥混乱。战斗一开始,旗舰管带刘步蟾擅自违反议定的战斗队形,以便躲避日舰炮火,直接造成了海战的失利。这一切都决定了中国不可能在这场战争中取胜。这次战败使中国遭受的损失比以往大得多。

两次战败证明:清廷的"师夷"是不全面的,尤其是没有进行政治改革,使它的腐败加深,它既无意于也无法动员全国官民励精图治;它没有全面地向西方学习,也没有认真地从事于现代化的努力,以致魏源所说的"不善师外夷者,外夷制之"的预言不幸应验。于是,知识分子逐步觉悟到要救国非改制变法不可,国内逐渐兴起了变法维新运动,它的主要领导人是康有为与梁启超。我国在中法战争中的失败,使康有为受到震动,1888年已上书朝廷倡言变法,1895年开始组织学会,创办报纸,唤醒知识分子,要求在中国建立立宪政府和国民参政制度。1896年维新运动受到清政府的取缔,但康、梁继续奋斗,到了1898年,政治局势发生了很大的变化。

## 四、比较像样的师夷已挡不住革命的洪流

从1898年康有为领导戊戌变法到孙中山领导辛亥革命胜利的13年间为第三阶段,它的基本特点是:一方面维新派与革命派呼号学习西方,而以争取政治制度改革为重点;另一方面守旧派则根据不同条件,或者用暴力扼杀政治改革、盲目排外,或者顺应形势发展,比较认真进行改革。但皇族利用改革大权独揽,民族矛盾加深,统治集团分裂,终于导致自己的覆亡。

中国败于亚洲小国——日本,使西方列强对我国更加轻视,越发肆无忌惮地

---

① 费正清:《剑桥中国晚清史》下卷,中国社会科学出版社1985年版,第129页。

向我国索取特权,中国面临被瓜分的危险。康有为再次向朝廷上书请求变法。1889年光绪帝"亲政"后首先在翁同龢的影响下接受新的思想,先后阅读过冯桂芬的《校邠庐抗议》、陈炽和汤震等维新派人士的一些著作,1891—1894年还跟同文馆的教师学习过外国语言。国家的危机使倾向维新的翁同龢向光绪皇帝引荐康有为。1898年上半年,康有为奏陈许多关于变法维新的建议,大部分得到光绪帝的首肯和支持。在是年6月11日的一道诏书中,光绪皇帝明确表达了师夷以制夷的变法决心。他沉痛地问道:"试问今日时局如此,国势如此,若仍以不练之兵,有限之饷,士无实学,工无良师,强弱相形,贫富悬绝,岂真能制挺以挞坚甲利兵乎?"要求"博采西学之切于时务者,实力讲求",①决心做一个明治天皇式的人物。从6月11日到9月21日这103天中,光绪接连颁布了二三百道上谕,试图以空前规模大力推行变法维新。8月末起开始改造政府机构,"并预示了最后要对帝国全部政治机构进行激烈改造的前景"。② 百日维新触犯了一批同旧传统有联系的人们的利益,慈禧太后更感到维新对她的专制权力构成极大的威胁,保守派聚集在慈禧的周围,搞了一场宫廷政变,皇帝被幽禁,六位维新志士被处死,"师夷"的改革遭到严重挫折,中国在落后贫弱的泥潭中不能自拔。维新运动失败后,进步势力仍然在发展,而守旧势力则回光返照、猖獗一时。

慈禧重新执政并没有阻挡住现代化的进程。各省督抚领导的低层次现代化被允许以原来散漫的形式继续发展。同时,19世纪90年代文化教育方面的现代化努力,还留下重要的影响。士大夫改组书院和创办新式学堂,1895—1898年有76个提倡社会改革的学会分布于10个省和31座城市,同一时期出现了约60种宣传民族主义思想的报纸。这一切,导致新式知识分子集团的诞生。更为重要的是,维新运动的失败暴露了清廷无法克服守旧派的障碍以保证进行全面的改革,也表现出统治当局不可能进行为克服危机而需着手的自我完善。于是从新式知识分子集团中有愈来愈多的人对清政府离心离德,并对它持批评态度,还有一些人随着革命形势的高涨,先后加入了兴中会和同盟会。

另一方面,守旧派出于对维新派和改革事业的仇恨,不但不推动改革的进展,反而倒退到利用下层人民对外国侵略者的敌忾而爆发的盲目排外。19世纪末,山东、直隶(今河北)一带在反教会斗争中发展起来的义和团,虽然具有赶走帝国主义的正义要求,然而却没有实现这一要求的正确办法。在地主阶级改革

---

① 中国史学会主编:中国近代史资料丛刊:《戊戌变法》第二册,上海人民出版社1957年版,第17页。
② 费正清:《剑桥中国晚清史》下卷,第370页。

派林则徐、魏源提出了"师夷长技以制夷"的明智主张长达半个世纪以后,作为农民组织的义和团仍然既提供不出任何锐利的思想武器,又完全不采用先进的物质武器。孙中山在论及义和团时尖锐地指出:"像庚子年发生义和团,他们的始意是要排除欧美势力的……西摩①有几句批评说:照当时义和团之勇气,如果他们所用的武器是西式的枪炮,那些联军一定是全军覆没的。但是他们始终不相信外国的新式武器,总是用大刀、肉体和联军相搏",义和团的举动"就是当时中国人对于欧美新文化之反动",结果又付出了不师夷而制夷的惨重代价——中华民族蒙受了"北京城下之盟的那种大耻辱"。②

40年前咸丰皇帝因不师夷而制夷,败于外敌,首都沦陷,逃往承德,威风扫地。慈禧作为他的遗妃没有接受教训。这次利用落后群众以制夷,实际上又重犯咸丰不师夷而制夷的错误,而其失败则更惨。她不但重演了京城陷落、皇室外逃的悲剧,被迫签订的《辛丑条约》则更为苛刻,令人惊心动魄。

《辛丑条约》极大地激发了中国人民的反帝爱国情绪和学习外国长处的自觉性。"从那次义和团失败以后,中国一般有思想的人,便知道要中国强盛,要中国能够昭雪北京城下之盟的那种大耻辱,事事便非仿效外国不可。不但物质科学要学外国,就是一切政治社会上的事都要学外国。"③同时,越来越多的中国人看清了清末统治者的无能、腐败和卑鄙,同情和支持孙中山用革命手段彻底改造中国的主张。

必须指出,虽然由于慈禧太后重新掌权,1898年的维新运动遭到挫折,但形势的发展将中国的现代化推进到一个不可逆转的新时期。具有讽刺意味的是,慈禧太后吞下了空前屈辱的战败苦果之后,终于被迫承认了实行变法的必要。还在逃往西安的1901年秋天,慈禧就以她的名义发布一道文告,厚颜宣称:"变法一事,关系甚重",朝廷主意坚定,志在必行,"舍此无他策"。④ 从1902年她回到北京时到1908年11月去世为止,她下令进行多项重要改革,尽管慈禧的改革并非康有为和梁启超所主张的为了民族的独立、国家的富强和社会的进步,她的目的只是保住清皇朝,但其结果却适得其反。

清政府的改革涉及教育、军事、政治、法律和财政等方面。这里只就前三者

---

① 又译西摩尔,英国海军上将,1900年6月10日任英国东亚舰队总司令,自天津率联军2 100人进攻北京,为义和团和清军所败。
② 《三民主义》,《孙中山选集》,第758、759页。
③ 《三民主义》,《孙中山选集》,第759页。
④ 国家档案局明清档案馆编:《义和团档案史料》,中华书局1959年版,第1327、1328页。

简述它们如何被利用来保护统治集团的利益,是如何违反统治者的本意起了助长革命的作用的。

教育改革是从改革科举、创办新学堂和鼓励出国留学生三方面开始的。1906年废除科举加速了改革的进展,1904年学堂总数为4 222所,学生总数为92 169人,到1909年前者为52 345所,后者为1 560 270人。① 清政府采取措施在改革中培养忠于清皇朝的奴才。例如:规定新式学堂不得忽视儒学;在学堂的礼堂和课室中张贴雍正皇帝的《圣谕广训》,为了不致使皇帝的权威遭到蔑视,对"民权""自由"等新名词作了特别的解释;1903年公布章程禁止留日学生议政或出版有关政治的报刊,如此等等。尽管如此,国内学生中兴起了反满运动。留日学生从1904年的1 300人猛增到1906年的13 000人,留学生团体成了海外反清活动的中心。"据1905年、1906年、1907年三年加入同盟会,现在可以查出本人成分的379人统计,有留学生和学生354人,占93%以上,为绝大多数。"② 这就是说,教育改革中培养了一批进步的知识分子,他们成为辛亥革命的骨干。

另一主要改革就是清政府决定整编旧式军队并建立一支新式军队。1901年,清政府命令各省巡抚改建各该省兵制。1903年,清政府根据袁世凯的建议在北京成立练兵处,袁兼该处会办大臣,掌实权。同年建立陆军贵胄学堂。1904年,清廷决定改建整个兵制,编练新军36镇(师)45万人。同年上半年,袁世凯的北洋陆军六镇大体组建完毕。为了训练新军的军官,清政府陆续派遣学生进日本士官学校留学。满族统治集团处心积虑地利用军事改革来抓兵权。1907年,直隶总督袁世凯和湖广总督张之洞被调到北京任军机大臣:明升暗降,被解除了统兵之权。1908年光绪帝崩,年仅3岁的宣统帝登极,由其父醇亲王载沣摄政,行使军队的最高统帅权。载沣于1910年派其弟载洵为海军部大臣,统辖海军,1911年派另一弟载涛为军咨府大臣,掌握陆军。全国军事力量都归摄政王兄弟三人控制。这样,由军事改革引致的北洋集团同满族亲贵之间的矛盾逐渐加深,使统治集团在辛亥革命时出现了裂痕。与此同时,留学日本的未来军官在日本接受了民族民主革命思想的熏陶,倾向于立宪派或革命派,后来的武昌起义就是由新军发动的。辛亥革命期间,支持清政府的军队主要是由绿营军改编的巡防营,而大部分新军都站在革命派一边。这表明,军事改革从另一方面起了瓦解清皇朝、扩大统治阵营缺口的作用。

---

① 《第三次教育统计图表》,宣统元年。
② 刘大年:《中国近代史研究中的几个问题》,《中国近代史诸问题》,人民出版社1965年版,第66页。

日俄战争日胜俄败,被人们认为是立宪政体战胜了专制政体,因之在中国要求采取立宪政体的呼声越来越高,地方实力派如袁世凯与张之洞也同立宪派相呼应,"在立宪运动中,袁世凯决心要形成一个以自己为中心的派系"。① "国内立宪派视他为宪政运动的中坚。他则企图脚踏立宪派的肩背,出掌第一任内阁大权。"②慈禧与光绪相继逝世后,袁世凯被迫退隐,九个月后张之洞去世,载沣遂放手扩大皇族势力。1911 年 5 月,作为政治体制改革的一个措施,他应汉人要求,组织所谓"责任内阁"。它对皇帝负责。在 13 名阁员中,满族占 8 人,而皇亲贵胄又占其中 5 人。这使中央政府中满人官员的权力大大增强,因而加深了统治集团的政治危机,也引起了广大人民对专制皇权的更强烈的愤恨。

20 世纪头 10 年的改革推进了中国的现代化。在这一过程中,革命者或倾向革命的队伍壮大了,而满族统治者、汉族督抚和地方绅士企图利用改革保存甚至扩大自己的势力。他们各有打算,矛盾重重,极大地削弱了清廷专制统治的力量。

以上我们回顾了从鸦片战争到辛亥革命的 70 年来中国的对外关系,可以得出什么教训来呢? 孙中山说过,要"立变攘夷为师夷,聘用各国人才,采取欧美良法,力图改革"③,像日本那样。清廷或者不愿师夷,或者不愿全面地师夷,却再三再四对外兵戎相见,每次都弄得割地赔款、丧权辱国。清末对外关系的错误不在于不肯抗战,而在于不师夷且不知如何正确处理对外关系,或者是不善师夷而受制于夷。最后虽然比较像样地实行改革,但革命高潮已经形成,改革反而加速清政府的垮台。

在研究鸦片战争的历史教训 150 周年的时候,对林则徐、魏源、孙中山的正确思想提出异议,难道我们还要赞赏清末守旧派的不师夷或不善师夷而攘夷的错误做法吗?

(原文载《近代中国》第 1 辑,<br>作者:丁日初,上海社会科学院经济研究所研究员)

---

① 李宗一:《袁世凯传》,中华书局 1980 年版,第 132 页。
② 李宗一:《袁世凯传》,中华书局 1980 年版,第 134 页。
③ 《建国方略》,《孙中山选集》,第 163 页。

# 实业家与中国传统伦理

杜恂诚

## 一、中国近代实业家对传统伦理的重视

中国近代实业家一律尊孔。他们的尊孔呼声,大约始自19世纪晚期。随着民族工商业的发展,他们的尊孔呼声日益高昂,历久不息,同后来五四新文化运动提出反孔恰成鲜明对照。

新文化运动的政治倾向是很明显的,无论是直接把孔教与帝制联系起来,还是通过提倡活的文学和语言来提倡人性的解放,都直接间接地将批判的矛头指向专制制度。但是,一般来说,实业家们的尊孔并不具有政治倾向,他们的尊孔要求与实践只停留在经济层面。

历史似乎在给我们开玩笑:五四时代的中国进步人士,在政治层面批孔,却在经济层面尊孔;前者声势浩大,举国震动,后者平静如水,却广泛地渗透在人们日常的经济活动之中。如果儒学真的与现代新生活完全格格不入,实业家们的尊孔行动岂不是开时代的倒车,这又如何同他们新经济主导者的地位相一致?要回答这个问题,我们需要弄明白实业家们究竟是如何尊孔的,他们又为什么要尊孔。

资本主义商品经济的发展,使不少人道德沦丧。为了发财,可以不择手段,不顾廉耻;或者花天酒地,纸醉金迷;或者走私越货,杀人害命。在变动社会人们收入水平差距迅速拉开以及法制不健全的社会历史条件下,伦理问题变得十分尖锐。因而,近代实业家在吸收西方文化的同时,意识到必须重视和发扬中国传统伦理道德中的合理精神,这样才不致失去立身之本和立业之根。

郑观应是早期实业家中对西方思想学得最多、宣传最力的一个。但他同时又认为,要解决伦理道德方面的问题,还非得靠中国传统伦理的综合效力不可。他在《救时揭要》中,主张"治此心"以救世,宣扬因果报应,劝人行善积德。他认为,人之本在心,人之善恶取决于心,"此心不治而可以自立于

人世者，未之有也"①。他还说，儒、释、道"三教经书，无非治此心也"②。他的"治此心"说，继承了王阳明关于"破心中贼"以达到"致良知"目的的理学传统，而且佛教的色彩特别浓。③

《救时揭要》是郑观应的早期作品。随着生活阅历的加深，他对发扬中国传统伦理道德的重要意义，认识也越发深刻。辛亥革命以后，他一直担任招商局公学的董事。在一次开学典礼的演讲中，他把中国传统伦理称为"本原正大之学"，要学生牢记"孝悌、忠信、礼义、廉耻"八个字，作为修身立己的根本。他说西学只"讲求形器"，"于根本学术，尚鲜研究。是以只重权利，昧于道德，如树无本，如花无蒂，实非本原正大之学"。他认为，"修身立己，必须取法圣贤，推之任事图功，岂能离却廉耻忠信"。④ 在郑观应那里，西学是"形器"之学，中学是"本原正大"之学。招商局公学的学生将来多半为商界中人，他们如果忽略了"本原正大之学"，就会走上"只重权利，昧于道德"之途。著名实业家周学熙"盛年当风俗蔽塞之时，创新政，办实业，以开风气之先"，到了在实业上有了根基之后，深感商界及社会"精神破产，道德沦亡，实不易补救"，"故汲汲于整理先哲典籍，弘扬旧有道德，树立国粹精神为先务"。⑤

许多有作为的企业家都很注意用中国传统伦理道德标准来陶冶自己的人格，约束自己的言行，以做族中子侄及属下员工的表率。荣德生对上海十里洋场的"道德沦亡"感慨系之。他总结自己多年的感受，说自己"平居省俭如在乡村"，而"看得洋场习气，奢靡成风，教育无方，殊非久传之道。历观富贵之家，无传二三代者，十年三反复，于今尤甚"。⑥ 他把伦理道德的重要性上升到企业成败、家道延续的高度来认识，把一些家族"上代好，下代未必能守"的缘由归之于"奢靡成风，教育无方"。他又说："沪上富贵之家，绝少久传，实因不肯勤俭故耳。如聂云台先生家，已传七代，其太夫人为曾文正幼女，自幼得父母之教，至老不忘，更能身体力行，事事为子孙表率，子孙亦克守家法，专心事业，居家守旧，而学识维新。可见教育勤俭，实为传家持久之根本，切勿视为老生常谈。"⑦荣德生说这话的时间虽稍迟，但表达的则是一以贯之的感受。他还认为，办企业如同治国，伦

---

① 郑观应：《救时揭要》序。
② 郑观应：《救时揭要》序。
③ 郑观应：《或问守身要旨》，《救时揭要》。
④ 郑观应：《招商局公学开学训词》，《盛世危言后编》卷2。
⑤ 周叔桢：《周止庵先生别传》，第178页。
⑥ 《乐农自订行年纪事续编》，1940年纪事。
⑦ 《乐农自订行年纪事续编》，1942年纪事。

理至要,道德领先。他说:"古之圣贤,其言行不外《大学》之'明德',《中庸》之'明诚',正心修身,终至国治而天下平。吾辈办事业,亦犹是也,必先正心诚意,实事求是,庶几有成。若一味唯利是图,小人在位,则虽有王阳明,亦何补哉!"①他像周学熙一样,曾自己动手编印《人道须知》,"旨在重振旧道德,原期振聩发聋,启迪人心"②。

实业家们弘扬中国传统伦理中的合理部分,是为了个人"正心修身",同时也为了企业发展的需要,西方社会的人际关系比较冷漠,企业内部也缺少一层温情的面纱。在这方面,中国传统伦理正可以弥补其不足。

大成纱厂厂主刘国钧用儒家伦理引导工人热爱工厂,树立"公司大家庭"的思想。他以"忠信笃敬"作为"厂训",还编了厂歌,大意是:纺好纱,织好布,降低成本,多创财富,为厂争荣誉,大家有好处。他还经常宣传"工厂工厂,乃工人之厂,只有大家努力,才能办好工厂","我们厂就是社会,进了厂就要安心在工厂,要食于斯,居于斯,生活于斯,老于斯,葬于斯"。刘国钧为实现这一宗旨,采取了一系列措施,培养工人以厂为家、以厂为荣的思想,如建造宿舍,办食堂、商店、保健站、小学,组办青年集体婚礼,甚至购地搞公墓,建造功德堂,为亡故职工举行追悼会③。

陈光甫是一个很跟得上时代的银行家,他对上海商业储蓄银行的管理是比较"西化"的。但他也同样把孔孟之道融进企业管理之中。他买了儒家典籍分送上海银行职工,要大家"公暇时时浏览,若能摘取书中片断,身体力行,一生亦受用不尽"④。他强调:"近来金观世故,愈了解古人日常道德之训,永远是真。盖道德非他,乃维持团体合作之必要条件。忠、诚、廉、让四字,余觉其特与商业团体有关。"⑤需要指出:陈光甫所谓的"忠"不是忠于军阀政府,而是"为理想,为事业,为团体"⑥。我们可以看出,陈光甫赋予传统伦理规范以新的涵义。

陈光甫所注重的是整个企业的内部团结。而企业领导层的团结,尤为实业家们所重视。中国的企业大部分是家族式的,父亲创业,儿子接班。有时儿子很早成才,而父亲不肯放权,那么父子间就会产生矛盾;而如果创业者有许多儿子,

---

① 《乐农自订行年纪事续编》,1940 年纪事。
② 《乐农自订行年纪事续编》,1942 年纪事。
③ 魏明康等:《中国近代实业家传略》,上海人民出版社 1989 年版,第 132～133 页。
④ 《陈光甫先生言论集》,上海商业储蓄银行印行,第 71、72 页。
⑤ 《陈光甫先生言论集》,第 207 页。
⑥ 《陈光甫先生言论集》,第 207 页。

在接班时，儿子间就有一个团结问题。大隆机器厂创办人严裕棠和他的儿子严庆祥之间，恒丰纱厂的聂氏三兄弟云台、潞生、简臣之间，南洋兄弟烟草公司的简玉阶和简英甫两兄弟之间，都曾有过很尖锐的矛盾，这是家族企业的一个弱点。这种父子、兄弟间的矛盾，主要源于对企业控制权之争。为了缓解家族内的矛盾，家族中人或家族会议就往往有针对性地强调中国传统的伦理道德原则，提倡孝悌，避免兄弟阋于墙。例如《1926 年 9 月间，鉴于聂潞生的独断专行，聂云台捧出母亲曾纪芬（崇德老人），组织一个"聂氏家庭集益会"，以此协调各房兄弟的利益和关系。该集益会制订"简章"，强调"以道德礼义为标准"，遇事"衡以圣贤古训"，要做到"大家明彻谅解，齐心合德，凡事不求勉强执行"。①"聂氏家庭集益会"的效果虽然并不尽如人意，但应该说还是有一定的成效，否则荣德生也不会对聂氏家风留有那么深刻的好印象。即使是那些家庭内和谐融洽的企业家，为了防患于未然，也要特别强调树立中国传统伦理美德，就如荣德生所做的那样。有人说："必商人而有儒家之诣，乃可以树立风声，而战胜于商界。"②"树立风声"就是要操行卓著、信用坚实，还包括家道兴旺。在中国工商界，没有这一条，难以立足。一个原本封闭落后的国家，在国门被强行打开以后，商品经济的大潮滚滚而来，人们往往被金钱搅得失魂落魄，甚至找不到自己的位置。在心理过度失衡的状况下，传统伦理道德中的合理部分能使头脑热得发昏的中国人在"义"和"利"的天平上找到一个适度的平衡点。所以，用中国传统伦理道德的合理标准来约束实业家的行为，协调企业内部和企业主家族内部的相互关系，对于中国资本主义的发展具有相当的重要性。

## 二、中西文化的融合

一个不是自发产生而是从西方移植资本主义的二元社会，一个变动十分迅速的社会，要建立比较完善的市场秩序，必须靠"三条腿"支撑，即：（1）企业，特别是金融业摆脱集权政治的直接控制而实现自主；（2）法制规范的建立；（3）伦理规范的建立。

在近代中国，金融业是军阀政治任意操纵经济的一根杠杆。北洋时期由于

---

① 上海社会科学院经济研究所：《恒丰纱厂的发生发展与改造》，上海人民出版社 1958 年版，第 45～46 页。
② 唐文治：《卢召锦堂墓志铭》，《茹经堂文集》3 编，卷 8。

军阀混战导致失控,也由于实业家们的有限抗争,金融业一度实现相对的独立。但是,一旦强有力的中央集权重新形成,金融业和中国经济又会成为传统政治的"囊中之物"。对于金融独立,实业家们力有未逮。

法制规范,也就是马克斯·韦伯所说的"形式理性",指的是一组方法和程序的可计算性,它是客观的、不以个人好恶为转移的、体现在制度中的理性,主要包括各种法律、法规、司法程序和其他制度,人们在采取某一经济行为前,可以预计结果。这种法制规范或形式理性是资本主义市场制度所不可或缺的。这一套东西,中国原来是完全没有的,西方资本主义带了一点进来,但还远远不够。历届政府也意识到这个问题,从清末到民国,制订过若干法规。但市场秩序对法律规范的需求,当然包括政治制度本身的民主化在内。如果政治制度没有做到民主化,法律规范就不可能健全,已经制定的法律也不一定就能依制定时的本意实施,在这方面,实业家们也是力所未逮的。

自主和法制都是属于政治层面的大问题。政治民主化了,自主和法制也就都迎刃而解了。但是由于中国的特殊国情,实业家没有自治城市的政治经历和政治依托,加之他们常常还想从当政者那里取得一点经营企业的特权,他们对政治民主化问题,表现得并不十分积极,也没有多大力量。在这一领域大声疾呼的是一部分民主色彩特别浓厚的知识分子。从五四之前的批孔,到五四及以后的新文化运动,都是以政治民主化为终极目的的。

政治层面的批孔,是为了冲破旧秩序;经济层面的尊孔,却是为了建立和完善新秩序,即资本主义的人际关系秩序。冲破旧秩序的批孔,是批判中国传统伦理中不合理的腐朽的部分,如八股文、缠足、以三纲为核心的人际关系等,而建立和完善新秩序的尊孔,则是弘扬中国传统伦理中的合理部分,如勤、俭、礼、廉、忠、信、仁、诚等,所以,两个层面的两种文化和伦理倾向,看似矛盾,实际是统一的,都是为了社会进步。

著名华侨实业家陈嘉庚是一个深受五四新文化运动感染的人物,观念趋新。但是他在20世纪二三十年代,又特别提倡中国的固有文化。他认为波兰之复国,多有赖其文化保存之力,而汉族在元、清统治后的两度恢复,亦全赖汉族文化之动力。[①] 他提倡中国传统文化,并不是主张完全复古,只是反对完全西化,主张将中西文化进行合理的融会贯通。他强调吸取儒家忠、仁、信、义、诚、毅、礼、

---

① 参阅[澳]杨进发:《陈嘉庚研究文集》,中国友谊出版公司1988年版,第200页。

廉、耻、勤、检、克己等思想,同时也吸收了不少西方先进的政治思想。① 儒学与新文化思潮以及西方政治思想在陈嘉庚身上同时并存。陈嘉庚受新文化思潮感染,贬低了儒家孝的思想及家族观念,但另一方面,他又多方武断地干预其五儿的婚事。② 陈嘉庚重视儒学传统,是为发展企业所需要,他倾向于新文化运动和西方民主思想,则又反映了他在另一层面的追求。两者并不矛盾。

传统本身是一种变化的东西,因为生活在变化对传统的理解和解释也不是固定不变的,反映出解释者所处时代的需要。因而,继承传统,往往就带有再造传统的涵义在内。

周学熙大力提倡中国传统伦理之时,正是五四时代"新思潮澎湃"之际。他痛感"旧道德已沦亡,新道德未树立,遂又作复古之想。盖不欲以水济水,以火济火,所谓国奢则示之以俭,国俭则示之以礼,圣之时者也"③。这种"复古之想",并不是要完全恢复古代的社会秩序和伦理道德秩序。实际上,那也是不可能、不现实的。他只是"不欲以水济水,以火济火",值道德沦亡之秋,主张弘扬传统道德中的合理部分,以为补救罢了。实业家们说发扬中国传统伦理道德,都不是要回到旧时代,整体地恢复旧伦理,而只是想从当时的现实需要出发,吸取传统伦理中的合理部分加以重新解释,重新定义,赋予时代的需要和特征,以"正人心,励风俗"。这种呼吁和探索,不仅同他们积极吸取西方文化并行不悖,也同政治层面的批孔并行不悖。

曾经获得诺贝尔经济学奖的美国学者阿瑟·刘易斯曾说,任何一个国家"迅速的变化会使旧观念与制度的瓦解快于新观念与制度的形成"④。他又说,在一个变动社会中,"随着时间变化而来的往往是道德的瓦解,因为在新的义务被充分理解之前旧的义务就消失了。建立并传播与变化了的关系相适应的新规范是道德卫士与教师的任务"⑤。刘易斯的理论和周学熙的感受是一致的。资本主义的移植引起中国社会的迅速变化。旧的道德规范和义务瓦解了,新的道德规范和义务又未能很快建立起来,这使人们,特别是实业家们,感到惶惑。实业家们责无旁贷地参与承担起建立新道德规范的义务,然而他们又不可能凭空造出新伦理、新规范,只可能对旧伦理进行整理、扬弃和重新解释,并且吸取西方文

---

① 《陈嘉庚研究文集》,第214～215页。
② 《陈嘉庚研究文集》,第214～215页。
③ 周叔媜:《周止庵先生别传》,第178页。
④ [美] W.阿瑟·刘易斯:《经济增长理论》,上海三联书店1990年版,第179页。
⑤ [美] W.阿瑟·刘易斯:《经济增长理论》,第127页。

化:加以融合。这种融合是因人、因时、因地而异,不能用一把统一的"尺子"衡量。历史上有过许多主张,诸如"中体西用""体用兼学""全盘西化""以新改造旧"等。但主张归主张,事实归事实。历史事实就是融合,就是不拘一格的融合。融合是重新解释旧伦理的有效途径。而在新的道德规范比较健全地确立起来之前,实业家们对旧伦理的吸取和中西文化的融合表现出多元化的特征。

儒学与西方文化的融合也许是最为常见的。一些在人们的印象中非常"西化"的人物,实际上深受过儒学的熏陶。张嘉璈是近代中国最著名的银行家之一,精通西方的银行理论和银行业务,但他在青少年时期,儒学就在他的头脑中扎了根的。他11岁时在家乡江苏宝山从杨行乡名士陈庸伯读书,13岁随二哥君劢考入广方言馆,习法文,又进宝山县学堂,受大儒袁观澜、沈信卿教导,16岁考上秀才,17岁考入北京高等工业学堂,半年后赴日求学,入庆应义塾大学读书,专攻银行学。①

在实际生活中,儒、释、道三者往往合而为一,并在不同的个体身上,表现出不同的侧重点,因而实业家们的信仰显示出众多的差异性。穆藕初少读儒学,后来留学美国。他又是一个虔信佛教的人。他到庙中求签,认为只要心怀至诚,求得的签总是灵的。② 他经一位律宗大师的开导,悟出"佛教自可以纠正人心,安慰人心,使人提起精神服务社会"的道理③。他信佛,并不是为了"出世",而是为了"入世"。1923年,他在生意上受到很大的挫折,耿耿不能忘怀,便"常常以达观自慰","学太上之忘情",希望以道教教义来排解苦闷,不过他自称并没有效果。所以,在儒、释、道三者中,他是以信佛为主的。

王晓籁也是信佛的,别号"得天居士"④。他在《王晓籁述录》中说:"人问我有无产业?我答以'我所不见者,是我亦非我;我所能见者,非我亦是我。四大皆空,一尘不染。'"⑤他从佛教宗旨出发,热心从事公益、慈善、教育、文化事业。他持身节俭淡泊,酷似西方的清教徒。他说自己30岁以后,虽己有"富名",但自愿"尝试穷的滋味",以"日间作马牛,夜里作猫狗"作为自己的座右铭,甚至不吃荤而专吃素。⑥ "日间作马牛",就是拼命工作;"夜里作猫狗",就是过清苦的生活。

---

① 徐盈:《当代中国实业人物志》,台北:文海出版社1948年版,第85页。
② 穆藕初:《藕初五十自述》,上海滩与上海人丛书,上海古籍出版社1989年版,第148~149页。
③ 穆藕初:《藕初五十自述》,第164页。
④ 《上海工商人名录》,中国征信所1936年版,第5页。
⑤ 王晓籁:《王晓籁述录》,上海滩与上海人丛书,上海古籍出版社1989年版,第171页。
⑥ 王晓籁:《王晓籁述录》,第171页。

当然,他决不是因为感受到"上帝的召唤"而持这样的生活态度的。他投身于金融界,在金融业务上举习西方经济,但在宗教信仰上他却是佛门弟子。由此可见,尽管中西宗教信仰不同,但作为共同的人类,他们的人生哲学和生活伦理之间并不像韦伯所断言的那样,必定南辕北辙,风马牛而不相及,其间多有相通之处。韦伯过分强调和夸大了不同点,而未注意到相同点。

刘鸿生的弟弟、实业家刘吉生也皈依佛门,一封友人写给他的信中称他为"吉生居士"①。简照南也笃信佛教,热心社会慈善事业,尝谓营业所得取之于社会,亦当用之于社会。② 他的兄弟简玉阶也是佛门信徒,一度因家庭矛盾,万念俱灰,产生"出家当和尚"的念头。

海普药厂是近代中国第一家针剂厂,它的创办人张禹洲也是信佛的。厂虽不大,但厂名很有意思,既含"普济众生"的佛教教义,又是英文单词 help(帮助)的译音,可谓中西合璧,两义相通。药厂而取此名,真是再妥帖不过。

聂云台在文化和伦理方面是贯通中西的。他受过西方高等教育,同时又信奉儒学和佛教。③ 同穆藕初相似,他所信奉的,还不是深层次的哲学世界观,停留在伦理道德方面。他曾说:"孔子释迦之教千言万语,要不外存理去欲而已。"④1920年冬,他游历欧洲,深感第一次世界大战给欧洲人民造成的"凄凉困苦",回国后又见中国北方因军阀混战和灾荒,人民"流离死亡之惨",因而"持斋戒杀",信奉佛教。这是对战争和军阀肆虐的一种消极的抗议。作为一个实业家,他当然要倡导国货,但是世风不古,见利忘义之事屡见不鲜,几次抵货运动的最终失败使他感慨系之,因而呼吁"人人除心中之贼"。所以,他信佛,但并不出世。

同样是买办,同样在洋行里替外国人做事,信仰却各异:有的虔信儒、佛,有的则皈依基督教。王一亭是一个虔诚的佛教徒,而且是全国佛教界头面人物,一度任中国佛教协会会长。上海荷兰安达银行经理杨奎侯虔信佛教,积极为法藏寺的修葺募款,法藏寺和尚慧开写信给他,称他为"大居士"⑤。

信儒、佛的买办占了大多数,也有不少买办信奉基督教,其中,法国洋行的买办多信天主教,英、美洋行的买办则多信新教。1907年起任东方汇理银行上海

---

① 刘鸿记档案:赵立勋致刘吉生函,卷号:15~148,上海社会科学院经济研究所藏。
② 陆志濂:《简氏兄弟与南洋兄弟烟草公司》,《工商史苑》1991年第2期。
③ 聂云台:《人生指津》,第56、65~66、106、109页。
④ 聂云台:《人生指津》,第142页。
⑤ 刘鸿记档案:意开致杨奎侯函,1931年12月28日,卷号:I5~140,上海社会科学院经济研究所藏。

买办的朱志尧是一个天主教徒。①英美烟公司上海买办邬挺生是虹口一座教堂的牧师,他的兄弟任秘书,而他的父亲邬香村则在一个新教教会当了 32 年牧师。② 郝延平先生认为,这些买办的基督教信仰是肤浅的。③

先施公司马应彪家族也是信基督教的,每当营业扩展,新的分店开幕,他们总要请圣公会牧师主持仪式,祈祷祝福。④ 先施公司的取名同上述海普药厂有异曲同工之妙。先施创办人马应彪说,"先施"之命名,系"取法'中庸编君子之道四'末节,盖营业之道,首贵乎诚实,倘未能先以诚实施诸于人,断难得人信任,又以'先施'二字用于英文(Sincere),亦为诚实之义,音义相同"。⑤《中庸》的"君子之道"之四,就是要"先施"于"朋友"。在这里,马应彪将中国传统伦理中的朋友之道与西方伦理中的诚实融合在一起,作为先施公司做生意的标志。

天津东亚毛呢纺织公司的总经理宋棐卿也是一个虔诚的基督徒。该公司《庆祝成立十五周年及更名纪念特刊》载有《东亚铭》,其中第九条曰:"耶稣圣训:'不要受人的服事乃是要服事人。'"而该厂的"厂训"则是"己所不欲,勿施于人"。这是中西伦理相结合的又一个实例。

他们以不同的文化融合背景对伦理规范和伦理标准作有差异的解释。但是,这些差异都是浅层次的,在正心修身、互利、企业团结、家族团结等方面,他们有大致相似的理解。

## 三、中国的文化传统与资本家的创新精神

马克斯·韦伯《中国的宗教》一书的中心思想是:中国传统儒家伦理是同资本主义格格不入的东西,儒者缺乏创新进取精神,只是适应世界,而不去努力地支配世界,其家族观念也是不适宜于资本主义发展的。⑥ 那么,实业家们的尊孔"复古",会不会影响他们的企业经营和中国资本主义的进步?

韦伯不懂中文,他的研究只根据译成德文的少量中国典籍。他对中国问题

---

① 汪敬虞:《中国近代工业史资料》第 2 辑下册,科学出版社 1957 年版,第 961 页。
② A. Wriglit, Twentieth Century Impressions of Hong Kong, Shanghai and Other Treaty Forts of China, 1908. pp.543~544.
③ 郝延平:《十九世纪的中国买办:东西间桥梁》,李荣昌、沈祖炜、杜恂诚译,上海社会科学院出版社 1988 年版,第 228 页。
④ 香港先施公司编:《先施有限公司七十五周年纪念册》,1975 年版。
⑤ 香港先施公司编:《先施有限公司七十五周年纪念册》,第 18 页。
⑥ 参阅韦伯著,简惠美译:《中国的宗教》,台北:远流出版事业股份有限公司 1989 年版。

的结论下到 19 世纪末,但对鸦片战争后 60 年中国的实际经济情形缺乏了解。这样,他所下的结论就是很可怀疑的了。

家族企业是中国资本主义的一个显著特点。① 既然绕不过家族企业的阶段,如何才能做到有序、避免无序呢? 实业家们强调父父、子子,宜兄宜弟的传统伦理,是提倡一种家庭的和睦与家族企业的和谐。和谐适合家族企业,而专制的"三纲"则不适合家族企业。所以,没有人用三纲伦理来协调家族企业的内部关系。儒家的"君君,臣臣、父父、子子"是强调相互称职,才有秩序,②而有的专家早就指出,三纲说是从韩非那里来的,它强调的是单向的盲从。双向的称职和单向的盲从都是中国的传统,但其间有很大的区别。实业家们倡导的是双向称职的伦理传统,而不是单向盲从的伦理传统。

一些在中国的外国企业,如琼记、太古、沙逊等,都具有家族企业的特征。即使是外商的非家族企业,也很注重利用家庭秩序和家族和睦的观念来增进企业的内部凝聚力或企业之间的联系。汇丰银行总经理杰克生(Jackson)要把汇丰搞成一个"家庭",他和他的妻子像"父母"一样地对待行中的职员,每个到汇丰来从业的英国人,"沿途受到家庭的照顾"③。上海的外资银行广泛任用洞庭山帮席家的人当买办,以买办的家族联系来加强银行间的合作。④

企业管理涉及的面很广,既包括企业内部的管理制度、管理方法,又包括人才的延揽、市场的开拓、资金的融通、投资的决策等。这些有形和无形的关节,处处同企业的成败有关。

企业家在企业管理诸方面的运筹帷幄,固然少不了伴随西方资本主义经济而来的西方管理思想和价值观念在头脑中起作用,但中国固有的传统思想、方法、价值观念同时也在起作用。两者融合,一切服从于需要。荣德生对儒学推崇备至,乐此不疲,但大抵是在操行道德的范畴之内,其实他取实用主义态度,对传统和西方文明兼收并蓄,⑤以古代管理思想的精华与当代资本主义结合,往往成为中国特色的资本主义企业管理。

近代中国企业管理有一个制度化和科学化的发展过程,可以说,这是一个向

---

① 实际上,在一个相当长的历史阶段中,西方资本主义的家族企业也是盛行的。
② 《论语·颜渊第十二》。
③ Frank H. H. King, The History Hongkong and Shanghai Baak-Corporation, Vol.1, 1988, pp.564, 606, 570.
④ 张仲礼等:《沙逊集团在旧中国》,人民出版社 1985 年版,第 136、139 页。
⑤ 《乐家自订行年纪事》,钱基厚序。

西方学习的过程。在企业制度尚不健全的时候，中国传统伦理的优劣两个方面同时在企业管理中起作用；在制度化较为健全以后，传统伦理中劣的一面明显减弱，而代之以西方的公平原则和效率观念。

荣德生说："余在三厂所经营，所请人非专家，以有诚心；管人不严，以德服人。顾其对家、对子女，使其对工作不生心存意外，即算自治有效。自信可以，教范围内各厂仿行。"① "以德服人"固然能收拢人心，但并不能根除传统伦理中不利于企业发展的因素。"人情大于王法"，以家族、同乡关系滥用私人，不讲生产和管理的规范化、制度化，会计制度陈旧落后，是荣家企业在很长一段时间内存在的弊端。1923年以前，申新各厂还实行工头制，管理杂乱无章，产品成本、产量质量都远远比不上日本纱厂。荣宗敬迫于市场压力，开始试行改革，仿照日本纱厂制度，厉行科学管理。这就把以德服人和规章制度两方面结合起来了。

穆藕初从小接受儒学教育，但这并没有妨碍他学习和研究西方管理学，并用之于中国。他是20世纪20年代上海企业改革，特别是纱厂管理制度改革的倡导者。

也许，在资本主义发展的幼稚时期，生产型企业的集权是一件很重要的事情。荣氏昆仲在振新纱厂中受董事会掣肘，做不出事情，以后不搞董事会，独断独行，事业越做越大。航运业的情况也是如此，虞洽卿在三北轮船公司、卢作孚在民生轮船公司，都有绝对的权威。民生设有股东大会和董事会，这算是从西方"引进"的吧，而卢作孚却对它进行变革，使之有名无实。公司章程规定："本公司股东每一股有一议决权，但一股东而有二十股以上者，概以二十权为限"，使股权分散，避免了大股东对企业的控制。董事会的权限也很有限，只是一只供摆设的花瓶，真正的实权在总经理即卢作孚手里。② 看来，这样的企业管理组织形式的特点是"不完全西化"。

"不完全西化"，可以说体现在中国企业家经营管理的各个侧面。在中国，一个成功的企业家，不仅有经营管理的才能，而且特别需要经济行为之外的才能。一个"能人"，首先要能周旋于官府和洋人之间，长袖善舞，以求得各种政策上的优惠和交易上的便利。许多企业在筹办时都要竭力拉有这两方面关系的人入伙参与。这就是所谓"门路"：既要有"洋门路"，又要有"官门路"，还要有"财门路"。也就是要有钱庄和银行的关系或背景，以保证企业的资金融通。当然，在

---

① 《乐家自订行年纪事》，1931年纪事。
② 李金铮、邓红：《论卢作孚对民生公司的有效管理》，《近代史研究》1990年第3期。

任何社会,一个成功的企业家都会有各种社会关系,但是在市场经济发育充分的条件下,私人关系的"门路"不再是决定性的了,而在近代中国,没有这种门路就办不成事。

刘鸿生的才能也许首先在他善于处理各种各样的社会关系。在家族内,他同其弟刘吉生和小辈的关系是亲睦融洽的;在家族外,他注重同乡和同学关系。他和宋子良、杨奎侯是同学,过从甚密,这使他同宋家及至同政府的关系处于一种特殊的地位。他的贾汪煤矿有困难,就是通过宋子良取得政府帮助的。① 他有杨奎侯的关系,就很容易从杨任华经理的安达银行取得融通资金。他同王晓籁、李铭、虞洽卿等是小同乡或大同乡,关系亲密。他对这些人是有求必应,极为周到。例如:他介绍虞洽卿的儿子虞顺慰进他任校董的圣约翰附中念书。② 他也介绍李铭的儿子进圣约翰大学。李铭的女儿李月卿要去英国剑桥大学留学,刘写信让正在剑桥读书的三个儿子代为向校方介绍及关照。③ 李铭要到青岛避暑,刘把自己在青岛的私人浴室和别墅供其使用,吩咐儿子刘念仁要"竭诚招待,勿使有不舒之感,是为至要"④。王晓籁去青岛游玩,刘也一样对其照应周全,"式式均备",使其沉醉于青岛的美景和气候之中,"已忘在尘世"⑤。而这些人都是工商金融界的领袖,刘鸿生也许可以从他们那里得到更多好处。刘还注意结交一些非同乡、非同学的大人物,如政界宋子文、孔祥熙,企业界荣宗敬、吴蕴初,上海滩大亨杜月笙、张啸林,政界和金融界两栖人物吴鼎昌等。

企业家无论在内部管理方面还是在对外交际方面,都有中国传统伦理的某些因素在起作用。企业管理科学化、制度化的进程把这种作用的负面影响逐渐减弱,并始终保持其积极的正面影响,而成为中国资本主义的特色。

熊彼得认为,企业家的创新精神是资本主义经济发展最基本的内在动力。在这一点上,中国的企业家是不是表现出一种抱残守缺、因循守旧的品质呢?事实并非如此,中国企业家身处的社会、政治条件很差,因此他们不得不付出10倍的努力,去换取企业的进步。正如《海关十年报告》(1922—1931)所指出的:"由于中国老百姓的坚韧、顽强和勤劳,商人的精明和进取心,他们能抓住政治动荡

---

① 刘鸿记档案:刘鸿生致宋子良函,1930年8月5日,卷号15～078,上海社会科学院经济研究所藏。
② 刘鸿记档案:虞洽卿致刘鸿生函,1931年,原L字综合卷,函件,上海社会科学院经济研究所藏。
③ 刘鸿生家信:刘鸿生致刘念恩函(英文),1932年9月26日,卷号15～080,上海社会科学院经济研究所藏。
④ 刘鸿记档案:刘鸿生致刘念仁函,1931年7月11日;李铭致刘鸿生函,1931年7月11日;李铭致刘电报,1931年8月7日,卷号15～079。上海社会科学院经济研究所藏。
⑤ 刘鸿记档案:王晓籁致刘鸿生函,1935年7月26日,卷号08～045,上海社会科学院经济研究所藏。

年代的每一次间歇恢复元气,重建产业,利用每一个机会发展和前进。"①天虚我生编过一本介绍农工商各业的科学知识的《实业致富丛书》,其中有一篇李崇典的文章《工业家应具之资性》,把"创意"列为企业家首先必备的"资性"(资质)。②

近代中国的新式工业在洋货倾销、外资设厂等重重压力下,能够站住脚就不是一件容易的事。企业家内要考虑技术进步、管理科学,外要考虑市场争夺,处处离不开进取精神。这种进取精神的具体表现之一,就是对新式机器的积极态度。1920年的海关报告说,该年上海进口机器价值总计1 250万两,较上年增加90%,品种涉及棉纺织、造船、卷烟等多种机器。企业家"对于工业上之观念,愈以见其功效者,愈以引其注意","以故价值益高、运用益难之机器,益觉欢迎,现在贵重机器,闻较三年以前,行销更易,此可以证明中国对于机器工业之大有进步也"③。1925—1935年,中国进口机器净值共达5亿多银元,④在当时,这不是一个小数目。

棉纺织和面粉,是当时中国发展较快的工业行业,荣宗敬、荣德生兄弟是这两个行业的泰斗。荣家企业的发展速度是惊人的,在1912—1921年的10年中,面粉厂从1家发展到14家,在1915—1931年的17年中,棉纺织工厂从1家发展到9家,先后获得"面粉大王"和"棉纺大王"的美誉。

荣宗敬的进取意识十分强烈。他说:"厂子不管好坏,只要肯卖,我就要买。我能多买一只锭子,就像多得了一支枪。"他曾雄心勃勃地宣称他的企业扩张计划:"50岁时要有50万纱锭,60岁时要达60万,70岁时达70万,80岁时达80万。"荣家对于所获利润,采取少发股息、不分红利的办法,使之不断转化为资本。⑤

荣宗敬在60岁前是实现了自己的奋斗目标的,后来的发展不尽如人意,主要应归咎于世界经济危机对中国的波及、日本侵略、国民党政府对经济强行控制和恶性通货膨胀。

刘鸿生的进取精神同样突出。大中华火柴公司为求发展,在1931年第二次

---

① 徐雪筠等译编:《上海近代社会经济发展概况(1882—1931)——〈海关十年报告〉译编》,上海社会科学院出版社1985年版,第344页。
② 天虚我生编:《实业致富丛书》,上海新华书局1937年版,第3卷,第57页。
③ 海关关册,1920年,上海,第55~56页。
④ 刘大钧:《上海工业化研究》,商务印书馆1940年版,第325页。
⑤ 荣宗敬的话,见申新史料座谈会记录,1959年6月21日,荣家企业抄档,总公司卷(二),上海社会科学院经济研究所藏。

股东会上决议增加资本,不过第一期300万元增资额的募集并不顺利,搞了半年仍缺40万余元,刘鸿生说服董事会和股东会,以企业应发的官利和红利抵充,并声明如仍有不足,则由他本人"认募足额,以竟全功"[①]。他的水泥厂的情况相同,从1921年交股款至1928年共7年间,股东"分文利息未得",因而有人不惜以七折低价将股票脱手。[②] 刘鸿生不发股息红利,为的是增强企业的实力。

这种进取心,是否为西方人所特有,只是在鸦片战争后才随西方包括机器设备的各种洋货一起输入中国呢？当然不是。进取心作为一种精神,西方人能有,东方人也能有,并不存在人种的"专利",也没有质的不同。韦伯认为,清教对俗世有一种巨大的、激烈的紧张对立,一心要征服、支配世界,而儒教则"将与此一世界的紧张性降至绝对的最低点",因而只能适应世界。[③] 在荣氏昆仲身上,韦伯的命题是完全不适用的。荣氏执意进取,将其与社会的关系一直保持着"紧张对立"的程度,他们为了发展自己的企业,得克服多少的困难,历经多少的磨难,单在资金一项上,他们为借债买厂、借债开工,吃足了苦头,而这些苦头却是他们心甘情愿承受。在伦理方面,荣氏兄弟也并不像韦伯所言,以孟子的"性善"论作为基础,而恰恰相反,他们反反复复地向家属子女指明人心的险恶和世道的艰难。何况儒家也不都主张"性善",荀子就是"性恶"论者。荣氏兄弟宣扬中国传统伦理,不是为了同俗世保持一种"和为贵"的适应关系,恰恰是为了改变俗世的"恶"。在这一点上,又颇与新教伦理接近。形式上是两个民族、两种伦理,内涵上却有相通之处。

刘鸿生的开拓进取还表现在争夺市场和企业内部制度的创新上。身为近代中国的"火柴大王",为了抵制外国火柴托拉斯在华设厂和商品倾销,也为了协调华商火柴厂的内部关系,刘鸿生成功地发起组织"中华全国火柴产销联营社",旨在"停止新厂设立与限制旧厂产额同时切实办理",最后连日本在华火柴厂商对联营社也俯首称臣,加入联营。[④] 刘鸿生是具有冒险精神的一个实业家。他说:"做大事,一定要敢于冒大险。"[⑤] 正是这种冒险精神引导他不断地扩大自己的

---

① 刘鸿生企业档案:大中华火柴公司第四次股东常会议事记录,1932年6月19日,抄件。上海社会科学院经济研究所藏。
② 刘鸿记档案:杨瑞生致吴兆曾函,吴兆曾致刘鸿生函,刘鸿生复吴兆曾函,1928年,卷号15～077,上海社会科学院经济研究所藏。
③ 韦伯:《中国的宗教:儒教与道教》,第294页。
④ 中国第二历史档案馆:《关于"中华全国火柴产销联营社"成立的一组史料》,《民国档案》1986年第4期。
⑤ 刘念智:《实业家刘鸿生传略》,文史资料出版社1982年版,第72页。

事业。

当时中国的会计制度很不健全,正如刘鸿生的一个亲戚写给他的一封信所说的那样,当时一些大企业倒闭的原因,除"用人欠妥"外,就是"会计紊乱"①。因此刘鸿生对此予以特别的关注,聘请曾在美国留学的会计师林兆棠,在各企业推行成本会计制度,实行科学管理,使生产成本明显下降。②

吴蕴初认为:"办事业必须走在别人前面,要办别人没有办过的厂才有意思。"③他在中国首创味精厂和盐酸厂,成为中国化学工业和调味品工业的奠基人之一。

中国塑料工业的先驱者顾兆祯说:"创办国人还没有经营过的企业固然冒着很大风险,但正由于还没有人经营过,就给我以抢先占领市场的机会。尤其是在洋货未在我国市场扎根之前。先有了国产品,更有利于以后之竞争。"④顾兆桢在1920年投资30万元,创办德胜赛珍厂,主要生产树脂,用作电器原料。这项工业在当时的中国是首创,虽然风险很大,但市场广阔,同类洋货很少进口,有极大发展的潜力。

陈光甫也是一个在进取精神方面很有典型性的人物。他不断勉励上海银行职工"凡事须有新办法,有新思想,方能发展","以川流不息之精神,日日图谋振作",并以山西票号不能适应时代发展需要而衰败的例子,告诫同仁"当依据时代进行之情形,随时研究社会上有无需要本行之处,如何可以革新,如何可供社会之需要,抱定自强不息四字为办事之基本观念"。⑤ 他在另一次谈话中对"自强不息"作了更具体的解释。他说:"吾人之精神,完全在于改革,更在于继续不断的改革……创办而改革,改革而成功,成功再改革,改革又成功,俾创办、改革、成功三事循环不断,周而复始,一直向上进展,此即所谓自强不息也。"⑥上海银行也因而成为最富于开拓进取精神,从区区10万元资本起家而成为首屈一指的一家私营银行,它对于发展存放款和汇兑业务,有种种创新。

中国人如果没有创新进取的开拓精神,如果只会"认命",只会"适应"世界,那就不会有近代中国的新式工业、新式运输业、新式金融业,那就会落得个"白茫

---

① 刘鸿生私函:叶慎抱致刘鸿生函,1933年3月23日,卷号08～045,上海社会科学院经济研究所藏。
② 管理刘鸿生私人财产的"刘鸿记帐房"的簿记制度完全是西式的。
③ 吴志超:《吴蕴初及其化学工业》,《工商史料》(一),文史资料出版社1980年版。
④ 顾卫丞:《我国塑料工业的先驱者顾兆桢》,《上海文史资料选辑》第48辑,上海人民出版社1984年版。
⑤ 《陈光甫先生言论集》,第92～93、40～41页。
⑥ 《陈光甫先生言论集》,第114页。

茫大地真干净"。

张謇创办大生纱厂,是经历了千难万险的,甚至一度到了山穷水尽、九死一生的地步。拥资者无人肯作雪中送炭之举,流动资金极为短绌,旅费须"以卖字"筹得。张謇办大生五年,"未支厂一钱",其精神真可以惊天地、泣鬼神。他说自己是"苦乃自取"[①]。陈光甫也说过:"人生在社会有一真正快乐之事,是树一目标,创一事业,达到目的地及成功,为最快乐。此种快乐从艰危困苦中得来,尤为永久,尤为有纪念价值。"[②]

创新进取,与其说是西方企业家的特殊素质,不如说是不论何种国籍的企业家的共同特征。这种精神是由市场竞争和科学技术的进步所决定的。若没有这种精神,也就不成其为资本主义。

东西方人在进取精神的表现形式和信仰上的终极目标有所不同。新教徒认为,不断进取是上帝所要求于他们的,他们努力这么做,是为了得到上帝的恩宠,最后能被召回天堂;而近代中国的实业家则往往把发展企业同服务于社会和摆脱列强欺凌的民族主义精神联系在一起。在这里,进取精神的实质内容是相通的,其所依据的宗教信仰或社会信念则有不同。所以,中西文化的融合,不是两种完全不同的质的融合,而是两种部分相通、部分不同的质的融合。融合也不是简单地拼凑在一起,而是有机的结合,各自作适当的调整,依条件的不同,在不同的个体身上,有不同的表现。

由上可知,实业家对中国传统伦理中合理成分的重视和运用是同企业进步和科学经营交叉渗透的。他们这种努力不仅无悖于科学精神,而且正因为强调了企业家的品行,强调了企业内部的团结,强调了经济层面的有序,科学精神就更加凸显出来。

(原文载《近代中国》第 4 辑,
作者:杜恂诚,上海社会科学院经济研究所研究员)

---

① 张謇:《张謇全集·啬翁自订年谱》,己亥纪事。
② 杨桂和:《金融企业家陈光甫》,《全国文史资料选辑》第 80 辑,第 129 页。

# 戊戌至辛亥时期西方近代地理学的输入及其影响

邹振环

1898年至1911年是近代中国社会与文化转型的一个关键的时期。从1815年的《察世俗每月统记传》算起，至1898年西方传教士致力于西方地理学的传播，已历经了80多年的岁月，但由于早期输入的地理学译著非常有限，传播的范围也只在一部分知识者群体中。直至1890年，美国传教士谢卫楼在《基督教教育对中国现状及其需求的关系》一文中仍指出，尽管"近代天文学、地理学早在三百年前已经在中国传授了。数百年来这些学科的书籍，很容易搞到手。可是在今天中国的首都宣布地球是圆的这样一个真理，会引起一批孔门学者的惊讶和怀疑"。[①] 戊戌至辛亥时期西方地理学输入是在新的层面上开始了进一步的强化。然而，这方面的研究至今仍付阙如，本文拟对这一时期西方近代地理学思想和知识体系在中国的传播及其影响，作一个初步的研讨。

## （一）

与1898年前的西方传教士引进的地理学相比较，戊戌至辛亥的13年间输入的西方地理学，在数量和质量上都出现了飞跃，形成了地理学知识输入的加速度现象。19世纪西方传教士主译的地理学著作中所引进的西方地理学知识量还很有限，递增率也较平稳。1819年至1897年的78年中共出版地理学单行本51种，年平均只有0.65种；而1898年至1911年这短短的13年中，笔者统计到的西方地理学译著多达157种，年平均12.1种，后13年的年平均量是前78年平均量的近20倍。在1902年至1904年间形成地理学译著出版的高峰值，6年中出版的总数为114种，年平均高达19种，最高值的1903年则有34种（参见附表）。这种"加速度现象"不仅仅表现在数量上，还表现在输入的知识范围和知识

---

① 《在华新教传教士1890年上海大会记录》，转引自朱有瓛等主编：《中国近代学制史料》第四辑，华东师范大学出版社1993年版，第114页。

规模上,后 13 年与前一阶段相比较,从知识线的引进走向了知识体系的输入。

表 1　晚清西方地理学译著出版分类统计

单位: 种

| 年　份 | 地理学通论与教科书 | 地球与地文学 | 气象与气候学 | 文化与政治地理学 | 区域地志 | 商业地理学 | 交通与旅游地理学 | 军事地理学 | 地图册与地图解说 | 合计 |
| --- | --- | --- | --- | --- | --- | --- | --- | --- | --- | --- |
| 1819—1897 | 15 | 10 | 4 | 2 | 7 | | 5 | 5 | 3 | 51 |
| 1898—1911 | 34 | 21 | 6 | 12 | 40 | 12 | 13 | 3 | 16 | 157 |
| 总　　计 | 49 | 31 | 10 | 14 | 47 | 12 | 18 | 8 | 19 | 208 |

早期 15 种地理学通论与教科书中,除了慕维廉的《地理全志》、祎理哲的《地球说略》、戴德生的《地理志略》和傅兰雅的《地志须知》等少数几种外,大多是零碎的地理学知识的介绍,尚未能把地理学与地质学等明确地区别开来;而 1898 年后出版的 35 种地理学通论的译著,在地理学的概念上已与地质学有了明显的划分,"地理学者,考察地球表面之现象也。其过去之历史,与内部之构造,则详诸地质学;旋转于空间之理,及夫关系万物之由,则详诸天文学,故地理学与天文、地质二学不同"。① 这一时期的地理学译著一般均用天文地理、自然地理、人文地理这三方面来涵盖地理学的范围,如 1901 年萨端译出的日本志贺重昂的《地理学讲义》一书,在《论地理学之区分》一节中把地理学分成数理、自然、政治地理学三类;1902 年作新译书局译纂的《(新编)世界地理》,首编一章世界总论,论天文、地文、人文地理三部分;周起凤译述《万国地理志》的第一编地理学也分三章,分别论述数理地理学、自然地理学、政治地理学;1903 年范迪吉等译出的日人田边新之助著《万国地理学新书》,该书总论介绍数理地学(星学地学)、自然地学(地文学)和政治地学(人文地学)三部分。西方近代科学地理学的概念,通过这些日文中译本渐渐成了知识界的普遍认识。笔者找到的清末的许多地理学教科书都是按这三分法来编写的。

中国有着悠久的地理研究的传统,《周易·系辞》中的"仰以观于天文,俯以察于地理",表明早在先秦时代已经有了专指地表形态的"地理"一词。自东汉班固《汉书》有《地理志》始,正史中就有了以疆域政区的建置沿革为主要内容的"地理志"专篇,开辟了一门沿革地理研究的领域。由此可见,中国传统地理学从一

---

① 《地理人文关系论》,第一章,金陵江楚编译官书局 1906 年版。

开始就侧重于地理沿革的考订和社会历史的记述,而比较忽视对于地理环境本身的形态及其变化规律的探索。尽管中国古代地理学在其发展的过程中与天文、数学、农学和水利工程等学科的发展有着密切的关联,但传统地理学基本上是历史学的一个辅助学科,地理类的图书在中国传统目录分类学上是属于经史子集四部中的史部。戊戌到辛亥引进西方地理学的一个突出的方面是注重自然地理学的介绍,如有关地球与地文学的 31 部译著中,有 21 部出版在戊戌至辛亥的 13 年间,如横山又次郎撰的《地球之过去及未来》。1902 年有冯霈和秦毓鎏等两种译本,该书旨在阐明"地本圆球,为天空中一小游星之至理"。全书分总说、星辰世界、太阳、游星、水星、金星、火星、众小星、木星、土星、大王星、海王星、月球、地球的过去及未来等内容;书中述及康德的《天然史及天之说》和拉普拉斯的《世界解说》。富山房编纂的《地文学问答》,1903 年有陈大棱、邵羲、范迪吉三种译本,该书包括天体、关于地球之形状古人怀如何之谬见、昼夜及四季、空气及其运动、空中之水分、海洋、陆地及地势、陆界之组成、地热之作用、大气水及生物作用和生物之分布 11 章共 305 问。《译书经眼录》称:研究地质学"不可不先求诸地文。若空中之水分,陆界之组成,生物之分布,皆地文学之显而易见者"。梁致祥编译的广东高等学堂地文课本《地文学》,也是以日本富山房编《地文学问答》为主,参考英国文教治口译、李庆轩笔述的《地文学指略》及东西洋教科书分类编译的。这一年还有教科书译辑社出版的汪郁年译补、日本神谷市郎著《中学地文教科书》、江楚编译官书局出版的樊炳清译《地文学简易教科书》。昌明公司 1904 年出版了沈仪熔译编《(最近中等)地文学教科书》,全书分六章,《凡例》称该书是依佐藤传藏与横山又次郎的原著译出,又参考今村明恒、石川成章、神谷市郎、矢津昌永、永山万次郎、山崎直方、岩崎直三等各家中等地文学教科书。书前有论地文学的意义;正文分述天然、陆圈、水圈、气圈、生物和人类,书中附插图 77 幅,另附插页图 11 幅,至 1907 年已发行了 4 版。王建极、奚若译订的美国学者忻孟(Hinmon)著《最新中学教科书地文学》1906 年由商务印书馆推出,卷 1 论地球为行星之一,包括日系和地动 2 章;卷 2 论空气,包括成分、重、热、水汽、空气之流动、空中光线之现象 4 章;卷 3 论海,包括海水之深、成分、热度、潮浪、流淤积 3 章;卷 4 论陆地,包括陆地之区分、地面、地之构造、泉、流、流之功用、冰川、湖、山之构造、地之凹凸、地震、火山 10 章;卷 5 论气候;卷 6 论生物,包括各类生物、生物之分布和人 3 章。这一地文学表述的结构,在 20 世纪初的各种地文学译著中反复出现。如日本山上万次郎著的《地文学》所采用的也是相似的六分法：一为地球星学，包括太阳学、地球之外形及内部、地球之运动、地表之测定 4 章；二为陆界学，包括陆界之分配、陆界之变化 2 章；三为气界，包括气界之性质、气温、气压及风、气界之水分、天气及气候 5 章；四为水界，包括海水之性质、海水之温度、海底和海水之运动 4 章；五为地壳；六为生物地理学。该书 1906 年有东京合资会社三田印刷所的邓毓怡译《地文学教科书》、点石斋版《最新普通地文学》和中国留学生会馆版陈树藩译编的《最近中学地理教科书地文学之部》三种不同的译本。1907 年还有上海科学书局版的无锡译书公会译出的《最新地文学教科书》异译本；上海科学会编译部 1910 年出版的曾彦编译《（普通教育）地文学教科书》一书，也是以山上万次郎所著《地文学》为范本，参考石川成章、山崎直方、神谷市郎所著的各种教科书和参考书编译的。自然地理学知识的传入，使中国知识界对西方自然科学的进步有了全新的认识。

## （二）

人文地理学，又称人生地理学，是以人地关系的理论为基础，探讨各种人文现象的分布、变化和扩散以及人类社会活动的空间结构的一门近代科学。中国自古以来，对人地关系有过种种论点，但没有过系统的人文地理学的著作。在西方，地理学一向把地球作为人类的家乡来研究。近代西方人文地理学的重要内容，如文化地理学、政治地理学、商业地理学、交通与旅游地理学都是在晚清，特别是在戊戌至辛亥时期传入中国的。在笔者统计到的 14 种文化与政治地理的译著中，1898 年后出版的占 12 种；交通与旅游地理学的 19 种译著中，1898 年后出版的有 14 种；而 11 种商业地理学的译著则全部都是 1898 年后出版的。晚清比较有影响的通论性人文地理学著作一共有 3 种：一是 1906 年南京宁属学务处、苏属学务处出版的《人生地理学》，属《江苏师范讲义》第 7 编，该书由日人牧口常三郎著、江苏师范生编译，全书 5 编，分论地球、气界、陆界、水界、人类和产业地理。有的学者认为，这是中国最早以"人生地理学"命名的著作。① 二是 1907 年上海群益书局再版的、由世界语言文学研究会编辑部译的《最新人生地理学》，共 3 编 34 章。绪言着力讨论人地关系；第一编《人类生活处之地》共 13 章，讨论日月星辰、地球、岛屿、地峡、山岳、平原、河川、海洋等自然环境与人类文明的关系，作者以希腊、意大利、阿拉伯、印度与中国的山东半岛为例，论证了岛

---

① 艾素珍：《清末人文地理学著作的翻译和出版》，载《中国科技史料》第 17 卷（1996 年）第 1 期。

屿在贸易和国防上都有重要地位,指出半岛为文明生发的一大原因;第二编《地人相关自然之媒介》共 6 章,论无生物、太气、气候、植物、动物及人类的相互关系,谈及温度变动与人生的关系,太阳作为生灵之本对于人类精神生活的影响,特别列举了日本人的对太阳崇拜①;第三编《人类以地球为舞台之生活现象》共 9 章,论社会、社会之分业、生活地论、产业地论、国家地论、都会及村落地论、生存竞争地论、文明地论,在都会和村落地论中首先使用了"聚落"的概念,指出都会原起于六种情况构成的聚落,一防卫外敌、二宗教原因、三政治目的、四艺术娱乐、五学术研究、六经济活动。② 在《文明地论》一章中,作者专门讨论了现今文明的中心点、文明中心点的移动、将来文明中心点,该书得出的结论是"一文明中心沿纬度线而移动,二文明中心点移动于东西,三文明中心由水路而移动,四文明由地势而移动"。③ 第三种即凌廷辉的《人生地理学》,该书共 36 章,前 27 章主要论述与人文地理有关的各种自然地理现象,后 9 章主要介绍各种人文地理知识。在该书《总论》中,作者全面论述了人生地理学的原理及其研究方法,指出:"人生地理学者,研究地理与人生之关系者也。"地理与人生的关系是什么呢?"盖人既存立于地球上,则人种之生存竞争,于大地究有何关系? 我所占之一部分,既不能划然自守,则与它部分必有种种之关系。有关系即有比较,若气候、若物产、若地势、若宗教、若交通,以及国家兴亡变迁之原则,人类发达迟速之现象,非一一详细比较,必不能得其最要之点。故地理学之一门,自表面观之,仅为普通各科学之一科,而范围广博,包含富有,与种种科学,尽有密切之关系。近人分类法,有所谓天文地理、地文地理、人文地理者。又有人文地理中,而分为政治地理、经济地理者。盖地理虽属一门,而非深知各科学之原则,演绎而归纳之,必不能真知地理学。然则人欲扩充其思想知识,则研究地人相关之理,其可缓哉!"④专门讨论地理与文明关系的译著有 1906 年金陵江楚编译官书局出版的《地理人文关系论》,该书强调殖产、政治、美术文学、宗教等都离不开地理学,因为"人无地理之学识,则经济论必流于狭隘";"不究地理学而言政治者,空谈之政治也";"地理之关系于美术文学,犹慈母之于子";"宗教历史与地理学有

---

① 世界语言文学研究会编辑部译:《最新人物地理学》,群益书局 1907 年再版本,第 5~6 页。
② 世界语言文学研究会编辑部译:《最新人物地理学》,群益书局 1907 年再版本,第 138~140 页。
③ 世界语言文学研究会编辑部译:《最新人物地理学》,群益书局 1907 年再版本第 174 页。
④ 凌廷辉:《人生地理学·总论》,上海新学会社 1909 年版,转引自郭双林《晚清西方地理学东渐述论》,载《学人》第 7 期。

互相倚伏之势"。①

政治地理学是人文地理学的重要分支,是研究国家与地区等各种类型的领土间的政治活动现象的地理分布或空间布局的一门学科。各国在世界上的政治、经济地位,国家间的集团组合或矛盾冲突,国家的不同社会制度与政治态度,国家与政府的决策,以及各国内部行政区划的划分,各行政区域的功能等,都是政治地理学讨论的范围。在 20 世纪初影响较大的政治地理学译著有陶镕译日人矢津昌永编《日本政治地理》,该书 1902 年由商务印书馆出版。全书分国土、人民、邦制、经济、交通、生业物业、外交 7 编。《南洋七日报》从 1901 年 9 月 22 日第 2 册到 1902 年 4 月 13 日的第 27 册,连载了上海广方言馆同书异译本。当时该书被认为:"别具组织,新义独标。虽专限于日本,然可以为斯学之指南也。"②东京湖北法政编辑社 1905 年出版有刘鸿钧编译日人野村浩一等编著的《政治地理》,该书为"法政丛编"第 16 种,主要依据野村浩一的讲授稿,同时参考了山本信博的《政治地理学》、辻武雄的《五大洲志》、佐藤传藏的《万国新地理》、辰己的《万国宪法比较》诸书。该书共分 9 章,第 1 至第 3 章,泛论国家、国家之分类及政体;第 4 至第 8 章分述各国政略,如亚洲各国志、欧洲各国志、美洲各国志、亚美利加洲志、大洋洲和属地;第 9 章论列强之属地,是据山本信博《政治地理学》译辑而成。20 世纪初的中国人致力于西方和日本政治地理学译述的着眼点仍然是中国。如 1903 年《直说》上刊出的矢津昌永的《十九世纪亚洲地理之变迁》一文,介绍了亚洲各国屡遭列强侵略的现状,指出中国"处于万矢沭集之地,起将何以御之?"编者加评论曰:"哀哉!吾亚洲大陆之销沉也,其土地三分之二已归于欧人之掌中。"疾呼:"分割中国之说屡起……吾不知我四万万同胞闻之其将何以处此!"③

商业地理学是经济地理学的前驱,以叙述和解释人类商业活动的地域分布、人类生活资源的消费和交换为主要任务。16 世纪商业革命以后,由于海上新航路的开辟,商品交易和运输不断加大,有关世界各地商品的生产、销售以及运输路线、贸易市场的了解,对于欧洲各国的经济繁荣和对外扩张,有着极为重要的意义。为此,以记述各国、各地区的物产分布,以及贸易关系、城市港口和运输路线等情况为主要内容的商业地理学著作纷纷问世。20 世纪在中国流行的商业

---

① 《地理人文关系论》第 1 章,金陵江楚官书编译局 1906 年版。
② 《东方杂志》1904 年第 1 期图书广告。
③ 《直说》1903 年 3 月 13 日第 2 期。

地理学译著，以永井惟直著《商工地理学》特别令人瞩目。1903年该书有作新社和《普通百科全书》本两种不同的译本。该书原本两编，译本是第一编。全书分2章论述商工地理学之概念与商工业盛衰的原因。指出盛衰的原因有地文的状态（地势及位置、自然力、地球及矿产之有无、人种及人口）和政治的状态（习惯、租税制度、政府之组织及方针、运输交通、货币制度、度量衡制度）两部分。该书作者认为，随着文明的日益进步，"社会人类间之问题日起，乃极形复杂，因是学理之研究别为各派分类，至限定其范围于一小部分，共讨究其蕴奥，乃结果为《新商工地理学》一书，实由文明之学问，成一独立之研究"。商业地理学是人文地理学的重要分支，该书作者认为，它"可谓人类经济的科学。若详言之，则于各国各地农工商产出之物，即食料品、饮料品、赘泽品、或诸般之粗制品、制造品等的产地，关于买卖输出输入等，可云推理研究事实之学问。于是研究斯学之目的，从地球上关商工艺隆颓盛衰之本末，进图将来是等事业之发达进步，可得概言也"。由此可见，商业地理学是与数理地理学之于地球之自然的状态、政治地理学之于人类与地理事项之关系一样，"其主眼之处，在论各国间之需要供给，生产之消费程度，及为运般（搬）之方法如何，又以比较研究各国工商业之形势"①。同一时期译出的11种商业地理学译著中，译自欧美的有：1902年广智书局版英人嘉楂德氏著《万国商业地理志》、1905年南京南洋官书局出版的张梦香译、英人贾萨德立著《最新商业地理教科书》，以及湖北商务报馆光绪年间据日人瓜生寅译、英人尼用椅子著《商业博物志》的翻刻本。译自日文原本的除上述两种外，还有作新社1906年《最新世界商业地理教本》、广智书局1907年版的《最新韩国商业地理》和《中国商业地理》，上海昌明公司1907年版的童世亨、俞镇合译的《世界物产地志》，另外还有"五洲舻编译时务丛书"，1911年版刘世珩译日人永野耕造著的《亚洲商业地理志》，日人青柳笃恒著《北满洲商业地理论》（载王锡祺辑《中外游记汇编》）等。1900年3月到7月的《江南商务报》还连载有日人田冈佐代治译的《商工地理学》。对世界商工地理学的关注，是起于中国学者对本国资源不断被掠夺的痛惜。1905年《直隶白话报》上连载的由多人署名的长文《中国商业地理》介绍了中国的地理资源、物产矿藏的分布情况后指出："中国的出产极富，可惜自己不能细细考察"，真叫"开粮食房的摸不着饭吃"，"中国的矿产是非常多的了。若能都开采出来，那一定要成全地球第一富国。偏偏我们中国人不知尽

---

① 《商工地理学》，载范迪吉主译：《普通百科全书》，会文学社1903年版。

这地利,不但自己不开,而且还要送给别人。"①中国现代经济地理学可以说正是在旧的商业地理学基础上成长起来的。

与商业地理学有密切关系的还有交通旅游地理学。交通旅游地理学是表现运动中的人类活动。交通为商业服务,但不以商业为限,它是国家组织的一个重要的组成部分。20 世纪出版的交通地理学的译著有广智书局 1902 年译刊的日本参谋本部编《东亚各港口岸志》,该书分 8 篇,首篇 23 章记中国的上海、镇江、芜湖、九江、汉口、宜昌、重庆、天津、芝罘、牛庄、宁波、温州、汕头、福州、广州、厦门、北海、琼州、台湾、鸡笼、淡水、香港、澳门这 23 个通商港口,二篇 2 章记俄领沿海洲的乌拉地俄斯德和哥萨港,三篇 3 章记朝鲜的釜山、元山和仁川,四篇 1 章记法属的西贡,五篇记安南的海防,六篇 1 章记英属地新加坡,七篇 1 章记暹罗的盘谷,八篇 1 章记小吕宋群岛马尼拉。对于各港口位置、分界、沿革、行政、人口、兵备、风俗、气候、物产、贸易、街市、碇泊均有所叙述。由于中国与日本在交通运输方面有着千丝万缕的联系,加之甲午战后日本觊觎中国丰富的资源,而中国又对新崛起的日本产生了浓厚的兴趣,于是就有了克斋译、小越平隆著的《满洲旅行记》(上海广智书局 1902 年版);日人林安繁著的《扬子江》(原名《扬子江溪谷之研究》,商务印书馆 1902 年版);汪国屏译、日人林繁著的《扬子江流域现势论》(广智书局 1903 年版);马为珑译、日人松本敬之著的《富之满洲》(普及书局 1907 年版)等。中国人译出这些书当然不仅仅是为旅行提供方便,更重要的是将它们作为亡国警钟来敲响的。马为珑在《富之满洲》的例言中特别指出,该书固然为中国人了解满洲提供了材料,但更重要的还在于通过此书足以见出"日本人口增殖,欲攘之为殖民地"的宗旨。当时商务印书馆图书广告在介绍上述《扬子江》一书时指出:"长江大河为国之宝。我国扬子江襟连五湖,贯连六省,为我国财富之源,各国觊觎尤切。是书于沿江商业物产记载最详,大抵为彼族搜讨所得,而读之其亦稍得因应之策乎!"②范迪吉等译《普通百科全书》中收入了日人山上万次郎著的《万国旅行地理》和《日本旅行地理》,这是当时颇受读者重视的旅游地理学读本。前者分 2 章,一为亚洲和欧洲,一为南北美洲。后者有地理总论,分天文地理、人文地理、地理学三部分。全书旨在介绍诸国海陆交通、政府兴废、气候温暖、工商盛衰,其中对中国介绍尤详。后者分两篇,前篇地理特说

---

① 《中国商业地理》,先后署名洁忱、显彰、南村等,载《直隶白话报》1905 年第 1、4、6、10、13 期。
② 《东方杂志》1904 年第 1 期图书广告。

15 章,介绍东京、大阪、马关、京都等城市以及北海道海岸与九州海岸。后篇地理总说 49 章,分地文地理和人文地理两子目,叙述山川都邑、人物草木、幅员区划、政治兴革,附录地名总汇,颇便中国人查阅。范迪吉等还译出日人坪谷善四郎著《最新日本全国漫记》,东京东亚公司 1907 年出版有日人大桥新太郎编《汉文日本游历必携》,该书是据坪谷善四郎的《日本漫游》摘编的,宗旨在帮助清国人游东之便。全书分东京游历指南和各地游历指南两部分。第一部分介绍了自清国到日本东京行程及旅费,上岸地方驰名的客店,东京的沿革、地理、舟车之利便、市内客店、购物指南、市内各学堂、银行报馆、使馆、酒楼、青楼及不夜城、驰名医院,以及市内和市外的游历指南。第二部分分五区叙述了横滨、本牧、四国、山阳道、九州、北海道、房总内海岸游历的路线指南。末附日本各铁路火车及轮船的价目单。该书前有驻日使署马永宽的叙,末有邝继野跋,均希望中国人能从各种角度充分利用日本的旅游资源,东亚公司在上海、汉口、天津、奉天、济南、扬州均有分号和该书的销售批发处。

## (三)

戊戌变法以后,区域地理受到了高度的重视,1819 年至 1897 年只有 7 种,而 1898 年至 1911 年则有 40 种(参见附表)。区域地理与交通地理相对,是表现静态中地区性的人类活动。清政府推行新政,废除科举制,1905 年设立了学部,光绪三十二年(1906)四月,在学部学务处原设编书局的基础上奏设编译图书局,从编译图书局的章程来看,该局主要工作是编译各种教科书。遵循的原则是初等小学最先,高等小学次之,中学与初级师范又次之;凡编一种教科书,兼编教授用书;译书选择的原本以英、日两国为先;为了提高教科书的质量,编译图书局专设研究所,任务是随时研究磨砺,以增长编译书籍的能力,聘请讲解员讲解、研究教科书的编写问题。① 该局究竟出版了多少书目前尚未有确切的统计,有材料统计,1908 年该局年印书 66 种,出书品种除各种课本外,还有《内则衍义》《近思录补注》《家庭谈话》等与教育有密切关系的书。同年编译成书的 55 种,售书 124 种,计 102 720 部②。其中包括了一部分世界区域地志的译著。据笔者统计,有关世界区域地志共 14 种,1907 年编译出版的有 9 种,如有土耳其国志、土耳

---

① 参见《学部编译图书局备览》,载《学部官报》1908 年第 68、69 期。
② 杨维新:《清末北京学部编译图书局略考》,载《中国近代现代出版史学术讨论会文》,中国书籍出版社 1990 年版。

其地志、土耳其新志三部分组成《土耳其志》《印度志》和《印度新志》，《小亚细亚志》《俾路芝志·马留土股志·纽吉尼亚岛志·西里伯岛志》，《缅甸国志·英领缅甸志·缅甸新志·暹罗国志·布哈尔志》，《爪哇志·苏门答拉志》，《阿富汗土耳其斯坦志》，《亚拉伯志》。1908 年译刊的 4 种，有《阿达曼群岛志（附新志）·婆罗岛志》，《亚细亚洲志》的新志，后者增补了 1870 年以来有关亚洲舆地的调查、亚洲普遍形势的分析、河流情形的描绘、地质与火山、古代通商的孔道及近代之铁路、工艺和灌溉的进步等内容。《开埠殖民地志》的新志则补充了 1880 年至 1900 年的矿产和矿业、农业、内地交通、邮政与电线等内容。《西比利亚志》新志补充了 1897 年有关居民的统计，1901 年的租法和 1900 年的农务、制造与矿业。1909 年译刊的 1 种，即《亚斐利加洲志》，该书前述从黑鲁忒斯到李文斯敦的非洲发现史，继而论述非洲的位置、大草原、高山、地质之大略、矿产、林木、河流、大陆流域、风、热带中之雨水、岛、民族与宗教；新志利用了西方人有关非洲大陆结构、高原、流域、气候、物产、民族的最新调查，后附 1890 年非洲被瓜分的情状表。这些地志大都分别讲述这些国家或地区的地理、人口、动植物、商务进出口、农务、财政、陆军、水师、教育、交通、民俗、物产、工艺、历史沿革等内容。

  学部编译图书局所编教科书当时就受到教育界的批评，《教育杂志》第 1 年（1909）第 7 期载：学部所编教科书之稿"必经管部大臣审定，往往一稿既定，忽以为不可，则提笔涂之，或搁置不论，故书成无期。万一限期迫促，即东抄西袭，杂凑成册，聊以塞责云"。著名学者汤寿潜曾为新编的国民课本致函学部，对其中的错谬"逐条指责"[①]。当时有人对这一官办教科书编译机构作过猛烈的抨击，指出："吾国官场办事，毫无心肝，毫无条理。学部编书局非无人材，然在外间可编出适用之书，在部则绝无其事，一则应酬甚繁，安能全力办公？堂官又不知甘苦，平日任起稽延，一旦期迫，尽力催促，但求不误宪政之筹备。何为教育？何为教科书？皆非彼所注意也。二则局员分编辑、校勘二种，编辑者尚有明教育之人，校勘者大概词林中人，不知教育为何物，持笔乱改；每有原稿尚佳，一经校勘，反不适用者矣。校勘之后，尚须呈堂官，较校勘者辈分愈老，顽固愈甚，一经动笔，更不知与教育原理如何背谬。然以堂官之威严，何人敢于对抗。彼所改者，无论如何，皆必颁行。科学为彼辈所不解，不敢轻于下笔，故笑柄尚鲜。修身、国

---

① 参见王建军：《中国近代教科书发展研究》，广东教育出版社 1996 年版，第 158 页。

文、历史、地理,彼辈自命高明,最喜改窜,故笑柄最多。"①从这 14 种世界区域地志来看,情况虽不像江梦梅一文中描述的那么糟糕,但各种区域地志的确远不如当年传教士的地志译著,基本上是各区域或国别的地志资料的汇编,没有体系,也都不标明资料的出处和来源,各志详略不一,有的很厚,如《印度志》,有的好几种合在一本仍显得很薄。有的地理内容较多,有的地理内容几乎没有,如《波斯志》,实际上成了一部历史沿革的区域国别史。

平心而论,这批区域地志虽然有诸多的缺点,但是毕竟为清末的读者提供了不少以往西方传教士区域地志中不曾包含的新资料,如 1907 年译刊的《印度新志》中包括了 1891 年以来印度的形势、户口、男女、宗教、城镇、农业、织业、别种制造、煤、金、石油、盐、财帛、沿海岸商务、边境商务、进款与出款、国债、储蓄银行、陆军、巡警与监狱的资料,特别是 1900 年邮政与电报的统计。1908 年译刊的《开埠殖民地志》新志中补充了 1880 年至 1900 年的开埠殖民地的矿产及矿业、农业、内地交通、邮政与电线等内容;《西比利亚志》新志补充了 1897 年有关居民的统计,1901 年的租法和 1900 年的农务、制造与矿业,这些都是以往的其他区域地志中不曾见过的资料。《亚拉伯志》分幅员、西海滨、东南海滨、波斯湾海滨、形势、西奈山土股、地质、黑夹斯部形势、麦加圣域、植物、猫、鸟、农业、牧场、矿业、渔业等部分,是据 19 世纪后 50 年一些西方旅行家的亚拉伯考察日记编译的。1910 年王先谦著的《五洲地理志略》卷首的中外参考书中就开列了学部编译图书局译刊 10 余种区域地志。这些都表明这批区域地志介绍了不少新的世界区域人文地理的内容,多少满足了人们希望更多地了解世界各种地区国别地理状况的愿望。

学部编译图书局在教科书的名词术语的统一方面所做的努力,对于晚清世界地理的翻译也有着积极的作用。众所周知,19 世纪初以来,传教士在地理学的译名方面就一直存在着困扰。傅兰雅等西方传教士在江南制造局翻译馆就编订过不少中外译名对照表,但由于缺乏必要的行政手段,译名表即使编制得再合理,其他译书机构也未必会采用。由于学部编译图书局属于国家教育图书的翻译出版机构,1909 年该局在局内设置了编订名词馆。1908 年至 1911 年出版的不少世界地理教科书都声明在译名方面遵奉学部编译图书局的出版物,可见这

---

① 江梦梅:《前清学部编书状况》,载张静庐辑注:《中国近代出版史料》初编,群联出版社 1953 年版,第 211 页。

一时期出版的区域地志对于地理学译著的译名统一工作,是有积极作用的。

## (四)

19世纪后期,西方地理学开始形成地文、人文和区域三大分支,①这也可以视为近代地理学知识体系的确立。分别为地文和人文地理的研究开创了早期理论的是近代科学地理学的奠基人洪堡和李特尔,以后又经李希霍芬、拉采尔等人的发展,为地理学构建了比较完整的知识系统。清末地理学知识输入的加速度现象,不仅仅表现在西方地理学译著数量的急剧增加,同时表现在这些地理学家为代表的地理学思想恰恰也是在这一时期被介绍到中国,洪堡、李希霍芬、拉采尔等被介绍给中国时,他们甚至还都在世。

1853年墨海书馆出版的慕维廉编译的《地理全志》一书中曾最早提及洪堡。约19世纪70年代归安人吴钟史在《地球说略》中谈及洪堡及其著述:"本朝乾隆五十三年,英人创立公会,访查亚非利加内地。嘉庆二十三年,英人又令人探访南北极。自是地学日合于格致。时详论地性及山川险阻,与夫天然之疆界、人力所经营者,为布国人洪巴耳特著《考司麻司》《由乃乞耳》两书,流传各国。"②《考司麻司》显然是指洪堡总结自然地理学研究原理和区域地理研究法则的名著《宇宙,物质世界概要》,德文 Kosmos,英译为 Cosmos, A Sketch of Physical Description of the Universe,全书共5卷,第1卷出版于1845年,第5卷出版于1862年。第1卷是关于宇宙全貌的概述,第2卷是历代对自然风光的论说和人类致力于发现及描述地球的历史过程,第3卷论述天体空间的法则,第4卷讲地球,第5卷是笔记。《由乃乞耳》可能是《自然的观念》英译本 Views of Nature 的译音。③ 1903年徐心镜增订的《泰西名人传》中出现了洪堡的小传:"宏博德,德人,生于乾隆三十年,卒于道光十五年,世称博物君子,初至法京,与法人该路撒克出外游历。嘉庆四年,游历美国,乘小船冒江险以察美洲形势,又睹保沙拉火山,高六法里,约合中国十里,又至古巴、墨西哥,五年以后返法国。著书名《墨赤道》(今译《新大陆热带地区旅行记》),一纸风行,不胫而走。道光八年,俄皇以重金聘之,令游历亚中。俄人属意东方,欲知其究竟也。宏就聘往亚,跋涉山川五

---

① 《中国大百科全书·地理学·人文地理学》,中国大百科全书出版社1984年版,第2页。
② 王锡祺:《小方壶斋舆地丛钞》第1帙,上海著易堂本。
③ 英译本由 E.C.奥特与 H.G.博恩译,1847年在伦敦出版;参见[英]罗伯特·迪金森著,葛以德等译:《近代地理学创建人》,商务印书馆1980年版,第41页。

六载之久方旋,著《游历亚中记》。道光十七年归德,虽老态龙钟而笔墨不辍,撰《世界形势记》(今译《宇宙,物质世界概要》)。法英人皆收为翰林,赠以宝星,极一时之荣云。"①

近代地理学创建人之一的李特尔(Carl Ritter,1779—1859),最早阐述了人地关系和地理学的综合性、统一性,并奠定了人文地理学的基础。和洪堡不同,李特尔一生担任过好几个教师的职位。1819 年任法兰克福大学历史学教授,1820 年任柏林大学首任地理学教授,成为德国第一个地理学讲座教授和柏林地理学会的创建人。1903 年留日学生创办的《汉声》杂志第 6 期登载的《史学之根本条件》一文就提到过"利铁尔"。1906 年出版的《地理人文关系论》较早地提及了李特尔及其著述:"彼普鲁士之言普通教育,多注重地理一门。故世界尝以之为模范。由是理铁尔伯息尔特著世界唯一之地理教科书问世,几乎纸贵一时,而英国政府有鉴于此,亦屡诏其国之地理学协会,就其地理教育之法,而推行之。嗣是以后,地理学之发达,殆不可限量矣。"②这里"世界唯一之地理教科书"当指他的学术巨著《地学通论,它同自然和人类历史的关系;或普通比较地理学,自然和历史科学研究与教学的坚实基础》。光绪三十二年十二月,即 1907 年初,经家龄在《高等小学地理教授用书》中引证了李特尔的理论:"近世教授地理之泰斗、德人李殿尔有言,凡一土地之全体事项,如自然及人工之生产物、人群及天然之印象联为一体,告语于青年,因相互之比较,使受教者了解于自然及人生之要,果此,余之志也。盖地球及人群互有关系,以自然地理为地理学之基础,通厥关联,欧罗巴教科书之著秉此而已云云。"接着著者又详细地介绍了李特尔的地理教育思想:"德人李氏之教授地理,所主张之方法有三:一直观法。以实际万物存在之地,就令观察,庶儿童直接感觉。二描图法。儿童之地理观念,既渐发达,不有以外著其形,则终属心灵之惝恍。使之描图,则印象深而记忆与兴味并起。且李氏不特重描图也,并重用图,其教授法中,为比较最重之点。三比较研究法。以已知者为基础,如数量之三十为六之若干倍也。终上三者,李氏而后以至今日,教授地理方法三大端,殆外不是矣。"③

李希霍芬(Ferdinand von Richthofen,1833—1905)于 1860 年获博士学位后一直在欧洲从事区域地质调查,1860 年前往东亚考察,历经斯里兰卡、日本、

---

① 上海徐汇报馆原本、徐心镜增订:《泰西名人传》,鸿宝斋 1903 年版,第 5 页。
② 《地理人文关系论》第一章,金陵江楚编译官书局 1906 年版。
③ 经家龄:《高等小学地理教授用书》弁言,上海普及书局 1907 年版。

菲律宾、马来西亚、印度尼西亚、泰国和缅甸等国。1868年至1872年间在加利福尼亚银行和上海西商会资助下,多次到中国考察旅行,调查了大多数省区的地质、矿藏、黄土、海岸性质与构造线分布等。据郭双林称,《万国公报》等报刊多次报道他在中国的活动,对其创立的有关理论则很少介绍。直到1903年鲁迅的《中国地质略论》中才提到了他在中国的活动及其充当德国瓜分山东谋士的角色:"千八百七十一年,德人利忒何芬Richthofen者,受上海商业会议所之嘱托,由香港入广东,湖南,湖北,遂达四川;入陕西,山西而之直隶。复下湖北,往来山西间,经河南之怀庆,以至上海,入杭州,登宁波之舟山岛,遍勘全浙。复溯江至芜湖,捡江西北部,折而之江苏,遂入山东。碧眼炯炯,击节大淹若所悟……历时三年,其旅行线强于二万里,作报告书三册,于是世界第一石炭国之名,乃大噪于世界。其意曰:支那大陆均蓄石炭,而山西尤盛;然矿业盛衰,首关输运,惟扼胶州,则足制山西之矿业,故分割支那,以先得胶州为第一着。"①其实,他于1877—1912年撰写出版的《中国》(5卷,附地图集2卷)一书,在清末也已有过详细的介绍。早在1900年7月,日本出版的孙中山手绘《支那现势地图》跋中,就提到了李希霍芬在中国的地图测绘工作,认为"德国烈支多芬所绘之北省地文、地质图各十二幅,甚为精细"。②1911年《地学杂志》的《绍介图书》栏刊有张星烺所撰精彩的书评:"《支那》,此书德文原名China,为德国已故男爵李希德和芬所著,凡四巨册,每册约八百页。幅长一尺(英尺),宽八寸,所附图画,不可胜计。每册价三十六马克,共一百四十四马克(约合中国七十五元)。《支那地质图》,此亦李氏所著,附于前书者也。第一册为北支那之地质图,分绘各色,以为标识,其篇次为山东、盛京、直隶、山西、陕西、河南、甘肃、四川八省,共二册。第一册价八十马克,第二册尚未出版此二书鄙人幸于柏林书肆中购得之。粗阅一过,为之舌桥不下者久之。吾国中凡稍治西文者,莫不闻知李氏之名。而'山西煤矿足供全球千年之用'一语,亦自李氏发之。然其著书之原委,或有未能详知者,今请略言之。千八百六十三年间,新德意志联邦尚未告成也,而普相毕斯马克,素怀雄略,驰域外之观,深嫉英法诸国属地遍寰宇,而日耳曼独无之。于是盱衡全局,而以中国之政治腐败,国民愚陋,尚有隙可乘也。遂于是年遣,李希德和芬,率众十余,漫游中国,历时几及二十年。

而于山河险要、地质矿产、海港形势,皆悉心考察,一一笔之于书。且播告其

---

① 《集外集拾遗补编》,《鲁迅全集》第八卷,人民文学出版社1991年版,第4、5页。
② 广东省社会科学院历史研究室等编:《孙中山全集》第一卷,中华书局1981年版,第187、188页。

国人,谓支那有三良港:一为浙江之三门港;二为江苏海州之青口;三为山东之胶州湾,皆可占据,而胶州湾逼近矿产,尤为最胜。由是而知千八百九十八年,德人之占胶州,蓄谋已久,而倡其议者,实漫游之李氏也。"但作者并不因为李希霍芬曾为德国侵略胶州湾出谋划策而否定其学术贡献:"李氏之归也,惨淡经营,几耗三十年之心力,而又有生徒助之,乃成此书,真所谓体大思精、绝世之作也。盖德国名儒著述往往而然,其气魄宏远,殆远驾乎宋人纂注及明儒顾炎武诸君之上,吾国今人著书之才,虽不逮古人,但就他人已成之书而移译之,固亦非难事也,苟得同志五六人,分门译之,则二三年内,中土之研究地志矿产者,亦得最良之参考书,其有造于中国前途,岂浅鲜哉!"①指出他在德国侵略中国领土时所扮演的不光彩的角色,但并不否认这种地理学考察的科学价值,这正是中国地理学界走向成熟的一个例证。

拉采尔(Frederich Ratzel,1844—1904)是德国著名的人文地理学家,1886年接替李希霍芬任莱比锡大学地理系教授。据笔者所知,最早提及拉采尔的可能是清末地理学家丁谦,光绪壬寅年(1902年),他在《汉书传考证》卷上所附《北方三大人种考》一文中指出:"泰西自科学盛行,凡百事物,皆刚为专门以资研究。人种学其一也。有白勒门拔克者,实为此学鼻祖,其说订人类为五种。一高加索种,二蒙古种,三奥洲种,四美利加种,五马来种,后法人葛得雷法徐踵其说而小变之,分人种为三,而以美利加及大洋洲土著为杂色种。近世人种学家,则欲割除人类成见,而以文明程度定其高下,如弗雷得力辣彩耳辈是已。"②文中的"白勒门拔克"及其理论,显然是指1775年德国哥廷根大学教授J.F.布鲁门巴哈(1752—1840年)依据人的肤色、发型、身高等体质特征和原始居住区域将人类划分为白种(高加索人种)、黄种(蒙古利亚人种)、黑种(埃塞俄比亚人种)、红种(亚美利加人种)和棕种(马来亚人种)这五种类型。而"弗雷得力辣彩耳"就是拉采尔,可惜他没有详细介绍拉采尔的观点。1903年留日学生所办的《汉声》杂志第6期登载的《史学之根本条件》,该文译自日本史学家坪井马九三的《史学研究法》卷之四《史论篇》中的一章。③ 文中也提到过拉采尔及其《人类地理学》一书,指出:"物理条件,颇为古来学者所注意。至于近世,孟德思鸠、黑狄儿、孔德、巴克尔、达殷(即达尔文)、利铁亚出,工夫渐密。近拉且尔设《人类地理学》之名(即

---

① 《地学杂志》第二年(1911年),第16号。
② 丁谦:《汉书各外国传地理考证》,载《浙江图书馆丛书》第一集,浙江图书馆1915年版,第25页。
③ 参见俞旦初:《二十世纪初年中国的新史学思潮初考》,载《史学研究》1982年第3期。

《人种地理学》),从事于此方面之研究。然则我辈由此方针渐次进步,物理条件信可全通。兹取拉且尔所类别之物理条件,为之部次:

A 及于人间状态之影响。甲,生理的作用。曹诸热带气候,弛缓皮肤,妨害蒸发,足以弱人身体。乙,心理的作用。譬诸雄大伟丽之山水,足以动人间之感情。在于个人之间,势力虽钝,然渐次及于多数,浸假而感染至于全国民,是为发著于史学事项之始。

B 及于人间意志之影响。甲,起事之作用。1. 运动之作用。曹诸沿海地方之人民,始于渔业、运输业,进而渐营商业之类。2. 抑制之作用。譬诸沙漠山林山脉之大者,遮断人间,俾难飞跃,既所以抑制其运动笼络之于个所也。乙,起状态之作用。1. 土俗的作用。譬诸时节气候,直及影响于衣食住之情景;因求适应与抵抗之方法,遂起人间之工夫。寒则御寒,暑则防暑。又因地面肥瘠,注意土壤,若人口鲜乏,则更测量水力风力,以利用其天然力。此即工艺发达之渊源也。2. 社会的影响。譬由时候土地之构造,凝聚居住之国民,制为种种生存之工夫。实业之发达,重被此作用之刺激而成。自然力弱,则人间之抵抗力遂占优势;若自然力强,则人间反被抑制,而社会终不发达矣。"① 这一段概述了《人类地理学》第 1 卷中有关各种自然特征对历史发展的影响,拉采尔认为,人是地理环境的产物,但同时又认为,由于有人类因素,环境控制是有限的,并把位置、空间和界限作为支配人类分布和迁徙的三组地理因素。

1898 年前,有关西方地理学思想的介绍大多是零碎片断的而不成系统的,而 1898 年后的 13 年间已有了比较完整的西方地理学说的介绍,其中最集中、影响最大的当推地理环境决定论。作为一种完整的理论学说,地理环境决定论创自孟德斯鸠,他的《论法的精神》一书中充分强调了自然环境,特别是气候与土壤对于人类生理、心理及社会的决定性作用。以后经过黑格尔、巴克尔、拉采尔和森普尔等人的系统发挥,成为影响全世界的理论学说。在清末译出的主要是孟德斯鸠和巴克尔的学说。不少学者都认为,中国人是通过 1899 年 12 月 31 日《清议报》上所刊梁启超的《蒙的斯鸠之学说》一文才知晓孟德斯鸠的②。其实早此 30 多年的 1864 年崇实馆刊行的丁韪良所译《万国公法》卷 1 中,已经提到:"孟德斯咎著书,名曰《律例精义》,云各国自有公法也。"1879 年,日人冈本监辅所著《万国史记》和高桥二郎译述《法兰西志》都提到了孟德斯鸠及其《万法精

---

① 《汉声》1903 年第 6 期,台湾国际印刷厂 1968 年影印本,第 781~784 页。
② 许明龙:《孟德斯鸠与中国》,国际文化出版公司 1989 年版,第 106~107 页。

汇》,1882年美国传教士谢卫楼的《万国通鉴》以及1890年王韬的《重订法国志略》都先后提及了孟德斯鸠及其《论法的精神》①。清末,《论法的精神》先后有刊载于《译书汇编》第1至第3期上的《万法精理》(1900年12月至1901年4月和5月)、1905年文明书局出版的张相文等译的《万法精理》和1904年至1909年由商务印书馆陆续出版的严复译述的《法意》三种译本。虽三种译本都译出了原书中有关地理环境决定论的叙述,但当时中国人注意的仍主要是译本中的三权分立的学说,张相文对于原书未加任何注释,严复也不同意孟德斯鸠的地理环境决定论。陈伯龙的《孟德斯鸠学说论》②和雷曜辑的长篇孟德斯鸠传③,都详述其三权分立说,而基本上没有注意到他的地理环境决定论。

巴克尔(Hennu Thomads Buckle,1812—1862)是英国著名的实证主义史学家,他的思想深受孟德斯鸠的影响,认为人是自然界的一部分,人类社会的发展就不能不受到自然规律的制约。他认为,地理环境(地形、土壤、气候和食物的供应等等)对人类文化的发展具有决定性的作用。人类社会发展的程度愈低,其所依赖自然界的程度愈大。他的代表作是仅出了两卷的《英国文明史》(*History of Civilization in England*),这实际上只是全书的一个导论。1902年广智书局出版的《泰西政治学者列传》已经简要地介绍了巴克尔的生平和著述,称其《英国文明史》"立论尖新,着着出人意表,且又行之以雄浑活泼之文,抑扬顿挫,妙尽鼓舞,以豪迈之气,兼卓绝之识,谠言直论,肆无忌惮,鞭挞一世,矫千古之必败",认为该书"总论二卷,已倍于基率特(今译基佐)文明史全书,使天假以年,则全卷落成,不几如涑水《通鉴》之大著"。④《英国文明史》先后有四种中译本:一是1903年南洋公学译书院译刊的《英国文明史》;二是通过日文译本转译的《文明史论》,新书出版广告见之1903年4月27日《政艺通报》第15号;三是王建祖译《英国文明史》,1904年作新社出版的《美国留学报告》的"留学生著述"中有过报道;四是陆续连载于1906年至1907年清末学部主办的《学部官报》第3至第28期上魏易译出的《文明史》⑤。南洋公学版分甲、乙、丙、丁、戊五篇,这是原书第一卷"概论"的前五章。篇一总论史学考证之原、人事齐次之理,指出凡人事每受制于

---

① 参见拙著:《影响中国近代社会的一百种译作》,中国对外翻译出版公司1996年版,第141页。
② 陈伯龙:《孟德斯鸠学说论》,载《地球英雄论》,新民书局1904年版。
③ (清)雷瑨辑:《各国名人事略》,砚耕山庄1905年再版。
④ 《邀克尔传》,载[日]杉山藤次郎编纂,清广东青年译:《泰西政治学者列传》,广智书局1902年版;该文几乎全部收入雷瑨辑《各国名人事略》,砚耕山庄1905年再版。
⑤ 参见俞旦初:《爱国主义与中国近代史学》,中国社会科学出版社1996年版,第58、59页。

心理、物理，故史学与格致有密切的关系；篇二论天然物理于人群组织个人品质上所施之感格力；篇三论心理学家考察心理之法；篇四论心德心慧，拆心理为二，曰德、曰慧，指出此篇发明两者之关系于治化而较其轻重；篇五论宗教、文学、政府三者范移治化之力。该译本前有《亨利·多马斯·勃克鲁传》，比较详细地介绍了巴克尔的家庭出身、生活经历、著书过程，并把《英国文明史》的理论与方法概括为十条大意。在巴克尔看来，一般的自然景观（天然物理）可直接感染人的精神状态，如阴森使人恐怖，雄伟使人想象力开阔，地理环境与民族性的形成有着密切的关联。①

## （五）

中国古代地理学的范围主要是地图学和地志学，除了《朱子·语类》《梦溪笔谈》和《徐霞客游记》包含了少量地质学的内容外，几乎没有类似近代西方自然地理学的理论。戊戌至辛亥时期西方近代地理学知识体系的输入无疑为中国知识界提供了研究地理学全新的角度。地球物理性质，如地壳变动、重力及地磁、地震等内容的介绍，地球表面形态及其成因的分析和气候学的初步介绍，为晚清乃至民国初期自然地理学的研究和地理学教科书的编纂，提供了重要的借鉴。

中国古代地理学有着很强的人文色彩，从东汉班固首创《地理志》开始，就非常重视疆域政区的沿革地理的研究。直到清代学者刘献廷仍极为重视地理学的人文因素的研究，但只留下了若干零碎的论述，尚未形成系统明晰、论证详备的著述。戊戌至辛亥时期输入的人文地理学，不仅包括了一般的理论阐述，还涉及了人文地理学的重要分支政治地理学和人文地理学；与经济地理学密切相关的商业地理学和交通旅游地理学的输入，也在这一时期渐渐形成了规模。这些全新的领域使近代中国读者的地理学知识面得到了空前的拓展，为中国地理学家展示了一幅前所未有的、无限广阔的近代地理学知识体系的研究图景。中国地理学的系统正是在这一时期从传统的史部中独立了出来，甚至在新编的目录学著作中出现了"商业地理学"这样的子分类。②

这一时期输入的区域地志，着重于政治区域为单位的自然地理和人文地理的研究，并汇集了地理学各方面的内容，也是一种不同于中国古代传统地志学的综合研究。首先这种区域地志是以世界地理的形成为背景的，因此不是传统的

---

① 参见［英］勃克鲁原本，南洋公学译：《英国文明史》，南洋公学1903年版。
② 王景沂编：《科学书目提要初编》，北洋官书局1903年重刻本。

以中国为中心的区域观念支配下编纂的区域地理。因此这些区域地志提供的新材料有着相当高的科学性,一定程度上满足了中国近代文化人希望了解域外地区相国家的强烈愿望,修正了以往对这些国家和地区的错误观念,刺激了中国地理学家对这些地区的研究兴趣。

在影响中国近代的西方地理学思想中,最重要的是地理环境决定论。苏联地理学家阿努钦曾指出:"地理环境决定论观点力图摆脱任何超自然因素去确定客观法则,它接近于社会——历史发展过程的正确概念。地理决定论的拥护者承认所有现象的因果制约性。这对用较正确的方法论去研究地理现象具有十分重要的意义。"①戊戌至辛亥时期,西方地理环境决定论的主要代表人物,如孟德斯鸠、巴克尔、拉采尔等的学说陆续介绍到中国,并在中国学术界有着积极的影响。如在京师大学堂任教的陈黻宸读了《英国文明史》后,在《中国史学通论续编》的《读史总论》中写道:"善哉《英伦文明史》曰:天下精微之理,极数千年,通人学士,竭虑研思,万方未得其解者,求之日用见闻之间,而其理悉备。而我中国之学者,往往识足以洞天地无尽之奥,而不足以知氏族之原;辨足以凿混沌七窍之灵,而不足证闾里之事。"该文曾先后发表在 1904 年第 17 号《政艺通报》和 1905 年四川的《广益丛报》上,流传很广。②《英国文明史》于 1878 年就有日本文明史家田口卯吉的日文译本,日本史学界深受该书的影响。清末对中国史学界有过很大影响的日本浮田和民著的《史学原论》的第 5 章专门讨论"历史与地理",而该章的主要依据是巴克尔的观点。《史学原论》在 1903 年先后有过侯士绾译《新史学》、李浩生译《史学通论》、罗大维译《史学通论》、刘崇杰译《史学原论》、杨毓麟译《史学原论》、东新译社同人编译《史学原论》6 种译本。据有关专家的查对,梁启超的《新史学》《中国史叙论》《新地理》等论著,均有大段抄自浮田和民著的《史学原论》。③ 在《中国地理大势论》中,梁启超还用地理环境决定论对中国文化地理进行了论述。1904 年初版的《訄书》重订本《清儒》篇有:"太湖之滨,苏、常、松江、太仓诸邑,其民佚丽。自晚明以来,喜为文辞比兴,饮食会同,以博依相问难,故好浏览而无纪纲,其流风遍江之南北。惠栋兴,犹尚该洽百氏,乐文采者相与依违之。及戴震起休宁,休宁于江南为高原,其民勤苦善治生,故

---

① [苏]阿努钦著,李德美等译:《地理学的理论问题》,商务印书馆 1994 年版,第 34 页。
② 参见俞旦初:《爱国主义与中国近代史学》,中国社会科学出版社 1996 年版,第 60~61、97 页。
③ 梁启超:《新地理》,一元学舍 1903 年出版,该书分四章,第 1 章《地理与文明之关系》、第 2 章《亚洲地理大势论》、第 3 章《中国地理大势论》、第 4 章《欧洲地理大势论》。

求学深邃,言直核而无温籍,不便文士。"①章太炎的这一论述明显留有地理环境决定论影响的痕迹。这一时期编写的许多地理学教科书,如邹代钧的《京师大学堂中国地理讲义》、臧励和的《新体中国地理》、谢洪赉的《瀛寰全志》等都不同程度地受到了地理环境决定论的影响。1906年国学保存会出版的刘师培编著《安徽乡土地理教科书》一书,从区域自然地理环境对人类生活方式的制约入手,作了非常精彩的论述:"平原之民与山国之民不同,若皖省之地,则皖北多属平原,皖南多属山国。(淮北之地,地鲜大山;淮南之地,则西境多山,东境山脉渐平,若江南之地,则所在皆山;惟滨江一带,地势稍卑,然山脉亦相连不断。)皖北虽多大山,然睢、汴诸水,均成细流;芍陂、艾塘,遗迹久淹。平原旷莽,沙土漂轻,多与徐、豫相同,故民生其间,鲜营实业,习为强悍之风,近于古代之游侠。皖南多山,溪涧漾洄,水流漂急,沟浍之间,盈涸不时,农民终岁勤劬而限于地利,不克自给,其身家由是舍农而商,逐什一之利,散居东南各省,故至于今日皖北之民宜于服兵,皖南之民宜于经商,而实业教育以皖南为宜,军国民教育,以皖北为宜,推其原因,则于皖南地势殊于皖北,地势既殊,则民风习尚亦随之而殊。试观六安诸地,与宁省之淮扬同居于江北,何以小民生计有贫富之殊,则以淮扬处水道交通之地,而六安则处群山之中也。徽、歙之地,与苏、常、杭、绍同居于江南,何以先儒学术有尚虚尚实之殊,则以苏、常、杭、绍为泽国,而徽、歙则为山国也。(如近人江戴之学,均以征实为主,与吴越之学派不同)略举二端,余可类求。嗟夫,皖省之民,其特质有三,一曰尚朴,二曰好义,三曰贵勤,此皆所处之地使然。"②这些分析使人们对中国历史与文化的看法得到了一定程度的深化。

笔者认为,中国近代意义上的新地理学区别于传统地理学的重要标志是地理学的学术独立、职业地理学者群体的出现、近代地理学研究方法和学术规范的建立。③ 这三者都是在戊戌至辛亥时期的西方近代地理学思想和知识体系传入的背景下形成的。邹代钧、丁谦、张相文、王先谦等普遍使用域外文献来补正中国地理资料的不足这一方法。王先谦非常推崇英国雷文斯顿(Ravenstein)《万国新地志》(何育杰译,上海通社1902年版),认为其"纲领完密,英伦尤详",并在著《五洲地理志略》(1910年湖南学务公所版)一书时以该译本和《瀛环志略》为

---

① 朱维铮校订:《章太炎全集》(三),上海人民出版社1984年版,第157页。
② 刘师培:《安徽乡土地理教科书·叙》,国学保存会1906年版。
③ 参见拙文:《清末地理学共同体的形成与近代中国地理学的学术转型》,载钱伯城、李国章主编:《中华文史论丛》第58辑,上海古籍出版社1999年版,第278~319页。

主,广泛参考了樋田保熙译《世界地理志》、出洋学生编辑所译矢津昌永著《(中学)万国地志》,周起风译述、中村五六编纂的《万国地理志》,吴启孙编译、矢津昌永著《世界地理学》,以及谢洪赉的《灌寰全志》、辻武雄著《五大洲志》、许彬等译《五洲图考》和学部编译图书局出版的区域地志,用这些域外舆地新志中的材料与传统地理著作相互合校印证。引用的中外文献多达近 90 种。1908 年张相文的《新撰地文学》努力采用国外新学说研讨本国资料,"参酌东西各大家学说及已译善本,博采旁搜凡数十种",重视引进国外新的地学理论,如述及太阳系的形成时,就介绍了康德及拉普拉斯的星云说:"自德人康德《地球自然史》、法人拉普来《天体发生论》同时成书,而天地进化之理之明,为十八世纪以来民智一大进步。"[①]这种新的研究方法来源于新的知识结构,新的知识结构在晚清的地理学专业共同体——中国地学会的成员中形成,是与戊戌至辛亥时期的西方近代地理学思想和知识体系的输入密切相关的。而这种崭新的知识结构使近代地理学者的专门之学,从根本上与传统儒生的专治一经区别开来。这些标志了清末地理学已完成了从传统到近代的转型,中国地理学开始步入了近代学术的范畴。中国地理学从传统向近代的学术转型,正是引进、吸收和融会西方近代地理学思想和知识体系的直接结果。

(原文载《近代中国》第 10 辑,<br>作者:邹振环,复旦大学历史系教授)

---

① 张相文:《新撰地文学》,上海文明书局 1908 年版,第 2 页。

# 国民意识与清末革命进程

廖大伟

"民智幼稚"是立宪派反对共和革命的一大理由,但其国民意识的启蒙和扬播却与革命派的追求不谋而合,从而客观上为辛亥革命打造民众基础作出了贡献。关于清末国民意识的研究,近年来学术成果颇丰,不过从政治史的角度,着眼国民意识与辛亥革命的关系,探讨革命派和立宪派在国民意识启蒙和扬播这一过程中的异同,目前尚付阙如。①

## 一、历史话语:近代"国民"的最初阐述与界定

"国民"一词,古已有之,《左传》"先神命之,国民信之",此"国民"强调地域概念,意指本国人。封建时代,"国民"一词很少使用,"中国人不知有国民也,数千年来通行之语,只有以国家二字并称者,未闻有以国民二字并称者",②更多使用的是"臣民""顺民""庶民""黎民"等反映上下的字眼。近代话语"国民",政治色彩浓郁,有着特定的近代涵义,与古代"国民"截然不同。

"国民"作为近代名词自康有为开始使用,它与"臣民""顺民""庶民""黎民"相对应。1898年六七月间,变法维新之初,康有为在《请开学校折》里用了两个新概念:"国民学"和"国民"。"国民学"是指欧美各国的近代新式教育,即"教所以为国民,以为己国之用,皆人民之普通学也。"③"国民学"要"教成国民之才",此处所谓"国民"并非一般的国人,它是通过新式教育而培育成的富国强兵有用之才。康有为认为只有办近代学校才能培育国民,其为国家长远之大略,"夫养

---

① 近年来清末国民意识研究主要学术成果有梁景和:《清末国民意识与参政意识研究》,湖南教育出版社1999年出版;严昌洪、许小青:《癸卯年万岁——1903年的革命思潮与革命运动》,华中师范大学出版社2001年出版;沈松桥:《国权与民权:晚清的"国民"论述,1895—1911》,(台湾)《"中央研究院"历史语言所集刊》第73本,2002年出。
② 梁启超:《论近世国民竞争之大势及中国前途》,《饮冰室合集》第1册(四),中华书局1989年版,第56页。
③ 康有为:《请开学校折》,汤志钧编:《康有为政论选》上册,中华书局1981年版,第306页。

人才,犹种树也,筑室可不月而就,种树非数年不荫,今变法百事可急就,而兴学养才,不可以一日致也"。① 康有为的"国民",一开始就同"新式教育""强国""长远之计"等相关联,显露其直接为维新变法服务的特征,即所谓"鼓荡国民,振厉维新",②不过他此时的"国民"虽包含"兴国振邦"之才的涵义,但并没有否认特权,强调平等,并没有对此概念作具体的界定,所以使用时有模糊性。

最早是梁启超给"国民"作了初步界定。1899年梁启超在《清议报》上发表《论近世国民竞争之大势及中国前途》一文,在这篇文章中,他将"国家"与"国民"作为对立统一的概念加以阐发,认为国家是封建专制社会中皇权至上的产物,"国家即朕","朕即国家",国家一直被视为私产,是家族相分相角而"化家为国"的结果。"国家者,以国为一家私产之称也。古者国之起原,必自家族。一族之长者,若其勇者,统率其族以与他族相角,久之而化家为国。其权无限,奴畜群族,鞭笞叱咤。一家失势,他家代之,以暴易暴,无有已时,是之谓国家"。③ "国家"既为一私家,就与"国民"相分离,从而导致"国土云者,一家之私产也;国际(即交涉事件)云者,一家之私事也;国难云者,一家之私祸也;国耻云者,一家之私辱也。民不知有国,国不知有民"。④ "国民"恰恰不同,梁认为"国民者,以国为人民公产之称也。国者积民而成,舍民之外,则无有国。以一国之民,治一国之事,定一国之法,谋一国之利,捍一国之患。其民不可得而侮,其国不可得而亡,是之谓国民"。⑤ 梁启超的这段话,是近代最早自觉阐述"国民"概念的文字,它提示了国家与人民之间的关联:国由民而成,国为民所有,国家与国民是整体与局部的关系,相辅相应,不可分离,国事、国法、国利、国患都与民休戚相关,从而否定了封建专制时代的"朕即国家"观。梁启超所阐发的这个概念虽还不够完备和系统,但开始注重国民主体在治理国家中的重要作用却已十分明显。"它是清末国民意识在少数先进知识分子意识中的最初反映,无疑为清末国民意识的生成和发展作了最初的思想导引"。⑥

梁启超对"国民"概念的阐发和界定,源于他对西方理论的学习、理解和接受,也出自对现实政治的不满和感悟。他引入和介绍西方国家学说,力图启蒙国

---

① 康有为:《请开学校折》,汤志钧编:《康有为政论选》上册,中华书局1981年版,第307页。
② 康有为:《请开学校折》,汤志钧编:《康有为政论选》上册,中华书局1981年版,第306页。
③ 梁启超:《论近世国民竞争之大势及中国前途》,《饮冰室合集》第1册(四),第56页。
④ 梁启超:《论近世国民竞争之大势爱中国前途》,《饮冰室合集》第1册(四),第60页。
⑤ 梁启超:《论近世国民竞争之大势爱中国前途》,《饮冰室合集》第1册(四),第56页。
⑥ 梁景和:《清末国民意识与参政意识研究》,第11页。

民意识。他在 1901 年《清议报》上发表的《国家思想变迁异同论》一文中指出："国家者,本于人性,成于人为","国家者,同一之国民,自然发生之团体也","国家为人民而立者也"。国家精神即国民精神,国民意识即国家意识,"国家与人民一体,……人民之盛衰,与国家之盛衰,如影随形"。"有治人者,有治于人者,而无其级。全国民皆为治人者,亦皆为治于人者。一人之身,同时为治人者,亦同时即为治于人者。"①

立宪派从国家与国民的关系阐发和界定"国民"概念,革命派从奴隶与国民的不同来加以区别。邹容在《革命军》中指出:"一国之政治机关,一国之人共司之,苟不能司政治机关,参预行政权者,不得谓之国,不得谓之国民,此世界之公理,万国所同然也。"他说:"奴隶者,与国民相对待而不耻于人类之贱称也。国民者,有自治之才力,有独立之性质,有参政之公权,有自由之幸福,无论所执何业,而皆得为完全无缺之人。"②而能否成为国民,革命派认为关键在民众自己的主动和努力。国民者"天使吾为民而吾能尽其为民也",奴隶者"天使吾为民而卒不成其为民也"。"故奴隶无权利,而国民有权利;奴隶无责任,而国民有责任,奴隶甘压制,而国民喜自由;奴隶尚尊卑,而国民言平等;奴隶好依傍,而国民尚独立。此奴隶与国民之别也。"奴隶与国民的本质区别在于有无独立意识和自由平等权利思想。③

由此可见,从政治的概念对"国民"加以阐发和界定,革命派与立宪派基本相同。

## 二、救亡图存:国民意识启蒙的时代背景

近代国民意识的产生源于对君主专制主义的斗争,出于救亡图存的时代背景。国民作为权力主体与君主专制相抗衡,这种观念在 19 世纪末由日本、欧美传入我国。康有为、梁启超、严复等人对国民素质的关注逐渐表现为权利主体意识的增强。以国民概念取代臣民概念,呼唤国民意识,淡化臣民意识,这在立宪派和革命派的理论中形成一种相行不悖的趋势。

---

① 梁启超:《国家思想变迁异同论》,《饮冰室合集》第 1 册(六),第 13—16 页。
② 邹容:《革命军》,张丹、王忍之编:《辛亥革命前十年间时论选集》第 1 卷下册,生活·读书·新知三联书店 1960 年版,第 654、671 页。
③ 《说国民》,《国民报》1901 年第 2 期。

甲午战败，举国震动，救亡图存成了时代呐喊，朝野共识。然而，如何救亡，怎样图存，由于抱负、理想和认知的不同，事关各方利益要求和未来政治走向，所以各政治力量在这个由外压而内化的问题上均有自己的寄托、思考和实践。

清廷为代表的执政力量，着眼于君权帝制，考虑的是大清江山，于是以练兵、新政、仿行立宪来应付内外，其中既有求强之心，又有不得已的让步之意。他们中的一部分汉族官绅，由于不满专制保守，逐渐从思想到行动游离出来，最后选择了彻底的背叛。近代知识分子的两股力量，以孙中山为代表的革命派始终坚持武装暴力和宣传鼓动的革命实践，从不放弃创建民国、民主共和的追求和主张，以康有为、梁启超为代表的立宪派，前后的思想与实践随时势变迁有过变化调整，前期努力民权诉求，眼睛向上，争取朝廷改良维新，后期提倡君民立宪，视野朝下，改变了思维方式，把对社会客体的思考转向对社会主体的探讨，把救国与国民意识联系起来。

曾经有论："揽中国之大势，十年之路，世变亦亟矣。甲午以后，欲雪割地赔款之耻，于时人人言自强；庚子以后，欲弭赔款失权之憾，于时人人言自立；至于癸卯以来，日俄开衅，战事延长，穷其结果，国患方迫，于是忧时之士，人人则言自存。十年之内，国势三变，故其士夫议论，即各因其时会之缓急以为轻重。三者之持论，虽有不同，要其救国之心，未始或异。盖必自存而后能自强、能自立。未有不能争自存而可强可立者也，天演家物竞争存之旨莫要于存其所最宜。"① 一个民族，到了生死存亡的紧要关头，必会全力探寻究竟问题所在和返魄还魂宝方。

清末十年间有许多救国方案，有变法维新的改良救国论，有推翻清王朝的革命救国论，有发展经济的实业救国论，还有文化救国、科学救国、文学救国、教育救国等等方案。但每一个方案的努力都得到这样一个启示：救国是一个系统工程，是一个综合事项，最终将落实到人，落实到占人口大多数的民众。于是思考的重点集聚在国民与国家的关系上，把塑造国民与救国这两个层面联系起来，注重民众，启蒙民众，改造国民素质，呼唤国民意识，便成了当务之急，首选之事。立宪派把救国的思考点从客体转向主体，而这正是革命派一贯的实践和坚持。

革命派指出，中国已到了生死攸关的重要时候，20世纪的中国"不兴则亡，不亡则兴"。② 而振兴中国，必须启蒙民众，唤醒国民意识。西方因"国中有国民

---

① 《自存篇》，《新闻报》1905年5月8日。
② 《二十世纪之中国》，《国民报》1901年第1期。

而无臣民,有主人而无奴隶"而强盛,中国衰败并受列强欺侮是因为"以我无国民故也",所以欲救国,必先造就国民,使民众有参政意识,参与国事,对国家命运和国人命运进行主宰。呼唤国民意识,就是"在种吾民革命种子,养吾民独立之精神,而可一言以蔽之曰:民权而已"。"民权之集,是为国权;民而无权,国权何有?"①立宪派指出,"国家之盛衰强弱,必视国民之力以为衡"。② 民弱则国弱,民强则国强,民穷则国穷,民富则国富,"其民在权者谓之有权国,其民无耻者谓之无耻国"。因此,"今欲极言新民(即国民——作者注)为当务之急"。③ 革命派与立宪派都感到呼唤和倡导国民意识的重要性,彼此都意识要为此努力。正是救亡图存的时代背景,革命派与立宪派在这个问题上达成共识和默契,国民意识于是在这样的社会历史条件下开始启蒙和扬播,并逐渐呈现社会思潮之象。

### 三、论异行同:革命派与立宪派关于国民意识的论争和扬播

清末,革命派和立宪派都积极主动地呼唤和倡导国民意识,他们利用创办报纸、组织社团、举办教育、文艺宣传等形式启蒙和扬播国民意识,并以身作则,作出表率。正是由于革命派和立宪派的倡导及国民意识本身具有的张力,特别是这种思想意识被包括留学生在内的一部分知识分子、开明绅商所认同,甚至被部分普通民众所接受,遂生成一股物质力量,成为辛亥革命取得胜利的一个重要缘由。

"民智是民权之本"的思想,是严复、梁启超等人的共识,他们把"新民"放在首位,用报刊廓清民众的思想,培养民众的国民意识。在"救国新民"理念的指导下,《循环日报》《中外纪文》《强学报》《时务报》《国闻报》《清议报》《新民丛报》等报刊媒体起到了"政治宣传家"、"精神导师"的作用,担负起"救亡图存"、"思想启蒙"的使命。

革命报刊更注重"反清和民权",孙中山具体指导了《民报》的创办和前期的编辑工作,明确了《民报》的使命是将革命的主义"灌输于人心"。该时期著名的报刊有陈少白主编的《中国日报》、章士钊主编的《苏报》、章太炎主编的《民报》和

---

① 《二十世纪之中国》,《国民报》1901年第1期。
② 《论国民不可无政治思想》,《东方杂志》1906年第3卷第4期。
③ 梁启超:《新民说》,张丹、王忍之编:《辛亥革命前十年间时论选集》第1卷上册,第135、118页。

于右任主编的《神州日报》与"竖三民"(《民呼日报》《民吁日报》《民立报》)等等。革命派的"反清和民权"理念与维新派的"救国新民"理念的既有部分的冲突较量,又有内中的相辅相成。

首先,对国民文明程度的认识和评价。革命派与立宪派对国民文明程度评价均不高。前者认为"中国人以柔顺为教,特别之奴隶根性,已深入于脑浆"①,后者更是强调这一点。立宪派认为中国多年来是一个专制国家,国民程度太低,既缺乏自治习惯,也不懂得团体公益,没有当"共和国民之资格"。② 但是,革命派认为不是"我们同胞不能共和",他们的文明程度高于现在的政府,他们有资格作共和国民,国民能革命,就能实行民主共和。"中国现在的人物皆无用,将来取法西人的文明而为近世的文明而用之,亦不难转弱为强,易旧为新。"孙中山指出:"现在中国要由我们四万万国民兴起。……我们放下精神说要中国兴,中国断断乎没有不兴的道理。""将来我中国的国力能凌驾全球,也是不可预料的。"③ 其次,如何培养国民意识。康有为认为"今者广开学校为最要矣",④梁启超认为"教育之本旨在养成国民"。⑤ 革命派并不否认学校教育培养国民意识的重要性,但更强调政治体制的重要性,更强调竞争。他们认为,共和国民的各种能力不可能在专制制度下养成,只有通过革命,在实现共和制度后养成。⑥ 他们指出:"竞进者,二十世纪不二之法门",在竞争的世纪里,只有具备竞争、进取的精神,才能敢于抗衡强大的对手,争取最后的胜利。⑦ 再者,培养什么样的国民意识。立宪派要培养的是能与君主立宪相适应的国民意识,认为"国民之文明程度低者,虽得明主贤相以代治之,及其人亡则其政息焉","国民之文明程度高者,虽偶有暴君污吏,虐刘一时,而其民力自能补救之而整顿之"。⑧ 革命派要培养的显然是共和国民意识,使"举国之人皆有'我即国,国即我'之理想",从而民为自主独立之民,国为自主独立之国。⑨

---

① 《二十世纪之中国》,《国民报》1901年第1期。
② 康有为:《法国革命史论》,《新民丛报》第85~88号,1906年;梁启超:《开明专制论》,《新民丛报》第75~77号,1906年。
③ 孙中山:《在东京留学生欢迎大会的演说》,广东省社会科学院历史研究等合编:《孙中山全集》第1卷,中华书局1981年版,第278~281页。
④ 康有为:《请开学校折》。
⑤ 梁启超:《教育政策私议》,《饮冰室合集》第1册(九),第33页。
⑥ 汪精卫:《驳新民丛报最近之非革命论》,《民报》第4号,1906年。
⑦ 宋教仁:《汉族侵略史叙例》,《二十世纪之支那》1905年第1期。
⑧ 梁启超:《新民说》,张丹、王忍之编:《辛亥革命前十年间时论选集》第1卷上册,第118页。
⑨ 《论中国之前途及国民应尽之责任》,《湖北学生界》1903年第3期。转见《辛亥革命前十年间时论选集》第1卷上册,第463页。

由于各自的政治目标和途径设定不同,立宪派与革命派关于国民意识的内涵认定、价值判断和滋育途径存在一些分歧和论争,但彼此的共同点还是主要的,那就是播种"国民"种子,启蒙国民意识,提高国民素质。革命派指出:"今日者,愿吾同胞万众一心,支体协力,以求为中国之国民,并以播国民之种子。非然者,天演如是其剧,物竞如此其酷,而世界有国民之国,将群起染指于亚洲大陆极东之地。以国民而伐奴隶之兵,奴隶安有所不败;以国民而握奴隶之利,奴隶安有所不穷。此固优胜劣败之理,无可逃于天地者也。乃犹有伈伈俔俔,无一人求为国民如我中国者!"①立宪派同样认为唤醒国民意识"为今日中国第一急务"。②他们指出:"顾吾以为今日即未能为救国之实事,然不何不为救国之预备。天下固未有无预备而能成实事者也。今日我辈所以欲救国而无其道者,正坐前此预备工夫之太缺乏。今日所应为之事,宜以十年、二十年而整备之者也,唯前此不为,其窘我者犹今也。"③

为启蒙和扬播国民意识,立宪派和革命派分别作了相应的探讨和阐述,其中,梁启超发表在《新民丛报》上的《新民说》和革命党人发表在《国民报》上《说国民》较为突出。

《说国民》宣传民重思想,该文劈头便道:"今试问一国之中,可以无君乎?曰可。民主国总统,不得谓之君,招之来则来,挥之去则去,是无所谓君也。又试问一国之中,可以无民乎,曰不可。民也者,纳其财以为国养,输其力以为国防,一国无民则一国为丘墟,天下无民则天下为丘墟。故国者民之国,天下之国即为天下之民之国。""以一国之民而治一国之事,则事无不治;以一国之民而享一国之权,则权无越限。"接着对国民与奴隶作了区别,国民者"天使吾为民而吾能尽其为民也",奴隶者"天使吾为民而卒不成其为民也"。"故奴隶无权利,而国民有权利;奴隶无责任,而国民有责任,奴隶甘压制,而国民喜自由;奴隶尚尊卑,而国民言平等;奴隶好依傍,而国民尚独立。此奴隶与国民之别也"。然后该文又着重阐发了其中的内容:(1) 天赋人权思想,鼓励争权,提倡主动,"无权利者,非国民也";(2) 责任意识,"一国之事即一人之事,一人之事即一国之事","无责任者,非国民也";(3) 自由主义精神,没有自由,便不成国民,国民既不受君权压制,也不受外国压制,"无自由之精神者,非国民也";(4) 平等理念,"天之生人也,原非

---

① 《说国民》,《国民报》1901 年第 2 期。
② 梁启超:《新民说》,王忍之等编:《辛亥革命前十年间时论选集》第 1 卷上册,第 118 页。
③ 梁启超:《警告我国民》,《新民丛报》1903 年第 28 号。

有尊卑上下之分",现在贵贱尊卑是后天造成的,"故不平等者,非国民也";(5)独立精神,奴隶者,"奴颜婢膝唯唯听命,牛之马之不以为苦,盗之贼之不以为辱,敬能遂其高车驷马锦衣美食之心,则甘为一姓之家奴而不辞",而国民则不同。文章指出:"今日之中国,有国民乎,无国民乎,此二十世纪之一大问题也。中国而有国民也,则二十世纪之中国,将气凌欧美,雄长地球,固屦足可待也。中国而无国民也,则二十世纪之中国,将为牛为马为奴为隶,所谓万劫不复者也。"①

梁启超的《新民说》,实际是他 1902—1904 年间发表的有关论文汇集。在洋洋十余万言中,他就"公德""权利思想"、"自由""进步"等 16 个国民需备的要素进行了阐发,并号召时人朝此方向努力。②

国民意识的启蒙和扬播,通过新型知识分子、开明绅商及报纸刊物、书籍、新式学堂、公共场所等传播载体扩大到更广泛的社会,从而为民主革命思潮的高涨注入了强劲内涵和加速力。

## 四、"伸我国民气":国民意识与辛亥革命

不能说国民意识的启蒙和扬播是辛亥革命前唯一思想意识准备和动员方式,但它确确实实促进了辛亥革命的到来,为辛亥革命打造了更加厚实的民众思想基础。历史是前后相连续的,没有第一步,就没有第二步、第三步。辛亥革命前十年的国民意识启蒙和扬播,对扩大民主革命思想,起到了潜移默化的作用。正是这思想"范式"的巨大改变,正是这国民意识的集体形成和大众传播,为不断升级的社会变迁与王朝败亡提供了可能的背景,使得辛亥革命以不断实践的积累和愈来愈多的附和、理解与支持而完成了对清王朝的最后一击。

行动的革命,首先是思想意识的革命。革命是行动,行动得靠人完成。然而思想意识的影响和接受是一个过程,不可能一蹴而就。辛亥革命成千上万人的响应和投入,这说明多年来宣传鼓动卓有成效,其中包括革命派与立宪派共同努力的国民意识启蒙和扬播。国民意识的启蒙和扬播,不仅仅表现在文字上,有的就是实践本身。1901 年上海张园集会电阻"俄约",是国民意识的表现;1903 年拒法拒俄运动的发生,是国民意识的表现;1903 年 4 月在上海张园成立了国民

---

① 《说国民》,《国民报》1901 年第 2 期。
② 梁启超:《新民说》,张丹、王忍之编:《辛亥革命前十年间时论选集》第 1 卷上册。

公会,由蔡元培倡议,各省旅沪人士组成,当场签名入会者五六百人,嗣后又及千人,这更是国民意识的重要表现。

辛亥革命过程中,许多人正是受到国民意识的大潮熏陶而加入革命行列的。上海久成府绸庄的店员沈子槎,革命前参加了商团,随后参加了上海起义,驻守北站,南京克复前又护送军饷到南京。他回忆说,当时他们就是唱着这么一首歌投身革命的:"四万万同胞、四万万同胞都是亲兄弟……一心一意,吓！立个好团体,还我那汉山河,伸我国民气。"①

清末国民意识启蒙和扬播,事实上也给清王朝施加了压力。近代中国宪法文献中最早使用"国民"一词是1911年(宣统三年)清王朝发布的"重大信条"(又称"十九信条"),其中第七条规定:"上院议员由国民于法定特别资格中公选之"。中华民国成立后,"国民"一词在民国的历部宪法文献中都作为主权者的意义在使用。

清末国民意识的扬播和初步形成,既是时代变迁的一种反映,也是新知识阶层在救亡图存思想指导下寻求振兴中华良方的表现。首先,国民意识与当时的民主革命潮流相契合,有力地促使了民主革命思潮的高涨;其次,国民意识的启蒙和扬播或多或少地改变了人们对"下等社会"的看法,一定程度上认识到民众中所蕴藏的巨大力量;再次,国民意识的启蒙和扬播,加速了广大民众的自我认识和觉醒,为辛亥革命打造了良好的民众基础,甚至为以后传统民族精神的转型和现代民族精神的产生准备了条件。当然,还须看到,辛亥革命前国民意识的启蒙和扬播,还只是初步的,匆忙的,实际上它并没有真正解决问题。

国民意识是个常讲常新的话题,自有其常新的内容,直到今天,这个问题仍然值得关注。不过本文的重点,乃在探讨国民意识当初破题的意义,而其中革命派和立宪派的贡献,自是都不可忘却的。

(原文载《近代中国》第14辑,<br>作者：廖大伟,上海大学历史学系教授)

---

① 沈子槎:《我加入商团参与辛亥革命的经过》,上海市政协文史资料委员会编:《上海文史资料存稿汇编》第1册,上海古籍出版社2002年版。

# 试论近代中国社会传统力量对早期现代化发展的障碍作用
## ——以穆藕初引进推广现代西方科学管理理论的实践为例

朱荫贵

众所周知,中国早期现代化进程步履蹒跚、艰困重重,发展远不如人意。而在探讨其原因时,历来的目光大都集中在外来资本主义的侵略压迫和中国封建统治阶级的愚昧腐朽与保守落后,这些观点虽不为错,但并不完全。需要注意的是,中国近代社会环境以及民间传统力量等形成的障碍阻挠作用,同样是重要的因素之一,但以往的研究对这些方面的重视尚远远不够。实际上,这是一种更加广泛存在且表现形式多种多样并在各个领域中持久发挥作用的力量,在探讨近代中国早期现代化的障碍因素时,理应给予相当的重视。

本文以中国近代最早引进推广西方科学管理理论并进行实践的穆藕初的经历为例,对此问题进行探讨,以求教于学界。

## 一、穆藕初对西方科学管理理论的引进与实践

穆藕初(1876—1943),名湘玥,以字行。上海浦东人。14 岁时经人介绍进一家花行当学徒。甲午战争中国战败,年轻的穆藕初受到《马关条约》签订的奇耻大辱刺激,"心中之痛苦,大有难以言语形容者",[①]因而萌发学习西方"发愤为雄",走"实业救国"道路的大志。1909 年至 1914 年,穆藕初在美国攻读农学、植棉、纺织和企业管理。1914 年取得硕士学位之后回国。在回国后短短几年的时间里,穆藕初相继创办和经营"德大""厚生""豫丰"等规模庞大的棉纺企业。其后复,"手创上海纱布交易所,中华劝工银行,同时仍经营棉种试验场。其物由棉

---

① 《藕初五十自述》,赵靖主编:《穆藕初文集》,北京大学出版社 1995 年版,第 12 页(以下简称《穆藕初文集》)。

而纱而布,其事由农而工而商而金融,其地由海疆而中州,行将进规西北。苟无战争为之梗阻,与年寿为之制限,直不知其事业之所底止"。①

穆藕初回国后投身实业救国的经历中有一个明显的特点,就是重视引进西方式的经营管理方式并亲身实践。这一点,正如黄炎培对他的评价:"出其苦心毅力,研究机械图样,研究工场管理,而亲身执役,为同时侪辈所望尘莫及。"②除此而外,穆藕初还通过讲演、示范和编写文章等各种方法对科学管理方式进行推广。也因此,穆藕初被后人誉为"中国第一位把西方科学管理思想理论与中国工业的具体实践相结合的开拓者,是我国近代企业管理体制改革的先驱"。③

穆藕初重视对西方科学管理理论的引进和推广,与他的经历有密切关系。

在美国留学时,穆藕初结识了科学管理理论的创始人泰罗(F. W. Taylor)及其弟子吉尔培莱(F. B. Gilbreth),多次同他们探讨有关现代化大生产的科学管理问题。1913年泰罗出版了他的著名专著《科学管理原理》一书后,穆藕初就与人合作翻译了这本书,并以《工厂适用的学理学的管理法》为名,由中华书局于1916年出版发行。这是中国近代最早介绍西方科学管理理论的译著。

穆藕初在留学美国并亲身考察西方企业管理的基础上认为,振兴实业的要点有三:一曰原料,二曰制造,三曰市场。"三者缺一即无以跻国运于隆盛。"他认为:"吾国位在北温带上,气候适,土质肥,农产矿藏甲于全球。以言原料既无缺乏之虞;吾国人口超出四百兆以上,日常消耗额至巨,偌大市场又为他国所无。"但是"环顾国境以内,实业界之凄凉情状是足令人骇心,果以何因缘而遭此颠踬欤?"他问道,是"我国人士之智慧不若人,抑缺乏制造能力乎?"回答是:"否、否、不然。"那么原因何在呢?他认为,中国实业未能进入振兴的轨道,原因不是别的,就是"缺乏实业界适用之人才而已"。他进而将实业界适用的人才分为两种。一种是科学人才,一种是管理人才。他解释说,科学人才就是技术家,在制造业上占有重要地位,凡原料之配合、产品是否快速与优良,都与其有关。这种人才一个工厂中至少应有一二人至七八人不等。但是管理人才在事业管理上所占的地位更为重要,凡是增进精良之产品和产额,节省无谓之消费,都与其有直接的关系。这种人才与工厂是否兴旺,国家富源能否得以开拓,都有直接间接的关系。在一个企业中,自经理以下的各部门,如经济部、货物部、机械部、储藏部、

---

① 黄炎培:《追忆穆藕初先生》,载重庆《新华日报》1943年10月6日第三版。《穆藕初文集》,第1页。
② 黄炎培:《追忆穆藕初先生》,载重庆《新华日报》1943年10月6日第三版。《穆藕初文集》,第1页。
③ 唐国良主编:《穆藕初——中国现代企业管理的先驱》,上海社会科学院出版社2006年版,"序"。

劳作部、杂役部,以及稽查、督率、装潢、输送等各部分,在在须得相当之人。如果一个部分职守松弛,结果可能是"全局蒙其痛苦",因而"管理人才所负责任为至重也"。他认为,仅仅有科学人才而缺乏管理人才,其失败难以避免;如果获得管理人才,即使科学人才一时未得相当之人为之辅助,事业上虽然有缺憾,但因"以管理得人故,竟能措施合宜,立足于不败之地"。也因此,他得出结论:"吾国工业不兴,实以缺乏管理人才故。"①特别是在创办大规模之工厂时,"管理法为最要之一点"。②

也就是说,穆藕初认为管理人才处于决定一个国家实业能否振兴的非常重要的关键地位,而管理人才最重要的一点又必须懂得科学管理理论,因此,他在1914年回国后创办纱厂的紧张日子里,将泰罗关于科学管理的著作翻译出版,引进中国。

穆藕初解释自己之所以要翻译《科学的管理法》一书时说,泰罗所著之《科学的管理法》一书,出版仅两三年时间,就已译成英、法、日、德、俄、荷兰、西班牙等国文字,已达十余国。他回忆在美国时,他曾与泰罗和他的弟子吉尔培莱反复讨论该书,"获益甚多"。他认为,该书的精要在于"节省时间、精神、物质"。③ 关于自己关注管理法的起因,穆藕初介绍说,是在出国留学之前八九年的时间里,他"厕身地方诸政要中,默察各事张弛之由",结果发现,关键在于"胥属于管理其事之得人与否"。因此他"留美学农,于农场管理法尤所注意。卒业后,至美国南方塔克塞斯境研究植棉及纱厂管理法,深佩彼邦人士于管理上种种方法推究入微,凡有所利,无不力图,凡有所病,无不力除"。得到泰罗的《科学管理法》一书后,他"一再披览,于以恍焉悟美国实业界管理方法之精进,实此辈先觉左右指导之功居多"。穆藕初认为,《科学管理法》一书,是新管理法的鼻祖,出版未几,即风行全球,各国均有译本刊行于世,但是,"惟吾中国尚未有人为我一般实业家介绍焉"。因此他回国之后,"即于百忙中译之","希望百业早日振兴"。他认为,"此书所载事实虽借钢铁业发端,用其道以施之各业,无不推行尽利"。如能进而"得一般有志改进家,熟按此书所载方法,引申触类变通,化裁而妙用之",则"无论个人与家庭,社会与国家,种种事业,参用此项新管理法,无不立收奇效"。④

---

① 《学理的管理法自序》,载《穆藕初文集》,第219~220页。
② 《藕初五十自述》,载《穆藕初文集》,第38页。
③ 《藕初五十自述》,载《穆藕初文集》,第38页。
④ 《学理的管理法自序》,载《穆藕初文集》,第220页。

穆藕初之所以热心推广介绍西方的"新管理法",是他认为:"科学管理不论在工厂或公司,都有极大的关系和用处。"特别是在工厂或公司的管理人才之中,经理"首先非懂得科学管理法不可"。他说:"在我的眼光中,一百个经理中没有几个能具有做经理的资格,因为他自己不明了经理的作用在哪里。"他结合自己回国后创办纱厂的事例来做说明:"从前我在郑州开办纱厂,有人也在邻近地方开办一纱厂,而且很明白表示要打倒我这个纱厂。我初听了倒有些不安,我派人调查他是怎样的一个人。后来调查明白:他每天在厂里,拾纱筒管,什么小事他都做。我听了就说这个人不能与我竞争,因为他忘记了自己经理所具的职责,而对于细小事情,事必躬亲,就不配做经理,哪能使厂发达与人竞争。"穆藕初进而介绍他对"经理"二字的理解:"'经理'两个字在英文中除了 Manager 以外,还有一个叫 Overseer,用中国话来说,就是监督的意思。假使你是管理着四五十个人的人,那你就得对于每个人的个性能力和工作都看得很明白,那办起事来才有良好的效果。"他又说,"还有一个英文 Director,它的意思,就是指挥者,所以做经理的人,只要指挥人家去办事,而不需凡事都自己去动手。有监督指挥人家的才干,才配做经理"。①

穆藕初归国创办纱厂时,即身体力行,将这些体会和理论应用于实践中。他组织了一个资本 20 万两的纱厂。本着泰罗"节省时间、精神、物质"的管理法精髓三大纲,从事工厂的建设工作。在"筑建厂房、安排机件、规划督策"等方面,都"一一亲任其劳"。穆藕初回忆当时社会上一般的做法是,"纱厂之工作,均托之于工头。厂内各部,并无稽核调查及各种报告。纱质之良否、出数之多寡,悉听之于工头。所谓经理者,仅管钱财及营业而已。虽间有内容尚为整齐者,亦属至少之数"。为改变这种状况,穆藕初在工厂开机前后约计半年,日间进行督策工作,夜间创制各种报告表格,每日操劳达十四五小时,②改变了以往各纺织厂建厂靠工头,进度无报表的传统管理形式。而且,穆藕初创制的报告式样,"为后来各厂普遍采用",③将中国棉纺织业的管理水平推上了一个层次。

其次,他采用各种办法运用他的知识力图提高产品质量,他说:"是时,市上棉纱舶来品尚多,其纱质之精良,售价之高昂,以日本纱为最。"为达到和超过进口纱,穆藕初"搜集市上最佳之纱若干种,逐一检验其优点所在",并把各纱的优

---

① 《科学的管理法》,载《穆藕初文集》,第 522、523 页。
② 《藕初五十自述》,载《穆藕初文集》,第 39 页。
③ 《穆藕初先生传略》,载《穆藕初文集》,第 604 页。

点汇集于本厂所出之纱,结果,不出数月,质量"竟脍炙人口,翌年,北京赛会得列第一"。① 《密勒氏评论报》针对穆藕初取得的成绩评论说:"当时一般人认为,中国是永远不能在棉纱工业方面和日本人竞争的,任何促进这一工业发展的努力也注定是徒劳的。然而穆先生作为经理对德大纱厂的出色管理否定了这个不适宜的结论。"②

穆藕初归国之时,正值中国近代棉纺织业大规模兴起之际。至 1911 年清朝统治结束之时,中国的近代棉纺织厂已有 20 余家,此后继续快速增长,到 20 世纪 20 年代初,大约已有 50 多家棉纺织企业出现。南通的张謇大生企业集团、无锡的荣宗敬、荣德生企业集团、周学熙的华北华新纺织公司和南洋华侨商人郭氏兄弟为首的永安纺织公司等大型棉纺织企业集团都是在此时期产生。这几大纺织集团的创办者,张謇是传统士大夫,状元出身,荣家兄弟是传统商人出身,周学熙为北洋政府官僚出身,郭氏兄弟为华侨商人出身。他们在企业的经营管理上都有自己的特点,穆藕初作为学习并研究过西方"科学管理法"的洋硕士,显然具有自己独特的优势。

穆藕初运用自己掌握的理论知识取得实际经验后,在经营管理方面进行了一系列改革和创制。如上所述,他非常重视管理,认为管理比科学还要重要,"因为在最不科学的国度或团体里,也是少不了管理的"。③ 因此,他对当时一般的纱厂管理进行了一系列改革,首先针对工头制进行了改革。

当时通行的纱厂管理,都是工头负责制。在工头制下,纱厂管理系统分为文场和武场两部分。文场实际上就是账房,只管账,不过问生产;武场直接指挥生产,其头目就是工头,一切大权都掌握在工头手中。但是,工头大多是无工厂技术知识、不懂管理的人,有些还是封建帮中的人,这些人对生产的管理完全按照自己的习惯和主观意愿行事。穆藕初对这种现象进行了尖锐的批评:

"是时纱厂之工作,均托之于工头……纱质之良否,出数之多寡,悉听之于工头。"④

"重权握于无知工头之手,以转动机器为能事,不明技术为何物,机器损坏不

---

① 《藕初五十自述》,载《穆藕初文集》,第 39 页。
② 邝富灼编著:《现代之胜利者》,商务印书馆 1923 年版。转引自穆家修、柳和城、穆伟杰编著:《穆藕初先生年谱》,上海世纪出版股份有限公司上海古籍出版社 2006 年版,第 104 页。
③ 《科学管理》,载《穆藕初文集》,第 574 页。
④ 《藕初五十自述》,载《穆藕初文集》,第 39 页。

知修,零件失落不知补。"①

"工人则由工头任意招呼,对于以前工作成绩如何,既无严密之考查,对于任用以后之工作效能,又置诸不问。虽有一二励精图治之人,欲以工作效能之优劣为进退升降及赏罚之标准,亦复形格势禁而无所用其长。"②

整个生产过程"并无稽核调查及各种报告"。③

显而易见,这种管理状况正好与泰罗的科学管理法所要求的规范和原则形成鲜明的差异。并且,也可以看出,穆藕初的批评无疑也是以泰罗制的规范原则为基准的。因此,他决心建立起一套以泰罗制理论精髓为蓝本的管理制度体系,主要分为以下几个方面:

第一,建立新的生产指挥系统。其特点是总经理负责制,总经理掌握企业的人事任免权,总经理下面设科室、车间,直接负责对生产的指挥调度;科室、车间的负责人主要由工程师和技术人员担任;工程师和技术人员负责制定生产操作、原材料消耗、设备工具使用维修等各种技术操作的规范程序和指标。穆藕初追求的是"施之以精密之管理"这样一种管理状态,因为这样就可以使"各工人不空费时间,不耗费材料,且能爱护机件,尊重厂规,惟日孜孜,尽心工作"。

第二,建立起比较科学的用人制度。雇佣的工人必须经过考核,工人或工头可以推荐自己的亲友入厂,但必须通过厂方的考核,解雇工人必须按厂规,工头不能任意解雇工人,这样一来,就把用人置于比较客观的规范性的制度之下,从而改变了"由工头任意招呼"工人的状况,破除了工人对工头的人身依附关系。

第三,建立对工人进行比较严格的科学训练制度,以使工人的操作规范化。穆藕初认为:"出纱之优劣,三分在机器,七分在人为。"使工人受到一定的科学训练,使其操作规范化,这样,就能够在其他条件不变的情况下提高单位时间的产量和产品质量,这是泰罗管理理论中的重要原则。中国的机器工业历史很短,工人大多来自农村,因此,泰罗的理论中这一原则对中国的企业具有更重要而紧迫的现实意义。穆藕初在自己的企业中兴办职业学校,举办短期培训班,实行养成工制,使工人的操作水平大大提高,以致其他各纱厂也纷纷请其为自己代培技术工人。

第四,建立严格的财务管理制度。财务管理制度是现代企业管理的一个十

---

① 《救济棉业计划案》,载《穆藕初文集》,第308页。
② 《我国棉纺织业之前途》,载《穆藕初文集》,第346页。
③ 《藕初五十自述》,载《穆藕初文集》,第39页。

分重要的方面，它对生产过程、供销过程的控制和总结的作用对现代企业来说是不可或缺的，而在中国，当时许多企业还采用简单的流水账式的旧式会计方式来管理财务，有的干脆无账可言。企业在资金运用上家、厂不分，甲厂与乙厂之间混用，公积金与股息红利混淆，总之，完全就是一笔糊涂账。其后果，必然是资金使用混乱、浪费。①

穆藕初对此情况早有了解。在留美期间，他去现代化农场考察时，农场财务管理的制度十分严格有效，给他留下了深刻印象："各部收支，均以部长签字为凭，各部簿记，分门别类，不容紊杂，即植棉部，或八百亩为一段，或一千二百亩为一段之账籍，亦由各段长主管，一律条分缕析，故至年终结账，不惟全部之盈绌，一望而知，即分部分段之盈绌，亦一目了然也。"②这种严格的财会核算使穆藕初大为赞叹，所以，当他办企业后，便十分重视建立起一套新的财会核算的管理制度。

穆藕初总结说，"管理是一种特到之学识，大半出于天然之经历"，因此对于前人在"管理工厂上觅出之心得，仅可认为管理方法之酵母而变化灵动，应付咸宜者，则在乎管理家心思之绵密，及脑力之灵敏上讨生活焉"。③他认为管理方法千头万绪，"惟在当事者全神贯注，不少松懈，果能遵斯道以行之，则纺织业中，虽一时未得专门人才，而与世界纺织业家相搏战"，"未始不可以竞存于现时代，而卓然立一赤帜也！"④

## 二、穆藕初创办实业推广科学管理过程中经历的障碍和挫折

但是，历经几千年形成的自成一体的文化和历史传统的巨大影响力，绝不可低估，即使是在变化剧烈的近代中国，也是如此。穆藕初回国创办实业和推广西方科学管理之路，在取得相当的成绩之时，也注定了此路会坎坷重重，难以平坦。证之此后史实，也确实如此，沉重的压力加上势单力薄，终于使穆藕初心灰意冷，退出了他费尽心血创办的纺织厂。

---

① 以上参见赵靖主编：《中国经济管理思想史教程·穆藕初章》，北京大学出版社1993年版。
② 《游美国塔虎脱农场记》，载《穆藕初文集》，第69页。
③ 《纱厂组织法》，载《穆藕初文集》，第86页。
④ 《纱厂组织法》，载《穆藕初文集》，第87页。

总起来看,穆藕初遭遇的障碍和阻挠,大体可分以下三种层次:

一种是在工厂管理中遭遇的国情限制,穆藕初曾经回忆说,当他创办第一个纱厂的时候,他依据在美国看到的一个女工可以管理1 000纱锭的经验判断,认为管理400个纱锭所需的两个工人的劳力是可以节减的,因此他挑选了40个精壮的女工,试行采用减少一人只用一人管理一部车400个纱锭的办法,他将每个女工的工资都由四角提高到六角,先前两人管理一部车的,现在改为一个人管理一部车,并于试验之时,亲自到工厂视察,结果发现不仅可能而且绰绰有余,产品的数量和质量也都和以前一样。可是三天以后,这些女工都来向他反映说再做下去要生病,所以不愿再这样做下去。穆藕初一再改选其他女工,结果都是如此。后经调查才明白,原来其余400女工不许她们做,因为这样改革以后,其余的200女工势必失业。因此大家不许这40女工做,"如再做就得吃生活(挨打)"。穆藕初明白了这种情形以后,"觉得失业的问题也不得不加以顾虑",为此改变了前项办法,"按废花的减少程度来酌加工资,藉以奖励工作的勤慎"。结果工人数量没有减少,棉花浪费的程度却减低了,以前每车出二磅废花的,隔了一个星期,每车仅出了一磅废花。工钱虽增加了,"而废花少了,计算起来还是上算"。①

第二种是周围社会环境对兴办实业的干扰和阻挠。穆藕初在购买土地兴办纺织厂时就遭遇了这样的一件事:

1916年夏,穆藕初开始着手购地,建造第一个纺纱厂。他在美国留学时,感受到欧美各国建设工厂时,在选定原料、人工、市场相宜之地点后,该地人士对于有志创办实业者都非常欢迎,甚至有时候有些当地有实力的团体如商会等,还出资购办厂址举以奉赠。因为他们"深知设厂以后,该厂所在地之居民胥受其利,而该地商业之发展、经济之富裕,凡百事业直接间接俱利赖之。为地方上公共利益计,所以不惜牺牲竭诚罗致也"。但是他发现,"我国人昧于此义,且感于小己之私利,往往百计阻挠,出其鬼蜮伎俩,求饱私囊,大有不达其目的不休之慨"。穆藕初在上海市外接近新辟马路处所,欲购一数十亩整块之田地,不能不借重地贩。迨购地成交,又不能不借重乡董与地保。于是地贩、乡董、地保闻有人欲购置土地建立工厂,莫不如蚁之附膻,如蝇之逐臭,群相勾结,群相把持,群相欺蒙,经年累月,卒不能定。由于穆藕初得知其弊,故秘密托一地贩购厂基四十亩。估

---

① 《科学管理法》、《科学管理》,载《穆藕初文集》,第527～528、572～573页。

计经过两个月时间可实现意愿购到土地。在此期间，不断有其他地贩来询问穆藕初是否购地，穆藕初均否认之。但是事实终无法完全掩盖。一日，忽有穆藕初的旧友某君来访，"某君乃余所购地处之乡董也"。该人询问穆藕初底细和究竟，并竭诚献殷勤。穆藕初知道无法再瞒，"且所购各地业将告竣，故直告之，并许以酬报"。不料该人数日后复来，告诉穆藕初说所购之地的中部有一块约二亩许，须高价出售。穆藕初询问"其每亩何价？答云约需万金"。而穆藕初与某地贩所订购地的限价，每亩仅为1 200两。穆藕初听后暂且忍之，而询其如不出此价将若何。该人即开出四条件为："一、延期购地，太急恐难成事；二、划减滨河之地，而多购距水较远之地；三、加价；四、调换地段。"穆藕初听后笑对该人说："余与君系故友，不便唐突君。余并非托君购地，何条件之有？"该人语塞，临行时对穆藕初说："君所托之地贩不堪讼累，将远遁矣。"穆藕初随之将所托之地贩招来密谈，询其如何应付若辈，是否愿意听穆藕初的调度而对付彼方，或听彼方之唆使而逃遁。该地贩回答愿听穆藕初的调度。穆藕初即将彼方抽去二亩之事告知并详加研究。经过交谈，穆藕初了解到，该地贩已将购买二亩地的定洋200元，交与有地二亩之业主，而彼方将业主60余岁之老母藏匿他处，并诱其母与彼方另立契约，借洋商出面以为依靠，而主其事者实一买办，亦是穆藕初的一个旧友。于是穆藕初先向各方进行疏解，以彼此同有交情，息此争执为好。但同时表明态度，决不同意加价收买，而助长此种阻挠实业利己损人之恶习。在疏解无效之后，穆藕初认为交情既穷，即走法律途径处理。"先将洋商摒之事外，于是由公堂出传票，将主持其事之某买办提究，不到再传，又不到，牌票拘拿。"彼方知此事已失败，转而托股东向穆藕初疏通，希望略为加价购地，以顾全面子。穆藕初坚拒之，不同意增加分文，"且谓彼辈若有面子，亦不致作此种行为矣"，①后竟不加分文，而完成购地手续。

第三种是在经办实业过程中，与董事股东等企业同事间因理念、追求、资金、人事等等方面产生的矛盾。这里同样以穆藕初在"五十自述"中记载的事例为例：

1923年，中国纺织业的黄金时期已过，竞争日烈。为求生存，穆藕初的工厂规模扩大，但资本仅120万两，因此穆藕初建议董事会增资80万两，方法是除将1921年存厂的股东红利30万两划作资本外，再添50万两，照股匀加。此议案

---

① 《藕初五十自述》，载《穆藕初文集》，第41～42页。

是在农历二月初十日和三月初十日两次董事会上都获得通过,但三月十五日以后,传闻某股东反悔前议,穆藕初即向他竭力解释:"谓大局如斯,资本不能不加,若股东不维持,他人焉能越俎代谋。设因周转不灵而致搁浅,不但偌大实业一蹶不振,而股东责任所在仍不能袖手旁观,故实际受亏者,决在股东,他人不与也。某君唯唯。"但到二十二日开紧急董事会议,决定即日付款。而"彼此推诿,款仍不交。二十四日又开紧急会议,仍议决即日付款,而该款仍不交。二十七日又开紧急会议,又议决即日付款,而该款直至三月三十日上午十时,方始陆续交下"。而此时"到期款有 170 万两,往来款 50 余万两","金融界顿起恐慌,咸来坐索,并质余三底长期为数如许之巨,总理何不早日筹划款项,直至今日到期尚无眉目,实不能辞疏忽之咎"。穆藕初略作解释后,"即将董事会议决案宣示大众,众始恍然"。众人又询问穆藕初说此厂已无形中搁浅,而"有限公司股东不负经济责任,君应如何料理,庶不牵动金融?"穆藕初回答说:"此厂系四股东所独有。董事七人中,某董之股份由某某两股东借与之,其余两股东以某两大股东经理之资格,故得有股份。以无股份之人而充作股东,此不合于公司条例者一也;此厂由余经办以来,盈余达 107 万两,并未开过股东会,一切大事悉由董事会议决之,此不合于公司条例者二也。故此厂名为有限,实则无限。今不幸而拖累金融界达 200 余万两,余一人敢负责。本利归还,分毫不敢累及诸君。"众始满意而退。

虽然因为"股东江君目光短浅,昧于事而啬于财,以一人之因循,贻误大局",而穆藕初此时仍然认为"苟尽吾心力,着手整理,厂务非不可为也"。但最终穆藕初还是选择离开他为之努力的纱业这条路,迫使穆藕初离开纱厂的原因,是他讨厌而又无法避免的人事纠葛。

当纺纱业尚未遭遇困难时,穆藕初在经营中已经感觉到周围社会环境的艰难和独木难支的苦楚,用他自己的话来说,就是"盖三四千人之纱厂,凡营业、经济、制造种种事情之纲要,悉系之于一身,而事无巨细必待一一躬自整理,又何用彼百执事为?"他认为自己"向不惯于谄媚,兢兢自矢,不取非义之财以自肥,安肯奴颜婢膝为口腹计、为营私舞弊自利计而谄事他人? 以故无意中开罪于股东亦在所不免"。他知道当时有"股东派入工厂任事,而外间纷传所谓股东耳目者,颇有人施行其小慧私智,损害厂务"。导致厂内"党派纷立,互相挤轧,危言微辞,耸动股东,冀邀宠而超迁,故是年之董事会中,时多争执",以至于使得穆藕初"求去之心因之而起"。

但最终导致穆藕初去意已决的,是这样一件事:1923 年 3 月 30 日晚,穆藕初接到他人告知的一个电话,得知董事江君已决定聘任季某为协理,并已得到董事苏君的同意。而董事苏、江二人,占工厂"全部股份四分之三","故一切计划,均由二君操纵其间"。而被董事江君聘任为协理的季某,却是此前由某股东介绍来厂学习纺织,逐渐升至纱部主任的一个人。季某虽然成为纱部主任,但"于纺织工务上一切关系,仍茫如也"。还因"不惬于某股东,各股东时来余处攻讦季君,嘱余去之"。穆藕初曾为了缓和矛盾,"委曲求全,将季君与布部主任对调,以观后效"。因纱部范围大于布部十倍,"季君不自知其不满意于各股东,以为受布部主任之挑拨,而致降调",结果遂演变为纱、布两部主任"意见相左,有如水火"的局面。在此情况下,穆藕初即将季某辞退,并将原布部主任亦辞退而调至他厂任用。因原布部主任"于公事上尚能尽心",此时"罢职另调他厂者,期平季君之气而已"。

不料在穆藕初如此处理之后,在"未得全体董事会及余之同意"的情况下,董事江君即"私自聘请协理",而所聘之人,又是穆藕初所开除之人,穆藕初认为"是可忍也,孰不可忍!"故"于当晚接电话后,怒不可遏,而求去之心遂决"。

虽然穆藕初知道各董事并非决心要他离开,但在共事过程中,深感这些人"识见短浅,虽相处多年,尚不知余之为人,故以讹传讹,而演成此使余不得不去之形势"。①

## 三、小　　结

穆藕初自1914年回国后,潜心奋发,数年之间,经办实业成效突出,用他自己的话来说,是"于此六年中,余一手组织纱厂三,交易所一,银行一。年少气盛,抱服务社会之大愿,立建设事业之鸿图,快刀直入,所向无前"。②

穆藕初在短时期内取得如此骄人之成绩,固然有多种原因,但不可否认的是,他采用的泰罗的科学管理法是其中重要的因素之一,他的成功,影响和带动了中国棉纺织业整个行业经营水平的提高。

但是,在经办实业的过程中,爱国实业家穆藕初痛感国内实业界状况之不如人意,这种不如意假如抛开政治和社会大环境的内容之后来看,大体可分两层:

一层是属于企业管理方面的,当时的中国,大机器工业的兴办时间还不是很

---

① 以上均见《藕初五十自述》,载《穆藕初文集》,第59~61页。
② 《藕初五十自述》,载《穆藕初文集》,第56页。

长。这种刚从农业社会转型进入兴办大机器工业时期在经营管理上的初级水平,从他学过科学管理法的眼光看来,十分难以容忍,他说:"我国纺织业之内容非常复杂,其组织之不同,制度之各异,一国之内,参差不齐,有非意想所能及者。"①"回顾我国所谓新式工厂,寥若晨星,而其设备之幼稚,尤足惊人。全国工厂无一研究室,且多数工厂,尚采用工头制,而不知延请工程师,毫无研究,毫无设计,发明更不必论。至于出品之恶劣,机械之损坏,暗耗之巨大,虽有巧历,亦无从计算其损失之确数,呜呼悲夫!"②因此,穆藕初对提高企业经管水平十分在意,并尽其可能地运用和普及推广科学管理法。他说:"天下事,惟有自己努力最靠得住,我同业中人其勉之。"③

另一层,则是属于几千年农业社会形成的各种传统因素的障碍。而在各种传统因素的障碍中,拉帮结派培植私人势力等人事纠葛即属于"内斗""内讧"性质的因素绝对是属于阻碍和危害最大的一类。

穆藕初在办理纱厂有一定的成绩后,来邀约他另组纱厂者不少,他的意思是与其另组小厂,不如联络一气,而组织一规模稍大之工厂,因为他知道,"范围较大则实力自厚,既省耗费,又利竞争。欧、美、日本诸先进国,事业之能发皇者,赖有大组织耳"。但是他也深知:"殊不知按之我国情势,则大谬不然,何则?以经理问题、经济问题、用人问题,股东中无时不发生冲突耳。"④

在穆藕初兴办实业经管纱厂的过程中,可以说每一时期和每一环节,都充满了艰难和阻力。这些艰难和阻力,并非是科学管理方法都能解决的问题。上述第二小节中所举的几类事例,第一种是穆藕初运用科学管理法并经过变通后可以解决的。即把减少女工人数改为减少废花的事例。同样类型的事例还可以举出以下几例:穆藕初在自己的纱厂中进行财务管理改革时,内容之一是引入西方国家的复式记账方式,以纠正传统的单式记账方式的弊端。但考虑到当时的社会环境及传统势力的影响,仍然保留了单式记账方式,将其作为复式记账方式的补充,并逐渐向完全的复式记账方式过渡。由于采用了这种过渡形式,因此会计记账方式的变化并未引起大的波动即被接受。再如穆藕初对工头制度的改革也是同样。他知道,工头制不改革,科学管理企业就难以实行,但一下剥夺他们

---

① 《救济棉业计划案》,载《穆藕初文集》,第 315 页。
② 《科学教育与国货前途》,载《穆藕初文集》,第 320 页。
③ 《我国纺织业之两大责任》,载《穆藕初文集》,第 353 页。
④ 《藕初五十自述》,载《穆藕初文集》,第 40~41 页。

的特权又会招致激烈反抗，对企业不利。因此，穆藕初针对这种中国国情，依然采取逐步过渡的方式进行。首先并未一下取消工头制，而是从制定厂规厂纪等规章制度入手，要求一切职工都必须遵守。奖惩、黜陟均依厂规厂纪，这就把工头对工人的"人治"变成了企业对工人的"法治"。其次，他制定各种统计报表，要求工头必须定期填写，这就迫使工头必须懂得生产，使自己变成能指挥班、组生产的内行。他规定工人进厂必须经过厂方统一举行的考试，虽然仍允许工头推荐工人，但被推荐者同样必需通过考试。这就从根本上解除了工人对工头的人身依附关系。这些措施，在没有解雇工头，没有改变他们的名义和职位的前提下，通过改革一层层剥夺了过去工头对生产、对工人的绝对把持权，逐步推行了科学的管理法。①

第二种遭遇的阻力类型是穆藕初运用自己的智慧知识以及坚定的信念，通过努力可以得到解决。如第二小节所举穆藕初兴办纱厂购地时的事例即如此。

但是第三种类型的阻力即在经营管理企业中遭到超过穆藕初个人能力范围的事情，例如上述董事股东中不遵守董事会议决议、不按时缴纳股金以及拉帮结派培植私人势力等恶习，就不仅是科学管理范围内所能解决的问题，而是传统中国农村农业社会中长期形成的不适应大机器工业社会的惯习。但就是这样的惯习和传统，在当时的中国社会中却是普遍现象，在各种行业和领域中都存在。而且，改变这种多少年来形成的风气和传统，决非易事，也并非在短期内能够根本转变的。

穆藕初是归国留学生，是中国最早引进西方式"科学管理法"的学者型的企业家。他在美国的留学经历，他的理论学习和在美国的社会实践，都使他在归国后创办企业的实践中带上西方式色彩，进而使他的企业留下了与同时代其他中国企业不同的特点，并在社会上发挥了一定的影响作用。

但是，面对中国传统的强大和顽固，穆藕初的科学管理方法也只能在一定的程度和范围内发挥作用。在此过程中，中国的传统和国情对穆藕初的经管企业形成极大制约，迫使他不得不作出相应的改变以适应传统就是明证。穆藕初最后退出纱厂经营管理，实际上是在强大的传统力量的挤迫下，他势孤力单，心力交瘁，无力抗拒的结果。用他自己的话来说就是，当他在经理纱厂之时，深感"一事业动与社会上其他事业发生繁复之关系，而余之时间与精神因一事业与他事

---

① 参见赵靖、张劲涛：《中国企业科学管理的先驱——纪念穆藕初逝世50周年》，载《穆藕初文集》，第642～643页。

业繁复关系上,逐日消耗者亦不在少数。心力之分用,为立脚事业而起繁复之应付;事业之隆替,随全球大势而起浩大之变化。此种甘苦,余甚了了,然不能必投资者之相与了了于其心"。另一种使他难以接受的状况,是股东对他的态度的变化与纱厂的状况紧密联系:"当纱厂之方盛也,年有盈余,股东对余之恭而且敬,实不能以言语形容;及至纱市衰落,余所身受不堪之景况,虽罄南山之竹,不足以描写其万一……"①

当然,除了这些因素外,政治和社会大环境的不如意中,有不少同样是中国社会中长期形成的传统和惯习。例如当时国内军阀混战,地方当局和军阀对企业的勒索和摊派,就是穆藕初等经办实业之人无法对抗的外来不利因素。其中,1926 年 9 月 18 日,河南郑县知事韦联棣为军需借款事致函穆藕初就是典型的一例。韦联棣在给穆藕初的函中说:"财政厅长温元电内开,'各行商借款一致议定,开、郑两商会各借洋八万元,中、交、盐业、金城、兴业五家各借洋四万元,豫丰纱厂借洋四万元。此时军需万急,绝无商榷余地,望即转饬豫丰及兴业两家,刻速照办,限三日内送款到厅。"函内又说,因会商时兴业银行无人到,但"查兴业银行有款存放贵厂,人所共知,无庸讳言",因此,"应请贵总理在其存款项下,提出洋 4 万元,依限于三日内送厅,切勿推诿,代人受过,是为至盼"。也就是说,除了豫丰纱厂要交出借洋 4 万元外,还要代替兴业银行上交借洋 4 万元。对方还留下"如不遵缴,当即查抄抵押物品,万勿推诿"②的威胁。

总起来看,穆藕初经办实业和推广科学管理法的实践,在当时的中国,是一个相当有典型意义的个案,尽管这只是一个个案,但经过对它的分析,我们仍然可以得出一个结论,就是:中国几千年农业社会形成的传统和各种惯习,在中国早期工业化推进时期所造成的障碍和阻力作用,是我们在研究这段历史时应当给予相当重视的方面。

(原文载《近代中国》第 19 辑,
作者:朱荫贵,复旦大学历史系教授)

---

① 《藕初五十自述》,载《穆藕初文集》,第 60 页。
② 上引均见穆家修、柳和城、穆伟杰编著:《穆藕初先生年谱》,第 377、378 页。

# 后 记

上海中山学社成立于1990年,学社所编《近代中国》丛刊迄今已出版了三十余辑,受到学界普遍好评。为纪念学社成立30周年,反映《近代中国》的学术成就,特编辑此文集。

《近代中国》的办刊宗旨是研究孙中山和他的时代,三十年来在丁日初、陈绛和廖大伟三任主编和各位参与编辑工作的学社同仁的努力下,发表了大批高质量的论文,也刊载了大量反映学术动态的文章,体现了改革开放以来学术繁荣的新气象和近代史研究的丰硕成果。要从如此丰厚的学术积淀中,采集最有代表性的学术成果,汇编成一册,我们深感任务之艰巨。

经学社同仁再三酝酿,确定本文集的选稿原则为:

1. 入选文章全部为论文,割舍了学术动态方面的内容。

2. 突出孙中山研究,兼顾各专题之间的平衡。

3. 第1~30辑都有论文入选,每辑入选数量1~2篇。

4. 兼顾老中青学者,每人只选用一篇论文。尽量涵盖学社的资深学者和知名度高的社外专家,包括海外学者。

5. 根据所选论文内容归类,分为近代人物、辛亥革命、近代政治、经济、文化思想等栏目,栏目内的论文排列以发表时序为准。

6. 目录经几位专家反复讨论并经学社领导审定。

必须申明的是,尽管我们从事此项工作的同仁斟酌再三,选取了49篇论文,但是仍然难免挂一漏万。若有疏漏或不尽人意之处,敬请各位见谅!

编 者

## 图书在版编目(CIP)数据

《近代中国》精选文集 / 沈祖炜，戴鞍钢，廖大伟主编 .— 上海：上海社会科学院出版社，2021
ISBN 978-7-5520-3619-0

Ⅰ.①近… Ⅱ.①沈… ②戴… ③廖… Ⅲ.①中国历史—近代史—文集 Ⅳ.K250.7-53

中国版本图书馆 CIP 数据核字(2021)第 134072 号

---

## 《近代中国》精选文集

主　　编：沈祖炜　戴鞍钢　廖大伟
责任编辑：杨　国
封面设计：黄婧昉
出版发行：上海社会科学院出版社
　　　　　上海顺昌路 622 号　邮编 200025
　　　　　电话总机 021-63315947　销售热线 021-53063735
　　　　　http://www.sassp.cn　E-mail:sassp@sassp.cn
排　　版：南京展望文化发展有限公司
印　　刷：上海颛辉印刷厂有限公司
开　　本：710 毫米×1010 毫米　1/16
印　　张：45.5
字　　数：766 千
版　　次：2021 年 12 月第 1 版　2021 年 12 月第 1 次印刷

ISBN 978-7-5520-3619-0/K·611　　　　定价：198.00 元

版权所有　翻印必究